铁路长大重型货物运输系列丛书

中国铁路长大货物车

Heavy Duty Freight Car in China Railway

田葆栓　编著

中国铁道出版社有限公司

2021年·北　京

内容简介

本书是一本全面阐述中国铁路长大货物车基本理论与工程实践的专著，书中阐明长大货物车基本理论和关键技术，系统论述70多年来中国铁路各型长大货物车的技术性能和发展，并给出中国国家重点工程建设设备大型运输典型实例。

本书共六章，并附有五个附录，内容包括铁路长大货物车基本理论和关键技术、长大货物车型谱和技术性能、铁路线路限界及桥梁、超限重型货物运输典型案例等，附有中国铁路长大货物车设计、运用、维护标准和规章，名词术语，主要技术参数表，超限重型装备及运输大事记。附录给出详尽的长大货物车相关技术文献题录，供读者查询使用。全书配有长大货物车设计总图及零部件图260余幅，照片390余幅，供读者学习参考。

本书内容翔实，资料齐全，是铁路长大货物车设计和运用人员的实用必备工具书，可作为长大货物车造修企业设计研究、工艺制造、试验研究、检测检验、运用检修及有关院校、研究机构人员的参考书，也可供长大货物车运输组织、运用检修人员和钢铁冶金、石油化工、航空航天、外贸及军事运输专业人员使用。

图书在版编目(CIP)数据

中国铁路长大货物车/田葆栓编著. —北京:中国铁道出版社有限公司，2021.12

(铁路长大重型货物运输系列丛书)

ISBN 978-7-113-28517-3

Ⅰ.①中… Ⅱ.①田… Ⅲ.①铁路车辆-长大货物车-中国 Ⅳ.①U272.6

中国版本图书馆CIP数据核字(2021)第227995号

书　　名：中国铁路长大货物车
ZHONGGUO TIELU CHANGDA HUOWUCHE

作　　者：田葆栓

责任编辑：杨　哲　秦绪涛　郭　静　　**编辑部电话：**(010) 51873024
编辑助理：李纯一
封面设计：高博越
责任校对：孙　玫
责任印制：高春晓

出版发行：中国铁道出版社有限公司（100054，北京市西城区右安门西街8号）
网　　址：http://www.tdpress.com
印　　刷：中煤（北京）印务有限公司
版　　次：2021年12月第1版　2021年12月第1次印刷
开　　本：889 mm×1 194 mm　1/16　印张：42.5　字数：1 364千
书　　号：ISBN 978-7-113-28517-3
定　　价：280.00元

《中国铁路长大货物车》编委会

序言一

铁路是近现代人类社会文明进步的象征。铁路与近代三次工业革命紧密相关，是工业化的一个缩影，其技术进步和现代化进程深刻地影响着世界经济发展和文明进步。翻开世界工业发展的历史，可以看到工业化程度与铁路长大货物运输技术紧密相关。通过铁路长大货物车这个独特的视角可以清晰看到国家工业化的发展进程。

铁路长大货物车在工业大型设备发展史上的重要性是不言而喻的。长大货物车所运货物为电力、冶金、化工、机械、航空航天、军工等行业必需的核心设备，体积和重量大，运输受限多、安全风险大、可靠性要求高。是否具备与之相适应的长大货物运输保障能力，成为制约国家大型基础设施及其装备发展水平和能力的关键因素。

铁路长大货物车是铁路货车技术水平和制造能力的集中体现，在一定程度上反映了一个国家铁路货运的综合实力。铁路货车是与多学科密切相关的大型综合性机电产品，与相关学科的发展水平紧密相关，如材料科学、冶金技术、机械工程、动力与电气工程等。大型铁路长大货物车涉及机械、电气、液压、控制多学科领域，其技术复杂程度和难度是普通铁路货车无法比拟的。

铁路长大货物车 1885 年起源于德国电力设备电缆盘的运输，逐渐发展为一个较广阔的领域，涉及运输电力、冶金、机械、化工等超大重型设备。1982 年，德国克虏伯公司为美国制造了当时世界上载重最大的正线铁路货车——807 t 钳夹车，解决了大型核压力反应罐的运输难题，同时服务于大型发电工业。德国大型机电设备的国际主导领先地位，在一定程度上得益于长大货物运输先进技术的支撑。美国、俄罗斯等国重工业、军工业的发展也依托铁路长大货物车作为基本运输设备。2012 年，美国设计制造了载重量达 923 t 钳夹车，以满足核反应堆安全壳等重型货物运输需要。

我国铁路是国家重要基础设施、国民经济大动脉。新中国成立七十多年来，经过几代铁路人的不懈努力，铁路长大货物运输成功走出了一条引进消化吸收再创新的道路，形成了较为完善的技术装备和运输组织管理体系。通过对铁路长大货物车关键技术研究和系统应用，成功解决了大型设备运输瓶颈难题，安全、及时地为三峡工程、西电东送、神舟飞天、航母制造等国家重大工程运送大量的核心设备，不仅为经济社会发展和国防建设提供了强有力的运输保障，而且也取得了显著的经济、社会、环境效益，目前，我国铁路长大货物车具有技术含量高、制造质量好、运输货物种类多等特点，已跻身国际先进行列，有些指标已达到国际领先水平。

随着我国制造强国战略的深入实施，大型电力、冶金、化工、机械、航空航天、军事工业的快速发展，重型装备产业升级不断提速，特高压变压器、百万千瓦发电机组等一大批具有“科技含量高、经济效益好、资源消耗少、环境污染低”特点的新型重大装备成功研发并推广应用，大型装备的铁路运输需求与日俱增。中国铁路正在承担着日益增加的大型变压器、发电机、轧钢设备、锅炉、反应塔等大型特种货物的运输，对铁路大型特种货物运输货车装备需求及技术标准也越来越高，探索和研究我国铁路长大货物运输装备与服务的高质量发展也成为当务之急。

作者不仅洞悉世界铁路长大货物车的技术前沿，而且也是中国铁路大车设计和运营的资深研究者和实践者，在设计方案、技术标准、试验检测、检修维护、运输监测等领域均有突出成就。在日积月累、聚沙成塔、精耕细作、长期思考和深入研究的基础上，《中国铁路长大货物车》以其独特的视角阐述了铁路长大货物运输装备的历史、现状和发展，梳理了中国铁路长大货物装备理论和技术创新的最新成果，诠释了人类文明变革中铁路长大货物车所发挥的不可替代的重大作用，对世界铁路大车的学术研究和实践应用具有重要的参考和借鉴价值。

《中国铁路长大货物车》一书全面阐述了大车基础理论与工程实践，提出大车设计分析、试验检测、运输监测等方法，为中国国情运用条件下超限超重大型设备运输提供了安全基础；阐述具有自主知识产权的大车型谱和结构技术方案，研究满足超限重型货物运输装备关键核心技术；以代表性成功运输实践案例，生动诠释了中国铁路长大货物装备技术发展成就。可贵的是，作者对铁路长大货物车关键技术难题进行了深入剖析和详细阐述，把这一领域的高新技术和宝贵经验毫无保留地奉献给读者。这部饱含作者心血的力作，对我国铁路技术装备现代化和重型装备自主研发制造具有重要的借鉴价值。我衷心希望，在这些铁路长大货物装备先进技术和经验的帮助下，我国铁路科技工作者和相关从业人员能够发挥优势，加快推进技术创新，发展组合式大车，研究铁路箱梁运输车，拓展大车服务领域，进一步提高我国长大货物运输装备技术水平和保障能力。

21 世纪，中国经济快速发展使铁路处于黄金机遇期，已掀开国际铁路大型设备运输装备发展史上的新篇章，必将创造长大货物装备光辉灿烂的历史，为促进国家高质量发展再立新功。国家“十四五”发展规划对铁路提出了更高、更新的要求，高速与重载，是国际铁路发展的两大方向，也是历代铁路人的梦想与追求。京津、京沪、京张等时速 350 km 高速铁路运营证明，“中国高铁速度”领跑世界。长大货物运输装备是重载运输发展水平的重要标志之一。我相信，中国铁路完全有能力抓住难得的黄金机遇，迅速崛起彰显“中国力量”，谱写世界长大货物装备运输的新篇章。

中国工程院院士 何华武

2021 年 12 月 25 日

序言二

田葆栓同志所著《中国铁路长大货物车》的书稿摆在我的案头，长大货物车作为铁路运输装备的特种车辆，相关研究相对缺乏，之前我关注也较少。通过详读书稿，让我为之一振，本书无疑是我国铁路车辆装备领域探索实践、开拓创新的一部力作，是作者集多年自身工作实践和研究于一体的智慧结晶。

新中国成立七十多年来，铁路运输作为我国综合运输体系的骨干支撑，在我国经济和社会快速发展中具有重要的地位和作用。我国铁路在科技进步和自主创新方面不断进行探索和研究，取得了一系列重大突破和世人瞩目的成就，重载铁路、青藏铁路、高速铁路、高寒铁路等相关技术已处于世界先进水平，这些成功的标志使我看到我国铁路运输事业具有广阔的发展前景，并为之骄傲和自豪。

铁路是国民经济大动脉，铁路货车在保障我国物资流通中的地位和作用不可替代。铁路长大货物车肩负着国家工程核心重大装备运输使命，承载着我国大型电力、机械、化工、核能、航空航天和军事等重型装备发展之重任，在国家重点工程建设过程中起着“中流砥柱”的作用。长大货物车载重能力之强大，车辆结构之复杂，是货车技术最高水平的集中体现，反映出一个国家的综合实力。大型长大货物车虽然源于专用货车，但借助于多项多学科领域技术已全面突破了标准货车的概念，其涉及机械、电气、液压、控制多学科领域，其技术复杂程度和难度与普通铁路车辆不可同日而语。大车种类繁多、技术含量高、制造工艺复杂、运用风险大而效益高，作为超大型设备运输工具，一直都是世界各国家竞相发展的国之重器。通过阅读本书，切身感受到作者和铁路大车工作者对国家重点工程超大重型设备货物运输技术的发展所付出的不懈努力。

《中国铁路长大货物车》全面总结我国大车技术发展和取得的成果，系统研究总结铁路大车理论、结构、制造和技术发展，阐述大车技术知识及各车型的技术特征和型谱系列，集科普性、专业性和系统性于一体，也具有较强的资料性、科学性和检索性，堪称“铁路大车百科全书”。《中国铁路长大货物车》将使读者了解中国铁路大车方面的历史经验和当今新技术、新发展，梳理记载中国铁路历史和工业化历程积累下来的宝贵知识财富，阐明大车专业技术发展方向，带动学科建设，意义深远，也是让世界深入了解中国的一个独特视野窗口。沉甸甸的《中国铁路长大货物车》不仅是共和国工业现代化发展的缩影，更是行业志士智慧结晶和奋斗成果，值得读者交流研讨、学习收藏。

铁路大车不仅解决了我国“三峡工程”“西电东送”特高压输电（变压器）等国家重点工程运输世界性难题，而且为“西部开发”“振兴东北”等一系列国家重点工程项目实施提供了运输保障，促进了“碳达峰、碳中和”国家低碳转型发展战略的实施，其所运输的国家重点工程建设设备为国家能源结构优化、实现节能减排提供了前提基础，体现了铁路大车在促进我国国民经济发展中占有重要的地位。作者结合理论和实际，不断进行探索和研究，为我国铁路装备行业的发展作出了重要贡献。这也是勇于实践和勤于研究相结合所取得突出业绩的反映。该书图文并茂，内容翔实，数据丰富，是一部有深度的铁路专业技术专著，极具实用价值。本书的出版发行，必将推动铁路长大货物运输装备技术的进一步发展。国家大型重点工程建设实施，需要铁路强有力的支撑，期待更多的科技工作者辛勤投入、大胆创新和严谨论证，我坚信大车装备及超重超限货物运输一直朝着科学、健康、和谐的方向快速发展。

万分欣喜，为之作序。

中国科学院院士 中国工程院院士 沈志云

2021 年 12 月 25 日

前　　言

由于我国国民经济和西部开发建设的需要，大型电力、冶金、化工、航天、军事工业快速发展，大型变压器、发电机、轧钢机架等大型设备运输需求与日俱增，这些国家重点工程建设急需的关键设备，对国民经济发展和国防军工建设至关重要、意义重大。随着国家节能降耗、低碳环保的要求，工程设备日趋大型化，5. 5 m 宽厚板轧机机架、1 000 MW 发电机机组、800 kV. 及 1 000 kV 特高压设备等超大型设备重量三四百吨，价值千万上亿，运输风险高、难度大，颇具挑战性，为大国重器发展之瓶颈，是世界性难题。

新中国成立 70 多年以来，我国对铁路长大货物车的规划发展极为重视，历经建国初期进口起步，20 世纪七八十年代自行研制，20 世纪 90 年代自主创新，到 21 世纪创新超越四个发展阶段，国家计委及各部委（原机械工业部、电力部、化工部等）多次立重大专项给予资金支持，国家电网公司和南方电网公司也设立专项资助，铁道部专门设立多项重点和重大科研课题研究长大货物车及关键技术。大车科研项目曾获全国科学大会奖、国家科学技术进步奖、铁道部通电嘉奖、铁道部（中国铁道学会）科技进步奖等多项殊荣。总之，我国铁路长大货物车通过设计优化、试验研究、运用实践，在完成“七五”至“十三五”等多个五年规划的国家重点工程建设项目大型设备运输中，取得了丰硕的成果，同时，积累了经验，提高了技术，培养了队伍，已经成为三峡电站、西电东输、航空航天等国家重点项目大型设备运输的基础保障。铁路长大货物车作为运输大型设备的载体，经过 70 余年的发展，以其技术含量高、制造难度高、运输货物范围广、承载国家重点设备大，体现了长大货物运输装备技术已达到国际先进水平，有些指标达到国际领先水平。系列化、标准化、模块化长大货物车谱系的技术平台构建和组合式优化设计，有效地解决了“西电东送、振兴东北、支援青藏、老区建设”等特高压输电、大型油气管线和轧机设备（航母制造）等国家重点工程运输世界性难题，保证了国家重点工程项目的顺利进行，为缓解我国电力紧张状况作出了积极贡献，为大国重器的制造和国家重点工程的按期建成提供了有力的基础保障，体现了铁路长大货物车在促进我国国民经济发展中占有重要的地位，对国家节能减排、可持续发展战略实施影响深远，经济社会效益显著。同时，也向世界展示了我国铁路长大货物运输与装备技术水平，对世界输变电和轧钢工程设备运输起先导和示范作用，也彰显民族精神。

虽然铁路长大货物车在国家重点建设工程建设中一直占有不可替代、举足轻重的重要地位，但是迄今为止，在世界上还没有一本全面系统论述这一领域的专业著作。笔者多年从事大车技术研究与工程实践，积极倡导大车的总结规划、需求发展，主导参与决策立项、系统论证及方案研究，解决结构、限界等关键技术难题。笔者曾在 2001 年和 2005 年编写《中国铁路长大货物运输》（中英文）和《铁路长大货物车使用手册》，应用至今一直深受读者和用户欢迎。时光荏苒，已历经四个国家五年规划，近二十年来，中国铁路快速发展，大车工作者勤于设计研制、运用实践，研究诸多关键技术，修订完善规章，建立大车规范，开发许多新型大车。读者多次提出希望重新编写《铁路长大货物车使用手册》。笔者也深同感受，中国铁路专业领域迫切需要一本系统总结论述长大货物装备关键技术与应用的专业图书，从而为未来国家重点工程建设设备铁路运输提供指导和借鉴，同时全面反映大车奋斗创新发展辉煌业绩和国家工业现代化历程，为促进中华工业历史文明发展的应有的一部分。本书立足于世界长大货物装备技术发展的最前沿，立足中国国情、路情、民情，系统集成世界先进技术资源，创新汇智发展大车关键技术。我国基础设施薄弱，限界桥梁限制大，拟引进世界最先进的德国铁路载重 500 t 钳夹车，但在我国桥梁检定通过速度为零；我国铁路运用工况复杂，受线路、桥梁、隧道及限界等制约；在繁忙干线客货混跑、行车密度很大的情况下，开行大型设备运输专列，在世界铁路上是独有的。因此需要创新研制中国特色的大车，又好又快地完成超大型国家重点工程设备运输。

铁路长大货物车是货车技术的最高水平的集中体现，是机械、电气、液压、控制多学科领域技术的集成，还需要解决装载加固、铁路限界、线路桥梁等铁路专业领域的一系列重大技术问题。本书从大车概念起源、关键技术、特种结构装置、型谱系列、装载运输、限界桥梁、运用安全与维护、设计验收标准等方面系统阐述大车基本理论与工程实践，体现“全精专准”，全中求精，讲求科学性、先进性、实用性。突出大车的技术特性和特种技术结构重点，荟萃精华。特种结构技术在机械、电气、液压、控制多学科领域集成创新贯穿于全书，以此构建具有自主知识产权的超大型工程设备运输系列装备。

《中国铁路长大货物车》集中展示大车科技发展历史进程、成就水平和趋势方向，本书收集整理国家各部委（包括铁道部、中国铁路总公司和国铁集团，国家铁路局）的 40 多项铁路长大货物车重点重大科研项目及成果，例如 D_{26} 型 260 t 凹底平车（铁道部重点项目编号 97J08）、D_{38} 型载重 380 t 钳夹车（铁道部重点项目 97J37）、载重 450 t 落下孔车研制（铁道部重点项目 2005J035、黑龙江省科技计划 GB06A508）、D_{32A} 型 320 t 凹底平车和 DK_{23} 型 230 t 落下孔车（铁道部重点项目 2006J014）、超限超重货车综合试验（铁道部重大科技专项编号 Z2007—082）、铁路长大货物车关键技术与应用规范研究（中国铁路总公司重点项目 2015J007）、铁路长大货物车技术条件（国家铁路局项目编号 16T024）等等，同时给出国家重点工程大型设备运输典型案例。针对中国铁路大车 70 多年不断发展的创新产品和关键技术，系统地整理、完整地记载、准确地论述，既是辉煌历史总结，又是未来现实工具，培养爱国情怀，树立民族信心。本专业性图书具有中国大车百科全书性质，是集专业性、技术性、资料性、工具性于一体的综合性科技专著，同时侧重实用性和方便性，给出各型谱系大车技术规格及使用说明书，附录长大货物车技术参数表分别按时间、载重、类别排序，便于检索。设计分析、运用维修、装载加固、运输管理、运行条件、应急预案等标准规章技术文件及专业名词术语也作为附录给出，以备查阅。兼顾历史性，按时间编撰的大车装备与运输大事记，清晰记载大车历史。

感谢中国工程院何华武院士和中国科学院、中国工程院沈志云院士细读审阅本书，并作序。感谢傅志寰、孙永福、蔡庆华、国林等德高望重的原铁道部领导、院士专家对本书的关注支持、鼓励与帮助。本书的编写出版得到了国家铁路局、中国国家铁路集团有限公司、中国中车长大货物车造修企业、中铁特货物流股份有限公司和中特物流有限公司等单位的关心和支持，在此表示衷心的感谢！

由于时间所限，本书中难免存在不足之处，恳请读者批评指正。

田葆栓

2021 年 5 月 11 日

目　　录

第一章　铁路长大货物车概论

第一节　铁路长大货物车概述

一、铁路长大货物车定义与起源

铁路长大货物车是供运输重量特大、长度特长或体积较大的货物的车辆。重量特大的货物称为“重型货物”，长度特长或体积较大的货物称为“长大货物”。最初大型设备被称作长大货物，始见于1950年中央人民政府铁道部公布的《铁路货物输送暂行规则》。1952年，铁道部令《阔大货物装运暂行规则》首次对阔大货物、超限货物进行了定义。1961年，铁道部制定单独的《铁路超限货物运送规则》，1964年将超限货物划分为一级、二级、三级和超级超限。1965年，铁道部将《铁路超限货物运送规则》与《铁路货物装载加固规则》（简称《加规》）合并，规定除超过机车车辆限界的货物为超限货物外，超过特定区段装载限界的也为超限货物。2007年，铁道部修订公布《铁路超限超重货物运输规则》（简称《超规》），将超重货物管理纳入，对超重货物进行定义并划分超重等级。长大货物车运输对象对于中国铁路运输及装载加固等技术规章来说，一般指超限、超重、超长货物，目前称为“超限超重（超限重型）”货物，俗称“大件”，运输超限重型货物通常称为“大件运输”。

从世界大型设备货物运输的发展历史看来，世界各国基于运输货物给出了铁路长大货物车的描述性定义。最早的西欧及德国（明登试验研究所）技术文献记载，对于那些重量大于100 t，并超过最大标准型货车的载重能力的货物均属“极重”范畴。运送货物的尺寸超过了标准型货车运送范围，都属于“特殊货物”范畴。“特殊货物”不能用标准货车运输，只能改用长大货物车运输。要运输这些特殊货物，就必须要求在车辆结构上和运输方式上采取特殊措施，长大货物车应该具备上述条件。这是标准货车所不及的，这就是长大货物车和标准货车之间的原则区别。长大货物车设计原则、承载能力、装车高度、装货宽度与标准货车差别很大，我国长大货物车各类车型与标准通用货车在运输极限尺寸及重量方面比较如图1-1-1所示。

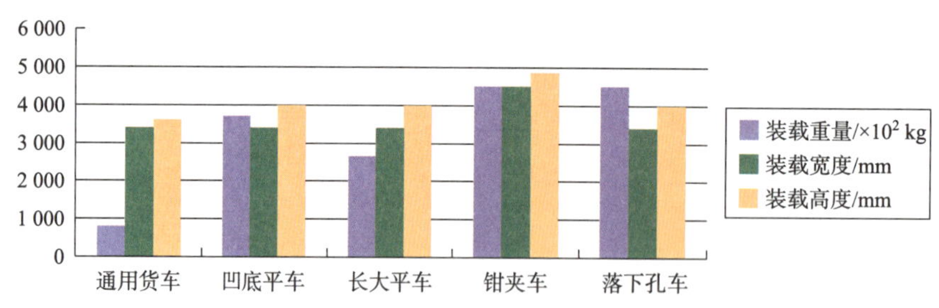

图1-1-1　标准通用货车和大车装货尺寸、装载重量对比

标准货车是为满足一般运输要求而研制的，它是满足《铁道车辆强度》《铁道车辆动力学》等标准，经多年运用考验并不断完善的结果。因此，标准货车的使用应确保为一般货物提供高安全性标准、高市场价值、低运费的车辆，一般都是大批量生产。而长大货物车生产数量一般比较少，有时甚至是单件生产，制造费用较高，有的价值千万元。运输的货物往往是价值高昂，几千万甚至上亿元的一次性运输物品。这种货物有时从订货到供货需几年时间。

俄罗斯对铁路长大货物车的定义也是描述性的，认为长大货物车是平车的变形，具有特殊结构的货车，有凹底式、落下孔式、钳夹式、跨装式结构，以运输变压器、大型电机定子、桥梁结构等重型、长大货物。在中国铁路车辆名词术语标准中对长大货物车也进行了特征描述定义：其车辆长度一般在19 m以上，但少数车辆长度小于19 m，而车体结构特殊的，如带凹底架、落下孔、钳形梁、跨装等结构的货车，也属于长大货物车。铁路长大货物车通常简称“大车”，在本书中也采用这一简单通俗说法。

大车的结构特点及与之有关的运用可能性，部分取决于有关的规程和规定。较小的大车，包括6轴车在内，就其尺寸和走行装置而言，一般可与相应的标准型货车直接进行比较，而8轴和更多轴的大车却超过了标准型货车的界限。对于带有特殊装备的车辆，就其技术功能和运营效果而言，通常公认的规定是不适用的，装车也是如此。一般的货物装载加固规则也只能部分得到应用。因此，为安全运输，通常由于货物的特殊性而限定大车与“标准货车”的差别，要求采取专门的技术与运营的补充措施，其主导思想就是确保安全运输。这方面规章（如《超规》《加规》）、附加规定、使用说明等均属于上述补充措施。此外，还规定有专门运营条件，如限速等。

最早的大车诞生于1885年，起源于德国电力设备电缆盘的运输，结构型式为平面式底架，特别适用于很高但断面较窄的货物运输。1923年，为了运输电站变压器，德国又研制世界首辆10轴载重120 t钳夹车。1982年，为解决大型核压力反应罐等运输瓶颈难题，德国克虏伯公司为美国制造世界上载重最大的807 t钳夹车。2012年，美国基于该807 t钳夹车，设计制造了目前世界上正线铁路载重量最大的923 t钳夹车。由此可见，德国大车运输技术模式为各国所借鉴，影响着世界铁路大车运输技术的发展。

二、铁路长大货物车地位与作用

随着国家工业现代化发展和科学技术进步，由于功能和容量要求，电力、化工、冶金、机械、航空航天和核工业等行业的大型设备（变压器、发电机定子、轧机机架、高压锅炉和反应堆外壳等）的重量和体积越来越大，这些大型设备一般要求在制造厂组装后运输至现场使用。大车运输在国家大型重点工程建设中占有举足轻重、不可替代的地位，研制难度较大，涉及机械、电气、液压、控制等多学科领域，在一定程度上代表着国家的工业化水平。长大货物车承担的国家工业化大型设备运输是铁路综合运输的一个重要组成部分。虽运量比重很小，但关系国家整体利益，意义重大，影响深远，不容忽视，不可或缺。

历史显现，一个国家经济的发展必然反映在长大货物运输的振兴上。以铁路大车的发源地德国为例，大车和国家大型设备的发展是相互促进的，可以说，铁路大车促进了德国现代化大型设备的发展。德国大型机电设备的国际主导领先地位，在很大程度上得益于大车先进技术的发展支撑。以研制铁路大车著称的，也是铁路轮箍的发明者，德国克虏伯公司以其悠久的历史和技术实力，促进了德国铁路工业化文明，为世界铁路重型货物运输之重大贡献而载入史册。

三、铁路长大货物车组成

大车组成与铁路标准通用货车基本相似，由车体、转向架、制动装置、车钩缓冲装置等部分组成。但大车一般采用多轴转向架或多层底架结构。为便于通过曲线，有时还设置多导向装置。

车体：车体是装载货物的部分，一般由多层底架组成。底架是车体的基础，是基本的承载部件，一般由各种纵向和横向梁件组成。

转向架：支承车体，并引导车辆沿轨道行驶，同时承受来自车体及线路的各种载荷。大车用转向架有2轴、3轴、4轴和5轴转向架。德国铁路大车曾采用过7轴转向架。

制动装置：制动装置是使列车减速、停车和保证列车安全运行不可缺少的装置，它通过列车主管中的压力空气来操纵，随着列车主管中空气压力的变化，制动装置发生相应的动作，从而达到列车减速或停车的目的。货车制动装置中还包括人力制动装置。

车钩缓冲装置：车钩缓冲装置是货车成列运行不可缺少的连接装置。车钩起车辆间的连接与分解作用，缓冲器起减轻列车纵向冲动的作用。

特殊附加装置：大车设置导向、侧移、起升等特殊技术装置，配备液压、电气设备，其目的是在限界范围内通过不同半径的曲线和障碍物。液压机构装置用于起升、侧移、均载、支撑等，电气控制装置用于操纵液压机构装置起升、侧移等功能及系统照明等。

四、铁路长大货物车承载与运输功能

铁路运输长大货物是一个广阔的领域。各种货物如机器、锅炉和机械部件的尺寸要求尽量接近于轨面以充分利用铁路限界高度。大车车体结构型式与所运输货物类型之间有明显的依从关系。几十年来，由于大件货物结构型式的变化，中国铁路大件货物运输工具发展成为多种不同的结构型式。基于大车的制造、运维、寿命等因素，大车与联运货车不同，它必须制成适合于不知晓的货物，即必须具有多用性。由于货物的多种多样和特殊条件（主要从规定的机车车辆限界或建筑限界方面看），仅用基本车型尚无法满足广阔的长大货物运输。在铁路大车的130多年的历史中，根据货物特点确定运载工具的运输实践，产生一些承受载荷的特殊结构设计，承载结构型式见表1-1-1。

表 1-1-1 中国铁路大车承载结构型式

承载结构类型	侧视图	装货中部断面	载重范围/t	说明
凹底架	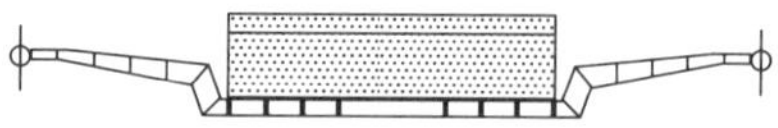	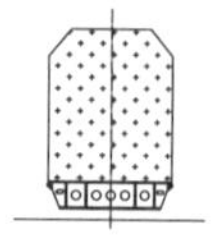	30～370	承载面距轨面高度（空车）579 mm（2轴）至1 380 mm（24轴）
平直承载梁	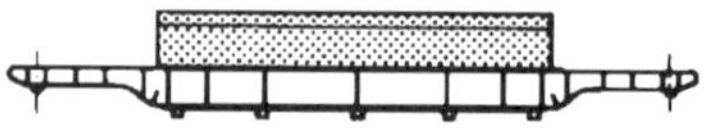	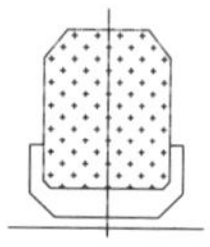	60～265	承载面距轨面高度（空车）1 210 mm（8轴）至1 694 mm（16轴）
双支承跨装转向装置		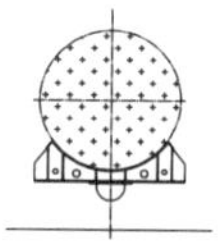	138～370	承载面距轨面高度（空车）1 525 mm（8轴）至1 735 mm（20轴）
钳形梁（运输法兰）	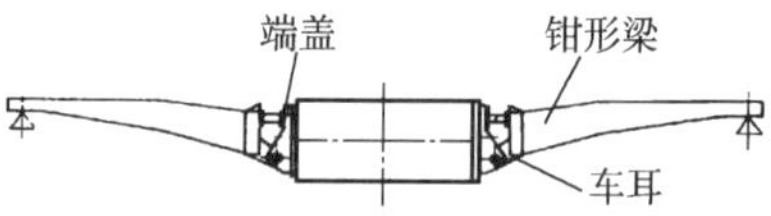 端盖 钳形梁 车耳	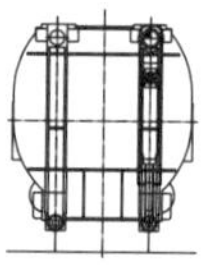	300～450（含法兰）	运输端盖（法兰）应有足够的强度和刚度
落下孔梁	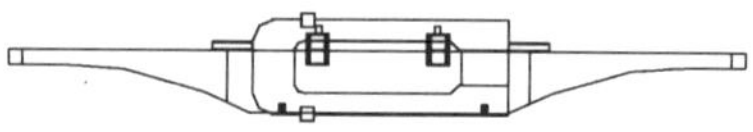	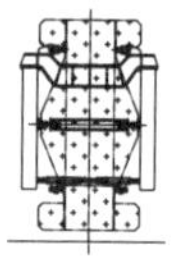	155～450	运输高而窄的货物
钳形梁（长侧承梁）		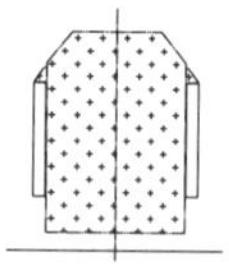	300～450（含侧承梁）	运输货物的宽度受限制，相当于落下孔车
钳形梁（挂货托钩）	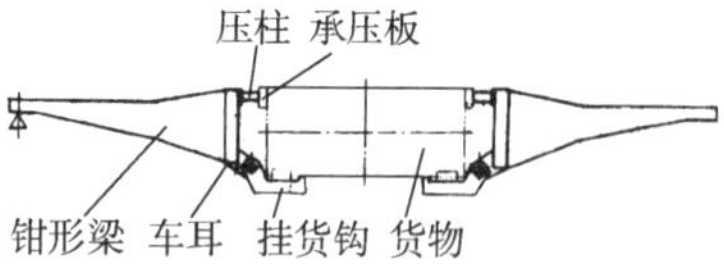 压柱 承压板 钳形梁 车耳 挂货钩 货物	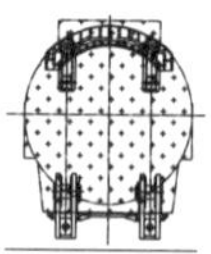	300～450	货物必须是自承式的
钳形梁（整体框架）	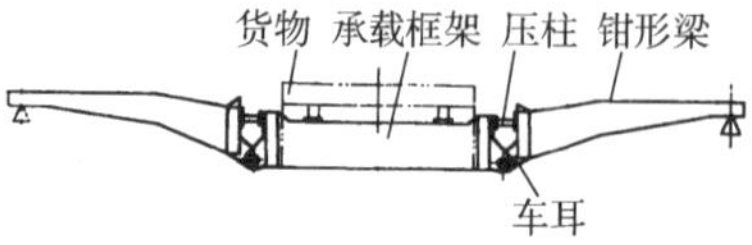 货物 承载框架 压柱 钳形梁 车耳	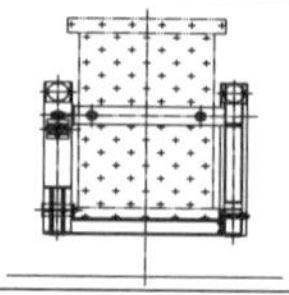	300～450（含框架）	可以运输较宽的货物
钳形梁（托梁）	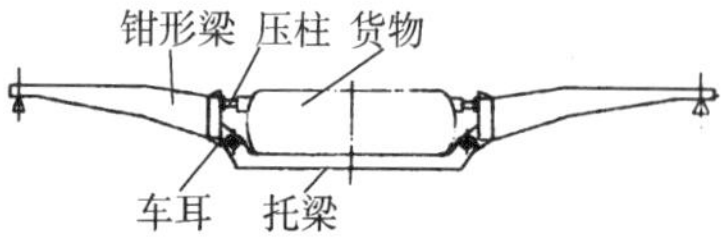 钳形梁 压柱 货物 车耳 托梁	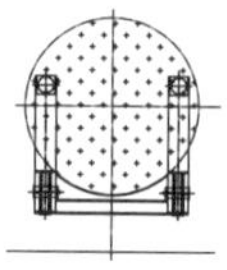	300～450（含托梁）	货物下部用铰接的贯通梁连接

续上表

承载结构类型	侧视图	装货中部断面	载重范围/t	说　明
钳形梁（托梁压杆）	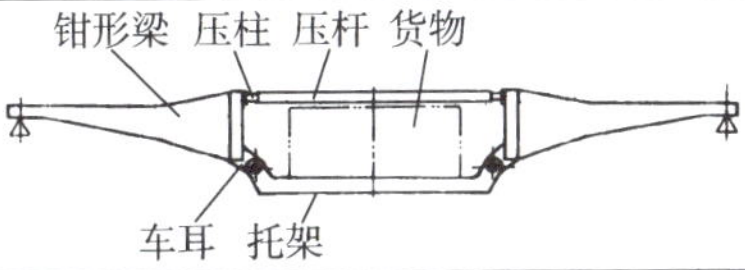 钳形梁 压柱 压杆 货物 车耳 托架	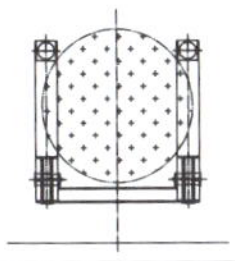	300～450（含托梁压杆）	上部压杆承受钳夹力
钳形梁（凹底架）	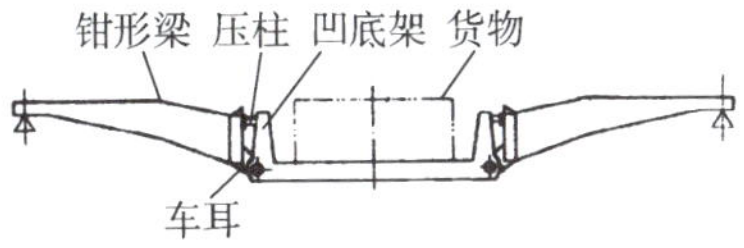 钳形梁 压柱 凹底架 货物 车耳	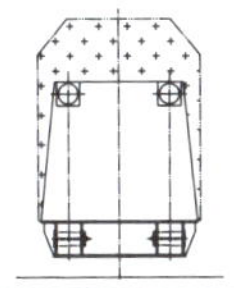	300～450（含凹底架）	相当于凹底平车

第二节　大车分类与结构特点及车号标记

一、大车分类与结构特点

铁路大车运输货物的特殊性决定了其结构的特殊性和种类的多样性。按车体结构特点，大车分为凹底平车、长大平车、落下孔车、钳夹车和跨装平车五个品种。大车分类示意见表 1-2-1。

表 1-2-1　大车分类示意

类　别	车型示意图	最大载重/t	车　型
凹底平车	 货物 凹底平车	370	DA_{37}
长大平车	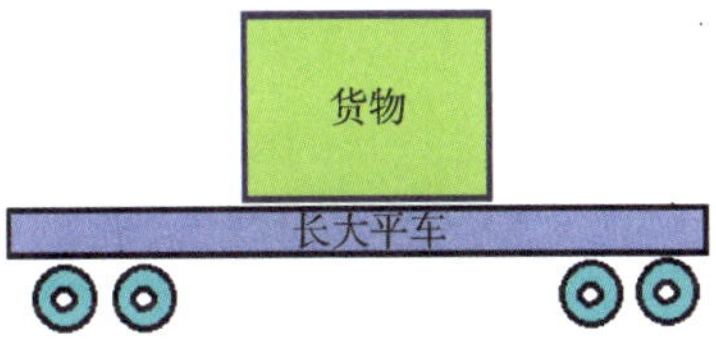 货物 长大平车	265	D_{23G}
落下孔车	 货物 落下孔车	450	D_{45}
钳夹车	 钳夹车 货物 钳夹车	450	DQ_{45}
跨装平车	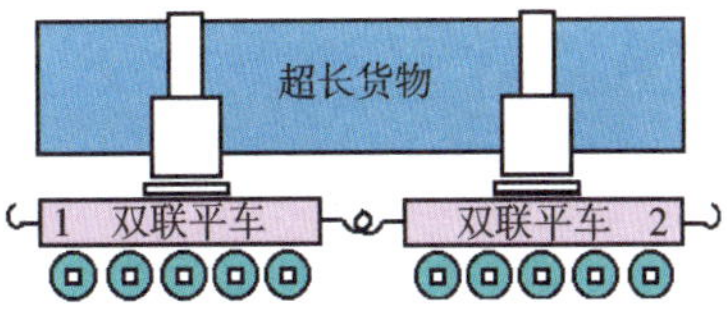 超长货物 1 双联平车　双联平车 2	370	D_{30G}

大车与通用货车不同，承载货物或质量大，或体积大，或长度长，一般采用多轴转向架或多层底架结构，并根据需要设有导向、侧移、起升等多种特殊装置，配备液压电气设备，见图 1-2-1 和图 1-2-2。在重车装货超限界或超重时，需限速运行。大车分类与结构特点见表 1-2-2。图 1-2-3 以 DQ_{35} 型载重 350 t 钳夹车为图例，显现了大车多层、多轴、多机构设备的结构特点。

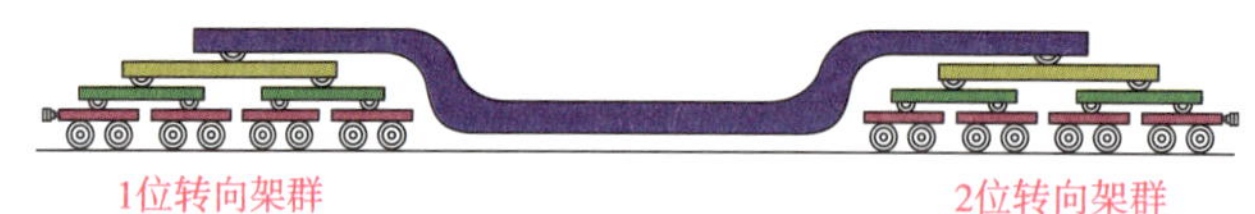

图 1-2-1　多轴转向架或多层底架结构示意

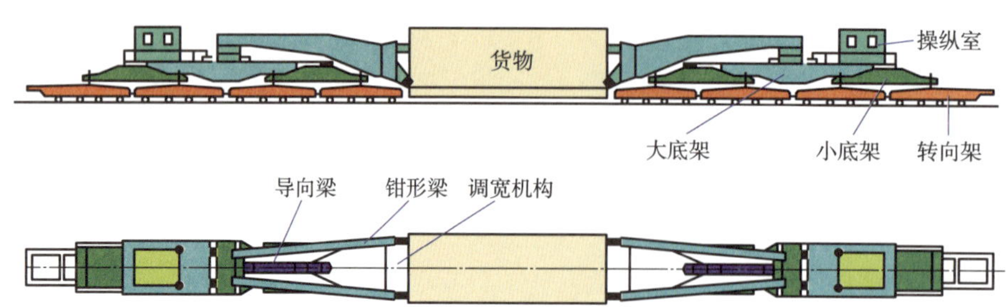

图 1-2-2　D_{35} 型 32 轴 350 t 钳夹车组成示意

表 1-2-2　大车分类与结构特点

类　别	车型图例	车型	载重/t	结构特点	运输货物特征
凹底平车		DA_{37}	370	转向架或转向架群分布于车辆的两端，中部为装载货物的凹底架	装运宽度和高度不是很大的重型货物。装运发电机定子、变压器等
长大平车		D_{25}	250	与通用平车基本相同，但底架长，地板面宽	装运长的型钢、锅筒等
落下孔车		D_{45}	450	底架中部开有一定长度和宽度的落孔，货物落入孔内。货物的重量由 2 根侧梁承担	装运宽度较窄、高度很高的货物
钳夹车		DQ_{45}	450	由 2 个对称的半节车构成，货物被悬挂在 2 个钳形梁之间，成为车辆的一部分	装运宽度和高度都很大的发电机定子、变压器等
跨装平车		D_{30G}	370	无承载底架，由 2 个安装于两端转向架群中央心盘上的可回转鞍座支撑货物	货物支承点可根据货物长度调节，运输特长、自承式货物

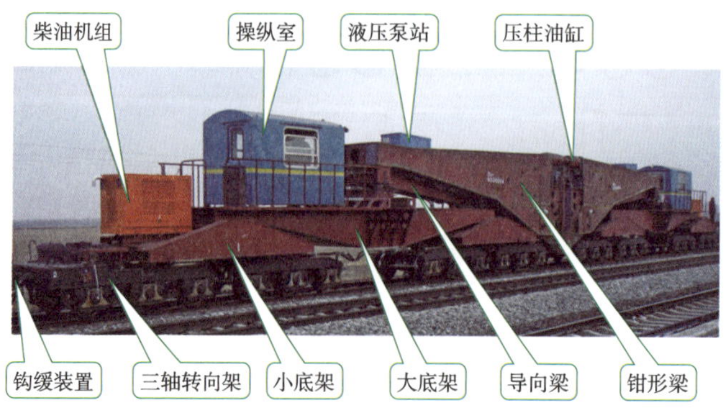

图 1-2-3　DQ_{35} 型载重 350 t 钳夹车典型结构

（一）凹底平车

凹底平车的结构特点是转向架或转向架群分布于车辆的两端，中部为装载货物的凹底架。具有结构简单、使用方便、运行安全可靠等优点，是大车中适运货物范围最广的车型。凹底平车的品种和数量在大车家族中占的比重最大，已形成系列，以 30～40 t 为级差，可以运输 50～370 t 的大型货物。由于凹底平车采用凹底部分的地板面承载，在设计时要降低地板面高度，否则货物装车后高度可能超出限界。但是由于此种车辆承载面占据一定的高度及不可能太长，不适合运输太高和特别长的货物。DA_{37} 型载重 370 t 凹底平车是目前我国载重最大的凹底平车。表 1-2-2 第一行图例为 2010 年 5 月 DA_{37} 型凹底平车运输 1 000 MW 发电机定子。

（二）长大平车

从底架结构型式上看，长大平车与通用平车基本相同，主要差别是前者的底架长度和地板面距轨面高度都较大。用于装运很长的型钢、锅筒等。表 1-2-2 第二行图例为 D_{25} 型载重 250 t 长大平车运输锅筒。

（三）落下孔车

落下孔车是底架中部开有一定长度和宽度的落孔，装货时货物落入孔内。货物的重量由两根截面高度较大的侧梁承担。它自重系数较小、能充分利用铁路限界的高度，适合运输截面尺寸很高的货物。但由于两根侧梁占据了一定的限界宽度及落下孔的长度有一定的限制，不适合运输较宽及特别长的货物。这种车适于装运宽度较窄而高度很大的货物，如轧钢机牌坊。D_{45} 型载重 450 t 落下孔车是目前我国载重量最大的落下孔车。表 1-2-2 第三行图例为 2007 年 D_{45} 型载重 450 t 落下孔车运输中国一重集团的轧机机架。

（四）钳夹车

钳夹车早在 20 世纪 20 年代由德国研制出来，首辆这种载重 112 t 的 10 轴车于 1923 年由莱因-威斯特伐利亚电站订购。德文“钳夹”的意思是“鸟嘴”，钳夹车运用时，其上部结构的悬臂梁通常呈三角形，看着像一个鸟嘴。通常，货物每端均与钳夹车悬臂梁相连，成为车辆结构的一个组成部分。车辆上部结构通过各级桥架依次支撑在转向架上。钳夹车是车体分两个可分离的部分，由两个对称的半节车构成，货物被夹持和悬挂在其间的大车。运输货物时，货物被悬挂在两个钳形梁之间，使货物与钳形梁成为一个整体，货物成为整个车辆的一部分。货物距轨面可以非常低，可以利用整个有效限界运输。空车运行时，两个对称的半节车由辅助装置将它们连在一起，称为短连挂。

钳夹车具有独特的超限运输能力，能最有效地利用铁路限界空间，它不仅能运输有自承载能力的货物，而且通过附加的装备也可运输那些没有自承载能力的货物。它可装有多导向侧移机构，以解决车辆在宽度方向的极度超限；大多数钳夹车设有液压起升、下降机构，且钳夹车结构无承货的地板面，使装载货物最大限度地利用限界高度。除了不适合运输特别长的货物外，钳夹车是运输能力最强的铁路运输工具。钳夹车多用于装运宽度和高度都很大的发电机定子、变压器等超限重型货物。DQ_{45} 型载重 450 t 钳夹车是目前我国载重最大的钳夹车。表 1-2-2 第四行图例为 2011 年 DQ_{45} 型钳夹车运输进口阿尔斯通 600 MW 定子。

（五）跨装平车

跨装平车由 2 个安装于凹形底架中央心盘上的可回转鞍座支承货物，无承载底架，货物跨装在 2 个鞍座上。一般在牵引中所产生的纵向压力和牵引力，均通过装载货物由一端转盘装置传递至另一端转盘装置。为了使货物免受过大纵向冲击力的作用，在两节车之间有车钩缓冲停止器。两个以上转向装置称之为跨装平车。两个转向装置跨装，一般称为双联平车。运输铁路建设桥梁的运梁车，应属于双联平车。这种车的主要特点是自重系数最小，货物支承点可根据货物长度进行调节，只适用于运输横断面较大的特长货物，例如圆柱形容器和桥梁主梁。采用这种方式运输时，货物同时构成桥架，即必须是“自承式”的，货物必须刚性十足。世界首辆跨装平车制造于 20 世纪 30 年代。当时主要用于运输钢梁和长管。现在主要用于运输大型容器。目前我国载重最大的双联平车是 D_{30G} 型载重 370 t 双联平车。表 1-2-2 第五行图例为 D_{30G} 型载重 370 t 双联平车运输中国一重集团的加氢反应器。

二、大车总体系统结构特点

大车总体结构表现为结构多样、多层、多轴、多导向、多种技术装置。重车装货超限界时需要判定超限等级，超重时需要进行过桥检算并采取限速措施。由于运输货物的多样性和特殊条件（线路、限界和桥梁），仅用大车基本车型无法满足运输需求，因此，产生了针对不同货物运输的多种大车承载结构，可以说，大车是最能体现运输需要的车种。大车设计与运输货物的结构型式之间有着明显的依存关系，可针对不同货物的质量和尺寸选用不同车型。识别大车的特征，首先是承载装置的结构型式，即靠近货物的最顶层的车体承载结构。

（一）多层、多轴

大车载重吨位大，由于不得超过由静轴载荷所限定的、由铁路管理部门所规定的极限值——线路允许轴载荷，运输要求将重量分布在多个轮对上。为分布轨道的轴载荷，大车设计成多层承载和多轴结构。在满足结构和轨道承载条件下，尽量缩短各级承载结构的心盘定距，轴数的确定应符合不同的载重吨位等级。

（二）多种导向

从所运输的货物允许宽度考虑，大车与通用货车相比，需设置导向和侧移装置。因为标准货车底架与转向架通过下心盘连接，从技术角度考虑，是没有可能增加装货宽度的。由于大车的载重量比通用车大，装货长度较长，采用多轴转向架组合，大底架较长。因而大车车辆长度比通用货车长。大车通过小半径曲线线路时，装货宽度受到限制制约，应相应缩减。为了弥补这种装货宽度限制，大车设有特殊附加装置，如侧移装置和导向装置，两者在功能上是相互关联的。由于大车为多层、多轴结构，车辆长度较长，如德国为美国设计制造的 CBEX 型载重 807 t 钳夹车重车长度为 106.6 m，因此，为满足在限界范围内能通过不同半径的曲线，需设置多种导向装置。

（三）多种装置

液压机构装置用于起升、侧移、均载、支撑等，电气控制装置用于操纵液压机构装置起升、侧移等功能及系统照明等。

必要时为实现“门对门”运输，设计公路、铁路的运输转换，借助车辆自身上的装置来进行，不需要外部的辅助设备或附加装置，心盘侧移导向装置如图 1-2-4 所示。

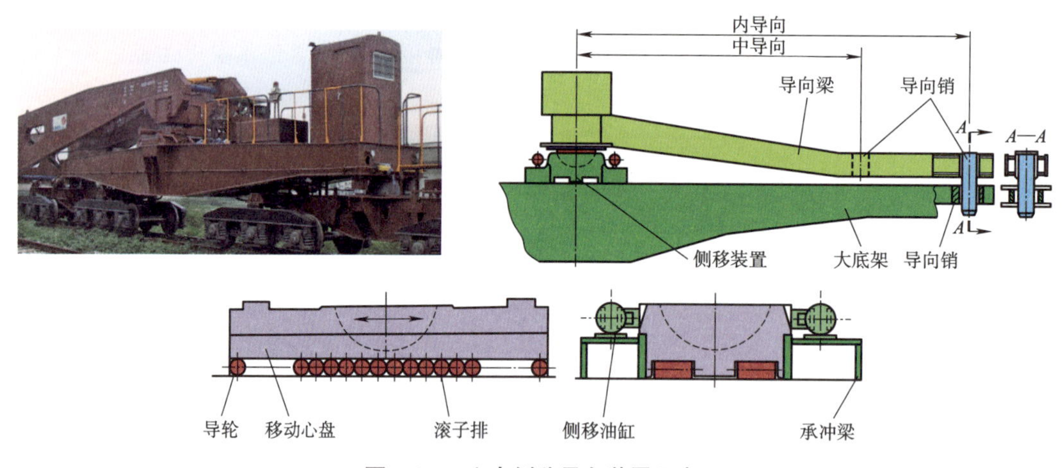

图 1-2-4　心盘侧移导向装置示意

（四）多种特殊结构

大车由于运输不同的货物，车体表现为多种特殊的承载结构。除车体外，还有转向架、心盘、旁承等与通用货车不同的特殊结构。

三、车型、车号标记

与通用货车相同，为便于运用管理与识别，每辆大车都有自己的车型、车号标记。大车车种、车型和车号编码规则见 TB/T 3443.3—2016《机车车辆车种、车型和车号编码规则　第 3 部分：货车》。大车的车号由车种编码、车型编码和车号编码三部分组成。确定了三部分完整的车号，就指定了某辆具体的大车。货车车种编码由一个大写的汉语拼音字母 D 表示。

通用货车车型编码采用大写的汉语拼音字母和阿拉伯数字编码，由车种编码、辅助编码 1、辅助编码 2、载重级别或速度级别或顺序序列、定型序号、转向架号码组成。大车可无辅助编码 2 和转向架编码。辅助编码 1 用于区分货车的不同用途或特殊结构，大车辅助编码 1 见表 1-2-3。

表 1-2-3　大车辅助编码 1

辅助编码 1	N	Q	A	K	F	L
含　义	平	钳夹	凹底	落下孔	机身运输	运梁

表 1-2-3 将飞机机身运输车 F 作为一个辅助编码，我国机身运输历来采用凹底平车，机翼运输使用平车运输，因此机身运输车归属凹底平车，机翼运输车归属长大平车，不宜增加机身运输车这个车种。而针对表 1-2-3 应补充跨装平车的大车车种特征识别，如载重 370 t 的 D_{30G} 型跨装式双联平车，用普通平车和长大平车均无法表示其特征。而运输铁路建设桥梁的 D_{L1} 型预制梁运输专用车，应属于三车连挂运输的跨装平车，不宜单独作为一个车种给出辅助编码。辅助编码 2 用于区分酸类罐车、化工类罐车、压力罐车、粉状货物罐车、食品类罐车等车型的不同用途。载重级别、速度级别、顺序序列编码采用 1～3 位阿拉伯数字表示。大车车型编码及示例如图 1-2-5 所示。

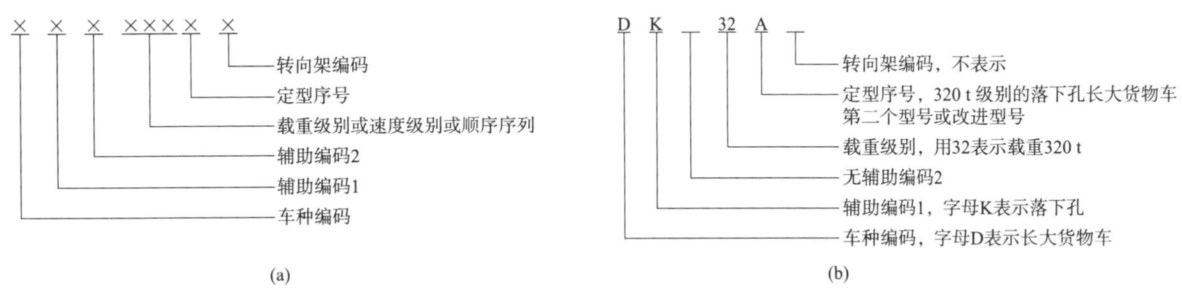

图 1-2-5　大车车型编码及示例

需要说明的是，2006 年之前生产定型的大车车种车型及编码按照 TB/T 2435—1993《铁路货车车种车型车号编码》编排，表述为“大车车号由基本型号、辅助型号和车号编码三部分组成”。基本型号一般由一个大写的汉语拼音字母 D 表示；辅助型号一般用数字或数字与字母的组合来表示，作为下标缀在基本型号的右下角，用以区分载重或结构不同的不同车型。基本型号和辅助型号组合在一起，就指定了某个具体的车型，如 D_{38}、D_{30G}、D_{25A} 等。货车车号编码采用 7 位阿拉伯数字，每一辆货车应有唯一的车号。大车车号容量为 100000，国有铁路大车车号编码范围在 5600000～5699999 之间；预留号为 5700000～5799999。

第三节　大车技术参数与性能要求

一、大车技术参数

大车的技术参数是表征大车结构和性能的一些数据，分尺寸参数和性能参数。

（一）主要尺寸参数

1. 车辆长度：大车两端钩舌内侧面间的距离。

2. 车辆定距：车体两端支承处之间的距离，对于有两个转向架的大车，即为两心盘间的距离；对于有多层底架的大车，还要给出各层底架心盘中心距。

3. 转向架固定轴距：同一转向架上最前位轮轴中心线与最后位轮轴中心线间的距离。

4. 车体长、宽、高：一般需标明装货的一层底架的长度和宽度。

5. 最大宽度和最大高度：指大车最宽部分的尺寸和车辆最高点离钢轨水平面之间的距离，二者都不允许超过车辆限界所规定的尺寸要求。

6. 车钩高：车钩中心线距轨面的高度，我国大车的车钩高与通用货车相同，为 880 mm。

7. 地板面高度：大车的货物装载面与轨面之间的距离。对于凹底平车和落下孔车，要标明凹底架承载面上平面和下平面距轨面高度。对于钳夹车，无此项参数。

8. 承载尺寸：对于凹底平车，指凹底承载面长度；对于落下孔车，指落下孔长度和宽度；对于长大平车，指大底架承载面长度；对于钳夹车，指悬挂长度，即两车耳之间的纵向距离。

（二）主要技术性能参数

大车技术性能通过性能参数来表述，性能参数主要有：

1. 载重：大车允许的正常最大载重量，也称标记载重，涂打在车辆适当位置。国外大车除标记载重外，还有最大载重（设计允许过载）。

2. 自重：大车本身的全部重量。

3. 自重系数：大车自重与设计标记载重的比值。在保证行车安全的情况下，自重系数越小就越经济，因此该指标既是技术参数又是经济参数。

4. 轴重：车辆总重与全车轴数之比。轴重一般不允许超过线路及桥梁所允许的数值。

5. 每延米重：车辆总重与车辆全长之比，它与线路及桥梁的设计施工标准有关，我国目前通用货车每延米重一般不得超过 8 t/m。我国载重量最大的 DQ_{45} 型 450 t 钳夹车每延米重为 10.05 t/m。我国每延米重最大的大车为 D_{30} 型 370 t 双联平车，每延米重 12.3 t/m。其次为 D_{23G} 型载重 265 t 长大平车和 D_2 型载重 210 t 凹底平车，每延米重分别为 10.87 t/m 和 10.64 t/m。

6. 构造速度：车辆设计时允许其正常运行的最高速度。本书指的是最高商业运营速度，也是最高运行速度，即车辆能适应长期持续安全运行的最高速度。车辆空重车速度不同时可分为空车最高运行速度和重车最高运行速度。

7. 过桥速度：按照《铁路桥梁检定规范》进行核算后，大车在各种铁路桥梁承载能力允许的情况下的最高通过速度。

8. 通过最小曲线半径：反映大车通过曲线的能力，我国铁路大车能够通过最小曲线半径一般为 145 m。

9. 特殊附加装置：侧移装置的侧移距离，提升装置的提升高度等。

二、运输对大车的性能要求

铁路运输对大车的要求是多方面的，包括平稳性、安全性、经济性等。

（一）平稳性指标

平稳性指标（W）是评定车辆运行中平稳程度的指标，是车辆运行时振动加速度和振动频率的综合反映。通过对平稳性指标的控制，保证货物在运输过程中不受损伤。W 值越小，车辆运行平稳性越好。

平稳性指标对大车来说不如对客车那么重要，我国目前对大车平稳性指标的要求是水平和垂直方向的 W 值均不大于 4.0。我国对铁路大车平稳性用动荷系数来评定显得更为实用。一般来说，速度在 120 km/h 以内，垂直振动加速度幅值不超过 $0.7g$，横向振动加速度幅值不超过 $0.5g$ 是符合大车运行要求的。

（二）安全性指标

车辆运行安全性有脱轨系数、轮重减载率和倾覆系数等评定指标。

1. 脱轨系数

脱轨系数用作用于轮缘上的侧向力与作用于车轮上的垂向力之比值来表达，脱轨系数越小越偏于安全，目前我国采用的脱轨系数安全指标为：第一限度值不大于 1.0，第二限度值不大于 1.2。脱轨系数不超过第二限度值是安全的，对于新设计大车尽可能不超过第一限度。

2. 轮重减载率

轮重减载率是指爬轨侧轮重减载量与两侧车轮的平均轮重的比值。其值越小越偏于安全，我国采用的轮重减载率安全指标为：第一限度值不大于 0.6，第二限度值不大于 0.65。

2018年国家铁路局颁布的TB/T 2553—2018《铁路长大货物车》标准增加规定：具有侧移功能的车辆，在曲线半径为小于或等于R（由设计确定，R不宜大于500 m）的线路上，试验确认安全通过的速度，移动心盘侧移时，轮重减载率$\Delta P/P \leqslant 0.9$。

3. 倾覆系数

倾覆系数（D）是指增、减载两侧轮轨间压力之差与两侧压力之和的比值。我国采用的倾覆系数安全指标为：D小于0.8。

（三）大车的经济性

大车的经济性所包含的内容较广，主要通过大车自重、载重、构造速度、装货的适应性以及使用寿命等技术参数指标来体现。大车设计上应尽可能地降低自重、提高载重和构造速度，尽量提高轨道允许的每延米重，尽可能充分利用铁路限界增大装货尺寸，并保证有合理的使用寿命。一车多能的组合式大车颇受用户欢迎，具有较好的经济性。

第四节 大车设计计算与试验检验

随着国民经济的快速发展和节能减排政策的大力实施，电力、冶金、化工、重型机械等行业的超限、超重型设备运输越来越依赖于铁路，对配套的铁路运输装备的要求越来越高。而我国铁路现行标准难以满足大车运输的特殊要求。因此，需针对在不同线路、环境运用条件下，大型货物运输对车辆总体性能和强度及车辆动力学性能指标等方面的要求提出大车专用设计、试验、验收技术标准。

一、结构强度

铁路货车强度参照TB/T 1335—1996《铁道车辆强度设计及试验鉴定规范》（修订为TB/T 3548—2019《铁道车辆强度设计及试验鉴定规范总则》及TB/T 3550.2—2019《车体 第2部分：货车车体》）进行分析计算、评估及试验验证。由于大车载重大，强度要求高，在结构设计时，采用等强度理念轻量化设计，并通过CAD/CAE结构优化分析和模拟试验，改善其应力分布；材料选用和车辆验收严格，可排除材料理论和实际的差异。由于大车运行速度低、使用次数少，可根据运用实践经验降低材料的安全系数，提高许用应力，减轻自重。目前，中国大车用高强度钢材的安全系数取值比国外大，但比国内其他钢材的安全系数略小。

二、结构模拟试验

大车结构模拟试验的试验目的是验证大车结构方案、查明其应力分布，以减少设计的失误。

模拟试验作为一种实验应力分析方法，是按照相似理论，设计制造一个与原型相似的模型，并模拟原型的载荷与约束，进行试验。根据试验结果，求出原型上的相应数值。对于大车结构强度要求较高，成本也高，而批量又很小，甚至是单件的产品，通常都进行先期模拟试验，以求能及早地、定量地验证结构方案设计的合理性，避免失误。模拟试验能像实物试验那样，直观地了解结构的应力分布情况，而且能及早地、定量地验证结构方案设计的合理性。模拟试验一般在产品试制以前进行，通过模拟试验，就能以较大的把握保证产品设计的成功。与其他车辆产品相比，大车结构模拟试验，对于大车结构强度设计有着更重要的意义。

在我国大车结构设计中，曾经进行过多项模拟试验，如D_{35}型350 t钳夹车钳形梁及等分撑杆模拟试验、D_{38}型380 t钳夹车大底架选型模拟试验及车耳模拟试验、D_{26}型凹底平车折角式凹底架模拟试验。通过D_{35}型钳夹车钳形梁及等分撑杆模拟试验，验证D_{35}型350 t钳夹车改造结构方案，保证了元宝山电厂发电机定子顺利运输。通过D_{38}型钳夹车大底架选型模拟试验，对大底架单向直梁和双向曲梁的强度、刚度、自重进行综合分析，从而优选了单向直梁方案，突破德国传统的双向曲梁模式，减轻了D_{38}型钳夹车的自重，促进了铁路长大货物车的技术进步。针对国内首次凹底平车折角式凹底架设计方案，提出了模型模拟试验方法，设计制造模型及加载装置，得出折角式凹底架弯角部应力分布规律和结构重点，使我国折角式凹底平车一次研制成功，凹底平车设计居世界先进水平。

大车结构模拟试验设备可以根据实际载荷作用工况制作专门的加载工装，还需要数据采集仪、压力传感器、位移传感器等。

三、结构刚度与稳定性

结构刚度的设计合理，可防止发生振动、颤振或失稳。我国大车的结构刚度与稳定性设计与评价应结合国内外相关标准和运用经验，刚度评定应以满足运用要求为依据，挠跨比评定应以在重车运用中货物承载结构不侵入机车车辆下部限界为基本原则。在计算车辆垂向动荷系数时，车辆弹簧静挠度叠加各级承载结构的挠度（视承载结构为弹性体），并进行模态分析，确定频率和振型，进一步试验研究动挠度和共振激扰情况。

EN 12663-2-2010《铁路应用　铁道车辆车体结构要求　第2部分　货车部分》规定：车体结构应保证适宜的刚度，使其能保持在自身允许的空间包络线范围内，并避免不可接受的动力学响应。目前，国外大车设计中没有对承载结构挠跨比明确规定，可通过结构预挠抵消重车的部分挠度。俄罗斯采用多轴铁路车辆底架谐振速度确定法，在评定承载结构强度和可靠性时考虑谐振因素，防止大车与下部限界发生干涉。

结构屈曲稳定性主要研究结构在特定载荷下的稳定性和确定结构失稳的临界载荷的屈曲分析，其各级承载结构屈曲稳定性的安全余量可适当减小。

四、车辆动力学性能

我国铁路货车和特种车辆的动力学性能一直按照GB/T 5599—1985《铁道车辆动力学性能评定和试验鉴定规范》和GB/T 17426—1998《铁道特种车辆和轨行机械动力学性能评定和试验方法》进行分析计算和试验验证。GB/T 5599—1985已修订为GB/T 5599—2019《机车车辆动力学性能评定及试验鉴定规范》，2019年12月10日发布，2020年7月1日实施，但此标准适用范围不包括大车。大车承载结构为多层，其动力学性能试验和实践运用中一些性能指标已经超出了现行标准。但经过理论分析及实际运用证明，并未影响大车的运用安全。

在运行平稳性方面，运行平稳性指标≤3.5时为优级，大车上部货物承载结构的垂向振动加速度≤0.7g，横向振动加速度≤0.5g，而中部、下部承载结构的加速度超过评定标准。货物装在大车最顶层的承载结构上并通过装载加固方式与其成为一体，需考虑每层承载结构的振动加速度情况。货车平稳性指标主要考核货物运输的完整性，即保证运输货物的承载结构的振动加速度符合要求，因此，在保证货物承载结构的振动加速度的同时，可放宽中部、下部承载结构的评定标准。多年的试验和实际运用经验表明，大车运用情况良好、安全、可靠。

在运行安全性方面，大车的评定标准与通用货车相同，按脱轨系数、横向力允许限度、倾覆系数、轮重减载率等指标评定。大车辆直线运行时，轮重减载率满足≤0.65的要求，但在曲线上运行时，超过评定标准。当通用货车低速通过曲线时，由于外轨超高、车辆各部分的横向间隙、旁承间隙以及车辆侧滚引起的一侧弹簧压缩变形等因素，导致簧上部分将在倾覆力矩的作用下向曲线内侧倾斜，这将使外侧轮发生较大的减载，使其作用于钢轨上的垂向力减小，释放了车辆在通过曲线时外侧轮作为导向轮在导向力作用下的爬轨趋势，从而产生较大的脱轨可能性；而大车车辆长度较长，为了减小通过曲线时车辆中部的偏移量，采用了内导向和侧移技术，通过曲线时，侧移装置中的滑动心盘带动上部承载结构及货物自动侧移向车辆外侧，使车辆上部承载结构及货物的承载支撑点偏离车体中心，外侧车轮发生较大的增载，使其作用于钢轨外侧的垂向力增大，抑制了爬轨趋势。因此，虽然大车轮重减载率超过了评定标准，但不会影响车辆的运行安全性。我国大车轮重减载率评定要求：车辆移动心盘无侧移时轮重减载率≤0.65，有侧移时轮重减载率可取≤0.9，这来自理论分析、长期的试验及运用实践。该评定要求已于 2018 年纳入 TB/T 2553—2018《铁路长大货物车》标准，2019 年 7 月 1 日实施。

五、试验检验

大车试验验证与通用货车基本相同，静强度、刚度试验参照 TB/T 1335—1996《铁道车辆强度设计及试验鉴定规范》（修订为 TB/T 3548—2019《铁道车辆强度设计及试验鉴定规范总则》）、TB/T 2553—2018《铁路长大货物车》、大车设计任务书和技术条件，车辆动力学试验按照 GB/T 17426—1998《铁道特种车辆和轨行机械动力学性能评定和试验方法》和 GB/T 5599—1985《铁道车辆动力学性能评定和试验鉴定规范》进行。

在铁路长大货物车动力学性能评定试验中，存在引用执行标准不确定的情况。有大量新造车型执行 GB/T 5599—1985，也有执行 GB/T 17426—1998。通过溯源分析认为，GB/T 17426—1998 基于 GB/T 5599—1985 编制，个别条款针对轨行机械（工程、养路机械和大车）补充简化。GB/T 17426—1998 主要是在 GB/T 5599—1985 的基础上进行了特殊简化。GB/T 5599—1985 和 GB/T 17426—1998 差异比较见表 1-4-1。总结大车线路动力学性能试验数据和评定，结合大车的特殊性，进行大数据分析。以往在具体的大车动力学性能试验中采取了一些可行的变通办法，经多年长期的实践证明是安全可靠的，但这些方法没有升级到试验方法标准，大车的试验鉴定仍然没有依据。应深入研究这些重要项点，通过规范立法的形式，规定大车动力学标准条款（如轮重减载率等指标），纳入大车总体技术规范中。

表 1-4-1　GB/T 5599—1985 和 GB/T 17426—1998 差异比较

<table>
<tr><th>章　节</th><th>条　款</th><th>GB/T 5599—1985</th><th>GB/T 17426—1998</th></tr>
<tr><td>总则</td><td>范围</td><td>标准轨距客车、货车（不包括长大、重载特种车辆）</td><td>特种车辆（大车和轨行车辆）、工程和养路机械</td></tr>
<tr><td rowspan="6">试验条件</td><td rowspan="2">试验车辆</td><td>新造经 5 000～8 000 km 运用考验</td><td>新造经 5 000 km 的磨合</td></tr>
<tr><td>有比较车</td><td>无</td></tr>
<tr><td rowspan="2">试验线路</td><td>曲线半径 300～800 m</td><td>曲线半径 300～600 m</td></tr>
<tr><td>侧线道岔最小号数为 12 号单开道岔</td><td>侧线道岔的最小号数为 9 号或 12 号单开道岔</td></tr>
<tr><td rowspan="2">试验速度</td><td>比设计构造速度高 10 km/h</td><td>比设计构造速度高 5～10 km/h</td></tr>
<tr><td>车站侧线道岔应按该道岔的允许最高速度通过</td><td>无</td></tr>
<tr><td rowspan="2">试验方法</td><td rowspan="2"></td><td>曲线采样段为 5～10 段</td><td>曲线采样段为 3～5 段</td></tr>
<tr><td>过道岔最高速度按道岔号数确定</td><td>过道岔最高速度按道岔号确定，9 号道岔为 30 km/h，12 号为 45 km/h</td></tr>
<tr><td rowspan="3">评定指标</td><td>轮重减载率</td><td>轮重减载率用于车轮轮重 P_2 远大于 P_1 的条件下，是否会因一侧车轮减载过大而导致脱轨。试验时，车辆应在通过 9 号单开道岔以及低速度通过小半径曲线的条件下测定（横向力为零或接近于零）</td><td>减载率用于车轮轮重 P_2 远大于 P_1 的条件下，是否会因一侧车轮减载过大而导致脱轨</td></tr>
<tr><td>横向力允许限度</td><td>混凝土轨枕：$H \leqslant 0.85\left(15+\frac{P_{st1}+P_{st2}}{2}\right)$（$H$ 为最大值）。式中，H 为轮轴横向力（构架力），kN；P_{st1}，P_{st2} 为车轮静载荷，kN。
按此评定，来源为 UIC 518：2009《在动力—安全—疲劳性能方面对铁路车辆的测试和认可》，静态轴重除以 3 改为除以 2（来源：法国试验结果）。
针对木轨枕和混凝土轨枕，按轮轨横向力和轮轴横向力（最大值）评定。其中，轮轨横向力来源为日本，针对木轨枕</td><td>混凝土轨枕：$H \leqslant 0.85\left(15+\frac{P_{st1}+P_{st2}}{2}\right)$（$H$ 为最大值）；$H \leqslant 0.85\left(15+\frac{P_{st1}+P_{st2}}{3}\right)$（$H$ 为平均值）。式中，H 为轮轴横向力（构架力），kN；P_{st1}，P_{st2} 为车轮静载荷，kN。
取消木轨枕和按轮轨横向力评定，增加平均值公式，用于稳定性分析、对比</td></tr>
<tr><td>倾覆系数</td><td>D 小于 0.8</td><td>D 不大于 0.8</td></tr>
</table>

续上表

章　节	条　款	GB/T 5599—1985	GB/T 17426—1998
数据处理	加速度	滤波截止频率 40 Hz。平稳性指标只计算 20 Hz 以下的频率成分。测力轮对和位移没有规定，一般测力轮对滤波频率为 200 Hz，位移滤波频率为 20 Hz	无描述
		加速度频谱分析，推荐取 20 s，以 2 s 为一段，每一段取 512 个点，共 5 120 个点。对每段的 512 个采样点进行快速傅里叶变换（FFT）得频谱。最终频谱图为 10 段频谱的均值	加速度的振动频率为 30 Hz 以下的所有频谱进行分析，频谱分析推荐取 20 s 为一段，每一段取 512 个点。对每段的 512 个测点进行快速傅里叶变换（FFT）得频谱。最终频谱图为 10 段频谱的均值

在强度试验中增加延时挠度测量试验，检测车辆承载结构是否会发生永久变形。在强度和车辆动力学试验中，需增加直线侧移试验。大车车体除垂向静载试验外，侧向载荷、纵向载荷、扭转载荷以及顶车载荷等其他载荷试验尚没有条件施加。对于大车过曲线时侧移的影响，统一在车辆动力学试验中以综合动荷系数来考虑。随车辆动力学试验同时进行的动强度试验，应全面记录大车各部件在重车以不同速度，在不同线路条件下运行的动应力。对于车辆动力学试验，由于大车特有的导向侧移结构，可根据不同导向工况通过的曲线半径分别进行空重车试验。此外，还设定了小曲线大超高、S 形曲线、复式交分及交叉渡线等重车试验工况，分别考核重车低速通过小曲线大超高、重车车体扭转、重车侧向通过的动力学性能和车体结构强度。考虑到装卸货均在工厂内部或施工现场进行，还需设置厂内专用线路重车专用线运用试验工况。

六、超限超重检查与验算

中国铁路总公司 2016 年发布的《超规》将超限货物分为 3 个等级：一级超限、二级超限和超级超限。将超重货物分为 3 个等级：一级超重、二级超重和超级超重。大车重车超重、超限时，车辆运用除符合车辆使用说明书外，还应满足《超规》的要求。图 1-4-1 为国家标准规定的一级超限限界图。

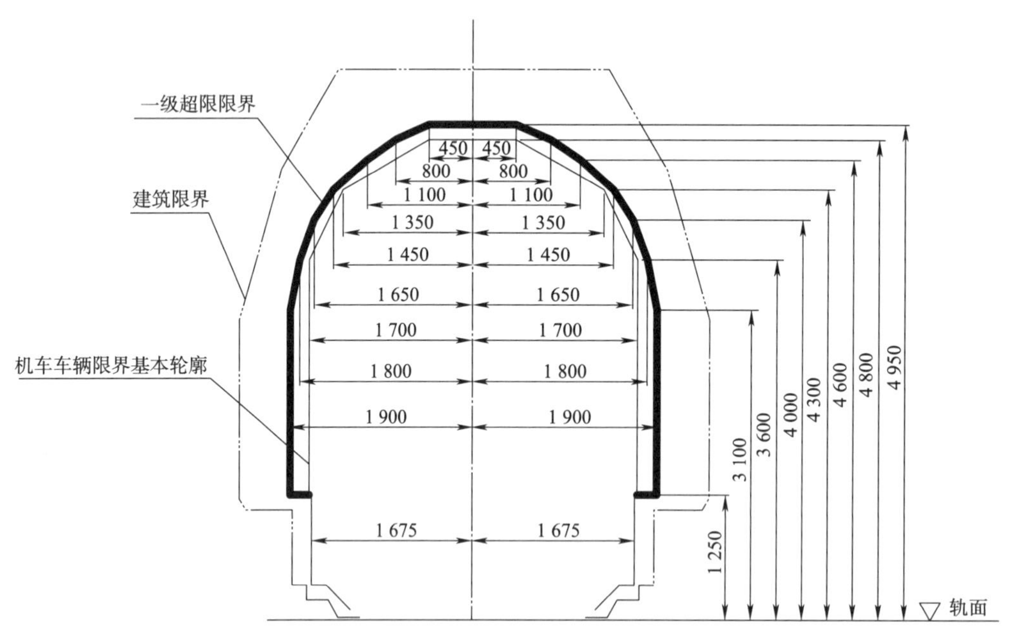

图 1-4-1　一级超限限界

按照《铁路桥梁检定规范》的有关规定进行过桥检算，根据过桥检算确定典型货物超重运输等级，车辆通过铁路桥梁性能应满足设计任务书要求。图 1-4-2 为中—活载图式。

《铁路桥梁检定规范》规定：活载系数 $Q>1$ 时，运行活载对桥梁的作用超过设计标准（中—活载），即超重。《超规》将超重货物分为 3 个等级：一级超重（$1.00<Q\leqslant1.05$），二级超重（1.05<

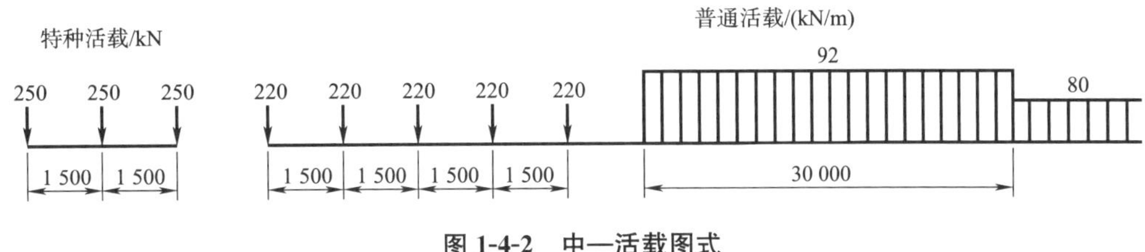

图 1-4-2　中—活载图式

$Q\leqslant 1.09$）和超级超重（$Q>1.09$），上述规定已纳入《超规》第十一条。我国超重货物分级表见《超规》附件 5。

第五节　大车设计定型和运用管理

包括大车在内的新型机车车辆的设计定型与政府主管部门、运营商和制造商密切相关。为加强新型铁路机车车辆的准入管理，确保其安全、可用、可靠和可维护，我国建立了完备的准入制度及管理体系，并明确了参与各方的职责。2013 年以前，我国铁路机车车辆的准入管理由铁道部统一负责，2013 年以后，国家铁路局作为政府主管部门负责机车车辆的行政许可及监督管理，中国铁路总公司（现国铁集团）作为铁路运营商，为满足运输需求和经营管理需要，研究制定了《中国铁路总公司机车车辆设计定型管理办法》（铁总科技〔2014〕169 号），明确了新型机车车辆设计定型过程，规范了设计定型的要求。中国铁路大车造修企业据此开展大车设计研制工作。

由于大车运用管理、货物运输组织和技术难度都明显有别于普通货车，长大货物装载要严格按照《加规》装载，运输组织运用管理要遵照《超规》执行。具体来说，超长、集重但不超限的货物，只要制定安全的装载加固方案，即可按普通货物运送条件运输（其技术条件另有规定者除外）。否则，应严格按照超重超限货物运输相关规定运输。大车运输装载的超限重型货物多为关系国家重点工程建设的价值千万元的重要核心设备，为了确保运输的安全，运输前由铁路主管部门组织召开运输协调会，审查运输方案，确定装载加固方案、运输经路、编组调度。检查车辆技术状态，探伤车辆关键受力部位及装载加固装置，必要时进行均载试验。在运输过程中，全程监控车辆关键部件和关键受力部位的技术状态及车辆的运行情况。

一、大车设计定型

（一）产品准入设计定型管理简述

我国在铁道部时期采用行政许可和市场准入方式进行管理。铁道部发布了《铁路产品认证管理办法》（铁科技〔2003〕104 号）。为进一步开展机车车辆产品行政许可、定型鉴定及产品认证工作，铁道部发布了《关于明确新型机车车辆产品分类原则及运行考核作业考核里程和时间要求的通知》（铁科技〔2011〕206 号），明确了新产品分类，按分类确定运用考核里程和时间标准。

2013 年 3 月，铁道部实行铁路政企分开，取消铁道部，组建国家铁路局和中国铁路总公司。国家铁路局和中国铁路总公司各负其责，均建立并延续了一整套机车车辆定型管理政策法规体系。国家铁路局发布《铁路机车车辆设计制造维修进口许可办法》（交通运输部令 2013 年第 13 号）、《铁路机车车辆设计制造维修进口许可实施细则》（国铁设备监〔2014〕19 号）等行政许可管理规定。《铁路机车车辆设计制造维修进口许可实施细则》规定了机车车辆的设计、制造、维修、进口的许可实施，可操作性比较强。但在一些细节上没有明确，例如申请型号合格证时要求"关键零部件和设计样车通过型式试验"，缺少关键零部件的定义；要求整车通过型式试验，但没有相关标准明确规定型式试验项目和指标等；没有明确规定运用考核与解体检查时的里程、时间等。用于中国铁路总公司运营铁路的新型机车车辆首先应该符合国家铁路局的相关准入管理制度，但同时为确保机车车辆设计定型达到中国铁路总公司的相关要求，2014 年 6 月，铁路总公司研究制定《中国铁路总公司机车车辆设计定型管理办法》（铁总科技〔2014〕169 号），明确机车车辆设计定型过程各相关单位的责任和范围、新型机车车辆设计方案申请和评审、型式试验、运用考核和解体检查等环节的具体要求。其附件 2 明确了新型铁路机车车辆运用考核里程和时间及负荷率的要求，与铁科技〔2011〕206 号的规定基本相同；明确了新型机车车辆分为全新型新产品、重大改进型新产品、一般改进型新产品，并按不同新产品分类确定运用考核里程和时间标准。其中大车在设计定型铁路机车车辆目录中编号为 0408，特种货车为 0413。对于全新型、重大改进型大车运用考核里程和时间为正常负荷一年，一般改进型新大车原则上不进行运用考核。

（二）新型铁路大车产品分类（产品准入设计定型）

1. 新型铁路专用产品（包括新型铁路大车）是指应用新技术原理、新设计构思研制的全新铁路产品，或者在结构、材料、关键系统等某一方面或几个方面比已定型产品有明显改变，从而显著改变了性能、使用功能或系统配置中某一方面或几方面的铁路专用产品。新型铁路专用产品需要确定新的型号，分类为全新型、重大改进型、一般改进型，是确定运用考核里程和时间标准的依据，应在设计方案评审时确定。

2. 全新型铁路专用产品是指应用新技术原理、新设计构思研制的全新产品，或者在已定型产品基础上，应用新技术原理、新设计构思，对整车或转向架、车体、牵引传动系统、制动系统、控制系统等一个或几个关键系统、关键结构进行重大调整，使得速度等级、轴重、轴式、牵引功率等主要性能需要重新定位的新型铁路专用产品。

3. 重大改进型铁路专用产品是指在已定型产品基础上，应用新技术原理、新设计构思，对转向架、车体、牵引传动系统、制动系统、控制系统等一个或几个系统进行较大调整，但速度等级、轴重、轴式、牵引功率等主要性能不需要重新定位的新型铁路专用产品。

4. 一般改进型铁路专用产品是指在已定型产品基础上，应用成熟技术，在客户界面、局部结构、局部配置、系统集成等方面有所调整，需要确定新的型号，但不影响安全性能的新型铁路专用产品。

全新型铁路专用产品需要进行全面评定，重大改进型铁路专用产品需要对调整引起的变化进行评定，全新型和重大改进型需要运用考核，一般改进型铁路专用产品原则上不需要运用考核，仅对调整引起的变化进行型式试验或其他方式验证及评定。

（三）大车设计定型过程

1. 方案论证

根据设计输入完成方案论证，编写研制开发论证报告。

2. 设计方案评审

对新型大车在研究开发过程中拟定的技术条件、设计方案进行评价。评审技术条件，设计方案研究报告，整车和关键零部件结构、参数、性能等计算报告，知识产权评估报告、主要设计图样等。

3. 样机试制及试验

根据设计方案评审批复进行整车图样设计，进行样机试制，样机试制完成后，按照 GB/T 5601《铁道货车检查与试验规则》中规定的试验项目进行相关试验。

4. 试用评审及试用

对新型铁路货车样车是否能够上正线运用考核进行评价。评审研制工作报告，试制工作报告，质量检测报告，监造相关工作报告，主要设计图样、技术条件和使用维护说明书，整车和关键零部件型式试验报告，运用考核和解体检查大纲等。

5. 技术评审

对新型铁路货车样车是否能够满足设计定型条件进行全面评价。主要评审研制工作报告，试制工作报告，质量检测报告，监造相关工作报告，主要设计图样、技术条件和使用维护说明书，整车和关键零部件型式试验报告，运用考核和解体检查报告，知识产权评估和规划报告等。

6. 设计定型

按照国家相关定型管理办法要求，完成车辆定型工作。

二、长大货物车运输管理规章沿革

新中国成立后第一本与超限货物有关的规章为1952年铁道部颁布的《阔大货物装运暂行规则》(铁道部令铁车技〔52〕第三十五号)，规定了超限货物的装运请求和处理、装载到超限车运行，首次给出阔大货物、超限货物定义。1954年，铁道部令铁商条武〔54〕字第143号《货物运送规则》将《阔大货物装运暂行规则》作为其附件，继续沿用了对超限货物的相关规定。1961年，铁道部制定了单独的《铁路超限货物运送规则》，1964年修订（铁运调〔63〕字第4230号)，将超限货物划分为一级、二级、三级和超级超限，并列出了各级超限限界尺寸，增加了超限货物装载加固及国际联运超限货物相关规定。1965年，铁道部将《铁路超限货物运送规则》与《铁路货物装载加固规则》合并，修改为《货车满载加固与超限货物运输规则》(〔65〕铁运货字第569号)，规定除超过机车车辆限界的为超限货物外，超过特定区段装载限界的也为超限货物。1971年，原交通部颁布的《铁路货物运输规程》(〔71〕交铁运字1368号)将超限货物运输相关规定并入其中，铁路主管部门为交通部，削弱了超限货物运输组织管理，在超限等级划分时取消了原来的一级超限，并将二级、三级超限改为一级、二级超限。1979年，铁路主管单位由交通部又改为铁道部。铁道部又制定了单独针对超限货物运输管理的《铁路超限货物运输规则》(〔79〕铁运字1900号)。该规则是执行时间最长的一部超限规章，一直到2007年新修订规则颁布，该规则方才废止。2007年，为适应铁路客货列车提速、动车组开行、铁路电气化的运输环境，铁道部修订公布《铁路超限超重货物运输规则》(铁运〔2007〕62号)，将超重货物管理纳入其中，对超重货物进行定义并划分超重等级，完善了提速条件下超限车的运行条件，增加了电气化运输、超限超重货物专列运输相关规定。2015年，中国铁路总公司修订颁布TG/HY 102—2015《铁路货物装载加固规则》(铁总运〔2015〕296号)。2016年，中国铁路总公司修订颁布TG/HY 106—2016《铁路超限超重货物运输规则》(铁总运〔2016〕260号)。

三、长大货物的受理和承运

托运人托运长大货物时，除按一般货物办理手续外，还应向发站提供必要的技术资料（见《超规》)。

1. 超长和集重货物

(1) 货物外形尺寸图。

(2) 应以“+”符号注明货物重心所在位置及其有关尺寸、货物重量（超过承运人计量能力的货物由托运人确定货物重量，并应有货物生产厂家出具的货物重量证明文件)。

(3) 货物支重面的长度和宽度。

(4) 计划装载、加固方案。

2. 超限货物

(1) 托运超限货物说明书、货物外形的三视图纸、并须以“+”符号标明货物重心位置。

(2) 自轮运转的超限货物，应有自重、轴数、轴距、固定轴距、长度、转向架中心销间距离、运行限制条件，以及过轨技术检查合格证。

(3) 必要时，应附有计划装载、加固计算根据的图纸及说明。

对超限的大型设备，设计生产单位应在设计的同时考虑装载加固和运送条件；托运时，应采取可能的措施，尽可能降低超限程度。

托运人应按照车站的要求，配齐符合安全要求的加固材料和装置。发站在接到托运人托运长大货物申请后，应按照规定的技术作业程序审查资料、测量数据、研究装车方案、对超限货物计算和确定超限货物等级，并以电报形式向上级请示装运办法。

发站装运超长、集重货物，如已有定型装载加固方案则不须请示；否则，必须发电报请示装运方案。超限货物运输，发站应以下列范围向上级请示装运办法：超限超重货物专列开行需求由特货公司或始发铁路局集团公司受理；跨三个及以上铁路局集团公司的专列，由国铁集团牵头，组织有关部门和技术专家，制定专列安全运输技术方案；跨及两个铁路局集团公司及铁路局集团公司管内开行的专列，由相关铁路局集团公司自行组织开行，有关要求比照规定执行。

钳夹车、载重 260 t 及以上的落下孔车、载重 300 t 及以上的凹底平车装运的超限、超重货物，应开行超限超重货物专列。其他需要采取全程派人监护、监测运行等特殊安全保障措施的重车，也可组织开行超限超重货物运输专列。

四、长大货物的检查装车和途中检查

长大货物装车前的检查包括货物检查和车辆检查（见《超规》）。发站要正确检查测量货物各部位的尺寸，确定装车装载方案和运输条件。同时，要检查挑选的车辆，做好装车准备。

装车前，要按计划的装载状态测量货物的长度、高度和宽度。高度和宽度包括中心高度、宽度和侧高度、侧宽度。

装车时，应按函指示装载方案的要求装车。先在车地板上正确测量、计算并标画出车辆的纵、横向中心线，以及货物重心和货物装妥后的预定位置，使货物的装载达到安全、稳定、牢固。

如所装货物为超限货物，装车后，发站应进行装车后测量（按装载的实际状态），并填发超限货物运输记录。在货物两侧明显处，以油质颜料书写或刷“×级超限”字样。为确保超限货物的运输安全，必要时可安装检查架。

装运长大货物的车辆在运输过程中，由于颠簸过曲线、上下坡道及列车制动等原因，装载加固状态会有所改变。为保证长大货物的运输安全，特别是超限货物的安全，装运长大货物的车辆在发站和途经的技术站、指定的检查站，须进行严格的检查：①装载加固是否稳妥牢固，货物有无移动；②车辆技术状态以及车辆转向架左右旁承游间是否符合规定。

如属超限货物还需检查：①有无超限货物运输记录，记录填写是否完整；②各部位尺寸是否与批准的文电相符，检查架的尺寸是否符合要求。

五、长大货物列车的运行

挂运超限货物的列车运行必须严格遵守超限列车会车、运行接近建筑物等设备的各项技术要求（见《超规》）。

（一）超限列车会车应遵守的规定

1. 邻线列车运行速度小于等于 120 km/h 的，两运行列车之间的最小距离大于 350 mm 者不限速，300 mm 至 350 mm 之间者运行速度不得超过 30 km/h，小于 300 mm 者禁止会车。

2. 邻线列车运行速度大于 120 km/h 且小于等于 160 km/h 的，两运行列车之间的最小距离大于 450 mm 者不限速，400 mm 至 450 mm 之间者运行速度不得超过 30 km/h，小于 400 mm 者禁止会车。

3. 邻线列车运行速度大于 160 km/h 的，禁止会车。

在曲线地段必须按规定相应地加宽。

（二）超限列车运行中接近建筑物等设备时应遵守的规定

1. 超限货物的任何超限部位与建筑限界之间的距离（简称限界距离），在 100 mm 至 150 mm 之间时，时速不得超过 15 km。

2. 限界距离在 150 mm 至 200 mm 之间时，时速不得超过 25 km。

3. 限界距离不足 100 mm 时，由铁路局集团公司根据实际情况规定运行办法。必要时可临时改变建筑物或固定设备，在列车运行后予以恢复。

六、超长、集重货物装载加固

由于运输货物的多样性，大车装载加固没有定型方案，载重量较大的大车的货物装载加固方案需根据所运货物特殊性确定。如 D_{32A} 型凹底平车设计时在凹底架上弯角处设置了顶紧装置用于顶紧货物，车地板上开有供加固货物用的螺栓孔，落下孔车在车辆相关位置设计了专门支承梁、横向和纵向紧固装置，用于装运轧机机架。货物的装载加固应满足《加规》的要求。中国铁路货物装载加固标准，由《加规》与《加规》附件1《铁路货物装载加固定型方案》组成。

为了保证货物、车辆的完整和列车运行安全，超长、集重货物装载加固时，须符合下列基本技术条件：

（1）货物本身捆绑牢固，其加固形式应与货物的重量、形状、大小等特点相适应。必须保证能经受正常的调车作业以及列车运行中所产生的各种力的作用，使货物在运输过程中不致发生移动、滚动、倾覆、倒塌和坠落。

（2）装载货物的重量，除另有规定者外，不得超过货车标记载重，并应合理分布在车地板上，不得偏重。

（3）货物重心的投影，一般应位于车底架纵、横向中心线的交叉点上。特殊情况下必须位移时，横向位移不得超过100 mm，超过时要采取配重措施；纵向位移时，每个车辆转向架所承受的重量一般不得超过货车标记载重量的二分之一，且两转向架承受重量差不得大于10 t（另有规定者除外）。

（4）重车重心高一般不得超过2 000 mm。超过2 000 mm时应按表1-5-1限速运行。

表1-5-1　重车重心高度和运行限速　　单位：km/h

重车重心高度 H/mm	运行限速	通过侧向道岔限速
$2\,000<H\leqslant 2\,400$	50	15
$2\,400<H\leqslant 2\,800$	40	15
$2\,800<H\leqslant 3\,000$	30	15

（5）当一件货物宽度等于或小于车底架时，突出货车端梁长度不得超过300 mm；大于车底架宽度时，突出货车端梁长度不得超过200 mm。超过时必须使用游车。当装载货物突出车端不加挂游车时，货物突出端不得与带风挡客车连挂。

（一）超长货物装载加固技术条件

一般超长货物需用两辆以上平车装车，并组成连挂车组。其装载方法有两种：一种是一车负重加挂游车；另一种是两车跨装（其间或加挂游车）。

1. 超长货物一车负重运输装载加固

（1）利用游车装载的货物与超长货物突出部分的距离不得小于350 mm。

（2）在超长货物突出部分的两侧，不得装载货物。

（3）共用游车时，两个突出货物之间的距离不得小于500 mm。

（4）超长均重货物的一端或两端突出端梁时，其装载量不得超过《加规》规定限制。

（5）超长非均重货物重心的投影不在货车横向中心线上时，其装载量不得超过《加规》规定限制。

2. 超长货物两车跨装运输装载加固

（1）跨装货物只准两车负重。负重车底架高度应相等，否则，应予以垫平。

（2）跨装货物应采用货物转向架运。

（3）货物转向架应放在车辆的横向中心线上。

（4）两车跨装的超长货物，重量不得超过载重量较小车标重的一倍。负重车每个转向架的荷重不得超过货车标重的二分之一。

（5）除另有规定者外，两负重车间只准加挂一辆游车。

（6）跨装货物的装载加固方法，不得影响车辆转向。连挂车组必须使用车钩缓冲停止器。

（7）两辆以上跨装的连挂车组通过9号及以下道岔时，不得推送调车。

（二）集重货物装载加固技术条件

1. 货物重量应均匀分布于货车中梁和两个侧梁上，尽可能使货车受力平衡，防止偏重压死旁承，甚至损坏车辆。

2. 货物重心的投影应位于车底架纵、横向中心线的交点上。纵横向有位移，必须采用配重等措施。

3. 重车重心高度超过 2 000 mm 时，可采取配重措施，降低重车重心高度或按规定限速运行。

4. 当集重货物支重面长度小于规定的长度时，须铺垫横垫木。如集重货物支重面长度小于两横木之间的最小距离时，应铺垫横、纵垫木。

七、大车运用与检修

大车实行定期检修、集中存放和定点专业化管理。大车由铁道部指定的车辆厂、车辆段进行定期检修，按照相应的厂段修技术标准执行。1966 年，铁道部规定大车运用保养须在部指定常备站集中停放，各铁路局使用后请求回送去向命令，未经同意不得在非常备站备用或长期停放。1974 年 8 月，交通部下发《关于加强大车检修、管理的通知》，自 1975 年起固定大车段修施修单位，其中 110 t 及以上、90 t 和 100 t、50 t 和 60 t 凹底平车、40 t 凹底平车和 60 t 落下孔车由哈尔滨铁路局绥化、沈阳铁路局苏家屯、郑州铁路局郑州北和成都铁路局成都车辆段负责，60 t 以下平车不再固定段修施修单位，由全国各货车车辆段按一般货车扣修。1994 年 12 月，根据大车使用周期长、范围广、利用率相对低的特点，遵循“全国运用、定点集结、集中检修”方针制定《铁路大车段修规则》，防止定检到期、过期车装车运用。1998 年 5 月，为缓解大车数量不足导致的运能与运量矛盾，铁道部决定在香坊、沈阳、太原西、郑州东、何家湾、衡阳、兰州西、德阳站建立铁道部 D 型车备用基地，在满洲里、大连北、西安西、闵行、自贡、黄浦站建立补充备用基地，以加强调度集中指挥，适应货源变化和运输组织工作。

多年来，大车检修运用管理一直沿用通用货车的定期检修模式，2005 年以前制造的大车，实行辅修周期 0.5 年、段修 2～3 年、厂修 8～10 年的规定。2005 年以后新造大车取消了辅修，段修和厂修仍沿用以前的规定。大车采用定期检修模式暴露出不少弊端。由于大车多是为运输某一类货物而制造的，当货物发生变化时，车辆的运用情况会变化。有些大车经常闲散于各处，甚至长期闲置，定检到期时往往难以如期回送至检修单位。因此，应改革现有大车检修体制，对特大型大车（钳夹车、载重 260 t 及以上的落下孔车、载重 300 t 及以上的凹底平车）实行专门的车辆段固定配属，根据大车的累积走行公里数及实际的运用状态实行状态管理。而对于载重吨位较小的大车，仍实行定期检修，适当延长段修、厂修的周期。

为充分发挥铁路货车运用管理对提高运输保障能力的积极作用，不断推进铁路货车修程修制改革，确保铁路运输安全和畅通，中国铁路总公司机辆部自 2015 年 10 月份起组织对《铁路货车运用维修规程》（铁运〔2010〕141 号）进行了全面修订，新修订的《铁路货车运用维修规程》（铁总机辆〔2018〕184 号）于 2018 年 10 月 31 日颁布，2019 年 3 月 1 日起实施。新增铁路大车的作业标准。对铁路大车的特殊技术检查等进行了规定；明确了标记载重不同的铁路大车在装车前、装车后、卸车后及编入货物列车运行途经列检作业场等不同运输形式下的检查范围和质量标准；根据铁路大车标记载重，区分有车辆乘务员和无车辆乘务员的作业范围。见附录 1-5《铁路货车厂修规程》（TG/CL 110—2018 铁总机辆〔2018〕203 号）表 1-1-1 铁路货车定期检修周期表。2020 年 12 月 10 日，《铁路货车段修规程》通过国铁集团技术专家委员会咨询论证，2021 年实施。

为使特大型大车保持良好的技术状态，由固定专业人员负责检修及日常保养。在运输中，由于载重量大、重心高，一些零部件会发生磨耗、松弛、变形、裂纹、折损等现象，这些故障有的将会直接危及列车运行安全。因此，停车检查时，必须严格执行标准化作业，及时发现故障并妥善处理，以确保车辆技术状态良好。运输结束后，车辆停放在车库内，以防风吹雨淋、配件丢失及隐患事故的发生，保证车辆的使用寿命。大吨位载重量的大车在长时间不用时，为防锈蚀，建议每月运转 1 次。

八、大车运用安全关注问题

大车因其特殊性，在运用过程中须加强安全管理，否则就会造成故障或事故，轻则损坏车辆，重则酿成重大行车事故。大车不同于铁路普通货车，其运用不仅仅局限于从甲地到乙地的承载运输，还包括装载加固方案的制定、装卸车方式，装载加固装置的设计、制造及实施和超偏载等情况。对于载重 280 t 及以上大车，由于专列运输，现场有乘务人员指导装卸车，而对于载重 280 t 以下非专列运输大车的装、卸车，现场无乘务人员指导，因装卸车不当造成损害车辆的现象屡有发生。车辆运用常见的危及行车安全、损坏车辆现象主要有如下几类。

（一）累积施焊装载加固装置

为固定货物，防止货物在运输过程中发生移动、滚动、倾覆等情况，根据《加规》要求，货物装车后，在车体上焊接了钢挡、围挡等加固材料。在重车情况下反复在承载面上大面积施焊装载加固装置，易造成车体材料的金相变化，损坏车体，常见的现象就是发生车体下挠，即车辆承载面距轨面的高度大大降低，造成车辆报废。D25A 型凹底平车装车情况如图 1-5-1 所示。

（二）不合理的装载加固方案

1. 凹底架上弯角处的施焊问题

部分凹底平车凹底架上弯角以及车耳处有频繁施焊痕迹，因不合理的装载加固方案导致在不该施焊的地方施焊，会损坏车辆，造成车体承载面下降，可能危及行车安全。

2. 凹底平车采用双支撑方式解决集载问题

《加规》规定：平车、凹底平车、长大平车局部承受货物重量时，车辆横中心线两侧等距离范围内承受均布载荷或对称集中载荷时，容许载重量有明确规定。凹底平车出现承载面下挠，应该与不合理的装载加固方式有关。D15A 型凹底平车采用双支撑方式装运变压器如图 1-5-2 所示。

图 1-5-1 D25A 型凹底平车装运轧辊

图 1-5-2 D15A 型凹底平车采用双支撑方式装运变压器

3. 超、偏载问题

铁路部门依据用户提供的图纸制定装载加固方案，但有时用户提供的图纸外形尺寸、承运货物重量、货物的重心位置和承运货物实际的外形尺寸、承运重量、货物重心位置存在差异，造成依据图纸设计的装载加固方案实施装载后，对车辆造成不利影响，会造成车体变形或一侧旁承压死，影响货物的运输安全。

（三）车辆的整车检查

DK36、DK36A 型落下孔车，需要拆车才能完成货物装卸。货物装卸时必须将连接两片侧承梁的拉杆和一片或两片侧承梁卸下，调整连接撑杆的长度或更换空重车撑杆，DK36 型车还要更换导向梁，检查滚子排或移动心盘的状态。装卸车后不仅应对走行部及制动装置进行检查，还应对侧移装置及侧承梁、连接撑杆、液压管件、风管等部位进行检查。中铁特货公司会同中车齐齐哈尔、长江车辆有限公司、哈尔滨车辆段，制定《DK36A 型落下孔车装卸车作业规范》（特货装〔2017〕62 号）、《DK36 型落下孔车装卸车作业规范》（特货装〔2018〕25 号），严格规范装卸车作业，要求装卸车后检查。

（四）企业专用线曲线半径及线路质量

全路路网正线线路质量均为标准线路，曲线半径及线路质量都符合使用要求。但部分企业专用线曲线半径可能会小于提供的曲线半径，且线路有可能年久失修，因此大车进出企业专用线一定要对小曲线半径及线路质量进行复核，严格按照原铁路总公司机辆部颁布的《大车运行条件》，尤其超大型专列运输车辆的装、卸车现场，确保运输安全。

（五）高强钢的使用

因高强钢焊接有严格的焊接条件，现场装载加固人员素质、焊接水平参差不齐，为保证车辆安全。采用高强度钢大车，在装载加固施焊部位用不同颜色及文字标示，并在使用说明书中注明焊接工艺条件。条件允许，可在高强钢上铺设一层可焊普通钢，以方便现场作业。

第六节 大车关键技术问题

这里阐述的铁路大车关键技术，主要是指限制我国铁路大车发展的瓶颈问题，如重车重心高限速、过桥限速等运行条件限制，材料许用应力和安全系数、安全刚度条件、动荷系数、纵向载荷等技术标准，经济成本和使用效率等问题。这些问题，是我国与世界铁路发达国家的差距所在。这些问题不着重研究解决，将导致我国的一些大车技术指标难以达到或超越世界领先水平。

一、管理规章和基础设施

（一）运行速度

提高大车运行速度，是降低大型货物运输费用和提高生产效率的有效方法。20 世纪，国外铁路大车重车速度一般为 80～90 km/h，苏联新型大车的最大速度一般为 120 km/h。西德 500 t 钳夹车的空车构造速度为100 km/h,重车最大运行速度为 90 km/h。我国载重吨位小的大车为 100 km/h，一些新造大车空车最高运行速度可达到 120 km/h，而载重吨位大的大车由于重车重心高度的限制，重车实际运行速度都不超过50 km/h。因为铁路大件货物装载后重车重心高度大多在 2 000～2 400 mm 之间，根据《加规》规定重车重心高度超过 2 m 时，需限速运行（表 1-5-1），严重限制了铁路重车实际运行速度，同时对铁路正常运输干扰极大。因此，研究合理的重车重心限制高度是提高实际运行速度的重要途径。而美国 AAR 规定在重车重心高度 2.489 m 范围内，运行速度不受重车重心高度的限制。

近年来，我国铁路运行条件发生很大变化，线路情况、机车、车辆等设备情况都有很大提高，应适时开展重车重心高超过 2 000 mm 后提升运行速度的研究，以提高超限货物运输效率，减少对铁路正常运输的干扰。同时，研究小吨位大车的限制速度问题。目前大车普遍的运行速度为空车 100 km/h，部分车型构造速度为 120 km/h，还有部分老旧车型构造速度为 80 km/h。D_{22A}、D_{9A}、DK_{17A}、D_{15A} 以及 DA_{21}、DA_{25} 等车型多年的运用情况表明，这些车能够适应 120 km/h 的运输工况。载重 250 t 及以下大车的构造速度如通过动力学试验验证能够满足 120 km/h 时，应按试验数据确定车辆构造速度；为确保大车运输安全，250 t 以上大车构造速度通过试验可以确定为 100 km/h。

（二）线路轴重

提高轴重和每延米重，是提高载重的有效措施。但需要考虑铁路两大基本建设设施：线路和桥梁。

我国大车设计受线路轴重限制较大。目前大车设计基本上是 E 轴，按实际允许轴载 23.43 t 设计，少部分按 25 t 轴重设计。我国轴重与国外差距较大。德国为美国制造载重 807 t 钳夹车的轴重为 G 轴 35.7 t。美国大车具有较高的静轴载荷（300 kN 和 300 kN 以上）和较大的每延米重（达 134 kN/m）。德国及欧洲其他一些国家新造车辆的设计轴载荷为 233/245 kN，大车转向架，考虑到单个车轮过载，轴载荷设计为 294 kN。由于美国采用了大轴重，因而设计了世界上载重量最大的凹底平车——GEX 80003 型 20 轴载重 453.6 t 凹底平车。在车辆技术方面，如果我国线路允许轴重达到 27 t 和 30 t 轴重，我国新型大车设计可达到下一个等级（按轮对数）的承载能力。为运送极限功率的变压器和大型发电机，在结构和选材方面采取减重措施情况下，即可实现承载能力约 550 t 的大车。

（三）桥梁活载

中国铁路桥梁活载标准和检定规范长期没有改变，既有桥梁的承载能力一直较低，铁路桥梁是制约中国铁路大型货物运输的关键。长期以来，桥梁活载标准一度束缚了中国大车载重吨位的提高。轴重大、轴间距离小，则车辆过桥时对桥梁的影响大，车辆过桥速度需限速降低。减轻自重、降低载重、增加轴数、优化转向架轴距及邻轴距是提高过桥速度的主要途径。然而，减轻自重既受强度标准的制约，又受刚度条件的束缚；而降低载重缩小了车辆的适用范围；增加轴数、优化转向架轴距及邻轴距也存在两个问题：首先是导致车辆长度明显加大，通过曲线时内偏移量增大，车辆超限运输能力降低；其次是长度增大后，反过来又加大了自重，降低了车辆过桥速度。

我国1979年、1998年、2010年分别研制的D_{35}、D_{38}、DQ_{45}型钳夹车其载重能力逐级提高，车辆自重的减重已至极限，自重系数从0.83降为0.46，过桥能力从最初的无法满足桥梁活载标准到可以10 km/h通过最不利32 m混凝土桥梁，通过采用高强钢材、优化车辆结构参数、车辆长度不断加长，在活载标准不变的情况下提升过桥能力。而1987年德国制造的500 t钳夹车，每延米重11.34 t/m，重车最高运行速度65 km/h，若采用中国活载标准，按照《铁路桥梁检定规范》进行核算后，大车过桥速度值为零，根本无法通过中国铁路桥梁。国内外钳夹车性能对比见表1-6-1。

表1-6-1 国内外钳夹车性能对比表

性能参数	德国500 t钳夹车	D_{35}型钳夹车	D_{38}型钳夹车	DQ_{45}型钳夹车
载重/t	500	350	380	450
自重/t	216	290	226	205
自重系数	0.43	0.83	0.59	0.46
轴数	32	32	32	28
轴重/t	22.38	20	18.94	23.39
空车车辆长度/mm	50 502	50 168	52 718	53 420
重车车辆长度/mm	63 152	62 218	64 818	65 150
每延米重/（t/m）	11.34	10.29	9.35	10.05
空车最高运行速度/（km/h）	90	80	90	100
重车最高运行速度/（km/h）	65	30	50	60
最低过桥速度/（km/h）	超级超重	超级超重	10（超级超重）	10（超级超重）
研制时间/年	1987	1979	1998	2010

由世界各国列车活载图式可见，美国CooperE80、苏联CK14是20世纪60年代制订的活载标准，着眼于发展，活载标准较高。欧洲各国普遍认同欧洲国际铁路联盟制订的UIC活载图式，其标准居中，而且相对应用灵活。国际铁路联盟委员会通过检算，推荐两种列车活载图式：一种表示铁路主干线上的一般交通标准，即UIC图式，如图1-6-1所示；另一种表示超重型活载标准为SW图式，如图1-6-2所示。

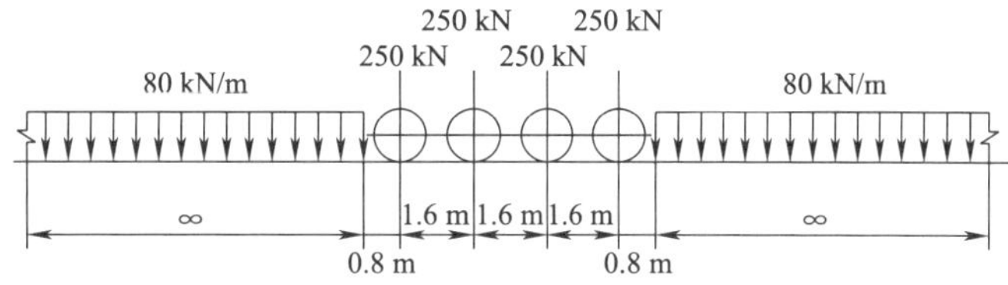

图1-6-1 欧洲UIC活载图式

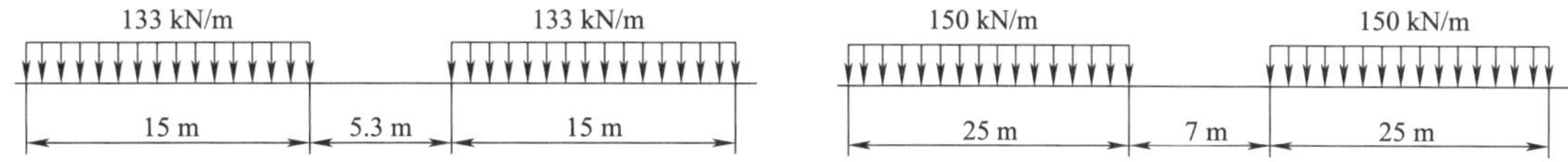

图1-6-2 欧洲SW活载图式

UIC标准规定，设计中应在规定图式的基础上乘以“分级垂直活载”系数α，α为0.75、0.83、0.91、1.00、1.10、1.21、1.33。各国可以在采用UIC列车活载图式的基础上，结合本国国情，由有关当局来规定乘以各自合适的分级系数，使线路得到较重或较轻的设计活载图式。动力系数上也做出适当的调整。SW活载图式是专门为适应特种重型大车制订的活载图式（如凹底平车、落下孔车等），值得我国借鉴。德国Uaai823型16轴载重230 t凹底平车，最大载重250 t，轴重22 t，每延米重9.5 t/m。

中国采用50 kg钢轨和60 kg钢轨，增加75 kg钢轨，好于德国等欧洲国家。欧洲大车，尤其是钳夹车，每延米重已超过11 t/m。中国桥梁标准远低于美国，与德国等欧洲国家1984年执行的标准相同，与UIC相近。20世纪80年代以前，德国等欧洲线路桥梁标准还没达到UIC标准，但大吨位钳夹车每延米重均高于中国钳夹车。各国桥梁活载标准和钳夹车每延米重见表1-6-2。

表 1-6-2　20 世纪 80 年代前各国桥梁活载标准和钳夹车每延米重

国　家	桥梁活载标准		钳夹车		
	标准	每延米重/（t/m）	载重/t	每延米重/（t/m）	占标准活载/%
美　国	E-80	11.9	454	14.5	122
苏　联	CK	8	700	13.64	171
原西德	DV804*	8	500	11.1	139
	UIC	8.2	807	12.42	151
法　国	*	8	450	11.8	148
	UIC	8.2			
中　国	中—活载	8	380	9.35	117

*—1984 年以前执行的标准。

中国 D_{30} 型载重 370 t 双联平车轴重 25 t、每延米重 12.4 t/m。1974 年鉴定车对桥梁动力影响，在平齐线、通让线 3 座桥梁进行动力试验。当列车以 5～50 km/h 各级速度通过桥梁时，各级结果表明：桥梁最大应力和挠度均小于许用值；D_{30} 型 370 t 双联平车实际冲击系数小于机车的冲击系数。由此可见，中国活载标准和线桥状态制约了大吨位大车的发展。解决大车过桥问题，除了在车辆设计方面，可以降低自重，优化转向架轴距和转向架间的邻轴距。建议桥梁部门计算新造车通过时按临时载荷考虑，充分挖掘现有桥梁的潜力，适当降低桥梁的安全储备系数，针对个别桥梁采取临时加固措施。同时，制定新桥梁活载标准。

2004 年，铁道部开始立项进行铁路标准活载课题研究，新的活载标准参考了美国、欧洲等铁路活载标准，除了加大普通活载外，还特别增加了长大重车检算图式。2005 年，新的活载标准完成制订，详见本书第五章。只有桥梁标准提高，大吨位大车才能有更大的发展。

随着我国通用线开行 27 t 轴重货车和晋中南运煤专用线采用 30 t 轴重专用货车，大车极限设计载重将随着线路桥梁标准的提高而增大。我国大车的技术水平将进一步提高，可更好地满足国家重点建设超大型设备的运输要求，在世界铁路范围内的影响力进一步拓宽和加强。

（四）轴重均衡

大车载重大、车体长，且采用多轴转向架，车轮载荷分布不对称，使实际车轮载荷与平均车轮载荷偏差很大，这是由于过曲线时，上坡阻力及离心力较大，因外轨超高，产生比通用货车更大的扭曲力。对具有多导向和有侧移装置的大车来说，车轮载荷不均更加显著，车轮偏重对轨道的影响也较大，关系到车辆的运行安全。研制具有柔曲特性的转向架，可减少车轮偏载，保证大车的横向稳定性。

二、设计分析和验收标准

早在 1999 年昆明大车学术会议上曾经提出制定大车设计标准，没有得到重视与回应。多年来，经过大量新车开发实践运用，已摸索出经验，在设计计算上是成功的。问题在于优化设计尚有难度，对大车而言，减轻自重至关重要，效果亦是十分可观。而现行之设计计算规范中，一些限定参数之确定，是以通用货车为主要对象制订的，对大车之特殊性未予体现，安全系数偏大。对一些关键参数，如垂向动荷系数和安全系数（材料许用应力）等，如果墨守成规，无疑束缚设计，难以进一步提高车辆技术性能。我国大车试验规范采用通用车标准，是不科学的，需要研究制订大车等特种车辆强度和刚度、动力学性能的专用标准。2005 年 8 月，在重庆召开第三次特种货车学术研讨会。专家学者就我国大车发展提出诸多见解，归纳其中两项政策性议题：研究制订特种货车的专用技术标准和大车组合化，作为专家联名建议，上报主管部门酌情安排立项，纳入科研计划。2007 年 11 月，根据铁道部运输局装备部要求，为规范铁路长大货物车设计技术开发过程，由四方所牵头，齐厂、株厂、北京二七机车车辆厂（简称二七车辆厂）参加，共同成立编写组，四方所主持汇总各方意见，形成《铁路长大货物车设计技术规范（草稿）》。至 2009 年，经过多次讨论，基本形成了大车技术规范。2015—2018 年，由四方所主持，齐厂、南车长江车辆有限公司（简称长江公司）、北京交通大学、中南大学、中铁特货公司等单位参加，进一步开展了铁总科技项目《铁路长大货物车关键技术与应用规范研究》（项目编号为 2015J007-O），在此基础上，提出铁路长大货物车行业标准。2016 年国家铁路局正式立项编制《长大货物车》行业标准。2018 年国家铁路局颁布 TB/T

2553—2018《铁路长大货物车》标准，2019 年实施。

（一）材料许用应力和安全系数

许用应力是评定结构强度的主要依据之一。它的选取直接影响着结构型式和重量。安全系数可补偿理论和实际差异，给予结构必要的强度储备。大车承载件许用应力应特殊考虑，因为大车设计、制造、运用情况都与通用货车相差很大。在设计制造阶段，材料的验收要严格细致，因为大车是单件生产，材料可做到逐一检验、择优选用，基本可排除材料理论和实际的差异。大车运行速度较低，使用次数较少，不会超过 1 000 次，疲劳不是影响安全的主要因素。我国大车运用实践，也证明了我国大车设计强度储备太大。德国大车安全系数取值参照了起重机标准，其取值远小于我国 TB/T 1335—1996《铁道车辆强度设计及试验鉴定规范》中的取值。中国大车安全系数取值比国外大，大车车体材料许用应力和安全系数比较见表 1-6-3。在实践的基础上，安全系数取的小些，可节约材料，降低自重。我国应在可靠的论证和试验的基础上，降低大车结构材料安全系数，提高大车承载件许用应力，提高大车轻量化水平。

表 1-6-3　大车车体材料许用应力和安全系数比较

国家	材料	载荷状态	屈服强度 σ_s/MPa	许用应力/MPa	安全系数
中国	16Mn	第一工况	345	216	1.597
	09CuPCrNi	第一工况	294	184	1.597
俄罗斯	$09Mn_2Cu$	第Ⅲ工况	270～350	$0.85\sigma_s$	1.18
德国	StE52-3	主要载荷	360	240	1.5
		附加载荷		270	1.33
	StE460	主要载荷	460	306	1.5
		附加载荷		345	1.33
	StE690	主要载荷	690	460	1.5
		附加载荷		518	1.33

（二）刚度评定

大车载重吨位大，心盘距长。大车车体结构刚度评定，应以是否满足运用要求为依据。UIC、EN 12663 等欧洲标准均指出车体结构应当保证适宜的刚度，使其能保持在自身允许的空间包络线范围内，并避免不可接受的动力学响应。钳夹车可利用提升机构来调节货物距轨面高度，从而满足运输要求。而凹底平车必须明确规定其挠跨比评定标准。车体挠跨比标准，也就是安全刚度条件的确定。《铁道车辆强度设计及试验鉴定规范》中建议，大车挠跨比可根据设计任务书确定。反映了大车实际运用情况。随着车辆载重吨位的提高、车辆轻量化设计和采用高强度钢材，大吨位车辆主要承载部件垂向刚度逐渐变小。从最初 TB/T 1335—1978《铁道车辆强度设计及试验鉴定规范》规定的 1/450 到后期车辆的 1/300、1/250、1/220 再到设计任务书规定的 1/180（D_{32} 型凹底平车），最后为 1/150（DA_{37} 型凹底平车）。这就要求在运用过程中，关注承载面距轨面的尺寸，装载时不得超重。

对当前大吨位大车而言，放宽车体挠跨比标准和采用高强度合金钢是减轻结构自重的最有效措施。在大车设计制造时，对高强度钢制成的与货物接触的车体结构施加预制的反向挠度，如欧洲瑞典的大车侧承梁设有向上的预挠度。从运用情况应考虑动挠度的影响，以防止大车在运输中与车辆下部限界发生干涉。苏联曾拟定和采用了铁路多轴车辆底架谐振速度确定法，在评价大车承载结构强度和可靠性时有可能考虑谐振因素。国内外大车运输实践表明，低速运行时重车车体的弹性振动无激化或共振的现象。

横向刚度是落下孔车的一个重要参数，为保证落下孔车的横向刚度满足使用要求，在大型落下孔车中增加了拉压杆装置。运用组装时需严格按照拉压杆尺寸进行调整落下孔宽度。

（三）纵向载荷

在结构设计分析阶段，通常对运用不受限制的小吨位大车按 TB/T 1335—1996 通用货车强度规范，纵向拉伸载荷取 1 125 kN，纵向压缩载荷取 1 400 kN。在结构静强度试验中，因无大的纵向载荷试验加载架，纵向载荷也无法施加。大车实际运用过程中，重车速度较低，大多数固定编组，禁止通过驼峰，实际纵向力较小。原西德 360 t 钳夹车，计算时纵向牵引力取 85 t，压缩力取 100 t。有必要深入研究大车实际纵向载荷作用力，为理论分析计算提供比较实际的载荷作用工况，同时，可进一步降低车辆自重。

（四）垂向动荷系数

目前，我国在大车结构的设计与计算中，垂向动荷系数的取值有两种方法：一是按 TB/T 1335—1996 所规定的计算方法；二是比照以往类似的大车动力学试验中实测动荷系数，凭经验取值的方法。这两种方法都有不足之处。因为，在计算垂向动荷系数时，前者考虑了转向架弹簧装置的静挠度的影响，但没有考虑到多轴大车与四轴通用货车的轴数差别及大车结构挠度相当大这两个因素对垂向动荷系数的重要影响，结果计算值过大。对于后者，尽管试验结果是可靠的，但试验中的动荷不仅有垂向动荷，还有纵向力、横向力和扭转载荷对垂向动荷的综合影响，所以，严格地说，试验中所测得的动荷系数是综合动荷系数，一般来说，它要大于单纯的垂向动荷系数。再者，大车的动力学试验只能在线路的某一区段上进行，该区段上的道岔号数、曲线半径、外轨超高等参数未必能代表大车将来的实际运用条件。所以，凭经验值的方法也有其局限性。从以往的动力学试验结果看，经验值比计算值要小很多。四方所通过铁路总公司项目课题研究，提出了一个具有大车结构特点的垂向动荷系数计算方法和修正公式，可应用于大车的车体结构设计分析计算。修正公式与试验结果对比分析表明，与以往的大车试验结果较为接近。仿真结果与经验公式对比分析表明，垂向动荷系数的仿真结果比各种经验公式的计算值小。相比其他动荷系数计算公式，修正公式的变化趋势与仿真值较接近。

（五）疲　劳

由于大车车体构件重车状态下动荷系数小，应力循环次数比通用货车少，材料的疲劳极限和疲劳寿命也相应提高。大车的疲劳问题研究应与通用货车有所区别。由于大车结构型式的特殊性，大吨位大车在提速方面宜慎重研究。速度提高后，车辆的动力学、冲击、疲劳等问题应切实考虑研究。速度较低时，这些方面可能反映不明显或表现不出来，一旦速度提高，就可能会显现，线路激扰水平会进一步增大，凹底架结构的低阶弹性振型可能处于线路的激扰频率范围之内，凹底架垂向刚度不足可能导致其剧烈的弹性振动响应，后果是弹性变形的增大可能侵犯下部限界，以及动态应力的增大造成结构疲劳破坏。因而有必要对凹底架动态响应和疲劳强度进行分析预测，找出薄弱环节，进一步指导优化设计。

三、经济成本和使用效率

（一）组合式和模块化设计

由于大吨位大车使用频率较低，运输货物多样，为提高车辆的利用率，节省研制费用，通过不同构件组合组成具有新功能的车辆是必要和可行的。因此，大车的研制特别是大吨位大车的研制要采用模块化设计。为满足大件货物“门到门”的运输，可把公路运输纳入铁路大车总体设计，采用组合式大车设计理念，通过走行部的换装实现公铁两用。

（二）使用寿命和更新旧型车辆

我国大车的使用寿命一般规定为 30 年，有的大车没有达到寿命期，就难以满足用户运输需要。

在我国现有的大车中，有一部分车技术陈旧、性能差、使用频率低，且每年的维护费用很高，应对这些大车的使用寿命及其运用的经济性进行综合分析。通过缩短大车的使用寿命、经常分析实际需要、加速更新、制造新型车，采用新材料、新工艺，促进大车技术进步。同时，减少维修费用，淘汰技术状态差的旧型车，减少车型，利于车辆周转。

四、结构工艺研究

我国大车的设计水平、手段基本上与国外接近，主要差距在于车辆制造工艺。应针对大车建立专门的工艺试验室，研究高强度钢焊接、结构残余应力等关键技术，借鉴国外的先进工艺经验，精心施工，制造出具有国际领先水平的大车。

五、运用检修管理

大车运用率低，尤其是钳夹车，配有专门单位管理、专人保养和操作，实行状态修较合理；对吨位较小、分散运用的大车，以实行计划修较合适。应进一步细化大车检修规程，确保检修质量和运用安全。

第二章　大车发展历程与关键技术

重型、阔大设备制造和运输是国家综合国力和工业发展水平的标志，其中运输装备研发制造是世界各国力争解决的关键难题。“西电东送”大型输变电设备是我国“十一五”“十二五”和“十三五”期间的国家战略性重点输电工程建设项目；大型轧钢设备是国防重点建设项目的重要支撑。电力、冶金行业超大型设备铁路远距离运输是国家重点工程项目建设的重要环节，一直是瓶颈问题，制约着国民经济和国防建设的发展。

世界各国铁路运输实践表明，大车是从专用车辆发展演变而来，源于国家大型设备运输的需要。最早的大车在 1885 年起源于德国，兴盛于德国，出口苏联和美国，为美国研制了世界上载重量最大的 36 轴载重 807 t 钳夹车。德国大车结构模式及关键技术被各国借鉴，影响着世界大车运输技术的发展。与世界铁路实践相同，新中国成立 70 多年来，中国铁路大车源于国家重点建设设备运输的需要，提供了多样性的长大货物运载工具。大车在促进与国民发展经济密切相关的国家重点工程建设中占有很重要的地位。中国铁路长大货物运输装备，从无到有，由小到大，品种、数量不断增加。中国铁路大车已成为国家重点项目、工程大型关键设备运输的基础保证。尤其是为我国特有的、世界首创的特高压变压器和最大轧钢机架的研制开发提供运输保障，创新发明大型落下孔车组合式承载框架关键技术，研制了载重 230 t、290 t、360 t、450 t，具有自主产权的组合式系列化落下孔车，其设计思想和理念推动了世界铁路长大货物运输装备技术进步；其超限货物运输难度和规模举世瞩目，解决瓶颈问题，为输变电和轧钢工程运输起先导和示范作用。系列化长大货物车的成功运用，解决了“西电东送、振兴东北、支援青藏、老区建设”特高压输电、大型油气管线和轧机设备（航母制造）等国家重点工程运输世界性的难题，确保了特高压输电工程建设的顺利发展，对国家节能减排政策实施和可持续发展战略产生了深远影响。

众所周知，大车技术含量高，制造难度大，运输多为价值千万甚至上亿元的国家重点建设大型设备，运用风险巨大，体现了我国铁路货车最高设计制造水平。与国外发达国家相比，我国基础设施薄弱，运行环境恶劣，需要克服难以想象的技术难题。中国铁路大车科技工作者一直创新进取，攻坚克难，成功解决了诸多关键技术难题。鉴于大车种类多、技术含量高、制造工艺复杂、地位重要、运用风险大、经济和社会效益好，总结提炼中国铁路大车技术发展成就和关键技术，彰显民族精神，可为今后世界大车发展提供经验和借鉴。

第一节　大车发展历程

中国铁路大车发展经历了 20 世纪 50—60 年代进口起步、70—80 年代自行研制、90 年代自主创新、21 世纪创新超越 4 个阶段，发展历程如图 2-1-1 所示。建国初期，我国大车刚刚起步，从韩国、民主德国、苏联进口了 70 多辆大车，同时，还自行研制了几种中、小型大车。20 世纪 70—80 年代，开始自行研制，如 D_{35} 型 32 轴载重 350 t、D_{30} 型 370 t 双联平车和 D_{23} 型 235 t 长大平车。20 世纪 90 年代，自主研制了折角式 D_{26} 型载重 260 t 凹底平车，D_{38} 型 380 t 钳夹车，同时，改造了运用效率低的进口大车。进入 21 世纪，2002 年设立了以大车为主体的中国铁道学会车辆委员会特种货车学组，规范了特种货车工作，研制了承载框架式落下孔车（DK_{23} 型载重 230 t、D_{26B} 型 290 t、DK_{36} 型（DK_{36A} 型）360 t 及 D_{45} 型450 t）、DQ_{45} 型载重 450 t 钳夹车、D_{26A} 型 260 t 长大平车、D_{32A} 型 320 t 和 DA_{37} 型 370 t 凹底平车。我国大车的发展见证了国家工业现代化和国民经济发展进程。

随着我国国民经济的发展和西部开发建设，国家工业化迅速发展，大型电力、冶金、化工、军工、航天大型设备的品类越来越多，对大吨位、大体积的货物运输需求与日俱增。中国铁路一直是承担着国家重点工程大型设备运输的中坚力量。三四百吨的价值千万上亿元的大型设备从沿海港口到内地的运输，国产的大型发电机定子、变压器、轧钢机架、锅炉、反应塔从制造地到几千里之外的施工地的运输，迫切需要大车。中国铁路“政、产、学、研、用”联合组织研制各型系列化大车，满足了国家重点设备长距离

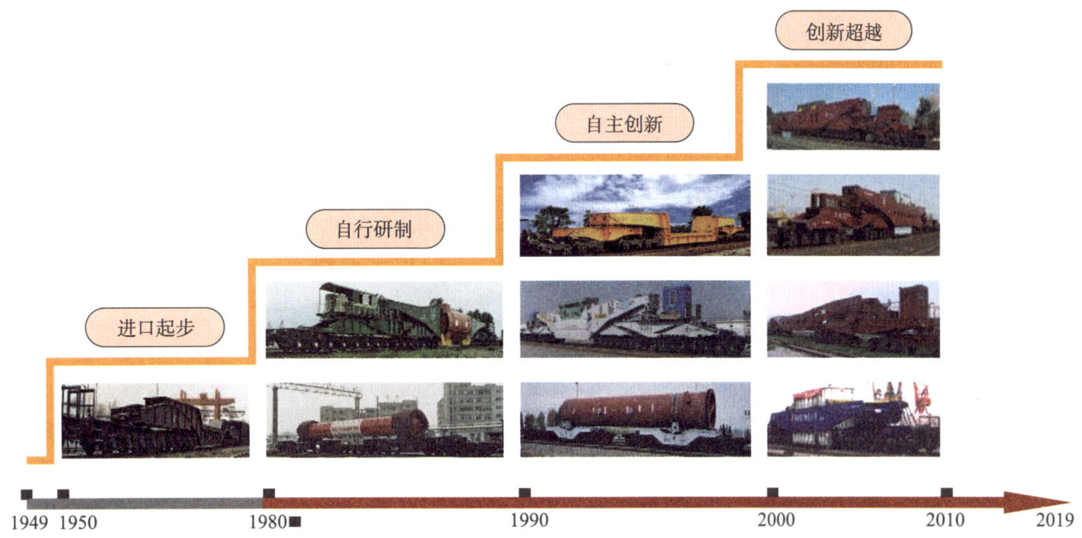

图 2-1-1　中国铁路大车发展历程

运输需求，保证了电站和钢厂设备的顺利安装投产，树立了铁路大件运输的光辉形象。世界各国的长大货物运输与装备发展实践证明：大车在大型国家重点工程建设的发展中地位举足轻重，具有较大的促进作用。

一、进口起步

建国初期的 20 世纪 50—60 年代，从韩国、民主德国、苏联进口了 D_{21} 型 60 t 长大平车、D_6 型 110 t、D_7 型 150 t、D_8 型 180 t、D_9 型 230 t 凹底平车和 D_{16} 型 110 t、D_{17} 型 150 t、D_{18} 型 180 t、D_{19} 型 230 t 落下孔车等 70 多辆大车，同时，自行研制了 D_{10} 型 90 t 凹底平车、D_{20} 型 280 t 钳夹车、D_{17} 型 150 t 落下孔车和 D_{22} 型 120 t 长大平车，组成了一支虽然种类尚不齐全，但仍初具规模的大车队伍。尽管这些车辆技术参数现在看来不够先进，如自重较大、承载面距轨面较高、落下孔尺寸小，但也能满足当时的运输需要。

二、自行研制

20 世纪 70—80 年代，为了解决引进化肥生产设备、大型电站设备、大型轧机牌坊的运输，我国吸取了国外一些先进技术，自行研制开发了一批新型大车，如 D_{35} 型 32 轴载重 350 t 钳夹车、D_{35} 型 24 轴 300 t 钳夹车、D_2 型 210 t 凹底平车、D_{30} 型 370 t 跨装双联平车和 D_{23} 型 235 t 长大平车等。这批车辆的问世，壮大了我国大车队伍。1979 年，中国铁道学会车辆委员会召开大车学术研讨会，促进了大车理论的深入研究。

三、自主创新

20 世纪 90 年代，中国的改革开放带动了国民经济的发展，国家大型重点建设项目中的大型电机、变压器、轧钢机、反应器等超限重型货物日益增多。铁路大件运输也面临着公路、水路的激烈竞争。为适应市场经济需要，1994 年铁道部成立了铁路大件运输专业化公司——中铁特种货物运输中心（简称特货中心），将全路 388 辆大车划拨给特货中心。特货中心实行专业化管理、公司化经营，作为铁道部直属的自主经营、独立核算并具有法人资格的国有独资专业性运输企业，具备承运人资格。为了走向市场、服务用户，自主创新研制了全封闭凹底架结构的 D_{12} 型 120 t、D_{18A} 型 180 t 凹底平车、折角式凹底架的 D_{26} 型 260 t 凹底平车、D_{15} 型 150 t 凹底平车、D_{25A} 型 250 t 凹底平车、D_{30A} 型 300 t 钳夹车，D_{38} 型 380 t 钳夹车和 D_{25} 型 250 t 长大平车；同时，改造旧型车，提高技术特性，扩大运用范围。这批新研制大车结构新颖，性能指标先进，与国际水平日趋接轨。1999 年，中国铁道学会车辆委员会在昆明举行大车学术研讨会，总结大车新成果、新技术、新材料、新工艺，交流设计、制造、运用和检修经验，达成共识，促进了大车的技术进步。

四、创新超越

进入21世纪，随着国民经济的发展、市场经济的形成、西部开发建设的投入和中国加入世贸组织，对特种货物运输的需求量越来越多。新的需求带来大车发展的新机遇，大车的发展达到了一个全面自主创新超越的新阶段。

为了推动以大车为主体的特种货车技术发展，规范特种货车工作，经中国铁道学会批准，2002年3月，组建了车辆委员会特种货车学组。12月，在海南召开特种货车学术研讨会。2003年，由特货中心作为铁道部出资代表，以铁道部授予其经营的净资产（实物资产和货币资金）出资、控股，各铁路局参股，组建了中铁特货运输有限责任公司（简称中铁特货公司）。作为铁道部直属的专业运输企业，具有承运权。主要经营铁路超限货物和鲜活易腐货物运输、铁路超限货物专用车及相关用具的租赁。特种货车学组挂靠单位为中铁特货公司。2003至2008年，在D_{26}型260 t凹底平车基础上，利用组合式理念，通过凹底架更换承载框架，设计D_{26B}型290 t落下孔车；在D_{32A}型320 t凹底平车研制基础上，通过凹底架更换承载框架，设计DK_{36}型360 t落下孔车；在D_{26B}型290 t落下孔车基础上，通过加长承载框架的内孔长度，设计DK_{29}型290 t落下孔车。这是1999年昆明特种货车技术研讨会的组合式大车共识结果。为了运输5 m和5.5 m轧机机架，研制我国国内正线铁路载重量最大的货车DK_{45}型450 t落下孔车，也是世界铁路载重量最大的落下孔车。2009年，研制运输1 000 MW发电机定子的圆弧底结构的DA_{37}型370 t槽式凹底平车。采用法兰承载方式运输1 000 MW发电机定子的DQ_{45}型450 t钳夹车，2010年成功投入运用。上述车辆结构新颖，一些技术性能指标达到了世界领先水平，已成为国家重点项目、工程大型关键设备运输的基础保证。2015年，铁道部设立课题，研究铁路大车关键技术和应用技术规范，历时四年多时间，2019年3月，由中车青岛四方所主持的课题在铁路总公司科技与信息化部的支持下，联合中车齐齐哈尔、长江车辆有限公司、北京交通大学、大连交通大学、中南大学、中铁特货公司、中国铁道科学研究院（简称铁科院）及相关铁路局集团公司，采用“政、产、学、研、用”协作方式，完成合同要求的课题研究内容，通过铁路总公司验收。该项目通过大车的垂向动态特性、材料许用应力和安全系数、车辆动力学性能评估等关键技术的分析研究，结合大车特殊的实际运用条件，在国内外首次提出铁路大车技术规范，填补该领域技术国际空白。2018年12月通过国家铁路局颁布，2019年实施。通过国内的经验积累和国内外对比分析研究，我国的大车设计制造发展将随着国际贸易一体化，引领服务世界，受到世界各国铁路和大型设备用户的关注。

第二节　大车技术进展

本节按照凹底平车、长大平车、落下孔车、钳夹车和跨装平车分类介绍我国大车技术进展。

一、凹底平车

在世纪之交世界首批凹底平车产生于德国，当时由于受到生产技术的限制，折弯部分一般呈圆形且较平，约与水平面呈50°角。20世纪60年代中期，德国Uaai 820型12轴凹底平车，首次采用弯角成75°的折角式凹底架，增加装运货物长度。我国最早自行设计的大车是D_{10}型凹底平车。1953年和1956年由大连机车车辆厂（简称大连厂）及1959年由沈阳机车车辆厂（简称沈厂）制造的D_{10}型凹底平车凹底架为铆接结构，但凹底架刚度不足，地板面距轨面高度较大，装载高大货物时易超限。20世纪60年代初制造的D_{10}型凹底平车为旁承承载，二七车辆厂于1967年曾设计制造旁承支重的D_{10}型凹底平车，凹底架地板面距轨面高度降至 730 mm，但由于凹底架弯角处强度不足、旁承支重在空车运行时容易脱轨等原因，1970 年将旁承承载改为心盘承载，载重也由100 t 降为 90 t。1973 年，哈厂改进 D_{10} 型凹底平车凹底架结构，刚度有所提高。2004 年，二七车辆厂基于哈厂 D_{10} 型凹底平车基础，在轴承、制动机、车钩缓冲器方面进行 D_{10} 型凹底平车改造。根据铁道部科技计划，株厂和齐厂分别于 2004 年和 2006 年研制了 D_{10A} 型和 D_{9A} 型载重 90 t、最高运行速度 120 km/h 凹底平车。

为了适应中小型变压器、发电机等货物的运输要求，戚墅堰和二七车辆厂分别在 1959 年和 1968 年设计试制了 D_{50} 型 50 t 和 D_5 型 60 t 凹底平车。1977 年，哈厂设计制造了 D_2 型 210 t 凹底平车。为了适应铁路运输的需要，哈厂与四方所分别于 1991 年、1992 年、1998 年共同研制了 D_{18A} 型 180 t、D_{12} 型 120 t、D_{25A} 型 250 t 凹底平车，其大底架采用全封闭结构，工艺处理合理，充分利用了限界范围内的有限空间，保证了强度和刚度。基本上可达到整个寿命期内无检修。D_{25A} 型凹底平车首次采用橡胶堆弹性旁承，性能良好，使用维护方便。

1997 年，应上海电机厂运输 300 MW 发电机定子的需要，株厂与四方所合作，四方所提供折角技术方案，研制了 D_{26} 型 260 t 凹底平车。其凹底架弯角部在国内首次采用了折角型式，简化工艺，方便制造，并可增加凹底装载长度，其液压旁承装置能承担侧向载荷，起均载作用，具有提升功能。根据市场需要和科技计划，哈厂研制了 D_{15} 型 150 t 折角式凹底平车和 D_{2A} 型 210 t 凹底平车。

2002 年和 2004 年，四方所借鉴美国大车结构，提出大吨位凹底平车凹底架上圆弧下折角式结构方案，与株厂合作研制国内首辆载重 150 t（制造 1 辆，用于运输核燃料，后定型为 D_{15B} 型）和载重 90 t（后定型为 D_{10A} 型）上圆弧下折角式凹底平车；2003 年，为满足 600 MW 发电机定子运输，根据铁道部科技计划，齐厂与哈厂、四方所等单位合作，研制了 D_{32} 型 320 t 凹底平车。2005 年底，株厂与四方所共同研制了 D_{15B} 型 150 t 凹底平车和 D_{28} 型 280 t 凹底平车。2006 年初，齐厂研制了 D_{9A} 型新型提速 90 t 凹底平车。株厂设计制造了 D_{32A} 型 320 t 凹底平车，该车承载面距轨面高 950 mm，凹底架为上圆弧，下折角全封闭焊接结构。2006 至 2007 年，哈厂与四方所等单位合作，研制了商业运营速度为 120 km/h 的DA_{25} 型 250 t、DA_{21} 型 210 t 凹底平车。2008 至 2009 年，齐厂与四方所等单位合作，共同研制了 DA_{37} 型370 t 凹底平车。该车圆弧承载面底部长度为 11 250 mm，是我国铁路凹底平车中载重量最大和承载面最长的车辆，可满足 1 000 MW 发电机内定子等大型设备运输的需要。凹底架采用圆弧面承载结构，加大了凹底架断面尺寸、缩短了心盘距，2013 至 2016 年，哈厂与中铁特货公司共同研制了 DA_{26} 型 260 t 凹底平车。

经过七十多年的发展，凹底平车的品种和数量在大车家族中占的比重最大，已形成系列，以 30～40 t 为级差，可以运输 50～370 t 的大型货物。由于凹底平车采用凹底部分的地板面承载，在设计时要降低地板面高度，否则货物装车后高度可能超出限界。在保证结构强度、刚度及稳定性的条件下，在降低地板面高度和提高车辆性能方面提高了凹底平车技术含量，达到了世界先进水平。

二、钳 夹 车

1959 年，为了装运 12 万 kW 及 24 万 kW 的变压器，齐厂研制了 D_{20} 型 280 t 钳夹车。1974 至 1978 年间，齐厂与四方所及铁科院合作，研制了 D_{35} 型 32 轴载重 350 t 钳夹车；同时，株厂与四方所及铁科院合作，研制了 D_{35} 型 24 轴载重 280 t 钳夹车。1986 年改造后，载重为 300 t。为运输哈尔滨电机厂引进美国技术生产的我国第 1 台 60 万 kW 发电机定子，齐厂在 1985 年对 D_{35} 型车进行了更换高钳形梁的改造，顺利完成了运输任务。1993 年针对等分撑杆座强度问题做了一次结构改进。

1996 年，针对国内钳夹车自重大、载重小、速度低，对线路干扰大，性能和数量难以满足大件运输市场的需求的问题，齐厂研制了 D_{30A} 型 300 t 钳夹车。根据市场需要，齐厂与四方所、铁科院密切合作，在 1998 年研制了 D_{38} 型 380 t 钳夹车。借鉴德国 500 t 钳夹车的先进技术，采用了屈服极限为 685 MPa 的 WEL-TEN780A 高强度钢焊接结构，内、中、外三种导向、液压侧移、压柱油缸起升、聚四氟乙烯心盘衬垫等新技术、新材料。大底架采用全封闭单向直梁型式，解决了高强度钢焊接工艺，车耳采用转动销套型式，改善了应力分布，降低了应力集中。

2006 至 2007 年，为提高铁路在大件货物运输市场的竞争力，受中铁特货公司的委托，齐厂研制了运输 600 MW 发电机定子的 DQ_{35} 型 350 t 钳夹车专用钳夹车。2007 至 2010 年，针对 1 000 MW 发电机定子整体运输，齐厂与四方所、铁科院等单位合作研制开发了 DQ_{45} 型 450 t 钳夹车。设有内、中、外三种导向装置、液力起升装置、侧移装置及液压纵向连通旁承装置，满足 1 000 MW 发电机定子整体运输的需要，提高了运输超限货物能力和装卸作业效率。国内外主要钳夹车性能比较见表 2-2-1。

表 2-2-1　国内外主要钳夹车性能比较

性能参数	D_{35} 型	D_{38} 型	DQ_{35} 型	DQ_{45} 型	德国出口奥地利 TSW500.2 型	德国出口美国 CBEX 型
载重/t	350	380	350	450	500	807
自重/t	290	230	185	208	216	336
总重/t	640	606	532	658	716	1 143
自重系数	0.83	0.59	0.52	0.46	0.43	0.42
轴数	32	32	24	28	32	36
轴重/t	20	18.94	22.17	23.39	22.8	31.75
重车每延米重/（t/m）（悬挂长度 13 m）	10.28	9.35	9.38（悬挂长度 11.83 m）	10.5	11.2（悬挂长度 13.5 m）	10.9
转向架型式	4 轴	4 轴	3 轴	3 轴、4 轴	4 轴	2 轴
转向架群每延米重/（t/m）	14.8	13.2	12.7	13.1	16	34.7
侧向移位/mm	500	500	500	+500/−500	550 最大 700	508
起升高度/mm	400	500	500	+500/−150	+575/−225	1 118
钳夹宽度/mm	2 032	2 032	2 032	2 000	2 700～3 600	
钳夹高度/mm	3 295	3 295	3 295	3 150	1 900～2 300（+2 100）	
空车车辆长度/mm	50 168	52 718	45 556	53 546	51 184	92
重车车辆长度/mm（悬挂长度 13 m）	62 218	64 818	56 696（悬挂长度 11.83 m）	66 546	63 812（悬挂长度 13.5 m）	105
空车构造速度/（km/h）	80	90	100	100	100	40
重车构造速度/（km/h）	30	50	60	60	65	25
最低过桥速度/（km/h）	超级超重	10（超级超重）	42（一级超重）	超级超重	超级超重	超级超重
通过最小曲线半径/m	150	150	145	145	150/75	58
遥控功能	无	无	有	有	无	无
侧移、起升位移显示	无	无	有	有	有	有
旁承、压柱力及载重检测	无	无	有	有	有	有
摄像功能	无	无	有	有	无	有
材料/屈服极限/MPa	低合金钢/441	日本高强钢/685	高强度钢/685	高强度钢/690	高强度钢/690	高强度钢/690
限界	超限	超限	空车符合 GB 146.1—1983		/	/
制造年份/年	1978	1998	2007	2009	1987	1982

三、长大平车

为了运输长钢轨、桥梁及长型钢，1959 年齐厂试制了底架长度为 25 m 的 D_{22} 型 120 t 长大平车。2006 年，齐厂研制了 D_{22A} 型载重 120 t 新型长大平车。2014 年，齐厂研制 D_{22B} 型载重 120 t 长大平车，采用木地板结构，便于货物装载加固。

在1973至1975年间，哈厂设计制造了D_{23}型235 t长大平车，齐厂设计制造了D_{27}型150 t长大平车。D_{23}型车大底架长28 m，两支承中心距为25 m。D_{27}型车的底架结构与D_{22}型车相同，仅将D_{22}型车的4D轴转向架换装成4E轴转向架。

为了满足运输筒形货物的需要，株厂受东方锅炉厂的委托，1996年4月完成了D_{25}型250 t长大平车的试制。该车承载面低，过桥不限速，可运输长9～32 m的货物，装载加固方便，采用转8A型转向架，降低制造成本，方便维护使用。齐厂在2000年研制了D_{26A}型260 t长大平车，该车采用了组合式设计，可组合为两个138 t长大平车。

四、落下孔车

我国最早生产的落下孔车是D_{17}型载重150 t车，于1969年株厂设计制造，主要用来解决轧钢机架、水压机横梁等在高度上超限货物的运输问题。该车型与国外进口的同吨位落下孔车相比，自重从97 t降低到50 t，落下孔长度由4 600 mm增加到10 200 mm，扩大了装货范围。当运输一些重量很轻的货物时，不但其载重得不到充分利用，而且由于5轴转向架未设均衡装置，曾发生过空车和轻载时车辆脱轨的情况。

为运输三峡—广东变电工程运输变压器等重、大超限设备，2002年，株厂在D_{26}型凹底平车基础上，组合式设计制造了D_{26B}型290 t落下孔车。为运输安顺换流站变压器等设备，又制造了2辆D_{26B}型290 t落下孔车。2003年，齐厂在D_{32}型凹底平车基础上，组合式设计制造了350 t落下孔车。同时，根据运输需要，设计制造了D_{17A}型155 t落下孔车。2006年齐厂研制了D_{45}型载重450 t落下孔车，株厂研制了DK_{23}型230 t落下孔车。

为满足国家西电东输工程的重点建设项目——云广直流输电工程的楚雄换流站变压器铁路运输的需要，2007年1月至2008年5月，株厂受湖南电力物流服务有限责任公司的委托，借鉴D_{32A}型凹底平车和D_{26B}型落下孔车的结构，研制了DK_{36}型载重360 t落下孔车。同年，在D_{26B}型290 t落下孔车的基础上，还研制了DK_{29}型290 t改进型落下孔车，加长承载框架落下孔长度，采用原D_{26B}型落下孔车2E轴焊接构架式转向架、长短臂十字形结构心盘梁和液压旁承装置等成熟技术。空车满足车辆限界的要求，液压旁承装置改善了承载框架的受力状态，并兼有起升功能和方便货物装卸。2008年7月，齐厂完成了DK_{36A}型360 t落下孔车样车试制。

五、跨装平车

为了整体装运30万t合成氨装置中的氨合成塔和尿素合成塔，1974年齐厂试制了D_{30}型载重370 t双联平车。装运时，长大的圆筒形货物跨装于两鞍座上，用卡带捆紧，使两节平车联成一体。20世纪70年代中期，D_{30}与D_{23}、D_{27}等型车经试验与运用，及时完成了13套进口化肥设备大型筒体的运输任务。

六、旧车改造

20世纪90年代中期，由于市场需求，尤其是特货中心（后成立中铁特货公司）成立以来，根据旧型车服役年代久，技术状态差，不能适应当前运用要求等问题，由中铁特货公司投资，哈厂对大量旧车进行技术改造，改造大车与原车比较见表2-2-2。

原D_{2}型载重210 t凹底平车，曾经一直是我国的主型车，承担着大量的大型设备运输任务。由于其自重较大，满载后过桥受限，只能减载使用，在一些铁路局实际运用载重只能达到196 t。哈厂对D_{2}型车改造，在保持原D_{2}型车主要技术参数不变的条件下，主要改变大、小底架的结构型式，减少检修工作量，大小底架共减重19.3 t。加大了转向架轴群距，过桥检算满载时可通过各种桥梁。

表 2-2-2　部分改造大车与原车比较

车型	载重/t	自重/t	自重系数	轴数	构造速度/（km/h）	通过最小曲线半径/m	小底架（中底架）中心距/mm	大底架上心盘中心距/mm	承载面距轨面高（空车）/mm	运输相关尺寸参数/mm（×mm）	数量/辆
D2	210	166.7	0.79	16	80	180	8 800	22 200	950	凹底承载面长 9 000	84
D2G	210	148.5	0.71	16	80	180	6 200	22 700	950	凹底承载面长 9 000	15
D23	235	104	0.44	16	60	180	5 700	25 000	1 728	双支承长度 25 000	2
D23G	265	70.6	0.27	16	60	180	5 700	18 000	1 500	双支承长度 18 000	2
D19	230	180	0.78	20	80	180	7 550	21 760	2 835	落下孔尺寸 2 300×4 600	1
D19G	250	158.4	0.63	20	80	180	7 550	28 500	2 990	落下孔尺寸 12 200×2 060	1
D16	110	59	0.54	8	80	180	3 250	13 000	1 640	落下孔尺寸 300×4 600	6
D16G	110	53.9	0.49	8	80	180	3 250	17 270	900	凹底承截面长 9 000	6
D18	180	146	0.81	16	80	180	6 350	20 600	2 030	落下孔尺寸 2 300×4 600	3
D18G	180	152.3	0.84	16	80	180	6 350	23 900	930	凹底承截面长 9 000	3
D9	230	180	0.78	20	80	180	7 650	27 760	2 835	凹底承截面长 9 000	3
D9G	230	177	0.77	20	80	180	7 650	27 000	1 150	凹底承截面长 9 300	3
D22	120	41.5	0.35	8	100	180	2 960	17 800	1 460	承载面长 25 000	87
D22G（铁）	120	44.3	0.37	8	100	180		17 800	1 150	承载面长 20 400	15
D22G（木）	120	42.3	0.35	8	100	180		17 800	1 210	承载面长 20 400	15
D30G	370	101	0.27	20	80	180	11 000	22 380	1 735	带鞍座及牵引拉杆	1

D16、D18、D19 型落下孔车是民主德国进口车辆，落下孔尺寸小（2 300 mm×4 600 mm），自重系数大，使用效率低。为了充分挖掘运输设备潜力，满足特货运输要求。将 D16、D18 型落下孔车改为凹底平车，其他结构基本不变，重新设计凹底架。将 D19 型车落下孔扩大为 12 200 mm×2 060 mm，载重增加至 250 t，以满足 242 t 操作侧机架毛坯等大型货物运输的需要。D9 型凹底平车承载面高 1 890 mm，装大型货物后，因超限严重而多年闲置不能使用，大底架改造后，承载面高降为 1 150 mm。

D23 型载重 235 t 长大平车，双支承距较长，自重较大，为了适应货源要求，哈厂对 D23 型车进行了改造。改造大底架，缩短双支承定距，减重 32.9 t，载重提高到 265 t，以适应长度小于 20 m 的货物。D22 型长大平车承载面距轨面较高，为了降低承载面高度、提高集载能力，在保持底架基本不变基础上，取消小底架，重新设计转向架，采用木、铁两种地板，以 D22G（m）、D22G（t）型号区分。

2004 年和 2005 年，铁道部运输局发布运装货车〔2004〕68 号文《关于既有货车 120 km/h 提速改造工作安排的通知》和铁运〔2005〕12 号文《关于加快既有铁路货车 120 km/h 提速改造的通知》，铁路大车造修企业对既有大车装用转 8A 转向架的大车进行了 120 km/h 提速改造设计。2004 年，齐厂对 D26AK 型长大平车进行了转 K_2 型转向架改造提速，车型定为 D26AK；2008 年，对 D17A 型落下孔车通过换装转 K_6 型转向架提速改造，车型定型为 DK17A。2011 年，哈厂对 TD5A 型凹底平车进行提速改造；2013 年，对 D12 型凹底平车换装转 K_2 转向架提速改造，同时解决无检修更换配件问题，定型为 D12K。

通过大车技术改造，满足市场需求，提高车辆使用效率和适用性，节约综合运输费用。

第三节　大车技术特点与未来展望

纵观我国大车七十多年的发展，主要特点是：载重大、自重轻、速度逐步提高、吨位系列化、功能（适用性）日趋完善。

1. 向大载重、系列化方向发展，轴重、构造速度及过桥速度均有较大提高。

凹底平车载重量最大 370 t，已经系列化，可满足运输 50～370 t 的货物。D_{23G} 型长大平车可运输 265 t 的货物。钳夹车和落下孔车最大载重 450 t。

空车构造速度 80～120 km/h，重车速度 50～60 km/h，有的大车重车速度达到 100～120 km/h，提高了运输效率。许多新造大车过桥不限速，如 D_{26AK} 型长大平车不超重，不限速；DQ_{35} 型钳夹车满载时为一级超重，运输 600 MW 发电机定子不超重。轴重向 25 t 和 27 t 发展，有利于降低车辆自重，提高载重。

2. 采用各种技术装置，功能增多，提高运输货物的适应性。

钳夹车具有起升、下降、侧移和多导向功能，提高了超限运输能力，方便了货物装卸。D_{26} 型凹底平车，采用纵向连通液压旁承均载技术，减少车辆通过缓和曲线时的扭转载荷，车辆受力均匀；同时具有起升功能，便于货物换装。D_{30G} 型双联平车增加了牵引杆装置，提高了运输货物的适应性。D_{26B} 型落下孔车，落下孔宽度可拆卸、可调，便于货物换装。

3. 结构设计采用了现代设计方法，优化了结构强度和刚度，降低了车辆自重。

大车的主要承载结构，如钳形梁和车耳、凹底架、承载框架、各级底架，采用 CAD 技术进行结构优化设计，通过结构分析和模拟试验，改善应力分布，优化结构刚度，提高稳定性，降低自重。

对 D_{35} 型（32 轴）钳夹车运输险情工况进行等分撑杆的有限元计算机分析，优化撑杆角度为 90°，与德国钳夹车相同；凹底平车凹底架折角和半折角的优化设计分析，落下孔车承载框架优化设计均采用 CAD/CAE 技术，提高了大车的技术水平。

4. 借鉴国外经验，技术上不断进取、不断创新，突破了原有的结构型式，采用了高强度钢材。

国内凹底平车弯角部均采用圆角式，而国外凹底平车的现代车型大都采用折角式和上圆弧下折角式，折角式和上圆弧下折角式可增加凹底承货长度，改善弯角部应力分布，简化工艺。我国凹底平车现代车型均采用了折角过渡形式和上圆弧下折角过渡形式。

D_{38} 型钳夹车设计大量借鉴德国 500 t 钳夹车的新技术，如压柱油缸起升采用 WEL-TEL780A 高强度钢材，封闭式大底梁等。突破德国大底架双向曲梁型式，创新优化为单向曲梁结构。D_{26} 型凹底平车纵向连通旁承，改善车体受力状态。D_{26B} 型 290 t 落下孔车借鉴国外公路大车先进结构，承载框架在宽度方向可调，适应不同宽度货物的运输，扩大了车辆使用范围。DQ_{45} 型钳夹车，具有起升、下降、侧移和多导向功能，提高超限运输能力，方便货物装卸。

选取合适的钳夹高度等与货物相关的连接尺寸，增大起升、侧移及调宽的幅度，以适应不同高度、宽度的货物运输，扩大适用范围。新车既能适应大型发电机定子、核电站压力壳等钳夹宽度小、钳夹高度高的货物运输，又能适应变压器、轧机牌坊等钳夹高度低、钳夹宽度大的货物运输，实现一车多用。

5. 根据货源情况，改造更新淘汰旧车，开发性能先进的新车，设计制造周期短，满足运输急需。

D_{25} 型长大平车从 1995 年 7 月开始设计，1996 年 4 月试制完成，11 月装运锅炉，设计试制周期短，满足了用户的急需。2004 年，D_{26B} 型 290 t 落下孔车从设计制造到投入运用，不到一年的时间。

我国现有大车，有一部分车性能较差且陈旧，每年维护费用很高。改造旧车，是在保持原车基本结构不变的情况下，改进不合理之处，满足急需货运需求，并节约设计制造费用。

为了更好地满足国家重点建设需要，推动大车的技术发展，铁路相关部门调查电力、冶金、化工、军工、航空航天、核燃料等特种货物的运输需求及发展方向，分析研究存在问题及相应对策。在充分调查货源、征求用户意见的基础上，规划未来发展。为了配合国家能源重点建设、航空航天发展和中国西部的开发，应立项研究开发满足国家建设需求的大车。未来规划发展展望如下。

（1）调查研究，系统规划，总结经验。结合国家铁路提高轴重和桥梁等技术发展政策，按照大车的特殊性，完善设计规范，确定设计参数，提高技术水平。

从我国长大货物车发展和运用情况看，长大平车和落下孔车应进一步完善载重系列化。长大平车载重目前保有 60 t、120 t、250 t、260 t、265 t，应补充载重 200 t、300 t 长大平车。落下孔车载重有 150 t、155 t、250 t、350 t、450 t，应补充载重 100 t、200 t、300 t 落下孔车。基于电力、冶金、化工等行业发展，我国电力工业建设电厂的单机功率有由 600 MW 向 900～1 000 MW 发展的趋势，900～1 000 MW 的整体式发电机定子重量为 450～500 t，采用三相分离式的内定子重量在 360～380 t 之间；冶金工业最大板宽 5 m 和 5.5 m 轧钢机机架重量为 400～420 t；化工行业重油裂化装置和国家正在加紧立项建设的煤化油特大工程催化、裂化、加氢反应器，其直径在 4～5 m 左右，长度为 8～30 m，重量在 400～1 000 t 之间。根据以上情况，应发展 450 t 的落下孔车，360 t 凹底平车/450 t 落下孔车组合车。同时，研制载重 400～450 t、运输大直径筒形反应器的中心穿货梁式新型大车，中心穿货梁式大车载重可分为 100 t、200 t、300 t、400 t 系列，将大直径反应器筒节放在两半节车中间，长大钢梁穿入货物（反应器筒节）内，起升车辆使筒节下部达到运输尺寸，加固筒节进行运输。基于我国高速铁路建设和维护保障需要，发展大型铁路桥梁运输车，因速度不高，运输距离短，可作为临时荷载，突破轴重限制，载重达 600 t 及以上。采用组合拼装式，公铁两用，为我国既有铁路桥梁应急救援更换提供保障。

（2）研制开发公铁两用大车，实现“门到门”多式联运。公路车辆能够“门到门”运输不用倒装，而铁路大车只能从车站到车站运送，如若无专用线，不倒装就不能送到货主处。因此铁路要发展联合运输以克服自身的不足。国家大型电力工程建设规划，许多电厂和变电网都远离铁路，发展公铁联运，方便快速、经济安全，更具市场竞争力。把公路的联合运输纳入大车总体设计，共同开拓多式联运的广阔大交通前景。

（3）发展组合式大车，达到一车多能，使运输工具充分适应货物的特点，满足货主的急需。以大车走行部系列化为基础，充分利用现有的中间桥架，根据需要新造，通过转向架的重新组合，根据运输货物的形状、重量，把大底架设计成钳夹式、凹底式、平底式、落下孔式、跨装式、中心穿货梁式，充分体现一车多能的特点，使组合式大车充分适应货物。实现运输灵活性、方便性、适应性，同时降低成本。

（4）装载加固技术，是保证运输安全的重要方面。我国大车货物加固，除了部分车辆如钳夹车、双联平车、木地板平车外，其余大部分车型均采用在地板上加焊挡铁和支座等实现货物加固。运输完成后、下一次运输前，专门对车辆地板等加固附属部件清理，会损伤车辆地板等，有时在大应力区进行加固，还会影响到车辆的强度。国外大车基本采用紧固件将加固附件固定在车上，俄罗斯凹底平车和落下孔车均在地板或侧梁上预先钻孔，而德国凹底平车地板上预先钻孔。研制新型凹底平车和落下孔车时，设计考虑在地板两侧钻孔和侧梁腹板开贯通孔。

（5）加强安全检测，确保装车质量。运输安全通过运输组织与科学运输监测来保证。

（6）细化大车运用与检修技术条件。对于大吨位、运用率低的大车，实行状态修较为合理。对吨位较小，分散运用的大车，以实行计划修较合适。应细化检修规程，确保检修质量，确保运用安全。

（7）学习国外大车设计经验，对国外大车及大件运输情况进行技术考察。中国铁路大车装备与运输应走出国门，服务国际市场，中国铁路应该承担世界各国的长大特种货物运输，尤其是发展中国家的特种货物运输，探讨与外国合作的可能性。国内公路大件运输企业已与荷兰玛姆特公司（MAMMOET）等国外知名运输公司建立了战略合作关系，一些大件物流公司在全国各地建立分公司，在大型口岸、港口设有办事处，积极走出国门，拓展国际市场，开展国际大件物流业务。

在铁路高速和重载的新形势下，铁路基础设施和路网发生了较大变化，通用线货车将采用轴重 27 t 技术，专用线货车采用轴重 30 t。轴重提高后，货物载重量提高，技术水平和市场竞争能力将会相应提高。应借鉴中国“高铁模式”，将中国具有自主知识产权的“长大货物装备和运输技术”推向世界，进一步贯彻推动国家“走出去”战略的实施，振兴民族精神，实现绿色环保、共享多赢的华夏复兴中国梦。

第四节　大车运输业绩与标志性贡献

随着国家经济发展和社会文明进步，大型电力机械冶金设备功率不断增大，强度不断增高，更加有利于节能环保，其发展趋势是不断创新、技术日益复杂、重量越来越重、体积越来越庞大。大功率发电机、大容量变压器、轧机机架等大型设备日益增多。长大货物车和运输技术也随之日益发展，从我国电力和冶金行业大型设备发展历程和运输实践可见一斑。在20世纪50—60年代，我国安装125 MW以下的发电机组，当时铁路用D_{10}、D_{12}型载重100 t和120 t的凹底平车等车型装运。20世纪70—80年代安装300 MW和600 MW发电机组，铁路研制D_2型载重210 t凹底平车和D_{35}型钳夹车运载300 MW机组，以及使用装运600 MW机组。20世纪90年代至2006年主要安装600 MW发电机组，铁路研制出D_{38}型载重380 t的钳夹车装运。20世纪90年代，安装2.8 m重量281 t的轧机机架，铁路用新造的D_{30A}型载重300 t钳夹车承载框架装运。21世纪初，南京钢铁集团安装长3.5 m、重319 t的轧机机架，用D_{38}型钳夹车和新研制D_{32}型载重350 t落下孔车装运。2007至2008年，鞍山钢铁集团安装5 m和5.5 m重412 t的轧机机架，铁路用专门研制D_{45}型载重450 t落下孔车成功装运。

新中国成立以来，我国每一次现代化工业发展的步伐，都有长大货物运输技术发展的足迹。其运输范围广泛涉及化学工业、电力、冶金、机械等多行业多领域，业绩体现在齐鲁石化、三峡工程、西电东输、振兴东北、西部开发、航空航天、国防军工等国家重点工程项目的大型变压器、发电机、轧钢设备、锅炉、反应塔、卫星设备、ARJ21飞机等特种长大货物的运输。

一、大型化工设备运输

随着我国化学工业的发展，1973年开始陆续从国外成套引进了一批大型化工生产装置，最初为30万t乙烯大型化工设备，重油加氢装置是30万t乙烯的配套项目。可年处理重油和沥青140万t，变成高质量的燃料和乙烯原料，具有当时世界先进水平。建成后，可年增税收和利润2亿元。大型化工设备重油加氢装置运输，影响深远，在日本朝日新闻中曾有报道。

1975年5月，从青岛港运到淄博市齐鲁石化公司。分别用D_{80}型370 t双联平车装运尿素合成塔，净重335 t，总重340 t，外形尺寸为35 600 mm×3 400 mm×3 600 mm；D_{23}型230 t长大平车装运CO_2吸收塔，净重189.7 t，总重192.5 t，外形尺寸为35 300 mm×4 400 mm×4 100 mm。7月第二次运输，分别用D_{23}型长大平车装运CO_2再生塔上段，净重63.1 t，外形尺寸为38 000 mm×4 250 mm×4 250 mm；D_{80}型双联平车装运氨合成塔，净重350.7 t，总重357 t，外形尺寸为21 000 mm×4 100 mm×3 900 mm。

1988年1月2日，四方所主持D_{30}型双联平车重载高重心动力学试验在齐厂内完成。试验是根据铁道部铁运〔1987〕866号文，为承运齐鲁石化公司胜利炼油厂从国外引进的6个大型重油加氢反应器而安排的。因为这几种大件有的重量将近358 t，超限严重，距轨面5 350 mm处最大半宽为2 035 mm，重车重心高，距轨面达3 080 mm。试验中，车辆载重为377.5 t，重车重心距轨面高为3 160 mm，试验最高速度，在半径为178 m的曲线上和9号侧向道岔上为15 km/h，在半径600 m的曲线上为30 km/h，在直线上为36 km/h。重载高重心模拟运输动力学试验和实物运输装载如图2-4-1所示。

1988年4月28日至5月23日，D_{30}型双联平车承运胜利炼油厂从国外进口的6个大型重油加氢反应器，分3次从青岛港运送至淄博东风站，运行里程250多km，每次历时2天。运输的6个反应器中，2个357.1 t，装车后重心高为3 080 mm，2个339.63 t，其余2个分别重251.5 t和170.5 t。除170.5 t重的反应器用单节D_{30}型平车（装车后重心高约为3 040 mm），其余5个均用D_{30}型双联平车运送。运输中，区间限速25 km/h，通过侧向道岔时限速5 km/h。大型化工设备运输专列如图2-4-2所示。齐鲁石化重油加氢反应器卸车如图2-4-3所示。

图 2-4-1　D30 型双联平车重载高重心模拟运输动力学试验和实物运输装载（1988 年 1 月和 5 月）

图 2-4-2　齐鲁石化重油加氢反应器运输专列（1988 年 5 月）

图 2-4-3　齐鲁石化重油加氢反应器卸车（1988 年 5 月）

1989 年 7 月，完成了济南涤纶工程建设指挥部从日本和意大利引进的涤纶设备中 6 个特级超限货物的运输，由青岛运送至济南历城，货物重量仅 18～55.8 t，但最大宽度和最大高度分别为 5 050 mm 和 5 000 mm。运输时，其中 4 件短的用 D10 型凹底平车，2 件长的用 D22 型长大平车。装车后，最高为 5 815 mm，最大半宽为 2 625 mm，最大重车重心高为 2 435 mm。

1999 年，新疆克拉玛依炼油厂加氢反应器运输，包括 4 台反应器和 1 台高压分离器，从中国一重集团富拉尔基运送到新疆克拉玛依。专列运输如图 2-4-4 所示。

图 2-4-4　新疆克拉玛依加氢反应器专列运输（1999 年 10 月）

二、进口和国产发电机定子运输

由于我国电力设备发展的需要，从 20 世纪 80 年代开始，陆续进口或国产了 300 MW、600 MW、1 000 MW 发电机定子。为此研制了 D_{35} 型 32 轴钳夹车和 24 轴钳夹车，DQ_{35} 型和 DQ_{45} 型钳夹车，D_{32A} 型和 DA_{37} 型凹底平车。2012 年 9 月统计运输各类发电机定子 130 台。

1983 年，D_{35} 型 32 轴钳夹车首次承载运输从法国进口的 600 MW 发电机定子，货物重 301 t，由大连运送至内蒙古元宝山电厂。1984 年，D_{35} 型 24 轴钳夹车首次承载运输进口 300 MW 发电机定子，货物重 270 t（包括凹底架，净重 193 t），由青岛运送至河南姚孟发电厂。1984 至 1995 年，D_{35} 型 24 轴钳夹车 3 次承运从苏联进口的 250 MVA 变压器。1987 年，改造后的 D_{35} 型 24 轴钳夹车首次承载运输上海电机厂制造的 300 MW 全氢冷汽轮发电机定子，定子连同挂货托钩和压块共重 292 t（净重 256 t）。同年，改造后的 D_{35} 型 32 轴钳夹车首次承载运输哈尔滨电机厂引进美国技术制造的国内首台 600 MW 发电机定子，货物重 350 t（含自备承货设备重量）。

2002 年，D_{38} 型钳夹车运输内蒙古托克托电厂 600 MW 定子，发电机定子重 300 t，如图 2-4-5 所示。

图 2-4-5 D_{38} 型钳夹车运输托克托电厂 600 MW 定子（2002 年）

2010 年，DA_{37} 型载重 370 t 凹底平车运输宁夏灵武电厂 1 000 MW 汽轮发电机定子，如图 2-4-6 所示。

图 2-4-6 DA_{37} 型 370 t 凹底平车运输宁夏灵武电厂 1 000 MW 发电机汽轮定子（2010 年）

2010 年，DQ_{45} 型载重 450 t 钳夹车运输哈尔滨电机公司 1 000 MW 定子，如图 2-4-7 所示。2011 年，DQ_{45} 型载重 450 t 钳夹车运输进口阿尔斯通 600 MW 定子，如图 2-4-8 所示。

图 2-4-7 DQ_{45} 型 450 t 钳夹车运输哈尔滨电机公司 1 000 MW 定子（2010 年）

图 2-4-8　DQ_{45} 型 450 t 钳夹车运输进口阿尔斯通 600 MW 定子（2011 年）

三、大型变压器、特高压变压器运输

为了满足国家“西电东送”重点建设项目的大型变压器运输需要，研制组合式承载框架系列落下孔车，在 2003 年投入运营，成功运输安顺换流站 17 台换流变压器和电抗器运输之后，陆续完成了国家电网公司、南方电网公司±500 kV、±800 kV、±1 000 kV 等 17 个直流输电工程及发电厂用国家“西电东送”重点建设项目的大型变压器运输。输电工程包括三广、贵广、三沪、德宝、云广、锦苏、哈郑、新疆 750 kV 输电工程（西山、五彩湾、库车变电站）、高岭背靠背换流站、宝鸡换流站、金华换流站。电厂包括华能岳阳、山西古交、霍州、江西井冈山、河南伊川、广东茂名、陕西秦岭、湖南宝庆、河南焦作电厂，如图 2-4-9 所示。据 2013 年末统计，D_{26B} 型、DK_{36} 型和 DK_{36A} 型落下孔车累计运输变压器 300 多台，重量为 280～330 t。该项目自 2002 年投入运行，截至 2020 年初，已安全运输 40 多项国家重点工程建设用大型变压器约 800 台，运输设备价值 240 亿元，运输收入 6 亿多元。仅特高压变压器一种货物，直流输电每年节电 15 亿 kW·h（折合人民币 3 亿元），具有显著的经济效益和社会效益。该项目曾获得铁道部和中国南方电网有限责任公司的嘉奖和感谢，央视新闻和中国日报网对此做了专题报道。

(a) 国网±800 kV锦苏输电工程

(b) 南网±500 kV贵广一回输电工程

(c) 国网±500 kV三沪输电工程

(d) 南网±800 kV云广输电工程

图 2-4-9　输电工程——大型设备变压器铁路专列运输

（一）“西电东送”——安顺换流站超大型设备运输

2003 年制造的首辆 D_{26B} 型 290 t 落下孔车，主要用于运输三峡—广东直流输变电工程中的变压器等重型超限设备。为满足“西电东送”安顺换流站超大型设备的运输需要，同年又制造了 2 辆 D_{26B} 型 290 t

落下孔车。2004 年 7 月 21 日安顺换流站最后 1 批超大型设备顺利地由黄埔站运抵幺铺站。运输时间从 2003 年9 月 14 日至 2004 年 7 月 21 日，共运输 14 台换流变压器、3 台电抗器，货物总价值约 5.6 亿元，经过6 次运输，总行程 1 万多 km。这种运输规模和编组方式在世界上都是罕见的。D_{26B} 型 290 t 组合式落下孔车成功运输了国家重点工程的安顺换流设备，为“西电东送”国家重点工程项目的按期建成提供了有力的运输保障，为缓解我国部分地区电力紧张状况和促进国民经济的发展作出了积极贡献。为此，铁道部发布了铁运电〔2004〕136 号嘉奖表彰电报。

（二）“西电东送”——云广直流换流站超大型设备运输

南方电网公司±800 kV 云广直流换流站是国家“西电东送”工程的核心部分，其中变压器是世界上首次采用的高电压、大容量的尖端科技产品。其特高压变压器成功运抵施工现场，对我国输变电工程，乃至世界输变电工程起到了示范作用，市场前景广阔。由铁道部运输局组织专家论证，研究可行性。2009 年 7 月 9 日至 13 日首先完成了云广楚雄项目 3 个变压器运输，货物最大重量 312.5 t。

（三）三峡工程——大型变压器设备运输

2001 年，D_{38} 型 380 t 钳夹车完成了举世瞩目的“三峡工程”变压器大型设备运输，保证了国家重点建设的顺利进行，如图 2-4-10 所示。

图 2-4-10　D_{38} 型 380 t 钳夹车运输三峡变压器（2001 年）

四、大型轧机机架运输

2007 年 9 月 10 至 23 日，DK_{45} 型落下孔车分 2 次成功运输了中国一重集团公司为鞍钢集团公司生产的两片 5 m 国内最大的轧钢机架。机架长度为 15 200 mm，最大半宽为 2 300 mm，高度为 4 670 mm，重量 405 t。该轧钢机主要用于轧制特大型部件及特大直径输油管线的生产，是国家重点建设项目所需的重大设备，如图 2-4-11 所示。重车重心高 2 327 mm，运输总重 412 t。货物发站富拉尔基，到站鲅鱼圈。DK_{45} 型落下孔车装卸 405 t 轧机机架如图 2-4-11 所示。鞍山钢铁公司营口鲅鱼圈钢厂是国家重点工程建设项目，其中 5 m 和 5.5 m 轧机机架是该工程的核心设备。途经哈尔滨、沈阳铁路局，往返走行里程 4 000 多 km。

图 2-4-11　DK_{45} 型落下孔车运输和卸车

D_{45} 型 28 轴载重 450 t 落下孔车，作为世界铁路载重量最大的落下孔车，其运用使我国铁路大车载重吨位迈上了 400 t 级的新台阶。同时，有力支持了振兴东北的工业化进程。

五、航空设备运输——飞机机身和轮式装备

落下孔车运输卫星整流罩如图 2-4-12 所示，凹底平车运输飞机机身如图 2-4-13 所示。

图 2-4-12　落下孔车运输卫星整流罩

图 2-4-13　凹底平车运输飞机机身

六、青藏铁路设备运输——燃机专列运输

2010 年，西藏拉萨燃机运输专列如图 2-4-14 所示。

图 2-4-14　西藏拉萨燃机运输专列（2010 年）

第五节　组合式大车设计

随着我国国民经济的发展和西部开发建设，大型变压器、发电机、轧钢设备、锅炉、反应塔等特种长大货物的运输需求日益增加。而大吨位大车技术含量高，制造难度大，成本越来越高。经过多年的实践，中国大车的品种已经比较齐全，设计和制造技术已进入新的高度，标准化和系列化已提上日程。如何最经济、最合理地发展大车，值得进一步深入研究。发展组合式或模块式大车无疑是系列化的最佳方案，更具有现实意义。实践证明，组合式大车具有广阔的市场前景。组合式大车关键在于规划与设计，精心设计和施工，才能制造出具有国际水平的大车。

载重吨位特别大的大车由于使用频率低，大部分时间处于闲置状态。如果在一开始设计时就考虑到通过更换部分部件就可以改变大车的类型，就可以将载重吨位特别大的大车拆装成几个载重吨位较小的大车，就能够适应各种不同货物运输的需求；当没有特别大的货物需要运输时，则可利用载重吨位较小的大车充分发挥作用。这就是组合式大车的基本构思。

一、国外组合式大车概述

（一）国外铁路组合式大车概述

众所周知，由于大车制造成本高，利用率较低，在总体设计时，开拓设计思路，采用组合式结构，能否使车的应用范围扩大一些，实现一车多能，以提高车辆的适应性，扩大应用范围，是一个新的理念。如果一种大车只能适运某一种类型的货物，是很不经济的。载重吨位大的组合式大车技术含量高，难度大，技术性能指标具有明显的优势，造价要高于同吨位的非组合式大车，但综合经济效益将大为提高。国外在这方面已早有所考虑，并有值得借鉴的经验。

为了适应长大货物运输需要，降低运输成本，德国于20世纪60年代初期，开始研制组合式大车。德国克虏伯（Krupp）公司在20世纪70—80年代利用组合原理设计制造了举世瞩目的组合式大车。该公司所拥有的各型组合式大车高效率地完成了长大货物运输。其设计理念决定着车体结构型式、技术特性，影响着各国大车的技术规划与发展。见表2-5-1。

表 2-5-1　德国组合式大车

车　型　图	轴数	载重/t	自重/t	车辆长度/m	
				空　车	重　车
	12	190	75	20.9	32.4 (12.0)
	24	360	172	40.0	53.3 (14.0)
	32	500	216	51.2	63.8 (13.5)
	36	807	336	70.6	87.8 (18.8)

注：括号内的数字为货物悬挂长度。

比较引人注目的是德国Uai839型32/24轴大车。设计时根据运输货物的不同，可有两种组合方式。装运钳夹式货物时，用8个4轴转向架组成32轴载重457 t的钳夹车，轴载荷为22 t，带钳形梁；在装运发电机定子和其他不适于钳夹的重大货物时，用承货梁代替钳形梁，两内侧的小连接桥梁（小底架）和自车辆中央起的第2个转向架被撤出，两个12 m心盘距的大连接桥架（大底架）由两个9 m心盘距的连接桥架代替。形成了由6个4轴转向架组成的24轴载重440 t（包括承货梁）的特种车。此时轴载荷22 t，承货梁由用户自备，运输灵活方便。

德国Uai836型大车转向架群由4个5轴转向架构成20轴大车，该车根据需要可演变为如下四种车：运输自承货物，组成20轴钳夹车；运输非自承货物，钳形梁连接1个凹底架，具有凹底平车的功能；运输高、宽货物，钳形梁连接落下孔梁，具有落下孔车的功能；将走行部换成公路胶轮转向架，而钳梁及连接桥架不变，可具有公路载重货车功能。据资料介绍，这种车为适应不同货物装用过七种货主自备的承货梁，而形成七种不同类型的车。

法国为东德造的32轴大车根据运输货物的不同而有两种变化形式。用载管装置时，载重500 t，自重180 t，最大轴载荷为21.3 t，两走行部分设一为装运货物而特制的货鞍。根据两货鞍最小间距决定了所装运管状货物长度应大于25 m，垂直力和水平力均由货鞍支座传递。用钳形梁装置时，货物悬挂在两钳形梁中间，载重450 t，自重259 t，最大轴载荷22.1 t，水平力由中心销传递，如图2-5-1所示。

俄罗斯为了运输化学反应塔，设计了载重240 t、340 t和480 t的跨装式大车，该型车与我国的D_{30}型载重370 t双联平车相似，340 t和480 t车每节都可以作为活动的单元使用，240 t车的结构可以与120 t跨装式平车的中间平车联挂使用，从而增加了运送不同长度货物的品种。

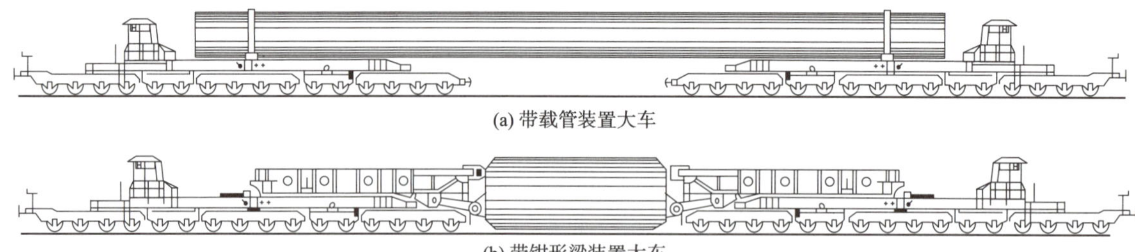
(a) 带载管装置大车

(b) 带钳形梁装置大车

图 2-5-1　法国带载管装置和钳形梁装置的大车

（二）国外公路组合式大车概述

公路大件运输车辆按牵引方式分为全挂平板车组、半挂平板车组、自行式平板车组等型式，按货台结构分有长板车组、桥式车组、凹底车组等型式。应用组合式液压平板车组，通过纵向拼接组合和增加平板车组的轴线，可以减轻轴负载。国外先进组合式液压平板车已发展为“可变轴距、可变宽度、可变高度”等具有“可变”特性的大吨位大件运输车辆，通过组合模块式实现车型系列化、多样化，以适应大件货物运输的需要。如图 2-5-2 所示运输大型船壳，图 2-5-3 所示整体运输大型化工设备，图 2-5-4 所示运输大型化工设备。国外公路有载重 600 t、800 t，乃至 1 000 t 组合式大车。

图 2-5-2　运输大型船壳

图 2-5-3　整体运输大型化工设备

根据所需运输货物的重量在牵引车的后部加上若干个承载吨位相同的承载小车（类似于铁路转向架），公路大车转向架群如图 2-5-5 所示。货物支承在特制的承货底架上安置于牵引车和承载小车上，在承载小车与承货底架之间再加以适当的联结。最引人注目的是德国 Goldhofer（金活佛）公司，根据运输货物的种类，承载小车在车辆长度和宽度上组合，可以组合成 15 000 种公路大车。

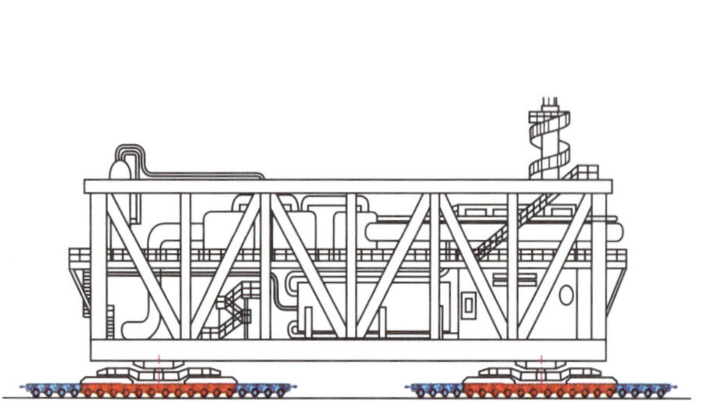

图 2-5-4　运输大型化工设备

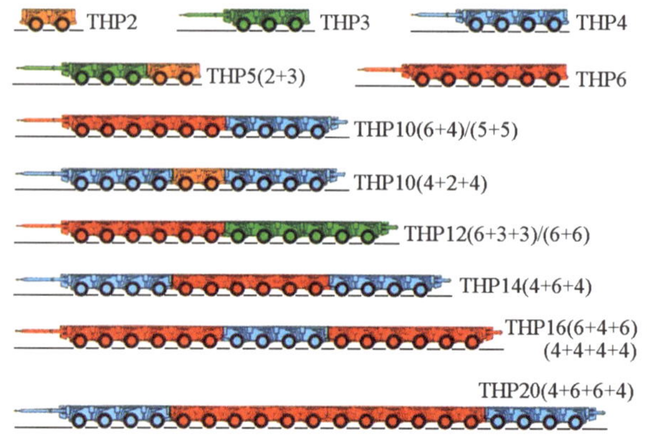

图 2-5-5　公路大车转向架群

其承货底架也很有特色，根据所运货物的不同，设计配装了适应性很强的承货底架，如图 2-5-6 所示。

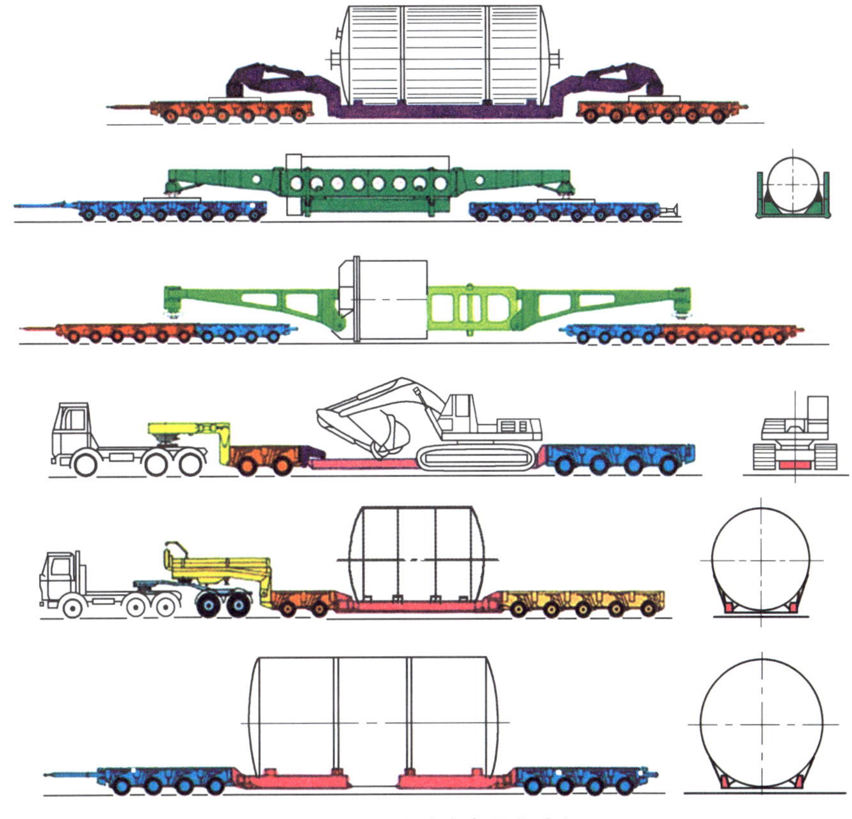

图 2-5-6 公路大车承货底架

二、国外组合式大车技术特点

（一）承货结构

德国大车承货结构基本上可以分为钳夹式、落下孔式、跨装式、平底式和凹底式五种类型。承载结构设计灵活多变，充分适应货物，一车多能。图 2-5-7 所示分别表示了钳夹自承式、落下孔式（侧承梁）、凹底式承货形式，承载梁一般由货主自备。

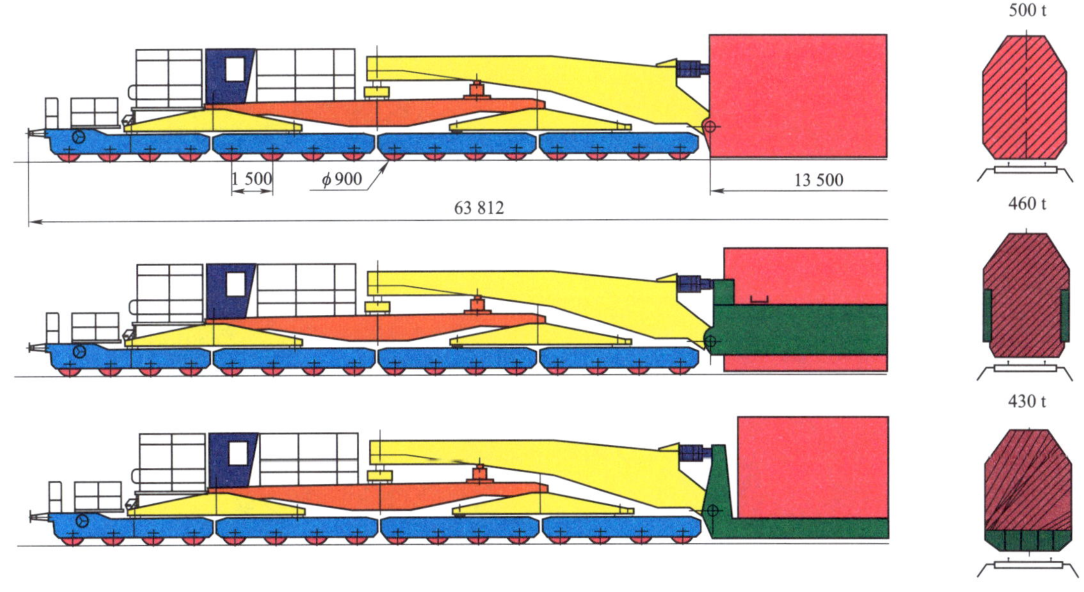

图 2-5-7 承货形式

（二）换装方便

采用通用的心盘接口和直径相同的无销心盘。尤其是重视公铁联运换装方便，钳夹车公铁联运换装如图 2-5-8 所示。

图 2-5-8　钳夹车公铁联运换装

德国在公路钳夹车及公铁联运方面研制开发出了多种车型。图 2-5-9 为德国 Kuebler spedition（库伯勒运输公司）钳夹车进行公铁联运换装成公路钳夹车的状态。图 2-5-10 为德国原 DB Cargo 公司（现为 Railion 公司）拥有的钳夹车，通过转接装置可实现铁路与公路运输转换，Railion 公司公铁联运换装成公路钳夹车的状态如图 2-5-11 所示。

图 2-5-9　Kuebler spedition 公司铁路钳夹车和公路实现转接联运

图 2-5-10　原 DB Cargo 公司铁路钳夹车和公铁联运

图 2-5-11　换装后的公路钳夹车

（三）标准通用转向架

德国和俄罗斯组合式大车走行部主要采用二轴、三轴和四轴标准转向架，走行部采用通用车辆的标准转向架是因为使用中维修方便。但是，大车由于长度增加和动力学性能欠佳，所以对于簧上结构具有增高柔性的多轴式结构来说，采用标准转向架往往不一定合适。

俄罗斯大车上装用通用货车的 18-100 型二轴、18-102 型三轴、18-101 型四轴标准转向架，18-477 型工业运输车辆用的二轴转向架，18-6053 型煤水车专用的二轴转向架和 18-6052 型四轴转向架，如图 2-5-12 所示。俄罗斯通过研究表明：对于大车的四轴转向架，轴群距为 4 200 mm，而不是 18-101 型转向架的 5 050 mm；二轴转向架的轴距为 1 550 mm，而不是 1 850 mm。对于不同轴数的大车的走行部，最好是采用通用车辆用的二轴转向架，其计算静轴载荷为 245 kN，轴距为 1.85 m，弹簧悬挂装置计算刚度为每轴 4.14 MN/m，空车状态下，下心盘支承面距轨面高度为 810 mm，重量约为 5 t。可以通过连枕将两台二轴转向架连接成一台四轴转向架，这种连枕与批量生产的连枕相比，其特点是下心盘截面和端部截面做了加强。

德国铁路大车采用大型钳夹车或凹底平车上使用的性能良好的四轴转向架，因为这种转向架结构简单、重量较轻、便于维修，心盘距轨面的高度较低。转向架轴距 1 500 mm，转向架构架（St52-3）采用了易扭曲结构，转向架上还装有二级板簧。德国四轴转向架如图 2-5-13 所示。

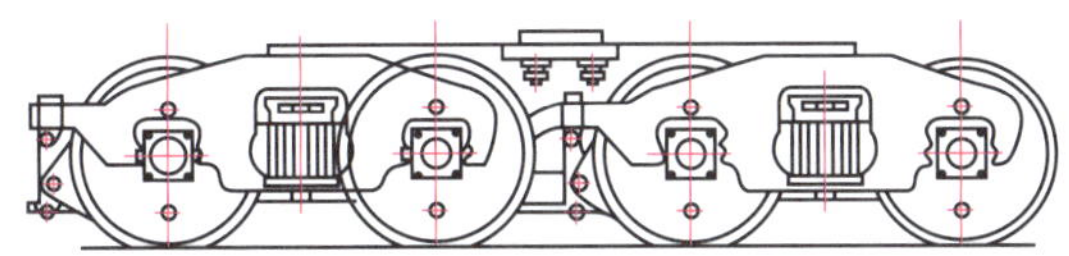

图 2-5-12　俄罗斯 18-6052 型四轴转向架

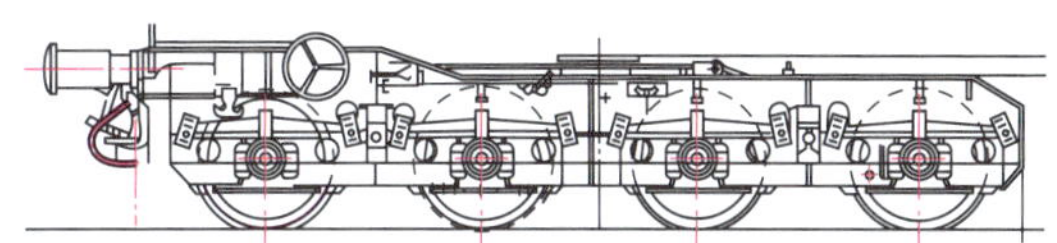

图 2-5-13　德国四轴转向架

三、国内组合式大车设计现状

回顾历史，1974 年大车专家最早提出大车系列化。1999 年昆明大车研讨会上首次明确提出研制组合式大车。2001 年，采用承载框架置换 D_{26} 型凹底平车凹底架的设计，这其中也含有组合式大车的创意。方案中的中、小底架，转向架，液压旁承装置，制动装置和车钩缓冲装置等部件及其组成与 D_{26} 型凹底平车相同。以 D_{26} 型凹底平车为基础，用该承载框架和心盘梁置换凹底架组成 D_{26B} 型 290 t 落下孔车。2003 年制造的第 1 辆 D_{26B} 型 290 t 落下孔车，主要用于运输三峡—广东直流输变电工程中的变压器等重型超限设备，同年又制造了 2 辆 D_{26B} 型 290 t 落下孔车。2004 年，D_{26B} 型 290 t 组合式落下孔车成功运输了“西电东送”国家重点工程的安顺换流设备（铁道部发布 136 号嘉奖表彰电报）。2001 年，D_{26A} 型组合式长大平车投入运用。该车既可组合成 16 轴载重 260 t 平车，也可以组合成 8 轴载重 138 t 平车。2003 年，在 D_{32} 型 320 t 凹底平车基础上，采用组合式大车的基本思路，将该车的凹底架换装为侧承梁、导向梁和调宽装置，组成 350 t 落下孔车。2004 年，350 t 组合式落下孔车成功运输了南钢轧机牌坊。2005 年，以 D_{26} 型凹底平车为基础，对凹底架进行优化设计，减轻自重 20 t，研制了载重 280 t 凹底平车。国内组合式大车见表 2-5-2。

表 2-5-2　国内组合式大车

车　型　图	轴数	载重/t	自重/t	车　种	车　型
	16	260	140	凹底平车	D_{26}
	16	280	120	凹底平车	D_{28}

续上表

车 型 图	轴数	载重/t	自重/t	车 种	车 型
	16	290	110	落下孔车	D26B
	32	320	226	凹底平车	D32
	32	350	175	落下孔车	
	16	260	73.6	长大平车	D26A
	8	138	30	长大平车	

四、国内组合式大车系列化及模块化设计构思

（一）总体设计

根据我国大车发展现状和运输需要，借鉴国外设计经验，大车宜采用组合拼装式系统设计，从系列化和模块化方面，通过转向架群距的优化设计组合，按长大货物的吨位需要组成轴数不同的大车，达到一车多能，运用灵活，降低大车的设计制造费用，满足铁路运输需要。根据不同类型的长大货物来设计运输工具，使运输工具（大车）充分适应货物。

随着工业技术的发展，大吨位的大车采用了较多的先进技术，具有的功能越来越多，其制造和使用成本也越来越高。工业的发展需要特大吨位的大车，但这种车的使用频率特别低，绝大部分时间闲置在车库待命。对于有一定批量、生产厂家比较固定的长大货物采用直接针对货物设计的专用大车运输比较经济，而对于数量很少、重量特别大的货物采用组合式大车进行运输是经济而有效的办法。结合表 2-5-3 中的图，举例说明最大轴数为 32 轴以四轴转向架为基础的组合式大车构思。表中 32 轴系列组合式大车，通过选择、更换部件 3、4、5、6 可分别得到钳夹车、落下孔车、凹底平车、长大平车（跨装平车）四种类型的大车，值得说明的是，如果运输自承式货物，去掉长大平车大底架，增加转盘装置，可以成为跨装平车。表中 24 轴系列组合式大车，去掉一个四轴转向架和用部件 11 替代部件 2，即可构成新的转向架群；然后与部件 12、部件 13、部件 14、部件 15 之一组合，又可构成 24 轴的钳夹车、凹底车、落下孔车和长大平车四种类型的大车。总之，采用四轴转向架的 32 轴钳夹式大车加上 16 种 20 件附加部件（部件 4、5、6 各一件；部件 7、8 各两件，部件 9、10、11 各一件；部件 12 两件，部件 13、14、15 各一件；部件 16 两件，部件 17、18、19 各一件）可组合成四个系列四种类型共 16 种大车。而且通过适当增加附加部件的数量，32 轴大车还可以同时组成两辆 16 轴大车或四辆 8 轴大车。当 32 轴大车数量较多时，其组合的灵活性将大大增加，可以满足绝大部分长大货物运输要求。

表 2-5-3　组合式大车构思（以四轴转向架为基础）

32 轴系列组合	24 轴系列组合
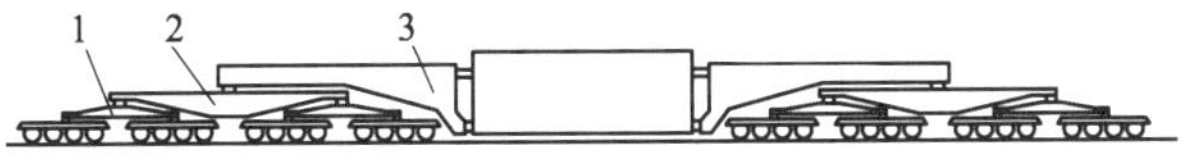 1 2 3 (a) 32轴钳夹车 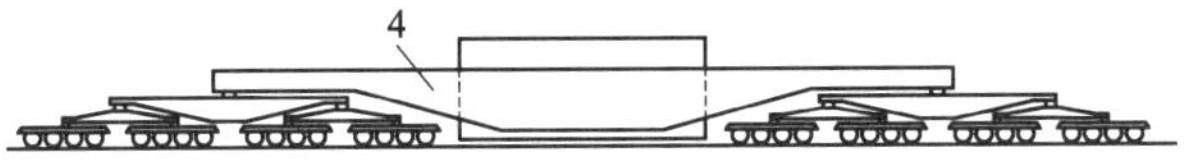 4 (b) 32轴落下孔车 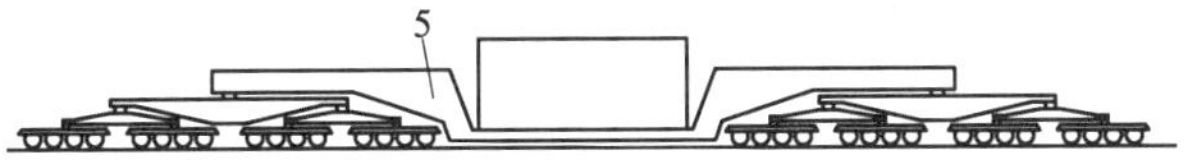 5 (c) 32轴凹底平车 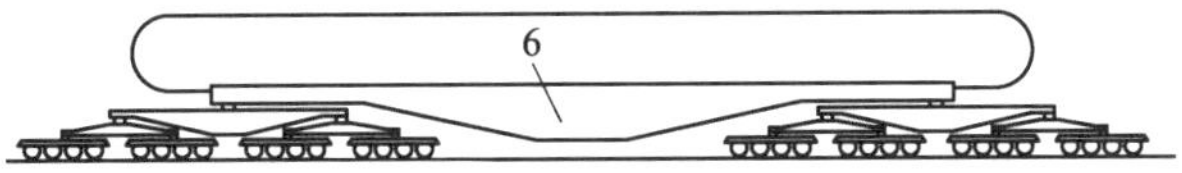 6 (d) 32轴长大平车	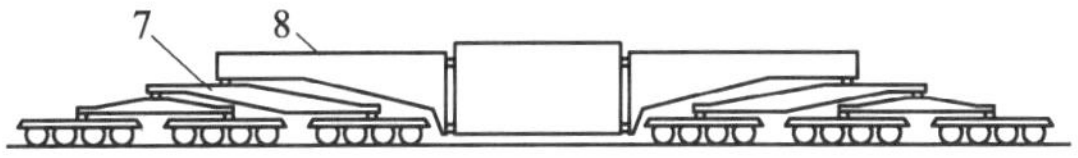 7 8 (a) 24轴钳夹车 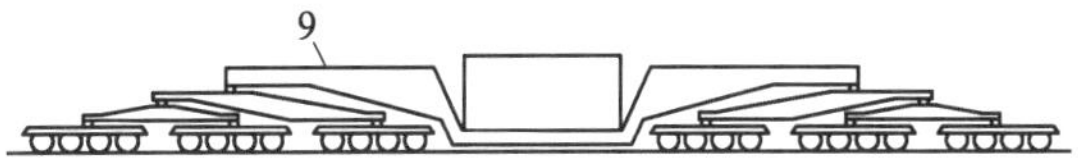 9 (b) 24轴凹底平车 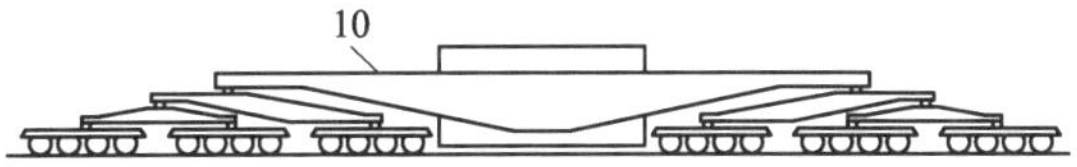 10 (c) 24轴落下孔车 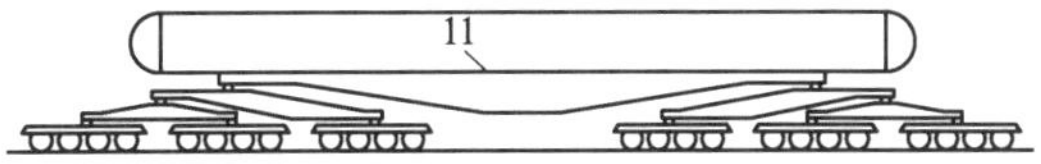 11 (d) 24轴长大平车
16 轴系列组合	8 轴系列组合
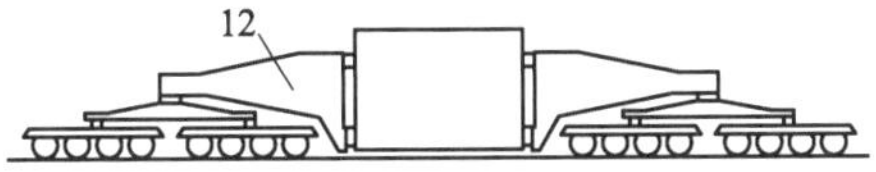 12 (a) 16轴钳夹车 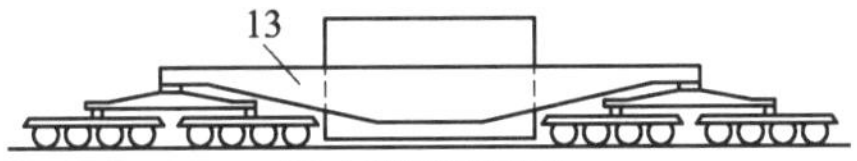 13 (b) 16轴落下孔车 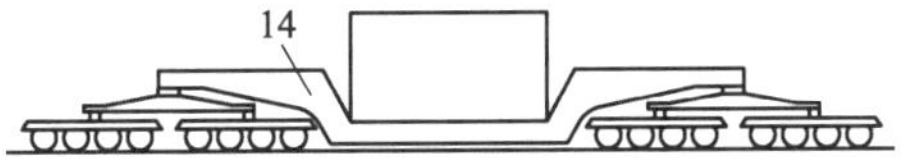 14 (c) 16轴凹底平车 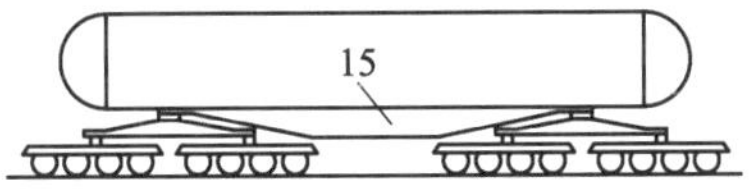 15 (d) 16轴长大平车	16 (a) 8轴钳夹车 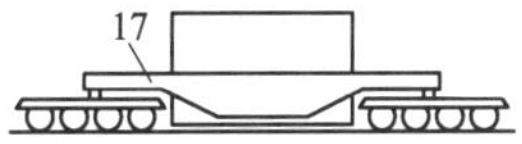 17 (b) 8轴落下孔车 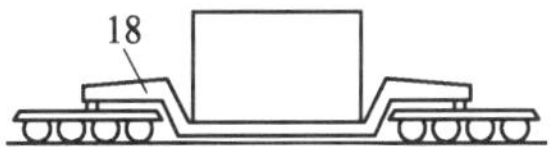 18 (c) 8轴凹底平车 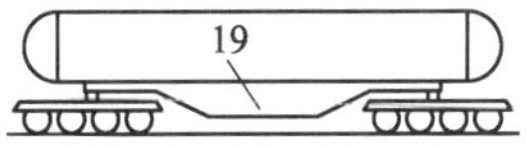 19 (d) 8轴长大平车

组合式大车的设计应该是由顶向下进行的，在设计时首先应满足最大轴数的大车的要求，以确定是否采用多导向、侧移、液压起升、液压均衡机构，同时应考虑如何进行较少轴数的大车的组合及在结构上如何便于组合，关键在于设计走行部-转向架。组合式大车的制造则可以由底向上进行。根据资金和货源的情况，可先制造较少轴数的大车，然后再组合成较大轴数的大车。当然，如果情况合适，首先就制造最大轴数的大车，甚至连部分附加部件也同时制造出来。

总体设计中多为同轴数转向架的组合。国外大车也采用不同轴数转向架的组合方式，我国大车设计也可采用不同轴数转向架联合使用的方案。总体设计，应优先选用现有的转向架群，要根据过桥检算、几何曲线通过计算来调整转向架轴群距及各种承载桥架的心盘距，进一步的分析计算就是要校核其动力曲线通过、动力学性能和横向倾覆稳定性。

（二）走行部设计

走行部设计是组合式大车的基础。大车走行部主要采用 2 轴、3 轴、4 轴、5 轴转向架。对于不同轴数的大车走行部，推荐采用标准 2 轴转向架，因为使用中维修方便。对于 4 轴转向架可以通过连枕将两台 2 轴转向架连接而成，对于这种连枕需要加强下心盘截面和端部截面大车转向架已形成系列。大车制造厂可利用现有的转向架群设计。通过考查分析现有的转向架群的性能，改进转向架设计。

大车 3D～5D，3E～5E 轴转向架已形成系列。为组合式大车设计提供了走行部基础。通过走行部-

2轴、3轴、4轴、5轴转向架转向架群的优化组合，变换其承货大底架、中底架、小底架而形成多种大车。通过调查分析研究可以启发我们在大车总体设计时，利用现有的走行部及承载桥架，构造出组合拼装式大车，以满足多种大件运输的需要。

（三）承载部件设计

1. 承货梁设计

承货梁指与货物连接接触的主要承载部件。对于钳夹车指钳形梁，凹底平车指凹底架，落下孔车指侧承梁，长大平车指大底架。承货梁结构设计是组合式大车的关键。

2. 中间桥架设计

中间桥架是承货梁和转向架之间的各级连接桥架，传递并承受载荷，一般称中底架、小底架。在大车设计时应尽量减少中间桥架的数量。在中间桥架横梁上要采用心盘，并考虑设计相同直径的无销心盘，便于组合设计改装和互换，也便于公铁联运，缩短将承货梁由铁路转至公路重载拖车的操作时间。

3. 心盘旁承及其他装置设计

大车（特别是具有侧移多导向的大型大车）心盘和旁承不但具有一般通用货车的要求，还要能承受较大的垂直力和偏载力。过曲线时上下心盘和上下旁承之间摩擦力小，可减小转向架回转力矩，提高脱轨稳定性，减小主要承载件的扭曲。球形心盘可采用聚四氟乙烯衬垫，无中心销以增大其承压面积，而且组装拆卸方便。旁承有普通间隙旁承、橡胶弹性旁承、气液弹性旁承、液压连通旁承等多种形式，可根据结构特点进行选择。除上述主要结构外，根据运输需要还有侧移、导向、提升、称重等装置。

五、关键技术问题

（一）管理、维修和换装

D_{26A} 型长大平车通常情况下以16轴载重260 t工况为主要存在形式，而8轴载重138 t工况只有在运输货物时存在，完成运输任务后即恢复成16轴载重260 t的状态存放。为方便管理、维修和换装，该车由指定的车辆厂、车辆段实行专业管理。从而对该车进行定期检修、保存并换装所用零、部件。

（二）车型车号

新造组合式长大货物车时，标记中的性能标记根据组合后的性能数据进行涂打，并且性能标记涂打在更换的部件上。标签数量也根据组合的种类设置2个或3个，在车型管理上相应的也定为2个或3个车型。对于 D_{26A} 型组合式长大平车，2种组合形式采用同一车型车号，即该车16轴或8轴2种组合方式均为 D_{26A} 车型，车号为同一车号即5622600，以便车辆部门管理。在大底架侧梁上涂打16轴、载重260 t工况下车辆性能标记，在中底架侧梁上涂打8轴、载重138 t工况下性能标记，车辆性能标记的识别以车辆轴数为判定标准。对于320 t凹底平车/350 t落下孔车组合，车型标签安装2块，标签信息分别为320 t凹底平车和350 t落下孔车的信息。组合为320 t凹底平车时，在凹底架上涂打320 t凹底平车的性能标记，同时将带有350 t落下孔车的标签利用简易装置遮盖上，使它不显示350 t落下孔车的标签信息；组合为350 t落下孔车时，在侧承梁上涂打350 t落下孔车的性能标记，同时将带有320 t凹底平车的标签利用简易装置遮盖上，使它不显示320 t凹底平车的标签信息。这样在运用中就可以正确显示和使用组合后的车辆结构变化的问题。

（三）转 向 架

研究性能优良的标准通用转向架。以2轴、3轴和4轴转向架为基础组合。

（四）标准问题

重视研究制定长大货车专用试验标准，对组合式大车，尤其如此。应积极研究借鉴国外标准，提出适用我国运用环境的标准和规范。

（五）货物的自动装卸及公铁联运

具有液压起升功能的组合式大车，可以实现货物的自动装卸。铁路可配备橡胶轮对转向架，以便在公路上运行。钳夹车因其适应性强、功能全，适宜组合式设计，也适宜公铁联运设计。

一般地，大件货物制造企业和收货单位都是在没有铁路专用线的厂区，铁路运输无法直接进入厂区提供“门到门”的服务，需要利用公路车进行短距离的运输。到站后需公路车转运，二次倒装、二次拆卸，才能运抵施工地点。一些需经公路运输的大件货物，可由铁路部门统一运输，既方便了货主，也提高了竞争力。

六、组合式大车的类型

以大车走行部系列化为基础，充分利用现有的中间桥架根据需要设计制造。通过转向架的重新组合而产生多种变化，根据运输货物的形状、重量，把承载货架设计成钳夹式、凹底式，平底式、落下孔式、跨装式、中心穿货梁式等，组合式长大货物车类型见表 2-5-4。

表 2-5-4　组合式长大货物车类型

装置类型	侧视图	中部横截面
钳夹式	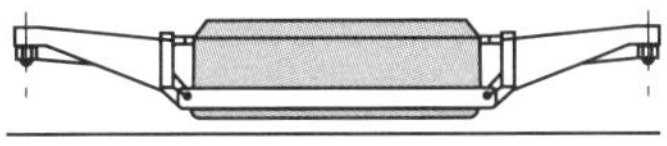	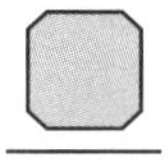
凹底式	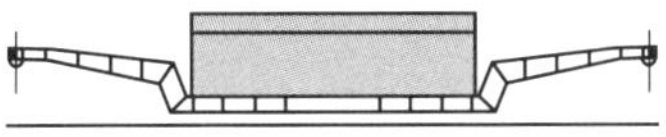	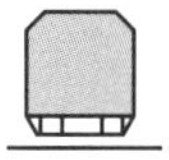
	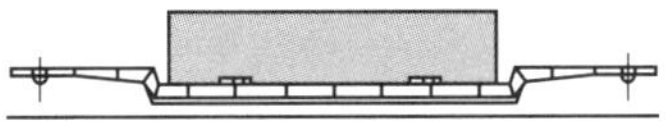	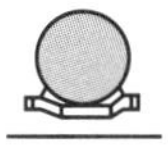
平底式（或半落下孔）	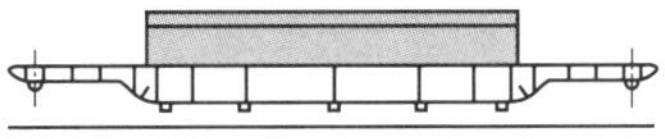	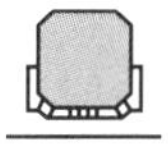
落下孔式（钳夹侧承梁）		
落下孔式	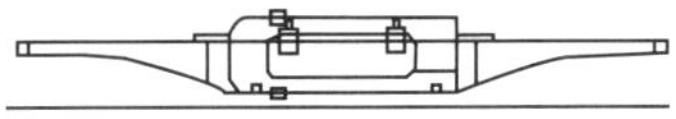	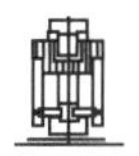
跨装式	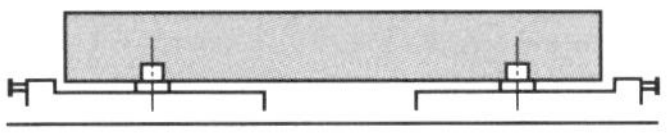	
中心穿货梁式	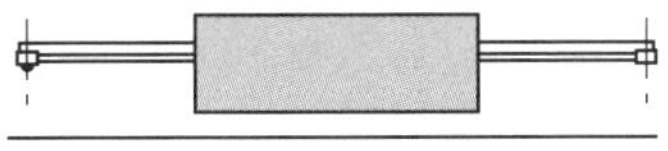	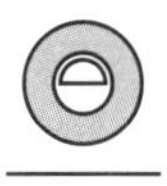

七、铁路组合式大车发展建议

中国国民经济的快速发展对铁路特种货物运输提出更高、更新的要求，中国铁路必然会面临组合式大车的发展需求。应根据不同类型的长大货物来设计运输工具，以便使运输工具充分适应货物的特点，运用组合式大车设计理念，实现大车的灵活组合装载，组合积木式设计体现了运输货物的灵活性、方便性，并可节约设计制造费用。随着设计观念的更新和市场需求的提高，组合式大车的前景将更加广阔。针对我国组合式大车发展的现状，提出以下建议。

根据大件货源调查情况，与货主沟通，协调规划组合式大车总体设计，规划大车系列化型谱，型谱谱系化规划分析确定货物承载结构与组合型式。型谱反映了系列化基本型和发展型的主要技术特征和主要结构组合型式，是开发大车组合式模块化设计的基础。

在总体设计大车时，充分借鉴国外和公路大车经验，并考虑公铁联运的高时效性、强机动性。优化联运转换接口，把铁路与公路、水路的联合运输纳入总体设计。

加强组合式大车技术标准的研究，尤其是实际载荷运用工况和安全系数的研究。

转向架是组合式大车设计的基础，建议进行标准化、系列化、模块化系统研究。

第六节　组合式承载框架技术创新与应用

国家“十一五”至“十三五”期间，“西电东送”输电工程建设发展迅速，特高压输电工程建设所需的核心设备——换流变压器需要铁路运输的数量已达到700多台。电力、冶金行业大型设备铁路远距离运输是重点工程项目建设的重要环节，受国情和路情条件（如限界、桥梁等）所限，一直存在瓶颈问题，严重制约了国民经济和国家建设的发展。

中车长江车辆有限公司（简称长江公司）和四方所联合中特物流有限公司，走访相关电力部门和企业进行市场调研，并分析研究国内外公路运输技术。2002年，长江公司与四方所共同开发了大型落下孔车组合式承载框架关键技术。2003至2010年，以取得国家发明专利的落下孔式大车用组合式承载框架为基础，采用组合式设计理念，研制了载重230 t、290 t、360 t等落下孔车。《铁路大车组合式关键技术创新与国家重点工程设备运输应用研究》重大项目获2013年度中国铁道学会科技进步一等奖。《组合式落下孔车技术创新与国家重点工程设备铁路物流运输》获2021年度中国物流与采购联合会科技奖一等奖。

一、组合式承载框架落下孔车关键技术

落下孔车承载框架是落下孔车的关键部件，长江公司和四方所创新研发的大车组合式承载框架关键技术，已成功应用到D_{26B}型和DK_{29}型290 t、DK_{23}型230 t、DK_{36}型360 t、DK_{36A}型360 t、D_{45}型450 t落下孔车，使我国铁路同类产品的设计、制造水平居世界前列。

1. 研究铁路大车组合式设计技术平台，采用组合式设计理念，为未来系列大车开发推广提供坚实基础，提高系列化、标准化和可靠性水平，降低成本，节能环保，一车多能，提高车辆利用率。例如，只需将D_{26}型260 t凹底平车的凹底架换成落下孔式承载框架，组成D_{26B}型290 t落下孔车；将D_{32A}型320 t凹底平车的凹底架换成落下孔式承载框架，组成DK_{36}型360 t落下孔车，提高大车系列化和标准化程度。

2. 创新开发铁路大车组合式承载框架关键技术，将原落下孔车固定框架改为组合式宽度可调承载框架结构，把侧承梁宽度由450 mm缩小到230～260 mm，以运输更宽尺寸的变压器。

3. 焊接构架式转向架，速度高，运行平稳，安全可靠，且空车回送不限速，提高了车辆周转率。

4. 研究转向架轴群与线桥匹配技术，优化车辆技术参数，提高过桥限速。

5. 优化侧移、导向技术，减少车辆通过曲线时车体中心偏移量，降低重型超限货物运输超限等级。带侧移、导向装置的DK_{36}型落下孔车如图2-6-1所示，导向自动侧移装置示意如图2-6-2所示。

6. 采用两级同侧纵向连通的液压旁承装置，减少了车辆通过缓和曲线时的扭转载荷，改善了车辆的受力状态，使货物随时趋于水平正位，利于货物运输安全，同时增加货物起升功能，方便卸货。

二、组合式承载框架技术特点和结构系列

组合式承载框架采用多个可调撑杆连接2片侧梁，侧梁两端设有导框斜楔锁紧装置连接侧梁与心盘梁，组成可调框架结构。心盘梁为长短臂组成的十字形心盘梁，长短臂互换旋转角度为90°。组合式承载框架宽度方向可调，能适应不同货物的运输，扩大了车辆的使用范围，并且解体方便，方便货物装卸，空车运输满足机车车辆限界要求。2005年，该项技术获得国家发明专利（专利号ZL 02 1 14188.6）。

图 2-6-1　带侧移和导向装置的 DK$_{36}$ 型载重 360 t 落下孔车

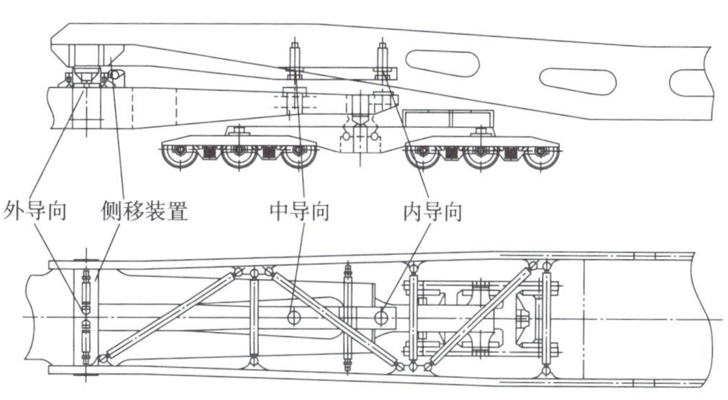

图 2-6-2　导向自动侧移装置示意图

2003 年，广州黄埔港进口瑞典 ABB 变压器成功运输，ABB 公司专家认为其设计巧妙，技术水平世界领先。2003 至 2004 年完成了安顺换流站（国家西部大开发、西电东送的重点工程）17 台换流变压器和电抗器运输，6 次运输总行程超过 1 万 km，运输组织和编组方式举世瞩目，获铁道部通电嘉奖。该结构首次成功应用于 D$_{26B}$ 型 290 t 落下孔车后，又推广应用于 DK$_{29}$ 型、DK$_{23}$ 型、DK$_{36}$ 型、DK$_{36A}$ 型、D$_{45}$ 型落下孔车。组合式承载框架结构系列衍生落下孔车见表 2-6-1 和图 2-6-3 所示。

表 2-6-1　组合式承载框架结构系列落下孔车及运输（2013 年末统计）

型　号	载重/t	轴　数	运输货物	货物重量/t	数量/台	重车装载运输图
D$_{26B}$	290	16	变压器	280～330	255	
DK$_{29}$	290	16				
DK$_{36}$	360	24				
DK$_{23}$	230	12	轧机机架和变压器	230	17	
DK$_{36A}$	360	24	变压器	280～330	36	
D$_{45}$	450	32	轧机机架	400～405	13	

三、组合式承载框架技术应用

（一）可调撑杆和组合技术

落下孔车主要运输变压器、轧机牌坊等超限重型货物，货物装载在车体两侧梁间，侧梁承载货物。国内外落下孔车车体通常将两侧梁焊接为一个整体车体结构，大型变压器装卸不便，受到限制较大。

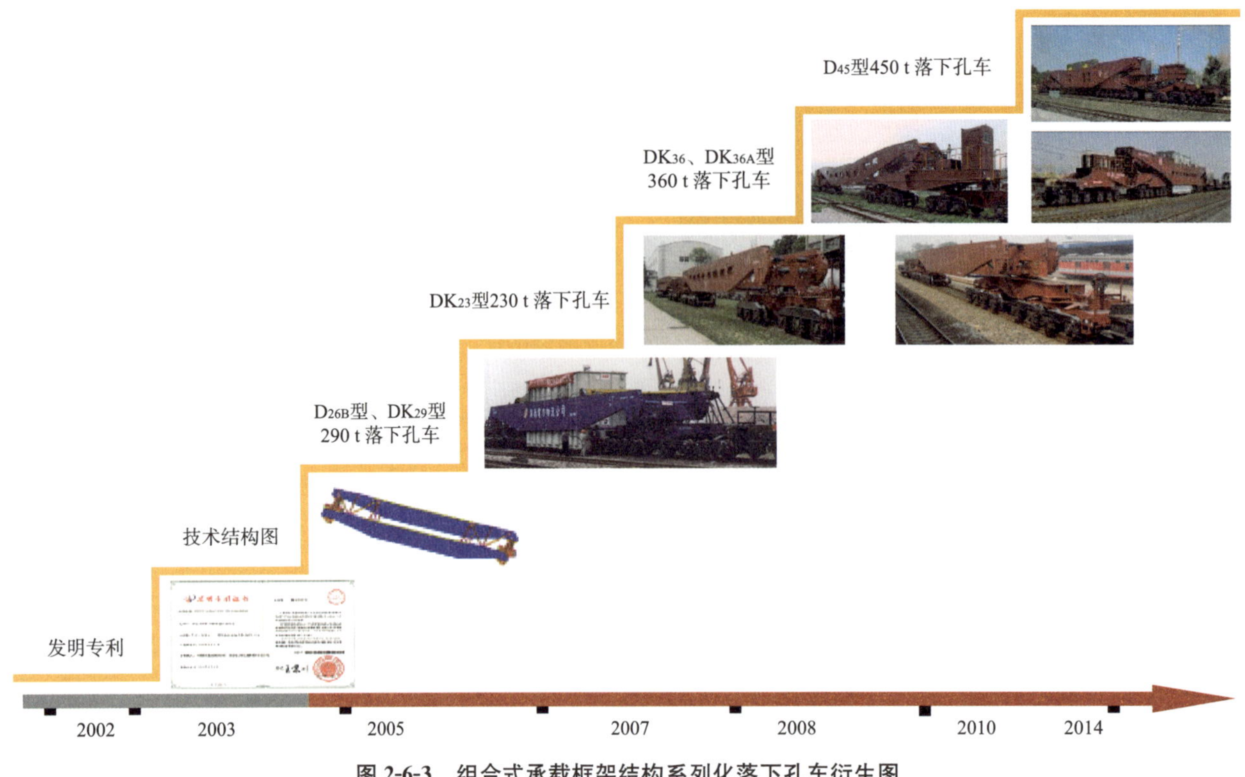

图 2-6-3　组合式承载框架结构系列化落下孔车衍生图

为解决铁路运输换流变压器的难题和扩大落下孔车适用范围，通过技术调研及论证，采用可调撑杆连接 2 片侧梁组成组合式承载框架（图 2-6-4），对侧梁结构进行优化设计，使腹板宽度仅为 230～260 mm，降低了超限等级。在空重车情况下承受的垂向、横向载荷差别较大，因此多个可调撑杆组成后的承载框架在纵向、横向和垂向需稳定可靠，同时还要考虑空车回送满足机车车辆限界，空重车换装时承载框架拆解和组装要方便。可调撑杆布置设计分空重车两种情况，如图 2-6-5 所示。可调撑杆与侧梁采用销连接，圆销与销座间压入带有一定刚度的橡胶胀套，可减少撑杆垂向载荷，使之成为无间隙连接。撑杆的结构设计要满足稳定性和便于调整的要求。优化设计、有限元及稳定性分析、强度试验和运用监测结果表明，可调撑杆及组合式结构设计技术能满足运用要求，安全可靠。

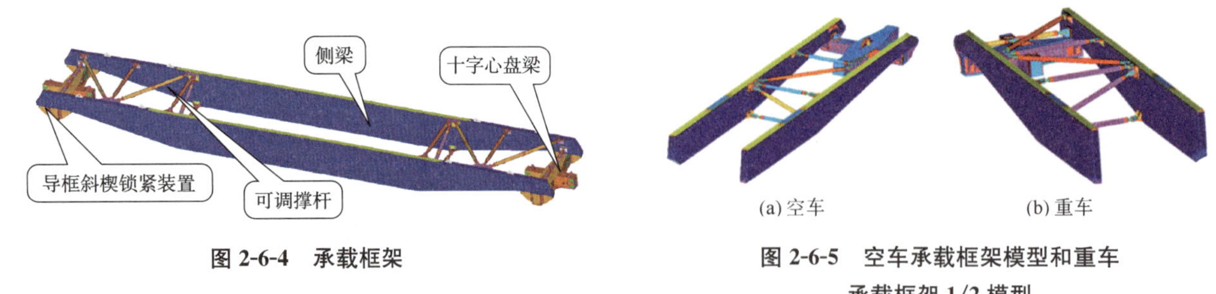

图 2-6-4　承载框架

图 2-6-5　空车承载框架模型和重车承载框架 1/2 模型

（二）新型侧梁结构

落下孔车车体（承载框架）为侧梁承载结构，侧梁结构的研究是技术的关键。大型换流变压器的质量在 200～400 t 间，侧梁承受载荷大。为充分利用限界空间进行运输，侧梁的设计宽度较小（230～260 mm）。侧梁的载重大，宽度小，增加了其设计难度。在满足一定自重的情况下，为使侧梁的强度达到要求，从结构优化和材质选用方面进行了综合分析。材料最初采用 WH70 或 HG70E 高强度结构钢，通过增大箱形侧梁的设计高度（一般大于 2 000 mm）以提高其垂向刚度。窄、高、长是落下孔车承载框架箱形侧梁的结构特点，该结构制造工艺较难，腹板的稳定性较差。针对侧梁制造难度大、焊接工艺要求高的特点，在满足强度、刚度要求的同时，重点研究了腹板的稳定性和结构工艺性，尤其是腹板间隔板的设计及其组装、焊接工艺。新型侧梁结构如图 2-6-6 所示。静强度试验和运用监测结果表明，侧梁的强度、刚度及稳定性满足要求。

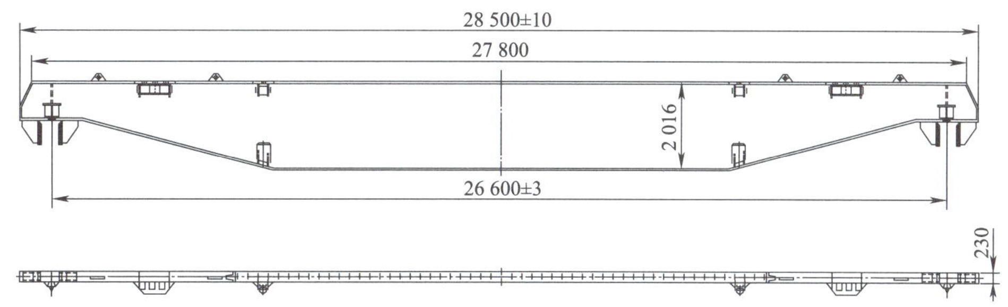

图 2-6-6　新型侧梁结构示意

（三）长短臂组合十字心盘梁

落下孔式大车装运大型换流变压器时，运输宽度近 4 000 mm，属超限运输。为提高空车回送效率，空车应符合机车车辆限界要求。组合式承载框架两侧梁的宽度可通过撑杆进行调节，以满足空重车不同的运输宽度尺寸，因此与组合式承载框架相匹配的心盘梁应有空重车两种结构形式。根据空重车承载框架宽度尺寸和心盘梁载荷，将心盘梁设计成长短臂组合的十字心盘梁，如图 2-6-7 所示，以提高空重车的换装效率，减轻换装过程中的劳动强度。心盘梁长短臂互换的旋转角度为 90°，重车时两侧梁与心盘梁长臂相连，其宽度可通过两侧梁间和侧梁与心盘梁间的撑杆进行调节；空车时两侧梁与心盘梁短臂相连，其宽度通过心盘梁两内侧定位挡确定，以满足机车车辆限界要求。

（四）侧梁导框斜楔锁紧可调技术

侧梁落入心盘梁短臂或长臂组成空车或重车承载框架时，侧梁宽度方向的定位是通过短臂的内侧定位挡或长臂与侧梁间的可调撑杆确定。侧梁定位后，按常规设计采用螺栓与心盘梁连接。空车时两侧梁间的宽度尺寸固定，螺栓连接容易实现，但重车时随装运货物的尺寸和货物与侧梁的间隙不同，两侧梁间的宽度尺寸发生变化，螺栓连接将受到限制。为解决侧梁与心盘梁的连接、固定，设计导框座与斜楔锁紧装置，如图 2-6-8 所示，通过安装在侧梁导框座与心盘梁间的 2 块斜楔用螺栓使斜楔顶紧侧梁与心盘梁后固定。

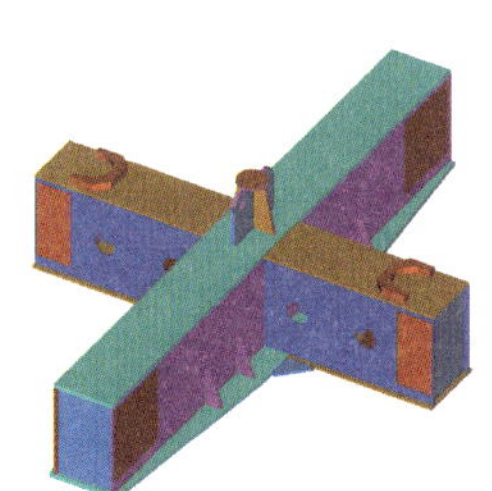

图 2-6-7　长短臂组合式十字心盘梁及装车

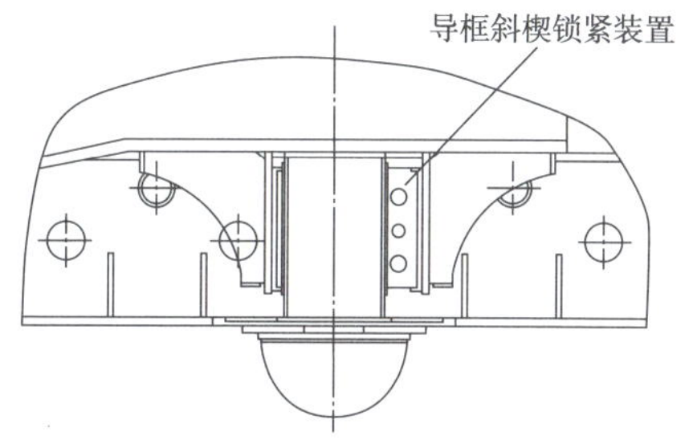

图 2-6-8　侧梁导框斜楔锁紧装置示意

（五）同侧纵向连通液压旁承装置

纵向连通的液压旁承装置，如图 2-6-9 所示，可减少车辆通过缓和曲线时由于轨道内外轨扭曲使车体所受的扭转载荷，同时具有起升功能，方便卸货。

图 2-6-9　同侧纵向连通液压旁承装置

（六）车辆长度（车体长度）与转向架轴距（轴群距）优化

研究载重、自重、轴数、转向架轴距、转向架轴群距和车辆长度的关系，提高过桥限速，有效地解决了过桥问题。运输 360 t 变压器时过桥限速达到了 46 km/h，而 D_{38} 型 380 t 钳夹车过桥速度只有 13 km/h。配套的 2E 轴和 3E 轴焊接构架式转向架，运行速度达 120 km/h，运行平稳，安全可靠。

四、国家重点工程设备运输

截至 2013 年末，组合式落下孔车完成的运输项目见表 2-6-1。

（一）大型变压器运输

组合式承载框架系列落下孔车最先在 2003 年投入运营，成功地完成了安顺换流站 17 台换流变压器和电抗器的运输。其中，±800 kV 云广直流换流站是国家“西电东输”工程的核心部分，其变压器是世界上首次采用的高电压、大容量尖端科技产品。特高压变压器成功运抵施工现场，对我国输变电工程乃至世界输变电工程起到了示范作用，市场前景广阔。2009 年，完成云广楚雄项目 3 个变压器运输，货物单件质量 239 t（312.5 t），规格 10 850（12 490）mm×3 980 mm×4 850 mm。

（二）大型轧机牌坊运输

2007 年 9 月 10 至 23 日，D_{45} 型载重 450 t 落下孔车分 2 次成功运输了中国一重为鞍钢生产的 2 片 5 m 轧机机架（富拉尔基—鲅鱼圈）。机架长 15 200 mm，最大半宽 2 300 mm，高 4 670 mm，重 405 t。重车重心高 2 327 mm，运输总重 412 t。该轧钢机主要用于轧制特大型部件及特大直径输油管线的生产，是国家重点建设项目的重大设备。截至 2013 年底，D_{45} 型落下孔车运输轧机机架 13 台。其中，富拉尔基—鲅鱼圈 4 台，富拉尔基—湘潭东 1 台，富拉尔基—金川 6 台。

五、社会经济效益及展望

经多年运输实践，国家电网公司和中国南方电网公司用户一致认为组合式落下孔车解决国家重点输电工程建设项目大型设备运输瓶颈问题，确保了特高压输电工程建设的顺利发展。成果与应用表现在：

1. 大幅提升我国超限重型货物运输能力，技术水平国际领先，填补国内落下孔车的空白。

2. 解决“西电东送”特高压输电、大型油气管线和轧机设备等国家重点工程建设的设备运输关键难题，为国民经济发展及国防建设作出巨大贡献。有力支援西部和红色革命老区建设，对国家节能减排政策实施和可持续发展战略产生深远的影响。

3. 自 2003 年投入运营，至 2013 年累计完成运输多个特高压直流输电工程的换流大型变压器 300 余台，运输设备总价值 100 亿元，新增工业产值及铁路运输收入 5 亿元。

具有自主创新知识产权的组合式系列化落下孔车，其设计思想和理念推动了世界铁路长大货物运输装备技术进步；其超限货物运输难度和规模举世瞩目，解决瓶颈问题，为输变电和轧钢工程运输起先导和示范作用。该项目的成功运用，解决了“西电东送、振兴东北、支援青藏、老区建设”特高压输电、大型油气管线和轧机设备（航母制造）等国家重点工程运输世界性的难题，市场前景广阔。

第七节　凹底平车凹底架分析设计研究与应用

凹底平车的弓形凹底架，是一个凹底平车主要承载部件，占车辆自重一半以上。其弯角部的结构设计，是凹底平车设计中的关键技术。凹底架结构设计直接影响车辆的性能，而连接承载梁与端臂的弯角部结构又直接影响凹底架的强度与刚度。评价一个凹底架设计的合理性，主要考核其强度及刚度，制造的工艺性，车辆限界的利用程度，自重及造型美观诸方面。

70 年多来，由于新技术、新材料、新工艺的应用取得突破性进展，我国铁路凹底平车设计水平得到了很大的提高，可运输 50～370 t 的大型货物。大车的技术进步也体现在凹底平车弯角部关键技术结构发展演变上，国内外主要凹底平车技术参数结构见表 2-7-1。1988 年，哈厂和四方所研制的具有封闭式凹底

架 D_{18A} 型 180 t 凹底平车获国家科技进步三等奖。1991 年，针对凹底平车关键技术问题，四方所以铁道部青年科技基金项目为基础，首次在国内提出凹底平车折角方案，1997 年成功用于株厂研制的 D_{26} 型 260 t 凹底平车，达到世界先进水平，1999 年获铁道部科技进步二等奖。以后国内各大车制造厂和科研院所争先以凹底架折角研究为基点，掀起了凹底平车研制热潮，甚至 D_{38} 型钳夹车承载框架结构也尝试采用折角结构进行验证，冶金企业在 1998 年也成功研制大底架采用折角凹底的载重 240 t 钢水车。1999 年，哈厂研制 D_{15} 型折角式凹底平车；2003 年，齐厂研制 D_{32} 型 320 t 折角式凹底平车；2002 年和 2004 年，四方所借鉴美国大车结构，提出大吨位凹底平车凹底架采用上圆弧下折角式结构方案，与株厂合作研制国内首辆载重 150 t 和 D_{10A} 型上圆弧下折角式凹底平车；2005 年和 2006 年，株厂研制 D_{15B} 型折角式凹底平车，D_{28} 型、D_{32A} 型凹底平车；2005 年，齐厂研制 D_{9A} 型、D_{15} 型折角式凹底平车；1998 年和 1999 年，哈厂研制 D_{2A} 型、D_{25A} 型凹底平车；2007 年，哈厂研制 DA_{21} 型、DA_{25} 型凹底平车；2009 年，齐厂研制 DA_{37} 型 370 t 凹底平车；2013 至 2019 年，哈厂研制 DA_{26} 型260 t 凹底平车。

表 2-7-1　国内外主要凹底平车技术参数结构

技术参数结构		D_2	D_{25A}	D_{26}	DA_{25}	D_{32A}	DA_{37}	DA_{26}	德国 Uaai823	美国 GEX80003	美国 GEGX21155
载重/t		210	250	260	250	320	370	260	250/230	453.6	362.8
自重/t		167	142	140	127.5	240	200	114	102	221.6	208.7
自重系数		0.79	0.57	0.54	0.51	0.43	0.54	0.44	0.41/0.44	0.49	0.58
轴数		16	16	16	16	24	24	16	16	20	16
轴重		23.6	24.5	25	23.59	23.3	23.75	23.4	22/20.75	33.8	35.7
每延米重/（t/m）		10.5	9.58	9.66	23.59	9.05	9.29	9.36	22	14.3	12.2
承载面长度/mm		9 000	9 800	9 800	10 000	10 500	11 250	10 000	9 500	12 192	13 411
承载面高度（空车）/mm		950	1 100	1 150	$1\,050^{+25}_{-10}$	1 225	1 380	1 115	1 080		1 224
车辆长度/mm		35 400	40 910	41 396	40 026	61 910	61 416	39 966	37 080	47 092	46 888
运行速度/（km/h）	空车	80	80	90	120	100	100	100	100		
	重车	80	60	80	120	50	60	60	100		
凹底架弯角部结构		S形弯角⊥形纵梁	S形弯角全封闭	折角式箱形梁	弯角全圆弧全封闭	上圆弧下折角	上圆弧下折角	上圆弧下折角	折角式	S形弯角	上圆弧下折角

一、凹底架结构演变发展与技术水平

凹底平车凹底架结构形式变化发展可分为 4 个阶段。凹底架弯角部结构型式演变发展 4 种不同结构型式见表 2-7-2。型式一和型式二：凹底架承载梁与端臂上下过渡部分均为圆弧，以哈厂 D_2 型 210 t 和 D_{18A} 型 180 t 凹底平车为代表；型式三：凹底架承载梁与端臂上下过渡部分均为折角，以株厂 D_{26} 型 260 t 凹底平车为代表车型；型式四：凹底架承载梁与端臂上弯角为圆弧过渡，下弯角为折角过渡，最早由株厂为中核清原环境技术工程有限责任公司生产的用于核燃料运输的 150 t 凹底平车（后来定型为 D_{15B} 型）和株厂为中铁特货公司生产的 D_{32A} 型 320 t 凹底平车。

国外典型凹底平车主要有德国 16 轴 Uaai823 型载重 230 t 凹底平车，美国 16 轴载重 408 t 凹底平车和俄罗斯 16 轴载重 220 t 凹底平车。德国 Uaai823 型车凹底架弯角部位为全折角过渡结构，美国为上弯角圆弧过渡、下弯角折角过渡结构，俄罗斯为全圆弧过渡结构。美国小吨位凹底平车也有采用全圆弧过渡结构。国内外凹底平车凹底架弯角部结构见表 2-7-2。

表 2-7-2　国内外凹底平车凹底架弯角部结构

结构型式	示意图	弯角部截面	中国代表车型		国外代表车型	
非封闭全圆弧			D_2		美国	
全封闭全圆弧			D_{18A}		俄罗斯	
全折角			D_{26}		德国	
上圆弧下折角			D_{32A}		美国	
全直角					德国	

（一）非封闭全圆弧弯角凹底架

非封闭全圆弧弯角凹底架以 D_2 型载重 210 t 凹底平车为代表。凹底架结构采用 S 形全圆弧弯角过渡┷形纵梁。

（二）全封闭全圆弧弯角凹底架

以 D_{18A} 型凹底平车为代表的全封闭全圆弧弯角凹底架结构是基于 D_2 型凹底平车凹底架结构，由 4 块纵向腹板和不同的上下盖板组成的全封闭焊接结构。哈厂 D_{12}、D_{15}、D_{18A}、D_{2A}、D_{25A}、DA_{21}、DA_{25} 系列凹底平车，凹底架除了 D_{12} 为三个箱形梁组成外，均为全封闭全圆弧结构。如 D_{25A} 型车凹底架采用全封闭结构，由 4 根厚 16 mm（弯角处厚 25 mm）腹板、二层地板（30 mm、30 mm）、三层下盖板（25 mm、25 mm、20 mm）以及若干横向隔板和筋板等组焊而成，材质为 16Mnq。R300 mm 弯角至上弯角处采用 15MnVNq 低合金钢。

（三）全折角式凹底架

全折角式凹底架以株厂和四方所于 1997 年研制 D_{26} 型凹底平车为代表，国内首次采用折角结构，填补我国凹底平车系列空白，主要技术经济性能达到国际先进水平。"D_{26} 型凹底平车"荣获 2001 年度铁道部科技进步二等奖。

（四）上圆弧下折角式凹底架

上弯角圆弧过渡、下弯角折角式凹底架，2002 年最早在载重 150 t 凹底平车核燃料运输车上采用，由四方所借鉴美国大吨位凹底平车技术提出，与株厂合作研制，2003 年"铁路凹底平车用凹底架"（专利号 ZL02 2 24222.8）获国家实用新型专利。该车当时没有运用定型，2005 年，株厂为湖南电力物流服务有限责任公司制造定型为 D_{15B} 的 2 辆凹底平车。后来，株厂与四方所合作研制 D_{28} 型载重 280 t 凹底平车、D_{32A} 型载重 320 t 凹底平车，齐厂研制 DA_{37} 型载重 370 t 凹底平车。上述 3 种车型均采用上弯角圆弧过渡、下弯角折角式凹底架。"D_{32A} 型凹底平车"和"DA_{37} 型凹底平车"分别荣获 2013 年度中国铁道学会科技进步二等奖和 2014 年度一等奖。

（五）全直角式凹底架

这种结构在凹底平车还没有应用，在推土机机体、压力机机体、起重机钢结构、建筑钢结构等领域有所应用。采用新材料（H 型钢桩）制成┷形钢，进行折角部与凹部和端部的过渡，可解决因凹底架大应力区（折角部上内角和下外角）通长横向连接焊缝所造成的应力集中等一系列问题。在未来凹底平车设计中，可对这种结构和新材料（H 型钢桩）做进一步的研究。

二、折角式凹底架技术研究

国外凹底平车的现代车型，多采用折角式，突出表现在德国 1989 年研制的 Uaai823 型凹底平车。其结构新颖的折角式凹底架，降低凹底架的自重，取代了 1943 年生产的 14 轴 Uaai822 型凹底平车。国内尚无折角式凹底平车。与圆角式结构相比，折角式可简化制造工艺，增加凹底装载长度。折角式凹底平车，其弯角部结构力学性质复杂，结构应力流走向和趋势分析难度较大。1979 年，有文献报道应用激光全息光弹测试技术和有限单元法对 6 种凹底平车弯角部模型应力进行分析研究，认为折角 90°为最有利结构。1991 年，四方所基于铁道部青年科技基金项目《凹底平车折角优化方案研究》，首次在国内将折角方案成功应用于铁道部科技计划项目《D_{26} 型 260 t 凹底平车》。通过折角式凹底架的结构分析、模拟试验、实物装载试验，验证了折角式凹底架方案可行性。

（一）折角式凹底架先期研究

国内最早的折角式凹底架研究由四方所提出，1992 年被列为铁道部青年科技基金项目（项目编号为 J92J085）。该项目以既有 D_{18A} 型凹底平车技术参数为基础模型，采用折角式设计，考查其对凹底架的力学影响，进行了圆角、折角方案的比照分析，研究折角方案的可行性。设计出三种折角方案，进而研究折角角度改变，对凹底架强度和刚度的影响，从理论分析验证了折角式凹底架方案的可行性。

D_{18A} 型凹底平车凹底架挠度和应力结构分析结果见表 2-7-3、表 2-7-4。与有限元法、力法、试验对照比较可知，采用美国 SDRC 公司的 CAD 集成软件 I-DEAS 建立圆角式凹底架的力学模型，其计算结果与上述方法计算结果相近，说明可采用相同的建模方法及力学模型分析研究折角式凹底架。

表 2-7-3　凹底架中央挠度比较　　单位：mm

方　法	试验法	SAP5 分析计算法		I-DEAS 分析计算法		力　法	
工况	载重	自重	载重	自重	载重	自重	载重
挠度值	58.9	17.7	58.7	17.1	56.8	15.0	56.7

表 2-7-4　凹底架在载重 180 t 作用下应力　　单位：MPa

方　案		圆角式凹底架			折角式凹底架（I-DEAS 分析）			结构分析应力云图
凹底架截面		试验法	SAP5 分析	I-DEAS 分析	75°	80°	85°	
Ⅰ-Ⅰ	上	−78.8	−81.6	−83.8	−64.6	−65.6	−66.6	圆角式凹底架
	下	81.4	83.8	68.8	64.7	65.7	66.8	
	上	−84.2	−99.8	−43.0	−33.3	−33.9	−33.7	
Ⅱ-Ⅱ	下	72.0	57.8	47.4	37.4	33.5	34.2	折角式凹底架
Ⅲ-Ⅲ	上	−92.9	−46.3	−40.1	−26.0	−23.2	−20.5	
	下	58.8	56.5	43.3	26.5	24.0	21.7	
Ⅳ-Ⅳ	上	−41.0	−37.5	−36.1	33.3	−33.9	−33.7	
	下	58.1	34.4	26.0	37.4	39.9	40.7	
Ⅴ-Ⅴ	上	−13.8	−21.9	−14.7	−14.5	−14.9	−13.9	
	下	15.7	18.0	11.7	21.0	20.6	21.1	
截面位置		Ⅰ Ⅱ Ⅲ Ⅳ Ⅴ						

基于 D18A 型凹底平车凹底架结构，借鉴国外折角结构，仅对弯角部进行改进。折角式结构示意见表 2-7-5。Φ 为折角角度，分 3 种结构方案，$\Phi_1=75°$，$\Phi_2=80°$，$\Phi_3=85°$，将三种分析结果进行比较。

1. 折角式凹底架弯角部应力分布。

弯角部应力分布比较复杂。对于凹底架弯角部的上表面，内侧折角点Ⅲ上的最大压应力逐渐向外侧折角点Ⅳ降低，直至趋于零值。对于其下表面，由外侧折角点上很小的拉应力逐渐增大至内侧折角点的拉应力，逐渐延伸增至外侧折角点的最大拉应力，见表 2-7-5。

2. 折角角度改变对凹底架应力大小与分布的影响。

考察凹底架弯角部的应力分布，可知采用折角比圆角过渡有利的多。折角可避免因上下弯角圆弧存在拐点而引起的应力集中，降低应力值。外侧折角点的应力随着倾角的增大而趋于零值。

折角角度只影响弯角部区域的应力分布，而与凹底架中央截面的应力分布无关。内侧折角点Ⅱ的拉应力随折角的增大而减小，内侧折角点Ⅲ的压应力随折角的增大而增大，外侧折角点Ⅰ的压应力随折角的增大而减小，外侧折角点Ⅳ的拉应力随折角的增大而减小。随折角角度的增大，凹底架刚度稍有降低。

表 2-7-5　折角式结构折角点应力值　　单位：MPa

位置及角度		计算应力		中国折角式结构	应力分布云图	实际局部结构
		最大主应力	最小主应力			
75°	外侧角Ⅰ	1.1	−26.9	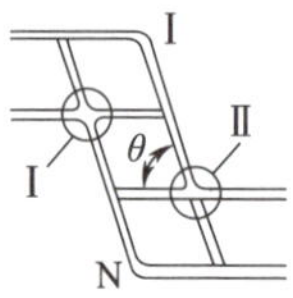 Ⅰ Ⅱ Ⅰ θ N	德国凹底平车 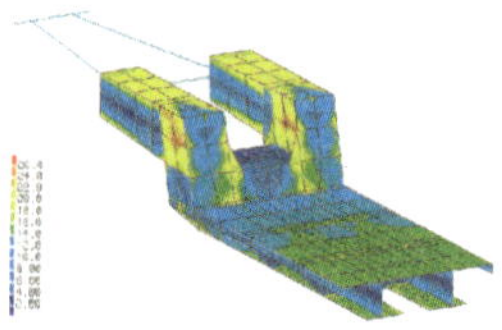	德国 Uaai823 型 
	内侧角Ⅱ	25.0	1.3			
	内侧角Ⅲ	−1.5	−22.2			
	外侧角Ⅳ	27.5	1.3			
80°	外侧角Ⅰ	0.8	−25.7			
	内侧角Ⅱ	22.4	0.9		中国凹底平车	中国 D26 型
	内侧角Ⅲ	−1.4	−23.1		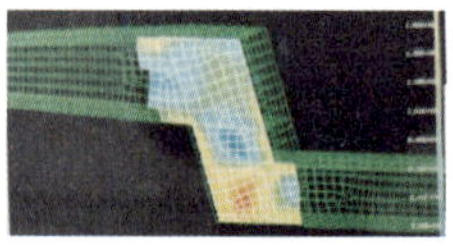	
	外侧角Ⅳ	25.1	0.9			
85°	外侧角Ⅰ	0.6	−24.6			
	内侧角Ⅱ	20.3	0.0			
	内侧角Ⅲ	−1.2	−27.1	 		
	外侧角Ⅳ	23.0	0.0			

3. 折角角度对凹底架刚度的影响。挠度值随折角角度的增大而稍有减小。

4. 圆角式与折角式凹底架在强度和刚度方面的综合比较分析。

由表 2-7-4 可知，折角式由于延伸的下盖板平衡了其拉伸力，使弯角部应力方向改变，受力较合理，应力有所下降。采用 $\Phi_1=75°$折角方案，凹底架最大应力值降低约 22.9%，自重约减轻 3.1%（2.32 t）。

（二）D26 型凹底平车凹底架折角方案分析研究

为推动凹底平车的技术进步，四方所根据铁道部科技发展计划（97J08），借鉴德国先进技术，将凹底架折角方案用于 D26 型凹底平车中，1998 年通过部级鉴定，成果达到国际先进水平。1999 年获铁道部科技进步二等奖。凹底架由一根承载梁、两根端梁及心盘梁组成。承载梁由两层厚 30 mm 的上盖板、三层厚 25 mm 的下盖板及四块厚 16 mm 的腹板组焊成封闭箱形结构，截面高度 900 mm。端梁由厚 25 mm 的上盖板、前立板和厚 40 mm 的下盖板、后立板及厚 16 mm、50 mm 的腹板组焊成共上盖板的双箱形结构。心盘梁上盖板和腹板厚 25 mm，下盖板厚 40 mm。凹底架材料为 16Mn。凹底架自重 74 t。

折角式凹底架模拟试验如下。

1. 试验方法

凹底架模型、几何尺寸按原型的 1∶3 缩小，凹底架模型承载梁上下盖板采用 16Mn，其他部分采用 09CuPTiRE 材料制作。多层板采用单层板模拟，用两个圆钢作为支承点，横放在凹底架两端，支距

8 400 mm。载荷按原型 1∶9 比例缩小。垂向载荷采用千斤顶，借助于方钢模拟均布载荷施加，如图 2-7-1 所示。

图 2-7-1　折角式凹底架模拟试验测试现场

根据模拟试验载荷比例、长度比例，可得模型和原型的比例为 1∶1，挠度比例为 1∶3。

根据有限元分析结果和国内外分析资料，布置应力测点在应力较大及结构刚度变化较大的部位。重点在折角部上下盖板及立板、腹板，对于主应力方向未明处布三向应变测点，如图 2-7-2 所示。

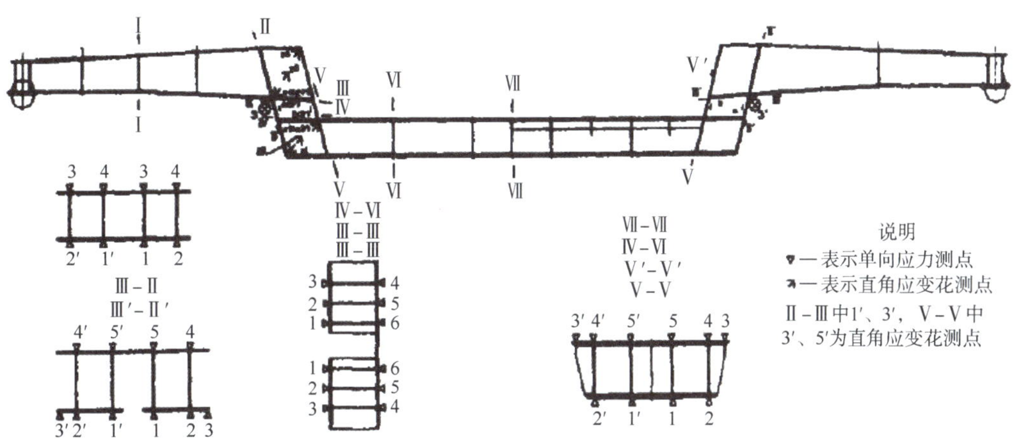

图 2-7-2　折角式凹底架应力测试布点

2. 试验结果

在垂向载荷（自重＋载重）187.79 kN 作用下，凹底架中央断面最大应力发生在下盖板Ⅶ-2 测点（133 MPa），该断面上盖板的应力值在－100 MPa 左右。因为折角部腹板最大应力发生在折角部腹板近下外侧折角点处 Z1 测点，其值为 σ_1＝128.0 MPa，σ_2＝－30.8 MPa，α＝41.2°（与底架纵向）。

折角立板最大压应力发生在前折角立板Ⅲ-4′测点，为－219.0 MPa；折角立板最大拉应力发生在上内侧折角处Ⅲ′-2 测点，为 179.0 MPa。下内侧折角处受到较大的压应力，其最大应力点发生在承载面上盖板Ⅴ′-2 测点，其值为－171.0 MPa，其对称点Ⅴ-2 直角应变花测点的应力值为 σ_1＝49.1 MPa，σ_2＝－108.8 MPa，α＝－0.6°。上内侧折角处受到较大的拉应力，其最大应力点发生在端部下盖板Ⅱ-1 测点，为 197.0 MPa，其对称点应力值为 169.0 MPa。

在上述载荷完成之后，又进行了破坏试验，以考核其强度余量，找出其薄弱环节。破坏试验应力测点值见表 2-7-6。

表 2-7-6　垂向破坏载荷试验应力　　单位：MPa

测点编号	垂向破坏载荷/kN								
	155.7	169.8	184.0	198.1	212.3	226.4	254.7	268.9	283.0
Ⅱ-1	164.6	185.2	200.6	215.5	226.8	243.4	267.8	290.0	304.1
Ⅱ-1′	140.3	157.9	171.2	185.4	204.1	215.9	241.3	256.0	265.2

续上表

测点编号	垂向破坏载荷/kN								
	155.7	169.8	184.0	198.1	212.3	226.4	254.7	268.9	283.0
Ⅲ-4	−154.6	−170.9	−183.8	−199.1	−219.5	−236.3	−264.8	−284.8	−320.0
Ⅲ-4′	−184.4	−203.9	−219.2	−233.9	−249.9	−267.5	−316.7	−330.1	−366.5
Ⅲ′-2	147.2	164.4	178.3	196.4	224.7	241.1	283.7	283.9	297.2
Ⅲ-2′	105.4	117.8	127.3	136.5	146.8	158.8	180.4	187.7	199.3
Ⅴ′-2	−146.2	−165.7	−172.2	184.8	−196.1	−201.8	−260.6	−244.2	−291.3
Ⅴ′-2′	−133.4	−152.5	−158.8	−170.5	−181.0	−186.5	−223.0	−219.5	−253.7

由图 2-7-3 可见，在凹底架载重的 1.1～2.0 倍垂向载荷作用下，应力与载荷关系基本呈线性，说明整个结构仍处于弹性状态。

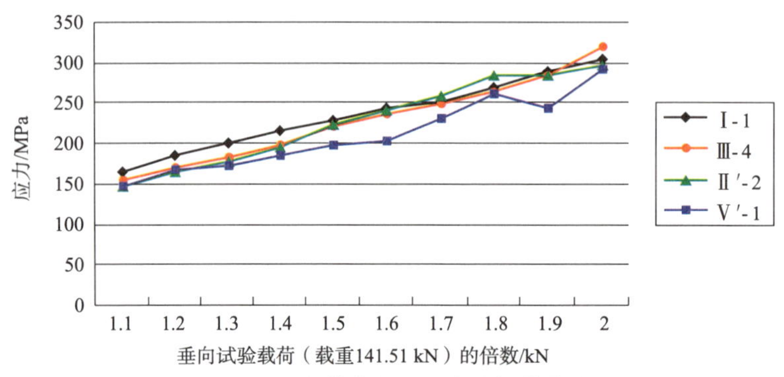

图 2-7-3　垂向载荷作用下应力与载荷关系

在垂向载荷（自重＋载重）187.79 kN 作用下，最大应力发生在凹底架中央断面，其值为 32.5 mm，换算到原型其值为 97.5 mm，其挠跨比为 1/258。

对于折角腹板上的应变花测点，均为一侧受拉，一侧受压，应力分布趋势为：在折角部腹板下部，从下外侧折角点至下内侧折角处，一向拉应力逐渐减小，压应力逐渐增大；在折角部腹板下部中间，其双向拉压应力，大小相近，符号相反，其主应力方向基本相同，与水平方向成 40°角。

在折角部腹板上部，从上外侧折角点至上内侧折角处，一向拉压应力逐渐减小，拉应力逐渐增大，到上内侧折角处增至最大值；在折角部腹板上部中间，其双向拉压应力，大小相近，符号相反，其主应力方向基本相同，与水平方向成 30°～40°角。

在折角部腹板中部，单向测点 A、B 应力分别为 78.0 MPa、−81.0 MPa，这些测点分布在近前折角立板和后折角立板，其大小相等，符号相反，说明腹板受剪切作用。

前立板受较大的压应力，后立板受较大的拉应力。前立板最大压应力区在中部与腹板交接处，后立板最大拉应力区在中部偏上与腹板交接处，这种应力分布与结构分析结果是一致的。

比照上、下内侧折角处的应力分布可知：上内侧折角处为一个较大的拉应力区，下内侧折角处为一个较大的压应力区，其应力通过折角部腹板传递，腹板承受剪力来缓和拉压应力的变化。其应力集中通过上、下折角点释放。结构分析模拟试验表明，折角部应力的释放验证了折角式设计方案的可行性。该处试验应力值较小，与有限元分析结果一致。该处用薄板制作是合理的。

（三）凹底架分析、模拟试验和实物试验比较分析

1. 折角式凹底架实物试验

静强度试验在上海电机厂汽发车间内进行，发电机定子和机座重 184 t，其余垂向载荷用钢板来施加，最大试验载荷为 312 t。该试验方法完全模拟了实物装载情况。

2. 折角式凹底架分析、模拟试验和实物试验比较分析

试验与结构分析结果比照见表 2-7-7，试验与分析结果基本一致。

表 2-7-7　试验与结构分析比较

方　　法	挠度/mm			（自重＋载重）工况应力/MPa		
	载重工况	（自重＋载重）工况	挠跨比	承载梁上/下盖板	端梁下盖板	前/后折板
结构分析	72.9	93.4	1/269	－143/119	116	－122/131
模拟试验	70.5	97.5	1/258	－103/133	197	－219/179
实物试验	88.0	113.1	1/223	－120/120	138	－144/152

3. 折角式凹底架分析、模拟试验和实物试验结果差异分析

（1）加载方式差异

在实物试验、模拟试验中，凹底架自重加载，与载重采用同样方式按均布载荷加于承载面上盖板上，这种加载方式偏于安全。结构分析，凹底架自重按体积力考虑。

（2）模型与原型差异

模型按原型比例 1∶3 缩小，然后沿纵向中心线取凹底架模型的二分之一结构。根据纵向中心线另一侧，把二分之一模型再取为对称结构。模型与原型板厚差异见表 2-7-8。模型换算值比原型薄 1～4 mm。

（3）工艺制造差异

有限元分析采用实体造型方法建模，其结构对称性得以充分保证，并且无组装制造误差，与焊接工艺顺序无关，没有按焊接工艺设置交接焊缝，避免了焊接而引起的应力集中，因为结构分析难以反映焊接而引起的应力集中。

表 2-7-8　模型与原型板厚差异　　单位：mm

部　　件	模　　型	换算至原型	原　　型	实物结构
承载梁上盖板	20	60	2×30	2×30
承载梁下盖板	25	75	3×25	3×25
端梁上盖板	8	24	25	25
端梁下盖板	12	36	40	40
前折板	8	24	25	30
后折板	12	36	40	40
折角腹板	16	48	50	50
承载梁腹板	5	15	16	16
端梁腹板	5	15	16	16

模型制造时，折角部处于多焊缝交接区，其工艺组装顺序、焊接工艺不一致等因素都会影响模型的结构强度，这样将造成试验和分析有一定差异。由于模型比较小，小焊缝相对来说难以施焊，使模型与原型在焊接结构方面有一些差别。

（四）结论及建议

1. 基于 D_{18A} 型凹底平车圆角式和折角式凹底架结构比照分析，并与静强度试验比较表明，折角式结构方案可行，结构分析模型准确。可根据这种建模方法，分析凹底平车的凹底架。

2. 折角式凹底架结构分析、模拟试验，验证其应力分布，应力分布趋势合理，折角式结构是一种比较优化的结构型式。

3. 折角式凹底架与圆角式相比，可增加凹底装载长度，简化工艺，方便制造，降低自重。

4. 实物静强度试验证明折角式凹底架设计合理，其新颖的造型、较优化的结构形式，突破了传统模式，吸取了国外先进技术，推动了凹底平车的技术进步。

5. 折角式凹底架在 D_{26} 型凹底平车的成功应用，填补国内空白，使我国凹底平车设计制造技术达到了国际先进水平。D_{26} 型折角式凹底平车当时以其结构新颖的折角式凹底架，先进的技术性能，受到了用户的极大欢迎。提高货物运输的安全性，降低运输成本，具有明显的社会经济效益，也为今后研制更大吨

位的凹底平车积累了宝贵经验。

建议加强对凹底架折角部焊缝的结构分析，尤其是铰接焊缝，制定合理的焊接技术条件。

三、上圆下弯凹底架技术研究

该技术借鉴美国大型凹底平车结构，由四方所提出，与株厂合作，在载重 150 t、D_{10A} 型载重 90 t 凹底平车小吨位车型上最先试用，相当于新型结构模拟试验，以验证结构工艺可行性，然后进一步在 D_{28} 型 280 t、D_{32A} 型 320 t、DA_{37} 型 370 t 大吨位凹底平车使用，实践证明其具有优越性。

（一）凹底架结构有限元比较分析

2005 年 8 月，为满足国家重点设备——600 MW 发电机定子的运输市场迫切需求，由湖南电力物流公司提出，株厂会同四方所对 320 t 凹底平车方案及关键技术问题进行了研讨。2006 年 2 月，根据中铁特货公司《运输专用车项目技术方案竞选说明书》的要求，株厂和四方所针对货物的重量和尺寸等特点，对拟采用的凹底架进行了结构分析研究。充分借鉴美国 20 世纪 80 年代初大型凹底平车凹底架结构经验和国内 90 t、150 t 和 D_{26} 型凹底平车凹底架的研制经验，共同确定了结构设计方案，并用美国 SDRC 公司的 CAD 集成软件 I-DEAS Master series 11.0，从强度、刚度进行多方案分析优化，确定了结构方案。凹底架结构模型如图 2-7-4 所示。参照 TB/T 1335—1996 及实际运用要求，计算载荷工况见表 2-7-9。

表 2-7-9 计算载荷工况

载荷工况	垂向载荷/kN	纵向载荷/kN	横向载荷/kN	备　注
LOAD 1	3 136（320 t）			自重按体积力计算
LOAD 2	2 969.4（303 t）			自重按体积力计算
LOAD 3		1 125		
LOAD 4		1 400		
LOAD 5	3 863.6	1 125	350.9	$K_{dy}=0.232$，自重按体积力计算
LOAD 6	3 863.6	1 400	350.9	$K_{dy}=0.232$，自重按体积力计算
LOAD 7	3 658.3	1 125	350.9	$K_{dy}=0.232$，自重按体积力计算
LOAD 8	3 658.3	1 400	350.9	$K_{dy}=0.232$，自重按体积力计算

经过对凹底架结构的研究分析，结果表明：

1. 在垂向载荷（自重＋载重）工况下，凹底架最大垂向位移值为 243.06 mm，挠跨比为 243.06/36 900≈1/152，小于 1/150，刚度满足设计任务书的要求。

2. 在所有计算载荷工况下，最不利载荷工况为 LOAD 6，承载梁最大应力发生在折角部外侧腹板上，为 241 MPa。端臂最大应力发生在导向销处上盖板外侧，为 202 MPa。心盘梁最大应力发生在心盘处内侧筋板上，为 233 MPa。凹底架在 LOAD 6 工况下的应力分布如图 2-7-5 所示。强度满足铁道车辆强度设计及试验鉴定规范要求。

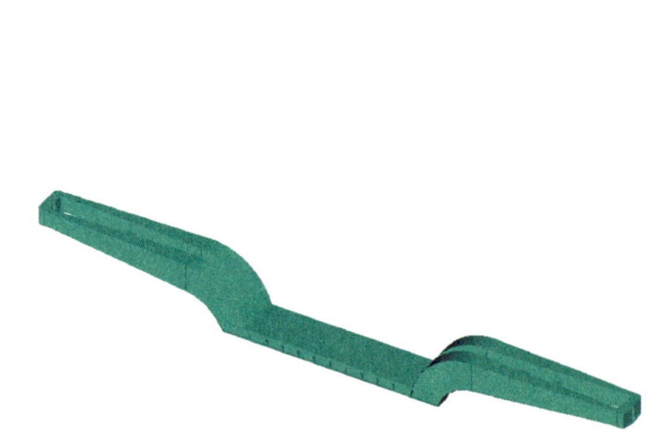

图 2-7-4 凹底架结构模型

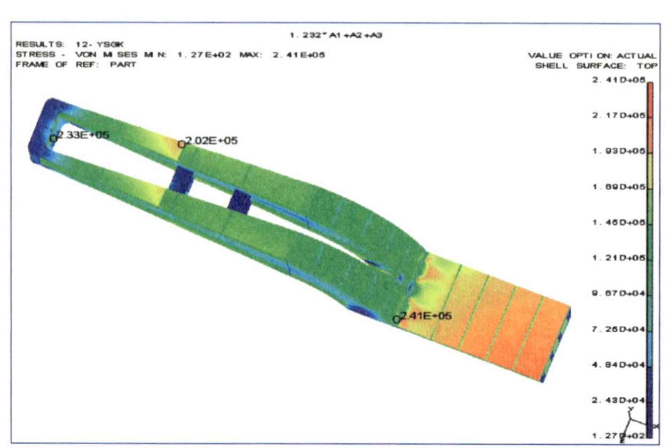

图 2-7-5 在 LOAD6 工况下凹底架的应力分布

（二）凹底架结构试验

在垂向试验载荷（320 t/10.5 m）与自重共同作用下：

凹底架最大应力发生在下弯角承载梁上盖板，为−233.9 MPa；最大静动合成应力为−259.2 MPa。凹底架中部断面最大应力发生在承载梁上盖板，为−168.0 MPa，考虑动荷系数，该部位的最大静动合成应力为−184.3 MPa。凹底架中部断面的上下盖板各点应力比较均匀，上盖板的应力值为−160 MPa左右，下盖板在150 MPa左右。弯角部腹板上的直角应变花测点，受双向应力。在折角部上弯角圆弧过渡区域，是一个较大的低拉应力区。下弯角折角过渡区域，是一个较大的低压应力区。因为弯角部腹板的应力方向未明，所以布置了较多的直角应变花测点，其最大应力发生在弯角部腹板近下内侧折角部位Z3测点，其当量合成应力值为203.6 MPa，小于许用应力。

在垂向试验载荷（320 t/10.5 m）与自重共同作用下，凹底架中央断面挠度平均值为237.1 mm，挠跨比为237.1/36 900≈1/155，小于1/150。挠跨比满足设计任务书的要求。

四、凹底架技术综合分析优化研究

在垂直静载荷作用下凹底架的应力及挠度反映凹底平车的承载能力，为得到三种不同结构型式的凹底架的应力及挠度情况，以150 t凹底平车为例对凹底架进行有限元分析。分析采用I-DEAS 9.0软件，分析时凹底架除弯角部的结构型式不同外，其余的参数如凹底架心盘距、承载面高度、各主要部件的结构尺寸等均基本相同。承载梁上盖板厚为25 mm，下盖板厚为30 mm，腹板及隔板厚均为8 mm；端臂上盖板厚为16 mm，下盖板厚为20 mm，腹板及隔板厚为8 mm；心盘梁上盖板厚为16 mm，下盖板厚为20 mm，腹板厚为14 mm，隔板厚为8 mm。在垂直静载（自重＋载重）作用下，凹底架应力及挠度情况见表2-7-10。

表2-7-10　垂向静载（自重＋载重）下不同结构型式凹底架最大应力和挠度

凹底架弯角部结构型式		最大应力/MPa				挠度/mm	凹底架自重/kg	承载面长度/mm
		弯角部	承载梁	端臂	心盘梁	中央		
（1）全圆角		143	137	143	125	64.7	23 664	8 453
（2）全折角		151	134	144	127	65.9	24 420	9 000
（3）上圆下折		137	137	103	127	65.1	23 480	9 000

由表2-7-10比较可知，型式二参数为最差，其应力、挠度、凹底架自重均为最大。型式一和型式三性能参数基本接近，但在载重相同的条件下，型式三的承载面长度较型式一大，而且端臂部分受力状况要优于型式一。分析结果可以看出，型式三的结构强度和刚度及结构自重均达到了最理想的效果。在应力分布云图上，型式三的应力分布较其他两种型式更为均匀，说明材料得到了较为充分的利用。

对于三种结构型式的凹底架，全圆弧过渡凹底架（型式一）自重较型式三稍大，其下弯角过渡圆弧小，存在应力集中现象。该结构由于过渡部分的圆弧板板厚同承载梁上、下盖板板厚一致，工艺性较差，焊接变形不易控制，凹底架结构尺寸难以保证。全折角过渡凹底架（型式二），在凹底架长度一定的情况下，可增大承载面的长度，且可分段组装，简化了组装工艺，方便了制造。但弯角部位应力分布不均匀，重量较大，而上弯角十字交叉结构主要受拉应力，焊接质量要求十分严格，焊接难度大。上弯角圆弧过渡、下弯角折角过渡凹底架（型式三）与全折角过渡凹底架一样，在凹底架长度一定的情况下，可增大承载面的长度。由于上弯角采用大圆弧过渡，应力分布均匀，截面高度可以加大，其圆角部位为单层板组装，工艺简单，并能大量减轻自重。下弯角采用折角结构，由于该部位主要受压应力，焊接要求较低，使制造难度相对减少。该凹底架结构集中了其他两种凹底架的优势，自重轻，且可分段组装。是目前国际上最新的凹底架结构型式。经过凹底架结构受力及工艺性分析，型式三综合了其他两种型式的优势，为有利于提高弯角部结构强度和刚度，减轻凹底架自重的最优结构型式。该凹底架于2002年获得实用新型发明专利。株厂150 t凹底平车在国内率先采用了上弯角圆弧过渡、下弯角折角过渡凹底架。在材质相同、结构尺寸基本一致的条件下，该车与国内同型车相比，承载面高度降低了100 mm。其结构应力分布均匀，材料利用合理，减轻了非承载梁的重量，使材料主要集中在承载梁上，为增加承载梁的承载能力，降低承载面高度提供了条件。D32A 型 320 t 凹底平车研究也采用了型式三的凹底架结构。

五、凹底架工艺

凹底架在两心盘间应预制一定的平缓上挠量，以抵消由于焊接残余应力和变形导致结构的收缩变形及挠曲变形，同时抵消自重下的挠度。弯角部应力较大部分的零件下料及组焊质量，合理的下料方式、组焊工艺、焊前密贴及无焊接缺陷是保证凹底架制造质量的关键。焊接规范及工艺要合理，确保焊透并无焊接缺陷。

建议对不方便热处理的大型构件，探讨采用机械振动时效法等方法消除有害的残余应力；对重点部位及人工不便的位置采用机器人进行焊接，保证重点部位的焊接质量；高强钢焊接时采用恒温预热器代切割气预热，并注意保温以防冷裂纹的出现；设计多功能转胎，以满足凹底平车全位置施焊的需要。

第八节　大车车体垂向动荷系数理论与试验研究

在长大货物车的设计中，如果垂向动载荷取得过大，则设计过于保守，在相同的车辆载重情况下，车辆的自重和总重都过大。这样，不仅会使车辆的自重系数增大，而且在桥梁活载标准的限制下，车辆的运用受到制约。有时，为了通过限制桥梁，不得不采取一些限制措施：减少载重，使得没有超过标记载重的货物也不能运输；或者降低运行速度，使正常的铁路运输受到很大的干扰。如果垂向动载荷取得过小，则可能由于强度不足而影响到车辆运行的安全，垂向动载荷等于垂向静载荷与垂向动荷系数的乘积，合理确定垂向动载荷，只需合理确定垂向动荷系数。

垂向动荷系数的取值问题，是一个在较长时间内没有解决的关键技术问题。目前，我国在长大货物车结构的设计与计算中，垂向动荷系数的取值有两种方法：一是按《铁道车辆强度设计及试验鉴定规范》所规定的计算方法；二是比照以往类似的长大货物车动力学试验中实测动荷系数，凭经验取值的方法。这两种方法都有不足之处。因为在计算垂向动荷系数时，前者考虑了转向架弹簧装置静挠度的影响，但没有考虑到多轴长大货物车与四轴通用货车的轴数差别，以及长大货物车结构挠度相当大这两个因素对垂向动荷系数的重要影响，结果计算值过大。对于后者，尽管试验结果是可靠的，但试验中的动荷不仅仅有垂向动荷，还有纵向力、横向力和扭转载荷对垂向动荷的综合影响，所以，严格地说，试验中所测得的动荷系数是综合动荷系数，一般来说，它要大于单纯的垂向动荷系数。再者，长大货物车的动力学试验只能在线路的某一区段上进行，该区段上的道岔号数、曲线半径、外轨超高等参数未必能代表长大货物车将来的实际运用条件。所以，凭经验值的方法也有其局限性。从以往的动力学试验结果看，经验值比计算值要小很多。现阐述上述两种垂向动荷系数的取值方法，介绍国外对于长大货物车垂向动荷的处理方法，提出计算我国长大货物车车体结构垂向动荷系数的修正方法。

一、中国铁道车辆垂向动荷系数的计算发展历程

车辆设计时作为强度计算用的动荷系数，按一定的计算公式确定，而产品鉴定则依据动力学试验所得的测试值。强度计算用的公式多为经验公式，大体可分为以下三个阶段，分别使用不同的计算公式计算动荷系数 K_{dy}。

1. 1978 年以前

$$K_{dy}=a+0.01v/f_j \tag{2-8-1}$$

式中　a——车体取 0.05，转向架取 0.1，簧下部分取 0.15；

v——构造速度，km/h；

f_j——弹簧静挠度，mm。

2. TB/T 1335—1978《铁道车辆强度设计及试验鉴定规范》规定的方法

$$K_{dy}=(a+bv)/f_j+c/f_j^{0.5} \tag{2-8-2}$$

式中　a——簧上部分取0.10，簧下部分取0.15；

b——0.005；

c——簧上部分取0.405，簧下部分取0.540。

3. TB/T 1335—1996《铁道车辆强度设计及试验鉴定规范》规定的方法

$$K_{dy}=(a+bv)/f_j+dc/f_j^{0.5} \tag{2-8-3}$$

式中　a——簧上部分取1.50，簧下部分取3.50；

b——0.05；

c——簧上部分取0.427，簧下部分取0.569；

d——货车取1.65，客车取3.0；

v——构造速度，km/h；

f_j——弹簧静挠度，mm。

为了便于对照比较，对货车簧上部分的垂向动荷系数 K_{dy}，按上述公式改写如下：

$$K_{dy}=(1.5+0.05v)/f_j+0.704\ 55/f_j^{0.5} \tag{2-8-4}$$

垂向动荷系数与车辆构造速度和弹簧静挠度的关系如图2-8-1所示。

同一车辆分别采用式（2-8-1）～式（2-8-3）得出的垂向动荷系数见表2-8-1。

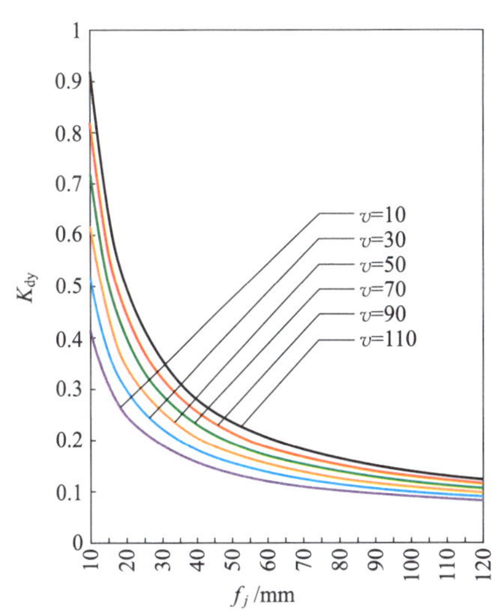

图2-8-1　垂向动荷系数与车辆构造速度和弹簧静挠度的关系

表2-8-1　同一车辆采用不同计算公式得出的垂向动荷系数

车　型	速度和挠度	不同计算公式得出的垂向动荷系数		
		公式（2-8-1）	公式（2-8-2）	公式（2-8-3）
D18A	v=80 km/h	车体0.24	簧上0.33	簧上0.24
	f=42 mm	簧下0.34	簧下0.44	簧下0.33
D2	v=80 km/h	车体0.237	簧上0.32	簧上0.23
	f=42.8 mm	簧下0.337	簧下0.43	簧下0.32

表中 f 值只考虑了弹簧部分的变形量，这与实际情况不符，对于多级组合的长大货物车，其各组成件为明显的弹性体，因此 f 值不仅要考虑弹簧，还应考虑所计算零部件以下所有部分的挠度总和，据此计算得结果见表2-8-2（v=80 km/h）。

表2-8-2　同一车辆不同计算公式得出的垂向动荷系数

车　型	速度/（km/h）	挠度/mm	不同计算公式得出的垂向动荷系数		
			公式（2-8-1）	公式（2-8-2）	公式（2-8-3）
D18A	80	大底架 f=51.3	0.206	0.286	0.205
		小底架 f=45	0.228	0.313	0.227
D2	80	大底架 f=50.3	0.209	0.289	0.208
		小底架 f=45.3	0.227	0.312	0.226

部分凹底平车动力学试验的动荷系数测试结果见表2-8-3。

表2-8-3　部分凹底平车动力学试验的测试结果

车　型	计算动荷系数		实测动荷系数	计算与实测值之差	
	公式（2-8-2）	公式（2-8-3）		公式（2-8-2）	公式（2-8-3）
D18A	0.33	0.24	0.063	0.267	0.177
D2	0.32	0.23	0.066	0.254	0.164

对比上述计算结果和测试结果可以看出，同一车辆采用不同的计算公式和方法得出不同的结果，式（2-8-2）计算结果偏大，式（2-8-1）与式（2-8-3）计算结果接近，但仍大于试验值，说明强度计算用的公式计算结果与实际有较大的差别。同时，公式中没有对具有多级组合的上体有关部件区别对待，因此出现有些部件计算所得动荷系数过大，造成材料的浪费，影响车辆性能的提高。

二、苏联垂向动荷系数的计算发展历程

1. 苏联1965年和1980年出版物中的方法

对于车辆运行速度为50～100 km/h的货车簧上部分，其垂向动荷系数应按式（2-8-5）进行计算（为便于与我国规范相比，已对原公式作了改写）：

$$K_{dy}=0.05+0.1bv/f_j \quad (2\text{-}8\text{-}5)$$

式中 v——运行速度，km/h；

f_j——弹簧悬挂装置的静挠度与底架在集重货物下的挠度之和；

b——与车辆轴数有关的系数，按公式（2-8-6）计算：

$$b=0.5+1/m \quad (2\text{-}8\text{-}6)$$

式中 m——等于车辆轴数的一半。

系数b与车辆轴数$2m$的关系见表2-8-4。

表2-8-4 系数b与车辆轴数$2m$的关系

车辆轴数$2m$	4	6	8	12	20	24	32
系数b	1.000	0.833	0.750	0.667	0.600	0.583	0.563

运行速度为70 km/h和90 km/h时，垂向动荷系数与弹簧悬挂装置的静挠度和车辆轴数的关系如图2-8-2、图2-8-3所示。

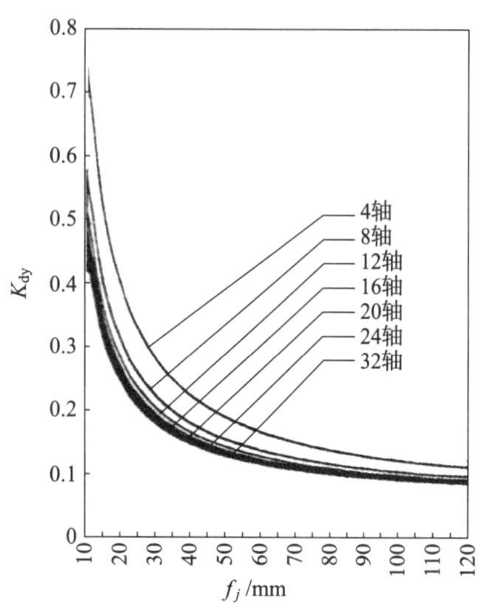

图2-8-2 垂向动荷系数与弹簧悬挂装置的静挠度的关系（v=70 km/h）

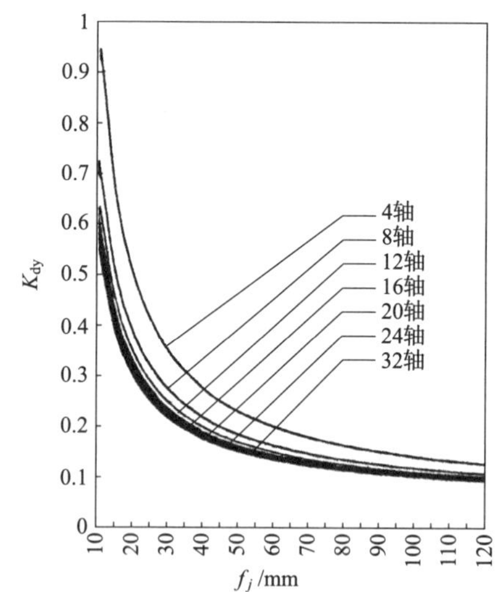

图2-8-3 垂向动荷系数与车辆轴数的关系（v=90 km/h）

2. 苏联1987年《交通部1 520 mm轨距铁路新造和改造车辆计算和设计规范》的方法

垂向动荷系数按如下随机函数考虑：

$$P\ (K_{dy})\ =1-\exp\left[-\ (\pi\times K_{dy}^2\times\beta^2)\ /\ (4\times K_{dy}^2)\right] \quad (2\text{-}8\text{-}7)$$

动荷系数按置信概率为P（K_{dy}）时的函数的分位点求算如下式：

$$K_{dy}=K_{dy}/\beta\times\ \{4\times\ln\left[1-P\ (K_{dy})\right]^{-1}/\pi\}^{-1/2} \quad (2\text{-}8\text{-}8)$$

式中 K_{dy}——垂向动荷系数平均值；

β——根据试验数据修正；在现有运营条件下，货车零件 $\beta=1.13$，客车 $\beta=1.0$；

$P(K_{dy})$——置信概率。

按照许用应力作强度计算时，建议取 $P(K_{dy})=0.97$。垂向动荷系数平均值 K_{dy}，也就是货车车体构件垂向动荷系数应按式（2-8-9）和式（2-8-10）计算（已对原公式作了改写）：

当 $v<54$ km/h 时

$$K_{dy}=0.00173v \tag{2-8-9}$$

当 $v>54$ km/h 时

$$K_{dy}=0.0935+0.187b(v-54)/f_j \tag{2-8-10}$$

式中　v——运行速度，km/h；

f_j——弹簧悬挂装置的静挠度，mm；

b——与车辆轴数有关的系数，按式（2-8-6）计算。

从式（2-8-9）和式（2-8-10）可看出，当运行速度为 54 km/h 时，垂向动荷系数为 0.093 5，它与弹簧静挠度和车辆轴数都无关；当运行速度小于 54 km/h 时，垂向动荷系数只与运行速度有关；当运行速度大于 54 km/h 时，垂向动荷系数与弹簧静挠度和车辆轴数均有关。

车辆运行速度为 70 km/h 和 90 km/h 时，垂向动荷系数与弹簧悬挂装置的静挠度和车辆轴数的关系如图 2-8-4、图 2-8-5 所示。

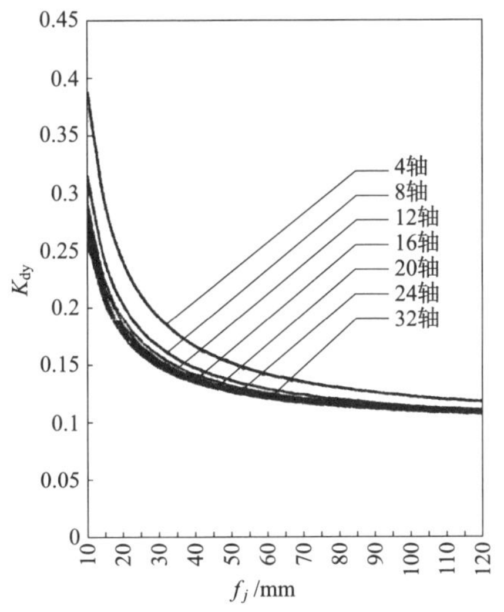

图 2-8-4　垂向动荷系数与弹簧悬挂装置的静挠度的关系（v=70 km/h）

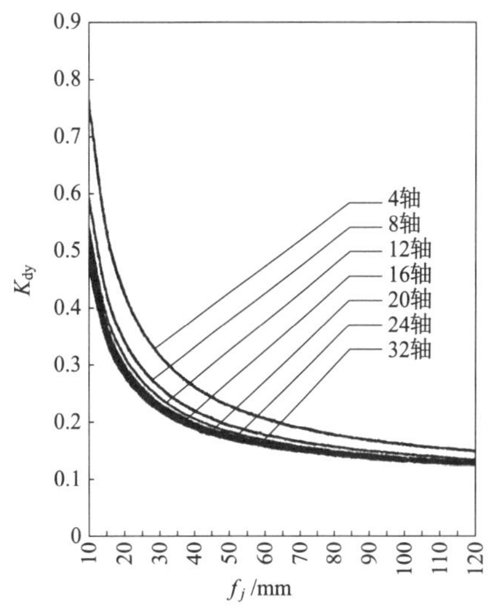

图 2-8-5　垂向动荷系数与车辆轴数的关系（v=90 km/h）

三、德国长大货物车车体动荷系数的选取

德国长大货物车车体结构的垂向动荷系数取为 0.25，而长大货物车动力学试验实测结果，动荷系数最大只有 0.15。因此他们认为，垂向动荷系数取 0.25 偏高，拟进行广泛的试验，以降低垂向动荷系数，提高车辆载重。表 2-8-5 列出了计算值和实测值的示例。

表 2-8-5　德国长大货物车车体结构的垂向动荷系数

部　件	德国 Uaai839 车计算值	德国 TWS500.2 车计算值	德国 Uaai823 车实测值
钳形梁	0.25	0.1	
大底架	0.25	0.15	0.05～0.08
小底架	0.25	0.2	0.08～0.11

四、影响垂向动荷系数的因素

我国以往对长大货物车的动力学试验实测，包含垂向动载荷、侧向力、纵向力、扭转载荷作用的综合动荷系数，都比按 TB/T 1335—1996 算出的结果要小。原因主要是 TB/T 1335—1996 没有考虑到以下两个因素对长大货物车结构垂向振动的衰减作用：

一是长大货物车轴数多，底架层数多；

二是长大货物车底架的结构挠度很大，该挠度值可以接近于或者大于弹簧悬挂装置的静挠度。

1. 弹簧和车体构件挠度

车辆弹簧静挠度越大，其垂向动荷系数越小；车体构件挠度越大，其垂向动荷系数越小。

2. 车辆运行速度

当弹簧静挠度一定时，有如下情况：

(1) 当弹簧静挠度较小时，车辆运行速度增加，垂向动荷系数迅速增加；

(2) 当弹簧静挠度处于中等程度大小时，车辆运行速度增加，垂向动荷系数稍有增加；

(3) 当弹簧静挠度较大时，车辆运行速度增加，垂向动荷系数值几乎不变。

3. 车辆轴数

车辆轴数增加，垂向动荷系数减小。

4. 线路

垂向动荷系数与车辆所运行的线路密切相关。线路条件较差时，动应力测试值较大，线路条件较好时，动应力测试值较小。

线路的复杂多样决定了应该用统计规律来求算动荷系数。从苏联的动荷系数方法中可以看出，分析动强度试验数据时，必须考虑动载荷的随机性，应用概率论，采用随机函数和置信概率来计算垂向动荷系数的统计规律，以合理确定动荷系数。

五、计算长大货物车车体构件垂向动荷系数的修正方法

为了合理地确定长大货物车车体构件的垂向动荷系数，要考虑以上三个因素的影响。在参考苏联经验的基础上，建议采用如下修正公式计算长大货物车车体构件的垂向动荷系数：

$$K_{dy}=b\left[(1.5+0.05v)/f_d+0.704\ 55/f_d^{0.5}\right] \tag{2-8-11}$$

式中　v——运行速度，km/h；

f_d——当量静挠度，它等于弹簧悬挂装置的静挠度 f_j 与包括被计算的部件本身及其以下的相应各车体部件的挠度之和，mm；

b——与车辆轴数有关的系数，按式（2-8-6）计算。但式（2-8-6）中的 m 值不能简单地等于车辆轴数的一半，应按结构部位的不同，予以分别考虑，即 m 应为与所计算的部件有关联的车轴数的一半，如：

大底架：m 为车辆轴数的一半；

小底架：m 为其所跨及的轴数的一半；

中底架：m 为车辆轴数的 1/4。

很显然，对于 4 轴车，按公式计算的 b 应等于 1，式（2-8-11）即为式（2-8-4）。

车辆运行速度为 70 km/h 和 90 km/h 时，按照公式（2-8-11）得出的垂向动荷系数与当量静挠度及车辆轴数的关系如图 2-8-6、图 2-8-7 所示。

采用当量静挠度的另一个理由是：以往的动强度试验结果表明，最大动应力几乎都发生在低频谐振时，这个谐振频率恰恰与当量静挠度对应的谐振频率接近，而与弹簧静挠度所对应的谐振频率几乎无关。所以，应该将垂向动荷系数与当量静挠度联系起来，而不是仅仅与弹簧静挠度相联系。

对于一个悬挂于弹簧下的质量，其谐振频率 n 与弹簧静挠度之间有如下关系。

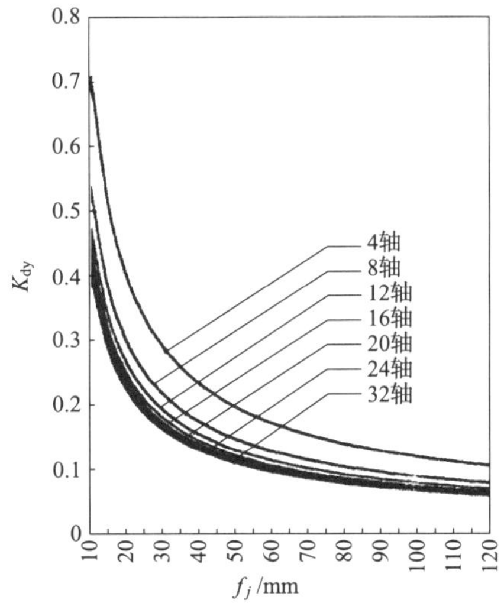

图 2-8-6　垂向动荷系数与当量挠度及车辆轴数的关系（v=70 km/h）

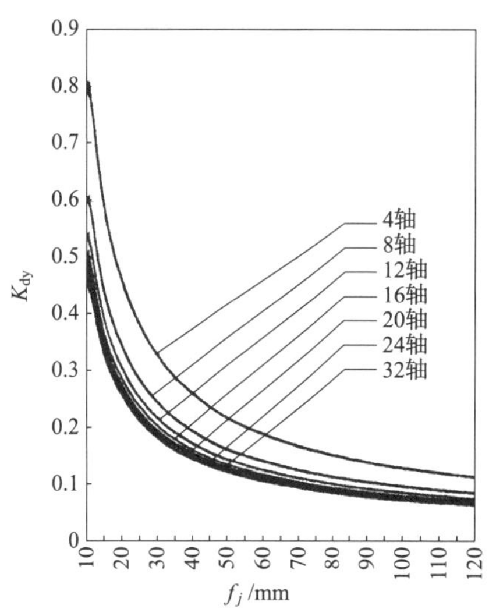

图 2-8-7　垂向动荷系数与当量挠度及车辆轴数的关系（v=90 km/h）

$$f=248.41/n^2 \tag{2-8-12}$$

式中　f——弹簧静挠度，mm；

n——谐振频率，s^{-1}。

D_2、D_{18A}、D_{12} 型凹底平车谐振频率、弹簧静挠度和当量挠度的测试结果和计算结果见表 2-8-6。

表 2-8-6　谐振频率、弹簧静挠度和当量挠度

车　型	谐振频率测试值/Hz	弹簧静挠度测试值/mm	弹簧静挠度计算值/mm	当量静挠度/mm
D_2	1.66	19.1	90.1	89.1
D_{18A}	1.6	41.2	97.0	104.7
D_{12}	2.0	35.8	62.1	84.1

D_2 型 16 轴凹底平车大底架最大动应力出现时的短时谐振频率为 1.66 Hz，如作为一系弹簧悬挂的质量来考虑，则由式（2-8-12）推算出的弹簧静挠度应为 90.1 mm，它与该车的实际弹簧静挠度 19.1 mm 相差很大，而与修正法所述的当量静挠度 89.1 mm 则很接近。D_{18A} 型 16 轴凹底平车，由大底架最大动应力出现时的谐振频率 1.6 Hz 推算出的弹簧静挠度为 97.0 mm，它与该车的实际弹簧静挠度 41.2 mm 相差也很大，而与修正法的当量静挠度 104.7 mm 较为接近。

D_{12} 型 8 轴凹底平车，大底架最大动应力出现时的谐振频率为 2 Hz 左右，推算出的弹簧静挠度约为 62.1 mm，它与该车的实际弹簧静挠度 35.8 mm 相差较大，与修正法的当量静挠度 84.1 mm 相差也较大。

从以上推算出的弹簧静挠度与当量静挠度的差值看，16 轴凹底平车差值较小，8 轴凹底平车差值较大。

六、计算公式与仿真、试验结果比较分析

（一）计算公式与仿真结果比较分析

北京交通大学对 DK_{36} 型载重 360 t 落下孔车和 D_{32A} 型载重 320 t 凹底平车的承载框架侧梁和凹底架进行了动力学仿真分析，将动力学仿真结果作为载荷时间历程输入，求解动应力。利用静强度的分析结果作为动应力测点的选点依据。静强度计算也是后续求取动荷系数的基础。

1. DK_{36} 型落下孔车承载框架侧梁动荷系数

针对 DK_{36} 型载重 360 t 落下孔车承载框架侧梁仿真结果进行统计分析，不同速度下的动荷系数值见表 2-8-7，当速度为 120 km/h 时不同悬挂参数的当量挠度和动荷系数数值见表 2-8-8。

表 2-8-7 承载框架侧梁在不同速度下动荷系数仿真计算值

速度/（km/h）	动应力最大值/MPa	静应力/MPa	动荷系数
10	1.07	201	0.005
30	6.12		0.030
50	3.68		0.018
70	7.43		0.036
90	10.32		0.051
120	11.62		0.056

表 2-8-8 承载框架侧梁在不同当量挠度（即不同悬挂刚度）下动荷系数仿真计算值（v=120 km/h）

刚度/（kN/m）	弹簧挠度/mm	动应力最大值/MPa	当量挠度/mm	动荷系数
700	50.25	9.95	106.62	0.049
1 000	34.48	11.78	90.85	0.059
1 293	26.20	11.02	82.57	0.055
1 600	21.09	12.31	77.46	0.061
2 000	15.74	13.30	72.11	0.066
2 200	11.97	14.35	68.34	0.071

DK36 型载重 360 t 落下孔车承载框架侧梁按照经验公式通过计算得到的数值与仿真结果得到的动荷系数值的散点绘制到同一坐标系下的图上，如图 2-8-8 所示。其中，（a）为正常悬挂参数下，不同速度级所对应的动荷系数；（b）为车速为 120 km/h 时，不同当量挠度对应的动荷系数。

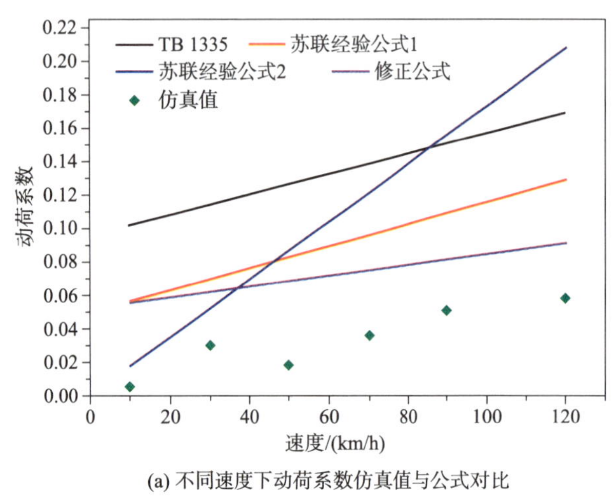

(a) 不同速度下动荷系数仿真值与公式对比

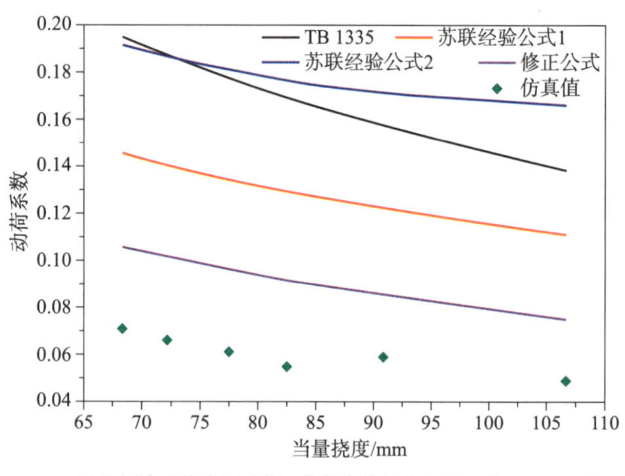

(b) 不同当量挠度下动荷系数仿真值与公式对比（v=120 km/h）

图 2-8-8 DK36 型落下孔车承载框架侧架动荷系数仿真值与经验公式对比

由四种经验公式和仿真结果对比分析可知：动荷系数的数值随着速度的增大而增大，随当量挠度的增加而减小。通过动应力仿真得到的垂向动荷系数的数值要小于各种经验公式的计算值。在不同速度级与不同悬挂刚度的动荷系数对比中，仿真得出的数值与修正公式的变化趋势比较接近，仿真数值小于修正公式的数值。

2. D32A 型凹底平车凹底架动荷系数

针对 D32A 载重 320 t 凹底平车凹底架仿真结果进行统计分析，不同速度下的动荷系数值见表 2-8-9，当速度为 120 km/h 时不同悬挂参数的当量挠度和动荷系数数值见表 2-8-10。

表 2-8-9　D32A 凹底平车凹底架在不同速度下动荷系数仿真计算值

速度/（km/h）	动应力最值/MPa	静应力/MPa	动荷系数
20	1.24	234	0.005
40	7.14		0.031
60	4.28		0.018
80	8.64		0.037
100	11.97		0.051
120	12.78		0.055

表 2-8-10　D32A 凹底平车凹底架在不同当量挠度（即不同悬挂刚度）下动荷系数仿真计算值

刚度/（kN/m）	弹簧挠度/mm	动应力最值/MPa	当量挠度/mm	动荷系数
700	54.26	11.57	110.63	0.049
1 000	37.98	12.53	94.36	0.054
1 293.6	29.36	12.78	85.74	0.055
1 600	23.74	13.99	80.11	0.060
1 900	19.99	15.11	76.36	0.065
2 200	17.26	16.12	73.64	0.069

将各经验公式绘制在一张图上，并将仿真结果以散点的形式附上，如图 2-8-9 所示。其中，（a）为正常悬挂参数下，不同速度对应的动荷系数；（b）为车速为 120 km/h 时，不同当量挠度对应的动荷系数。

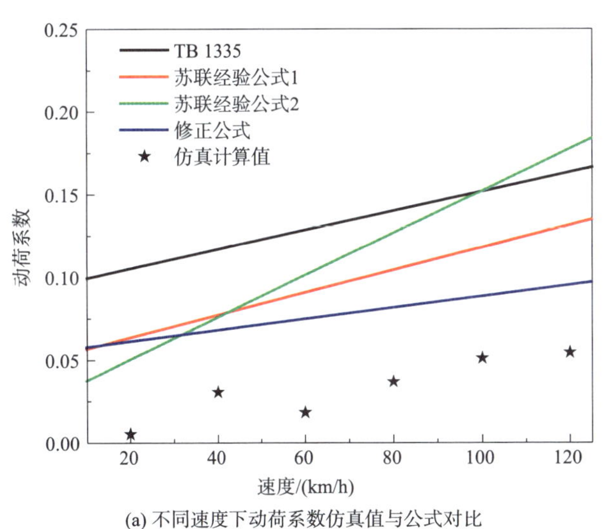

(a) 不同速度下动荷系数仿真值与公式对比

(b) 不同当量挠度下动荷系数仿真值与公式对比（v=120 km/h）

图 2-8-9　D32A 型凹底平车凹底架仿真值与经验公式对比

对比仿真结果与经验公式可知，垂向动荷系数的仿真结果比各种经验公式的计算值都要小。相比而言，修正公式的变化趋势与仿真值较接近。

（二）计算公式与试验结果的比较

长大货物车车体动荷系数的测试，一般是在静应力测试的基础上，选取几个较大应力点，作为动应力测试点，随动力学试验测试动应力。如果单独考查垂向动荷系数，在整理动应力数据时，应剔除下列因素的影响：

低频：低速通过小曲线时侧向力的影响；低速制动时冲击力的影响。

高频：调车、制动冲击的影响。

在以往的长大货物车动应力测试中，一般都没有剔除上述因素的影响。

在长大货物车动应力测试过程中，以测试最大动应力为主。在评定其强度时，应与静强度试验中测试的最大静应力合成。而本文中提出的计算公式指的是平均动荷系数。按上述几种方法的垂向动荷系数计算值和动强度试验的最大综合动荷系数试验值见表 2-8-11 和表 2-8-12。表中试验法指的是静强度试验测试的大底架和小底架挠度值。

表 2-8-11 长大货物车大底架动荷系数

车型	轴数	静挠度/mm			动荷系数计算值			动荷系数试验值		速度/(km/h)
		弹簧	当量法	试验法	中国	苏联	修正法	综合	垂向	
D_{2} 型凹底平车	16	16.7	84.6	62.9	0.442	0.129	0.069	0.066		60
D_{18A} 型凹底平车	16	41.2	104.7	58.9	0.219	0.108	0.059	0.063		60
D_{12} 型凹底平车	8	35.8	84.1	45.6	0.243	0.111	0.073	0.156		60
D_{26} 型凹底平车	16	60.7	154.3	88.0	0.156	0.087	0.044	0.096		50
D_{25A} 型凹底平车	16	52.5	142.1	80.5	0.173	0.086	0.046	0.140		50
D_{22G} 长大平车	8	46.0	73.6	27.6	0.228	0.162	0.090	0.180		84
D_{15} 型凹底平车	8	61.0	99.0	36.4	0.172	0.121	0.068	0.170	0.110	70
DQ_{35} 型钳夹车	24	35	98.2	59.3	0.233	0.082	0.058	0.29		50
DK_{36A} 型落下孔车	24	66.7	205.6	134.2	0.146	0.088	0.036	0.19		50
DA_{37} 型凹底平车	24	67	263.0	193.3	0.123	0.044	0.028	0.174		20
DQ_{45} 型钳夹车	28	30	110.3	74.6	0.262	0.081	0.054	0.182		50
D_{32} 型凹底平车	24	46.2	218.7	170.3	0.190	0.085	0.034	0.12		50
350 t 落下孔车	24	45	148.4	103.4	0.194	0.085	0.044	0.31		50
DK_{45} 型落下孔车	28	46.2	287.5	227	0.190	0.085	0.029	0.12		50
D_{32A} 型凹底平车	24	57	237.1	172.4	0.172	0.104	0.034	0.097	0.030	60
DK_{23} 型落下孔车	12	63	119.2	52	0.152	0.087	0.053	0.269	0.074	50
D_{26B} 型落下孔车	16	61	107.5	46.5	0.139	0.054	0.051	0.151	0.022	30
D_{28} 型凹底平车	16	61	160.8	99.8	0.123	0.022	0.036	0.156	0.041	10
DK_{29} 型落下孔车	16	57	132.1	69.5	0.163	0.087	0.049	0.182	0.045	50
DK_{36} 型落下孔车	24	57	169.5	112.5	0.163	0.087	0.040	0.18		50
DA_{25} 型凹底平车	16	65.1	152.1	80.5	0.203	0.194	0.057	0.194		100
D_{A2} 型凹底平车	16	65.1	142.2	71.8	0.187	0.164	0.056	0.196		100
D_{2A} 型凹底平车	16	52	124.7	67	0.184	0.105	0.053	0.151	0.1	60
DA_{26} 型凹底平车	16	62	171.6	100.8	0.162	0.103	0.043	0.121		60

表 2-8-12 长大货物车小底架动荷系数

车型	轴数	静挠度/mm			动荷系数计算值			动荷系数试验值		速度/(km/h)
		弹簧	当量法	试验法	中国	苏联	修正法	综合	垂向	
D_{2} 型凹底平车	16	16.7	21.7	5.0	0.442	0.129	0.269	0.088		60
D_{18A} 型凹底平车	16	41.2	45.8	4.6	0.219	0.107	0.152	0.086		60
D_{12} 型凹底平车	8	35.8	38.5	2.7	0.243	0.110	0.173	0.244		60

续上表

车　型	轴　数	静挠度/mm			动荷系数计算值			动荷系数试验值		速度/(km/h)
		弹　簧	当量法	试验法	中　国	苏　联	修正法	综　合	垂　向	
D$_{26}$ 型凹底平车	16	60.7	66.3	5.6	0.156	0.087	0.110	0.284		50
D$_{25A}$ 型凹底平车	16	52.5	61.6	9.1	0.173	0.086	0.116	0.190		50
D$_{22G}$ 型长大平车	8	46.0	46.0		0.191	0.085	0.143			50
D$_{15}$ 型凹底平车	8	61.0	62.6	1.6	0.172	0.118	0.127	0.300	0.140	70
DQ$_{35}$ 型钳夹车	24	35	38.9	3.9	0.233	0.083	0.162	0.46		50
DK$_{36A}$ 型落下孔车	24	66.7	71.4	4.7	0.146	0.088	0.105	0.41		50
DA$_{37}$ 型凹底平车	24	67	69.7	2.7	0.112	0.024	0.082	0.537		5
DQ$_{45}$ 型钳夹车	28	30	35.7	5.7	0.262	0.081	0.172	0.451		50
D$_{32}$ 型凹底平车	24	46.2	48.4	2.2	0.190	0.085	0.138	0.56		50
350 t 落下孔车	24	45	45.0		0.194	0.085	0.145			50
DK$_{45}$ 型落下孔车	28	46.2	60.5	14.3	0.190	0.085	0.118	0.35		50
D$_{32A}$ 型凹底平车	24	57	64.7	7.7	0.172	0.103	0.118		0.086	60
DK$_{23}$ 型落下孔车	12	63	67.2	4.2	0.152	0.087	0.109	0.483		50
D$_{26B}$ 型落下孔车	16	61	61.0		0.156	0.087	0.117			50
D$_{28}$ 型凹底平车	16	61	61.0		0.156	0.087	0.117			50
DK$_{29}$ 型落下孔车	16	57	62.6	5.6	0.142	0.045	0.100	0.419	0.218	25
DK$_{36}$ 型落下孔车	24	57	57.0		0.163	0.087	0.123			50
DA$_{25}$ 型凹底平车	16	65.1	71.6	6.5	0.187	0.160	0.131	0.319		100
DA$_{21}$ 型凹底平车	16	65.1	70.4	5.3	0.187	0.161	0.132	0.337		100
D$_{2A}$ 型凹底平车	16	52	57.7	5.7	0.184	0.104	0.128	0.29	0.11	60
DA$_{26}$ 型凹底平车	16	62	70.8	8.8	0.162	0.103	0.110	0.247		60

从表 2-8-11 可知，除 D$_2$、D$_{18A}$、D$_{12}$ 型凹底平车外，与 1996 年《铁道车辆强度设计及试验鉴定规范》相比，修正法的垂向动荷系数计算值都小于最大动荷系数试验值。对于动荷系数的验证只是比较验证，能否通过试验测定垂向动荷系数，还有待于进一步研究。在测试动应力时，剔除纵向力、侧向力及扭转载荷的影响，这样测得的才是垂向动荷系数。动应力试验测试结果表明，动荷系数应取最大动荷系数的平均值。

几种车型的动荷系数试验最大值和最大平均值比较见表 2-8-13。从表中可知，D$_{26}$、D$_{30G}$、D$_{22G}$ 型车的动荷系数测试最大值和最大平均值相差较大，而 D$_{26}$、D$_{30G}$、D$_{22G}$ 型车的动荷系数测试最大平均值接近于修正法的垂向动荷系数计算值。也就是说，按修正法进行计算，既有一定的安全性，又可降低车辆自重。

表 2-8-13　动荷系数测试最大值和最大平均值的比较

车　型	最大值		最大平均值	
	大底架	小底架	大底架	小底架
D$_{26}$ 型凹底平车	0.096	0.284	0.050	0.08
D$_{30G}$ 型双联平车	0.150		0.090	
D$_{22G}$ 型长大平车	0.180		0.085	

七、结　　论

1. 提出了一个具有长大货物车结构特点的垂向动荷系数计算方法和修正公式，可应用于长大货物车的车体结构设计分析计算。

2. 修正公式与试验结果对比分析表明，与以往的长大货物车试验结果较为接近。

3. 仿真结果与经验公式对比分析表明，垂向动荷系数的仿真结果比各种经验公式的计算值小。相比其他动荷系数计算公式，修正公式的变化趋势与仿真值较接近。

4. 建议对长大货物车进行更广泛的动强度试验，以进一步完善修正公式，提出更准确的长大货物车车体构件垂向动荷系数计算公式。

第三章　特种技术结构与装置

铁路大车与通用货车不同，其总体结构表现为结构多样、多层、多轴、多导向、多种技术装置。重车装货运输超限界，需要判定超限等级；重车运输超重，需要进行过桥检算，采取限速、桥梁加固等措施。由于运输货物的多种多样和特殊条件（线路、限界和桥梁），仅用基本车型无法满足运输需求，因此，在大车的发展史上产生了针对不同货物运输的多种承载车体结构和转向架技术结构。为了货物运输及装卸需要，大车通常需要采用各种先进的技术装置，增强车辆特殊功能，提高超限运输能力。由于大车车体各级底架心盘距较大，通过曲线时所产生的内偏移量较普通标准货车大很多，受建筑限界和机车车辆限界的限制，装货最大允许宽度相应减小，因此，车辆设计增加侧移导向装置。通过设置不同的导向距自动减少车辆中部的偏移，来减小车辆通过曲线时的内偏差量，扩大装货宽度。侧移导向装置也可在直线线路上将货物向左、右横向偏移一定距离，以避开线路两侧的障碍物。

除设置多导向外，大车还采用心盘及旁承结构，液压起升、调宽装置、电气装置等技术。球形心盘和常接触弹性旁承配套使用，可靠性提高。纵向连通旁承装置通过液压控制，减少车辆通过缓和曲线时所受的扭转载荷；起升装置利用压柱油缸伸缩或升降油缸，实现货物的升降，以避开线路上、下方的障碍物，同时方便货物装卸；调宽装置可在一定范围内调整承载梁的宽度，以适应不同宽度货物的运输。电气装置提供电源，对整机各种运用工况进行控制、监视和保护。

第一节　多层车体承载连接结构技术

如第一章所述，大车是从专用特种车辆演变而来，专用车辆是针对一种专用特种货物运输而设计，所以说大车是最能体现运输需要的车种。大车设计与运输货物的结构型式之间有着明显的依存关系，针对不同的货物的重量和尺寸设计不同车型。大车的特征识别，首先是承载装置的结构型式，也就是靠近货物的最顶层的车体承载结构，德国较恰当地称为“承货梁”，是指与货物连接接触的承受最大载荷的部件。各种不同的“承货梁”结构优化设计，体现不同载荷极限、装载长度、宽度、高度的结构型式符合所运货物的特点，提供了大车多种运输的可能性。承货梁结构型式相应地确定了大车种类：承货梁采用凹底架结构，组成凹底平车；承货梁采用侧承梁结构，成为落下孔车；承货梁为平直大底架，成为长大平车；承货梁采用钳形梁结构，组成钳夹车。车体承货梁和连接桥架（统称为各级底架）结构型式见表 3-1-1。承货梁结构与货物的力学特征及结构匹配优化，是大车设计的精髓关键之一。大车结构优化设计颇能体现造型艺术，不可忽视。具有美学特征的大车承载结构造型，外观大而不笨，轻巧流畅，强度和刚度合理，结构健康美观。经过多年的结构优化设计实践，中国大车折角式和半折角圆弧式凹底架、组合式承载框架、钳夹车大底架等承载结构结构流畅，轻巧美观，显现了大车承载结构造型艺术。大车的多层车体结构，基于车体定义和载荷传递，从转向架以上，到与货物接触的、最顶层承载结构（承货梁），都属于车体部分。中国大车设计根据承载分布载荷和桥梁及限界等要求，车体层级设有 1～4 层。在中国铁路现有 45 种大车车型，车体有四层桥架的车型，有 24 轴 D_{32} 型凹底平车/350 t 落下孔车、28 轴 D_{45} 型落下孔车。

表 3-1-1　车体底架和连接桥架结构型式

结构类型	构成车型	二维侧视剖面图	三维实体图	应用车型示例
凹底架	凹底平车			D_{32A}、D_{10A}、D_{15B}
承载框架（侧承梁＋撑杆）	落下孔车			D_{26B}/DK_{29}
侧承梁	落下孔车			D_{17A}/DK_{17A}

续上表

结构类型	构成车型	二维侧视剖面图	三维实体图	应用车型示例
平直底架	长大平车	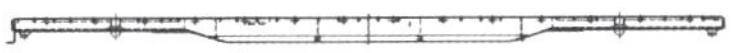		D22A、D22B
	长大平车			D70、D23G
	长大平车	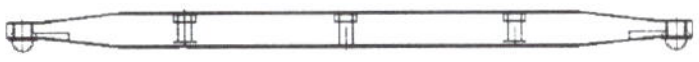		D25、D26A/D26AK
承货底架	跨装平车			D30
中间桥架（大底架）	钳夹车	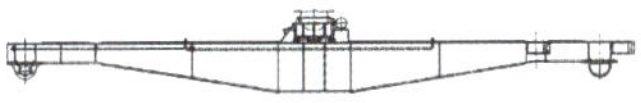		D38、DQ45
中间桥架（中底架）	各型大车	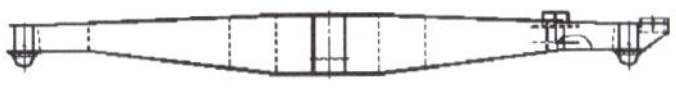		D32A/DK36
中间桥架（小底架）	各型大车	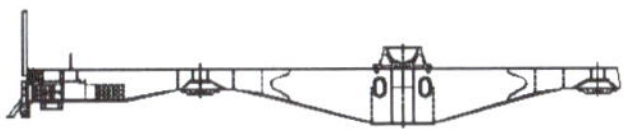		D32A
				D18A
		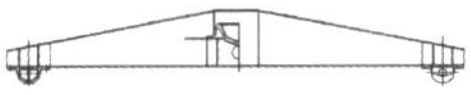		D38、DQ45
钳形梁	钳夹车	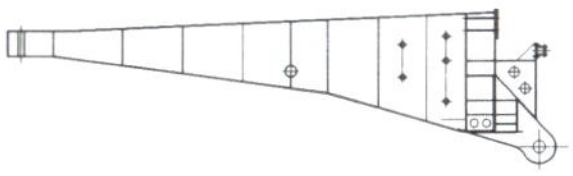	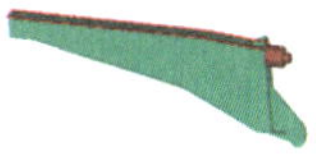	DQ45、D38、DQ35
导向梁	各型大车	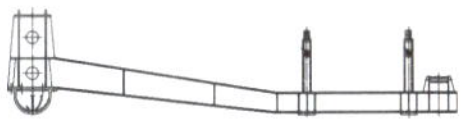		D45、DQ45、 D38、DQ35

一、凹底架

凹底平车凹底架以工字形断面或箱形断面主梁与金属地板组焊而成，设计采用多种结构型式。第一种结构型式是上弯角和下弯角同时为变断面圆角过渡式（如 D2、D18A 等车型），这种凹底架能够解决弯角部应力集中的问题，但是必须整体组焊制作，并且由于上、下弯角都为圆弧，在保证承载面长度的情况下，增加了凹底架的长度和车辆定距。第二种结构型式为折角式（如 D26、D32 等车型），这种凹底架减少了车辆定距。第三种结构型式为上弯角圆弧过渡，下弯角折角过渡结构（如 D32A、D10A 等车型），结构紧凑，并且能按两件心盘梁、两件端臂、一件承载梁分体制作然后组焊成凹底架，能节约一定的生产场地和生产周期。凹底架在第二章已有详述，这里给出汇总列表，凹底架弯角部结构型式见表 3-1-2。

表 3-1-2　凹底架弯角部结构型式

结构型式	二维侧视剖面图	三维实体图	应用车型图例	应用车型举例
上弯角圆弧 下弯角圆弧				D2G、D2、D18A、D25A
				TD11、TD6、TD5A
				D10、D12/D12K

续上表

结构型式	二维侧视剖面图	三维实体图	应用车型图例	应用车型举例
折角式	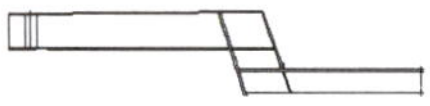			D26
	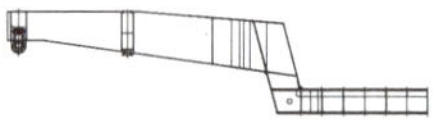			D32、D15、D15A
上弯角圆弧 下弯角折角				D10A、D15B
		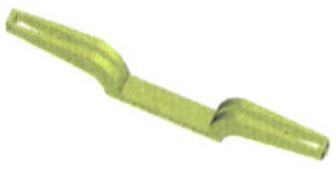		D28、D32A
				D9A
	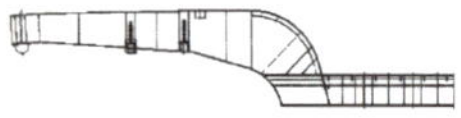			DA37、DA21、DA26

二、承载框架及侧承梁

早期的落下孔车车体承载框架通常为两侧梁焊为一个整体结构，装卸不便。通过研究开发设计可调撑杆连接2片侧梁组成宽度可调拆卸结构，并优化侧梁结构，为了在我国限界范围内运输变压器，优化设计，使腹板宽度仅为230～260 mm，降低了超限等级。

1. DK23型落下孔车承载框架由侧梁、心盘梁及连接杆组成。侧梁由上下盖板、腹板组焊成箱形断面结构，并焊有连接杆座、导框座等，承载框架如图3-1-1所示。心盘梁有一字梁结和十字梁两种结构型式，由上下盖板、腹板组焊成箱形断面结构，并装有下球面心盘，如图3-1-2所示。

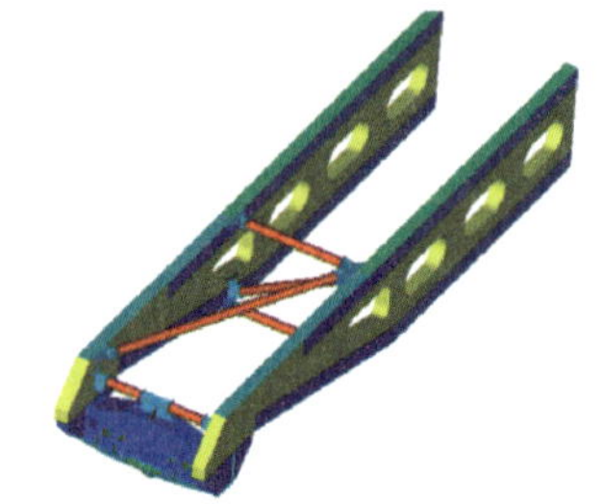

图3-1-1 DK23型落下孔车1/2承载框架

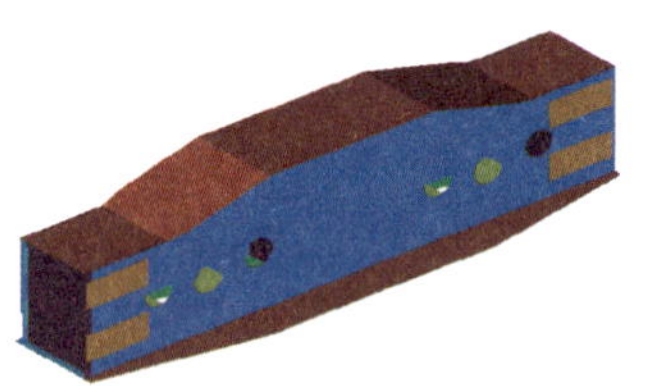

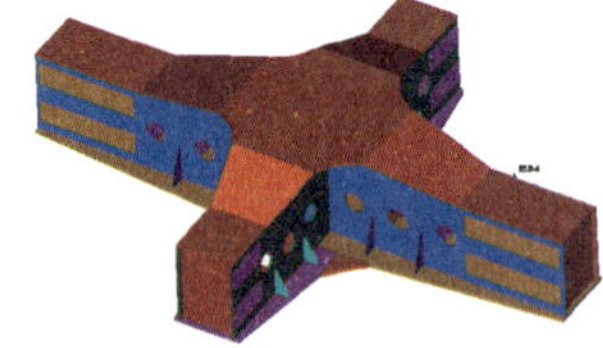

图3-1-2 DK23型落下孔车心盘梁（一字梁和十字梁）

2. D26B型凹底平车/DK29型落下孔车承载框架如图2-6-4所示。

3. DK36型落下孔车承载框架由侧梁、心盘导向梁及连接撑杆组成，如图3-1-3所示。侧梁为上下盖板及腹板组焊成的箱形结构，并焊有连接撑杆座、导框座。心盘导向梁分为空载和重载两种结构，均由箱形结构的心盘梁、导向梁组焊而成，在导向梁上装有导向销及导向销支架，心盘梁下部装有球面心盘。连接撑杆由撑杆头、内外套筒及紧定螺母等组成，其长度可调。

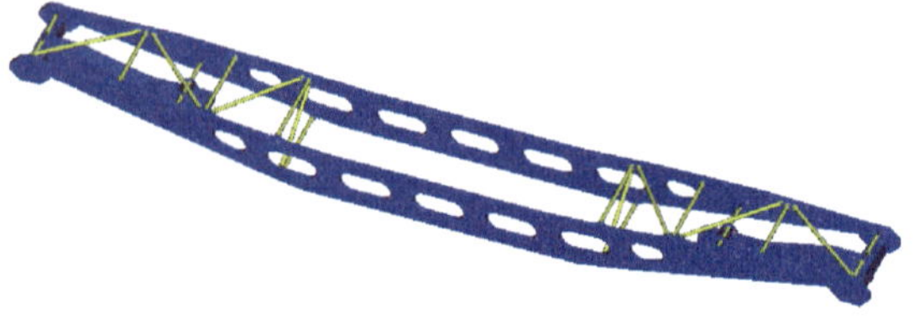

图3-1-3 DK36型落下孔车承载框架三维图

三、钳形梁及车耳和压柱

钳夹车钳形梁主要由变断面的箱形组焊结构梁、车耳、压柱等部分组成。国内外典型钳夹车钳形梁及车耳和压柱如图 3-1-4～图 3-1-7 所示。

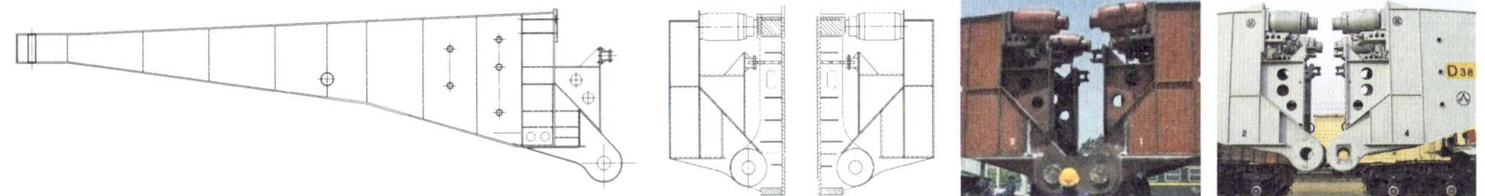

图 3-1-4　DQ45 型和 D38 型钳夹车钳形梁及车耳和压柱二维图

图 3-1-5　中国 D38 型和 DQ45 型钳夹车车耳和压柱

图 3-1-6　德国钳夹车车耳和压柱

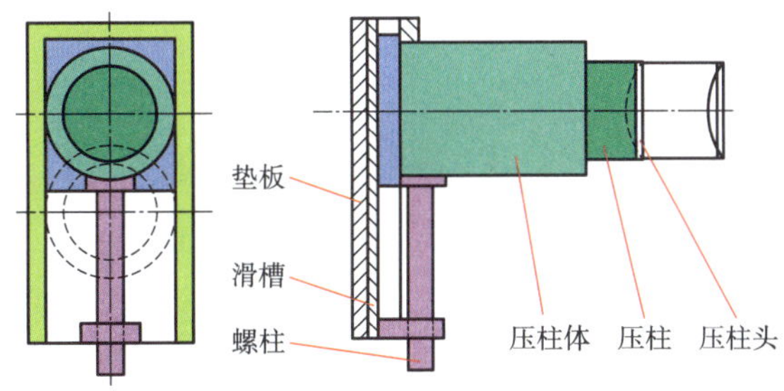

图 3-1-7　D35 型 32 轴钳夹车压柱结构示意图（白色线表示压柱伸出位置）

钳夹车具有独特的超限运输能力，运输货物最广泛。电力、机械、石油化工工业趋于大型化，先行发展多导向钳夹车，是源于发展现代大工业的需要。国内外超限重型特大件运输，主要依靠多导向钳夹车，而钳夹车承载结构则向通用化和轻量化方向发展。通用化是指从直接钳夹发展到半钳夹或不钳夹货物，以尽可能多的钳夹承载结构运输方式适应多种货物的要求，轻量化是指钳形梁及其附件广泛采用高强度钢，并适当提高挠跨比允许值，以大力减轻结构自重，挖潜提高载重能力，维持车辆总重不变，便于通过桥梁。

两片钳形梁把货物悬空夹持在中间，组成车体，这就是钳夹车的原型。钳形梁与货物之间，下支点是耳销连接，上支点是压轴顶紧。表 3-1-3 第一行到第三行为我国 D38 型载重 380 t 多导向钳夹车结构。钳夹装货显现2个优点，首先没有承货的地板面或侧承梁，被悬空钳夹的货物可贴近轨面，并向两侧扩展；第二，钳夹方式能适应货物长度的变化，有可能承运相当长的货物。因而钳夹车从车体结构上为特大件货物的运输提供了可能条件。钳夹车相应地放宽了对于货物几何尺寸的限制，但是对被钳夹货物的力学性能却有严格的要求，不仅要求货物具有自承载特性，而且要求货物能经受非常大的钳夹力。钳夹车的原型是针对可钳夹货物设计的。为满足钳夹运输的要求，在制作变压器、发电机等短粗的集重货物时，其外壳和上下支点部位大大加强，以承受钳形梁传来的几百吨乃至上千吨的钳夹拉压力（车耳拉力和压柱压力）。

根据大型设备运输的力学特征，分为可钳夹、半钳夹、不可钳夹货物。为适应三种受力特征货物运输，经过多年的技术发展，研究设计货物与钳夹梁适配接口运输装置，通过钳形梁钳夹承货梁组合，演化形成多种运输钳夹货物承载结构方式，见表3-1-3。货物两端安装端盖结构，采用高强度螺栓与货物连接，形成端盖式；货物下部四角安装挂货钩，上部钳夹车压柱点对应处安装连接块，形成托钩式；货物下部用铰接的贯通梁进行连接，形成托梁式，相当于托钩式的变种；在托梁式的基础上，货物下部仍采用拉杆连接承受钳夹拉力，并支承货物重量，货物不再受钳夹压力，而由上部压杆承受；两半节车采用中部凹底架连接，货物安装于凹底架上，形成凹底式，相当于凹底平车；两半节车采用两片侧梁连接，货物承载加固于两侧梁上，形成侧梁式，相当于落下孔车；两半节车采用整体框架连接，货物承载加固于框架内，形成框架式，相当于落下孔车。

表 3-1-3　钳夹式承载底架结构型式

<table>
<tr><td>钳夹车空车短连挂</td><td colspan="3"></td></tr>
<tr><td>钳夹车模型
钳夹货物组成</td><td colspan="3"> 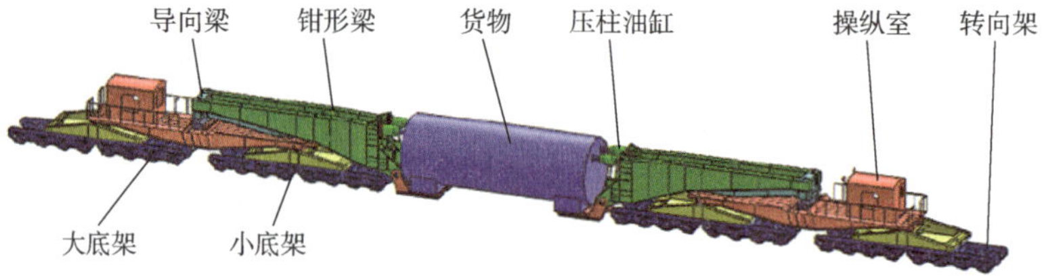导向梁　钳形梁　货物　压柱油缸　操纵室　转向架
大底架　小底架</td></tr>
<tr><td>D38型钳夹车挂货钩方式运输发电机定子</td><td colspan="3"></td></tr>
<tr><td>结构类型</td><td>承载方式</td><td>国内应用示例</td><td>国外应用示例</td></tr>
<tr><td>钳形梁接口-车耳压柱接口-大底架</td><td> 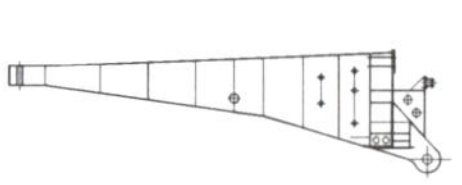 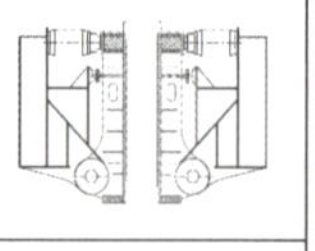 </td><td> 中国D45型载重450 t钳夹车</td><td> 德国TSW2型载重500 t钳夹车</td></tr>
<tr><td>钳形梁（挂货钩）</td><td> 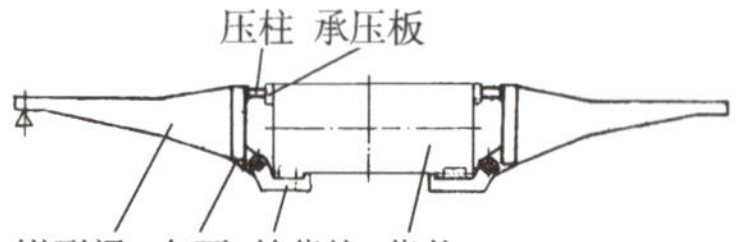压柱　承压板
钳形梁　车耳　挂货钩　货物</td><td> </td><td> </td></tr>
</table>

续上表

结构类型	承载方式	国内应用示例	国外应用示例
钳形梁（端盖）	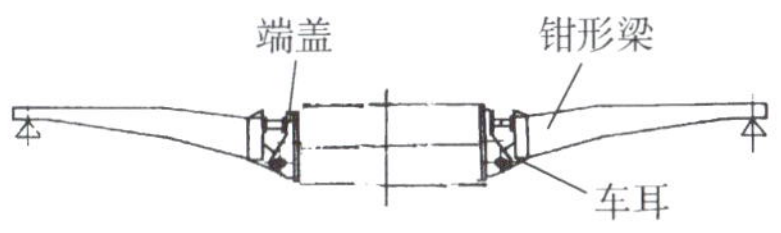 端盖　钳形梁　车耳		
钳形梁（托梁）	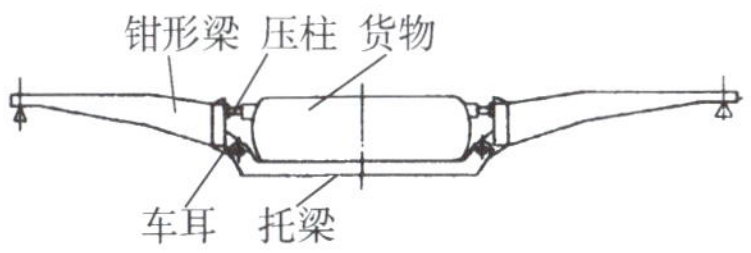 钳形梁　压柱　货物　车耳　托梁		
钳形梁（托梁压杆）	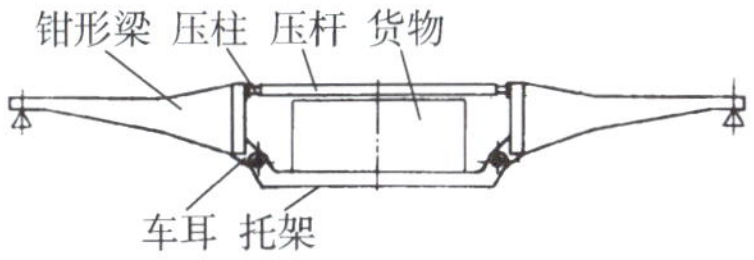 钳形梁　压柱　压杆　货物　车耳　托架	国内外尚无托梁压杆方式，下图为美国托梁运输方式 	
钳形梁（凹底架）	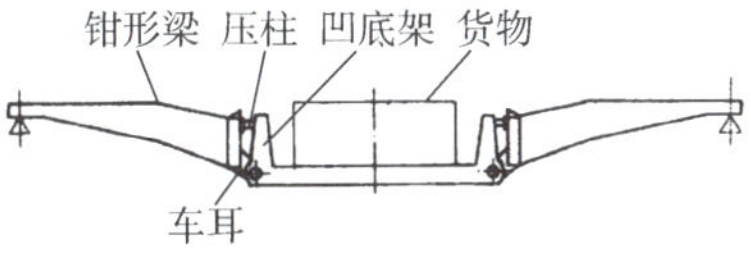 钳形梁　压柱　凹底架　货物　车耳		
钳形梁（侧承梁）（落下孔梁）			
钳形梁（整体框架）	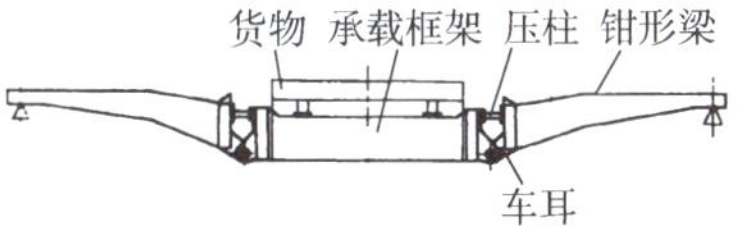 货物　承载框架　压柱　钳形梁　车耳		

四、平直底架

长大平车由平直底架作为承货梁，一般由箱形侧梁、枕梁、横梁、端梁、地板、盖板及下盖板组焊而成。D22A 型长大平车底架如图 3-1-8 所示。

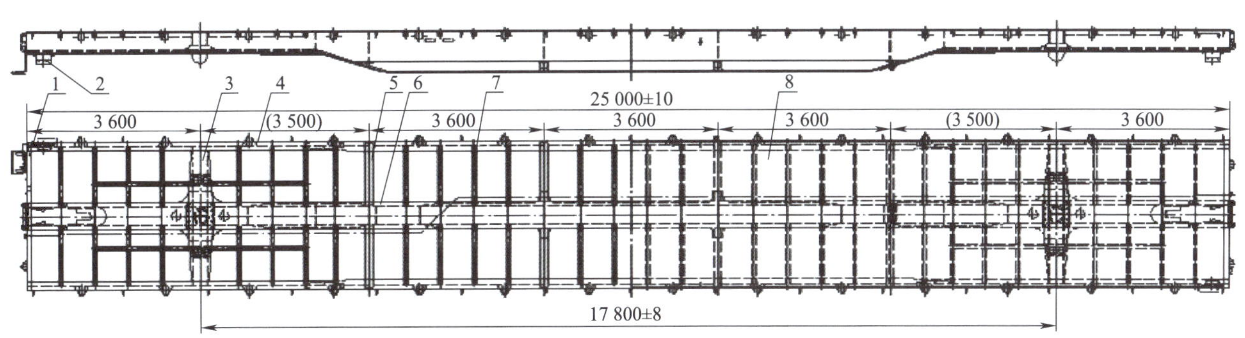

图 3-1-8　D22A 型长大平车底架二维示意图

1—端梁；2—脚蹬组成；3—枕梁；4—侧梁；5—大横梁；6—中梁；7—小横梁；8—地板

跨装平车为运输较高的货物，将承货平直底架的心盘面降低，做成凹形。如 D30G 型双联铁路平车底架为全钢焊接结构，材质为 WEL-TEN780A 高强度钢。由 2 根侧梁、1 根大枕梁、2 根小枕梁、4 根横梁及上下心盘、旁承等部分组成，D30G 型双联平车底架组成二维图如图 3-1-9 所示。

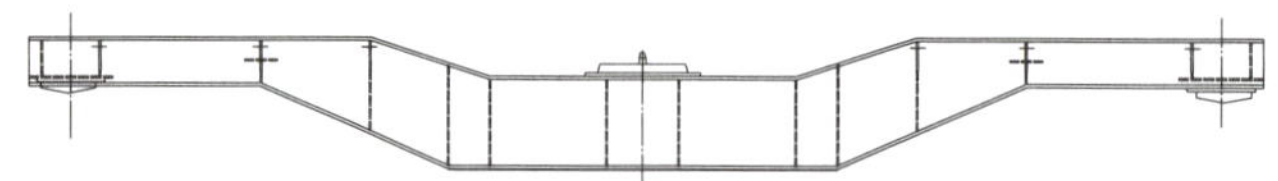

图 3-1-9　D_{30G} 型双联平车底架组成二维图

五、中间桥架

对于具有三层和四层底架的大车，从与货物直接接触的承货底架到最底层——转向架，需设置中间桥架，称为中底架和小底架。如 D_{32A} 型凹底平车/DK_{36} 型落下孔车中底架三维图如图 3-1-10 所示，小底架三维图如图 3-1-11 所示。由 1 根纵梁、中横梁及 2 根端横梁组焊而成。车辆端部的小底架还焊有端梁和牵引梁，并装有通过台、脚蹬、栏杆、扶手等。

图 3-1-10　D_{32A} 型凹底平车/DK_{36} 型落下孔车中底架三维图

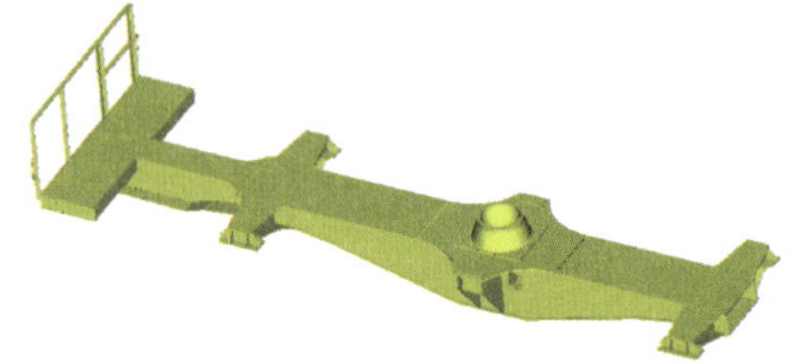

图 3-1-11　D_{32A} 型凹底平车/DK_{36} 型落下孔车小底架三维图

六、导 向 梁

具有导向装置的大车，具有导向梁组成结构。导向梁采用钢板焊接结构，主要是由上下盖板及侧板、导向销套管等组焊成 T 形梁。DQ_{45} 型钳夹车导向梁组成如图 3-1-12 所示。

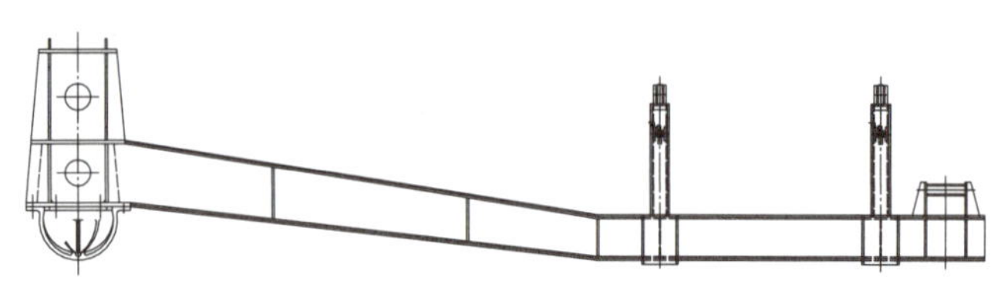

图 3-1-12　DQ_{45} 型钳夹车导向梁二维图和实物图

七、挂 货 钩

（一）概　　况

发电机定子采用钳夹车运输的装载工具分挂货钩和运输端盖两种，都已成功运用于我国铁路发电机定子运输，见表 3-1-4。600 MW 级发电机定子多采用挂货钩方式，而 1 000 MW 级发电机定子整体铁路运输采用端盖方式。挂货钩是钳夹车运输发电机定子时连接钳夹车与定子的关键部件，同时需要上顶块等部件配合使用。钳形梁挂货钩和压柱钳夹定子如图 3-1-13 所示。2006 年统计，由铁科院 1991 年设计、哈尔滨电机厂制造挂货钩完成 27 次运输。在运输前和检修中曾多次发现局部缺陷和裂纹，但经过打磨处理后仍较好地完成了运输任务。鉴于当时既有 D_{38} 型钳夹车运输 600 MW 发电机定子紧张，新型 DQ_{35} 型钳夹车即将投入使用，需新制一组挂货钩及附属件。为探讨既有挂货钩的剩余寿命，2006 年 6 月，中铁特货公司组织召开了“既有挂货钩剩余寿命和使用条件研讨会”。北京交通大学完成了“现有挂货钩损伤容限及剩余寿命”分析计算。会议认为：既有挂货钩在没有严重缺陷、裂纹的条件下仍能运用一段时期，但必须严格控制初始缺陷和裂纹，避免焊补，当出现较大裂纹等缺陷时就应报废。2006 年，齐厂为中铁特货公司新造了一组挂货钩（4 件）。新挂货钩采用了原挂货钩图纸，其结构及尺寸与原挂货钩相同。主要结构材料由原日本 HITEN-80B 改为同等级别的德国材质 DILLIMAX690T 高强度可焊结构钢材。

表 3-1-4　钳夹车运输发电机定子用挂货钩和端盖

运输方式	几何模型	实物装载	定子运输 1	定子运输 2
挂货钩				
端盖				

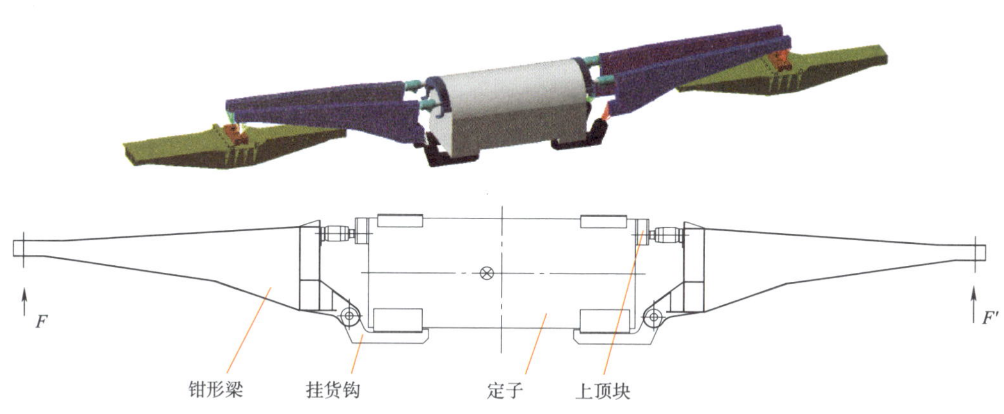

图 3-1-13　钳形梁挂货钩和压柱钳夹定子

（二）结构和材料

挂货钩由上、下基板、主立板及隔板等组成箱形结构。主立板及上基板厚 100 mm，下基板厚 70 mm，隔板厚 30 mm，挂货钩每件重 5 373 kg，如图 3-1-14 所示。

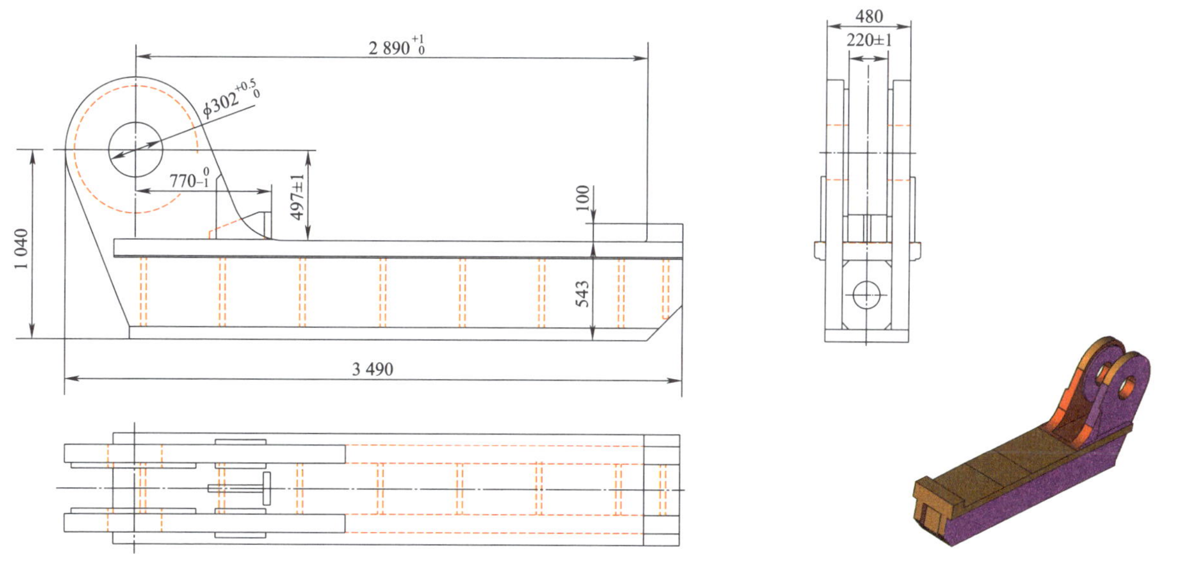

图 3-1-14　挂货钩（图号 HF103-00-00-000）

挂货钩采用德国制造的DILLIMAX690T高强度结构钢，DILLIMAX690T机械性能见表3-1-5。

表3-1-5 DILLIMAX690T机械性能

牌号	板厚/mm	拉伸试验		冲击试验		
		σ_s屈服强度	σ_b抗拉强度/MPa	伸长率δ_5/%	温度/℃	V型冲击功（纵向）/J
DILLIMAX690T	不大于65	690	770～940	14	−40	≥30
	大于65，不大于100	670	770～940	14	−40	≥30

（三）分析和试验

1. 试验

1987年6月，铁科院对承运安徽平圩电厂600 MW电机组的D_{35}型钳夹车挂货钩及钳形梁强度试验结果表明，挂货钩最大动载荷分别发生在厂内直道9号道岔5 km/h运行、厂内直道侧移5 km/h及厂外弯道9号道岔5 km/h运行工况，挂货钩动荷系数均为0.23左右。D_{38}型钳夹车承运600 MW发电机定子监护试验，挂货钩最大动荷系数在0.2～0.3之间。D_{38}型钳夹车重车动力学试验车耳处最大动应力发生在通过大超高曲线工况，最大动荷系数为0.32。为保证运输安全，在实测最大动荷系数0.32的基础上，再增加25%，即最大动荷系数取0.4，作为对已超期服役的现有挂货钩进行剩余寿命和临界裂纹尺寸分析时的参考值。

2. 分析

强度分析的载荷工况见表3-1-6。

表3-1-6 计算工况 单位：t

载荷工况		垂向作用力			纵向作用力	
		F_3	$W_{定子}$	$W_{挂货钩}$	F_4	F_4'
1	静载荷	87.5	81.9	5.6	378	378
2	动载荷	28	26.2	1.8	120.9	120.9
3	静载荷+动载荷	115.1	108.1	7.4	498.9	498.9

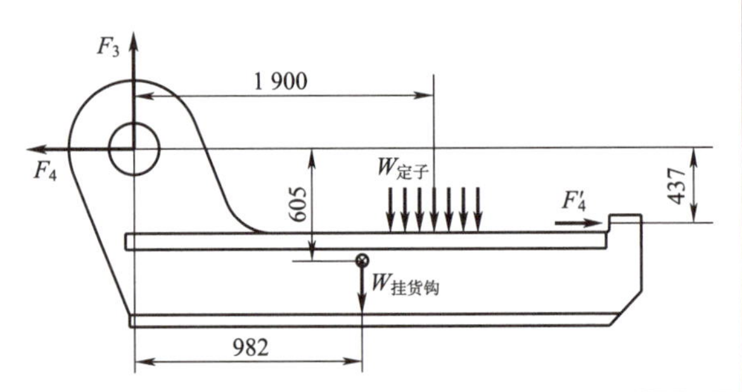

注：动荷系数取为0.32。

计算结果表明，静载荷+动载荷下挂货钩应力最大部位发生在R300 mm弯角处，应力值为233 MPa；次大部位发生在R20 mm后肩弯角处，应力值为180 MPa；再次为R300 mm内孔上，应力值为174 MPa。上述应力分析结果与实测值非常接近。挂货钩为采用屈服强度670 MPa高强度钢的组焊结构，其静强度许用应力为420 MPa。上述应力远小于其静强度许用应力，即使考虑可能偏载10%和在实测最大动荷系数0.32的基础上再增加25%（动荷系数为0.4）时，最大应力也只有265 MPa，其静强度有很大安全裕度，如图3-1-15～图3-1-17所示。

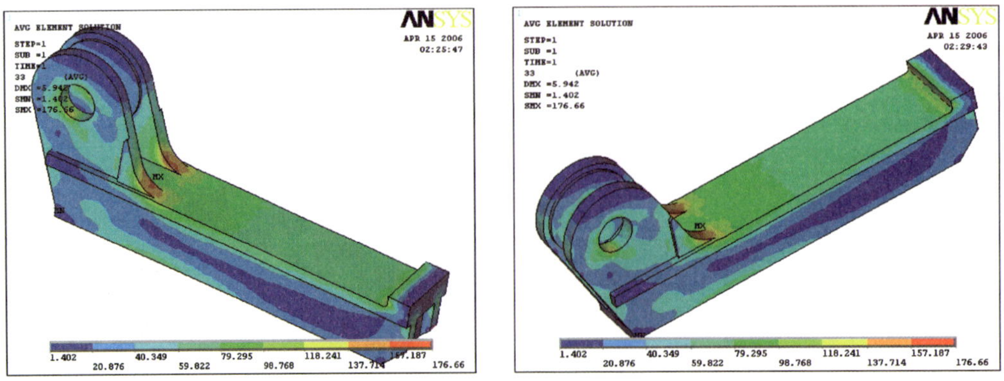

图3-1-15 结构静应力云图

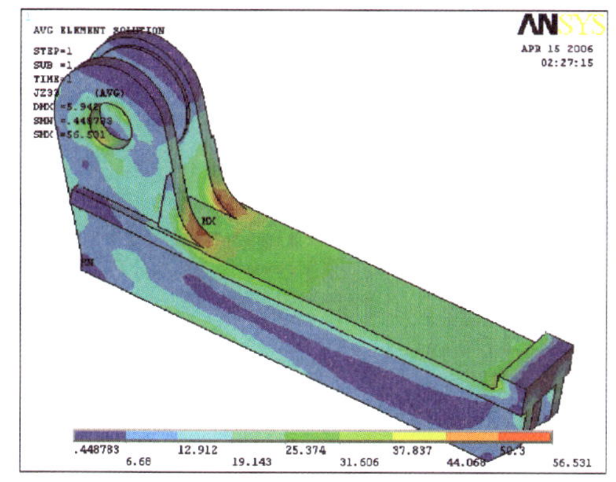

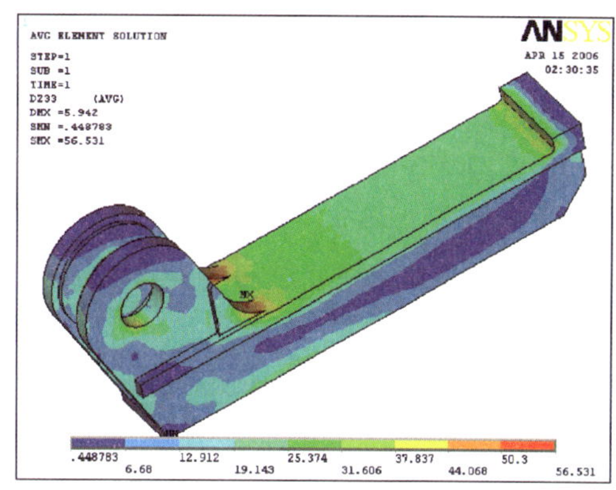

图 3-1-16　结构动应力云图

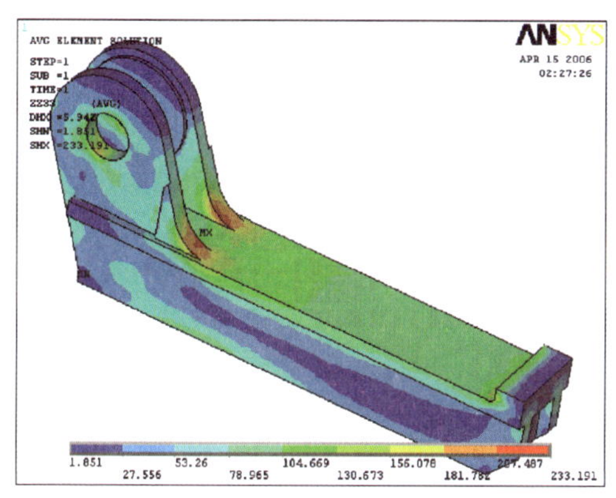

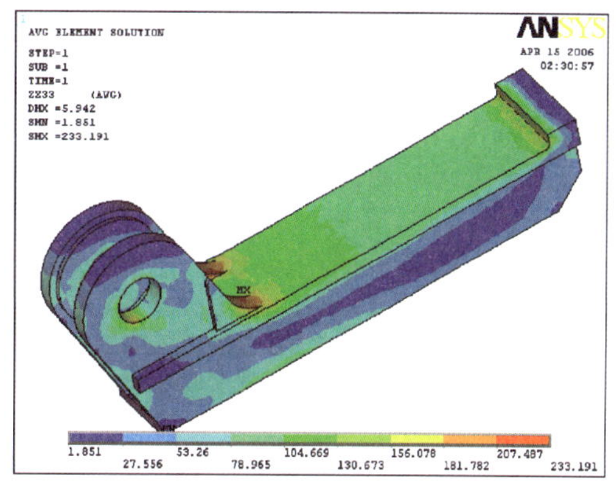

图 3-1-17　静载+动载下结构应力云图

高强度钢挂货钩为焊接结构，一般焊接结构中常存在类裂纹状的缺陷，在焊接缺陷处容易萌生疲劳裂纹。因此焊接接头的裂纹形成寿命较短，采用高强材料，裂纹也较易萌生。因此，挂货钩结构的疲劳寿命主要是裂纹扩展寿命，为考虑这些初始缺陷或裂纹的影响，须采用损伤容限分析方法对挂货钩进行分析。损伤容限分析方法是以断裂力学为理论基础，以无损检测技术、断裂韧性和裂纹扩展性能测试技术为手段，以有裂纹或初始缺陷裂纹构件的剩余寿命估算为中心，以裂纹控制为保证，确定构件在使用周期内能够安全使用的一种疲劳分析方法。

（四）装车要求和检查要求

挂货钩应与上顶块、固定压板、前垫块和后止推垫块等部件配合使用，并按 600 MW 发电机定子运输装车图进行正确安装。在保证所有尺寸符合要求的前提下，应对下列尺寸进行重点检查和控制：每个挂货钩相对定子中心横向尺寸（1 016±0.5）mm；每端两挂货钩 ϕ302 孔同轴度小于等于 1；前垫块组成在装车前后均要紧固卡紧；固定压板应与挂货钩一一对应使用，避免装错；螺栓应保证紧固状态良好。

为保证运输安全，挂货钩运输前须进行磁粉或着色探伤检查，若发现有裂纹等缺陷存在，应按该件焊修的有关规定严格执行。再次检查无裂纹等缺陷的条件下，方可装车使用。具体见挂货钩使用维护说明书。

八、端　　盖

相同功率的发电机定子，因其冷却系统不同，机组运转环境的差异，其外形轮廓尺寸、运输重量差别很大。300 MW 发电机定子重量 194～262 t，600 MW 发电机定子重量 250～340 t，几乎是一台机组一个样。据德国 Kraftwerk Union 公司关于发电机组铁路运输的研究资料介绍，发电机组不是大量制造贮存的，而是针对每一个大型发电厂和电机制造厂的密切合作专门制造的，而且还要考虑不同装载方式对定子结构的不同要求。为保证用户对产品质量和缩短现场施工周期的要求，发电机定子优先采用整体铁路运输。钳夹车必须与被运输的货物连挂在一起或通过承载框架连挂在一起才能实施运输。货物自身刚度、强度能够满足运输安全要求的（自承式），可通过运输接口工具直接与钳夹车连挂，充分利用钳夹车的运载能力以及使货物更接近轨面，从而减小顶部超限程度、降低重车重心，提高允许运行速度，方便运输操作。美国西屋公司常用钳夹车托钩方式运输，德国西门子公司多用端盖方式运输。

发电机定子采用挂货钩或端盖与钳夹车连挂运输方式在中国铁路都有成熟的应用，600 MW 汽轮发电机定子铁路运输多采用挂货钩，也采用过运输端盖。采用端盖形式运输过程中，定子机座与钳夹车之间通过运输端盖进行连接传递载荷，运输端盖通过螺栓紧固于机座上。发电机定子、运输端盖及连接结构与钳夹车的钳夹梁共同形成承载结构。端盖有多种结构形式，如元宝山电厂法国 A-A600MW 和托克托电厂日本日立 HITACHI 600MW 定子运输用端盖。钳夹车采用端盖连接方式运输定子源于国外，我国早期进口的罗马尼亚 300 MW 发电机定子就是 D_{20} 型载重 280 t 钳夹车采用端盖连接方式进行运输的。2001 年，齐厂针对进口日立公司发电机定子而设计制造了一对运输端盖，采用 D_{38} 型钳夹车成功运输。

运输端盖具有便于装拆、调整和不占用限界空间的优点，最初在欧洲广泛运用。但这种结构形式的连接工具存在下部连接螺栓及耳板底部焊缝处应力集中等结构弊端，我国在运用初期发生过一些危害运输安全的问题，所以从 20 世纪 80 年代末期开始使用源自美国的挂货钩。国产 300 MW 和 600 MW 级发电机运输都采用过挂货钩，但挂货钩需要占用底部限界空间，限制了装载高度。此外，其自身结构也存在危险应力点，运用中也暴露了装拆和调整的复杂性，而行车过程调整结构的松动等也是危害行车安全的隐患。2010 年，改进型 1 000 MW 发电机定子运输采用了带有预紧力拉杆结构的运输端盖，有效消除了以往运输端盖应力集中的缺陷，运用效果良好。在借鉴元宝山电厂和托克托电厂 600 MW 定子两种结构及国内类似运输形式的成功先例基础上，由哈尔滨电机厂有限责任公司（简称哈电机）联合齐厂和大连交通大学等单位设计研究制造 1 000 MW 级汽轮发电机定子铁路运输用端盖（两端端盖下部增加拉杆），装于 DQ_{45} 钳夹车，如图 3-1-18 所示。2014 年 1 月，DQ_{45} 运输端盖用于北重阿尔斯通（北京）电气装备有限公司制造的平圩电厂首台 1000 MW 发电机定子，如图 3-1-19 所示。2011 年 11 月，DQ_{45} 运输端盖用于贵溪电厂，如图 3-1-20 所示。2010 年 10 月和 2011 年 2 月，成功运输华能沁北 2 台 1 000 MW 超临界汽轮发电机定子，如图 3-1-21 所示。

图 3-1-18　哈电机 1 000 MW 级汽轮发电机定子铁路运输用端盖（两端端盖下部增加拉杆）

图 3-1-19　DQ_{45} 运输端盖用于平圩电厂首台 1 000 MW 发电机定子（2014 年 1 月）

图 3-1-20 DQ45 运输端盖用于贵溪电厂（2011 年 11 月）

图 3-1-21 哈电机 1 000 MW 超临界汽轮发电机定子运输（2010 年 10 月）

2014 年，哈电机针对贵州地区电厂 660 MW 发电机定子运输限界要求，改进定子设计，不采用 1 000 MW 发电机定子运输端盖的拉杆结构，在增加连接螺栓数量的同时，在耳板下部设置一块水平的连接板，使 4 条耳板的下部通过连接板与端盖法兰面底部连接。提高结构刚度，降低端盖耳板处的集中载荷，基本消除以往设计结构的应力集中现象。降低了制造成本，简化装、卸车操作过程，提高连接螺栓安全裕度和降低耳板底部焊缝应力集中程度的目标。2015 年 3 月，完成贵州茶园 2×660 MW 项目首台发电机定子运输，如图 3-1-22 所示。定子运输前及运输过程实时监控数据证明，发电机运输设计达到预期要求。

图 3-1-22 哈电机 660 MW 发电机定子制造落成和贵州桐梓项目茶园电厂定子运输专列

2015 年，由上海电机厂有限责任公司联合齐厂和大连交通大学等单位设计研究制造1 000 MW 级内陆运输型发电机定子铁路运输用端盖，装于 DQ45 钳夹车。2017 年 9 月 11 至 17 日，DQ45 型钳夹车运输丹河沁阳电厂第一台上海电机厂 1 000 MW 发电机定子，如图 3-1-23 所示。

图 3-1-23　上海电机厂 1 000 MW 发电机定子和丹河沁阳电厂第一台 1 000 MW 发电机定子运输专列

（一）结构组成——1 000 MW 发电机定子运输端盖

哈电机 1 000 MW 发电机定子运输端盖结构组成如图 3-1-24 所示，采用井字加强框架板式运输端盖，螺栓连接，预应力直联拉杆，与定子机座相连。上海电机厂 1 000 MW 发电机定子运输端盖结构组成如图 3-1-25 所示，定子机座与钳夹车之间通过运输端盖进行连接并传递载荷，运输端盖通过螺栓紧固于机座上。这里重点介绍哈电机 1 000 MW 发电机定子运输端盖结构。

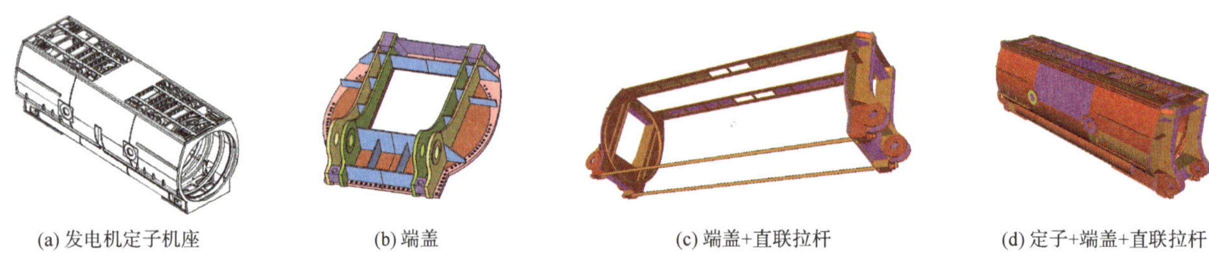

(a) 发电机定子机座　(b) 端盖　(c) 端盖+直联拉杆　(d) 定子+端盖+直联拉杆

图 3-1-24　哈尔滨电机厂 1 000 MW 发电机定子运输端盖结构组成

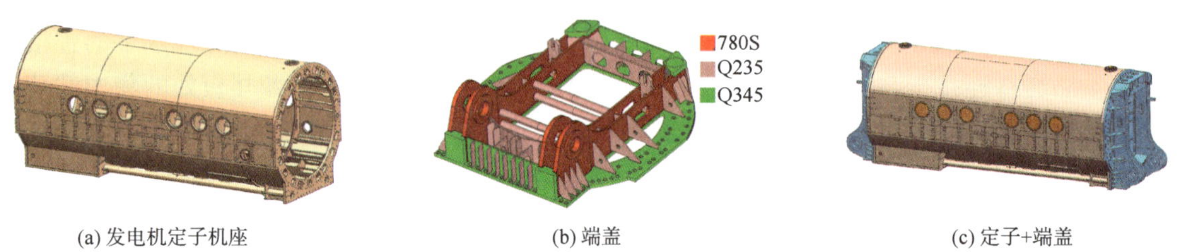

(a) 发电机定子机座　(b) 端盖　(c) 定子+端盖

图 3-1-25　上海电机厂 1 000 MW 发电机定子运输端盖结构组成

哈电机和上海电机厂运输端盖材料及性能见表 3-1-7。

表 3-1-7　运输端盖部分材料性能　单位：MPa

哈电机			上海电机厂		
部　件	材　料	屈服强度	部　件	材　料	屈服强度
机座、端盖和凹座	Q345	345	机座（罩板及部分筋板）、端盖（底板及部分筋板）	Q345	345
耳板和球垫	B610CF	490	机　座	20G	245
大拉杆和螺母	25Cr2Ni4MoV	735	端盖耳板	780S	780（焊后 600）

（二）结构优化——1 000 MW 发电机定子运输端盖

哈电机通过以往 600 MW 发电机定子成功运输经验的分析总结，设计了三种端盖结构方案，见表 3-1-8。由机座构成的承载结构的应力水平和变形是关键。

表 3-1-8　哈电机端盖承载结构方案优选（有限元法分析）

方案名称项点	方案一	方案二	方案三（模型和应力分析图）	
端盖几何模型				
定子机座有限元网格			井字框架板式	端盖＋直联拉杆＋定子机座
螺栓有限元网格				
垂向最大位移/mm	－6.75	－7.02	－4.35	
轴向最大位移/mm	4.31	3.86	2.54	
螺栓最大应力/MPa	602.9	616.0	310.3	
端盖最大应力/MPa	259.7	197.3	239.7	
座受压处最大应力/MPa	579.2	337.2	128.4	

由表 3-1-8 可见，方案一结构有较大的应力集中，方案一与方案二螺栓应力值均较大，方案三在结构刚度和应力水平方面均具有较大优势。有限元优化分析结果表明，采用承载顶部盖板和底部预应力直联拉杆结构的端盖结构方案三，可解决端盖耳板根部应力集中问题和定子机座大幅度减重引起刚强度降低问题。屈曲分析结果也表明基座结构具有较好的稳定性。方案三总体设计采用井字加强框架板式运输端盖，螺栓连接，预应力直联拉杆，锤头式凹球面拉杆座，形成母材铰接传力结构，为最优方案。

（三）关键技术细节——1 000 MW 发电机定子运输端盖

1. 采用井字加强框架及止口加强环结构板式运输端盖，使连接螺栓拉力分布均匀；连接螺栓采用消除应力集中结构。耳板部位最大应力值为 212.2 MPa，采用 B610CF 钢板，屈服限 490 MPa，静力安全系数 2.31。Ceq 约 0.45，低于 WEL-TEN80 钢的 0.54，安全焊接性能更好。其他结构为 345E，静力安全系数 1.86，参考 TB/T 1335—1996 关于金属零件许用应力的规定，也小于许用应力 293 MPa。在焊料选材、焊接工艺过程严格控制，关键焊缝采用进口焊条，手工焊接、清根焊透、磨光工艺、UT 探伤，采用超声波冲击强化工艺提高关键焊缝耐疲劳性能，确保运输安全。

2. 预应力直联拉杆可改善连接螺栓的拉力分布，保证连接压力和整体性，消除运输端盖耳板底部焊缝的应力集中；直联拉杆材质为 25Cr2Ni4MoV 调质处理强度高，低温韧性好。采用锻造捶头式凹球面拉杆座，直接与耳板底部延伸结构接触，形成母材铰接传力结构，避免焊接结构承受高应力的隐患；捶头式凹球面拉杆座，形成母材铰接传力结构，贯穿拉杆的拉伸弹性模量远低于整体结构的拉伸弹性模量，可以使动、静载荷由不同结构分别承受，可让贯穿拉杆的预应力接近耳板孔部位的拉应力，使运输端盖连接螺栓承受较低的静载荷，主要承担动载荷（有限元分析证明动载荷对贯穿拉杆的作用甚微）。消除焊接结构隐患，动、静载荷分离，避免疲劳，有利于运输安全。

第二节 导向侧移装置

由于大车为多层、多轴结构，车辆长度较长，为满足在限界范围内通过不同半径的曲线和障碍物，需设置导向、侧移、起升等特殊技术装置，配备液压、电气设备。液压机构装置用于起升、侧移、均载、支撑等，电气控制装置用于操纵液压机构装置起升、侧移等功能及系统照明等。

为提高大车超限货物运输能力，大车采用导向侧移的车体设计。主要为解决由于货物宽度超限和车体心盘距太大而致使车辆过曲线时车体相对曲线的内偏倚量大到超出铁路建筑限界而无法运输的问题。所谓多导向，就是指除了车体的两个心盘之外，还在两心盘间距之内增设了几对导向销，它只允许走行部分相对车体绕某一对导向销做平面转动而不支承重量。习惯上，把原车体的心盘称为外导向，离心盘较近的那个导向销称为中导向，离心盘较远的那个导向销称为内导向。据此，多导向结构应包括车体与走行部分之间设置的内中导向销和横向可移动的心盘及其侧移装置。导向自动侧移装置示意如图 3-2-1 所示。

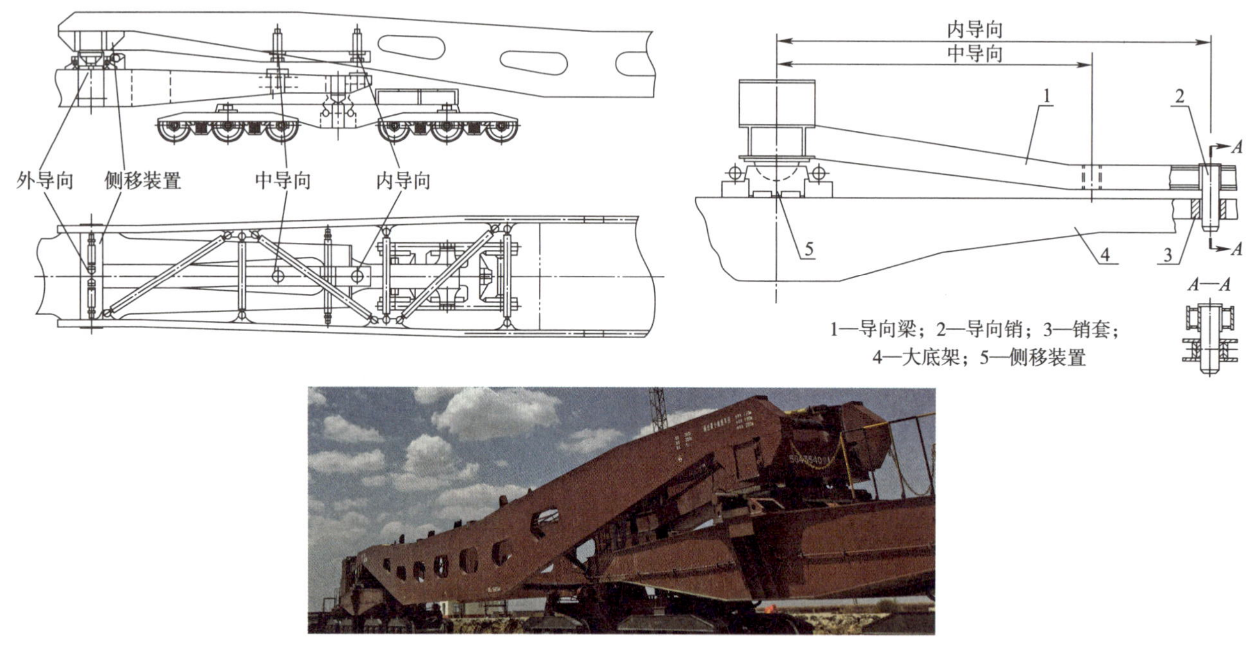

图 3-2-1 导向自动侧移装置示意

导向设计的实质就是允许用车体心盘的外偏来换取车辆过曲线时车体内偏倚量的减少，其方式可选多种车体导向形式：内导向用缩短导向销距的办法，外导向用直接侧移心盘的办法来减少车体的内偏倚量。不论是用内导向自动侧移或是用外导向强制侧移，其超限运行的能力主要取决于车体心盘的允许侧偏值。心盘的侧偏值是有限度的。它受到两方面的限制：一是多导向车辆过曲线时由于车体心盘外偏将造成走行部分向曲线外轨侧的严重偏载，为防止内轨侧车轮减载过大而可能发生车辆脱轨和倾翻，必须对车体心盘的最大外偏值加以限制。二是车体两端相对曲线的外偏倚量将增加，大多数情况下，外侧超限并不是经常发生，设计中稍加注意即可防止。

内导向和外导向强制侧移在使用时两者有区别：用外导向侧移过曲线时，车体心盘向外移动的力量来源于车辆上由人操作的侧移装置；而用内导向过曲线时，车体心盘向外偏转的力量来源于轮轨间的导向力。外导向需人操作侧移，内导向是“自动”偏转。内导向经常使用，而外导向一般用于小半径专用线、站场线或者障碍物，如避开信号机、水鹤、直道上会车等。多导向设计要建立车辆用内导向过曲线时，车体心盘的外偏公式和车体中部相对曲线的内偏倚量公式。心盘距变大以后带来的另一个理论问题是要探索与之相适应的新的超限计算公式。如果仍然使用过去的公式来计算车体相对曲线的内外偏倚量，有时误差较大。文献提出一些用于大件运输的计算公式，如车体相对曲线的内偏倚量公式为

$$\Delta \approx \frac{l^2}{8R}\left(1+\frac{l^2}{16R^2}\right) \tag{3-2-1}$$

式中　l——车体心盘距；

R——线路的曲线半径；

Δ——内偏倚量。

据文献阐述，以多导向的基本公式为基础着重研究多导向钳夹车、货物、铁路限界三者的相互作用，由此产生的综合曲线图概括了三者各有关参数间的制约关系。余偏量图解式是建立综合曲线图的关键，它既是各基本曲线相互联系的纽带，又是派生内导向货物极限半宽曲线的基础，把多导向理论和应用方面的问题综合在一张图上。综合曲线图将成为设计和优选内导向位置，确定多导向车的运货能力，组织大件运输的有用工具。把多导向理论上升到综合曲线图，使理论完善，并具体应用。因限于篇幅，这里不再详细分析介绍。有关多导向设计理论及计算的基本公式参见参考文献。

一、曲线导向——自动侧移装置

由于大车承货底架较长，同样底架铰接方式和支座的大车通过曲线时，装货宽度受到限制，造成较小的允许宽度（保持净空限界的宽度），如图 3-2-2（a）所示和图 3-2-2（b）所示。为运输同样宽的货物一样，运用了内导向原理。底架与转向架（或转向架组）间的转动连接，向车中部产生位移（C 点和 D 点），如图 3-2-2（c）所示。底架在通过曲线时，略向曲线内侧偏移。内导向时载荷支承仍同原先那样停留在转向架（或转向架组）的横向中部，以继续相同地向所有轮对加载。但是在曲线上运行时，由于几何原因（与曲线半径有关），载荷支点不得不由转向架（或转向架组）的纵向中部向侧面移动，因此该支点必须被支承在滚子上或轮子上，这种装置称之为与线路曲线相关的底架自动侧向位移装置。通过采用内导向原理，可增加大车装货宽度。

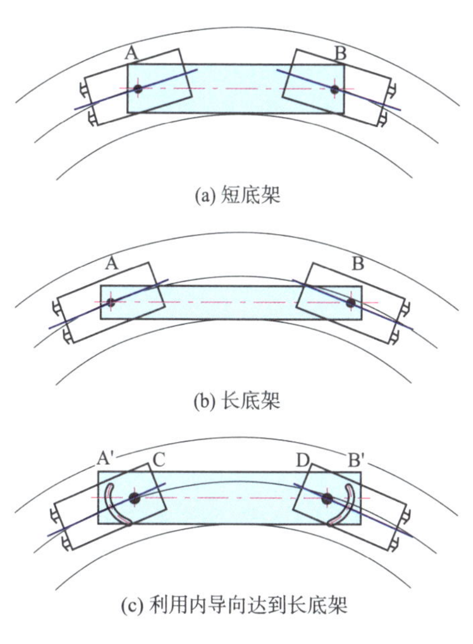

图 3-2-2　内导向原理

多导向装置主要由导向销、导向销套以及侧移装置等组成，其中，导向销除了作为水平面内的回转中心外，同时能纵向位移，以适应由于侧移机构沿车体横向中心运动时而引起的导向销沿车体纵中心线的运动轨迹。导向销座设计为长圆孔，导向和侧移装置是联合使用的，如图 3-2-2 所示。

导向销及导向销套配套使用，根据车辆通过曲线半径要求的缩减量设置不同导向，导向设置需在平直轨道上进行，当设置内或中导向时，应先将移动心盘锁定，在将对应位置的导向销（油缸）垂直插入导向销座后，解除移动心盘锁定，完成内或中导向设定，按图 3-2-3（a）（b）（c）次序完成。当设置外导向时，先将移动心盘锁定，拨出导向销座内的导向销（油缸），完成外导向设定，按图 3-2-4（a）（b）次序完成。

(a)

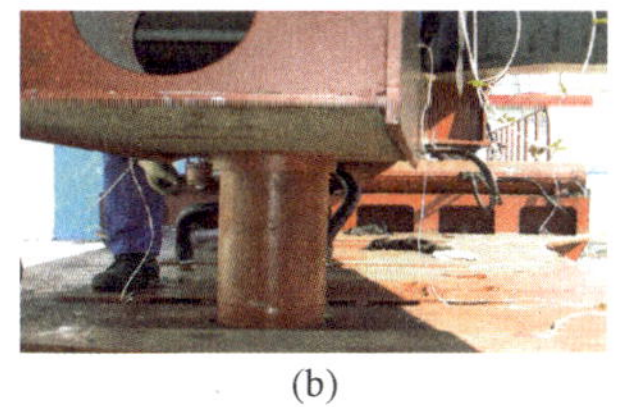
(b)

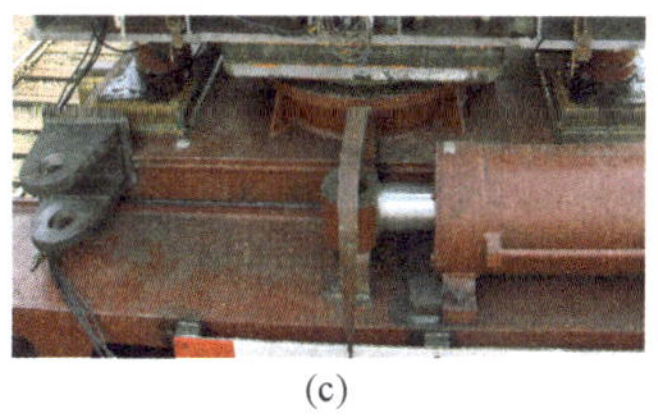
(c)

图 3-2-3　内或中导向设定

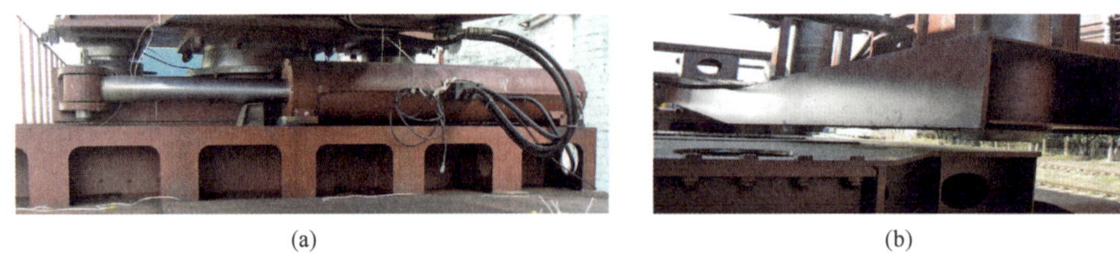

图 3-2-4　外导向设定

二、直线导向装置——强制侧移装置

侧移装置则是在外导向即移动心盘处，通过人工方法将其强制沿车体横中心线移动，以达到避让障碍物的效果。我国大车侧移装置借鉴于德国直线导向装置经验。我国大车侧移装置如图 3-2-5 所示。

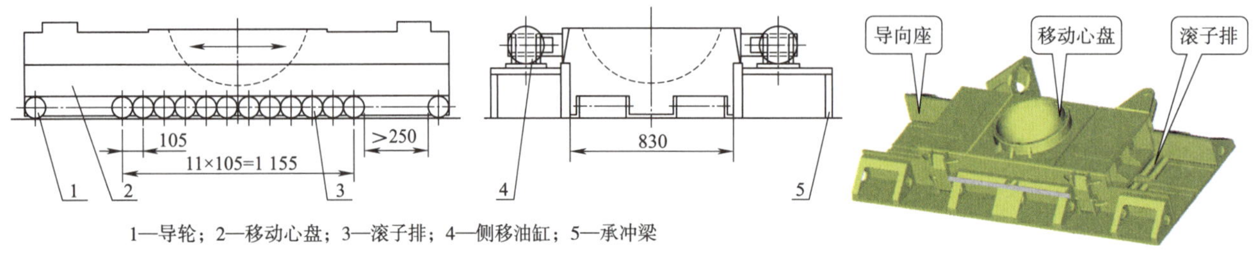

图 3-2-5　大车侧移装置

侧移装置的侧移运动是通过一个或两个油缸推动心盘在直线轨道内左右滚移。在移动心盘下面设有两排各为 12 个滚柱组成的滚子排，通过滚子排传递垂直载荷，由承冲梁传递纵向载荷，如滚子排滚动 250 mm，则移动心盘移动 500 mm。当使用内或中导向销时，必须将油缸活塞与移动心盘的连接销拔出，让移动心盘自由摆动，实现经过曲线时的自动侧移。侧移装置主要由移动心盘、滚子排等组成，该装置当使用外导向时，可左、右横向强迫移位 500 mm；也可根据曲线半径选用中导向或内导向使外导向点自由移位 500 mm。

德国设置直线导向装置，除强制侧移避开障碍物外，还为了便于公铁联运。我国还没有这方面的功能。德国直线导向装置装在滚车上的大底架支承上，如图 3-2-6 所示，箱形结构的滚车（FeE690V 材料）支承着焊接的下心盘和大底架侧向支承轮用的滚道（防磨板）。带用于承受侧向力的轴向滚针轴承的 4 个双轮支承的轮子可无摩擦地滚动；每纵向侧两个各带垂直轴的滚轮，在车辆纵向上支承着滚车。

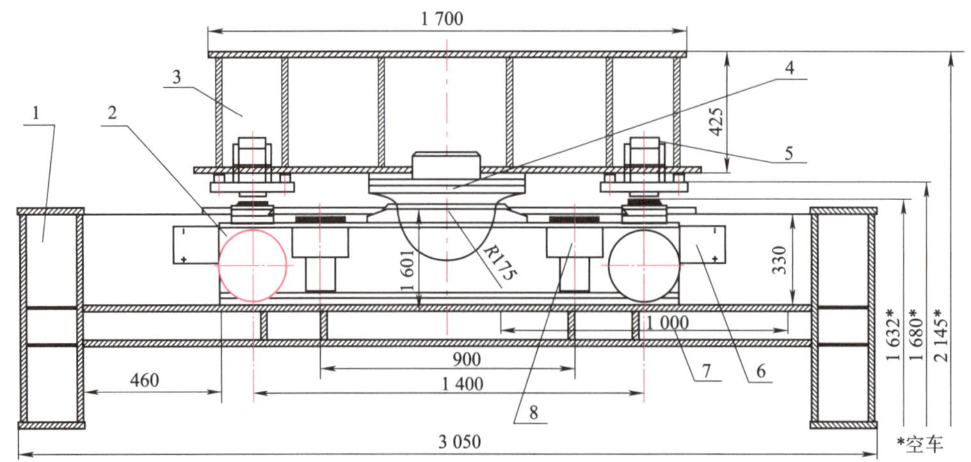

图 3-2-6　大底架支承结构（横断面）

1—小底架；2—滚车；3—大底架；4—上心盘；5—大底架侧向支承轮；
6—滚动板（用于滚车侧导向轮）；7—滚车支承轮；8—侧导向轮（用于在车辆纵向上支承滚车）

采用直线导向装置后，当公铁转换时，大底架就很容易移开，再无必要将大底架调至线路中间，因为通过滚车的侧向位移可毫不费力地使±200 mm的侧向偏差得以弥补，大底架摘下后放在滚车上，以便对内导向心盘的摆高实行定位。

中国具有多导向-侧移机构的大车见表3-2-1。

表3-2-1　具有多导向-侧移机构的大车

车型	车种	强制侧移距离/mm	导向方式
D_{32}	凹底平车	—	内、外导向
D_{32}	落下孔车	—	内、外导向
DQ_{35}	钳夹车	500	内、外导向
DK_{36A}	落下孔车	500	内、中、外导向
DA_{37}	凹底平车	500	内、中、外导向
D_{38}	钳夹车	550	内、中、外导向
D_{45}	落下孔车	—	内导向
DQ_{45}	钳夹车	500	内、中、外导向
D_{32A}	凹底平车	500	内、中、外导向
DK_{36}	落下孔车	500	内、中、外导向

注：自动侧移与曲线半径相关，表中没列出。

DQ_{45}型钳夹车通过R180 m曲线导向-自动侧移演示如图3-2-7所示，直线-强制侧移演示如图3-2-8所示。

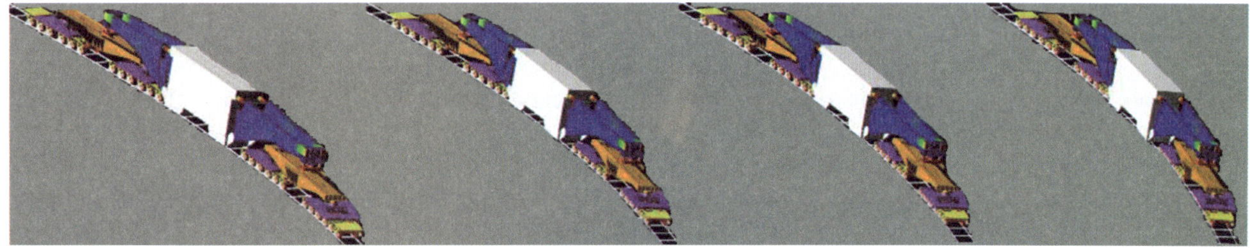

图3-2-7　DQ_{45}型钳夹车曲线导向-自动侧移装置演示（通过R180 m曲线）

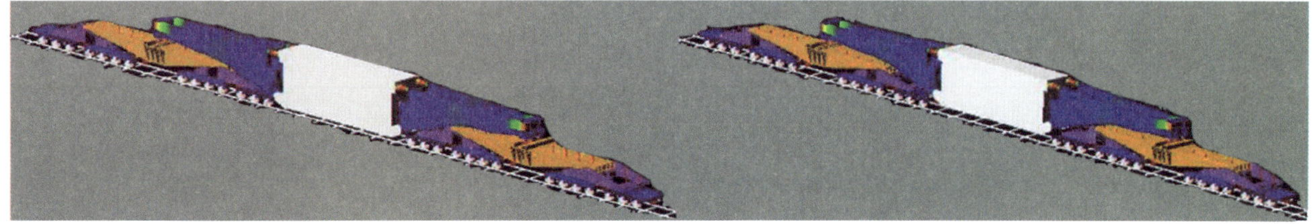

图3-2-8　DQ_{45}型钳夹车直线-强制侧移演示

第三节　转向架结构技术

大车主要运输超长、超限、集重、超重的货物，运用工况复杂，使用频次低，运用里程少。运输过程中受线路、桥梁、隧道及限界等制约。根据大车运用工况，结合大车结构特点，需要设计性能、结构、参数等不同的多种型式的转向架来满足运用要求。原则是，考虑通用性和经济性，方便检修。首先，尽可能采用已有通用货车转向架，在已有转向架不能满足大车需要时，根据车辆要求设计专用转向架。需根据自身结构特点和运用要求设计专用2轴转向架、3轴转向架、4轴转向架和5轴转向架。我国大车专用转向架经历了引进消化吸收再创新的发展过程。大车采用通用货车转向架以同期通用货车主型转向架为主，如早期采用转8A型转向架，提速后采用转 K_2 型等通用货车转向架。早期设计的大车专用转向架主要仿制德国的包板焊接式转向架，后在消化吸收基础上，随着我国铁路货车技术进步，车辆研制、制造水平不断提高，产品不断升级，大车转向架在技术参数、结构、性能等方面也发生了很大变化。我国目前大车转向架有几十种，主要区别在于：转向架轴数和类型，弹簧悬挂系统结构与参数，垂向载荷传递方式，轮对支承方式，轴箱定位方式，基础制动装置的类型与布置，以及构架、侧架结构型式等方面。大车专用转向架由于轴数多、固定轴距大，在设计时应重点考虑各轴均匀承载、车辆通过曲线、减少轮缘磨耗和轮缘力及如何防止脱轨等问题。

一、转向架类型

大车转向架分通用货车转向架和专用转向架。通用货车转向架主要指不同时期2轴通用货车转向架。专用货车转向架主要包括包板式焊接转向架（4轴、5轴）和焊接构架式转向架（2轴、3轴、4轴）。目前我国铁路大车转向架形式，按轴数分为2轴、3轴、4轴、5轴转向架；按制动梁安装方式分吊挂式、滑槽式；按结构分为铸钢三大件式转向架、焊接构架式转向架和包板式转向架。铸钢三大件式转向架一般为2轴转向架，也有采用铸造摇枕和侧架的3轴转向架，但目前已经很少应用。包板焊接式构架转向架为单腹板梁式焊接构架。大车转向架分类如图3-3-1所示。

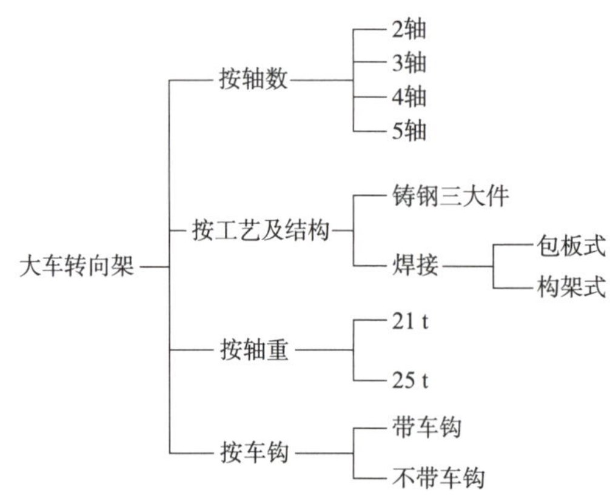

图3-3-1　大车转向架分类

目前我国大车转向架类型见表3-3-1。

表3-3-1　大车转向架类型

类型/轴数轴型			三维模型或二维平面图	三维实体图	配装车型	配装车型排序首位装车示例
三大件式	转8A	2D			D_{25}、D_{12}	
	转 K_1	2D			D_{17A}	
	转 K_2	2D			D_{26AK}、TD_{5A}、D_{12K}	
	转 K_6	2E			D_{15A}、DK_{17A}、TD_6、TD_{11}、TD_{13}	

续上表

类型/轴数轴型		三维模型或二维平面图	三维实体图	配装车型	配装车型排序首位装车示例
焊接构架式	2E			D$_{32}$、D$_{45}$、D$_{15B}$	
焊接构架式	3E			D$_{32A}$、DK$_{23}$、DK$_{36}$	
	3D				
	3D			D$_{9A}$、D$_{10A}$	
	3E		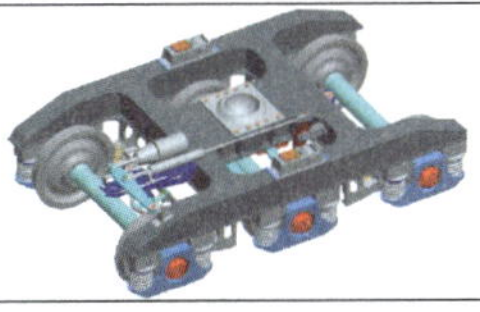	DQ$_{35}$、DK$_{36A}$、DA$_{37}$、DQ$_{45}$	
焊接构架式	4D			D$_{22A}$、D$_{22B}$、TD$_{33}$	
	4D	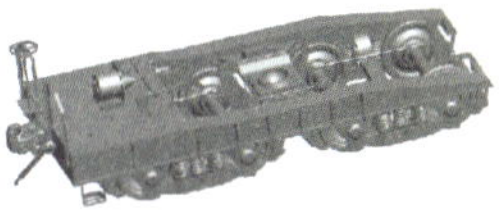		D$_{18A}$、D$_{23G}$	
	4E			D$_{2}$	
焊接构架式	4E		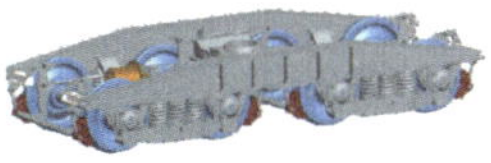	DA$_{25}$	
	4E			DQ$_{45}$	
包板焊接式	4D	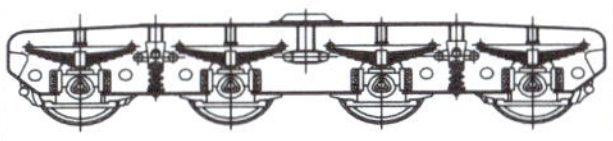		D$_{38}$	
包板焊接式	5E	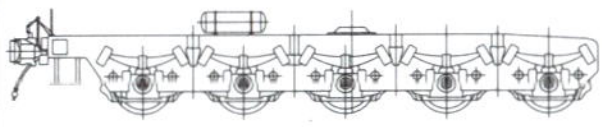		D$_{30G}$、D$_{30A}$	
焊接构架式	5E			D$_{17}$	

二、各类转向架结构概述

（一）基本结构

大车与通用货车转向架的基本作用和基本组成相同。转向架的功能作用是承重、导向、缓冲、传力。转向架基本结构由轮对轴箱装置、弹簧减振装置、构架或侧架和摇枕、基础制动装置等部分组成。

1. 轮对轴箱装置。轴箱与轴承装置是联系构架（或侧架）和轮对的活动关节，使轮对的滚动转化为构架（或侧架）、车体沿钢轨的平动，并传递垂向、纵向、横向等多种载荷。

2. 弹性悬挂装置：为减少线路不平顺和轮对运动对车体的各种动态影响（如垂向振动、横向振动等），转向架在轮对与构架（侧架）之间或构架（侧架）与车体（摇枕）之间，设有弹性悬挂装置。前者称为轴箱悬挂装置（又称第一系悬挂），后者称为摇枕（中央）悬挂装置（又称第二系悬挂）。

3. 构架或侧架、摇枕：是转向架的基础，它把转向架各零、部件组成一个整体。所以它不仅仅承受、传递各种作用力及载荷，而且它的结构、形状和尺寸大小都应满足各零、部件的结构、形状及组装的要求（如应满足制动装置、弹簧减振装置、轴箱定位装置等安装的要求）。

4. 基础制动装置。主要由制动梁、制动杠杆、拉杆、制动梁（闸瓦托）吊、闸瓦等配件组成，其主要作用是传递和放大制动力，使闸瓦和轮对间产生的转向架内摩擦力转化为轮轨之间的外摩擦力，产生制动效果。

5. 包括下心盘和下旁承等。安全可靠地支承车体，承载并传递各作用力（如垂向力、振动力等）；为使车辆顺利通过曲线，车体与转向架之间应能绕不变的旋转中心相对转动；为使车辆稳定运行，车体与转向架之间应具有一定的回转阻力或阻力矩。转向架的承载方式可以分为心盘集中承载、心盘部分承载（心盘和旁承联合承载）和非心盘承载三种。大车转向架承载一般采用心盘部分承载方式。

转向架通用设计技术要求是结构简单合理、工作安全可靠、运行性能良好、制造成本低廉、维护检修方便，但是大车载重量大、车辆保有量少、运用工况复杂，要求基础走行部-转向架结构强度高、安全可靠。加之其历史传统因素，导致大车转向架结构复杂、类型较多。在本章中按 2 轴、3 轴、4 轴和 5 轴轴数结合表 3-3-1 分别介绍一种典型转向架作为示例。

（二）2 轴焊接构架式转向架

由构架、减振装置、轴箱弹簧装置、基础制动装置、轮对装置等组成。采用 2 轴焊接转向架的 D_{32} 型凹底平车、D_{45} 型落下孔车，构架采用侧梁和摇枕梁焊接而成，采用 AAR F 型滚动轴承。采用 50 钢车轴，车轴中部采用 E 型轴轴身，轴颈及防尘板座采用与 F 型轴承配套结构，车轮为 E 型轮，轮径为 ϕ800 mm。下心盘上加装含油尼龙心盘磨耗盘，基础制动采用滑槽式弓形制动梁及新型高摩闸瓦。主要性能参数见表 3-3-2。

表 3-3-2　主要性能参数

项　　目	技术规格
轴重（实际）/t	23.29
固定轴距/mm	1 750
轮径/mm	800
轴颈中心距/mm	1 981
下心盘直径/mm	ϕ375
商业运行速度/（km/h）	120
限　　界	符合 GB 146.1—1983《标准轨距铁路机车车辆限界》的要求

装用带滑槽式制动梁 2 轴焊接构架式转向架的大车，还有 D_{26}、D_{26B}、D_{28}、D_{70} 型大车等。

（三）3 轴焊接构架式转向架

由构架组成、弹簧传动装置、车钩缓冲装置及空气制动系统组成。装用于 DQ_{35} 型钳夹车及 DK_{36A} 型落下孔车转向架构架组成采用整体焊接式结构，由 2 个侧梁、2 个横梁、1 个心盘梁以及焊接到构架上的导框等组成。两侧梁之间由横梁连接，两横梁之间由心盘梁连接。构架组成全部采用低合金高强度结构钢板（Q345E）组焊而成，分为带车钩和不带车钩两种，构架组成区别为带车钩转向架有牵引梁和端梁。两种转向架的弹簧传动装置相同，由轴箱、承载鞍、弹簧、斜楔及轮对组成，弹簧为两级刚度。轮对组成采用 HESA 型全加工车轮，采用加强型 E 型车轴，配 AAR F 型轴承。轴箱定位方式为导框定位，轴箱与轴承之间加装承载鞍。在 1、3 位轮对处设置斜楔减振系统，斜楔主、副摩擦面采用高分子复合材料。中间轮对采用减薄轮缘车轮，不设置减振器。整车两端头转向架配置车钩缓冲装置，采用 FG 型车钩、MT-2 型缓冲器，上下心盘间设置尼龙心盘垫。主要性能参数见表 3-3-3。

表 3-3-3　主要性能参数

项　　目	技术规格
轴重/t	22.17 t
车轮直径/mm	840
固定轴距/（mm×mm）	1 400×1 400
转向架自重/t 　带车钩 　不带车钩	 8.8 7.4
商业运行速度/（km/h） 　空车 　重车	 100 60
通过最小曲线半径/m	145
轴承型式	F 型
旁承中心距/mm	1 981
轴颈中心距/mm	1 981
空车挠度/mm	31
重车挠度/mm	65
转向架制动倍率	7.6
限界	符合 GB 146.1—1983《标准轨距铁路机车车辆限界》车限—1B 的要求

（四）4 轴焊接构架式转向架

4E 轴转向架主要由构架组成、弹簧传动装置及空气制动系统组成。DQ_{45} 钳夹车构架组成采用整体焊接式结构，由 2 个侧梁、2 个小横梁、1 个心盘梁以及焊接到构架上的导框等组成，构架组成全部采用低合金高强度结构钢板（Q345E）组焊而成。导框材质为 B 级铸钢。弹簧传动装置由轴箱、承载鞍、弹簧、斜楔、轮对组成及均衡梁等组成，弹簧为两级刚度。轮对组成采用 HESA 型车轮（车轮直径 ϕ816 mm），采用加强型 E 型车轴，配 AAR K 型轴承。轴箱定位方式为导框定位，轴箱与轴承之间加装承载鞍。在 1、4 位轮对轴箱处设置斜楔减振系统，斜楔主采用高分子复合材料。中间两条轮对采用减薄轮缘车轮，不设置减振器。空气制动系统采用风缸推杆，通过杠杆带动闸调器控制基础制动装置，基础制动采用两端车轮单侧闸瓦制动，采用组合式制动梁及高摩合成闸瓦。中间两条轮对不制动。主要性能参数见表 3-3-4。

表 3-3-4　主要性能参数

项　　目	技术规格
轴重/t	23.39
车轮直径/mm	816
转向架自重/t	10.3
通过最小曲线半径/m	145
轴承型式	AAR K 型
固定轴距/（mm×mm×mm）	1 400×1 400×1 400
旁承中心距/mm	1 981
轴颈中心距/mm	1 981
空车挠度/mm	29
重车挠度/mm	66
限界	符合 GB 146.1—1983《标准轨距铁路机车车辆限界》车限—1B 的要求

（五）包板式转向架

1. 4 轴包板式转向架

大车前期采用的 4 轴焊接转向架是包板式结构，2000 年以后设计的大车采用的是导框式焊接构架。

采用 4 轴包板式结构转向架车型有 D_{38} 型钳夹车，转向架由板梁式焊接结构、轮对组成、承载鞍、353130B 紧凑型滚动轴承（原车装用 197730 型双列圆锥滚子轴承，后改造为 353130B 紧凑型滚动轴承）、板弹簧组成、附加弹簧传动组成、空气制动装置、人力制动装置、车钩及缓冲装置等主要零部件组成。主要性能参数见表 3-3-5。

表 3-3-5　主要性能参数

项　　目	技术规格
轴重（实际）/t	19.5
自重/t	13
商业运营速度/（km/h） 空车 重车	 80 50
通过最小曲线半径/m	180
车轮直径/mm	800
固定轴距/mm	4 200（1 400—1 400—1 400）
限界	符合 GB 146.1—1983《标准轨距铁路机车车辆限界》车限—1B 的要求

2. 5 轴包板式转向架

大车前期采用 5 轴包板式结构转向架的车型有 D_{30G} 型双联平车、D_{30A} 型钳夹车。5 轴包板式转向架和 4 轴包板式转向架结构相似。主要借鉴德国大车叠板弹簧型转向架结构，德国进口的 D_9 型凹底平车采用叠板弹簧 5 轴包板式转向架，采用单系叠板弹簧均衡组合装置，叠板弹簧精度要求高，转向架各部分的工艺要求很高。

5 轴包板式转向架由板梁式焊接结构、轮对组成、承载鞍、TBU150X250 型 E 轴滚动轴承、板弹簧组成、附加弹簧传动组成、空气制动装置、人力制动装置、车钩及缓冲装置等主要零部件组成。主要性能参数见表 3-3-6。

表 3-3-6　主要性能参数

项　　目	技术规格
轴重/t	23.55
每延米重/（t/m）	12.3
通过最小曲线半径/m	180
构造速度/（km/h）	80
限界	符合 GB 146.1—1983《标准轨距铁路机车车辆限界》的要求

三、大车借鉴通用转向架技术和结构技术特性

随着铁路货车提速技术的发展，通用货车转向架的技术水平得到很大提高。大车转向架采用通用货车转向架新技术见表 3-3-7。

表 3-3-7　大车采用通用转向架技术

通用技术借鉴	实　体　图		优　　点
两级刚度弹簧			兼顾空、重车 2 种状态，提高空车弹簧静挠度、车辆运行平稳性及对扭曲线路的适应性
双作用弹性旁承	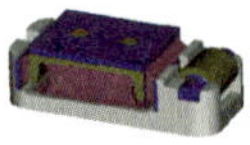		增加转向架与车体之间的回转阻力矩，抑制转向架与车体的摇头运动及车体的侧滚振动，提高车辆高速运行平稳性和稳定性及对扭曲线路的适应性

续上表

通用技术借鉴	实体图		优点
非金属心盘磨耗盘			减少上下心盘的磨耗，提供稳定的回转阻力矩，保证车辆运行性能的稳定
斜楔减振装置			带非金属摩擦板的斜楔减振装置，摩擦系数稳定，降低磨耗，提高减振系统的稳定性
在轴箱内设置承载鞍及橡胶垫			兼顾车辆直线高速运行与曲线通过性能，有效降低横向轮轨力，提高车辆曲线通过能力，减少轮缘磨耗
组合式制动梁			提高与通用货车配件的互换性，提高标准化技术水平，降低成本，方便维护检修。包板式转向架采用专用吊挂式制动梁
高摩合成闸瓦			
标准E型轮对			

大车一般采用多层底架结构。为了降低车辆底架的层级，分布荷载，大车一般采用多轴（3轴及以上）焊接构架式转向架，通过曲线或直线强迫侧移时，需设置侧移功能。具有侧移功能的大车通过曲线或直线强迫侧移时，一侧构架侧梁、车轮及轴承、旁承增载，另一侧减载。与通用转向架相比，具有如下不同的技术特性。

1. 大车设计需考虑侧移工况下增载侧的轴重。

2. 构架侧梁强度储备高，以满足车辆侧移工况增载的需要。

3. 采用大轴重轴承及非标准车轴。为满足车辆侧移增载需要，提高轴承承载能力，具有侧移功能的D$_{32}$和DA$_{37}$型、D$_{45}$和DK$_{36A}$型及DQ$_{35}$型大车采用AAR F级轴承，DQ$_{45}$型大车采用AAR K级轴承。提高车轴承载能力，非标车轴采用E型车轴轴身，轴颈和防尘板座型式及尺寸与该车装用轴承相匹配。

4. 采用特殊旁承滚子。为满足车辆侧移工况增载需要，旁承滚子需要具有足够的强度储备。

5. 采用减薄轮缘车轮。为提高采用多轴转的大车曲线通过性能，多轴转向架中间轮对的轮缘按照《铁路货车轮轴组装及管理规则》（铁运〔2007〕98号）文件规定加工减薄。大车车轮轮缘减薄情况见表3-3-8。

表3-3-8 车轮轮缘减薄大车 单位：mm

车型	类型	车轮型号	车轮直径	中间轮对轮缘厚度
D$_{38}$	钳夹车	GB8601E型	800	22
D$_{30G}$	双联平车	GB8601E型	840	24
D$_{30A}$	钳夹车	GB8601E型	840	22
D$_{9A}$	凹底平车	HDSA	840	22
DQ$_{35}$	钳夹车	HESA	840	23
D$_{22A}$	长大平车	HDSA	840	23
DK$_{36A}$	落下孔车	HESA	840	23
DA$_{37}$	凹底平车	HESA	816	23
DQ$_{45}$	钳夹车	HESA	816	23

6. 采用小直径车轮。根据大车使用频次低、运用里程少的特点，对车辆自重要求较高的车辆，将其标准直径车轮改制成小直径车轮，以减薄轮辋厚度，降低车辆自重。大车采用小直径车轮情况见表3-3-9。

表 3-3-9 采用小直径车轮的大车 单位：mm

车 型	车轮直径	轮辋厚度	运用限度	结构特点
D_{38}、D_{32}、D_{45}	800	45	23	GB8601E 型轮加工改制
DA_{37}、DQ_{45}	816	38	23	HESA 型轮加工改制

7. 包板式转向架采用专用吊挂式制动梁。轴箱导框式焊接转向架采用组合式制动梁。

四、大车专用转向架使用维护

大车专用转向架因结构复杂，给出使用维护需要重点关注内容如下。

（一）包板式转向架

主要检查板弹簧组成的中间弹簧箍是否正确落入均衡铁中、弹簧组成两端吊环安装到位、开口销不丢失、圆销位置正确、板弹簧无裂损、附加弹簧无裂损不松动、轴承前盖螺栓不松动、轴承与轴箱安装正确、下拉板螺栓不松动及无异常磨耗等，如图 3-3-2 所示。

（二）焊接构架式转向架

对有轴箱橡胶垫及均衡梁结构转向架，检查轴箱橡胶垫是否破损、均衡梁两端及中间支点是否正确落入定位槽中，如图 3-3-3 所示。

图 3-3-2 包板式转向架

图 3-3-3 焊接构架式转向架

第四节 心盘结构及心盘衬垫

由于大车载重量大，设计时为了尽可能降低轨道每延米重，车辆全长随着载重增大而加长。目前，最长的钳夹车已达到 60 余 m，按照装运货物的需要结构也越来越复杂。大车一般设计为多层底架结构，各层间以心盘来传递各级载荷，使较大的集中载荷能较均匀地逐级分配到线路上，以达到线路能够承受的程度。心盘除了连接和传递垂向载荷外，还要传递纵向力、横向力，并且是运行中各层底架结构间和转向架的回转中心，因而心盘结构是车辆的关键结构，将直接影响车辆运行性能及运输的安全性。大车车体各级底架心盘距较长，挠度大，应考虑各级底架变形挠度情况，合理设置心盘结构型式。早期在上、下心盘摩擦面间需加润滑油以减小在车辆运行中的回转摩擦阻力，一般现在上、下心盘间设有心盘衬垫。上、下心盘与枕梁、摇枕的连接有采用铰孔紧固配合的螺栓连接和紧固螺栓连接方式，设计承受冲击力的孔和台，上心盘嵌入枕梁上设置的圆环外，下心盘坐入构架的圆孔内，其纵向力由圆孔和圆环凸起承受，使连接螺栓不受剪力。为防止上、下心盘脱离，有大车加装心盘防脱装置。

大车心盘结构，分平面心盘结构、球面（即浅球形）心盘结构、球形（即半球形）心盘结构、带中心销紧固的球形心盘结构、带有反向球垫的平面心盘结构、带有中心柱的球形心盘结构。

大车心盘结构是涉及行车安全的关键部件，在设计时要根据所设计大车的结构特点、载荷大小、车体刚度优选心盘结构、材质、油润系统、衬垫材质与形式。对上、下心盘与车体结构的连接，宜选用心盘连接螺栓只起连接作用而不承受剪力的结构，安全可靠，便于检修。对无中心销连接的球形心盘及有中心销连接的浅球面心盘结构，应试验研究能承受多大冲击载荷而不会脱出，设计防脱装置。

美国、英国、俄罗斯等国家的铁路均采用平面心盘，法国、波兰等欧洲国家铁路货车转向架采用球面心盘的较多，法国 Y25 型系列转向架球面心盘成为欧洲的传统结构。我国从波兰进口用于大秦线 C_{61Y} 型运煤敞车 2TN 型转向架采用球形心盘。欧洲国家设有专门的球面心盘生产、试验标准。球形心盘能较好地适应纵向载荷传递及车体结构挠度变化均载和自动调心作用，载荷传递均匀；上、下心盘转动灵活；载荷偏载比较敏感。由于球形心盘对载荷偏心的敏感性使车辆在平直线上很难正位（一侧旁承无间隙，另一侧有间隙），已设计采用了各种比较安全可靠简易的常接触弹性旁承与其配套使用，其优越性已显现。球形心盘内的摩擦实现转向架所需的阻尼作用，同时消除了由于制造和安装误差引起的不利影响。弹性旁承的正位作用，保证了球面心盘能够处于正常工作状态。大车采用球形心盘结构比较合适，已广泛应用，见表 3-4-1。

表 3-4-1　大车心盘结构型式

结构型式	剖面示意图	平面图（上、下心盘）		三维图（上、下心盘）		应用车型举例
平面	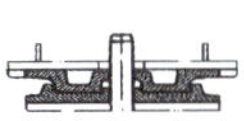	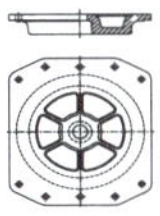	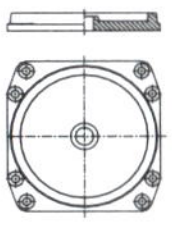		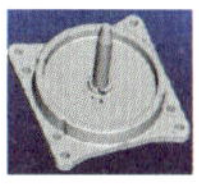	TD_{11}、D_{22}、D_{25}
平面（反向球垫）						D_{17}、D_{35}（24 轴）
球面（普通）						D_{25}、DK_{36}
球面（中心销）		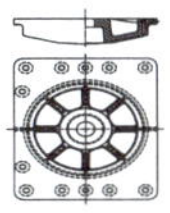	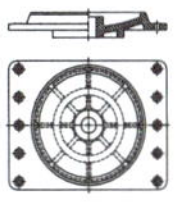			D_{30}、D_2
球面（螺栓）		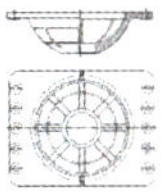	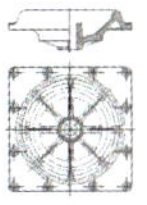		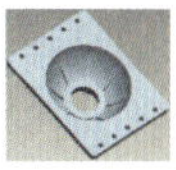	D_{12}、D_{15B}

续上表

结构型式	剖面示意图	平面图（上、下心盘）		三维图（上、下心盘）		应用车型举例
球形（普通）	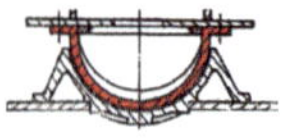	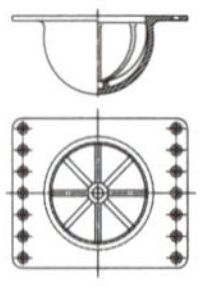	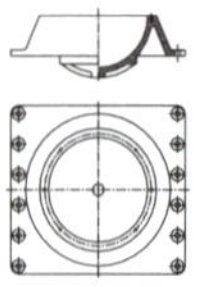			DK_{36}、DA_{26}
						D_{25}
球形（中心销）	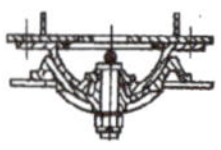	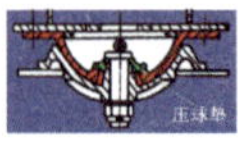				D_8、D_7、D_9
球形（中心柱）	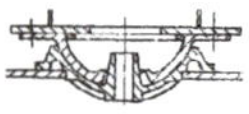	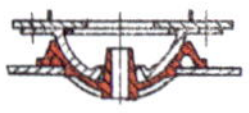				D_7
球形（移动座）						DK_{36}

一、平面心盘

大车平面心盘同早期通用货车的心盘结构，带有中心销无专设油润系统，仅在组装时在上、下心盘面间涂一些干油，现在通用货车心盘都带有心盘衬垫。上、下心盘接触面为平面，车体的垂向载荷通过心盘平面传到转向架构架上，纵向横向载荷由下心盘四周凸缘传递，运用中心盘边缘与上、下平面间均有磨耗现象。平面心盘多用于 2 轴转向架与小底架间，适合于单位心盘面积压力较小、心盘距较短、底架刚度大、挠度小的层间。

二、平面心盘（反向球垫）

由凹球面上心盘、球垫、平面下心盘组成，其间加以油润。其垂向载荷由上心盘球面传至球垫，再由球垫传至下心盘平面；纵向、横向力均由上、下心盘边缘传递。这种结构组装分解检修比较方便，但在制造时增加了球垫制造加工量，如株厂制造的 D_7 型及 D_{35} 型（24 轴）车等。

三、球面心盘

上、下心盘接触面为球面，中部有凸缘和中心销，垂向载荷由球面传递，纵向、横向力由球面间的摩擦和下心盘外圈边缘传递，材质为铸钢。在无衬垫的情况下，曾发生过上、下心盘接触面有咬粘现象，D_{30} 型双联平车在上、下心盘球面间加一厚 5 mm 的球面黄铜衬垫改为状态良好。D_2 型凹底平车小心盘于 1988、1989 年曾两次发生脱出事故。浅球形心盘根据其结构不同，可分为中心销连接的浅球形心盘、螺柱连接的浅球形心盘两种。

四、球形心盘

上、下心盘配合面为半球形，心盘面间加衬垫。因无中心销，结构简化，便于制造检修，增大了垂向受力面积。垂向、纵向、横向力均由球面传递，并具有载荷对称性，稍有偏载，车体就会倾斜，在车体有很大挠度的情况下，心盘球面仍有良好的配合，不会局部接触后发生啃咬现象。球形心盘结构便于落车、解体，公铁转换联运，方便更换走行部。

五、球形心盘结构（中心销）

在下心盘球面中心处铸有中心孔凸台，上心盘球面中心铸有圆脐孔，上、下心盘组装时，在中心凸台上加压球垫，并以中心销连接，用螺母紧固，上、下心盘球面设有油沟，附有油润系统，结构比较复杂，组装分解比较麻烦。其油润系统因灰尘风沙侵蚀，容易堵塞而失去作用，造成干磨咬粘。其最大优点在于较大的纵向力的作用下其上心盘不易脱出。此种结构仅见于进口 D_7、D_8、D_9 型车。

六、球形心盘结构（中心柱）

在下心盘球面中心铸有中心柱，套入上心盘铸孔内，在上、下心盘球面间加以润滑，增加中心柱是防止纵向力大时，上、下心盘分离。我国尚无此种结构，仅见于进口 D_7 型车。

七、心盘防脱装置

通常情况下，上心盘与下心盘间可视为密贴，但当车辆在纵向力的作用下，上、下两心盘之间出现微小位移时（即开始失衡的临界状态），其力的作用点会集中在下心盘边缘处，心盘将失稳脱出。为防止车辆运行过程中，通过球形心盘连接的大底架与小底架（或小底架与转向架）脱离，在大底架与小底架（或小底架与转向架）之间加装心盘防脱装置，如图 3-4-1 所示。DK_{36} 型落下孔车在小底架与中底架间设有心盘防脱装置，主要由上、下支座和连接杆等组成，如图 3-4-2 所示。

图 3-4-1 大小底架间心盘防脱装置

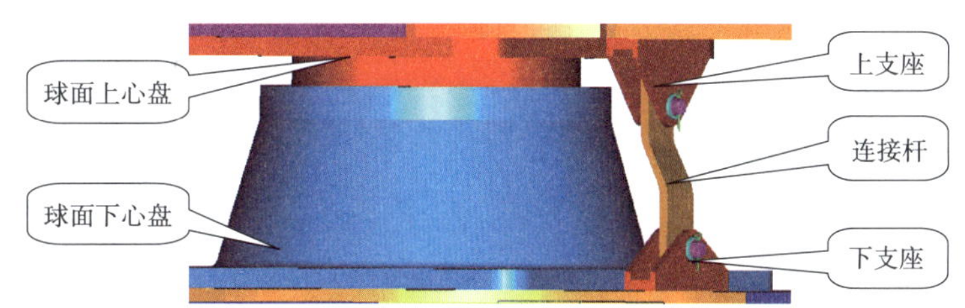

图 3-4-2 DK_{36} 型落下孔车心盘防脱装置三维图

八、心盘衬垫

大车载重大，心盘接触面压力大，如我国最早研制的 450 t 钳夹车采用大、中、小三种球半径为 350 mm、250 mm、175 mm 半球形上心盘，其小心盘接触面的最大压力为 21.7 MPa，约为通用货车心盘的3 倍。高压力作用会引起上下心盘接触面的严重磨损和咬粘，直接影响到车辆运行的安全，有必要采用心盘衬垫。用 H_{62} 黄铜衬垫解决了 D_{30} 型 370 t 大车上下心盘的严重磨损和咬粘问题。西德 450 t 钳夹车采用聚四氟乙烯心盘衬垫，心盘表面压力很高，摩擦系数小，心盘内有油脂，在五年维修期内无需保养。

（一）黄铜衬垫

在上、下心盘间加一层压成与球面相配合的厚 3～6 mm 黄铜衬垫，其上可加钻小孔以存油，组装前在下心盘里（铜衬上）加稀油或干油，可保持一个段修期。

（二）聚四氟乙烯衬垫

一种含 20%的玻璃纤维、5%石墨的增强聚四氟乙烯衬垫，具有很高的表面压力和最低的摩擦系数，其摩擦系数仅为 H_{62} 黄铜衬垫的 1/8，心盘内有油脂，在五年维修期内无需保养。四方所研究这种合成材料衬垫经过磨损试验和心盘衬垫试验，表明其性能优越。用于 D_{35} 型钳夹车上，效果良好。济南奥凯氟公司和四方所研制的半球状填充心盘衬垫于 2000 年 1 月通过山东省省级鉴定，认为半球状填充心盘衬垫结构合理，工艺技术先进，解决了大型货车心盘的严重磨损和咬粘，满足了 D_{38} 型载重 380 t 钳夹车的配套使用要求，提高了车辆运行的可靠性和安全性。该心盘衬垫耐磨性好，挤压强度高（39.5 MPa），心盘衬垫配套开发填补了国内空白，其主要技术指标达到了国际同类产品的先进水平，促进了我国铁路大车的技术进步，2002 年荣获济南市科技进步三等奖。

第五节 旁　　承

货车旁承是保证铁路车辆运行稳定性和安全性的关键零部件之一，其结构型式和性能参数直接关系到车辆的蛇行运行临界速度、脱轨系数、轮减载率和曲线通过性能等重要性能指标。货车主要采用心盘和旁承联合承载。心盘主要承担车体垂向载荷和传递纵向力，而旁承的主要作用是抑制车体倾翻、侧滚及摇头等运动，提高车辆的运行平稳性和稳定性，并承担部分车辆载荷，旁承在垂向具有减振及缓冲作用，在横向可约束车体的蛇行运动。但旁承提供的抑制作用不能妨碍车辆正常通过曲线。

大车各级旁承的旁承间隙应满足车辆通过的最不利线路工况要求，旁承型式有间隙旁承、弹性旁承、液压旁承等。大车旁承结构型式见表 3-5-1。

表 3-5-1　大车旁承结构型式

结构型式	结构型式	剖面示意图		三维图	装车图	应用车型举例
间隙旁承	旁承块式		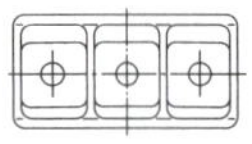			D_{12}、D_{15}
	滚子式	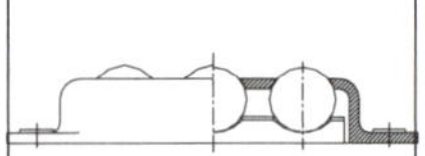	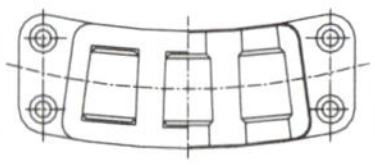			D_2、D_{23}
	滚轮式	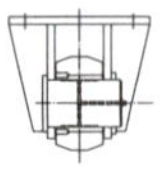	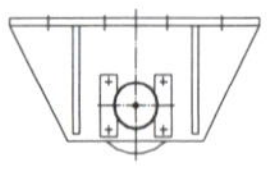			D_2、$D_{25}A$
弹性旁承	滚柱式	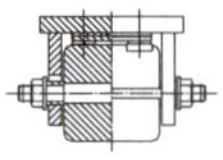	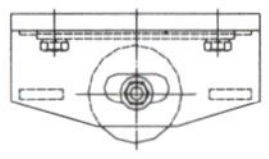			D_{35}、D_{38}
	橡胶堆式	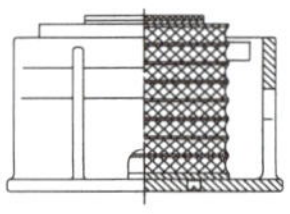	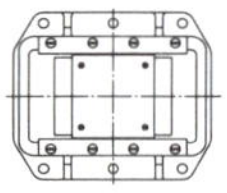			$D_{25}A$
	双作用式	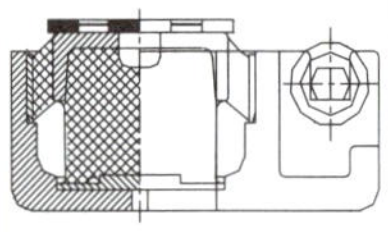	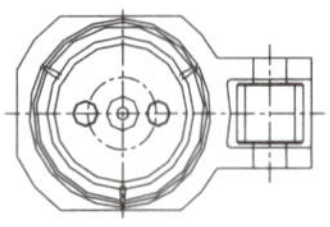	 		D_9A、DA_{26}、DQ_{45}
液压旁承						D_{38}

一、间隙旁承

车体与转向架上的旁承基本不接触，在弯道或偏载时旁承才与车体接触，已较少采用。间隙旁承根据其结构不同，可分为旁承块式、滚子式、滚轮式。

二、弹性旁承

弹性旁承分为常接触双作用弹性旁承和橡胶堆式常接触弹性旁承。其中常接触双作用弹性旁承由旁承体及滚子、旁承盒等组成；橡胶堆式常接触弹性旁承由橡胶堆旁承体、旁承盒、预压卡板、摩擦板等组成，如图 3-5-1 所示。双作用弹性旁承将滚子旁承与弹性旁承的优点结合起来，由弹性旁承体与滚子共同组成。弹性旁承体给转向架与车体间提供了一个较大的回转阻力矩以提高车辆的临界速度，由于刚性滚子的存在，不会造成弹性旁承体过度压缩而使回转阻力矩增长过快而降低车辆曲线通过能力。常接触弹性旁承可以增加车辆的回转阻力矩，改善车辆的稳定性，从而提高车辆的临界速度，达到 120 km/h 的最高运行速度。橡胶堆式常接触弹性旁承是 1988 年移植电力机车结构，最初用于 D_{25} 型长大平车，如图 3-5-2 所示。

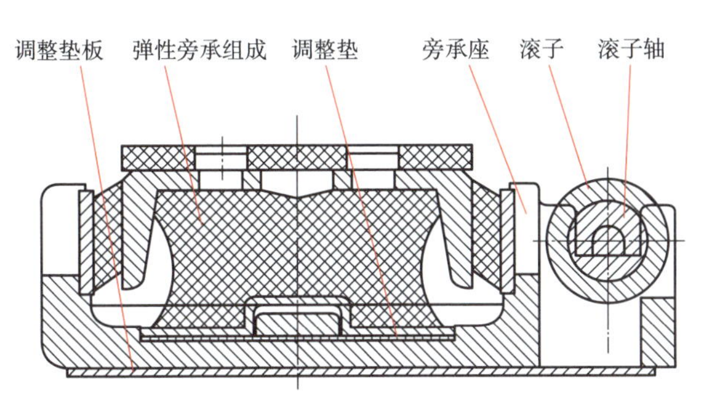

图 3-5-1　常接触双作用弹性旁承

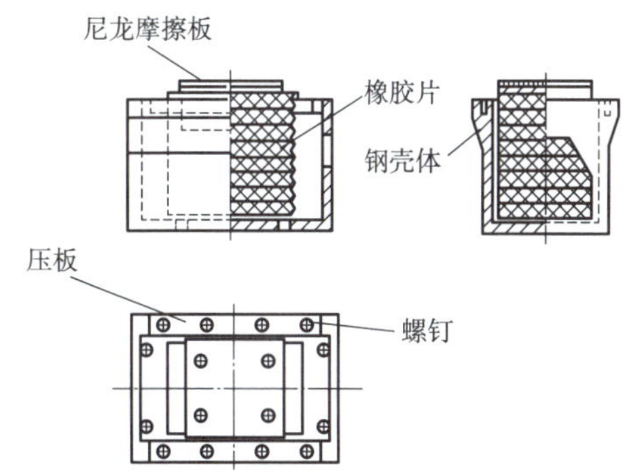

图 3-5-2　橡胶堆式常接触弹性旁承

三、气液弹性旁承

气液弹性均载旁承装置曾在西德 Uaai839 型钳夹车上采用。应用于我国 D_{35} 型钳夹车（32 轴）上。气液弹性旁承装置主要由胶囊蓄能器、单作用活塞式油缸、杠杆、旁承滚轮以及调整螺杆组成，其传动示意如图 3-5-3 所示。其中蓄能器的胶囊内充有一定压力的氮气，蓄能器内胶囊外部盛有压力油，此压力油和油缸上部相通。油缸则通过杠杆将旁承滚轮和下旁承压紧。调整螺杆的作用则是当该旁承滚轮随着车体（钳形梁和货物）向另一侧倾斜而和下旁承脱开时，限制油缸下降，以保证油缸内的预压力值不变。这种带有预压力的气液弹性旁承装置的弹性，来自气体的可压缩性。

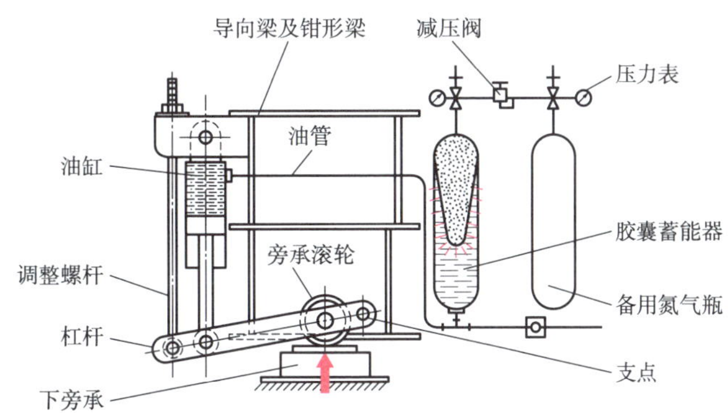

图 3-5-3　D_{35} 型钳夹车（32 轴）用气液弹性旁承示意

四、液压旁承

液压旁承装置，减少车辆通过缓和曲线时的扭转载荷，车辆受力均匀，改善车体受力状况；同时具有起升功能。液压旁承由缸体及推杆组成，与通用液压油缸相同。旁承油缸安装在大底架心盘梁两侧，每侧两个油缸连通，注入液压油后，承担侧向载荷，起均载作用，并兼有提升货物，便于换装的作用，如图 3-5-4 所示。

图 3-5-4　D26 型凹底平车和 D15B 型凹底平车用液压旁承

此外，还有一种旁承支重式旁承，心盘不承载，只起回转作用，完全由旁承承载，曾装于二七车辆厂生产的 D10 型凹底平车上，如图 3-5-5 所示。

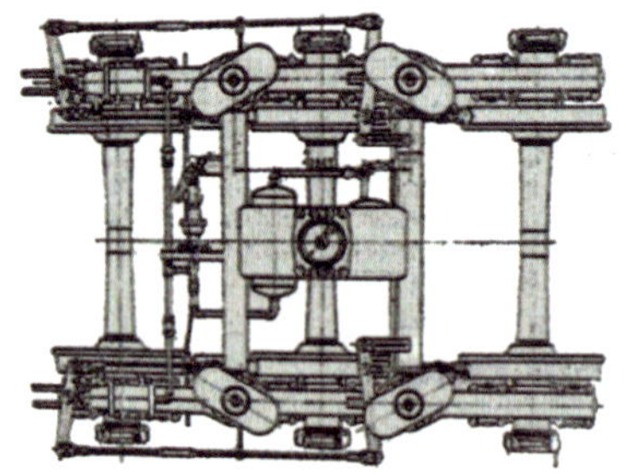

图 3-5-5　D10 型凹底平车用旁承支重式旁承

第六节　液压装置（提升、侧移）

与大车整机性能相适应，大型大车设有可靠的液压动力系统。一般具有起升、侧移、称重、均载等功能。大车液压系统是在诸多理论和成熟经验基础上进行设计的，设计中充分考虑了大车的性能特点，使液压系统能充分保证整车性能的前提下，具有高可靠性。

大车一般采用两套独立的液压系统，每套液压装置主要由泵站、油缸、管系等组成。动力源为柴油机，采用手动比例控制方式。液压管系采用卡套式无焊接管接头，钢管内部采用无氧化处理，从而保证了系统的清洁度。液压油缸为该系统的执行元件，采用耐低温的进口密封件，能适应－40～70℃的环境温度。液压泵站采用集成化设计，为封闭式结构，由柴油机、柱塞泵、液压阀、滤油器、不锈钢油箱等组合而成。为提高系统可靠性，关键液压件如柴油机、柱塞泵、电动机、比例多路阀均采用进口产品。

在大车液压系统中，D38 型钳夹车液压系统是大车中开创性的功能完善的典型。在研制中进行了液压系统性能试验验证，可参见本书第四章。借鉴德国大车技术的经验，首次在国内大车中采用 35 MPa 高压系统、压柱油缸新结构、纵向同侧连通液压旁承、双套供油系统，提高了钳夹车的可靠性和技术水平。其液压系统由两套独立的系统组成，每套系统均由控制台、压柱油缸、旁承油缸、侧移油缸、导向油缸、支撑油缸、调位油缸、油泵和管路供油系统等部件组成。系统压力分两级，压柱油路系统及旁承油路系统（称重时），工作压力 35 MPa，其余油路系统工作压力 20 MPa。系统压力通过总溢流阀调定。

一、压柱油缸系统

压柱油缸设计是该液压系统的关键技术之一。压柱油缸的基本功能是作为钳形梁的压柱，用于钳夹货物。但由于压柱油缸代替压柱，所以它的功能得到很大延伸，一是运行中升降货物，躲避上下部限界；二是可以方便地在场站装卸货物。压柱油缸通过活塞杆的水平伸出或收缩，使货物在垂直方向起升或下降。齐厂和四方所在 D_{38} 型钳夹车总体方案设计时曾对其几何运动关系和动力学关系做过计算分析，结论与大连铁道学院的专题研究一致，作为压柱油缸设计依据。研究分析新型钳夹车举升系统的举升过程，利用能量法对其举升原理及可靠性进行分析论证，得出油缸压强及举升高度等之间的关系曲线，进行液压举升系统运动学和力学作用分析，通过提升货物、钳形梁及导向梁重量，克服摩擦阻力矩可推导计算出压柱油缸的推力（升降货物作用机理见参考文献）。DQ_{45} 型钳夹车货物提升机构演示如图 3-6-1 所示。

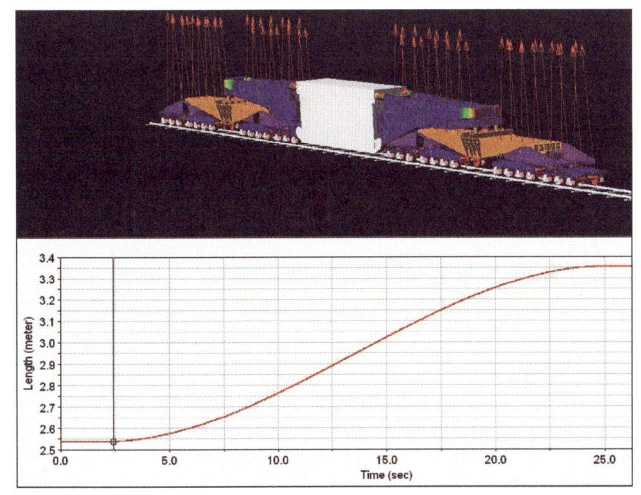

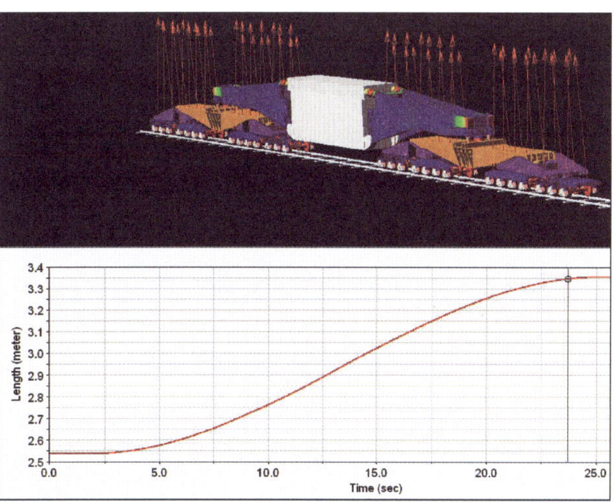

图 3-6-1　DQ_{45} 型钳夹车货物提升示意图

首次在我国钳夹车上采用压柱油缸结构，具有开辟先河的重要意义。简化钳夹车装卸超级超重货物，使钳夹车在运输中充分利用建筑限界的空间，这种结构将成为今后钳夹车的设计模式。每半节车用两个调位油缸，保证重量 1.8 t 的压柱油缸能准确对位。

二、纵向连通系统

纵向连通系统最早在 D_{26} 型凹底平车纵向连通旁承上，如图 3-6-2 所示。已在钳夹车上广泛应用，效果良好，具体作用如下：

1. 防止扭转钳形梁。当钳夹车进入外轨超高的曲线时，保证同侧两个钳形梁受力均匀，内外两侧四个钳形梁受力状态分布较好，不产生对角钳形梁受力过大的危险情况。

2. 可使货物偏转。运行中使货物沿两个大心盘球心连线为轴偏转，躲避上下角部障碍。

3. 称重和调平货物。作为旁承传力作用，并可调平货物。钳夹车每次装货前，起升旁承油缸，大心盘脱开后，通过压力传感器测定货物是否偏载，并调平货物，同时通过测量起升油缸压力方法测量货物重量，进行称重。旁承油缸不仅作为旁承，还作为称重使用，其压力选得较高，额定压力为 35 MPa。

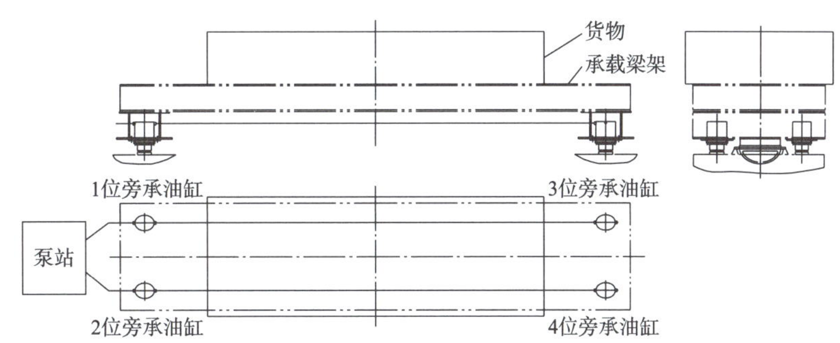

图 3-6-2　同侧纵向连通的液压旁承装置系统

第七节　电 气 装 置

钳夹车一般采用两套独立的完全相同的电气系统。每套电气系统均采用本机电源（柴油发电机组）与备用电源（车载电源或其他电源）相结合的形式供电，电源制式为三相四线制（3AC380V）。其主要作用是为整机用电设备提供工作电源，对整机的各种运用工况进行控制、监视和保护，以保证整机能够安全、可靠地工作。每套装有一台风冷柴油发电机组、液压站动力控制与保护、液压比例电磁铁控制、车辆状态监控系统、摄像监控装置、操纵室供电与室内外照明、通信装置、空调装置、接地装置等部分组成。

第四章　长大货物车型谱和各型长大货物车

第一节 长大货物车型谱

一、中国铁路长大货物车型谱

由于我国经济建设需求，推动了现代化工业的发展，特别是电力、钢铁及化学工业的发展，综合国力日益增强，大国重器日益增多。越来越多的大型货物需要通过铁路来运输，如变压器、发电机、轧机牌坊、反应器、高压锅炉等。这些大型货物往往是国家规划重点工程项目的关键设备，其运输无法通过一般的铁路货车来实现，必须使用专门的大车。大车作为中国铁路大型设备运输的载体，在中国铁路大车的七十多年历史中，根据运输需要，规划制订了有效的大车型谱，产生了各式大车，其轴数为 2～32 轴，载重为 30～450 t。中国大车型谱主要技术参数见本书附录三铁路大车概要表（分别以时间、载重和车型划分），大车型谱图见表 4-1-1。在不久的将来，由于轴重的提高（通用线提高到 27 t 轴重，专用线提高到 30 t 轴重），大车型谱必将更加趋于完善，并向多品种、大型化方向发展。

表 4-1-1 中国大车型谱图（不包括进出口）

结构型号	车 型	轴数	载重/t	数量	图 例
D_{50}*、D_5、QD_3*	凹底平车	4	30～70	26	
D_{70}	长大平车	4		5	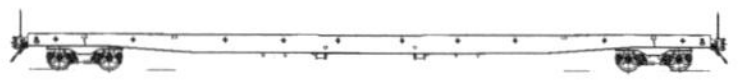
D_{10}、D_{10A}、D_{9A}	凹底平车	6	90	140	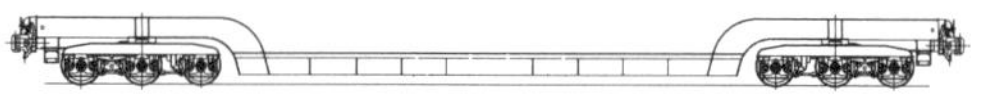
D_{12}、D_{12K}	凹底平车	8	120～150	39	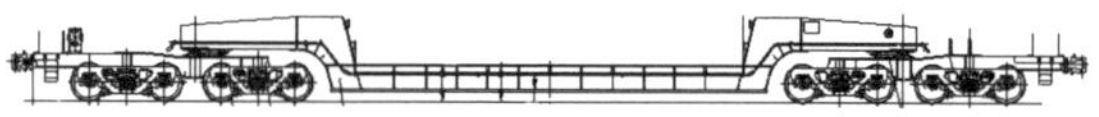
D_{15}、D_{15A} (B)*					
D_{22G}、D_{22A} (B)、D_{27}	长大平车	8	120～155	171	
D_{26A}、D_{26AK}				6	
D_{17A}、DK_{17A}	落下孔车	8		10	
D_{17}	落下孔车	10	150	25	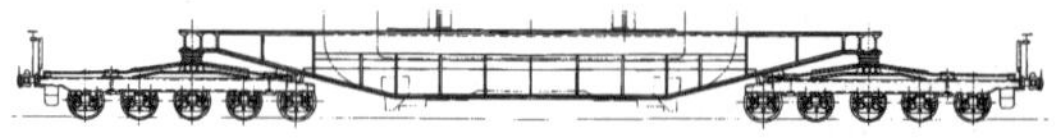
DK_{23}	落下孔车	12	230（227）	30	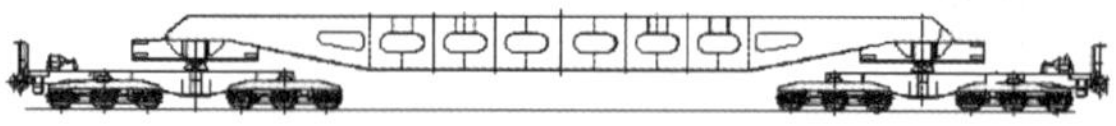
D_{18A}～D_{28}*	凹底平车	16	180～280	128	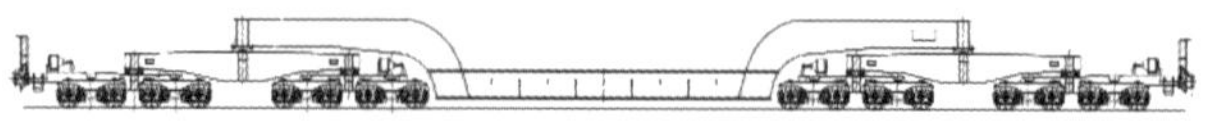
DA_{21}～DA_{26}					
D_{23}、D_{23G}、D_{25}*	长大平车	16	235～265	7	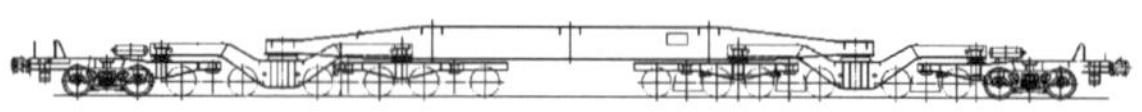
D_{26A}、D_{26AK}					
D_{26B}*	落下孔车	16	290	5	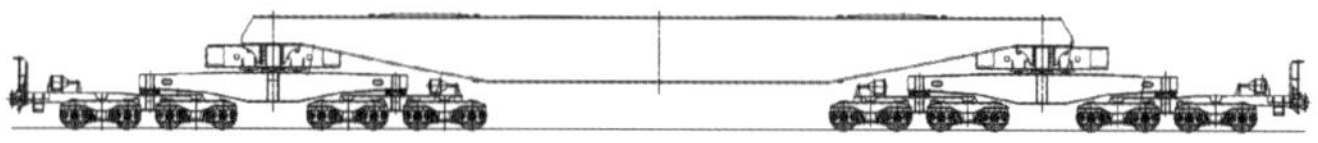
DK_{29}^{*}					
D_{30}、D_{30G}	跨装平车	20	370	3	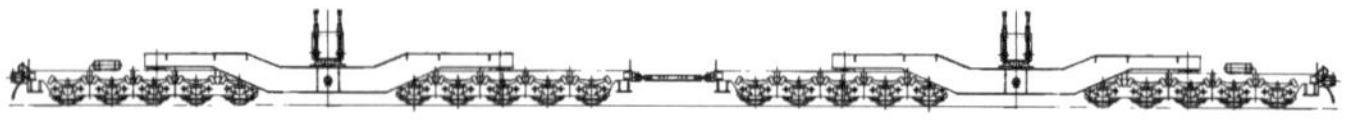

续上表

结构型号	车　型	轴数	载重/t	数量	图　　例
D_{20}	钳夹车	20	280、300	2	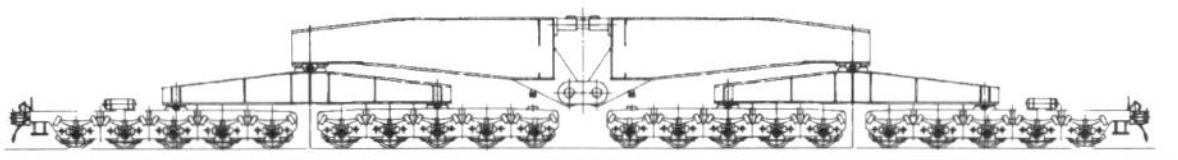
D_{30A}					
D_{32}(A)	凹底平车	24	320、370	2	
DA_{37}				1	
D_{32}	落下孔车	24	360、350	1	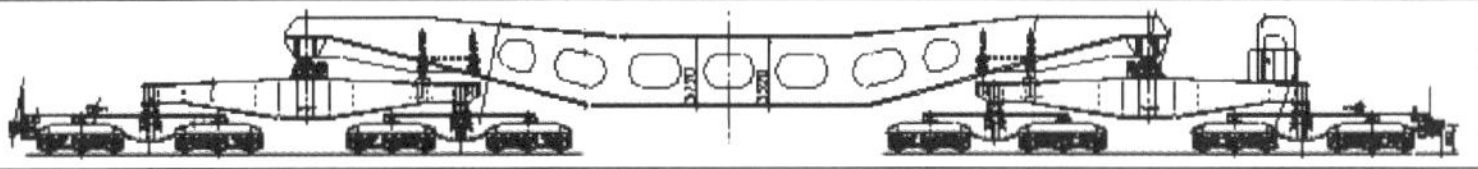
DK_{36}(A)				16	
D_{35}	钳夹车	24	280、350	1	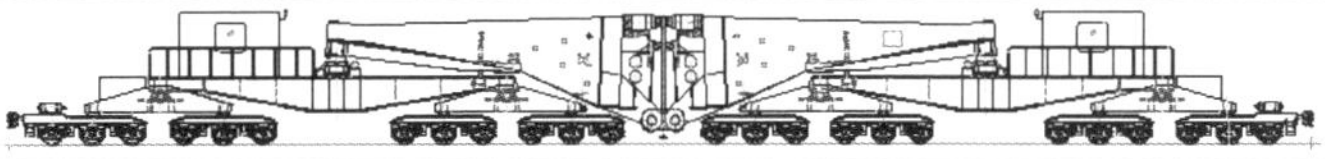
DQ_{35}				1	
D_{45}	落下孔车	28	450	1	
DQ_{45}	钳夹车	28	450	1	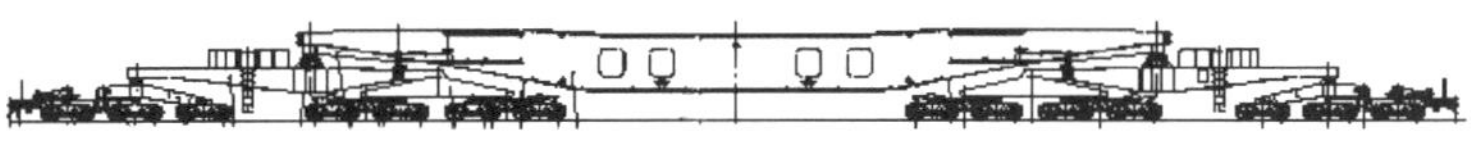
D_{35}	钳夹车	32	350、380	2	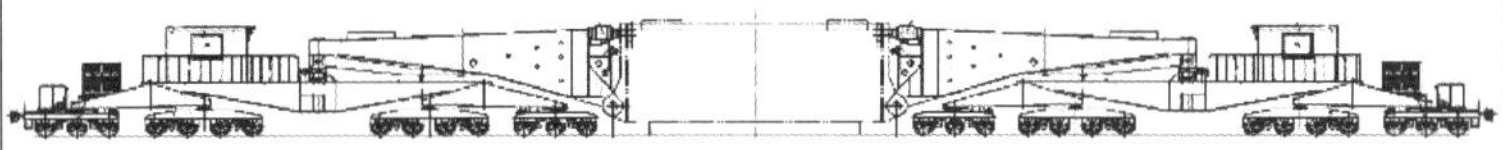
D_{38}					

注：车型右上角“*”代表企业自备车。数据为 2019 年 12 月统计。

二、中国铁路长大货物车保有量

中国铁路大车的结构与范围七十多年来发生了很大变化，各种车型在数量上也有所变化。通过技术改造，减少净化了一些车型，但继续净化仍有困难，因为有些 20 世纪 80—90 年代后继续制造的车种，从其今天的使用可能性看是不能令人满意的，但其技术经济使用年限尚未达到。有些车型虽没有到达使用年限（规定寿命 30 年），但由于长期闲置和技术更新而施修困难，也给予报废。近年来，由于运输市场变化，凹底平车和长大平车数量大为减少，落下孔车由于大型变压器运输需要而增加。在车辆总数基本维持同一水平的同时，随着技术的不断进步，车种有所变化，新车型大量增加。

1999 年铁路长大货物车保有量统计有 32 种 450 辆（大车改造前），2019 年统计有 45 种超过 450 辆（不含 DL_1 型运梁车）。其中 31 种 220 辆（中铁特货公司），见表 4-1-2；6 种 17 辆（中特物流有限公司），见表 4-1-3；6 种运输军工和航天、核工业设备的特种大车及机身运输车。此外，还有其他企业自备车，如原东方锅炉厂企业自备车 D_{25} 型 250 t 长大平车。各型大车保有量见表 4-1-4 和图 4-1-1（中铁特货公司和中特物流公司）。2020 年，制造 D_{9A} 型车 3 辆，D_{15B} 型车 20 辆。2021 年，制造 D_{9A} 型车 13 辆，D_{22A} 型车 10 辆，D_{22B} 型车 5 辆。大车就其数量而言，是庞大货车家族中的一个小分支，但在国民经济建设中有着十分重要的地位和作用，承担着繁重的国家重点工程建设大型设备运输任务。

值得说明的是，中铁特货公司主要运输变压器、发电机定子、转子、锅炉、汽包、牌坊、机械配件、长钢轨等大件货物。由于中国铁路施工建设的需要，中铁特货公司承担了预制梁运输，采用两辆 DL_1 型大吨位预制梁运输专用车和一辆 DNX_{17K} 型平车作为游车的三车一组运输方式。该车可划分为双联平车的多车跨装平车类，也属于大车范畴。

表 4-1-2　中铁特货公司配属大车（2019 年 12 月统计）

序　号	车　　型	车　　种	保　有　量	检修周期/年		
				厂修	段修	辅修
1	D_{17A}	落下孔车	2	8	2	取消
2	D_{12}	凹底平车	5	9	3	0.5
3	D_{26A}	长大平车	1	8	2	取消
4	D_{26AK}	长大平车	2	8	2	取消
5	D_{12K}	凹底平车	11	9	3	1.5

续上表

序号	车型	车种	保有量	检修周期/年		
				厂修	段修	辅修
6	D_{15A}	凹底平车	9	8	2	取消
7	DK_{17A}	落下孔车	8	10	2	取消
8	D_{10A}	凹底平车	5	8	2	取消
9	D_{38}	钳夹车	1	8	2	取消
10	D_{32}	凹底平车	1	8	2	取消
11	D_{45}	落下孔车	1	10	2	取消
12	D_{9A}	凹底平车	5	10	2	取消
13	DQ_{35}	钳夹车	1	10	2	取消
14	DA_{37}	凹底平车	1	10	2	取消
15	DK_{23}	落下孔车	2	10	2	取消
16	D_{32A}	凹底平车	1	10	2	取消
17	DK_{36}	落下孔车	2	8	2	取消
18	DK_{36A}	落下孔车	7	10	2	取消
19	D_{22A}	长大平车	45	10	2	取消
20	D_{22B}	长大平车	12	10	2	取消
21	DA_{21}	凹底平车	12	10	2	取消
22	DA_{25}	凹底平车	5	10	2	取消
23	DA_{26}	凹底平车	1	10	2	取消
24	DQ_{45}	钳夹车	1	10	2	取消
25	D_{18A}	凹底平车	14	8	2	取消
26	D_{25A}	凹底平车	6	8	2	取消
27	D_{2G}	凹底平车	17	8	2	取消
28	D_{10}	凹底平车	16	9	3	1.5
29	D_{70}	长大平车	5	8	2	取消
30	D_{15}	凹底平车	1	8	2	取消
31	D_{2}	凹底平车	20	8	2	取消
合计			220			

表 4-1-3 中特物流公司配属自备大车明细（2019 年 12 月统计）

序号	车型	车型	保有量	检修周期/年		
				厂修	段修	辅修
1	D_{26B}	落下孔车	3	8	2	
2	D_{15B}	凹底平车	2	9	3	
3	D_{26}	凹底平车	1	8	2	0.5
4	D_{28}	凹底平车	2	9	3	
5	DK_{29}	落下孔车	2	8	2	
6	DK_{36}	落下孔车	7	8	2	

注：D_{26B} 型落下孔车属中特物流公司子公司湖南电力物流公司。

表 4-1-4 各型大车保有量

年份	钳夹车	凹底平车	长大平车	落下孔车	双联平车	备注
1959	1	65	20	18	0	中铁特货
1999	5	290	110	43	2	
2019	3	130	65	22	1	
2019	0	5	0	12	0	中特物流

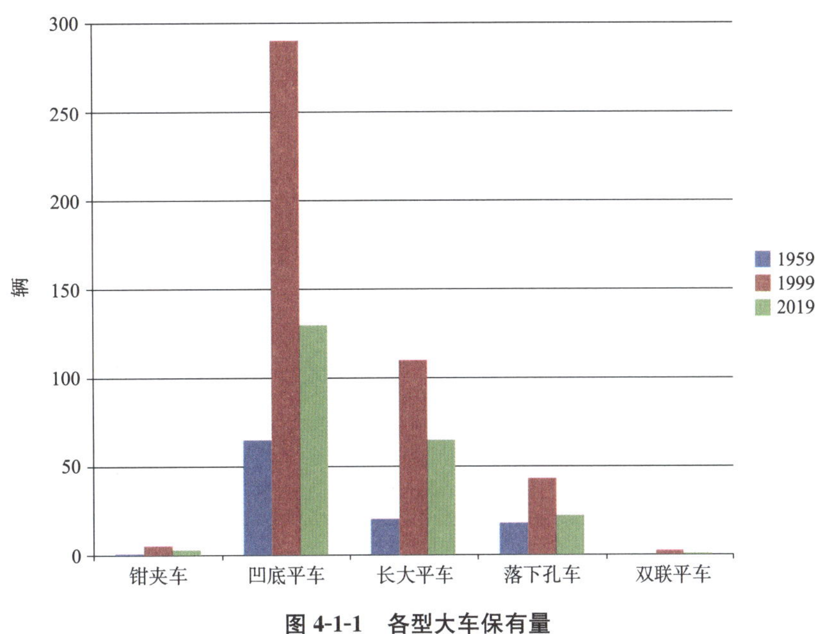

图 4-1-1 各型大车保有量

第二节 凹 底 平 车

一、D_{10} 型凹底平车

(一) 概　　述

D_{10} 型 6 轴 90 t 凹底平车，主要有 3 种：1953 年至 1959 年先后由大连厂和沈厂设计制造的铆接结构车；1970 年与 1973 年起分别由二七车辆厂与哈厂设计制造的焊接车，分别见图 4-2-1～图 4-2-3。此外，1967 年二七车辆厂还设计制造过载重 100 t、承载面长度为 9 m 的旁承支重车，由于存在脱轨和底架刚度不足等问题，后载重改为 90 t。2004 年以前，该车共制造 119 辆。2004 年，二七车辆厂在哈厂制造的 D_{10} 型凹底平车基础上改造生产 15 辆 D_{10} 型凹底平车，将滑动轴承改为滚动轴承；K_2 型三通阀改为 120 型空气控制阀；2 型车钩改为 13A 号小间隙车钩；3 号缓冲器改为 MT-2 型缓冲器。

图 4-2-1 D_{10} 型凹底平车（大连厂　1953 年）

图 4-2-2　D_{10} 型凹底平车（沈厂　1959 年）

图 4-2-3　D_{10} 型凹底平车（哈厂　1973 年）

（二）主要技术规格

主要技术规格见表 4-2-1。

表 4-2-1　主要技术规格

项　目	技术规格		
载重/t			
均布	90		
集载	载重/t		
均布载荷长度/m	大连厂、沈厂	二七车辆厂	哈厂
1.5	60		71
2.0		73.5	
3.0	70	74	72
4.0		75	
4.5	75		74
6.0	80	78	77
7.0		80	
7.5	85		81
8.0		83	87
10.0	90	90	90

续上表

项　　目	技术规格		
自重/t	47	29	36
自重系数	0.52	0.322	0.355
轴数	6	6	6
轴重/t	22.83	19.8	21
每延米重/（t/m）	6.55	5.86	6.20
车辆长度/mm	20 932	20 308	20 308
车辆宽度/mm	3 000	3 000	3 000
车辆最大高度/mm	1 400	1 259	1 350
车辆定距/mm	15 500	14 800	14 800
承载面尺寸 长×宽/（mm×mm） 上平面高（空车）/mm	 10 000×3 000 835	 10 000×3 000 777	 10 000×3 000 777
端部地板面高/mm	1 400	1 259	1 350
车钩中心线高/mm	880	880	875
空车重心高度/mm		720	652
通过最小曲线半径/m	145	145	150
构造速度/（km/h）	75	80	80
转向架型式 轴数 轴型 轴距/mm 轮径/mm	转 28 3 E 2×1 300 840	H 构架 3 D 2×1 300 840	H 构架 3 D 2×1 200 840
制动装置 制动缸/（mm×mm） 三通阀 制动倍率 制动率（空车/重车）/% 手制动机	 ϕ203×305D 2 套 K_2 6.9 50/50 折叠链式	 ϕ152×203 GK 型 8.5 35/17 旋转链式	 ϕ254×305D K_2 型 9.24 82/22 旋转链式
车钩缓冲装置 车钩 缓冲器	 2 号（下作用式） 3 号		
限界	空车符合 GB 146.1—1983《标准轨距铁路机车车辆限界》的要求		
通过驼峰情况	禁止		

（三）简要说明

1. 用途

装运起重机、变压器、发电机、挖掘机、转子等重型货物。

2. 技术性能特点

凹底架承载面的长度为 10 000 mm，宽度为 3 000 mm，采用 3 轴转向架。

3. 结构概况

该车由 1 个凹底架、2 台 3 轴转向架，以及车钩缓冲、空气和人力制动装置等部件组成。

1953 至 1959 年，大连厂、沈厂生产的 D_{10} 型凹底平车，采用转 28 型 3 轴转向架，凹底架为碳素结构钢铆接结构，由中梁、中间梁、侧梁、横梁、端梁、枕梁与钢地板组成，如图 4-2-4 所示。该车采用 2 套空气制动机、2 套人力制动机。中梁由 2 根工字形断面组合梁与（10＋12）mm×600 mm 的下盖板铆接而成，而组合梁则由 1 块厚 10（或 12）mm 的腹板与 4 根 100 mm×100 mm×14 mm 角钢组成，其高度为 670 mm、宽度为 210（或 212）mm，中间梁位于中梁和侧梁之间，由 1 根高度为 670 mm、宽度为 210（或 212）mm 的工字形断面组合梁和（10＋12）mm×250 mm 的 2 层下盖板铆接而成。侧梁由 1 根工字形断面组合梁与（10＋12）mm×600 mm 的下盖板铆接而成，而组合梁则由 1 块 10（或 12）mm 厚的腹板与 4 根 100 mm×100 mm×14 mm 角钢组成，其高度为 370 mm，宽度为 210（或 212）mm，每根侧梁的外侧设有 19 个绳栓。枕梁为箱形结构，由腹板及上下盖板组焊而成，采用铸钢整体心盘座。端梁由厚度为 6 mm

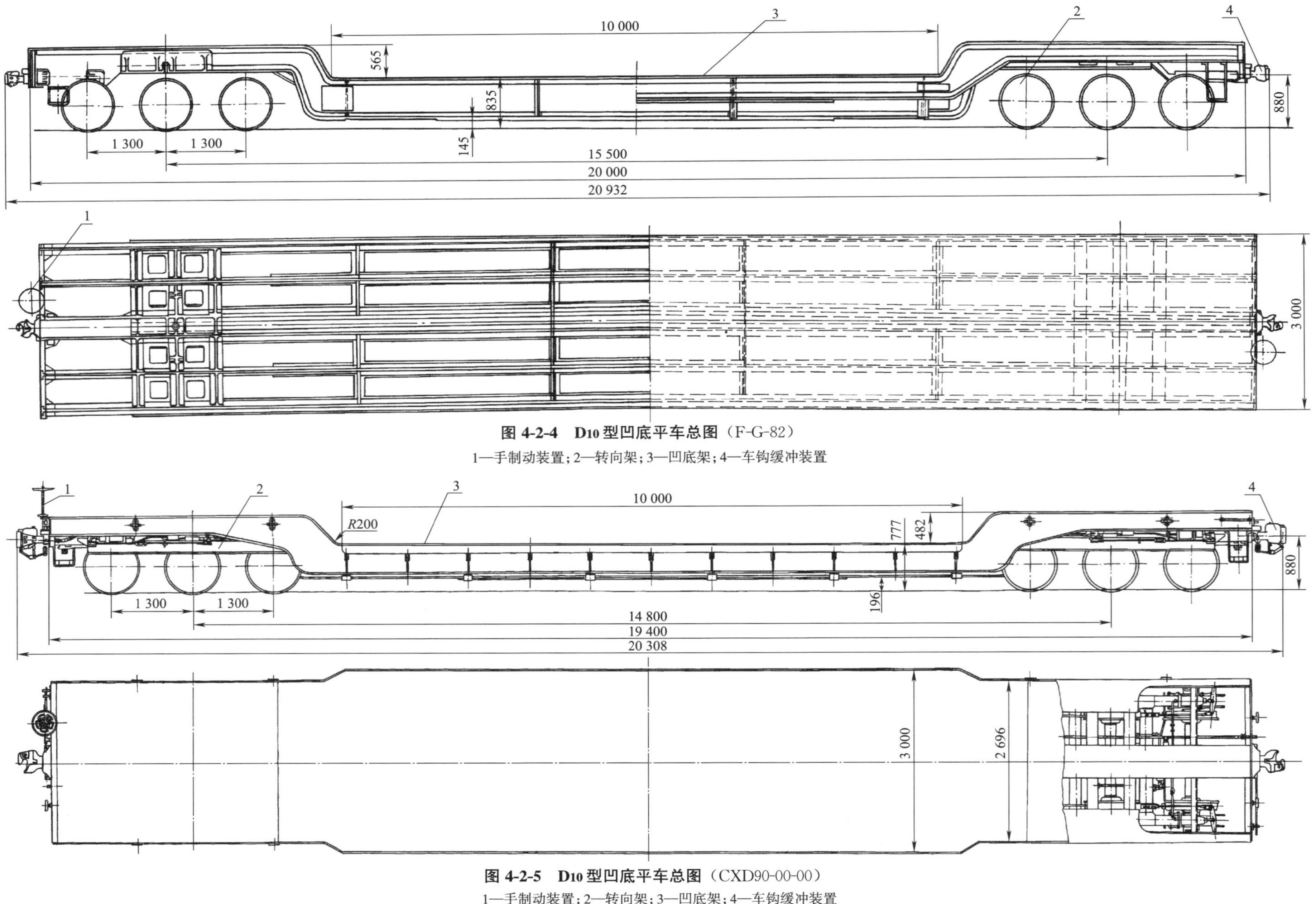

图 4-2-4 D10型凹底平车总图（F-G-82）

1—手制动装置；2—转向架；3—凹底架；4—车钩缓冲装置

图 4-2-5 D10型凹底平车总图（CXD90-00-00）

1—手制动装置；2—转向架；3—凹底架；4—车钩缓冲装置

的钢板压型成槽形断面，每个端梁外侧设有 2 个绳栓。横梁的 1 位、4 位由 1 块厚度为 12 mm 的腹板和 4 根 75 mm×75 mm×10 mm 的角钢组成工字形断面，并有 10 mm×162 mm 的整体压型下盖板，分别与中梁、中间梁、侧梁用铆接连接。2 位、3 位由厚度为 10 mm 的腹板和 2 根 75 mm×75 mm×10 mm 的角钢组成槽形断面，并有 10 mm×100 mm 的整体压型下盖板分别与中梁、中间梁、侧梁用铆接连接。地板厚度为8 mm，与各个梁之间均采用铆接连接。地板上平面的铆钉头为平头。

1970 年，二七车辆厂制造的 D_{10} 型凹底平车，底架为 09Mn2 低合金钢焊接结构，由 1 根中梁、2 根侧梁、4 根枕梁，以及端梁、横梁、钢地板等组成，如图 4-2-5 所示。采用了专门设计的旋转链式人力制动机。中梁与侧梁为钢板焊接而成的箱形结构，两者的腹板厚度分别为 10 mm 与 8 mm。中梁上盖板厚度为 10 mm，下盖板中部为 3 层，厚度分别为 10 mm、12 mm 和 16 mm。侧梁上盖板厚度为 10 mm，下盖板中部也为 3 层，厚度分别为 8 mm、10 mm 和 10 mm。横梁为工字形断面，以钢板焊接。枕梁为双枕梁结构，两枕梁之间设有旁承支承梁。承载面两侧设有 149 mm×90 mm×10 mm 的角钢辅助侧梁。地板厚度，中部为 8 mm，两端为 6 mm。

1973 年哈厂制造的 D_{10} 型凹底平车，底架为 09Mn2 低合金钢焊接结构，由中梁、侧梁、端梁、枕梁、主横梁、辅助横梁以及钢地板等组成，如图 4-2-6 所示，承载面两侧设有 100 mm×80 mm×8 mm 的角钢辅助侧梁。该车采用 2 套人力制动机。中梁为箱形断面，腹板和上盖板厚度均为 12 mm，下盖板为 3 层，厚度分别为 12 mm、14 mm 和 16 mm。侧梁中部为箱形断面，两端为工字形断面，腹板和上盖板厚度均为 10 mm，下盖板中部为 3 层，厚度分别为 12 mm、14 mm 和 12 mm，两端为 2 层，厚度分别为 12 mm 与14 mm。端梁为槽形断面，用 10 mm 厚的钢板压型。枕梁为箱形断面，下盖板厚度为 12 mm。主横梁为工字形断面，由腹板、上下盖板组成。辅助横梁为 100 mm×80 mm×8 mm 角钢。地板厚度为 10 mm。

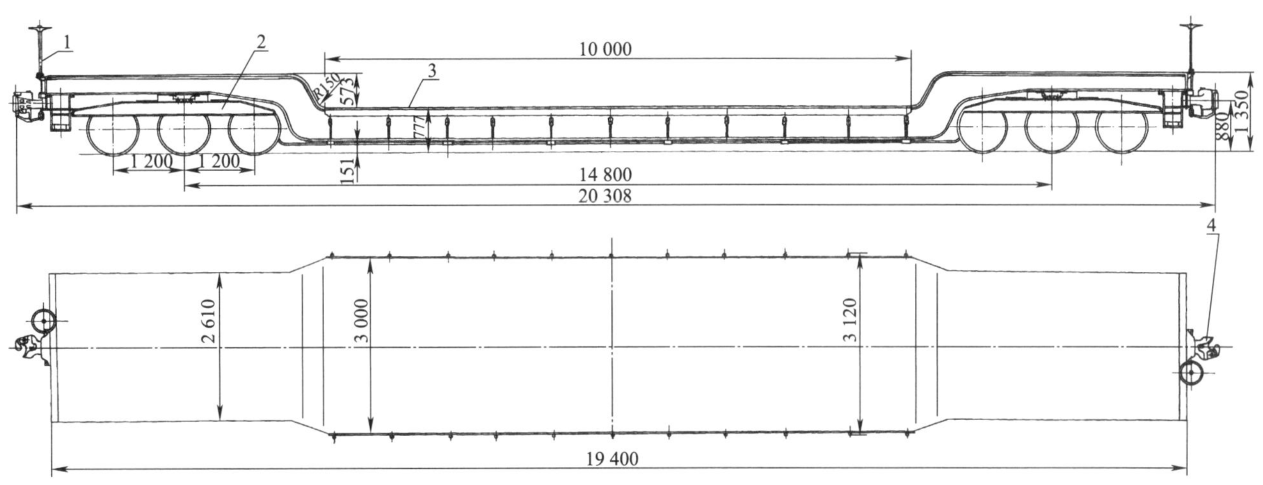

图 4-2-6　D_{10} 型凹底平车总图（HCD1-00-00-00）

1—人力制动装置；2—转向架；3—凹底架；4—车钩缓冲装置

4. 改造及厂修

20 世纪 50—70 年代生产的 D_{10} 型凹底平车基本上已淘汰。1996 年以后生产的 D_{10} 型凹底平车车况较好，用户比较满意。但 1996 年以前生产的 D_{10} 型凹底平车主要结构为滑动轴承、2 号车钩、3 号缓冲器、K_2 型三通阀等，技术性能较差，难以满足铁路安全运输的需要。根据铁道部运装货车电〔2004〕809 号电报的安排和中铁特货公司的改造要求，在保持原车主要技术参数及车体结构不变的前提下，二七车辆厂为哈厂 1996 年以前生产的 D_{10} 型凹底平车设计改造方案，改造样车在 2005 年通过铁道部技术审查，如图 4-2-7 所示。

图 4-2-7　D_{10} 型凹底平车（二七车辆厂　2005 年）

（1）改造原则及改造、厂修内容

改造原则是：在保持车体结构及承载面上平面距轨面高、承载面下平面距轨面高、制动倍率、制动率等主要技术参数不变的前提下，采用车辆新技术，对转向架、空气制动装置及车钩缓冲装置等各部分进行技术改造，其他部分进行厂修。

①转向架

滑动轴承改为滚动轴承，采用 SKF 197726 或 352226X2-2RZ 型滚动轴承。轮对更换为 RD2 型轮对，采用符合铁道部要求的 LZ50 钢车轴及 HDSA 新型辗钢车轮，车轮踏面为 LM 型磨耗形踏面，中间轮对采用减薄轮缘。滑动轴承轴箱、导框更换为滚动轴承轴箱、导框，轴箱、导框材质为 B 级钢。重新设计轴箱弹簧，采用二级刚度，提高空车弹簧挠度。

②空气制动装置

K_2 型三通阀改为 120 型货车空气控制阀，采用符合运装货车〔1999〕357 号文件批准改进的 120 型控制阀、ϕ254 mm×254 mm 整体旋压密封式制动缸、法兰接头、组合式集尘器、编织制动软管总成、制动管系内磷化。相应风缸、管路及配件进行重新配置，120 阀加装防盗罩。

③车钩缓冲装置

2 号车钩改为 13A 型小间隙车钩，钩尾框改为 13A（加强）型钩尾框，采用材质为 40Cr 的钩舌销和材料为 40Mn2 的钩尾销。3 号缓冲器改为 MT-2 型缓冲器。

④底架组成

底架上的原 2 号车钩冲击座更换为适应 13A 型车钩、MT-2 型缓冲器的凹槽冲击座。

除改造内容外，车辆其余部分按照产品图样及技术条件、《铁路货车厂修规程》等规定进行检修。

（2）改造和厂修

原车为滑动轴承，因滑动轴承运行阻力大、轴端磨耗严重、容易热轴等因素已淘汰近二十年，且国内各厂段均已无滑动轴承的检修设备和配件，故车辆运用维护不便。原车弹性悬挂系统为钢弹簧下加橡胶垫，一级刚度弹簧，空车弹簧挠度较小，且橡胶垫容易老化。

为提高车辆运行的安全性，方便车辆运用和检修，重新设计滚动轴承轴箱和弹性悬挂系统。轴箱采用类似铁道部定型的转 K_3 型转向架的结构形式，顶部为承载鞍，前后不封闭，利于轴承散热和检查。滚动轴承与现行通用货车一致，密封性好，通用性强。轴箱弹簧由原一级刚度弹簧改为二级刚度弹簧，取消了橡胶垫，将空车弹簧挠度由原 8 mm 加大到 15 mm，利于提高空车动力学性能。

（3）试验和验证

轴箱经北京交通大学强度计算和试验结果符合 TB/T 1335—1996 的要求。2004 年 11 月，四方所在胶济线上进行车辆动力学试验，试验最高速度 91 km/h。车辆动力学性能符合 GB/T 5599—1985 的要求。

二、D_{50} 型凹底平车

（一）概　　述

D_{50} 型 4 轴 50 t 凹底平车，1959 年由戚墅堰机车车辆厂设计制造，如图 4-2-8 所示。

图 4-2-8　D_{50} 型凹底平车（戚墅堰机车车辆厂　1959 年）

（二）主要技术规格

主要技术规格见表 4-2-2。

表 4-2-2　主要技术规格

项　　目	技术规格
载重/t 　均布 　集载 　　均布载荷长度/m	 50 载重/t
2	30
4	38
6	45
8	50
自重/t	28.1
自重系数	0.562
轴数	4
轴重/t	19.5
每延米重/（t/m）	4.62
车辆长度/mm	16 908
车辆宽度/mm	2 920
车辆最大高度（人力制动机垂直时）/mm	2 078
车辆定距/mm	12 700
承载面尺寸 　长×宽/（mm×mm） 　上平面高/mm	 8 100×2 920 544
端部地板面高/mm	1 113

项　　目	技术规格
车钩中心线高/mm	880
空车重心高度/mm	607
转向架型式 　轴数 　轴型 　轴距/mm 　轮径/mm	转 8 2 D 1 700 840
制动装置 　制动缸（直径×行程）/（mm×mm） 　三通阀 　制动倍率 　制动率（空车/重车）/% 　人力制动机	 ϕ203×305 K_1 9.27 67/24.2 链式
车钩缓冲装置 　车钩 　缓冲器	 2 号下作用式 3 号
构造速度/（km/h）	100
通过最小曲线半径/m	150
限界	空车符合 GB 146.1—1983《标准轨距铁路机车车辆限界》的要求
通过驼峰情况	禁止

（三）简要说明

1. 用途

供装运拖拉机、变压器、发电机等单件重量较大的货物用。

2. 技术性能特点

凹底架承载面的长度 8 100 mm，距轨面高度为 544 mm。空车和重车的重心高度较低，运行稳定性较好。

3. 结构概况

该车由 1 个凹底架、2 台转 8 型转向架，以及车钩缓冲、空气和人力制动装置等部件组成。凹底架的中梁为 2 根 33 号工字钢加厚 18 mm 下盖板组成（图 4-2-9）。侧梁由 33 号工字钢、33 号乙形钢和厚 18 mm 下盖板组成。地板中部厚度为 16 mm，两端为 8 mm。中梁与侧梁均为变断面，中部高、两端低。全车设有 2 套空气制动机。

三、D_{60} 型凹底平车

（一）概　　述

D_{60} 型米轨 6 轴 60 t 凹底平车，1966 年由二七车辆厂设计制造，如图 4-2-10 所示。原为出口越南车，同时为昆明局米轨线路生产了 20 辆。该车除主要尺寸及性能不变外，也做了部分改动。车体宽度由 3 100 mm 改为 2 890 mm，轴箱油润由机械给油改为现行油卷给油。

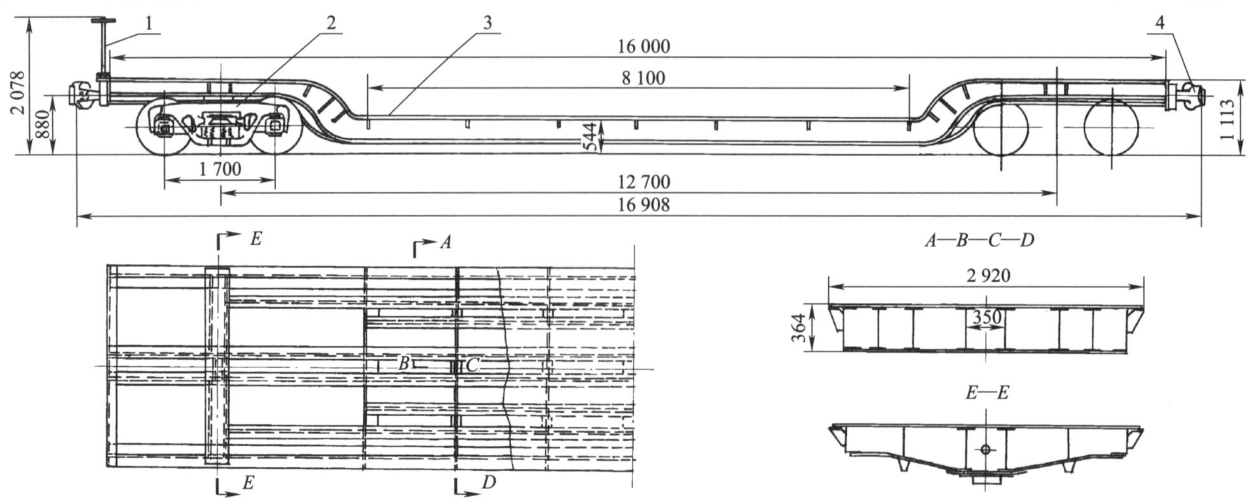

图 4-2-9　D50 型凹底平车总图（501-00-00-00）

1—人力制动装置；2—转向架；3—凹底架；4—车钩缓冲装置

图 4-2-10　D60 型米轨凹底平车（二七车辆厂　1966 年）

（二）主要技术规格

主要技术规格见表 4-2-3。

表 4-2-3　主要技术规格

项　目	技术规格
载重/t	
均布	60
集载	
均布载荷长度/m	载重/t
1.0	49.5
2.0	50.0
3.0	51.0
4.0	52.2
5.0	55.0
6.0	55.9
7.0	58.6
7.5	60.0
自重/t	20.7
自重系数	0.345
轴数	6
轴重/t	13.45
每延米重/t	4.98
车辆长度/mm	16 208
车辆宽度/mm	2 890
车辆最大高度/mm	1 614
车辆定距/mm	11 500
承载面尺寸	
长×宽/（mm×mm）	7 500×2 890
上平面高/mm	670

项　目	技术规格
端部地板面高/mm	1 020
车钩中心线高/mm	825_{-15}^{0}
空车重心高度/mm	556
转向架型式	H 型三轴米轨焊接型
轴数	3
轴型	C
轴距/mm	2×1 200
轮径/mm	750
制动装置	
制动缸/（mm×mm）	ϕ152×203
三通阀	K_1
制动倍率	9
制动率（空车）/%	78
人力制动机	折叠链式
车钩缓冲装置	
车钩	2 号
缓冲器	3 号
构造速度/（km/h）	80
通过最小曲线半径/m	60
轨距/mm	1 000
限界	符合开远《米轨铁路技术管理补充规程》规定的机车车辆限界

（三）简要说明

1. 用途

供在昆明局集团公司米轨铁路上装运拖拉机、变压器、发电机、挖掘机、汽车等单件重量较大的货物用。

2. 技术性能特点

凹底架承载面的长度为 7 500 mm，宽度为 2 890 mm，距轨面高度为 556 mm。

3. 结构概况

该车由底架、转向架、车钩、制动等部件组成。底架的中梁和侧梁为箱形断面，由 2 根 45 号工字钢做成元宝形，两端弯角部分焊有 485 mm×10 mm 的下盖板。地板中部厚度为 8 mm，两端部分为 6 mm。车钩为 2 号下作用式，缓冲器为 3 号。制动缸直径为 152 mm。总图如图 4-2-11 所示。

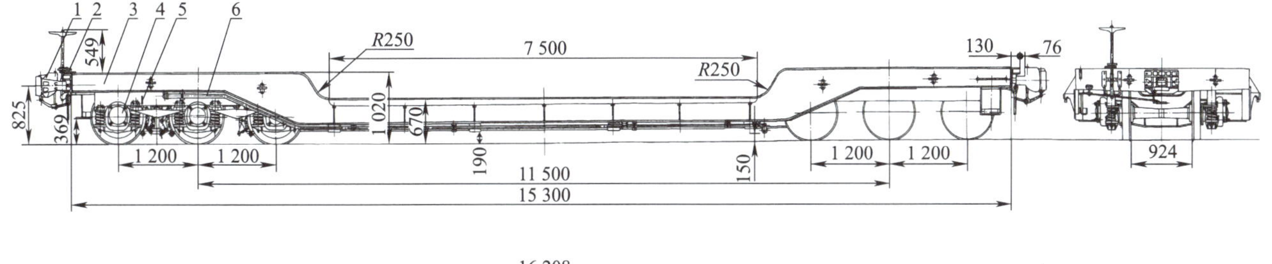

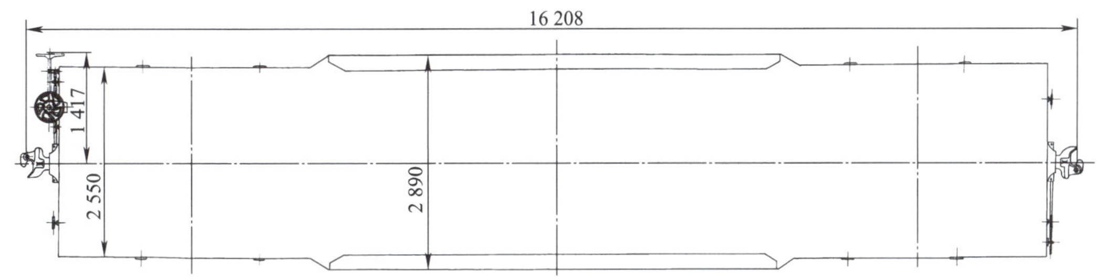

图 4-2-11　D60 型米轨凹底平车总图（CXD60-00-00-000）

1—车钩缓冲装置；2—人力制动装置；3—底架组成；4—转向架组成；5—制动装置；6—制动管路

四、D5 型凹底平车

（一）概　　述

D5 型 4 轴 60 t 凹底平车，1968 年由二七车辆厂设计制造，如图 4-2-12、图 4-2-13 所示。

图 4-2-12　D5 型凹底平车（二七车辆厂　1968—1969 年）

图 4-2-13 D_5 型凹底平车运输 49 t 锻造机机身和 49 t 旋转平台

（二）主要技术规格

主要技术规格见表 4-2-4。

表 4-2-4 主要技术规格

项目	技术规格
载重/t	
均布	60
集载	
均布载荷长度/m	载重/t
1.0	45
2.0	46
3.0	48
4.0	49
5.0	52
6.0	53
7.0	56
8.0	60
自重/t	22
自重系数	0.367
轴数	4
轴重/t	20.5
每延米重/（t/m）	4.55
车辆长度/mm	18 022
车辆宽度/mm	3 000
车辆最大高度（人力制动机垂直时）/mm	1 810
车辆定距/mm	13 500
承载面尺寸	
长×宽/（mm×mm）	8 000×3 000
上平面距轨面高（空车）/mm	630
端部地板面高/mm	1 090
车钩中心线高/mm	880
空车重心高度/mm	530
通过最小曲线半径/m	145
构造速度/（km/h）	100
转向架型式	转 8A
轴数	2
轴型	D
轴距/mm	1 750
轮径/mm	840
制动装置	
制动缸/（mm×mm）	ϕ203×305
三通阀	K_1
制动倍率	8.4
制动率（空车/重车）/%	77.8/20.9
人力制动机	旋转链式
车钩缓冲装置	
车钩	2 号下作用式
缓冲器	3 号
限界	空车符合 GB 146.1—1983《标准轨距铁路机车车辆限界》的要求
通过驼峰情况	禁止

（三）简要说明

1. 用途

供装运拖拉机、变压器、发电机、挖掘机、汽车等单件重量较大的货物用。

2. 技术性能特点

凹底架承载面的长度为 8 000 mm，宽度为 3 000 mm，距轨面高度为 630 mm。

3. 结构概况

该车由 1 个凹底架、2 台转 8A 型转向架，以及车钩缓冲、空气和人力制动装置等部件组成，如图 4-2-14 所示。凹底架的中梁和侧梁均由 45 号工字钢加下盖板组成。地板中部厚度为 8 mm，两端为 6 mm。中梁与侧梁均为变断面，中部高，两端低。全车设有 2 套空气制动机。

五、D_2 型凹底平车

（一）概　述

D_2 型 16 轴 210 t 凹底平车是根据铁道部（76）铁工字 134 号《关于下达 210 t 凹底平车设计任务书的通知》，由哈厂主持、四方所参加完成研制的大型凹底平车，如图 4-2-15～图 4-2-17 所示。

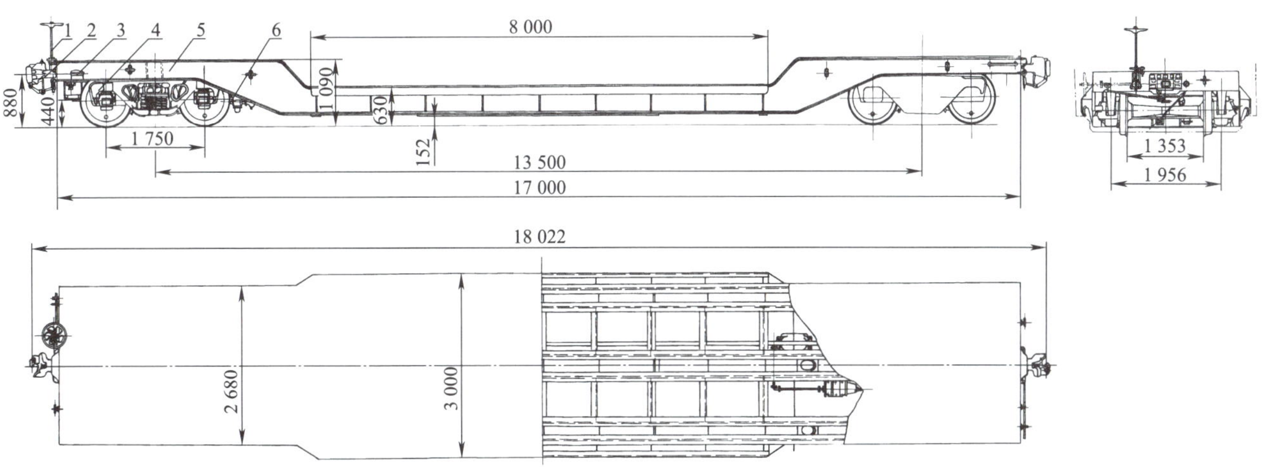

图 4-2-14 D_5 型凹底平车总图（CXD5-00-00-00）

1—人力制动装置；2—车钩缓冲装置；3—制动管路；4—转向架组成；5—底架组成；6—制动装置

图 4-2-15 D_2 型凹底平车空车（哈厂 1977 年起制造）

图 4-2-16 D_2 型凹底平车运输变压器

图 4-2-17　D_2 型凹底平车运输 149.8 t 定子和 172 t 高压加热器

1977 年 12 月，哈厂设计、试制出 2 辆 D_2 型凹底平车，1978 年 1 月，四方所会同哈厂等单位进行了静、动强度试验和动力学试验。1979 年哈厂对大底架的结构做了局部改进后，又试制了 3 辆，并进行了强度和刚度的补充试验。为查明 2 位、3 位转向架上部的制动阀与凹底架上弯角下部相碰的原因，1982 年 4 月，四方所会同哈厂等单位进行了部件相对运动试验。该车投入运用后，使用频率很高，受到用户的广泛好评。1982 年通过铁道部的技术鉴定，同年获铁道部部级重大科技成果四等奖。该型车于 1996 年进厂检修，均将 GK 型三通阀换为 120 型货车空气分配阀。至 1999 年，该车已制造 69 辆。

鉴于 D_2 型凹底平车设计制造年代较早，自重较大，当载重超过 176.3 t 时属超级超重，不能满足现有桥梁正常通过速度要求，使用受到制约。2008 年 6 月，铁道部运输局装备部组织专家，对中铁特货公司提出的 D_2 型车载重变更进行审查，并以运装货车电〔2008〕1735 号电报批复同意，载重由 210 t 改为 160 t。中铁特货公司负责向 D_2 型车现车所在铁路局联系，由就近货车车辆段更改现车标记，同时修改 HMIS 记录。由于 197730 型轴承密封不良且检修困难，2011 年哈厂将该车轴承由 197730 型装为 353130B 型，配套更换轴箱组成，6 月完成样车试改，2011 年 7 月铁道部运输局装备部组织轴承改造样车进行生产质量鉴定，并以运装货车电〔2011〕2244 号电报批复。

（二）主要技术规格

主要技术规格见表 4-2-5。

表 4-2-5　主要技术规格

项　　目	技术规格
载重/t	
均布	210
集载	
均布载荷长度/m	载重/t
1.0	175
2.0	178
3.0	180
4.0	183
5.0	187
6.0	190
7.0	196
8.0	200
9.0	210
自重/t	167
自重系数	0.79
轴重/t	23.6
每延米重/（t/m）	10.5
轴数	16
车辆长度/mm	35 400
车辆宽度/mm	2 780
车辆最大高度/mm	2 187
凹底架心盘距/mm	22 200
承载面尺寸	
长×宽/（mm×mm）	9 000×2 780
上平面距轨面高（空车）/mm	950
上平面距轨面高（空车）/mm	200

项　　目	技术规格
端部地板面高/mm	2 187
小底架心盘距/mm	5 800
车钩中心线高/mm	880
空车重心高度/mm	1 032
通过最小曲线半径/m	180
通过最小道岔	9 号
构造速度/（km/h）	80
转向架型式	Z10
轴数	4
轴型	E
轴距/mm	1 400—1 500—1 400
轮径/mm	840
心盘面自由高/mm	850
弹簧总刚度/（N/mm）	26 100
制动装置	
制动缸/（mm×mm）	ϕ356×254
三通阀	GK 型（120 型）
制动倍率	9
制动率（空车/重车）/%	27.1/30
人力制动机	链式
车钩缓冲装置	
车钩	13 号下作用式
缓冲器	2 号
限界	空车符合 GB 146.1—1983《标准轨距铁路机车车辆限界》的要求
通过驼峰情况	禁止

（三）简要说明

1. 用途

供装运大型变压器、发电机等重型货物用。

2. 技术性能特点

凹底架承载面长 9 000 mm，宽 2 780 mm，距轨面高 950 mm。

3. 结构概况

该车由 1 个凹底架、2 个小底架、4 台 Z10 型转向架，以及车钩缓冲装置、空气和人力制动装置等部件组成，如图 4-2-18 所示。

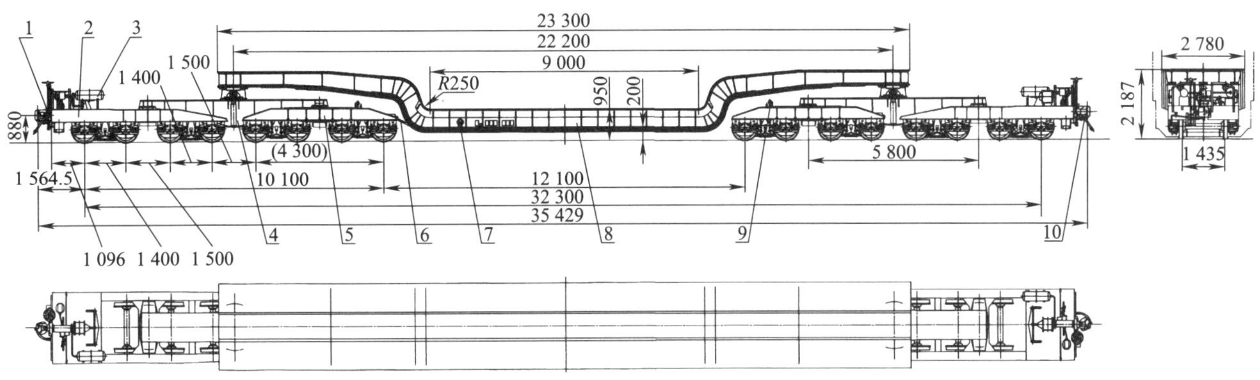

图 4-2-18　D_2 型凹底平车总图（HCD6-00-00-000）

1—人力制动装置；2—转向架（1 位、4 位）；3—空气制动装置（1 位、4 位）；4—小底架组成；5—转向架（2 位、3 位）；6—风控管路；7—铁路标记；8—凹底架组成；9—空气制动装置（2 位、3 位）；10—车钩缓冲装置

大底架为 16Mn 低合金钢全焊接结构，由 5 根纵梁、98 块隔板、筋板、檐板、垫板和 3 层地板等组焊而成。每根纵梁均由厚为 25 mm 的腹板、5 层 30 mm 厚及 1 层 20 mm 厚的下盖板组焊而成倒 T 形断面。地板为 3 层，厚度分别为 30 mm、20 mm 与 30 mm。上弯角内、外圆弧半径分别为 400 mm 与 800 mm，下弯角内、外圆弧半径分别为 250 mm 与 800 mm。

小底架也是 16Mn 低合金钢焊接结构，由中梁、小横梁、大横梁、上下心盘与油润装置等组成。中梁为箱形断面鱼腹梁，上盖板厚 30 mm，腹板厚 25 mm，下盖板为两层，每层厚 30 mm。大横梁位于中梁中间，两侧由厚 16 mm 的上盖板、厚 12 mm 的翼板和筋板组成。大心盘为半球形，球面半径为 350 mm。小心盘为浅球形，球面半径为 750 mm，心盘直径为 524 mm。大旁承为滚子式，旁承中心距为 1 520 mm。小旁承为圆锥形滚子式。

4. 使用维护注意说明

（1）不论空车回送还是重车运行前，均应检查大小心盘、大小旁承的作用性能，注入适量的润滑油或润滑脂。上下旁承的游间保持在 2～6 mm 范围内。

（2）空、重车调车时均不得通过驼峰。

（3）装车时应严格执行集载标记的要求。

六、D_{18A} 型凹底平车

（一）概　　述

D_{18A} 型凹底平车是根据部铁计〔1987〕1050 号附件（6）《1988 年铁路科学技术发展计划》（合同编号：88-机-14），由哈厂（主持）、四方所研制的大型凹底平车系列产品，如图 4-2-19 所示。1989 年 6 月，铁道部以铁科技函〔1989〕317 号文下达了《180 t 凹底平车设计任务书》。1990 年 2 月，完成设计，并于 1991 年初，完成样机试制。此后，由四方所与哈厂对样机进行了转向架静强度试验，大、小底架静强度和刚度试验，干线空车试运、空车动力学试验，重车试运和干线重车动力学试验。经各项试验、试运及全面检查验收，各项性能指标均达到设计任务书要求。根据部科技机〔1991〕195 号文，1991 年 12 月投入

运用试验。在两年多的运用试验中，装运变压器等大型设备 13 次，运行近2 万 km，车辆技术状态良好，运行安全，深受运用部门欢迎，1994 年通过铁道部鉴定。

图 4-2-19　D18A 型凹底平车

（二）主要技术规格

主要技术规格见表 4-2-6。

表 4-2-6　主要技术规格

项　目	技术规格
载重/t	
均布	180
集载	
均布载荷长度/m	载重/t
1.5	165
3.0	166
4.5	168
6.0	171
7.5	175
9.0	180
自重/t	135.45
轴数	16
轴重/t	19.7
每延米重/（t/m）	8.9
车辆长度/mm	35 470
车辆宽度/mm	2 850
车辆最大高度/mm	2 259
大底架全长/mm	23 540
大底架两心盘中心距/mm	22 440
承载面尺寸/mm	
长	9 000
上平面宽	2 850
下平面宽	2 320
上平面高（空车）	930
下平面高（空车）	200
车钩中心线高/mm	880

项　目	技术规格
空车重心高度/mm	970
转向架下心盘承面自由高/mm	800
小底架下心盘承面自由高/mm	1 253
转向架型式	Z20 型
轴数	4
轴型	RD2
弹簧总刚度/（kN/mm）	
空车	13.33
重车	29.49
车钩缓冲装置	
车钩	13 号（下作用）
缓冲器	2 号
制动装置	
制动缸/（mm×mm）	ϕ356×254
控制阀	120 型
人力制动	链式
构造速度/（km/h）	80
通过最小曲线半径/m	180
允许通过最小道岔	9 号
轨距/mm	1 435
限界	空车符合 GB 146.1—1983《标准轨距铁路机车车辆限界》的要求
通过驼峰情况	禁止

（三）简要说明

1. 用途

运输大型变压器、发电机定子等大型超重货物。

2. 技术性能特点

大底架采用全封闭式结构，工艺处理合理，基本上达到了使用寿命期内无检修。

3. 结构概况

主要承载件用 16Mn 低合金钢焊接而成。全车由大底架、2 个小底架、2 个 Z20A 型 4D 轴转向架（带车钩缓冲装置及人力制动装置）、两个 Z20B 型 4D 轴转向架（不带车钩缓冲装置及人力制动装置）、4 套制动装置、1 套风控管路、两套人力制动装置及两套车钩缓冲装置等部分组成，如图 4-2-20 所示。

（1）大底架组成

大底架采用 16Mn 低合金钢全封闭焊接结构型式，它由 5 根厚 20 mm（弯角处厚 30 mm）的纵向腹板，2 层各厚 20 mm 和 30 mm 的地板，3 层分别厚 25 mm、20 mm、20 mm 的下盖板，以及多块 20 mm

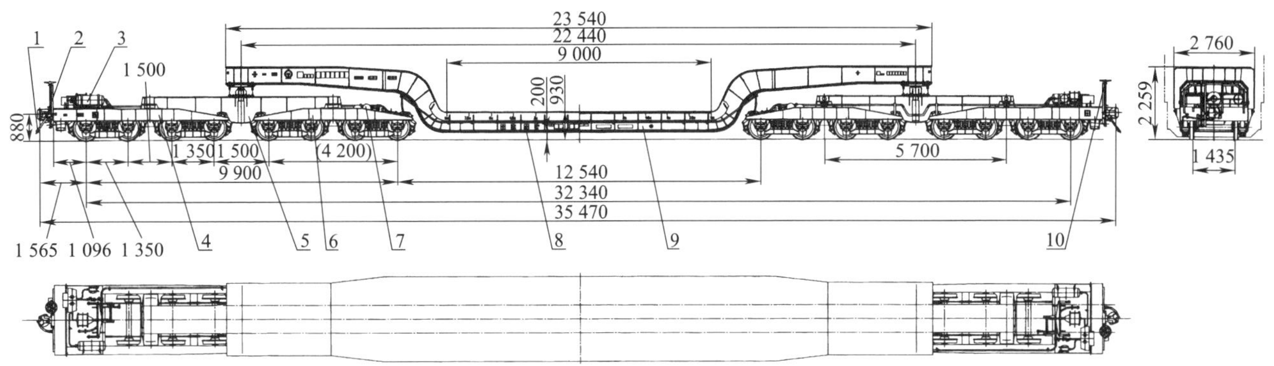

图 4-2-20　D18A 型凹底平车总图（HCD10-00-00-000）

1—风控管路；2—车钩缓冲装置；3—空气制动机 A；4—Z20A 型导框式转向架；5—小底架；6—Z20B 型导框式转向架；7—空气制动机 B；8—铁路标记；9—大底架；10—人力制动装置

的横向隔板、筋板等组成，在弯角部分的下盖板上还增加了补板，以加强腹板与下盖板的连接强度。大底架两端装有半径为 350 mm 的半球形上心盘和摩擦式上旁承。在封闭结构内的 3 根腹板与若干隔板间，通过连通孔相通，以防局部空气压力变化不均。在封闭结构的两端留有排气孔，以便在封完第一层地板后，对封闭结构内部进行漏泄试验，并按要求封好进、排气孔，以防空气进入，引起腐蚀。为掌握温度变化对全封闭结构的应力影响，在设计中加强了中间试验，制作了 1：2.5 的模型，经过模拟试验和理论计算，得出了应力变化规律（应力很小）和最佳的封口温度。大底架采用全封闭结构在国内尚属首创，充分利用限界范围内的有限空间，用较轻的自重获得较大的刚度（与其他结构型式比较）。同时为减少检修的工作量创造条件，底架全封闭部分，基本上可以达到无检修，但工艺复杂，制造难度大。

（2）小底架组成

小底架是联系 2 个 4D 转向架的重要承载件，也是采用 16Mn 低合金钢焊接结构，由中梁、横梁、枕梁、上下心盘与油润装置等部分组成。中梁为箱形鱼腹梁，是由 1 层厚 30 mm 的上盖板、2 层厚均为 20 mm 的下盖板及厚 20 mm 的腹板焊接组成。枕梁由厚 16 mm 上板、厚 12 mm 翼板和 14 mm 筋板组成。在小底架中央装有 *SR*350 mm 凹形半球下心盘和旁承距为 1 520 mm 的滚子下旁承。小底架两端装有 *SR*175 mm 半球形上心盘和旁承距为 1 450 mm 的圆锥形滚子旁承。

（3）转向架

Z20 型 4D 轴一体构架式转向架分为带车钩缓冲装置的 Z20A 型和不带车钩缓冲装置的 Z20B 型两种。为改善和提高凹底平车的动力学性能，对多轴转向架的轴载均衡和弹簧刚度做了研究。采用下悬吊轴箱均衡梁结构型式，变刚度弹簧，提高了空车静挠度（空车静挠度 20 mm、重车静挠度 42 mm）。经对 4 轴转向架进行非线性稳态曲线通过计算和试验表明，该车的动力学性能比一般同类产品长大货车多轴转向架有较大提高。设计中，对轴箱除用传统力学计算外，还通过有限元对轴箱的强度和刚度进行了计算。为了保证转向架制造质量，在研制中做了较大的工艺改进，对弹簧采取对原材料取样探伤检查，采用快速加热法避免氧化脱碳和过热，严格控制淬火水温和淬火后至回火的间隔时间，以确保弹簧的质量。对轴箱，由于轴箱体壁厚变化较大，外形复杂，为确保质量，采用多芯组合造型，加外冷铁等措施，达到顺序凝固的原则，保证轴箱质量。

4. 试验

（1）许用应力

大、小底架及转向架采用 16Mn 低合金钢。材料屈服极限 σs＝343 MPa，$[\sigma]$＝205 MPa。

（2）静强度试验

①底架

静强度试验时，由于条件的限制，且考虑到凹底平车车体本身的刚度较大，又禁止通过驼峰，故未做纵向力试验，只做了垂向载荷试验。用专用的加载铁块和轴坯钢进行加载。试验共进行了 4.5 m 集载 168 t、6 m 集载 171 t 及 9 m 均布 180 t、216 t 四种工况。通过强度试验可知，大底架最大静动合成应力为

−140.1 MPa，发生在上弯角上盖板上，小底架最大静动合成应力为 195.5 MPa，发生在下盖板断面变化处。

②转向架

转向架静强度试验，用 300 t 液压千斤顶在专用试验台上进行，被测试转向架为 B 型 4D 轴转向架。

（3）动强度试验

动应力的测点是从静应力较大的测点中选取的，其中大底架 3 点，小底架 2 点，转向架 3 点。D18A 型车，均布装载 180 t，重车运行试验在哈尔滨—双城堡间，最高速度 70 km/h 时，动荷系数见表 4-2-7。

表 4-2-7　动荷系数

部　　件	构　架	均衡梁	轴　箱	大底架	小底架
最大动荷系数	0.187	0.636	0.825	0.062	0.086

（4）刚度试验

在大底架和小底架做静强度试验的同时，用简易拉线法测量了大底架各测点挠度，用 WY 型位移传感器测量小底架各测点的挠度，并用挠跨比作为评定刚度的依据，见表 4-2-8。

表 4-2-8　刚度试验

部　　件	大　底　架			小　底　架
工　况	180 t/9 m	171 t/6 m	168 t/4.5 m	180 t/9 m
挠跨比	1/381	1/394	1/397	1/838

试验结果表明：D18A 型凹底平车转向架构架、轴箱、均衡梁和导框，大底架和小底架的最大测试应力均小于许用应力，强度足够，其刚度也能保证安全运行。

（5）动力学试验

四方所会同哈厂进行 D18A 型凹底平车动力学试验，试验主要测定小曲线半径（R170 m）和通过 9 号道岔时的脱轨安全性和平稳性、通过 R170 m 曲线运行时的钢轨动态挤宽量，干线运行时的脱轨安全性和平稳性，弹簧动挠度及大小底架、转向架等部件部分测点的动应力，同时也测定了振动加速度。

试验结果表明，D18A 型凹底平车空重车小曲线半径及干线运行时，最大脱轨系数小于 1.0 的评定标准。空车小曲线半径推进运行时，最大脱轨系数为 1.02，超出 1.0 的评定限度 2%，但未超过 GB/T 5599—1985 规定的第一限度（1.2）。在小半径曲线运行时，空重车的轮重减载率均小于 GB/T 5599—1985 规定的第二限度（0.60）。可满足运行安全性的要求。

运行中最大垂向加速度小于 0.7g 的评定限度，最大横向加速度小于 0.5g 的评定限度，满足车辆运行平稳性的要求。在通过 R170 m 曲线时的钢轨动态挤宽量小于 8 mm 的评定限度，运行中产生的最大钢轨横向力小于 $[Q]_1$（道钉拔起，道钉应力为弹性极限时的限度）的允许值，满足车辆曲线通过时对线路影响的要求。

5. 过桥检算

通过计算换算均布活载承载系数与“中—活载”承载系数进行比较，按编好的程序，由计算机来完成。重车过桥检算结果，除通过 14～18 m 跨的混凝土梁需限速至 55～58 km/h 外，通过其他跨度的混凝土梁及钢梁，均不用限速。

6. 使用维护说明

（1）空车回送或重车运行之前，应在小心盘、两级旁承注入适量的润滑油或润滑脂（特别是大底架与小底架间的下旁承，应经常保持润滑状态），并检查两级旁承的间隙。

大底架与每个小底梁左、右旁承游间之和为 8～12 mm，且每侧最小间隙不得小于 2 mm。小底架与每个转向架左、右旁承游间之和为 3～5 mm，且每侧最小间隙不得小于 2 mm。

（2）因小底架与转向架间的上旁承为吊滚式装置，测量间隙时应注意拨动滚子，如能活动自如，即为有间隙，至于间隙大小可通过改变上旁承滚子垫板及上旁承调整板调整。在平直线路上由于球形心盘在静态下无复原力，可能会出现同一侧各级旁承“压死”现象，待运行中能自调平衡。但各级旁承不得对角“压死”，至于在非平直线路上测量旁承间隙是无意义的。

（3）空、重车调车作业均不得通过驼峰。

（4）应严格按集载标记要求装载。

七、D12 型凹底平车

（一）概　　述

D12 型凹底平车是根据铁道部《1992 年铁路科学技术发展计划》（编号为 92J23）的安排做的科研项目。第一承担单位为哈厂，其他承担单位为四方所。齐厂曾于 1958 年为富拉尔基机械厂设计制造了 1 辆载重 120 t 焊接结构的凹底平车。1994 年 11 月样车落成，1994 年 12 月至 1995 年 1 月完成静、动强度及动力学试验。1995 年 9 月通过铁道部技术审查。1995 年 12 月，该车根据科技机〔1995〕171 号文投入运用考验，如图 4-2-21～图 4-2-23 所示。1996 年被评为国家级新产品，1997 年 6 月通过铁道部鉴定，1998 年 12 月被评为 1998 年度铁道部科技进步二等奖。

图 4-2-21　D12 型凹底平车

图 4-2-22　D12 型凹底平车运输 110 t 转子

图 4-2-23　D12 型凹底平车在俄罗斯口岸换装 90 t 变压器

（二）主要技术规格

主要技术规格见表 4-2-9。

表 4-2-9　主要技术规格

项　　目	技术规格	项　　目	技术规格
载重/t		自重/t	46.7
均布	120	自重系数	0.39
集载		每延米重/（t/m）	6.88
均布载荷长度/m	载重/t	构造速度/（km/h）	100
1.5	95	轴数	8
3.0	100	车辆长度/mm	24 238
4.5	105	车辆最大高度/mm	1 962
6.0	109	大底架心盘距/mm	16 200
7.5	113	大底架全长/mm	17 020
9.0	120		

续上表

项　　目	技术规格
承载面尺寸/mm 　大底架承载面长 　上平面宽 　下平面宽 　上平面高（空车） 　下平面高（空车）	 9 000 3 000 2 500 850 184
小底架两心盘中心距/mm	3 100
小底架下心盘面自由高/mm	941
车钩中心线距轨面高/mm	880
空车重心高度/mm	722
通过最小曲线半径/m	145
转 8A 改型转向架 　轴型	 RD2

项　　目	技术规格
组合式转向架轴距/mm 　转向架下心盘面自由高/mm 　轮径/mm	1 750—1 350—1 750 690 840
制动装置 　制动倍率 　制动率% 　　空车 　　重车	120 阀 9.25 67 31
车钩缓冲装置 　车钩 　缓冲器	 13 号（下作用式） 2 号
限界	空车符合 GB 146.1—1983《标准轨距铁路机车车辆限界》的要求
通过驼峰情况	禁止

（三）简要说明

1. 用途

用于运输中等重量的长大机电、机械、化工等货物。

2. 技术性能特点

（1）自重轻，凹底承载面低。结构简单，检修方便，通用性强。

（2）车钩缓冲装置装在小底架上。克服了 D_{10}、D_{22} 型车将车钩缓冲装置安装在车体大底架上，造成牵引梁过长、曲线通过能力差的特点。减小了车钩横向作用力，提高了车辆运行稳定性。

3. 结构概况

由 1 个大底架、2 个小底架、4 台转 8A 型转向架、2 套车钩缓冲装置、2 套空气制动装置及 2 套人力制动装置等组成，如图 4-2-24 所示。

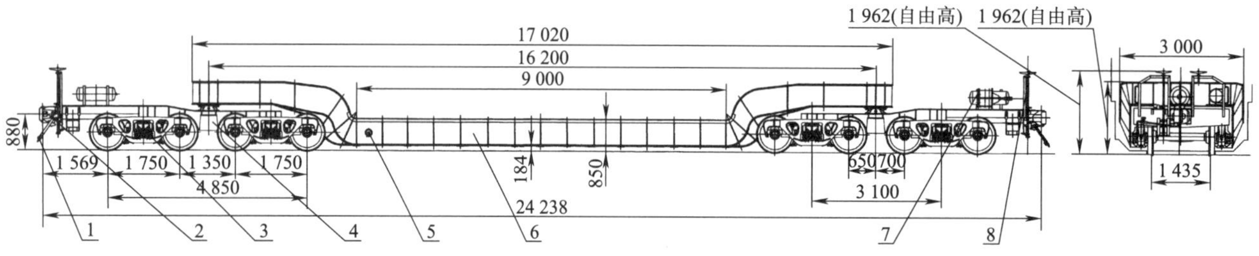

图 4-2-24　D_{12} 型凹底平车总图（HCD11-00-00-000）

1—风控管路；2—车钩缓冲装置；3—转向架；4—小底架；5—标记；6—大底架；7—空气制动装置；8—人力制动装置

大底架由中侧梁、隔板、横梁、地板组成。中、侧梁由厚 10 mm 的上盖板，两层厚分别为 16 mm 和 10 mm 的下盖板，厚 10 mm 的腹板组焊成箱形结构，中间以若干隔板、横梁连接，其上铺以厚 10 mm 地板。

小底架由箱形中梁、横梁、中枕梁、端梁、上下心盘及滚针旁承组成。其上安装车钩缓冲装置、空气制动装置及人力制动装置。

转向架采用 4 台改进型转 8A 型转向架，每 2 台组成一转向架群，组成后轴距为 1 750 mm—1 350 mm—1 750 mm。

空气制动装置采用了 120 型货车空气分配阀、ST2-250 型双向闸瓦间隙调整器、ϕ356 mm×254 mm 密封式制动缸、球芯折角塞门、组合式集尘器、制动风管内磷化处理以及法兰接头和空重车调节装置。

采用 C 级钢材质的 13 号下作用车钩、2 号缓冲器及链式人力制动机。

4. 试验

（1）许用应力

16Mn 低合金钢，当板厚 $\delta \leqslant 16$ mm 时，材料屈服极限 $\sigma_s = 323$ MPa。考虑 TB 1335—1978 安全系数，

大底架取许用应力 $[\sigma]$ =215 MPa，小底架取许用应力 $[\sigma]$ =205 MPa。

（2）大、小底架的静动强度、刚度试验

仅做垂向静载试验，加载方式为现车装载重块，同时测定大、小底架的应力及位移。刚度试验中，大底架采用拉线和位移计两种方法，小底架只采用位移计法。试验完成了 4 种工况：9 m 均布 120 t 载荷（相当于载重）；9 m 均布 145 t 载荷（相当于 1.2 倍载重）；6 m 均布 110 t 载荷（相当于集重）；4.5 m 均布 105 t 载荷（相当于集重）。

动强度试验是在静强度试验后，选取应力较大的测点，随车辆动力学试验进行动应力测试，并计算大、小底架的动荷系数。

大底架的动荷系数为 0.156，最大静、动应力合成为－205 MPa（对称测点的平均值）。刚度试验用拉线法，静置 48 h 后，大底架中央最大挠度值为 44 mm，挠跨比为 1/368，且无任何异常；用位移计法，大底架中央最大挠度值为 45.59 mm，挠跨比为 1/355。小底架的动荷系数为 0.33，最大合成应力为－142.7 MPa。小底架中央挠度值为 3.31 mm，挠跨比为 1/936。经过静动强度、刚度试验，大、小底架的最大合成应力均小于许用应力，刚度也满足使用要求。

（3）动力学试验

1994 年 12 月 22 日样车在哈厂内线路进行空、重车动力学试验。1995 年 1 月 3—4 日在哈尔滨站至兴隆镇站之间进行干线空、重车动力学试验。空、重车在小半径曲线及干线运行时，最大脱轨系数小于 1.2 的第一限度，空、重车轮重减载率均小于 0.65 的第一限度，车辆倾覆系数最大为 0.539，远小于 0.8 的限度，满足运行安全性的要求。该车垂向、横向最大加速度分别小于 $0.7g$ 和 $0.5g$ 的限度，满足运行平稳性要求。通过 R145 m 曲线时，对线路的弹性挤宽量为 2.71 mm，远小于 8 mm 的限度，满足车辆曲线通过时对线路的影响要求。

5. 过桥检算

过桥不受限。

6. 使用维护要求

（1）严格按集中载重标记要求装载。

（2）各转动配合零件之间填充润滑脂，各油盒应充满液体润滑油，并保证各部件正常工作。

（3）大底架与每个小底架左、右旁承间隙之和为 6～16 mm，且每侧最小间隙不得小于 2 mm。

（4）空、重车调车作业均不得通过驼峰。

八、D12K 型凹底平车

（一）概　　述

D12K 型凹底平车是根据铁道部科技装函〔2012〕39 号文要求，在保持原 D12 型凹底平车大小底架结构和参数基本不变的条件下，将转 8A 型转向架换装成转 K_2 型转向架改造而成的。该车于 2012 年 9 月完成改造施工图设计，12 月完成样车试改，2013 年 1 月进行空重车线路动力学试验，2013 年 9 月通过中国铁路总公司评审，如图 4-2-25 所示。

图 4-2-25　D12K 型凹底平车

（二）主要技术规格

D12 型凹底平车和 D12K 型凹底平车主要技术参数比较见表 4-2-10。

表 4-2-10 D12 型凹底平车和 D12K 型凹底平车主要技术参数比较

技术参数	D12 型	D12K 型
载重/t	120	120
自重/t	46.7	47.8
自重系数	0.39	0.4
轴重/t	20.85	20.98
每延米重/（t/m）	6.88	6.93
车辆长度/mm	24 238	24 230
大底架定距/mm	16 200	16 200
小底架定距/mm	3 100	3 100
转向架全轴距/mm	1 750—1 350—1 750	1 750—1 350—1 750
承载面长度/mm	9 000	9 000
承载面距轨面高度/mm	850	850
车钩中心线高/mm	880	880
车轮直径/mm	ϕ840	ϕ840
全车制动倍率	2×9.14	2×10.8
制动率/%		
空车	52.9	22.4
重车	30.7	16.7
通过最小曲线半径/m	145	145
最高运行速度/（km/h）	100	100
通过驼峰情况	禁止	禁止
限界	符合 GB 146.1—1983《标准轨距铁路机车车辆限界》的要求	

（三）提速改造

1. 小底架

小底架在 D12 型凹底平车的基础上换装与转 K_2 型转向架相匹配的上旁承、锻钢上心盘，上心盘孔距由 255 mm 改为 245 mm，端枕梁上心盘处加装 25 mm 的心盘垫板，心盘挡圈直径由 240 mm 改为 255 mm；换装适用于 MT-3 型缓冲器的冲击座，端梁上安装冲击座的孔下移 25 mm；牵引梁内加装钩尾框限位挡板；拆除小底架上原有空气制动装置和人力制动装置的附属件，重新安装附属件。

2. 转向架

将全车原有的 4 个转 8A 型转向架换装成转 K_2 型转向架，组合后轴距不变。1、4 位转向架图号为 QCZ86F-00-00，取消横跨梁总成（QCZ86A-90A-00）；2、3 位转向架图号为 QCZ85F-00-00。图 4-2-26 为带有空气制动装置的转 K_2 型转向架。

3. 空气制动装置

全车共有 2 套空气制动装置，每 2 个转向架共用 1 套。拆除原制动装置 ϕ356 mm×254 mm 的制动缸、120 型空气控制阀及 60 L 副风缸等，换装 ϕ254 mm×254 mm 整体旋压密封式制动缸及与之相配套的 120 型空气控制阀、40 L 不锈钢嵌入式风缸、改进型 ST2-250 型双向闸瓦间隙调整器、组合式集尘器。

4. 人力制动装置

将原链式人力制动机改为 NSW 型人力制动机。

5. 车钩缓冲装置

将原 13 号下作用车钩改为 E 级钢 13B 型下作用车钩，装用锻造钩尾框、含油尼龙钩尾框托板磨耗板；原 2 号缓冲器换装 MT-3 型缓冲器。

6. 心盘防脱装置

对心盘防脱装置进行了优化设计。由原来的 2 个上拉板改为 1 个上拉板，并取消了拉杆，上拉板与下拉板通过直径为 60 mm 的螺栓连接。图 4-2-27 为优化前后的心盘防脱装置。

图 4-2-26　带有空气制动装置的转 K_2 转向架

(a) 优化前

(b) 优化后

图 4-2-27　优化前后的心盘防脱装置

（四）试　　验

1. 闸瓦压力试验

该车与通用货车空气制动传动形式不同，为多级传动。为验证基础制动装置的传动效率，对样车分别进行了 3 次空重车静态闸瓦压力试验。试验结果表明，基础制动装置的传动效率平均值分别为 0.575（空车）和 0.72（重车）。

2. 动力学性能试验

根据铁道部科技装电〔2012〕149 号文《关于 D_{12K} 型凹底平车线路动力学性能试验工作安排的通知》，2013 年 1 月，由铁道部产品质量监督检验中心车辆检验站主持，在哈尔滨铁路局管内滨绥线的哈东—乌吉密间进行了空重车线路动力学试验。试验结果表明，各项性能指标满足 GB/T 5599—1985 的规定。

九、D_{26} 型凹底平车

（一）概　　述

D_{26} 型凹底平车是株厂与四方所密切配合，共同开发研制的国内首辆折角式凹底平车，如图 4-2-28～图 4-2-30 所示，曾是当时我国凹底平车系列中载重量最大的大车。该车是为满足上海电机厂运送大型电机、变压器等超限重型货物的需要而设计制造的，原为中车公司科技项目，因为其技术创新性，被列为 1997 年铁路科技发展计划（编号为 97J08）。

图 4-2-28　D_{26} 型凹底平车空车

图 4-2-29　D_{26} 型凹底平车运输发电机定子

图 4-2-30　D_{26}型凹底平车运输发电机定子专列

1996年11月，在满足用户提出的使用要求和广泛吸取国内外凹底平车先进技术经验的基础上，株厂会同四方所，进行了方案研讨，拟定了凹底架为折角结构的设计方案，并开展了结构强度分析。1997年1月，由四方所主持，株厂、长沙铁道学院参加，完成了1∶3凹底架模拟试验，验证了设计方案的可行性。1997年3月，向铁道部呈报设计建议书及设计方案，通过部科技司的设计方案审查。1997年7月，铁道部科技司以科技机〔1997〕045号文批复。1997年10月，完成试制，并经过了自株洲至上海闵行的试运行。1997年11至12月，由四方所主持，株辆厂和上海电机厂参加，在上海电机厂汽发车间完成了实物模拟静强度试验，在上海电机厂厂内和上海局管内新桥至嘉善间完成动强度和动力学试验。1998年1月至3月，完成载重量为217 t的300 MW发电机定子从上海至云南曲靖电厂专用线的首次运输，行程约2 800 km。1998年4月，D_{26}型凹底平车通过了铁道部科技司主持的技术成果鉴定，达到了国际先进水平；1999年获铁道部科技进步二等奖。

（二）主要技术规格

主要技术规格见表4-2-11。

表 4-2-11　主要技术规格

项　　目	技术规格
载重/t	
均布	260
集载	
均布载荷长度/m	载重/t
2.0	225
3.0	230
4.0	235
5.0	240
6.0	245
7.0	250
8.0	255
≥9.0	260
自重/t	140
自重系数	0.54
轴重/t	25
每延米重/（t/m）	9.66
轴数	16
车辆长度/mm	41 396
凹底架心盘距/mm	25 200
承载面尺寸	
长×宽/（mm×mm）	9 800×2 680
上平面高（空车）/mm	1 150
下平面高（空车/重车）/mm	250/125
中底架心盘距/mm	7 600
小底架心盘距/mm	3 000
旁承油缸起升高度/mm	200
车钩中心线距轨面高/mm	880

项　　目	技术规格
空车重心高度/mm	1 070
通过最小曲线半径/m	145
运行速度/（km/h）	
空车	90
重车	80
转向架型式	2E轴构架式
轨距/mm	1 435
轴距/mm	1 650
轮径/mm	840
心盘面自由高/mm	700
侧梁上平面自由高/mm	830
弹簧总刚度/（N/mm）	12 230
弹簧静挠度（空车/重车）/mm	23/60.7
制动装置	
制动缸/（mm×mm）	ϕ256×254
控制阀	120
制动倍率	8.6×4
制动率（空车/重车）/%	41.8/27.7
车钩缓冲装置	
车钩	13号
缓冲器	2号
限界	空车符合GB 146.1—1983《标准轨距铁路机车车辆限界》的要求
通过驼峰情况	禁止

（三）简要说明

1. 用途

运输发电机定子、变压器等重型超限货物。

2. 技术性能特点

（1）该车凹底架为折角式，可增加凹底装载长度，利于降低自重，并可简化工艺，方便制造。

（2）该车承载面低，空车距轨面高为 1 150 mm，可在铁路限界范围内运输大型货物。

（3）液压旁承装置，承担侧向载荷，通过曲线时可减小车体扭曲，起到均载的作用，具有起升功能，便于货物换装。

（4）2E 轴焊接构架式转向架，通过优化固定轴距和各邻轴距，有利于提高过桥限速，具有良好的运行平稳性。

3. 结构概况

该车由 1 个凹底架、2 个中底架、4 个小底架及液压旁承装置，8 台 2E 轴构架式焊接转向架、空气制动装置、人力制动装置，车钩缓冲装置等组成，如图 4-2-31 所示。

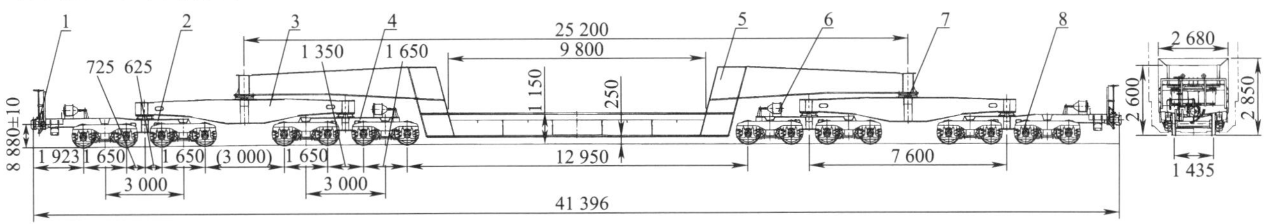

图 4-2-31　D26 型凹底平车总图（ZCH86-00-00-000）

1—车钩缓冲装置；2—小底架（1）；3—中底架；4—小底架（2）；5—凹底架；6—空气及人力制动装置；7—液压旁承装置；8—转向架

（1）凹底架

凹底架由 1 根承载梁、2 根端臂及心盘梁组成。承载梁由 2 层 30 mm 厚的上盖板、3 层 25 mm 厚的下盖板及 4 块 16 mm 厚的腹板组焊成封闭型箱形结构，截面高度 900 mm，两侧装有绳钩。端臂由 25 mm 厚的上盖板、30 mm 厚的前立板、40 mm 厚的下盖板和后立板及 16 mm 和 30 mm 厚的腹板组焊成共上盖板的双箱形结构，端臂折角部与水平方向倾角为 75°。心盘梁由 25 mm 厚的上盖板、40 mm 厚的下盖板及 25 mm 厚的腹板组焊成箱形梁，*SR*300 球面上心盘与心盘梁用铰孔螺栓连接。心盘衬垫采用 MC760 铸芯尼龙半球状整体衬垫，内涂润滑脂。

（2）中底架

主要由 1 根中梁、2 根端横梁组焊而成。中梁由 16 mm 厚的腹板、12 mm 厚的隔板、25 mm 厚的上盖板、30 mm 厚的下盖板组焊成箱形截面。球面下心盘组焊在中梁中部，中梁两端部下表面装有上心盘。

（3）小底架

主要由 1 根纵梁、中横梁和 2 根端横梁组焊成，位于车辆两端部的小底架各连接一个牵引梁，并装有通过台、脚蹬、栏杆、扶手等。纵梁由 16 mm 厚的腹板，12 mm 厚的上、下盖板组焊成箱形截面，中部装有下心盘，端部下表面装有 ϕ370 mm 上心盘。中横梁由 16 mm 厚的腹板和隔板、25 mm 厚的上盖板组焊而成。端横梁由 10 mm 厚的腹板和隔板、16 mm 厚的上下盖板组焊成箱形截面。牵引梁由 16 mm 厚的腹板和盖板、25 mm 翼板组焊而成。

（4）液压旁承装置

主要由 4 个旁承油缸及管路组成。旁承油缸安装在凹底架心盘梁两侧，每侧 2 个油缸连通，注入液压油后，承担侧向载荷，起均载作用，并兼有提升货物便于换装的作用。

（5）转向架

主要由构架、轮对轴箱弹簧装置、基础制动装置等组成。构架由 16 mm 厚的上、下盖板，12 mm 厚腹板组焊成箱形截面的心盘梁和侧梁，材质采用 16Mn 低合金结构钢。轮对轴箱弹簧装置的轮对采用 LM 型磨耗型踏面，一系轴箱弹簧悬挂，减振装置为双斜楔式摩擦减振器。基础制动装置采用高磷铸铁闸瓦、直立式制动杠杆，制动倍率为 6.5。

（6）空气、人力制动装置

共装有 4 套空气制动装置，采用 120 型制动机、ϕ356 mm×254 mm 密封式制动缸、球芯折角塞门、组合式集尘器等。2 套链式人力制动分别装在车辆两端。

（7）车钩缓冲装置

采用 13 号 C 级钢上作用式车钩、2 号缓冲器。

4. 试验

（1）许用应力

大、中、小底架材质为16Mnq，根据板厚许用应力取值如下：

板厚$\delta \leqslant 25$ mm，[σ] =216 MPa；板厚δ=26～36 mm，[σ] =204 MPa；板厚δ=37～50 mm，[σ] = 197.5 MPa。

（2）静强度试验

①底架

通过实物静止加载试验，测定底架在垂向载荷作用下的应力和变形。发电机定子和机座重184 t，其余垂向载荷用钢板来施加。根据大、中、小底架结构分析和大底架折角方案模拟试验结果，测点布置在应力较大的中央断面、折角处和断面变化处。为了解凹底架折角部的应力分布情况，在折角部腹板、前后立板等处布点。

通过强度试验可知，大底架主板的最大静动合成应力−227.5 MPa，发生在下内侧折角处，其纵向对称测点为−135.1 MPa，其所处的断面应力分布不均。该点与对称测点的应力平均值未超过许用应力。中底架最大静动合成应力发生在心盘附近，其值为−155.7 MPa，小底架最大静动合成应力发生在纵向梁心盘附近的上盖板上，其值为−174.0 MPa。强度可以满足要求。

②转向架

在专用试验台上，用油压千斤顶进行加载。试验对垂向总载荷工况和组合载荷工况（即垂向总载荷、垂向斜对称载荷及侧向载荷同时作用），在组合载荷工况下，最大应力为211.5 MPa，小于许用应力，可以满足要求。

（3）刚度试验

与底架静强度试验同时进行，采用位移传感器测试位移，兼用拉线法作参照。在260 t均布载荷（260 t/9 m）和自重共同作用下的刚度试验结果见表4-2-12。底架刚度可以满足运用要求。

表4-2-12　刚度试验

部　　件	大底架	中底架	小底架
中部挠度/mm	113.1	8.2	5.6
挠跨比	1/223	1/927	1/536

大底架均布加载260 t，静置48 h延时挠度测量中，未发现有明显的随时间而增加的变形。

（4）动强度试验

结合车辆动力学试验进行，选动应力测点6个，实测动荷系数见表4-2-13。车体动应力很小，利于货物平稳安全运输。

表4-2-13　动荷系数

部　　件	大底架			中底架		小底架
部　　位	中部	上弯角	下弯角	中部	心盘处	心盘处
动荷系数	0.096	0.133	0.068	0.119	0.132	0.284

（5）车辆动力学试验

厂内试验主要在上海电机厂厂内（包括R180 m小半径曲线，9号道岔）进行，干线动力学运行试验在上海铁路局管内新桥—嘉善间进行，试验结果如下。

①运行平稳性

空车的垂向和横向平稳性指标的平均值最大分别达3.34和3.19，最大值分别达3.77和3.40，由于平稳性指标主要以平均值为评定标准，空车的垂向和横向平稳性均属于优级。其重车的垂向和横向平稳性指标平均值最大分别达3.10和3.73，最大值分别达3.35和4.00。D_{26}型车重车的垂向和横向平稳性属于优良级。

②运行稳定性（安全性）

D_{26}凹底平车空重车通过厂区R180 m半径曲线，9号道岔和正线运行通过R600 m与R800 m半径曲线，车站侧线（12号道岔）通过时所测脱轨系数、轮重减载率、轮轨横向力均小于GB/T 5599—1985规范的要求，其中脱轨系数、轮重减载率均小于第二限度要求，该车具有良好的运行稳定性。

③倾覆稳定性

倾覆稳定性测试结果见表 4-2-14。

表 4-2-14　D26 型凹底平车倾覆稳定性

车　况	线　路	速度/（km/h）	D 平均值	D 最大值
空　车	R800 m	60	0.07	0.12
		80	0.10	0.14
	R600 m	60	0.13	0.16
		80	0.14	0.17
重　车	R800 m	50	0.15	0.22
		60	0.16	0.24
	R600 m	50	0.09	0.14
		60	0.13	0.18

空车倾覆系数最大值为 0.17，重车倾覆系数最大值为 0.24，由此可知该车具有优良的抗倾覆稳定性。

5. 过桥检算

（1）检算要求

梁跨承载系数满足部颁《铁路桥涵设计规范》中活载要求（即承载系数为 1.0）。计算的桥梁跨度范围包括：3～32 m 钢梁及钢筋混凝土梁常见跨度的检算，从跨度 3 m 起，以米为单位递增检算至 32 m；32 m 以上按铁道部颁标准跨度钢梁及钢筋混凝土梁检算。车辆按装载 260 t、250 t 及 230 t 分别进行计算。检算方法以铁道部颁《铁路桥梁检定规范》为依据。

（2）检算结果

①在装载 260 t 和车辆前后加挂空车的情况下，能够以 30 km/h 以上速度通过各种跨度的简支混凝土梁与钢梁；在车辆前后加挂重车的情况下，能够以 13 km/h 以上速度通过各种跨度的简支混凝土梁与钢梁。

②在装载 250 t 和车辆前后加挂空车的情况下，能够以 40 km/h 以上速度通过各种跨度的简支混凝土梁与钢梁；在车辆前后加挂重车的情况下，能够以 20 km/h 以上速度通过各种跨度的简支混凝土梁与钢梁。

③在装载 230 t 和车辆前后加挂空车的情况下，能够不限速通过各种跨度的简支混凝土梁与钢梁；在车辆前后挂重车的情况下，能够以 40 km/h 以上速度通过各种跨度的简支混凝土梁与钢梁。

6. 使用维护说明

（1）货物装载应按《超规》要求执行，严格按集中载重标记要求装载。

（2）车辆运行 2 万 km 后须向各心盘间补充油脂，以保持油润状态良好。

（3）液压旁承装置的油缸、油管和各种阀门每年须进行一次检修，检修按有关技术条件的规定。

（4）车辆在运输前应在平直道或水平道上检查和调整小底架与转向架、中底架与小底架间的旁承间隙。小底架与转向架，在同一转向架处左、右旁承间隙每侧为 1～3 mm。中底架与小底架在同一横梁处左、右旁承间隙之和为 6～8 mm，且同一中底架两对角的旁承间隙不得同时为零。

（5）凹底架与中底架之间的液压旁承，车辆使用前和货物装车加固后，均须检查一位侧连通旁承间距（凹底架心盘梁旁承处之下表面与中底架旁承处之上表面的距离，下同）之和与二位侧连通旁承的间距之和的差不大于 6 mm，且每侧管路的压力表显示的压力在 1～2 MPa 范围内。如达不到要求，应用手动液压泵给液压系统注油，调整两侧旁承间距。

（6）当卸货地点不具备吊起货物的能力，而只能将货物垂直于轨道横向移出时，采用起升卸货。

把液压系统的二位四通手动换向阀换向，使该阀两边过液压系统给不同油缸注油，调整各液压旁承高度，保证货物能平稳起升。

（7）车辆运输货物时，应指派专门人员押运，随时注意车辆的运行状态和货物的加固状态。

7. 运用情况

D26 型凹底平车于 1998 年 1 月装运总重 217 t 的 300 MW 发电机定子，正式投入第一次运营，从上海运往云南白水镇，行程 2 800 多 km，沿途经受了各种复杂线路等不利因素的考验，运行情况良好。其后至 1999 年 9 月又完成了 8 次载货运营：分别于 1998 年 5 月装载 217 t 货物，从上海发往天津，行程 1 100 km；装载 194 t 货物从上海发往黄桶，行程 250 km，2 次；装载 196 t 货物由上海发往黄桶；12 月装载 217 t 货物从上海发往淮北，行程 700 km，2 次；装载 210 t 电机定子由上海发往山东莱城，行程 900 km，2 次。

D26 型凹底平车的成功研制填补了国内空白，使我国凹底平车设计制造技术达到了国际先进水平，同时也增强了我国铁路大型货物运输的能力，缩短了运输周期，降低了运输成本，有明显的社会效益，也为今后研制更大吨位的凹底平车积累了宝贵的经验。

十、D25A 型凹底平车

（一）概　　述

D25A 型凹底平车是铁道部铁计〔1992〕1 号附件《一九九二年铁路科技发展计划》（合同编号 92J23）安排研制 250 t 凹底平车科研项目，如图 4-2-32～图 4-2-34 所示。1994 年，铁道部以铁科技函〔1994〕492 号文下达了《250 t 凹底平车设计任务书》。1996 年 9 月部审查通过了 250 t 24E 轴施工设计图。为了贯彻全路科技大会上提出的货车轴重 25 t 的科技发展纲要精神，进一步提高车辆性能指标，哈厂又于 1997 年向铁道部呈报了 16E 轴 25 t 轴重的 250 t 凹底平车施工设计图，铁道部下发科技机〔1997〕057 号《关于印发 250 t 16E 轴凹底平车第二次施工设计审查会纪要的通知》。1998 年 8 月，整车落成。经各项试验、试运及全面检查验收，该车各项性能指标达到了设计任务书和科技机〔1997〕057 号通知要求。1998 年 10 月，通过铁道部技术审查。1999 年 10 月，通过铁道部鉴定。

图 4-2-32　D25A 型凹底平车空车

图 4-2-33　D25A 型凹底平车运输变压器

图 4-2-34　D25A 型凹底平车运输轧辊

由于197730型轴承密封不良且检修困难，2014年12月哈厂完成换装轴承改造方案设计，将轴承由197730型换装为353130X2-2RZ或353130B型，配套更换轴箱组成，铁路总公司运输局装备部组织专家在北京对改造方案进行评审，并以运辆货车电〔2014〕3177号电报批复，哈厂于2015年7月完成样车改造。

（二）主要技术规格

主要技术规格见表4-2-15。

表4-2-15　主要技术规格

项　　目	技术规格
载重/t	
均布	250
集载	
均布载荷长度/m	集重/t
3.0	215
4.5	216
6.0	224
7.0	229
8.0	236
9.0	243
9.8	250
自重/t	142
自重系数	0.568
轴重/t	24.5
每延米重/（t/m）	9.58
构造速度/（km/h）	80
通过最小曲线半径/m	180
车辆长度/mm	40 910
换长	3.7
承载面尺寸	
长×宽/（mm×mm）	9 800×2 630
上平面高/mm	1 100
下平面高/mm	240
大底架两上心盘中心距/mm	25 570

项　　目	技术规格
小底架两上心盘中心距/mm	7 810
弹簧静挠度	
空车/mm	25
重车/mm	52.5
车钩中心线高/mm	880
空车重心高度/mm	1 115
转向架固定轴距/mm	1 450—1 500—1 450
转向架全轴距/mm	4 400
车轮直径/mm	840
轴颈中心距/mm	1 981
平均轴重/t	24.5
过桥速度（控制桥跨为19 m）/（km/h）	39.9
车钩缓冲装置	13号下作用式车钩和MT-3型缓冲器
制动装置	
制动缸/（mm×mm）	ϕ356×254密封式
三通阀	120阀
人力制动	链式
限界	空车符合GB 146.1—1983《标准轨距铁路机车车辆限界》的要求
通过驼峰情况	禁止

（三）简要说明

1. 用途

适于运输大型发电机定子和变压器等重型超限货物。

2. 技术性能特点

该车具有自重轻、大底架凹底承载面低、通过铁路桥梁性能好等特点。

3. 结构概况

D$_{25A}$型凹底平车由1个大底架、2个小底架、2个A型4E轴转向架、2个B型4E轴转向架、空气制动装置、人力制动装置和车钩缓冲装置等部分组成，如图4-2-35所示。

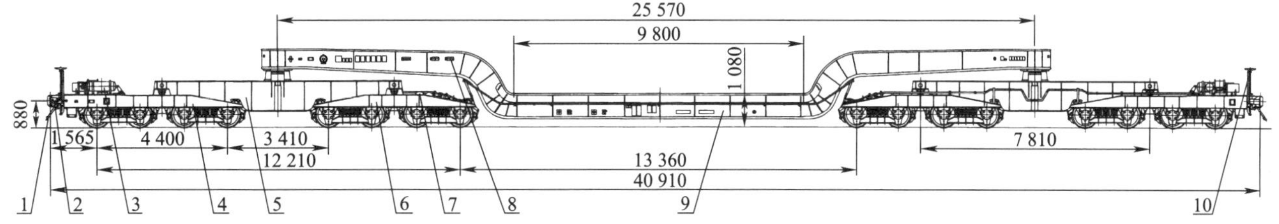

图4-2-35　D$_{25A}$型凹底平车总图（HCD12-00-00-000）

1—风控管路；2—车钩缓冲装置；3，7—空气制动装置；4，6—转向架；5—小底架；8—标记；9—大底架；10—人力制动装置

大底架采用全封闭结构，由4根厚16 mm（弯角处厚25 mm）腹板、2层地板（30 mm、30 mm）、3层下盖板（25 mm、25 mm、20 mm）以及若干横向隔板和筋板等组焊而成，材质为16Mnq。R300 mm

弯角至上弯角处采用 15MnVNq 低合金钢。大底架两端下部安装 *SR*350 mm 凸球型上心盘及上旁承。

小底架由 1 根箱形中梁、枕梁、横梁等部分组成，材质为 16Mnq。中梁由厚 30 mm 上下盖板及 2 根厚 20 mm 腹板组成，枕梁由厚 16 mm 上盖板、12 mm 翼板和 16 mm 筋板组成，横梁由厚 16 mm 上下盖板及腹板组成。小底架中央装有 *SR*355 mm 的凹球形下心盘及弹性旁承，两端装有 *SR*175 mm 凸球形上心盘及滚针旁承。

全车采用 4 组 4E 轴转向架，其中车辆两端为 A 型 4E 轴转向架，其上装有车钩缓冲装置和空气制动装置、人力制动装置，其余 2 组为 B 型 4E 轴转向架，其上仅有空气制动装置。4E 轴转向架由构架、轮对、轴箱、均衡弹簧及基础制动装置等部分组成。构架为 H 形导框式，由 2 根箱形侧梁、箱形枕横梁、牵引梁（仅 A 型转向架有）以及曲横梁等部分组成，材质为 16Mnq。均衡弹簧装置由均衡梁及不等高弹簧组成，均衡梁为箱形梁，由厚 20 mm 上下盖板及厚 16 mm 腹板组成，材质为 16Mnq。轴承为 197730 双列圆锥滚子轴承。

每个转向架具有独立使用的空气制动装置，全车共设 4 组，每组均由 120 型货车空气控制阀、ϕ356 mm ×254 mm 密封式制动缸、60 L 副风缸，组合式集尘器和球芯折角塞门等部分组成，不设空、重车调整装置；采用链式人力制动机；采用 13 号下作用车钩和 MT-3 型缓冲器。

4. 试验

(1) 许用应力

大、小底架和转向架材质为 16Mnq，根据板厚取值：板厚 $\delta \leqslant$25 mm，［σ］=216 MPa；板厚 $\delta \leqslant$26～36 mm，［σ］=204 MPa；板厚 $\delta \leqslant$37～50 mm，［σ］=197.5 MPa。大底架局部采用 15MnVN 材质，许用应力［σ］=264 MPa。

(2) 静强度试验

通过重块和钢板加载，测定 D25A 型凹底平车底架在垂向载荷下的应力和变形。通过强度试验，可知大底架的最大静动合成应力发生在下旁角下盖板上，其值为−236.8 MPa；小底架最大应力点发生在下心盘边缘，其最大静动合成应力为−171.6 MPa，小于许用应力。强度可以满足要求。

(3) 刚度试验

与底架静强度试验同时进行，试验结果见表 4-2-16。底架刚度可以满足运用要求，大底架静止载重 250 t/9.8 m，延时 48 h 后，未发现永久变形。

表 4-2-16　刚度试验结果　　单位：mm

工　况	自重 80.6 t	9.8 m 250 t	8 m 236 t	6 m 224 t	4.5 m 216 t
挠度值	20.5	80.5	79.3	75	72.7
合成挠度值		101	99.8	95.5	93.2
挠跨比		1/253	1/256	1/268	1/234

(4) 动强度试验

结合车辆动力学试验同时进行，动荷系数见表 4-2-17。

表 4-2-17　动荷系数

部　件	大底架			小底架	转向架
部　位	中部	上弯角	下弯角	心盘处	侧梁与枕横梁交焊处
动荷系数	0.14	0.07	0.07	0.19	0.2

(5) 车辆动力学试验

厂内试验主要在哈厂内（包括 180 m，小半径曲线，9 号道岔）进行。干线动力学运行试验在哈尔滨铁路局管内哈尔滨—乌吉密间进行，试验结果如下。

①运行平稳性

试验垂向和横向加速度均未超过 0.7*g* 和 0.5*g* 的评定限度。空车垂向和横向平稳性指标的平均值最大分别为 3.24 和 2.94，最大值分别为 3.61 和 3.19。重车垂向和横向平稳性指标的平均值最大分别为 3.48 和 2.64，最大值分别为 3.48 和 3.16。

②运行稳定性

D25A 型凹底平车空重车通过厂内 *R*180 m 曲线，9 号道岔和干线通过 *R*400 m，*R*600 m，*R*800 m 曲线，车站侧线通过12号道岔时的脱轨系数、轮重减载率、轮轨横向力均小于GB/T 5599—1985规定的要求。其中脱轨系数、轮重减载率均小于第二限度的要求，具有良好的抗脱轨安全性。

③倾覆稳定性

倾覆系数最大值发生在45 km/h速度通过12号道岔，空重车分别为0.31和0.44，该车具有良好抗倾覆稳定性。

5. 过桥检算

控制桥跨为19 m，限速为39.85 km/h。

6. 使用维护说明

（1）装载时应严格按集中载重标记要求装载。

（2）装载货物重心应尽量位于车体纵横中心线上，并应使大底架凹底承载上平面均匀受载，如有偏载时应不超过下述规定：横向偏载（沿车体纵向中心两侧）装载货物重心与车体纵向中心线的偏差不大于30 mm；纵向偏载（沿车体横向中心线两侧）装载货物重心与车体横向中心线的偏差不大于100 mm。

（3）4轴转向架：

①同一转向架各轮对直径之差不大于4 mm，且每个转向架端轮最大，向内递减，每个转向架群向小底架递减。A型转向架1位（16位）轮对轮径最大，向2（15）、3（14）、4（13）位递减；B型转向架8位（9位）轮对轮径最大，向7（10）、6（11）、5（12）位递减。

②同一转向架轴箱与导框组装后沿车体方向纵向间隙之和：1、4位为11～14 mm，2、3位为16～19 mm；沿车轴方向横向间隙之和：1、4位为10～13 mm，2、3位为17～19 mm。

③同一组均衡弹簧自由高度之差不大于1.5 mm，同一转向架各均衡弹簧自由高度之差不大于3 mm。

（4）旁承间隙：

①大底架与小底架间为常接触弹性旁承，如有间隙时加垫调整，调整垫厚度不超过14 mm。

②小底架与转向架左右旁承间隙之和4～10 mm。

③因小底架与转向架间为球形心盘，在平直线路上，由于球形心盘在静态时无复原能力，小底架与转向架间旁承间隙不得出现对角“压死”现象。

（5）下列各种载重下，通过混凝土桥梁的活载系数和限速值见表4-2-18。

表4-2-18　活载系数和限速值

载重/t	控制桥跨/m	活载系数	限速/（km/h）
215	19	0.961 19	60
216	19	0.963 86	60
224	19	0.985 21	60
231	19	1.003 90	58.4
236	19	1.017 25	53.4
243	19	1.035 94	46.5
250	19	1.054 63	39.9

（6）承载面均布加垫后，可运货物最大长度见表4-2-19。

表4-2-19　加垫后可运货物最大长度　　单位：mm

垫　厚	50	70	80	90	100	110	120
货物最大长度	10 131	10 185	10 207	10 228	10 247	10 264	10 280

（7）不同载重吨位下，凹底承载面距轨面高度见表4-2-20。

表4-2-20　不同载重下的凹底承载面距轨面高度

载重/t	180	190	200	210	220	230	240	250
承载面距轨面高/mm	984.8	980.4	975.8	971.5	966.9	962.5	958.0	953.5

7. 运用情况

1998年12月至1999年6月共装运5次，最大吨位237 t，走行约1万km。

十一、D15 型凹底平车

（一）概　述

D15 型凹底平车是根据铁道部铁计 1 号文 1996 年铁路科技研究开发计划（项目编号 96J22），由哈厂主持研制的，1997 年 5 月哈厂完成设计方案，1997 年 6 月通过部级设计方案审查，1998 年 12 月完成一辆样机试制，如图 4-2-36 所示。1999 年 4 月，完成 D15 型凹底平车的静强度及刚度试验，厂内和干线的空重车动力学性能试验，1999 年 7 月通过厂级技术鉴定和部级出厂技术审查，交付运用考验。2004 年 5 月通过了铁道部科技成果鉴定。

图 4-2-36　D15 型凹底平车

（二）主要技术规格

主要技术规格见表 4-2-21。

表 4-2-21　主要技术规格

项　目	技术规格	项　目	技术规格
载重		构造速度/（km/h）	90
均布/t	150	轴重/t	24.86
集载		通过最小曲线半径/m	150
均布载荷长度/m	集重/t	换长	2.3
1.5	129	转向架型式	2E 轴构架式
3.0	131	固定轴距/mm	1 650
4.5	134	轨距/mm	1 435
6.0	137	轮径/mm	840
7.5	142	轴颈中心距/mm	1 981
9.0	150	下心盘承载面自由高/mm	700
自重/t	48.88	构架上平面自由高/mm	825
自重系数	0.326	弹簧静挠度（空车/重车）/mm	22/61
承载面尺寸		挠跨比	≤1/300
长×宽/（mm×mm）	9 000×2 700	制动倍率	9.91×2
上平面高（空车/重车）/mm	900/816	制动率%	
下平面高（空车/重车）/mm	190/106	空车	69.0
大底架上心盘中心距/mm	16 700	重车	32.1
小底架两上心盘中心距/mm	3 250	限界	符合 GB 146.1—1983《标准轨距铁路机车车辆限界》的要求
车辆长度/mm	24 830		
空车重心高度/mm	748		
车钩中心线高/mm	880		
轴型/轴数	RE2A/8	通过驼峰情况	禁止
每延米重/（t/m）	8		

（三）简要说明

1. 用途

运输电力、冶金、化工、重型机械等行业的长大货物，如大型变压器、发电机定子等。

2. 技术性能特点

凹底承载面低、运行速度高、通过国内各种桥梁不受限制、结构简单新颖、维修方便、通用性能好。

3. 结构概况

主要由 1 个折角式全封闭大底架、2 个小底架、4 台焊接构架一体式 2E 轴转向架、2 套空气制动装置、2 套链式人力制动机、2 套车钩缓冲装置等部分组成，如图 4-2-37 所示。

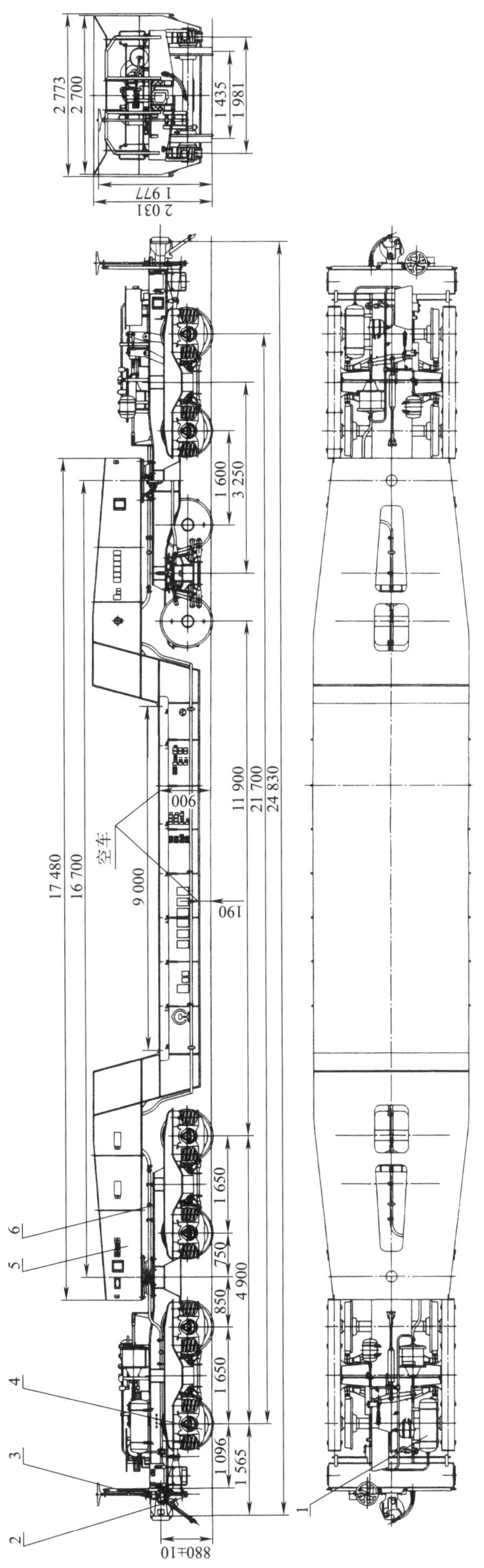

图 4-2-37　D15 型凹底平车总图（HCD18-00-00-000）

1—空气制动装置；2—人力制动装置；3—车钩缓冲装置；4—转向架；5—大底架；6—小底架

（1）大底架

大底架采用16Mnq低合金结构钢全焊接结构，由4块腹板、1块中部上盖板、1块中部下盖板、2块端部上盖板、2块端部下盖板、2块折角部上立板、2块折角部下立板、2块檐板、折角连接板以及若干隔板和筋板等组焊而成。大底架的两端安装 *SR*275 mm的浅球形上心盘、油润装置及滚针旁承。预制上挠量是控制大底架结构质量关键。在制造工艺上，首先用抛物线法进行理论计算，并充分考虑焊接变形的影响，制定合理的工艺设计方案，使大底架的上挠量达到设计要求。折角一体式全封闭大底架重要部位——折角部，采用数控下料、样板测量、控制焊接质量、探伤检验等手段，使大底架制造质量达到设计要求。

（2）小底架

由1根箱形中梁、1根大枕梁、2根小枕梁、1根端梁、2根侧横梁等组焊而成，其上安装上下心盘、间隙旁承、车钩缓冲装置、空气制动装置及人力制动装置等。

（3）空气制动装置

设有2套空气制动装置，分别安装在2个小底架上。由120型货车空气分配阀、ϕ356 mm×254 mm密封制动缸、ST2-250型双向闸瓦间隙调整器、60 L副风缸、组合式集尘器、管系磷化、空重车调整装置等部分组成。

（4）转向架

采用4台2E轴焊接构架式转向架，主要由整体式构架、轴箱悬挂装置、RE2型轮对、平面心盘、吊挂式单侧制动装置等部分组成。构架由2根箱形侧梁、1根枕梁及导框等部分组成，轴箱悬挂装置由不等高度螺旋弹簧及斜楔与直顶式减振装置组成。

（5）制动装置和车钩缓冲装置

采用链式人力制动机，采用C级钢13号下作用式车钩、MT-3缓冲器。

4. 试验

铁科院完成 D_{15} 型凹底平车静、动强度及动力学性能试验，静强度试验包括自重工况，9.0 m均载，7.5 m、6.0 m、3.0 m集载的强度与刚度试验。在滨绥线哈尔滨至乌吉密间进行干线空、重车动力学性能试验，由于受线路条件及试验用隔离车（N_{17} 型平车）限制，试验空车最高速度为102 km/h，重车最高速度为101 km/h，重车通过曲线半径 *R*600 m时最高速度为100 km/h，重车的整车合成重心距轨面高度为2.012 m。试验结果表明，强度、刚度和动力学性能符合TB/T 1335—1996、GB/T 5599—1985及设计任务书的要求。

（1）静动强度及刚度试验

大底架动强度测点设三点，为凹底中央截面上部一点、弯角处上下折角内焊缝上两点。经静、动强度试验，大底架所测焊缝处最大动荷系数为0.26，凹底中央截面最大动荷系数为0.17。大底架最大应力出现在载重150 t工况时弯角处上折角内侧，合成应力为205.0 MPa。所测焊缝的最大应力出现在载重150 t工况时弯角处上折角内侧焊缝，合成应力为92.7 MPa，小于材料的许用应力［σ］=220 MPa。大底架在垂向静载荷（载重150 t和自重）作用下，凹底架中央最大挠度为48.3 mm，挠跨比为1/345，小于1/300。

小底架试验的布点全放在两上心盘间，小底架动强度测点设一点，为中梁与大枕梁交界的下部弯角处。经静、动强度试验，小底架的最大动荷系数为0.30。小底架最大应力出现在载重150 t工况时中梁与大枕梁交界的上部弯角处，合成应力为−174.1 MPa，小于材料的许用应力［σ］=220 MPa。小底架在垂直静载荷（载重150 t和自重）作用下，中央最大挠度为1.62 mm，挠跨比为1/2 006，小于1/300。

转向架动强度测点设两点，为侧梁与枕梁交接的上部和轴箱的侧面上。经静、动强度试验，转向架最大动荷系数为0.39。转向架最大应力出现在枕梁靠近中央下部弯角处，合成应力137.6 MPa，小于材料许用应力。

（2）动力学试验

各项主要试验数据（运行速度100 km/h以内）如下。

①垂直振动加速度：重车各测点最大值和最大平均值发生在车辆以80 km/h速度通过 *R*400 曲线半径上，其值分别为0.43*g*、0.32*g*；空车各测点最大值和最大平均值发生在车辆以100 km/h速度通过 *R*600 m

曲线半径上，其值分别为 0.57g、0.51g。空重车的垂直振动加速度都小于 0.7g。

②横向振动加速度：重车各测点最大值和最大平均值发生在车辆以 80 km/h 速度通过 R600 m 曲线半径上，其值分别为 0.34g、0.38g；空车发生在车辆以 100 km/h 速度通过 R600 m 曲线半径上，其值分别为 0.41g、0.36g。空重车的横向振动加速度都小于 0.5g。

③轮重减载率：重车各工况最大值发生在车辆以 90 km/h 速度通过 R400 m 曲线半径上，其值为 0.50，最大平均值发生在车辆以 45 km/h 速度通过道岔，其值为 0.38；空车各工况最大值发生在以 45 km/h 速度通过道岔，其值为 0.54，最大平均值发生在车辆以 100 km/h 速度通过 R600 m 曲线半径上，其值为 0.49。空重车的轮重减载率都小于 0.60（第二限度值）。

④脱轨系数：重车各工况最大值和最大平均值发生在车辆以 45 km/h 速度通过道岔，其值分别为 0.73、0.41，空车各工况最大值发生在车辆以 45 km/h 速度通过道岔，其值为 0.74，最大平均值发生在车辆以 100 km/h 速度通过 R600 m 曲线半径上，其值为 0.60。空重车的脱轨系数都小于 1.0（第二限度值）。

⑤倾覆系数：重车各工况最大值和最大平均值发生在车辆以 20 km/h 速度通过 R180 m 曲线半径上，其值分别为 0.27、0.13；空车各工况最大值发生在车辆以 45 km/h 速度通过道岔，其值为 0.42，最大平均值发生在车辆以 90 km/h 速度通过 R800 m 曲线半径上，其值为 0.18。空重车的倾覆系数都小于 0.8。

⑥钢轨挤宽量：重车最大值为 5.7 mm，小于 8 mm。

⑦平稳性指标：重车各工况最大值发生在车辆以 70 km/h 速度通过 R600 m 曲线半径上，其值为 3.11，最大平均值发生在车辆以 100 km/h 速度运行在直线上，其值为 2.67。空车各工况最大值和最大平均值发生在车辆以 100 km/h 速度通过 R600 m 曲线半径上，其值分别为 3.12、2.89。空重车的平稳性指标都小于 3.5，达到了优级标准。

⑧轮轨横向力：重车各工况最大值和最大平均值发生在车辆以 90 km/h 速度通过 R400 m 曲线半径上，其值分别为 44.5 kN、34.5 kN；空车各工况最大值发生在车辆以 45 km/h 速度通过道岔，其值为 39.4 kN，最大平均值发生在车辆以 100 km/h 速度通过 R600 m 曲线半径上，其值为 22.0 kN。空重车的轮轨横向力都小于 55.54 kN，不会拔起道钉（道钉应力为弹性极限时的应力）。

5. 过桥检算

检算结果表明，该车能够通过国内各种铁路桥梁。

6. 使用维护与保养

（1）空车回送或重车运行之前，应在油润装置中注入适量的润滑油，检查两级旁承的间隙。大底架与每个小底架之间的左右旁承游间之和为 16～22 mm，且每侧最小间隙不得小于 8 mm；小底架与每个转向架之间的左右旁承游间之和为 4～8 mm，且每侧最小间隙不得小于 2 mm。

（2）应严格按集载标记要求装载，见表 4-2-22。

表 4-2-22　集载标记装载要求

集载长度/mm	1.5	3	4.5	6	7.5	9
载重/t	129	131	134	137	142	150

十二、D_{2A} 型凹底平车

（一）概　　述

为了在更大范围内适应运输货物的要求，达到载重 210 t 能顺利通过国内各种铁路桥梁，根据铁道部铁计〔1997〕1 号文件《1997 年铁路科技研究开发计划》（编号 97J38）中的有关要求，哈厂 1997 年 5 月呈报新 D_2 型 210 t 凹底平车设计任务建议书及施工设计图纸，1997 年 6 月铁道部在哈尔滨主持召开了 150 t、210 t 凹底平车设计任务书及设计方案审查会，1998 年 10 月 31 日完成样机试制，如图 4-2-38 所示。1998 年 10 月和 1999 年 4 月静强度、刚度试验及整车动力学试验完成，并通过部级技术审查。2004 年 5 月通过铁道部科技成果鉴定。

（二）主要技术规格

主要技术规格见表 4-2-23。

图 4-2-38　D_{2A}型凹底平车

表 4-2-23　主要技术规格

项　　目	技术规格
载重	
均布/t	210
集载	
均布载荷长度/m	集重/t
3.0	178
4.5	183
6.0	189
7.5	197
9.0	210
自重/t	136
自重系数	0.65
承载面尺寸/mm	
长	9 000
上平面高（空车）	930
下平面高（空车/重车）	240/120
大底架两上心盘中心距/mm	23 050
小底架两上心盘中心距/mm	6 300
车辆长度/mm	36 880
换长	3.4

项　　目	技术规格
转向架/mm	
固定轴距	1 450—1 500—1 450
轴距	4 400
弹簧静挠度/mm	
空车	24
重车	49.4
轴颈中心距/mm	1 981
车钩中心线高/mm	880±10
空车重心高度/mm	1 072
每延米重/（t/m）	9.38
构造速度/（km/h）	80
通过最小曲线半径/m	180
轴重/t	21.6
大底架挠跨比	1/252
过桥速度/（km/h)(限速桥跨 18 m)	41.3
限界	空车符合 GB 146.1—1983《标准轨距铁路机车车辆限界》的要求
通过驼峰情况	禁止

（三）简要说明

1. 用途

供装用大型发电机及变压器等长大货物用。

2. 技术性能特点

满载时通过限速能顺利通过国内各型铁路桥梁。

3. 结构概况

该车由 1 个大底架、2 个小底架、2 个 A 型 4E 轴转向架、2 个 B 型 4E 轴转向架，以及空气制动装置、人力制动装置和车钩缓冲装置等部分组成，如图 4-2-39 所示。

大底架采用了全封闭结构，由 4 根厚 16 mm（弯角处厚 25 mm）腹板、2 层地板（30 mm、30 mm）、3 层下盖板（25 mm、25 mm、20 mm）以及若干横向隔板和筋板等组焊而成。材质主要为 16Mq 低合金结构钢，并在 15MnVNq 与 16Mnq 两种不同材质焊接性能试验及焊接疲劳强度、断裂韧性试验基础上，地板弯角处采用了 15MnVNq 低合金结构钢，解决了大底架局部高应力区问题。

小底架材质为 16Mnq 低合金结构钢，主要由 1 根箱形中梁、枕梁、横梁等部分组成。中梁由厚 30 mm 的上盖板、下盖板及厚 20 mm 腹板组成。在小底架中梁中央上部装有 *SR*355 mm 凹球形下心

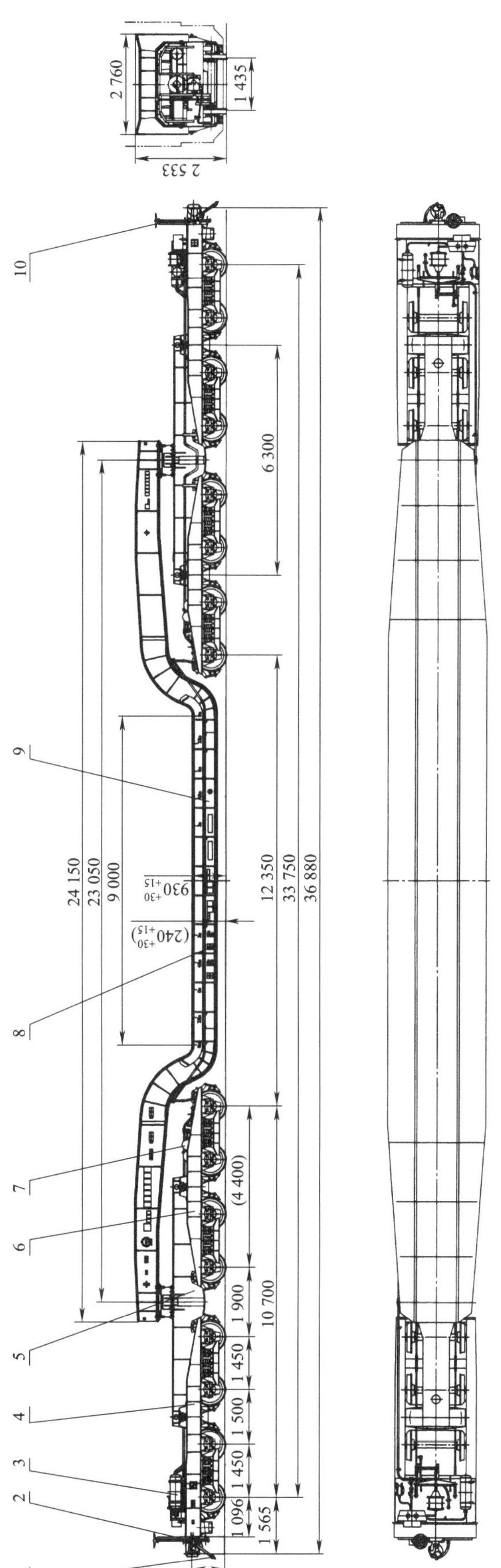

图 4-2-39　D2A 型凹底平车总图（HCD-24-00-00-000）

1—风控管路；2—车钩缓冲装置；3，7—空气制动装置；4，6—转向架；5—小底架；8—标记；9—大底架；10—人力制动装置

盘，中梁两侧枕横梁上部装有弹性旁承，中梁两端下部装有 *SR*175 mm 凸球形上心盘，两侧横梁下部装有中系列滚针旁承。通过动力学试验数据可以看出，弹性旁承的采用对整车的稳定性起到了很大的作用。

转向架采用 4E 轴导框式焊接一体转向架，采用下悬吊轴箱均衡梁、不等高二级刚度弹簧组、仿承载鞍轴箱、H 形整体焊接构架等新结构和新技术，经过对该车进行的动力学性能计算和试验表明，改善了凹底平车的动力学性能。

每个转向架具有独立使用的空气制动装置，全车共设 4 组，每组均由 120 型货车空气控制阀、ϕ356 mm×254 mm 密封式制动缸、60 L 副风缸、组合式集尘器和球芯折角塞门等部分组成，不设空重车调整装置。人力制动装置采用链式人力制动机。车钩缓冲装置采用 13 号下作用式 C 级钢车钩和 2 号缓冲器。

4. 试验

（1）静动强度及刚度试验

由铁科院机辆所主持，于 1998 年 11 月至 12 月在厂内进行了大、小底架的静强度及刚度试验，包括自重工况、集载工况及 9 m 均载工况，各项指标均满足 TB/T 1335—1996 和设计要求。1999 年 4 月 18 日、24 日在厂内分别进行了空、重车试运；4 月 19 日、25 日在滨绥线哈尔滨至乌吉密间进行了干线空、重车动力学试验，空车最高时速达 103 km；重车装载 214 t，整车合成重心高为 2 010 mm，最高时速达 91 km。试验结果表明，空、重车动力学性能及动强度各项指标均符合 GB/T 5599—1985 的规定。

大底架动强度测点设三点，为凹底中央截面上部一点、上下弯角处两点。经静、动强度试验，大底架所测弯角处最大动荷系数为 0.15，凹底中央截面最大动荷系数为 0.151。大底架最大应力出现在载重 210 t 工况时上弯角处内侧，合成应力为－263.5 MPa。大底架在垂直静载荷（载重 210 t 和自重）作用下，凹底中央最大挠度为 91.7 mm，挠跨比为 1/252，小于 1/250。小底架动强度测点设一点，近小心盘侧面下断面。经静、动强度试验，小底架的最大动荷系数为 0.29。小底架最大应力出现在载重 210 t 工况时近小心盘侧面下断面处，合成应力为 147.2 MPa。小底架在垂直静载荷（载重 210 t 和自重）作用下，中央最大挠度为 5.7 mm，挠跨比为 1/1 105，小于 1/250。

（2）动力学试验

垂直振动加速度：重车各测点最大值发生在车辆以 60 km/h 速度通过 *R*400 m 曲线半径上，其值为 0.42*g*；空车各测点最大值发生在车辆以 80 km/h 速度通过 *R*400 m 曲线半径上，其值为 0.51*g*。空重车的垂直振动加速度都小于 0.7*g*。

横向振动加速度：重车各测点最大值发生在车辆以 60 km/h 速度通过 *R*600 m 曲线半径上，其值为 0.33*g*；空车发生在车辆以 45 km/h 速度通过 12 号道岔，其值为 0.43*g*。空重车的横向振动加速度都小于 0.5*g*。

轮重减载率：重车各工况最大值发生在车辆以 45 km/h 速度通过 12 号道岔，其值为 0.49，平均值为 0.42；空车各工况最大值发生在以 45 km/h 速度通过道岔，其值为 0.56，平均值为 0.41。空重车的轮重减载率都小于 0.60（第二限度值）。

脱轨系数：重车各工况最大值和最大平均值发生在车辆以 45 km/h 速度通过 12 号道岔，其值各为 0.76、0.46；空车各工况最大值发生在车辆以 45 km/h 速度通过 12 号道岔，其值为 0.76，平均值为 0.45。空重车的脱轨系数都小于 1.0（第二限度值）。

倾覆系数：重车各工况最大值发生在车辆以 45 km/h 速度通过 12 号道岔，其值各为 0.29，空车各工况最大值发生在车辆以 80 km/h 速度通过直线，其值为 0.43。空重车的倾覆系数都小于 0.8。

钢轨挤宽量：重车最大值为 1.122 mm，小于 8 mm。

平稳性指标：重车垂向和横向平稳性指标最大值分别为 3.76、3.59，平均值为 3.17、3.10。空车垂向和横向平稳性指标最大值分别为 3.79、3.82，平均值为 3.27、3.44。空重车的平稳性指标小于 3.5，为优级标准。

轮轨横向力：重车各工况最大值和最大平均值发生在车辆以 45 km/h 速度通过 12 号道岔，其值各为

43.6 kN、31.8 kN；空车各工况最大值发生在车辆以 45 km/h 速度通过道岔，其值为 39.4 kN，最大平均值发生在车辆以 100 km/h 速度通过 R600 m 曲线半径上，其值为 40.3 kN。

5. 过桥检算

过桥检算结果表明：控制桥跨为 18 m，限速为 41.3 km/h。

6. 使用维护与保养

（1）大底架与每个小底架之间为常接触旁承，如有间隙时加垫调整，调整垫厚度不超过 10 mm；小底架与每个转向架之间的左右旁承游间之和为 4～10 mm。

（2）应严格按集载标记要求装载，见表 4-2-24。

表 4-2-24　集载标记装载要求

集载长度/mm	3	4.5	6	7.5	9
载重/t	178	183	189	197	210

十三、D_{2G} 型凹底平车

（一）概　　述

由于现有的 D_2 型 210 t 凹底平车的自重较大，满载时过桥受限，只能减载使用。在保持原 D_2 基本参数和转向架结构不变的条件下，对大、小底架进行改造，减轻自重 18.2 t，满载时通过限速能顺利通过国内各型铁路桥梁。根据铁道部车辆局辆技〔1996〕140 号文《关于同意 D_2 型平车减轻自重改造设计方案的通知》要求，哈厂于 1997 年 5 月末完成 2 辆样机，同年 6 月通过试验。至 1999 年底，已按该方案新造、改造共计 30 辆，如图 4-2-40、图 4-2-41 所示。

图 4-2-40　D_{2G} 型凹底平车

图 4-2-41　D_{2G} 型凹底平车运输发电机定子（2009 年 3 月）

（二）主要技术规格

主要技术规格见表 4-2-25。

表 4-2-25　主要技术规格

项　　目	技术规格
载重	
均布/t	210
集载	
均布载荷长度/m	集重/t
1.5	177
3.0	181
4.5	186
6.0	188
7.5	197
9.0	210
自重/t	148.5
自重系数	0.707
轴重/t	22.4
每延米重/（t/m）	9.869
转向架型式	Z10（带车钩缓冲装置者为Z10A型，不带车钩缓冲装置者为Z10B型）
轴数	16
轴型	E
弹簧静挠度/mm	
空车	15.16
重车	40.68
车辆长度/mm	36 330

项　　目	技术规格
大底架全长/mm	23 800
大底架两心盘中心距/mm	22 700
凹底承载面长度/mm	9 000
小底架两心盘中心距/mm	6 200
车辆最大高度/mm	2 359
承载面尺寸/mm	
长	9 000
上平面宽	2 780
下平面宽	2 340
上平面高（空车）	950
下平面高（空车）	230
空车重心高度/mm	1 074.4
车钩中心线高/mm	880
构造速度/（km/h）	80
通过最小曲线半径/m	180
轨距/mm	1 435
换长	3.3
过桥速度/（km/h）（限速桥跨 18 m）	25.7
限界	空车符合 GB 146.1—1983《标准轨距铁路机车车辆限界》的要求
通过驼峰情况	禁止

（三）简要说明

1. 用途

供装用大型发电机及变压器等长大货物用。

2. 技术性能特点

满载时通过限速能顺利通过国内各型铁路桥梁，使其能够在更大范围适应用户要求。

3. 结构概况

由 1 个大底架、2 个小底架、2 个 A 型 4E 轴转向架、2 个 B 型 4E 轴转向架、空气制动装置、人力制动装置和车钩缓冲装置等部分组成，如图 4-2-42 所示。大底架由原 D_2 的 5 根┻形纵向梁结构，改为国内首次采用 4 块腹板全封闭结构。转向架 A、转向架 B、空气制动装置、人力制动装置和车钩缓冲装置等部分均为 D_2 原结构。大底架自重由原来 96.9 t 降至 80.5 t，减轻 16.4 t。大底架两端装有 *SR*350 mm 半球形上心盘和摩擦式上旁承，旁承距为 1 520 mm。小底架主要由 1 根箱形中梁、枕梁、横梁、上下心盘及旁承装置等部分组成。小底架比原 D_2 心盘距加长 400 mm。小底架枕梁上装有 *SR*355 mm 凹球形下心盘和旁承距为 1 520 mm 的滚子下旁承；横梁上装有 *SR*175 mm 凸球形上心盘和旁承距为 1 450 mm 的圆锥滚子上旁承。改造前后大小底架对比见表 4-2-26。

4. 试验

（1）静强度及刚度试验

1997 年 5 月至 6 月，铁科院机辆所与哈厂共同对 D_{2G} 大小底架做静强度及刚度试验。试验时模拟该车实际运用情况，进行自重、9 m 均载及 6 m、3 m、1.5 m 集载静强度及刚度试验，试验结果满足规范要求。

（2）动力学试验

D_{2G} 型凹底平车转向架部分没有改变，因此未进行动力学试验。

5. 过桥检算

满载 210 t 时通过控制桥跨为 18 m 的混凝土桥梁时限速 25.7 km/h。改造前后部分桥跨限速比较见表 4-2-27。

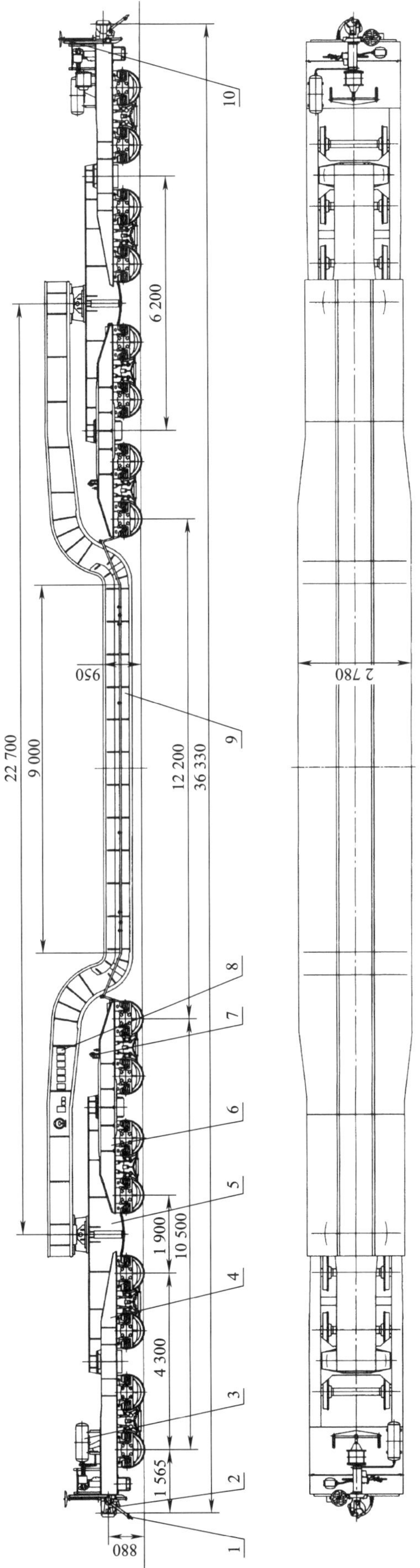

图 4-2-42 D2G 型凹底平车总图（HCD6B-00-00-000）

1—风控管路；2—车钩缓冲装置；3—空气制动装置（1、4位）；4—Z10A型四轴转向架；5—小底架；6—Z10B型四轴转向架；7—空气制动装置（2、3位）；8—标记；9—大底架；10—人力制动装置

表 4-2-26 改造前后大、小底架对比

车型	大底架		小底架	
	心盘距/mm	自重/kg	心盘距/mm	自重/kg
D2G	22 700	80 505	6 200	6 404.4
D2	22 200	96 949.8	5 800	7 198.6

表 4-2-27 改造前后部分桥跨限速比较

车型	载重/t	自重/t	总重/t	平均轴重/t	通过铁路混凝土桥限速/（km/h）			
					桥跨 14 m	桥跨 16 m	桥跨 18 m	桥跨 20 m
D2G	210	148.5	358.5	22.4	30.9	26.6	25.7	29.5
D2	210	166.7	376.7	23.54	1.1	0	0	2.8

6. 使用维护说明

（1）空车回送或重车运行之前，应在两级旁承间注入适量的润滑油或润滑脂（特别是大底架与小底架间的下旁承，应经常保持润滑状态。弹性旁承除外）。

（2）空、重车调车作业均不得通过驼峰。

（3）应严格按集载标记要求装载，见表 4-2-28。

表 4-2-28 集载标记装载要求

集载长度/mm	1.5	3	4.5	6	7.5	9
载荷/t	177	181	186	188	197	210

7. 运用情况

首次承运货物为常州东芝变压器公司为贵州安顺电厂制造的变压器。货物重 197 t，属超级超限。为考验该车运用状况，中铁特货公司、铁科院、哈厂各自派人组成试运小组对运输全程进行监测，分别负责运输协调、测试运输全程货物所受冲击状况、车辆技术状态检查工作。1997 年 12 月 2 日从新闸镇站发车，走行约 2 300 km，1998 年 1 月 1 日安全到达安顺电厂专用线。全程监测结果表明，车辆各部件技术状态良好，强度、刚度及车辆动力学性能均满足使用要求。

十四、D16G 型凹底平车

（一）概　述

D16 型落下孔车是原民主德国进口车辆，该车仅能运输宽度小于 2 300 mm，直径小于 ϕ4 600 mm 的货物，使用频率低，因此将 D16 落下孔车改为凹底车能充分挖掘运输设备潜力，满足特货运输需要。根据中铁特货公司的要求，在保持 D16 落下孔车载重吨位、小底架等不变的条件下，重新设计一个大底架，转向架由转 7 型滑动轴承转向架改为转 8 型滚动轴承转向架，并由落下孔车改为凹底平车，1998 年 7 月哈厂完成了方案设计，8 月通过了部级方案设计审查，9 月末完成了样车试制，11 月静强度及刚度试验完成。1999 年 4 月完成转向架换型改造工作，全车经全面检查验收及厂内试运，各项性能指标均达到设计要求。该车共改造 6 辆，如图 4-2-43 所示。

（二）主要技术规格

主要技术规格见表 4-2-29。

图 4-2-43 D16G 型凹底平车

表 4-2-29 主要技术规格

项 目	技术规格	项 目	技术规格
载重/t	110	车钩中心线高/mm	880
自重/t	53.9	轴型/轴数	RD2/8
自重系数	0.49	构造速度/（km/h）	80
承载面尺寸		通过最小曲线半径/m	180
长×宽/（mm×mm）	9 000×2 800	轴重/t	20.3
上平面高（空车）/mm	900	每延米重/（t/m）	6.41
下平面高（空车）/mm	200	换长	2.3
大底架两上心盘中心距/mm	17 270	限界	空车符合 GB 146.1—1983《标准轨距铁路机车车辆限界》的要求
小底架两上心盘中心距/mm	3 250		
车辆长度/mm	25 420		
空车重心高度/mm	877	通过驼峰情况	禁止

（三）简要说明

本车改造设计方案的原则是：保持该车载重吨位及小底架、空气制动、人力制动、车钩缓冲装置等参数基本不变，对大底架进行改造设计，转向架由转 7 型滑动轴承转向架改为转 8A 型滚动轴承转向架。

1. 用途

可适应装运电力、冶金、化工、重型机械等行业的阔大货物，如大型变压器、发电机定子等货物。

2. 技术性能特点

该车具有自重轻、承载面低、通用性强、使用方便等特点。

3. 主要结构

该车主要由 1 个大底架、2 个小底架、4 个二轴转向架、空气制动装置、人力制动装置和车钩缓冲装置等部分组成，如图 4-2-44 所示。

（1）大底架组成

大底架采用全封闭焊接结构，具有自重轻、检修工作量少、使用寿命长等优点。具体由 4 根 10 mm 厚纵向腹板（弯角部厚度为 14 mm）、20 mm 厚地板（两端为 10 mm）、20 mm 厚下盖板（两端为 10 mm）以及多块 10 mm 厚的横向隔板（弯角部为 16 mm）和 8 mm 厚的筋板组焊而成。大底架两端采用减宽及上下盖板减薄以降低自重。弯角部采用腹板加厚，上下盖板加补强板来提高大底架的强度和刚度。

（2）小底架组成

小底架采用原车小底架，由型钢焊接而成。

（3）转向架

为提高车辆运行品质，确保车辆零部件的通用性，由转 7 型滑动轴承转向架改为转 8A 型滚动轴承转向架。

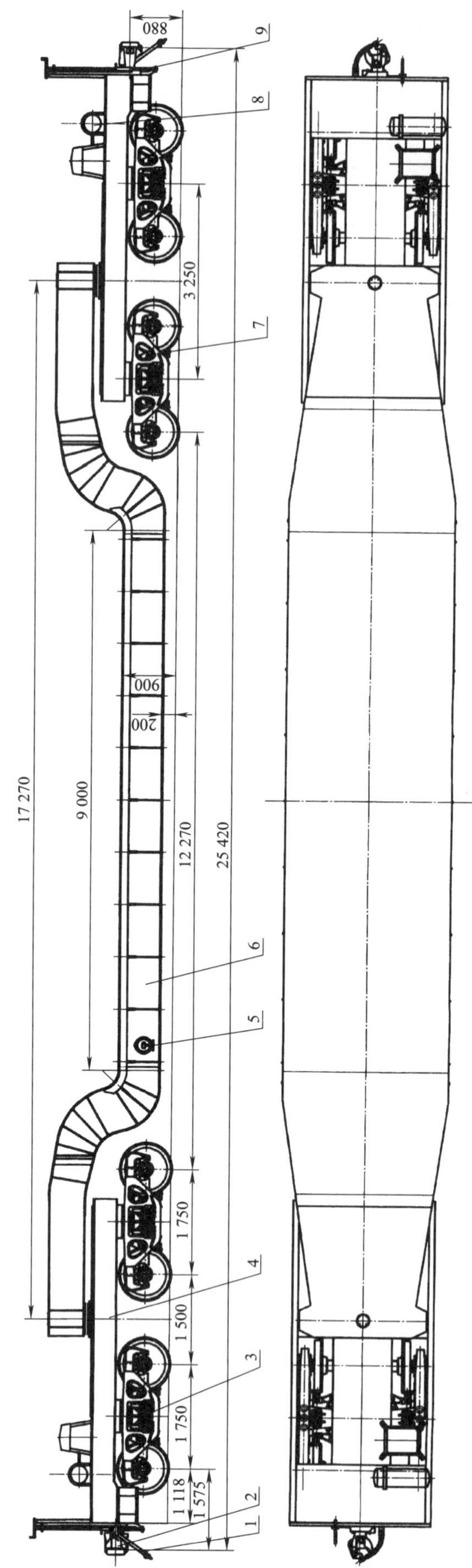

图 4-2-44　D16G 型凹底平车总图

1—风控管路；2—车钩缓冲装置；3，7—转向架；4—小底架组成；5—标记；6—大底架组成；8—空气制动装置；9—人力制动装置

（4）空气制动装置

车辆两端各有1套空气制动装置，分别由GK型三通阀、ϕ356 mm×254 mm制动缸、副风缸、降压气室、折角塞门、截断塞门、远心集尘器及制动管路等部分组成（原结构）。

（5）人力制动机

采用旋转链式人力制动机（原结构）。

4. 试验及运用情况

1998年11月，铁科院与哈厂进行了静强度及刚度试验，其强度及刚度均满足设计要求，见表4-2-30。

表4-2-30　中央截面的应力和挠度及弯角部的最大应力

位　置	中央截面		弯角部	
	有限元	试验值	有限元	试验值
应力/MPa	177.1	194.5	193.2	213.4
挠度/mm	48.3	44.3	—	—

5. 过桥检算

经检算，该车能顺利通过国内各种铁路桥梁。

十五、D18G型凹底平车

（一）概　述

D18型180 t落下孔车是由原民主德国进口的车辆，由于该车仅能运输ϕ4 600 mm×2 300 mm尺寸范围内的货物，装货范围小，使用率非常低。根据中铁特货公司提出的要求，由落下孔车改为凹底平车。1998年完成全部设计及样机，如图4-2-45所示。1999年1月由铁科院主持完成大底架静强度及刚度试验。

图4-2-45　D18G型凹底平车

（二）主要技术规格

主要技术规格见表4-2-31。

表4-2-31　主要技术规格

项　目	技术规格	项　目	技术规格
载重/t	180	空车重心高度/mm	877
自重/t	154.9	车钩中心线高/mm	880
自重系数	0.86	通过最小曲线半径/m	180
平均轴重/t	20.8	换长	3.5
每延米重/（t/m）	8.75	构造速度/（km/h）	80
大底架心盘中心距/mm	23 900	过桥速度/（km/h)(限速桥跨18 m)	55
中底架心盘中心距/mm	6 350	限界	空车符合GB 146.1—1983《标准轨距铁路机车车辆限界》的要求
承载面尺寸 长×宽/（mm×mm） 上平面高（空车）/mm	 9 000×2 700 930		
车辆长度/mm	38 000	通过驼峰情况	禁止

（三）简要说明

1. 用途

供装用大型发电机及变压器等长大货物用。

2. 技术性能特点

保持该车载重吨位不变，将落下孔车改造为凹底平车。保持原D18型落下孔车中底架、小底架、转向架、空气制动、人力制动、车钩缓冲装置等部分不变，对大底架进行改造设计。

3. 结构概况

由1个大底架、2个中底架、2个A型小底架、2个B型小底架、8个两轴转向架、空气制动装置、人力制动装置和车钩缓冲装置等部分组成，如图4-2-46所示。

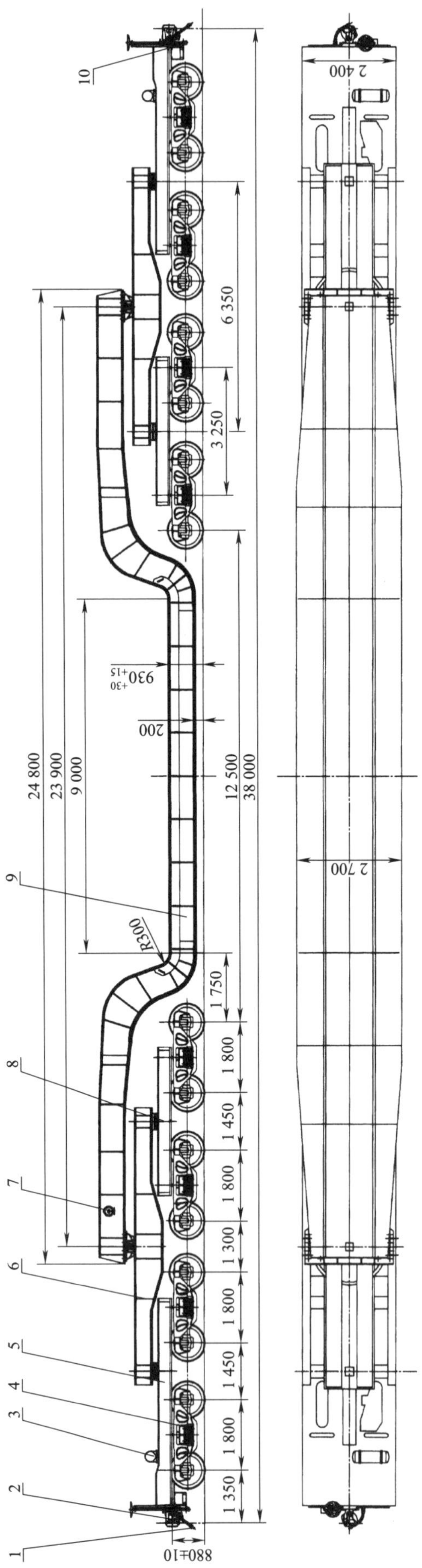

图 4-2-46　D18G 型凹底平车总图（HCD21-00-00-000）

1—风控管路；2—车钩缓冲装置；3—空气制动机；4—转向架；5—小底架组成（A）；6—中底架组成；7—标记；8—小底架组成（B）；9—大底架组成；10—人力制动机

大底架由 4 根厚度为 16 mm（弯角处 25 mm）纵向腹板、2 层地板（30 mm、30 mm）、3 层下盖板（25 mm、20 mm、20 mm）、端枕梁、若干横向隔板及筋板等组焊而成全封闭结构。大底架两端下部装有球形上心盘及滚轮上旁承。上盖板小弯角处采用 15MnVNq，其余部分采用 16Mnq。中底架、A 型小底架、B 型小底架、转向架、空气制动装置、人力制动装置、车钩缓冲装置等部分均为 D_{18} 型车原结构。

4. 试验

大底架材质主要采用 16Mnq，下弯角上盖板采用 15MnVNq，其许用应力分别为 216 MPa 和 264 MPa。模拟实际运用情况，进行自重、9m 均载以及 7.5m、6m、3m 集载静强度和刚度试验。试验中最大应力发生在下弯角上盖板，合成应力值为－236.3MPa，小于 15MnVNq 许用应力，其余截面最大合成应力值为 179.6MPa，最大合成挠度 95.4mm，挠挎比为 1/251，小于 1/225。大底架强度及刚度满足设计要求。

因转向架部分没有改变，因此未进行动力学试验。

5. 过桥检算

满载 180 t 时通过控制桥跨为 18 m 的混凝土桥梁时限速 55 km/h。

十六、D_{9G} 型凹底平车

（一）概　　述

D_9 型 230 t 凹底平车是我国 1956 年从原民主德国进口的，由于承载面距轨面过高，因而装货范围小，使用频率低。根据铁路特种货物运输的迫切需要，为使 D_9 型 230 t 凹底平车能够较大范围适应用户要求，哈厂于 1998 年 6 月呈报了《关于呈报 D_9 型 230 t 凹底平车改造设计方案的报告》，8 月通过了部级方案设计审查，11 月完成试制，12 月完成大底架静强度及刚度试验，如图 4-2-47 所示。3 辆 D_9 型凹底平车中，2 辆改成 D_{9G} 型凹底平车，1 辆改成 D_{19G} 型落下孔车。

图 4-2-47　D_{9G} 型凹底平车

（二）主要技术规格

主要技术规格见表 4-2-32。

表 4-2-32　主要技术规格

项　　目	技术规格	项　　目	技术规格
载重/t	230	换长	4.0
自重/t	176.61	空车重心高度/mm	1 202
自重系数	0.77	车钩中心线高/mm	880
每延米重/t	9.13	挠跨比	1/249
平均轴重/t	20.33	构造速度/（km/h）	80
承载面尺寸		通过最小曲线半径/m	180
长×宽/（mm×mm）	9 300×2 570	轨距/mm	1 435
上平面高（空车）/mm	1 150	限界	空车符合 GB 146.1—1983《标准轨距铁路机车车辆限界》的要求
下平面高（重车）/mm	109		
大底架心盘中心距/mm	27 000		
小底架心盘中心距/mm	7 550		
车辆长度/mm	44 520	通过驼峰情况	禁止

（三）简要说明

1. 用途

供装运大型发电机及变压器等长大货物。

2. 技术性能特点

（1）承载面距轨面高比原来降低 700 mm，承载面长度增加 300 mm。

（2）满载时能顺利通过国内各型铁路桥梁，使其能够在更大范围适应用户要求。

3. 结构概况

该车主要由 1 个大底架，2 个小底架，2 个 1 位、4 位 5D1 轴包板式转向架，2 个 2 位、3 位 5D1 轴包板式转向架，空气制动装置，人力制动装置和车钩缓冲装置等部分组成，如图 4-2-48 所示。

大底架由 4 根厚 16 mm（弯角处 25 mm）纵向腹板、2 层地板（30 mm、30 mm）、3 层下盖板（25 mm、25 mm、20 mm）、端枕梁、若干横向隔板及筋板等组焊而成全封闭结构。大底架两端下部装有 *SR*340 mm 上心盘及滚轮上旁承。在大底架两端中央的两块腹板间局部去除上下盖板，降低自重；在弯角处采用提高局部腹板厚度的办法增强弯角处的腹板刚度和提高截面惯性矩；上下盖板弯角部设有加强板，以改善局部应力状态。小底架组成、转向架、空气制动装置、人力制动装置、车钩缓冲装置等部分与原 D_9 型车相同。

4. 试验

1998 年 12 月，完成 D_{9G} 凹底平车大底架静强度及刚度试验。模拟该车实际运用情况，进行自重、9.3 m 均载及 6 m、3 m 集载静强度及刚度试验。最大应力发生在下盖板下弯角外边缘，为 215.9 MPa。在静载荷下，自重加载重最大挠度为 108.4 mm，挠跨比为 1/249。大底架强度及刚度均满足设计要求。

5. 过桥检算

该车满载通过控制桥跨为 19 m 的混凝土桥梁时限速为 27.1 km/h。

十七、D_{32} 型凹底平车

（一）概　　述

D_{32} 型凹底平车是按照中铁特货公司 2002 年 3 月大型凹底平车招标技术规范的要求及 2002 年度铁道部科技发展计划项目（编号 2002J022）的安排，由齐厂主持，哈厂、四方所、铁科院等单位参加而开发研制的。

2002 年 3 月完成总体方案设计，2002 年 4 月，在中铁特货公司 320 t 凹底平车评标会上中标。2002 年 6 月，委托四方所进行整车受力分析和横向倾覆稳定性分析；2002 年 7 月，委托大连铁道学院完成结构部件强度、刚度有限元分析和模态分析，委托西南交通大学完成了整车动力学性能分析。2002 年 8 月，铁道部在齐齐哈尔组织召开了 320 t 凹底平车设计任务建议书及设计方案审查会。齐厂根据本次技术审查会意见，对设计方案进行了进一步优化，并适当减轻了该车自重；同时还委托大连铁道学院进行了整车模态分析。2003 年 5 月下旬进行整车静强度试验。6 月 10 日至 14 日，对该车进行了正线和厂内的空重车动力学试验和重车超高动力学试验。8 月，铁道部在北京组织召开了 320 t 凹底平车技术审查会。铁道部以科技装函〔2003〕78 号文件转发了会议纪要，同意通过样车技术审查，可投入运用考验。2003 年 8 月和 11 月，该车两次成功地完成了陕西韩城电厂 2 台 600 MW 发电机定子的运输任务。运输监测结果表明，凹底架、大底架的合成应力及监测的各项动力学性能指标满足了有关标准和运用要求，如图 4-2-49～图 4-2-52 所示。

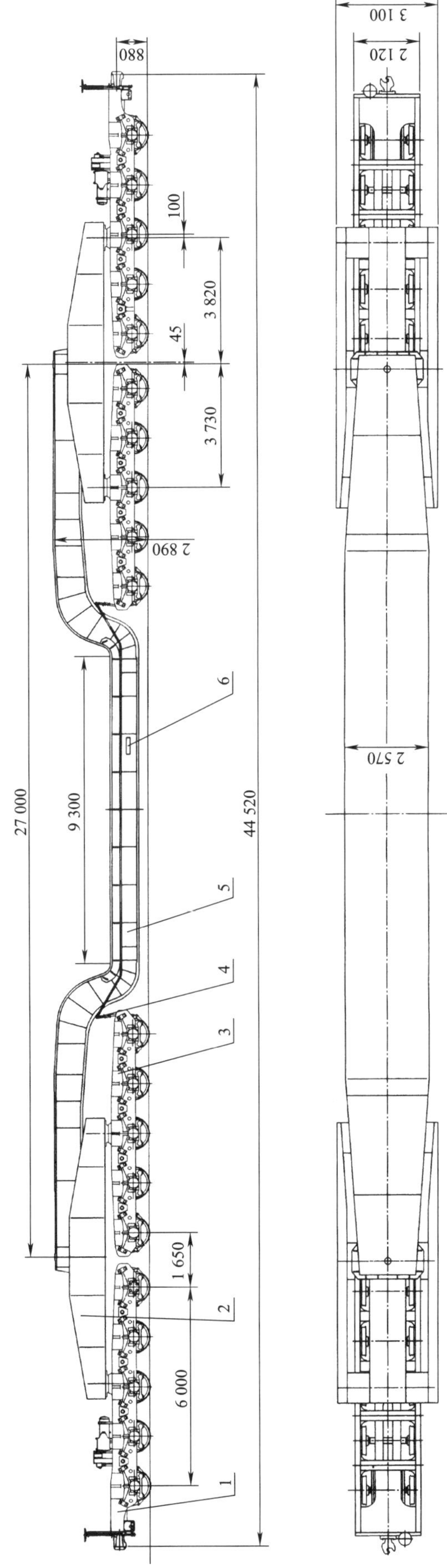

图 4-2-48　D9G 型凹底平车总图（HCD16-00-00-000）

1—A型转向架；2—小底架；3—B型转向架；4—风控管路；5—大底架；6—标记

图 4-2-49　D32 型 320 t 凹底平车空车

图 4-2-50　D32 型 320 t 凹底平车运输哈尔滨电机厂 600 MW 发电机定子

图 4-2-51　D32 型凹底平车运输哈尔滨电机厂发电机定子

图 4-2-52　D32 型 320 t 凹底平车运输发电机定子

（二）主要技术规格

主要技术规格见表 4-2-33。

表 4-2-33　主要技术规格

项　　目	技术规格	项　　目	技术规格
载重/t	320	中底架两上心盘中心距/mm	6 600
集重/t 7 m 9 m 10 m	 300 315 320	小底架两上心盘中心距/mm	3 250
		制动率/% 空车 重车	 35.5 14.8
自重/t	226	弹簧静挠度/mm 空车 重车 当量	 20 46.2 35
自重系数	0.71		
轴数	24		
轴重	22.8		
每延米重/（t/m）	9.28	车钩中心线高/mm	880
最大运行速度/（km/h） 空车 重车	 100 50	转向架/mm 固定轴距 转向架全轴距 车轮直径 轴颈中心距 下心盘直径 心盘面高 空车 重车	 1 750 4 400 800 1 981 375 685 659
通过最小曲线半径/m	180		
凹底架升降高度/mm	±50		
车辆长度/mm	58 860		
空车重心高度/mm	1 570		
内导向距/mm	24 800		
承载面尺寸 长×宽/（mm×mm） 上平面高（重车可调）/mm 下平面高（重车可调）/mm	 10 500×2 900 1 150 150	过桥速度（通过控制桥跨为 26 m 时）/（km/h）	13.76
		限界	空车符合 GB 146.1—1983《标准轨距铁路机车车辆限界》的要求
凹底架两上心盘中心距/mm	33 800		
大底架两上心盘中心距/mm	12 050	通过驼峰情况	禁止

（三）简要说明

1. 用途

适于运输大型发电机定子和变压器等重型超限货物。

2. 技术性能特点

（1）载重大、承载面低、承载面长，装卸货物方便。

（2）设有液力升降装置，可调整地板面高度，提高了超限货物运输能力。

（3）设有侧移与内导向装置，可减少通过曲线时的内偏移量，增大了运输货物宽度。

（4）凹底架采用全封闭结构，弯角部采用双折角过渡，缩短凹底架长度，利于降低车辆自重。简化工艺，减少检修，延长寿命。

（5）采用屈服强度为 685 MPa 的高强度钢材，减轻自重。

（6）液压旁承纵向补偿装置，减少车辆通过缓和曲线时车体所受的扭转载荷，改善凹底架的受力状态。

3. 结构概况

D_{32} 型凹底平车由 1 个凹底架、2 个大底架、4 个小底架、12 个 4E 轴转向架、液压系统、空气制动装置、人力制动装置和车钩缓冲装置等部分组成，如图 4-2-53、图 4-2-54 所示。

（1）凹底架

凹底架为折角式全封闭焊接结构。由中部上下盖板、隔板、折角前立板、折角后立板、变厚度纵向腹板、变厚度的端部上下盖板及导向销座等组成。端部上下盖板、腹板、折角前立板均为变厚度板；中部上

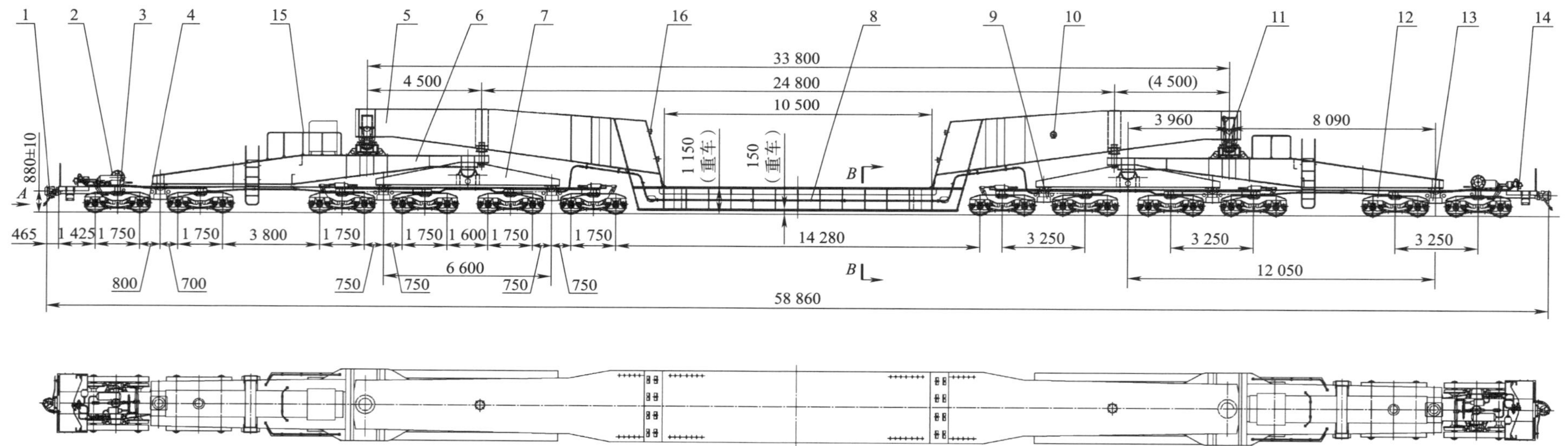

图 4-2-53　D32 型凹底平车总图（QCH208-00-00-000）

1—车钩缓冲装置；2—人力制动装置；3—空气制动装置；4—转向架；5—凹底架组成；6—大底架组成；7—中底架组成；8—制动主管；9—中部小底架组成；10—标记；11—液压旁承及起升装置；12—转向架；13—端部小底架组成；14—底架附属件组成；15—扶梯、踏板、栏杆；16—加固装置

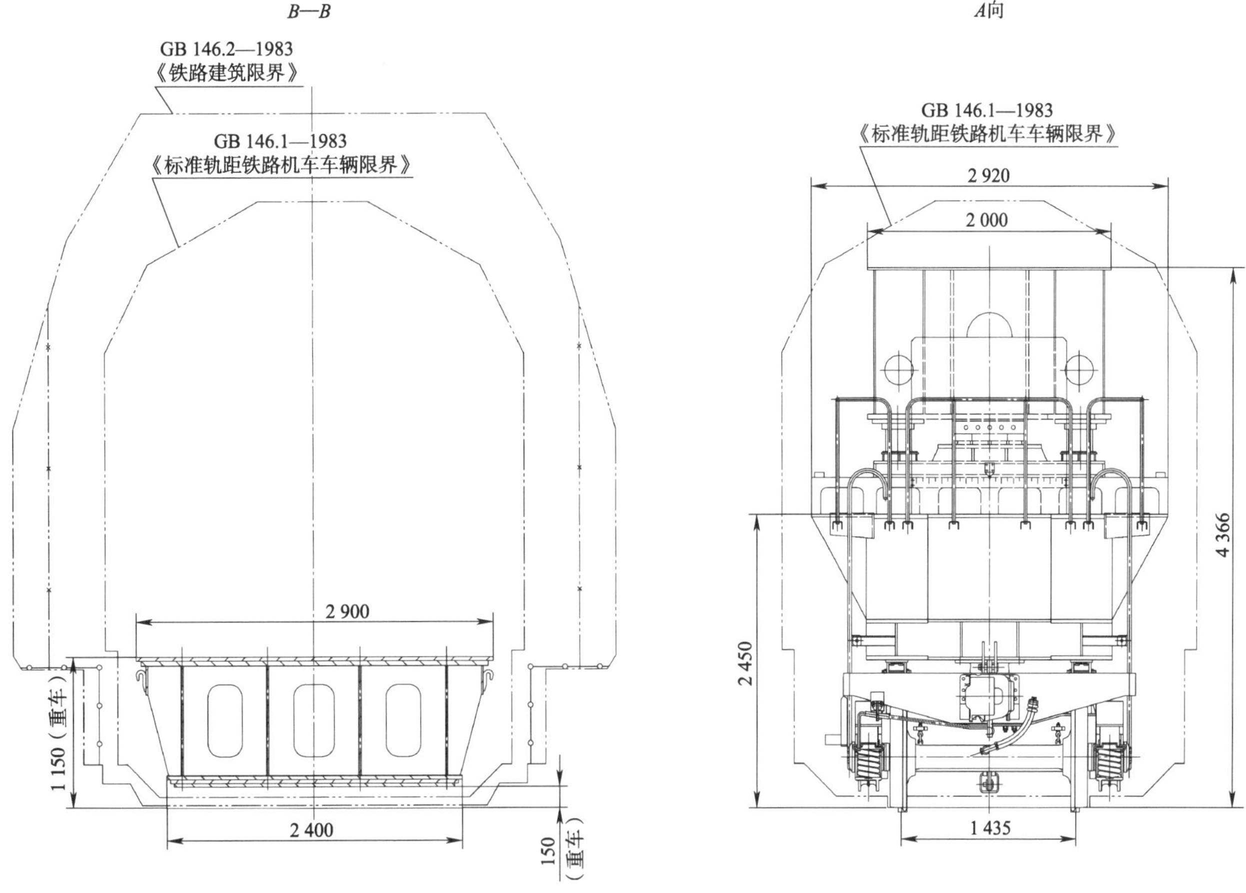

图 4-2-54 D32 型凹底平车断面图（QCH208-00-00-000）

下盖板为多层板组焊而成。导向销座由上盖板、无缝钢管、筋板等组焊而成。凹底架端部、中部上下盖板、折角部腹板、隔板、中部腹板均为进口 WEL-TEN780A 高强度可焊结构钢。端部腹板、隔板、中部隔板采用屈服强度为 345 MPa 的国产 Q345E 低合金结构钢。

（2）大底架

大底架为全封闭不对称焊接结构。由侧梁、小枕梁、辅助梁、导向销座、大横梁、大枕梁及上下封板组焊而成。侧梁变厚度的上下盖板、变厚度的腹板及若干筋板组焊成箱形断面的不对称鱼腹形结构；大枕梁、小枕梁（1）、小枕梁（2）均为箱形组焊结构；大横梁由上下盖板、腹板组焊成工字形结构；辅助梁为工字形组焊结构。大底架主要材料均为进口 WEL-TEN780A 高强度可焊结构钢。

大枕梁上设置有移动心盘装置，导向销座处设置有导向销，由移动心盘装置及导向销组成内导向机构。

（3）中底架

由侧梁、小枕梁及大枕梁组焊而成。侧梁由变厚度的上下盖板、腹板及若干隔板组焊成箱形断面的鱼腹形结构；大小枕梁均由上下盖板、腹板及若干隔板组焊成箱形组焊结构。中底架主要材料均为进口 WEL-TEN780A 高强度可焊结构钢。

（4）小底架

由中梁、小枕梁及大枕梁组焊而成。中梁由上下盖板、4 块纵向腹板及若干隔板组焊成箱形断面的鱼腹形结构。端部小底架的牵引梁部位由上下盖板、腹板组焊成箱形结构；大小枕梁均由上下盖板组焊为变断面箱形结构。中梁、大小枕梁主要材料均为进口 WEL-TEN780A 高强度可焊结构钢。

（5）转向架

全车采用 12 组焊接构架式转向架。由构架、减振装置、轴箱弹簧装置、基础制动装置、轮对装置等组成。构架由枕梁、侧梁、导框及滑槽等组焊而成，枕梁及侧梁分别由上下盖板、腹板组焊而成。枕梁及侧梁材料采用 Q345E 低合金钢，导框采用 C 级钢，滑槽采用 B 级钢。减振装置为斜楔与直顶组合的变摩擦减振器。斜楔与顶座采用贝氏体球墨铸铁。轴箱弹簧悬挂装置采用两级刚度圆弹簧和C级钢轴箱组成。基础制动采用滑槽式弓形制动梁和高摩闸瓦。轮对采用50钢车轴，车轴中部采用RE2A型轴轴身，轴承座部采用与F型滚动轴承配套结构，车轮为E型轮，轮径为ϕ800 mm。轴承为SKF F型6½英寸×12英寸滚动轴承。下心盘上加装含油尼龙心盘磨耗盘。

（6）各级心盘结构

转向架与小底架间为平面心盘，其余各级心盘均为半球形式，小底架与大底架、小底架与中底架球形上下心盘间衬有铜衬垫，中底架与大底架、大底架移动心盘与凹底架球形上下心盘间衬有半球形分瓣式的自润滑增强型聚四氟乙烯心盘衬垫，三级球形心盘的球半径为SR165 mm、SR250 mm、SR300 mm。转向架与小底架间的平面心盘间衬有高分子材料心盘衬垫。

（7）各级旁承装置

转向架与小底架、小底架与中底架、中底架与大底架间为滚子旁承，主要由滚柱、支架及滚子轴组成。凹底架与移动心盘间装有沿车体同侧纵向连通的液压旁承，由四组柱塞式油缸组成，油缸内径ϕ180 mm。液压缸安装在凹底架的小端上；位于车辆两端的同侧两个液压缸，是通过沿凹底架的管路纵向同侧连通的。在运输途中采用手动油泵对旁承油缸补充压力。

（8）内导向装置

由移动心盘、滚子排、内导向销等组成。

（9）液压系统

液压系统由液压控制台、起升油缸、旁承油缸及油路等组成。液压系统的动力来源有两种方式：一种是通过外接电源及电缆线盘向电动机供电，带动齿轮泵向各油缸供油产生动作；另一种是通过手动泵直接向各油缸供油产生动作。

①液压控制台

液压控制台由电动机、齿轮泵、手动泵、多路换向阀、安全阀、溢流阀、单向阀、油箱及电缆线盘等部件组成。液压控制台的主要元件及系统参数：

系统工作压力25 MPa；安全阀调定压力25 MPa；电机功率11 kW，AC380，左旋，转速970 r/min。

齿轮泵：额定压力31.5 MPa，排量21.9 mL/r，转速900～3 600 r/min；手动泵额定压力70 MPa，排量30 mL/次；油箱容积400 L；液压油T32壳牌液压油；回油滤油器RFB-63×20；吸油滤油器WU-63×80。

②起升油缸

升降油缸全车共有2个，安装在凹底架的两端，活塞杆支撑在大底架上半球形心盘的中心孔内，为双向油缸，无杆/有杆=ϕ360 mm/ϕ320 mm。通过操纵液压控制台，可以控制凹底架的升降，当油缸升降到合适位置后，用锁紧螺母将油缸活塞杆锁定，确保运输安全可靠。单个油缸的最大举升力为250 t，工作压力25 MPa。油缸行程为110 mm。

③旁承油缸

旁承油缸共4个，安装在凹底架两端的两侧，活塞杆支撑在大底架的旁承座上，为单向油缸，无杆/有杆=ϕ180 mm/ϕ140 mm。同侧的两个旁承油缸分别相连，最大工作压力13 MPa。油缸行程200 mm。货物装车前，利用两侧旁承油缸将凹底架调平后，再将旁承油缸内的压力调整为0.2～0.3 MPa。在运输途中可以采用手动油泵对旁承油缸补充压力。

④液压管路

该系统的管路全部采用不锈钢管，管接头采用美国Parker公司生产的不锈钢无焊接卡套式管接头。由于卡套式高压管接头无焊接点，不产生氧化皮，同时采用内部无氧化处理的钢管。

（10）制动装置

全车采用2套空气制动装置。每套空气制动装置控制半节车的6台转向架，主要由120型控制阀、ϕ203 mm×254 mm旋压密封式制动缸、ST2-250型双向闸瓦间隙调整器、高摩合成闸瓦、球芯折角塞门、组合式集尘器等组成。人力制动装置全车采用 2 套人力制动装置，安装在 1、6 位小底架上，人力制动机型式为 FSW 型。

（11）车钩缓冲装置

采用 C 级钢 13A 号下作用小间隙车钩、13A 型加强型钩尾框、MT-3 型缓冲器，分别安装在 1、6 位小底架上。

4. 试验

（1）许用应力

主要承载部件材质为进口 WEL-TEN780A 高强度钢，转向架材质为 Q345E 低合金结构钢，许用应力取值如下：WEL-TEN780A 材质：拉伸合成应力 [σ] =430 MPa；压缩合成应力 [σ] =457 MPa。Q345E：[σ] =216 MPa。

（2）静强度试验

通过轴坯钢和加载梁使用千斤顶加载，测定各底架在垂向载荷下的应力和变形。凹底架的最大静动合成应力发生在凹底承载面端靠近内立板处，其值为 437.8 MPa，超出材料在压缩状态的许用应力 457 MPa。凹底架的最大静动合成应力发生在凹底承载面端靠近内立板处，其值为−438.2 MPa，超出材料在拉伸状态的许用应力 430 MPa 的 1.8%。中底架的最大静动合成应力发生在大枕梁与侧梁过渡部位，其值为 321.8 MPa。小底架的最大静动合成应力发生在大枕梁附近的盖板上，其值为−186.7 MPa，小于材料的许用应力。转向架构架的最大合成应力发生在枕梁大心盘与侧梁间的断面变化部位，其值为 180.4 MPa。

（3）刚度试验

与底架静强度试验同时进行，试验结果见表 4-2-34。静止载重 368 t，延时 24 h 后，未发现永久变形。

表 4-2-34　刚度试验结果　　单位：mm

部　　件	凹底架	大底架	中底架	小底架	转向架构架
换算挠度值	170.3	27.1	17.1	2.2	1.8
挠跨比	1/198	1/445	1/386	1/1 477	1/972

（4）动强度试验

结合车辆动力学试验同时进行，动荷系数见表 4-2-35。

表 4-2-35　动荷系数

部　　件	凹底架	大底架	中底架	小底架	转向架构架
动荷系数	0.12	0.25	0.56	0.62	1.09

（5）车辆动力学试验

2003 年 6 月由铁科院主持进行了第一次车辆动力学试验。厂内试验主要在齐厂内（包括 180 m 小半径曲线，9 号道岔）进行。干线动力学运行试验在哈尔滨铁路局管内平齐线齐齐哈尔—榆树屯、榆树屯—昂昂溪、昂昂溪—三间房进行。空车试验最大运行速度为 110 km/h，重车试验最大运行速度为 60 km/h。重车装载重心高 2 486 mm。进行了曲线大超高试验，在昂昂溪站进行交叉渡线工况试验。

①运行平稳性

空车在正线所有测试工况下的运行平稳性指标均符合标准的要求，具有优良的运行平稳性；重车在直线、直岔、R420 m 以上曲线测试工况下的运行平稳性指标均符合标准的要求，具有优良的运行平稳性。

②运行稳定性

空车在正线所有测试工况下的运行稳定性指标均符合标准的要求，具有优良的运行稳定性；重车在直线、直岔、R420 m 以上曲线测试工况下的各项运行稳定性指标均符合标准的要求，具有优良的运行稳定性。

重车通过 R300 m 超高 140 mm 曲线、空重车通过厂内 R180 m 小曲线时，脱轨系数、轮轨横向力均小于 GB/T 5599—1985 规定的要求。其中脱轨系数、轮重减载率均符合评定标准的要求。

重车通过 R300 m 超高 140 mm 曲线、正线 R350 m 曲线、12 号道岔侧线、9 号道岔侧线、交叉渡线，

重车通过厂内 R180 m 小曲线时，轮重减载率均超过 0.65 的限度值，个别轴箱弹簧的动静挠度比也超过 0.7 的限度值。

2003 年 7 月，由铁科院主持第二次车辆动力学试验，主要考察重车低速通过小曲线、侧线及大超高曲线的动力学性能。试验结果表明：在所有测试工况下，重车脱轨系数、轮轨横向力、倾覆系数均在安全限度以内。轮重减载率超过 0.65 的限度值。分析认为，在重车限速 10 km/h 的情况下，可以通过 R<300 m 的小曲线、类似超高 140 mm 的 R300 m 曲线；限速 5 km/h 可以通过 12 号道岔侧线、9 号道岔侧线、交叉渡线、复式交分道岔。

③倾覆稳定性

重车通过 R300 m 超高 140 mm 曲线、正线 R350 m 曲线、12 号道岔侧线、9 号道岔侧线、交叉渡线，以及重车通过厂内 R180 m 小曲线时，倾覆系数低于 TB/T 1335—1996 规定的限度值，具有较好的抗倾覆稳定性。

5. 过桥检算

控制桥跨为 26 m，限速为 13.7 km/h。

6. 使用维护说明

（1）整备

为使该车能够处于良好的运用状态，每次运用前需对该车进行整备。

①各级旁承处于良好状态。旁承间隙符合规定。

②液压系统控制台、起升油缸、旁承油缸工作正常。液压油箱油位应不低于油箱高度的 3/4。检查液压油箱油位是否到达液位计上限；各压力表在检定期内。检查外部管路是否全部接好；截止阀 9-1、9-2（图 4-2-55）应处于关闭位；接通电机电源（AC380），并注意正反转。

③制动装置经单车试验合格，闸瓦剩余厚度不小于 25 mm。

④车钩缓冲装置三态作用良好。

（2）车体使用

①装载时应严格按该车载重及集中载重规定进行。

②货物装载加固按照《加规》执行，货物满载时，货物重心在横向及纵向均不得偏心。货物未达到标记载重时，视具体情况，货物重心横向与车体纵向中心线不得大于 30 mm，纵向与车体横向中心线不得大于 100 mm，但均不得超过额定轴重。

③凹底架两侧的绳钩用于捆绑绳索。地板上及端部上盖板上的 ϕ50 mm 孔用于将货物（临时制作）紧固在地板上。凹底架折角前立板上的顶座可以焊接加固件，其余部位不得进行焊接作业。

④如果装载的货物属于超限货物，车辆运输按照《超规》执行。

⑤重车凹底架下平面距轨面高度应不小于 150 mm，地板面距轨面高度为 1 150 mm，升降油缸的升降高度为±50 mm，可以根据货物的轻重及线路情况调整重车地板面高度。在升降油缸行程为 0 位置时，地板面高度与载重关系见表 4-2-36。

表 4-2-36　不同载重与地板面高度的关系尺寸

载重/t	地板面高度/mm	凹底架下平面距轨面高度/mm
260	1 187	187
270	1 181	181
280	1 175	175
290	1 169	169
300	1 162	162
310	1 156	156
320	1 150	150

⑥装载后，如果凹底架两侧距轨面高度差较大时，可以利用旁承油缸将凹底架地板面调整成水平状态。

⑦满载前后加挂隔离空车进行检算，检算后通过混凝土桥梁的活载系数和限速值见表 4-2-37。

表 4-2-37　通过混凝土桥梁的活载系数和限速值

序　号	混凝土桥跨/m	活载系数	过桥速度/（km/h）
1	8	0.897	可不限速
2	10	0.934	可不限速
3	12	1.010	56.69
4	16	1.066	37.22
5	20	1.076	32.04
6	24	1.102 6	20.94
7	26	1.119	13.76
8	28	1.108	16.53
9	30	1.096	19.84
10	32	1.079	25.28
11	40	0.996	60
12	48	0.913	可不限速
13	56	0.886	可不限速

⑧各级底架旁承间隙应符合表 4-2-38 的规定。

表 4-2-38　各级底架旁承间隙

部　　位	间　　隙	备　　注
转向架与小底架旁承单侧间隙/mm	3～4	平面心盘
中底架与小底架两侧旁承间隙之和/mm	6～10（单侧允许为 0）	球形心盘
大底架与小底架两侧旁承间隙之和/mm	6～10（单侧允许为 0）	球形心盘
中底架与大底架两侧旁承间隙之和/mm	12～16（单侧允许为 0）	球形心盘
液压旁承表压力/MPa	0.2～0.3	最大≤5

(3) 液压系统原理及操作使用

①液压系统工作原理

液压系统的原理如图 4-2-55 所示。液压系统的动力泵源为电动机 1，用来驱动齿轮泵 3，齿轮泵通过吸油滤油器从油箱 13 吸油，产生的压力油通过单向阀 4 进入多路阀 5。在非工作状态下，齿轮泵 3 打出来的液压油通过多路阀 5、回油滤油器 11 直接回油箱。

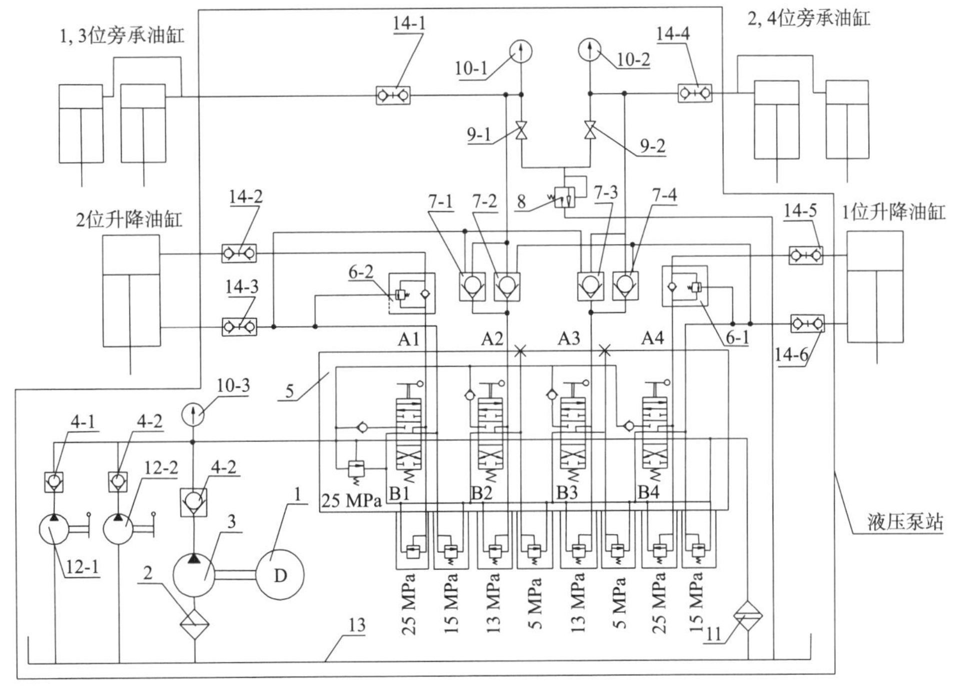

图 4-2-55　液压系统原理图

1—电动机；2—吸油滤油器；3—齿轮泵；4—单向阀；5—四联手动换向阀；6—平衡阀；7—液控单向阀；8—溢流阀；9—截止阀；10—压力表；11—回油滤油器；12—手动泵；13—油箱；14—快换接头

工作时，可依次操纵手动多路阀 A1、A2、A3、A4 手柄（从左至右），可分别对 2 位升降油缸，1、3 位旁承油缸，2、4 位旁承油缸，1 位升降油缸，单独进行操作。

当推动多路阀手柄 A1 至工作位时，压力油经多路阀、平衡阀 6-2 进入 2 位升降油缸无杆腔，2 位升降油缸有杆腔液压油经多路阀回油箱，实现油缸的起升动作；当拉动多路阀手柄 A1 至工作位时，压力油经多路阀直接进入 2 位升降油缸有杆腔，同时将平衡阀中的主阀芯打开，无杆腔液压油经平衡阀、多路阀回油箱，实现油缸的下降动作。在 1、2 位升降油缸的油路中安装有平衡阀 6-1、6-2，作用是平衡负载，控制下降速度；其也具有防破裂的作用，即当有杆腔油路破裂时，平衡阀阀芯立即关闭，油缸停止下降。

操纵多路阀手柄 A4 时，可控制 1 位升降油缸的升降，原理及方式同操纵多路阀手柄 A1。

当推动多路阀手柄 A2 至工作位时，压力油经多路阀，液控单向阀 7-1、7-2，进入 1、3 位旁承油缸（左旁承油缸）有杆腔，实现 1、3 位旁承油缸的起升动作。

当推动多路阀手柄 A3 至工作位时，压力油经多路阀、液控单向阀 7-3、7-4，进入 2、4 位旁承油缸（右旁承油缸）有杆腔，实现 1、3 位旁承油缸的起升动作。

在 1、3 位及 2、4 位旁承油缸油路中分别安装两个并联的液控单向阀，它们的控制口分别与 1、2 位升降油缸的有杆腔油路相连，其作用是在操纵 1、2 位升降油缸下落时，四个旁承油缸在重力的作用下，同步下落；该阀还具有封闭旁承油缸油路的作用。

在油路上还装有溢流阀 8，它的作用是在 13 MPa 压力下工作完成后，打开 9-1、9-2 截止阀，旁承油缸将 1、3 位和 2、4 位旁承油缸的压力调至 0.2～0.3 MPa（货物有偏重时可调整到最大 5 MPa），然后再关闭 9-1、9-2，使 1、3 位，2、4 位旁承油缸分别闭锁。

10-1，10-2 压力表可进行旁承油路的压力监控。

在油路中并联两个手动泵 12-1、12-2，它的作用是在没有动力源的情况下，通过操作手动泵产生压力油，操作多路阀手柄可完成升降油缸及旁承油缸所需动作。两手动泵可单独进行动作。

②液压系统操作使用

a. 首先操作多路阀手柄 A1 和手柄 A4，起升 1、2 位升降油缸至工作位后利用升降油缸大螺母进行机械锁紧。

b. 分别操作多路阀手柄 A2 和手柄 A3，起升旁承油缸，同时观察（或测量）凹底架是否水平，如 1、3 位旁承油缸偏高，可将截止阀 9-1 打开，并起升 2、4 位旁承油缸至凹底架水平后关闭截止阀 9-1，然后分别操作 1、2 位升降油缸下降至升降油缸大螺母处。

如 2、4 位旁承油缸偏高，可将截止阀 9-2 打开，并起升 1、3 位旁承油缸至凹底架水平后关闭截止阀 9-2，然后分别操作 1、2 位升降油缸下降至升降油缸大螺母处。

c. 待凹底架调整水平后，分别打开截止阀 9-1、9-2，通过溢流阀 8 溢流，然后关闭截止阀 9-1、9-2。

注意：无论空车或重车状态，在运输中截止阀 9-1、9-2 必须处于关闭状态，即截止阀手把与所接管路垂直位。

d. 在运输途中没有动力源的情况下，可通过操作手动泵产生压力油，并按 b、c 条操作事项调平凹底架。

注意：无论空车或重车状态，除液压旁承外，在运输中液压控制台必须与管路相连。

（4）制动装置使用

①制动缸活塞行程

全车采用 2 套空气制动装置，每套空气制动装置控制半节车的 6 台转向架，每套制动装置采用 120 型控制阀和 3 个 ϕ203 mm×254 mm 旋压密封式制动缸，每一个制动缸控制 2 台转向架。没有空重车调整装置，因此，空、重车制动缸压力均为重车压力值 350～370 kPa。空车状态活塞行程定为 125 mm。

制动缸活塞行程由控制杠杆操纵的挡铁到闸调器筒体间的距离 A 控制。A 值的大小可以通过移动挡铁的位置获得。

②ST2-250 型双向闸瓦间隙调整器的作用

该闸调器能够自动控制闸瓦与车轮间的间隙，使制动缸的活塞行程保持在一定范围内，从而有效地确保整列车的制动力，提高了列车运行的安全性。

③ST2-250 型双向闸瓦间隙调整器的安装位置及控制方式

该闸调器安装在连接拉杆处，采用控制杠杆控制。

④ST2-250 型双向闸瓦间隙调整器螺杆伸出护管的长度 L 值

为了保证闸瓦磨耗后闸调器螺杆有足够的裕量可供调短，或在更换新闸瓦后螺杆有足够的裕量可供调长，必须合理地选定闸调器螺杆伸出护管的长度 L 值。新造车出厂时 L 值在 200～240 mm 之间。

在调整 L 值时，往往会出现不是过大就是过小的情况，这时可变换转向架固定杠杆支点销孔的位置来调整，必要时也可变换转向架中拉杆销孔的位置。每移动一个固定杠杆支点销孔的位置，螺杆缩短或伸长约 24 mm；每移动一中拉杆销孔的位置，螺杆缩短或伸长约 91 mm。但要注意调整应尽量在两个转向架上均匀进行（不对称性不得大于一个孔的位置），以避免制动杠杆向车的一侧过分偏斜而影响制动性能，同时 L 值一经调好后，运用中就不要随便调换各杠杆孔的位置。

新造车出厂时，闸调器处于最大或接近于最大伸长位，即 L 值处于最大或接近于最大值，在运用中随着闸瓦的磨耗，L 值会逐渐变小，最大 L 值使闸调器有足够裕量供闸瓦磨耗时调整。

⑤ST2-250 型闸调器性能检查

运用中发现制动缸活塞行程不符合要求时，不要随便去调整基础制动装置孔的位置，因为装有闸调器的车辆，依靠换孔是不能调整制动缸活塞行程的，也不要随便怀疑闸调器是否出了毛病，出现这种情况时，一般可按下述步骤进行检查。

进行两次制动，检查第二次制动时活塞行程有无变化，如经两次制动后，活塞行程已基本恢复到要求范围内时，则可认为制动性能正常。

当按上述要求进行后，活塞行程没有发生变化，则应检查空气制动机或基础制动装置有无问题，如有，则排除；如没有，则检查闸调器的性能。

在任一闸瓦与车轮间放置一铁板（厚 12～16 mm）或一木块，造成间隙减小的工况，进行两次制动和缓解，第一次制动时活塞行程应缩短，第二次制动时活塞行程应基本恢复到正常值。如果是这样，则闸调器调长性能正常，反之则有故障。

撤去闸瓦与车轮间的铁板或木块，造成间隙增大的工况。进行两次制动和缓解，第一次制动时活塞行程应伸长，第二次制动时活塞行程应基本恢复到正常值。如果是这样，则闸调器调短性能正常，反之则有故障。

当确认闸调器性能、制动机及基础制动装置状态良好时，活塞行程仍超出规定要求，则应通过调整 A 值使活塞行程在规定的范围内。一般 A 值调小，活塞行程减小；A 值调大，活塞行程增大。

当确认闸调器有问题时，则应更换。

（5）人力制动装置使用

FSW 型人力制动机由手轮、主动轴、卷链轴、手柄、底座、箱壳等零部件组成，它是一种棘轮摩擦式、手轮垂直放置的、齿轮传动式人力制动机，具有制动、阶段缓解和快速缓解功能。其特点是制动力大，手轮立式放置，不易被货物装卸机械碰坏。制动时，快速缓解手柄置于保压位，以顺时针方向转动手轮，可使链条产生和保持制动力。阶段缓解时，快速缓解手柄置于保压位，以逆时针方向转动手轮，可减少和保持制动力。快速缓解时，将快速缓解手柄以顺时针方向由保压位推向缓解位，链条可迅速松开，且此时手轮没有转动。

（6）车钩缓冲装置使用

车钩缓冲装置用于车辆间的连挂，传递列车的牵引力，缓和列车在运行及调车作业中产生的冲击力。

C 级钢 13A 号下作用车钩具有锁闭、开锁、全开 3 种状态，最大拉伸破坏强度达到 2 940 kN。MT-3 型缓冲器容量不小于 50 kJ，最大行程达 83 mm。

车辆连挂后，车钩即处于锁闭状态；提起钩提杆约一半位置，车钩即处于开锁状态；提起钩提杆至最大位置，车钩即处于全开状态。

（7）转向架使用

①为保证斜楔和直顶减振器的顶座与轴箱磨耗板和导框磨耗板及套的良好磨合状态，当拆下斜楔和顶座检查后再组装时，应装回原位，不允许换位混装（更换新品除外）。

②安装心盘磨耗盘时，应将下心盘内的钢屑、杂物清除干净，不允许涂抹油脂。

③直顶减振器的顶座在轴箱与导框（不装直顶减振器的导框）内侧接触时，必须有 2 mm 的压缩量，达不到时可用弹簧座厚度进行调整。

④同一转向架同规格弹簧自由高之差不大于 3 mm，同一侧梁上内簧或外簧自由高之差不大于 1.5 mm，同一组两级刚度弹簧内外圈自由高差在 33～35 mm。在落车时空车状态下应检查转向架摇枕两端弹簧定位脐必须落入内圆弹簧之中，不允许产生卡阻。

⑤转向架心盘螺栓采用 GB 31.1—1988 的 8.8 级螺栓，8 级 FS 型 M22 防松螺母，更换时不允许用其他型式的螺栓螺母代替。防松螺母扭紧力矩不小于 300 N·m。

⑥轴承外圈与轴箱鞍面、上下心盘之间不允许涂抹油脂。

（8）管理

该车应配属专门车辆段保管，并且设置专门库房存放。重车运输或空车回送时应配备专门的司乘组添乘。

（9）使用注意事项

①该车车体如凹底架、大底架、中底架、小底架采用进口高强度钢材制造，焊接时需要特殊的焊接方法保证，因此不允许在其上焊接任何零部件。

②空、重车均禁止通过驼峰、禁止溜放与冲击；禁止通过半径 R180 m 以下的曲线和 8 号道岔。

③货物升降时，应背紧或松开锁紧螺母，空、重车运行时升降油缸锁紧螺母必须处于锁紧状态。

④该车在电气化区段运行或停站时，所有操作人员禁止站在凹底架端部上盖板上等较高位置进行作业，以免发生触电事故。

⑤液压控制台在接入外接电源时，接线时应注意电动机的旋转方向，必须保证油泵（从上面轴端看）为逆时针旋转，否则应重新接线。

⑥装有闸调器的货车制动装置，除在进行段修或厂修时，一律不许随意改变各制动杠杆孔的位置。

当闸瓦剩余厚度小于 25 mm 时，必须更换新闸瓦。当一次需要更换两块闸瓦时，为了方便换瓦，允许采用人工转动闸调器筒体，使闸调器螺杆伸长。但换瓦后，应及时反向转动筒体，使闸调器螺杆恢复到原来长度。绝对不允许采用通过变换孔的办法增大闸瓦间隙进行换瓦。

⑦严禁电流通过滚动轴承。

⑧检查基础制动装置时，不允许用锤敲击闸调器，以防损坏其内部的零件。

⑨组合式集尘器的手把开闭位置：手把与管路垂直时为关闭位，手把与管路平行时为开通位。

⑩新车出厂时，基础制动装置各杠杆所处孔位置如下。

转向架固定杠杆支点：第 2 或第 3 孔与转向架制动杠杆连接；转向架中拉杆：按第一孔及第二孔转向架制动杠杆连接。

（10）维护与保养

厂修周期 8 年，段修周期 2 年。厂修时按《铁路货车厂修规程》及本车图样、技术条件执行，段修时按《铁路货车段修规程》执行。

①车体的维护与保养

各级底架保持清洁，油漆脱落处应及时补涂，防止锈蚀。段修时，必须对导向销进行磁粉或着色探伤，保证无裂纹。检修后各级底架旁承间隙符合表 4-2-38 的规定。

②液压装置维护与保养

整车液压系统每 15 天须操作一次，包括升降油缸及旁承油缸的升降动作等。

段修时，应将油箱中的油液全部换掉，同时清理油箱。清理油箱应注意不能用纤维布之类的材质清理，应用海绵体将油箱内的油液粘净。段修时须清洗或更换吸油、回油滤清器一次。

如将液压控制台拆卸入库，须将液压控制台与管路所连 6 根软管一同拆下，并用阴接头盲堵将管路上快换阴接头封闭；用阴接头防尘帽将液压控制台上的快换阴接头封闭；同时用阳接头防尘帽将高压胶管上的快换阳接头密封，以防止灰尘进入管路。

③转向架的维护保养

卡入式滑槽磨耗板磨耗限度为 3 mm，磨耗超限后更换；心盘磨耗盘、旁承磨耗板断裂时更换；轴箱磨耗板磨耗限度为 2 mm，超限时更换。

斜楔和直顶减振器的顶座主摩擦面磨耗限度为 4 mm，副摩擦面磨耗限度为 2 mm，超限时更换新品。

斜楔或直顶减振器的顶座主摩擦面上端超出轴箱磨耗板上平面时，成套更换斜楔、轴箱磨耗板（斜楔端）、导框磨耗板或顶座、导框内的磨耗套、轴箱磨耗板（斜楔端）。

构架导框磨耗板磨耗限度为 2 mm，超限时更换新品。

减振装置在段修时可只检查磨耗情况，若不到限可不分解斜楔、磨耗板及直顶减振器。厂修时须将全部磨耗件更换新品，恢复到新造水平。

构架导框与轴箱纵向间隙原型两侧之和为 9～11 mm，段修为 9～13 mm，厂修堆焊后加工恢复原型。

构架导框与轴箱横向间隙原型两侧之和为 11～13 mm，段修、厂修限度为 11～15 mm，超限时焊修后恢复原型。

轴箱按下列要求检修：轴箱导框挡边内侧面水平距离 185^{+1}_{0} mm，两侧磨耗之和大于 3 mm 时更换；轴箱导框底面水平距离原型为 296^{0}_{-1} mm，两侧磨耗之和大于 3 mm 时更换；轴箱鞍面半径 $126.263^{+0.127}_{0}$ mm，用样板检查，磨耗大于 0.5 mm 时更换；轴箱推力挡肩距原型 $187.32^{+1.5}_{0}$ mm，磨耗后大于 190 mm 时更换。

（11）运用条件

①本车使用的环境温度为－25～50 ℃。

②本车通过的最小曲线半径为 180 m，最小道岔为 9 号。

③运行速度：应符合附录 1-4《铁路长大货物车使用技术参数》（运辆货车函〔2015〕407 号文件）的规定。

满载运行时，可以 13.7 km/h 速度通过最不利的 26 m 混凝土桥梁。载重量小于标记载重时，按过桥检算后的允许过桥速度运行。

（12）故障判断及排除方法（表 4-2-39）

表 4-2-39　故障判断及排除方法

顺　号	故障现象	原　　因	排除方法
1	空车或重车装货后承载面两侧距轨面高度差较大	装货后货物偏心较大	应保持货物重心与车体中心一致
		旁承油缸管路漏泄	检查旁承及管路并检修； 向旁承油缸注油，将凹底架承载面调平
2	闸调器始终不调整	闸调器调整弹簧或其他部件损坏或失效	更换闸调器
3	旁承油缸下沉	旁承油缸管路漏泄	拧紧接头或更换接头密封圈
		旁承油缸内漏	检修或更换密封圈
		液控单向阀作用不良	检修或更换液控单向阀
		截止阀作用不良	检修或更换截止阀
4	升降油缸下沉	紧螺母松动	紧固锁紧螺母
5	电机启动后异音	电源缺相	检查电源
		电机相间击穿	检修或更换电机
6	系统无压或压力低	管路接头泄漏	拧紧接头或更换接头密封圈
		电机反转	调整电源相序
		多路阀调压溢流阀损坏	检修或更换多路阀
7	升降油缸无法下落或下降有振动	平衡阀作用不良	检修或更换平衡阀
8	旁承油缸无法下落	液控单向阀作用不良	检修或更换液控单向阀
9	管路有异音	油箱油位低	及时加油
		管路有空气	空载下多操作几次或通过管路测压点接头排出空气
		平衡阀或液控单向阀作用不良	检修或更换液压阀

（13）随机资料和主要备件

主要随机资料目录见表 4-2-40。

表 4-2-40　主要随机资料目录

序　号	图　　号	名　　称	张　　数
1	QCH208-00-00-000	总图	2
2	QCH208-01-00-000	凹底架组成	2
3	QCH208-02-00-000	大底架组成	1
4	QCH208-03-00-000	中底架组成	1
5	QCH208-04-00-000	中部小底架组成	1
6	QCH208-05-00-000	端部小底架组成	1
7	QCH208-09-00-000	底架附属件	1
8	QCH208-10-00-000	制动主管组装	1
9	QCH208-45-00-000	1 位栏杆组装	1
10	QCH208-46-00-000	2 位栏杆组装	1
11	QCH208-50-00-000	液压装置	1
12	QCH208-80-00-000	空气制动装置	2
13	QCH208-82-00-000	人力制动装置	1
14	QCH208-84-00-000	车钩缓冲装置	1
15	QCH208-86-00-000	标记	1
16	QCH208-97-00-000	加固装置	1

主要备品备件明细见表 4-2-41。

表 4-2-41　主要备品备件明细

序　号	代号或规格	名　　称	数　　量
1	PSL3/280-2	四联手动换向阀	1
2	LHT33P-11-6-DO-220	平衡阀	2
3	VMP10C1002	溢流阀	2
4	3AC380V40A（L＝50 m）	移动式电缆盘（带漏电断路器）	1
5	HRP2	液控单向阀	2
6	YWZ-200T	液位温度计	1
7	H3-62＋H3-63（DN10）	快速接头	6
8	F461010106062500	胶管总成	4
9	G25S71	直通接头	8
10	GE16S3/8NPT71	端直通接头	3
11	GE20SMEDOMD71	端直通接头	2
12	EW20S71	直角组合接头	2
13	T25S71	三通接头	2
14	RED25/20S71	对接式变径接头	2
15	RED25/16S71	对接式变径接头	2
16	G16S71	直通组合接头	3
17	RED20/16S71	对接式变径接头	2
18	GR20/16SOMD71	直角变径接头	2
19	EW25S71	直通组合接头	2

续上表

序　号	代号或规格	名　　称	数　　量
20	GR25/20S71	直通变径接头	2
21	QCH208-50-01-000	起升油缸密封圈	4 套
22	QCH208-50-02-000	旁承油缸密封圈	4 套
23	QCH156-01-02-102	衬垫（1）250	2
24	QCH156-01-02-102	衬垫（1）300	2
25	QCH156-01-02-103	衬垫（2）250	2 套
26	QCH156-01-02-103	衬垫（2）300	2 套
27	QCH188-01-00-005A	心盘磨耗盘	2 片
28	QCZ127-00-02	内圈弹簧	8
29	QCZ127-00-03	外圈弹簧	8

主要易损件明细见表 4-2-42。

表 4-2-42　主要易损件明细

序　号	代　　号	名　　称	每车数量	提供数量
1	TB/T 2403—1993	高摩合成闸瓦	96	8
2	TB/T 33—1999	闸瓦插销	96	8
3	TB/T 34—1999	闸瓦销环	96	8
4	MSP120-10-16	加速缓解阀膜板	2	2
5	MSP120-20-05	缓解阀膜板	2	2
6	MSP120-30-02	主阀垫	2	2
7	MSP120B-10-24	膜板（ϕ126 mm）	2	2
8	MSP120B-30-04	紧急阀垫	2	2
9	MSP120-10-11	缓解阀垫	2	2
10	MSP219-01-01	密封垫圈 DN32	4	4
11	MSP219-01-01	密封垫圈 DN25	4	4
12	MSP219-01-01	密封垫圈 DN20	14	6

（14）运用情况

D_{32} 型组合式凹底平车自 2004 年投入运营直至 2008 年初，共装运了 12 台 600 MW 发电机定子，2 台轧机机架，7 台特大变压器，重车行程约 5 万 km。

十八、D_{10A} 型凹底平车

（一）概　　述

根据铁道部科技研究开发计划（项目编号 2003J012）的安排，90 t 凹底平车的研制由株厂负责，四方所参加。2003 年 4 月至 5 月，株厂会同四方所对该车结构设计方案进行了研讨，确定了结构设计方案，四方所在株洲用美国 SDRC 公司的 CAD 集成软件 I-DEAS 对该车凹底架结构方案进行了分析研究。2003 年 8 月，设计方案通过了铁道部科技司的技术审查，并以科技装函〔2003〕77 号文批复。2004 年 3 月完成试制，由四方所主持在株洲进行了凹底架静强度试验；在青岛铁路分局管内沧口—高密间完成了车辆动力学试验。2005 年 9 月，通过铁道部样车技术评审，定型为 D_{10A}，如图 4-2-56 所示。

（二）主要技术规格

主要技术规格见表 4-2-43。

图 4-2-56 D10A 型凹底平车（株厂 2004 年）

表 4-2-43 主要技术规格

项 目	技术规格	项 目	技术规格
载重/t		通过最小曲线半径/m	145
均布	90	构造速度/（km/h）	120
集载		转向架型式	
均布载荷长度/m		轴数	3
1.5	72	轴型	D
3.0	76	轴距/mm	1 320—1 320
4.5	80	轮径/mm	840
6.0	83	制动装置	ϕ254 mm×254 mm 旋压密封制动缸 120 型空气制动阀
7.5	86	制动倍率	8×2
8.0	88	制动率/%	
10.0	90	空车	25.6
自重/t	36	重车	17.2
自重系数	0.4	人力制动	NSW 型
轴数	6	车钩缓冲装置	
轴重/t	21	车钩	13 号（下作用式）
每延米重/（t/m）	6.01	缓冲器	MT-3
车辆长度/mm	20 958	限界	空车符合 GB 146.1—1983《标准轨距铁路机车车辆限界》的要求
车辆宽度/mm	3 000	通过机械化驼峰情况	禁止
车辆定距/mm	15 420		
承载面尺寸			
长×宽/（mm×mm）	10 000×3 000		
上平面高（空车）/mm	690		
下平面高（空车/重车）/mm	190/110		
车钩中心线高/mm	880		
空车重心高度/mm	670		

（三）简要说明

1. 用途

供装运起重机、变压器、发电机、挖掘机、转子等重型货物用。

2. 技术性能特点

(1) 凹底架采用上弯角圆弧过渡，下弯角折角过渡。有利于降低车辆承载面高度；简化工艺，方便制造。

(2) 车辆承载面距轨面高 690 mm（空车），以扩大车辆运输货物时通过限界的能力。

(3) 采用 3 轴转向架，能满足最高运行速度 100 km/h 的要求，满载时能顺利通过各种铁路桥梁。

3. 结构概况

由 1 个凹底架、2 台 3 轴转向架、车钩缓冲装置、空气制动装置和人力制动装置等部件组成，如图 4-2-57 所示。

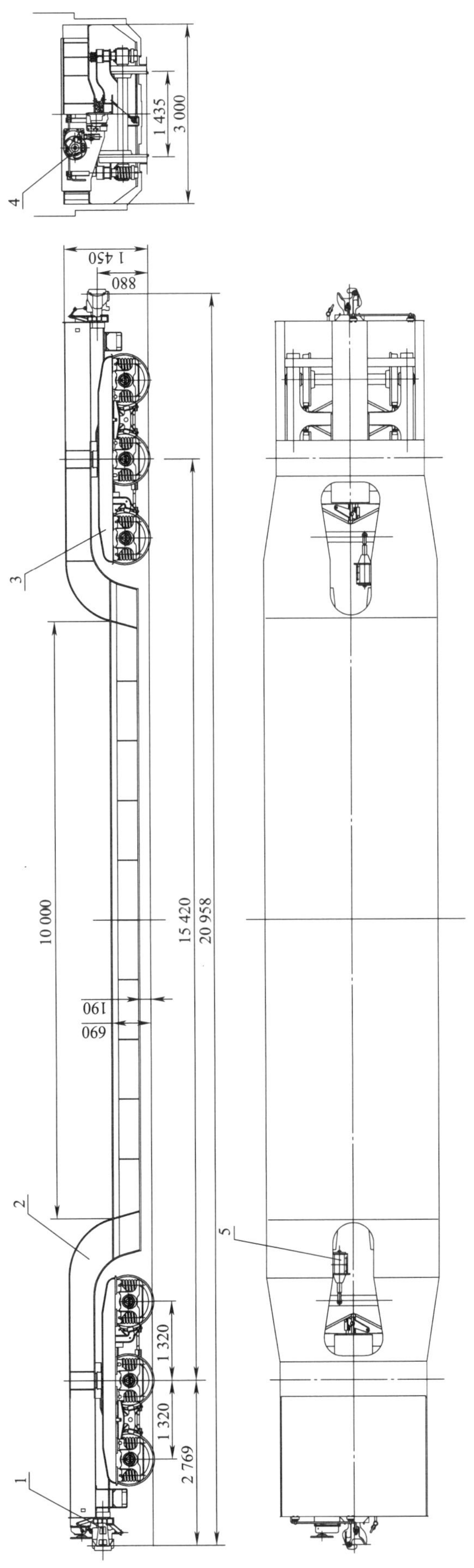

图 4-2-57　D10A 型凹底平车总图（ZCH1-00-00-00）

1—车钩缓冲装置；2—凹底架；3—转向架；4—人力制动装置；5—空气制动装置

凹底架主要由 1 根承载梁、2 根端臂、心盘梁、牵引梁和端梁等组成。材料采用屈服极限为 345 MPa 的 Q345qE 低合金结构钢。承载梁由 20 mm 厚的上盖板、25 mm 厚的下盖板及 4 块 8 mm 厚的腹板组焊成双箱形全封闭结构，截面高度为 500 mm，两侧装有绳钩。端臂为上弯角圆弧过渡，下弯角折角过渡结构。双箱形由 16 mm 厚的上盖板、20 mm 厚的下盖板及 8 mm 的腹板组焊成。心盘梁由 16 mm 厚的上盖板、20 mm 厚的下盖板、12 mm 厚的腹板焊接成箱形结构，其下表面装有 ϕ380 mm 的球面上心盘。牵引梁由 12 mm 厚的腹板、10 mm 厚的上盖板及 20 mm 厚的翼板组焊而成。端梁由 7 mm 厚的钢板压型成 L 形结构。

4. 试验

(1) 许用应力

凹底架和转向架主要承载件采用 Q345qE 低合金钢制造，材料屈服极限 σ_s＝345 MPa。根据板厚许用应力取值，板厚 $t \leqslant 16$ mm，[σ] ＝216 MPa；板厚 t＝17～35 mm，[σ] ＝204 MPa。

(2) 静强度试验

①底架

纵向载荷试验为拉伸载荷为 1 125 kN、压缩载荷为 1 400 kN。

垂向载荷试验用专用的砝码进行加载。试验共进行了 3 m 集载 76 t、8 m 集载 88 t 及 10 m 均布 103 t、自重 23 t 四种工况。凹底架第一工况最大可能合成应力发生在上弯角部腹板近下内侧折角部位测点，其值为 σ_{max}＝－117.4 MPa，σ_{min}＝－233.7 MPa，α＝22.6°，σ_e＝202.4 MPa。

②转向架

转向架静强度试验在专用试验台上进行。组合载荷作用（垂向载荷及侧向力引起的垂向附加载荷、水平载荷和斜对称载荷）下，构架最大合成应力发生在横梁上盖板 B11-2 测点，为－186.6 MPa。

③动强度试验

动应力的测点是从静应力较大的测点中选取的，其中凹底架 5 点，转向架 3 点。动荷系数见表 4-2-44。

表 4-2-44　动荷系数

部　　件	构架	均衡梁	轴箱	大底架	小底架
最大动荷系数	0.187	0.636	0.825	0.062	0.086

④刚度试验

在凹底架静强度试验的同时，用位移计法测量了凹底架各测点的挠度，并用挠跨比作为评定刚度的依据。在垂向试验载荷作用下的挠度值为 45.3 mm。挠跨比 45.3/15 420＝1/340，小于 1/260，满足设计任务书要求。

5. 使用维护说明

(1) 空车回送或重车运行之前，应在小心盘、两级旁承注入适量的润滑油或润滑脂（特别是大底架与小底架间的下旁承，应经常保持润滑状态），并检查两级旁承的间隙。大底架与小底梁左、右旁承游间之和为 8～12 mm，且每侧最小间隙不得小于 2 mm。小底架与转向架左、右旁承游间之和为 3～5 mm，且每侧最小间隙不得小于 2 mm。

(2) 因小底架与转向架间的上旁承为吊滚式装置，测量间隙时应注意拨动滚子，如能活动自如，即为有间隙，间隙大小可通过改变上旁承滚子垫板以及上旁承调整板调整。在平直线路上由于球形心盘在静态下无复原力，可能会出现同一侧各级旁承“压死”现象，待运行中能自调平衡。但各级旁承不得对角“压死”，至于在非平直线路上测量旁承间隙是无意义的。

(3) 空、重车调车作业均不得通过驼峰。

(4) 应严格按集载标记要求装载。

十九、D9A 型凹底平车

(一) 概　　述

D9A 型凹底平车，是齐厂根据铁道部科技研究开发计划（合同编号 2004J029）要求研制的，如图 4-2-58～

图 4-2-60 所示。2004 年 9 月完成总体方案设计和计算。2005 年 1 月 7 日，通过铁道部科技司会同运输局设计任务建议书及设计方案审查，并以科技装函〔2005〕6 号文件批复。2005 年 11 月底，完成 1 辆样车试制，并进行了称重、过曲线及限界检查；12 月，四方所主持完成车体、转向架构架静动强度、刚度及车辆动力学等试验。2006 年 3 月 24 日，通过样车技术审查，铁道部科技司以科技装〔2006〕36 号印发审查意见。

图 4-2-58　D9A 型凹底平车空车

图 4-2-59　D9A 型凹底平车重车运输

图 4-2-60　D9A 型凹底平车重车动力学试验

（二）主要技术规格

主要技术规格见表 4-2-45。

表 4-2-45　主要技术规格

项　　目	技术规格
载重/t	
均布	90
集载	
均布载荷长度/m	载重/t
3.0	76
4.5	80
6.0	84
7.5	87
≥9.0	90
自重/t	35.8
自重系数	0.39
轴重/t	21
每延米重/（t/m）	5.95
轴数	6
车辆长度/mm	21 130
凹底架心盘距/mm	15 500
承载面尺寸	
长×宽/（mm×mm）	10 500×3 000
上平面高（空车）/mm	730
下平面高（空车/重车）/mm	180/135
车钩中心线距轨面高/mm	880
空车重心高度/mm	641

项　　目	技术规格
通过最小曲线半径/m	145
商业运行速度/（km/h）	120
转向架型式	3D 轴构架式
轨距/mm	1 435
固定轴距/mm	2 400
轮径/mm	840
心盘面自由高/mm	904
弹簧静挠度（空车/重车）/mm	24.8/66.5
制动装置	
制动缸/（mm×mm）	ϕ203×254
控制阀	120 型
制动倍率	11
制动率/%	25.5/14.1
车钩缓冲装置	
车钩	13 号或 17 号
缓冲器	MT-2 型
限界	空车符合 GB 146.1—1983《标准轨距铁路机车车辆限界》的要求
通过驼峰情况	禁止
溜放与冲击情况	禁止

（三）简要说明

1. 用途

可适应装运电力、冶金、化工、重型机械等行业的阔大货物以及普通货物。

2. 技术性能特点

（1）采用 3D 轴焊接转向架、大行程常接触弹性旁承，商业运营速度 120 km/h。在满载状态下可不限速通过所有桥梁，运用时可与通用货车混编，便于组织和管理。

（2）承载面长度为 10 500 mm，较 D_{10} 型车增长 500 mm；承载面距轨面高度为 730 mm（空车），较 D_{10} 型车降低 47 mm；扩大了运货覆盖面。

（3）预置了 4 项装载加固设施，可显著减少使用时焊接临时性加固物，减轻或避免对车体的损伤；采用铁路通用货车的新技术，提高了关键零部件的可靠性、互换性，有利于检修与维护。

3. 结构概况

由 1 个大底架、2 组 3D 轴转向架、空气制动装置、人力制动装置及车钩缓冲装置等部分组成，如图 4-2-61 所示。

（1）大底架组成

大底架组成为全封闭焊接结构，其材质主要为 Q450NQR1 高强度耐大气腐蚀钢，部分腹板及外檐板、隔板、筋板为 Q345E 低合金结构钢。主要由 4 根纵向腹板、1 层地板、中部下盖板、端部上盖板、端部下盖板以及若干隔板、筋板、外檐板等组装焊接而成，两端有 *SR*165 mm 球形上心盘、旁承磨耗板。

（2）转向架

全车采用两组 3D 轴焊接构架式转向架，由构架、轮对、轴箱、轴箱弹簧及基础制动装置等部分组成。轴箱定位方式为导框定位，制动方式为 3 轴单侧吊挂式制动梁制动，闸瓦采用高摩擦系数合成闸瓦。前后两轴端由 4 个外圆弹簧、4 个内圆弹簧及组合式斜楔组成两级刚度变摩擦减振系统。其中斜楔主摩擦面为高分子复合材料，改善摩擦减振器的摩擦减振性能。轮对采用 RD2 型轮对，车轮型式为 HDSA 型二次磨耗轮，中间轮对无摩擦减振器，车轮为减薄轮辋设计，提高车辆曲线通过能力。下心盘为 *SR*173 mm

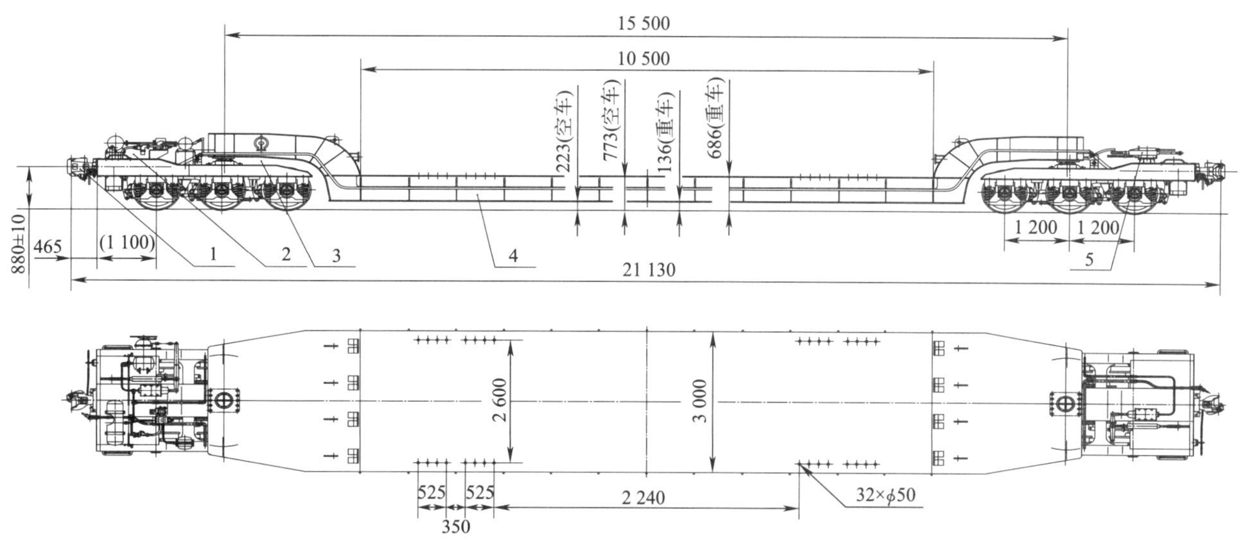

图 4-2-61　D9A 型凹底平车总图（QCH230-00-00-000）

1—车钩缓冲装置；2—空气、人力制动装置；3—3D 轴焊接构架式转向架；4—大底架组成；5—底架附属件

（不含心盘衬垫）半球形。

（3）制动装置

全车装有一套空气制动装置，主要包括 1 个 120 型货车空气控制阀，60 L 风缸、17 L 风缸、11 L 风缸各 1 个，2 个 ϕ203 mm×254 mm 整体旋压密封式制动缸，两套 ST2-250 型双向闸瓦间隙自动调整器，球芯折角塞门、组合式集尘器、新型高摩合成闸瓦、编织制动软管总成、不锈钢管系及配件。采用手动空、重车调整装置。采用 FSW 型人力制动机，安装在车辆一位端。

（4）车钩缓冲装置

转向架端部装车钩缓冲装置，采用 13 型或 17 型下作用车钩及配套钩尾框、MT-2 型缓冲器。

4. 试验

（1）静强度试验

2005 年 12 月下旬至 2006 年 1 月上旬，由四方所主持，在齐厂进行大底架静强度、刚度试验。

在垂直总载荷＋纵向压缩 1 400 kN＋40 kN·m 扭转载荷工况条件下，大底架最大可能合成应力发生在弯角地板处，其值为－279.11 MPa，其对称部位测点的应力值为－245.3 MPa、－139.2 MPa。在垂向静载荷（载重＋自重）作用下，大底架挠度 45.2 mm，挠跨比 1/342。车体强度、刚度满足 TB/T 1335—1996 及设计任务书的要求。

3D 轴转向架构架在最不利载荷工况——垂直总载荷、横向载荷、斜对称载荷组合工况下，最大应力 166.64 MPa，位于横梁与心盘梁连接区上盖板。

（2）动力学性能试验

2005 年 12 月 7、9 日，四方所主持进行线路动力学试验，试验线路为齐厂厂内及哈尔滨铁路局管内齐齐哈尔至龙江间的线路。试验分别在直线、曲线、侧线道岔等区段进行，干线曲线半径为 R350～800 m，侧线道岔为 12 号道岔。正线空、重车最高试验速度均约为 132 km/h，侧线通过速度为40 km/h；重车试验装载工况为整车合成重心 2 000 mm。试验结果表明：

在最高速度 132 km/h 速度范围内各速度级和各种路况下，被试车空车垂向加速度最大值为 0.29g，平均最大值变化范围为 0.16g～0.22g，空车横向振动加速度最大值为 0.40g，平均最大值变化范围为 0.14g～0.21g。

被试车重车垂向振动加速度最大值为 0.68g，平均最大值变化范围为 0.26g～0.44g，均在规范规定的 0.7g 限度范围以内；重车横向振动加速度最大值为 0.39g，平均最大值变化范围为 0.16g～0.32g。

在最高速度132 km/h速度范围内各速度级和各种路况下，被试车空车垂向平稳性指标最大值为2.75，横向平稳性指标最大值为3.01；重车垂向平稳性指标最大值为2.75，横向平稳性指标最大值为2.63。均属于优级。

在最高速度132 km/h速度范围内各速度级和各种路况下，被试车空车一位轮对轮轴横向力最大值为28.04 kN，平均最大值变化范围为5.51～21.51 kN；三位轮对轮轴横向力最大值为19.16 kN，平均最大值变化范围为4.80～13.90 kN。重车一位轮对轮轴横向力最大值为69.68 kN，平均最大值变化范围为12.03～51.60 kN；三位轮对轮轴横向力最大值为55.42 kN，平均最大值变化范围为13.94～44.02 kN。试验结果表明：动力学各项指标满足GB/T 5599—1985及设计任务书的要求。

5. 使用维护说明

（1）按装载要求（均载90 t和集载）进行货物装载。

（2）大底架地板采用Q450NQR1高强度耐大气腐蚀钢，可以焊接临时加固装置。卸货后应切除加固装置，并打磨光滑，但不得伤及母材。

（3）为方便货物加固，大底架两端悬臂部分设有挡座、货物固定板（各8个），地板上设置32个ϕ50 mm孔。

（4）空、重车运行前，应检查心盘、旁承的作用状态，确认作用良好后方可使用，旁承滚子与大底架旁承磨耗板间隙为（12±1）mm。

（5）每次装运货物前，应仔细检查大底架、转向架外露焊缝，如有异常应及时处理。大底架、转向架构架保持清洁，油漆脱落处应及时补涂、防止锈蚀。

（6）装载时货物重心的投影应与车体纵、横中心线交点重合，并应使大底架地板面均匀受载，在特殊情况下必须位移时，应符合下述规定：横向偏载（沿车体纵向中心线两侧）装载货物重心与车体纵向中心线的偏差不大于100 mm，超过时，应采取配重措施；纵向偏载（沿车体横向中心线两侧）增载侧转向架不得超过允许轴重；但两转向架承受重量之差不得大于10 t（另有规定者除外）。

（7）运用中大底架两端悬臂梁可以承载运输的货物。

（8）装卸货作业：

优先选用吊装、吊卸方式进行装卸货作业；若不能吊装吊卸，则采用横向平移法进行装卸作业。作业时必须按如下要求进行。

装车作业：凹底架下部用枕木沿钢轨纵向方向垫实，保证承载上平面水平。将货物利用工装横向平移到凹底架上，用4个50 t及以上千斤顶垫在凹底架下部四角，将凹底架及货物均匀顶起后撤去枕木。

卸车作业：将货物用4个千斤顶顶起（千斤顶大小大于货物重的四分之一）。若货物宽度尺寸大于凹底架宽度时，顶起位置须在车外地面上。顶起后凹底架回复到空车状态，将其下部垫实。顶起距离约150 mm，继续顶起将平移工装安放到凹底架上平面货物下侧进行平移卸车操作。

若货物宽度尺寸小于凹底架宽度时，应按上一条先将凹底架及货物顶起并下部垫实，再在凹底架上顶起货物，千斤顶与承载面间须垫400 mm×400 mm以上垫铁。顶起货物后将平移工装安放到凹底架上平面货物下侧进行平移卸车操作。

（9）车辆连挂作业时，尽可能采用牵引方式，牵引时允许通过曲线，且该车需连挂在列车中后部；若无法牵引，允许机车以不超过3 km/h的速度在直线上匀速推送该车（单车）进行连挂作业。

（10）该车运行时禁止编入尾部有补机的列车中。

二十、D_{15A}型凹底平车

（一）概　　述

D_{15A}型载重150 t凹底平车是齐厂根据铁道部科技研究开发计划（合同编号2004J029）的安排，按照科技装函〔2005〕7号文件批复的设计任务书及与中铁特货公司签订的合同要求而研制的，如图4-2-62、图4-2-63所示。2005年1月7日，铁道部科技司会同运输局在北京组织召开设计任务建议书及设计方案

技术审查会，并以科技装函〔2005〕7 号文件进行批复。5 月，完成样车试制，并进行了称重及限界检查。6 月，四方所主持完成该车静动强度、刚度试验和空重车动力学等各项试验。12 月 2 日，运装货车电〔2005〕2948 号电报批复了技术条件，定型为 D15A。

图 4-2-62　D15A 型凹底平车空车

图 4-2-63　D15A 型凹底平车重车运输

（二）主要技术规格

主要技术规格见表 4-2-46。

表 4-2-46　主要技术规格

项　　目	技术规格
载重/t	
均布	150
集载	
均布载荷长度/m	载重/t
1.5	130
3.0	132
4.5	135
6.0	138
7.5	142
≥9	150
自重/t	49.6
自重系数	0.33
轴重/t	25
每延米重/（t/m）	7.6
轴数	8
车辆长度/mm	26 330
凹底架心盘距/mm	17 350
承载面尺寸	
长×宽/（mm×mm）	9 500×2 700
上平面高（空车）/mm	850
上平面高（满载）/mm	730
车钩中心线距轨面高/mm	880

项　　目	技术规格
空车重心高度/mm	680
通过最小曲线半径/m	145
商业运行速度/（km/h）	120
转向架型式	转 K6
轨距/mm	1 435
固定轴距/mm	1 830
轮径/mm	840
制动装置	
制动缸/（mm×mm）	ϕ254×254
控制阀	120 型
制动倍率	2×10
制动率/%	32.8/16.4
车钩缓冲装置	
车钩	13 号
缓冲器	MT-2 型
限界	空车符合 GB 146.1—1983《标准轨距铁路机车车辆限界》的要求
通过驼峰情况	禁止
溜放与冲击情况	禁止

（三）简要说明

1. 用途

可适应装运电力、冶金、化工等行业用重型机械设备，如变压器、发电机定子等货物。

2. 技术性能特点

（1）载重 150 t，承载面长 9 500 mm，空车承载面高度 850 mm，自重轻、承载面低、适用性强。

（2）采用转 K_6 型转向架，大、小底架间加装了抗蛇行减振器，提高了空、重车的临界速度和曲线通过能力，商业运营速度 120 km/h，运输效率高。

（3）承载面端部立板采用开口结构，适宜轴类、筒形货物运输，降低货物装载高度，扩大适用范围。

（4）通过参数及结构优化，该车通过所有桥梁不限速。

3. 结构概况

由 1 个大底架、2 个小底架、4 组转 K_6 型转向架、制动装置及车钩缓冲装置等部分组成，如图 4-2-64 所示。

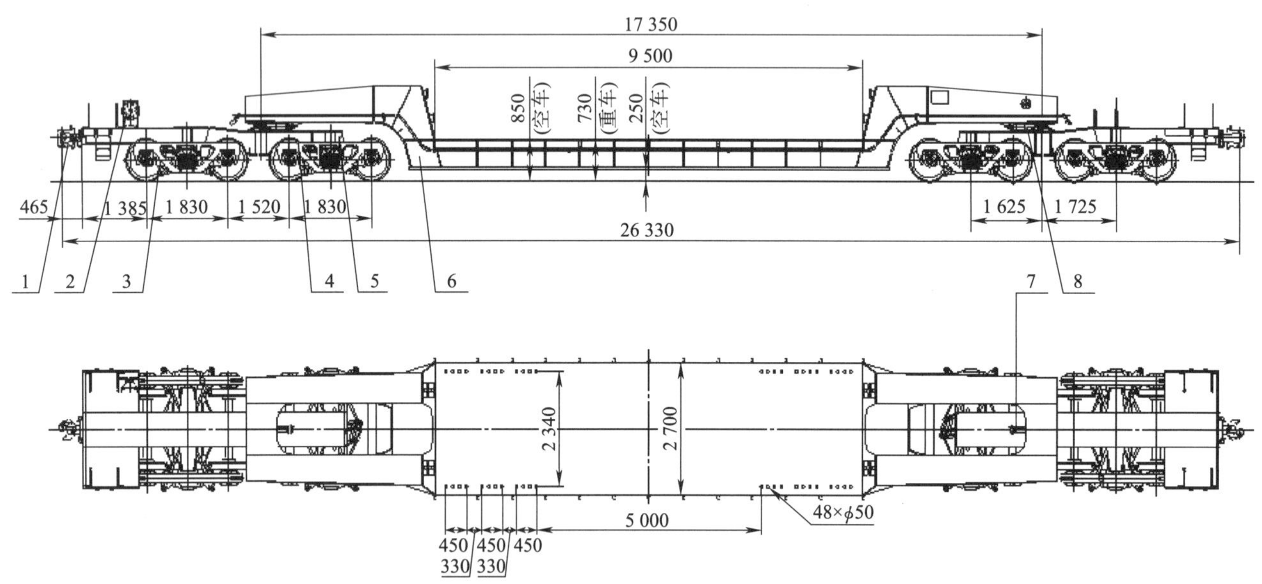

图 4-2-64　D15A 型凹底平车总图（QCH226-00-00-000）

1—车钩缓冲装置；2—空气、人力制动装置；3，4—K_6 型转向架；5—小底架组成；6—大底架组成；7，8—抗蛇行减振器装置

大底架组成为全钢焊接结构。主要由 4 组纵向腹板、上下盖板、枕梁、横梁、球形心盘等组成。大底架中部断面高 600 mm、地板面宽度为 2 700 mm。其中，弯角部下盖板、腹板、前立板材质为 Q450NQR1 高强度结构钢，其余为 Q345E 低合金结构钢。

小底架组成为全钢焊接结构，主要由中梁、小枕梁、大枕梁、球形下心盘及平面上心盘等部分组成。其中，梁上下盖板材质为 Q450NQR1 高强度耐候钢，其余为 Q345E 低合金结构钢。

该车采用 4 组转 K_6 型转向架。摇枕、侧架采用 B+级铸钢，组合式斜楔的主摩擦板采用高分子复合材料，斜楔体为贝氏体球墨铸铁；侧架立柱磨耗板材质采用 45 号钢，滑槽磨耗板采用 T10；采用两级刚度弹簧；采用直径为 375 mm 的下心盘，下心盘内装用导电型心盘磨耗盘；装用 353130B 紧凑型轴承、RE2B 型 50 钢车轴及 LM 磨耗型踏面的 HESA 型辗钢车轮；基础制动装置采用奥-贝球铁衬套、组合式制动梁，采用下交叉支撑装置，一系采用轴箱橡胶垫，采用锻造支撑座、JC 型双作用弹性旁承。

全车装有 1 套空气制动装置，采用 120 型控制阀、手动空重车调整装置、两个 ϕ254 mm×254 mm 旋压密封式制动缸、ST2-250 型双向闸瓦间隙调整器，球芯折角塞门、组合式集尘器和高摩合成闸瓦等。其中，制动管系采用材质为 1Cr18Ni9Ti 的不锈钢管，球芯折角塞门、组合式集尘器、三通、管接头、法兰接头等配件采用材质为 ZG0Cr18Ni9 的不锈钢铸钢。采用 FSW 型或 NSW 型人力制动机，安装在车辆一位端。

采用E级钢13B型车钩、配套钩尾框、合金钢钩尾销，采用MT-2型缓冲器，加装含油尼龙防脱钩尾框托板磨耗板及防跳插销。

大底架与小底架间采用球形心盘，并设有防脱装置，小底架与转向架间为平面心盘，整车心盘间均采用含油尼龙心盘磨耗盘。大底架与小底架间、小底架与转向架间采用常接触弹性旁承。

为了提高该车空、重车的临界速度，在大、小底架间加装了抗蛇行减振器，如图4-2-65所示。

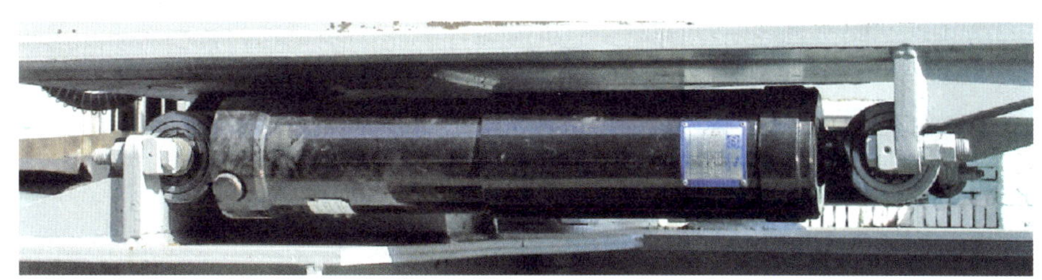

图4-2-65　抗蛇行减振器

4. 试验

(1) 静强度试验

2005年5月28日至7月1日，由四方所主持，在齐厂试验室进行车体静强度、刚度试验。试验分别进行了四种工况：9.5 m均载165 t、9 m集载150 t、6 m集载138 t、3 m集载132 t。2005年6月13至15日，在进行动力学性能试验时，同时进行动强度测试。

大底架最大应力发生在弯角部位前立板根部，最大合成应力−258.7 MPa；小底架最大应力发生在中部上盖板近心盘处，最大合成应力−196.5 MPa，均小于材料的许用应力。在载重和自重作用下，大底架中部平均挠度值为64.5 mm，挠跨比为64.5/17 350=1/269，小于1/200；小底架挠度值为2.7 mm，挠跨比为2.7/3 350=1/1 240，小于1/200。该车车体强度、刚度满足TB/T 1335—1996及设计任务书的要求。

(2) 动力学性能试验

2005年6月13至15日，四方所主持线路动力学试验，试验线路分别在齐厂内专用线上及在哈尔滨铁路局管内齐齐哈尔至龙江间进行。测试了在空、重车状态下的轨轴横向力、轨脱系数、轮重减载率、平稳性等车辆动力学指标。

①厂内小曲线试验

根据齐厂内线路条件，选择R150 m和R180 m两种曲线进行厂内试验，最高运行速度20 km/h。空车在厂内运行时，最大轮轴横向力为25.77 kN，小于TB/T 1335—1996规定30.12 kN的限度要求；最大脱轨系数为0.82，最大轮重减载率为0.48。重车在厂内运行时，最大轮轴横向力为64.3 kN，小于规范规定82.24 kN的限度要求；最大脱轨系数为0.86，最大轮重减载率为0.55。在厂内运行时，空重车各项动力学性能指标满足GB/T 5599—1985的规定。

②正线运行试验

2005年6月13日至6月15日，在哈尔滨铁路局管内的齐齐哈尔站至烟筒屯站和榆树屯站至龙江站间进行了正线动力学试验。试验分别在直线、曲线、侧线道岔等区段进行，干线曲线半径为R350～800 m,侧线道岔为12号道岔。正线空车最高试验速度136.1 km/h，重车最高试验速度135.2 km/h，侧线12号道岔以40 km/h通过。在试验速度范围内，空车在小底架处最大垂向加速度1.43g，最大横向加速度0.49g。重车在小底架处最大垂向加速度1.35g，最大横向加速度0.55g。根据以往大车试验及运用经验数据，最大垂向加速度限度值1.5g，最大横向加速度限度值1.2g。振动加速度在规定的限度范围内。

在试验速度范围内，空车垂向、横向平稳性指标分别为2.99、2.98，重车垂向、横向平稳性指标分别为3.06、3.26，属优级范围。动力学各项指标满足GB/T 5599—1985及设计任务书的要求。

5. 使用维护说明

(1) 该车在使用时，应按装载要求（均载150 t和集载）进行货物装载。

(2) 大底架承载平面处采用Q345E低合金结构钢，可焊接加固货物。卸货后应切除加固装置，并打磨光滑，但不得伤及母材。

(3) 为使货物加固方便，该车大底架承载上平面共设置了48个ϕ50 mm孔。

(4) 每次装运货物前，应仔细检查底架主要承载零、部件的外露焊缝，如有异常应及时处理。

(5) 装载货物的重心位置应尽量与车辆纵、横中心线交点重合。如有偏心，应符合《超规》的规定，即横向位移不得超过100 mm，超过时，应采取配重措施；纵向位移增载侧转向架不得超过允许轴重。

(6) 空、重车运行前，应检查二级心盘、旁承的作用状态，确认作用良好后方可使用。

(7) 旁承间隙：大底架与小底架间每端左右旁承间隙之和为20～22 mm；小底架与转向架间单侧旁承间隙为3～5 mm。

(8) 装卸货作业。

优先选用吊装、吊卸方式进行装卸货作业。若不能吊装吊卸，则采用横向平移法进行装卸作业。作业时必须按如下要求进行。

①装车作业：

凹底架下部用枕木沿钢轨纵向方向垫实，保证承载上平面水平。该车空车下平面距轨面高为250 mm左右。

将货物利用工装横向平移到凹底架上。垫平后承载上平面距轨面约850 mm左右。

用4个50 t及以上千斤顶垫在凹底架下部四角，将凹底架及货物均匀顶起后撤去枕木。

②卸车作业：

将货物用4个千斤顶顶起（千斤顶大小＞货物重/4）。

若货物宽度尺寸大于凹底架宽度2 700 mm时，顶起位置须在车外地面上。顶起后凹底架回复到空车状态，将其下部垫实，顶起距离约150 mm。继续顶起将平移工装安放到凹底架上平面货物下侧进行平移卸车操作。

若货物宽度尺寸小于凹底架宽度2 700 mm时，应按上一条先将凹底架及货物顶起并下部垫实，再在凹底架上顶起货物。千斤顶与承载面间须垫400 mm×400 mm以上垫铁。顶起货物后将平移工装安放到凹底架上平面货物下侧进行平移卸车操作。

(9) 车辆连挂作业时，尽可能采用牵引方式，牵引时允许通过曲线，且该车需连挂在列车中后部；若无法牵引，允许机车以不超过3 km/h的速度在直线上匀速推送该车（单车）进行连挂作业。

(10) 该车运行时禁止编入尾部有补机的列车中。

二十一、DA_{37}型凹底平车

（一）概　　述

DA_{37}型凹底平车是齐轨道装备公司根据与中铁特货公司签订的合同要求研制的。2008年4月完成总体方案设计，并先后完成了通过桥梁检算、整车受力分析、主要承载部件结构强度有限元分析计算、整车动力学分析计算及凹底架模拟试验。2008年7月2日，通过铁道部运输局会同科技司设计方案审查，并以运装货车〔2008〕525号文件批复。2009年5月，完成样车试制，并进行称重及限界检查。2009年8月，完成静强度、刚度试验和正线动力学试验，小曲线大超高试验，通过复式交分道岔和交叉渡线试验以及厂内小曲线试验。2009年9月25日通过铁道部科技司、运输局组织的技术审查。2009年11月18日，部运输局下发了运装货车〔2009〕707号文件，批复技术条件及图样，该车定型为DA_{37}，如图4-2-66～图4-2-69所示。

图 4-2-66　DA$_{37}$ 型凹底平车空车

图 4-2-67　DA$_{37}$ 型凹底平车重车车辆线路动力学试验

图 4-2-68　DA$_{37}$ 型凹底平车运输东方电机厂 1 000 MW 发电机内定子

图 4-2-69　DA$_{37}$ 型凹底平车运输东方电机厂发电机内定子到大坝灵武电厂（2010 年 8 月）

（二）主要技术规格

主要技术规格见表 4-2-47。

表 4-2-47　主要技术规格

项　目	技术规格	项　目	技术规格
载重/t	370	转向架型式	3 轴焊接构架式
自重/t	200	固定轴距/mm	2 800
自重系数	0.54	轮径/mm	816
轴重/t	23.75	制动装置	
每延米重/（t/m）	9.29	制动缸/（mm×mm）	ϕ203×254
轴数	24	控制阀	120 型
车辆长度/mm	61 416	制动倍率	4×15.2
凹底架心盘距/mm	37 300	制动率/%	11.5/10
中导向距/mm	27 900	车钩缓冲装置	
内导向距/mm	23 300	车钩	17 型
承载面底部长度/mm	11 250	缓冲器	HM-1 型
承载面距轨面高度/mm	1 380	限界	空车符合 GB 146.1—1983《标准轨距铁路机车车辆限界》的要求
车钩中心线距轨面高/mm	880		
空车重心高度/mm	1 380		
通过最小曲线半径/m	145	通过驼峰情况	禁止
空车最高运行速度/（km/h）	100	溜放与冲击情况	禁止
重车最高运行速度/（km/h）	60		

（三）简要说明

1. 用途

装运电力等行业的短、粗、重、超限、超重阔大货物。适于 1 000 MW 发电机内定子等圆柱形货物的运输。

2. 技术性能特点

（1）载重 370 t、自重 200 t，承载面长度 11 250 mm，是我国凹底车系列中载重量最大、承载面最长的车辆。

（2）采用圆弧承载结构凹底架，有效增加了结构强度和刚度，可满足 1 000 MW 内定子的运输要求。

（3）采用成熟的 3E 轴转向架、双作用常接触旁承等措施，最高运行速度空车 100 km/h、重车 60 km/h。

（4）空车回送不超限，满载 370 t 时为一级超重，提高了重车过桥能力和运输效率。

（5）通过采用内、中、外三种导向装置、液压纵向连通旁承装置，提高了车辆通过曲线的能力。

3. 结构概况

该车主要由凹底架、大底架、小底架、8 组 3E 轴转向架、导向侧移装置、旁承装置、空气制动装置、人力制动装置、车钩缓冲装置等部分组成，同时设有液压装置等主要设备，如图 4-2-70 所示。

凹底架为焊接结构，主要由中部承载梁、端部悬臂梁和横梁组成。大底架为焊接结构，主要由侧梁、主横梁、枕梁、导向销座、大横梁及上下封板组焊而成。小底架为焊接结构，主要由侧梁、主横梁及枕梁组焊而成。

全车采用 8 组 3E 轴焊接构架式转向架，由构架、减振装置、轴箱弹簧装置、基础制动装置、轮对装置等组成。其中，端部的两组转向架装有车钩缓冲装置。构架采用整体焊接结构，由心盘梁、横梁和侧梁组焊而成；采用两级刚度弹簧；在 1、3 位轮对处设置斜楔减振系统，斜楔主摩擦面采用高分子复合材料磨耗板；采用加强型 E 型车轴、F 型轴承、HESA 型辗钢车轮，车轴轴承座部采用与 F 型滚动轴承配套结构，采用轴箱导框定位方式，轴箱与轴承之间加装承载鞍；中间轮对采用减薄轮缘车轮；下心盘内装用含油尼龙心盘磨耗盘；基础制动装置采用奥-贝球铁衬套，以及组合式制动梁。

各级心盘均为半球型式，上下心盘间衬有自润滑增强型聚四氟乙烯心盘衬垫或含油尼龙衬垫，三级球型心盘的球半径为 165 mm、250 mm、300 mm。在端部转向架与小底架间加装心盘防脱装置。液压旁承由 4 组柱塞式油缸组成。该车设有内、中、外三种导向装置，主要由移动心盘、滚子排、导向销等组成。

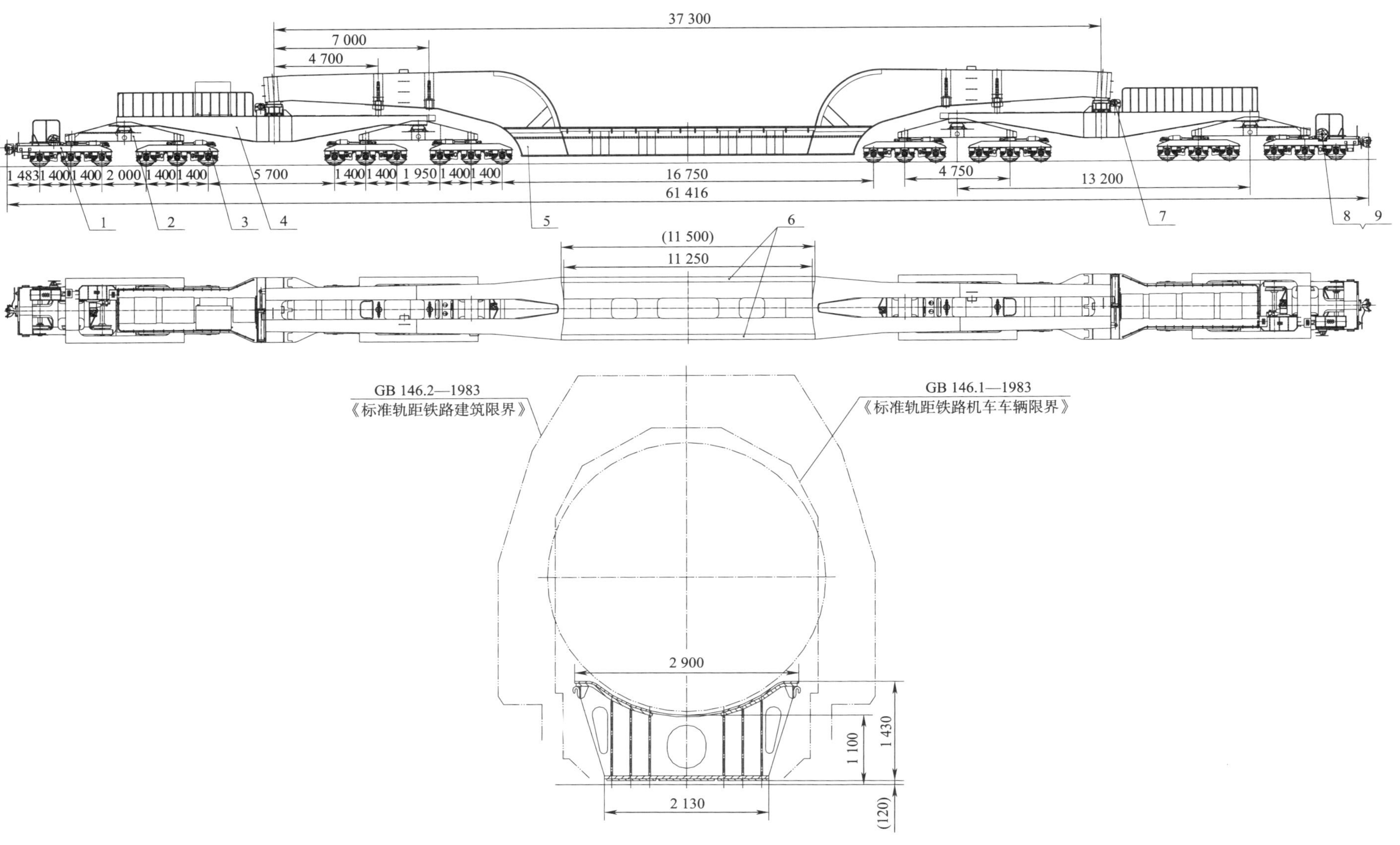

图 4-2-70　DA37型凹底平车总图（QCH267-00-00-000）

1—端部转向架；2—小底架组成；3—中部转向架；4—大底架组成；5—凹底架组成；6—可焊垫板；7—液压装置；8—空气、人力制动装置；9—底架附属件

全车采用 4 套空气制动装置，每套空气制动装置控制 2 组转向架。主管压力满足 500 kPa 和 600 kPa。主要由 120 型空气控制阀、ϕ203 mm×254 mm 整体旋压密封式制动缸、改进的 ST2-250 型闸调器、不锈钢嵌入式储风缸等组成。采用不锈钢球芯折角塞门、组合式集尘器、法兰接头、不锈钢制动管系及配件，采用编织制动软管总成、尼龙管卡垫、奥-贝球铁衬套、高摩合成闸瓦。车辆两端各安装 1 套 NSW 型人力制动机。

采用符合运装货车〔2004〕215 号文件要求的 E 级钢 17 型车钩，以及符合运装货车〔2005〕78 号文件、运装货车〔2007〕370 号文件要求的锻造钩尾框、HM-1 型缓冲器、含油尼龙钩尾框托板磨耗板。

该车主要设备为液压系统，由泵站、油缸、管系等组成。系统的额定工作压力 35 MPa，动力源为柴油机，采用手动比例控制方式。管系采用卡套式无焊接管接头，钢管内部采用无氧化处理，从而保证了系统的清洁度；液压油缸为该系统的执行元件，全车共 10 个液压油缸，采用耐低温的进口密封件，能适应 −40～70℃的环境温度；液压泵站采用集成化设计，为封闭式结构，由柴油机、柱塞泵、液压阀、滤油器、不锈钢油箱等组合而成。为提高系统的可靠性，关键液压件如柴油机、柱塞泵、电动机、比例多路阀均采用进口产品。

4. 试验

(1) 强度、刚度试验

2008 年 12 月，齐厂委托铁科院机辆所对 3E 轴转向架构架进行了静强度、刚度试验。2009 年 7 月 12 至 14 日，齐厂委托铁科院机辆所对该车凹底架、大底架和小底架等进行了静强度、刚度试验，进行重车正位和左右侧移 500 mm 的应力测试。2009 年 7 月 27 日至 8 月 4 日，在动力学试验的同时进行动强度测试。车体强度、刚度均满足 TB/T 1335—1996 和设计技术要求的规定。

(2) 动力学性能试验

2009 年 7 月 27 日至 8 月 4 日，由铁科院机辆所主持，在齐厂内进行了通过 150 m、180 m 曲线及 9 号道岔试验，最高试验速度 20 km/h。在哈尔滨铁路局管内齐齐哈尔至嫩江间进行了正线动力学试验，空车最高试验速度 110 km/h，重车最高试验速度 70 km/h。结果表明：该车在空车 100 km/h、重车 60 km/h 的速度条件下，各项动力学指标均满足 GB/T 5599—1985 和设计技术要求的规定。

(3) 通过大超高曲线试验

2009 年 7 月 27 日，由铁科院机辆所主持，在哈尔滨铁路局管内齐齐哈尔车辆段所管辖的榆树屯军专线上进行了通过半径 300 m、外轨超高 140 mm 曲线试验。试验速度范围为 5～25 km/h。此外，在齐齐哈尔站外还进行了重车工况下复式交分道岔和交叉渡线通过试验，最高试验速度 15 km/h。

该车在通过小半径、大超高曲线线路及复式交分道岔和交叉渡线时，其强度满足 TB/T 1335—1996 规定，空、重车动力学性能满足 GB/T 5599—1985 和设计技术要求的规定。

5. 使用维护说明

(1) 凹底架承载面为圆弧形横断面结构，要求与车体接触的货物或承载件应为圆弧形结构，半径为 1 850 mm。

(2) 该车承载方式为四点支承，支承点相对车体横向中心线对称，如图 4-2-71 所示。装载时若制作支承梁，支承梁隔板须与车体支承点处尺寸 740 mm 隔板中的两块相对应。如采用双支承结构，只能采用外侧两点。

(3) 装载时车辆需停于平直线路上。平直线路要求按《铁路技术管理规程》执行：轨距静态允许偏差为 −2～6 mm；钢轨顶面应保持同一水平，静态允许偏差为 6 mm。

应严格按该车载重规定进行。装载加固按照《加规》执行，满载时，货物重心在横向、纵向均不得偏心；未满载时，视具体情况，货物重心横向与车体纵向中心不得大于 20 mm，纵向偏心时，半节车所承受的货物重量不得超过 185 t。

(4) 在承载面两端圆弧底部分别有一排水孔，为保证排水通畅，应保持排水孔清洁。当车体增加支承梁时，其支承梁下部需预留缺口，以保证车体中部的水能流到排水孔处。

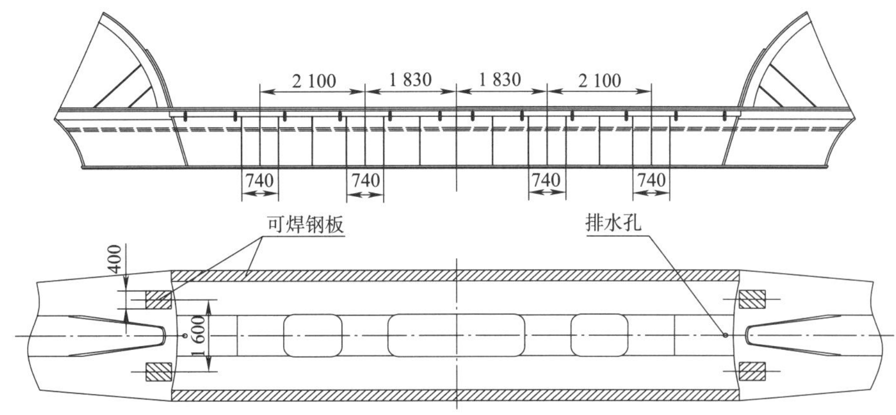

图 4-2-71　DA37 型凹底平车承载位置

(5) 重车时凹底架下平面距轨面高度应不小于 115 mm，载重与凹底架承载面高度、凹底架下平面距轨面高度对比见表 4-2-48。表中未列尺寸可采取插值换算。

表 4-2-48　载重与地板面高度的关系尺寸

载重/t	0	300	330	350	370
承载面（圆弧底）距轨面高度/mm	1 360	1 152	1 130	1 115	1 100
凹底架下平面距轨面高度/mm	380	169	148	134	120

(6) 主要钢结构采用高强度结构钢，严禁装载时在车体上随意施焊，如需焊接，须严格按照该钢材焊接工艺执行。为方便货物加固，凹底架两侧安装有绳钩，凹底架上焊接有 6 块 Q235A 材质的垫板，其上可进行施焊。

(7) 车辆在运行前，应检查车辆的导向状态，内、中、外三种导向装置只允许采用一种，严禁任意两种或三种同时作用。

(8) 空、重车运行前，应检查心盘、旁承的作用状态，确认作用良好后方可使用。各级底架旁承间隙符合表 4-2-49 规定。

表 4-2-49　各级底架旁承间隙

部　　位	间　　隙	备　　注
转向架与小底架旁承单侧间隙/mm	3～4（单侧允许为 0）	球形心盘
小底架与大底架旁承单侧间隙/mm	7～8（单侧允许为 0）	球形心盘
大底架与凹底架间液压旁承表压力/MPa	0.1～1	最大≤4

(9) 该车在电气化区段运行或停站时，严禁人员攀登到大底架上平面高度以上任何部位。

(10) 在厂矿、港口专用线运行前，必须了解所经线路的曲线半径、线路两旁的障碍物、路基状况、限界情况等，以保证运输安全；且在调车、行车时须提前通知车上的司乘人员。

(11) 车辆不用时，每月需运行一次；重车装载后停放时，应 3～4 天运行一次。运行距离均为 10 m 以上。

(12) 经过正常充电的蓄电池，搁置储存期内应每月进行小电流充电，以补偿蓄电池搁置储存期内自放电容量的损失。

(13) 导向销、滑动心盘两侧与承冲梁铜板接触处等，需要良好的润滑。

(14) 各级心盘、转向架与小底架间、小底架与大底架间的常接触旁承处严禁涂润滑脂或润滑油。

(15) 影响行车安全的注意事项：

①液压管漏油时，需停车检查，拧紧接头、更换接头密封圈或更换新品液压管。

②空重车运输前必须进行连通旁承保压试验。空车充压 1 MPa，12 h 漏泄不得大于 0.3 MPa；重车应允压 3 MPa，12 h 漏泄不得大于 0.5 MPa。如泄漏量超标，须检修合格后方可运行。

③使用外导向前，首先须用液压泵站进行侧移油缸空载全行程伸缩 3 次，再进行全伸、全缩状态 25 MPa 保压 1 min 试验。确认保压试验合格方可使用外导向。重载工况不平顺线路、曲线线路持续使用（包括停留及运行）外导向油缸不得超过 1 h。

④空车装载时需检查移动心盘滚子对中情况，最大偏移量不得超过 10 mm，超出时需进行调整。

⑤该车电气系统工作时带有的危险电压，不慎触及可能导致严重的人身伤亡事故，非专业人员严禁接触、拆卸、维修相关电气元件，专业人员应严格遵守相关运用及检修规程。

6. 运用条件

（1）该车使用的环境温度为－40～50℃。

（2）外导向时允许通过最小曲线半径为 145 m，最小侧向道岔为 8 号；中导向时允许通过最小曲线半径为 180 m，最小侧向道岔为 9 号；内导向时允许通过最小曲线半径为 300 m，最小侧向道岔为 12 号。

（3）限速要求见附录 1-4《铁路长大货物车使用技术参数》（运辆货车函〔2015〕407 号文件）的规定。

（4）通过桥梁限速要求：该车载重小于等于 342 t 时，通过桥梁不超重；载重在 342～370 t 时，通过桥梁为一级超重。

在满载情况下，按照《铁路桥梁检定规范》和《铁路桥涵设计规范》的规定，对载重 370 t 凹底平车进行过桥检算，并按前后加挂隔离空车（即 2 t/m 均布载荷）进行检算，检算后通过混凝土桥梁的限速值见表 4-2-50。

表 4-2-50　限速表

序　号	混凝土桥跨/m	过桥速度/（km/h）	序　号	混凝土桥跨/m	过桥速度/（km/h）
1	7	57	14	22	48
2	8	51	15	23	46
3	9	46	16	24	44
4	10	45	17	25	44
5	11	44	18	26	44
6	12	45	19	27	42
7	13	48	20	28	40
8	14	51	21	29	38
9	15	54	22	30	38
10	16	57	23	31	38
11	19	58	24	32	38
12	20	55	25	38	56
13	21	52			

（5）运用要求：该车空车在正线上运行时，应采用中导向工况；该车空重车在厂内运行时均应采用外导向工况，如需侧移时要求路基无病害，最高运行速度按限速表执行，各限速条件不一致时，按较低者执行。

（6）车辆编组方式：

①车辆连挂作业时，尽可能采用牵引方式，牵引时允许通过曲线，且该车需连挂在列车中后部；若无

法牵引，允许机车以不超过 3 km/h 的速度在直线上匀速推送该车（单车）进行连挂作业。

②该车运行时须编挂在列车最后第二辆至第六辆内，且禁止编入尾部有补机的列车里。

③重车运输时，该车前后均须加挂至少一辆空载平车。

(7) 空、重车均禁止溜放和冲击，禁止通过驼峰。

二十二、D_{15B} 型凹底平车

(一) 概　述

2001 年 6 月，株厂受中核清原环境技术工程有限责任公司的委托，联合四方所，共同确定载重 150 t 凹底平车设计方案，该项目于 2002 年列入中国南车集团科技开发计划。12 月，铁道部运输局会同中国南车集团对该车的设计方案进行了技术审查，并以运装货车〔2001〕323 号文转发技术审查意见。2002 年 8 月，株厂完成试制，如图 4-2-72 所示。2002 年 9 至 10 月，根据铁道部运输局运装货车电〔2002〕1084 号电报，由四方所主持在青岛完成了静强度和线路动力学试验。

图 4-2-72　150 t 凹底平车（2002 年）

2005 年，株厂受湖南电力物流服务有限责任公司的委托，研制 2 辆载重 150 t 凹底平车。根据铁道部运输局运装货车〔2001〕323 号文和货车提速的要求，基于原 150 t 凹底平车，优化转向架参数，将原间隙旁承改为常接触弹性旁承，提速到 120 km/h。按照用户的要求，为便于车辆的运用维护，凹底架与小底架间的液压旁承装置改为常接触弹性旁承。2005 年 9 月，完成试制，如图 4-2-73 所示；11 月，通过了由四方所主持的线路动力学试验。2006 年 1 月铁道部以运装货车〔2006〕8 号文批复该车图样及技术条件，定型为 D_{15B}。

图 4-2-73　D_{15B} 型凹底平车（2006 年）

(二) 主要技术规格

主要技术规格见表 4-2-51。

表 4-2-51　主要技术规格

项　目	技术规格	项　目	技术规格
载重/t		自重/t	50
均布	150	自重系数	0.33
集载		轴数	8
均布载荷长度/m	载重/t	轴重/t	25
1.5	130	每延米重/(t/m)	7.81
3.0	132	车钩中心线高/mm	880
6.0	140	空车重心高/mm	680
7.5	145	通过最小曲线半径/m	145
9.0	150	最高运行速度/(km/h)	120

续上表

项　　目	技术规格	项　　目	技术规格
弹簧静挠度/mm		凹底架心盘距/mm	16 750
空车	18	小底架心盘距/mm	3 300
重车当量	37.7	转向架	
车辆长度/mm	25 606	轨距/mm	1 435
车辆最大高度/mm	2 150	固定轴距/mm	1 650
车辆最大宽度/mm	2 900	轮径/mm	840
承载面长度/mm	9 000	轴颈中心距/mm	1 956
承载面距轨面高/mm		空车限界	符合 GB 146.1—1983《标准轨距铁路机车车辆限界》的要求
空车	800	通过驼峰情况	禁止
重车	700	溜放与冲击情况	禁止

（三）简要说明

1. 主要用途

运输电力、冶金、化工、重型机械等行业超限、较重阔大货物，如大型变压器、发电机定子等。

2. 技术性能特点

(1) 凹底架在国内首次采用上弯角圆弧过渡、下弯角折角过渡结构，降低自重，提高运输能力。

(2) 承载面高度低，可充分利用限界空间进行运输。

(3) 具有良好的动力学性能，可满足最高速度 120 km/h 的运行要求。

(4) 载重 150 t 前后加挂空车或重车的情况下，能够不限速通过各种跨度的简支钢梁及钢筋混凝土梁。

3. 结构概况

由 1 个凹底架、2 个小底架、4 个 2E 轴转向架、常接触弹性旁承装置、空气制动装置、人力制动装置及车钩缓冲装置等部分组成。凹底架、小底架、转向架构架等主要承载件采用 Q345qE 低合金结构钢，如图 4-2-74 所示。

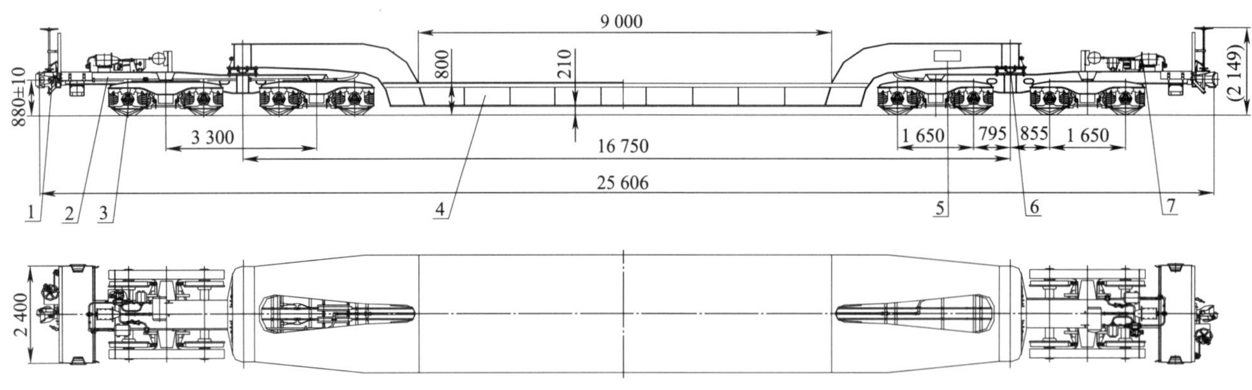

图 4-2-74　D15B 型凹底平车总图（ZCH113A-00-00-000）

1—车钩缓冲装置；2—小底架；3—转向架；4—凹底架；5—标记；6—旁承装置；7—制动装置

(1) 凹底架

由 1 根承载梁、2 根端臂和 2 根心盘梁组成。承载梁由上下盖板、4 块腹板及数块隔板组焊成双箱形全封闭结构，截面高度为 590 mm。端臂采用上弯角圆弧过渡、下弯角折角过渡结构；由上下盖板、腹板和隔板组焊成箱形，其折角部与水平方向倾角为 75°。心盘梁由上下盖板及腹板组焊成箱形结构。

(2) 小底架

由 1 根端梁、牵引梁、纵梁、中横梁及 2 根端横梁组焊而成，并设有通过台、脚蹬、栏杆、扶手等，端梁由 8 mm 厚的钢板压成 L 形结构，纵梁由上下盖板、腹板及数块隔板组焊成箱形结构，中横梁由上盖板、双腹板组焊而成，端横梁由上下盖板和双腹板组焊成箱形结构。纵梁两端部下表面装有 ϕ370 mm 的上心盘，两心盘距为 3 300 mm，中部装有球形下心盘。

(3) 转向架

采用 2E 轴焊接构架式转向架，主要由构架、轮对、轴箱弹簧装置、常接触弹性旁承及基础制动装置组成。构架由箱形截面的心盘梁和侧梁组焊成 H 形结构。采用一系轴箱弹簧悬挂，减振器为双斜楔式摩擦减振器。装用 353130B 型或其他铁道部批准的紧凑型双列圆锥滚子轴承及配套前盖后挡、RE2B 型 50 钢车轴及 LM 磨耗型踏面的 HEZB 轻型铸钢或 HESA 轻型辗钢车轮。小底架与转向架间、凹底架与小底架间的旁承均为常接触弹性旁承。

装有 2 套空气制动装置，主管压力满足 500～600 kPa 要求。主要由 120 型控制阀、ϕ254 mm×254 mm 旋压密封式制动缸、不锈钢球芯折角塞门、不锈钢组合式集尘器、不锈钢球法兰接头等、奥-贝球铁衬套、管系和符合运装货车〔2002〕11 号文件要求的高摩擦系数合成闸瓦组成。车辆两端各安装 1 套链式人力制动机。车辆采用符合运装货车〔2004〕215 号文件要求的 E 级钢 13A 号上作用式车钩，MT-3 型缓冲器。

4. 试验

(1) 许用应力

凹底架、小底架的材质为 Q345qE 低合金结构钢，根据板厚许用应力取值如下：板厚 $\delta \leqslant 16$ mm，$[\sigma]=216$ MPa；厚度 $\delta=17\sim35$ mm，$[\sigma]=204$ MPa。

(2) 静强度试验

2002 年 9 月 6 日，在青岛由四方所主持的静强度、刚度试验结果表明：凹底架最大应力发生在中部下盖板上，其值为 138 MPa，最大静动合成应力为 162.5 MPa；小底架最大应力发生在中部下盖板上，其值为 116.5 MPa，最大静动合成应力为 131.5 MPa。静强度试验采用青岛沧口站金属材料四库的钢板加载情况，如图 4-2-75 所示。

图 4-2-75 静强度试验采用钢板加载

(3) 刚度试验

与静强度试验同时进行，采用位移传感器测试位移，兼用拉线法作参照。凹底架的挠度在自重+载重 (150 t) 作用下为 67.8 mm。挠跨比为 1/247，刚度满足设计任务书挠跨比 f/L 小于 1/230 的要求。凹底架均布加载 150 t，静置 48 h 延时挠度测量中，未发现有明显的随时间而增加的变形。

(4) 车辆动力学试验

平车干线动力学运行试验由四方所主持，在济南铁路局管内沙岭庄站至高密站间进行，试验结果如下。

①运行平稳性

空车在最高速度 133 km/h 速度范围内小底架垂向振动加速度最大值为 0.79g；横向振动加速度最大

值为 0.35g。重车在最高速度 132 km/h 速度范围内小底架垂向振动加速度最大值为 1.29g；横向振动加速度最大值为 0.58g，小底架垂向和横向振动加速度未超过 1.5g 和 1.2g 的评定限度。空车的垂向和横向平稳性指标的最大值分别为 3.19 和 2.88，重车的垂向和横向平稳性指标最大值分别为 3.03 和 2.85。垂向和横向平稳性指标属于优级。

②运行稳定性（安全性）

空车在最高速度 133 km/h、重车在最高速度 132 km/h 速度范围内直线运行和曲线及侧线通过时所测脱轨系数、轮重减载率、轮轨横向力等指标均小于 GB/T 5599—1985 规定的限度之内。

③倾覆稳定性

根据所测轮轨力计算而得的倾覆系数：空车最大值为 0.59，重车最大值为 0.46，空、重车倾覆系数远小于 GB/T 5599—1985 0.8 的规定的要求。

在最高试验速度范围内，各项动力学性能指标符合要求，满足 120 km/h 最高运行速度的要求。

5. 过桥检算

车辆按装载 150 t 进行计算，检算方法以铁道部颁《铁路桥梁检定规范》为依据。在装载 150 t 和车辆前后加挂空车或重车的情况下，能够不限速通过各种跨度的简支混凝土梁与钢梁。

6. 使用维护说明

（1）使用的环境温度－25～50℃。

（2）货物装载应按《超规》要求执行，严格集中载重标记要求装载。

（3）通过最小曲线半径为 145 m，最小道岔为 9 号。

（4）运行速度：

①空车最高运行速度为 120 km/h。

②重车重心高度在 2 m 内，最高运行速度为 120 km/h；重心高度超过 2 m 时，按《加规》的规定进行。

（5）该车载重 150 t 前后加挂空车或重车的情况下，能够不限速通过各种跨度的简支钢梁及钢筋混凝土梁。

（6）车辆在运输前应在平直道或水平道上检查和调整小底架与转向架，凹底架与小底架间的旁承。小底架与转向架间常接触式弹性旁承压缩量为（9±1）mm；凹底架与小底架间双作用橡胶弹性旁承压缩量为（9±1）mm，凹底架上旁承下平面与旁承滚子上平面的间隙为（15±1）mm。

二十三、D28 型凹底平车

（一）概　　述

株厂受湖南电力物流服务有限责任公司的委托，会同四方所，利用 D26 型 260 t 凹底平车中的中、小底架以及转向架、液压旁承装置、车钩缓冲装置、制动装置等部件，通过多方案优化凹底架结构，降低自重 20 t，载重由原 260 t 提高到 280 t，以满足西电东送发电工程大件设备运输的需要，如图 4-2-76、图 4-2-77 所示。

图 4-2-76　D28 型凹底平车空车

图 4-2-77　D_{28} 型凹底平车运输发电机定子

根据株厂和四方所研制 150 t 核燃料运输车及 D_{15B}、D_{10A} 等凹底平车的成功经验，确定 280 t 凹底平车凹底架上弯角采用圆弧过渡，下弯角采用折角过渡结构。2004 年 11 月，株厂会同四方所进行研讨，确定结构设计方案。2005 年 3 月至 5 月，通过了铁道部技术方案和设计任务书审查，并完成了样车试制。2005 年 6 月至 8 月完成凹底架静动强度试验，2005 年 8 月，通过线路动力学性能试验。2006 年 1 月，铁道部以运装货车〔2006〕8 号文批复图样及技术条件，定型为 D_{28}。

（二）主要技术规格

主要技术规格见表 4-2-52。

表 4-2-52　主要技术规格

项　　目	技术规格
载重/t	280
集重/t	
3.0 m	250
4.5 m	260
6.0 m	270
7.5 m	275
≥8.0 m	280
自重/t	≤120
自重系数	0.428
轴数	16
轴重/t	25
每延米重/（t/m）	9.59
车辆长度/mm	41 696
凹底架心盘距/mm	25 500
承载面宽度/mm	2 680
承载面长度/mm	10 000
承载面距轨面高（空车）/mm	1 160
凹底架下平面距轨面高/mm	
空车	280
重车	≥110
凹底架挠跨比	≤1/180
中底架心盘距/mm	7 600

项　　目	技术规格
小底架心盘距/mm	3 000
最高运行速度/（km/h）	120
最低过桥限速/（km/h）	32
通过最小曲线半径/m	145
2E 轴焊接构架式转向架	
轨距/mm	1 435
固定轴距/mm	1 650
轮径/mm	840
心盘面自由高/mm	700
构架侧梁上平面自由高/mm	830
弹簧静挠度/mm	
空车	18
重车	61
空气制动装置	120 型控制阀（4 套）
制动倍率	6×4
制动率/%	
空车	21.9
重车	15.3
车钩中心线距轨面高/mm	880
限界	空车符合 GB 146.1—1983《标准轨距铁路机车车辆限界》的要求
通过机械化驼峰情况	禁止

（三）简要说明

1. 主要用途

适应装运电力、冶金、化工、重型机械等行业阔大、重型货物，如发电机定子、变压器等。

2. 技术性能特点

（1）凹底架采用了上弯角圆弧过渡，下弯角折角过渡的结构，有效地降低了凹底架自重。

（2）车辆承载面高度低，可充分利用限界空间进行运输。

（3）转向架采用了带常接触弹性旁承的 2E 轴焊接构架式转向架，具有良好的动力学性能。

3. 结构概况

由 1 个凹底架，2 个中底架，4 个小底架，8 个 2E 轴焊接构架式转向架及空气、人力制动装置、液压旁承装置、车钩缓冲装置组成。其中的中、小底架，转向架，液压旁承装置，空气、人力制动装置和车钩缓冲装置等部件及其组装与 D_{26} 型凹底平车相同，如图 4-2-78 所示。

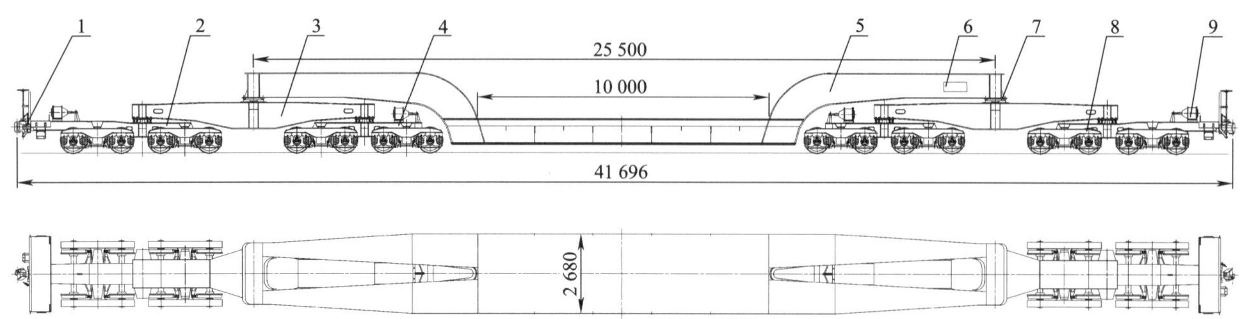

图 4-2-78 D_{28} 型凹底平车总图（ZCH141-00-00-000）

1—车钩缓冲装置；2—小底架（1）；3—中底架；4—转向架；5—凹底架；6—标记；7—液压旁承装置；8—小底架（2）；9—制动装置

凹底架为全钢焊接结构，由 1 根承载梁、2 根端臂及心盘梁等组成，采用符合 GB/T 714—2000 的 Q345qE 低合金结构。承载梁由上下盖板及 4 块腹板组焊成双箱形全封闭结构，截面高度为 880 mm，两侧装有绳钩。端臂为上弯角圆弧过渡，下弯角折角过渡结构，由上下盖板及腹板组焊成双箱形，其折角部与水平方向倾角为 75°。心盘梁由上下盖板、腹板焊接成箱形结构，其下表面装有 *SR*300 mm 的球面上心盘。

中底架由中梁、端横梁组焊而成。小底架由纵梁、中横梁、端横梁组焊而成，位于车辆两端部的小底架各连接有一个牵引梁，并装有通过台、脚蹬、栏杆、扶手等。液压旁承装置由 4 个旁承油缸及管路组成，旁承油缸安装在凹底架心盘梁两侧，同侧 2 个油缸连通。2E 轴焊接构架式转向架由构架、轮对、轴箱弹簧装置、常接触弹性旁承及基础制动装置组成。

构架由箱形截面的心盘梁和侧梁组焊成 H 形结构。采用一系轴箱弹簧悬挂，减振器为双斜楔式摩擦减振器。装用 353130B 型或其他铁道部批准的紧凑型双列圆锥滚子轴承及配套前盖后挡、RE2B 型 50 钢车轴及 LM 磨耗型踏面的 HEZB 轻型铸钢或 HESA 轻型辗钢车轮。

空气制动装置采用 120 型控制阀、ϕ356 mm×254 mm 密封式制动缸、球芯折角塞门、组合式集尘器、新型高摩合成闸瓦等。采用链式人力制动机，安装在车辆两端。采用 13 号上作用式 C 级钢车钩，MT-3 型缓冲器。

4. 试验

(1) 许用应力

凹底架的材质为 Q345qE 低合金结构钢，根据板厚许用应力取值如下：板厚 $\delta \leqslant 16$ mm，$[\sigma]=216$ MPa；板厚 $\delta=17\sim35$ mm，$[\sigma]=204$ MPa。

(2) 静强度试验

由四方所在株洲主持完成的凹底架静强度、刚度试验结果表明：凹底架最大应力发生在下弯角承载梁上盖板，其值为 183.0 MPa。其对称部位的应力值为 179.6 MPa。该部位的最大静动合成应力为 202.5 MPa，小于材料的许用应力，强度满足 TB/T 1335—1996 的要求。

(3) 刚度试验

与凹底架静强度试验同时进行，采用位移传感器测试位移，兼用拉线法作参照。凹底架的挠度在自重＋载重作用下为 119.3 mm。其挠跨比为 1/214，刚度满足设计任务书挠跨比小于 1/180 的要求。

凹底架均布加载 280 t，静置 48 h 延时挠度测量中，未发现有明显的随时间而增加的变形。

(4) 动强度试验

结合车辆动力学试验同时进行，凹底架动应力测点 6 个，实测动应力见表 4-2-53。车体动应力很小，有利于货物的平稳安全运输。

表 4-2-53　动应力测试表

部　　位	弯角部中（左）	折角部（上）	承载梁中（上）	承载梁中（下）	折角部（下）	弯角部中（右）
动应力/MPa	11.4	−19.5	−23.0	19.9	−19.3	25.3
动荷系数	0.086	0.106	0.156	0.146	0.107	0.203

（5）车辆动力学试验

动力学运行试验由铁科院机辆所主持，正线试验在平齐线齐齐哈尔至榆树屯、榆树线榆树屯至昂昂溪、滨洲线昂昂溪至龙江间进行；厂内试验在齐厂内进行，试验结果如下。

①运行平稳性

空车在正线最高速度 130 km/h 速度范围内运行，曲线及侧线通过、厂试；重车（重心高 2 486 mm）在正线最高速度 60 km/h 速度范围内运行和曲线及侧线通过、小曲线大超高、厂试的所有测试工况下，各指标均满足 GB/T 5599—1985 规定的要求。

②运行稳定性（安全性）

空车在正线最高速度 130 km/h 速度范围内运行，曲线及侧线通过、厂试；重车（重心高 2 486 mm）在正线最高速度 60 km/h 速度范围内运行，和曲线及侧线通过、小曲线大超高、厂试的所有测试工况下，各指标均小于 GB/T 5599—1985 规定的限度。

③倾覆稳定性

倾覆系数最大值为 0.47。正线、小曲线大超高、厂试的所有测试工况下，各项动力学性能指标符合要求，其动力学性能满足空车 120 km/h、重车 50 km/h 最高运行速度的要求。

5. 过桥检算

在装载 280 t 和车辆前后加挂空车的情况下，能够以 32 km/h 及以下速度通过各种跨度的钢筋混凝土梁和钢梁，最不利工况的桥梁跨度（控制桥跨）为 19 m、20 m、21 m 跨。

6. 使用维护说明

（1）使用的环境温度－25～50℃。

（2）货物装载按《超规》要求执行，严格集中载重标记要求装载。

（3）通过最小曲线半径为 145 m，最小道岔为 9 号。

（4）液压旁承装置的油缸、油管和各种阀门每年须进行一次检修，其检修按有关技术条件的规定进行。

（5）空车最高运行速度 120 km/h，重车运行速度见附录 1-4《铁路长大货物车使用技术参数》（运辆货车函〔2015〕407 号文件）的规定。

（6）载重 280 t 前后加挂空车的情况下，能以 32 km/h 及以下速度通过各种跨度的钢筋混凝土梁和钢梁。

（7）小底架与转向架间常接触式弹性旁承压缩量为（9±1）mm。中底架与小底架间的旁承为间隙旁承，同一横梁处左、右旁承游间的和为 6～8 mm。中底架与凹底架间为液压旁承，一侧连通旁承间隙（凹底架心盘梁旁承处下表面与中底架旁承处上表面）之和与另一侧连通旁承间隙之和的差不大于 4 mm。

二十四、D32A 型凹底平车

（一）概　　述

根据 2006 年中铁特货公司《运输专用车项目技术方案竞选说明书》的要求和铁道部科技研究开发计划“230 t 落下孔车、320 t 凹底平车研制”（合同编号 2006J014）的要求，由长江公司主持、四方所等单位参加研制，如图 4-2-79～图 4-2-83 所示。

图 4-2-79 D_{32A} 型凹底平车空车（带装载加固）

图 4-2-80 D_{32A} 型凹底平车车辆动力学试验（2006 年 10 月）

图 4-2-81 D_{32A} 型凹底平车运输灵武电厂 600 MW 发电机定子（2007 年 5 月）

图 4-2-82 D_{32A} 型凹底平车运输河曲电厂 600 MW 发电机定子（2010 年 12 月）

图 4-2-83 D_{32A} 型凹底平车运输 6 500 MVA 冲击发电机定子

2005年初，长江公司与四方所对320 t凹底平车方案进行了共同研究，提出了借鉴美国铁路大型凹底平车结构的凹底架方案，并进行了结构优化和有限元分析。2006年3月，通过铁道部科技司会同铁道部运输局的设计方案及设计任务建议书审查；8月，完成试制。7月至9月，完成静强度试验和线路动力学试验；11月，通过铁道部科技司会同运输局在上海举办320 t凹底平车样车技术审查；12月铁道部以运装货车〔2006〕452号文批复，定型为D_{32A}。

（二）主要技术规格

主要技术规格见表4-2-54。

表4-2-54　主要技术规格

项　　目	技术规格	项　　目	技术规格
载重/t	320	车辆最大高度/mm	4 280
自重/t	240	凹底架心盘距/mm	36 900
自重系数	0.75	承载面宽度/mm	2 760
轴数	24	承载面长度/mm	10 500
轴重（实际）/t	23.3	承载面距轨面高/mm	
每延米重/（t/m）	9.05	空车	1 225
制动倍率	14×8	重车	950
制动率/%		凹底架挠跨比	≤1/150
空车	13.7	凹底架升降高度/mm	±50
重车	14.2	中底架心盘距/mm	13 060
车钩中心线距轨面高/mm	880	小底架心盘距/mm	5 800
空车重心距轨面高/mm	1 430	侧向位移/mm	500
通过最小曲线半径/m		中导向距/mm	27 100
外导向	150	内导向距/mm	22 900
中导向	180	转向架固定轴距/mm	1 400—1 400
内导向	260	限界	空车符合GB 146.1—1983《标准轨距铁路机车车辆限界》的要求
最高运行速度/（km/h）			
空车	120		
重车	50		
车辆长度/mm	61 910	通过驼峰情况	禁止
车辆最大宽度/mm	3 000	溜放与冲击情况	禁止

（三）简要说明

1. 用途

用于装运电力、冶金、化工、重型机械等行业的超限、超重大型货物，如发电机定子、变压器等。

2. 技术性能特点

（1）凹底架采用上弯角圆弧过渡、下弯角折角过渡，降低承载面高度，重车承载面距轨面高为950 mm。

（2）满载时前后加挂隔离空车条件下，能以48 km/h及以下速度通过各种跨度的铁路桥梁。

（3）采用3E轴焊接构架式转向架，空车最高运行速度满足100 km/h的要求。

（4）采用侧移、导向装置，可减少车辆通过曲线时的偏移量，扩大了货物的运输范围。

（5）凹底架与中底架、中底架与小底架间的旁承采用了液压旁承装置。车辆通过缓和曲线时可消除或减少扭转载荷，改善了车辆的受力状态。

3. 结构概况

由1个凹底架、2个中底架、4个小底架、8台3E轴焊接构架式转向架以及空气、人力制动装置、侧移装置、导向销装置、液压系统、电气装置、车钩缓冲装置、操作室等组成。凹底架、中底架、小底架和转向架构架采用Q460E低合金高强度结构钢和Q345qE桥梁用结构钢，如图4-2-84所示。

凹底架采用上弯角圆弧过渡、下弯角折角过渡结构，主要由1根承载梁、2根端臂和心盘梁组成。中底架由2根箱形侧梁、端横梁和1根箱形中横梁及导向横梁组焊而成。小底架由1根纵梁、中横梁及2根端横梁组焊而成。

3E轴焊接构架式转向架由构架、轮对、轴箱弹簧装置及基础制动装置组成。构架采用整体焊接结构，

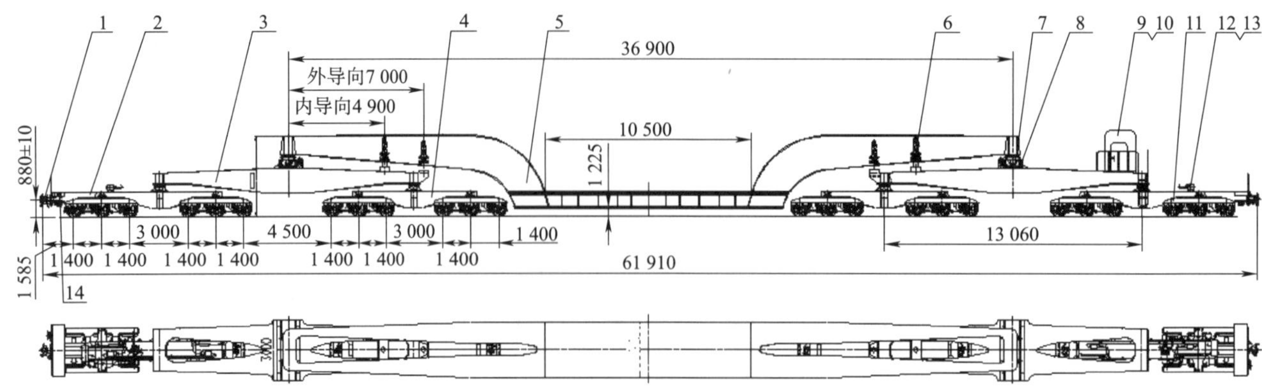

图 4-2-84 D32A 型凹底平车总图（ZCH145-00-00-000）

1—车钩缓冲装置；2—端部小底架；3—中底架；4—中部小底架；5—凹底架；6—导向销组成；7—侧移装置；8—液压旁承装置；9—操作室；10—电气装置；11—转向架；12—制动装置；13—底架附属件

主要由心盘梁和侧梁组焊而成。采用 50 钢车轴，车轴中部为 E 型轴轴身、轴承座部采用与 F 级滚动轴承配套结构，轴承为 F 级 6 ½英寸×12 英寸滚动轴承，采用 LM 磨耗型 HESA 轻型辗钢车轮。装用高摩擦系数合成闸瓦。采用双作用常接触弹性旁承；基础制动装置采用组合式制动梁、奥-贝球铁衬套。

小底架与转向架间的旁承为弹性常接触旁承。凹底架与中底架间、中底架与小底架间的旁承为液压旁承。旁承油缸安装在凹底架心盘梁、中底架端横梁两侧。

侧移装置主要由移动心盘、滚子排等组成。当使用外导向时，可左、右横向强迫移位 500 mm；也可根据曲线半径选用中导向或内导向使外导向点自由移位 500 mm。

导向装置主要由导向销、导向销座及支架等组成。可通过移动导向销的位置，使车辆处于不同的导向工况，以减少车辆通过曲线时的偏移量。设置了导向销位置状态检测装置，该装置对拔出、插入不到位的导向销进行声光语音报警提示。

液压装置主要由柴油发电机、液压泵、油箱、液压控制台、油缸及其液压阀等组成，电气装置主要由电气控制台、电气元器件等组成。

装有 4 套空气制动装置，制动主管压力可满足 500 kPa 或 600 kPa 要求，主要由 120 型空气分配阀、直径为 203 mm 的整体旋压密封式制动缸、ST2-250 型双向闸瓦间隙自动调整器等组成。2 套人力制动装置，分别装在车辆两端，人力制动机为 NSW 型。

采用 17 型下作用式车钩，配套使用 E 级钢材质钩尾框，合金钢钩尾销，MT-2 型缓冲器。

设有称重装置。通过测量起升凹底架旁承油缸的油缸压力换算货物重量，防止车辆重车超载现象的发生，提高运输的安全性。起升装置的起重油缸为凹底架的旁承油缸。由四个柱塞式油缸及油泵等组成。凹底架升降幅度为 300 mm，起升重量 500 t。

转向架与小底架间采用平面心盘，小底架与中底架间采用半球形心盘，中底架与凹底架之间为移动心盘。上下心盘间衬有自润滑增强型四氯乙烯心盘衬垫或含油尼龙衬垫。

4. 试验

(1) 许用应力

①凹底架、中底架的材质为 Q460E 低合金结构钢，根据板厚许用应力取值见表 4-2-55。

表 4-2-55 Q460E 材料的许用应力值

材　　料	板厚/mm	屈服强度/MPa	许用应力/MPa	
			主要由拉应力引起的合成应力	主要由压应力引起的合成应力
Q460E	$\delta \leqslant 16$	460	288	307
	$16 < \delta \leqslant 35$	440	276	293
	$35 < \delta \leqslant 50$	420	263	280

②小底架、转向架构架的材质为 Q345qE 低合金结构钢，根据板厚许用应力取值如下：

板厚 $\delta \leqslant 16$ mm，$[\sigma]=216$ MPa；板厚 $\delta=17 \sim 35$ mm，$[\sigma]=204$ MPa；板厚 $\delta=36 \sim 50$ mm，$[\sigma]=197$ MPa。

(2) 静强度试验

车体及转向架构架的静强度、刚度试验由四方所在株洲主持完成，如图 4-2-85 所示。

图 4-2-85　D32A 型凹底平车车体静强度、刚度试验（株洲）

①凹底架、中底架、小底架

在试验载荷作用下，凹底架最大应力发生在下弯角承载梁上盖板，其值为－233.9 MPa，考虑动荷系数，该部位的最大静动合成应力为－259.2 MPa，小于许用应力 288 MPa。中底架最大应力发生在侧梁下盖板，其值为 170.7 MPa，考虑动荷系数，该部位的最大静动合成应力为 220.5 MPa，小于许用应力 276 MPa。小底架最大应力发生在纵梁下盖板测点，其值为 74.7 MPa，考虑动荷系数，该部位的最大静动合成应力为 134.0 MPa。

②转向架构架

在专用试验台上，用油压千斤顶进行加载。试验按移动心盘有侧移和无侧移两种情况下的垂向总载荷工况和组合载荷工况（即垂向总载荷、垂向斜对称载荷及侧向载荷同时作用）进行，在组合载荷工况作用下，最大应力发生在构架的侧梁下盖板中间，其值为 211.5 MPa。

(3) 刚度试验

与凹底架静强度试验同时进行，采用位移传感器测试位移，兼用拉线法作参照。在自重＋载重（320 t）作用下，各底架刚度试验结果见表 4-2-56。凹底架、中底架、小底架刚度分别满足设计任务书挠跨比取 f/L 小于 1/150、1/400、1/400 的要求。凹底架均布加载 320 t，静置 48 h 延时挠度测量，未发现有明显的随时间而增加的变形。

表 4-2-56　刚度试验结果

部　　件	凹底架	中底架	小底架
中部挠度/mm	237.1	18.1	7.7
挠跨比	1/155	1/722	1/722

(4) 动强度试验

结合车辆动力学试验同时进行，实测动应力见表 4-2-57。实测动应力很小，利于货物的平稳运输。

表 4-2-57　动应力测试表

部　位	凹底架 弯角部中（下）	凹底架 折角部中（上）	凹底架 承载梁中（上）	凹底架 承载梁中（下）	中底架中部 （下）	中底架前部 （下）	小底架中部 （下）
动应力/MPa	14.2	25.3	7.0	－16.1	45.9	－27.2	55.5
动荷系数	0.133	0.108	0.045	0.097	0.292	0.326	0.793

(5) 车辆动力学试验

由铁科院机辆所主持，正线试验在齐北线齐齐哈尔至富裕、富嫩线富裕至嫩江及平齐线齐齐哈尔至榆树屯、滨洲线红旗营至烟筒屯进行；厂内试验在齐厂内进行，试验结果如下。

①运行平稳性

空车按中导向在正线最高速度 130 km/h 速度范围内运行，曲线及侧线通过、厂试；重车（重心高 2 391 mm）按中导向、内导向在正线最高速度 60 km/h 范围内运行，曲线及侧线通过、小曲线大超高、厂试的所有测试工况下，横向加速度、垂向加速度、横向平稳性指标、垂向平稳性指标均满足 GB/T 5599—1985 规定的要求，具有较好的运行平稳性。

②运行稳定性（安全性）

空车按中导向在正线最高速度 130 km/h 速度范围内运行，曲线及侧线通过、厂试；重车（重心高 2 391 mm）按中导向、内导向在正线最高速度 60 km/h 速度范围内运行和曲线及侧线通过、小曲线大超高、厂试的所有测试工况下，所测脱轨系数、轮重减载率、轮轨横向力等指标均小于 GB/T 5599—1985 规定的限度。

③倾覆稳定性

根据所测轮轨力计算而得的倾覆系数最大值为 0.62，小于 0.8 的 GB/T 5599—1985 的要求。

在所测试的速度级范围内，正线、小曲线大超高、厂试的所有测试工况下，D_{32A} 型凹底平车的各项动力学性能指标符合要求，其动力学性能满足空车 120 km/h、重车 50 km/h 最高运行速度的要求。

5. 过桥检算

在装载 320 t 和车辆前后加挂空车的情况下，能够以 48 km/h 及以下速度通过各种跨度的钢筋混凝土梁和钢梁，最不利工况的桥梁跨度（控制桥跨）为 29 m、30 m 跨。

6. 使用维护说明

（1）使用的环境温度－25～50℃。

（2）货物装载应按《超规》要求执行，严格集中载重标记要求装载。

（3）空车编组时，应编挂在列车尾部。

（4）通过最小曲线半径为：外导向 150 m；中导向 180 m；内导向 260 m。

（5）液压系统及旁承装置的油缸、油管和各种阀门每年须进行一次检修。其检修按有关技术条件进行。

（6）运行速度要求：运行速度应符合附录 1-4《铁路长大货物车使用技术参数》（运辆货车函〔2015〕407 号文件）的规定。文件中 S 形曲线根据该车线路动力学试验，定义为两曲线夹直线长小于 61.91 m，且两曲线半径均小于 400 m；大超高曲线定义为曲线半径小于 400 m 且超高大于 130 mm。

（7）过桥限速要求：前后加挂一辆隔离空车，满载时能以 48 km/h 及以下速度通过各种铁路桥梁，控制桥跨为 29 m、30 m 跨混凝土桥梁。

（8）小底架与转向架间双作用弹性旁承压缩量为（9±1）mm，小底架上旁承下平面与转向架旁承滚子的间隙为（6±1）mm，滚子上平面须高于旁承盒上平面 5 mm。小底架与中底架、中底架与凹底架为液压旁承，其同侧旁承油缸活塞伸出长度之和相差不大于 3 mm。

7. 货物运输

D_{32A} 凹底平车满足了上海、哈尔滨电机厂 600 MW 发电机定子运输的急需，性价比较同型号钳夹车优越。至 2011 年底，该车共运输 600 MW 发电机定子 12 台，运输里程（重车）22 722 km。

二十五、DA_{25} 型凹底平车

（一）概　　述

根据中铁特货公司的要求和 2006 年中国北车集团公司科技研究开发计划，2006 年 11 月，哈厂提出 250 t 凹底平车方案，通过铁道部运输局评审。2006 年 12 月，完成样车试制。2007 年 1 月完成样车静强度、刚度及动力学试验。2007 年 4 月铁道部科技司会同运输局组织召开 DA_{25} 及 DA_{21} 型凹底平车样车技术审查会，并以科技装〔2007〕92 号文下发了审查意见。根据审查意见，2007 年 5 月完成了样车补充动力学试验，2007 年 6 月铁道部运输局以运装货车〔2007〕278 号文批复该车设计图纸及技术文件，如图 4-2-86、图 4-2-87 所示。

（二）主要技术规格

主要技术规格见表 4-2-58。

图 4-2-86　DA25 型凹底平车空车

图 4-2-87　DA25 型凹底平车运输变压器

表 4-2-58　主要技术规格

项　　目	技术规格	项　　目	技术规格
载重/t	250	承载面高/mm	
集重/t		空车	1 050
3.0 m	220	重车	890
4.5 m	225	重心高度/mm	1 087
6.0 m	230	制动倍率	12×4
7.5 m	240	制动率/%	
≥9.0 m	250	空车	18.9
自重/t	127.5	重车	13.2
自重系数	0.51	商业运营速度/（km/h）	120
轴数	16	通过最小曲线半径/m	180
轴重/t	23.59	限界	符合 GB 146.1—1983《标准轨距铁路机车车辆限界》的要求
每延米重/（t/m）	9.43		
车辆定距/mm	25 260		
小底架心盘距/mm	7 400		
车辆长度/mm	40 026	溜放与冲击情况	禁止
车辆最大高度/mm	3 050	通过驼峰情况	禁止
承载面尺寸（长×宽）/（mm×mm）	10 000×2 700		

（三）简要说明

1. 用途

运输发电机定子、变压器等重型超限货物。

2. 技术性能特点

（1）新型全封闭结构，弯角处上部为圆弧过渡，下部为折角过渡，减轻自重。

（2）4E 轴焊接构架式转向架，两级旁承采用常接触双作用弹性旁承，空车最高商业运行速度为 120 km/h。

（3）大底架承载面长度 10 000 mm，承载面距轨面高度为 1 050 mm（空车）。

（4）大底架两端设置挡座和货物捆绑固定板，地板两端设有固定货物用孔，承载面两侧设有绳钩，满足不同货物的加固要求，减少了焊接临时性加固物的次数，减轻或避免对车体的损伤。

（5）满载、前后加挂空隔离车时，通过最不利桥梁过桥速度 40 km/h，不超过一级超重。

3. 结构概况

由 1 个大底架、2 个小底架、4 个 4E 轴转向架、空气制动装置、人力制动装置及车钩缓冲装置等组成，如图 4-2-88 所示。

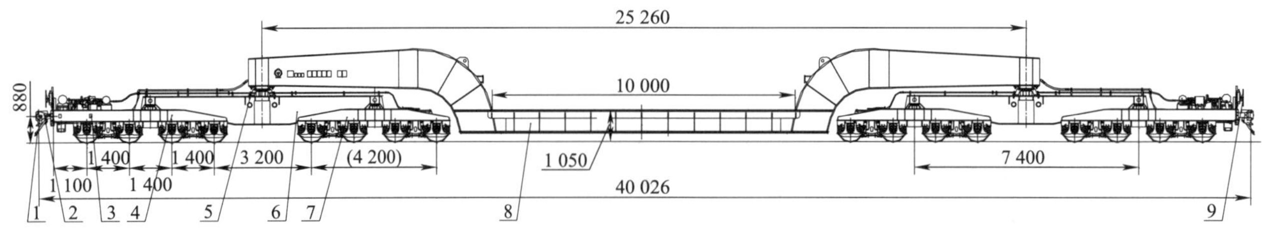

图 4-2-88 DA25 型凹底平车总图（ZCH86-00-00-000）

1—风控管路；2—车钩缓冲装置；3—制动装置；4—4E 轴转向架；5—心盘及旁承；
6—小底架；7—4E 轴转向架；8—大底架；9—人力制动装置

大底架组成为全封闭焊接结构，其材质主要为 Q345E 低合金结构钢。主要由 4 块纵向腹板、上下盖板，以及若干隔板、筋板、外檐板、上旁承等组装焊接而成。两端装有凸球形上心盘。大底架中部断面高度为 770 mm，地板面宽度为 2 700 mm。小底架由中梁、枕梁、横梁等组成。中梁由上下盖板及腹板组焊成箱形结构；枕梁由上盖板、翼板和筋板组成；横梁由上下盖板及腹板组成。小底架中央装有凹球形下心盘及常接触双作用弹性旁承，两端装有凸球形上心盘及上旁承。

4E 轴焊接构架式转向架由构架、轮对、轴箱悬挂装置及基础制动装置等组成。构架由侧梁、枕梁、横梁、导框、滑槽等组成，1 位、4 位转向架构架设端梁、牵引梁，并装有车钩缓冲装置；基础制动装置采用符合运装货车〔2004〕265 号文和运装货车电〔2005〕1391 号电报要求的组合式制动梁，符合运装货车〔2002〕11 号文要求的高摩合成闸瓦等部件。轴箱悬挂装置由轴箱、两级刚度弹簧、承载鞍、斜楔减振装置（中间 2 个轮对不设减振装置）组成；采用符合运装货车〔2006〕21 号文的 353130B 型紧凑型轴承，采用 RE2B 型 50 钢车轴及 LM 型磨耗形踏面的 HEZB 或 HEZD 型铸钢车轮或 HESA 型辗钢车轮。

空气制动装置制动主管压力满足 500 kPa 和 600 kPa 的要求。主要由 120 型空气控制阀、不锈钢嵌入式储风缸、直径为 203 mm 整体旋压密封式制动缸、改进的 ST2-250 型双向闸瓦间隙自动调整器等组成，采用符合运装货车〔2001〕84 号和运装货车〔2002〕248 号文要求的不锈钢制动配件和管系、奥-贝球铁衬套及配套 45 号钢圆销等；采用手动两级空重车调整装置。车辆两端各安装 1 套 FSW 型人力制动机，手轮直径为 560 mm。采用 E 级钢 17 号下作用车钩及配套钩尾框、合金钢钩尾销，MT-2 型缓冲器。

大底架与小底架、小底架与转向架间采用半球形心盘，且两级上下心盘间均有含油尼龙衬垫，在小底架与转向架间设有心盘防脱装置。大底架与小底架间、小底架与转向架间采用常接触大行程弹性旁承。

4. 试验

（1）车体强度、刚度试验

2006 年 12 月，四方所在哈厂对大小底架等车体钢结构进行了静强度、刚度试验。试验进行了 4 种工况：10 m 均载 275 t、9 m 集载 250 t、6 m 集载 230 t 和凹底架自重载荷 70 t 工况。

在垂向试验载荷（250 t/10 m）与自重共同作用下，大底架最大动静合成应力发生在下弯角悬臂上盖板上，最大动静合成应力为−166.7 MPa，小底架最大动静合成应力发生在枕梁上盖板近圆弧处，最大合成应力为−164.5 MPa，均小于材料的许用应力。大底架在垂向载荷作用下的挠度为 99 mm，其挠跨比为 99/25 260≈0.71/180，小于 1/180；小底架在垂向载荷作用下的挠度为 6.5 mm，其挠跨比为 6.5/7 400≈0.31/350，小于 1/350。车体强度、刚度满足 TB/T 1335—1996 及设计任务书的要求。

（2）转向架构架强度试验

2006 年 12 月，在四方所的静强度试验台上进行了转向架静强度试验，主要测试心盘垂向载荷工况和心盘垂向载荷、横向载荷与斜对称载荷同时承载的组合工况。转向架构架最大应力发生在枕梁靠近心盘内弯角处，最大合成应力为−126.2 MPa，小于材料许用应力。转向架构架强度满足 TB/T 1335—1996 的要求。

（3）车辆动力学试验

2007 年 1 月，四方所在济南沙岭庄至高密线上进行动力学试验，在四方所进行 R180 m 小曲线通过测试试验，正线空重车最高试验速度 133 km/h。2007 年 5 月，在哈尔滨铁路局范围内完成了合成重心高为 2 430 mm 的干线动力学试验，最高试验速度 61 km/h，如图 4-2-89 所示。

试验结果表明，该车空重车在各级速度及曲线下其各项动力学性能指标均满足 GB/T 17426—1998 的规定。

5. 试用情况

2007 年 9 月 29 日，该车装运 206 t 变压器从保定天威保变电气股份有限公司到深圳市天威盛电力设备有限公司，全程 2 228 km；2007 年 8 月 17 日，装运 220 t 电机定子从上海江电装卸储运服务部到贵州西能电建有限公司，全程 2 298 km；2007 年，装运 238 t 定子从上海中储国际货运有限公司到湖南电力物流服务有限责任公司，全程 1 240 km，运输情况良好。

图 4-2-89　DA$_{25}$ 型凹底平车重车车辆动力学试验

6. DA$_{25}$ 型与 D$_{25A}$ 型凹底平车比较

（1）承载面距轨面高度比 D$_{25A}$ 型凹底平车降低了 30 mm，承载面长度比 D$_{25A}$ 型凹底平车提高了 200 mm，提高了该车的适用范围。

（2）同 D$_{25A}$ 型车比，该车降低了自重，提高了过桥性能和构造速度，满载时超重等级由原来 D$_{25A}$ 型车的二级超重提高到一级超重。

7. 运用情况

2007 年 8 月至 2008 年 2 月，该车运输 245 t 发电机定子从成德阳发往上安 2 件（运输里程 3 546 km）、羊坪（运输里程 1 272 km）和下峪口（运输里程 2 880 km）；运输 245 t 汽轮发电机从南阳发往包头东（运输里程 2 060 km）；运输 206 t 变压器从保定发往惠州 2 件（运输里程 2 228 km）；运输 220 t 变压器从闵行发往发尔（运输里程 2 298 km）；运输 238 t 定子从何家湾发往霞凝（运输里程 2 298 km）；运输 242 t 发电机定子从上何家湾发往潘集西（运输里程 608 km）、宁陵县（运输里程 926 km）。运输总里程 22 832 km，运输情况良好。

二十六、DA$_{21}$ 型凹底平车

（一）概　　述

DA$_{21}$ 型 210 t 凹底平车是由哈厂研制的新型凹底平车。该车于 2006 年 9 月完成了设计方案。2006 年 11 月，哈厂根据铁道部技术审查会的意见，优化设计方案，将凹底架承载面长度由 9 000 mm 增加至 9 800 mm，如图 4-2-90 所示。2007 年 4 月，通过铁道部技术审查，投入运用考验。

图 4-2-90　DA$_{21}$ 型凹底平车空车

（二）主要技术规格

主要技术规格见表 4-2-59。

表 4-2-59 主要技术规格

项　目	技术规格
载重/t	210
集重/t 　3.0 m 　4.5 m 　6.0 m 　7.5 m 　≥9.0 m	 180 185 190 200 210
自重/t	122.8
自重系数	0.58
轴数	16
轴型	RE2B
轴重/t	20.8
每延米重/（t/m）	8.76
换长	3.4
商业运营速度/（km/h）	120
通过最小曲线半径/m	180
车钩中心线高/mm	880
制动倍率	12×4
制动率/% 　空车 　重车	 19.6 14.9
制动距离（重车）/m	≤1 400
轨距/mm	1 435
车辆长度/mm	37 996
车辆定距/mm	24 130

项　目	技术规格
凹底架承载面长度/mm	9 800
凹底架承载面宽度/mm	2 700
凹底架承载面上平面高/mm 　空车 　重车	 940 810
凹底架承载面下平面高/mm 　空车 　重车	 250 120
小底架两上心盘中心距/mm	6 500
空车重心高/mm	1 035
固定轴距/mm	1 400—1 400—1 400
全轴距/mm	4 200
转向架车轮直径/mm	840
轴颈中心距/mm	1 981
下心盘半径/mm	*SR*173
下心盘最低点自由高（含心盘衬垫）/mm	820
弹簧静挠度/mm 　空车 　重车	 25 62
限界	符合 GB 146.1—1983《标准轨距铁路机车车辆限界》的要求
溜放与冲击情况	禁止
驼峰调车编组作业	禁止

（三）简要说明

1. 用途

运输发电机定子、变压器等重型超限货物。

2. 技术性能特点

（1）全封闭结构，弯角处上部为圆弧过渡，下部为折角过渡，减轻自重。

（2）4E 轴焊接构架式转向架，两级旁承采用常接触双作用弹性旁承，空车最高商业运行速度 120 km/h。

（3）大底架两端设置挡座和货物捆绑固定板，地板两端设有固定货物用孔，承载面两侧设有绳钩。

（4）满载和前后加挂空隔离车时，可不限速通过铁路桥梁。

3. 主要结构

由 1 个凹底架、2 个小底架、4 个 4E 轴焊接构架式转向架、空气制动装置、人力制动装置及车钩缓冲装置等部分组成，如图 4-2-91 所示。

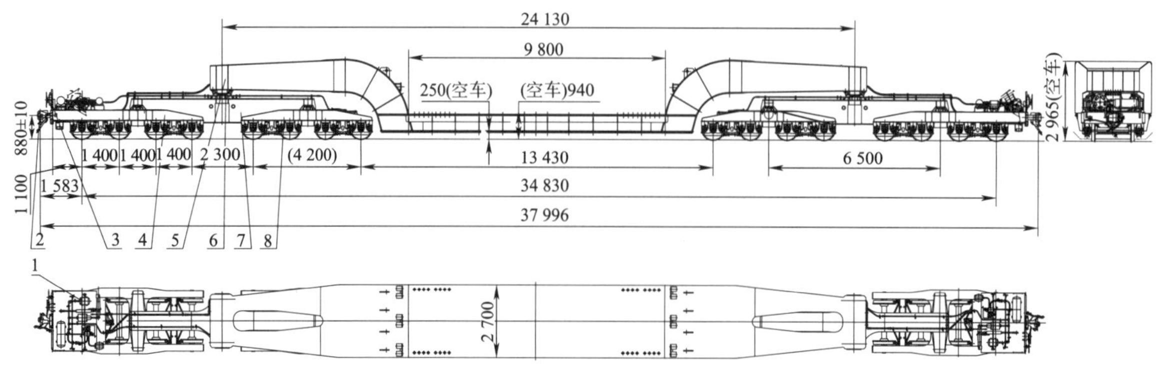

图 4-2-91 DA$_{21}$ 型凹底平车总图（ZCH86-00-00-000）

1—空气制动装置；2—车钩缓冲装置；3—人力制动装置；4—1 位、4 位转向架；5—凹底架；6—心盘及旁承；7—小底架；8—2 位、3 位转向架凹底架、小底架和转向架构架均采用 Q345E 低合金结构钢。凹底架采用全封闭焊接结构，弯角处上部为圆弧过渡，下部为折角过渡。由 4 块纵向腹板、2 层地板、3 层中部下盖板、1 层端部上盖板、1 层端部下盖板隔板、筋板、外檐板、上旁承、挡座、纵向加强板、绳栓以及货物捆绑固定板等组焊而成。两端装有 *SR*250 mm 的凸球形上心盘。小底架由 1 根箱形中梁、枕梁、横梁等组成。中梁由上下盖板及腹板组焊成箱形结构；枕梁由上盖板、翼板和筋板组成；横梁由上下盖板及腹板组成。小底架中央装有 *SR*260 mm 凹球形下心盘及常接触双作用弹性旁承，两端装有 *SR*165 mm 凸球形上心盘及上旁承。转向架主要由构架、轮对、轴箱悬挂装置及基础制动装置等组成。构架由侧梁、枕梁、横梁、导框、滑槽等组成，1 位、4 位转向架构架设端梁、牵引梁，装车钩缓冲装置；基础制动装置采用组合式制动梁和高摩合成闸瓦等部件。轴箱悬挂装置由轴箱、两级刚度弹簧、承载鞍、斜楔减振装置（中间 2 个轮对不设减振装置）；采用 353130B 型紧凑型轴承，采用 RE2B 型 50 钢车轴及 LM 型磨耗形踏面的 HEZB 或 HEZD 型铸钢车轮或 HESA 型辗钢车轮。4E 轴 B 型（不带车钩）转向架如图 4-2-92 所示。

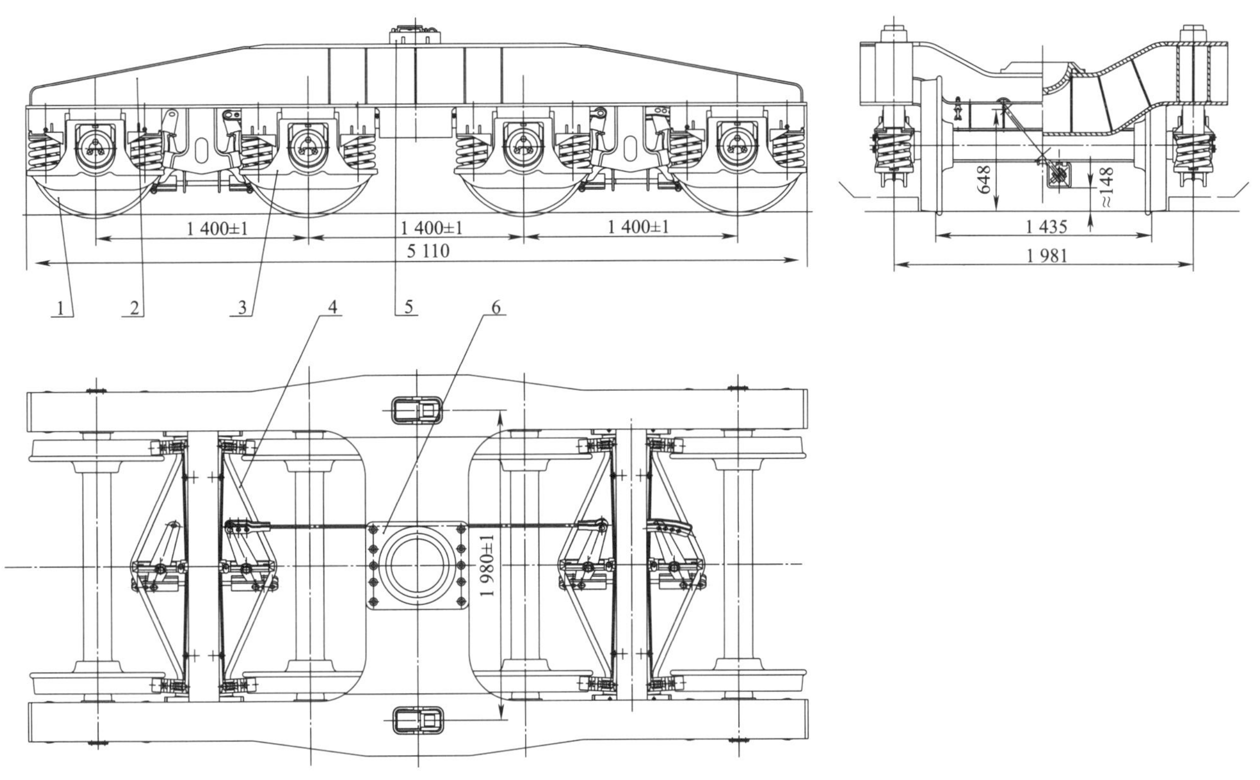

图 4-2-92　DA21 型凹底平车 4E 轴 B 型转向架

1—RE2B 轮对；2—B 型构架；3—轴箱悬挂装置；4—基础制动装置；5—常接触双作用弹性旁承；6—下心盘

空气制动装置主要由 120 型空气控制阀、不锈钢嵌入式储风缸、直径为 203 mm 的整体旋压密封式制动缸、改进的 ST2-250 型双向闸瓦间隙自动调整器等组成，采用不锈钢制动配件和管系、奥-贝球铁衬套及配套 45 号钢圆销等；采用手动两级空重车调整装置。制动主管压力满足 500 kPa 和 600 kPa 的要求。车辆两端各安装 1 套 FSW 型人力制动机，手轮直径为 560 mm。采用 E 级钢 17 号车钩，采用 17 号锻造钩尾框、合金钢钩尾销、MT-2 型缓冲器；采用含油尼龙钩尾框托板磨耗板。钩尾销托梁、钩尾框托板、安全托板采用 BY-B 型或 FS 型防松螺母和防跳插销。采用半球形心盘，凹底架与小底架间上心盘半径为 *SR*250 mm，下心盘半径为 *SR*260 mm，上下心盘间设置 10 mm 高分子复合材料衬垫；小底架与转向架间上心盘半径为 *SR*165 mm，下心盘半径为 *SR*173 mm，上下心盘间设置 8 mm 高分子复合材料衬垫；在小底架与转向架间设置心盘防脱装置。凹底架与小底架间、小底架与转向架间采用常接触双作用弹性旁承。

4. 试验

2006 年 12 月至 2007 年 5 月，由四方所主持，完成了整车及转向架静强度、动强度、车辆动力学性能试验等各项鉴定性试验。2007 年 1 月，该车在济南铁路局沙岭庄—高密线上进行了动力学试验，在南车四方机车车辆股份有限公司进行了 R180 m 小曲线通过测试试验，正线空重车最高试验速度达 133 km/h。2007 年 5 月，由四方车辆研究所主持在哈尔滨东—庆安间完成了重车工况下车辆重心高为 2 430 mm 的动力学试验，最高试验速度 61 km/h。动力学性能指标均满足 GB/T 17426—1998 的规定。

5. 运用情况

2007 年 9 月和 11 月，运输德阳电机厂发电机定子 2 次，每次 3 520 km，运输情况良好。

二十七、DA_{26} 型凹底平车

（一）概　　述

DA_{26} 型凹底平车是哈厂与中铁特货公司签订的“260 t 凹底平车结构优化及关键技术深化研究”合同要求，为适应 5 m 轧辊及 260 t 以下的变压器等运输市场的需要研发的凹底平车。2013 年 9 月通过铁道部科技司设计方案评审，2015 年 7 月完成样车试制；2015 年 12 月通过样车试用评审；2019 年 12 月通过样车运用考核评审，如图 4-2-93～图 4-2-95 所示。

图 4-2-93　DA_{26} 型凹底平车空车

图 4-2-94　DA_{26} 型凹底平车重车动力学试验

图 4-2-95　DA_{26} 型凹底平车运输发电机定子

（二）主要技术规格

主要技术规格见表 4-2-60。

表 4-2-60　主要技术规格

项　　目	技术规格	项　　目	技术规格
载重/t	260	重车	13.6
集载/t		车辆长度/mm	39 966
3.0 m	220	车辆定距/mm	25 200
4.5 m	225	承载面长度/mm	10 000
6.0 m	230	承载面上平面高/mm	
7.5 m	240	空车	1 115
9.0 m	250	重车	967
9.8 m	258	承载面下平面高/mm	
自重/t	114.4	空车	295
自重系数	0.44	重车	147
轴数	16	小底架定距/mm	7 400
轴重/t	$23^{+0.4}_{0}$	固定轴距/mm	1 400—1 400—1 400
每延米重/（t/m）	9.36	全轴距/mm	4 200
制动率/%		轴型	RE2B
空车	19.6	轮径/mm	840

续上表

项　　目	技术规格	项　　目	技术规格
弹簧静挠度		最高运行速度/（km/h）	100
空车/mm	27.4	车钩中心线高/mm	880
重车（当量挠度）/mm	40.26	空车重心高度/mm	1 026
		通过最小曲线半径/m	145
制动倍率	8.8	通过驼峰情况	禁止
制动距离/m		溜放与冲击情况	禁止
初速度 100 km/h	≤1 400	限界	符合 GB 146.1—1983《标准轨距铁路机车车辆限界》的要求
初速度 80 km/h	≤800		

（三）简要说明

1. 用途

运输发电机定子、变压器等重型超限货物。

2. 技术性能特点

（1）自重轻，过桥性能好。满载通过铁路桥梁（最不利桥跨：16 m，19 m）限速为 46 km/h。

（2）4E 轴焊接构架式转向架，最高运行速度为 100 km/h。

（3）承载面长度约 10 000 mm，大底架上弯角中部留有贯通性空间，适合于轧辊类货物的运输；大底架承载面两侧设置绳钩，两端上弯角处设置挡座、装载加固梁、加固环，便于货物的装载加固。

3. 结构概况

由 1 个大底架、2 个小底架、4 个 4E 轴焊接构架式转向架（分 A、B 型）、空气制动装置、人力制动装置及车钩缓冲装置等组成，如图 4-2-96 所示。大底架与小底架间、小底架与转向架间均采用常接触双作用弹性旁承。小底架与转向架间装有心盘防脱装置。

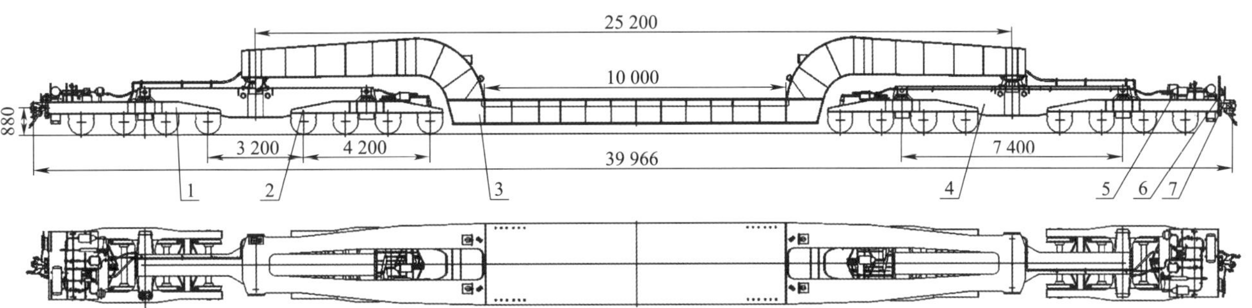

图 4-2-96　DA26 型凹底平车总图（ZCH86-00-00-000）

1—转向架（A 型）；2—转向架（B 型）；3—大底架组成；4—小底架组成；

5—空气制动装置；6—人力制动装置；7—车钩缓冲装置

大底架组成为全封闭焊接结构，弯角处中部留有宽 1 m 的开口。主要由中部上下盖板、端部上下盖板、弯角上下盖板、纵向腹板、隔板、筋板和外檐板等组焊而成。大底架两端装有 *SR*250 mm 凸球形上心盘和上旁承。小底架由中梁、枕梁、横梁等部分组成。中梁为箱形结构，其两端下部装有 *SR*165 mm 凸球形上心盘及上旁承，枕梁上装有 *SR*260 mm 凹球形下心盘和双作用弹性旁承。大底架和小底架采用符合 GB/T 1591—2008《低合金高强度结构钢》要求的 Q460E 钢。

转向架构架主要由侧梁、枕梁、端梁、曲横梁、导框等组成，材质主要为 Q345E 钢。轴箱悬挂装置由轴箱、两级刚度弹簧及斜楔减振器等组成。采用 RE2B 型 50 钢车轴、353130B 型轴承，采用 LM 型磨耗形踏面的 HESA 型辗钢车轮及 B 级钢承载鞍；采用组合式制动梁、高摩擦因数合成闸瓦等零部件。制动悬挂件符合 TJ/CL 230—2010《铁路货车制动扁孔圆销和圆销技术条件》要求。

空气制动装置的制动主管压力满足 500 kPa 和 600 kPa 的要求。全车采用 2 套空气制动装置，每套制动装置由 1 个 120 型空气控制阀、2 个直径为 254 mm 的旋压密封式制动缸、2 个 ST2-250 型双向闸瓦间隙自动调整器、不锈钢管系及奥-贝球铁衬套等组成。车辆两端各安装1套NSW型人力制动机。采用E级钢17型车钩、锻造钩尾框、MT-2型缓冲器、含油尼龙钩尾框托板磨耗板及车钩防跳插销。

4. 强度、刚度试验

由中铁检验认证中心（青岛）车辆检验站有限公司主持，2014年12月完成转向架静强度试验。大于100 MPa的合成应力分别发生在枕梁上盖板心盘边缘和枕梁下盖板上圆弧边缘，分别为－115.3 MPa和118.9 MPa，均小于许用应力（209 MPa）。

2015年2月，对大小底架进行第一次静强度试验。大底架内侧腹板承载面折角处最大应力值为－368.1 MPa,超出了许用应力值92.1 MPa，远远超过有限元计算得到的应力值－207.5 MPa。经分析，承载面地板有2层，上层厚度为16 mm，与弯角上盖板焊接相连。当载荷作用时，大底架向下弯曲，弯角上盖板带动上层地板向车体中心移动，由于下层地板与上层地板不能完全密贴，2层地板的移动不同步，造成应力集中，使承载面折角处应力值过高。因此对承载面折角处结构进行了优化，用许用应力为430 MPa的HG785E高强度可焊钢，将厚60 mm的板材组焊成丁字形结构，折角底板与折角立板呈78°夹角焊接成一体，承载面折角处圆弧过渡与地板面连接。折角立板与弯角上盖板连接，折角底板与承载面地板连接。结构优化后，有限元分析计算得到此处的最大应力值为－194.4 MPa，测试得到的最大合成应力值为－177.4 MPa，表明优化后的折角结构材质使用HG785E高强度可焊钢强度储备过大，批量生产时使用Q460E钢强度足够。

2015年8至9月，完成了大小底架静强度和刚度试验，并在进行动力学性能试验的同时完成了动应力测试。大底架最大合成应力（185.4 MPa）发生在弯角下盖板上圆弧边缘，小底架最大合成应力(－215.5 MPa)发生在枕梁上盖板圆弧处，均小于许用应力（276 MPa）。在最大垂向静载荷工况下，大底架最大挠度为123.97 mm，挠跨比为1/203（小于1/180）；小底架最大挠度为8.76 mm，挠跨比为1/844（小于1/350）。试验结果表明，强度、刚度均满足TB/T 1335—1996以及科技装函〔2013〕77号文关于车辆强度、刚度设计的要求。

2015年9月，在哈尔滨铁路局管内齐齐哈尔—九三站进行了线路动力学性能试验。空重车合成重心高度（1 980 mm）小于2.0 m工况下最高速度为110 km/h，重车合成重心高度（2 365 mm）小于2.4 m工况下最高速度为60 km/h。试验结果表明，该车在空重车合成重心高为1 980 mm和重车合成重心高度为2 365 mm工况下，其振动加速度及平稳性、轮轴横向力、脱轨系数、轮重减载率、倾覆系数等指标均满足GB/T 17426—1998的要求，车体横向、垂向平稳性指标均属优级。

2015年9月，在哈尔滨铁路局管内榆树屯军专线进行了重车合成重心高小于2.4 m、曲线半径300 m、外轨超高140 mm通过试验。试验速度分别为10 km/h、15 km/h和20 km/h；在哈尔滨铁路局管内齐齐哈尔站北场进行了重车合成重心高小于2.4 m工况、复式交分（交叉）渡线及9号道岔通过试验，试验速度分别为5 km/h、10 km/h、15 km/h，该车各项动力学性能满足GB/T 17426—1998的规定。在哈厂及齐厂内分别进行了空重车*R*145 m、*R*180 m小半径曲线通过试验，试验结果表明，车钩与钩门之间，转向架构架、小底架与大底架之间均无干涉。

5. 运用情况

2016年3月，样车出厂投入运用考验。2016年6月，首次装运哈尔滨电机厂有限责任公司196 t定子，从香坊站发车至乌北站，全程4 585 km；2017年2月，第二次装运144 t变压器，从沙岭站至惠州站，全程2 978 km。车辆状态良好。

二十八、TD11型凹底平车

（一）概　　述

为适应特种车辆运输的需要，哈厂于2002年2月完成方案设计并上报铁道部，2002年4月铁道部运输局组织召开了特种装备车辆运输专用平车工程设计方案评审会，并以运装货车〔2002〕100号文批复。2002年7月完成样车试制，2002年9月至11月完成静强度、刚度及动力学试验；2003年2月铁道部运输局组织进行样车技术审查，并以运装货车〔2003〕105号文批复，如图4-2-97、图4-2-98所示。

图 4-2-97　TD11 型凹底平车空车

图 4-2-98　TD11 型凹底平车静载强度试验和动力学试验整备

(二) 主要技术规格

主要技术规格见表 4-2-61。

表 4-2-61　主要技术规格

项　　目	技术规格	项　　目	技术规格
载重/t	40	承载面宽度/mm	3 000
自重/t	35.4	承载面距轨面高（空车）/mm	666
总重/t	75.4	缓坡角度	14°±30′
自重系数	0.89	转向架型号	转 K_2
轴数	4	轨距/mm	1 435
轴重/t	18.85	固定轴距/mm	1 750
每延米重/（t/m）	3.9	轮径/mm	840
车钩中心线高/mm	880	轴颈中心距/mm	1 956
空车重心高/mm	595	限界	空车限界符合 GB 146.1—1983《标准轨距铁路机车车辆限界》的要求
通过最小曲线半径/m	145		
最高运行速度/（km/h）	120		
车辆长度/mm	19 330	通过驼峰情况	禁止
底架两心盘中心距离/mm	15 120	溜放与冲击情况	禁止
承载面长度/mm	11 120		

（三）简要说明

1. 用途

用于装运轮式特种车辆。

2. 技术性能特点

（1）凹底架采用侧梁承载结构，满足特种汽车装载的需要。

（2）凹底架弯角部小角度弯曲下凹，满足特种汽车自轮装运的需要。

（3）车辆两端装有端板，与端部站台连接，能够实现特种汽车的自轮运输。

3. 主要结构

由 1 个凹底架、2 个端板组成、2 台转 K_2 型转向架及车钩缓冲装置、制动装置等组成，如图 4-2-99、图 4-2-100 所示。

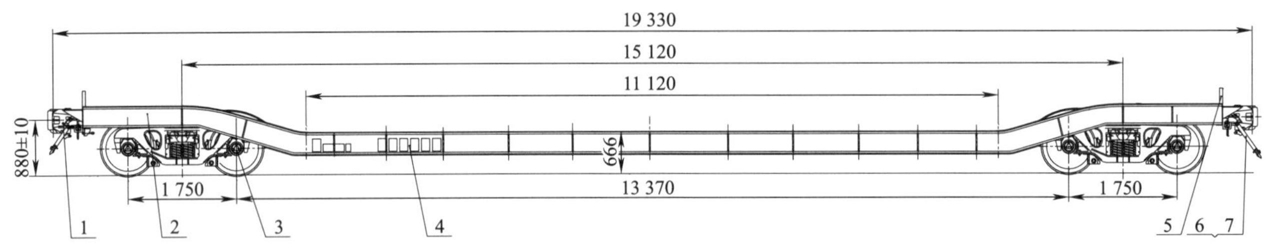

图 4-2-99　TD11 型凹底平车总图

1—车钩缓冲装置；2—底架组成；3—转 K_2 型转向架；4—标记；
5—端板组成；6—空气制动装置；7—人力制动装置

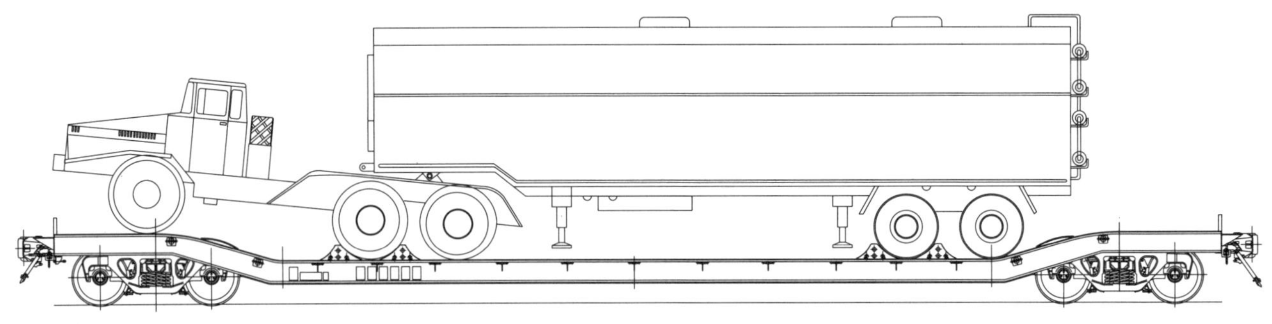

图 4-2-100　TD11 型凹底平车装载轮式装备示意图

二十九、TD5A 型凹底平车

（一）概　　述

为适应特种车辆运输需要，1999 年，哈厂根据设计任务书进行 TD5A 型凹底平车研制；1999 年初，完成方案设计并上报铁道部，1999 年 7 月，中车公司会同铁道部运输局组织对设计方案进行技术审查，并以中车机辆〔1999〕248 号文批复；1999 年 6 月，哈厂完成 T 样车试制，7 月完成静强度、刚度及动力学试验；1999 年 9 月，铁道部运输局组织召开了 TD5A 型凹底平车样车评审会，并以中车机辆〔1999〕263 号文批复。为适应铁路提速发展的需要，2010 年，由哈厂对 TD5A 型凹底平车进行换装转 K_2 型转向架提速改造，2010 年 11 月，完成方案设计并上报铁道部，2010 年 12 月，由铁道部运输局组织专家对该车改造设计方案进行技术审查，并以运装货车电〔2010〕4702 号电报批复；2011 年 6 月，铁道部运输局组织专家对试改样车进行了生产质量鉴定，并以运装货车电〔2011〕1924 号电报批复，TD5A 型凹底平车如图 4-2-101 所示。

图 4-2-101 TD5A 型凹底平车

（二）主要技术规格

主要技术规格见表 4-2-62。

表 4-2-62 主要技术规格

项 目	技术规格	项 目	技术规格
载重/t	50	承载面宽度/mm	3 050
自重/t	30.8	承载面距轨面高（空车）/mm	690
总重/t	80.8		
自重系数	0.62	缓坡角度	13.5°±30′
轴数	4	转向架型号	转 K_2
轴重/t	20.2	轨距/mm	1 435
每延米重/（t/m）	4.5	固定轴距/mm	1 750
车钩中心线高/mm	880	轮径/mm	840
通过最小曲线半径/m	145	轴颈中心距/mm	1 956
最高运行速度/（km/h）	120	限界	空车符合 GB 146.1—1983《标准轨距铁路机车车辆限界》的要求
车辆长度/mm	17 930		
底架两心盘中心距离/mm	13 000	通过驼峰情况	禁止
承载面长度/mm	9 000	溜放与冲击情况	禁止

（三）简要说明

1. 用途

用于装运轮式特种车辆。

2. 技术性能特点

凹底架弯角部小角度弯曲下凹，满足特种汽车自轮装运的需要。

3. 主要结构

由 1 个凹底架、2 个端板组成、2 台转 K_2 型转向架及车钩缓冲装置、制动装置等组成，如图 4-2-102 所示。

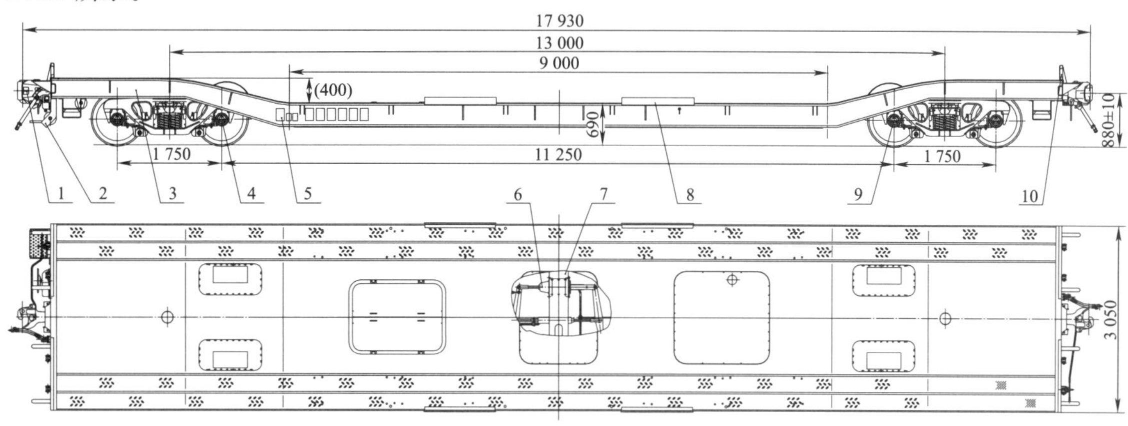

图 4-2-102 TD5A 型凹底平车总图

1—车钩缓冲装置；2—人力制动装置；3—底架组成；4，9—转 K_2 型转向架；5—标记；6—空气制动装置；7—底架附属件；8—装载加固装置；10—端板组成

三十、50 t 专用凹底平车

（一）概　　述

为了满足特种车辆远距离铁路运输的需要，依据《低平板铁路运输车研制任务书》，唐山机车车辆厂承担了 50 t 专用凹底平车的研制工作。2000 年 8 月，唐山机车车辆厂会同四方所对该车方案进行了研究。四方所对该车进行有限元分析，并找出了该车的结构受力特点，制定了工艺技术条件，由此确定了整体设计方案。2001 年 3 月，召开方案技术审查会，确定施工设计方案，并完成了整车试制；7 月，由四方所主持在唐山机车车辆厂完成了车体静强度试验；9 月，由铁科院主持在京秦线和唐遵线完成了车辆动力学试验；12 月通过了技术鉴定。50 t 专用凹底平车和转 K_3 型转向架如图 4-2-103 所示。

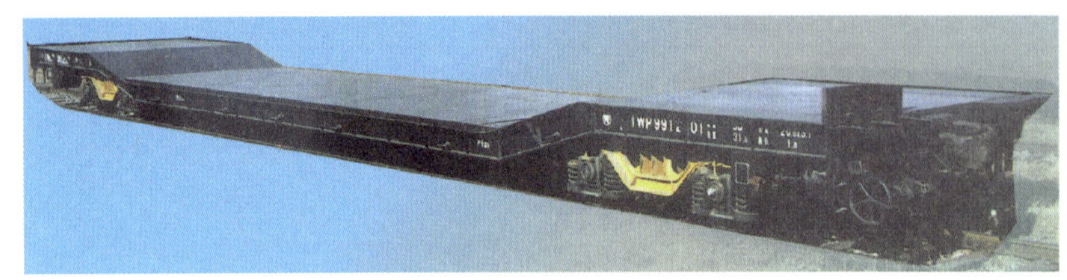

图 4-2-103　50 t 专用凹底平车和转 K_3 型转向架

（二）主要技术规格

主要技术规格见表 4-2-63。

表 4-2-63　主要技术规格

项　　目	技术规格	项　　目	技术规格
载重/t	50	凹底面高度（自重下距轨面）/mm	790
自重/t	32.6	空车重心高（距轨面）/mm	686.5
挠跨比	≤1/250	换长	2.82
缓坡角度/°	15	运行速度/（km/h）	100
车辆长度/mm	20 020	通过最小曲线半径/m	
车体长度/mm	19 000	连挂时	145
车体宽度/mm	3 100	单车调车时	100
车辆定距/mm	14 000	限界情况	符合 GB 146.1—1983《标准轨距铁路机车车辆限界》的要求
凹底面长度/mm	10 191	通过驼峰情况	禁止

（三）简要说明

1. 用途

运输轮式车辆。

2. 技术性能特点

装运自行有轮货物；凹底弯角部位圆弧半径较大且倾角较小，便于货物自行；活动端墙可以放平，供货物自行通过，实现滚装。按《超规》的规定不超限、不限速。在全国范围内与通用机车车辆连挂，运行不受限制。

3. 结构概况

由底架、活动端墙、转 K_3 型转向架、空气制动装置、人力制动装置、车钩缓冲装置、木地板、紧固装置等部分组成。装载时将轮式车辆从端头直接开上低平板铁路运输车凹底部，停稳后用紧固装置固定在木地板上，如图 4-2-104 所示。

底架由缓冲梁、中梁、枕梁、侧梁、主横梁、上铁地板、下铁地板、木地板等部分组成，钢板全部采用 Q345-B 材料。采用新式转 K_3 型提速货车转向架。制动装置采用 120 型空气分配阀、球形截断塞门、2 套 ϕ203 mm×254 mm 旋压式密封制动缸、空重车调节装置。一位角设卧式人力制动机。采用 13 号 C 级

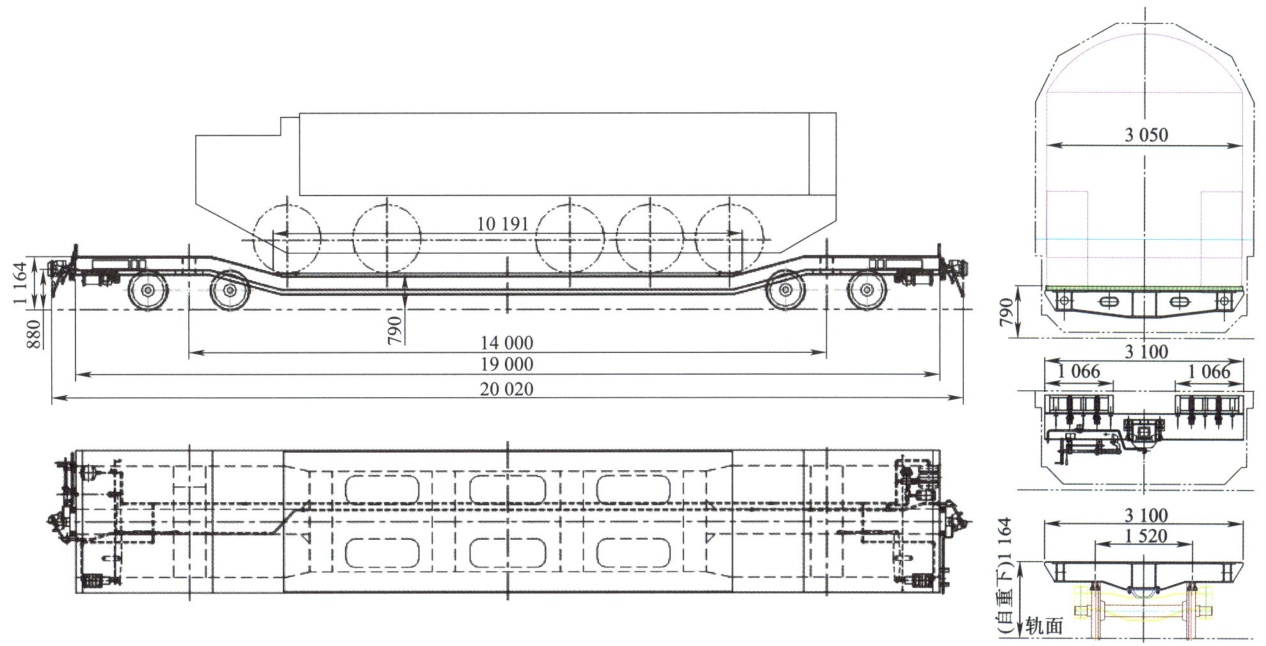

图 4-2-104　50 t 专用凹底平车总图和装车运输断面图（空重车）（TSK175-00-00-000）

钢车钩及 MT-3 缓冲器。车体两端为活动端墙结构，滚装时将其放倒便于所运车辆通过，运行时将其竖起并用锁闭机构固定。木地板和紧固装置用于固定所运载车辆之用。厂修期 10 年，段修期 2.5 年，使用寿命 30 年。

4. 结构设计和强度分析

首先将底架材料定为 Q345-B 材质。加大中梁、侧梁折角处圆弧半径，以减缓折角处应力集中现象；改善折角处的应力分布，在腹板中间的外侧均加焊补强筋板。中梁及侧梁均定为箱形梁结构，加大中梁、侧梁上下盖板的厚度为 20 mm，并且在侧梁、中梁上方再满铺 10 mm 厚铁地板，在车体凹底部下面也满铺 10 mm 厚钢板，将整个车体变为一个封闭箱形梁结构，以提高车体的刚度和改善应力的分布，改善这种结构带来的上下盖板应力大的现象，解决强度不足问题。将侧梁截面高定为 300 mm，枕外侧梁采用单腹板结构，车体下铁地板开大工艺孔，将主横梁各板厚度改为 12 mm，侧梁外侧支撑筋板开工艺孔等措施，整车控制自重。

为了分析底架钢结构的强度及刚度，在四方所的指导下，唐山机车车辆厂采用了大型分析软件 I-DEAS进行了有限元强度分析计算，并对多方案进行了比选，确定了结构设计方案，提高了产品设计的可靠性。分析结果表明，挠跨比 1/334，小于 1/250，有一定裕度。除局部出现应力集中点外，应力水平还较低。由于开孔缘故导致下铁地板开孔边缘倒角处有一定的应力集中，建议增大圆角半径。

5. 试验情况

(1) 通过限界试验

调整好限界规，将车辆缓慢通过限界规，观察车辆上下左右并无刮碰现象，表明车辆通过限界合格。

(2) 车体静强度试验

在垂向均布载荷和垂向偏心载荷作用下，第一工况最大合成应力为 173.3 MPa，发生在车体中央断面中梁下盖板处，其值小于许用应力 216 MPa。车体在垂向载荷 50 t 和自重作用下，最大挠度值为 48 mm。其挠跨比为 1/292，小于 1/250，满足设计任务书要求。

(3) 车辆动力学试验

试验按照 GB/T 5599—1985 进行，分为直线和大半径曲线及小半径曲线试验，直线和大半径曲线试验在京秦线燕郊—银城铺间进行，最高直线试验速度 120 km/h；小半径曲线试验在唐遵线丰润南—遵化间进行，通过正线和侧线道岔、曲线时按最高允许速度通过。空车和满载工况下测得数据表明运行平稳性指标在规范规定的限值以下，并有一定的裕量。空车在120 km/h时达到货车优级水平，重车在速度100 km/h时达到货车优级水平。

(4) 单车静止制动试验

按照运装货车〔1999〕357号文件中的附件四“120型货车空气制动机单车试验规范”的要求进行单车静止制动试验。主要包括制动管漏泄试验，全车漏泄试验，制动、缓解感度试验，制动安定试验，紧急制动试验，人力制动机作用试验。结果表明单车静止制动试验合格。

三十一、TD6型凹底平车

(一) 概　述

中车石家庄车辆有限公司在TD11型凹底平车成熟结构及运用经验的基础上，通过优化、更改车体结构，增大了车辆承载面长度，提高了车辆载重，完成了载重60 t专用凹底平车的设计方案。2014年8月，中车石家庄车辆有限公司以石车技〔2014〕110号《关于申请载重60 t专用凹底平车设计方案评审的请示》上报了方案。2014年9月，中国铁路总公司科技管理部组织对该车方案进行了审查，并以《中国铁路总公司科技管理部关于印发〈TA1型凹底平车样车技术条件及设计方案评审意见〉的通知》(科技装函〔2014〕159号)批复了审查意见和设计技术条件，同意进行工作图设计及样车试制。2014年4月16日，样车通过了中国铁路总公司试用评审；2016年7月27日，通过了技术评审。根据车辆运用管理需要，型号TA1变更为D6型，特种自备车变更为TD6型凹底平车(科技装函〔2017〕77号)，如图4-2-105所示。

图4-2-105　TD6型凹底平车

(二) 主要技术规格

主要技术规格见表4-2-64。

表4-2-64　主要技术规格

项　目	技术规格	项　目	技术规格
载重/t	60	车辆最大宽度/mm	3 110
自重/t	≤32	承载面长度/mm	12 000
自重系数	0.53	底架承载面距轨面高度(空车)/mm	675
轴重/t	23	底架最低点距轨面最小距离/mm	204
商业运营速度/(km/h)	120		
紧急制动距离/m	≤1 400	缓坡角度/°	14
通过最小曲线半径(几何通过)/m	145	限界	空车符合GB 146.1—1983《标准轨距铁路机车车辆限界》的要求
车钩中心线高/mm	880	通过驼峰情况	禁止
车辆长度/mm	20 466	溜放与冲击情况	禁止
车辆定距/mm	16 000		

(三) 简要说明

1. 用途

用于 60 t 及以下特种轮式装备的铁路运输。能满足所运货物自滚轮装卸的要求，同时在底架两端设有能开闭的端板，使该车可以作为渡桥使用。

2. 技术性能特点

(1) 载重由目前运用的主型 TD_{11} 型凹底平车的 40 t 提高为 60 t，提高了 50%，自重由 TD_{11} 的 35 t 降低为 32 t，降低了约 10%，提高了运输能力，能满足新增大自重特种轮式装备的实际运输需求。

(2) 承载面长度由 TD_{11} 型凹底平车的 11 120 mm 增加到 12 000 mm，增加了 880 mm，与所运特种轮式装备有更好的匹配性，满足特种装备的运输要求。

(3) 底架采用 T 形结构，充分利用了车辆下部限界，空车承载面高度为 675 mm，降低了货物装载运输的超限等级，解决了不分解装载运输难题，提高了运输效率。

(4) 首次采用新型可移动式轻量化铸铝止轮挡，操作方便，配合地板上纵向布置的系留槽，满足各种轮式装备的捆绑加固要求，保证货物运输的安全。

(5) 地板纵向涂刷两条高凸起型大颗粒防滑涂料带，加大了装备和地板之间的摩擦系数，提高了轮式装备运输及装卸安全性。

(6) 该车制动装置、车钩缓冲装置及转向架均采用 70 t 级货车成熟技术，方便检修与维护。

3. 主要结构

由折角式凹底架、空气制动装置、人力制动装置、端板、车钩缓冲装置、转 K_6 型转向架（大自重车用）及随车止轮挡等部分组成，如图 4-2-106 所示。

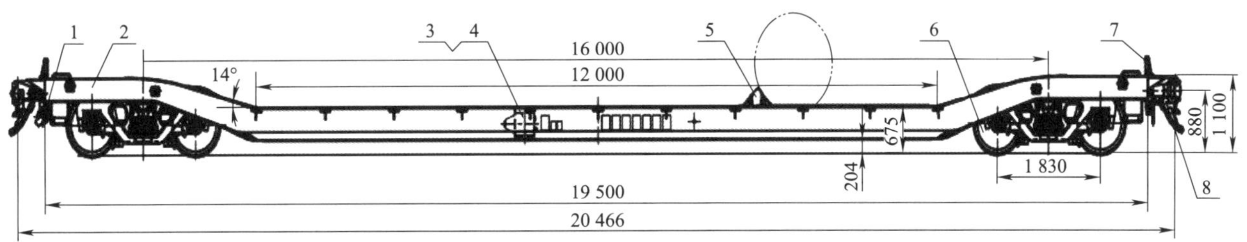

图 4-2-106　TD_6 型凹底平车总图

1—人力制动装置；2—底架组成；3—底架附属件；4—空气制动装置；5—止轮挡；
6—转 K_6 型转向架（大自重车用）；7—端板组成；8—车钩缓冲装置

三十二、DF_1 型和 DF_{1H} 型机翼运输凹底平车

（一）概　　述

为运输 ARJ21 型飞机机翼（翼盒），西安飞机工业公司拟采用自备 DF_1 型机翼运输凹底平车装载运输。该车于 1996 年由株厂设计制造，设计速度 90 km/h。投入运用后，完成了 MD90-30 干线飞机机翼及军用飞机的运输任务。由铁道部定型为 DF_1 型凹底平车。根据铁道部运装货车〔2002〕95 号、运装货车〔2004〕68 号文，西安飞机工业公司委托株厂在厂修时改造，使其运行速度改造为 120 km/h。2004 年 12 月，株厂完成西安飞机工业公司 DF_1 型机翼运输凹底平车用转 K_4 型转向架替换原转 8A 型转向架的提速改造方案设计；2005 年 3 月 21 日，通过改造设计方案审查，获铁道部运装货车电〔2005〕605 号电报批复；2005 年 10 月，株厂完成改造；2005 年 11 月下旬和 12 月下旬，由四方所主持在济南局完成了线路车辆动力学试验；2006 年 3 月 17 日，DF_1 型机翼运输凹底平车、NF_1 型机身运输平车提速改造样车通过铁道部运输局装备部技术审查。DF_1 型机翼运输凹底平车换装转 K_4 型转向架后车型为 DF_{1H}。NF_1 型机身运输平车换装转 K_4 型转向架后车型为 NF_{1H}；2007 年 3 月 6 日，铁道部运输局批复同意株厂为沈阳飞机工业公司新造 1 辆 DF_{1H} 型凹底平车自备车。

（二）主要技术规格

主要技术规格见表 4-2-65。

表 4-2-65　主要技术规格

项　　目	技术规格	项　　目	技术规格
载重/t	15	凹底长度/mm	10 500
自重/t	29.5	车辆最大高度/mm	3 628
集重/t		凹底部地板面距轨面高/mm	577
2 m	10	凹底部下平面距轨面高/mm	150
3 m	12	车钩中心线高/mm	880
4～10.5 m	15	二次缓冲装置导轨中心距/mm	
凹部地板面积/m^2	31.5	横向	1 692
轴重/t	11.1	纵向	6 646
每延米重/（t/m）	2.3	制动倍率	12.2
运输货物振动过载		制动率	
垂向	<2*g*	空车	27.2%
横向	<1.5*g*	重车	24.9%
纵向	<1.5*g*	商业运行速度/（km/h）	120
车辆长度/mm	20 938	通过最小曲线半径/m	145
车辆定距/mm	16 000	限界	符合 GB 146.1—1983《标准轨距铁路机车车辆限界》的要求
底架长度/mm	20 000		
车辆最大宽度/mm	3 000	通过驼峰情况	禁止

（三）简要说明

1. 用途

改造前用于 MD90-30 干线飞机机翼的运输。改造后适用于运输 ARJ21 型飞机机翼（翼盒）。

2. 技术性能特点

（1）采用转 K_4 型转向架，优化中央弹簧参数，满足 120 km/h 运行的要求。

（2）改用高摩合成闸瓦，并适当调整制动倍率，制动距离计算表明，满足在 120 km/h 运行时制动的要求。

（3）二次缓冲装置，保证了货物在运行和调车冲撞中货物纵向加速度小于货物运输要求的规定值（1.25*g*）。经过计算分析、冲击试验、运行验证，达到设计要求。

（4）DF1 型车装载 ARJ21 型飞机与 MD90 型飞机机身不超限。

3. 结构概况

由凹底架、转向架、二次缓冲装置、空气制动装置、人力制动装置、车钩缓冲装置及押运室等部分组成。DF1 型机翼运输平车提速改造设计总图如图 4-2-107 所示，装载 ARJ21 型飞机机翼的限界图如图 4-2-108 所示。

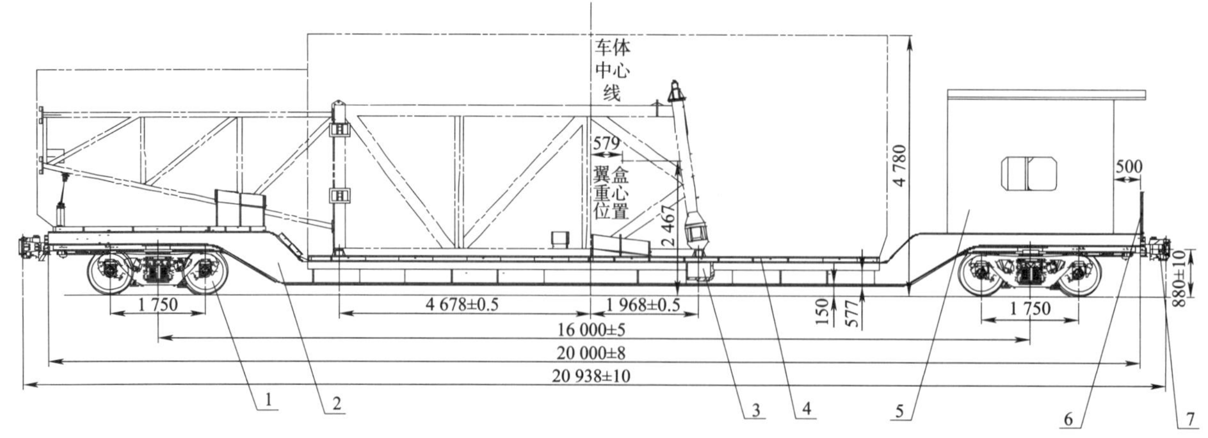

图 4-2-107　DF1 型机翼运输平车提速改造设计总图（ZCH78A-00-00-000）

1—K_4 转向架（2 位）；2—底架组成；3—二次减振装置；4—外包装安装座；

5—休息室；6—栏杆组成；7—车钩缓冲装置

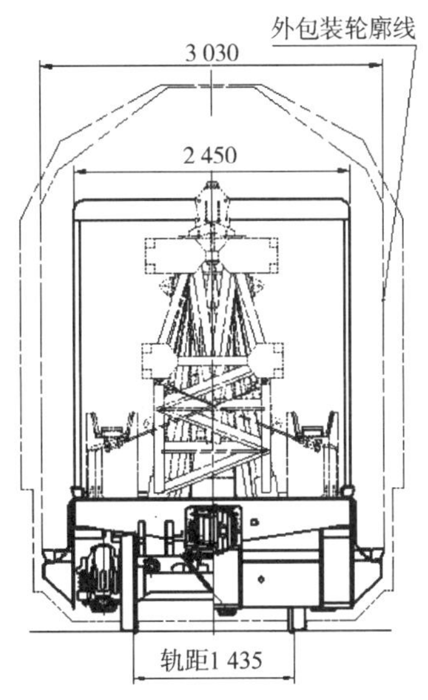

图 4-2-108　装载 ARJ21 飞机翼限界图

凹底架由中梁、侧梁、端梁、枕梁、横梁及钢地板组成焊接结构。中梁由 2 根 400 mm×144 mm×12.5 mm 工字钢加下盖板组焊而成，侧梁为双侧梁，每根亦有 2 根 400 mm×144 mm×12.5 mm 工字钢加下盖板组焊而成，七根大横梁由钢板组焊成工字形断面，整个底架为凹形结构。

为保护装载在车上的翼盒，在车辆起动、紧急制动等纵向冲击下，纵向加速度不超过 1.5g，在底架与固定翼盒的运输托架间加装二次缓冲装置。该装置主要由纵向滑动导轨及缓冲弹簧等组成，缓冲器的预紧力和导轨的摩擦力，可使货物在正常匀速运行时保持不动，如图 4-2-109 所示。

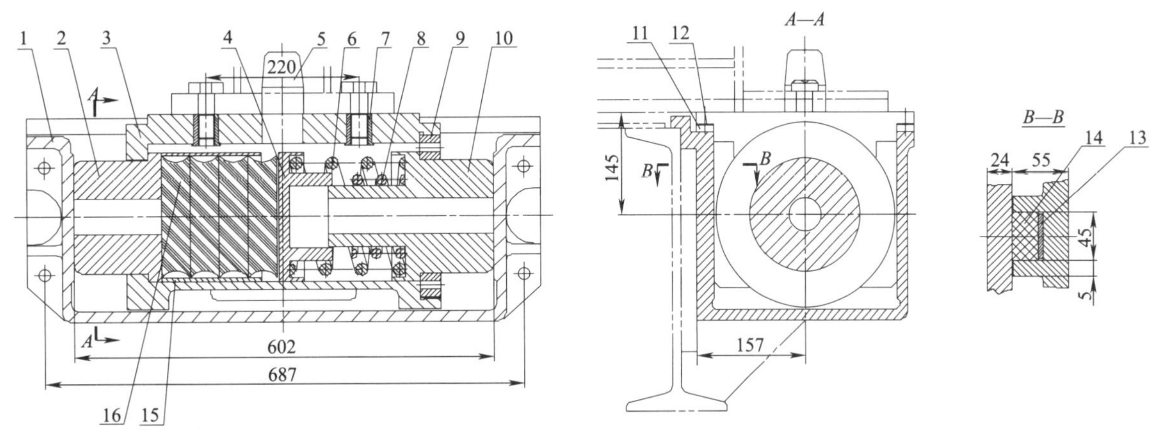

图 4-2-109　二次缓冲装置

1—导轨座；2—缓冲头（1）；3—滑块；4—缓冲头（2）；5—定位销；
6—缓冲外簧；7—衬套；8—缓冲内簧；9—压盖；10—缓冲头（3）；11—摩擦板；
12—调整垫；13—调整橡胶垫；14—镶块；15—套环；16—橡胶块组成

采用转 K_4 型转向架。优化中央弹簧，选用 4 个减振外簧和 8 个承载外簧（减振簧和承载簧皆不用内簧）。转向架弹簧的垂向刚度 3 468 N/mm。空车静挠度 36.2 mm，空车当量挠度 31.9 mm，重车当量挠度 53 mm。采用 120 型控制阀、组合式集尘器、60 L 副风缸、新型高摩合成瓦等新型制动配件，2 套 ϕ203 mm×305 mm D 型密封式制动缸分设两端地板面以下，不设重车位。人力制动装置为链式。采用材质为 ZG230-450 的 13 号下作用车钩，MT-3 型缓冲器。在车辆一位端均设有押运室，供押运人员休息，室内有上、下双层床铺 2 张。

三十三、DF2H 型机身运输车

（一）概　述

1996 年，为适应 MD90-30 干线飞机机身的铁路运输，株厂为西安飞机工业公司设计制造了 NF1 型机身运输车。2005 年 3 月，株厂对 NF1 型机身运输车进行了提速改造，转向架采用了转 K_4 型转向架，定型为 NF1H。随着我国飞机制造业的发展，NF1H 型机身运输车已不能适应新型飞机机身的运输。为满足 ARJ21 型飞机机身中段铁路运输的要求，长江公司受西安飞机工业公司的委托，完成了方案设计。2008 年 10 月 14 通过了铁道部运输局装备部会同科技司、安监司、运输局营运部组织的设计方案及设计任务建议书审查（运装货车〔2008〕683 号文）。2010 年 5 月 14 日，通过了铁道部科技司、运输局会同安监司组织的样车技术审查（科技装〔2010〕48 号），6 月 18 日，运输局下发 ARJ21 型飞机机身运输车技术条件（运装货车〔2010〕419 号），定型为 DF2H 型。DF2H 型机身运输车如图 4-2-110 所示。

图 4-2-110　DF2H 型机身运输车（株厂　2010 年）

（二）主要技术规格

主要技术规格见表 4-2-66。

表 4-2-66　主要技术规格

项　目	技术规格	项　目	技术规格
载重/t	10	横向	1 692
自重/t	≤27.1	纵向	5 646
轴数	4	货物运输时加速度	
轴重/t	25	垂向	$<2g$
每延米重/（t/m）	2.4	横向	$<1.5g$
换长	1.4	纵向	$<1.5g$
车辆长度/mm	15 210	空车重心高/mm	565
车辆定距/mm	10 260	制动倍率	8.35×2
车辆宽度/mm	3 030	制动率（常用制动位）/%	
车辆最大高度/mm	3 595	空车	25
凹底架承载面长度/mm	6 594	重车	21.9
凹底架承载面距轨面高/mm		最高运行速度/（km/h）	120
空车	595	通过最小曲线半径/m	145
重车	580	限界	符合 GB 146.1—1983《标准轨距铁路机车车辆限界》的要求
车钩中心线距轨面高/mm	880		
二次缓冲装置导轨中心距/mm		通过驼峰情况	禁止

（三）简要说明

1. 用途

装运 ARJ21 型飞机机身及其他类似的飞机机身。

2. 技术性能特点

在借鉴 NF_{1H} 型机身运输车成熟技术的基础上，通过对 NF_{1H} 型机身运输车承载面的高度、长度及车辆定距的分析，结合 ARJ21 机身中段的尺寸特点，车体采用凹底架结构以降低承载面高度，确定凹底架承载面长 6 594 mm，承载面高度空车 595 mm，车辆定距为 10 260 mm；确定载重为 10 t（实际载重为 3.95 t）；采用无承载内簧及减振内簧的转 K_5 型转向架，最高运行速度满足 120 km/h 的要求；采用了与 NF_{1H} 型机身运输车相同的二次缓冲装置，以满足 ARJ21 机身中段在车辆起动、紧急制动等纵向冲击下加速度不超过 1.5g 的要求。

3. 结构概况

由 1 个凹底架、2 台转向架、4 组二次缓冲装置，以及空气制动装置、人力制动装置、车钩缓冲装置和押运室等部分组成，如图 4-2-111 所示。押运室位于一位端，装有上、下双层床铺 2 张。该车采用无承载内簧及减振内簧的转 K_5 型转向架。采用与 NF_{1H} 型机身运输车相同的二次缓冲装置。

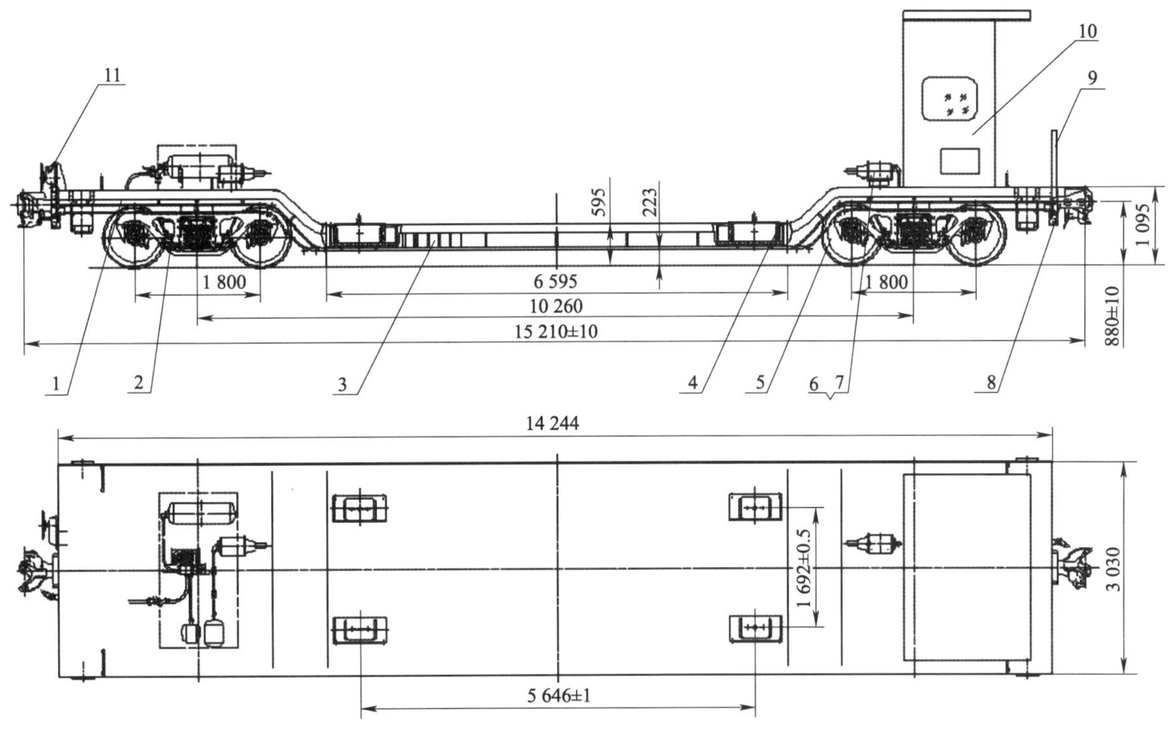

图 4-2-111 DF_{2H} 型机身运输车总图（CAH9-00-00-000）

1—底架组成；2—位转向架；3—标记；4—二次缓冲装置；5—二位转向架；6—空气制动装置；7—底架附属件；8—车钩缓冲装置；9—栏杆组成；10—押运室；11—人力制动装置

凹底架由中梁、侧梁、端梁、枕梁、大小横梁及钢地板组成焊接结构。中梁和枕梁由上下盖板、腹板及隔板等组焊成箱形结构，侧梁和大横梁由上下盖板、腹板组焊成工字形结构，端梁为 L 形结构。凹底架采用符合 GB/T 714—2000 标准的 Q345qE 桥梁用结构钢。采用主管压力满足 500 kPa 和 600 kPa 的制动装置，装用 120 型空气控制阀、2 个 ϕ203 mm×254 mm 整体旋压密封式制动缸、嵌入式不锈钢风缸、货车脱轨自动制动装置。人力制动装置采用 NSW 型人力制动机。无闸调器和空重车自动调整装置。采用 E 级钢 17 型车钩、加厚型钩舌、合金钢钩尾销和锻造钩尾框。采用 HN-1 型弹性胶泥缓冲器。

4. 试验

2009 年 10 月，由四方所主持在株洲分公司进行车体静强度试验，试验工况见表 4-2-67。车体静强度及刚度满足 TB/T 1335—1996 和技术条件的相关要求。

表 4-2-67　车体静强度试验工况

试验工况	测量参数	车体状态
车体自重	$\sigma_{kz}\ f_{kz}$	重物14 t (均布)
载重	$\sigma_{zz}\ f_{zz}$	重物10 t, 均布在4个二次缓冲安装座板上
纵向拉伸	σ_{yL}	前从板座处纵向拉伸力1 125 kN
纵向压缩	σ_{yy}	后从板座处纵向压缩力1 400 kN
一端顶车	σ_{dc}	车体一端心盘支撑，在另一枕梁两端将车体顶起 重物10 t，均布在4个二次缓冲安装座板上
扭转	σ_{nz}	将任意一个对角上的两个支撑点上升或下降，使车体产生扭转

5. DF_{1H} 和 DF_{2H} 型凹底平车技术参数比较

DF_{1H} 和 DF_{2H} 型凹底平车技术参数比较见表 4-2-69。

表 4-2-68　DF_{1H} 和 DF_{2H} 型凹底平车技术参数比较

技术指标	DF_{1H}	DF_{2H}
载重/t	15	10
自重/t	29.5	27.1
自重系数	1.97	2.71
轴重/t	21	25
每延米重/（t/m）	2.1	2.5
车辆长度/mm	20 938	15 210
最大宽度/mm	3 000	3 030
车辆定距/mm	16 000	10 260
承载面长度/mm	10 500	6 595
承载面宽度/mm	3 000	3 000
承载面距轨面高（空车）/mm	577	595
最高运行速度/（km/h）	120	120
转向架	转 K_4 型	转 K_5 型
缓冲器	MT-3 型	HN-1 型
车钩	13A 型	17 型
制动阀	120 型	120 型
制动缸	ϕ203 mm×254 mm 旋压密封式	ϕ203 mm×254 mm 旋压密封式
脱轨自动制动阀	无	TZD 型
人力制动机	链式	NSW 型

三十四、香港新机场铁路凹底平车

（一）概　述

香港地下铁路公司（简称 MTRC）通过国际招标订购一批新机场铁路用工程车（图 4-2-112）。株厂于 1995 年 4 月一举中标，为 MTRC 生产 5 辆凹底平车。

图 4-2-112　香港新机场铁路凹底平车（株厂　1995 年）

（二）主要技术规格

主要技术规格见表 4-2-69。

表 4-2-69　主要技术规格

项　　目	技术规格	项　　目	技术规格
载重/t	45	端部地板面高/mm	1 020
自重/t	17	车钩中心线高/mm	790_{-35}^{0}
自重系数	0.38	转向架型式	焊接构架式
轴数	4	轴数	2
轴重/t	15.5	轴型	RC_2
每延米重/（t/m）	5.0	轮径/mm	840
车辆长度/mm	12 420	轴距/mm	1 750
车辆最大宽度/mm	2 370	制动装置	克诺尔制动系统
车辆最大高度/mm	2 020	紧急制动减速率/（m/s^2）	$1.4_{0}^{0.1}$
车辆定距/mm	8 000	车钩缓冲装置	BIS 密接式
底架长度/mm	11 500	最大运行速度/（km/h）	65
底架宽度/mm	2 280	通过最小曲线半径/m	14
承载面长度/mm	4 320	轨距/mm	1 432
承载面宽度/mm	2 280	限界	符合 551/T/00/ROS/010/002551/T/00/ROS/010/018，971/T/00/002 及 EC2/XPW/079 所规定的要求
承载面高/mm	700		

（三）简要说明

1. 用途

装运香港新机场铁路快速兴建中所需的各类设备、机具和器材，以及日后的维修。

2. 技术性能

凹底架承载面的长度为 4 320 mm，宽度为 2 280 mm，距轨面高度为 700 mm，载重为 45 t。该车能满足新机场新铁路限界和既有铁路旧限界两种限界的要求。

3. 结构概况

由 1 个凹底架、2 台转向架，空气、人力制动装置，车钩缓冲装置，电气设备以及布线等部分组成（图 4-2-113）。

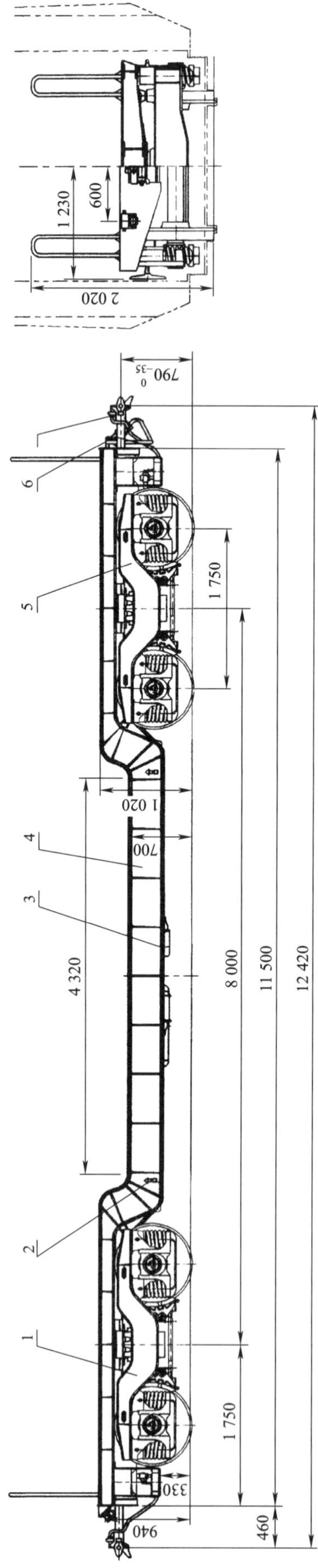

图 4-2-113　香港新机场铁路凹底平车总图（ZCH82-00-00-000）

1—A型转向架；2—标记；3—空气制动装置；4—底架与车体组成；5—B型转向架；6—电气设备与布线；7—车钩缓冲装置

凹底架采用全钢焊接结构，由中梁、侧梁、横梁、端梁、枕梁、牵引梁、花纹地板、底架附属件、小横梁、扶手等组成。中梁为由 2 根工字形焊接梁加上下盖板组焊而成的箱形断面梁。侧梁由 1 根工字形焊接梁加上下盖板组焊而成。横梁由钢板组焊而成，共分四种，其中三种为工字形等截面梁，另一种为由厚 12 mm 腹板与 1 块等厚的补强板组焊而成的不等截面梁。端梁是 1 块厚 8 mm 的腹板与等厚的下盖板组焊而成的不等截面梁。枕梁由 2 块厚 8 mm 的腹板、1 块厚 8 mm 的上盖板和 1 块厚 12 mm 的下盖板组焊而成的箱形不等截面梁。牵引梁由钢板组焊成┌┐形结构，并在其厚 23 mm 的车钩安装板上制出 6 个 ϕ25 mm的螺栓孔，用螺栓将其和车钩连接起来。

转向架采用一系轴箱悬挂的焊接构架式二轴转向架，因称重阀、固定杠杆支点座安装位置不同，分 A、B 两型。

空气制动装置采用克诺尔制动系统，KE-P-A-2×10 英寸（ϕ254 mm），其主要部件符合 UIC540 的要求。该系统由 2 套 BG10 英寸（ϕ254 mm）制动缸，1 个 KERa/3.8 控制阀，1 个 100 L 的储风缸，1 根空气主管，1 根制动主管，2 套 DRVZA-250 闸瓦间隙调整器，以及由 2 个包括称重阀在内的空重车自动无级调节装置组成。人力制动装置采用齿轮、丝杆、链条等组成，安装在车辆的二位侧。

车钩缓冲装置采用具有机械和风动接口的 BIS 密接式牵引自动车钩及配套的缓冲器。

电气设备与布线主要是为连通前后带电的机车车辆用，也为满足本车用电需要。在车辆一位端装有 1 个36 路插座，二位端配有 1 根带有插头的 36 路跳线电缆。电缆附近装有假插座，以便电缆不用时固定。一位端的插座与二位端的跳线电缆间有 1 根带钢套的 40 芯导线，导线与跳线电缆通过 1 个特制的接线盒连接，接线盒安装在二位端附近。

4. 试验

MTRC 要求进行项目繁多的各种试验，如除对车辆进行静强度试验外，还必须对车辆进行闸瓦压力测定、静态轮重减载率测定、称重阀与制动缸压力变化关系测试等试验。另外，还要经过在香港的抽测复查。试验和抽测都基本合格。

5. 运用情况

自 1996 年 1 月 1 日首批车抵香港并开始运行，至 8 月最后一批车经 MTRC 复验合格，此项工作进展顺利。9 月 9 日，香港地下铁道公司来电表扬参与单位的努力成果。

第三节　长大平车

一、D_{22} 型长大平车

（一）概　　述

为解决 25 m 长钢轨的运输问题，1959 年至 1966 年由齐厂设计制造了 D_{22} 型 8 轴 120 t 长大平车，1967 年至 1969 年转二七车辆厂制造，1973 年又转齐厂制造，为解决 13 号下作用车钩的自动解钩问题，增加了二次防跳装置。D_{22} 型长大平车共制造 89 辆，如图 4-3-1、图 4-3-2 所示。

图　4-3-1

图 4-3-1　D_{22} 型长大平车空车（齐厂、二七车辆厂　1959—1973 年）

图 4-3-2　D_{22} 型长大平车运输 101.5 t 锅筒和 40 t 除氧器水箱

（二）主要技术规格

主要技术规格见表 4-3-1。

表 4-3-1　主要技术规格

项　　目	技术规格
载重/t	
均布	120
集载	
均布载荷长度/m	载重/t
2	42
4	48
6	55
8	60
10	65
12	70
14	75
16	80
18	85
自重/t	41.4
自重系数	0.344
轴数	8
轴重/t	20.25
每延米重/（t/m）	6.25
车辆长度/mm	25 938
车辆宽度/mm	3 198
车辆最大高度/mm	2 043
车辆定距/mm	17 800
底架长度/mm	25 000

项　　目	技术规格
底架宽度/mm	3 000
地板面距轨面高/mm	1 460
车钩中心线高/mm	880
空车重心高度/mm	770
通过最小曲线半径/m	180
构造速度/（km/h）	100
转向架型式	4 轴转向架
轴数	4
轴型	D
轴距/mm	1 750—1 210—1 750
轮径/mm	840
制动装置	
制动缸/（mm×mm）	ϕ356×254
三通阀	GK 型
制动倍率	8.5
制动率（空车/重车）/%	70.2/35.9
人力制动机	可折叠链式
车钩缓冲装置	
车钩	13 号或 2 号
缓冲器	2 号或 3 号
限界	空车符合 GB 146.1—1983《标准轨距铁路机车车辆限界》的要求
通过驼峰情况	禁止

（三）简要说明

1. 用途

主要供运输 25 m 长钢轨和其他钢材、木材、长大机械设备等货物用。

2. 技术性能特点

地板面长度为 25 000 mm，宽度为 3 000 mm，距轨面高度为 1 460 mm。

3. 结构概况

该车由 1 个底架、2 个 4 轴转向架以及空气制动、人力制动、车钩缓冲等装置组成，如图 4-3-4 所示。

底架采用普通碳素结构钢材料焊接而成，由中梁、侧梁、枕梁、端梁、大横梁、小横梁、辅助梁组成。中梁为箱形断面，上下盖板为 25 mm×600 mm，腹板厚 16 mm，断面中央高度为 850 mm（试制车为 750 mm），枕梁处为 450 mm（试制车为 350 mm）。侧梁为工字形断面，上下盖板为 16 mm×200 mm，腹板厚为 12 mm（试制车为 10 mm），断面高度与中梁同。侧梁上设有柱插和绳栓。

枕梁为箱形断面，上下盖板厚为 14 mm，腹板厚 8 mm。端梁上盖板与腹板为一体，由 8 mm 的钢板压成角形，其下盖板为 8 mm×150 mm。大横梁为工字形断面，上下盖板为 10 mm×200 mm，腹板厚 6 mm（中间的 2 根大横梁为 8 mm）。小横梁为 10 号工字钢，全车有 28 根。纵向辅助梁位于中梁与侧梁之间，采用 10 号乙形钢。地板为松木，厚度为 55 mm，用压铁和螺栓固定。

4 轴转向架由 2 台转 8A 型或转 8 型转向架与 1 个铸钢纵摇枕组成。

二、D_{27} 型长大平车

（一）概　　述

为解决进口大型化肥设备中 CO 变换炉与其他机器设备的运输问题，齐厂于 1973 年至 1975 年设计制造了 2 辆 D_{27} 型 8 轴 150 t 长大平车。它与 D_{22} 型 8 轴 120 t 长大平车的区别是将 4 轴转向架由 D 轴改为 E 轴。150 t 载重是指支距为 17.8 m 时的两支点载荷。

（二）主要技术规格

主要技术规格见表 4-3-2。

表 4-3-2　主要技术规格

项　　目	技术规格	项　　目	技术规格
载重/t		10	65
均布	120	12	70
集载		14	75
两支点载荷支距/m	载重/t	16	80
17.8	150	18	85
均布载荷长度/m	载重/t	自重/t	42.9
2	42	自重系数	0.286
4	48	轴重/t	24.1
6	55	每延米重/（t/m）	7.45
8	60		

（三）简要说明

1. 用途

主要运输大型化工设备中的长圆筒形反应器。

2. 技术性能特点

地板面长度 25 000 mm，宽度 3 000 mm，距轨面高度 1 460 mm。支距 17.8 m 时的两支点载荷，载重 150 t。

3. 结构概况

除 4 轴转向架由 2 台 2E 轴转向架与 1 个铸钢的纵摇枕组成外，其他与 D_{22} 型相同，如图 4-3-3 所示（图号为 QCH67-00-00-000）。

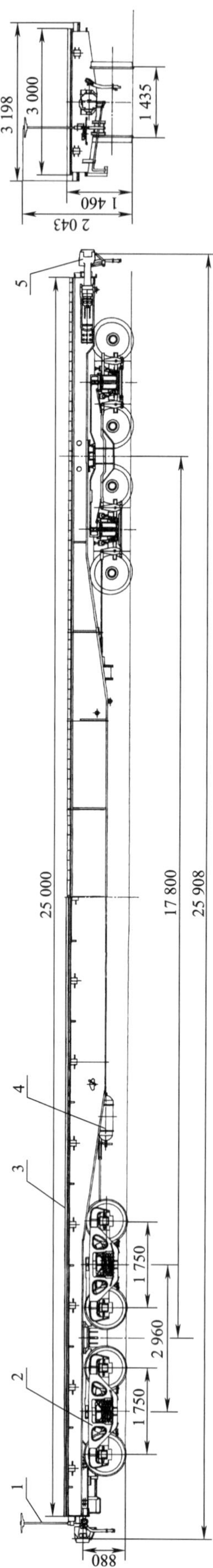

图 4-3-3　D22 型长大平车总图（332-00-00-00）

1—人力制动装置；2—转向架；3—底架组成；4—空气制动装置；5—车钩缓冲装置

三、D25 型长大平车

（一）概 述

在 1996 年以前，东方锅炉厂生产的主型锅炉系列产品主要由 D2 型凹底平车和 D30 型双联平车运输。D2 型凹底平车适应运输载重小于 210 t，长度小于 9.5 m 的货物。当用 D2 凹底平车运输较长的锅炉时，只能利用其凹底架两端部承载，端部距轨面高 2 187 mm（空车），容易造成货物重心高和超限运输。D30 型双联平车装载加固困难，当货物长度小于 22 m 时，须采用牵鼻子等手段进行加固，成本较高。且该车仅有 2 辆，其中 1 辆状态不良，运输任务饱和，经常造成东方锅炉厂产品运输困难，产品积压，同时给用户造成很大的经济损失。

根据上述情况，1995 年 6 月株厂受东方锅炉厂的委托，承担了 D25 型长大平车的研制。通过对我国大车构成现状结合东方锅炉厂产品情况的分析，并借鉴国内外经验，株厂以〔1995〕200 号文向铁道部呈报了 250 t 长大平车运输方案及设计建议书。铁道部车辆局以辆技〔1995〕149 号文批复同意。1995 年 7 月开始设计，9 月完成静强度计算和生产图设计，10 月投入生产。1996 年 1 月通过了铁道部组织设计及运输方案评审；3 月，中车公司、部车辆局以中车辆字〔1996〕71 号文转发了评审意见；4 月完成试制；6 月由铁科院机辆所完成强度和线路动力学试验；11 月，首次装运 208 t 重的锅炉由自贡顺利到达山西阳泉电厂，如图 4-3-4、图 4-3-5 所示。

图 4-3-4 D25 型长大平车空车

图 4-3-5 D25 型长大平车运输锅筒

（二）主要技术规格

主要技术规格见表 4-3-3。

表 4-3-3 主要技术规格

项 目	技术规格	项 目	技术规格
载重/t	250	构造速度/（km/h）	90
自重/t	86	通过最小曲线半径/m	145
自重系数	0.34	车辆长度/mm	34 146
每延米重/（t/m）	9.84	车钩中心线距轨面高/mm	880

续上表

项目	技术规格	项目	技术规格
空车重心高度/mm	1 160	转向架型式	转 8A
大底架心盘中心距/mm	18 000	车钩缓冲装置 车钩 缓冲器	 13 号 MT-3 型
大底架宽度/mm	2 940		
承载面距轨面高度（空车）/mm	1 650		
凹底桥架心盘中心距/mm	7 450	制动机	120 阀
凹底桥架距轨面最小距离/mm	300	限界	符合 GB 146.1—1983《标准轨距铁路机车车辆限界》的要求
小底架心盘中心距/mm	3 000	通过驼峰情况	禁止

（三）简要说明

1. 用途

在标准轨距上运输 9～32 m 锅炉等大型筒型货物或其他长大货物。

2. 技术性能特点

（1）通用性较广，承载能力 250 t，装载货物长度为 9～32 m，承载支点距离为 9～18 m。

（2）采用液压旁承，利于均载，消除和减少了扭转载荷，提高了车辆的倾覆稳定性。

（3）凹底桥梁与大下心盘为一体式结构，大底架采用无中梁结构，采用侧梁承载，使大底架与凹底桥梁在高度方向错开，有效地降低了承载面高度。

（4）采用转 8A 转向架，降低了制造成本，检修方便。

（5）该车前后加挂重车，装载 250 t 时，除 96～196 m 跨度钢梁需限速 40～55 km/h 外，可不限速通过其他各种跨度的混凝土梁和钢梁。

3. 结构概况

由大底架、2 个凹底桥架、4 个小底架、8 台转 8A 转向架、液压旁承装置、空气及人力制动装置、车钩缓冲装置、押运室等组成，如图 4-3-6 所示。该车大底架、凹底桥架、小底架等主要构件材质均为 16 Mn 低合金钢。

大底架由 2 个侧梁、端横梁、横梁及 1 个中横梁组焊而成；凹底桥架由 1 个凹形中梁、中横梁，2 个端横梁组焊而成；小底架由 1 个纵梁、中横梁，2 个端横梁组焊而成。位于车辆两端部的小底架各连接有牵引梁，并装有通过台、脚蹬、栏杆、扶手等。转向架为转 8A 转向架，其基础制动装置根据需要有所变动。液压旁承装置由 4 个旁承油缸及管路组成。旁承油缸安装在大底架端横梁外侧，每侧两个油缸连通，注入液压油后，承担侧向载荷，并起均载作用。

装有 4 套空气制动，制动机为 120 阀，制动缸为 ϕ356 mm×254 mm 密封式制动缸。2 套人力制动，分别装在车辆两端。装有 2 套 13 号 C 级钢车钩（上作用）和 MT-3 型缓冲器。

押运室设在车辆 1 位端上，供押运人员休息用。当货物长度超出押运室范围时，押运室可拆卸。

4. 试验

（1）许用应力

车体材质为 16Mn，根据板厚取值如下：板厚 $\delta\leqslant16$ mm，$[\sigma]=217$ MPa；板厚 $\delta=17\sim25$ mm，$[\sigma]=205$ MPa。

（2）静动强度试验

静动强度试验，车辆动力学试验由铁科院机辆所主持。试验于 1996 年 5 月 28 日至 6 月 16 日分别在东方锅炉厂重容车间、厂内线路及重庆分局管内自贡至王场间正线进行。

本次试验测得在最不利工况动荷系数平均值 0.20，凹底桥架 0.36，小底架 0.30，应力合成按此计算，

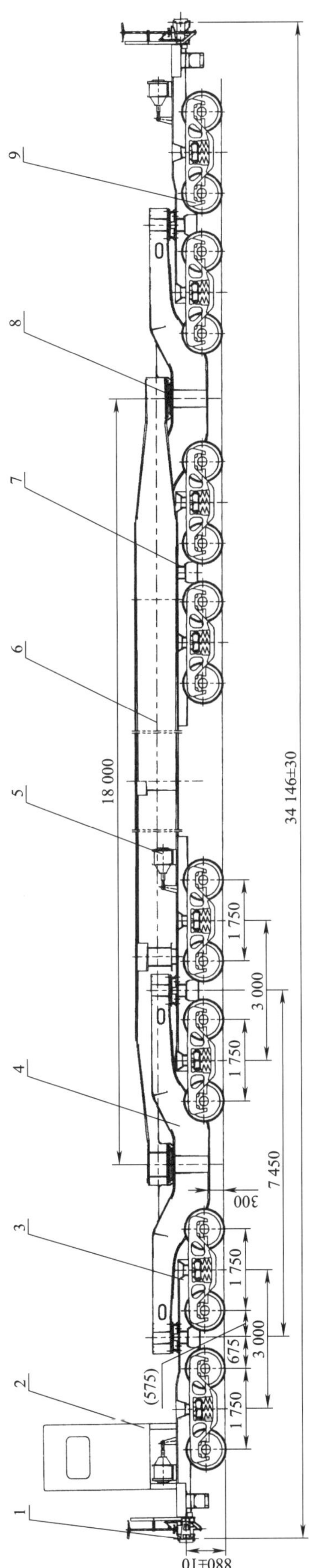

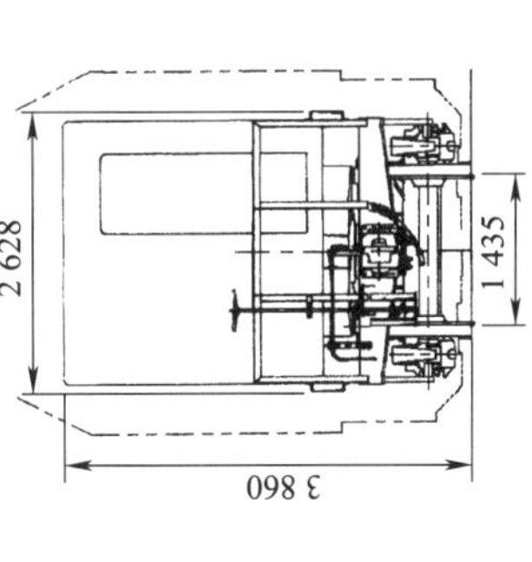

图 4-3-6　D25型长大平车总图（ZCH83-00-00-000）

1—车钩缓冲装置；2—押运室；3—小底架（1）；4—凹底桥架；5—空气及人力制动装置；
6—大底架；7—小底架（2）；8—液压旁承装置；9—转向架

试验加载按大底架最不利受力位置加载，其支点距离为 9 m。

大底架最大应力出现在侧梁上下盖板端部的连接焊缝附近，属应力集中，其最大应力值达 286.6 MPa。超过许用应力 40%，其他位置应力均在许用应力范围内。大底架的挠跨比 1/36，满足设计要求。

凹底桥架也出现了较大的应力区，最大应力出现在上部弯曲过渡处的上下盖板上，上盖板最大应力值 −277.7 MPa，下盖板最大应力值 224.0 MPa，超过许用应力约 5%。其他位置应力均在许用应力范围之内。凹底桥架虽有超过许用应力的，但还在许可范围内。另外考虑到由于试验线路条件及其他因素的影响，动荷系数 0.36 值偏大，因此可认为凹底桥架是安全的。

小底架应力较小，最大应力 −157.8 MPa，小于许用应力。

针对 D_{25} 型车大底架出现的大应力问题，株厂提出了改进措施，并进行了处理。1996 年 10 月 13 日至 14 日，铁科院机辆所对改进后的大底架进行了静强度补充试验。其试验结果表明，改进后的大底架侧梁上盖板端部最大应力为 −181.6 MPa，下盖板端部最大应力为 160.5 MPa，均小于许用应力，满足使用要求。

（3）动力学试验

空车正线试验表明：直线（包括 *R*1 000 m 以上大曲线）的运行性能良好，允许在 80 km/h 及以下速度运行；*R*300～350 m 及 *R*400 m 较小曲线应低于 60 km/h 速度运行；*R*500 及 *R*700～800 m 曲线应低于 70 km/h；通过 9 号道岔应低于 50 km/h；通过 12 号道岔低于 70 km/h；侧线通过允许最高速度45 km/h。

重车正线试验表明：虽然重心高 2.58 m（按重车可能出现的大重心高装载），在直道及 *R*400 m 以上曲线运行性能良好，可以适应 60 km/h 的速度运行；*R*300～350 m 曲线，超高 90 mm 以下，运行速度允许 45 km/h，超高 100 mm 以上，运行速度应低于 20 km/h；9 号道岔通过应低于 50 km/h；侧线通过应低于 15 km/h。

该车重车运行时因重心较高，按《加规》规定，区间限速 40 km/h，因此试验最高速度为 65 km/h。从重车试验数据看，直线及 *R*400 m 以上曲线性能良好，另外所试验线路路况较差，均为Ⅱ、Ⅲ级线路，对试验数据不利，因此该车还有提高重车运行速度的较大潜力。若能更进一步提高其转向架性能，如增加转 8A 的抗菱刚度，或换用 2D 轴焊接转向架，该车提速的潜力更大。

5. 过桥检算

该车装载 250 t，前后加挂空车时，可不限速通过各种桥梁。装载 250 t，前后加挂重车时，除 96～196 m 跨度钢梁需限速 40～55 km/h 外，可不限速通过其他各种跨度的混凝土梁和钢梁。

6. 运用情况

1996 年 11 月首次装运总重 215 t 锅炉（含装载加固重量）自四川自贡顺利抵达山西阳泉电厂，总行程 2 400 km。在自贡至重庆段运行时，液压旁承管路有漏油现象，更换了一个密封用 O 形圈，在后续运行中均未发现异常，也未进行补油，车辆其他各部均运用良好，运行稳定。该车运用至 1999 年 9 月，据统计，已完成运输大型发电站锅炉汽包和化工用氨合成塔 18 件，货物单件重为 173.5～214 t，长度为 23～27 m，累计行程约 7 万 km，受到用户赞誉。

四、D_{70} 型长大平车

（一）概　　述

1996 年，我国当时长大平车 D_{22} 型 120 t、D_{23} 型 235 t、D_{23G} 型 265 t，适用于载重 120 t 及以上货物，若用于运输较小吨位的长大货物，则不够经济合理，资源浪费太大。1997 年中车公司立项研制低承载面、构造速度高的 70 t 长大平车，1998 年中铁特货公司委托哈厂研制，如图 4-3-7 所示。

图 4-3-7 D70 型长大平车

（二）主要技术规格

主要技术规格见表 4-3-4。

表 4-3-4 主要技术规格

项　　目	技术规格	项　　目	技术规格
载重/t	70	轨距/mm	1 435
自重/t	26.6	轮径/mm	840
自重系数	0.38	轴颈中心距/mm	1 981
转向架中心距/mm	15 500	下心盘承载面自由高/mm	700
车辆长度/mm	20 400	构架上平面自由高/mm	825
地板面距轨面高/mm	1 169	弹簧静挠度/mm	
空车重心高度/mm	798	空车	23
车钩中心线高/mm	880	重车	61
轴型/轴数	RE2A/4	制动倍率	10.3
构造速度/（km/h）	90	制动率/%	
通过最小曲线半径/m	180	空车	65.9
轴重/t	24.14	重车	34.3
每延米重/（t/m）	4.73	限界	符合 GB 146.1—1983《标准轨距铁路机车车辆限界》的要求
换长	1.9		
2E 轴转向架		通过驼峰情况	禁止
固定轴距/mm	1 650		

（三）简要说明

1. 用途

可装运电力、冶金、化工、机械等行业的货物，如钢材、木材、汽车、拖拉机、军用车辆其他机械设备及集装箱等货物，还可装运桥梁等特殊长大货物和跨装运输的一般超长货物。

2. 技术性能特点

采用鱼腹形三梁结构，走行部采用焊接 H 形整体构架的 2E 轴转向架。

3. 结构概况

由底架、2 台 2E 轴转向架、空气制动装置、人力制动装置和车钩缓冲装置等组成，如图 4-3-8 所示。

底架主要由中梁、侧梁、枕梁、端梁、横梁及小横梁等组焊而成。采用 2E 轴转向架，构架为 H 形整体焊接结构。采用吊挂式单侧制动装置，直顶式和斜楔式两种减振装置。采用 TBU150 或 AP150 型铁路货车无轴箱双列圆锥滚动轴承装置。轴箱弹簧采用两级刚度不等高弹簧，内外弹簧材质分别为 60Si2Mn 和 60Si2MnV（A）；车轴采用 40 钢或 50 钢车轴。底架与转向架间上、下心盘为平面心盘式，上心盘直径为 $\phi370$ mm。空气制动装置采用 120 型控制阀、手动空重车调整装置、$\phi356$ mm×254 mm 密封式制动缸、球芯折角塞门、组合式集尘器、ST2-250 型闸调器等制动新技术。人力制动装置采用链式人力制动机。采用 C 级钢 13 号下作用车钩、MT-3 型缓冲器。主要承载件底架、转向架构架均采用国产 16 Mnq 低合金结构钢。

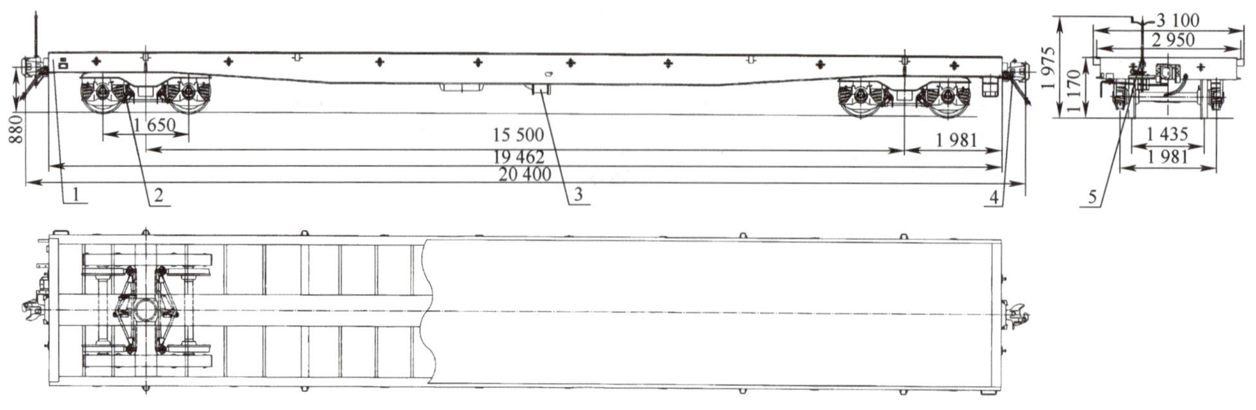

图 4-3-8　D70 型长大平车总图（HCD24-00-00-000）

1—底架组成；2—转向架；3—空气制动装置；4—车钩缓冲装置；5—人力制动装置

五、D26A 型长大平车

（一）概　　述

D26A 型长大平车是齐厂根据中车公司 2000 年机车车辆工业科技计划及齐厂与中铁特货公司签订的合同要求，而主持研制的组合式大车。

该车于 2000 年 3 月完成总体方案设计、主要承载部件有限元计算和结构优化；7 月与中铁特货公司签订了“260 t 长大平车设计制造合同”；10 月，中车公司会同运输局、中铁特货公司在齐齐哈尔组织召开了设计任务建议书及设计方案审查会。铁道部运输局以运装货车〔2000〕346 号文件下达了设计任务书，批复设计方案。10 月中旬，完成试制，通过了静强度、刚度试验；11 月完成的载重 260 t 和载重 138 t 两种使用工况的动强度和空重车动力学等各项鉴定性试验。2001 年 1 月，获得铁道部运输局批复，如图 4-3-9 所示。

图 4-3-9　D26A 型 260 t 长大平车

（二）主要技术规格

主要技术规格见表 4-3-5。

表 4-3-5　主要技术规格

项　　目	技术规格		项　　目	技术规格	
载重/t	260	138	每延米重/（t/m）	10.42	10.8
自重/t	73.6	30	车辆定距/mm	16 500	6 900
总重/t	333.6	168	车辆长度/mm	32 138	15 538
自重系数	0.285	0.217	承载面支距/mm	8 000 与 16 500	6 900
轴数	16	8	承载面距轨面高度/mm	1 600	1 525
实际轴重/t	20.85	21	小底架心盘距/mm	3 000	3 000

续上表

项　目	技术规格		项　目	技术规格	
中底架心盘距/mm	6 900	6 900	人力制动装置	蜗轮蜗杆式	
大底架心盘距/mm	16 500	—	最高运行速度/(km/h)		
大底架宽度/mm	2 990	—	空车	90	
空车重心高度/mm	720		重车	50	
转向架型式	转 8AG 型		通过最小曲线半径/m	145	145
车钩缓冲装置			限界	空车符合 GB 146.1—1983《标准轨距铁路机车车辆限界》的要求	
车钩	13 号上作用式				
缓冲器	MT-3 型				
空气制动装置	120 阀		通过驼峰情况	禁止	

（三）简要说明

1. 用途

该可适应装运电力、冶金、化工、重型机械等行业的大型汽包（即锅筒）、加氢反应器、尿素合成塔、氨合成塔等筒型长大货物。

2. 技术性能特点

(1) 通过组合式模块化设计，能够组合成 2 种使用工况，即采用 16 轴时，载重 260 t；采用 8 轴时，载重 138 t，可适应不同货物的需要。

(2) 小底架与转向架间采用常接触弹性旁承，消除和减少了扭转载荷。

(3) 采用转 8A 改型转向架，降低了制造成本，检修方便。

(4) 装载 260 t 时，可不限速通过各种跨度的混凝土梁和钢梁。

3. 结构概况

载重 260 t 长大平车主要由 1 组大底架、2 组中底架、4 组小底架、8 组转 8A 改转向架及空气制动装置、人力制动装置、车钩缓冲装置等部分组成。三维实体模型如图 4-3-10 所示，二维平面总图如图 4-3-11 所示。

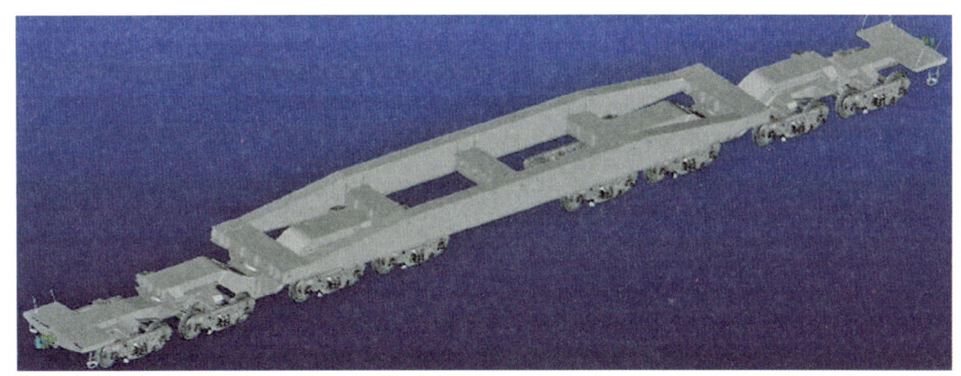

图 4-3-10　D_{26A} 型 260 t 长大平车三维实体模型

载重 138 t 长大平车主要由 1 组中底架、2 组小底架、4 组转 8AG 转向架及空气制动装置、人力制动装置、车钩缓冲装置等部分组成，如图 4-3-12 所示。

大底架由箱形侧梁、枕梁、横梁、球面心盘、滚轮式旁承等组成。中底架由中梁、小枕梁、大枕梁、球面心盘、滚轮式旁承等部分组成。大底架和中底架材质为 WEL-TEN780A 高强度可焊结构钢。小底架由中梁、小枕梁、大枕梁、球形下心盘及平面上心盘等部分组成，材质为 Q345E 低合金结构钢。

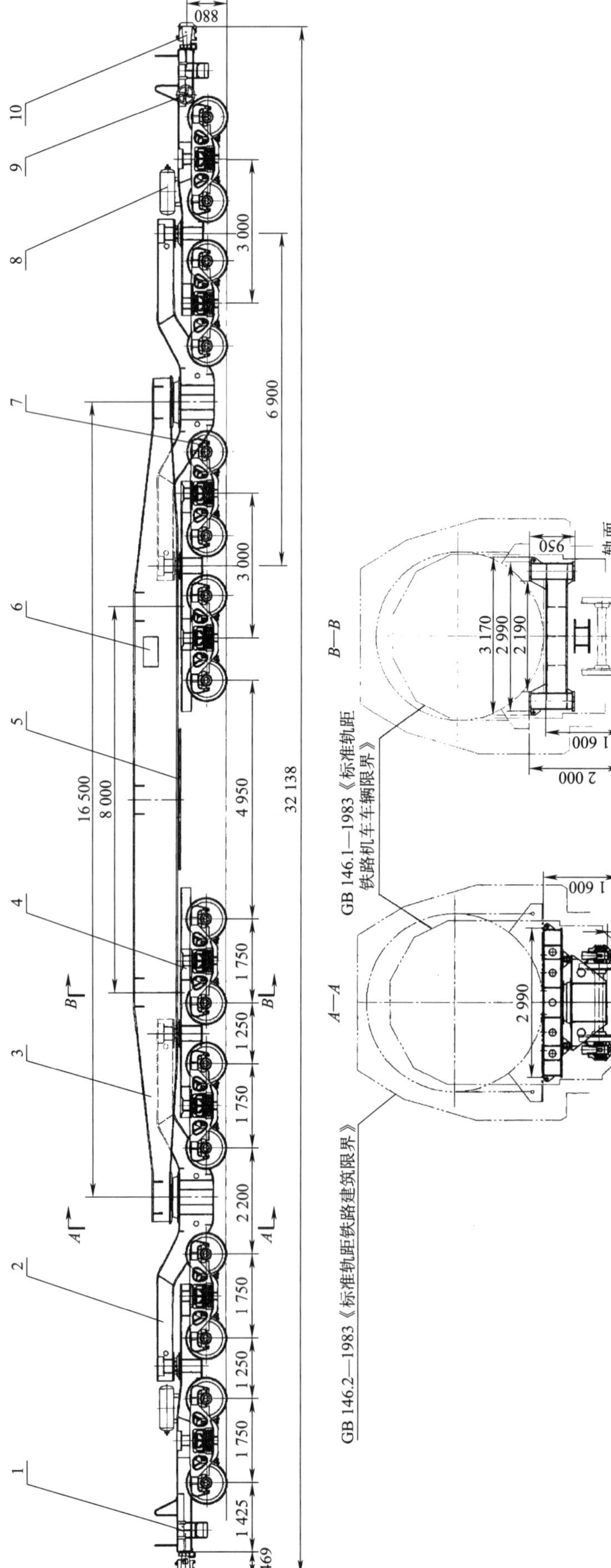

图 4-3-11 D26A 型 260 t 长大平车总图（QCH189-00-00-000）

1—小底架组成（1）；2—中底架组成；3—大底架组成；4—小底架组成（2）；5—制动主管；6—标记；7—转8AG转向架；8—空气制动装置；9—人力制动装置；10—车钩缓冲装置

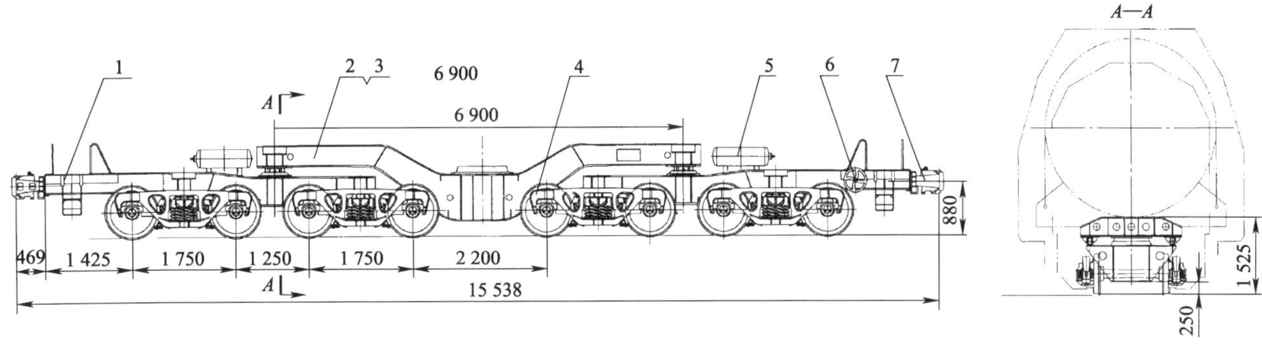

图 4-3-12　D_{26A} 型 138 t 长大平车总图（QCH189-00-00-000）

1—小底架组成；2—中底架组成；3—标记；4—转 8AG 转向架；5—空气制动装置；6—人力制动装置；7—车钩缓冲装置

全车采用 8 组转 8A 型改造转向架。该车装有 2 套空气制动装置，采用 120 型控制阀、手动空重车调整装置、ϕ203 mm×254 mm 旋压密封式制动缸，球芯折角塞门、组合式集尘器等。2 套人力制动分别装在车辆两端，采用蜗轮蜗杆式人力制动机，手轮直径 ϕ400 mm。采用 C 级钢 13 号上作用车钩及 C 级钢钩尾框，MT-3 型缓冲器。

大底架与中底架间采用球面上下心盘。心盘半径为 *SR*750 mm。中底架与小底架间采用球形心盘，心盘半径为 *SR*165 mm，小底架与转向架间为平面心盘，上心盘直径为 ϕ296 mm。大底架与中底架间、中底架与小底架间采用滚轮式间隙旁承，小底架与转向架间采用常接触弹性旁承。

4. 试验

(1) 许用应力

Q345E 低合金结构钢：[σ] =216 MPa；WEL-TEN780A：[σ] =430 MPa。

(2) 静动强度试验

静动强度试验，车辆动力学试验由铁科院机辆所主持。试验分别在齐厂试验室、厂内线路及齐齐哈尔分局管内齐昂线进行。

本次试验测得在最不利工况下动荷系数，大底架侧梁及中间横梁为 0.094，大底架枕梁为 0.31，中底架为 0.35，小底架为 0.38，应力合成按此计算。

试验结果表明，大底架最大合成应力发生在枕梁腹板孔边，最大合成应力为 351.9 MPa；中底架最大合成应力发生在中梁下弯角处，最大合成应力为 323.1 MPa；小底架最大合成应力发生在中梁上盖板，最大合成应力为 141.8 MPa。均小于材料的许用应力。因此，车体强度满足 TB/T 1335—1996 及该车设计任务书的要求。大底架侧梁中央换算挠度为 63.8 mm，其挠跨比为 1/259；中底架中央换算挠度为 24.0 mm，其挠跨比为 1/288；小底架中央换算挠度为 2.3 mm，其挠跨比为 1/1 322。均小于设计任务书的要求，车体刚度满足要求。

(3) 动力学试验

载重 260 t 时，整车重心为 2 605 mm；载重 138 t 时，整车重心为 2 426 mm。两种车型正线空车最高试验速度均达到 100 km/h，重车最高试验速度达 60 km/h。结果表明：该车在空车 100 km/h、重车 60 km/h 的试验速度条件下，各项动力学性能指标满足 GB/T 5599—1985 的规定，且空重车平稳性指标均为优。

260 t 车空车正线试验结果表明，直道的运行性能良好，允许在 90 km/h 及以下速度运行；*R*350 m 及 *R*420 m 较小曲线应低于 35 km/h 和 25 km/h 速度运行；*R*600～800 m 曲线应低于 70 km/h；通过 9 号道岔侧线应低于 20 km/h；通过 12 号道岔侧线应低于 30 km/h；厂内线路 *R*150 m 和 180 m 曲线应限速15 km/h。

重车正线试验结果表明，直道的运行性能良好，允许在 60 km/h 及以下速度运行；*R*350 m 及 *R*420 m 较小曲线应低于 35 km/h 和 25 km/h 速度运行；*R*600～800 m 曲线应低于 50 km/h；通过 9 号道岔侧线应低于 20 km/h；通过 12 号道岔侧线低于 30 km/h；厂内线路 R150 m 和 R180 m 曲线应限速15 km/h。

5. 过桥检算

在标记载重条件下两种车况均能不限速通过所有桥梁。

六、D26AK 型长大平车

（一）概　述

D26A 型载重 260 t 组合式长大平车，自 2000 年投入运用以来，深受运用部门及用户的欢迎。齐厂为中铁特货公司又新造了 2 辆 D26A 型平车，为适应铁路货车提速的运输需要，新 D26A 型平车在保持原车主要钢结构不变的情况下改装转 K_2 型转向架，同时空气制动装置等相应做了调整，如图 4-3-13、图 4-3-14 所示。2004 年 7 月，完成空重车动力学试验。2004 年 8 月 18 日，通过铁道部运输局样车技术审查。铁道部运输局以运装货车〔2004〕301 号文件批复，定型为 D26AK。

图 4-3-13　D26AK 型长大平车空车

图 4-3-14　D26AK 型长大平车运输锅筒

（二）主要技术规格

主要技术规格见表 4-3-6。

表 4-3-6　主要技术规格

项　　目	技术规格	项　　目	技术规格
载重/t	260	轴数	16
自重/t	75.6	车辆长度/mm	32 130
自重系数	0.29	车辆定距/mm	16 500
轴重/t	21	承载面支距/mm	16 500
每延米重/（t/m）	10.4	承载面距轨面高/mm	1 620

续上表

项　　目	技术规格	项　　目	技术规格
车钩中心线距轨面高/mm	880	控制阀	120 型
空车重心高度/mm	720	制动倍率	2×7.85
通过最小曲线半径/m	145	制动率/%	35.7/15.2
商业运行速度/（km/h）	100	车钩缓冲装置	
转向架型式	转 K_2	车钩	13A
轨距/mm	1 435	缓冲器	MT-2 型
固定轴距/mm	1 750	限界	空车符合 GB 146.1—1983《标准轨距铁路机车车辆限界》的要求
轮径/mm	840		
制动装置		通过驼峰情况	禁止
制动缸（mm×mm）	ϕ254×254	溜放与冲击情况	禁止

（三）简要说明

1. 用途

可装运电力、冶金、化工、重型机械等行业的大型汽包（即锅筒）、加氢反应器、尿素合成塔、氨合成塔等筒形长大货物。

2. 技术性能特点

（1）组合式模块化设计，实现两种组合形式，载重 260 t 时，轴数为 16，货物支承距离为 8 000 mm 和 16 500 mm；载重 138 t 时，轴数为 8，货物支承距离 6 900 mm。

（2）通过优化车辆结构，降低车辆自重，实现在标记载重条件下两种车况均能不限速通过所有桥梁。

3. 结构概况

由 1 组大底架、2 组中底架、4 组小底架、8 组转 K_2 型转向架及制动装置、车钩缓冲装置等部分组成，如图 4-3-15 所示。

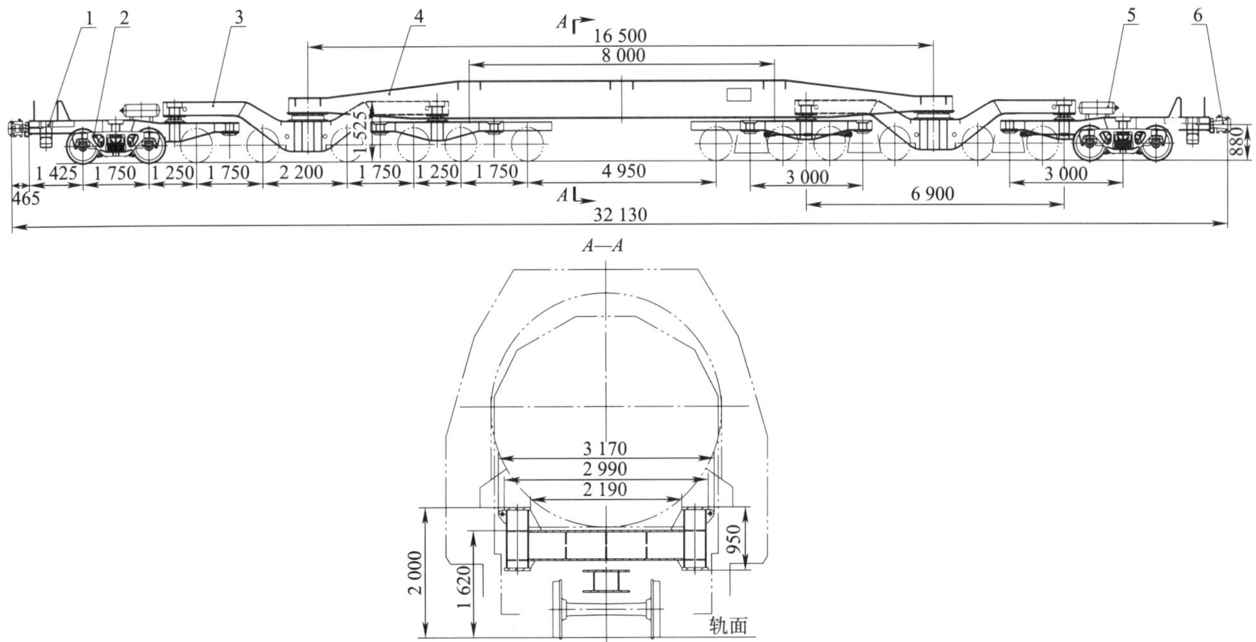

图 4-3-15　D26AK 型长大平车总图（QCH189B-00-00-000）

1—小底架；2—转 K_2 转向架；3—中底架；4—大底架；5—空气、人力制动装置；6—车钩缓冲装置

全车采用 8 组转 K_2 型转向架。采用制动主管压力满足 500 kPa 和 600 kPa 的制动装置。该车装有2 套

空气制动装置，采用120型控制阀、手动空重车调整装置、ϕ254 mm×254 mm旋压密封式制动缸，ST2-250型双向闸瓦间隙调整器、球芯折角塞门、组合式集尘器等制动技术。2套人力制动分别装在车辆两端，采用FSW型人力制动机，手轮直径ϕ560 mm。采用C级钢13A型上作用车钩及C级钢材质的钩尾框，MT-2型缓冲器。

4. 动力学试验

2004年7月7至22日，铁科院机辆所进行线路动力学试验。7月7—14日进行了测力轮对的制作与标定、相对摩擦系数的测定、试验列车的编组、连线、传感器的布置、测试系统的调试。7月15日进行了空车厂内小曲线试验；16日、17日在平齐线、榆红线、滨州线、齐北线、富嫩线进行了空车正线动力学试验，最高试验速度136.5 km/h；19日进行了重车（重心高3 000 mm）的厂内小曲线试验；20日、21日在齐北线、富嫩线进行了重车（重心高3 000 mm）正线动力学试验，最高试验速度60 km/h；22日在油毡厂进行了大超高试验。

试验结果表明，该车空车在正线所测试工况下，110 km/h速度级范围内稳定性指标满足大纲限度要求，可满足速度100 km/h的运行要求，各项动力学性能指标均符合大纲限度要求。重车60 km/h速度级范围内各项动力学指标均符合大纲限度要求，满足最高速度50 km/h运行的平稳性和稳定性的要求。

5. 使用维护说明

（1）该车大底架组成、中底架结构材料均采用日本进口WEL-TEN780A高强度可焊结构钢，在车辆运用过程中，严禁在大底架组成、中底架组成上进行随意施焊。大底架枕梁上平面及承载梁上平面组焊了10 mm的Q345E钢板，允许在此钢板上进行焊接加固。

（2）待运的大型筒形货物或其他货物本身须具有能承受本身重量的强度与刚度，车辆为载重260 t工况时，货物支承距离为8 000 mm和16 500 mm；车辆为载重138 t工况时，货物支承距为6 900 mm。

（3）严禁将筒形货物直接放在承载面上，造成承载面线性受力。

（4）为使货物装载加固方便，该车大底架承载位置设置了ϕ32 mm螺栓孔。

（5）装运货物时，货物同车辆间应垫5～10 mm厚胶皮（用户自备），以增加摩擦力。

（6）每次装运货物前，应仔细检查底架主要承载零、部件的外露焊缝，如有异常应及时处理。

（7）空、重车运行前均应检查三级心盘、旁承的作用状态，并在大底架与中底架心盘间、中底架与小底架心盘间及该处旁承注入适量的润滑油。

（8）各级旁承不得对角“压死”，且须保证同侧每端左右旁承间隙之和：大底架与中底架间旁承间隙之和为20～24 mm；中底架与小底架间旁承间隙之和为6～10 mm；小底架与转向架间单侧旁承间隙为3～5 mm。

（9）车辆连挂作业时，尽可能采用牵引方式，牵引时允许通过曲线，且该车需连挂在列车中后部；若无法牵引，允许机车以不超过3 km/h的速度在直线上匀速推送该车（单车）进行连挂作业。

（10）该车运行时禁止编入尾部有补机的列车中。

七、D_{23}型长大平车

（一）概　　述

为解决进口大型化肥设备中CO_2吸收塔与其他重型设备的运输问题，哈厂1973年设计、1974年制造了2辆D_{23}型16轴235 t长大平车（图4-3-16）。1974年2月至4月哈厂与四方所对该车进行了静、动强度试验和动力学试验。其各项性能基本符合设计要求，1974年8月该车投入运用。该车先后完成了13套大型进口化肥设备中相关大件的运输任务，于1978年获全国科学大会奖。

（二）主要技术规格

主要技术规格见表4-3-7。

图 4-3-16　D_{23} 型长大平车重车运输（哈厂　1974 年）

表 4-3-7　主要技术规格

项　　目	技术规格	项　　目	技术规格
载重/t	235	通过最小曲线半径/m	180
载荷分布	两支点载荷	构造速度/（km/h）	60
支点间距/m	25	转向架型式	Z9 型四轴转向架
支点在地板面上的长度/m	3	轴数	4
自重/t	104	轴型	D
自重系数	0.44	轴距/mm	1 350—1 500—1 350
轴重/t	21.2	轮径/mm	840
每延米重/（t/m）	8.96	制动装置	
轴数	16	制动缸/（mm×mm）	ϕ356×254
车辆长度/mm	37 846	三通阀	GK 型
车辆宽度/mm	3 128	制动倍率	9.0
车辆最大高度/mm	2 443	制动率（空车/重车）/%	45.5/32.3
大底架心盘距/mm	25 000	人力制动机	链式
小底架心盘距/mm	5 700	车钩缓冲装置	
地板面长度/mm	28 000	车钩	2 号
地板面宽度/mm	2 520	缓冲器	2 号
地板面距轨面高/mm	1 728	限界	空车符合 GB 146.1—1983《标准轨距铁路机车车辆限界》的要求
车钩中心线高/mm	880		
空车重心高度/mm	950	通过机械化驼峰情况	禁止

（三）简要说明

1. 用途

主要供运输大型化工设备中的长度大于或接近于 28 m 的圆筒形反应器等货物。

2. 技术性能特点

地板面长度 28 000 mm，宽度 2 520 mm，距轨面高度 1 728 mm。对于两支点载荷，当支距为 25 m 时，载重可达 235 t。

3. 结构概况

该车由 1 个大底架、2 个小底架、4 台四轴转向架以及空气制动装置、人力制动装置、车钩缓冲等装置组成，在车辆两端的小底架上设有渡板和折叠式栏杆，如图 4-3-17 所示。

大底架由中梁、侧梁、枕梁、端梁、主横梁、辅助横梁及金属地板等组成。中梁为箱形断面，上盖板厚度为 16 mm，下盖板为 2 层，厚度分别为 14 mm 与 16 mm，腹板厚为 16 mm，两腹板内侧间距为 500 mm。侧梁也为箱形断面，上下盖板与中梁相同，腹板厚为 14 mm，两腹板内侧间距为 300 mm。枕梁为箱形断面，上下盖板与腹板厚度均为 16 mm。其外侧设有紧固螺栓支架，供安装紧固货物的卡带用。

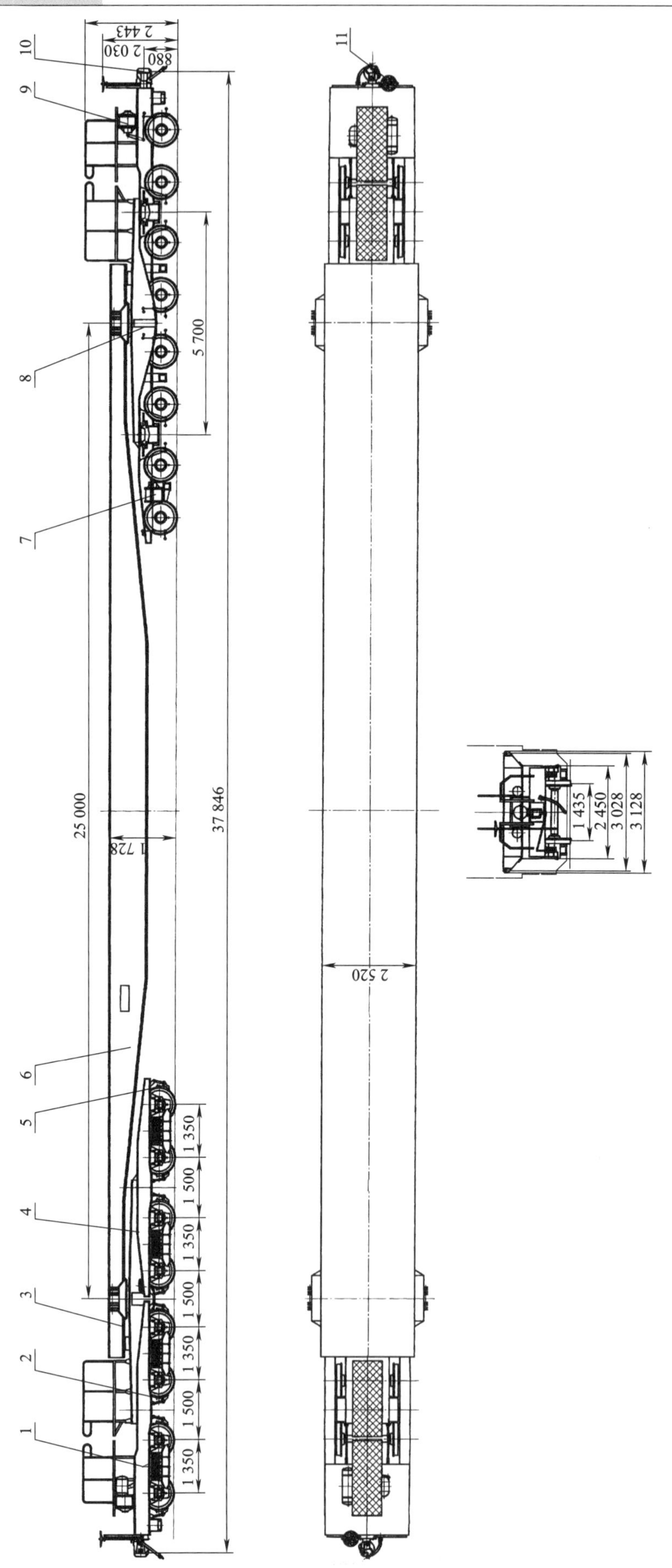

图 4-3-17　D_{23} 型长大平车总图（HCD4-0-0-000）

1—A型转向架；2—基础制动装置A组成；3—制动管路组成；4—B型转向架；5—基础制动装置B组成；6—大底架组成；7—空气制动装置B组成；8—小底架组成；9—空气制动装置A组成；10—车钩缓冲装置；11—人力制动机组成

端梁为工字形断面，为增加刚度，在侧面加装了筋板。主横梁为工字形断面，上下盖板厚为 16 mm，腹板厚为 14 mm。辅助横梁为 25 号工字形钢。地板厚度为 12 mm，用 09Mn2 低合金钢板制造。小底架由中梁、大横梁、小横梁等部件组成。中梁为箱形断面，由厚度为 25 mm 和 30 mm 的钢板组焊成。该车的结构材料为 09Mn2 低合金钢。

四轴转向架分 A 型与 B 型两种，A 型转向架上安装车钩缓冲装置。大小心盘均为浅球形心盘。大心盘直径 694 mm，球面半径为 750 mm；小心盘直径为 524 mm，球面半径为 750 mm。大旁承为滚轮式，安装于小底架的大横梁的上平面；小旁承为锥形滚子式，安装于小底架的小横梁的下平面。

4. 使用注意事项

只有当货物对于大底架的载荷是两支点载荷，且支距为 25 m，每个支点在地板面上所占的长度为 3 m 时，载重才能达到最大值 235 t。否则，应按照货物的载荷条件与大底架的强度条件，核算允许的载重量。

八、D23G 型长大平车

（一）概　　述

D23G 型长大平车，是在原 D23 型长大平车基础上设计制造的。为充分挖掘现有 2 辆 D23 型特种平车的作用，在小底架、转向架、制动系统不变的情况下，对大底架进行改造设计，减轻自重，缩短了双支承定距，降低了承载面距轨面的高度，达到车辆增重的目标，同时对车钩缓冲装置和均衡装置进行了改造，以适应重载要求，如图 4-3-18、图 4-3-19 所示。

图 4-3-18　D23G 型长大平车（哈厂　1997 年）

图 4-3-19　D23G 型长大平车运输锅炉汽包

（二）主要技术规格

主要技术规格见表 4-3-8。

表 4-3-8　主要技术规格

项　　目	技术规格	项　　目	技术规格
载重/t	265	自重系数	0.27
载重方式	双支承承载面积为枕横梁圆弧面内	轴重	20.98
自重/t	70.7	每延米重/（t/m）	10.87

续上表

项目	技术规格	项目	技术规格
大底架心盘中心距/mm	18 000	通过最小曲线半径/mm	180
车辆长度/mm	30 846	弹簧静挠度/mm	
车辆最大宽度/mm	3 128	空车	6
大底架两端承载面的长度/mm	1 170	重车	30
		换长	28
大底架上平面圆弧中心距轨面高（空车）/mm	1 500	构造速度/（km/h）	60
小底架两上心盘中心距/mm	5 700	限界	符合 GB 146.1—1983《标准轨距铁路机车车辆限界》的要求
空车重心高度/mm	794		
车钩中心线高/mm	880±10	通过驼峰情况	禁止

（三）简要说明

1. 用途

为双支承承载，适用于标准轨距铁路上运输的自身承载的长大货物。

2. 技术性能特点

该车具有自重低、承重大、承载面低、双支承距短等特点。

3. 结构概况

主要由 1 个大底架、2 个小底架、2 个 A 型四轴转向架、2 个 B 型四轴转向架、空气制动装置、人力制动装置和车钩缓冲装置等部分组成，采用 16 Mnq 低合金结构钢全焊接结构，如图 4-3-20 所示。

大底架由 2 根箱形侧梁、2 根刚度很大的带有圆弧面的箱形枕横梁和若干横梁等部分组焊而成。小底架采用低合金结构钢焊接而成，由箱形中梁与刚度较大的下心盘座和中间大横梁两端小横梁组焊而成。采用 13 号 C 级钢下作用式车钩和 MT-3 缓冲器。每个转向架具有单独使用的空气制动装置，分别由 GK 型三通阀，ϕ356 mm×254 mm 制动缸、副风缸、降压气室、折角塞门、截断塞门、远心集尘器及制动管路等部分组成。采用旋转链式人力制动机。转向架为 4 轴整体构架导框式。由整体焊接构架、D 型轮对、轴箱油润装置、基础制动装置、空气制动装置及弹簧均衡装置组成。1、4 位转向架设有车钩缓冲装置及人力制动装置。

4. 试验

自重试验载荷 110.7 kN。采用钢块加载，将载重按近似于大底架自重分布形式加在大底架上。

垂直静载荷试验载荷 2 597.0 kN。采用 2 个报废大底架（自重分别为 431.2 kN、980 kN）和 1 185.8 kN 钢块加载在两枕横梁处，将载重模拟成运输锅炉的实际情况。在自重载荷试验和垂直静载荷试验同时，用悬挂钢丝法测量出大底架中央的挠度。取垂向动荷系数为 0.27，侧向力影响系数取 0.1。

最大应力点出现在枕横梁上盖板外沿，合成应力值为 195.4 MPa。因此各点合成应力值均小于 16Mnq 许用应力 216.0 MPa。静载荷下底架挠度测量平均值为 2.8 mm。挠跨比为 1/6 429，小于 1/700。

5. 过桥检算

检算结果表明，该车通过国内铁路桥梁最低限速桥跨为跨度 15 m 混凝桥限速 33.1 km/h。

6. 使用维护与保养

(1) 装载时严格按要求双支承承载，装载物必须有足够的刚度和强度。

(2) 装载物的圆弧半径必须与该车枕横梁圆弧面一致；如不一致，可在装载物和枕横梁圆弧面间加装调整装置。

(3) 装载物的横向中心和纵向中心必须与该车横向中心、纵向中心一致，不得有偏载。

(4) 应保持各油盒充满液体润滑及润滑系统的正常工作。

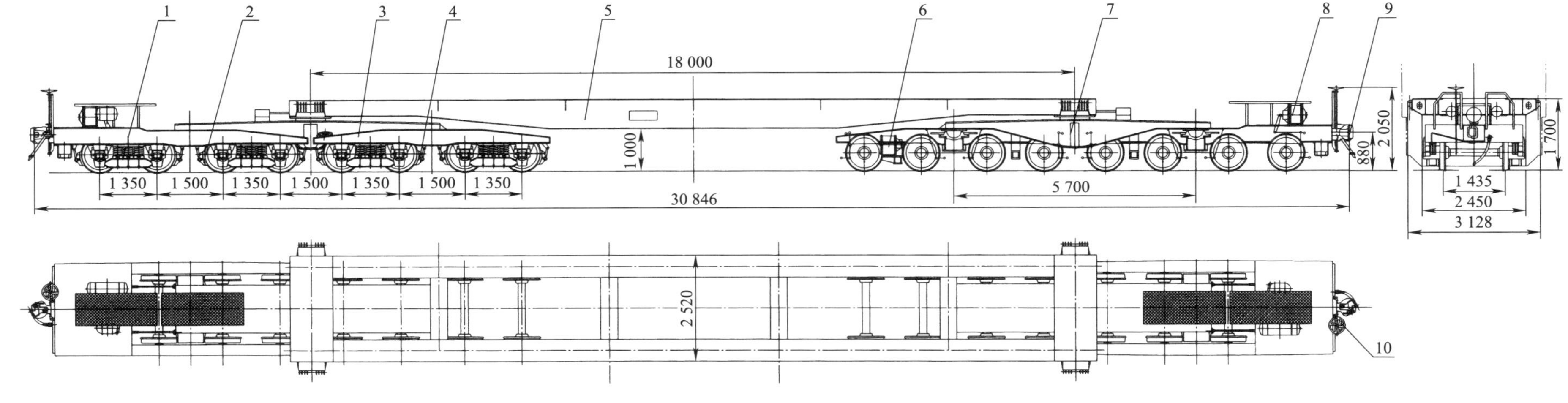

图 4-3-20　D23G 型长大平车总图（HCD4A-00-00-000）

1—转向架A组成；2—基础制动装置A组成；3—转向架B组成；4—基础制动装置B组成；5—大底架组成；6—空气制动机B组成；7—小底架组成；8—空气制动机A组成；9—车钩缓冲装置；10—人力制动装置

（5）车钩高度超过规定限度时可通过转向架弹簧座调整垫调整（调整垫厚度范围可在 5～10 mm）。

九、D22G 型长大平车

（一）概　　述

我国原有的 D22 型长大平车是 1959 年设计制造的，由于该车承载面较高，装货范围小，使用率比较低。根据中铁特货公司提出的技术改造要求，由哈厂对其进行改造。改造有两种方案，即铁地板方案和木地板方案，如图 4-3-21、图 4-3-22 所示。

图 4-3-21　D22G 型长大平车空车（哈厂　1999 年）

图 4-3-22　D22G 型长大平车重车

（二）主要技术规格

主要技术规格见表 4-3-9。

表 4-3-9　主要技术规格

项　　目	技术规格	项　　目	技术规格
载重/t	120	换长	2.2
自重（铁/木）/t	44/41.9	车辆长度/mm	24 670
自重系数（铁/木）	0.37/0.35	底架心盘中心距/mm	17 800
平均轴重（铁/木）/t	20.5/20.25	底架宽度/mm	3 000
每延米重（铁/木）/（t/m）	6.65/6.56	底架承载面长度/mm	20 400
轴数	16	底架上平面距轨面高（铁/木）/mm	1 150/1 210

续上表

项　　目	技术规格	项　　目	技术规格
空车重心高度（铁/木）/mm	708/715	心盘面自由高/mm	546
车钩中心线高/mm	880	弹簧静挠度（空车/重车）/mm	18.4/46
通过最小曲线半径/m	180	构造速度/（km/h）	80
转向架型式	4D轴Z31型	过桥速度	不限速
轴数	4	限界	空车符合GB 146.1—1983《标准轨距铁路机车车辆限界》的要求
轴型	RD_2		
轴距/mm	1 350—1 700—1 350	通过驼峰情况	禁止

（三）简要说明

1. 用途

用于运输120 t以下、承载面较低的长大货物，如除氧器水箱等。

2. 技术性能特点

该车具有承载面低、动力学性能好、过桥不限速等优点。

3. 结构概况

主要由1个底架、2个4D轴转向架、空气制动装置、人力制动装置、车钩缓冲装置等部分组成，如图4-3-23所示。

该车底架是在原D_{22}型车底架基础上进行改造的，改造方案分铁地板方案和木地板方案两种。将原D_{22}型车底架两端牵引梁分别截去2 300 mm，两端加装端梁。铁地板方案将底架木结构组成、补助梁、防火板拆除，在大、小横梁上加装工字形横梁，铺装10 mm厚的铁地板。将两侧梁的高度缩小80 mm。木地板方案将原D_{22}型车底架两端分别截去2 300 mm，两端加装端梁，将两侧梁的高度缩小80 mm。

采用Z31型四轴一体构架式转向架，固定轴距为1 350—1 700—1 350 mm，由构架组成、RD2型轮对、下心盘、基础制动装置、均衡弹簧装置等部分组成。构架为16 Mnq板焊结构，由2根箱形侧梁、1根箱形枕横梁、1根箱形曲横梁、1根箱形横梁及端梁、牵引梁等部分组成。采用了不等高两级刚度弹簧组及下均衡装置。弹簧静挠度空车为18.4 mm，重车为46 mm。心盘面距轨面自由高为546 mm，为降低心盘面距轨面高度，侧梁及枕横梁均为下凹结构。

采用13号下作用车钩、2号缓冲器，车钩缓冲装置安装在转向架上。空气制动装置2套，GK型制动机，采用侧式人力制动机。

4. 试验

（1）静、动强度及刚度试验

1999年7月，哈厂配合四方所在厂内做改造底架、转向架构架静强度及刚度试验。试验结果，构架最大应力发生在侧梁上弯角，为−149.8 MPa，小于16 Mnq的许用应力；底架最大应力发生在中梁中部下盖板，为109.7 MPa，小于Q235-A的许用应力；最大静挠度发生在底架中央，为37.7 mm，其相应的挠跨比为1/472。转向架构架和底架强度、刚度均符合设计要求。

（2）动力学试验

1999年8月，由四方所主持进行动力学试验，按空、重车分别在厂内R150 m小半径曲线和干线上进行。厂区试验主要是校验被试车辆的小半径曲线通过能力，不作为性能评定的依据。D_{22G}型长大平车可以满足通过R150 m小半径曲线的要求，最高运行速度达30 km/h。干线动力学试验在哈尔滨局管内的哈尔滨站至玉泉站区间进行，干线动力学试验进行直线运行试验、R600 m和R800 m曲线通过及车站侧线通过试验。根据GB/T 5599—1985的规定，该车干线试验运行速度最高为90 km/h，实际上，该车空车试验运行的最高速度为91.25 km/h，重车试验运行的最高速度为91.06 km/h。干线R600 m（R800 m）曲线的运行试验以50 km/h和60 km/h两个速度级进行；侧线通过试验以45 km/h的速度进

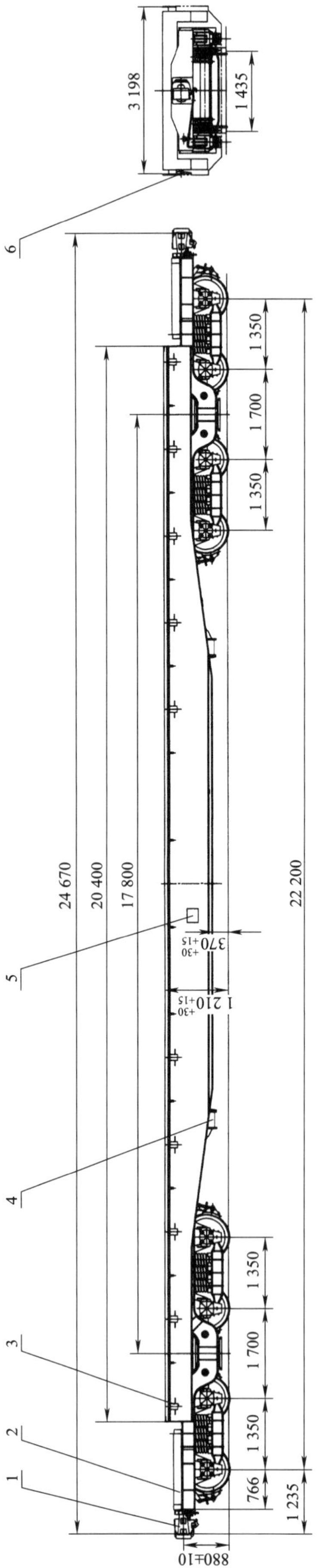

图 4-3-23　D22G 型长大平车总图（HCD22-00-00-000）

1—车钩缓冲装置；2—Z31型转向架；3—底架组成；4—空气制动装置；5—标记；6—人力制动装置

行。运行平稳性、运行安全性及倾覆稳定性可以满足运行速度为 80 km/h 的运用要求。试验结果符合 GB/T 5599—1985 有关规定。

5. 使用维护说明

需架车作业时，首先将地板上的手孔盖打开，将转向架上拉杆与制动杠杆摘开，再架车。

十、D22A 型长大平车

（一）概　述

D22A 型长大平车是齐厂根据铁道部科技研究开发计划（合同编号 2004J028）的安排，按照《关于印发新型提速 120 t 长大平车设计方案及设计任务建议书审查会议纪要的通知》（科技装〔2006〕37 号）及与中铁特货公司签订的《120 t 长大平车订货合同》（共 7 辆）的要求而研制的。

2004 年 7 月，齐厂在铁道部科学技术司立项研制新型提速 120 t 长大平车。2005 年 12 月末，齐厂中标，并于 2006 年 2 月完成了总体方案设计和计算。3 月 24 日，铁道部科技司会同运输局装备部和安监司在齐齐哈尔组织召开了新型提速 120 t 长大平车设计任务建议书及设计方案审查会，并以科技装〔2006〕37 号文件批复。2006 年 8 月上旬，齐厂完成样车试制，并进行了称重、通过曲线及限界检查。2006 年 8 月末，完成了车体、转向架构架静强度、刚度，转向架构架疲劳试验和线路动力学试验及转向架焊接构架动应力测试，如图 4-3-24 所示。2007 年 4 月 9 日，运装货车〔2007〕197 号文件批复技术条件，定型为 D22A，如图 4-3-25 所示。D22A 型长大平车运输轻型卡车，如图 4-3-26 所示。D22A 型长大平车运输装载机，如图 4-3-27 所示。

图 4-3-24　D22A 型长大平车线路动力学试验

图 4-3-25　D22A 型长大平车空车和重车运输预制梁

图 4-3-26　D22A 型长大平车运输轻型卡车

图 4-3-27　D22A 型长大平车运输装载机

（二）主要技术规格

主要技术规格见表 4-3-10。

表 4-3-10　主要技术规格

项　　目	技术规格	项　　目	技术规格
载重/t	120	上平面高（满载）/mm	1 035
集载		车钩中心线距轨面高/mm	880
均布载荷长度/m	载重/t	空车重心高度/mm	552
2	62	通过最小曲线半径/m	180
4	64	商业运行速度/（km/h）	120
6	68	转向架型式	4D 轴构架式
8	74	轨距/mm	1 435
10	77	固定轴距/mm	4 700
12	81	轮径/mm	840
14	86	心盘球心空车高/mm	595
16	98	制动装置	
18～25	120	制动缸/（mm×mm）	ϕ254×254
自重/t	44	控制阀	120 型
自重系数	0.37	制动倍率	2×9.6
轴重/t	20.5	制动率/%	29.4/16.5
每延米重/（t/m）	6.32	车钩缓冲装置	
轴数	8	车钩	13
车辆长度/mm	25 930	缓冲器	MT-2 型
车辆定距/mm	17 800	限界	空车符合 GB 146.1—1983《标准轨距铁路机车车辆限界》
承载面尺寸/mm			
长×宽/（mm×mm）	25 000×3 000	通过驼峰情况	禁止
上平面高（空车）/mm	1 080	溜放与冲击情况	禁止

（三）简要说明

1. 用途

装运 25 m 长钢轨、大型机械及电站设备、化工设备等长大货物，也可用于普通货物的运输。

2. 技术性能特点

(1) 地板面低、承载面长，装载货物适应范围广。空车地板面距轨面高 1 080 mm，底架长 25 000 mm。

(2) 采用 4D 轴焊接构架转向架，商业运营速度达 120 km/h。

(3) 集载能力强。在承载面长度 18 m 时可达到满载 120 t 要求。

3. 结构概况

该车主要由 1 个底架、2 套空气制动装置、1 组人力制动装置、车钩缓冲装置及 2 组 4D 轴焊接转向架等部分组成，如图 4-3-28 所示。

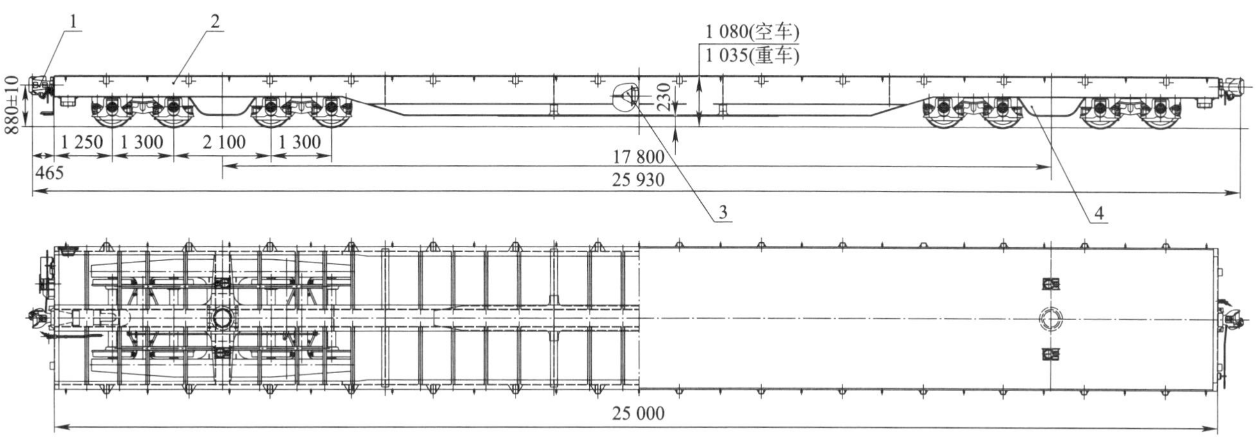

图 4-3-28　D22A 型长大平车总图（QCH248-00-00-000）

1—车钩缓冲装置；2—底架组成；3—空气、人力制动装置；4—4D 轴焊接转向架

底架由中梁、侧梁、枕梁、端梁、大横梁、小横梁及铁地板组成焊接结构。中梁、枕梁为箱形变断面组焊结构，侧梁、大横梁为工字形组焊结构，小横梁为冷弯槽形结构。其中中梁及侧梁为 Q450NQR1 高强度耐大气腐蚀钢，其余材质主要为 09CuPCrNi-A 耐大气腐蚀钢。采用球形上心盘，上、下心盘间设有防脱装置。

全车采用两组 4D 轴焊接构架式转向架。由构架、轮对、轴箱、轴箱弹簧及基础制动装置等几部分组成。采用轴箱导框定位、4 轴单侧滑槽式组合制动梁制动方式。前后两轴端由 4 个外圆弹簧和 4 个内圆弹簧及组合式斜楔组成两级刚度变摩擦减振系统。其中斜楔主摩擦面为高分子复合材料，改善摩擦减振性能。采用 RD2 型轮对、HDSA 型二次磨耗轮，中间两轮对无摩擦减振器。

采用制动主管压力满足 500 kPa 和 600 kPa 的制动装置。该车有 2 套空气制动装置，主要由 120 型空气控制阀、直径为 254 mm 整体旋压密封式制动缸、ST2-250 型双向闸瓦间隙自动调整器等组成，采用编织制动软管总成、奥-贝球铁衬套、高摩擦系数合成闸瓦、不锈钢制动配件和管系；采用手动两级空、重车调整装置。采用 NSW 型人力制动机，安装在车辆一位端。

采用 E 级钢 13 系列车钩、配套钩尾框、合金钢钩尾销，采用 MT-2 型缓冲器，加装含油尼龙防脱钩尾框托板磨耗板及防跳插销。

4. 试验

(1) 静强度试验

2006 年 8 月 25 日至 9 月 2 日，由四方所主持在齐厂试验室对车体进行了静强度、刚度试验；对 4D 轴转向架构架进行了静强度试验及构架疲劳试验。

根据设计任务书的要求，第一工况纵向拉伸力取值为 1 780 kN，压缩力取值为 1 920 kN；第二工况压缩力取值为 2 500 kN。分别进行了纵向载荷试验、垂向载荷试验、扭转试验及刚度试验。垂向载荷试验包括：25 m 均载 132 t、18 m 集载 120 t、12 m 集载 81 t 及 8 m 集载 74 t。试验结果表明，该车车体强度、刚度满足 TB/T 1335—1996 的规定。在垂向静载荷（自重+18 m 集载 120 t）作用下，底架挠度：中梁挠度值为 46.2 mm，挠跨比为 46.2/17 800≈1/385，小于 1/300；侧梁挠度值为 50.5 mm，挠跨比为

50.5/17 800≈1/352，小于 1/300。满足设计任务书的要求。

4D 轴焊接转向架静强度试验分为垂向总载荷、斜对称载荷、侧向力工况进行，垂向总载荷、斜对称载荷均为 930 kN，加载于心盘上；侧向载荷为 70.5 kN，加载于心盘边缘。疲劳试验垂向载荷为 930 kN，经边垂直加载座加载于心盘，横向载荷为 165.23 kN，施加于垂直加载座侧面上，循环次数为 6.0×10^6。转向架主要承载部件（构架、均衡梁、轴箱）的静强度及构架疲劳试验均满足 TB/T 1335—1996 的有关规定。

(2) 动力学性能试验

2006 年 9 月 18 日，由四方所主持。干线曲线半径为 $R350\sim R800$ m，侧线道岔为 12 号道岔。正线空、重车最高试验速度均约为 131 km/h，侧线通过速度为 45 km/h；重车试验装载工况为整车合成重心 2 000 mm。动力学各项指标满足 GB/T 5599—1985 及设计任务书的要求。

十一、D_{22B} 型长大平车

(一) 概　述

根据铁道部科技研究开发计划课题合同（编号：2012J004-L）“120 t 长大平车关键技术研究”安排以及齐厂与中铁特货公司签订的《D_{22B} 型长大平车研制协议》要求，齐厂进行 D_{22B} 型长大平车的研制工作。

2013 年 8 月，中国铁路总公司科技管理部会同运输局车辆部、营运部进行设计方案评审，并以科技装函〔2013〕80 号文件批复。2014 年 2 月，齐厂完成试制、车体静强度及刚度试验、车辆线路动力学试验。2014 年 8 月，样车通过试用评审，并获铁路总公司科技装函〔2014〕158 号文件批复，如图 4-3-29、图 4-3-30 所示。

图 4-3-29　D_{22B} 型长大平车空车

图 4-3-30　D_{22B} 型长大平车重车动力学试验整备

(二) 主要技术规格

主要技术规格见表 4-3-11。

表 4-3-11　主要技术规格

项　目	技术规格	项　目	技术规格
载重/t		均布载荷长度/m	载重/t
均布	120	2	55
集载		4	58

续上表

项　　目	技术规格	项　　目	技术规格
6	62	车钩中心线距轨面高/mm	880
8	66	空车重心高度/mm	745
10	71	通过最小曲线半径/m	180
12	76	最高运行速度/（km/h）	100
14	82	转向架型式	4D 轴构架式
16	88	轨距/mm	1 435
17.8	100	固定轴距/mm	4 700
20	108	轮径/mm	840
22	116	心盘球心空车高/mm	595
24	120	制动装置	
25	120	制动缸/（mm×mm）	ϕ254×254
自重/t	48	控制阀	120 型
自重系数	0.4	制动倍率	2×9.6
轴重/t	21	制动率/%	29.4/16.5
每延米重/（t/m）	6.47	车钩缓冲装置	
轴数	8	车钩	17 型
车辆长度/mm	25 966	缓冲器	MT-2 型
车辆定距/mm	17 800	限界	空车符合 GB146.1—1983《标准轨距铁路机车车辆限界》的要求
承载面尺寸			
长×宽/（mm×mm）	25 000×3 000	通过驼峰情况	禁止
上平面高（空车）/mm	1 350	溜放与冲击情况	禁止

（三）简要说明

1. 用途

可适应轮式履带式装备，装运 25 m 长钢轨、大型机械及电站设备、化工设备等长大货物，也可用于普通货物的运输。

2. 技术性能特点

（1）采用木地板结构，地板面长 25 000 mm，宽 3 000 mm，空车地板面高 1 350 mm，适应货物运输范围广，便于装载加固。

（2）采用 D_{22A} 型车使用的 4D 轴构架式转向架，满足运行速度 100 km/h 要求。

（3）采用与通用车一致的制动配件、防脱悬挂件和可拆卸磨耗件，方便检修与维护。

3. 结构概况

主要由底架、4D 轴构架式转向架、制动装置、车钩缓冲装置等部分组成，如图 4-3-31 所示。

（1）底架

底架钢结构由中梁、枕梁、侧梁、端梁、大横梁、小横梁、纵向梁组成。中梁、枕梁为箱形组焊结构，侧梁、大横梁为工字形组焊结构，小横梁为冷弯槽形结构，纵向梁为冷弯几字形结构。其中，中梁、枕梁、侧梁以及大横梁为 Q450NQR1 高强度耐大气腐蚀钢，其余主要材质为 Q345NQR2 耐候钢。采用 *SR*165 mm 球形上心盘。

底架木结构由木地板、垫木、压铁组成。其中，木地板、垫木为松木，压铁为冷弯角形钢。

（2）转向架

全车采用 2 组 4D 轴构架式转向架。该转向架主要由构架、轮对、轴箱、轴箱弹簧、基础制动装置和常接触弹性旁承等组成。采用轴箱导框定位，4 轴单侧滑槽式基础制动装置，组合式制动梁和高摩擦系数

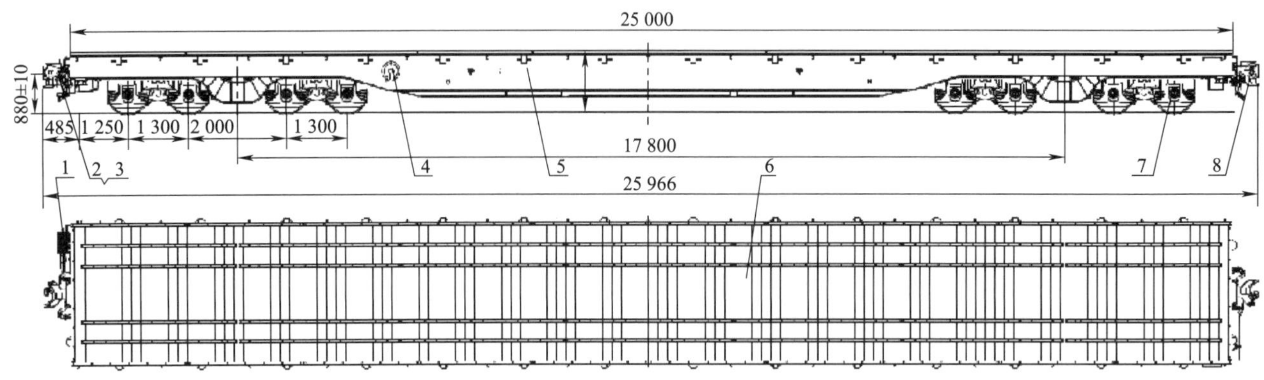

图 4-3-31　D_{22B}型长大平车总图（QCH302-00-00-000）

1—人力制动装置；2—空气制动装置；3—底架附属件；4—标记；5—底架组成；6—地板组成；7—4D 轴构架式转向架；8—车钩缓冲装置

合成闸瓦；前后两轴由外圆弹簧、内圆弹簧及组合式斜楔组成两级刚度变摩擦减振系统；采用 RD2 型 50 钢车轴、HDSA 型整体辗钢车轮或 HDZC 型铸钢车轮、352226X2-2RZ 型双列圆锥滚子轴承；采用 *SR*173 mm 球形下心盘，并安装有含油尼龙心盘磨耗盘。

（3）制动装置

全车采用 2 套制动系统，制动主管压力满足 500 kPa 和 600 kPa 的要求。每套空气制动装置均采用 120 型控制阀、ST2-250 型双向闸瓦间隙自动调整器、手动两级空、重车调整装置、ϕ254 mm×254 mm 整体旋压密封式制动缸、不锈钢球芯折角塞门、组合式集尘器等；采用不锈钢储风缸；采用不锈钢制动管系，采用法兰接头。在车体一位端安装人力制动装置，人力制动装置采用 NSW-I 型人力制动机。

（4）车钩缓冲装置

采用 E 级钢 17 型车钩、17 型锻造钩尾框，MT-2 型缓冲器，加厚型钩舌、合金钢钩尾销、含油尼龙防脱钩尾框托板磨耗板及防跳插销。

底架与转向架间设有心盘防脱装置。

4. 试验

（1）静强度试验

2014 年 2 月，铁路总公司产品质量监督检验中心车辆检验站主持对该车车体进行了静强度、刚度试验。试验结果如下：中梁最大合成应力发生在中梁与中部大横梁交接处，最大值为 248.2 MPa；侧梁最大合成应力发生在侧梁与中部大横梁交接处，最大值为 226.5 MPa；其他测点合成应力均较小，所有测点合成应力均小于材料的许用应力。在自重和载重的作用下，中梁最大挠度为 40.1 mm，挠跨比为 0.67/300，小于 1/300；侧梁最大挠度为 50.1 mm，挠跨比为 0.84/300，小于 1/300。因此，该车的强度、刚度均满足 TB/T 1335—1996 和设计技术要求的规定。

（2）动力学性能试验

2014 年 4 月 14 日至 21 日，由铁路总公司产品质量监督检验中心机车车辆检验站主持，在哈尔滨铁路局管内的齐齐哈尔至嫩江区间完成了该车线路动力学试验，试验最高运行速度空、重车均为 110 km/h。试验结果表明：在 110 km/h 试验速度范围内，运行稳定性、运行平稳性均符合 GB/T 5599—1985 的要求，车体横向、垂向平稳性指标均属优级，满足 100 km/h 运行稳定性和运行平稳性的要求。

5. 使用维护说明

（1）车辆使用环境温度为－40～50℃，橡胶和尼龙等非金属件工作环境温度为－50～70℃。

（2）严格按照该车标记载重及铁路总公司或铁道部有关规定装车。货物装载应均匀分布，严格按照底架两侧的载重标记线装载。货物的装载应符合《加规》的规定，各工况的最大容许载重应按集载要求执行，同时，心盘距（17.8 m）外严禁采用对称集中方式装载。

（3）为方便货物捆绑加固，该车底架两侧设有绳钩及柱插，端部设有柱插。

(4) 装载时货物重心的投影应与车体纵、横中心线交点重合，并应使地板面均匀受载，在特殊情况下应符合《加规》要求中的规定。

(5) 不同载重工况下，承载面距轨面高度见表 4-3-12。表中未列尺寸可采用取插值换算。

表 4-3-12　载重与承载面高度对比表

载重/t	0	60	80	100	120
承载面距轨面高度/mm	1 350	1 308	1 293	1 279	1 265

(6) 空、重车运行前，应检查心盘、旁承的作用状态，确认作用良好后方可使用（旁承滚子与底架旁承磨耗板间隙为（10±1）mm，可通过加减上、下旁承处的调整垫板来调整该处间隙）。

(7) 端部制动编织软管在不连挂时，应与防尘堵连接。

十二、TD33 型长大平车

（一）概　　述

TD33 型长大平车是在 D22A 型长大平车基础上，为保证特种货物的运输需要而研制的专用车辆。2015 年 7 月，完成样车试制及各项型式试验。2015 年 10 月 10 日，中国铁路总公司科技管理部会同运输局车辆部组织对该车进行样车试用评审，如图 4-3-32 所示。

图 4-3-32　TD33 型长大平车

（二）主要技术规格

主要技术规格见表 4-3-13。

表 4-3-13　主要技术规格

项　　目	技术规格	项　　目	技术规格
载重/t	110	车辆最大宽度/mm	3 340
自重/t	78	底架长度/mm	24 200
总重/t	188	重车承载面距轨面高度/mm	1 060
轴数	8	限界	空车限界符合 GB 146.1—1983《标准轨距铁路机车车辆限界》中电力机车限界的规定
轴重/t	23		
商业运营速度/（km/h）	120		
车辆长度/mm	25 130	通过驼峰情况	禁止
车辆定距/mm	17 500	溜放与冲击情况	禁止

（三）简要说明

1. 用途

用于特种货物的整体运输。

2. 主要特点

(1) 地板面长 24 200 mm，宽 3 340 mm，重车地板面高 1 060 mm，满足特种货物的运输需要。

(2) 采用构架式转向架，满足运行速度 120 km/h 要求，便于组织管理，提高运输效率。

（3）车采用与通用车一致的制动配件和可拆卸磨耗件，方便检修与维护。

3. 结构概况

由底架、电气系统、4E 轴焊接构架式转向架、制动装置及车钩缓冲装置等组成，如图 4-3-33 所示。

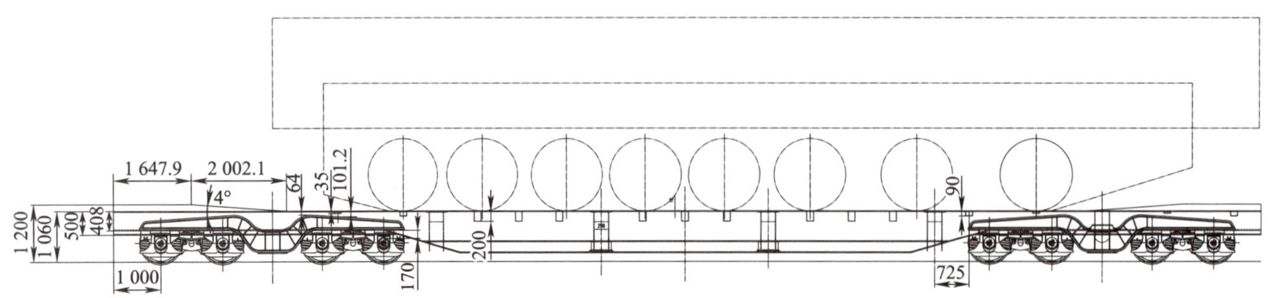

图 4-3-33　TD$_{33}$ 型长大平车总体示意图

十三、NF$_1$ 型、NF$_{1H}$ 型机身运输车

（一）概　　述

为适应 MD90-30 干线飞机机身的铁路运输，株厂于 1996 年为西安飞机工业公司设计制造了机身运输车，已承担多次运输任务，运行安全可靠，二次缓冲装置能满足机身在各个方向的减振要求。由铁道部定型为 NF$_1$ 型平车，如图 4-3-34 所示。根据铁道部运装货车〔2002〕95 号、运装货车〔2004〕68 号文，西安飞机工业公司委托株厂在厂修时改造，使其运行速度改造为 120 km/h。2004 年 12 月，株厂完成了提速改造方案设计。2005 年 3 月 21 日，通过铁道部运输局改造设计方案审查。2005 年 10 月，株厂完成改造。2005 年 11 月下旬和 12 月下旬，由四方所主持在济南铁路局完成了线路车辆动力学试验。2006 年 3 月 17 日，通过铁道部提速改造样车技术审查。NF$_1$ 型车提速改造后定型为 NF$_{1H}$，如图 4-3-35 所示。

图 4-3-34　NF$_1$ 型机身运输车（株厂　1998 年）

图 4-3-35　NF$_{1H}$ 型机身运输车（株厂　2005 年）

（二）主要技术规格

主要技术规格见表 4-3-14。

表 4-3-14　主要技术规格

项　　目	技术规格	项　　目	技术规格
载重/t	10	车辆最大高度/mm	3 800
自重	22.4	车钩中心线高/mm	880
轴重/t	8.1	二次缓冲装置导轨中心距/mm	
每延米重/（t/m）	2.3	横向	2 864
运输货物振动过载		纵向	7 722
垂向	<1.67g	制动倍率	6.1
横向	<1.25g	制动率	
纵向	<1.25g	空车	29.9%
车辆长度/mm	14 328	重车	28.4%
车辆定距/mm	9 260	商业运行速度/（km/h）	120
底架长度/mm	13 390	通过最小曲线半径/m	145
车辆最大宽度/mm	3 180	限界	符合 GB 146.1—1983《标准轨距铁路机车车辆限界》的要求
凹底部地板面距轨面高/mm	1 004		
端部地板面距轨面高/mm	1 084	通过驼峰情况	禁止

（三）简要说明

1. 用途

改造前用于 MD90-30 干线飞机机翼的运输，改造后适用于运输 ARJ21 型飞机机翼（翼盒）。

2. 技术性能特点

（1）采用转 K_4 型转向架，优化中央弹簧参数，满足 120 km/h 运行的要求。

（2）改用高摩合成闸瓦并对制动倍率做适当调整后，制动距离计算表明，满足在 120 km/h 运行时对制动的要求。

（3）二次缓冲装置，保证了货物在运行和调车冲撞中货物纵向加速度小于货物运输要求的规定值（1.25g）。经过计算分析、冲击试验、运行验证，达到设计要求。

（4）装载运输不超限。

3. 结构概况

该车主要由凹底架、转向架、二次缓冲装置、空气制动装置、人力制动装置、车钩缓冲装置及押运室等部分组成。NF1 型机身运输平车总图如图 4-3-36 所示。装载 ARJ21 型飞机机身的限界如图 4-3-37 所示。

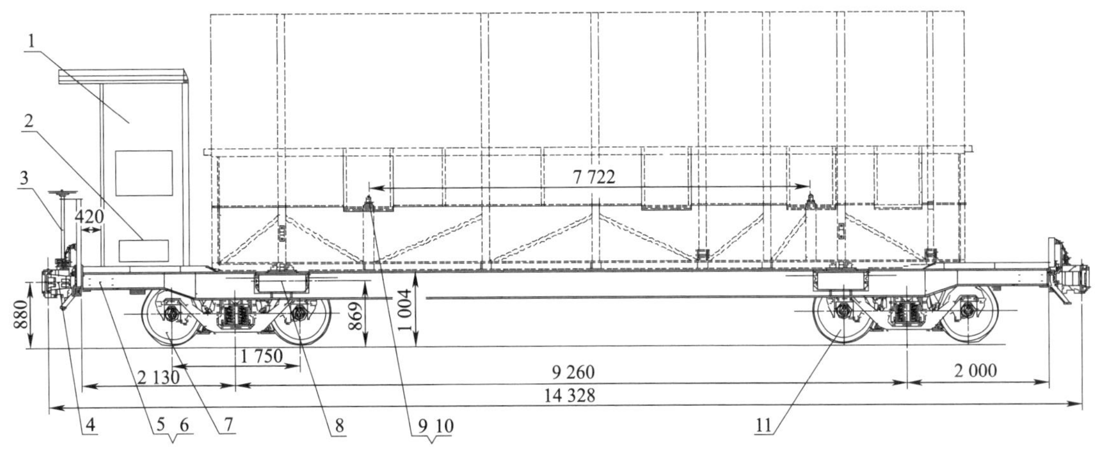

图 4-3-36　NF1 型机身运输平车提速改造后总图（ZCH79A-00-00-000）

1—押运室；2—标记；3—人力制动装置；4—车钩缓冲装置；5—底架组成；6—底架附属件；7—转向架组成（1 位）；8—二次缓冲装置；9—机身安装调整装置；10—空气制动装置；11—转向架组成（2 位）

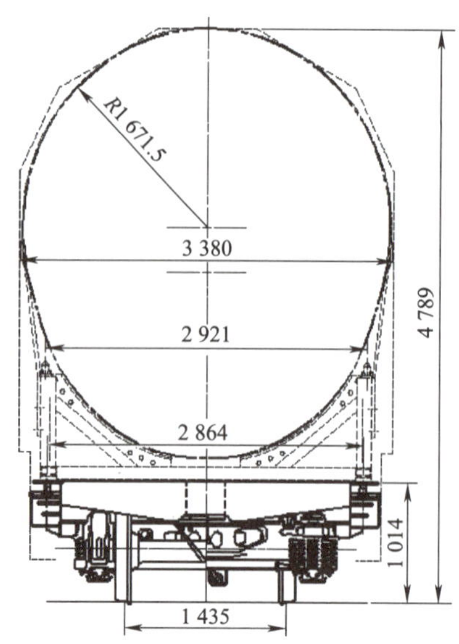

图 4-3-37　NF1 型平车装载 ARJ21 型飞机机身的限界图

底架由中梁、侧梁、端梁、枕梁、横梁及钢地板组成焊接结构。中梁由厚 16 mm 的上下盖板、厚 12 mm 的双腹板焊成箱形。为降低中部装载地板面高度，使运载机身不超限，中梁中段较牵引梁端部下凹 80 mm。侧梁为单根 360 mm×136 mm×10 mm 工字钢，端梁用钢板压成 L 形结构，枕梁及 5 根大横梁皆为钢板组焊的箱形断面。

二次缓冲装置与 DF1 型凹底平车基本相同。优化转 K_4 型转向架中央弹簧：机身运输车用转向架全部选用 12 个减振外簧。转向架弹簧的垂向刚度 2 964 kN/mm。空车静挠度 25.8 mm，重车挠度 42.3 mm。空气制动装置采用 120 型控制阀、ϕ254 mm×254 mm 型密封式制动缸、40 L 副风缸及组合式集尘器、ST2-250 双向闸瓦间隙调整器等新型制动配件，不设重车位。人力制动装置均为链式。机身运输车采用 13 号上作用车钩并装有防跳装置，MT-3 型缓冲器。在车辆一位端均设有押运室，供押运人员休息，室内有上、下双层床铺 1 张。

十四、香港新机场铁路长大平车

（一）概　　述

香港地下铁路公司（简称 MTRC）通过国际招标订购一批新机场路用工程车（图 4-3-38）。株厂于 1995 年 4 月一举中标，为 MTRC 生产 43 辆长大平车。

图 4-3-38　香港新机场铁路长大平车（株厂　1995 年）

（二）主要技术规格

主要技术规格见表 4-3-15。

表 4-3-15 主要技术规格

项目	技术规格	项目	技术规格
载重/t	41	转向架型式	焊接构架式
自重/t	23.9	轴数	2
自重系数	0.5	轴型	RC_2
轴数	4	轮径/mm	840
轴重/t	16	轴距/mm	1 750
每延米重/（t/m）	3.1	制动装置	克诺尔制动系统
车辆长度/mm	20 520	紧急制动减速率/（m/s）	$1.4^{+0.1}_{-0}$
车辆最大宽度/mm	2 426	车钩缓冲装置	BIS 密接式
车辆最大高度/mm	2 100	最大运行速度/（km/h）	65
底架长度/mm	19 600	通过最小曲线半径/m	140
底架宽度/mm	2 396	轨距/mm	1 432
地板面高/mm	1 100	限界	符合 551/T/00/ROS/010/002、551/T/00/ROS/010/018、971/T/0000/ROS/010/002 及 EC2/XPW/019 所规定的限界
车辆定距/mm	14 200		
车钩中心线高/mm	$79^{\ 0}_{-3.5}$		

（三）简要说明

1. 用途

装运香港新机场铁路快速兴建中及日后维修所需的各类设备、机具和器材。

2. 技术性能

底架长 19 600 mm，宽 2 396 mm，地板面高 1 100 mm，载重 41 t。该车能满足新机务场所铁路限界和既有铁路旧限界两种限界的要求。

3. 结构概况

该车由 1 个底架、2 台转向架、空气制动装置、人力制动装置、车钩缓冲装置和电气设备及布线等部分组成（图 4-3-39）。

底架采用全钢焊接结构，由中梁、侧梁、横梁、端梁、枕梁、花纹地板、底架附属件、扶手、小横梁和牵引梁等组成。中梁为鱼腹形，由 2 根 56b 型工字钢加焊上下盖板、组焊成箱形封闭断面。侧梁亦为鱼腹形，由 1 根 56b 型工字钢制成。横梁由钢板组焊而成，共分 4 种，除一种为反 T 形外，其余三种均为工字形。端梁为等厚的端板（竖立）和下盖板组焊而成的不等截面梁。枕梁为不等截面梁，由 2 块厚 10 mm 的腹板和分别厚 8 mm、10 mm 的上下盖板组焊成箱形封闭断面。牵引梁由钢板组焊成门形结构，并在其厚 25 mm 的车钩安装板上制出 6 个 ϕ25 mm 的螺栓孔，用螺栓将其和车钩连接起来。

转向架采用一系轴箱悬挂的焊接构架式二轴转向架，因称重阀、固定杠杆支点座安装位置不同，分 A、B 两型。

空气制动装置采用克诺尔制动系统，KE-P-A-2×10 英寸（ϕ254 mm）。其主要部件符合 UIC 540 的要求。该系统由 2 套 BG10 英寸（ϕ254 mm）制动缸，1 个 KERa/3.8 控制阀，1 个 100 L 的储风缸，1 根空气主管，1 根制动主管，2 套 DRVZA-250 闸瓦间隙调整器，以及由 2 个包括称重阀在内的空全车自动无级调节装置组成。人力制动装置采用齿轮、丝杆传动。它由手轮、手轮轴、1 对圆锥齿轮、丝杆、链条等组成，安装在车辆的一位侧。

车钩缓冲装置采用具有机械和风动接口的 BIS 密接式牵引杆自动车钩及配套的缓冲器。

电气设备与布线主要是为连通前后带电的机车车辆用，也为本车用电需要。在车辆一位端装有 1 个

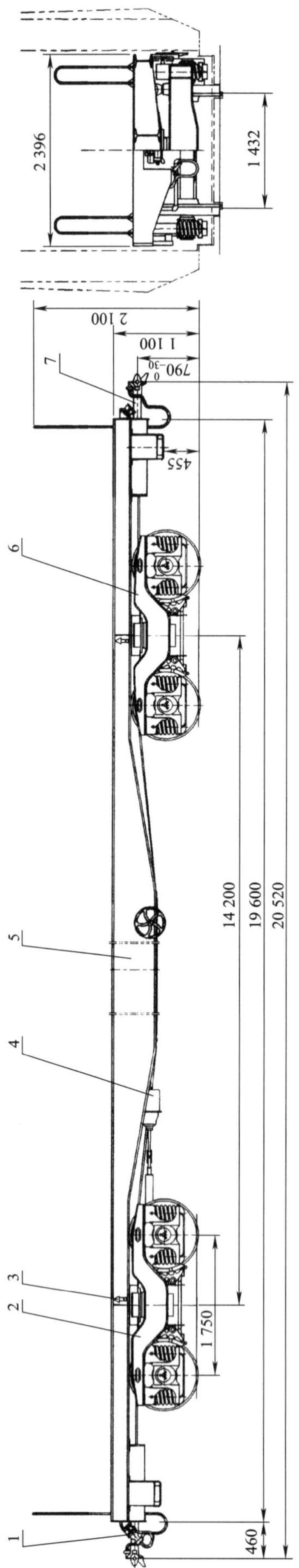

图 4-3-39　香港新机场铁路长大平车总图（ZCH81-00-00-000）

1—电气装置与布线；2—B型转向架；3—标记；4—空气制动装置；5—底架与车体组成；6—A型转向架；7—车钩缓冲装置

36路插座，二位端配有1根带有插头的36路跳线电缆。电缆附近装有假插座，以便电缆不用时固定。一位端的插座与二位端的跳线电缆间有1根带钢套的40芯导线，导线与跳线电缆通过1个特制的接线盒连接，接线盒安装在二位端附近。

4. 试验

MTRC要求进行项目繁多的各种试验。如除对车辆进行静强度试验外，还必须对车辆进行闸瓦压力测定、静态轮重减载率测定、称重阀与制动缸压力变化关系测试等试验。另外，还经过在香港的抽测复查。试验和抽测都基本合格。

十五、TN_{53}型升降平车

（一）概　　述

2002年，石家庄车辆公司研制了用于运输特种车辆的TN_{53}型升降平车，如图4-3-40所示。

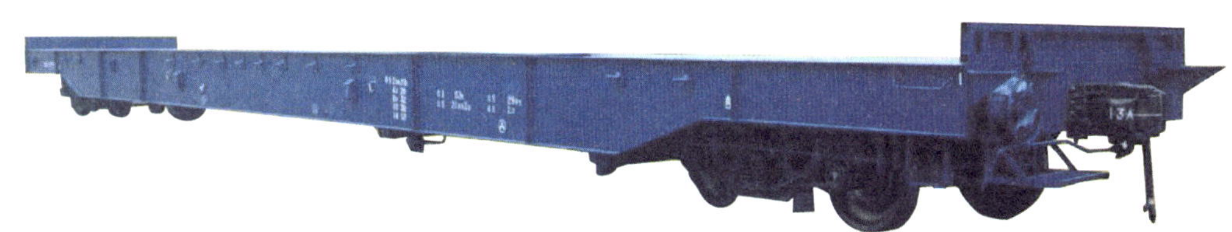

图4-3-40　TN_{53}型升降平车

（二）主要技术规格

主要技术规格见表4-3-16。

表4-3-16　主要技术规格

项　　目	技术规格	项　　目	技术规格
载重/t	53	商业运行速度/（km/h）	120
自重/t	30.5	转向架	K_2
自重系数	0.57	缓冲器型号	MT-3型
轴重/t	20.8	车钩型号	13B型
每延米载重/（t/m）	3.7	钩尾框	13B型
车辆长度/mm	22 430	制动阀	120型
最大宽度/mm	3 040	制动缸/（mm×mm）	ϕ254×254旋压密封式
车辆定距/mm	17 400	闸调器	ST2-250型
承载面长度/mm	21 500	脱轨自动制动阀	无
承载面宽度/mm	3 000	空重车阀	手动
承载面距轨面高（空车）/mm	1 200	人力制动机	NSW型
通过最小曲线半径/m	145		

（三）简要说明

1. 用途

用于运输特种车辆。

2. 技术性能特点

车载液压升降装置，可降低装载车辆的高度。装载不超限，运行不限速，可与通用机车车辆互连挂。

3. 结构概况

该车主要由底架、端板、车载液压升降装置、空气制动装置、人力制动装置、车钩缓冲装置、转向架

等组成。底架主要由中梁、侧梁、枕梁、端梁、大横梁、升降平台横梁、悬臂梁、小横梁、纵向辅助梁、铁地板等组成。该车设两组车载液压升降装置，其主要结构由升降平台、手动和机动液压升降系统组成，可降低装载车辆的高度。车载液压升降装置采用手动、机动两种方式。空气制动装置采用120型货车空气控制阀、ϕ254 mm×254 mm旋压式密封制动缸、ST2-250型双向闸瓦间隙调整器，两级空、重车手动调整装置。采用NSW人力制动机。采用13B型车钩、加强型钩尾框、MT-3缓冲器。采用转K_2型转向架、HDSA型车轮。

第四节　落下孔车

一、D_{17}型落下孔车

（一）概　　述

D_{17}型10轴150 t落下孔车1969年起由株厂设计制造。此前，1956年我国曾从原民主德国进口过D_{17}型12轴150 t落下孔车，由于这种进口车落下孔长度只有4 600 mm，难以装运许多大吨位货物，所以1966年株厂根据铁道部的指示，曾用进口车的4台3轴转向架和2个小底架临时配装新的大底架，以满足大件运输之急需。1969年设计制造的D_{17}型落下孔车，采用2台5轴转向架，1个底架。落下孔长度增加到10.2 m，而自重却由97 t降低到50 t，大大降低了自重系数，在大件运输中发挥了重要作用。

该车的一个特点是转向架心盘面距轨面高度比车钩中心线高度大得多，在纵向力作用下，会引起轴载的不均衡，甚至空车脱轨。为此在中梁下面加设了1个带圆弧槽的牵引冲击挡，与转向架中梁尾端的滚轮相吻合，以有利于纵向力自转向架向底架的传递。但由于5轴转向架没有采用轴载均衡装置，以及底架纵向力牵引冲击挡与转向架中梁的垂直间隙有限，对线路不平顺（包括小半径的竖曲线）适应能力差。所以除涂打了禁上驼峰标记外，根据运用情况，铁道部又下发了该车禁止通过各种驼峰（包括土驼峰）的电报，以避免脱轨的发生。该车的另一个特点是采用了向上凸的球形心盘。试制时上下心盘均采用25号铸钢，两者之间以二硫化钼润滑脂润滑，运用中存在心盘磨损严重甚至粘连剥离等问题。为此在上下心盘之间增设了一个经淬火处理的45号钢月牙形球面衬垫，以降低磨损。

1999年，该车保有量为33辆。其中1970年以前制造的有14辆，1972年至1978年制造的有19辆，如图4-4-1～图4-4-3所示。2002年，该车曾运输港口湾电站用蝴蝶阀（东方电机股份有限公司为安徽省港口湾电站制造的30 MW混流式水轮发电机组部件）。

图　4-4-1

图 4-4-1　D17 型落下孔车空车（株厂　1969 年起）

图 4-4-2　D17 型落下孔车重车运输

图 4-4-3　D17 型落下孔车运输高 4 485 mm 悬臂和两片合装重 34 t 压力机机架

（二）主要技术规格

主要技术规格见表 4-4-1。

表 4-4-1　主要技术规格

项　　目	技术规格	项　　目	技术规格
载重/t		空车重心高度/mm	1 130
均布	150	通过最小曲线半径/m	145
集载		构造速度/（km/h）	70
两支点载荷长度/m	载重/t	转向架型式	5 轴构架式
1	100	轴数	5
4.5	150	轴型	D
自重/t	50	轴距/mm	1 300—2×1 200—1 300
自重系数	0.333	轮径/mm	840
轴数	10	制动装置	
轴重/t	20.0	制动缸/（mm×mm）	ϕ356×254
每延米重/（t/m）	7.7	三通阀	GK 型
车辆长度/mm	25 942	制动倍率	2×6.4
车辆宽度/mm	3 360	制动率（空车/重车）/%	85/23
车辆最大高度/mm	2 142	人力制动机	链式
车辆定距/mm	17 500	车钩缓冲装置	
落下孔长度/mm	10 200	车钩	13 号
落下孔宽度/mm	2 300	缓冲器	2 号
承载面高度/mm	2 142	限界	空车符合 GB 146.1—1983《标准轨距铁路机车车辆限界》的要求
车钩中心线高/mm	880		

（三）简要说明

1. 用途

供装运轧钢机牌坊等宽度较小而高度很大的重型货物用。

2. 技术性能特点

落下孔长度为 10 200 mm，宽度为 2 300 mm，承载面高为 2 142 mm。

3. 结构概况

该车由 1 个底架、2 台 5 轴一体构架式转向架，以及车钩缓冲、空气制动装置和人力制动装置等部件组成，如图 4-4-4 所示。

底架由侧梁、中梁、端枕梁及横梁组成，采用 09Mn2 低合金钢材料。侧梁为鱼腹形、工字形断面，中部高 1 700 mm，腹板厚度为 14 mm，上盖板为 2 层，厚度分别为 20 mm 和 16 mm，下盖板也为 2 层，厚度分别为 20 mm 和 25 mm。侧梁外宽为 3 360 mm。由于货物通常以焊接方式加固在侧梁上，为了使侧梁不受焊接的损坏，在其上盖板上又加焊了 1 层 12 mm 厚的钢板，让货物加固于该钢板上。中梁亦为工字形断面，分为 2 段，中间被落下孔断开。端枕梁为箱形断面，由 2 根 55 号工字钢加上下盖板组成。该车采用了上凸形球形心盘和滚轮式旁承。全车设有 2 套空气制动机。

二、D_{19G} 型落下孔车

（一）概　　述

根据 1997 年哈厂与中铁特货公司签订的“研制改造 D_{23} 型平车和 D_{19} 型落下孔车”的合同，在原民主德国进口车辆 D_{19} 型落下孔车基础上，由哈厂改造。1998 年 4 月完成首辆样机（1998 年哈厂共生产 2 辆 D_{19G} 型落下孔车，其中 1 辆由 D_{19} 型凹底平车改造成 D_{19G} 型落下孔车）。静强度试验及厂内与线路运行试验表明，性能符合设计要求，如图 4-4-5 所示。

（二）主要技术规格

主要技术规格见表 4-4-2。

表 4-4-2　主要技术规格

项　　目	技术规格	项　　目	技术规格
载重/t	250	轴数	20
自重/t	158.4	轴距/mm	4×1 500
自重系数	0.63	轮径/mm	950
轴重/t	20.4	车钩缓冲装置	
每延米重/（t/m）	8.87	车钩	13 号（上作用）
车辆长度/mm	46 028	缓冲器	2 号
车辆最大宽度/mm	2 700	制动装置	
车辆最大高度（空车）/mm	3 000	三通阀	GK
大底架全长/mm	29 700	制动缸/（mm×mm）	ϕ356×305
大底架两心盘中心距/mm	28 500	构造速度/（km/h）	80
大底架落下孔（长×宽）/（mm×mm）	12 200×2 060	通过最小曲线半径/m	180
大底架宽度/mm	2 700	车钩中心线高/mm	880
大底架上平面距轨面高（空车）/mm	2 990	空车重心高度/mm	1 450
大底架下平面距轨面高（空车）/mm	490	限界	空车符合 GB 146.1—1983《标准轨距铁路机车车辆限界》的要求
转向架型式	板式构架		
轴型	D_1	通过驼峰情况	禁止

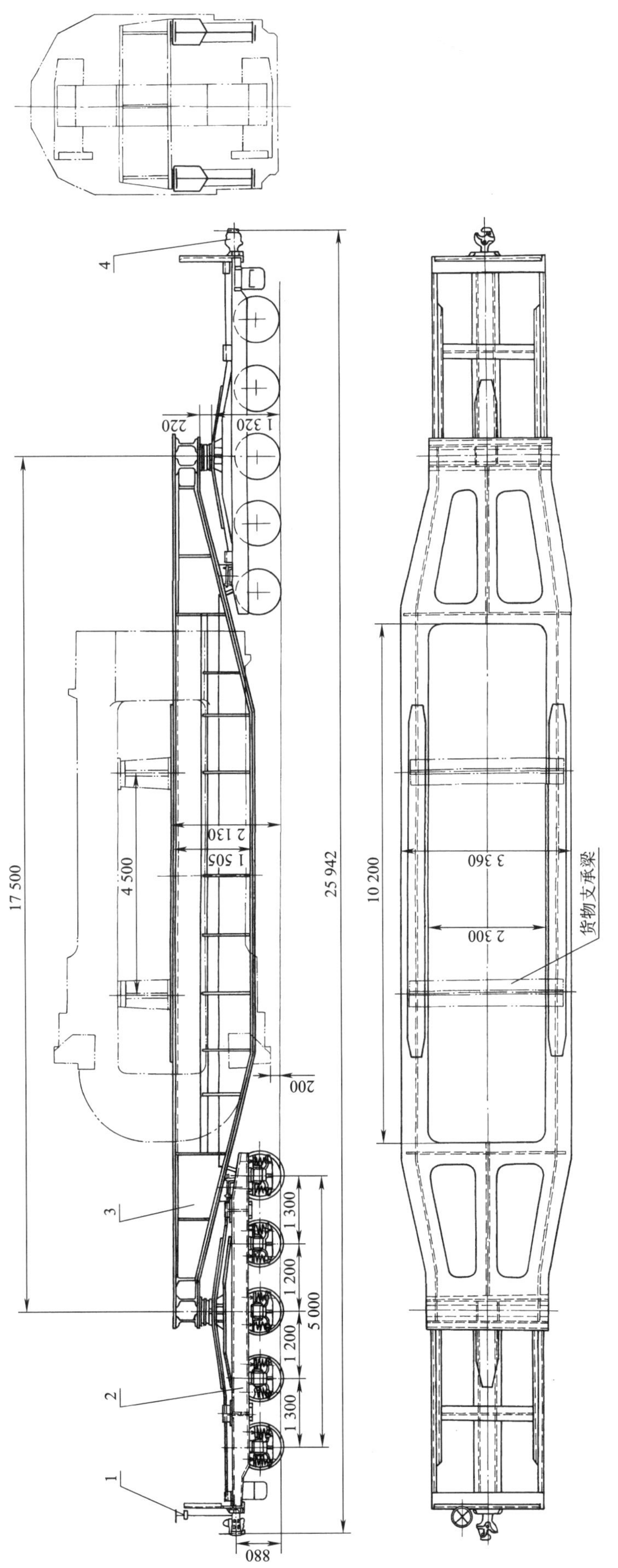

图 4-4-4　D17 型落下孔车总图（ZCH14-00-00-000）

1—人力制动装置；2—转向架；3—底架；4—车钩缓冲装置

图 4-4-5　D19G 型落下孔车（哈厂　1998 年）

（三）简要说明

在小底架、转向架、空气制动装置、人力制动装置、车钩缓冲装置等结构参数不变的情况下，对大底架进行改造设计，减轻自重，增加载重至 250 t，提高了过桥速度，扩大了落下孔尺寸。

1. 用途

供电力、冶金等行业运输操作侧机架等货物，特别是因高度超限不能用凹底平车运输的长大货物。

2. 技术性能特点

扩大了落下孔尺寸，减轻自重，增加载重至 250 t，提高了过桥速度。

3. 结构概况

该车为双支撑承载，由 1 个大底架、2 个小底架，2 个 A 型 5D 轴转向架，2 个 B 型 5D 轴转向架，空气制动装置和车钩缓冲装置等部分组成，全车采用 16Mnq 低合金结构钢全焊接结构，如图 4-4-6 所示。

大底架沿纵、横向截面对称，中部开有 12 200 mm×2 660 mm 落下孔。该结构主要由 2 根侧梁、2 根中梁、2 根大横梁、8 根小横梁及 2 根枕梁构成。该大底架采用 16 Mnq 低合金钢全焊接封闭式结构。侧梁、中梁为变截面梁。侧梁、中梁、大横梁、小横梁及枕梁均是由上下盖板及双腹板组焊而成的箱形断面梁。为提高各梁的稳定性和横向承载能力，在侧梁中部的双腹板之间焊以连接管，其他双腹板之间焊有横向隔板。在大底架的两侧安装半球形上心盘及滚轮旁承。

小底架沿纵、横向截面对称。该结构主要由 2 根工字形侧梁、1 根箱形中梁、2 根工字形端梁、4 根工字形横梁，以及上下盖板连接两根横梁组焊而成的枕梁等五大部分组成。在枕梁上盖板上安装半球形下心盘。

转向架部分包括 2 个 A 型 5D 轴转向架和 2 个 B 型 5D 轴转向架。5D 轴转向架为包板式滑动轴承转向架。采用全焊接结构，由 2 个侧架、4 根横梁、2 根端梁组成。在 2 根横梁之间采用纵向梁连接。为补强其侧架轴箱导框开口部分强度，在侧板开口部分内侧加有补强板，并在其下方设有连接拉条或下托板。球面形下心盘固定于转向架构架的枕梁上。该转向架采用单系扁弹簧，弹簧与弹簧之间设有均衡装置。该转向架采用滑动轴承及 5 组 D_1 型轮对。在 A 型 5D 轴转向架的一端装有 2 号上作用车钩和 2 号缓冲器，并安装蜗杆式人力制动机，其手轮位于转向架侧面。

4. 试验

自重试验载荷为 656.6 kN。采用钢块加载，将载重按近似于大底架自重分布形式加在大底架上，落下孔部分均匀加载 656.6 kN，大底架两端部（包括大、小横梁、枕梁及部分侧梁）各加载 195.5 kN。垂向静载荷试验载荷 2 548.0 kN。采用报废大底架（自重 980 kN）和 1 568.0 kN 钢块加载在处于落下孔位置的侧梁四个承载面上，承载面长 700 mm，承载面纵向中心距 5 000 mm。模拟实际运输的装载状态。在自重载荷试验和垂直静载荷试验同时，用悬挂钢丝法测量出大底架中央的挠度。取垂直动荷系数为 0.22；侧向力影响系数取 0.1。枕梁最大应力点出现在中梁和枕梁交接处，合成应力值为 22.4 MPa。中梁最大应力点出现在大横梁和中梁交接处，合成应力值为 200.0 MPa。横梁最大应力点出现在大横梁和中梁交接处，合成应力值为 133.3 MPa。侧梁最大应力点出现在下弯角处，合成应力值为 180.8 MPa。以上各点合成应力值均小于 16 Mnq 许用应力 216 MPa。自重载荷下侧梁挠度测量平均值为 8.17 mm。在 250 t 试验载荷下，侧梁挠度测量平均值为 45.17 mm。在自重＋载重作用下，总挠度值为 53.34 mm。挠跨比 53.34/28 500≈1/534，小于 1/450。

5. 过桥检算

检算结果表明，该车通过国内铁路桥梁最低限速：桥跨为跨度 20 m 混凝土桥限速 31.8 km/h。

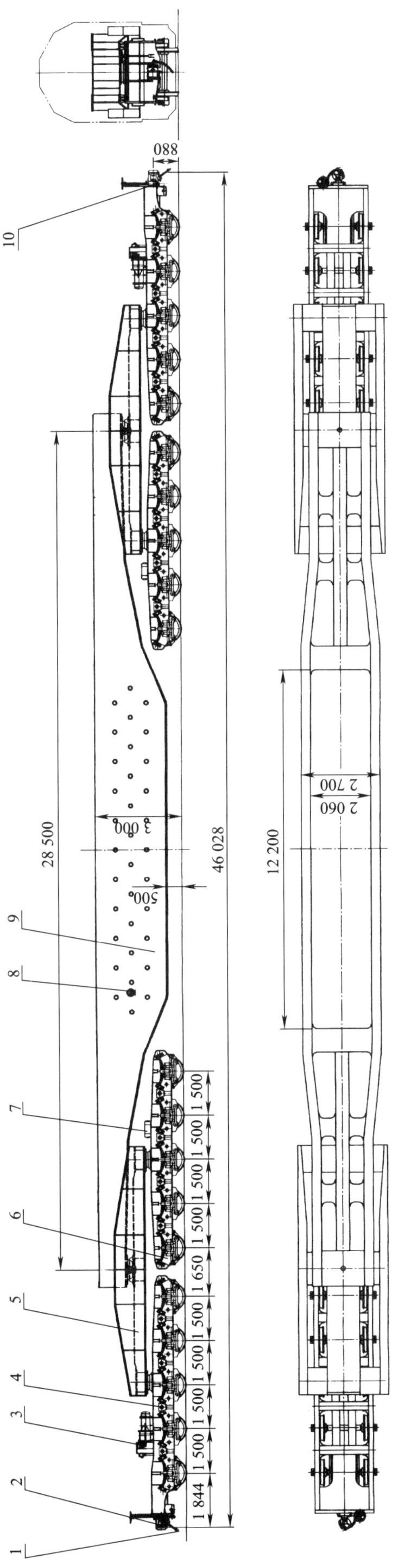

图 4-4-6 D19G 型落下孔车总图（HCD15-00-00-000）

1—风控管路；2—车钩缓冲装置；3—A型空气制动装置；4—A型转向架；5—小底架；6—B型转向架；7—B型空气制动装置；8—标记；9—大底架；10—手制动装置

6. 使用维护注意事项

(1) 应保持各油盒充满液体润滑及润滑系统的正常工作。

(2) 车钩高度超过规定限度时，可通过转向架弹簧座调整垫调整，调整垫厚度可在 5～10 mm。

(3) 不论空车回送或重车运行前，均应检查大小心盘和大小旁承的作用性能。

(4) 空车回送时，可按正常速度运行。当通过最小曲率半径为 180 m 的曲线及 9 号道岔时，应限速。运行速度应根据重心高度按《铁路货物运输规程》确定。

(5) 装载应按《铁路货物运输规程》的要求执行。

(6) 在特殊情况下，货物必须移位时（非满载），横向位移不得超过 39 mm，超过时应采取配重措施，且每轴轴头载重不应超过 D_1 轴允许值。

三、D_{26B} 型组合式落下孔车

(一) 概　述

为运输三峡—广东直流输变电工程黄埔至杨村铁路运输变压器等重型超限设备，D_{26} 型凹底平车需要改造成组合式大车。

2001 年 8 月，受湖南电力物流服务有限责任公司的委托，株厂针对货物的重量和尺寸等特点，提出了采用落下孔梁置换 D_{26} 型凹底平车凹底架的设计方案，方案中的中、小底架，转向架，液压旁承装置，制动装置和车钩缓冲装置等部件及其组装与 D_{26} 型凹底平车相同。株厂以株厂技办〔2001〕123 号《关于对 D_{26} 型凹底平车进行组合式改造以进行三峡—广东直流输变电工程惠州换流站大型设备运输的请示》报部，铁道部运输局以运装货车电〔2001〕1051 号电报批复同意进行研制。在 2001 年 10 月，株厂会同四方所对承载框架结构设计方案进行了研讨，确定了结构设计方案，并用美国 SDRC 公司的 CAD 集成软件 I-DEAS 对 D_{26} 型凹底平车承载框架方案进行了分析研究。在 2001 年 12 月，该设计方案通过了铁道部运输局的技术审查，并以运装货车〔2001〕323 号文转发了技术审查意见。该承载框架和心盘梁于 2002 年 1 月 10 日试制完成，用该承载框架和心盘梁组成的落下孔车于 1 月 17 日在黄埔至杨村铁路线通过了限界试验。1 月 22 日回送株厂。由四方所主持，株厂参加，于 2002 年 1 月 24 日在株厂试验基地完成了静强度试验。

株厂以株厂技办〔2002〕023 号文向铁道部申请 D_{26} 型凹底平车换用承载框架组成落下孔式大车出厂投入运用，铁道部运输局以运装货车电〔2002〕166 号电报批复同意该车投入运用考验。2003 年 3 月，D_{26} 型 290 t 落下孔车在广东省内黄埔至杨村站间进行了两次实物运输，承运货物为 ABB 公司生产的换流变压器。在两次实物运输中，四方所对 D_{26B} 型 290 t 落下孔车承载框架的动应力进行了全程监测，并对该车的动力学性能进行了测试。由于实物运输的动力学性能测试，速度和载重均没有达到设计要求。8 月，根据铁道部运输局运装货车电〔2003〕554 号电报的安排，由四方所主持对 D_{26B} 型 290 t 落下孔车进行了补充性动力学性能试验。试验完成后，铁道部运输局以运装货车电〔2002〕1208 号电报批复同意该车按车辆设计技术参数使用，如图 4-4-7～图 4-4-9 所示。

图 4-4-7　D_{26B} 型落下孔车（株厂　2003 年）

图 4-4-8　D_{26B} 型落下孔车运输安顺变压器（株厂　2003 年）

图 4-4-9　D26B 型落下孔车成列运输高岭换流站变压器（2008 年）

经承载框架的优化设计、试制、静强度试验和该车模拟货物运输通过限界试运行及实物运输表明，该车达到了用户及设计要求。

（二）主要技术规格

主要技术规格见表 4-4-3。

表 4-4-3　主要技术规格

项　　目	技术规格
载重/t	
均布	290
集重	
均布载荷长度/m	载重/t
3	255
4	270
5	280
≥6	290
自重/t	107
自重系数	0.37
轴重/t	25
每延米重/（t/m）	9.9
轴数	16
车辆长度/mm	40 096
承载框架心盘距/mm	23 900
车辆最大宽度（承载框架宽度）/mm	
空车	2 900
重车	4 100
车辆高度（承载面距轨面高度（空车）/mm	3 400
空车重心高度/mm	1 377
承载框架内长/mm	10 800
承载框架内宽/mm	3 140～3 640
中底架心盘距/mm	7 600
小底架心盘距/mm	3 000
旁承油缸起升高度/mm	200
车钩中心线距轨面高/mm	880

项　　目	技术规格
通过最小曲线半径/m	145
运行速度/（km/h）	
空车	90
重车	50
2E 轴构架式焊接转向架	
轨距/mm	1 435
轴距/mm	1 650
轮径/mm	840
心盘面自由高/mm	700
侧梁上平面自由高/mm	830
弹簧总刚度/（N/mm）	12 230
弹簧静挠度/mm	
空车	23
重车	60.7
制动倍率	6.5
空气制动装置	120 型空气分配阀
制动缸/（mm×mm）	4 套 ϕ356×254
制动倍率	
制动率/%	8.6×4
空车	48.7
重车	27.3
车钩缓冲装置	
车钩	13 号上作用式
缓冲器	ST
限界	空车符合 GB 146.1—1983《标准轨距铁路机车车辆限界》的要求
通过驼峰情况	禁止

（三）简要说明

1. 用途

运输变压器、轧钢机牌坊等重型超限货物。

2. 技术性能特点

（1）承载框架在宽度方向可调，能适应不同宽度货物的运输，扩大了车辆的使用范围。

（2）承载框架侧梁宽为 230 mm，运输时货物坐落在两侧梁间，能充分利用建筑限界的空间进行运输。承载框架解体方便，便于货物的装卸。

（3）承载框架采用了可焊高强度钢材，优化了结构，降低了自重，提高了车辆的运输能力。

（4）液压旁承装置，可以承担侧向载荷，通过曲线时可以减小车体扭曲，起到均载的作用，还具有起升功能，便于货物换装。

（5）2E 轴构架式焊接转向架，通过优化固定轴距和各邻轴距，提高过桥限速。具有良好的运行平稳性。

（6）根据载重要求，选择合适的轴重、轴距和相邻轴距适应线路及桥梁的承载能力，提高了过桥限速，消除和减少了对线路正常运输的干扰时间，降低了运输成本。

3. 结构概况

由 1 个承载框架、2 个中底架、2 个小底架、8 台 2E 轴焊接构架式转向架以及液压旁承装置、空气制动装置、人力制动装置、车钩缓冲装置组成，如图 4-4-10 所示。

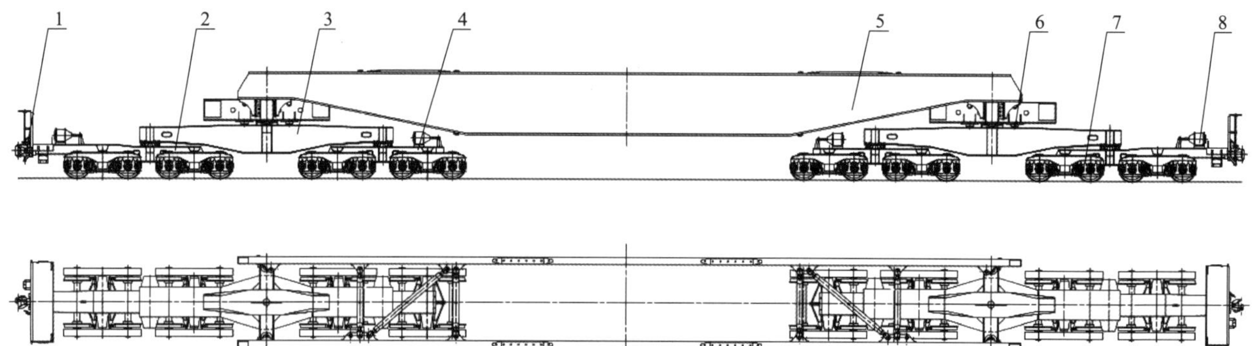

图 4-4-10　D26B 型落下孔车总图（ZCH112-00-00-000）

1—车钩缓冲装置；2—小底架（1）；3—中底架；4—小底架（2）；5—承载框架；6—液压旁承装置；7—转向架；8—空气、人力制动装置

承载框架由侧梁、心盘梁及撑杆等组成，分空载、重载两种组合方式：重载时两侧梁与心盘梁长臂相连，其宽度可通过两侧梁间的撑杆进行调节，以适应装载不同宽度的货物和调整侧梁与货物间的间隙。空车时两侧梁与心盘梁短臂相连，以满足车辆限界要求。侧梁由上下盖板、腹板及隔板组焊成箱形断面结构，其中上下盖板厚度为 50 mm，腹板厚度为 16 mm，隔板厚度为 8 mm。心盘梁为箱形断面长臂和短臂组成的十字形结构，由上下盖板、腹板、球面心盘等组成。长臂上下盖板厚度为 30 mm，腹板厚度为 16 mm;短臂上下盖板、腹板厚度均为 16 mm。撑杆由螺杆、内、外套筒及撑杆头等组成，其长度可通过螺纹进行调节。

中底架由 2 根箱形中梁和端横梁组焊而成。球面下心盘与中梁组焊在一起，并装有球面心盘垫（材质 MC760 尼龙）。中梁两端部下表面装有上心盘，其心盘距为 7 600 mm。

小底架由箱形纵梁、端横梁及中横梁组焊而成。位于车辆两端部的小底架连接有牵引梁，并装有通过台、脚蹬、栏杆、扶手等。纵梁中部装有球面下心盘和球面心盘垫（材质 MC760 尼龙），两端部下表面装有 ϕ370 mm 上心盘，心盘距为 3 000 mm。

液压旁承装置由 4 个旁承油缸和管路组成，分空车和重车两种组合方式。旁承油缸分别安装在心盘梁短臂和长臂的两侧，液压系统管路的连接应对应于空、重车的液压旁承，须使同侧（沿车辆纵向）液压旁承连通。

2E 轴焊接构架式转向架，固定轴距 1 650 mm。构架采用 Q345qE 低合金结构钢，由箱形心盘梁和侧梁组焊而成。采用 LM 型磨耗形踏面轮对，一系轴箱弹簧悬挂，双斜楔式摩擦减振器。基础制动装置采用高磷闸瓦，直立式制动杠杆。

该车装有 4 套空气制动装置，采用 120 型空气控制阀，ϕ356 mm×254 mm 旋压密封式制动缸，球芯折角塞门，组合式集成器，法兰接头等。2 套链式人力制动机分别装在车辆两端。

采用 13 号 C 级钢上作用式车钩，ST 型缓冲器。

4. 试验

（1）许用应力

承载框架的侧梁及心盘梁材质为 WH70 高强度可焊结构钢，撑杆的材质为 20 号结构钢，许用应力取值如下：WH70 钢，［σ］＝369 MPa；20 号钢，［σ］＝153 MPa。

（2）静强度试验

侧梁最大应力发生在下盖板中部，最大静动合成应力为 236.6 MPa；心盘梁最大应力发生在近心盘下盖板处，最大静动合成应力－102.9 MPa，均小于材料的许用应力 369 MPa。撑杆最大应力发生在承载框架垂直断面的斜撑杆上，最大静动合成应力 12.2 MPa，小于材料的许用应力 153 MPa。承载框架强度满足 TB/T 1335—1996 的要求。

（3）刚度试验

与底架静强度试验同时进行，采用位移传感器测试位移，兼用拉线法做参照。承载框架的挠度在自重＋载重（290 t）下为 51.1 mm，其挠跨比为 1/468，承载框架刚度满足要求。承载框架均布加载 290 t，静置 48 h 延时挠度测量中，未发现有明显的随时间而增加的变形。

（4）动强度试验

结合车辆动力学试验同时进行，共选动应力测点 6 个，实测动荷系数见表 4-4-4。

表 4-4-4　承载框架动荷系数

部　件	侧　梁		撑　杆	心盘梁
部　位	中部上盖板	中部下盖板	斜撑杆	心盘处
动荷系数	0.066	0.151	0.94	0.051

（5）车辆动力学试验

①线路动力学试验

厂内试验在黄埔港进行。干线动力学运行试验在黄埔至杨村站间进行。线路动力学性能测试结果表明：空车在最高运行速度 70 km/h 范围内，垂向、横向平稳性指标最大值分别为 3.23、3.36，小于 3.5，属优级。重车在最高运行速度 40 km/h 范围内，垂向、横向平稳性指标最大值分别为 2.52、2.73，小于 3.5，属优级。空、重车状态下其他测试参数诸如垂向振动加速度最大值、横向振动加速度最大值、轮轨横向力、脱轨系数、轮重减载率、动力系数、倾覆系数等测试参数均在 GB/T 5599—1985 所规定的限度值范围之内。

被测试车辆 D_{26B} 型 290 t 落下孔车顺利通过 R195 m 超高 40 mm 的小半径曲线。

②补充线路动力学试验

由于实物运输的动力学性能测试，速度和载重均没有达到设计要求，2003 年 8 月，根据铁道部运输局运装货车电〔2003〕554 号电报的安排，由四方所主持对 D_{26B} 型 290 t 落下孔车进行了补充动力学试验，结论如下：空车在最高运行速度 100 km/h 范围内，垂向、横向平稳性指标最大值分别为 2.65、3.37，小于 3.5，属优级。重车在最高运行速度 50 km/h 范围内，垂向、横向平稳性指标最大值分别为

2.73、3.43，小于3.5，属优级。空、重车状态下其他测试参数诸如垂向振动加速度最大值、横向振动加速度最大值、轮轨横向力、脱轨系数、轮重减载率、动力系数、倾覆系数等测试参数均在GB/T 5599—1985所规定的限度值范围之内。

(6) 工艺试验

工艺试验主要进行WH70高强度结构钢的焊接试验。验证所采用焊接材料的参数是否满足要求；测试焊缝金属的化学成分、机械性能；根据不同的结构及接头型式，确定适当的焊接方法；提出采用WH70高强度结构钢的焊接工艺规范。试验结果表明：WH70高强度结构钢的机械性能及焊接性能较好；选择的焊丝适用于WH70高强度结构钢的焊接，富氩混合气体保护焊能适用于该承载框架主要承力构件侧梁及心盘梁的焊接。工件定位焊和焊接的预热温度要根据不同的板厚、结构型式具体确定。

(7) 模拟货物运输通过限界情况

应广州铁路局的要求，在黄埔至杨村站区间进行模拟货物运输通过限界试运行。此次试运行主要考查该车装运换流变压器在黄埔至杨村站区间进行运输时，车辆通过限界的情况。2002年1月14至17日，在黄埔港进行了模拟车辆重车及换流变压器外形尺寸的限界门安装和调试。1月17日晚，D_{26B}型落下孔车从黄埔港出发，进行模拟货物运输通过限界试运行。试运行表明该车在黄埔至杨村镇站间进行大型变压器运输是安全、可行的。

5. 过桥检算

车辆载重270～290 t，前后加挂空车时，最不利工况的桥梁跨度（控制桥跨）和速度限制值，见表4-4-5。

表4-4-5　最不利工况的桥梁跨度（控制桥跨）和速度限制值

载重/t	控制桥跨/m	限速/（km/h）
270	19	50
280	19、20、21	41
290	19、20、21	32

6. 使用维护说明

(1) 承载框架的使用

承载框架分空车、重车2种组合方式。空车运输时，两侧梁与心盘梁短臂相连，以满足车辆限界要求。装运货物时，承载框架两侧梁须与心盘梁长臂相连。

①空车承载框架的安装

a. 将心盘梁落到中底架上，置于空车位，使心盘梁短臂的纵、横中心线与中底架的纵、横中心线重合。调整两心盘梁的中心距离至23 900 mm。

b. 心盘梁调水平后，第一片侧梁落入心盘梁，并紧靠其上的横向挡。用专用工具顶住落入侧梁一侧的心盘梁，防止侧梁倾翻。

c. 第二片侧梁落入心盘梁，并紧靠其上的横向挡。用2台专用卡具固定2片侧梁，移开顶住心盘梁一侧的专用工具。

d. 安装承载框架水平面的横向（蓝色）撑杆，使两侧梁的宽度符合2 900 mm。两撑杆头螺纹旋出长度应基本一致，在撑杆内的螺纹长度应有60 mm以上（以下同）。

e. 安装承载框架水平面的斜（黄色）撑杆，以侧梁导框中心为基准，测量两侧梁的对角线，误差小于10 mm，使承载框架在水平面成矩形。

f. 安装承载框架垂直断面的斜（绿色）撑杆，以其撑杆座中心为基准，测量两侧梁的对角线，误差小于5 mm，使承载框架在垂直断面成矩形。

g. 安装侧梁导框斜锲，并做好撑杆背母和斜锲螺母的防松标记。连结空气制动管路和液压旁承管路。

②承载框架的换装

车辆空车换成重车装运货物，或重车换成空车回送时，承载框架须进行换装。

a. 拆开空气制动管路和液压旁承管路，拆除侧梁导框斜锲。

b. 先拆除承载框架水平面和垂直断面的斜撑杆，再逐个拆除水平面的横向撑杆。用 2 台专用卡具固定 2 片侧梁。

c. 用专用工具顶住一侧心盘梁，吊走固定 2 片侧梁的专用卡具。再用吊机移开另一片侧梁。

d. 用吊机吊起专用工具顶住心盘梁一侧的侧梁。心盘梁旋转 90°到需要换装的位置，并使安装在心盘梁上的液压系统朝车辆外端。

③重车承载框架的安装

a. 将心盘梁置于重车位，使心盘梁长臂的纵、横中心线与中底架的纵、横中心线重合。调整两心盘梁的中心距离至 23 900 mm。

b. 心盘梁调水平后，第一片侧梁落入心盘梁。用专用工具顶住落入侧梁一侧的心盘梁，防止侧梁倾翻。将心盘梁与侧梁用撑杆连接。

c. 第二片侧梁落入心盘梁，移开顶住心盘梁一侧的专用工具。

d. 安装侧梁与心盘梁的连接（蓝色）撑杆，使两侧梁对称于车辆纵向中心，宽度符合重车的要求。两撑杆头螺纹旋出长度应基本一致。

e. 安装承载框架水平面的横向（蓝色）撑杆，使两侧梁的宽度符合重车的宽度要求，误差小于 5 mm。

f. 安装承载框架水平面中的一对斜（黄色）撑杆，以侧梁导框中心和上部中间（靠近货物处）两横撑杆座销中心为基准，测量两侧梁的对角线，误差小于 5 mm，使承载框架在水平面成矩形，再安装承载框架水平面中的另一对斜撑杆。

g. 安装承载框架垂直断面的斜（绿色）撑杆，以其撑杆座中心为基准，测量两侧梁的对角线，误差小于 5 mm，使承载框架在垂直断面成矩形。

h. 侧梁导框内的侧梁下盖板与心盘梁长臂上盖板的接触面积不小于 3/4，局部间隙不超过 1 mm，若达不到该要求时可加垫帆布等。

i. 安装侧梁导框斜锲，并做好撑杆背母和斜锲螺母的防松标记。连结空气制动管路和液压旁承管路。

（2）液压旁承装置的使用

液压旁承装置分空车和重车两种组合。重车的液压旁承装置具有旁承和起升货物两种功能，车辆运行时必须为同侧旁承油缸连通，起升货物时一侧两旁承油缸的管路须截断，使之成为三点支承，车辆运行时液压旁承的使用说明如下：

①连结液压旁承管路，使同侧旁承油缸连通。

②向液压系统缓慢注入液压油，分多次进行，将液压系统空气排净。

③调整液压旁承的间隙，向一侧液压旁承油缸注油，另一侧液压旁承油缸则放油，反复操作，使一侧连通旁承间隙（心盘梁旁承处下表面与中底架旁承处上表面）之和与另一侧连通旁承间隙之和的差不大于 4 mm，且每侧管路的压力表显示的压力在 0.2 MPa 范围内。

（3）货物的装卸操作说明

①装载操作说明

a. 应严格按车辆载重要求进行装载。装载时，车辆的人力制动施以制动，并安放铁鞋，防止车辆滑动。

b. 在承载框架上标出车辆纵向、横向中心线。

c. 标出货物的重心位置，将货物吊入承载框架内，使货物的重心与承载框架标出的车辆纵向、横向中心重合。

d. 如需偏载，应不超过以下规定：横向偏载，货物的重心与承载框架标出的车辆纵向中心偏差不大于 50 mm，纵向偏载应满足车辆的轴重要求。

e. 如装货地点不具备起吊货物的能力，可用液压旁承装置进行装载，装载时应拆除承载框架侧梁。

将货物移至装车位置，与车辆纵向、横向中心线重合，或符合 d. 要求。

安装承载框架侧梁，并在货物与侧梁间加钢垫板或支座，使货物装载后距轨面的高度满足要求。

液压旁承装置的一侧两旁承油缸管路截断，其截止阀置于截止位，使液压系统成为三点支承。

同时均匀起升液压系统 4 个油缸，使油缸活塞的伸出长度和系统压力表值基本一致，并注意是否有漏泄现象，若有应及时将 4 个油缸卸载。

起升至能抽出垫入货物底面的枕木和钢轨时，在货物的四角须加油顶或垫枕木，以确保作业安全。

货物底面的枕木和钢轨抽完后，4 个油缸同时缓慢卸载。确认液压系统完全卸载后，将截断的一侧两旁承油缸连通，使之成为连通旁承。

f. 货物装载后，货物与车辆转向架的最小间隙不小于 180 mm。

g. 车辆加载完后，按《加规》的有关规定进行加固，并标划出易于判断货物是否移动的检查线。

h. 货物加固后，检查液压旁承的间隙，其间隙应满足（2）中②的要求。

②卸货操作说明

a. 拆除货物的装载加固装置，此时严禁伤害承载框架。

b. 如卸货现场有大吨位的起吊设备，可将货物直接吊出或拆除承载框架侧梁后将货物吊出。

c. 如卸货地点不具备起吊货物的能力，可用液压旁承装置将承载框架和货物起升至一定高度，在货物底面与轨面间用枕木等垫实后，再用专用工具顶住一侧心盘梁，拆除撑杆和另一片侧梁，将货物横向移出。

（4）车辆的运行技术条件

①车辆运行速度要求

空车最高运行速度为 90 km/h。重车速度值见附录 1-4《铁路长大货物车使用技术参数》（运辆货车函〔2015〕407 号文件）的规定。若线路条件不允许，按具体的线路要求进行限速。

②过桥限速要求

车辆载重 270～290 t，前后加挂空车时，最不利工况的桥梁跨度（控制桥跨）和速度限制值，见表 4-4-6。

表 4-4-6　最不利工况的桥梁跨度（控制桥跨）和速度限制值

载重/t	控制桥跨/m	限速/（km/h）
270	19	50
280	19、20、21	41
290	19、20、21	32

（5）运用维护

①承载框架侧梁和心盘梁禁止在承载框架上施焊。

②车辆的厂修期 8 年，段修期 2 年。

③车辆通用部分的检修按《铁路货车检修规程》《铁路大车段修规程》有关要求执行。

④小底架与转向架在同一转向架左、右旁承间隙，每侧为 2～3 mm。中底架与小底架在同一横梁处左、右旁承间隙之和为 6～8 mm。

⑤转向架与货物间的最小间隙小于 180 mm 时，承载框架导框斜楔安装在心盘梁内侧，心盘距为 24 100 mm。

⑥转向架减振器斜楔的主、副摩擦面与斜楔座和轴箱接触须良好。

⑦液压旁承装置的油缸、管接头、油管和各种阀类每年须进行一次检修，其检修按有关技术条件执行。检修后液压系统应进行压力试验。液压旁承运用时，系统内的空气应排净，旁承间隙须符合（2）中③的规定。

⑧在运用中，如发现球面心盘垫、旁承块等尼龙配件有裂纹、缺损，应及时更换，才能投入运用。

⑨承载框架各撑杆在运用前、后，需检查撑杆及撑杆头的螺纹状态，如有异常，应及时更换。

⑩承载框架侧梁上的撑杆座内嵌有橡胶衬套，在运用前后，发现橡胶衬套失效，造成连接销与该套的间隙增大时，应及时更换新件。

⑪承载框架侧梁端部装有气孔螺堵，当天气气温较高时，应将螺堵松开，以免气体在箱形侧梁内膨胀，造成侧梁变形。

⑫承载框架的安装与调整，须按（1）的要求进行，使两侧梁受力均匀。在使用过程中，承载框架的技术状态应随时进行检查。

7. 运用情况

2003 年 3 月，D_{26B} 型 290 t 落下孔车在广东省内黄埔至杨村站间进行了两次实物运输，承运货物为 ABB 公司生产的换流变压器，该变压器长 9 840 mm，宽 3 400 mm，高 4 800 mm，重量分别为 260.6 t 和 256 t。运输线路：广深线黄埔至吉山，吉山至东莞东，京九线（广梅汕段）东莞东至杨村，运输距离约 180 km。重车最高运行速度为 40.2 km/h，途中经过了多座桥梁和 3 座铁路隧道，通过的最小曲线半径 195 m，同时还通过了一处 R400 m 的 S 形曲线，此两次成功运输对 D_{26B} 型 290 t 落下孔车进行了全面的运用考验。

2004 年 7 月 21 日，安顺换流站最后一批超大型设备由黄埔站运抵幺铺站。运输时间从 2003 年 9 月 14 日至 2004 年 7 月 21 日，经过 6 次运输，总行程 10 000 多 km，运输货物为 14 台换流变压器，3 台电抗器，总价值约 5.6 亿元。这种运输规模组织和编组方式在世界上都是少见的。

铁路安全及时圆满地完成了安顺换流站超大型变电设备的铁路运输任务，为国家重点工程西电东送项目按期建成提供了有力的运输保障，为缓解我国部分地区电力紧张状况和促进国民经济的发展作出了积极贡献。为此，铁道部发布了铁运电〔2004〕136 号嘉奖表彰电报。

四、D_{32} 型组合式落下孔车

（一）概　　述

350 t 落下孔车是根据中铁特货公司的运输需要及设计任务书的要求，由齐厂主持，铁科院、四方所等单位参加而开发研制的一种大车。该车是以 D_{32} 型 320 t 凹底平车为基础的组合式大车。该车于 2003 年 7 月通过铁道部设计任务书和设计方案审查，并获运装货车〔2003〕249 号文批复。2004 年 1 月通过技术审查，投入运用考验，如图 4-4-11～图 4-4-14 所示。

图 4-4-11　350 t 落下孔车空车（齐厂　2004 年）

图 4-4-12　350 t 落下孔车运输轧机机架（2004 年）

图 4-4-13　350 t 落下孔车运输轧机机架（2008 年 2 月）

图 4-4-14　350 t 落下孔车运输变压器（2010 年）

（二）主要技术规格

主要技术规格见表 4-4-7。

表 4-4-7　主要技术规格

项　　目	技术规格	项　　目	技术规格
载重/t	350	弹簧静挠度/mm	
自重/t	175	空车	15
自重系数	0.5	重车	45
轴数	24	当量	34
轴重/t	21.88	车钩中心线高/mm	880
每延米重/（t/m）	8.81	空车重心高度/mm	1 650
最大运行速度/（km/h）		转向架	
空车	100	轨距/mm	1 435
重车	50	固定轴距/mm	1 750
通过最小曲线半径/m	180	转向架全轴距/mm	4 400
车辆长度/mm	59 560	车轮直径/mm	800
内导向距/mm	25 500	轴颈中心距/mm	1 981
落下孔长度/mm	14 000	下心盘直径/mm	375
落下孔宽度/mm	2 300～3 400	心盘面高/mm	
侧承梁上平面距轨面高/mm	3 790	空车	690
侧承梁心盘中心距/mm	34 500	重车	664
大底架两上心盘距/mm	12 050	过桥速度（通过控制桥跨为 19 m 时）/（km/h）	39.9
中底架两上心盘中心距/mm	6 600		
小底架两上心盘中心距/mm	3 250	车钩缓冲装置	

续上表

项　　目	技术规格	项　　目	技术规格
车钩	13号下作用	制动率/%	
缓冲器	2号	空车	34.4
制动装置		重车	11.7
制动缸/（mm×mm）	ϕ203×254密封式	限界	空车符合GB146.1—1983《标准轨距铁路机车车辆限界》的要求
三通阀	120阀		
人力制动	FSW	通过驼峰情况	禁止

（三）简要说明

1. 用途

适于运输大型轧机牌坊和变压器等重型超限货物。

2. 技术性能特点

（1）350 t落下孔车是在D_{32}型凹底平车基础上，采用组合式大车的方式，将D_{32}型凹底平车的凹底架换装为侧承梁、导向梁和调宽装置而组成。降低了大型车辆的制造成本，提高了特种车辆的利用率。

（2）设置了调宽装置，可适应不同宽度货物运输，提高了使用范围。

（3）设有侧移与内导向装置。该装置可减少通过曲线时的内偏移量，增大了运输货物宽度。

（4）采用屈服强度为685 MPa的高强度钢材，减轻了自重。

（5）具有液压旁承纵向补偿装置，减少车辆通过缓和曲线时车体所受的扭转载荷，改善车体的受力状态。

3. 结构概况

主要由车体、液压系统、制动装置、车钩缓冲装置、转向架等组成。车体主要由侧承梁、导向梁、调宽装置、大底架、中底架、小底架、侧移及导向装置等部分组成，如图4-4-15、图4-4-16所示。

D_{32}型凹底平车换装350 t落下孔车后，除侧承梁、导向梁、调宽装置需重新制造外，其余大底架、中底架、小底架、侧移及导向装置、液压旁承装置、空气制动装置、人力制动装置、车钩缓冲装置、转向架等采用D_{32}型凹底平车原车部件。

侧承梁由上下盖板、腹板、隔板、连接管等组焊而成。导向梁主要是由导向梁腹板及侧板、端部上下盖板及腹板、等分撑杆座、导向销套管等组焊而成的T形梁。调宽装置主要由上拉杆、下压杆、端部调整杆、等分撑杆及连结销等组成。各杆均为梯形螺纹，手动操纵调整侧承梁宽度，落下孔调宽范围为2 300～3 400 mm。

4. 试验

（1）许用应力

主要承载部件材质为进口WEL-TEN780A高强度钢，转向架材质为Q345E低合金结构钢，许用应力取值如下：WEL-TEN780A材质：拉伸合成应力［σ］＝430 MPa；压缩合成应力［σ］＝457 MPa；Q345E：［σ］＝216 MPa。

（2）静强度试验

通过轴坯钢和加载梁使用千斤顶加载，测定侧承梁在垂向载荷下的应力和变形。通过强度试验，可知侧承梁的最大静动合成应力发生在中央断面上盖板上，其值为－276.9 MPa，小于许用应力。等分撑杆的最大静应力发生在近导向梁部位，其值为37.9 MPa。在正常运用工况下，最大静动合成应力为159.9 MPa。

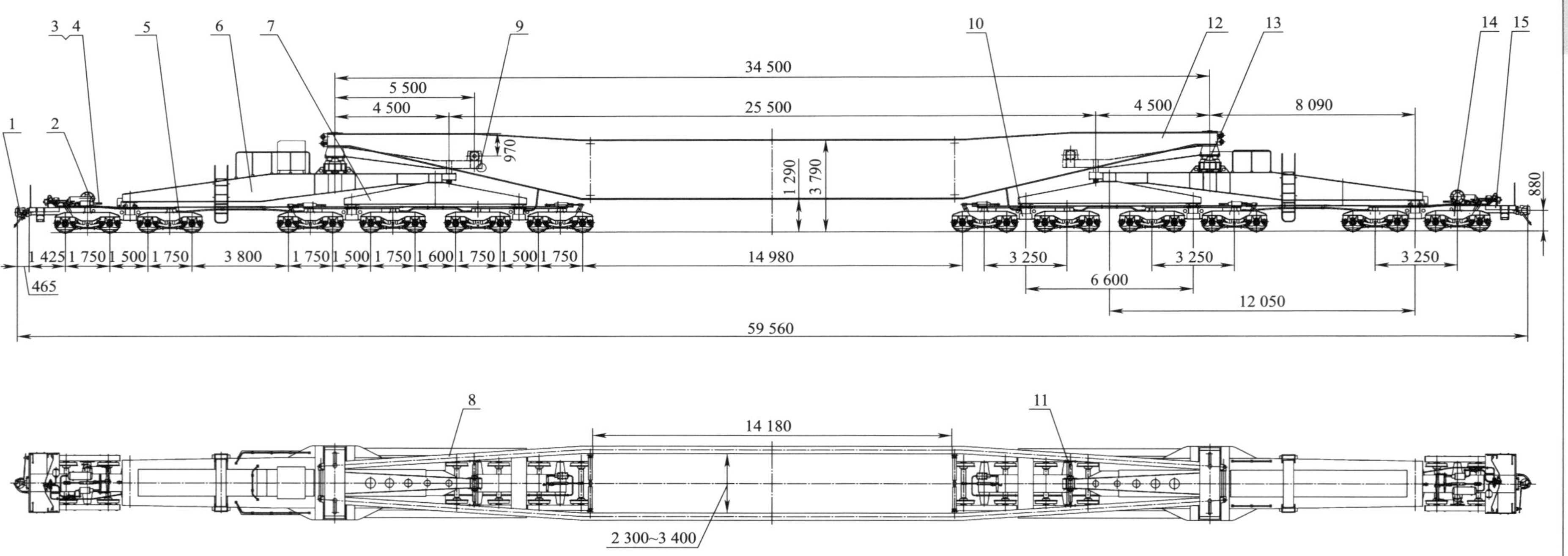

图 4-4-15　350 t 落下孔车总图（QCH209-00-00-000）

1—车钩缓冲装置；2—人力制动装置；3—空气制动装置；4—底架附属件；5—转向架；6—大底架组成；7—中底架组成；8—侧承梁组成；9—导向梁组成；10—中部小底架组成；11—调宽装置；12—标记；13—液压旁承；14—转向架；15—端部小底架组成

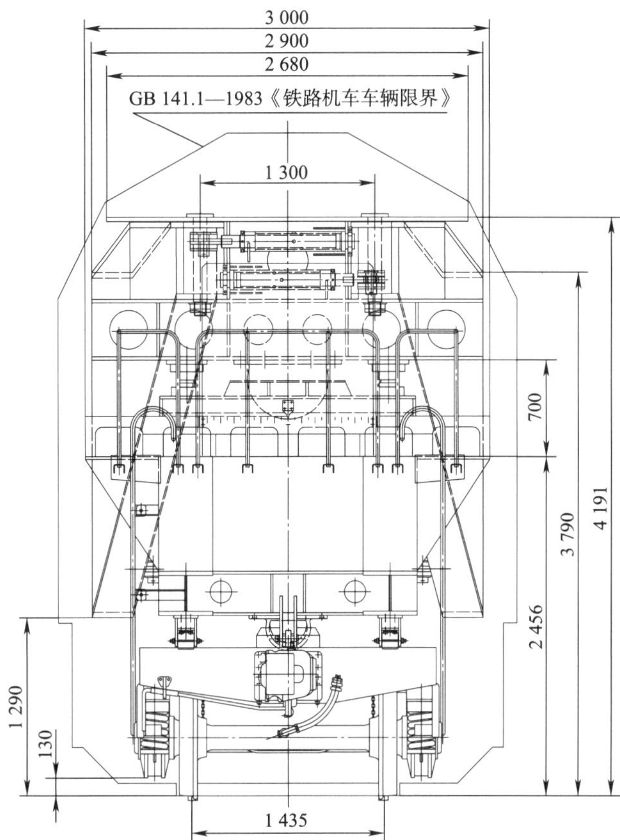

图 4-4-16　350 t 落下孔车断面图（QCH209-00-00-000）

（3）刚度试验

与侧承梁静强度试验同时进行。试验结果见表 4-4-8。该车静止载重 368 t，延时 24 h 后，未发现永久变形。

表 4-4-8　刚度试验

挠　　度	侧承梁
换算挠度值/mm	120
挠跨比	1/198

（4）动强度试验

结合车辆动力学试验同时进行，动荷系数见表 4-4-9。

表 4-4-9　动荷系数

部　　件	侧承梁	等分撑杆
动荷系数	0.31	4.21

（5）车辆动力学试验

2003 年 11 月～12 月，由铁科院主持进行了车辆动力学试验。厂内试验主要在齐厂内（包括 R180 m 小半径曲线，9 号道岔）进行。

干线动力学运行试验在哈尔滨铁路局管内平齐线齐齐哈尔—榆树屯，榆树屯—昂昂溪，昂昂溪—三间房进行。空车试验最大运行速度为 110 km/h，重车试验最大运行速度为 60 km/h。重车装载重心高为 2 350 mm。在昂昂溪站进行了交叉渡线、复式交分道岔工况试验。

①运行平稳性

空车在正线所有测试工况下的运行平稳性指标均符合评定标准的要求，具有优良的运行平稳性。

重车在直线、直岔、R420 m以上曲线测试工况下的各项运行平稳性指标均符合评定标准的要求，具有优良的运行平稳性。

②运行稳定性

空车在正线所有测试工况下的运行稳定性指标均符合评定标准的要求，具有优良的运行稳定性。

重车在直线、直岔、R420 m以上曲线测试工况下的各项运行稳定性指标均符合评定标准的要求，具有优良的运行稳定性。

重车通过R300 m超高140 mm曲线、空重车通过厂内R180 m小曲线时，脱轨系数、轮轨横向力均小于GB/T 5599—1985规范的要求。其中脱轨系数、轮重减载率均符合评定标准的要求。

重车通过R300 m超高140 mm曲线、正线R350 m曲线、12号道岔侧线、9号道岔侧线、交叉渡线，以及重车通过厂内R180 m小曲线时，轮重减载率均超过了0.65的限度值。

2003年7月由铁科院主持进行了第二次车辆动力学试验。该次试验主要考察D_{32}型落下孔车重车低速通过小曲线、侧线及大超高曲线的动力学性能。试验结果表明：在所有测试工况下，D_{32}型落下孔车重车脱轨系数、轮轨横向力、倾覆系数均在安全限度以内。轮重减载率超过了0.65的限度值。通过试验分析认为，D_{32}型落下孔车在重车限速10 km/h的情况下，可以通过R小于300 m的小曲线、类似超高140 mm的R300 m曲线；限速5 km/h可以通过12号道岔侧线、9号道岔侧线、交叉渡线、复式交分道岔。

③倾覆稳定性

D_{32}型落下孔车重车通过R300 m超高140 mm曲线、正线R350 m曲线、12号道岔侧线、9号道岔侧线、交叉渡线，以及重车通过厂内R180 m小曲线时，倾覆系数低于TB/T 1335—1996规定的限度值，具有较好的抗倾覆稳定性。

5. 过桥检算

控制桥跨为26 m，限速为27.7 km/h。

6. 使用维护说明

使用维护说明基本与D_{32}型凹底平车相同，不同之处如下。

(1) 车体使用

①侧承梁的上下盖板、部分腹板采用进口高强度钢制造，未经允许不得进行焊接作业。

②如果装载的货物属于超限货物，车辆运输按照《超规》执行。

③侧承梁下平面距轨面高度约1 100 mm，空车侧承梁下平面距轨面高度约1 260 mm，侧承梁下平面距轨面高度与载重关系见表4-4-10。

表4-4-10　不同载重与侧承梁下平面距轨面高度的关系尺寸

载重/t	侧承梁下平面距轨面高度/mm	载重/t	侧承梁下平面距轨面高度/mm	载重/t	侧承梁下平面距轨面高度/mm
260	1 141	300	1 123	330	1 109
280	1 132	310	1 118	340	1 105
290	1 127	320	1 114	350	1 100

④装载后，如果侧承梁两侧距轨面高度差较大，可利用旁承油缸将凹底架地板面调整成水平状态。

⑤满载前后加挂隔离空车进行检算，通过钢桥梁时均不限速，通过混凝土桥梁限速值见表4-4-11。

表4-4-11　通过混凝土桥梁的活载系数和限速值

序号	混凝土桥跨/m	活载系数	过桥速度/(km/h)
1	8	0.863	可不限速
2	10	0.899	可不限速
3	12	0.971	60
4	14	1.007	57.62

续上表

序号	混凝土桥跨/m	活载系数	过桥速度/（km/h）
5	16	1.025	50.89
6	18	1.03	48.92
7	20	1.035	46.56
8	22	1.047	41.77
9	24	1.06	36.08
10	26	1.077	29.15
11	28	1.065	32.54
12	30	1.054	36.48
13	32	1.038	42.63
14	40	0.958	可不限速
15	48	0.879	可不限速
16	56	0.842	可不限速

⑥两侧承梁内侧宽度可调，侧承梁内侧调整宽度范围 2 300～3 400 mm；空车回送时，应将两侧承梁内侧宽度调整到 2 300 mm；其余根据装载货物情况进行宽度调整。

调整宽度作业时，应在吊车（起重能力在 50 t 以上）配合下，将两侧承梁适当抬起，首先将两端的短拉压杆拆下，再将长拉压杆拆下，此时调整等分撑杆到合适的宽度，将长、短拉压杆在车下调整到合适的长度后组装到车上，此时即完成了调宽工作。

（2）运用条件

运行速度应符合附录 1-4《铁路长大货物车使用技术参数》（运辆货车函〔2015〕407 号）文件的规定。

按前后加挂隔离空车（即 2 t/m 均布载荷）进行检算。该车满载运行时，可以 29 km/h 速度通过最不利的 26 m 混凝土桥梁。载重量小于标记载重时，按过桥检算后的允许过桥速度运行。

五、D17A 型落下孔车

（一）概　　述

D17A 型落下孔车是根据铁道部科技司批复的设计任务书及齐厂与中铁特货公司签订的合同要求，由齐厂主持研制的大车。2003 年 6 月，设计任务建议书及设计方案通过铁道部科技司技术审查。铁道部科技司以科技装函〔2003〕75 号文件批复。2004 月 1 月，完成了 2 辆样车试制；7 月，通过铁道部科技司样车技术审查，如图 4-4-17～图 4-4-19 所示。

图 4-4-17　D17A 型落下孔车（齐厂　2004 年）

图 4-4-18　D17A 型落下孔车

图 4-4-19 D17A 型落下孔车运输轧机机架（齐厂 2004 年）

（二）主要技术规格

主要技术规格见表 4-4-12。

表 4-4-12 主要技术规格

项　　目	技术规格	项　　目	技术规格
载重/t	155	轨距/mm	1 435
自重/t	44.5	轴距/mm	1 830
自重系数	0.29	轮径/mm	840
轴重/t	25	心盘面自由高/mm	687
每延米重/（t/m）	7.18	弹簧总刚度/（N/mm）	18 800
轴数	8	弹簧静挠度/mm	
车辆长度/mm	27 780	空车	12
车辆宽度/mm	2 950	重车	36
车辆最大高度/mm	2 000		
落下孔尺寸（长×宽）/（mm×mm）	12 500×2 350	空气制动装置/（mm×mm）	4 套 120 型空气分配阀及 ϕ203×254 制动缸
侧梁上平面高/mm	2 000	制动倍率	14.8
大底架心盘距/mm	18 800	空车	32.6%
小底架心盘距/mm	3 350	重车	14.7%
大底架旁承距/mm	1 510	车钩缓冲装置	
小底架旁承距/mm	1 520	车钩	13A 型上作用式
空车重心高度/mm	920	缓冲器	MT-2
通过最小曲线半径/m	145	限界	空车符合 GB 146.1—1983《标准轨距铁路机车车辆限界》的要求
运行速度/（km/h）	100		
2E 轴构架式焊接转向架		通过驼峰情况	禁止

（三）简要说明

1. 用途

运输变压器、轧钢机牌坊等重型超限货物。

2. 技术性能特点

（1）落下孔长度 12 500 mm，宽度 2 350 mm，运输货物适应性强。

（2）2E 轴转向架，最高运行速度为 100 km/h，减少了对线路正常运输的干扰时间。

（3）在标记载重下通过桥梁不限速。

3. 结构概况

由 1 组大底架、2 组小底架、4 组转向架、空气制动装置、人力制动装置及车钩缓冲装置等部分组成，如图 4-4-20 所示。

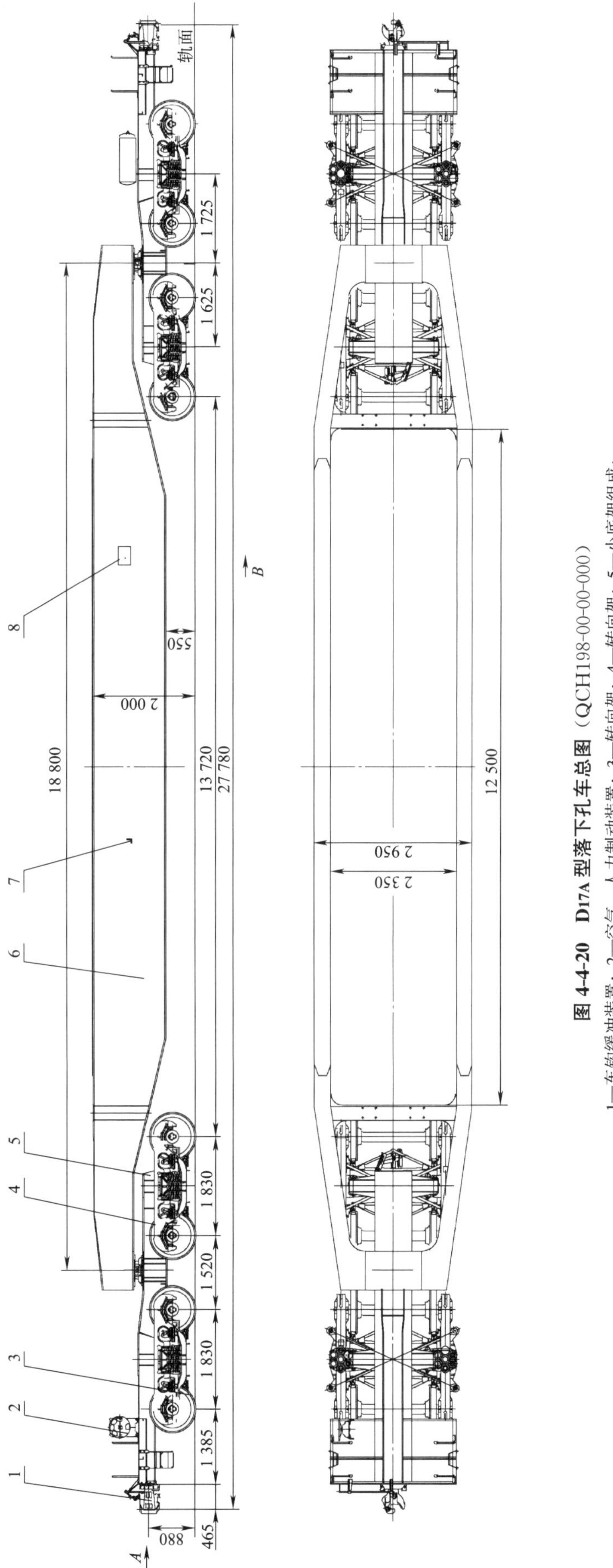

图 4-4-20　D17A 型落下孔车总图（QCH198-00-00-000）

1—车钩缓冲装置；2—空气、人力制动装置；3—转向架；4—转向架；5—小底架组成；6—大底架组成；7—底架附属件；8—标记

大底架为全钢焊接结构，主要结构材质为 Q345E 低合金结构钢。由箱形侧梁、枕梁、横梁、球形心盘、滚子式旁承等组成。侧梁为变断面结构，侧梁中部高度为 1 450 mm、端部高 600 mm，梁宽 300 mm。在侧梁中部上平面组焊 1 块 10 mm 厚的盖板，供装载加固时组焊承载梁等。每组横梁上平面共设置了 8 个ϕ25 mm 孔，供装载加固使用。

小底架为全钢焊接结构，主要结构材质为 Q345E 低合金结构钢。由中梁、小枕梁、大枕梁、球形下心盘及平面上心盘等部分组成。中梁为变断面箱形结构梁，中部高度为 500 mm。

全车采用 4 组现有的 25 t 轴重中交叉转向架。由轮对、侧架、摇枕、基础制动装置、弹性交叉支撑装置等部分组成，其中基础制动装置按该车需要进行配置。

全车装有 1 套空气制动装置，采用 120 型控制阀、手动空重车调整装置、2 个 ϕ203 mm×254 mm 旋压密封式制动缸及 ST2-250 型双向闸瓦间隙调整器，球芯折角塞门、组合式集尘器等制动配件。全车在一位端安装有 1 套 FSW 型人力制动机。采用 C 级钢 13A 号上作用车钩及 C 级钢 13A 型钩尾框，MT-2 型缓冲器。

4. 试验

大底架和小底架材质为 Q345E 低合金结构钢，许用应力 $[\sigma]$ =216 MPa。

静强度试验采用加载梁和千斤顶加载和卸载。通过强度试验可知，大底架最大应力发生在侧梁与内横梁交接处下盖板，最大静动合成应力为 212.4 MPa；小底架最大应力发生在位于下心盘侧的中梁上平面上，最大静动合成应力为−209.2 MPa，小于材料的许用应力 216 MPa。强度满足 TB/T 1335—1996 的要求。

刚度试验与底架静强度试验同时进行，采用拉线法测试位移。大底架的挠度在自重＋载重（155 t）下为 37.7 mm，其挠跨比为 0.601/300，小底架的挠度在自重＋载重（155 t）下为 2.5 mm，其挠跨比为 0.226/300，刚度满足设计任务书的要求。D17A 型落下孔车在载荷 170 t 下，静置 24 h 延时挠度测量中，未发现有明显的随时间而增加的变形。

动强度试验结合车辆动力学试验同时进行，共选动应力测点 6 个，实测动荷系数见表 4-4-13。

表 4-4-13　动荷系数

部　　件	大底架	小底架
部　　位	侧梁中部上盖板	中梁近心盘处
动荷系数	0.32	0.45

在 2004 年 5 月，由铁科院主持进行空车和重车（重心高 1 980 mm 和重心高 2 300 mm）状态下的厂内和正线试验，以及重车（重心高 2 300 mm）大超高（曲线半径 R300 mm，超高 140 mm）的动力学性能试验。厂内试验主要在齐车公司厂内进行。干线动力学运行试验在齐齐哈尔铁路分局齐北线、富线进行。线路动力学性能测试结果表明：

在空、重车（重心高 1 980 mm 和重心高 2 300 mm）状态下的厂内和正线试验所有测试工况下的轮轨横向力、脱轨系数、轮重减载率测试参数均在 GB/T 5599—1985 所规定的限度值范围之内。具有良好的运行稳定性。

在重车（重心高 1 980 mm 和重心高 2 300 mm）状态下的厂内和正线试验所有测试工况下的运行平稳性符合 GB/T 5599—1985 要求。厂内和正线试验所有测试工况下在空车 100 km/h 速度范围内横向平稳性指标以及 110 km/h 速度范围内垂向平稳性指标符合 GB/T 5599—1985 要求。110 km/h 速度级横向平稳性指标超过限度值。

在空、重车（重心高 1 980 mm）状态下满足最高运行速度 100 km/h 运行要求。在重车（重心高 2 300 mm)状态下满足最高运行速度 60 km/h 运行要求。

5. 过桥检算

在标记载重下通过桥梁不限速。

6. 使用维护说明

(1) 纵向中心距处最小支承距离为 4 500 mm 时，承载货物重量为 155 t。

(2) 大底架主要钢结构采用 Q345E 低合金结构钢，且承载梁上平面组焊一厚度为 10 mm 的 Q345E 垫板，装货时可以焊接支承梁等。

(3) 为使货物加固方便，该车大底架横梁上平面共设置了 16 个 ϕ25 mm 的孔。

(4) 装运货物时，货物与支承梁间应垫 5～10 mm 厚胶皮（用户自备），以增加摩擦力。

(5) 每次装运货物前，应仔细检查底架主要承载零、部件的外露焊缝，如有异常应及时处理。

(6) 装载货物的重心位置应尽量与车辆纵、横中心线交点重合；如有偏心，按《超规》办理。

(7) 空、重车运行前应检查二级心盘、旁承的作用状态，确认作用良好后方可运用。

(8) 大底架与小底架间每端左右旁承间隙之和为 10～12 mm；小底架与转向架间单侧旁承间隙为 3～5 mm。

(9) 车辆空重车的调整应符合以下规定：

当载重在 155 t 时，空重车调节手把应放在重车位；载重在 155 t 以下时，手把应放在空车位。

(10) 考虑特种车的运用频率较低，为提高制动效率，在闸瓦磨耗 25 mm 左右时，更换新瓦。在车辆运用过程中，通过调整连接两转向架的拉杆孔位置与闸调器配合使用，使制动系统达到最佳运用状态。

(11) 转向架

转向架采用 25 t 轴重中交叉转向架，基础制动倍率进行了调整，其余未变。转向架图号为 QCZ137-00-00、QCZ138-00-00。

7. 运用条件

(1) 空车回送时，该车应编挂在列车尾部，以减少纵向冲击。

(2) 空、重车均禁止通过驼峰、禁止溜放与冲击。

(3) 该车正线空重车最高运行速度为 80 km/h。

六、DK17A 型落下孔车

(一) 概　　述

DK17A 型落下孔车是按照中铁特货公司与齐厂签订的合同要求，在原 D17A 型落下孔车的基础上，研制开发的产品。2007 年 7 月 24 日，铁道部运输局装备部对设计方案进行了审查，并以运装货车〔2007〕473 号文批复。2008 年 1 月，齐厂完成了样车试制。2008 年 4 月 3 日，运装货车电〔2008〕925 号电报批复了该车的技术条件，定型为 DK17A，如图 4-4-21、图 4-4-22 所示。

图 4-4-21　DK17A 型落下孔车空车

图 4-4-22 DK17A 型落下孔车重车动力学试验

（二）主要技术规格

主要技术规格见表 4-4-14。

表 4-4-14 主要技术规格

项目	技术规格	项目	技术规格
载重/t	155	转向架型式	转 K_6
自重/t	45	轨距/mm	1 435
自重系数	0.29	固定轴距/mm	1 830
轴重/t	25	轮径/mm	840
每延米重/（t/m）	7.19	制动装置	
轴数	8	制动缸/（mm×mm）	ϕ254×254
车辆长度/mm	27 816	控制阀	120 型
车辆定距/mm	18 800	制动倍率	2×10
小底架心盘距/mm	3 350	制动率/%	32.8/16.4
落下孔尺寸		车钩缓冲装置	
长×宽/（mm×mm）	12 500×2 350	车钩	13B 或 17 型
上平面高（空车）/mm	2 000	缓冲器	MT-2 型
车钩中心线距轨面高/mm	880	限界	空车符合 GB 146.1—1983《标准轨距铁路机车车辆限界》
空车重心高度/mm	920		
通过最小曲线半径/m	145	通过驼峰情况	禁止
商业运行速度/（km/h）	120	溜放与冲击情况	禁止

（三）简要说明

1. 用途

可适应装运电力、冶金等行业用重型机械设备，如轧机机架等长大货物。

2. 技术性能特点

（1）承载面长 12 500 mm，空车承载面高度 2 000 mm，自重轻、承载面低、适用性强。

（2）采用转 K_6 型转向架，商业运营速度 120 km/h，运输效率高。

（3）通过参数及结构优化，在标记载重条件下，实现了该车通过所有桥梁不限速的研制目标。

3. 结构概况

该车主要由 1 个大底架、2 个小底架、4 组转 K_6 型转向架、制动装置及车钩缓冲装置等部分组成，如图 4-4-23 所示。

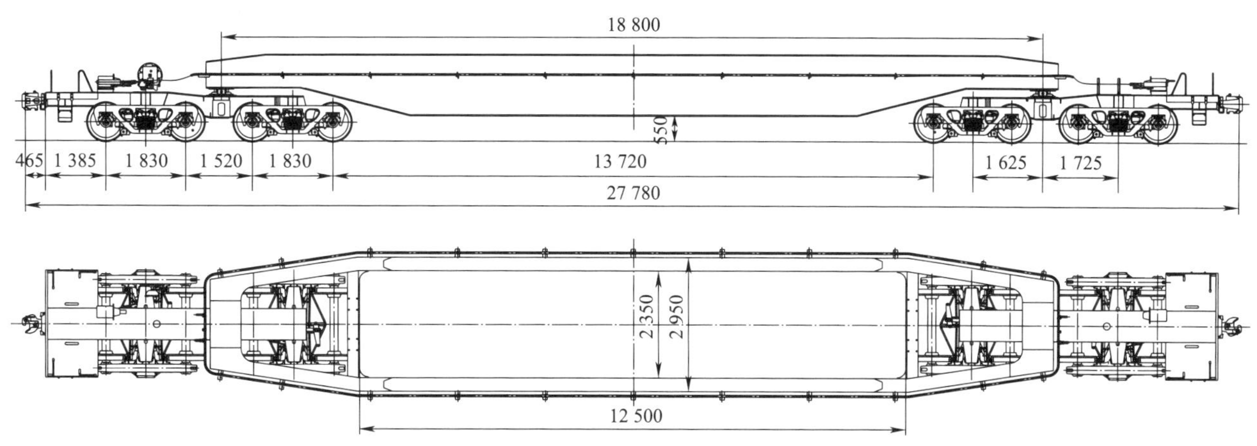

图 4-4-23　DK17A 型落下孔车总图（QCH198A-00-00-000）

大底架组成为全钢焊接结构，主要由箱形侧梁、枕梁、横梁，球形心盘，常接触弹性旁承等组成。其主要结构材质为 Q345E 低合金结构钢。小底架组成为全钢焊接结构，主要由中梁、小枕梁、大枕梁、球形下心盘及平面上心盘等部分组成。其中，梁上下盖板材质为 Q450NQR1 高强度耐候钢，其余为 Q345E 低合金结构钢。

采用 4 组转 K_6 型铸钢三大件式货车转向架。摇枕、侧架采用 B+级铸钢，组合式斜楔的主摩擦板采用高分子复合材料，斜楔体为贝氏体球墨铸铁；侧架立柱磨耗板材质采用 45 号钢，滑槽磨耗板采用 T10；采用两级刚度弹簧；采用直径为 375 mm 的下心盘，下心盘内装用导电型心盘磨耗盘；装用 353130B 紧凑型轴承、RE2B 型 50 钢车轴及 LM 磨耗型踏面的 HESA 型辗钢车轮；基础制动装置采用奥-贝球铁衬套、组合式制动梁，采用下交叉支撑装置，一系采用轴箱橡胶垫，采用锻造支撑座、JC 型双作用弹性旁承。

该车装有一套空气制动装置，采用 120 型控制阀、两个 ϕ254 mm×254 mm 旋压密封式制动缸及改进的 ST2-250 型双向闸瓦间隙调整器，采用不锈钢制动管系、组合式集尘器、球芯折角塞门；采用编织制动软管总成、尼龙管卡垫、奥-贝球铁衬套、高摩合成闸瓦，手动空重车调整装置等制动技术。采用 NSW 型人力制动机，安装在车辆一位端。

采用 E 级钢 13B 型或 17 型车钩、配套钩尾框、合金钢钩尾销，采用 MT-2 型或 HM-1 型缓冲器，加装含油尼龙防脱钩尾框托板磨耗板及防跳插销。

大底架与小底架间采用球形心盘，并设有防脱装置。小底架与转向架间为平面心盘。整车心盘间均采用含油尼龙心盘磨耗盘。大底架与小底架间、小底架与转向架间采用常接触弹性旁承。

4. 试验

(1) 静强度试验

2008 年 2 月，齐厂委托铁科院机辆所进行静强度试验。3 月 3 日至 9 日，完成了空、重车正线、复式交分及交叉渡线等工况条件下的动应力测试工作。

大底架中部中央断面上平面最大压应力−197.10 MPa。下平面最大拉应力 184.24 MPa，大底架最大应力出现在侧梁与内横梁交接处，合成应力为−204.50 MPa，小于材料的许用应力 216 MPa。

小底架最大合成应力点出现在中梁上平面，合成应力为−239.85 MPa，其对称点合成应力为−182.67 MPa，小于材料的许用应力 281 MPa。

静强度试验测得大底架在垂向载荷下的挠度考虑自重经换算后的数值为 30.85 mm，大底架两端支点距离为 18 800 mm，计算挠跨比为 0.492/300。小底架的挠度经换算后为 2.86 mm，小底架两端支点距离为 3 350 mm，挠跨比 0.256/300。符合设计任务书规定的挠跨比小于 1/300 的要求。

试验结果表明：车辆强度、刚度均满足 TB/T 1335—1996 和该车设计技术条件的要求。

(2) 动力学试验

2008 年 3 月，齐厂委托铁科院机辆所在齐厂厂内进行了通过 R150 m 曲线、R180 m 曲线及 9 号道岔试验，最高试验速度达 20 km/h。在哈尔滨铁路局管内齐齐哈尔至泰康、齐齐哈尔至嫩江间进行了正线动力学试验。空车最高试验速度达 132 km/h。重车试验分为两种重心工况：即整车重心 2 000 mm 和 2 300 mm两种，重心为 2 000 mm 时最高试验速度 132 km/h，重心为 2 300 mm 时最高试验速度 70 km/h。另外，高重心车在齐齐哈尔站进行了复式交分道岔和交叉渡线通过试验，最高试验速度 20 km/h。

结果表明：该车在空车 120 km/h、整车重心高 2 000 mm 重车 120 km/h 及整车重心高 2 300 mm 重车 60 km/h 的速度条件下，各项指标均满足 GB/T 5599—1985 的规定和设计技术条件的要求。

5. 使用维护说明

同 D_{17A} 型车。

七、DK_{23} 型落下孔车

(一) 概　　述

为满足我国重型机械企业铁路运输轧机机架等设备的需要，根据 2006 年度中铁特货公司《运输专用车项目技术方案竞选说明书》和铁道部科技研究开发计划“230 t 落下孔车、320 t 凹底平车的研制”(合同号：2006J014) 的要求，株厂承担了 230 t 落下孔车的研制任务。2006 年 2 月，完成了 230 t 落下孔车方案设计，确定该车的小底架等部件与 D_{32A} 型凹底平车的端部小底架相同，承载框架采用 D_{26B} 型落下孔车的结构型式，转向架采用 3E 轴焊接构架式转向架，3 月，通过了由铁道部科技司会同运输局装备部组织召开的设计方案及设计任务建议书审查，10 月，完成了工作图设计及样车试制；7 月，委托四方所进行了 3E 轴焊接构架式转向架的构架静强度试验；9 月，完成了该车承载框架和小底架的静强度试验；11 月，完成了动力学性能试验。2007 年 5 月铁道部以运装货车〔2007〕249 号文批复了该车图样及技术条件，定为 DK_{23} 型，如图 4-4-24、图 4-4-25 所示。

图 4-4-24　DK_{23} 型落下孔车空车

图 4-4-25　DK_{23} 型落下孔车运输轧机机架

（二）主要技术规格

主要技术规格见表 4-4-15。

表 4-4-15 主要技术规格

项目	技术规格	项目	技术规格
载重/t		车辆最大高度/mm	3 060
一字梁	230	车辆最大宽度/mm	
十字梁	227	一字梁	2 880
自重/t		十字梁	4 000
一字梁	70	承载框架内孔长/mm	13 500
十字梁	73	承载框架内孔宽/mm	
自重系数		一字梁或十字梁短臂位	2 200～2 360
一字梁	0.3	十字梁长臂位	2 500～3 480
十字梁	0.32	承载框架心盘距/mm	23 440
轴数	12	小底架心盘距/mm	5 800
轴重/t	25	转向架/mm	
每延米重/（t/m）	8.5	轨距	1 435
车钩中心线高/mm	880	固定轴距	1 400—1 400
空车重心高/mm	1 220	轮径	840
通过最小曲线半径/m	145	轴颈中心距	1 981
最高运行速度/（km/h）	120	限界	空车符合 GB 146.1—1983《标准轨距铁路机车车辆限界》的要求
弹簧静挠度/mm			
空车	24	通过驼峰情况	禁止
重车（当量）	38	溜放与冲击情况	禁止
车辆长度/mm	35 290		

（三）简要说明

1. 用途

装运电力、冶金、化工、重型机械等行业的大型货物，如轧机机架、变压器等。

2. 技术性能特点

（1）承载框架心盘梁采用一字梁和十字梁两种结构型式。采用一字梁时，适用于运输轧机机架等较窄货物，符合标准轨距机车车辆限界的要求，车辆载重 230 t。采用十字梁时，使用长臂位，适用于运输变压器等较宽货物；使用短臂位，车辆符合标准轨距机车车辆限界的要求，车辆载重 227 t。

（2）承载框架宽度尺寸可调，为扩大车辆的使用范围，可装运不同宽度的货物。

（3）液压旁承，车辆通过缓和曲线时可消除或减少扭转载荷，改善车体受力状况，并兼有起升功能。

（4）采用了 3E 轴焊接构架式转向架，空车最高运行速度满足 120 km/h 的要求。

（5）满载时前后加挂一辆隔离空车能以 55 km/h 及以下速度通过各种跨度的铁路桥梁。

3. 结构概况

由 1 个承载框架、2 个小底架，4 台 3E 轴焊接构架式转向架、液压旁承装置、空气和人力制动装置、车钩缓冲装置组成，如图 4-4-26 所示。承载框架的侧梁和心盘梁材料采用 Q460E 低合金高强度结构钢，小底架和转向架构架材料采用 Q345qE 桥梁用结构钢。

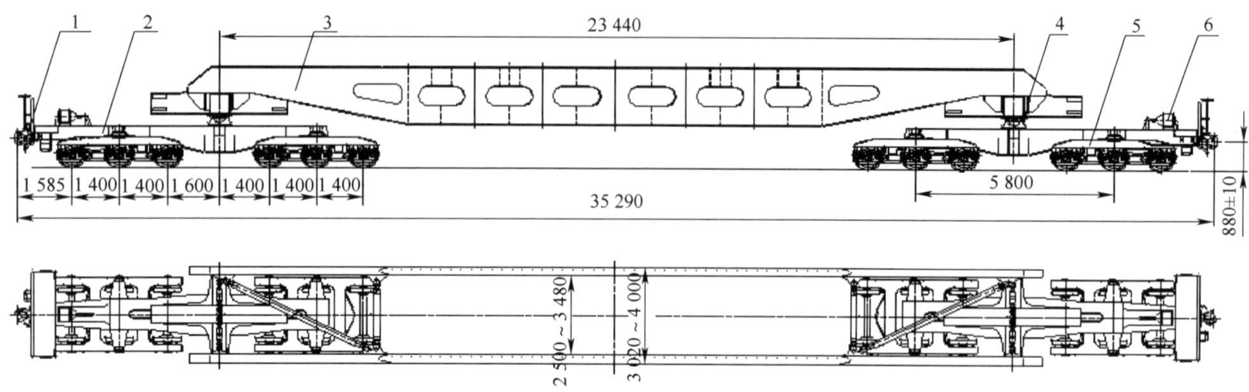

图 4-4-26 DK23 型落下孔车总图（ZCH152-00-00-000）

1—车钩缓冲装置；2—小底架；3—承载框架；4—液压旁承装置；5—转向架；6—制动装置

承载框架由侧梁、心盘梁及连接杆组成，心盘梁采用一字梁和十字梁两种结构型式。

侧梁由上下盖板、腹板组焊成箱形断面结构，并焊有连接杆座、导框座等。心盘梁有一字梁和十字梁两种结构型式，由上下盖板、腹板组焊成箱形断面结构，并装有下球面心盘。

小底架主要由纵梁、中横梁、端梁、牵引梁及端横梁组焊而成，并装有通过台、脚蹬、栏杆、扶手等。

采用 3E 轴焊接构架式转向架，主要由构架、轮对、双作用常接触弹性旁承、轴箱弹簧装置及基础制动装置组成。构架采用整体焊接结构，主要由箱形结构的侧梁、心盘梁和横梁组焊而成。装用 353130B 型轴承及配套前盖、后挡。采用 50 钢车轴，LM 磨耗型踏面的 HESA 轻型辗钢车轮。基础制动装置采用组合式制动梁，高摩擦系数合成闸瓦以及奥-贝球铁衬套。

小底架与转向架间的旁承为常接触弹性旁承。承载框架与小底架间的旁承为液压旁承，主要由旁承油缸、旁承块及其管路组成，旁承油缸安装在心盘梁两侧。

装有 2 套空气制动装置，制动主管压力可满足 500 kPa 或 600 kPa 要求，主要由 120 型空气控制阀、直径为 203 mm 的整体旋压密封式制动缸、ST2-250 型双向闸瓦间隙自动调整器等组成，采用编织制动软管总成、球芯折角塞门、组合式集尘器、法兰接头、奥-贝球铁衬套及配套圆销、不锈钢制动配件和管系等。车辆两端各安装 1 套 NSW 型人力制动机。采用符合运装货车〔2004〕215 号文件的 17 号下作用式车钩，配套使用 E 级钢材质钩尾框，合金钢钩尾销，MT-2 型缓冲器。心盘防脱装置由上、下支座和连接杆等组成。上、下支座分别组焊于球面心盘内侧的心盘梁下盖板和小底架上盖板上。

4. 试验

(1) 许用应力

①承载框架材质为 Q460E 低合金高强度结构钢，根据板厚许用应力取值：板厚 $\delta\leqslant16$ mm，$[\sigma]=288$ MPa；$\delta=17\sim35$ mm，$[\sigma]=276$ MPa；$\delta=36\sim50$ mm，$[\sigma]=263$ MPa。

②小底架、转向架构架材质为 Q345qE 桥梁用结构钢，根据板厚许用应力取值：板厚 $\delta\leqslant16$ mm，$[\sigma]=216$ MPa；$\delta=17\sim35$ mm，$[\sigma]=204$ MPa；$\delta=36\sim50$ mm，$[\sigma]=197.5$ MPa。

(2) 静强度试验

车体及转向架构架的静强度、刚度试验由四方所主持在青岛完成。

①承载框架、小底架

承载框架最大应力发生在侧梁中部下盖板，其应力值为 167.5 MPa。考虑动荷系数，该部位的最大静动合成应力为 212.8 MPa；小底架最大应力发生在纵梁下盖板测点，其值为93.3 MPa。考虑动荷系数，该部位的最大静动合成应力为 128.4 MPa。强度满足 TB/T 1335—1996 的要求。

②转向架构架

在专用试验台上，用油压千斤顶进行加载。试验按垂向总载荷工况和组合载荷工况（即垂向总载荷、垂向斜对称载荷及侧向载荷同时作用）进行，在组合载荷工况作用下，最大应力发生在构架的横梁腹板端部，其值为 151 MPa，小于许用应力 216 MPa，强度满足 TB/T 1335—1996 的要求。

（3）刚度试验

在自重＋载重（230 t）作用下，各底架的刚度试验结果见表 4-4-16。承载框架、小底架刚度分别满足设计任务书挠跨比取 $f/L<1/300$、1/400 的要求。承载框架均布加载 230 t，静置 48 h 延时挠度测量中，未发现有明显的随时间而增加的变形。

表 4-4-16　刚度试验

部　　件	承载框架	小底架
中部挠度/mm	57.6	4.2
挠跨比	1/407	1/1 381

（4）动强度试验

结合车辆动力学试验同时进行，实测动应力见表 4-4-17。

表 4-4-17　动应力测试

部　　位	侧梁中部（下）	横连接杆（下）	心盘梁短臂端部（下）	小底架中部（下）	侧梁中部（上）
动应力/MPa	45.1	3.2	39.2	45.1	48.1
动荷系数	0.269	0.750	0.472	0.483	0.318

（5）车辆动力学试验

干线动力学运行试验由四方所主持在济南铁路局管内沙岭庄站至高密站（空车工况）、沙岭庄站至蓝村站（重车工况）间进行；厂内试验在四方车辆厂内进行，试验结果如下。

①运行平稳性

空车在正线最高速度 132 km/h 速度范围内运行和曲线及侧线通过、厂试的所有测试工况下，垂向振动加速度最大值为 0.49g，垂向平稳性指标最大为 3.12，属于优级；横向振动加速度最大值为 0.32g，横向平稳性指标最大为 2.68，属于优级。重车在正线最高速度 92 km/h 速度范围内运行和曲线及侧线通过、厂试的所有测试工况下，垂向振动加速度最大值为 0.55g，垂向平稳性指标最大为 2.62，属于优级；横向振动加速度最大值为 0.44g，横向平稳性指标最大为 2.67，属于优级。

②运行稳定性（安全性）

在正线空车最高速度 132 km/h、重车最高速度 92 km/h 速度范围内运行和曲线及侧线通过、厂试的所有测试工况下，所测脱轨系数、轮重减载率、轮轨横向力等指标均在 GB/T 5599—1985 规定的限度之内。

③倾覆稳定性

根据所测轮轨力计算而得的倾覆系数最大值为 0.59。

在所测试的速度级范围内，正线、厂试的所有测试工况下，各项动力学性能指标符合要求，其动力学性能满足空车 120 km/h、重车 80 km/h 最高运行速度的要求。

5. 过桥检算

在装载 230 t 和车辆前后加挂空车的情况下，能够以 55 km/h 及以下速度通过各种跨度的钢筋混凝土梁和简支钢梁，最不利工况的桥梁跨度（控制桥跨）为 11 m。

6. 使用维护说明

（1）使用的环境温度为－25～50℃。

（2）空车编组时应编挂在列车尾部。

（3）通过最小曲线半径为 145 m。

（4）液压系统及旁承装置的油缸、油管和各种阀门每年须进行一次检修；按有关技术条件进行。

（5）空车最高运行速度120 km/h。重车运行速度符合附录1-4《铁路长大货物车使用技术参数》（运辆货车函〔2015〕407号文件）的规定。

（6）过桥限速见表4-4-18。

表4-4-18 过桥限速

载重/t	控制跨度/m	限速/（km/h）
226	11	60
230	11	55

（7）小底架与转向架间双作用弹性旁承压缩量为（9±1）mm，小底架上旁承下平面与旁承滚子上平面的间隙为（6±1）mm，滚子上平面需高于旁承盒上平面5 mm。承载框架与小底架间为液压旁承：一侧旁承油缸活塞伸出长度之和与另一侧旁承油缸活塞伸出长度之和相差不大于3 mm，旁承油缸压力应调整至0.5 MPa。

7. 运用情况

至2013年底，该车运输中国第二重型机械集团公司生产的轧机机架16台，运输变压器1台。

八、DK29型落下孔车

（一）概　述

2007年5月，为满足我国铁路运输特高压直流变压器等大型设备的需要，南车长江车辆有限公司受湖南电力物流服务有限责任公司的委托，承担了290 t改进型落下孔车的研制工作。2007年5月，长江公司与四方所合作，在D26B型落下孔车的基础上完成了方案设计。2007年11月，通过了铁道部运输局装备部会同科技司组织的设计方案及设计任务建议书的审查。2007年12月～2008年8月，完成样车试制。2008年8月，由四方所主持完成车体的静强度试验。10月，按照运装货车电〔2008〕2501号电报的要求，由铁科院机辆所主持完成线路动力学性能试验。2008年12月铁道部以运装货车〔2008〕414号文批复了该车图样及技术条件，定型为DK29，如图4-4-27～图4-4-29所示。

图4-4-27　DK29型落下孔车空车

图4-4-28　DK29型落下孔车重车动力学试验

图 4-4-29　DK29 型落下孔车专列运输酒泉换流站 4 台变压器（2016 年）

（二）主要技术规格

主要技术规格见表 4-4-19。

表 4-4-19　主要技术规格

项　　目	技术规格
载重/t	290
集载/t	
5.0 m	275
≥6.0 m	290
自重/t	110
自重系数	0.38
轴数	16
轴重/t	25
每延米重/（t/m）	9.35
车钩中心线高/mm	880
空车重心高/mm	1381
通过最小曲线半径/m	145
最高运行速度/（km/h）	100
弹簧静挠度/mm	
空车	23
重车（当量）	38
车辆长度/mm	42 796
车辆最大高度/mm	3 400
车辆最大宽度/mm	
空车	2 700
重车	4 100
承载框架（落下孔）内长/mm	13 200
承载框架（落下孔）内宽/mm	
空车	2 240
重车	3 140～3 600
承载面距轨面高（空车）/mm	3 400
承载框架心盘距/mm	26 600
中底架心盘距/mm	7 600
小底架心盘距/mm	3 000
转向架	
轨距/mm	1 435
固定轴距/mm	1 650
轮径/mm	840
轴颈中心距/mm	1 956
限界	符合 GB 146.1—1983《标准轨距铁路机车车辆限界》的要求
通过驼峰情况	禁止
溜放与冲击情况	禁止

（三）简要说明

1. 用途

适应装运电力、冶金、重型机械等行业超限、超重阔大货物。如大型变压器、轧机机架等。

2. 技术性能特点

（1）在 D26B 型 290 t 落下孔车的基础上加长承载框架落下孔长度，扩大了车辆使用范围；中底架与小底架、小底架与转向架间采用弹性旁承，提高了车辆运行速度。

（2）空车最高运行速度 100 km/h，重车通过最不利桥梁过桥速度到 32 km/h，提高了运输效率。

（3）采用原 D26B 型落下孔车 2E 轴焊接构架式转向架、长短臂十字形结构心盘梁和液压旁承装置等成熟技术。空车满足车辆限界的要求。

（4）承载框架与中底架采用液压旁承装置，改善了承载框架的受力状态，并兼有起升功能。

3. 结构概况

由 1 组承载框架，2 个中底架和 4 个小底架以及 8 台 2E 轴焊接构架式转向架，空气、人力制动装置，液压旁承装置，车钩缓冲装置，常接触弹性旁承装置等组成，如图 4-4-30 所示。

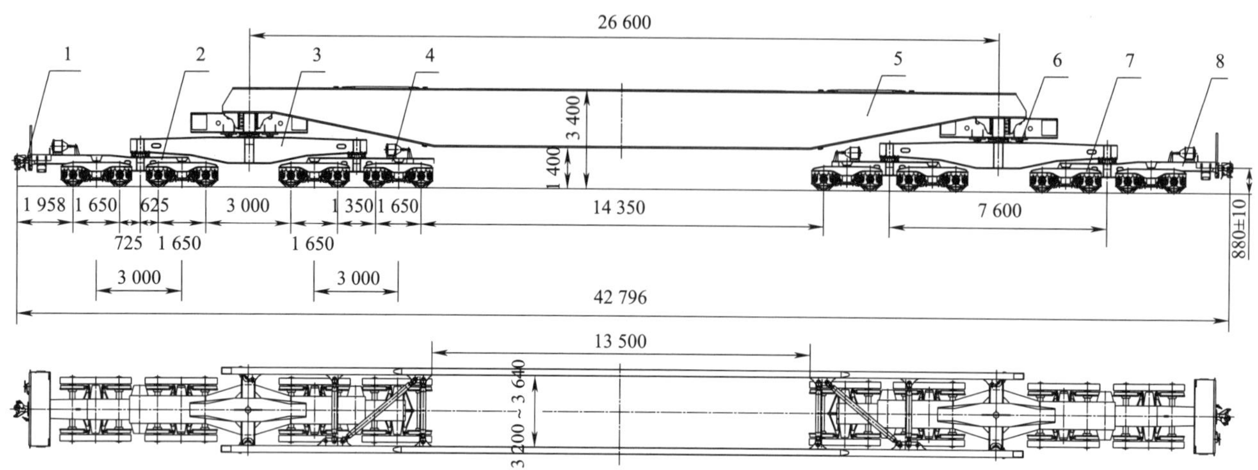

图 4-4-30 DK29 型落下孔车总图（ZCH175-00-00-000）

1—车钩缓冲装置；2—小底架（1）；3—中底架；4—小底架（2）；5—承载框架；
6—液压旁承装置；7—转向架；8—制动装置

承载框架主要由侧梁、心盘梁及连接撑杆组成，侧梁由上下盖板、腹板组焊成箱形结构，并焊有连接撑杆座、导框座等。心盘梁由箱形长臂和短臂组焊成十字形结构，心盘梁下表面装有球面心盘。侧梁和心盘梁主要材料采用 HG70E 高强度结构钢。连接撑杆由撑杆头，内、外套筒及紧定螺母等组成，其长度可通过撑杆头螺纹进行调节。该承载框架分空载、重载两种组合方式：重载时两侧梁与心盘梁长臂相连，其宽度可通过两侧梁间的撑杆进行调节，以适应装载不同宽度的货物和调整侧梁与货物间的间隙。空车时两侧梁与心盘梁短臂相连，以满足机车车辆限界要求。

中底架由箱形截面的中梁和端横梁组焊而成，球面下心盘组焊在中梁中部，中梁两端部下表面装有上心盘，端部小底架主要由纵梁、中横梁、端梁、牵引梁及端横梁组焊而成，并设有通过台、脚蹬、栏杆、扶手等。端梁由 8 mm 厚的钢板压成 L 形结构。纵梁由上下盖板、腹板及数块隔板组焊成箱形结构。中横梁由上盖板、双腹板组焊而成。端横梁由上下盖板和双腹板组焊成箱形结构。纵梁两端部下表面装有 ϕ370 mm 的上心盘，中部装有球形下心盘。采用与 17 型车钩配套的冲击座和前、后从板座，并将上旁承改为常接触弹性旁承，其余与 D26B 型车端部小底架相同。中部小底架主要由纵梁、中横梁及端横梁组焊而成。纵梁由上下盖板和腹板及数块隔板组焊成箱形结构。中横梁由上盖板、双腹板组焊而成。端横梁由上下盖板和双腹板组焊成箱形结构。纵梁两端部下表面装有 ϕ370 mm 的上心盘，中部装有球形下心盘。除上旁承为常接触弹性旁承外，其余与 D26B 型 290 t 落下孔车中部小底架相同。

采用 2E 轴焊接构架式转向架，主要由构架、轮对、常接触弹性旁承、轴箱弹簧装置及基础制动装置组成。构架由箱形结构的心盘梁、横梁和侧梁组焊而成。装用 353130B 型轴承及配套前盖后挡，采用 LM 磨耗型踏面 HESA 型辗钢车轮、50 钢车轴。基础制动装置采用组合式制动梁，高摩擦系数合成闸瓦以及奥-贝球铁衬套。

中底架与小底架、小底架与转向架间的旁承均为常接触弹性旁承。承载框架与中底架的旁承为液压旁承，主要由四个旁承油缸及管路组成，旁承油缸安装在心盘梁长臂及短臂的两侧，同侧两个油缸连通。

装有 4 套空气制动装置，制动主管压力可满足 500 kPa 和 600 kPa 的要求，采用防盗 120 型空气控制阀、直径为 305 mm 的整体旋压密封式制动缸、不锈钢嵌入式储风缸、编织制动软管总成、球芯折角塞门、组合式集尘器、法兰接头、奥-贝球铁衬套及配套圆销。装用符合不锈钢制动管系及配件，符合运装货车〔2008〕480 号文件要求的制动管吊，采用新型高摩擦系数合成闸瓦。车辆两端各安装 1 套 NSW 型人力制动机。采用符合运装货车〔2004〕215 号、运装货车〔2007〕370 号文件要求的 E 级钢 17 型车钩，采用符合运装货车电〔2007〕2883 号电报要求的加厚钩舌，配套采用符合运装货车〔2005〕78 号、运装货车〔2007〕370 号文件要求的 17 型锻造钩尾框、采用符合运装货车〔2003〕354 号文件要求的含油尼龙钩尾框托板磨耗板。采用 MT-2 型缓冲器。

4. 试验

（1）许用应力

①承载框架侧梁、心盘梁的材质为 HG70E 低合金结构钢，板厚 δ≤50 mm 时许用应力［σ］＝369 MPa;连接撑杆材质为 20 号钢，许用应力［σ］＝153 MPa。

②中底架、小底架的材质为 Q345qE 低合金结构钢，根据板厚许用应力取值如下：板厚 δ≤16 mm，［σ］＝216 MPa；板厚 δ＝17～35 mm，［σ］＝204 MPa。

（2）静强度试验

由四方所在株洲主持。在试验载荷作用下，承载框架最大应力发生在侧梁中部下盖板，其值为 220.9 MPa，最大静动合成应力为 261.2 MPa；连接撑杆最大应力发生在端部连接撑杆上，其值为 2.3 MPa,最大静动合成应力为 8.0 MPa；中底架最大应力发生在中部下盖板测点，其值为 138.1 MPa，最大静动合成应力为 162.6 MPa；小底架最大应力发生在上盖板近心盘处，其值为－138.8 MPa，最大静动合成应力为－197.0 MPa。强度满足 TB/T 1335—1996 的要求。

（3）刚度试验

与车体静强度试验同时进行，采用位移传感器测试位移，兼用拉线法作参照。在自重＋载重（290 t）作用下，各底架的刚度试验结果见表 4-4-20。

表 4-4-20　刚度试验结果

部　件	承载框架	中底架	小底架
中部挠度/mm	78.8	8.7	6.3
挠跨比	1/337	1/873	1/476

承载框架、中底架、小底架刚度分别满足设计任务书挠跨比取 $f/L<1/260$、1/400、1/400 的要求。承载框架均布加载 290 t，静置 48 h 延时挠度测量中，未发现有明显的随时间而增加的变形。

（4）动强度试验

结合车辆动力学试验同时进行，实测动应力见表 4-4-21。

表 4-4-21　动应力测试

部　位	承载框架			连接杆	心盘梁		中底架		小底架	
	中部左下	中部右下	中部右上	端部横连接杆	长臂中上	长臂中下	中部上	中部下	中部上	中部下
动应力/MPa	－34.5	40.3	58.1	5.7	16.0	－48.5	－10.8	24.5	－58.2	－36.1
动荷系数	0.130	0.182	0.272	2.478	0.415	0.707	0.091	0.177	0.419	1.563

（5）车辆动力学试验

干线动力学运行试验由铁科院机辆所主持，重车正线试验线路为武汉铁路局管内南环线（武东至武南）、北环线（武昌至武东）、武九线（何刘至铁山）及铁灵线（铁山至金山店）。空车正线为武汉铁路局管内南环线（武东至武南）、北环线（武昌至武东）、武九线（何刘至黄石）。厂内试验在武汉铁路局管内八大家中江物流专用线及武昌东站修所内进行。试验结果如下。

①运行平稳性

空车在正线最高速度 109.7 km/h 速度范围内运行和曲线及侧线通过、厂试；重车（重心高 2 400 mm）在正线最高速度 70.7 km/h 速度范围内运行和曲线及侧线通过、小曲线大超高、厂试的所有测试工况下，横向加速度、垂向加速度、横向平稳性指标、垂向平稳性指标均满足 GB/T 5599—1985 规定的要求。

②运行稳定性（安全性）

空车在正线最高速度 109.7 km/h 速度范围内运行和曲线及侧线通过、厂试；重车（重心高 2 400 mm）在正线最高速度 70.7 km/h 速度范围内运行和曲线及侧线通过、小曲线大超高、厂试的所有测试工况下，所测脱轨系数、轮重减载率、轮轨横向力等指标均小于 GB/T 5599—1985 规定的限度之内。

③倾覆稳定性

根据所测轮轨力计算而得的倾覆系数最大值为 0.39，远小于 0.8 的 GB/T 5599—1985 规定的要求。

在所测试的速度级范围内，正线、小曲线大超高、厂试的所有测试工况下，各项动力学性能指标符合要求，其动力学性能满足空车 100 km/h、重车 60 km/h 最高运行速度的要求。

5. 过桥检算

在装载 290 t 和车辆前后加挂空车的情况下，能够以 32 km/h 及以下速度通过各种跨度的钢筋混凝土梁和钢梁，最不利工况的桥梁跨度（控制桥跨）为 19、20、21 跨。

6. 使用维护说明

（1）使用的环境温度为−25～50℃。

（2）空车回送时应编挂在列车尾部，专列除外。

（3）通过最小曲线半径 145 m。

（4）液压旁承装置的油缸、油管和各种阀门每年须进行一次检修，按有关技术条件进行。

（5）运行速度要求。

空车最高运行速度 100 km/h。重车运行速度符合附录 1-4《铁路长大货物车使用技术参数》（运辆货车函〔2015〕407 号文件）的规定。

（6）过桥限速要求。

车辆载重 270～290 t，前后加挂一辆及以上隔离空车时，最不利工况的桥梁跨度（控制桥跨）和速度限制值，见表 4-4-22。

表 4-4-22　过桥限速要求

载重/t	控制桥跨/m	限速/（km/h）
270	19	50
280	19、20、21	41
290	19、20、21	32

（7）小底架与转向架间双作用弹性旁承压缩量为（9±1）mm，小底架上旁承下平面与旁承滚子上平面的间隙为（6±1）mm，滚子上平面须高于旁承盒上平面 5 mm。承载框架与小底架间为液压旁承：一侧旁承油缸活塞伸出长度之和与另一侧旁承油缸活塞伸出长度之和相差不大于 3 mm，旁承油缸压力应调整至 0.5 MPa。

九、DK36 型落下孔车

（一）概　　述

2007 年 1 月，株厂为满足国家西电东输工程的重点建设项目——云广直流输电工程的楚雄换流站变压器铁路运输需要，受湖南电力物流服务有限责任公司的委托承担了 360 t 落下孔车的研制工作。5 月，株厂与四方所完成了 360 t 落下孔车方案设计，该车采用的转向架、小底架、中底架、侧移装置等部件与

320 t 凹底平车相同，承载框架采用通过可调撑杆连接侧承梁的承载框架结构形式。7 月，通过了铁道部运输局装备部会同科技司组织的设计方案及设计任务建议书的审查。2008 年 5 月，完成了工作图设计及样车试制，并由四方所主持完成了承载框架静强度试验。8 月，按照运装货车电〔2008〕2082 号电报的要求，由铁科院机辆所主持完成了线路动力学性能试验。2008 年 12 月铁道部以运装货车〔2008〕414 号文批复，定为 DK_{36} 型。如图 4-4-31～图 4-4-33 所示。

图 4-4-31　DK_{36} 型落下孔车

图 4-4-32　DK_{36} 型落下孔车运输变压器

图 4-4-33　DK_{36} 型落下孔车运输国家电网公司 750 kV 变压器

（二）主要技术规格

主要技术规格见表 4-4-23。

表 4-4-23 主要技术规格

项　　目	技术规格	项　　目	技术规格
载重/t	360	承载框架内孔长/mm	13 200
自重/t	200	承载框架内孔宽/mm	
自重系数	0.55	空车	2 420
轴数	24	重车	3 000～3 540
轴载/t	23.3	承载面距轨面高（空车）/mm	3 720
每延米重/（t/m）	9.18	承载框架心盘距/mm	36 000
车钩中心线高/mm	880	中底架心盘距/mm	13 060
空车重心高/mm	1 974	小底架心盘距/mm	5 800
通过最小曲线半径/m		侧向位移/mm	500
外导向	150	中导向距/mm	26 200
中导向	180	内导向距/mm	22 000
内导向	260	轨距/mm	1 435
最高运行速度/（km/h）	100	固定轴距/mm	1 400—1 400
弹簧静挠度/mm		轮径/mm	840
空车	32	轴颈中心距/mm	1 981
重车（当量）	35	限界	空车符合 GB 146.1—1983《标准轨距铁路机车车辆限界》的要求
车辆长度/mm	61 010		
车辆最大高度/mm	4 340		
车辆最大宽度/mm		通过驼峰情况	禁止
空车	3 000		
重车	4 000	溜放与冲击情况	禁止

（三）简要说明

1. 用途

在中国标准轨距铁路上使用，适应装运变压器、轧机机架等阔大货物。

2. 技术性能特点

（1）承载框架采用可调撑杆连接侧承梁等技术，宽度可调，能适应不同宽度货物的运输，方便装卸货物。

（2）通过优化轴重、轴距及邻轴距，满载时前后加挂隔离空车条件下，能以 48 km/h 及以下速度通过各种跨度的铁路桥梁。

（3）采用 3E 轴焊接构架式转向架，空车最高运行速度满足 100 km/h 的要求。

（4）采用侧移、导向装置，可减少车辆通过曲线时的偏移量，扩大了货物的运输范围。

（5）承载框架与中底架、中底架与小底架间的旁承采用了液压旁承装置，消除或减少车辆通过曲线时的扭转载荷，改善车体受力状态。

3. 结构概况

由 1 组承载框架、2 组中底架、2 组端部小底架、2 组中部小底架、8 台 3E 轴焊接构架式转向架以及心盘、旁承装置、侧移装置、导向销装置、制动装置、车钩缓冲装置、心盘防脱装置等组成，同时设有液压系统、电气系统、操作室，如图 4-4-34 所示。

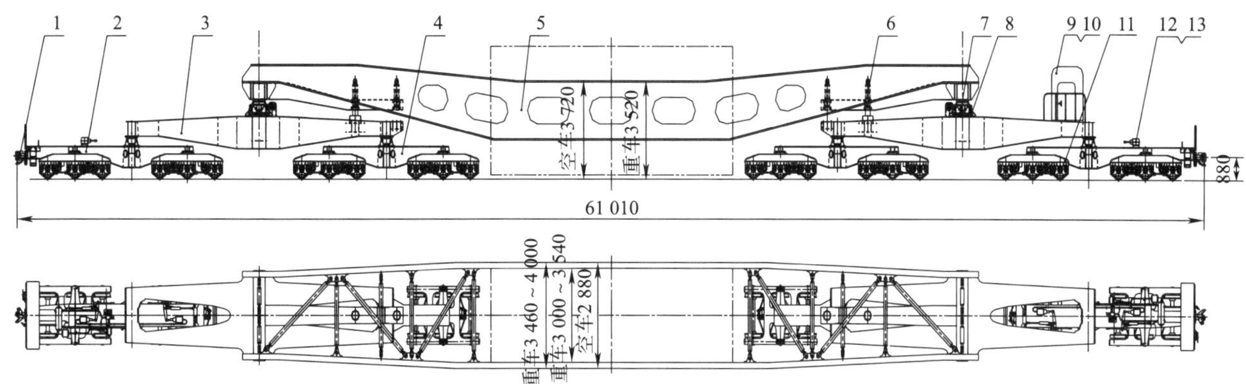

图 4-4-34　DK36 型落下孔车总图（ZCH163-00-00-000）

1—车钩缓冲装置；2—端部小底架；3—中底架；4—中部小底架；5—承载框架；6—导向销组成；7—侧移装置；8—液压旁承装置；9—操作室；10—电气装置；11—转向架；12—制动装置；13—底架附属件

承载框架主要由侧梁、心盘导向梁及连接撑杆组成，承力构件材质采用屈服强度为 590 MPa 的 HG70E 高强度可焊结构钢。侧梁为上下盖板及腹板组焊成的箱形结构，并焊有连接撑杆座、导框座。心盘导向梁分为空载和重载两种结构，均由箱形结构的心盘梁、导向梁组焊而成，在导向梁上装有导向销及导向销支架，心盘梁下部装有球面心盘。连接撑杆由撑杆头、内外套筒及紧定螺母等组成，其长度可调。

中底架主要由 2 根箱形侧梁、端横梁和 1 根箱形中横梁及导向横梁组焊而成。

端、中部小底架主要由 1 根纵梁、中横梁及 2 根端横梁组焊而成。端部小底架还焊有端梁和牵引梁，并装有通过台、脚蹬、栏杆、扶手等。

采用 3E 轴焊接构架式转向架，其轴距为 1 400 mm—1 400 mm。主要由构架、轮对、轴箱弹簧装置及基础制动装置组成。构架采用整体焊接结构，主要由心盘梁和侧梁组焊而成。采用 50 钢车轴，车轴中部为 E 型轴轴身、轴承座部采用与 F 级滚动轴承配套结构，轴承为 F 级 6½英寸×12 英寸滚动轴承，采用 LM 磨耗型 HESA 轻型辗钢车轮。装用高摩擦系数合成闸瓦。采用双作用常接触弹性旁承；基础制动装置采用组合式制动梁、奥-贝球铁衬套。

转向架与小底架间采用浅球形心盘，小底架与中底架间采用深球形心盘，中底架与承载框架之间设有侧移装置，移动座（心盘）与承载框架间采用深球形心盘。上、下心盘间衬有含油尼龙衬垫。

小底架与转向架间的旁承为双作用常接触弹性旁承。承载框架与中底架、中底架与小底架间的旁承为液压旁承。

主要由移动心盘、滚子排等组成。该装置当使用外导向时，可左、右横向强迫移位 500 mm；也可根据曲线半径选用中导向或内导向使外导向点自由移位 500 mm。

导向装置主要由导向销、导向销座及支架等组成。通过调整导向销的位置，使车辆处于不同的导向工况，以减少车辆通过曲线时的偏移量。

心盘防脱装置在小底架与中底架间设有心盘防脱装置，主要由上、下支座和连接杆等组成。

装有 4 套空气制动装置，制动主管压力可满足 500 kPa 或 600 kPa 要求，主要由 120 型空气控制阀、直径为 203 mm 的整体旋压密封式制动缸、ST2-250 型双向闸瓦间隙自动调整器等组成，采用编织制动软管总成、球芯折角塞门、组合式集尘器、法兰接头、奥-贝球铁衬套及配套圆销、不锈钢制动配件及管系等。

车辆两端各安装 1 套 NSW 型人力制动机。

车钩缓冲装置采用 17 号下作用式车钩，配套使用 E 级钢材质钩尾框，合金钢钩尾销。MT-2 型缓冲器。

液压系统主要由液压泵、电机、油箱、液压操作台、油缸、液压阀、管路等组成。

电气系统主要由柴油发电机、电气控制台和电气元件组成。

4. 试验

(1) 许用应力

承载框架侧梁、心盘导向梁的材质为 HG70E 低合金结构钢，板厚 $\delta \leqslant 50$ mm，$[\sigma]=369$ MPa；板厚

δ>50 mm，［σ］=356 MPa。

连接撑杆材质为 Q345qE 桥梁用结构钢，板厚 δ≤16 mm，［σ］=216 MPa；板厚 δ=17～35 mm，［σ］=204 MPa。

（2）静强度试验

承载框架静强度、刚度试验由四方所在株洲主持完成。在试验载荷作用下，承载框架最大应力发生在侧梁中部上盖板，其值为−197.3 MPa，最大静动合成应力为−237.8 MPa；心盘导向梁最大应力发生在心盘梁下盖板（近旁承油缸孔处），其值为 76.6 MPa，最大静动合成应力为92.5 MPa；等分撑杆最大应力值为−21.6 MPa，最大静动合成应力为−40.4 MPa；连接撑杆最大应力发生在中部横连接撑杆上，其值为−16.2 MPa，最大静动合成应力为−24.3 MPa。强度满足 TB/T 1335—1996 的要求。

（3）刚度试验

与承载框架静强度试验同时进行，采用位移传感器测试位移，兼用拉线法作参照。在自重+载重（360 t）作用下，承载框架侧梁最大垂向位移为 136.6 mm，挠跨比为 1/264，小于设计任务书挠跨比 1/180。承载框架均布加载 360 t，静置 24 h 延时挠度测量中，未发现有明显的随时间而增加的变形。

（4）动强度试验

结合车辆动力学试验同时进行，实测动应力见表 4-4-24。

表 4-4-24 动应力测试

部位	侧梁					心盘梁	导向梁		等分撑杆	连接撑杆
	等分撑杆处左上	中部右上	中部右下	近前端左上	中部拐点左上	旁承处右上	中导向处下部	近心盘梁下部	右等分撑杆	右下中横杆
动应力/MPa	−40.5	−29.4	54.3	13.3	17.9	15.9	−51.8	60.5	−18.8	−8.1
动荷系数	0.205	0.180	0.304	0.071	0.104	0.207	1.560	1.535	0.870	0.5

（5）车辆动力学试验

干线动力学运行试验由铁科院机辆所主持，重车正线试验线路为武汉铁路局管内南环线（武东至武南）、北环线（武昌至武东）、武九线（何刘至铁山）及铁灵线（铁山至金山店）。空车正线为武汉铁路局管内南环线（武东至武南）、北环线（武昌至武东）、武九线（何刘至黄石）。厂内试验在武汉铁路局管内八大家中江物流专用线及武昌东站修所内进行。试验结果如下。

①运行平稳性

空车按中导向在正线最高速度 110.1 km/h 速度范围内运行和曲线及侧线通过、厂试；重车（重心高 2 400 mm）按中导向、内导向在正线最高速度 71.6 km/h 速度范围内运行和曲线及侧线通过、小曲线大超高、厂试的所有测试工况下，横向加速度、垂向加速度、横向平稳性指标、垂向平稳性指标均满足 GB/T 5599—1985 规定的要求，具有较好的运行平稳性。

②运行稳定性（安全性）

空车按中导向在正线最高速度 110.1 km/h 速度范围内运行和曲线及侧线通过、厂试；重车（重心高 2 400 mm）按中导向、内导向在正线最高速度 71.6 km/h 速度范围内运行和曲线及侧线通过、小曲线大超高、厂试的所有测试工况下，所测脱轨系数、轮重减载率、轮轨横向力等指标均小于 GB/T 5599—1985 规定的限度。

③倾覆稳定性

根据所测轮轨力计算而得的倾覆系数最大值为 0.73，小于 GB/T 5599—1985 规定的 0.8 的要求。

在所测试的速度级范围内，正线、小曲线大超高、厂试的所有测试工况下，DK_{36} 型落下孔车的各项动力学性能指标符合要求，其动力学性能满足空车 100 km/h、重车 60 km/h 最高运行速度的要求。

5. 过桥检算

（1）检算要求

梁跨承载系数满足《铁路桥涵设计规范》中—活载要求（即承载系数为 1.0）。

计算的桥梁跨度范围包括：3～32 m 钢梁及钢筋混凝土梁常见跨度，从跨度 3 m 起，以米为单位递增检算至 32 m；32 m 以上按铁道部颁标准跨度钢梁及钢筋混凝土梁检算。

车辆按装载 360 t 进行计算，检算方法以《铁路桥梁检定规范》为依据。

（2）检算结果

在装载 360 t 和车辆前后加挂空车的情况下，能够以 48 km/h 及以下速度通过各种跨度的钢筋混凝土梁和钢梁，最不利工况的桥梁跨度（控制桥跨）为 29 m、30 m 跨。

6. 使用维护说明

（1）使用的环境温度为－40～50℃。

（2）空车回送时应编挂在列车后部，专列除外。

（3）通过最小曲线和道岔：

①通过最小曲线半径：外导向位 150 m；中导向位 180 m；内导向位为 260 m；最小道岔为 9 号。

②空、重车均禁止通过驼峰、禁止溜放与冲击。

（4）液压装置的油缸、油管和各种阀门每年须进行一次检修。

（5）运行速度要求。空车最高运行速度 100 km/h。重车运行速度符合附录 1-4《铁路长大货物车使用技术参数》（运辆货车函〔2015〕407 号文件）的规定。

（6）过桥限速要求。

载重 360 t 时，前后加挂隔离空车，过桥限速值见表 4-4-25。

表 4-4-25　过桥限速值

序号	混凝土桥跨/m	过桥速度/（km/h）	序号	混凝土桥跨/m	过桥速度/（km/h）
1	≤24	不限速	6	29	48
2	25	57	7	30	48
3	26	55	8	31	49
4	27	52	9	32	50
5	28	50	10	≥38	不限速

（7）小底架与转向架间双作用弹性旁承压缩量为（9±1）mm，小底架上旁承下平面与旁承滚子上平面的间隙为（6±1）mm，滚子上平面须高于旁承盒上平面 5 mm。承载框架与小底架间为液压旁承：一侧旁承油缸活塞伸出长度之和与另一侧旁承油缸活塞伸出长度之和相差不大于 3 mm，旁承油缸压力应调整至 0.5 MPa。

7. 运用情况

至 2018 年底，DK36 型落下孔车共安全运输换流变压器近 200 台，创造了显著的经济效益和社会效益。随着我国特高压直流输电工程建设与发展，运输需求量将呈递增的趋势，运输前景广阔。

十、DK36A 型落下孔车

（一）概　　述

DK36A 型落下孔车是按照中铁特货公司与齐厂签订的合同要求，2007 年 7 月，齐厂以齐司技〔2007〕189 号《关于载重 350 t 落下孔车提速改造技术方案报部审查的请示》上报了该车方案。2007 年 7 月 24 日，运输局装备部对该车方案进行了审查，并以运装货车〔2007〕473 号通知批复。按照审查意见要求和中铁特货公司的市场需求及用户要求，将载重由 350 t 调整为 360 t，同时，为保证运输安全可靠，按照最新铁路技术政策要求，该车空车最高运行速度调整为 100 km/h，根据运装货车电〔2008〕2499 号试验电报要求，该车空车最高试验速度为 110 km/h，重车最高试验速度为 70 km/h。

2008 年 7 月至 10 月，齐厂完成了一辆样车试制和试验。2009 年 1 月 9 日通过部科技司、运输局技术审查，部科技司、运输局以科技装〔2009〕14 号印发了技术审查意见及技术概要。3 月 1 日，部运输局下发了运装货车〔2009〕133 号文批复，定型为 DK36A，如图 4-4-35～图 4-4-39 所示。

图 4-4-35　DK36A 型落下孔车空车

图 4-4-36　DK36A 型落下孔车重车运输变压器（2009 年）

图 4-4-37　DK36A 型落下孔车运输南方电网公司变压器

图 4-4-38　DK36A 型落下孔车运输三相一体变压器

图 4-4-39　DK36A 型落下孔车运输国家电网公司哈郑工程 800 kV 变压器

（二）主要技术规格

主要技术规格见表 4-4-26。

表 4-4-26　主要技术规格

项　　目	技术规格	项　　目	技术规格
载重/t	360	重车最高运行速度/（km/h）	60
自重/t	182	转向架型式	3 轴焊接构架式
自重系数	0.29	轨距/mm	1 435
轴重/t	22.58	固定轴距/mm	2 800
每延米重/（t/m）	9.51	轮径/mm	840
轴数	24	制动装置	
车辆长度/mm	56 980	制动缸/（mm×mm）	ϕ203×254
侧承梁心盘距/mm	34 000	控制阀	120 型
中导向距/mm	24 000	制动倍率	4×15.2
内导向距/mm	20 400	制动率/%	12.9/10.86
落下孔长度/mm	13 000	车钩缓冲装置	
落下孔宽度/mm	2 460～3 550	车钩	13B 或 17 型
车钩中心线距轨面高/mm	880	缓冲器	MT-2 型
空车重心高度/mm	1 750	限界	空车符合 GB 146.1—1983《标准轨距铁路机车车辆限界》
货物起升高度/mm	250		
通过最小曲线半径/m	145	通过驼峰情况	禁止
空车最高运行速度/（km/h）	100	溜放与冲击情况	禁止

（三）简要说明

1. 用途

装运电力、冶金、化工、重型机械等行业的超限、超重阔大货物，如变压器和轧机机架等。

2. 技术性能特点

（1）落下孔长度尺寸 13 000 mm、落下孔宽度尺寸 2 460～3 550 mm，满足变压器和轧机机架等货物运输要求。

（2）设内、中、外三种导向装置，提高车辆通过曲线能力，扩大运输货物范围。液力升降装置，方便卸货。

（3）装载 340 t 时可按规定通过所有标准桥梁，装载 340～360 t 时为一级超重。

（4）落下孔宽度可无级调整，空车回送不超限。

3. 结构概况

主要由侧承梁、导向梁、大底架、小底架、转向架、调宽装置、侧移及导向装置、旁承装置、车钩缓冲装置、空气及人力制动装置，以及液压装置等部分组成。其中，侧承梁、导向梁、大底架、小底架等部件的主要钢结构采用屈服强度为 685 MPa 的高强度钢，如图 4-4-40 所示。

侧承梁主要由上下盖板、腹板、隔板、连接管等组焊而成。导向梁主要是由上下盖板及侧板、导向销套管等组焊而成。大底架主要由侧梁、小枕梁、大枕梁、大横梁、辅助梁、导向销座及上下封板组焊而成。侧梁、大枕梁、小枕梁均为变断面的箱形结构；大横梁、辅助梁由上下盖板、腹板组焊成工字形结构。小底架主要由侧梁、小枕梁及大枕梁组焊而成。侧梁、大、小枕梁均为箱形组焊结构。调宽装置主要由上拉杆、下压杆、拉压杆及连结销等组成。侧移装置及导向装置主要由移动心盘、滚子排及侧移油缸等组成。在直线或曲线上可利用外导向侧移油缸横向移位 500 mm；采用中、内导向时，大心盘可以根据曲线半径自动侧移。起升装置由作用在导向梁上的四组旁承油缸及油泵、换向阀等组成。油缸内径为 220 mm，油缸的额定压力为 31.5 MPa，上升行程为 250 mm。该起升装置采用柴油机驱动油泵提供动力。各级心盘均为半球形式，上、下心盘间衬有自润滑增强型聚四氟乙烯心盘衬垫或含油尼龙衬垫。三级球形心盘的球半径分别为 165 mm、250 mm、300 mm。转向架与小底架、小底架与大底架间为双作用常接触弹性旁承。导向梁与移动心盘间装有沿车体同侧纵向连通的液压旁承，主要由四组柱塞式单向油缸组成。全车采用 8 组 3 轴焊接构架式转向架。主要由构架、减振装置、轴箱弹簧装置、基础制动装置、轮对装置

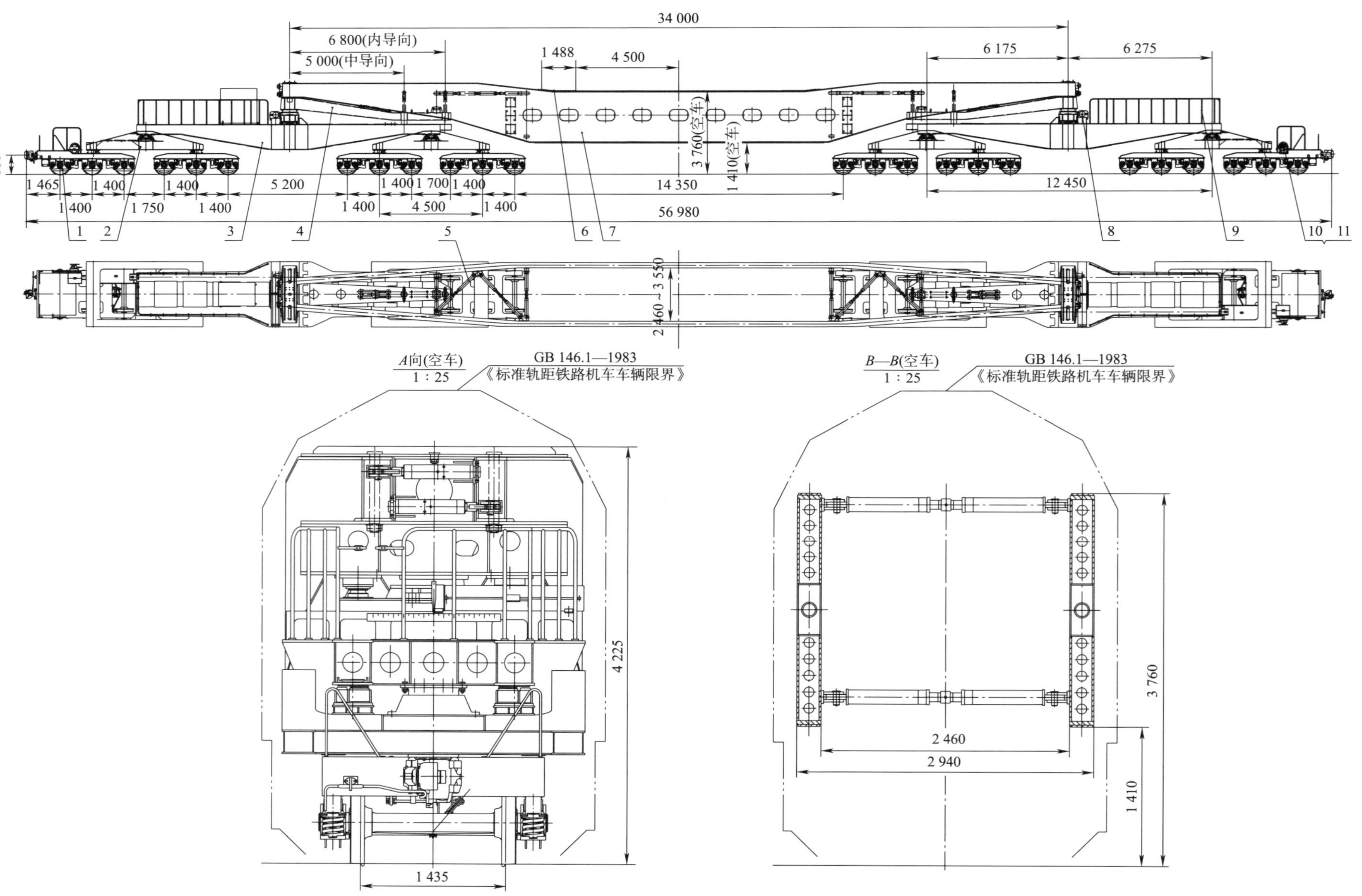

图 4-4-40　DK36A 型落下孔车总图（QCH262-00-00-000）

1—转向架；2—小底架；3—大底架；4—导向梁；5—调宽装置；6—肩座垫板；7—侧承梁；8—液压装置；9—栏杆组装；10—制动装置；11—底架附属件

等组成。其中，端部的两组转向架装有车钩缓冲装置。构架采用整体焊接结构，主要由枕梁和侧梁组焊而成；采用两级刚度弹簧；在 1、3 位轮对处设置斜楔减振系统，斜楔主、副摩擦面采用高分子复合材料磨耗板；采用加强型 E 型车轴、F 型轴承、HESA 型辗钢车轮，车轴轴承座部采用与 F 型滚动轴承配套结构，采用轴箱导框定位方式，轴箱与轴承之间加装承载鞍；中间轮对采用减薄轮缘车轮；下心盘内装用含油尼龙心盘磨耗盘；基础制动装置采用奥-贝球铁衬套，符合运装货车〔2004〕265 号和运装货车〔2006〕162 号文件要求的组合式制动梁，如图 4-4-41 所示。采用符合运装货车〔2007〕370 号文件要求的 E 级 13B 型车钩或 17 型车钩、配套锻造钩尾框，符合运装货车〔2008〕480 号文件要求的防跳插销及非金属钩尾框托板磨耗板，符合运装货车〔2007〕232 号文件要求的钩尾销和钩尾销螺栓，采用 MT-2 型缓冲器。

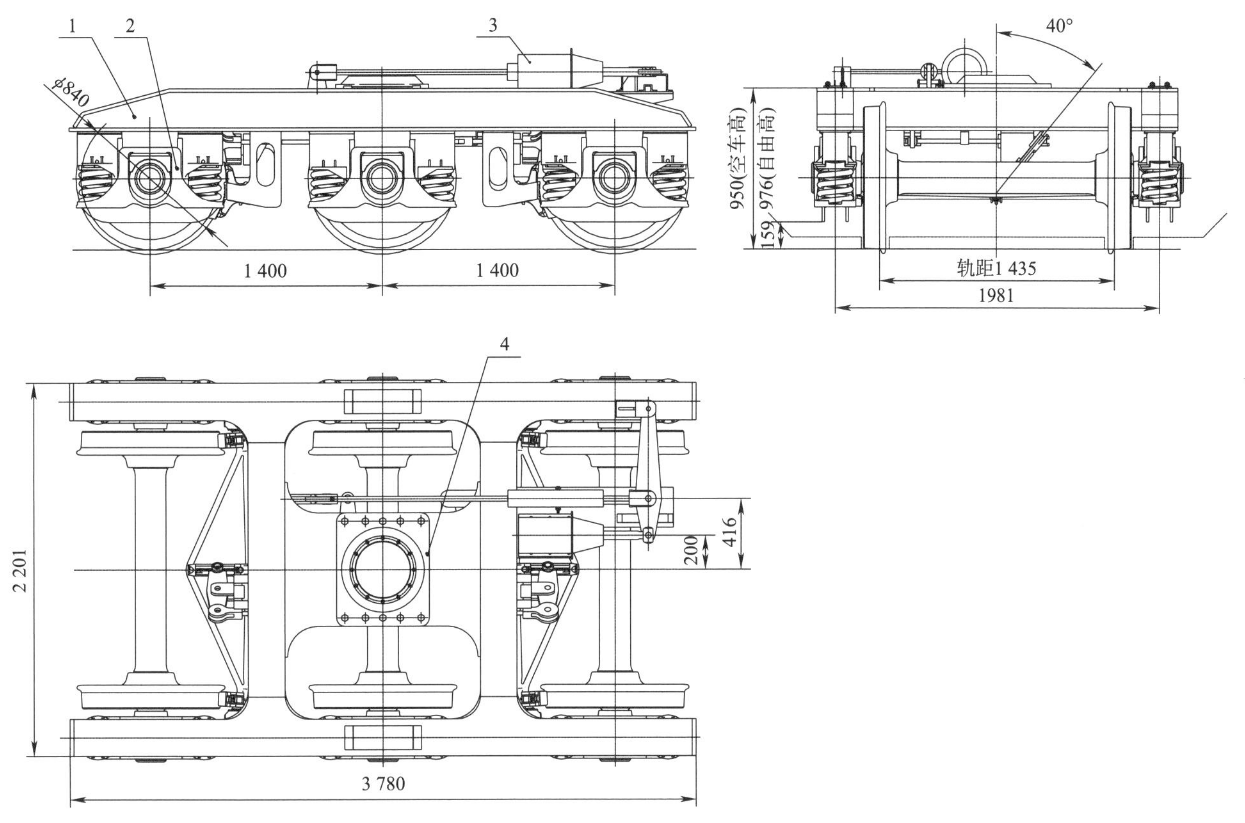

图 4-4-41 焊接构架式转向架结构图

1—构架组成；2—弹簧传动装置；3—空气制动装置；4—下心盘组成

全车采用 4 套空气制动装置，每套空气制动装置控制 2 组转向架。制动装置满足制动主管压力 500 kPa和 600 kPa 的要求。每套制动装置主要由 1 个 120 型控制阀、2 个直径为 203 mm 的整体旋压密封式制动缸等组成，采用改进的 ST2-250 型闸调器、球芯折角塞门、组合式集尘器、编织制动软管总成、法兰接头、奥-贝球铁衬套及配套圆销等，同时按照运装货车〔2008〕480 号文件要求集尘器装用 B 级铸钢材质的截断塞门把手、螺纹制动管吊加长并组装后端部压扁，密封垫圈采用符合运装货车〔2008〕447 号文件要求的 E 形垫圈。车辆在两端各安装 1 套 NSW 型人力制动机。

该车主要设备为液压系统，由液压泵站、旁承油缸、导向油缸、侧移油缸及管路等组成，液压系统的工作压力为 31.5 MPa。采用手动比例控制方式。采用卡套式无焊接管系。由于卡套式高压管接头无焊接点及氧化皮，同时钢管内部采用无氧化处理，从而保证系统的清洁度。液压油缸为该系统的执行元件，全车共 10 个液压油缸，采用耐低温的进口密封件，能适应－40～70℃的环境温度。旁承油缸为单向油缸，全车共 4 个。安装在导向梁头部的下方，活塞杆支撑在大底架的旁承座上，缸径和杆径分别为 ϕ220 mm 和 ϕ200 mm，油缸行程－30～250 mm。同侧的两个旁承油缸油路相连，其作用为因管路同侧相连，利用密封液体内的静压力处处相等的原理，使旁承油缸承受均衡载荷，从而减少车辆在过缓和曲线时车体所受的扭转力，改善侧承梁的受力状态。侧移油缸为双向油缸，全车共 2 个。缸体安装在大底架上，在使用侧移油缸时，活塞杆与大底架移动下心盘相连，通过油缸的伸、缩可推动移动心盘的左右滚移；在不使用侧移油缸时，活塞杆须全缩且活塞端部平面水平，同时连接销不得放置在活塞销座及移动心盘销座上。油缸的缸径和杆径分别为 ϕ200 mm 和 ϕ100 mm，有效行程为±500 mm。导向油缸为双向油缸，全车共4 个。缸体安装在导向梁上，在使用导向油缸时，缸体插入大底架导向销座内起导向销的作用，除作为水平面内的回转中心外，同时能纵向位移。油缸的缸径和杆径分别为 ϕ150 mm 和 ϕ100 mm。液压泵站由柴油机、柱塞泵、液压阀、滤油器、油箱等组合而成，是液压系统的动力源。采用集成化设计，封闭式结构，不锈钢液压油箱。为提高系统的可靠性，除附属件外的关键液压件如柴油机、柱塞泵、电动机、比例多路阀均采用进口产品。

4. 试验

(1) 静强度、刚度试验

2008 年 9 月 13 日至 15 日，齐厂委托铁科院机辆所对该车侧承梁、导向梁、大底架和小底架等进行了车体正位及侧移工况条件下的静强度、刚度试验。9 月 24 日至 10 月 8 日，完成了重车正线、大超高等工况条件下的动应力测试工作。试验结果表明：

侧承梁最大拉应力发生在下盖板折弯处的下平面，最大值 345.1 MPa，小于材料拉应力下的许用应力值430 MPa；最大压应力发生在中央断面上平面处，最大值−253.7 MPa，小于材料压应力下的许用应力值 457 MPa。

导向梁最大拉应力发生在端部圆孔周边沿 45°方向，最大值 216.6 MPa，小于材料拉应力下的许用应力值 430 MPa；最大压应力发生在端部圆孔周边，最大值−203.8 MPa，小于材料压应力下的许用应力值 457 MPa。

大底架最大拉应力发生在侧梁内侧封板端头，最大值 257.9 MPa、242.8 MPa，小于材料拉应力下的许用应力值 430 MPa；最大压应力发生在侧梁外侧上盖板变窄处圆弧及圆弧外侧，最大值−266.8 MPa，小于材料压应力下的许用应力值 457 MPa。

小底架最大拉应力发生在小枕梁上盖板心盘侧，最大值 150.6 MPa，小于材料拉应力下的许用应力值 430 MPa；最大压应力发生在大枕梁上盖板心盘侧，最大值−284.2 MPa，小于材料压应力下的许用应力值 457 MPa。

两侧承梁间等分撑杆、斜杆应力很小；上拉压杆为拉应力，最大值为 40.4 MPa，下拉压杆为压应力，最大值为−47.3 MPa；等分撑杆座处腹板最大应力值为 223.2 MPa；斜杆与上拉杆相交处双支座旁腹板应力较大，最大值为−331.3 MPa、−291.8 MPa；上拉杆支座处腹板最大值为−275.6 MPa；下拉压杆支座处腹板最大应力为拉应力，最大值为 185.2 MPa、181.8 MPa。以上各测点应力值均小于材料的许用应力。

侧承梁在 360 t 试验载荷下考虑自重后的挠度为 143.3 mm，侧承梁心盘距离为 34 000 mm，挠跨比为 0.76/180，满足设计技术条件规定的挠跨比小于 1/180 的要求。

大底架挠度为 23.7 mm，挠跨比为 0.57/300；小底架挠度为 4.7 mm，挠跨比为 0.31/300。满足设计技术条件规定的挠跨比小于 1/300 的要求。

试验结果表明：该车车体强度、刚度满足 TB/T 1335—1996 和设计技术条件的要求。

(2) 动力学性能试验

2008 年 9 月、10 月，齐厂委托铁科院机辆所在齐厂厂内进行了通过 R150 m 曲线、R180 m 曲线及 9 号道岔试验，最高试验速度 20 km/h。在哈尔滨铁路局管内齐齐哈尔至嫩江间进行了正线动力学试验，空车最高试验速度 110 km/h，重车最高试验速度 70 km/h。重车在齐齐哈尔站进行了复式交分道岔和交叉渡线通过试验，最高试验速度 20 km/h。

结果表明：该车在空车 100 km/h、重车 60 km/h 的速度条件下，指标均满足 GB/T 5599—1985 的规定和该车设计技术条件的要求。

(3) 通过小曲线大超高试验

2008 年 9 月 24 日，在哈尔滨局管内齐齐哈尔车辆段所管辖的油毡厂专用线上进行了通过半径 R300 m、外轨超高 h=140 mm 曲线试验。试验速度范围为 5～20 km/h。

结果表明：该车在通过小半径、大超高曲线线路时，其强度满足 TB/T 1335—1996 规定，其空、重车动力学性能满足 GB/T 5599—1985 的规定和设计技术条件的要求。

5. 使用维护说明

（1）该车落下孔宽度可在 2 460～3 550 mm 范围内调整。空车时落下孔宽度应调整到 2 460 mm。

（2）该车最小支承处中心距离为 7 m 时，载重为 360 t。

（3）严禁在车体上随意施焊，如需焊接，须严格按照该钢材焊接工艺执行。为方便加固，在侧承梁上平面上焊接有 Q345E 材质的垫板，其上可进行施焊。

（4）货物装载加固按照《加规》执行。

（5）如果货物装载后超限，按照《超规》执行。

（6）货物装载后重心与车辆纵、横向中心重合情况下，若两侧梁距轨面高度差较大时，可通过调整旁承油缸调整侧承梁状态。

（7）该车载重与侧承梁上、下平面高度对比见表 4-4-27，表中未列尺寸可采取插值换算，供装货时参考。

表 4-4-27 载重与侧承梁上、下平面高度对比表

载　重/t	0	300	320	340	360
侧承梁上平面距轨面高度/mm	3 760	3 585	3 573	3 562	3 550
侧承梁下平面距轨面高度/mm	1 410	1 235	1 223	1 212	1 200

（8）车辆在运行前，应检查确认车辆的导向状态，内、中、外三种导向装置只允许采用一种，严禁任意两种或三种同时作用。

（9）货物起升操作。

该车设有货物起升功能，以实现卸货方便。货物升降工作应由受过培训的人员进行操作。

在起升过程中，一位、二位端旁承油缸不允许同时起升，只能交替进行。在交替起升过程中，旁承处应放置安全铁，确保安全，每块安全铁的厚度为 40 mm。具体操作步骤如下：

车辆两端分别调整到外导向和中（内）导向同时作用状态；

一端起升约 40 mm 时，在该端的左右旁承处各放置一块安全铁；

该车一端起升完成后，再另一端起升 40 mm，并在左右旁承各放置一块安全铁；

重复上述操作，直至完成车体起升工作。

货物重量与车体起升高度对比如表 4-4-28 所示，供参考。

表 4-4-28 货物重量与车体起升高度

货物重量/t	260	280	300	320	340	360
车体起升高度/mm	≥160	≥170	≥180	≥190	≥200	≥210

（10）使用注意事项：

①该车在电气化区段运行或停站时，严禁人员攀登到大底架上平面高度以上任何部位。

②在厂矿、港口专用线运行前，必须了解所经线路的曲线半径、线路两旁的障碍物、路基状况、限界情况等，保证运输安全。

③液压管漏油时，需停车检查，拧紧接头、更换接头密封圈或更换新品液压管。

④空重车运输前必须进行连通旁承保压试验。空车充压 1 MPa，12 h 漏泄不得大于 0.3 MPa，重车应允压 3 MPa，12 h 漏泄不得大于 0.5 MPa。如泄漏量超标，须检修合格后方可运行。

⑤使用外导向前，首先须用液压泵站进行侧移油缸空载全行程伸缩 3 次，再进行全伸、全缩状态 25 MPa保压 1 min 试验。确认保压试验合格方可使用外导向。重载工况不平顺线路、曲线线路持续使用（包括停留及运行）外导向油缸不得超过 1 h。

⑥空车装载时需检查移动心盘滚子对中情况，最大偏移量不得超过 10 mm，超出时需进行调整。

⑦该车电气系统工作时带有危险电压，不慎触及可能导致严重的人身伤亡事故。非专业人员严禁接

触、拆卸、维修相关电气元件，专业人员应严格遵守相关运用及检修规程。

(11) 车辆管理：

①该车应配属专门车辆段保管。

②该车重车运输和空车回送应配备专门的司乘组负责押运。

③车辆停止不用时，应每月运行一次，距离为 10 m 以上；液压系统应每月启动操作一次；重车装载后停放时，应 3 至 4 天运行一次，距离为 10 m 以上。

④经过正常充电的蓄电池，搁置储存期内应每月进行小电流充电，以补偿蓄电池搁置储存期内自放电容量的损失。

(12) 须有良好的润滑部位：拉压杆螺纹处、导向销、滑动心盘两侧与承冲梁铜板接触处等。

(13) 各级心盘、转向架与小底架间、小底架与大底架间的常接触旁承处严禁涂润滑脂或润滑油。

(14) 在拆装及厂段修时，各转向架、大小底架及侧承梁位数应按原位数排列，不准换位。

(15) 空、重车运行前，应检查心盘、旁承的作用状态，确认作用良好后方可使用(转向架旁承滚子与小底架旁承磨耗板间隙单侧为 4～5 mm，可通过加减旁承下的调整垫板来调整该处间隙；大底架与小底架间的旁承滚子间隙为 7～8 mm，也可通过加减旁承下的调整垫板来调整)。

6. 运用条件

(1) 该车使用的环境温度为－40～50℃。

(2) 该车外导向时允许通过最小曲线半径为 145 m，侧向通过最小道岔为 8 号；中导向时允许通过最小曲线半径为 180 m，侧向通过最小道岔为 9 号；内导向时允许通过最小曲线半径为 250 m，侧向通过最小道岔为 12 号。

(3) 该车限速要求符合附录 1-4《铁路长大货物车使用技术参数》(运辆货车函〔2015〕407 号文件)的规定。

(4) 通过桥梁限速要求：

①装载 340 t 时可按规定通过所有标准桥梁，装载 340 t 至满载 360 t 时为一级超重。

②满载 360 t 前后加挂隔离空车进行过桥检算，通过混凝土桥梁的限速值见表 4-4-29。

表 4-4-29 通过桥梁限速

桥跨/m	钢桥/(km/h)	圬工桥/(km/h)
8	不限速	58
9	不限速	54
10	不限速	50
11	不限速	51
12	不限速	54
13	不限速	56
14	不限速	59
20	不限速	58
21	不限速	54
22	不限速	51
23	不限速	50
24	不限速	49
25	不限速	47
26	59	45
27	58	44
28	58	43

续上表

桥跨/m	钢桥/（km/h）	圬工桥/（km/h）
29	58	43
30	58	43
31	59	44
32	不限速	45
其他	不限速	不限速

（5）运行要求：

该车空车在正线上运行时，应采用中导向工况；空、重车在厂内运行时均应采用外导向工况，如需侧移时要求路基坚实。最高运行速度按限速表执行，各限速条件不一致时，按较低者执行。

（6）车辆编组方式：

①车辆连挂作业时，尽可能采用牵引方式，牵引时允许通过曲线，且该车需连挂在列车中后部；若无法牵引，允许机车以不超过 3 km/h 的速度在直线上匀速推送该车（单车）进行连挂作业。

②该车运行时须编挂在列车最后第二辆至第六辆内，且禁止编入尾部有补机的列车里。

③重车运输时，该车前后均须加挂至少一辆空载平车。

（7）空、重车均禁止溜放和冲击，禁止通过驼峰。

7. 运用情况

2009 年 4 月至 5 月，该车完成了沈阳特种变压器厂生产的 290 t 变压器的运输任务，沿途经过沈阳、通辽北、惠农、中堡等站，历时 9 天，全程 2 700 余 km，运用状况良好。

十一、D_{45} 型落下孔车

（一）概　　述

D_{45} 型落下孔车是齐厂根据铁道部科技研究开发计划（合同编号 2005J035）的安排，按照科技装〔2005〕165 号文件批复的设计任务书及与中铁特货公司签订的合同要求而研制的。2005 年 11 月，完成总体方案设计和分析计算。2005 年 12 月，铁道部科技司会同运输局在齐齐哈尔组织召开了该车设计任务建议书及设计方案技术审查会，并以科技装〔2005〕165 号文件批复。2006 年 7 月至 10 月，齐厂完成样车试制和试验。图 4-4-42 为 D_{45} 型落下孔车重车模拟装载货物线路动力学试验。2006 年 12 月 29 日通过样车技术审查。2007 年 3 月 26 日，获铁道部运装货车〔2007〕162 号《关于印发〈D_{45} 型落下孔车技术条件〉的通知》批复，定型为 D_{45} 型。图 4-4-43 显示 D_{45} 型落下孔车 2007 年首次运营运输轧机机架，图 4-4-44 显示重车运输专列通过铁路桥梁和通过曲线，图 4-4-45 为 D_{45} 型落下孔车运输轧机机架到达营口鲅鱼圈后，卸车和公路转运，图 4-4-46 为 D_{45} 型落下孔车运输中国一重 5.5 m 轧机机架。

图 4-4-42　D_{45} 型落下孔车重车车辆动力学试验（2006 年）

图 4-4-43　D45 型落下孔车运输轧机机架（2007 年）

图 4-4-44　D45 型落下孔车运输轧机机架通过铁路桥梁和通过曲线（2007 年）

图 4-4-45　D45 型落下孔车运输轧机机架卸车和公路转运（2007 年）

图　4-4-46

图 4-4-46　D45 型落下孔车运输中国一重 5.5 m 轧机机架

（二）主要技术规格

主要技术规格见表 4-4-30。

表 4-4-30　主要技术规格

项　目	技术规格	项　目	技术规格
载重/t	450	转向架型式	2 轴焊接构架式
自重/t	202	轨距/mm	1 435
自重系数	0.45	固定轴距/mm	1 750
轴重/t	23.29	轮径/mm	800
每延米重/（t/m）	9.37	制动装置	
轴数	28	制动缸/（mm×mm）	ϕ203×254
车辆长度/mm	69 580	控制阀	120 型
侧承梁心盘距/mm	40 900	制动倍率	2×25.5
内导向距/mm	32 500	制动率/%	23.3/7.2
落下孔长度/mm	16 100	车钩缓冲装置	
落下孔宽度/mm	1 450～2 350	车钩	13A 型
车钩中心线距轨面高/mm	880	缓冲器	MT-2 型
空车重心高度/mm	1 810	限界	空车符合 GB 146.1—1983《标准轨距铁路机车车辆限界》
货物起升高度/mm	350		
通过最小曲线半径/m	180	通过驼峰情况	禁止
空车最高运行速度/（km/h）	100	溜放与冲击情况	禁止
重车最高运行速度/（km/h）	60		

（三）简要说明

1. 用途

用于装运电力、冶金、化工、重型机械等行业的超限、超重阔大货物，如运输 5 m、5.5 m 轧钢机机架设备等。

2. 技术性能特点

（1）落下孔长度为 16.1 m、最大宽度为 2.35 m，是国内外铁路落下孔长度尺寸最大的车辆。

（2）侧移与内导向装置，可减少通过曲线时的内偏移量，扩大了货物的允许运输断面。

(3) 同侧纵向连通的液压旁承装置，减少车辆通过缓和曲线时车体所受的扭转载荷，改善车辆受力状态。

(4) 采用液力升降装置，方便卸货。

(5) 侧承梁可调宽、可拆卸，空车回送不超限，可提高回送效率。

(6) 安装有全球卫星定位系统（GPS），便于大件运输的组织管理，提高车辆利用率。

(7) 商业运营速度空车达到 100 km/h、重车达到 50 km/h，减少对线路的干扰，提高了运输效率。

3. 结构概况

主要由侧承梁、导向梁、大底架、中底架、小底架、14 组二轴转向架、侧移及导向装置、液压旁承装置、调宽装置、空气制动装置、人力制动装置、车钩缓冲装置等部分组成，如图 4-4-47 所示。

侧承梁为焊接结构，主要由上下盖板、腹板、隔板等组焊而成。导向梁为焊接结构，主要是由导向梁腹板及侧板、端部上下盖板及腹板、等分撑杆座、导向销套管等组焊而成的 T 形梁。

大底架主要由侧梁、小枕梁、大枕梁、大横梁、辅助梁、导向销座及上下封板组成为焊接结构。侧梁、大枕梁、小枕梁均为变断面的箱形结构；大横梁、辅助梁由上下盖板、腹板组焊成工字形结构。中底架包括端部中底架和中部中底架。端部中底架主要由中梁、小枕梁及大枕梁组焊而成；中梁由上下盖板、2 块纵向腹板及隔板组焊成变断面箱形结构。大、小枕梁均由上下盖板、腹板组焊为变断面箱形结构。中部中底架主要由侧梁、小枕梁及大枕梁组焊而成；侧梁由上下盖板、腹板及隔板组焊成变断面箱形结构；大、小枕梁均由上下盖板、腹板及若干隔板组焊成箱形组焊结构。小底架包括端部小底架和中部小底架。中部小底架主要由中梁、小枕梁及大枕梁组焊而成。中梁由上下盖板、纵向腹板及隔板组焊成变断面箱形结构，大、小枕梁均由上下盖板组焊为变断面箱形结构。端部小底架主要由牵引梁、中梁、小枕梁及大枕梁组成。其中牵引梁部位由上下盖板、腹板组焊成箱形结构，其余与中部小底架相同。

全车采用 14 组焊接构架式二轴转向架。主要由构架组成、直顶式减振器、轴箱弹簧装置、基础制动装置、轮对组成等组成。构架采用整体焊接结构，主要由枕梁和侧梁组焊而成。采用 50 钢车轴，车轴中部采用 E 型轴轴身，轴承座部采用与 F 型滚动轴承配套结构，车轮为 E 型轮，轮径为 ϕ800 mm。轴承为 F 型 6½英寸×12 英寸滚动轴承，下心盘上加装含油尼龙心盘磨耗盘，基础制动采用滑槽式弓形制动梁及新型高摩闸瓦。

全车采用 2 套空气制动装置。每套空气制动装置控制车辆一端的转向架群。采用制动主管压力满足 500 kPa 和 600 kPa 的制动装置，由 120 型控制阀、直径 203 mm 整体旋压密封式制动缸、ST2-250 型双向闸瓦间隙自动调整器等组成，采用球芯折角塞门、组合式集尘器、编织制动软管总成、法兰接头、奥-贝球铁衬套及配套圆销等。采用 2 套 FSW 型人力制动机，分别安装在车辆两端。

车钩缓冲装置采用 13A 型小间隙车钩及与之配套的钩尾框、合金钢钩尾销、MT-2 型缓冲器。

调宽装置主要由上拉杆、下压杆、端部调整杆、等分撑杆及连结销等组成。各杆均为梯形螺纹，可手动操纵无级调整落下孔宽度。侧移及内导向装置由移动心盘、滚子排、导向销座等组成。

起升装置由作用在大心盘上的二组柱塞式油缸及油泵等组成。油缸内径为 ϕ360 mm，油缸的额定压力为 28 MPa，升降幅度为 350 mm。该起升装置动力采用外接电源驱动油泵对起升装置提供动力。

该车在转向架与小底架间采用平面心盘，其余各级心盘均为半球形，上下心盘间衬有自润滑增强型聚四氟乙烯心盘衬垫或含油尼龙心盘衬垫，三级球形心盘的球半径为 SR165 mm、SR250 mm、SR300 mm。

转向架与小底架、小底架与中底架、中底架与大底架间为滚子旁承，主要由滚柱、支架及滚子轴组成。侧承梁与移动心盘间装有沿车体同侧纵向连通的液压旁承，主要由四组柱塞式油缸组成。

该车主要设备为液压系统，由（电动、手动）液压泵站、心盘油缸、旁承油缸以及连接管路四部分组成。液压系统的工作压力 28 MPa。

液压泵站包括电动泵站和 2 个手动泵站，其中电动泵站由电动机、泵、液压阀、滤油器、油箱、液压油和快速连接管等组合而成，是液压系统的主动力源，既可在地面使用也可固定在车上使用。2 个手动泵站自带油箱，在无电源或行车途中为油缸提供压力油，为辅助动力源。电动泵站装有 1 个压力表和 1 个载重吨位数显表。压力表用于显示液压系统工作时的压力，而载重吨位数显表直接将液压系统工作时的压力换算为 2 个心盘油缸所承载的总重，即导向梁、侧承梁及承载货物的总重量。

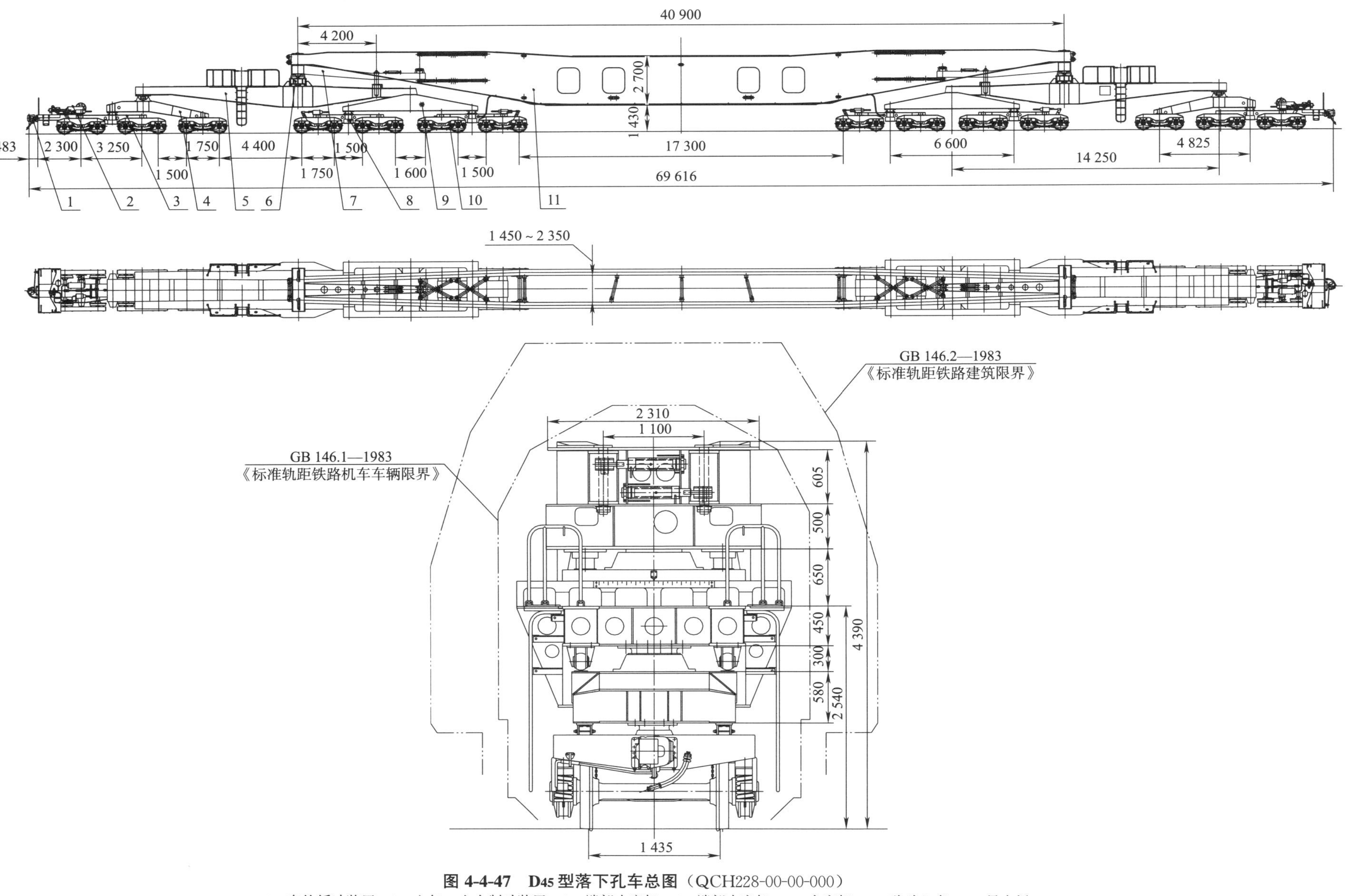

图 4-4-47　D45 型落下孔车总图（QCH228-00-00-000）

1—车钩缓冲装置；2—空气、人力制动装置；3—端部小底架；4—端部中底架；5—大底架；6—移动心盘；7—导向梁；8—中部小底架；9—中部中底架；10—二轴转向架；11—侧承梁

液压系统的钢管全部采用高精度白亮无缝钢管，管接头采用美国 Parker 公司生产的卡套式管接头。集成块和侧承梁采用 Parker 胶管连接。当侧承梁处于内侧时，用长胶管连接集成块与侧承梁管接头；侧承梁处于外侧时，用短胶管连接集成块与侧承梁管接头。为了排净旁承管路中的气体，在旁承油缸上部和侧承梁的旁承管路中设置了排气测压接头。排气时，先将保护帽拧下，再将套在接头上的连接环取下，然后再将保护帽拧到底，即可进行管路中积存的气体排气操作。排气完成后，将连接环套在接头上再将保护帽扣上拧紧到底再松 1～2 扣。

心盘油缸为双向油缸，全车共 2 个。分别安装在车体两端的导向梁的中部，活塞杆支撑在大底架半球形心盘的中心孔内；缸径/杆径分别为 360 mm/320 mm，油缸行程 350 mm。其作用为利用油缸的升降调整车体高度，方便卸货。车辆运行途中油缸活塞缩回与车体完全脱开，由心盘油缸的缸座承载重量。

安装有 4 组旁承油缸，同侧旁承油缸相互连通。油缸分别安装在车体两端导向梁心盘油缸的两侧，活塞杆支撑在大底架的旁承座上。旁承油缸为单向油缸，全车共 4 个。缸径/杆径分别为 220 mm/200 mm，油缸行程 120 mm，缸底安装有排气测压接头。空车时将两侧旁承油缸活塞伸出顶在座板上，使导向梁（车体）水平，再将油路压力调整到 0.5～1 MPa 后分别关闭两侧的旁承止阀，闭锁旁承油缸油路。

4. 试验

(1) 强度、刚度试验

2006 年 8 月 5 日和 6 日，齐厂委托铁科院机辆所，在齐厂产品试验室对该车侧承梁、导向梁、大底架、中底架和小底架等进行静强度、刚度试验。同时根据该车结构特点，其最不利工况应发生在 R180 m 圆曲线上。在正位重载试验后，分别在厂内 R180 m 曲线上进行静载和动载试验。测出车体在 180 m 曲线上由于侧移而产生的附加静应力和由于车辆运动而产生的动应力。试验结果表明：车体强度、刚度均满足 TB/T 1335—1996 和设计任务书的要求。

(2) 动力学性能试验

2006 年 10 月 25 日至 28 日，齐厂委托铁科院机辆所在齐厂厂内进行了通过 R180 m 曲线及 9 号道岔试验，最高试验速度 20 km/h。在哈尔滨铁路局管内齐齐哈尔至嫩江间进行了正线动力学试验，空车最高试验速度 110 km/h，重车最高试验速度 60 km/h。重车在齐齐哈尔站进行了复式交分道岔和交叉渡线通过试验，最高试验速度 15 km/h。结果表明：该车在空车 100 km/h、重车 50 km/h 的速度条件下，其振动加速度及平衡性指标，轮轴横向力、脱轨系数、减载率、倾覆系数等指标均满足 GB/T 17426—1998 和该车设计任务书的要求。

(3) 通过大超高曲线试验

2006 年 10 月 26 日，齐厂委托铁科院机辆所在哈尔滨局管内齐齐哈尔车辆段所管辖的油毡厂专用线上进行了通过半径 R300 m、外轨超高 h=140 mm 曲线试验。试验速度范围为 5～25 km/h，并在曲线上进行了停车试验。结果表明：该车在通过小半径、大超高曲线线路时，强度满足 TB/T 1335—1996 规定，空、重车动力学性能满足 GB/T 17426—1998 规定。

5. 使用维护说明

(1) 该车落下孔宽度调整范围 1 450～2 350 mm。空车落下孔宽度应调整到 1 450 mm，以使空车回送不超限。

(2) 装载时应严格按该车载重及集中载重规定执行。该车支承距离大于等于 8 m 时，承载能力为 450 t;支承距离为 7 m 时，承载能力为 445 t。

(3) 货物装载加固按照《加规》执行。

(4) 该车主要钢结构材料均采用的是高强度结构钢，该钢材对焊接有严格的操作规定。因此，在车辆运用过程中，严禁在车体上随意施焊。

(5) 如果装载的货物属于超限货物，车辆运输按照《超规》执行。

(6) 货物装载后重心与车辆纵、横向中心重合情况下，如果两侧梁距轨面高度差较大时，可以利用旁承油缸将侧承梁调整成水平状态。

(7) 货物升降时，应由专人随起升油缸活塞杆伸缩调整旁承间隙。

(8) 液压旁承压力：

该车大底架与导向梁间采用了液压旁承。在货物装载均匀时旁承压力要求如下：空车 0.1～

0.5 MPa；在装载货物前，车辆旁承压力应调整到 0.1～0.2 MPa，装车后旁承压力范围 0.1～0.5 MPa。超出此范围，应进行相应调整。运输时可不进行调整。

提示：①旁承压力在装车前后是有变化的，货物装载后压力增大，发车前应进行调整。②旁承压力随外界气温变化而变化，温度升高，压力则升高。旁承压力应随车进行调整。

（9）各级旁承间隙：

端部小底架与转向架间单侧旁承间隙为 1～2 mm；中部小底架与转向架间单侧旁承间隙为 2～3 mm；端部中底架与转向架间单侧旁承间隙之和 2～3 mm；端部中底架与小底架间两侧旁承间隙之和 4～8 mm；中部中底架与小底架间两侧旁承间隙之和 6～8 mm；大底架与中底架间两侧旁承间隙之和 8～10 mm。

（10）不同载重吨位工况下，承载面距轨面高度见表 4-4-31，表中未列尺寸可采用插值换算。

表 4-4-31 载重与侧承梁上、下平面高度对比表

载 重/t	0	303	342	382	417	450
上平面距轨面高度/mm	4 110	3 925	3 885	3 910	3 860	3 830
下平面距轨面高度/mm	1 410	1 225	1 208	1 185	1 160	1 130

（11）货物起升操作：

该车设有货物起升功能，通过心盘起升油缸实现，其主要是方便卸货。重车最大起升高度 350 mm。空车起升主要是完成液压系统的排气工作，起升高度应控制在 200 mm 范围内。

在起升过程中，1 位、2 位心盘油缸不允许同时起升，只能交替进行。在交替起升过程中，旁承处应放置安全铁，确保安全，每块安全铁的厚度为 40 mm。具体操作步骤如下：

①应用法兰和垫板将两端移动心盘固定，防止在起升过程中心盘移动。

②一端起升约 40 mm 时，在该端的左右旁承处各放置一块安全铁。

③该车一端起升完成后，在另一端起升 40 mm，并在左右旁承各放置一块安全铁。

④重复上述②、③操作，直至完成车体起升工作。

为使货物能够从车体上安全卸下，不同货物吨位时车体需起升高度见表 4-4-32。

表 4-4-32 货物重量与车体起升高度

货物重量/t	300	350	400	450
车体起升高度/mm	200～220	220～250	260～280	300～320

（12）使用注意事项：

①该车在电气化区段运行或停站时，所有操作人员禁止站在导向梁端部等较高位置进行作业，以免发生触电事故。

②每次运输前，必须对导向销进行磁粉或着色探伤，保证无裂纹。

③车体起升高度应严格限制，重车最大 350 mm、空车最大 200 mm，防止出现危险。

④须有良好的润滑部位：拉压杆螺纹处、导向销、转向架与小底架间、小底架与大底架间的间隙旁承、移动心盘两侧与承冲梁铜板接触处等。

⑤使用外导向前，首先须用液压泵站进行侧移油缸空载全行程伸缩 3 次，再进行全伸、全缩状态 25 MPa保压 1 min 试验。确认保压试验合格方可使用外导向。重载工况不平顺线路、曲线线路持续使用（包括停留及运行）外导向油缸不得超过 1 h。

⑥空车装载时需检查移动心盘滚子对中情况，最大偏移量不得超过 10 mm，超出时需进行调整。

⑦该车电气系统工作时带有危险电压，不慎触及可能导致严重的人身伤亡事故。非专业人员严禁接触、拆卸、维修相关电气元件，专业人员应严格遵守相关运用及检修规程。

（13）车辆管理同 DK_{36A} 型车的①、②、③。

6. 运用条件

（1）该车使用的环境温度为－40～50℃。

（2）该车通过的最小曲线半径为 180 m，最小道岔为 9 号。

（3）该车限速符合附录 1-4《铁路长大货物车使用技术参数》（运辆货车函〔2015〕407 号文件）的规

定。各限速条件不一致时，按较低者执行。

(4) 通过桥梁限速要求：

该车满载运行时，可以以 6 km/h 速度通过最不利的 32 m 混凝土桥梁。在满载情况下，通过混凝土桥梁的活载系数和限速值见表 4-4-33。

表 4-4-33　车辆满载过桥速度

混凝土桥跨/m	活载系数	过桥速度/（km/h）
8	0.986	可不限速
10	1.045	可不限速
12	1.094	49
16	1.146	31
20	1.145	27
24	1.153	21
26	1.164	16
28	1.171	12
30	1.174	8
32	1.176	6
40	1.123	20
56	0.977	可不限速
62	0.966	可不限速

(5) 车辆编组方式同 DK_{36A} 型车。

(6) 空、重车均禁止溜放和冲击，禁止通过驼峰。

7. 运用情况

2007 年 9 月 10 日至 23 日，D_{45} 型落下孔车成功运输中国一重集团公司为鞍钢集团公司生产的两片 5 m 轧机机架。机架长度为 15 200 mm、最大半宽 2 300 mm、高度 4 670 mm，重量 405 t。重车重心高 2 327 mm,运输总重 412 t。货物发站富拉尔基，到站鲅鱼圈。往返里程 4 000 多 km。运用情况良好，如图 4-4-48 所示。

图 4-4-48　D_{45} 型落下孔车运输 5 m 和 5.5 m 轧机机架

截至 2011 年底，D_{45} 型落下孔车已成功运输 11 次，均为一重集团公司研制的轧机机架，其中鞍山钢铁集团的 5 m、5.5 m 轧机机架共 4 片，出口韩国浦项钢铁集团的 5 m、5.5 m 轧机机架共 6 片，湘潭钢铁集团的 3.8 m 轧机机架 1 片，总运输里程达 3 万余 km。运输过程中安全可靠，空车回送速度高，提高了车辆利用率，受到了用户及铁路部门的好评。同时也为国家顺利实施节能减排政策及国民经济的可持续发展提供了运输装备上的保证，从而促进了冶金等行业的装备提升和升级换代，进一步促进了国家节能减排政策的实施，对国民经济的发展具有深远的影响。

十二、TD_{13} 型落下孔车

(一) 概　述

TD_{13} 型落下孔车是根据齐厂与中国航天科技集团公司第一研究院十五研究所签订的合同要求而研制的专用车辆。2008 年 10 月，完成总体方案设计。2009 年 1 月 8 日，铁道部运输局、科技司组织召开该车

设计方案部级技术审查会，并以运装货车〔2009〕65 号文件予以批复。2009 年 5 月，完成样车试制，并进行了称重及限界检查；2009 年 7 月和 10 月，完成了该车车体静强度、刚度试验，在哈尔滨铁路局完成了正线动力学试验。图 4-4-49 为 TD_{13} 型落下孔车，图 4-4-50 为所运特种货物 4 200 mm 卫星整流罩（10 610 mm×4 720 mm×2 922 mm，重量 13.9 t），图 4-4-51 为 2012 年 TD_{13} 型落下孔车运输卫星整流罩包装后装车情况。

图 4-4-49　TD_{13} 型落下孔车（2009）

图 4-4-50　运输货物 4 200 mm 卫星整流罩

图 4-4-51　TD_{13} 型落下孔车运输卫星整流罩包装装车（2012 年）

（二）主要技术规格

主要技术规格见表 4-4-34。

表 4-4-34　主要技术规格

项　　目	技术规格	项　　目	技术规格
载重/t	15	落下孔尺寸/（mm×mm）	11 200×2 400
自重/t	25.3	重车承载面距轨面高度/mm	1 350
总重/t	42	商业运营速度/（km/h）	120
轴重/t	10.1	限界	空车限界符合 GB 146.1—1983《标准轨距铁路机车车辆限界》的要求
车辆长度/mm	19 766		
车辆定距/mm	14 900	通过驼峰情况	禁止
车辆最大宽度/mm	3 220	溜放与冲击情况	禁止

（三）简要说明

1. 用途

运输卫星整流罩货物。

2. 主要特点

（1）该车载重 15 t，商业运营速度 120 km/h。

（2）采用落下孔式承载结构，落下孔长度 11 200 mm，落下孔宽度 2 400 mm，承载面距轨面高度（重车）1 350 mm。

3. 结构概况

该车主要由底架、转 K_6 型转向架、车钩缓冲装置及制动装置等部分组成，如图 4-4-52 所示。卫星整流罩包装装车如图 4-4-53 所示。卫星整流罩包装截面如图 4-4-54 所示。

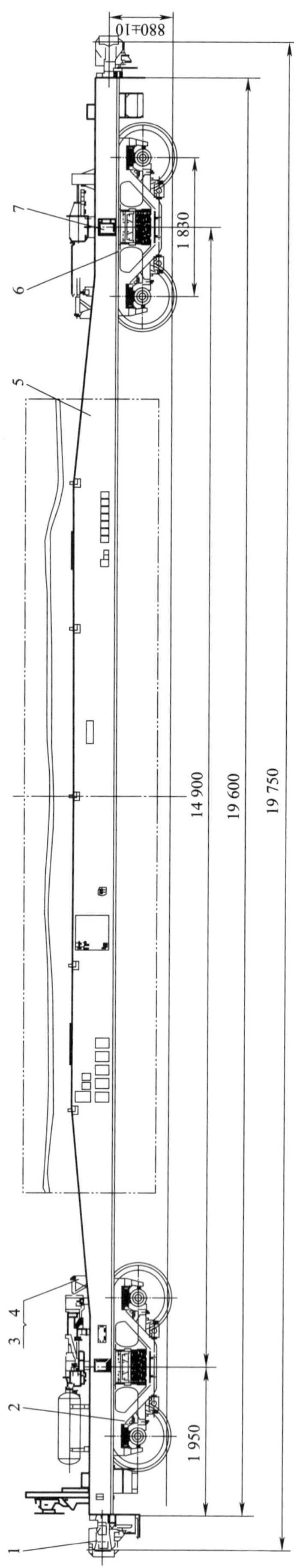

图 4-4-52　TD$_{13}$型落下孔车总图

1—车钩缓冲装置；2，6—转向架；3，4—制动装置；5—底架；7—车辆标记

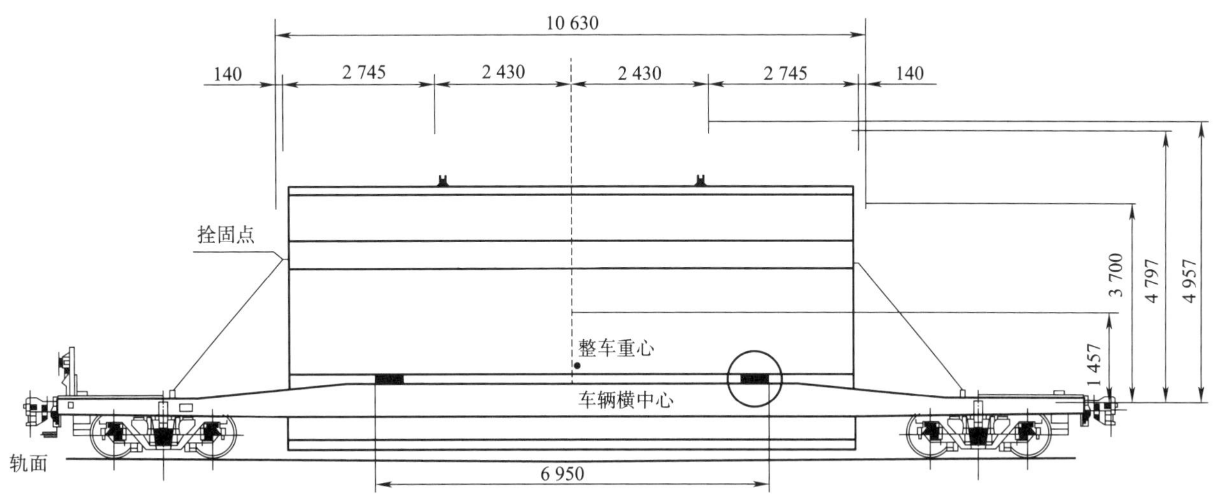

图 4-4-53　卫星整流罩包装装车图

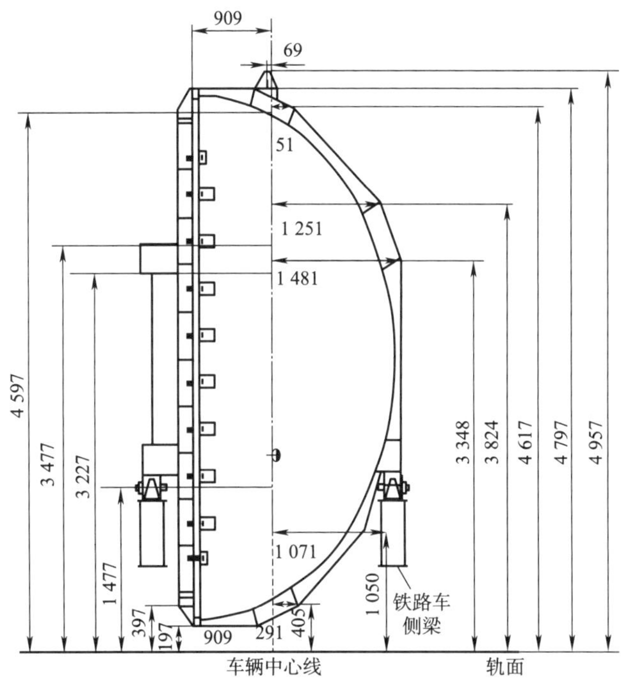

图 4-4-54　卫星整流罩包装截面图

第五节　跨装平车

一、D30 型双联平车

（一）概　　述

为解决进口大型化肥设备中的氨合成塔和尿素合成塔及其他重型设备的运输问题，齐厂于 1973 年设计，1974 年制造了 2 辆 D_{30} 型 20 轴 370 t 双联平车，如图 4-5-1～图 4-5-3 所示。1974 年 3 月至 4 月在齐厂内和正线上进行了该车的静动强度试验与空重车动力学试验，通过线路和桥梁试验，以及满载试运行，随后投入运用。该车先后完成了 13 套大型进口化肥设备中重量为 309 t 与 352 t 氨合成塔，325 t 与 340 t 尿素合成塔等特大件的运输任务，还采用牵鼻子方案装运了长度只有 21 m 的氨合成塔。该车于 1978 年获全国科学大会奖，1988 年又完成了最大重量达 360 t、重车重心高度超过 3 m 的 6 个大件的高重心货物的整体运输任务，取得了良好的经济效益和社会效益。

图 4-5-1　D_{30} 型双联平车（齐厂　1974 年）

图 4-5-2　D_{30} 型双联平车运输上海锅炉厂汽包和进口 350 MW 发电机组锅筒

图 4-5-3　D_{30} 型双联平车运输锅炉汽包和锅筒

（二）主要技术规格

主要技术规格见表 4-5-1。

表 4-5-1　主要技术规格

项　　目	技术规格	项　　目	技术规格
载重/t	370	转向架型式	五轴一体构架式
自重/t	126	轴数	5
自重系数	0.34	轴型	E
轴重/t	24.8	轴距/mm	4×1 400
每延米重/（t/m）	12.3	轮径/mm	840
轴数	20	弹簧总刚度/（kN/mm）	33.85
车辆长度/mm		制动装置	
两节双联	40 360	制动缸/（mm×mm）	ϕ356×254
单节	20 180	三通阀	GK 型
车辆宽度/mm	3 360	制动倍率	8.5
转动鞍座中心距/mm	20 180	制动率（空车/重车）/%	42.3/21.5
凹形底架心盘距/mm	10 892	人力制动机	蜗轮蜗杆式
凹形底架长度/mm	11 692	车钩缓冲装置	
转动鞍座圆弧中点距轨面高/mm	1 870	车钩	2 号
转动鞍座旁承中心距/mm	2 000	缓冲器	2 号
车钩中心线高/mm	880	限界	空车符合 GB 146.1—1983《标准轨距铁路机车车辆限界》的要求
空车重心高度/mm	920		
通过最小曲线半径/m	180		
允许通过最小道岔	9 号	通过机械化驼峰情况	禁止
构造速度/（km/h）	80		

（三）简要说明

1. 用途

主要供运输大型化工设备中的长度大于 21 m 的圆筒形反应器等货物。

2. 技术性能特点

转动鞍座中心距 20 180 mm，其圆弧中点距轨面高度 1 870 mm。预设鞍座适应的货物直径：23701 号车为 3.51 m，23702 号车为 3 m。

3. 结构概况

该车由两节相同的凹形平车连挂而成，如图 4-5-4 所示。每个凹形平车由 1 个凹形底架、2 台五轴转向架、空气和人力制动及车钩缓冲等装置组成。在凹形底架的中央设有转动鞍座和卡带，供紧固跨装货物用。该车的主要结构材料为 09Mn2 低合金钢。

凹形底架由 2 根主梁（侧梁）、1 根大枕梁、2 根小枕梁及 4 根横梁等部件组成。主梁为工字形断面，中部高度为 1 m，腹板厚为 30 mm，为加强稳定性，在腹板设有加强筋，上下盖板均为双层，内层为 50 mm×400 mm，外层为 30 mm×340 mm。凹形部分的圆角半径，内侧为 400 mm，外侧为 1 000 mm。大枕梁与小枕梁均为箱形断面，其中央断面高分别为 940 mm 与 480 mm。大心盘与小心盘均为浅球形，其直径分别为 760 mm 与 530 mm，球面半径均为 750 mm。位于转动鞍座与凹形底架之间的大旁承和位于凹形底架与转向架之间的小旁承均为滚轮式。转动鞍座与卡带的圆弧半径根据货物的直径而定：23701 号车为1 765 mm，23702 号车为 1 510 mm，分别适于装运直径为 3 510 mm 与 3 000 mm 的圆筒形货物。

4. 试验情况

（1）静强度试验

试验是在四方所的协助下由齐厂主持进行。在上下弯角内侧 $R400$ 圆弧处的最大静动合成应力分别为

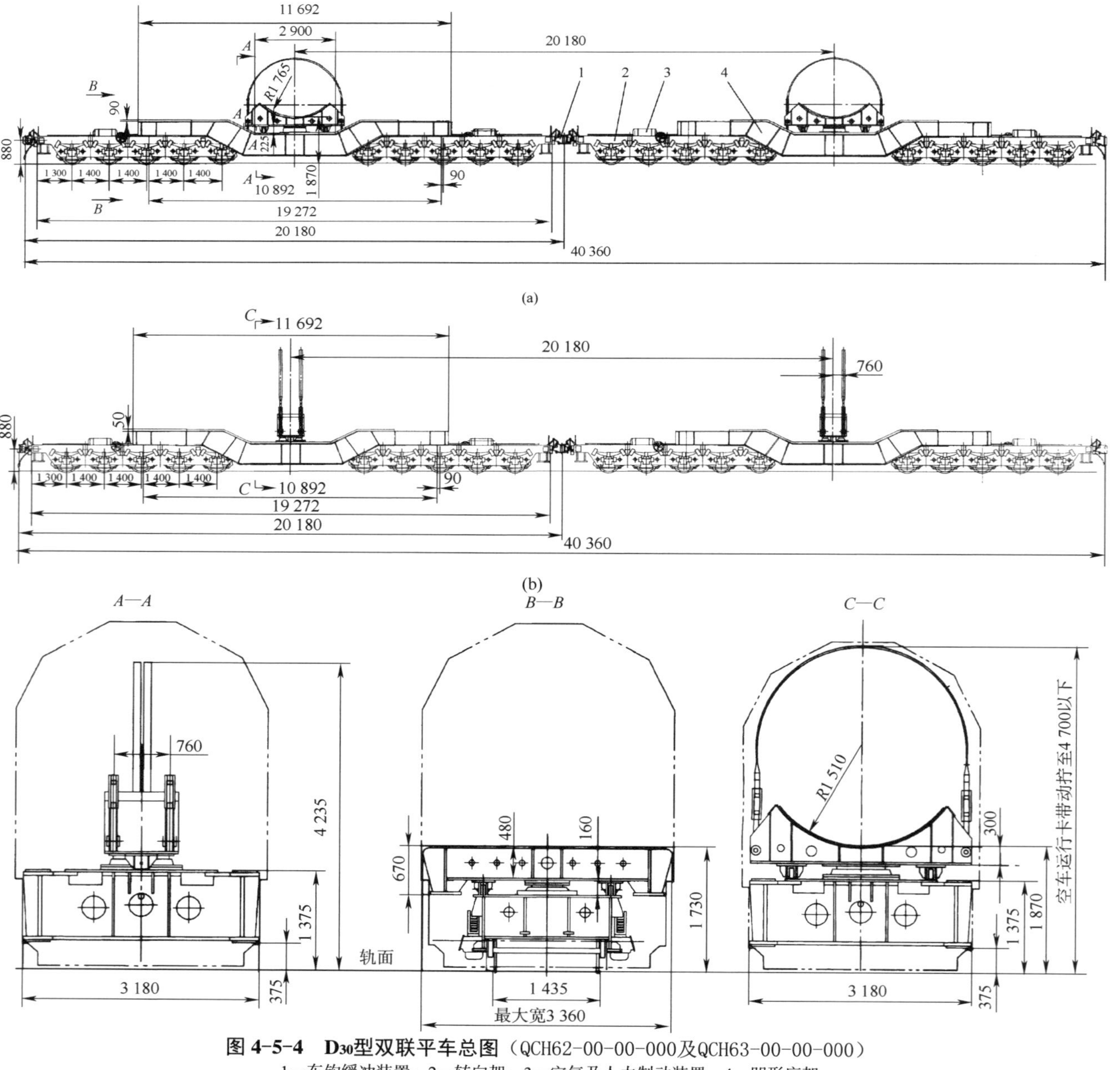

图 4-5-4 D30型双联平车总图（QCH62-00-00-000及QCH63-00-00-000）

1—车钩缓冲装置；2—转向架；3—空气及人力制动装置；4—凹形底架

159 MPa 与 177 MPa，均小于 09Mn2 材料的许用应力 186 MPa。该主梁的挠跨比约为 1/1 000，刚度足够。

转动鞍座的应力不大，最大静应力只有 18.4 MPa。转向架最大静应力发生在侧梁中间导框内圆弧处，在额定垂直载荷作用下的最大静应力为 192 MPa，通过半径为 180 m 曲线时的最大平均动应力为 40.2 MPa,最大静、动合成应力达 233 MPa，超过了材料的许用应力。其原因是因该圆弧半径设计值为 50 mm,而制造值为 25 mm 引起的。为降低应力，在通过线路和桥梁试验时，已将中央导框下拉条改为双夹板结构。转向架其他各处的最大合成应力均小于许用应力。

(2) 动力学试验

由四方所主持试验，在齐厂内和让湖路站进行。在通过 8 号道岔和半径为 180 m 的曲线时，重车脱轨系数最大值为 1.13，小于极限值 1.2。空车时由于弹簧静挠度太小，只有 6 mm 左右，因此脱轨系数较大，其最大值：通过 8 号道岔时为 2.48，通过半径 180 m 曲线时为 2.46，均超过允许值。但试验中未发生运行安全问题。

试验中测定了在水平面内凹形底架相对于转向架与转动鞍座的转角，在车辆通过半径为 180 m 曲线时，其最大值分别为 2°30′与 4°20′。

(3) 通过线路和桥梁试验

试验由齐齐哈尔铁路局、锦州铁路局、沈阳铁路局、交通部科学研究院、齐厂组成的试验小组在让湖路站进行。测定了在 D_{30} 型双联平车重车通过半径为 600 m 和半径为 700 m 的复曲线及 9 号道岔渡线时的行车安全性能，轨道结构的强度和刚度，通过桥梁时桥梁的应力和变形，从而求出重车的过桥速度与冲击力的关系。试验车组通过线路和桥梁试验运行超过 1 800 km。

(4) D_{30} 型双联平车在试验中出现的问题

①重车动力学试验中，第 2 位、4 位转向架的中间轴发生过轴瓦端磨而燃轴。其主要原因是该轴轴箱与导框的横向游间以及轴瓦前端的游间均过小。经加大游间后，再未发生过燃轴。

②上下大心盘之间发生过严重的黏着咬伤。其主要原因是上下心盘摩擦副采用了相同的铸钢材料。在上下心盘之间加了 1 个厚 5 mm 的 H62 黄铜衬垫后，解决了黏着咬伤问题。

5. 使用维护注意事项

(1) D_{30} 型 23701 号车的转动鞍座外宽为 3 700 mm，已经超限。空车回送时，为了不超限，必须将转动鞍座回转 90°，置于与车体纵向中心线相重合的位置，还应将卡带插入垫木座内，并用铁丝将卡带与张紧螺套固定在凹形底架与鞍座上。23702 号车空车不超限，回送时转动鞍座不需回转 90°，但也应进行固定。

(2) 重车运输之前，应先通知有关铁路局，按照重车重量对途经的线路和桥梁进行检算，以确定能否通过，以及通过时所需的条件，再报铁道部批准后方可办理运输。

(3) 不论空车回送还是重车运行前，均应检查大小心盘、大小旁承的作用性能，并注入足够的润滑油和润滑脂。对卡带螺栓、张紧螺套及活接螺栓的螺纹表面均应经常涂润滑脂，以防锈蚀。检查旁承间隙，每侧应保证在 2～4 mm 内，或装货后两侧旁承间隙之和为 4～8 mm。

(4) 待运的大型圆筒形货物本身必须具有能承受本身重量的强度与刚度，其支承部分顶板长度一般应在 22 m 以上，此时为双联装运形式，2 个转动鞍座上的最大载荷为 370 t。

(5) 空、重车在调车作业时，均不得通过驼峰。

(6) 空车回送时的运行速度可按一般货车的速度运行。当通过半径为 180 m 的曲线及 9 号道岔时，应限速为 25 km/h。半径为 180 m 的曲线外轨超高应不大于 25 mm。重车运行速度应根据重心高度按《铁路货物运输规程》确定。

(7) 装运货物时，在货物与转动鞍座以及与卡带之间，均应垫厚 10 mm 的胶垫（用户自备），以增加摩擦力。用卡带紧固时，每一卡带的紧固力为 50～60 t。紧固时，用专门的撬棍旋转张紧螺套，最后用 M64 的单头螺母扳手锁紧。

(8) 重车条件下更换轴瓦时，应使用 30～50 t 的千斤顶。为防止轴箱底部被千斤顶顶变形，应在轴箱底部与千斤顶间加 25 mm 的垫板。同时应在车轮与转向架构架之间加顶块，以防车轮被顶起。在千斤顶下部应垫以枕木，以加大承压面积。

(9) 该型车除可按双联形式装运最大重量为 370 t 的货物外，也可采用单节形式装运，此时装运最大重量为 185 t，货物应支于凹形底架的两侧主梁上，两支点应与凹形底架横向中心线相对称，支距距离不限。采用单节型式装运（即双联平车须进行分解）时，应报请铁道部批准。

(10) 装运货物时，货物的重心一般应位于车辆纵向和横向中心线的交点上。特殊情况下必须位移时，横向偏移量不得超过 100 mm；纵向偏移时，每个转动鞍座上的最大载荷不得超过 185 t，且前、后鞍座实际载重之差应适当。偏载的检查，可粗略地通过测量车辆两侧轴箱弹簧的挠度差来确定。

二、D30G 型双联平车

(一) 概　　况

齐厂 1974 年制造的 D30 型双联平车，在现行活载标准条件下，只能装运 325 t 以 2 km/h 通过最不利桥梁，其使用范围受限。为进一步发挥该车的作用，根据齐厂与中铁特货公司签订的“D30 型双联平车改造兼厂修合同”的要求，齐厂进行改造。1999 年 8 月，通过铁道部方案评审。9 月，完成车体部分的制造、转向架部分的厂修和整车落成，进行空车称重、通过限界及小曲线检查。9 月 16 日和 17 日由四方所主持，铁道部驻齐厂车辆验收室及厂参加，完成整车静强度、刚度鉴定性试验。铁科院于 9 月 23 日—27 日主持了该车动力学及牵引装置动强度试验，四方所主持动强度试验。在专用线上进行厂矿线路的低速试验，在齐齐哈尔北至昂昂溪、齐齐哈尔北至三南区段进行了正线试验。完成了对牵引装置动力核算，并委托西南交通大学完成了该车改造前、后的动力学性能、曲线通过性能计算。10 月，通过铁道部技术评审，并出厂运用。D30G 型双联平车空车和重车运输如图 4-4-5～图 4-4-8 所示。

图 4-5-5　D30G 型双联平车空车

图 4-5-6　D30G 型双联平车空车半车

图 4-5-7　D30G 型双联平车重车运输 1

图 4-5-8　D30G 型双联平车重车运输 2（2003 年、2005 年）

（二）主要技术规格

主要技术规格见表 4-5-2。

表 4-5-2　主要技术规格

项　　目	技术规格	项　　目	技术规格
载重/t	370	转动鞍座中心距/mm	22 380
自重/t	101	车辆长度/mm	42 668
轴重/t	23.55	车钩中心线高/mm	880
每延米重/（t/m）	11.04	空车重心高度/mm	700
自重系数	0.27	构造速度/（km/h）	80
底架心盘距/mm	11 000	通过最小曲线半径/m	180
底架宽度/mm	3 180	允许通过最小道岔	9 号
承载面距轨面高度/mm		限界	空车符合 GB 146.1—1983《标准轨距铁路机车车辆限界》的要求
空车	1 735		
重车	1 675	通过驼峰情况	禁止

（三）简要说明

1. 用途

适于标准轨距上使用，装载电力、冶金、化工、机械等行业的超限重型货物。

2. 技术性能特点

（1）通过 56 m 控制铁路混凝土桥梁时限速 15 km/h。

（2）承载面距轨面高度：空车 1 735 mm、重车满载 1 675 mm。

3. 结构

（1）改造方案

改造 D30 型双联平车方案设计原则是：原 D30 车转向架、空气制动、人力制动、车钩缓冲装置等部分基本不变，重新设计底架和转动鞍座，增加一牵引装置。通过结构优化，采用高强度钢材以降低该车自重及承载面高度。通过调节牵引装置，调整车辆长度，以满足不同载重对过桥的要求，提高运输能力。

（2）主要结构

主要由 2 个底架、2 个转动鞍座、1 个牵引装置、4 个五轴包板式转向架、空气制动装置、人力制动装置和车钩缓冲装置等部分组成，如图 4-5-9 所示。其中，底架、转动鞍座和牵引装置为新造部分，其余为厂修部分。为减轻车辆自重，该车改造部分中底架采用屈服强度为 685 MPa 的进口 WEL-TEN780A 高强度可焊结构钢，转动鞍座采用屈服强度为 345 MPa 的国产 Q345B 低合金结构钢。

底架由 2 根侧梁、1 根大枕梁、2 根小枕梁、4 根横梁及上、下心盘等组成。侧梁、大、小枕梁均为箱形组焊结构，横梁为工字形组焊结构。

牵引装置主要由双头螺纹管、拉杆、连接销、牵引座等部分组成。转动鞍座主要由上下盖板、腹板、卡带及上心盘等部分组成。2 位、3 位转向架上的车钩由牵引装置取代，其余车钩缓冲装置不做调整。

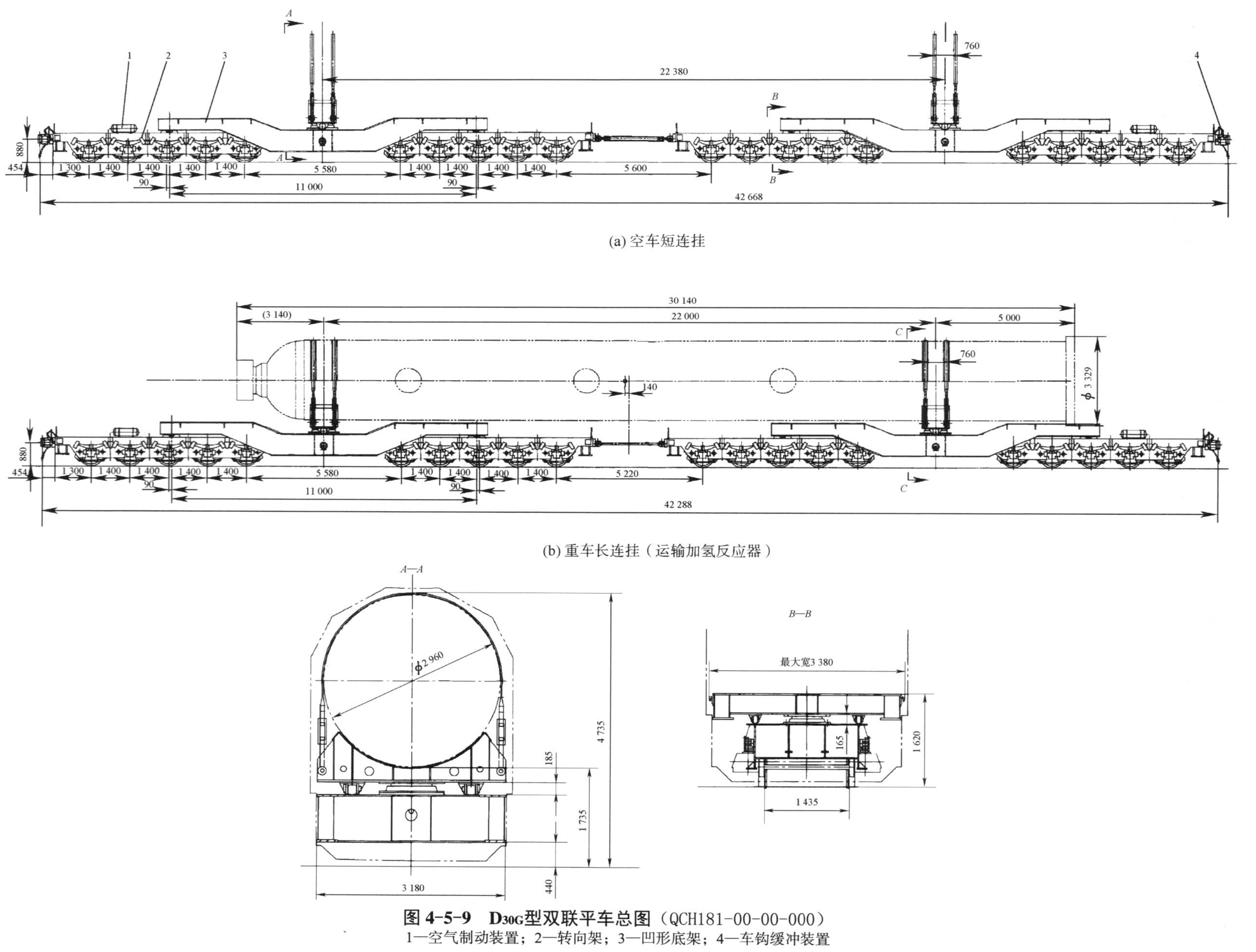

(a) 空车短连挂

(b) 重车长连挂（运输加氢反应器）

图 4-5-9　D30G型双联平车总图（QCH181-00-00-000）

1—空气制动装置；2—转向架；3—凹形底架；4—车钩缓冲装置

转向架、空气制动装置、人力制动装置均为D_{30}车原型。并按产品图样技术条件（QCZ21JT）、使用说明书（QCZ21SM）和辆货〔1994〕56号公布的《大车厂修技术条件（暂行）》的有关规定进行了厂修。

4. 分析和试验

（1）结构强度计算

利用I-DEAS软件及CAD工作站对车底架进行了有限元计算。结果表明：各部分应力均小于材料的许用应力，底架强度合格。在自重和载重同时作用下，侧梁最大挠度为33.5 mm，挠跨比为33.5/11 000≈1/328，小于1/250，刚度满足设计要求。

（2）静强度试验和刚度试验

四方所于9月11日至17日在齐厂主持完成了该车车体静强度、刚度试验。9月23日和24日完成了重车厂内和正线车体动强度试验。试验结果表明：底架最大应力发生在侧梁下盖板小弯角处，最大合成应力为280 MPa，小于材料的许用应力，车体强度满足TB/T 1335—1996的要求。底架中央断面换算挠度为28.5 mm，挠跨比为0.648/250，底架刚度满足设计要求。

（3）动力学性能试验

9月23日至9月27日，铁科院机辆所主持在齐齐哈尔分局管内齐昂线、平齐线上对该车进行了正线试验，在齐厂厂内进行了厂矿企业线路条件试验。结果表明该车各项动力学性能指标满足GB/T 5599—1985的规定。在线路条件正常情况下，直线空车最高可按80 km/h速度运行；直线重车最高可按50 km/h速度运行。与此同时，对牵引装置进行了动力及通过曲线时相对转角测试。测试结果表明：重车时，牵引装置最大受力发生在通过$R180$曲线上，拉杆力为134.1 kN，相对转向架中心线转角为6.6°；空车时，牵引装置最大受力也发生在通过$R180$曲线上，拉杆力为107.9 kN，相对转向架中心线转角为6.6°。均满足设计要求。

5. 过桥检算

满载通过56 m的混凝土桥梁时限速为15 km/h。

6. 使用维护说明

（1）运行速度应符合附录1-4《铁路长大货物车使用技术参数》（运辆货车函〔2015〕407号文件）的规定。在其余线况下，可按线路限速条件运行。

（2）该车车体采用了日本高强度可焊结构钢，焊接工艺要求较高，因此禁止在车体上随意施焊和切割。

（3）其他同D_{30}型车。

7. 运用情况

D_{30G}型双联平车于1999年10月19日至11月3日首次运输。货物为加氢反应器，重326 t，长30 140 mm，货物直径为ϕ2 953 mm，装车后两转动鞍座中心距为22 000 mm，富拉尔基站至奎屯站，途经哈尔滨局、乌鲁木齐局等6个铁路局，行程5 200多km。

三、DL_1型预制梁运输专用车

（一）概　　况

由于铁路建设的需要，中铁特货公司承担了预制梁运输。采用2辆DL_1型大吨位预制梁运输专用车和1辆DNX_{17K}型平车作为游车的三车一组运输方式。该车可划为多车连挂的跨装平车类。按照TB/T 3443.3—2016《机车车辆车种、车型和车号编码规则　第3部分：货车》，属于大车范畴运梁类。

2005年3月，根据建技电〔2005〕13号、建技电〔2005〕20号电报先后召开了采用大吨位运梁平车的可行性和技术方案讨论会。确定大吨位预制梁的运输应采用三车连挂的运输模式、运输车辆应采用专用车型式。7月和11月，通过了铁道部运输局会同建设司对二七车辆厂提出的运输大吨位预制梁专用车设计任务建议书及设计方案和施工图设计审查。2006年6月，通过铁道部运输局、科技司组织的样车技术审查。该车型定型为DL_1型，如图4-5-10所示。2007年5月，通过铁道部DL_1型运梁专用车改进方案（即：既能满足运输大吨位预制梁的要求，又能在拆除桥梁支撑装置并安装集装箱锁头后作为集装箱专用

车使用）及试制的样车技术审查。铁道部运输局装备部批复（运装货车电〔2007〕1389号）。

图 4-5-10　DL1 型大吨位预制梁运输专用车重车

（二）主要技术规格

主要技术规格见表 4-5-3。

表 4-5-3　主要技术规格

项　　目	技术规格
载重/t	74
自重/t	26
总重/t	100
自重系数	0.35
轴数	4
轴重/t	25
每延米重/（t/m）	
空车	1.86
重车	7.16
车钩中心线高/mm	880
空车重心高/mm	772
通过最小曲线半径/m	145
最高运行速度/（km/h）	
空车	120
重车	50
车辆长度/mm	13 966
底架长度/mm	13 000
车辆定距/mm	9 000
车辆最大宽度/mm	3 146
底架宽度/mm	2 980
车辆地板面距轨面高度（空车）/mm	1 128
桥梁装载面距轨面高度（空车）/mm	1 500
转向盘旁承中心距/mm	2 400
转向架	
轨距/mm	1 435
固定轴距/mm	1 830
轮径/mm	840
轴颈中心距/mm	1 981
限界	符合 GB 146.1—1983《标准轨距铁路机车车辆限界》的要求
通过驼峰情况	重车禁止
溜放与冲击情况	禁止

（三）简要说明

1. 用途

运输跨距 32 m、148 t 及以下的混凝土预制梁。按改进方案制造的 DL_1 型大吨位预制梁运输专用车，不装运预制梁时，拆除桥梁支撑装置后，安装相应的国际集装箱锁头，可以装运国际标准集装箱。

2. 技术性能特点

（1）底架采用 H 型钢作为主要承载件，可满足 74 t 集重要求；

（2）预制梁承载面低，为 1 500 mm，降低了预制梁合成重心高，提高了车辆运行的平稳性和安全性；

（3）预制梁支撑装置与车辆间采用焊接或高强度螺栓连接方式，提高了支撑装置运用可靠性；

（4）新研制的预制梁支撑装置能适应不同规格预制梁的运输要求；

（5）当不运输预制梁时，可拆除预制梁支撑装置并安装国际箱锁头即可运输国际集装箱，扩大了 DL_1 型专用车的使用范围；

（6）预制梁支撑装置中磨耗件采用高分子材料，提高预制梁支撑装置的使用寿命；

（7）转向架、钩缓装置、制动装置等部件采用通用件，方便检修与维护；

（8）采用新型缓冲停止器，设有控制装置，确保了工作位与非工作位两位置的作用可靠。

3. 结构

该车组由 3 辆车组成。采用 2 辆 DL_1 型专用车及 1 辆游车三车一组的运输方式。两辆预制梁专用车分别装有移动支撑装置和固定支撑装置，其中，移动支撑装置中的移动转向盘总游动量为 400 mm。中间游车选用换长 1.3，能适应 120 km/h 运行速度要求的普通平车或共用车，如图 4-5-11 所示。

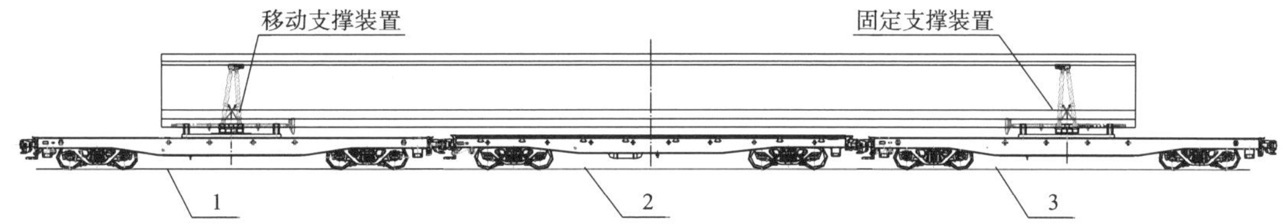

图 4-5-11　DL_1 型预制梁运输专用车车组

1—DL_1 型预制梁专用车（前端车）；2—中间游车；3—DL_1 型预制梁专用车（后端车）

DL_1 型预制梁专用车主要由底架、支撑装置、制动装置、车钩缓冲装置、转向架等部分组成，支撑装置由转向盘底座、转向盘、桥梁支撑组成，如图 4-5-12 所示。

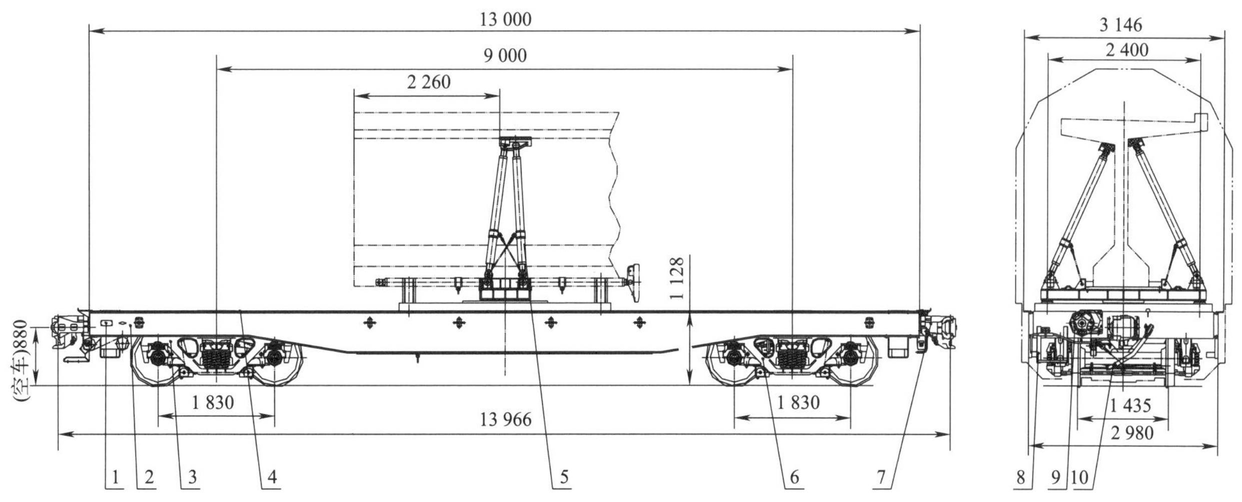

图 4-5-12　DL_1 型预制梁运输专用车总图

1—标记；2—底架组成；3，6—转 K_6 型转向架；4—地板组成；5—移动支撑装置；7—车钩缓冲装置；8—底架附属件；9—人力制动装置；10—空气制动装置

（1）底架组成

底架为型钢、板材拼组的全钢焊接结构。中梁为两根 H630×200×13×20 型钢制成鱼腹形并组焊成箱形结构；侧梁为单根 H630×200×13×20 型钢制成鱼腹形；底架两端设有端梁和箱形结构枕梁；底架中央设有一根中央横梁，两边为工字形大横梁。端、枕、横梁均为耐候钢板组焊而成。采用锻钢上心盘。侧梁上设有绳栓及牵引钩。前、后从板座与中梁间采用拉铆钉连接，装用铁路货车车号自动识别系统车辆标签。中、侧梁材料为 09CuPCrNi-A 的耐候钢，主要板材材料为 Q450NQR1 高强度耐候钢。改进方案中底架结构中央横梁两侧设有国际集装箱锁座，底架的四角设有国际集装箱锁座，结构如图 4-5-13 所示。

（2）地板组成

底架中央部位铺有 10 mm 厚钢地板，两端铺有 5 mm（改进方案为 4 mm）厚花纹钢地板。

（3）支撑装置

转向盘底座由纵向梁、横向梁及槽钢组成的框架等组成，底座上的孔有长圆孔及圆孔两种形式。在长圆孔的转向盘底座上装有长圆形的耐磨衬套，在圆孔的转向盘底座上装有心盘磨耗盘，结构如图 4-5-13 所示。

转向盘由转盘上心盘、上盖板、底板、支板及桥梁挡组焊而成，转盘上面设有 40 mm 厚的木垫。转向盘有移动转向盘和固定转向盘两种，固定转向盘如图 4-5-14 所示。

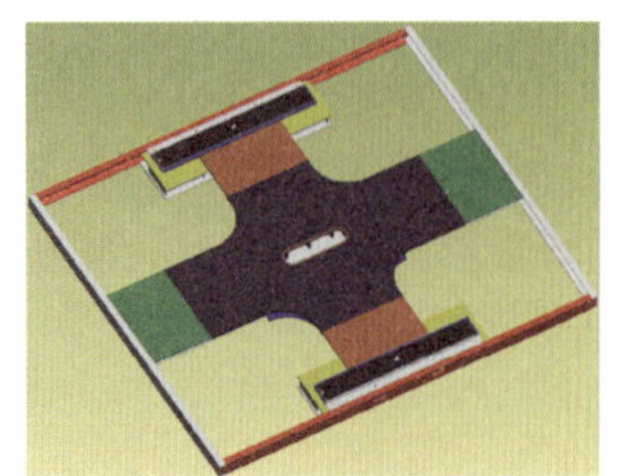

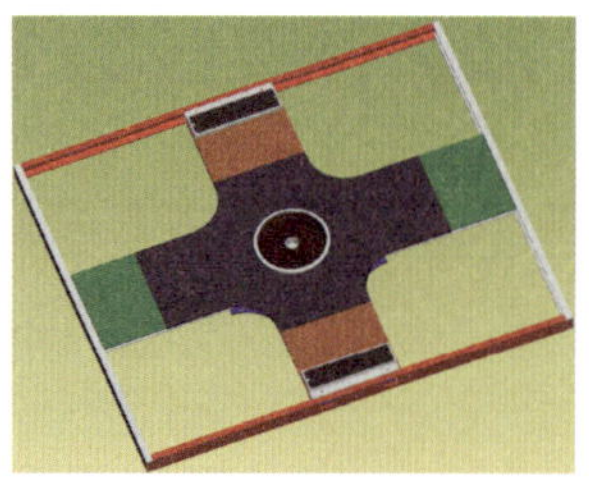

图 4-5-13　带长圆孔的转向盘底座和带圆孔的转向盘底座

图 4-5-14　固定转向盘

桥梁支撑由撑杆组成、转轴座、撑杆支座、撑垫等组成，撑垫采用橡胶材料，如图 4-5-15 所示。

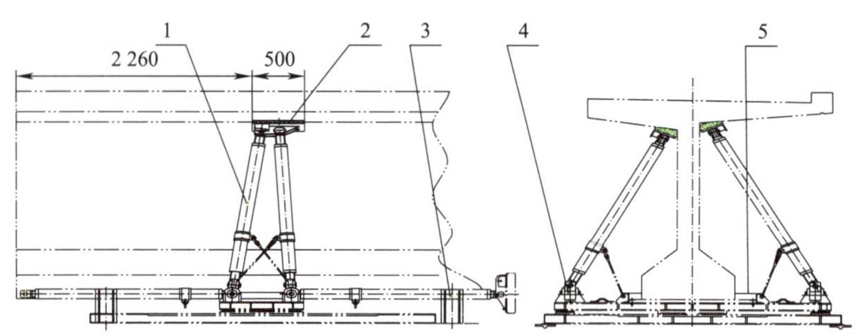

图 4-5-15　DL1 型预制梁专用车桥梁支撑

1—撑杆组成；2—撑垫；3—撑杆支座；4—转轴座；5—木楔

（4）制动装置

采用主管压力满足 500 kPa 和 600 kPa 的空气制动装置。主要由 120 型控制阀、ϕ305 mm×254 mm 的旋压密封式制动缸、ST2-250 型双向闸瓦间隙自动调整器、KZW-A 型空重车自动调整装置、货车脱轨自动制动装置等组成。采用编织制动软管总成、尼龙管卡垫、高摩擦系数合成闸瓦、不锈钢制动配件和管系。人力制动装置采用 NSW 型人力制动机，人力制动机与车体间采用专用拉铆钉连接。

（5）转向架

采用转 K_6 型转向架。摇枕、侧架材质为 B 级铸钢或 B+级铸钢，侧架采用宽导框式结构；两侧架之间加装下交叉支撑装置；一系悬挂采用轴箱橡胶垫；二系悬挂采用带变摩擦减振装置的中央枕簧悬挂系统，摇枕弹簧为两级刚度，组合式斜楔的主摩擦板采用高分子复合材料，斜楔体为贝氏体球墨铸铁；侧架立柱磨耗板材质采用 45 号钢，滑槽磨耗板采用 T10，采用锻造支撑座；采用直径为 ϕ375 mm 的下心盘，下心盘内设有导电型心盘磨耗盘；装用 25 t 轴重 353130B 紧凑型双列圆锥滚子轴承及配套前盖后挡、RE2B 型 50 钢车轴及 LM 磨耗型踏面的 HEZB 轻型铸钢或 HESA 轻型辗钢车轮或 HEZD 型铸钢车轮；采用 JC 型双作用常接触弹性旁承；基础制动装置采用组合式制动梁。

(6) 车钩缓冲装置

采用 E 级钢材料的 17 型联锁式车钩或部批其他新型车钩，采用 S 面整体芯工艺制造的改进型钩舌，配套使用 17 型锻造钩尾框，合金钢钩尾销，MT-2 型缓冲器；采用含油尼龙钩尾框托板磨耗板。装有防跳插销，采用具有防盗功能的车钩支撑座止挡铁。端梁上设有缓冲停止器。

第六节　钳 夹 车

一、D_{20} 型钳夹车

(一) 概　述

D_{20} 型 20 轴 280 t 钳夹车是我国制造的第 1 辆钳夹车，如图 4-6-1～图 4-6-4 所示。1959 至 1960 年，由齐厂设计制造，主要用于装运 120 MVA 和 240 MVA 变压器。1961 年在沈阳变压器厂进行了实物静强度试验，结果一位大底架侧梁在车耳尾部发生脆性断裂，同年对该车进行了加强。

为装运 260 MVA 变压器，1966 年 8 月齐厂与沈阳变压器厂在沈阳对该车和 260 MVA 变压器外壳进行了静强度试验，9 月至 10 月由沈阳铁路局主持，齐厂、沈阳变压器厂及铁科院等单位参加，对该车与变压器油箱进行了动力学试验。此后，装运过几次重量为 230 t 的变压器。

图 4-6-1　D_{20} 型钳夹车空车（齐厂　1960 年）

图 4-6-2　D_{20} 型钳夹车装载

图 4-6-3　D20 型钳夹车装载完成

图 4-6-4　D20 型钳夹车重车

为装运 290 t 超过车辆载重的重型货物，根据交通部的指示，1973 年 9 月至 11 月对该车进行了实物静动强度试验。结果车耳孔边与车耳尾部的大底架侧梁下盖板的应力均超过了材料的许用应力，未能通过试验。1975 年，戚墅堰机车车辆工艺研究所对该车的车耳孔边进行了超声波探伤，结果发现 8 片车耳中，共有 30 条径向裂纹，长度约 15 mm，且孔边存在残余变形。为此，齐厂对车耳与侧梁又进行了加强。加强后，1976 年铁科院进行了试验台上的静强度试验，同年完成了 290 t 的重型货物的运输。1994 年 8 月，自天津新港至陕西蒲城电厂运输从罗马尼亚进口的 330 MW 发电机定子，采用法兰连接悬挂方式，运输重量 240 t，货物直径 3.93 m，悬挂长度 9.47 m。1995 年 1 月，自德阳第二重型机器厂至柳州钢铁公司运输 2.8 m 轧钢机牌坊 2 件，采用悬挂侧承梁方式，运输重量 258 t，货物宽度 2.9 m，悬挂长度 13 m。1995 年 8 月，自富拉尔基第一重型机器厂至安阳钢铁公司运输 2.8 m 轧钢机牌坊 2 件，采用悬挂侧承梁方式，运输重量 268 t，货物宽度 2.9 m，悬挂长度 13 m。1996 年 9 月，自天津新港至陕西蒲城电厂运输从罗马尼亚进口的 330 MW 发电机定子，采用法兰连接悬挂方式，运输重量 240 t，货物直径 3.93 m，悬挂长度 9.47 m。该车当时使用频率很高，至 1999 年仍在运用中。

（二）主要技术规格

主要技术规格见表 4-6-1。

表 4-6-1　主要技术规格

项　目	技术规格		
	1960 年原设计	1961 年改造后	1975 年改造后
载重/t 均布	280	280	280
自重/t	125	131.5	138
自重系数	0.446	0.47	0.495
轴重/t	20.2	20.6	20.9
每延米重/（t/m）	9.8	9.9	10.1
轴数	20		

续上表

项　目	技术规格		
	1960 年原设计	1961 年改造后	1975 年改造后
车辆长度/mm 空车短连挂（悬挂长 0.94 m） 重车（悬挂长 13 m）	 32 128 44 188		
车辆宽度/mm	3 000		
车辆最大高度/mm	3 630	3 630	3 658
大底架心盘距（短连挂）/mm	15 640		
小底架心盘距/mm	7 110		
钳夹宽度/mm	2 600		
钳夹高度/mm	1 912		
车耳销直径/mm	200		
车耳厚度/mm	200		
车钩中心线高/mm	880		
空车重心高度/mm	1 400		
通过最小曲线半径/m	180		
通过最小道岔	9 号		
构造速度（空车）/（km/h）	80		
转向架型式 轴数 轴型 轴距/mm 轮径/mm 弹簧总刚度/（kN/mm）	五轴包板式 5 D 4×1 400 840 26.9		
制动装置 制动缸/（mm×mm） 三通阀 制动倍率 制动率（空车/重车）/% 人力制动机	 ϕ356×254 GK 型 8.5 76/38 蜗轮蜗杆式		
车钩缓冲装置 车钩 缓冲器	 13、2 号 2、3 号		
限界	空车符合 GB 146.1—1983《标准轨距铁路机车车辆限界》		
通过机械化驼峰情况	禁止		

（三）简要说明

1. 用途

装运大型变压器、发电机、轧钢机牌坊等宽度和高度都很大的重型货物。

2. 技术性能特点

钳夹宽度 2 600 mm，钳夹高度 1 912 mm，车耳销直径 200 mm，车耳厚度 200 mm，设计悬挂长度 13 000 mm。

3. 结构概况

该车由 2 个大底架（即钳形梁）、2 个小底架、4 台五轴包板式转向架、1 个押运员室，以及车钩缓冲、空气和人力制动装置等部件组成，如图 4-6-5 所示。

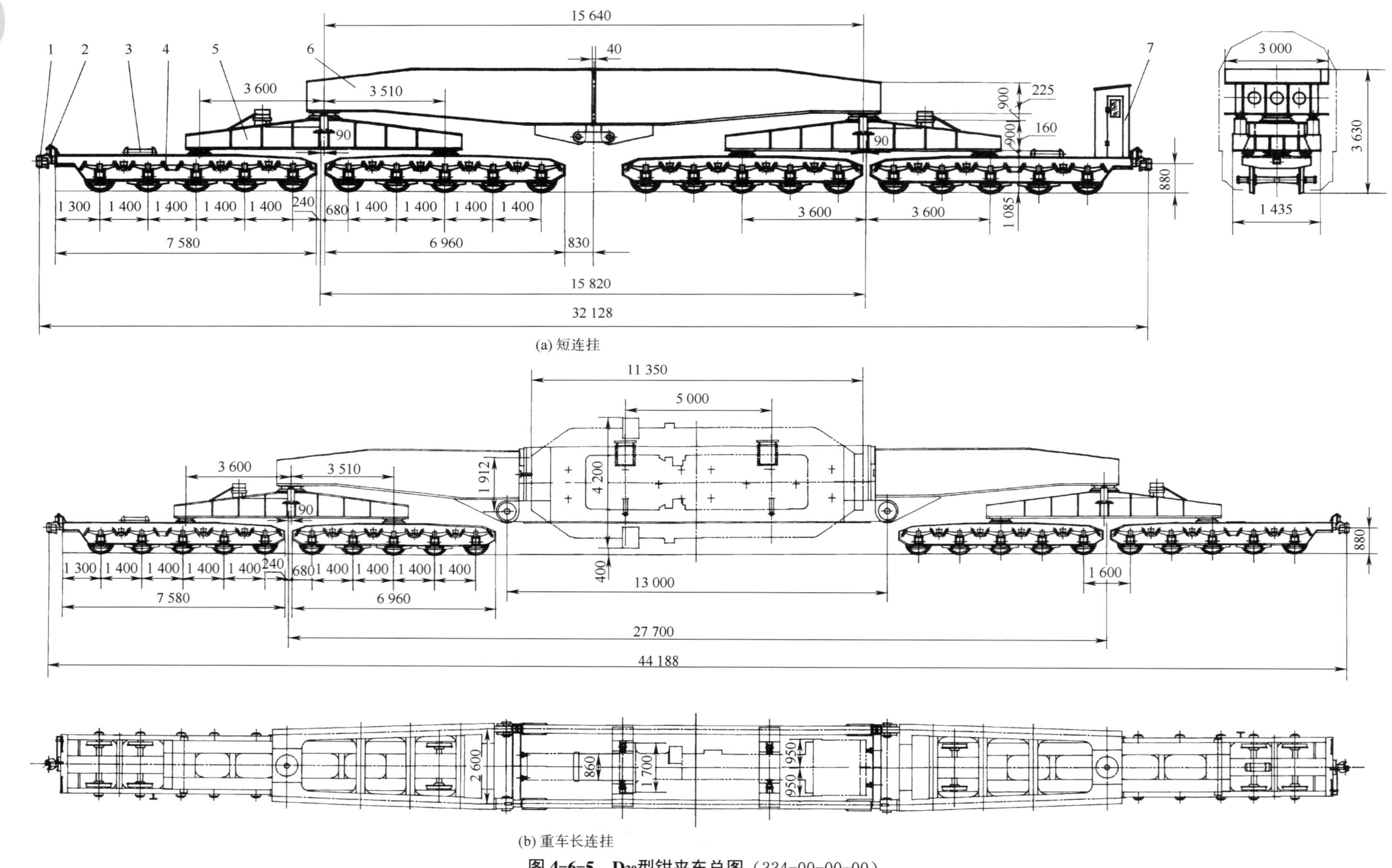

(a) 短连挂

(b) 重车长连挂

图 4-6-5　D20型钳夹车总图（334-00-00-00）

1—车钩缓冲装置；2—人力制动装置；3—空气制动装置；4—转向架；5—小底架；6—钳形梁；7—押运员室

大底架由 2 根侧梁、1 根中梁、1 根端枕梁、5 根横梁以及车耳和端框等组成。改造后的大底架，侧梁由上下盖板及腹板组成工字形断面。上盖板为 3 层，内层为 36 mm×400 mm，中层为 20 mm×350 mm，外层为 20 mm×300 mm；下盖板为双层，内层为 50 mm×400 mm，外层为 20 mm×350 m。腹板厚为 20（或 16）mm。车耳处侧梁断面高度为 1 760 mm；中梁为箱形断面，上下盖板分两段，近车耳端厚 36 mm，自四位端梁起对焊为 25 mm 厚钢板直至枕梁。腹板从厚 20 mm 过渡为厚 16 mm；侧梁、中梁借助 5 根工字形断面的横梁及 1 根箱形断面的枕梁连接为一体。空车短连挂时，2 个大底架在下部以连接板连接车耳，上部由靠端框处的上靠板互相顶成一体而形成短连挂。

小底架由 2 根中梁、1 根大枕梁、2 根小枕梁和 2 根横梁组成。中梁为工字形断面，上下盖板分成 5 段，宽度为 460 mm，厚度由中段的 35 mm 向两边递减到 25 mm 与 20 mm；腹板厚度为 16 mm。中梁断面高度在中部为 900 mm。大枕梁（高 900 mm）与小枕梁均为箱形断面。

大心盘与小心盘均为球形，球面半径均为 750 mm，其直径：大心盘为 760 mm，小心盘为 530 mm。大小旁承均为滚轮式，旁承间隙为 2～4 mm。

4. 使用和维护注意事项

（1）在空车回送及货物装车前，均应仔细检查转向架弹簧传动支点组成中的吊环是否脱出吊环铁之外，如脱出，则必须调整复位。只有在确认其状态良好后，方可允许回送和装车。

（2）空车在回送前，须将大底架支撑螺栓拧至最高位，并用铁丝将支撑螺栓与支撑螺栓座梁捆扎紧；重车运行前，应将 2 位、3 位转向架上的支撑螺栓座卸下（卸车时再装上），以防止两者在运行中相碰。

（3）空车回送和重车运行前，均应检查大小心盘和大小旁承的作用性能，并注入足够数量的润滑油及润滑脂。同时还要对大底架支撑螺栓的螺纹表面涂润滑脂，以防锈蚀；检查旁承游间，使每侧保证在 2～4 mm，或装货后两侧游间之和在 4～8 mm 之间。

（4）待运的大型货物，其本身必须具有足够的强度和刚度，以便承受本身的重量和钳夹力。在装卸地点无大型起重设备的情况下，所装的货物或承载箱的四角应设置四个各能承受 1 000 kN 以上载荷的千斤顶座，以便于货物或承载箱的装卸。如所装运的货物或承载箱需半节车推进或拉出时，支撑螺栓应坐于 2 位、3 位转向架的支撑螺栓座内，并应防止冲撞。应限速通过半径为 180 m 的曲线。两侧支撑螺栓的受力应均匀，以避免车辆脱轨。

（5）空、重车调车作业时，均不得通过机械化驼峰。

（6）空车回送时的运行速度一般应不超过 80 km/h。当通过半径为 180 m 的曲线和 9 号道岔时应限速缓行。重车运行速度应根据货物装载情况及线路条件而定。

（7）装运货物时，货物的重心一般应位于车辆纵、横向中心线的交叉点上。特殊情况下必须偏载时，纵方向的偏载应使每个大心盘的载荷不超过 167.5 t（当不含大底架自重时，应不超过 140 t）；货物重心的横向偏移不得超过 100 mm，且其重侧车轮的轮重不得超过 10.5 t。偏载的数值应由货主提供，必要时可通过测量车辆两侧（或两端）轴箱弹簧的挠度差来确定。

（8）车耳销在装货前应进行探伤检查。

（9）在每次装货前，均应仔细检查车轴轴颈，如有拉伤等情况应及时处理。

（10）在重车通过半径为 350 m 以下的小曲线时，由于中间车轮轮辋与转向架构架之间存在摩擦，建议运行速度限制为 15 km/h。

二、D_{35} 型 24 轴钳夹车

（一）概　述

具有液压系统和内外导向串联装置的 D_{35} 型 24 轴 280 t 钳夹车，主要用于为装运发电机、变压器等重型超限货物。由株厂、四方所、铁科院于 1974 至 1981 年研制，如图 4-6-6～图 4-6-8 所示。

图 4-6-6 D35 型 24 轴钳夹车（株厂 1979 年制造）

图 4-6-7 D35 型 24 轴钳夹车运输 300 MW 发电机定子（株厂 1986 年改造）

图 4-6-8 D35 型 24 轴钳夹车运输 300 MW 发电机定子

该车的研究、设计、试制是根据交通部（74）交科技研字 33 号文下达的科研计划和铁道部（75）铁工字 746 号文批准的设计任务书，由株厂主持，四方所与铁道部科学研究院参加，于 1974 至 1979 年完成。1979 年后，根据中间试验的情况，又做了改进。该车的试验，是根据铁道部（81）铁科技字 763 号文，由铁科院主持，并负责强度和动力学试验，四方所负责液压系统试验，株厂、长沙铁路分局等单位参加，于 1981 年完成。

1984 年 8 月 11 日至 18 日，完成青岛至姚孟的进口 300 MW 的发电机定子（定子重 193 t，含凹底架的运输重量为 270 t）的运输任务，1984 年 11 月至 1985 年初完成了二连至大同的 3 台进口大型变压器（定子重 190 t 左右，含凹底架的运输重量为 267 t 左右）的运输任务。1984 年 11 月通过了铁道部的技术鉴定，1985年获国家级科技二等奖。

为装运国产的300 MW发电机定子，1986年底，株厂完成了该车的改造，钳形梁由板梁改为桁架与板梁的混合结构，减小了钳夹宽度，加大了钳夹高度，1987年初铁科院与四方所分别完成了该车改造后的强度、动力学与液压系统试验，1987年3月，用该车完成了国产300 MW发电机定子自闵行至石横的运输任务。后又用该车装运过2次国产300 MW发电机定子。

（二）主要技术规格

主要技术规格见表4-6-2。

表4-6-2　主要技术规格

项　　目	技术规格	
	1979年原设计	1986年改造后
载重/t	280	300
自重/t	207.7	188
自重系数	0.742	0.63
轴重/t	20.3	20.4
每延米重/（t/m）	10.03	10.29
轴数	24	24
车辆长度		
空车短连挂/mm	36 542	37 492
悬挂长/m	0.8	0.65
重车/mm	48 642	47 642
悬挂长/m	12.9	10.8
车辆宽度/mm	3 360	
车辆最大高度/mm	4 480	
大心盘距（短连挂）/mm	17 100	18 050
中底架心盘距/mm	8 400	
小底架心盘距/mm	5 610	
内外导向中心间距/mm	6 500	
钳夹宽度/mm	2 500	2 032
钳夹高度/mm	2 000～2 200	3 150
车耳销直径/mm	200	180
车耳厚度/mm	250	200
侧向移位/mm	370	
侧移370 mm所需时间/min	1	
起升高度/mm		
运行中	200	
装卸时	250	
起升250 mm所需时间/min	5	
车钩中心线高/mm	880	
通过最小曲线半径/m		
空车短连挂	145	
重车	180	
通过最小道岔	9号	
构造速度/（km/h）	空车80，重车40	
转向架型式	四轴，ZCZ3/ZCZ4	
轴数	4	
轴型	E	
轴距/mm	1 370—1 460—1 370	
轮径/mm	840	

续上表

项　　目	技术规格	
	1979 年原设计	1986 年改造后
制动装置		
制动缸/（mm×mm）	ϕ356×254	
三通阀	GK 型	
制动倍率	8.02	
制动率（空车/重车）/%	74/31.6	
人力制动机	蜗轮蜗杆式	
车钩缓冲装置		
车钩	13 号	
缓冲器	2 号	
限界	符合 GB 146.1—1983《标准轨距铁路机车车辆限界》	

（三）简要说明

1. 用途

供装运大型变压器、发电机等宽度和高度都很大的重型货物。

2. 技术性能特点

1986 年改造后的 D_{35} 型 24 轴钳夹车，钳夹宽度 2 032 mm，钳夹高度 3 150 mm，车耳销直径 180 mm，车耳厚度 200 mm。

该车最重要的技术特点是内外导向串联，当线路曲线半径变化时，可实现内外两种导向的不停车自动转换。

3. 结构概况

该车由 2 个钳形梁、2 个大桥架、2 个小桥架、6 台四轴转向架、2 套侧移装置，以及电气、液压系统、车钩缓冲、空气和人力制动装置等部件组成（图 4-6-9）。在每个大桥架上均设有操纵室。

钳形梁由工字形断面的侧梁和横向梁连成一体，车耳为钢板组焊，上压块采用高度可调的斜楔结构，以保证两侧钳夹力的均匀。

大桥架由 1 根中梁、2 根侧梁，以及中横梁、端横梁等组成。中梁为箱形断面、侧梁为工字形断面。

小桥架由 1 根中梁、2 根侧梁，以及一些横向梁组成。中梁为箱形断面，侧梁为工字形断面。

四轴转向架采用 E 轴、滑动轴箱、铜瓦、整体焊接构架、空重两级刚度螺旋圆弹簧，具有较好的均载性和脱轨稳定性。

侧移装置位于大桥架的中横梁上，由侧移下座、一排滚柱和支承钳形梁的溜板等组成，溜板可在滚柱上相对于侧移下座做横向移动。

大小心盘均为无中心销的球面式，内置用油润滑的青铜球面垫，以改善心盘的受力状态和降低上下心盘之间的摩擦力矩。

钳形梁与侧移装置之间的大旁承是液压均载式旁承，大桥架与小桥架之间的旁承是滚轮式旁承，小桥架与转向架之间的旁承是橡胶弹性旁承。

操纵室内可控制液压系统，柴油机房位于一位端的小桥架上，内装柴油机，休息间位于二位端的小桥架上，内放备品、配件、工具等，并供随车人员休息用。

电气装置包括 1 台 4120SD 型柴油发电机组、照明和信号等装置。柴油机为 120 型，发电机的额定功率为 30 kW。停站时，柴油发电机组可不工作，用外电源馈电。

液压系统有 2 套，每端 1 套，均采用 10SCY14-1A 型柱塞泵、开式油路，工作压力为 20.6 MPa。每套液压系统设有 2 个旁承兼起重油缸、2 个锁闭内导向销的横挡油缸、1 个锁闭外导向并兼侧移的侧移油缸、2 个钳形梁支撑油缸。

内导向，通过电气液压装置，将横挡油缸锁闭，侧移油缸浮动，这样，内导向销被锁定在横向中心位，大心盘可在横向随着线路曲线半径的变化而自由移动。

外导向，将侧移油缸锁闭，横挡油缸释放，设在侧移溜板上的大心盘被锁定成为车体的回转中心，内

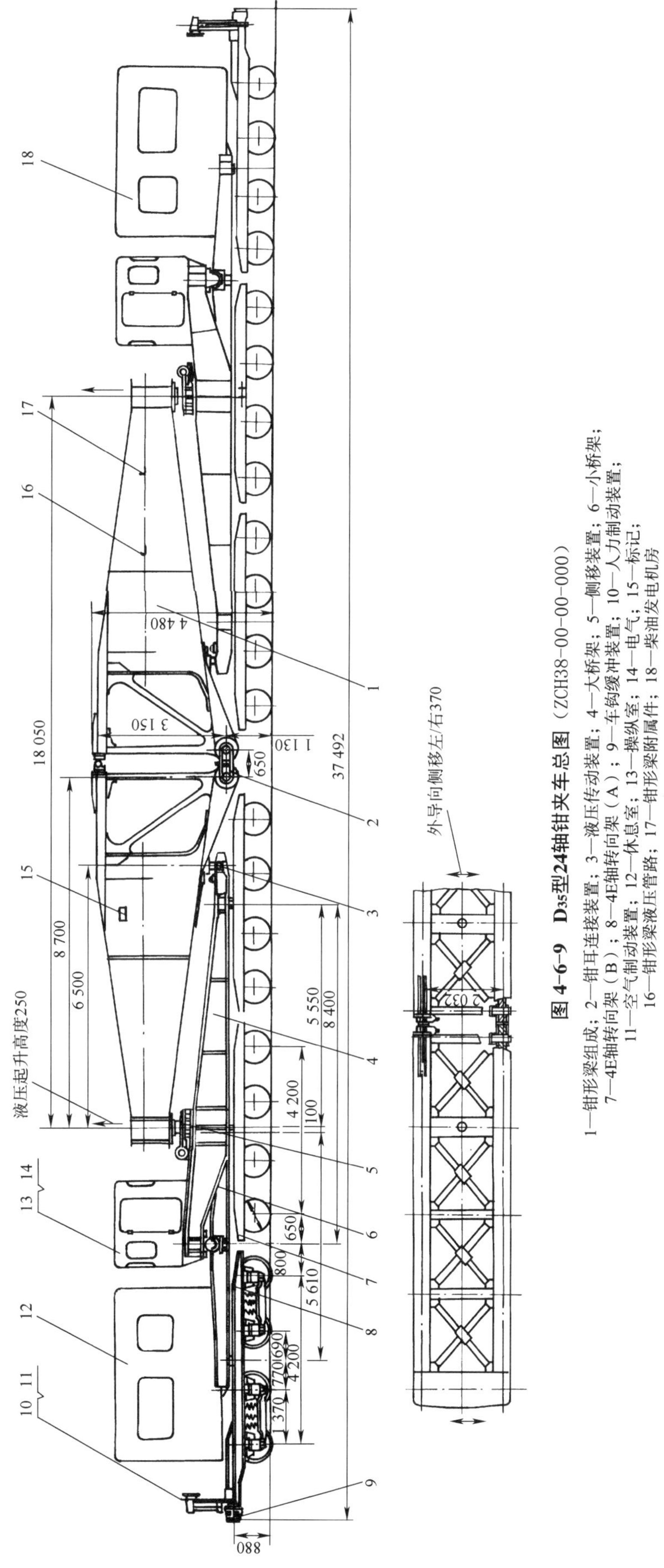

图 4-6-9　D35型24轴钳夹车总图（ZCH38-00-00-000）

1—钳形梁组成；2—钳耳连接装置；3—液压传动装置；4—大桥架；5—侧移装置；6—小桥架；7—4E轴转向架（B）；8—4E轴转向架（A）；9—车钩缓冲装置；10—人力制动装置；11—空气制动装置；12—休息室；13—操纵室；14—电气；15—标记；16—钳形梁液压管路；17—钳形梁附属件；18—柴油发电机房

导向销可以自由横向移动。此时也可利用侧移油缸活塞的移动来带动大心盘的横向移动，实现外导向加侧移运行。

内外导向串联，当车辆由直线进入小半径曲线时，通过电气液压装置的连锁控制，实现由内导向向外导向的自动转换，以充分利用限界，提高车辆的超限运输能力。即开始时，横挡油缸锁闭，侧移油缸浮动，大心盘随着曲线半径的减小而侧移。当侧移达到限定值 370 mm 时，将侧移油缸锁闭，同时释放横挡油缸，大心盘停留于侧移 370 mm 的位置不动，而内导向销在横向则随着线路曲线半径的变化而自由移动。反之，当车辆由小曲线进入直线时，通过电气液压装置的连锁控制，实现由外导向向内导向的自动转换。这种连锁控制的优点是，更换导向位时不必停车，将内导向和外导向加侧移连续使用。

液压侧移，将横挡油缸释放，利用侧移油缸推动大心盘，使其在横向移动。

液压起升，利用旁承起重油缸将钳形梁及货物起升，以供装卸货物及运行中避开线路下部障碍物用。

4. 使用和维护注意事项

（1）空车短连挂回送时的运行速度。

*R*145 m 曲线和 9 号道岔侧线：15 km/h；专用线：40 km/h；一般线路（区间）：80 km/h。

（2）重车时的运行速度。

*R*180～*R*250 m 曲线，以及 9 号和 12 号道岔侧线：10 km/h；外导向侧移位或外导向起升位：10 km/h；一般线路（区间）：40 km/h。

（3）一般运行时，同侧旁承油缸是连通的，以减少车辆在缓和曲线上车体的受扭。起升运行时，应控制油路，使一侧的前后旁承油缸截断，另一侧的前后旁承油缸连通，让车体处于三点支承状态，以保证车体既具有运行稳定性，又可避免受扭。

5. 车体中部横向偏移量的计算方法

该车的特点是具有内外导向串联功能，根据货物的悬挂长度，以及车辆通过的曲线半径，车辆可以自动地实现导向功能的转换，在车辆允许范围内，尽量减小车辆中部的横向偏移量。车辆应处于下列三种工况之一。

（1）内导向工况

当车辆处于内导向工况时，在横向平面内，车体与大桥架之间的相对回转中心是内导向销，车体中部的横向偏移量，应根据曲线半径、内导向销距等因素来计算。

（2）内外导向串联工况

随着曲线半径的变小，在横向平面内，开始时车体与大桥架之间的回转中心是内导向销，外导向（大心盘）相对于大桥架向曲线外侧横移。当横移至极限值 370 mm 时，外导向锁定于 370 mm 的位置不动，内导向的横挡油缸释放，内导向销相对于大桥架向曲线内侧横移。这时，车辆中部的横向偏移量不等于按内导向工况计算出的偏移量，据上所述，而是应等于按外导向工况计算的横向偏移量减去 370 mm。

（3）外导向工况

当车辆处于外导向工况时，在横向平面内，车体与大桥架之间的相对回转中心是外导向（大心盘），当外导向无侧移时，车体中部的横向偏移量，应根据曲线半径、外导向销距等因素来计算。当外导向相对于大桥架向曲线外侧横移时，则车体中部的横向偏移量应等于外导向无侧移时所计算出的横向偏移量减去外导向本身相对于大桥架向曲线外侧的横向偏移量。

在计算车体中部横向偏移量时，应特别注意上述内外导向串联工况的特点。

三、D_{35} 型 32 轴钳夹车

（一）概　　述

D_{35} 型 32 轴 350 t 钳夹车是为装运发电机定子、变压器、轧钢机牌坊等重型超限货物，由齐厂、四方所、铁科院于 1974 至 1979 年研制的具有液压系统和内、中、外三种导向装置的新型钳夹车，如图 4-6-10～图 4-6-16 所示。该车原设计载重为 450 t，称 D_{45} 型。后因通过桥梁时其活载超过标准，铁道部核定该车最大载重为 350 t（相应的轴重为 20 t），车型也改为 D_{35} 型。

该车的研究、设计、试制，是根据原交通部（74）交科技研字 33 号文下达的科研计划，由齐厂主持，四方所与铁科院参加，于 1974 至 1979 年完成。

该车的试验，由铁科院主持，并负责强度和动力学试验，四方所负责液压系统试验，在齐厂、齐齐哈尔铁路局等单位参与下于 1979 年完成，1982 年进行了重车复验。

1983 年 7 月 14 日至 21 日，完成大连至元宝山的进口 600 MW 的发电机定子（含运输连接法兰的运输重量为 301 t）的运输任务。1981 年 3 月通过了铁道部的技术鉴定，1982 年 3 月通过重车复验技术审查，1983 年 7 月通过首次运输考核，1984 年获铁道部科技二等奖，1985 年获国家级科技二等奖。

为装运国产的 600 MW 发电机定子，该定子与车辆之间采用先进的挂货托钩悬挂方式，1986 年，齐厂完成了该车的改造，新制造 4 组钳形梁，钳夹宽度的调节范围由 2 600～3 600 mm 改为 2 032～3 600 mm，钳夹高度的调节范围由 2 000～2 300 mm 改为 3 070～3 370 mm，1987 年铁科院与四方所分别完成了该车改造后的强度、动力学与液压系统试验，同年 7 月，该车完成了 350 t 国产 600 MW 发电机定子，由哈尔滨电机厂至大连港的运输任务。1993 年针对等分撑杆座强度问题，做了一次改进。

图 4-6-10　D35 型 32 轴钳夹车长连挂承载箱（齐厂　1979 年）

图 4-6-11　D35 型 32 轴钳夹车重车运输 3.3 m 轧机机架和吊装

图 4-6-12　D35 型 32 轴钳夹车重车运输变压器和吊装

图 4-6-13　D35 型 32 轴钳夹车装运阿尔斯通发电机定子和重车过桥

图 4-6-14　D35 型 32 轴钳夹车短连挂（齐厂　1986 年改造）

图 4-6-15　D35 型 32 轴钳夹车运输发电机定子（改造后）

图 4-6-16　D35 型 32 轴钳夹车等分撑杆及拉压杆调整和轧机机架装车

（二）主要技术规格

主要技术规格见表 4-6-3。

表 4-6-3　主要技术规格

项　　目	技术规格	
	1979 年原设计	1986 年改造后
载重/t	350	355
自重/t	290	285
自重系数	0.829	0.803

续上表

项　　目	技术规格	
	1979 年原设计	1986 年改造后
轴重/t	20.0	20.0
每延米重/（t/m）	10.29	10.5
轴数	32	32
车辆长度/mm		
空车短连挂	50 168	50 168
悬挂长/m	0.95	0.95
重车	62 218	61 168
悬挂长/m	13	11.95
车辆宽度/mm（空车）	3 350	3 350
车辆最大高度/mm（空车）	4 715	4 720
大心盘距（短连挂）/mm	24 950	24 950
大底架心盘距/mm	11 600	
小底架心盘距/mm	5 800	
外导向至中导向中心距/mm	4 700	
外导向至内导向中心距/mm	6 500	
钳夹宽度/mm	2 600—3 600　2 032—3 600	
钳夹高度/mm	2 000—2 300　3 070—3 370	
车耳销直径/mm	300	
车耳厚度/mm	250	
侧向移位/mm	500	
起升高度/mm	400	
车钩中心线高/mm	880	
空车重心高度/mm	1 800	
空车通过最小曲线半径/m	150	
重车通过最小曲线半径/m		
外导向	150	
中导向	180	
内导向	250	
空车最高速度/（km/h）	80	
重车最高速度/（km/h）	30	
转向架型式	4 轴	
轴数	4	
轴型	E	
轴距/mm	3×1 400	
轮径/mm	840	
制动装置		
制动缸/（mm×mm）	ϕ356×254	
三通阀	GK 型	
制动倍率	6.46	
制动率（空车/重车）/%	25.3/55.8	
人力制动机	蜗轮蜗杆式	
车钩缓冲装置		
车钩	13 号	
缓冲器	2 号	
限界		
空车	当钳夹宽度为 2 600 mm，使用中导向时，符合 GB 146.1—1983《标准轨距铁路机车车辆限界》	
重车	当钳夹宽度为 2 600～3 000 mm 时，可充分利用 GB 146.2—1983 之建限—1 限界运输。 当钳夹宽度为 3 000～3 600 mm 时，其下部限界在 GB 146.2—1983 之桥限—1 之内。 当钳夹宽度为 3 600 mm 时，车体起升后可通过 GB 146.2—1983 之建限—1 限界	

(三) 简要说明

1. 用途

供装运大型变压器、发电机定子、轧钢机牌坊等宽度和高度都很大的重型货物。

2. 技术性能特点

D_{35}型32轴钳夹车，原设计钳夹宽度为2 600～3 600 mm，钳夹高度为2 000～2 300 mm。1986年为运输600 MW发电机定子又新造了4组高钳形梁，高钳形梁的钳夹宽度为2 032～3 600 mm，钳夹高度为3 070～3 370 mm。车耳销孔直径为302 mm，车耳板厚度为250 mm。

该车具有内、中、外三种导向，液压侧移和起升功能，15MnVNT低合金钢结构材料，聚四氟乙烯心盘衬垫。

3. 结构概况

该车由4组钳形梁、2个大底架、4个小底架、8台4轴转向架、2套侧移装置，以及电气、液压系统、车钩缓冲、空气和人力制动装置等部件组成。在每个大桥架上均设有工作室，如图4-6-17～图4-6-19所示。钳形梁为变高度箱形断面，腹板厚度为20 mm。大底架由2根双曲主梁、1根大枕梁、2根小枕梁以及横向梁等组成。主梁为工字形断面。小底架由2根上鱼腹形侧梁和3根枕梁组成，侧梁为工字形断面。4轴转向架采用E轴，有附加螺旋弹簧的叠板弹簧悬挂。侧移装置，位于大底架的中部，由油缸推动T形导向梁的可移动下心盘在滚柱上滚动。大、中、小心盘均为无中心销的半球面心盘，其球半径分别为175 mm、250 mm、350 mm。上下心盘之间垫以厚度为5 mm的聚四氟乙烯衬垫。导向梁与大底架之间的大旁承是气液弹性旁承，大底架与小底架之间的中旁承以及小底架与转向架之间的小旁承均为滚针轴承式旁承，但外圈为球面形。工作室设于大底架的外端，室内设置了电器和液压控制台。

电控液压系统一位端的大底架上设有1台40 kW柴油发电机组，供电电压380 V，也可由外电源馈电。液压系统有2套，每端1套，在控制室内控制，工作压力20.6 MPa。每套液压系统设有电机、油泵，3个柱塞式起重油缸、2个侧移油缸、2个变更导向位的导向销油缸、2个钳形梁支撑油缸、2套气液弹性旁承装置。

(1) 内、中、外导向与侧移机构

为减小车辆通过曲线时车体中部向曲线内侧的横向偏移量，根据货物悬挂长度与线路曲线半径，可采用内导向和中导向工况，即车体与大底架在横向平面内的回转中心由大心盘移向内导向销和中导向销处。大心盘至内导向销中心距为6 500 mm，至中导向销中心距为4 700 mm。导向销的插入与拔出是通过导向油缸实施的。在外导向工况下，大心盘可借助于侧移油缸的推动，在横向平面内相对于大底架向曲线外侧横移，最大横移量为500 mm，也可以减少车体中部向曲线内侧的偏移量。

(2) 调宽机构

为方便装运不同宽度的货物，左右侧车耳和压柱之间的距离是可以调节的，调节的范围为2 600～3 600 mm,1986年新造的4组高钳形梁为2 032～3 600 mm。而车耳至压柱之间的距离也是可以调节的，调节的范围为2 000～2 300 mm，1986年新造的高钳形梁为3 070～3 370 mm（两种方案）。

(3) 起重装置

利用每个大心盘上的三个起重油缸，可将钳形梁及货物起升，供装卸货物，以及运行中避开线路下部障碍物用。起升高度为400 mm。

4. 使用和维护注意事项

(1) 空车短连挂，使用中导向时的运行速度/（km/h）。

R150 m、R180 m曲线：10；

侧向12号道岔：20；

R 300 m曲线：50；

直线：80。

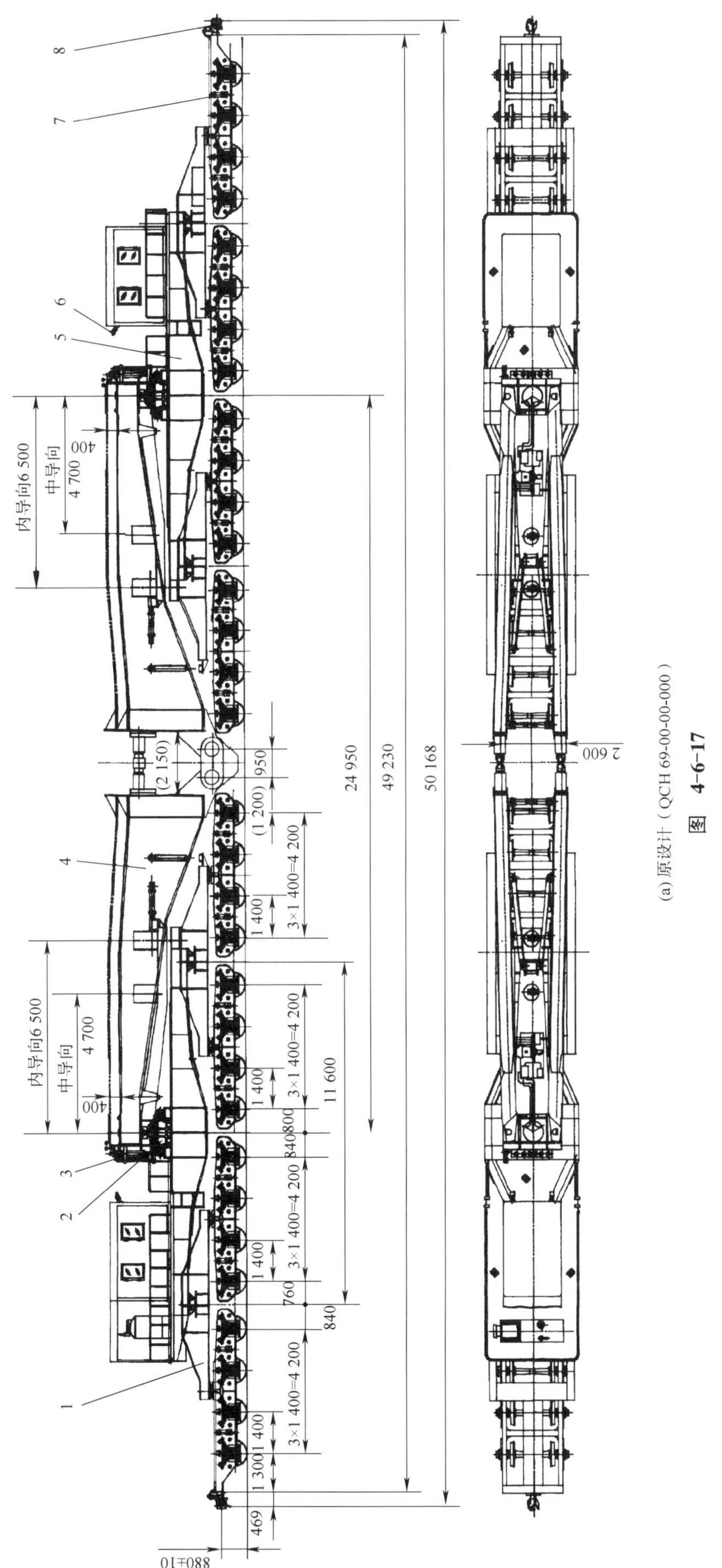

(a) 原设计（QCH 69-00-00-000）

图 4-6-17

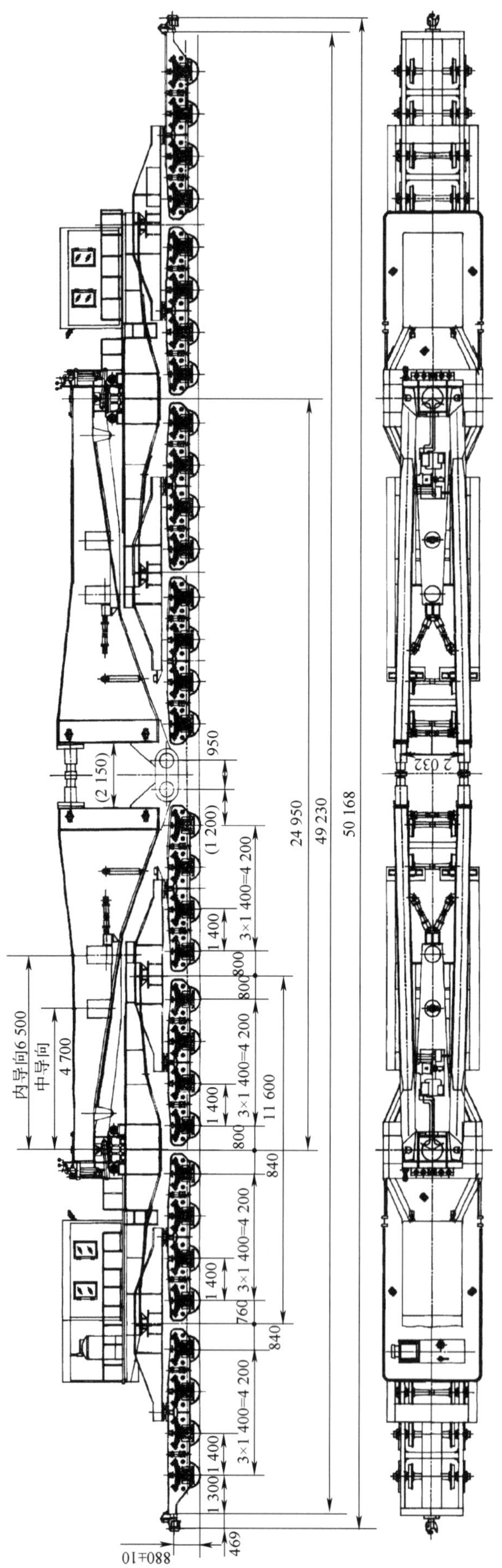

(b) 改造后（QCH 111A-00-00-000）

图4-6-17 D_{35}型32轴钳夹车总图（空车）

1—小底架；2—侧移装置；3—液压系统；4—钳形梁；5—大底架；6—电气系统；7—转向架；8—车钩缓冲装置

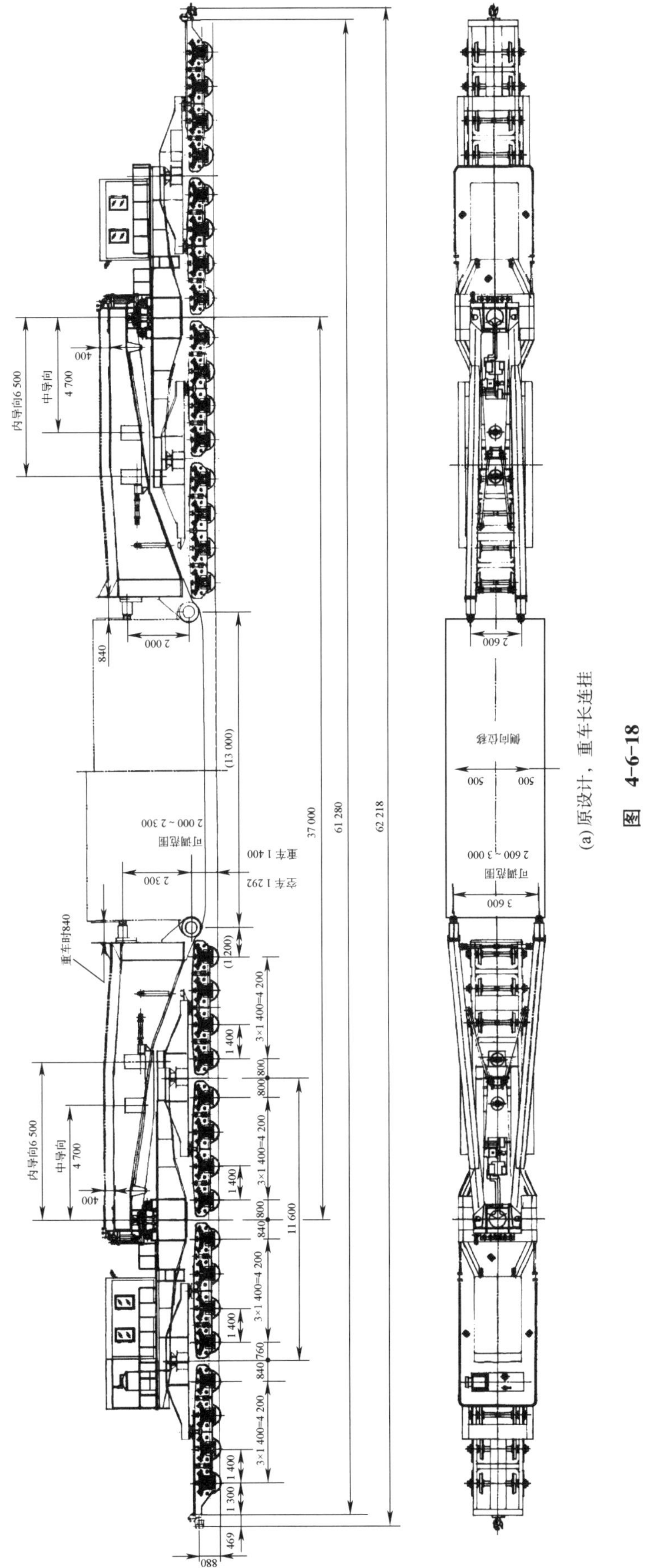

(a)原设计，重车长连挂

图　4-6-18

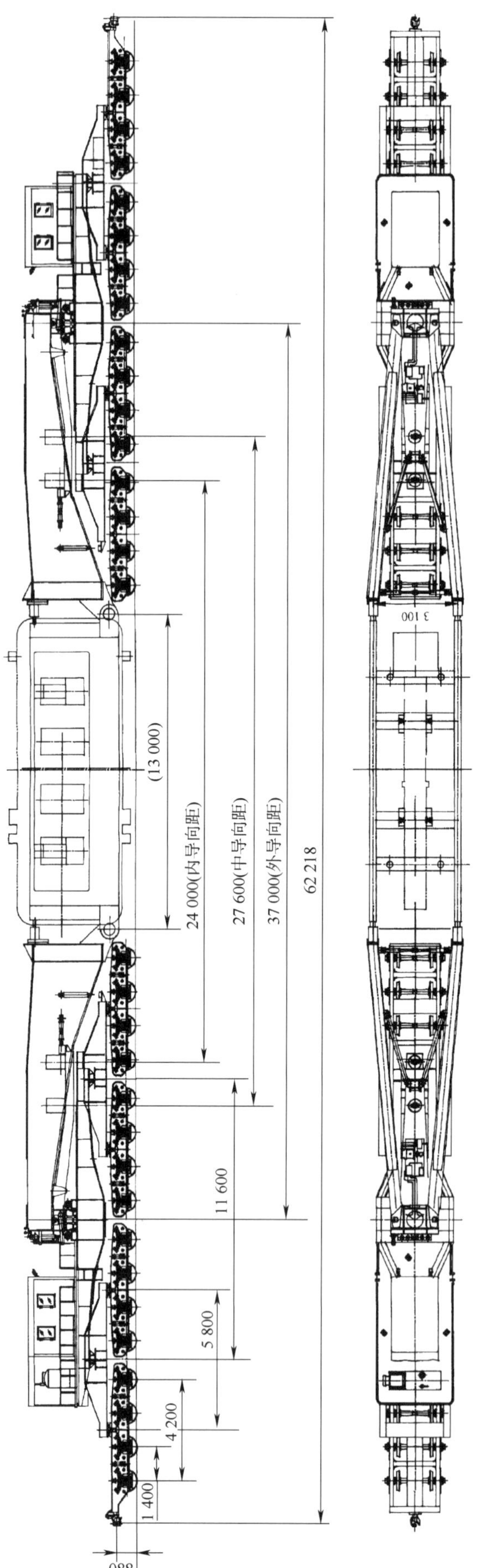

(b) 原设计，采用侧承梁运输轧机牌坊

图 4-6-18

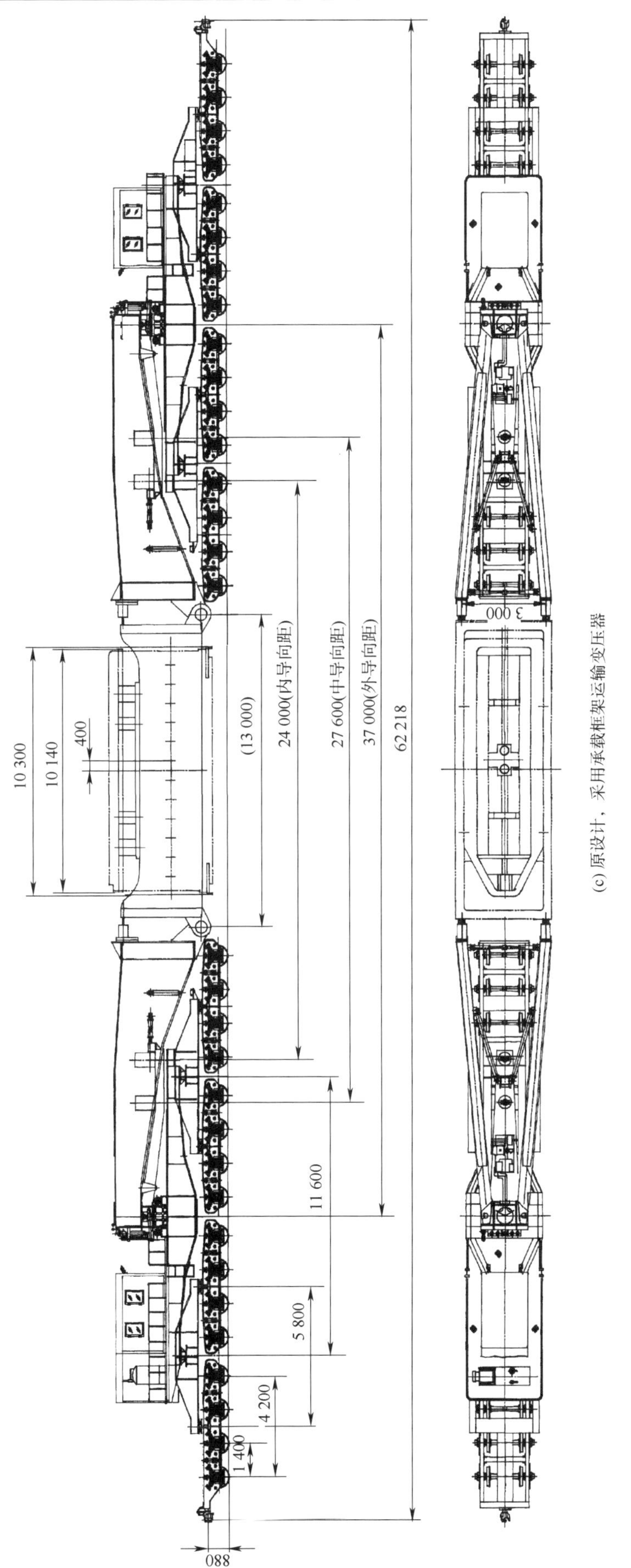

(c) 原设计，采用承载框架运输变压器

图　4-6-18

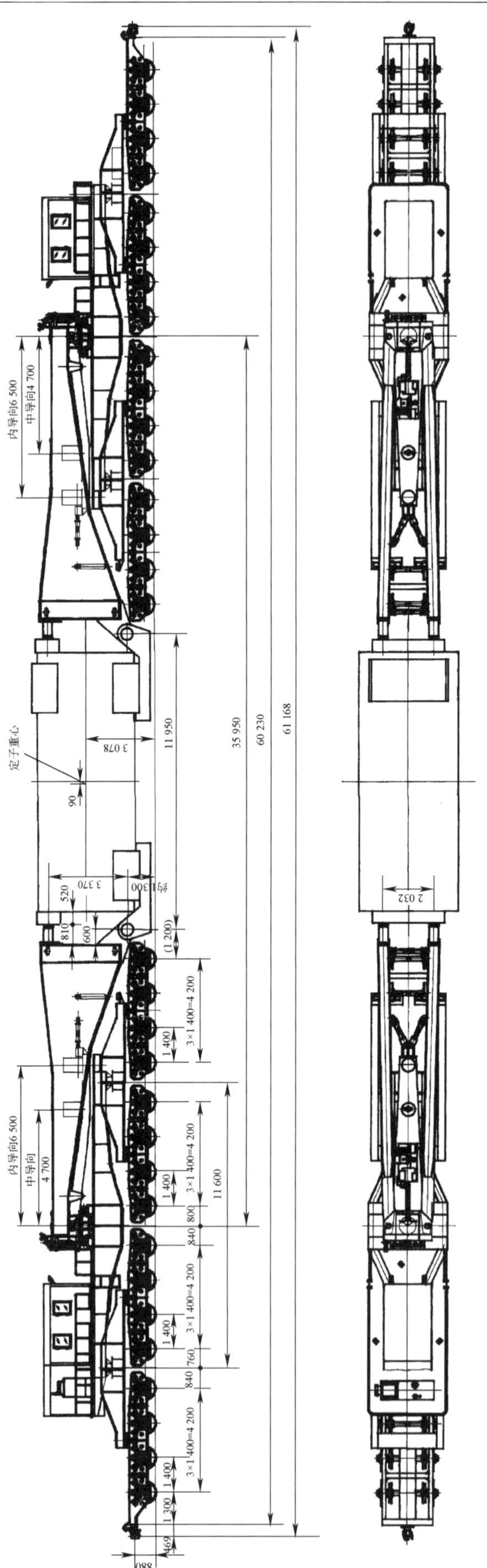

(d) 改造后，运输发电机定子

图 4-6-18　D35型32轴钳夹车总图（重车）

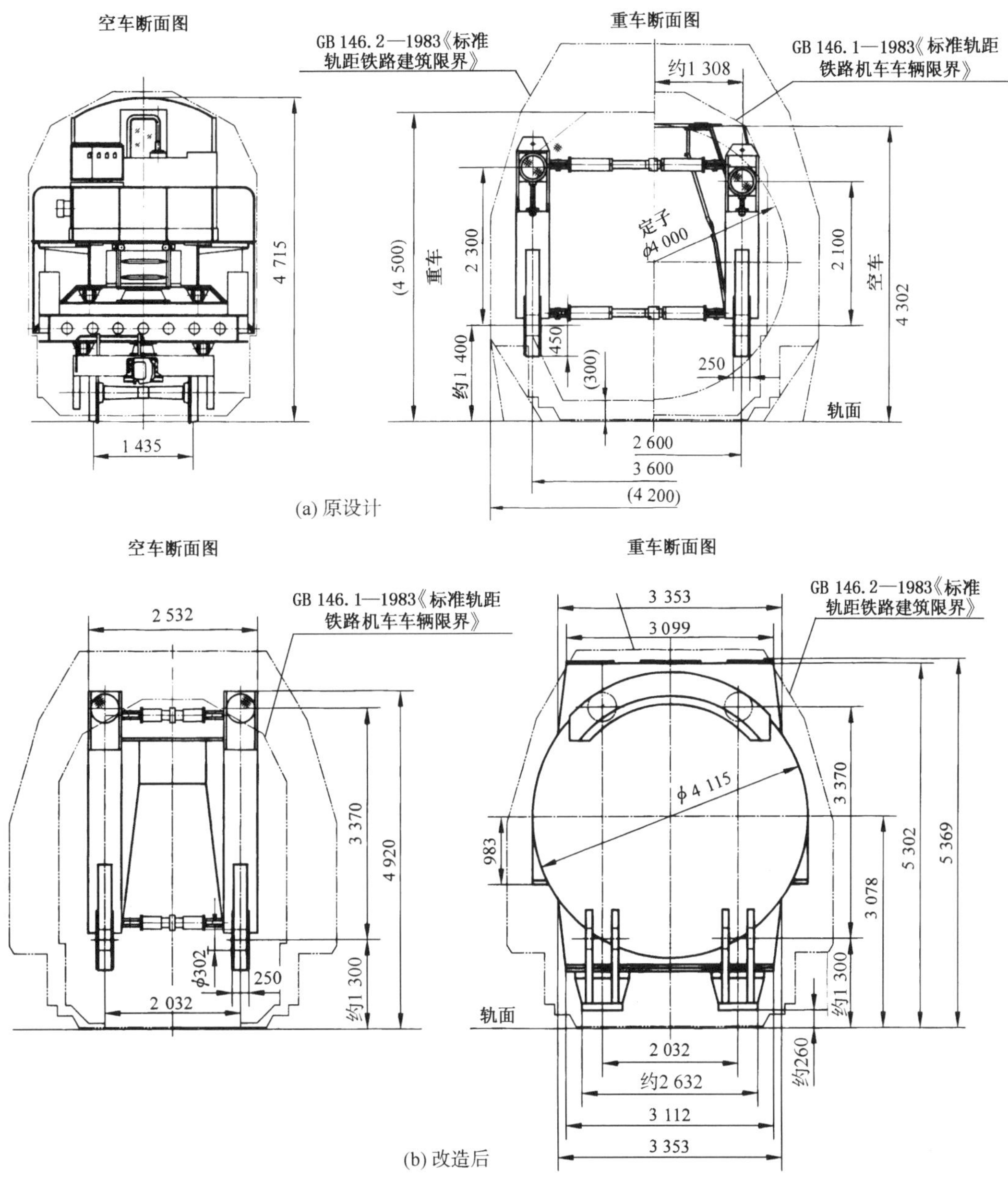

图 4-6-19　D35 型 32 轴钳夹车断面图

(2) 重车时的运行速度/ (km/h)。

外导向工况：

直线侧移 500 mm 或起升 400 mm：5；

R150 m 曲线侧移 300～400 mm：5；

R180 m 曲线或 9 号道岔：10。

中导向工况：

侧向 9 号道岔：5；

侧向 12 号道岔：10；

直线，R300 m 曲线：30。

内导向工况：

侧向 9 号道岔：5；

侧向 12 号道岔：10；

R250 m 曲线：15；

直线，R300 m 曲线：30。

（3）允许使用导向工况。

这里所指的允许使用的导向工况，是指根据大心盘在横向平面内的侧移不超过 500 mm 考虑的。据此，当货物悬挂长度为 13 m 时，允许使用的导向工况见表 4-6-4。

表 4-6-4　允许使用的导向工况

线路曲线半径/m	允许使用的导向工况
大于 250	内、中、外导向
180～250	中、外导向
150～180	外导向

当悬挂长度不等于 13 m 时，需要重新检算。在允许使用的导向工况中，具体选择何种导向工况，主要根据经由线路的情况确定。

四、D30A 型钳夹车

（一）概　　述

D30A 型钳夹车，是齐厂根据国内铁路大件运输市场调查结果，按照铁道部铁计函〔1996〕01 号文件附件六《1996 年铁路科学技术发展规划》（合同号 96J21）主持研制的钳夹车，如图 4-6-20～图 4-6-23 所示。

该车于 1996 年 3 月完成了设计并通过了工务部门的过桥检算；4 月，设计方案通过了部级审查；5 月，铁道部科技司以科技机〔1996〕83 号文下达了该车设计任务书、批复了设计方案；8 月，完成了试制；9 月，通过了由铁科院主持、齐齐哈尔铁路分局、铁道部驻齐厂车辆验收室及齐厂参加的强度、刚度、动力学及空、重车通过大超高（h=145 mm）曲线等各项鉴定性试验。

图 4-6-20　D30A 型钳夹车空车短连挂（齐厂　1996 年）

图 4-6-21　D30A 型钳夹车运输 2.8 m 轧机机架

图 4-6-22　D30A 型钳夹车运输轧机机架

图 4-6-23　D30A 型钳夹车专列运输重庆庆陵厂 5 000 t 机械压力机座滑块本体（2000 年）

为使该车早日投入使用，铁道部科技司会同车辆、运输、工务局及中国铁路机车车辆工业总公司、中铁特货公司，于 1997 年 3 月组织召开了样车技术审查会。该车即承担了酒泉钢厂 2.8 m 轧机牌坊的两次运输任务，已经过了行程 14 600 km 的长距离运用考验。

（二）主要技术规格

主要技术规格见表 4-6-5。

表 4-6-5　主要技术规格

项　目	技术规格	项　目	技术规格
载重/t	300	空车（短连挂时）	32 668
自重/t	119	重车（长连挂悬挂长度 13 m 时）	44 818
自重系数	0.397	每延米重/（t/m）	
轴数	20	空车（短连挂时）	3.6
实际轴重/t	20.9	重车（长连挂悬挂长度 13 m 时）	9.3
车辆定距（大心盘距）/mm		车辆高度/mm	3 650
空车（短连挂时）	15 800	车辆宽度/mm	3 000
重车（长连挂悬挂长度 13 m 时）	27 950	钳夹高度/mm	1 912
小心盘距/mm	7 450	钳夹宽度/mm	2 600
车辆长度/mm		车耳孔中心高/mm	1 540

续上表

项　　目	技术规格	项　　目	技术规格
车钩中心线高/mm	880	轮径/mm	840
空车重心高度/mm	1 280	弹簧静挠度/mm	
空车构造速度/（km/h）	80	空车	7.8
重车运行最高速度/（km/h）	50	重车	32
通过最小曲线半径/m	150	限界	空车符合 GB 146.1—1983《标准轨距准轨铁路机车车辆限界》—车限 1A 的要求
转向架型式	5 轴包板式		
轴型	E		
轴距/mm	1 400	通过驼峰情况	禁止
全轴距/mm	5 600		

（三）简要说明

1. 用途

主要用于运输电力、冶金、化工、重型机械等行业制造的大型发电机定子、主变压器、轧钢机牌坊等超限重型货物。

2. 技术性能特点

(1) 车辆自重轻，在轴重 21 t 不变的条件下，将载重增至 300 t，以提高运输能力，扩大适用范围。

(2) 改进钳形梁、转向架等结构和性能，提高了重车运输的安全可靠性，且便于用户的使用和维护。

(3) 优化转向架轴距及群轴距，确定合适的车辆长度，减轻对桥梁的压力，节省运输时线桥加固或改造费用；提高车辆过桥速度，提高运输效率，减少对线路正常运输的干扰。

3. 结构概况

该车主要由 2 个底架、2 组整体钳形梁、4 组五轴转向架及空气制动装置、人力制动装置、车钩缓冲装置、空车短连挂装置和空车钳形梁支撑装置等部分组成，如图 4-6-24、图 4-6-25 所示。

底架材质为 15MnVN（Ti）高强度低合金结构钢。该底架主要由工字形侧梁、横梁及箱形枕梁、球面心盘、滚子式旁承等组成。钳形梁材质与底架相同。主要由箱形侧梁、枕梁、端框及工字形横梁、球面心盘、滚子式旁承、组焊车耳、可调压柱等组成。全车采用 4 组 5 轴转向架，其中端部两组带有车钩缓冲装置及空气、人力制动装置；中间两组仅有空气制动装置。构架为包板式焊接结构，材质为 16Mn 低合金结构钢。采用 E 型车轮、车轴和 197730 滚动轴承，弹簧为板弹簧。每组转向架上均装有 120 型控制阀、ϕ356 mm×254 mm 密封式旋压制动缸、球芯折角塞门、组合式集尘器、手动空重车调整装置、低磨合成闸瓦。采用蜗轮、蜗杆式人力制动机，手轮直径为 400 mm。采用 C 级钢 13 号车钩、钩尾框及2 号缓冲器。

4. 试验

(1) 结构强度、刚度试验

①转向架强度、刚度试验

1996 年 7 月 16 日至 24 日，由铁科院主持、铁道部驻齐厂车辆验收室及齐厂参加，完成了转向架的强度试验。结果表明：该转向架最大应力发生在中间轴轴箱导框内弯角处及中央轴下拉板，其中内弯角处最大应力为 191.4 MPa，下拉板最大应力为 196.7 MPa，均小于材料许用应力，强度满足 TB 1335—1978 的要求。构架最大变形换算值为 5.4 mm，挠跨比为 1/1 037，小于该车设计任务书的要求。

②车体强度、刚度试验

1996 年 9 月 13 日至 26 日，由铁科院主持对该车钳形梁、底架进行了静强度、动强度试验。结果表明：钳形梁最大应力发生在车耳孔周边，换算应力最大值为 252.0 MPa；底架最大应力发生在侧梁与枕梁下盖板交接处附近，故车体强度满足 TB/T 1335—1996 要求。钳形梁耳孔处换算挠度为 32.6 mm，其挠跨比为 1/485；底架中央换算挠度为 8.7 mm，挠度比为 1/875，故车体刚度足够。

1
2
3
4
15 800
32 668
3 685
1 950
1 400
3 775
1 400
1 400
90
1 400
1 769
880
2 600

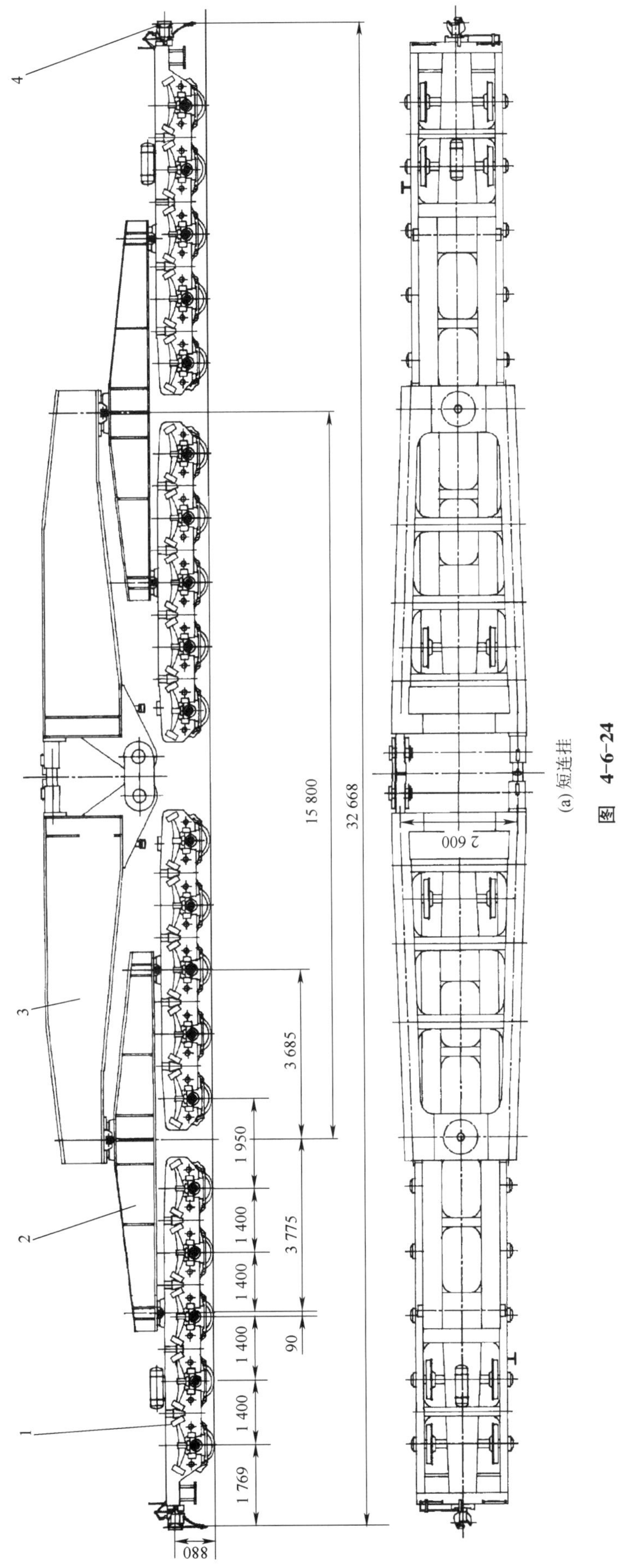

(a) 短连挂

图　4-6-24

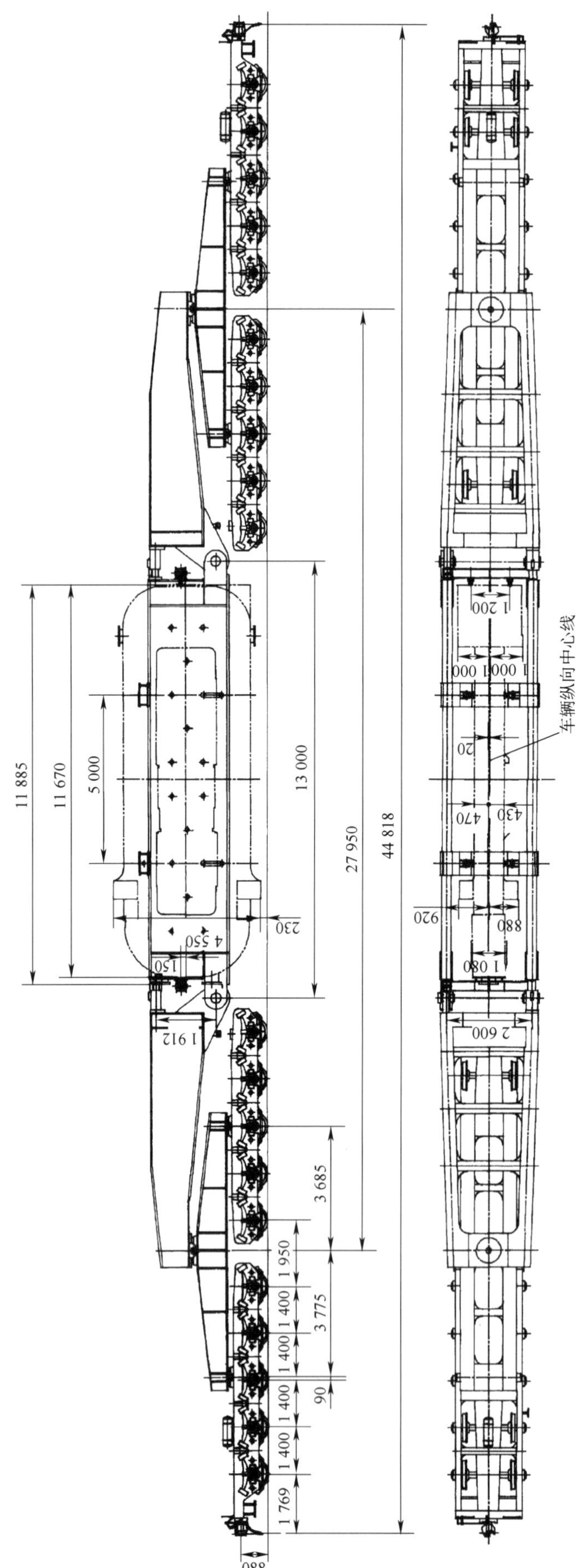

(b) 重车长连挂

图 4-6-24 D$_{30A}$型钳夹车总图（QCH152-00-00-000）

1—转向架及空气、人力制动装置；2—底架组成；3—钳形梁组成；4—车钩缓冲装置

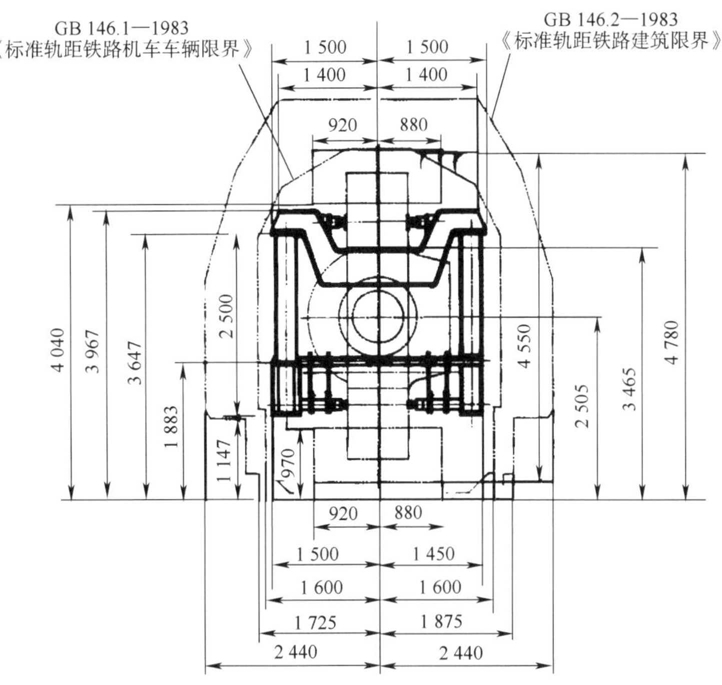

图 4-6-25 D30A 型钳夹车重车断面图

(2) 动力学性能试验

1996 年 9 月 13 日至 26 日，由铁科院主持进行了空、重车厂内和正线动力学性能试验。正线空车最高试验速度 92 km/h，重车最高试验速度 65 km/h。结果表明：该车在空车 80 km/h、重车 50 km/h 的速度条件下，其各项动力学性能指标满足 GB/T 5599—1985 的要求。

(3) 通过大超高曲线试验

1996 年 9 月 21 日和 22 日，该车在齐齐哈尔分局所管辖的油毡纸厂专用线上进行了通过半径 R300 m、外轨超高 h=145 mm 的通过曲线试验。结果表明：该车在通过小半径、大超高曲线线路时，其强度及空、重车动力学性能均满足标准的要求。

5. 过桥检算

主要结构及技术参数确定后，利用 QLJS 大车通过桥梁能力分析软件，对该车进行了过桥检算。结果表明：该车满载时通过跨度为 12～30 m 的桥梁需要限速，其中最不利工况为通过跨度为 20 m 的混凝土桥，限制速度为 15.02 km/h。

6. 运用考验情况

该车在运用考验中已两次承运了第一重型机械集团公司为甘肃酒泉钢铁公司厚板工程制造的 2.8 m 轧钢机牌坊。其中经过最小曲线半径为 R250 m 一处，R295～R600 m、超高 h=100～140 mm 曲线多处。单程走行 3 650 km，两次共计 7 300 km。第一次历行 14 天，第二次历行 17 天，分别于 1997 年 4 月 5 日及 6 月 3 日安全抵达目的地——酒钢专用线，圆满地完成了国家重点工程——酒钢厚板工程 2.8 m 轧机牌坊的运输任务。

因是 D30A 车首次投入运用考验，故铁科院派试验车及有关科研人员对该车的动力学性能进行了全程监测，结果表明：

(1) 心盘垂直加速度最大值发生在 R500 m 曲线、超高 60 mm 处，最大值为 0.27g，小于允许限度 0.7g。

(2) 心盘水平加速度最大值发生在出站道岔处，最大值为 0.26g，小于允许限度 0.5g。

(3) 弹簧动、静挠度比最大值发生在 R300 m 曲线、低速运行时，其最大值为 0.57，小于允许限度值 0.7。

（4）最大动荷系数发生在半径 R295 m、超高 h=140 mm 曲线区段，最大值为 0.22，换算车体最大为 213.2 MPa，小于材料许用应力 259 MPa。

首次运输全程监测结果及两次长距离运用考验结果表明：该车强度、刚度及整车动力学性能均满足使用要求。

7. 使用维护说明

（1）空、重车均禁止通过驼峰、禁止溜放与冲击。

（2）空车回送速度：直线及 R800 m 以上的曲线区段，最高速度为 80 km/h；在曲线半径小于 800 m 的区段应按有关规定限速。

（3）重车运行速度应按《加规》《超规》及超限电报办理，重车最高运行速度 50 km/h。

（4）空车、重车运输前，须将钳形梁支撑螺杆拧至最高位。

（5）装载货物的重心应尽量与车辆纵、横中心线交点重合；如有偏心，应不超过下述规定：

横向偏心：不得大于 100 mm。

纵向偏心：满载时不得大于 150 mm，小于标记载重时须符合《加规》的规定。

（6）旁承间隙：因该车采用的是球面心盘，在平直线上该心盘无自行复原能力，所以，可能会出现同一侧各级旁承“压死”现象，这属正常现象，待运行中能自调平衡；但各级旁承不得对角“压死”，且须保证每端左右旁承间隙之和：底架每端旁承间隙之和为 4～8 mm，钳形梁每端旁承间隙之和为 16～20 mm。

（7）油润：空、重车运行前均应检查两级心盘、旁承的作用状态，并注入适量的润滑油。应经常在压柱、支撑螺杆的螺纹表面涂润滑脂，以防锈蚀。

（8）装卸货时，全车分解成两半节后，允许在直线上低速牵引或推送；但不得在曲线上牵引或推送。

（9）每次装运货物时，应仔细检查钳形梁，底架主要承载件的外露焊缝，如有异常应及时处理。

（10）转向架使用要求：

运用中应经常在承载鞍与导框间涂抹润滑脂，以保持良好油润状态。

应经常检查弹簧吊环与吊座及铁之间的组装位置，如发现异常，应及时处理。轴箱导框间隙前后之和为 6～12 mm，单侧横向间隙 8～15 mm。

应检查名称吊销的组装位置，不允许有窜出现象。

轴箱导框下方的拉板两侧 1∶12 斜面必须密贴，且拉板与拉板座之间（垂向）应有间隙，连接螺母不得松动。

应经常检查各制动圆销、开口销状态，保证状态良好。

制动缸活塞行程为 125～155 mm，超过时可通过调节拉杆孔进行调整。

运用中应保证空、重车指示与车辆承载工况相一致。

轮对、197730 双列圆锥滚动轴承、板弹簧、车钩缓冲装置及空气、人力制动装置的维护检修均按现行各级检修程执行。易损易耗件明细见表 4-6-6。

表 4-6-6　易损易耗件明细

图　　号	名　　称	材　　料	每台数量
TB 2-68	票插	QT400-15	4
QCZb1-30-01-000	扁弹簧组成	60Si2Mn	0
QCZ 21-33-02	吊环	Q235-A	96
TB/T 2404-93	低摩合成闸瓦		160
604-11-05	簧把销子	Q235-A	160
HT 260-941-04	弹簧	钢丝 3.5-C	60
604-11-04	闸瓦托	ZG230-450	160

五、D38型钳夹车

（一）概　　况

D38型钳夹车按照1996年度铁道部新型钳夹式货车招标技术规范的要求及1997年度铁道部科技发展计划项目（编号97J37）的安排，由齐厂主持，四方所、铁科院、西南交通大学、大连铁道学院等单位参加研制。是当时国内自重较轻，功能较全，适应范围较广，采用新技术、新结构、新材料、新工艺较多，性能先进的新型钳夹车，如图4-6-26～图4-6-32所示。

图4-6-26　D38型钳夹车空车短连挂（齐厂　1998年）

图4-6-27　D38型钳夹车重车模拟长连挂动力学试验（齐厂　1998年10月21日）

图4-6-28　D38型钳夹车重车长连挂运输重庆庆铃集团5 000 t压力机底座（2000年1月）

图4-6-29　D38型钳夹车（高钳形梁）**重车长连挂运输哈尔滨电机厂发电机定子**

图 4-6-30　D38 型钳夹车（高钳形梁）重车长连挂运输托克托电厂发电机定子（2005 年）

图 4-6-31　D38 型钳夹车运输兆光电厂 600 MW 发电机定子（2007 年 12 月）

图 4-6-32　D38 型钳夹车运输兆光电厂 600 MW 发电机定子专列和定子到达卸车（2007 年 12 月）

齐厂于 1996 年 6 月完成了总体方案设计、主要零部件的技术设计，并会同四方所共同完成主要承载部件的有限元强度计算和结构优化和完成大底架、钳形梁车耳、液压旁承的先期模拟试验和整车结构受力分析、倾覆稳定性分析，会同大连铁道学院进行压柱油缸举升原理分析、钢结构系统有限元分析及通过桥梁性能计算；9 月，铁道部在北京组织召开设计任务建议书及总体方案审查会，确定设计任务书和总体设计方案；12 月，完成了施工图设计。1997 年 1 月完成了该车用进口 WEL-TEN780A 高强度钢的焊接及压型工艺等出国考察；4 月，完成了 WEL-TEN780A 高强度钢的焊接、压型等工艺试验及车耳转动衬套加工公差选取、组装间隙及组焊工艺试验，编制了试制工艺方案；7 月，铁道部聘请两个专家组在北京召开了设计图纸及试制工艺方案技术审查会，确认施工图纸及制造工艺方案；12 月末，完成了样车试制、空车称重、通过限界及小曲线检查。1998 年 5 月，完成试验用承载箱等装置制造；9 月，完成空、重车液压、电气性能调试及起升、下降、侧移、多导向等功能调试；10 月，完成整车静强度、刚度鉴定性试验，车辆动力学试验和液压系统试验。1999 年 7 月，通过铁道部技术审查。2000 年，通过铁道部科技成果鉴定。多次完成三峡工程等国家重点设备运输。2002 年获中国铁道学会科技二等奖。

（二）主要技术规格

主要技术规格见表 4-6-7。

表 4-6-7 主要技术规格

项目	技术规格	项目	技术规格
载重/t	380	轴距/mm	1 400
自重/t	226	固定轴距/mm	4 200
总重/t	606	轮径/mm	800
自重系数	0.59	轴颈中心距/mm	2 050
轴数	32	心盘承载面自由高/mm	1 095
轴重/t	18.94	钳夹宽度/mm	2 000～3 100
每延米重/（t/m）		钳夹高度/mm	2 300～2 600
空车	4.29	货物提升高度/mm	500
重车（悬挂长 13 m）	9.35	货物下降高度/mm	150
转向架群	13.2	侧向移位/mm	
车辆长度/mm		直线（左、右侧）	500
空车（短连挂）	52 718	*R*>300 m 曲线（外侧）	500
重车（悬挂长 13 m）	64 818	*R*≤300 m 曲线（外侧）	550
车辆宽度/mm	3 000	车钩中心线高/mm	880
车辆高度/mm	4 715	空车重心高度/mm	1 750
内导向距/mm		采用高钳形梁时	1 780
空车（短连挂）	12 350	通过最小曲线半径/m	
重车（悬挂长 13 m）	24 450	空车短连挂	*R*150
中导向距/mm		重车长连挂外导向	*R*150
空车（短连挂）	16 150	重车长连挂中导向	*R*180
重车（悬挂长 13 m）	28 250	重车长连挂内导向	*R*250
外导向距/mm		最高运行速度/（km/h）	
空车（短连挂）	26 150	空车	90
重车（悬挂长 13 m）	38 250	重车	50
大底架心盘距/mm	12 900	限界	空车符合 GB 146.1—1983《标准轨距铁路机车车辆限界》的要求
小底架心盘距/mm	5 800		
四轴转向架		通过驼峰情况	禁止
轨距/mm	1 435	溜放与冲击情况	禁止

（三）简要说明

1. 用途

可适应装运电力、冶金、化工、机械等行业的超限重型货物，如发电机定子、主变压器、轧钢机牌坊、核电站压力壳等。

2. 技术性能特点

（1）性能先进

①载重 380 t、自重 226 t，与现有的 D_{35} 型钳夹车比较，载重提高 30 t、自重降低 64 t。

②转向架加装附加螺旋弹簧装置，加大弹簧静挠度，改善空、重车动力学性能，使该车最高运行速度空车达到 90 km/h、重车达到 50 km/h。

③该车具有内、中、外三种导向装置，可使通过曲线时车体的内偏移量自动减少 500～550 mm，从

而可扩大所运货物断面宽度达 1 000～1 100 mm。

（2）功能较全

①具有液力起升装置，利用压柱油缸的伸缩，可使货物向上起升 500 mm、向下降低 150 mm，以避开线路上、下方的障碍物。

②具有液力侧移装置，利用该装置可将货物侧向移位一定距离，以避开工矿企业、港口码头等小半径线路两侧的障碍物。

③利用液压旁承还可使货物绕车辆纵向中心线偏转一定角度，以避开途中的特殊障碍物。

④设有电子称重装置、安全接地装置及安全监控、报警装置，方便用户使用，保证运输安全可靠。

（3）采用新技术较多

①车辆主要承载部件，首次采用了屈服强度达 685 MPa 的 WEL-TEN780A 进口高强度钢材。

②大底架首次采用了全封闭式单向曲梁新结构，大、小底架心盘衬垫首次采用了高分子材料的分瓣式半球形新结构。

③压柱、车耳、球心盘、旁承及空车短连挂等部件首次采用了国外最新技术。

④液压系统选用了德国进口的液压元件，并选用了新型快速接头，提高了液压系统的工作可靠性。

（4）适应范围较广

①钳夹宽度调整装置可使钳形梁宽度在 2 000～3 100 mm 间任意调整。

②设置了钳夹高度调整装置可使钳形梁的钳夹高度在 2 300～2 600 mm 间四级调整。

③运输具有自承能力的货物时，可将货物钳夹在两组钳形梁中间，而不受地板面高度的限制，能充分利用限界空间进行运输。

④运输自承能力不足的货物时，可钳夹凹底架、侧承梁、承载箱附属装备来进行，兼顾了凹底车、落下孔车等大车的优点。

3. 结构概况

该车主要由小底架、大底架、导向梁、钳形梁、调宽装置、侧移装置、提升装置、导向装置、支撑装置、纵向补偿及称重装置、空气制动装置、人力制动装置、车钩缓冲装置、空车短连挂装置、接地装置、监控报警装置及液压系统、电气系统、转向架、操纵室等部分组成，如图 4-6-33～图 4-6-35 所示。

小底架、大底架、导向梁、钳形梁均首次采用屈服强度为 685 MPa 的进口 WEL-TEN780A 高强度可焊结构钢；转向架构架采用屈服强度为 350 MPa 的国产 Q345E 低合金结构钢，轴箱导框下拉板采用屈服强度为 785 MPa 的 40Cr 低合金结构钢。

（1）小底架组成

由 2 根侧梁、小枕梁及 1 根大枕梁组焊而成。侧梁为变断面的工字形组焊结构，大、小枕梁均为箱形组焊结构。

（2）大底架组成

由 2 根侧梁、小枕梁、辅助梁、横挡梁及 3 根大横梁、1 根大枕梁、1 个导向销座支持梁及上、下封板组焊而成。侧梁为工字形变断面的鱼腹梁。大、小枕梁均为箱形组焊结构；大横梁、辅助梁为工字形组焊结构；横挡梁为槽形组焊结构；导向销座支持梁系由箱形组焊结构梁及内、外销套组成。

（3）钳形梁组成

由变断面的箱形组焊结构梁、车耳、压柱等部分组成。车耳板厚为 180 mm、外圆半径为 425 mm，耳孔内镶有转动衬套；压柱为液压油缸。

（4）导向梁组成

由上下盖板及侧板、导向销套管等组焊成的 T 形梁。

（5）各级心盘结构

各级心盘均为半球型式，上、下心盘间衬有半球形分瓣式的自润滑增强型聚四氟乙烯心盘衬垫或铜衬垫。三级球形心盘的球半径为 SR165 mm、SR250 mm、SR300 mm。

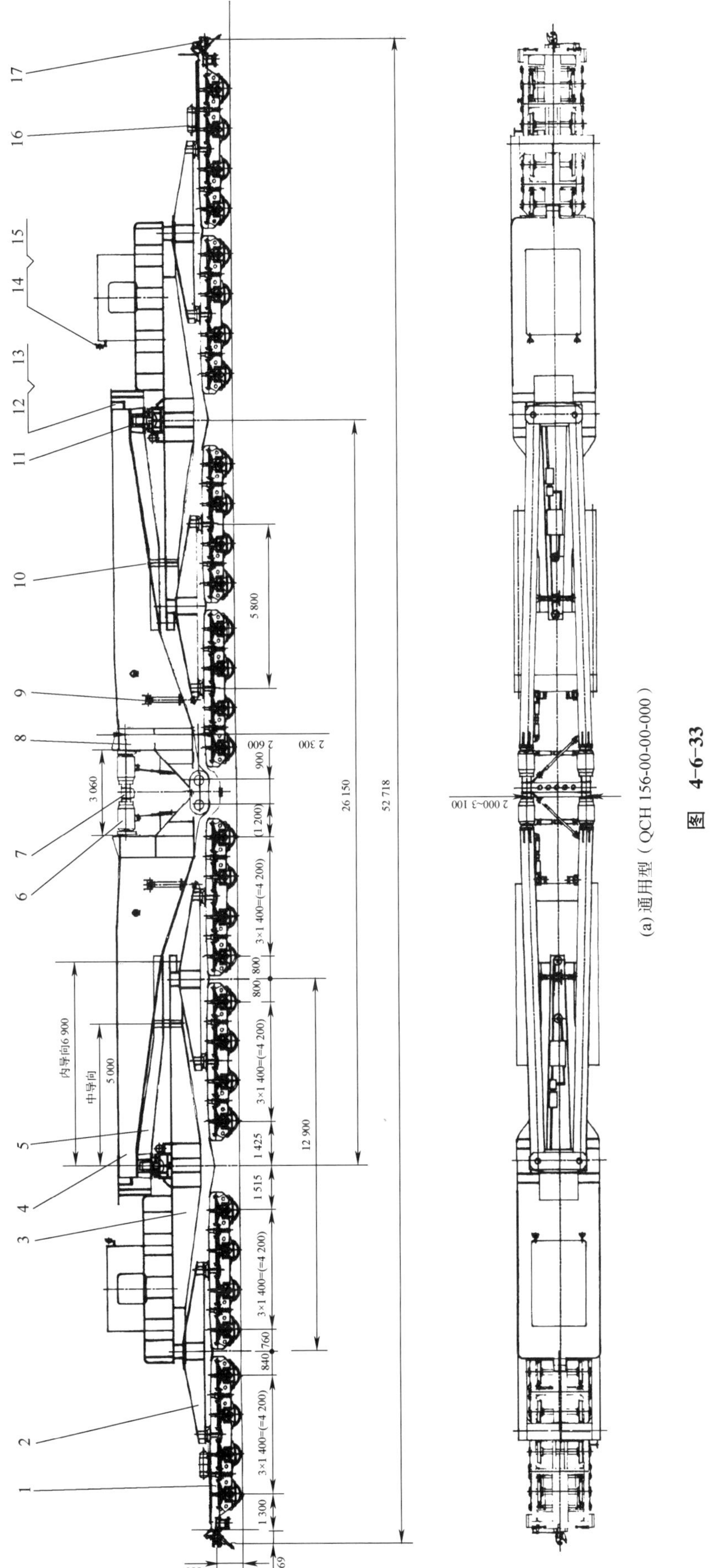

(a) 通用型（QCH 156-00-00-000）

图 4-6-33

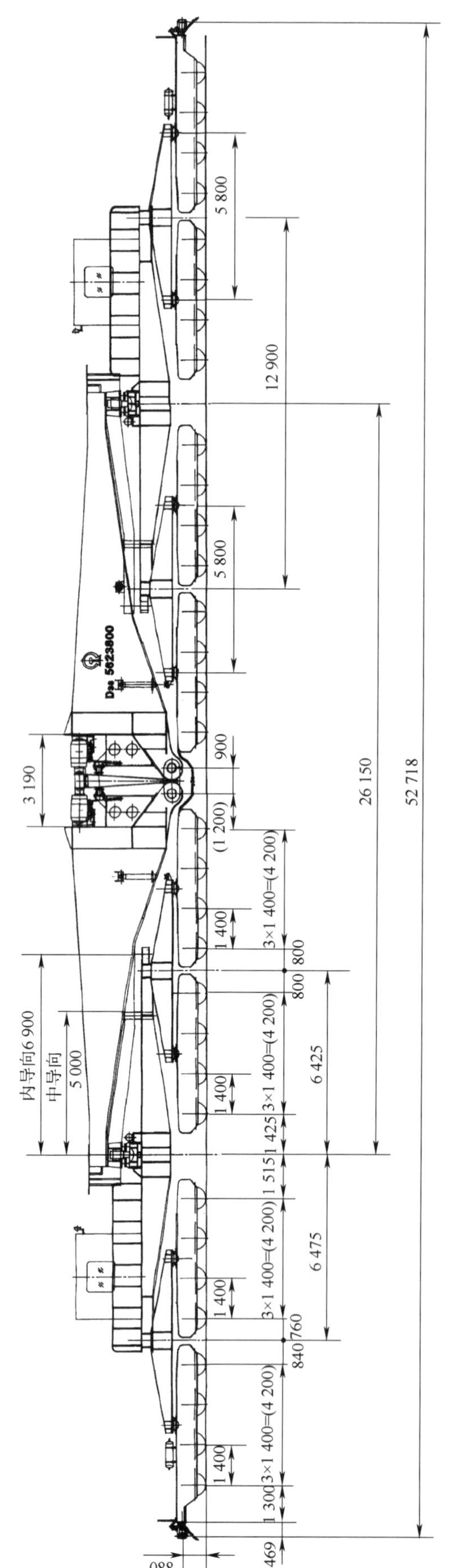

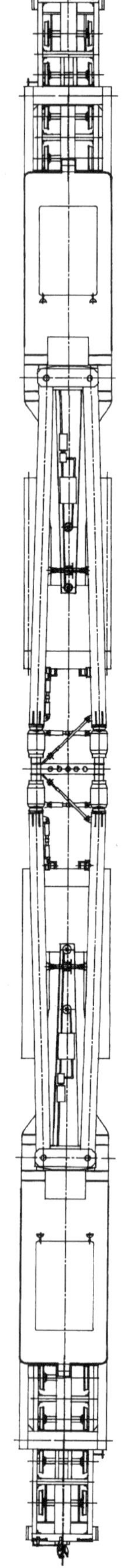

(b) 高钳形梁型（QCH 182-00-00-000）

图 4-6-33 D38型钳夹车总图

1—转向架；2—小底架；3—大底架；4—钳形梁；5—导向梁；6—提升（下降）装置；7—空车短连挂；8—调宽装置；9—支撑装置；10—导向装置；11—侧移装置；12—报警装置；13—液压系统；14—电气系统；15—操纵室；16—空气、人力制动装置；17—车钩缓冲装置

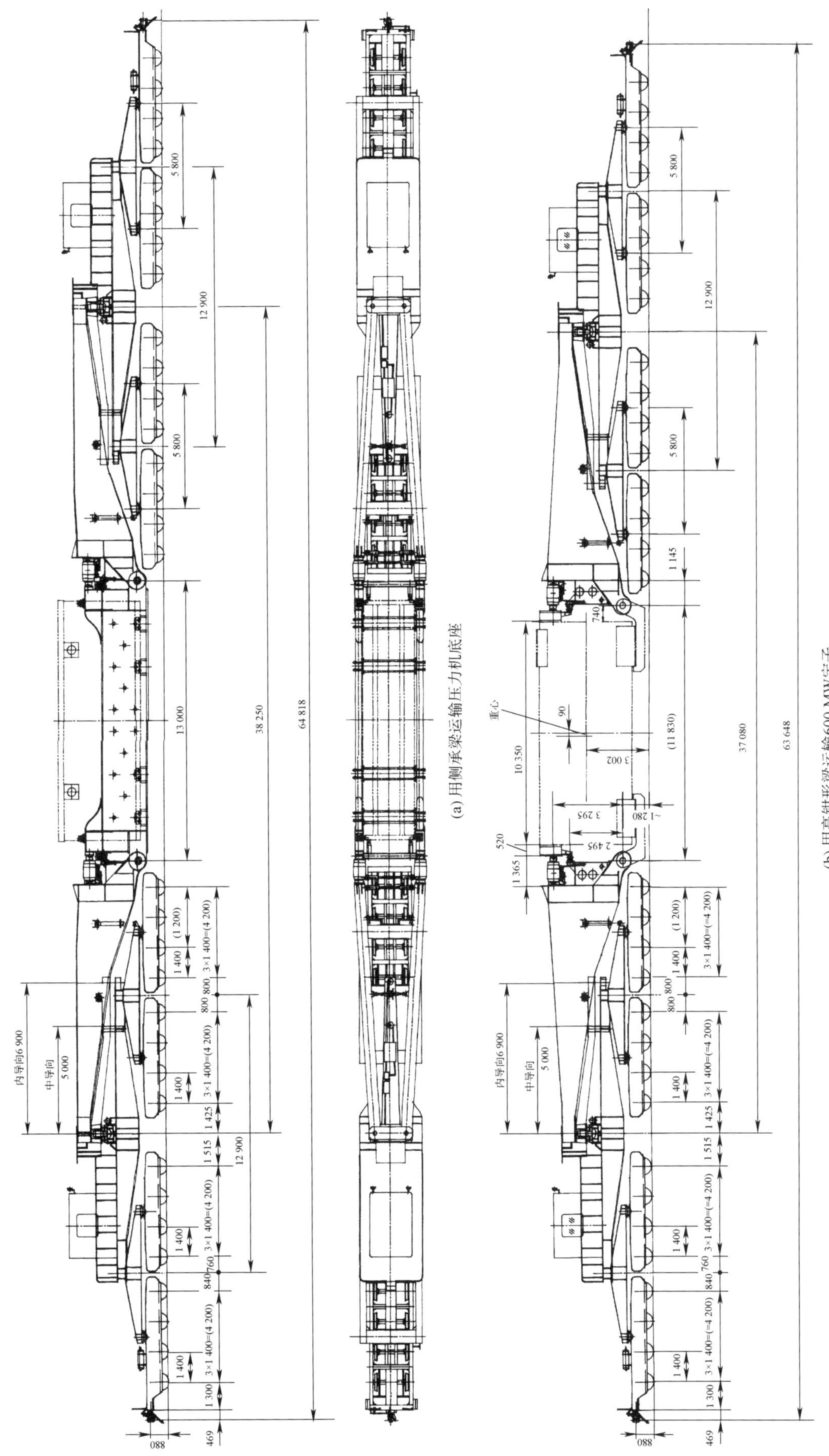

(a) 用侧承梁运输压力机底座

(b) 用高钳形梁运输600 MW定子

图 4-6-34　D_{38}型钳夹车总图（重车）

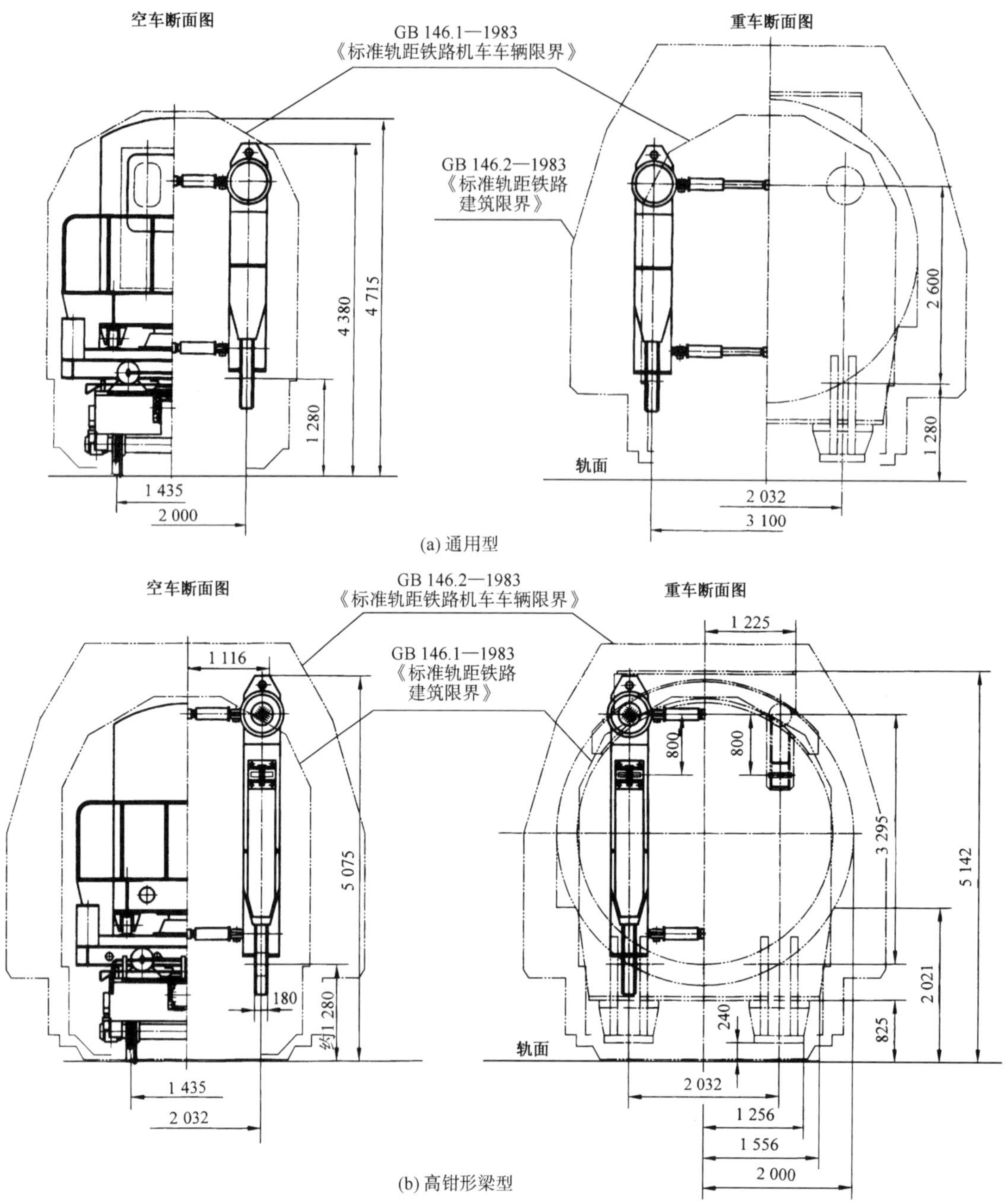

(a) 通用型

(b) 高钳形梁型

图 4-6-35　D38 型钳夹车断面图

（6）各级旁承装置

转向架与小底架间的旁承为滚柱式，主要由滚柱及支架组成。在无旁承间隙时，该旁承（滚柱）在支架内可随着转向架与小底架间的回转而自由滚动；当有旁承间隙时，旁承靠其自重可自动复原。

小底架与大底架间旁承为滚轮式，主要由滚轮、轴、衬套及支架组成。滚轮装在轴上，并可绕轴自由转动。导向梁与移动心盘间装有沿车体同侧纵向连通的液压旁承，主要由四组柱塞式油缸组成。

（7）调宽装置

由上拉杆、下压杆、等分撑杆及连结销组成。各杆均为梯形螺纹，手动操纵调整钳夹宽度，调宽幅度为 2 000～3 100 mm。

（8）侧移装置

由侧移油缸、移动心盘及滚子排等组成。使用外导向时可利用侧移油缸左、右横向移位各 500 mm；也可以根据曲线半径选用内或中导向销使外导向点自由移位最大达 550 mm。

(9) 提升装置

由压柱油缸、锁紧螺母及调整机构组成。压柱油缸为双作用式，安装在钳形梁大端的车耳上方，压柱在垂直方向的调节，是通过压柱调位油缸进行的；而在水平方向上的调节，则是通过手动螺杆进行的。压柱工作行程调定后，可通过锁紧螺母予以锁闭，以确保安全。

(10) 导向装置

该车具有内、中、外三种导向机构，其中外导向即为侧移装置；内、中导向主要由导向销（油缸）、导向销座及支架等组成。可通过垂直插入或拨出导向销座内的导向油缸，使该车处于不同的导向工况，从而减少车辆通过曲线时的内偏移量。导向销的直径为 250 mm。

(11) 支撑装置

由支撑油缸、支承小车及支座等组成，以供整车分成两半节车时支撑钳形梁用，也可用于调整钳梁大端高度用。双向作用支撑油缸安装在钳形梁大端内侧。

(12) 纵向补偿及称重装置

由纵向补偿液压缸（旁承油缸）和连通管路组成。液压缸安在导向梁的大端上；位于车辆两端的同侧2个液压缸，是通过沿车体（含货物）的管路纵向同侧连通的，同时该装置可兼作称重用。

(13) 液压装置

该车具有2套独立的液压系统。每套液压装置主要由1个主液压泵、1个辅助液压泵、1个油箱、1个液压控制箱、2组压柱油缸、压柱调位油缸、旁承油缸、导向油缸、支撑油缸及1组侧移油缸和电磁阀等组成。液压系统的工作压力为2级，其中压柱油缸、旁承油缸（称重时）两回路的额定压力为35 MPa,其余回路的额定压力为20 MPa。

(14) 电气动力装置

具有2套独立的电气动力装置。每套装有1台柴油机及辅助电动机、电气控制台、照明装置、通信装置、空调装置等。柴油机通过法兰直接连接并驱动液压泵（主泵）；在该车接入外接电源时，可用辅助电动机驱动辅助液压泵工作。生活用电采用220 V交流或24 V直流电源，如空调和照明等。

(15) 报警装置

该车在称重系统装有静态超载、偏载报警装置；在电气控制系统装有起升、侧移限位报警装置及多导向联锁报警装置；在操纵室内装有速度监控表。

(16) 空车短连挂装置

主要由连接销、连接板及支撑装置等组成。

(17) 空气制动装置

采用120型控制阀、手动空重车调整装置、ϕ254 mm×254 mm旋压密封式制动缸、高摩合成闸瓦、球芯折角塞门、组合式集尘器等制动新技术。

(18) 人力制动装置

采用蜗轮、蜗杆式人力制动机，可在地面上操作；手轮直径为ϕ400 mm。

(19) 车钩缓冲装置

采用C级钢13号上作用车钩及钩尾框、2号缓冲器。

(20) 操纵室

每半节车有1个操纵室，设在大底架的上方。室内除装有电气总控制台外，还设有1把转椅、2把座椅、1个软卧下铺和工具箱、灭火器、空调、照明装置等。操纵室外端设有2只可调节方向的探照灯。该车还配有便携式无线对讲机6台，作为操纵时的通信联络用。

(21) 接地装置

为确保该车通过电气化区段时的人身安全，该车在各级枕梁间均加装了接地线。

(22) 转向架

采用8组四轴转向架。其中端部的2组装有车钩缓冲装置，空气、人力制动装置；其余6组仅装有空气制动装置。构架为包板式焊接构架、轴承采用 197730 滚动轴承、车轴采用 50 钢车轴，弹簧为板弹簧及附加螺旋弹簧。

4. 试验

(1) 先期模拟试验

该车在试制前期，进行了大底架模拟试验、车耳模拟试验和液压旁承纵向连通模拟试验。

大底架模拟试验的目的是对单向曲梁和双向曲梁两种方案结构强度进行比照分析，从中优选大底架结构方案，并对其结构强度予以验证。四方所主持，齐厂设计、制造了试验用工装及试件，该试验大底架模拟试件模型比例为 1∶2。载荷分为垂直载荷、横向载荷和扭转载荷三种。根据相似原理，垂直载荷和横向载荷按 1∶4 比例缩小、扭转载荷按 1∶8 比例缩小，此时模型测试应力即为实际应力。试验结果表明：①两种结构方案在试验载荷工况下的合成应力均未超过材料的许用应力，而且两种方案在横向载荷、扭转载荷作用下，其横向刚度、扭转刚度均较大，完全能够满足使用要求。②双向曲梁方案在主梁小拐角下盖板横向折弯角处有较大的应力集中，其应力值比单向曲梁相同部位增大了近一倍。分析其原因，主要是双向曲梁的主梁存在附加扭转应力，而单向曲梁的主梁则不存在这一点。③大底架上、下封板对提高大底架整体强度、刚度至关重要，特别是在侧移工况下对改善大底架主梁上下盖板的受力状态更加明显。当大底架采用传统的开口结构（即不加封板时），主梁下盖板最大应力为 527.2 MPa；当大底架采用全封闭结构时，相同部位的应力降为 107.3 MPa。综合考虑大底架结构强度、刚度、重量、制造工艺性等因素，最后选择了单向曲梁方案。

钳形梁车耳是该车最重要的受力部件，在我国又是首次采用车耳球形转动衬套结构。为验证车耳结构方案，考核结构强度。四方所在齐厂产品试验室主持了该试验。本次试验车耳模拟试件的平面尺寸同实物结构，即用 1∶1 比例，并保证车耳孔和耳销的间隙与实物相同；在车耳厚度方向采用 1∶3.5 的比例。根据相似原理，模拟试验载荷按 1∶3.5 比例缩小，此时模型测试应力即是原型实际应力。测试结果表明：耳孔内侧最大应力为 361.2 MPa。值得提出的是：尽管车耳模拟试验结果表明该结构方案强度可满足 TB/T 1335—1996 的要求，但为了确保运输安全，该车施工图设计时，将车耳尺寸进行局部调整，车耳外圆半径由 $R400$ mm 改为 $R425$ mm、车耳板厚度由 $\delta 140$ mm 改为 $\delta 180$ mm。液压旁承中纵向连通主要是为了解决大车在通过缓和曲线时，车辆受扭的问题。为验证这种连通形式的性能情况，四方所主持进行了模拟试验，如图 4-6-36 所示。

图 4-6-36　D38 型钳夹车大底架模拟试验和车耳模拟试验

(2) 心盘衬垫试验

该车用大、中两级球形心盘衬垫材料为增强型聚四氟乙烯，结构型式为分瓣式半球形。这种分瓣式半球形结构高分子心盘衬垫可以大大减少心盘及衬垫所受的单位面积压力，但由于该结构在国内大车上应用尚属首次，制造难度很大。为保证新结构心盘衬垫的性能及尺寸满足设计要求，1997 年 9 月，由四方所主持，模拟该车心盘衬垫的约束条件和载荷工况，对心盘衬垫进行了模拟试验，结果表明：模拟试件的压缩强度、压缩弹性模量、硬度等性能指标及心盘衬垫结构尺寸均满足设计要求。

（3）工艺性试验

工艺方面主要进行了三项试验，即 WEL-TEN780A 高强度钢焊接试验、压型试验和车耳销套的加工、焊接和压装试验。

焊接试验的目的是：①验证日本提供的焊接材料参数是否满足要求；②测试焊接材料（焊缝金属）的化学成分、机械性能；③根据不同的结构及接头型式，确定适当的焊接方法；④提出 D_{38} 型钳夹车用 WEL-TEN780A 高强度钢的焊接工艺规范。此外，利用色谱法和甘油法也对焊缝金属的含氢量进行了测量。

试验结果表明：①WEL-TEN780A 高强度钢的机械性能优良，焊接性能较好。②所选择的焊条和焊丝适用于 WEL-TEN780A 高强钢的焊接。从性能上看，手工焊较适用于重要件的焊接。③焊接的预热温度要根据不同的板厚、焊接方法（手工焊、混合气体保护焊等）和结构型式具体确定。④为保证焊接区具有较好的强度和韧性，应将 t8/5 控制在 10～20 s 之间。

压型试验的目的是掌握 WEL-TEN780A 高强钢的成型性能，即测试该种钢材压弯成型力和回弹量，为工装设计、工艺准备及生产提供了依据。

车耳销套试验是通过模拟实物进行加工、焊接和压装，研究焊接变形对定位套与转动套之间间隙的影响；过盈压装对定位套与转动套之间间隙的影响，从而确定合理的结构、合适的配合公差。经过两次攻关试验，终于获得了满意的设计、工艺参数，达到了使用要求。

（4）鉴定性试验

①车体强度、刚度试验

1998 年 10 月 15 日至 19 日，由铁科院主持，对该车钳形梁、大小底架等车体钢结构及转向架构架进行了静强度、刚度试验。结果表明：钳形梁最大应力发生在耳根处的下盖板上，最大值为 405.7 MPa，钳形梁耳孔处最大值为 400.3 MPa，等分撑杆座附近的钳形梁内侧腹板上的静、动合成应力最大值为 421.6 MPa，均小于材料的许用应力（430 MPa）。大底架最大应力发生在上盖板，最大值为 441.8 MPa，超过材料的许用应力 2.6%。小底架最大应力发生在小枕梁与侧梁相交处的侧梁上盖板上，最大值为 −409.2 MPa，小于材料的许用应力。导向梁最大应力值为 84.1 MPa；等分撑杆最大应力值为 374.0 MPa，均小于材料的许用应力。因此，车体强度满足 TB/T 1335—1996 的要求。钳形梁耳孔处换算挠度为 99.2 mm，其挠跨比为 0.982/250；大底架中央换算挠度为 33.74 mm，其挠跨比为 0.65/250；小底架中央换算挠度为 6.25 mm，其挠跨比为 0.27/250，均小于设计任务书的要求，故车体刚度满足要求。

②转向架构架及弹簧强度试验

转向架构架静强度试验在齐厂试验室内进行，主要测试了心盘垂向载荷工况和心盘与旁承同时承载工况。试验结果表明：转向架构架最大应力点在二、三位轴箱导框内圆弧部位，最大合成应力为 214.4 MPa；小于材料的许用应力（220 MPa），板弹簧靠近簧箍处的上平面边缘 10 mm 处的最大合成应力为 941.2 MPa，小于 60Si2Mn 材料的许用应力（981 MPa）。故转向架各零部件强度满足 TB/T 1335—1996 的要求。

③动力学性能试验

1998 年 10 月 18 日至 11 月 1 日，由铁科院主持、哈尔滨铁路局、齐齐哈尔铁路分局、哈局绥化车辆段、四方所、铁道部驻齐厂验收室及齐厂等单位参加，对该车在齐昂线上进行了试验、在富嫩线上进行了小半径曲线试验、在齐厂厂内进行了厂矿企业线路条件试验。正线空车最高试验速度 100 km/h，重车最高试验速度达 60 km/h。结果表明：在空车 100 km/h、重车 60 km/h 的试验速度条件下，横向、垂向加速度、平稳性等车辆平稳性指标及脱轨系数、轮重减载率、轮轨间横向力等车辆稳定性指标均符合 GB/T 5599—1985 的规定，且空、重车平稳性指标优级。

为确保该车的运输安全，规定该车空车时：在直线及 $R>1000$ m 的曲线上最高运行速度为 90 km/h，在 800 m$<R\leqslant$1 000 m 的曲线上最高运行速度为 80 km/h；重车时：在直线、直岔及半径 $R>800$ m 的曲线上最高运行速度为 50 km/h，在 600 m$<R\leqslant$800 m 的曲线上最高运行速度为 40 km/h。

5. 过桥检算

根据检算分析结果，车辆最低过桥速度 12.95 km/h，受限桥跨为 30 m 混凝土桥梁。

6. 使用维护说明

（1）每次启动以前，操作人员必须做好以下准备工作：

①检查柴油机、电动机、联轴器、泵、液压元件、液压附件的连接螺栓及接头是否松动、漏油，及时处理各种故障。

②检查液压油箱和柴油箱的油位，油位应不低于油箱高度的 3/4。液压油应符合说明书的有关要求；柴油牌号应符合柴油机说明中的有关要求。

③检查蓄电池电压是否在规定范围，当电压小于 24 V 时，应及时充电。

④检查各仪器仪表是否在检定期内，否则应及时更换或检定。

⑤长期未启动，第一次启动前，油泵泄油口应加满同号液压油，以防油泵配油盘烧结。

⑥电动机在接线时应注意其旋转方向，必须保证油泵（从轴端看）为顺时针旋转，否则应重接电源。

⑦检查车辆状态，确保各部位作用状态良好，车辆各部件合各级定检规定。

⑧按说明书要求，随机携带附件、工具、备品、易损易耗件。

⑨应根据实际情况，随机携带 4 个 100 t 千斤顶，2 桶液压油、柴油、汽油及铁鞋、撬棍等。

（2）车辆在使用前应按说明书的要求进行调试，其中包括动作检查、打压试验等内容。

动作检查包括车体起升、下降，侧移，换导向，钳形梁升降，旁承连通等内容。

打压试验应包括以下内容：

①压柱油路系统打压：半节车状态下，压柱油路系统打压 35 MPa，系统无漏泄，各阀作用状态良好。

②侧笔油缸打压 20 MPa，系统无漏泄，电磁阀作用状态良好。

③支撑油缸漏泄试验：半节车状态下，支撑油缸活塞杆缩回打压试验，打压 20 MPa，系统无漏泄，电磁阀作用状态良好。

④旁承连通系统漏泄试验：空车时打压 1 MPa，观测压力表，压力下降速度应小于 0.3 MPa/12 h；重车时打压 5 MPa，观察压力表，压力下降速度应小于 0.5 MPa/12 h。

（3）车体：

①车体上不准随意焊接各种堆部件，不准在大、小底架、钳形梁、导向梁上引电焊弧。

②长短拉压杆及等分撑杆螺纹应有良好的润滑和防雨措施。

③各级各类摩擦副，应根据实际情况进行定期或不定期的检查润滑。

④运输中，应经常检查各级旁承间隙，尤其是旁承油缸状态，及时用旁承油缸调整车体。

⑤使用中导向工况时，车耳距轨面高度不得超过 1 430 mm 情况下运行；使用内导向工况时，车耳距轨面高度不得超过 1 330 mm 情况下运行。

（4）转向架：

①轴箱导框磨耗超过 2 mm 时焊修恢复原形或更换新品。承载鞍与导框之间应经常浇注车轴油或润滑脂。

②严禁电流通过滚动轴承。

③板弹簧悬挂装置的销子与吊环铁，吊环铁与吊环之间应涂抹适量的润滑脂。长期存放后，在装运前各销孔间应添加适量润滑脂。在空车回送及货物装车前，应仔细检查弹簧支点组成中吊环铁与吊环的接触状态，吊环不应有裂纹，只有异常就调整复位，确认状态良好后方可回送和装货。

④使用中应检查侧梁轴箱导杠下部的下拉板螺栓的紧固状态，不得有松动现象。下拉板与焊在侧梁下盖板上的下拉板座的结合面要密贴，禁止重车时在没有措施情况下拆装下拉板。

⑤每次运行前应向均衡梁中心轴添加适量润滑脂，并检查中心销压板螺栓，不得有松动现象。

⑥运行前应仔细检查构架组成等零部件的焊缝，如有不良者应及时检查。

⑦检查手动空重车装置应作用良好，转换手柄位置应和车辆承载状态一致。

⑧检查制动活塞行程在 115～145 mm 之间，若超出时可用调整拉杆进行调整。

（5）液压系统维护与保养：

①柴油机的维护保养应按厂家提供的《F3-6L912 系列风冷柴油机使用说明书》有关要求进行。

②柴油机启动后，应检查各仪表并观察柴油机运转情况，运转正常后，方可做带载运行。

③泵和阀等液压元件，通常不需要专门的维护保养。液压系统的保养，多集中在系统的换油和滤油器的清理，液压元件及管路在检修及更换密封件重新安装时，注意清洁，防止异物进入管路中。油泵和总溢流阀外表面应经常清洁，使之散热良好，不因散热不良产生故障。各液压元件及油箱应有良好的防雨措施，管路应涂刷耐油油漆，以防锈蚀。

④液压元件或管路拆卸或更换密封件重新安装后，应启动油泵，在空载工况下，将拆卸处的邻近接头或其他排气装置松动，并给该处供油，排除管路中的空气，防止气蚀。油泵启动前应给泄油口灌满同号液压油方可启动。

⑤油缸各腔的气体，应及时排出，以防气蚀现象产生。油缸活塞杆伸出后，绝对避免硬物碰撞。

⑥向液压油箱注入新油，必须经过精度为 10～20 μm 的滤油器过滤。不同牌号的液压油不允许混合。

⑦冬季由于油箱内易凝成水蒸气，为防止油液乳化，应每周检查油液含水量，及时从放油阀排出水分。

⑧液压系统运转应先在空载条件下试验，待运转正常后，才能在重载条件下运转。

⑨在液压系统的任何部位温度最高不允许超过 80℃，温升最大不超过 40℃。液压油最佳工作黏度 16～30 mm^2/s，最高极限黏度不超过 1 000 mm^2/s，若气温低于 0℃时，应通过油箱加热器，加热至液压油传感器显示达到 10℃，方可启动。

(6) 电气系统。按该车使用维护说明书中有关要求对电气元部件定期进行测试、检查，确保各件状态作用良好。

(7) 该车禁止通过驼峰，禁止溜放与冲击。

(8) 通过最小曲线半径和道岔：

①空车短连挂中导向：$R \geqslant 150$ m。

②重车长连挂外导向：$R \geqslant 150$ m。

③重车长连挂中导向：$R \geqslant 180$ m，不小于 9 号道岔。

④重车长连挂内导向：$R \geqslant 250$ m，不小于 12 号道岔。

(9) 限速要求：根据《D_{38} 型载重 380 t 钳夹式货车动力学试验报告》要求，该车的运行速度应符合附录 1-4《铁路长大货物车使用技术参数》（运辆货车函〔2015〕407 号文件）的规定（重车重心高 2 000～2 400 mm 限速）。

(10) 通过桥梁限速要求：该车满载 380 t 运行时（前后加挂隔离车），允许以 10 km/h 速度通过最不利的 30 m 混凝土桥梁。货物运输质量小于 380 t 时，按过桥检算后的允许过桥速度执行，虽然货物装后尺寸某些部位超出《铁路技术管理规程》规定的限界，但经对沿线隧道实际调查，可以通过。

7. 运用情况

2000 年初投入运营。首次装运了 5 000 t 级压力机底架，接着装运了盘山电厂 600 MW 发电机定子，三峡电站特大型变压器，南京钢厂 319 t 重 3.5 m 轧机机架等。从 2000 年至 2008 年 6 月共安全装运600 MW发电机定子 57 台次，其他特大型设备共 5 台次。重车行驶 12 万 km，获得电力、冶金等部门的好评。

六、DQ_{35} 型钳夹车

(一) 概　述

DQ_{35} 型钳夹车是齐厂根据与中铁特货公司签订的研发制造合同及铁道部运装货车〔2006〕511 号《关于印发〈载重 350 t 钳夹车设计任务建议书和设计方案审查意见〉》和载重 350 t 钳夹式货车设计技术条件的通知要求而研制的，如图 4-6-37～图 4-6-39 所示。

该车于 2006 年 7 月完成总体方案设计，并先后完成了通过桥梁检算、整车结构受力分析、主要承载部件结构强度有限元分析计算、整车动力学分析计算。同年 8 月，铁道部运输局会同科技司在齐齐哈尔组织召开了该车设计任务建议书及设计方案技术审查会。

2007 年 1 月，齐厂完成样车试制，并进行了称重及限界检查。结果表明：该车各部尺寸满足设计要求，车辆外形尺寸符合 GB/T 146.1—1983《标准轨距铁路机车车辆限界》的规定；2 月，完成了液压、电气系统的调试工作和整车功能的检测工作；3 月至 4 月，在齐厂分别完成了该车静强度、刚度试验和空重车厂内小曲线试验。2007 年 5 月 22 日通过了铁道部科技司、运输局组织的技术审查。6 月 12 日铁道部运输局批复了该车的技术条件及图样，并将该车定型为 DQ_{35}。

图 4-6-37　DQ_{35} 型钳夹车空车（2007 年）

图 4-6-38　DQ_{35} 型钳夹车重车车辆动力学试验（2007 年）

图 4-6-39　DQ_{35} 型钳夹车运输上海电机厂 600 MW 发电机定子

（二）主要技术规格

主要技术规格见表 4-6-7。

表 4-6-8　主要技术规格

项　　目	技术规格	项　　目	技术规格
载重/t	350	小底架心盘距/mm	4 500
自重/t	182	钳夹宽度/mm	2 032
轴重/t	22.17	钳夹高度/mm	3 295
每延米重/（t/m）	9.38	提升高度/mm	500
轴数	24	下降高度/mm	150
空车车辆长度/mm	45 520	车钩中心线距轨面高/mm	880
空车内导向距/mm	12 890	空车重心高度/mm	1 780
重车内导向距/mm	24 030	通过最小曲线半径/m	145
空车外导向距/mm	22 890	空车最高运行速度/（km/h）	100
重车外导向距/mm	34 030	重车最高运行速度/（km/h）	60
大底架心盘距/mm	12 050	转向架型式	3 轴焊接构架式

续上表

项目	技术规格	项目	技术规格
轨距/mm	1 435	车钩缓冲装置	
固定轴距/mm	2 800	车钩	13A 型
轮径/mm	840	缓冲器	MT-2 型
制动装置		限界	空车符合 GB 146.1—1983《标准轨距铁路机车车辆限界》
制动缸/(mm×mm)	ϕ203×254		
控制阀	120 型	通过驼峰情况	禁止
制动倍率	4×15.2	溜放与冲击情况	禁止
制动率/%	12.7/10.8		

(三) 简要说明

1. 用途

运输国产 600 MW 发电机定子，可适应电力、冶金等行业的短、粗、重超限、超重阔大货物的运输。

2. 技术性能特点

(1) 自重轻、车长短、适用范围广。

(2) 空车不超限，回送速度高。运输 600 MW 发电机定子时不超重、过桥不限速；满载 350 t 货物运输时过桥速度可达 42 km/h，运营成本低、运输效率高。

(3) 采用 3E 轴构架式转向架，商业运营速度：空车 100 km/h、重车 60 km/h。

(4) 车体主要承载结构采用屈服强度为 685 MPa 的国产高强度钢材，减轻了自重，实现了所用高强度钢材的国产化。

(5) 具有侧移、起升、内外导向、称重、监测和遥控操作功能，提高了装卸货物效率和运输能力。

(6) 液压系统泵站实现集成化，并采用电磁比例和进口液压元件，提高了操作控制的精度。

(7) 改善了操纵室工作条件，方便运输监测。

3. 结构概况

主要由车体、转向架、车钩缓冲装置、空气及人力制动装置，以及操纵室等部分组成，同时设有液压系统、电气系统等主要设备，如图 4-6-40 所示。

(1) 车体

由钳形梁、导向梁、大底架、小底架、调宽装置、空车短连挂装置等组成。车体主要承载部件采用屈服强度为 685 MPa 的国产高强度可焊结构钢。

全车共有 4 组钳形梁，钳形梁主要由变断面的箱形组焊结构梁、车耳、压柱等部分组成。车耳厚度 150 mm，外圆半径 400 mm。全车共有 2 组导向梁，导向梁主要由上下盖板及侧板、导向销套等组焊而成的 T 形梁。全车共有 2 组大底架，大底架由侧梁、小枕梁、大枕梁、大横梁及上下封板组焊而成。全车共有 4 组小底架，小底架主要由侧梁、小枕梁及大枕梁组焊而成。侧梁、大枕梁、小枕梁均为箱形组焊结构。2、3 位小底架端部设有钳形梁支撑座。调宽装置主要由上拉杆、下压杆、等分撑杆及连接销等组成。空车连接装置主要由连结销、连接板及支撑装置等组成。各级心盘均为半球形式，上下心盘间衬有自润滑增强型聚四氟乙烯心盘衬垫和含油尼龙衬垫。三级球形心盘的球半径分别为 165 mm、250 mm、300 mm。转向架与小底架间为常接触旁承，小底架与大底架间为滚子旁承，导向梁与移动心盘间装有沿车体同侧纵向连通的液压旁承。

(2) 转向架

该车转向架分为带车钩和不带车钩两种结构形式，主要由构架、弹簧传动装置、基础制动装置、下心盘和旁承等部分组成。构架由侧梁、枕梁、横梁以及导框等部分组成。构架组成采用 Q345E 低合金结构钢组焊而成。弹簧传动装置由轮对组成、轴箱组成、承载鞍、内外不等高的两级刚度弹簧、斜楔等组成。在两端部轮对上加装斜楔减振装置。斜楔主、副摩擦面采用高分子复合材料磨耗板。轮对组成采用货车通

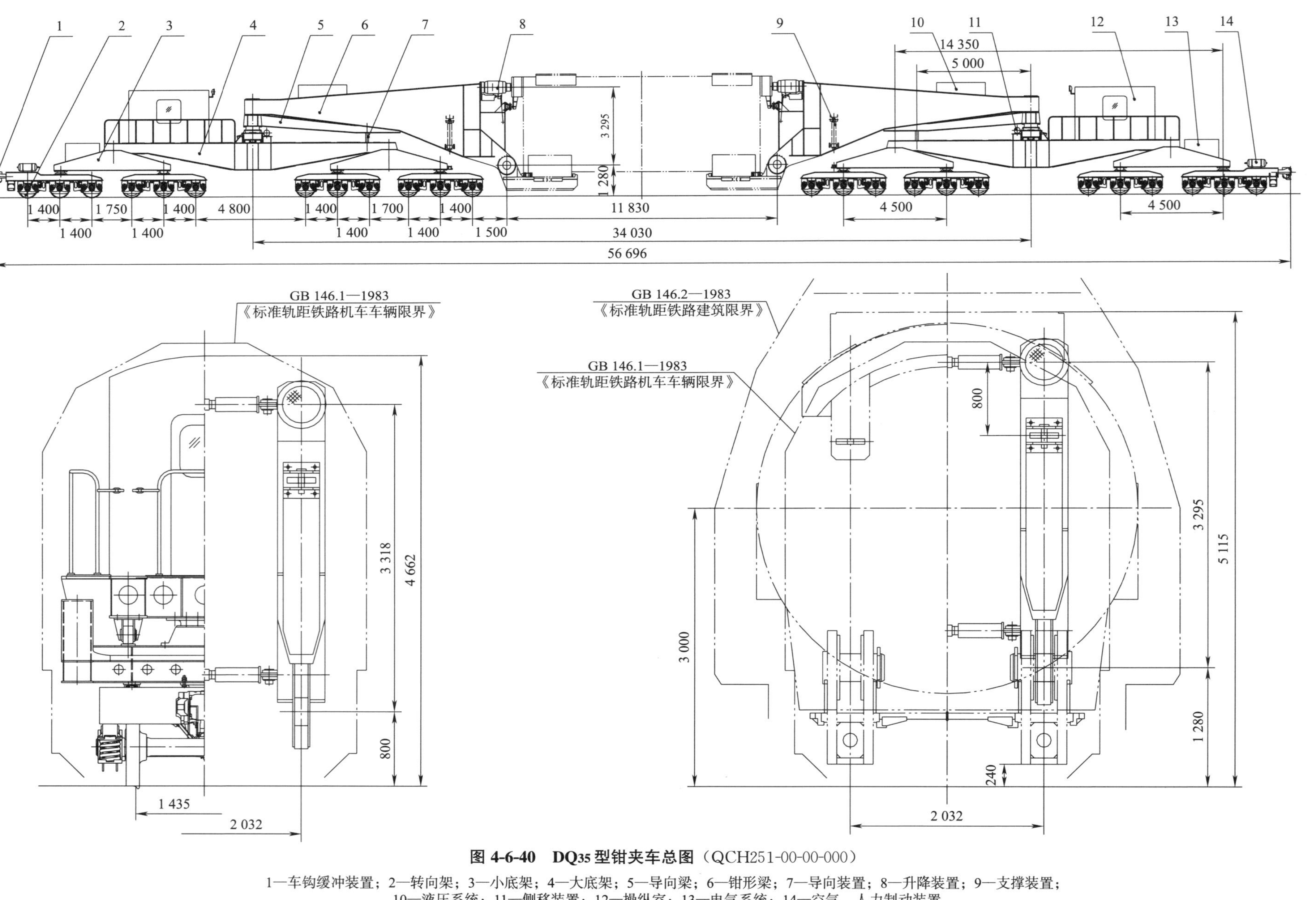

图 4-6-40 DQ35 型钳夹车总图（QCH251-00-00-000）

1—车钩缓冲装置；2—转向架；3—小底架；4—大底架；5—导向梁；6—钳形梁；7—导向装置；8—升降装置；9—支撑装置；10—液压系统；11—侧移装置；12—操纵室；13—电气系统；14—空气、人力制动装置

用的 HESA 型辗钢车轮，采用加强型 E 型车轴，配 AAR F 型双列圆锥滚子轴承。车轮踏面为 LM 磨耗型踏面。中间轮对组成的车轮轮缘减薄 9 mm。基础制动装置采用组合式制动梁及高摩合成闸瓦。每组转向架采用两端轮对单侧闸瓦制动、中间轮对不制动的结构形式。

（3）车钩缓冲装置

采用 E 级钢材质的 13A 型下作用车钩，配套使用 E 级钢材质钩尾框，合金钢钩尾销，MT-2 型缓冲器。

（4）空气、人力制动装置

全车采用 4 套空气制动装置，每套空气制动装置控制车辆 2 组转向架。制动装置满足制动主管压力 500 kPa 和 600 kPa 的要求。每套制动装置主要由 1 个 120 型控制阀、2 个直径为 203 mm 的整体旋压密封式制动缸、2 组闸调器等组成，采用球芯折角塞门、组合式集尘器、编织制动软管总成、法兰接头、奥-贝球铁衬套及配套圆销等。全车采用 2 套 NSW 型人力制动装置，分别安装在车辆两端。

（5）操纵室

车辆两端大底架上各安装有 1 个操纵室。室内设有控制台、边座、转椅、1 个下铺、灭火器、空调、电暖气、照明装置等。

（6）主要设备

①液压系统

该车设有 2 套液压系统，整车在短连挂或长连挂时，两套液压系统仅液压旁承油路纵向连通，其余部分均独立工作。每套液压系统分为压柱油缸油路系统、调位油缸油路系统、旁承油缸油路系统、支撑油缸油路系统、侧移油缸油路系统及导向油缸油路系统。主要由管系、油缸、液压泵站三大部分组成，系统的额定工作压力为 31.5 MPa。采用手动比例、电比例（操纵室内操作）及遥控比例三种控制方式，其中电比例（操纵室内操作）及遥控比例两种操作方式可相互转换并互锁。

②电气系统

本车电气系统由 2 套完全相同的电气系统组成，即每半节车设有一套独立的电气系统。每套独立的电气系统均采用本机电源（柴油发电机组）与备用电源（车载电源或其他电源）相结合的形式供电，电源制式为三相四线制（3AC380 V）。其主要作用是为整机用电设备提供工作电源，对整机的各种运用工况进行控制、监视和保护，以保证整机能够安全、可靠地工作。

每套电气系统由电源系统、液压泵站动力控制与保护装置、电液比例控制及车辆状态监控系统、摄像监控系统、照明与操纵室供电系统、手持机无线通信装置等部分组成。

4. 试验

（1）强度、刚度试验

2007 年 2 月，齐厂委托铁科院机辆所在齐厂对三轴转向架构架进行了静强度试验。3 月 20 日至 22 日，对该车钳形梁、导向梁、大底架和小底架等进行了车体正位及侧移工况条件下的静强度、刚度试验。4 月 24 日至 26 日，完成了重车正线、大超高等工况条件下的动应力测试工作。

试验结果表明：车体、转向架构架强度、刚度均满足 TB/T 1335—1996 和设计技术条件的要求。

（2）动力学性能试验

2007 年 3 月、4 月，齐厂委托铁科院机辆所在齐厂厂内进行了通过 $R150$ m 曲线、$R180$ m 曲线及 9 号道岔试验，最高试验速度 20 km/h。在哈尔滨铁路局管内齐齐哈尔至嫩江间进行了正线动力学试验，空车最高试验速度 110 km/h，重车 70 km/h。重车在齐齐哈尔站进行了复式交分道岔和交叉渡线通过试验，最高试验速度 20 km/h。

结果表明：该车在空车 100 km/h、重车 60 km/h 的速度条件下，其振动加速度及平衡性指标，轮轴横向力、脱轨系数、减载率、倾覆系数等指标均满足 GB/T 5599—1985 的规定和设计技术条件的要求。

（3）通过大超高曲线试验

2007 年 4 月 26 日，齐厂委托铁科院机辆所在哈尔滨局管内齐齐哈尔车辆段所管辖的油毡厂专用线上

进行了通过半径 R300 m、外轨超高 h=140 mm 曲线试验。试验速度范围为 5～20 km/h。

结果表明：该车在通过小半径、大超高曲线线路时，其强度满足 TB/T 1335—1996 规定，其空、重车动力学性能满足 GB/T 5599—1985 的规定，达到了设计任务书的要求。

（4）车辆功能试验

该车分别采用手动控制和遥控控制进行了空重车侧移试验、重车起升试验、钳形梁高度调整试验、压柱油缸调整试验，并进行了打压试验；测查了起升油缸压力、位移及起升动作情况；电气系统进行了耐压测试试验；同时进行了称重、过限界及小曲线通过性能检查。

试验结果表明：该车各项功能及各部尺寸符合图样及技术条件的规定，达到了设计任务书的要求。

5. 使用维护说明

（1）使用与操作

空车短连挂为回送状态，不超限；重车长连挂为运货状态，超限运行。

运输作业顺序：空车调试—空车短连挂运行—装载（重车长连挂）—重车长连挂运输—卸载—空车短连挂—空车短连挂运行。

（2）在车辆运用过程中，严禁在车体随意施焊。

（3）须有良好的润滑部位：拉压杆螺纹及球套处、导向销、滑动心盘、车耳销、压柱油缸端部及滚子旁承等。

（4）各级心盘及转向架与小底架间常接触旁承处严禁涂润滑脂或润滑油。

（5）在拆装及厂修时，各转向架位数应按原位数排列，不准换位。

（6）空、重车运行前，应检查心盘、旁承的作用状态，确认作用良好后方可使用（转向架旁承滚子与小底架旁承磨耗板间隙为 8～10 mm，可通过加减下旁承处的调整垫板来调整该处间隙；大底架与小底架间的旁承滚子间隙为 14～16 mm，也可通过加减上旁承处的调整垫板来调整）。

（7）安全操作规程：

①在运输过程中要随时监控该车在曲线、道岔运行工况下旁承油路的压力情况、车体正位情况、轴温及重要焊缝状态。一旦发生意外，应及时、准确地与运输专列负责人联系，采取最佳方案及有效措施确保运输万无一失。

②在运输前，检查液压油箱、柴油箱油位是否到位，同时准备好运输期间的液压油、柴油的用量。

③在运输前，必须对整车状态进行检查，确认该车电气系统、液压系统、钢结构、空气及人力制动系统性能良好或不影响运输。

④重车运行时，压柱油缸安全螺母必须处于锁紧状态。

⑤正线运输时，采用内导向工况运行。内导向（导向油缸）与外导向（使用侧移油缸）不能同时使用（装卸货时除外）。

⑥更换导向时，车辆必须停在平直线上进行，先连外导向油缸，再拔导向销。

⑦导向油缸收回后，必须插上卡板，防止油缸下降；导向油缸伸出前，须先拔出卡板。

⑧侧移油缸收回后，必须保证活塞端部销轴面水平，同时销轴不得插入活塞销轴孔内及移动心盘销轴座内，以确保使用中导向通过小曲线时的安全。

⑨使用外导向前，首先须用液压泵站进行侧移油缸空载全行程伸缩 3 次，再进行全伸、全缩状态 25 MPa 保压 1 min 试验。确认保压试验合格方可使用外导向。重载工况不平顺线路、曲线线路持续使用（包括停留及运行）外导向油缸不得超过 1 h。

⑩重车工况不得使用支撑油缸做起升钳形梁操作。支撑油缸不使用时，应及时收回活塞杆。

⑪在正线运行时，特别在电气化线路上，为保证安全，所有人员不准在大底架上平面以外的地方停留、行走。

⑫在运行、整备及旁承油路排气过程中，旁承油缸必须采取保护措施，即在旁承油缸处加安全垫铁（马蹄铁）。

⑬车辆运行前须对旁承油路进行耐压试验。空车保压 1 MPa，12 h 漏泄不得大于 0.3 MPa，重车应保

压 3 MPa，12 h 漏泄不得大于 0.5 MPa。如泄漏量超标，须检修合格后方可运行。

⑭空车短连挂状态，不允许做车体升降动作。

⑮在本机钢结构上进行电焊作业前，请务必将插在 2 台控制器上的插头全部拔下，防止控制器损坏。

⑯在操作无线信号发射器的过程中，如遇紧急情况可将红色的急停开关按下即可停止遥控操作，解除方法是先将此按钮复位，再连按 2 次面板上的启动按钮即可。

⑰无线信号发射器的 2 块电池应定期进行补充充电，如在使用过程中听到无线信号发射器发出急促的“嘟嘟”声，则表示要更换电能充足的电池。

⑱录像主机中的硬盘存储着摄录的影音资料，为保证其可靠性，每隔一个月应将其取下在地面专用计算机上使用“查错”或“磁盘检查”对硬盘进行检测。如果发现硬盘有损坏则不能作为上车用的数据盘。检测合格的硬盘在插回录像主机时需进行本机格式化操作。

⑲空车装载时需检查移动心盘滚子对中情况，最大偏移量不得超过 10 mm，超出时需进行调整。

该车电气系统工作时带有危险电压，不慎触及可能导致严重的人身伤亡事故，非专业人员严禁接触、拆卸、维修相关电气元件，专业人员应严格遵守相关运用及检修规程。

（8）在厂矿、港口专用线运行前，必须对所经过线路的曲线半径、线路两旁的障碍物、路基状况、限界情况了解，以确定使用导向的工况，保证运输安全。

（9）车辆停止不用时，应每月运行一次，距离为 10 m 以上；液压系统应每月启动操作一次；重车装载后停放时，应 3 至 4 天运行一次，距离为 10 m 以上。

6. 运用条件

（1）该车使用的环境温度为−40～50 ℃。

（2）该车外导向时允许通过最小曲线半径为 145 m，侧向通过最小道岔为 8 号；内导向时允许通过最小曲线半径为 180 m，侧向通过最小道岔为 9 号。

（3）限速要求

运行速度应符合附录 1-4《铁路长大货物车使用技术参数》（运辆货车函〔2015〕407 号文件）的规定。正线线路，重车重心高≤2 500 mm 时的限速见表 4-6-9。

表 4-6-9　限速表（正线线路，重车时重心高≤2 500 mm）

线　况	限速/（km/h）		
导向位置	重车内导向	空车内导向	外导向
直线及 R≥1 500 m	60	100	15
1 500 m>R≥800 m	50	90	5
800 m>R≥600 m	40	80	5
600 m>R≥400 m	30	60	5
400 m>R≥300 m	20	50	5
300 m>R≥250 m	10	20	5
250 m>R≥180 m	5～7	20	5
S 形曲线（两曲线夹直线长度≤70 m，且两曲线半径均≤400 m）	15	30	/
12 号道岔（侧向）	20	30	5
9 号道岔（侧向）	15	20	5
12 号复式交分（侧向）	15	30	/
12 号交叉渡线（侧向）	15	30	/
9 号复式交分（侧向）	10	20	/
9 号交叉渡线（侧向）	10	20	/
大超高曲线（R≤400 m 且超高≤130 mm）	15	30	/

厂内线路，重车重心高≤2 500 mm 时的限速见表 4-6-10。

表 4-6-10 限速表（厂内线路，重车重心高≤2 500 mm）

线况	限速/（km/h）					
导向位置	内导向	外导向				
		正位	侧移 500 mm	侧移 300 mm	侧移 300 mm 起升 100 mm	侧移 500 mm 起升 100 mm
直线	15	15	5	5	5	5
180 m≤R<300 m	5		/	5	5	/
145 m≤R<180 m	/	5	/	5	5	/

（4）该车载重不大于 328 t 时，通过中—活载标准的不同跨度桥梁不限速；载重大于 328 t，小于等于 350 t 时，为一级超重，可以以 42 km/h 的速度通过最不利跨度 28 m 混凝土桥梁。

（5）该车空车在正线上运行时，应采用中导向工况；该车空重车在厂内运行时均应采用外导向工况，如需侧移时要求路基坚实。最高运行速度按限速表执行，各限速条件不一致时，按较低者执行。

（6）车辆编组方式：

①车辆连挂作业时，尽可能采用牵引方式，牵引时允许通过曲线，且该车需连挂在列车中后部；若无法牵引，允许机车以不超过 3 km/h 的速度在直线上匀速推送该车（单车）进行连挂作业。

②该车运行时须编挂在列车最后第二辆至第六辆内，且禁止编入尾部有补机的列车里。

③重车运输时，该车前后均须加挂至少一辆空载平车。

（7）空、重车均禁止溜放和冲击，禁止通过驼峰。

7. 运用情况

2007 年 7 月 2 日至 13 日进行了首次运输。定子重量为 288 t，托钩及其附属件重量为 30 t，运输重量共计 318 t。定子外形尺寸为 110 350 mm×4 032 mm×4 292 mm，安装托钩后运输尺寸为 11 830 mm×4 032 mm×4 876 mm。车为超级超限，不超重。运输径路：闵行—锦界（集运有限公司专用线），全程 2 326 km。运用结果表明，该车各部状态良好，整车性能达到了设计要求。

七、DQ$_{45}$ 型钳夹车

（一）概　述

DQ$_{45}$ 型钳夹车是齐厂根据与中铁特货公司签订的研发制造合同及运装货车〔2009〕65 号文件批复的设计技术要求而研制的新型钳夹车，如图 4-6-41～图 4-6-43 所示。

该车于 2008 年 10 月完成总体方案设计，并先后完成了通过桥梁检算、整车受力分析、主要承载部件结构强度有限元分析计算、整车动力学分析计算等工作。2009 年 1 月 8 日，铁道部运输局、科技司在齐齐哈尔组织召开了设计方案技术审查会。

2009 年 8 月，完成样车试制，并进行了称重及限界检查。2009 年 9 月至 10 月，完成车辆静强度、刚度试验和正线动力学试验，并进行了小曲线大超高试验，通过复式交分道岔和交叉渡线试验以及厂内小曲线试验。2009 年 12 月 10 日通过铁道部科技司、运输局组织的技术审查。12 月 22 日铁道部运输局下发了运装货车〔2009〕762 号文件批复技术条件及图样，并将该车定型为 DQ$_{45}$ 型，如图 4-6-44 和 4-6-45 所示。

图 4-6-41 DQ$_{45}$ 型钳夹车空车（2009 年）

图 4-6-42　DQ45 型钳夹车车辆线路动力学试验（2009 年）

图 4-6-43　DQ45 型钳夹车运输哈尔滨电机厂 1 000 MW 发电机定子通过松花江大桥（2010 年）

图 4-6-44　DQ45 型钳夹车运输北重阿尔斯通公司供给贵溪电厂 600 MW 发电机定子（2011 年）

图 4-6-45　DQ45 型钳夹车运输北重阿尔斯通公司供给安徽淮南平圩电厂
第一台 1 000 MW 发电机定子装车（2014 年 1 月）

（二）主要技术规格

主要技术规格见表 4-6-11。

表 4-6-11　主要技术规格

项　　目	技术规格	项　　目	技术规格
载重/t	450	通过最小曲线半径/m	145
自重（包括短连挂装置）/t	208	空车最高运行速度/（km/h）	100
轴重/t	23.39	重车最高运行速度/（km/h）	60
每延米重/（t/m）	10.05	转向架型式	3、4 轴焊接构架式
轴数	28	轨距/mm	1 435
空车车辆长度/mm	53 546	全轴距（3 轴）/mm	2 800
空车内导向距/mm	14 240	全轴距（4 轴）/mm	4 200
重车内导向距/mm	25 970	轮径/mm	816
空车中导向距/mm	17 640	制动装置	
重车中导向距/mm	29 370	制动缸/（mm×mm）	ϕ203×254
空车外导向距/mm	26 640	控制阀	120 型
重车外导向距/mm	38 370	制动倍率	4×9.9
大底架心盘距/mm	14 450	制动率/%	17.8/5.59
小底架心盘距/mm	5 500	车钩缓冲装置	
钳夹宽度/mm	2 000	车钩	17 型
钳夹高度/mm	3 150	缓冲器	MT-2 型
提升高度/mm	500	限界	空车符合 GB 146.1—1983《标准轨距铁路机车车辆限界》
下降高度/mm	150		
车钩中心线距轨面高/mm	880	通过驼峰情况	禁止
空车重心高度/mm	1 700	溜放与冲击情况	禁止

（三）简要说明

1. 用途

主要用于运输国产 1 000 MW 发电机定子。同时可装运电力、冶金、化工、重型机械等行业的短、粗、重，超限、超重等阔大货物，如变压器、轧钢机机架、核电站压力壳等。

2. 技术性能特点

(1) 载重 450 t、自重 208 t，是目前中国铁路载重吨位最大的钳夹车，载重大、自重轻、适用范围广。

(2) 采用 3E 轴和 4E 轴构架式转向架，采用常接触旁承最高运行速度：空车达 100 km/h、重车达 60 km/h。

(3) 设有内、中、外三种导向装置、液力起升装置、侧移装置及液压纵向连通旁承等装置，提高了运输超限货物能力。

(4) 液压系统采用集成化泵站，主要液压元件选用进口件，提高液压系统的集成化和可靠性。

(5) 运输 1 000 MW 发电机定子时为一级超重，对桥梁压力小、运营成本低、运输效率高。

(6) 空车不超限，回送速度高，对铁路运输影响小。

3. 结构概况

主要由钳形梁、导向梁、大底架、小底架、转向架、调宽装置、导向侧移装置、起升装置、支撑装置、空车连接装置、制动装置、车钩缓冲装置、操纵室及车辆设备等部分组成，如图 4-6-46 所示。

钳形梁采用钢板焊接结构。主要由变断面箱形结构梁及车耳等部分组成。

导向梁采用钢板焊接结构。主要是由上下盖板及侧板、导向销套管等组焊成 T 形梁。

大底架采用钢板焊接结构。主要由侧梁、枕梁、横梁及上下封板组焊而成。侧梁由上盖板、下盖板及腹板组焊成变断面箱形结构；枕梁由上盖板、下盖板及腹板组焊成箱形结构；横梁由上下盖板、腹板组焊

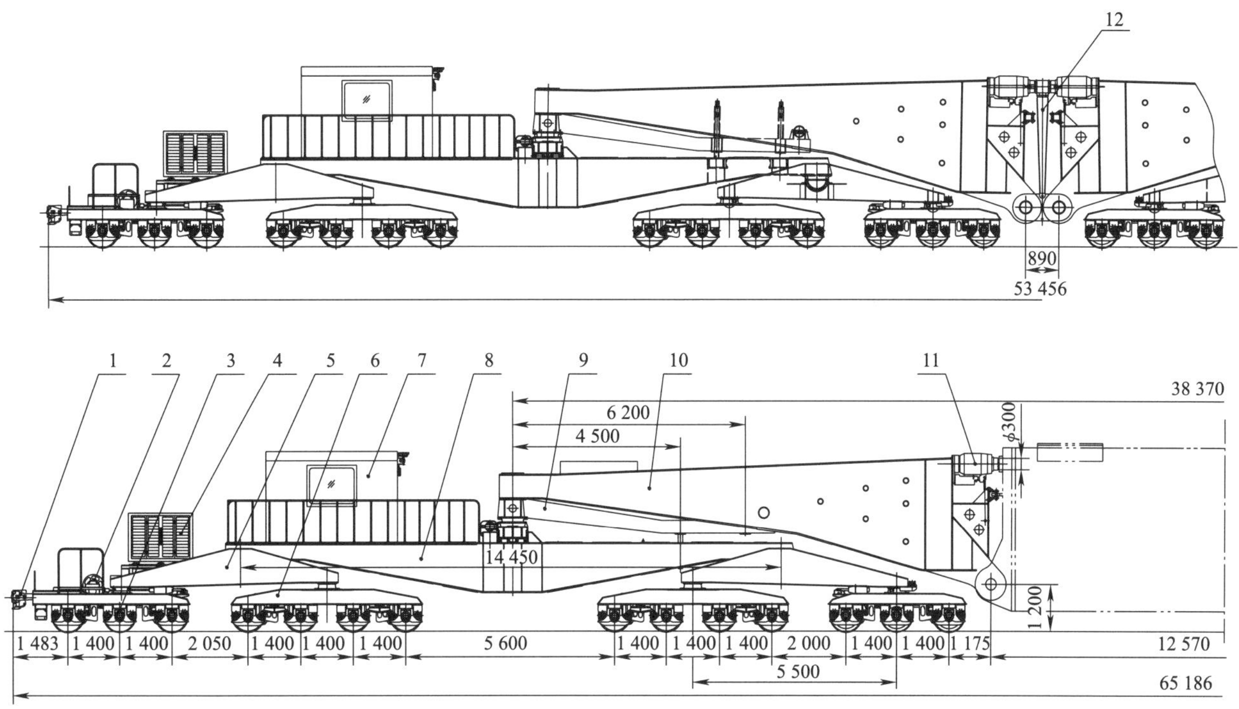

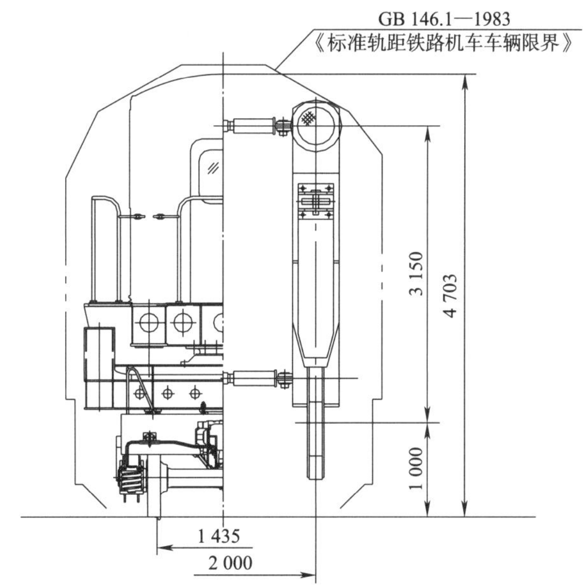

图 4-6-46　DQ45 型钳夹车总图（QCH273-00-00-000）

1—车钩缓冲装置；2—空气、人力制动装置；3—三轴转向架；4—电气装置；5—小底架；6—四轴转向架；7—操纵室；8—大底架；9—导向梁；10—钳形梁；11—液压装置；12—短连挂装置

成工字形结构。

小底架采用钢板焊接结构。主要由侧梁、枕梁组焊而成。侧梁由上盖板、下盖板、腹板及隔板组焊成变断面箱形结构；枕梁由上盖板、下盖板、腹板及隔板组焊成变断面箱形结构。

全车采用 4 组三轴和 4 组四轴焊接构架式转向架。主要由构架、减振装置、轴箱弹簧装置、基础制动装置、轮对等组成。其中，端部的两组转向架装有车钩缓冲装置。

构架采用整体焊接结构，主要由心盘梁、横梁和侧梁组焊而成；采用两级刚度弹簧；采用加强型 E 型车轴、K 型轴承、HESA 型车轮，车轴轴承座部分采用与 K 型滚动轴承配套结构；采用轴箱导框定位方式，中间轮对采用减薄轮缘车轮；下心盘内装用含油尼龙心盘磨耗盘。

调宽装置主要由上拉杆、下压杆、等分撑杆及连结销等组成。

设内、中、外三种导向侧移装置。主要由移动心盘、滚子排及导向销等组成。

起升装置主要由压柱油缸、锁紧螺母及调整机构组成。压柱油缸为双作用式，安装在钳形梁大端车耳上方。

支撑装置由支撑油缸、支承小车及支座等组成。当整车分成两半节车时用来支撑钳形梁，同时也可用于调整钳形梁大端高度。支撑油缸安装在钳形梁内侧。

空车连接装置由连结销、连接板及支撑装置等组成。

车钩缓冲装置由 E 级钢 17 型车钩、17 型锻造钩尾框、合金钢钩尾销、MT-2 型缓冲器组成。

全车采用 4 套空气制动装置，每套空气制动装置控制 2 组转向架。主管压力满足 500 kPa 和 600 kPa。主要由 120 型空气控制阀、ϕ203 mm×254 mm 整体旋压密封式制动缸、改进的 ST2-250 型闸调器、不锈钢嵌入式储风缸等组成。采用不锈钢球芯折角塞门、组合式集尘器、法兰接头、不锈钢制动管系及配件，采用编织制动软管总成、尼龙管卡垫、奥-贝球铁衬套、高摩闸瓦。该车无空重车调整装置。车辆两端各安装 1 套 NSW 型人力制动机。

设有 2 个操纵室。操纵室内装有电气总控制台、座椅、卧铺、工具箱、灭火器、空调及照明装置等。

液压装置由泵站、油缸（旁承油缸、压柱油缸、调位油缸、侧移油缸、导向油缸、支撑油缸）及管系三大部分组成。采用手动比例及电比例两种控制方式，额定工作压力为 35 MPa。

全车设有 2 套电气装置，分别安装在车辆两端。每套电气装置采用自备电源与外接电源相结合的形式供电，电源为三相四线制（3AC380 V）。

每套电气装置由电源、液压站动力控制与保护、电液比例控制、车辆状态监控、摄像监控系统、操纵室供电与室内外照明、通信装置等部分组成。

4. 试验

（1）强度、刚度试验

2009 年 6 月 26 日至 6 月 29 日，铁科院机辆所进行四轴转向架静强度、刚度试验。2009 年 9 月，铁科院机辆所对该车钳形梁、导向梁、大底架和小底架等进行了静强度、刚度试验，分别进行了车体正位和车体左右侧移 500 mm 工况的应力测试。2009 年 10 月 31 日至 11 月 9 日，在进行动力学试验的同时进行动强度测试。试验结果表明：车辆强度、刚度均满足 TB/T 1335—1996 和运装货车〔2009〕65 号文件批复的设计技术要求规定。

（2）动力学性能试验

2009 年 10 月 26 日至 11 月 9 日，铁科院机辆所主持在哈尔滨铁路局管内齐齐哈尔至嫩江间进行了正线动力学试验，空车最高试验速度 110 km/h，重车最高试验速度 70 km/h。

试验结果表明：该车在空车 110 km/h、重车 70 km/h 的速度条件下，其振动加速度及平稳性指标，轮轴横向力、脱轨系数、减载率、倾覆系数等指标均满足 GB/T 5599—1985 和运装货车〔2009〕65 号文件批复的设计技术要求规定。

（3）通过大超高曲线试验

2009 年 11 月 3 日，铁科院机辆所主持在哈尔滨铁路局管内齐齐哈尔车辆段所管辖的榆树屯军专线上进行了小曲线大超高试验。线路上最小曲线半径 300 m，最大外轨超高为 140 mm。试验速度范围为 5～30 km/h。同时，在齐齐哈尔站进行了重车工况下通过复式交分道岔和交叉渡线试验，最高试验速度 20 km/h。在齐厂内进行了通过 R145 m、R180 m 曲线及 9 号道岔试验，最高试验速度 20 km/h。

试验结果表明：该车在通过小曲线、大超高线路曲线及复式交分道岔和交叉渡线时，动力学性能满足 GB/T 5599—1985 和运装货车〔2009〕65 号文件批复的设计技术要求。

5. 使用维护说明

（1）使用与操作同 DQ_{35}。

（2）在车辆运用过程中，严禁在车体随意施焊。

（3）车辆在运行前，应检查确认车辆的导向状态，内、中、外三种导向装置只允许采用一种，严禁任意两种或三种同时作用。

（4）各级旁承要求见表 4-6-12。

表 4-6-12　各级旁承要求

部　　位	要　　求	备　　注
转向架与小底架两侧旁承间隙之和	8～10 mm	球形心盘
小底架与大底架两侧旁承间隙之和	18～20 mm	球形心盘
大底架与导向梁纵向连通液压旁承	1、3 位旁承行程之和与 2、4 位旁承行程之和的差不大于 4 mm	
大底架与导向梁间液压旁承压力	1～2 MPa	重车最大≤4 MPa

（5）在电气化区段运行或停车时，严禁人员在大底架以上任何部位走动。

（6）在厂矿、港口专用线运行前，必须了解所经线路的曲线半径、线路两旁的障碍物、路基状况、限界情况等，以保证运输安全。

（7）装卸货物过程，同端压柱油缸（1 位与 2 位压柱油缸或 3 位与 4 位压柱油缸）无杆腔压差不得大于 3 MPa。

（8）须有良好的润滑部位：拉压杆螺纹及球套处，导向销、滑动心盘、车耳销、压柱油缸端部及滚子旁承等。

（9）各级心盘及转向架与小底架间常接触旁承处严禁涂润滑脂或润滑油。

（10）在拆装及厂段修时，各转向架位数应按原位数排列，不准换位。

（11）安全操作规程同 DQ_{35}。

6. 运用条件

（1）该车使用的环境温度为－40～50℃。

（2）该车外导向时允许通过最小曲线半径为 *R*145 m，侧向通过最小道岔为 8 号；中导向时允许通过最小曲线半径为 *R*180 m，侧向通过最小道岔为 9 号；内导向时允许通过最小曲线半径为 *R*250 m，侧向通过最小道岔为 12 号。

（3）限速要求：运行速度应符合附录 1-4《铁路长大货物车使用技术参数》（运辆货车函〔2015〕407 号文件）的规定。

（4）通过桥梁限速要求：

该车载重小于等于 380 t 时，通过桥梁不超重；载重大于 380 t 且小于等于 410 t 时为一级超重；载重大于 410 t 且小于等于 433 t 时为二级超重；载重大于 433 t 且小于等于 450 t 时为超级超重。

在满载情况下，按照《铁路桥梁检定规范》和《铁路桥涵设计规范》的规定，按前后加挂隔离空车进行过桥检算，检算后通过铁路桥梁的限速值见表 4-6-13。

表 4-6-13　载重 450 t 和载重 410 t 过桥限速

载重 450 t			载重 410 t		
桥跨/m	钢桥/（km/h）	圬工桥/（km/h）	桥跨/m	钢桥/（km/h）	圬工桥/（km/h）
6	不限	53	10	不限	58
7	58	47	11	不限	55
8	不限	51	12	不限	51
9	58	46	13	不限	48
10	53	38	14	不限	49
11	51	35	15	不限	51
12	48	30	16	不限	53
13	47	28	17	不限	55
14	47	28	18	不限	58
15	48	29	24	不限	58

续上表

载重 450 t			载重 410 t		
桥跨/m	钢桥/（km/h）	圬工桥/（km/h）	桥跨/m	钢桥/（km/h）	圬工桥/（km/h）
16	49	31	25	不限	55
17	51	33	26	不限	53
18	52	35	27	不限	50
19	54	37	28	不限	46
20	56	43	29	58	43
21	56	41	30	56	40
22	55	39	31	56	38
23	53	36	32	55	37
24	51	32	38	不限	46
25	49	29	40	不限	53
26	48	27	其他	不限	不限
27	47	24			
28	44	20			
29	42	16			
30	41	13			
31	40	11			
32	39	10			
38	不限	16			
40	47	21			
64	不限	57			
72	不限	53			
80	不限	52			
88	不限	59			
其他	不限	不限			

(5) 该车空车在正线上运行时，应采用中导向工况；该车空重车在厂内运行时均应采用外导向工况，如需侧移时要求路基坚实。最高运行速度按限速表执行，各限速条件不一致时，按较低者执行。

(6) 车辆编组方式：

①车辆连挂作业时，尽可能采用牵引方式，牵引时允许通过曲线，且该车需连挂在列车中后部；若无法牵引，允许机车以不超过 3 km/h 的速度在直线上匀速推送该车（单车）进行连挂作业。

②该车运行时须编挂在列车最后第二辆至第六辆内，且禁止编入尾部有补机的列车里。

③重车运输时，该车前后均须加挂至少一辆空载平车。

(7) 空、重车均禁止溜放和冲击，禁止通过驼峰。

7. 运用情况

2010 年 11 月 5 日至 14 日及 2 月 19 日至 28 日，该车两次运输了沁北电厂 1 000 MW 发电机定子，运输重量 408 t，途经哈尔滨、沈阳、北京、济南、郑州 5 个铁路局，2011 年 1 月 5 日至 12 日，该车一次运输了贵溪电厂 600 MW 发电机定子，运输重量 362.8 t，途经北京、济南、郑州、上海、武汉、南昌六个铁路局，三次重车累计运输行程 3 989 km。铁科院机辆所对该车关键部位动应力全程监测结果表明，在三次运输中车辆各项监测项目结果均在允许限度内。

第七节　进口长大货物车

20 世纪 50 年代，为了满足长、大、重型货物运输的需要，我国先后从韩国、原民主德国和苏联进口了 D_{21}、D_6、D_7、D_8、D_9、D_{16}、D_{17}、D_{18} 和 D_{19} 等型号 70 多辆大车。车种包括长大平车、凹底平车和落下孔车。20 世纪 90 年代末，为了解决某些车型利用率不高的问题，按车主要求，由哈厂对其中部分车型（D_9、D_{16}、D_{18}、D_{19}）进行了改造。

一、D_{21} 型长大平车

（一）概　　述

D_{21} 型 60 t 6 轴长大平车是 20 世纪 50 年代从韩国进口的，如图 4-7-1 所示。

图 4-7-1　D_{21} 型 60 t 长大平车

（二）主要技术规格

主要技术规格见表 4-7-1。

表 4-7-1　主要技术规格

项　　目	技术规格	项　　目	技术规格
载重/t		地板面积/m^2	56.44
均布	60	轴重/t	14.72
集载		每延米重/（t/m）	4.33
均布载荷长度/m	载重/t	车辆长度/mm	20 400
2	28	车辆最大宽度/mm	3 190
4	30	车辆最大高度/mm	3 756
6	33	车辆定距/mm	15 500
8	36	底架尺寸	
10	39	长×宽/（mm×mm）	19 462×2 900
12	43	上平面高/mm	1 356
14	48	空车重心高/mm	950
15	50	车钩中心线高/mm	880
自重/t	28.3	转向架型式	铸钢侧架三轴
自重系数	0.47	轴数	3
轴数	6	轴型	D

续上表

项　　目	技术规格	项　　目	技术规格
轴距/mm 轮径/mm	1 295 840	缓冲器	3 号
		构造速度/（km/h）	80
制动装置 制动缸/（mm×mm） 三通阀 人力制动机	 ϕ254×305 K_2 折叠链条式	通过最小曲线半径	145
		轨距/mm	1 435
		限界	能通过 GB 146.1—1983《标准轨距铁路机车车辆限界》
车钩缓冲装置 车钩	 2 号下作用式	通过机械化驼峰情况	禁止

（三）简要说明

1. 用途

供装运钢材、木材、汽车、拖拉机等货物，亦可供装运桥梁等长大货物和需跨装运输的超长货物。

2. 技术性能特点

地板面长 19 462 mm，宽 3 000 mm，距轨面高为 1 356 mm，载重 60 t。

3. 结构概况

由 1 个底架、2 台铸钢侧架三轴转向架，以及车钩缓冲、空气和人力制动装置等部件组成，如图 4-7-2 所示。底架为木地板，钢板铆接框架结构。主要由中梁、侧梁、枕梁、端梁、横梁、小横梁和木地板组成。1 根中梁和 2 根侧梁均为鱼腹形。转向架为铸钢侧架（组合式）三轴转向架，可分式铸钢侧架，用销子连接；枕簧为圆弹簧组，装有弹簧座，用以连接两侧侧架；采用 D 轴，轮径为 840 mm。制动装置为 K_2 型三通阀，制动缸为 ϕ254 mm×305 mm。采用链式人力制动装置。车钩缓冲装置为 2 号下作用式车钩和 3 号缓冲器。

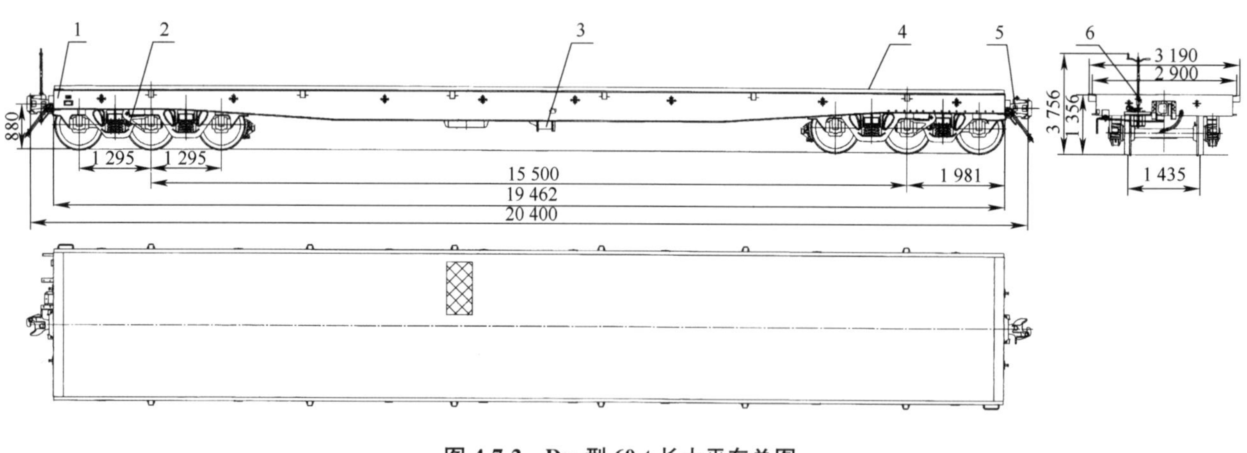

图 4-7-2　D_{21} 型 60 t 长大平车总图

1—底架组成；2—转向架；3—空气制动装置；4—木地板；5—车钩缓冲装置；6—人力制动装置

二、D_6 型凹底平车

（一）概　　述

1956 年，我国从原民主德国进口了一批大车，由该国德绍车辆厂制造。D_6 型 110 t 8 轴凹底平车是其中之一，如图 4-7-3、4-7-4 所示，共进口 31 辆。

图 4-7-3　D_6 型 110 t 凹底平车

图 4-7-4　D_6 型凹底平车运输 98 t 大型机床

（二）主要技术规格

主要技术规格见表 4-7-2。

表 4-7-2　主要技术规格

项　　目	技术规格
载重/t	
均布	110
集载	
均布载荷长度/m	载重/t
1	87
2	90
3	93
4	97
5	101
6	105
7	110
自重/t	60
自重系数	0.55
凹底面积/m^2	16.8
轴数	8
轴重/t	21.25
每延米重/（t/m）	7.46
车辆长度/mm	22 782
车辆最大宽度/mm	2 840
车辆最大高度/mm	3 500
车辆定距/mm	15 000
承载面尺寸	
长×宽/（mm×mm）	7 000×2 400
上平面高/mm	860

项　　目	技术规格
下平面高/mm	210
端部地板面宽/mm	2 380
端部地板面高/mm	1 847
车钩中心线高/mm	880
小底架上两心盘中心距/mm	3 250
转向架型式	转 7、MT-CH 型
轴数	2
轴型	D_1、D
轴距/mm	1 800
轮径/mm	950、840
制动装置	GK 型
制动缸/（mm×mm）	ϕ356×254
三通阀	GK
人力制动机	螺杆式
车钩缓冲装置	
车钩	2 号下作用式
缓冲器	3 号
构造速度/（km/h）	80
通过最小曲线半径/m	180
轨距/mm	1 435
限界	符合 GB 146.1—1983《标准轨距铁路机车车辆限界》
通过驼峰情况	禁止

（三）简要说明

1. 用途

装运长大机械设备、钢结构梁、变压器等高、大、重型货物。

2. 技术性能特点

凹底架承载面的长度为 7 000 mm，宽度为 2 400 mm，距轨面高为 860 mm，下部距轨面高为 210 mm，载重为 110 t。

3. 结构概况

该车由 1 个大凹底架、2 个小底架、4 台转 7 型或 MT-CH 型 2 轴转向架、车钩缓冲装置、空气和人力制动装置等部件组成，如图 4-7-5 所示。

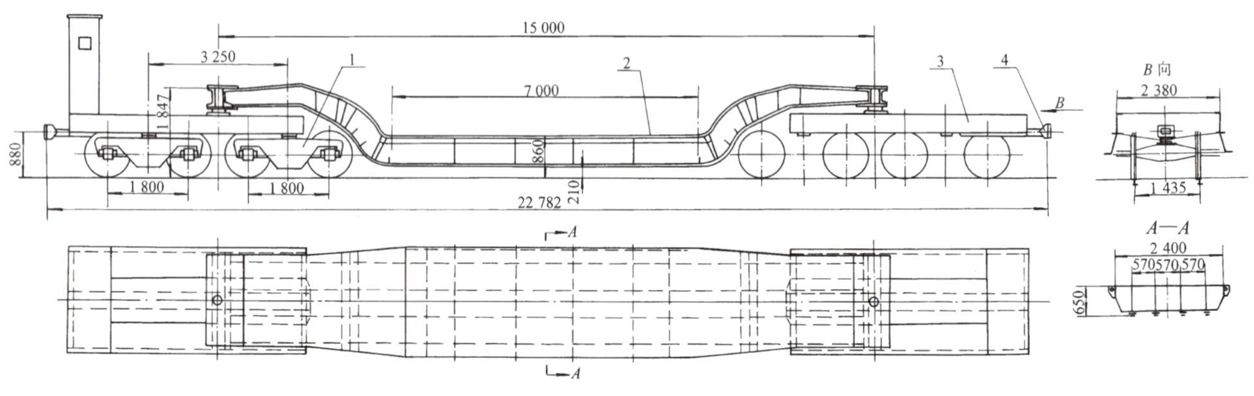

图 4-7-5　D6 型 110 t 凹底平车总图

1—转向架；2—凹底架；3—小底架；4—车钩缓冲装置

大、小底架均为钢板组合成钢架，以焊为主的铆焊混合结构。小底架 1 位、4 位端带牵引梁，并装有车钩缓冲装置。大小底架间装有设有油润装置的球面上下心盘及上下旁承。小底架两端装有直径为 300 mm、且设有油润装置的平面上心盘及上旁承。小底架供连接 1 位、2 位（或 3 位、4 位）转向架，并传递大底架载荷用。

转向架为 2 轴导框式铸钢侧架转向架，有两种：一种为转 7 型（又名 MT-50 型），宽准轨两用，采用 D_1 轴，轮径 950 mm；一种为 MT-CH 型，准轨，采用 D 轴，轮径为 840 mm。制动装置原装苏式 MT3-135 型，后改为 GK 型三通阀，制动缸为 ϕ356 mm×254 mm，59 L 副风缸。该车原无人力制动机，后配螺杆式人力制动机。车钩缓冲装置为 2 号下作用式车钩和 3 号缓冲器。

三、D7 型凹底平车

（一）概　　述

1956 年，我国从原民主德国进口了一批大车，由该国德绍车辆厂制造。D7 型 150 t 12 轴凹底平车是其中之一，如图 4-7-6 所示，共进口 12 辆。

图 4-7-6　D7 型凹底平车运输 43.4 t 汽轮机缸盖（8 710 mm×2 970 mm×3 860 mm）

（二）主要技术参数

主要技术参数见表 4-7-3。

表 4-7-3　主要技术参数

项　　目	技术规格
载重/t	
均布	150
集载	
均布载荷长度/m	载重/t
1	120
2	123
3	126
4	130
5	133
6	137
7	141
8	145
9	150
自重/t	102
自重系数	0.68
凹底面积/m^2	21.6
轴数	12
轴重/t	21.0
每延米重/（t/m）	7.94
车辆长度/mm	31 730
车辆最大宽度/mm	2 600
车辆最大高度/mm	3 600
车辆定距/mm	20 700
承载面尺寸	
长×宽/（mm×mm）	9 000×2 400
上平面高/mm	1 125
下平面高/mm	255
端部地板面宽/mm	2 200
端部地板面高/mm	2 410
车钩中心线高/mm	880
小底架上两心盘中心距/mm	4 700
转向架型式	3D 轴板式构架
轴数	3
轴型	D
轴距/mm	1 500
轮径/mm	840
制动装置	GK 型
制动缸/（mm×mm）	ϕ356×254
三通阀	GK
人力制动机	螺杆式
车钩缓冲装置	
车钩	2 号下作用式
缓冲器	3 号
构造速度/（km/h）	80
通过最小曲线半径/m	180
轨距/mm	1 435
限界	符合 GB 146.1—1983《标准轨距铁路机车车辆限界》
通过驼峰情况	禁止

（三）简要说明

1. 用途

装运长大机械设备、钢结构梁、变压器等高、大、重型货物。

2. 技术性能特点

凹底架承载面的长度 9 000 mm，宽度 2 400 mm，距轨面高为 1 125 mm，下部距轨面高为 255 mm。

3. 结构概况

该车由 1 个凹底架，2 个小底架和 4 台 3D 轴板式构架转向架，以及车钩缓冲装置、空气和人力制动装置等部件组成，如图 4-7-7 所示。

凹底架系全钢焊接结构，由整体地板、4 根纵向腹板和与腹板相对应的 4 组下盖板组成。地板厚 30 mm，宽度由凹底部分 2 400 mm 向两端逐渐减至 2 200 mm。腹板厚 20 mm，高度由凹底部分 775 mm，向两端逐渐减低。凹底部分每组下盖板由 3 层钢板组成，板厚分别为 25 mm、30 mm、30 mm；两端部分

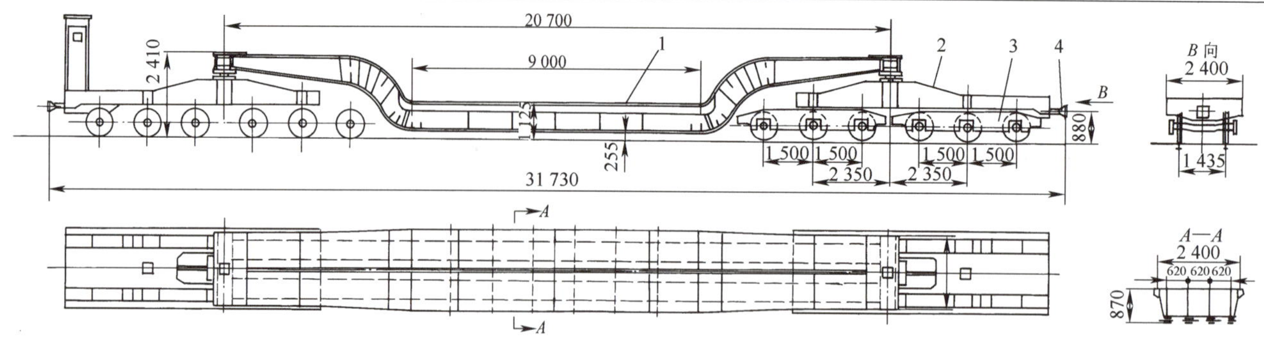

图 4-7-7　D_7 型 150 t 凹底平车总图

1—凹底架；2—小底架；3—转向架；4—车钩缓冲装置

每组下盖板由 2 层钢板组成，板厚分别为 30 mm、12 mm。

为了增加凹底部分强度，在凹底部分各腹板间的地板下平面上各焊有厚 20 mm 的补强板；4 根腹板间设有 6 组隔板连接，相应腹板外侧焊有筋板；在筋板外侧焊有加强板，板上焊有绳栓，供缚固货物用。大底架端部枕梁由 40a 号槽钢腹板，厚 25 mm 上下盖板及隔板组焊成箱形结构。大底架装有球半径为 350 mm、并设有油润装置的凸形球面上心盘及装有滚柱轴承的滚子式上旁承。

小底架供连接 1 位、2 位（或 3 位、4 位）转向架并传递大底架载荷用，呈上凸形。小底架系钢板焊接钢架结构，由中梁、侧梁、端梁、牵引梁、中枕梁、端枕梁和横梁组成。牵引梁呈刀把形，供装置车钩缓冲装置用。中枕梁上装有球半径为 350 mm、且设有油润装置的凹形球面下心盘及下旁承。端枕梁装有球半径为 215 mm、且设有油润装置的凸形球面上盘及上旁承。

3D 轴板式构架转向架为单系叠板扁弹簧、焊接一体板式构架、导框式滑动轴承（上开盖轴箱）转向架。构架由侧架、横梁和端梁组成。心盘载荷主要由刚度较大的横向梁传递到侧架。侧架为钢板焊接导框式，具有足够的强度和刚度。扁弹簧置于侧架与轴箱顶部，各轴箱弹簧间设有均衡装置。为便于通过曲线，中间轮对采用薄轮缘。按结构分为 1 位、4 位和 2 位、3 位两种，均装有设有油润装置的凹形下心盘及摩擦板式下旁承。

制动装置原为苏式 MT3-135 型，后改为 GK 型三通阀，ϕ356 mm×254 mm 制动缸、59 L 副风缸，后配螺杆式人力制动机。车钩缓冲装置为 2 号下作用式车钩和 3 号缓冲器。

四、D_8 型凹底平车

（一）概　　述

1956 年，我国从原民主德国进口了一批大车，由该国德绍车辆厂制造。D_8 型 180 t 16 轴凹底平车是其中之一，如图 4-7-8 所示，共进口 7 辆。

图 4-7-8　D_8 型 180 t 凹底平车

（二）主要技术规格

主要技术规格见表 **4-7-4**。

表 4-7-4 主要技术规格

项目	技术规格	项目	技术规格
载重/t 均布 集载	 180 	上平面高/mm 下平面高（重车）/mm	1 200 150
均布载荷长度/m	载重/t	端部地板面宽/mm	2 200
1	150	端部地板面高/mm	2 630
2	153	车钩中心线高/mm	880
3	156	中底架上两心盘中心距/mm	6 350
4	160	小底架上两心盘中心距/mm	3 250
5	163	转向架型式	MT-CH
6	167	轴数	2
7	171	轴型	D
8	176	轴距/mm	1 800
9	180	轮径/mm	840
自重/t	149	制动装置	GK 型
自重系数	0.83	制动缸/（mm×mm）	ϕ356×254
凹底面积/m²	21.6	三通阀	GK
轴数	16	人力制动机	螺杆式
轴重/t	20.56	车钩缓冲装置 车钩	 2 号下作用式
每延米重/（t/m）	8.50	缓冲器	3 号
车辆长度/mm	38 700	构造速度/（km/h）	80
车辆最大宽度/mm	2 560	通过最小曲线半径/m	180
车辆最大高度/mm	3 400	轨距/mm	1 435
车辆定距/mm	24 600	限界	空车符合 GB 146.1—1983《标准轨距铁路机车车辆限界》
承载面尺寸 长×宽/（mm×mm）	 9 000×2 400	通过驼峰情况	禁止

（三）简要说明

1. 用途

装运长大机械设备、钢结构梁、变压器等高、大、重型货物。

2. 技术性能特点

凹底架承载面长度 9 000 mm，宽度 2 400 mm，距轨面高 1 200 mm，下部距轨面高（重车）为 150 mm。

3. 结构概况

该车由 1 个大凹底架，2 个中底架、4 个小底架和 8 个 MT-CH 型 2 轴转向架以及车钩缓冲装置、空气和人力制动装置等部件组成，如图 4-7-9 所示。

大底架系全钢焊接结构，由整体地板、4 根纵向腹板和与腹板相对应的 4 组下盖板组成。地板厚 30 mm，宽度由凹底部分 2 400 mm 向两端逐渐减至 2 200 mm。腹板厚 15 mm，高度由凹底部分 820 mm 向两端逐渐减少。下盖板每层厚 30 mm，由凹底部分 4 层向两端逐渐减为 3 层、2 层。

为了增加凹底部分强度，在凹底部分纵向腹板间的地板下平面上各焊有一条厚 30 mm、宽 560 mm 的补强板，侧腹板外侧亦焊有补强板。在底架弯角部分各腹板间的地板下平面上再加焊一层厚 30 mm、宽 540 mm 的补强板，地板上平面铆接 1 块 30 mm×2 400 mm×1 430 mm 的加强板，腹板两侧的下盖板上

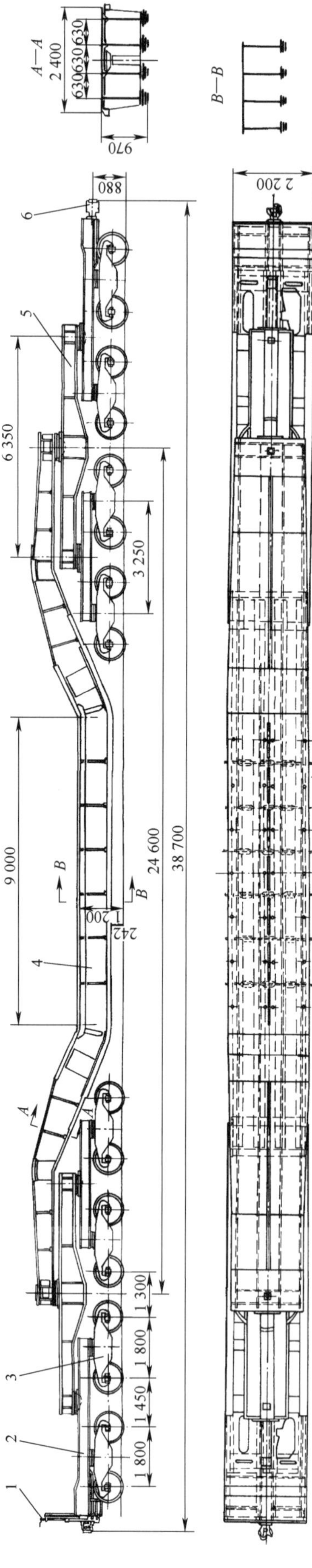

图 4-7-9　D8型180 t凹底平车总图

1—人力制动装置；2—小底架；3—转向架；4—凹底架；5—中底架；6—车钩缓冲装置

亦加焊厚 30 mm 的钢板。4 根腹板间，均有隔板相连，相应侧腹板的外侧焊有筋板，厚度均为 12 mm。在凹底部分，在筋板外侧焊有加强角钢，角钢上焊有绳栓，供缚固货物用。

大底架枕梁系由腹板、上下盖板及隔板组焊而成的箱形结构，腹板厚 16 mm，上下盖板均为两层，分别厚 20 mm、30 mm。枕梁上装有球半径为 300 mm、且设有油润装置的凸形球面上心盘及装有滚柱轴承的滚子式上旁承。

中底架呈对称下凸鱼腹状，由中梁、侧梁、横梁、中枕梁、端枕梁组焊而成。各梁均为由腹板、上下盖板组焊而成的箱形结构。中枕梁上装有球半径为 300 mm、且设有油润装置的凹形球面下心盘及滑块式下旁承。端枕梁上装有球半径为 300 mm、且设有油润装置的凸形球面上心盘及上旁承。

小底架分为 1 位、4 位和 2 位、3 位两种，1 位、4 位小底架除带有牵引梁并安装有车钩缓冲装置外，其余结构与 2 位、3 位小底架相同。小底架由中梁、侧梁、中枕梁、端枕梁组成。各梁分别由槽钢、钢板组焊而成。中枕梁心盘安装处焊有铸钢心盘座，装有球半径为 300 mm、且设有油润装置的凹形球面下心盘及下旁承；端枕梁上装有直径为 300 mm、且设有油润装置的平面上心盘及上旁承。

MT-CH 型 2 轴导框式铸钢侧架转向架，准轨用，D 轴，轮径 840 mm。制动装置原为苏式 MT3-135，后改为 GK 型三通阀，ϕ356 mm×254 mm 制动缸，59 L 副风缸。后配有螺杆式人力制动机。车钩缓冲装置为 2 号下作用式车钩和 3 号缓冲器。车端原设有押运员室。

五、D9 型凹底平车

（一）概　　述

1956 年，我国从原民主德国进口了一批大车，由该国德绍车辆厂制造。D9 型 230 t 20 轴凹底平车是其中之一，如图 4-7-10 所示，共进口 3 辆。

图 4-7-10　D9 型 230 t 凹底平车

（二）主要技术规格

主要技术规格见表 4-7-5。

表 4-7-5　主要技术规格

项　　目	技术规格	项　　目	技术规格
载重/t		4	207
均布	230	5	211
集载		6	216
均布载荷长度/m	载重/t	7	220
1	196	8	224
2	199	9	230
3	203	自重/t	180

续上表

项　　目	技术规格	项　　目	技术规格
自重系数	0.78	转向架型式	5D1 轴板式构架
凹底面积/m^2	21.6	轴数	5
轴数	20	轴型	D_1
轴重/t	20.5	轴距/mm	1 500
每延米重/（t/m）	9.05	轮径/mm	950
车辆长度/mm	45 280	制动装置	GK 型
车辆最大宽度/mm	3 100	制动缸/（mm×mm）	ϕ356×254
车辆最大高度/mm	3 650	三通阀	GK
车辆定距/mm	27 760	人力制动机	螺杆式
承载面尺寸		车钩缓冲装置	
长×宽/（mm×mm）	9 000×2 400	车钩	2 号下作用式
上平面高/mm	1 850	缓冲器	3 号
下平面高（重车）/mm	290（150）	构造速度/（km/h）	80
端部地板面宽/mm	2 220	通过最小曲线半径/m	180
端部地板面高/mm	2 600	轨距/mm	1 435
车钩中心线高/mm	880	限界	能通过 GB 146.1—1983《标准轨距铁路机车车辆限界》
小底架上两心盘中心距/mm	7 650		
小底架长度/mm	8 470	通过机械化驼峰情况	禁止
小底架宽度/mm	3 100		

（三）简要说明

1. 用途

装运长大机械设备、钢结构梁、变压器等高、大、重型货物。

2. 技术性能特点

凹底架承载面的长度为 9 000 mm，宽度为 2 400 mm，距轨面高为 1 850 mm，载重为 230 t。

3. 结构概况

该车由 1 个大凹底架、2 个小底架和 4 台 $5D_1$ 轴板式构架转向架以及车钩缓冲、空气和人力制动装置等部件组成，如图 4-7-11 所示。

大底架系全钢焊接结构，由整体地板、4 根纵向腹板和与腹板相对应的 4 组下盖板组成。地板厚 30 mm，宽度由凹底部分 2 400 mm 向两端逐渐减至 2 220 mm。腹板厚 15 mm，高度由凹底部分 1 455 mm 向两端逐渐减少。下盖板由凹底部分 4 层（25 mm×10 mm×30 mm×10 mm）向两端逐渐减为 3 层、2 层。为了加强底架强度，在凹底部分纵向腹板间的地板下平面上各焊有 1 条厚 20 mm、宽 515 mm 的补强板，侧腹板外侧补强板厚 20 mm、宽 200 mm。4 根腹板间均有厚 16 mm 隔板相连，相应侧腹板的外侧焊有厚 16 mm 的筋板。在筋板外侧焊有厚 16 mm、宽 250 mm 的加强板，加强板上焊有绳栓，供缚固货物用。

大底架枕梁系由 2 层上盖板、3 层下盖板和腹板组成的箱形结构，腹板厚 20 mm，上盖板均厚 25 mm，下盖板厚度分别为 25 mm、30 mm、25 mm。枕梁上装有球半径为 350 mm、且设有油润装置的凸形球面上心盘及滚子式上旁承。

小底架由中梁、侧梁、中枕梁、端枕梁及横梁组成，横断面呈 U 形。各梁均由钢板组焊而成。中枕梁装有球半径为 350 mm、且设有油润装置的凹形球面下心盘及弧形摩擦板式下旁承。端枕梁装有球半径为 275 mm、且设有油润装置的凸形球面上心盘及滚子式上旁承。

$5D_1$ 轴板式构架转向架共有两种，其中 1 位、4 位带车钩缓冲装置，2 位、3 位不带，余均相同。转向架采用钢板焊接构架，由 2 个侧架、4 根横梁和 2 根端梁组成。横向梁之间用角钢纵向连接，中间 2 根

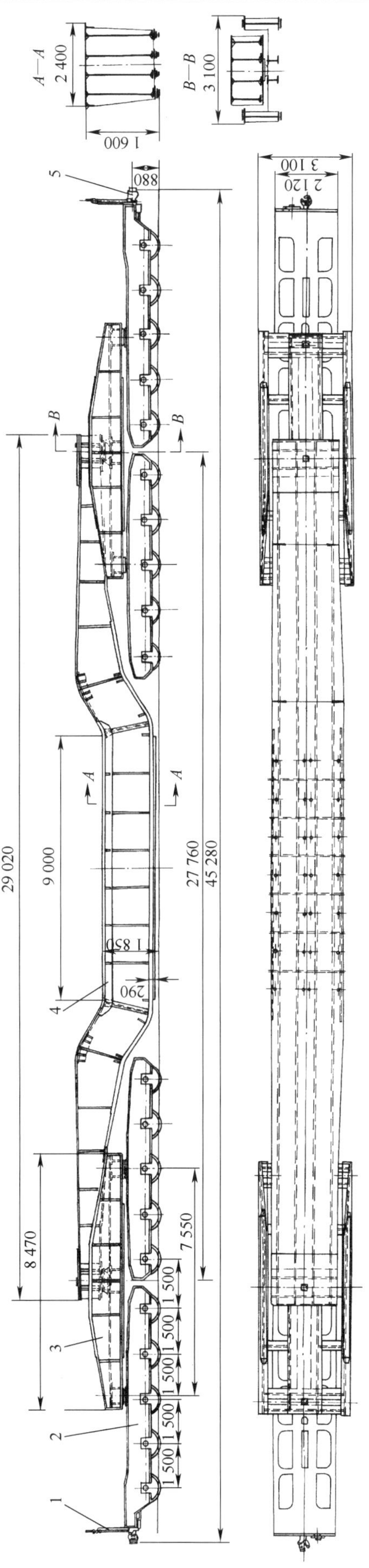

图 4-7-11　D_9型230 t凹底平车总图

1—人力制动装置；2—转向架；3—小底架；4—凹底架；5—车钩缓冲装置

横梁间设有枕梁，供安装球半径为 275 mm 的球面下心盘。枕梁下部为轮对，因此，心盘载荷主要由刚度较大的横向梁传递到侧架。侧架为钢板焊接导框式，具有足够的强度和刚度。导框切口两侧铆有铸钢轴箱挡，导框口下方设有下拉条。转向架采用单系扁弹簧，置于侧架与轴箱顶部，各轴箱弹簧间设有均衡装置。导框式 D 型轴箱为单侧挡耳，位于侧架轴箱挡外侧。上开式导框式滑动轴箱，D_1 型轮对，轮径 950 mm。为便于通过曲线，中间轮对采用薄轮缘。

制动装置原为苏式 MT3-135，后改为 GK 型三通阀，ϕ356 mm×254 mm 制动缸，59 L 副风缸，后配有螺杆式人力制动机。车钩缓冲装置为 2 号下作用式车钩和 3 号缓冲器。车端原设有押运员室。

1998 年，该车由哈厂改造，仍为 230 t 凹底平车，但承载面上平面高由 1 850 mm 降为 1 150 mm。

六、D_{16} 型落下孔车

（一）概　　述

1956 年，我国从原民主德国进口了一批大车，由该国德绍车辆厂制造。D_{16} 型 110 t 8 轴落下孔车是其中之一，如图 4-7-12，共进口 6 辆。

图 4-7-12　D_{16} 型 110 t 落下孔车

（二）主要技术参数

主要技术参数见表 4-7-6。

表 4-7-6　主要技术参数

项　　目	技术规格	项　　目	技术规格
载重/t	110	轴数	2
自重/t	59	轴型	D_1
自重系数	0.54	轴距/mm	1 800
轴数	8	轮径/mm	950
轴重/t	21.13	制动装置	GK 型
每延米重/（t/m）	7.99	制动缸/（mm×mm）	ϕ356×305
车辆长度/mm	21 150	三通阀	GK
车辆最大宽度/mm	3 150	人力制动机	螺杆式
车辆最大高度/mm	3 400	车钩缓冲装置	
车辆定距/mm	13 000	车钩	2 号下作用式
落下孔尺寸		缓冲器	3 号
长×宽/（mm×mm）	4 600×2 300	构造速度/（km/h）	80
上平面高/mm	1 640	通过最小曲线半径/m	180
下平面高/mm	500	轨距/mm	1 435
车钩中心线高/mm	880	限界	能通过 GB 146.1—1983《标准轨距铁路机车车辆限界》
小底架上两心盘中心距/mm	3 250		
转向架型式	转 7 型	通过机械化驼峰情况	禁止

（三）简要说明

1. 用途

装运冶金、电力、机械设备等因高度超限而不能使用一般凹底平车运输的高、大、重型货物。

2. 技术性能特点

落下孔长度 4 600 mm，宽度 2 300 mm，承载面高 1 640 mm。

3. 结构概况

该车由 1 个大底架、2 个小底架、4 台转 7（MT-50）型转向架，以及车钩缓冲、空气和人力制动装置等部件组成，如图 4-7-13 所示。

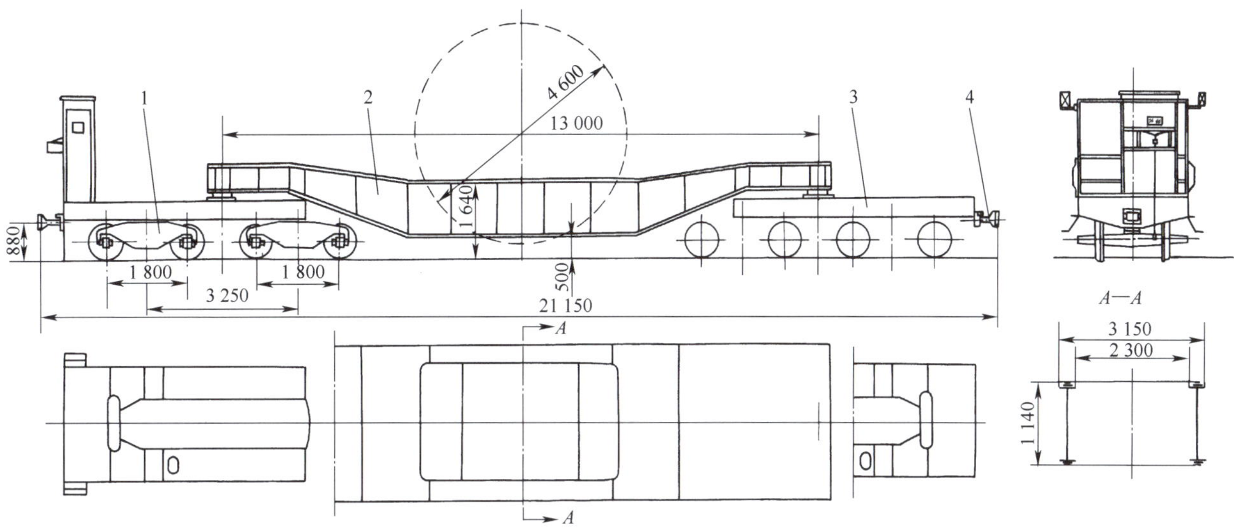

图 4-7-13　D16 型 110 t 落下孔车总图

1—转向架；2—大底架；3—小底架；4—车钩缓冲装置

大小底架均系全钢焊接结构，大小底架间装有设有油润装置的球面上下心盘及上下旁承。小底架两端装有设有油润装置的平面上心盘及上旁承。小底架 1 位、4 位端设有牵引梁，并安装有车钩缓冲装置。转 7 型二轴导框式铸钢侧架转向架，亦名 MT-50 型。它系宽准轨两用，采用 D_1 轴，轮径 950 mm。制动装置原为苏式 MT3-135，后改为 GK 型三通阀，制动缸为 ϕ356 mm×305 mm，59 L 副风缸。后配螺杆式人力制动机。车钩缓冲装置由 2 号下作用式车钩和 3 号缓冲器组成。车端原设有押运员室。

1998 年，该车由哈厂改造为 8 轴 110 t 凹底平车，承载面上平面高为 900 mm。

七、D17 型落下孔车

（一）概　　述

1956 年，我国从原民主德国进口了一批大车，由该国德绍车辆厂制造。D17 型 12 轴 150 t 落下孔车是其中之一，如图 4-7-14 所示，共进口 33 辆。

图 4-7-14　D17 型 150 t 落下孔车

（二）主要技术规格

主要技术规格见表 4-7-7。

表 4-7-7　主要技术规格

项　　目	技术规格	项　　目	技术规格
载重/t	150	轴数	3
自重/t	97	轴型	D_1
自重系数	0.65	轴距/mm	1 500
轴数	12	轮径/mm	950
轴重/t	20.58	制动装置	GK 型
每延米重/（t/m）	8.72	制动缸/（mm×mm）	ϕ356×305
车辆长度/mm	28 330	三通阀	GK
车辆最大宽度/mm	3 150	人力制动机	螺杆式
车辆最大高度/mm	3 600	车钩缓冲装置	
车辆定距/mm	17 000	车钩	2 号下作用式
落下孔尺寸		缓冲器	3 号
长×宽/（mm×mm）	4 600×2 300	构造速度/（km/h）	80
上平面高/mm	1 900	通过最小曲线半径/m	180
下平面高/mm	500	轨距/mm	1 435
大底架端部地板面高/mm	2 500	限界	空车符合 GB 146.1—1983《标准轨距铁路机车车辆限界》
车钩中心线高/mm	880		
小底架上两心盘中心距/mm	4 700		
转向架型式	$3D_1$ 轴板式构架	通过驼峰情况	禁止

（三）简要说明

1. 用途

装运冶金、电力、机械设备等因高度超限而不能使用一般凹底平车运输的高、大、重型货物。

2. 技术性能特点

落下孔长度为 4 600 mm，宽度为 2 300 mm，承载面高为 1 900 mm，载重为 150 t。

3. 结构概况

该车由 1 个大底架、2 个小底架、4 台 $3D_1$ 轴包板式构架转向架，以及车钩缓冲装置、空气和人力制动装置等部件组成，如图 4-7-15 所示。

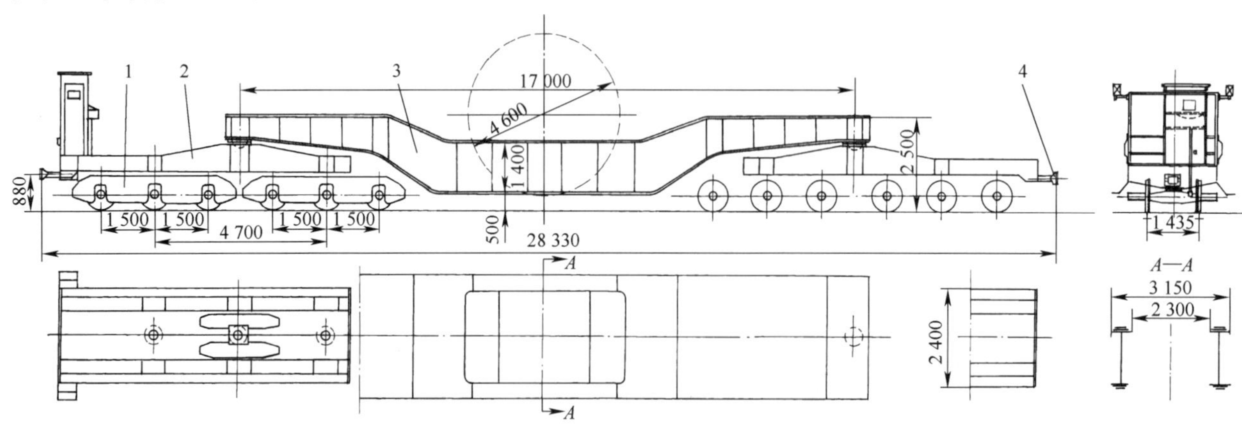

图 4-7-15　D_{17} 型 150 t 落下孔车总图

1—转向架；2—小底架；3—大底架；4—车钩缓冲装置

大小底架均系全钢焊接结构，大小底架间装有设有油润装置的球面上下心盘及上下旁承。小底架两端亦装有设有油润装置的平面上心盘及上旁承。小底架1位、4位端设有牵引梁，并安装有车钩缓冲装置。

$3D_1$轴板式构架转向架为单系叠板扁弹簧，焊接一体包板式构架，导框式滑动轴承（上开盖）转向架。由侧架、横梁和端梁组成。心盘载荷主要由刚度较大的横向梁传递到侧架。侧架为钢板焊接导框式，具有足够的强度和刚度。扁弹簧置于侧架与轴箱顶部，各轴箱弹簧间设有均衡装置。为便于通过曲线，中间轮对采用薄轮缘。该转向架按结构分为1位、4位和2位、3位两种，均装有设有油润装置的平面下心盘和下旁承。制动装置原为苏式MT3-135，后改为GK型三通阀，ϕ356 mm×305 mm制动缸，59 L副风缸，后配有螺杆式人力制动机。车钩缓冲装置为2号下作用式车钩和3号缓冲器。车端原设有押运员室。

八、D18型落下孔车

（一）概　　述

1956年，我国从原民主德国进口了一批大车，由该国德绍车辆厂制造。D18型180 t 16轴落下孔车是其中之一，如图4-7-16所示，共进口3辆。

图4-7-16　D18型180 t落下孔车重车

（二）主要技术规格

主要技术规格见表4-7-8。

表4-7-8　主要技术规格

项　　目	技术规格	项　　目	技术规格
载重/t	180	每延米重/（t/m）	9.3
自重/t	146	车辆长度/mm	35 100
自重系数	0.81	车辆最大宽度/mm	3 150
轴数	16	车辆最大高度/mm	3 500
轴重/t	20.37	车辆定距/mm	20 600

续上表

项　　目	技术规格	项　　目	技术规格
落下孔尺寸		制动缸/（mm×mm）	ϕ356×305
长×宽/（mm×mm）	4 600×2 300	三通阀	GK 型
上平面高/mm	2 230	人力制动机	螺杆式
下平面高/mm	500	车钩缓冲装置	
车钩中心线高/mm	880	车钩	2 号下作用式
中底架上两心盘中心距/mm	6 350	缓冲器	3 号
小底架上两心盘中心距/mm	3 250	构造速度/（km/h）	80
转向架型式	转 7 型	通过最小曲线半径/m	180
轴数	2	轨距/mm	1 435
轴型	D_1	限界	能通过 GB 146.1—1983《标准轨距铁路机车车辆限界》
轴距/mm	1 800		
轮径/mm	950	通过机械化驼峰情况	禁止
制动装置	GK 型		

（三）简要说明

1. 用途

装运冶金、电力、机械设备等因高度超限而不能使用一般凹底平车运输的高、大、重型货物。

2. 技术性能特点

落下孔长度为 4 600 mm，宽度为 2 300 mm，承载面高为 2 230 mm，载重为 180 t。

3. 结构概况

该车由 1 个大底架、2 个中底架、4 个小底架、8 台转 7 型二轴转向架，以及车钩缓冲、空气和人力制动装置等部件组成，如图 4-7-17 所示。

大中小底架均系全钢焊接结构，大中小底架间装有设有油润装置的球面上下心盘及上下旁承。小底架两端亦装有设有油润装置的平面上心盘及上旁承。1 位、4 位小底架的 1 位、8 位端设有牵引梁，并安装有车钩缓冲装置。转 7 型二轴导框式铸钢侧架转向架，亦名转 7 型。它系宽准轨两用，采用 D_1 轴，轮径 950 mm。制动装置原为苏式 MT3-135，后改为 GK 型，制动缸为 ϕ356 mm×305 mm，59 L 副风缸。后配螺杆式人力制动机。车钩缓冲装置为 2 号下作用式车钩和 3 号缓冲器。

1998 年，该车由哈厂改造为 16 轴 180 t 凹底平车，承载面上平面高为 930 mm。

九、D_{19} 型落下孔车

（一）概　　述

1956 年，我国从原民主德国进口了一批大车，由该国德绍车辆厂制造。D_{19} 型 230 t 20 轴落下孔车是其中之一，如图 4-7-18 所示，进口 1 辆。

（二）主要技术规格

主要技术规格见表 4-7-9。

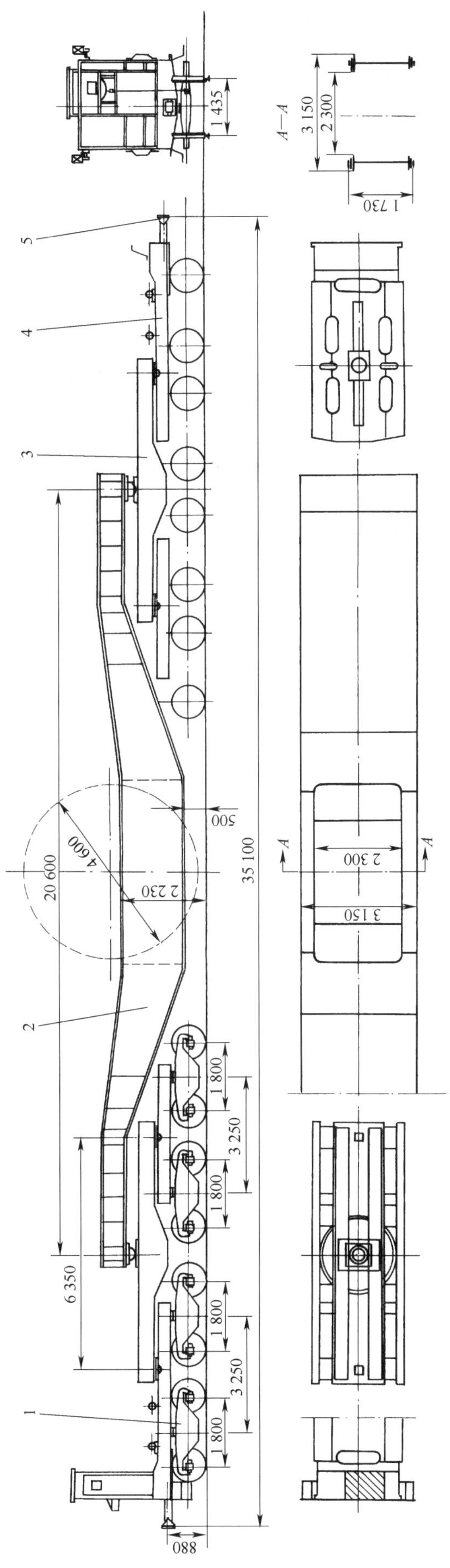

图 4-7-17　D18型180 t 落下孔车总图

1—转向架；2—大底架；3—中底架；4—小底架；5—车钩缓冲装置

图 4-7-18　D_{19} 型 230 t 落下孔车

表 4-7-9　主要技术规格

项　　目	技术规格	项　　目	技术规格
载重/t	230	轴数	5
自重/t	180	轴型	D_1
自重系数	0.78	轴距/mm	1 500
轴数	20	轮径/mm	950
轴重/t	20.5	制动装置	GK 型
每延米重/（t/m）	10.34	制动缸/（mm×mm）	ϕ356×305
车辆长度/mm	39 650	三通阀	GK
车辆最大宽度/mm	3 100	人力制动机	螺杆式
车辆最大高度/mm	3 400	车钩缓冲装置	
车辆定距/mm	21 760	车钩	2 号下作用式
落下孔尺寸		缓冲器	3 号
长×宽/（mm×mm）	4 600×2 300	构造速度/（km/h）	80
上平面高/mm	2 830	通过最小曲线半径/m	180
下平面高/mm	500	轨距/mm	1 435
车钩中心线高/mm	880	限界	能通过 GB 146.1—1983《标准轨距铁路机车车辆限界》
小底架上两心盘中心距/mm	7 550		
转向架型式	$5D_1$ 轴板式构架	通过机械化驼峰情况	禁止

（三）简要说明

1. 用途

装运冶金、电力、机械设备等因高度超限而不能使用一般凹底平车运输的高、大、重型货物。

2. 技术性能特点

落下孔长度为 4 600 mm，宽度为 2 300 mm，承载面高 2 835 mm，载重为 230 t。

3. 结构概况

该车由 1 个大底架、2 个小底架、4 台 $5D_1$ 轴板式构架转向架，以及车钩缓冲、空气和人力制动装置等部件组成，如图 4-7-19 所示。

大小底架均系全钢焊接结构，大小底架间装有设有油润装置的球面上下心盘及上下旁承。小底架两端亦装有设有油润装置的平面上心盘及上旁承。$5D_1$ 轴板式构架转向架，与 D_9 型车的转向架相同。

1999 年，该车由哈厂改造，改造为 D_{19G} 型 20 轴 250 t 落下孔车，落下孔尺寸为 12 200 mm×2 660 mm，扩大了落下孔尺寸，减轻自重，增加载重，提高了过桥速度。

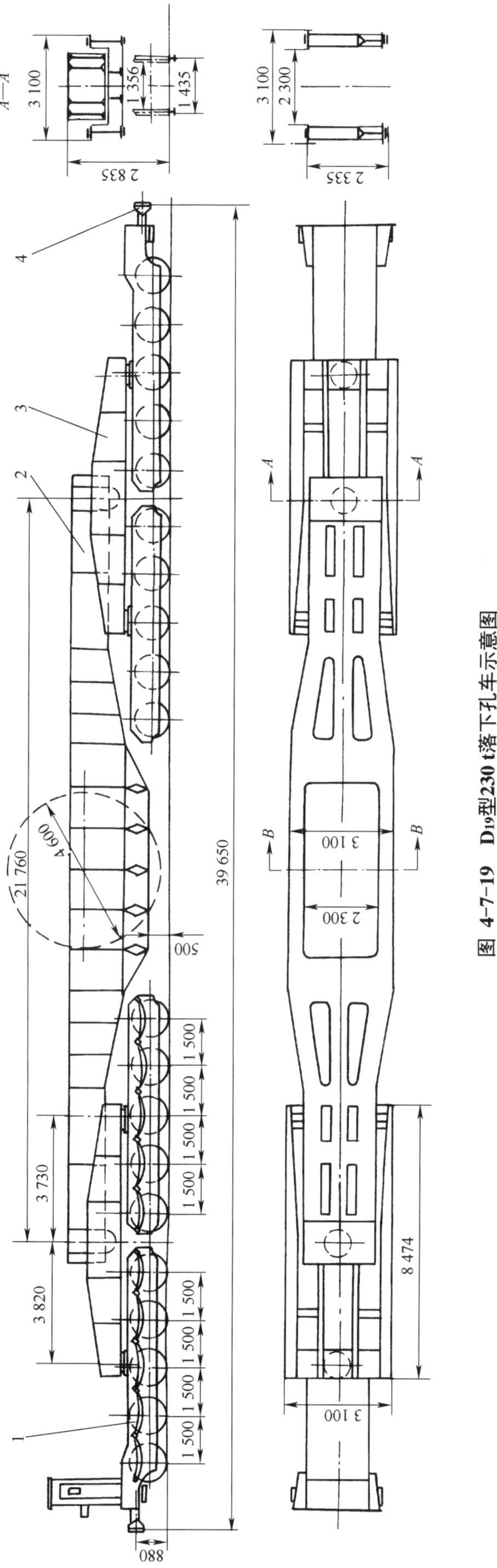

图 4-7-19　D_{19}型230 t落下孔车示意图

1—转向架；2—大底架；3—小底架；4—车钩缓冲装置

第八节　出口长大货物车

70 多年来，我国大车有不少产品出口，大致可分为两个时期。20 世纪 70 年代以前，属于经济援助性质，如对越南、阿尔巴尼亚和坦赞铁路等的出口产品。虽然多是当时国内的最高技术水平，但和世界技术相比，还是有一定差距。20 世纪 80 年代以后，多为商贸性质，如对伊朗德黑兰地铁是国际招标，我国车辆之所以能够中标，一方面，随着改革开放的进展，不断引进国外先进技术，我国货车制造技术水平已有了长足进步；另一方面，有些产品是按买方要求，采用国外一些先进技术和零部件。因此，出口产品的技术水平较高，特别是性价比高，在国际市场上具有一定的竞争力。

一、越南米轨 40 t 凹底平车

（一）概　　述

越南米轨 40 t 凹底平车是根据铁道部的指示，由唐山机车车辆厂于 1957 年为越南铁路设计制造，如图 4-8-1 所示。该车属经济援助性质。

图 4-8-1　越南 40 t 米轨凹底平车

（二）主要技术规格

主要技术规格见表 4-8-1。

表 4-8-1　主要技术规格

项　　目	技术规格	项　　目	技术规格
载重/t	40	转向架型式	铸钢三轴式
自重/t	27	轴数	3
自重系数	0.675	轮径/mm	780
轴数	6	轴距/mm	1 200
轴重/t	11.17	制动装置	双组 KD 型
每延米重/（t/m）	3.96	制动缸/（mm×mm）	ϕ203×305
车辆长度/mm	16 908	三通阀	K_1
车辆宽度/mm	2 750	人力制动机	折叠链式
车辆最大高度（人力制动机立起时）/mm	1 848	车钩缓冲装置	
		车钩	2 号下作用
车辆定距/mm	12 000	缓冲器	2 号
承载面长度/mm	6 600	构造速度/（km/h）	80
承载面宽度/mm	2 750	通过最小曲线半径/m	90
承载面高/mm	660	轨距/mm	1 000
端部地板面高/mm	1 100	车辆限界	符合越南铁路车辆限界
车钩中心线高/mm	825^{+10}_{-0}		

（三）简要说明

1. 用途

输送重大机械及集中载荷的货物。

2. 技术性能

凹底架承载面的长度为 6 600 mm，宽度为 2 750 mm，距轨面高度为 660 mm，载重为 40 t。

3. 结构概况

该车由 1 个凹底架、2 台铸钢三轴转向架，以及车钩缓冲和空气、人力制动装置等部件组成。

凹底架采用全钢铆接结构，由中梁、侧梁、端梁、枕梁、横梁与钢地板组成。中、侧梁均为组合式，两侧梁处装有绳钩和柱插。全车设有 2 套 KD 型空气制动机。

二、越南米轨 60 t 凹底平车

（一）概　　述

1964 年，二七车辆厂根据铁道部的要求，用唐山机车车辆厂设计制造的出口越南米轨 40 t 凹底平车图纸，试制了 3 辆。此后，根据铁道部的指示，将载重提高到 60 t，在征求了昆明铁路局对旧型凹底平车在昆明铁路局运用的意见后，按照越南提出的设计任务书中的技术要求，于 1965 年 8 月完成了设计，1966 年投入了小批量生产。其中第 1 辆车交越南使用后反馈了一些意见，又进行改进，再正式投产，如图 4-8-2 所示。该车除了出口越南外，亦为昆明铁路局生产了 20 辆。该车属经济援助性质。

图 4-8-2　越南米轨 60 t 凹底平车

（二）主要技术规格

主要技术规格见表 4-8-2。

表 4-8-2　主要技术规格

项　　目	技术规格	项　　目	技术规格
载重/t		自重/t	20.7
均布	60	自重系数	0.345
集载		轴数	6
均布载荷长度/m	载重/t	轴重/t	13.45
1	49.5	每延米重/（t/m)	4.98
2	50.04	车辆长度/mm	16 208
3	52	车辆宽度/mm	3 100
4	52.2	车辆最大高度/mm	1 614
5	55	车辆定距/mm	11 500
6	55.9	承载面长度/mm	7 500
7	58.6	承载面宽度/mm	3 100
7.5	60	承载面上平面高/mm	670

续上表

项　　目	技术规格	项　　目	技术规格
承载面下平面高/mm	190	轴距/mm	1 200
端部地板面宽/mm	2 550	轮径/mm	750
端部地板面高/mm	1 020	制动装置	
车钩中心线高/mm	825^{-15}_{0}	制动缸/（mm×mm）	ϕ152×203
空车重心高/mm	556	三通阀	K_1
车底架尺寸/mm		人力制动机	折叠链式
长	15 300	车钩缓冲装置	
中梁	1 450	车钩	2 号下作用
中梁内侧距	350	缓冲器	3 号
侧梁	1 360	构造速度/（km/h）	80
转向架型式	H 型构架式（三轴）	通过最小曲线半径/m	80
轴数	3	轨距/mm	1 000
轴型	B	限界	符合越南铁路车辆限界

（三）简要说明

1. 用途

装运汽车、拖拉机、中型机械设备、起重机、挖掘机等货物。

2. 技术性能

凹底架承载面的长度为 7 500 mm，宽度为 3 100 mm，距轨面高度为 670 mm。该车的自重系数较低。

3. 结构概况

该车由 1 个凹底架、2 台 H 型构架式三轴转向架，以及车钩缓冲和空气、人力制动装置等部件组成。

凹底架采用全钢焊接结构，主要由中梁、侧梁及枕梁、横梁、端梁、小横梁等组成，整体构架，上面铺设钢制地板。中、侧梁采用工字形钢和钢板分别组成 3 个封闭的箱形结构；各横向梁为钢板焊制的 I 形梁；中间凹底架部分铁地板厚 8 mm，两端部分厚 6 mm。凹底架弯曲部分，在不与转向架相碰的情况下，尽量利用空间，将中、侧梁弯曲部分断面加大，并增大圆弧，以提高刚度。

转向架采用 H 型整体焊接构架，一系圆弹簧，为装有均衡梁的无导框三轴转向架。制动装置（除主管外）设在转向架构架上，由于取消了制动梁，每个转向架装有 2 个 ϕ152 mm×203 mm 型制动缸，分别掌管两侧制动，为单侧无制动梁单式闸瓦制动。

4. 试验

试制后的静强度试验表明，在垂直加载 93 t，纵向加载 100 t 时，中、侧梁各对称断面的应力比较接近，说明中、侧梁 3 个箱形结构对承载有利。弯曲部分的实测刚度为 25 mm，低于计算值 26 mm，说明该部分的结构有所改善，无明显变形。

1966 年 8 月，对第 1 辆试制车在昆明铁路局米轨线路上进行了长距离试运。空车运行 916 km，集重 60 t（7 m 范围内）的重车运行 428 km，总距离合计 1 344 km。该车运行平稳，制动作用正常，通过曲线情况良好，认定该车各方面性能良好，能适用于米轨线路。

三、阿尔巴尼亚 120 t 长大平车

（一）概　　述

1971 年 12 月，齐厂根据（71）交铁路工生字 532 号文要求设计 120 t 长大平车，1972 年试制后进行了静强度和刚度试验，在国内进行了重车运行试验，合格后交付阿尔巴尼亚，如图 4-8-3 所示。该车属经济援助性质。

图 4-8-3　阿尔巴尼亚 120 t 长大平车

（二）主要技术规格

主要技术规格见表 4-8-3。

表 4-8-3　主要技术规格

项　　目	技术规格
载重/t	
均布	120
集载	
均布载荷长度/m	载重/t
2	42
4	48
6	55
8	60
10	65
12	70
14	75
16	80
18	85
自重/t	42.4
自重系数	0.35
地板面积/m^2	75
比面积/（m^2/t）	0.625
轴数	20.3
每延米重/（t/m）	6.23
车辆长度/mm	26 142
车辆宽度/mm	3 198
车辆最大高度（人力制动机立起时）/mm	2 317
车辆定距/mm	17 800
地板面高/mm	1 472
车钩中心线高/mm	1 060
底架尺寸	

项　　目	技术规格
长×宽/（mm×mm）	25 000×3 000
中梁/mm	钢板组焊箱形梁高 850
内侧距/mm	350
侧梁/mm	钢板组焊工字形梁高 850
转向架型式	4D 轴曲梁型（QCZ19）
轴数	4
轴型	D
轴距/mm	1 750
轮径/mm	840
制动装置	两台 GK 型空气制动机
制动缸/（mm×mm）	ϕ256×254
三通阀	GK 型
制动倍率	8.5
制动率（空车/重车紧急）/%	68.5/35.8
人力制动机	折叠链式
车钩缓冲装置	
车钩	自动车钩和螺杆链环连挂两用车钩
缓冲器	2 号和盘形
构造速度/（km/h）	85
通过最小曲线半径/m	180
轨距/mm	1 435
限界	符合阿尔巴尼亚社会主义人民共和国铁路机车车辆限界
通过机械化驼峰情况	禁止

（三）简要说明

1. 用途

装运 25 m 长钢轨及长大机械设备、集装箱、钢材、木材、汽车、拖拉机等货物。

2. 技术性能

该车底架长（25 000 mm），可运输 25 m 长钢轨，可运输各种长大器材和设备，通用性强。

3. 结构概况

该车采用普通碳素钢焊接结构。底架由中梁、侧梁、枕梁、端梁、大横梁及小横梁、辅助梁等组成，如图 4-8-4 所示。中梁由厚 25 mm、宽 600 mm 的上、下盖板与 16 mm 的腹板组焊成箱形结构的鱼腹梁，

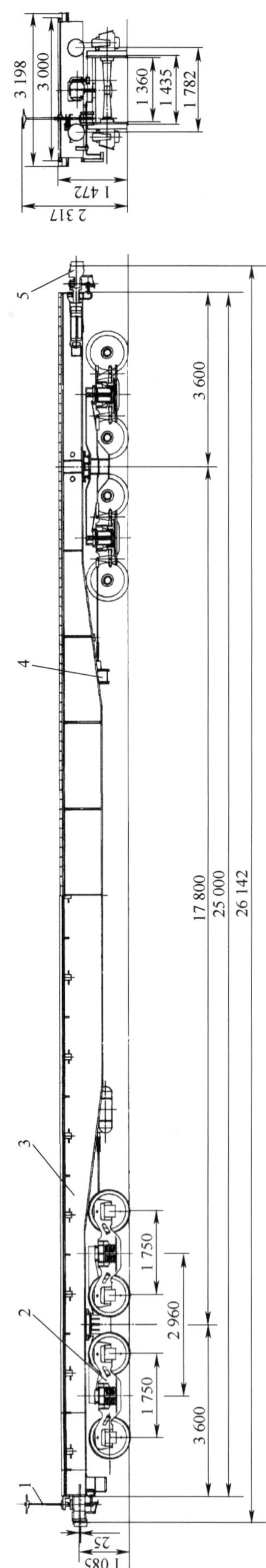

图 4-8-4　阿尔巴尼亚120 t长大平车总图（QCH56-00-00-000）

1—人力制动装置；2—转向架；3—底架组成；4—空气制动装置；5—车钩缓冲装置

两腹板间距为350 mm，其中央断面高为850 mm，枕梁处断面高为450 mm。侧梁由厚16 mm、宽200 mm的上、下盖板与厚12 mm的腹板组焊成工字形鱼腹梁，断面高度与中梁同。端梁为厚10 mm钢板压成形，与厚8 mm、宽150 mm下盖板组焊而成。枕梁为厚14 mm、宽620 mm的上、下盖板与厚10 mm腹板组焊成Ⅱ形梁。全车共有4根大横梁，由厚10 mm、宽150 mm的上、下盖板与厚6 mm的腹板组焊成工形梁；28根小横梁，小横梁为100 mm×68 mm×4.5 mm的工字钢；在中、侧梁间设有100 mm×75 mm×6.5 mm的纵向辅助梁，在端、枕梁间加有300 mm×87 mm×9.5 mm的斜撑。底架上面铺设厚55 mm的松木地板，用压铁及螺栓固定，地板四周以角形压铁保护。

转向架为由2个60 t曲梁转向架（活心盘）上加纵摇枕组成的4轴转向架，全车2台。

制动装置采用2套GK型空气制动机和1套折叠链式人力制动机。

车钩缓冲装置采用钩头可转动的自动车钩和2号缓冲器及螺杆链环连挂和盘形缓冲器的两用形式。根据相互连挂车辆的情况，可任选其中之一套，而将另一套固定于一侧。

4. 试验

（1）车体静强度试验。分别做了120 t均布、2 m 42 t、4 m 48 t、6 m 55 t、8 m 60 t的垂直载荷及100 t纵向载荷试验。在上述各种载荷作用下，车体各梁件强度合格。

（2）通过小弯道试验。该车车体较长，为验证通过弯道时钩门开口是否够用，在厂内小弯道（最小曲线半径135 m）做低速通过试验。以机车牵引，冲击座开口为240 mm；与P_{60}型棚车连挂，冲击座开口为310 mm。试验证明，该车冲击座开口326 mm是够用的。

（3）重车正线试运。连挂在齐齐哈尔至伊图里河间往返运行。该区车辆段处于长大坡道（16‰）、弯道多的兴安岭山区，运行前后分别与C_{50}、C_{65}型重车连挂，运行情况良好。

四、阿尔巴尼亚90 t凹底平车

（一）概　　述

1973年，根据铁道部指示，哈厂为阿尔巴尼亚铁路设计制造了6辆6轴90 t凹底平车，如图4-8-5所示。该车属经济援助性质。

图4-8-5　阿尔巴尼亚90 t凹底平车（哈厂　1973年）

（二）主要技术规格

主要技术规格见表4-8-4。

表4-8-4　主要技术规格

项　　目	技术规格	项　　目	技术规格
载重/t		7.5	81
均布	90	9.0	87
集载		自重/t	37
均布载荷长度/m		自重系数	0.41
1.5	71	凹底面积/m^2	30
3.0	72	轴数	6
4.5	74	轴重/t	21
6.0	77		

续上表

项　目	技术规格	项　目	技术规格
每延米重/（t/m）	6.2	轴型	D
车辆长度/mm	20 586	轴距/mm	1 200
车辆宽度/mm	3 120	轮径/mm	840
车辆最大高度（人力制动机立起时）/mm	2 185	制动装置	KD 型
车辆定距/mm	14 800	制动缸/（mm×mm）	ϕ254×305
承载面尺寸		三通阀	K_2
长×宽/（mm×mm）	10 000×3 000	人力制动机	折叠链式
上平面高/mm	777	车钩缓冲装置	
下平面高/mm	151	车钩	链式
端部地板面宽/mm	2 610	缓冲器	盘形
端部地板面高/mm	1 350	构造速度/（km/h）	80
车钩中心线高/mm	1 085±10	通过最小曲线半径/m	150
转向架型式	HCZ8 型	轨距/mm	1 435
轴数	3	限界	符合阿尔巴尼亚铁路机车车辆限界

（三）简要说明

1. 用途

装运长大机械设备、桥式起重机、挖掘机、变压器等大型设备。

2. 技术性能

凹底架承载面的长度为 10 000 mm，宽度为 3 000 mm，载重为 90 t，距轨面高为 777 mm，下部距轨面高为 151 mm。

3. 结构概况

该车由 1 个凹底架、2 台 H 形构架式三轴转向架，以及车钩缓冲和空气、人力制动装置等部件组成，如图 4-8-6 所示。

凹底架采用 09Mn2 低合金钢焊接结构，主要由中梁、侧梁、端梁、枕梁、主横梁、补助横梁以及钢质地板等组成。中梁是一箱形断面鱼腹梁，腹板厚 12 mm。两腹板间有 16 块隔板，上盖板厚 12 mm，下盖铁地板厚 10 mm。两枕梁间的侧梁也是箱形鱼腹梁，结构形式与中梁一样，只是尺寸较小；枕梁与端梁间的侧梁为工字形。端梁为槽形断面，由厚 10 mm 钢板压形组焊而成。枕梁下盖板厚 10 mm，其上焊有两条┐形腹板，整个断面呈┘└形。主横梁由钢板组焊成工字形断面。补助横梁用∟ 100 mm×80 mm×8 mm 的角钢制成。上心盘为球形，球曲率半径为 362 mm。

4. 试验

1973 年设计制造后，即进行了静、动强度试验，结果表明其性能基本符合设计要求。

五、坦赞铁路 90 t 凹底平车

（一）概　述

该车是根据铁道部指示，由哈厂于 1975 年为坦赞铁路设计制造的凹底平车（图 4-8-7）。该车属经济援助性质。

（二）主要技术规格

主要技术规格见表 4-8-5。

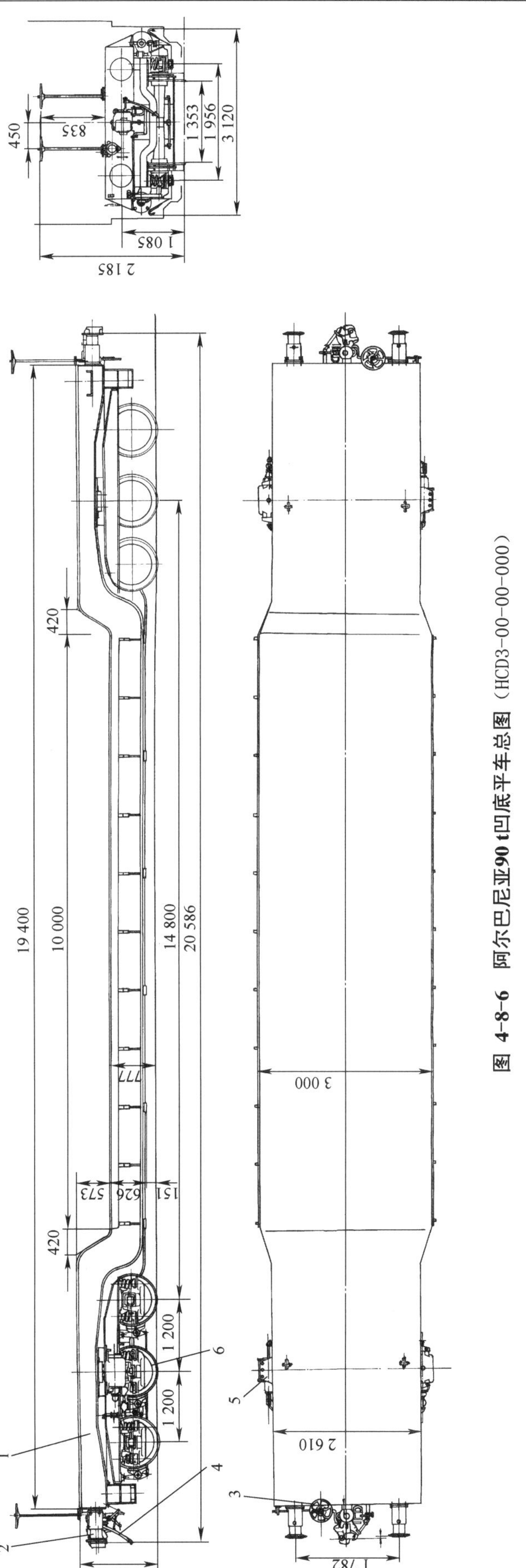

图 4-8-6　阿尔巴尼亚90 t凹底平车总图（HCD3-00-00-000）

1—底架组成；2—车钩缓冲装置；3—人力制动装置；4—空气制动管路组成；5—空气制动装置；6—转向架

图 4-8-7　坦赞铁路 90 t 凹底平车

表 4-8-5　主要技术规格

项　　目	技术规格	项　　目	技术规格
载重/t		承载面尺寸	
均布	90	长×宽/（mm×mm）	9 000×2 665
集载		上平面高/mm	850
均布载荷长度/m	载重/t	下平面高/mm	210
1.5	70	端部地板面宽/mm	1 664
3	75	车钩中心线高/mm	895
4.5	77	转向架型式	YTZ 型
6	80	轴数	4
6.5	83	轴型	C
9	90	轴距/mm	1 680—950—1 380
自重/t	45	轮径/mm	840
自重系数	0.5	制动装置	真空、空气（GK 型）两用制动机
凹底面积/m^2	23.985		
轴数	8	制动缸/（mm×mm）	ϕ254×305
轴重/t	16.8	车钩缓冲装置	
每延米重/（t/m）	5.78	车钩	2 号（下作用）
车辆长度/mm	23 338	缓冲器	2 号
车辆宽度/mm	2 665	构造速度/（km/h）	80
车辆最大高度（人力制动机立起时）/mm	2 100	通过最小曲线半径/m	100
		轨距/mm	1 067
车辆定距/mm	16 100	限界	符合坦赞铁路机车车辆限界

（三）简要说明

1. 用途

装运长大机械设备、履带式起重机、挖掘机、钢结构梁、变压器等大型设备。

2. 技术性能

凹底架承载面的长度为 9 000 mm，距轨面高为 850 mm，下部距轨面高为 210 mm。

3. 结构概况

该车由 1 个大凹底架、2 个小底架和 4 个二轴转向架组成（图 4-8-8）。该车系 09Mn2 低合金钢焊接结构。凹形大底架，由 1 根中部高为 612 mm 的箱形中梁、2 根中部高为 542 mm 的箱形侧梁、2 组端枕梁、10 根大横梁、28 根小横梁及 1 层厚 12 mm 的钢质地板组成。箱形中、侧梁均由厚 16 mm 上盖板、2 层厚 20 mm 下盖板及 1 层厚 16 mm 下盖板组成。枕梁由 4 根高 388 mm 的小工字梁组成。大横梁呈工字形断

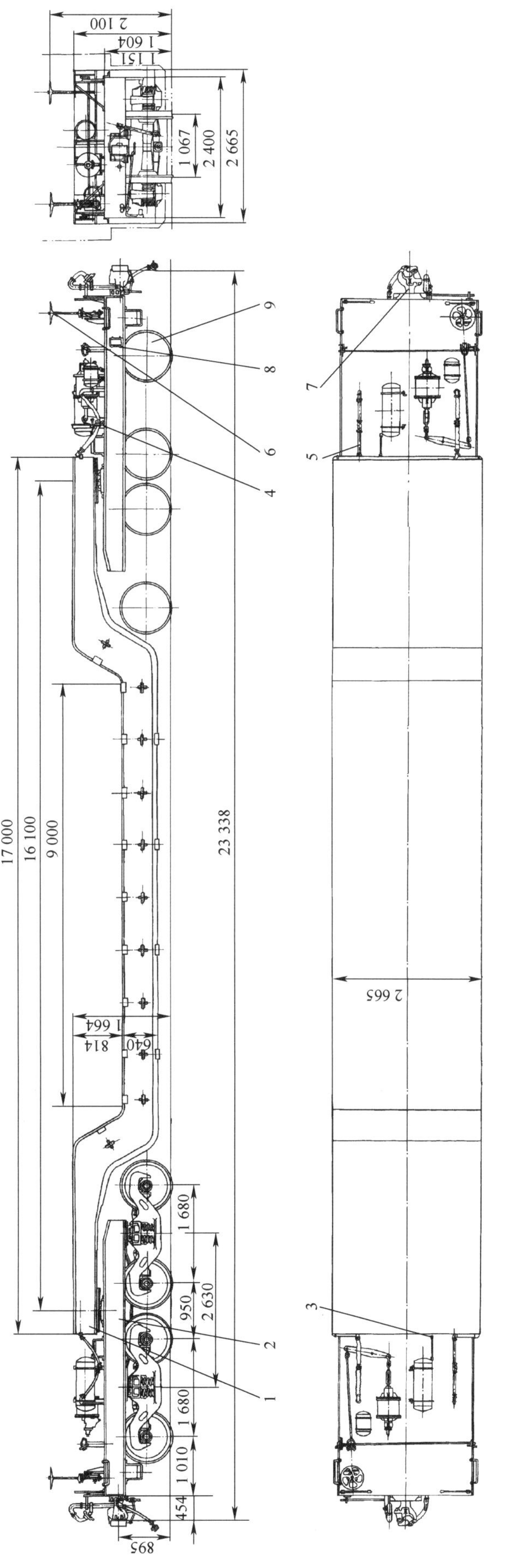

图 4-8-8　坦赞铁路90 t凹底平车总图（HCD5-00-00-000）

1—大底架组成；2—小底架组成；3—小底架附件；4—空气制动装置；5—空气真空管路；6—人力制动装置；7—车钩缓冲装置；8—标记；9—转向架

面，上下盖板厚 16 mm，腹板厚 12 mm，分别与箱形中梁和箱形侧梁等高连接。小横梁亦为工字形断面，上下盖板厚 16 mm，腹板厚 12 mm，梁高 280 mm。这样纵、横向连接，以增加中、侧梁间的横向连接刚性，改善大凹底架的整体承载性能。大凹底架内弯角为 R200 mm，外弯角为 R400 mm，其两端枕梁上装有 R362 mm 的球面上心盘和板式上旁承。小底架由 2 根 450×150×11.5 工字钢与厚 9 mm 下盖板和厚 8 mm 上盖板组组成的鱼腹形中梁，2 根 360×140×14 工字钢侧梁，两位枕横梁、中枕横梁、一位枕梁和端梁组成。小底架上装有车钩缓冲装置、真空或空气制动装置和人力制动装置。其上还装有 R362 mm 的凹形球面下心盘和直径为 300 mm 的两个上心盘，以与大底架和转向架相连接。YTZ 型转向架的侧架、摇枕为低合金铸钢，侧架为曲梁式，下心盘与摇枕铸为一体，每端枕簧为 4 组圆弹簧。每个转向架设有 4 组常摩擦力的摩擦式减振器，采用无轴箱双列圆锥滚子轴承、滑槽式制动梁和整体辗钢轮。

该车设有真空、空气两种制动装置。空气制动装置为 GK 型，装有 ϕ356 mm×254 mm 制动缸。真空制动装置的直通管路和高鹅头可供编入真空制动列车中使用。

4. 试验

该车经过静、动强度试验和在厂内专设的 1 条曲线半径为 100 m 的窄轨（1 067 mm）线路上做通过试验。全部试验表明，该车性能基本符合设计要求。

5. 使用维护注意事项

（1）装载时应严格按集载标记控制。

（2）装载货物重心应尽量落于车体纵横中心线上。如有纵向偏载时，增载端心盘承载不得超过 49.5 t（不包括车辆自重）；横向偏载时，增载侧轴颈平均载荷不得超过 6.2 t（不包括车辆自重），减载侧轴颈平均载荷不得小于增载侧实际载荷的 80%。

（3）不论空车回送还是重车运行前，均应检查大小心盘、旁承的作用性能，并应保证正常润滑状态。

六、缅甸米轨 30 t 凹底平车

（一）概　述

齐厂根据 1993 年 9 月与云南省机械进出口公司铁路器材分公司（简称 YMC）签订的购销合同及缅甸铁路部门提供的有关资料，设计制造了 12 辆米轨 30 t 集装箱凹底平车，如图 4-8-9 所示，1994 年向缅甸出口了 12 辆。

图 4-8-9　缅甸米轨凹底平车

（二）主要技术规格

主要技术规格见表 4-8-6。

表 4-8-6　主要技术规格

项　目	技术规格	项　目	技术规格
载重/t	30	每延米重/（t/m）	3.14
自重/t	约 15	车辆长度/mm	14 298
自重系数	0.5	车辆宽度/mm	2 154
轴数	4	车辆最大宽度/mm	2 465
轴重/t	11.25	车辆最大高度/mm	1 413

续上表

项　目	技术规格	项　目	技术规格
车辆定距/mm	10 500	旁承中心距/mm	940
凹底承载面尺寸		制动装置	2 套真空制动装置
长×宽/（mm×mm）	9 000×2 154	制动缸	2 个 18 英寸型真空制动缸
上平面高/mm	632	制动倍率（每套）	6.18
端部地板面高/mm	948	人力制动机	2 套卧置螺杆式
侧门高/mm	460	车钩缓冲装置	车钩和矩形截面螺旋弹簧缓冲装置
端门高/mm	190		
车钩中心线高/mm	584	构造速度/（km/h）	100
转向架型式	米轨控制型	通过最小曲线半径/m	
轴数	2	干线	102.7
轴型	C	侧线通过	62.4
轮径/mm	724	轨距/mm	7 000
轴距/mm	1 550	限界	符合缅甸 DRG. NO. 2S. 0489. C&W 限界
轴颈中心距/mm	1 505		
心盘面高/mm	550		

（三）简要说明

1. 用途

装运 20 英尺国际标准集装箱。

2. 技术性能

采用凹平底结构装运 20 英尺国际标准集装箱 1 个，能顺利通过缅铁客车限界。两端当能装运中国标准集装箱 1 t 箱 10 个。

3. 结构概况

该车由 1 个凹底架、挡门、侧门、转向架及制动装置、车钩缓冲装置和旋锁等部件组成，如图 4-8-10 所示。

底架为全钢焊接结构，由中梁、侧梁、端梁、枕梁、横梁及地板组焊成凹底形。中梁断面为 45a 号工字钢，加上下蓄板；侧梁为 306 号槽钢加封板组成箱形断面；枕梁为双腹板呈封闭箱形断面；端梁为上下蓄板与腹板组焊成槽形断面；横梁为上下盖板与腹板组焊成二字形断面。底架两端上面铺有铁地板，供装运 1 t 中国标准集装箱用。底架中部（凹底部）1、4 位大横梁端部设有旋锁 4 个，供装运 20 英尺集装箱用。在底架两端的铁地板四周设有可翻倒的端下侧门各 4 扇，作装运 1 t 集装箱时的围栏。端门、侧门由钢板压型门板、铸钢折页、折页座及挡铁等组成。在底架端梁上设有端板支架，端门（1）可放倒在支架上，作渡板使用；靠近中间部位的端门（2）可翻倒在底架上，立起时，通过门栓与侧门上的锁闭挡连接。固定 20 英尺集装箱的旋锁由锁头、转动体、套筒、挡圈、手柄及定位钢球等组成。它分落下位、装箱位和锁紧位 3 个位置。

转向架采用米轨控制型转向架，设有常摩擦减振器，采用 C 级 5 英寸×9 英寸双列圆锥滚动轴承，枕弹簧静挠度为 28 mm，其基础制动装置的制动机杆倍率为 5.15。

制动系统由 2 套真空制动装置和 2 套人力制动装置组成。每套真空制动装置设有 F 型 18 英寸短行程真空制动缸和 150 L 真空缸等。人力制动为卧置螺杆式，手轮设在靠车中部的侧梁外侧。

车两端中部设有车钩缓冲装置，由车钩和矩形截面螺旋弹簧缓冲装置组成。

该车试制后，对样车进行了 *R*62.4 m S 形曲线通过试验，测量了样车在 S 形曲线上转向架与底架等有关间隙。并对装运 20 英尺集装箱（空箱）进行了通过限界前门试验，均符合设计要求。

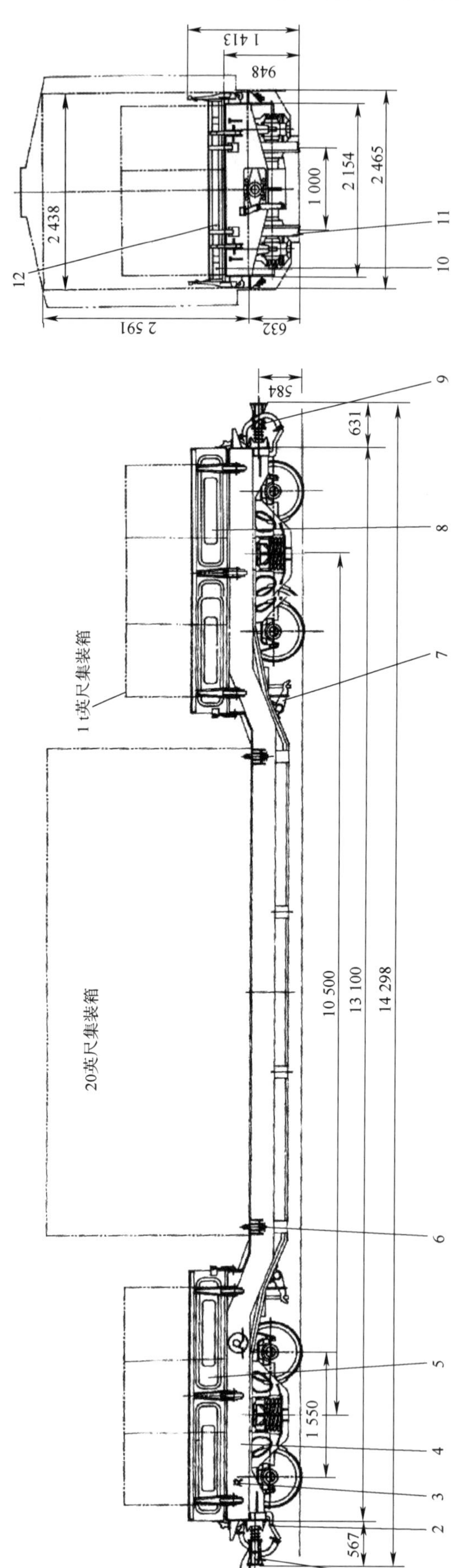

图 4-8-10　缅甸米轨集装箱凹底平车总图（QCH150-00-00-000）

1，9—车钩缓冲装置；2—底架附属件；3—标记；4—底架组成；5，8—侧门组成；6—旋锁组成；7—空气制动装置；10，12—端门组成；11—米轨转向架

七、德黑兰地铁凹底平车

（一）概　　述

该车是德黑兰地铁工程大修厂通过国际招标订购的一批工程用车之一，如图 4-8-11 所示。1997 年 11 月，株厂开始准备，12 月投标；1998 年 3 月正式中标。1999 年 3 月，完成全部 10 辆地铁工程用车，其中凹底平车 2 辆。1999 年 4 月，通过伊朗 I. E. I 商检和预验收，符合合同及标书要求，随后发往伊朗交付使用。

图 4-8-11　德黑兰地铁凹底平车

（二）主要技术参数

主要技术参数见表 4-8-7。

表 4-8-7　主要技术参数

项　　目	技术规格	项　　目	技术规格
载重/t	22	承载面高/mm	800
自重/t	18.8	端部地板面高/mm	1 090
自重系数	0.05	车钩中心线高/mm	660
轴数	4	转向架型式	焊接构架式
轴重/t	10.2	轴数	2
每延米重/（t/m）	3.2	轴型	RC_3
车辆长度/mm	12 720	轮径/mm	860
车辆最大宽/mm	2 492	轴距/mm	1 750
车辆最大高度/mm	2 090	制动装置	克诺尔空气制动系统
车辆定距/mm	7 800	车钩缓冲装置	密接式车钩，橡胶缓冲器
底架长度/mm	12 200	最高运行速度/（km/h）	80
底架宽度/mm	2 360	通过最小曲线半径/m	60
承载面长度/mm	3 926	轨距/mm	1 435
承载面宽度/mm	2 360	限界	符合 CCC 静动态限界

（三）简要说明

1. 用途

装运大型变压器、整流器、通风装置和开关设备等。

2. 技术性能

凹底架承载面长度 3 926 mm，宽度 2 360 mm，距轨面高度 800 mm，载重 22 t。

3. 结构概况

该车由 1 个凹底架、2 台转向架、底架附属件、轨道装置、车钩缓冲装置、制动装置、高度调整装置、电气装置及线管、端门、活动护栏及工具箱等组成，如图 4-8-12 所示。

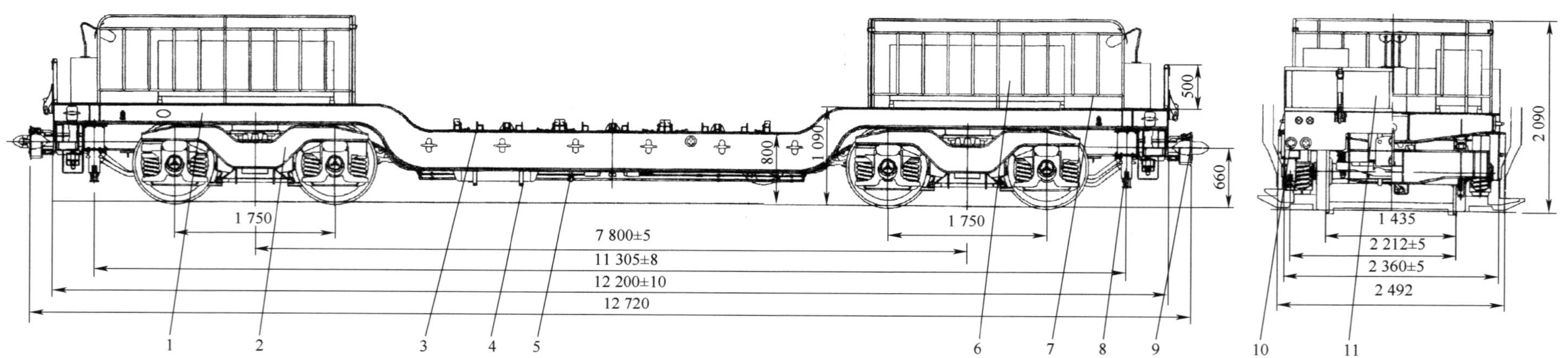

图 4-8-12 德黑兰地铁凹底平车（ZCH93-00-00-000）

1—底架；2—转向架；3—轨道装置；4—底架附属件；5—空气制动装置；6—工具箱；7—活动护栏；8—高度调整装置；9—车钩缓冲装置；10—电气装置及布线；11—端门

凹底架由中梁、侧梁、端梁、枕梁、大小横梁及花纹钢地板组焊成框架结构。中梁由内距 354 mm 的 2 片焊接工字形梁加下盖板组焊而成。侧梁由焊接的单片工字形梁加下盖板组焊而成。中梁、侧梁的上翼板、腹板及下盖板分别为厚 14 mm、16 mm、12 mm 和 16 mm 的 16Mn 钢板。端梁、枕梁均为耐候钢板组焊结构。端梁由厚 8 mm 的端板、厚 10 mm 的下盖板腹板组焊成　形梁。枕梁由厚 10 mm 的上盖板、厚 8 mm 的腹板、厚 12 mm 的下盖板组焊成箱形梁。大横梁采用焊接工字形梁，小横梁为 12 号槽钢。底架上铺有厚 8 mm 的花纹钢板。

转向架采用一系轴箱悬挂的焊接构架式转向架。轴承型式为 SKF TBU120 1637511 型，ϕ860 mm 整体辗钢轮，RC_3 型车轴，车轮踏面轮廓符合 UIC510-2-OR 附录 2a，轮对内侧距为 $1\ 360^{+2}_{0}$ mm。制动装置包括空气制动装置、卧式人力制动装置、手动紧急制动阀等。空气制动系统采用德国 KNORR 的 KE-D-A 双管制动系统，该系统符合 UIC540 的要求。空气控制阀 KERD-48KSIN 上装有 1 个 KE 阀座、1 个预控分配阀 KEO 和 2 个变载制动阀 RLV-11d。每个变载制动阀 RLV-11d 均与 1 个装于转向架上的称重阀 WN40 相连，通过称重阀 WN40 与变载制动阀 RLV-11d 的作用调节制动缸压力，从而实现空重车自动无级调整。装有 2 个 DRV2A-250 型闸瓦间隙自动调整器和 2 个直径 254 mm 制动缸，并配有 100 L 钢制副风缸。人力制动装置为带棘轮棘爪的卧式，安装在底架侧梁外侧。人力制动紧急制动阀由 1 个符合 TB/T 119—1974 的紧急制动阀、联动轴及手柄组成，实现了用户要求的车上和车下都能操作的功能。

车钩缓冲装置是德黑兰地铁专用的密接式车钩和橡胶缓冲器。

底架附属件包括安装空气、人力制动装置各配件所需的附属件，均焊于底架钢结构上，所有电器控制箱、蓄电池箱、信号灯架、插座吊板及线管吊均作为附属件焊接在底架上。

轨道装置由带挡边的矩形轨道及横向塞销组成，便于通过站台的卷扬机构直接将带轮子的货物运送到车辆上。

高度调整装置由螺杆、螺母、轴承及锁紧装置等组成。其主要作用是补偿重车引起的车体下沉，保证车辆在静止时空重车地板面高度均为 800 mm，便于货物装卸。

在车辆两端梁上各装有 2 个动力插座和 2 个起保护作用的假插座、1 个照明电路连接插座及假插座。在车辆两端还各装有 2 对信号灯（两红、两白）。在车辆两侧各装有 1 个与端部所装相同的动力插座，动力插座是额定电压为 500 V、额定电流为 80 A 的三相五线制插座，动力插座间相互并联。在底架两端地板面上装有 4 个照明灯和 2 个按钮箱。车辆之间采用跳线电缆进行电力传输。所有电缆线和电线被保护在钢管内，各线管通过接头与接线盒、分线盒相连，组成一个基本封闭的保护系统。

在车辆两端装有高 500 mm 的端门，由折页座、折页、折页挡铁及端门板组焊而成。在车辆两端的非凹底部安装有三面封闭、可拆卸的活动护栏和 1 个长约 3 m、装载能力为 0.5 t 的工具箱。

4. 试验

1998 年 10 月至 1999 年 1 月，由铁科院主持进行了静强度试验。在第一工况下，各梁件最大应力均低于所用材料的许用应力。其中中梁后从板座及凹底架凹底部弯角处中梁下盖板上的应力最大，分别为 153 MPa、155.8 MPa，均小于其材料 16 Mn 的许用应力 216 MPa。凹底平车的挠跨比为 0.81/700，小于 1/700。试验表明，凹底平车及转向架焊接构架的结构强度和刚度符合 TB/T 1335—1996 的要求。

1999 年 2 月，凹底平车通过了由铁科院主持在醴茶线上进行的线路动力学试验，满足 GB/T 5599—1985 的要求。此前，由于德黑兰地铁的轮对内侧距尺寸与我国准轨线路的尺寸不同，无法进行线路试验。后经西南交通大学和铁科院的分析计算证明，在其他参数不变的情况下，将轮对内侧距由 1 360 mm 调整到 1 353 mm 进行动力学试验，这种由于内侧距的微弱变化对试验结果影响甚微，可忽略不计。

八、新加坡地铁凹底平车

（一）概　　述

为适应国际市场需求，1998 年中国南车集团戚墅堰机车车辆厂（简称戚厂）为新加坡地铁 C776 工程设计制造了 5 辆凹底平车。凹底平车是新加坡地铁东北线、樟宜机场支线施工和养护用车辆，主要装运高度较高的设备。1999 年 6 月完成凹底平车的样车试制，并对样车进行了 20 多项型式试验，同年 7 月，样车通过了新加坡陆路交通局（LTA）认可。

（二）主要技术规格

主要技术规格见表4-8-8。

表4-8-8 主要技术规格

项　目	技术规格	项　目	技术规格
载重/t	40	凹底部长度/mm	7 000
自重/t	19.7	凹底部地板面距轨面高（空车）/mm	650
自重系数	0.49	端部地板面距轨面高（空车）/mm	1 200
轴重/t	16	车钩高度（空车）/mm	770
每延米重/（t/m）	3.75	转向架固定轴距/mm	1 750
最大运行速度/（km/h）	65	车轮直径/mm	850
通过最小曲线半径/m	140	轨距/mm	1 435
车辆长度/mm	15 900	车辆最大宽度/mm	2 276
车辆定距/mm	11 200	车辆最大高度/mm	2 200
底架长度/mm	15 000	限界	符合新加坡养路和施工车车辆限界
底架宽度/mm	2 100		

（三）简要说明

1. 用途

用于新加坡地铁东北线、樟宜机场支线施工和养护，装运高度较高的设备。

2. 技术性能

凹底架承载面的长度7 000 mm，宽度2 100 mm，距轨面高度650 mm，载重40 t。

3. 结构概况

凹底平车是主要由底架、转向架、制动装置、车钩缓冲装置、电气装置等组成，如图4-8-13所示。

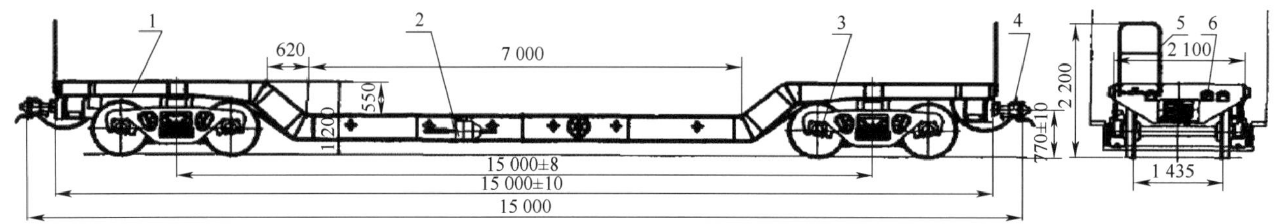

图4-8-13 凹底平车结构简图

1—底架；2—制动装置；3—转向架；4—车钩缓冲装置；5—扶手；6—电气装置

底架为全钢焊接结构，由中梁、侧梁、枕梁、端梁、大小横梁和花纹钢板组焊成凹底形结构。其中，中梁由内距为438 mm的2片焊接工字形梁加上连接板及下盖板组焊而成。侧梁由焊接的单片工字形梁加下盖板组焊而成。枕梁为双腹板变截面箱形梁。端梁为钢板组焊而成的槽形断面，端梁上焊有扶手插座等零件。大横梁5根，布置在两枕梁之间，由上下盖板和腹板组焊而成的工字形梁。小横梁为12号槽钢。底架上面铺设有花纹钢板。

采用戚厂研制的新加坡平车专用转向架。采用SKF的双列圆锥滚子轴承，车轴型式为RC_2型，采用符合BS5892的辗钢车轮。为防止轴承过电，安装有接地刷装置。

制动装置的空气制动装置采用英国Westing-house公司的P4a制动系统，具有阶段缓解作用，带空重车无级自动调整装置，其主要部件符合UIC 540的要求。主要由P4aDL型分配阀、副风缸、JF型制动缸、BSP集尘器、截断塞门、缓解弹簧、节流器、软管连接器、测试接头及DRV2A-600型双向闸瓦间隙自动调整器组成。空重车无级自动调整装置由可变载荷阀、称重阀、均压阀及软管组成。采用卧式人力制动装置，保证满载的车辆停稳在 3.5%的坡道上。

采用德国 Scharfenberg35 型车钩缓冲装置，通过螺栓紧固在牵引梁端部的车钩安装板上。

电气部分主要由跨接线、跨接线插座、24 V 插座、29 芯电缆线、蜂鸣器、应急灯等 6 个主要部件组成。

4. 试验

(1) 静强度试验

样车车体钢结构组装后，于 1999 年 6 月下旬进行了静强度试验。试验结果表明，在 TB/T 1335—1996 规定及用户要求的载荷作用下，各工况和组合工况下最大应力点的应力均小于材料的许用应力。车体的整体静强度和刚度均能满足规范及用户的要求。

(2) 滚振试验

新加坡平车用转向架在滚动振动试验台上完成了动力学滚振试验。结果表明，在运行速度 80 km/h 范围内，其运行平稳性和安全性等各项动力学性能指标良好，符合 GB/T 5599—1985 的规定，满足运用要求。

5. 运用情况

新加坡凹底平车主要结构尺寸均符合技术规范要求，型式试验也满足新加坡陆路交通局（LTA）有关规定，达到了合同要求。经过线路实际运行，该平车结构可靠，性能优良，得到了新加坡陆路交通局（LTA）的认可。

九、刚果（布）80 t 凹底平车

(一) 概　述

为支援刚果（布）建设，中国机械设备进出口总公司（CMEC）总承包了刚果（布）英布鲁水电站配套输变电工程，委托齐厂研制一辆载重 80 t 凹底平车，用于运输刚果（布）英布鲁水电站配套输变电工程建设项目的 10 台变压器，变压器规格：①6 160 mm（长）×2 773 mm（宽）×365 mm（高），运输重量 37 t；②7 176 mm（长）×3 133 mm（宽）×3 357 mm（高），运输重量 67 t。刚果（布）80 t 凹底平车如图 4-8-14、图 4-8-15 所示。

图 4-8-14　刚果（布）载重 80 t 凹底平车空车

图 4-8-15　刚果（布）载重 80 t 凹底平车重车运输输变电工程物资设备

（二）主要技术规格

主要技术规格见表 4-8-9。

表 4-8-9　主要技术规格

项　目	技术规格	项　目	技术规格
载重/t	80	通过最小曲线半径/m	60
自重/t	33	最高运行速度/（km/h）	80
自重系数	0.42	转向架型式 轨距/mm 固定轴距/mm 轮径/mm 心盘面自由高/mm	控制型 1 067 1 500 660 497
轴重/t	14.1		
每延米重/（t/m）	5.24		
轴数	8		
车辆长度/mm	21 560	制动装置 制动倍率 制动率/%	真空制动 2×8 52.2/15.2
凹底架心盘距/mm	14 500		
小底架心盘距/mm	2 500	车钩缓冲装置 车钩	 威尔逊
承载面尺寸 长×宽/（mm×mm） 上平面高（空车/重车）/mm 下平面高（空车/重车）/mm	 8 200×2 600 730/650 210/130	限界	空车符合《刚果共和国输变电工程变压器运输限制尺寸图》
		通过驼峰情况	禁止
车钩中心线距轨面高/mm	870	溜放与冲击情况	禁止

（三）简要说明

1. 用途

在刚果（布）铁路网 1 067 mm 轨距线路上使用的特种车辆，可适应装运电力、冶金等行业的短、粗、重等货物，如变压器等。

2. 刚果（布）铁路现状

（1）运输线路为港口黑角市至首都布拉柴维尔的一条单线铁路，全长 510 km，其间有 16 个车站、16 条隧道，轨距为 1 067 mm，最小曲线半径为 60 m，最大坡道为 16‰，全程运行需 28～36 h。

（2）列车牵引吨位为 800 t，最高运行速度为 60 km/h，车辆最大轴重为 17 t，车钩中心线距轨面高度为 870 mm，车轮直径为 660 mm。

（3）限界符合《刚果共和国输变电工程变压器运输限制尺寸图》的规定（图 4-8-16）。

（4）刚果（布）位于非洲中西部、赤道附近，全年环境温度为 14～50 ℃，相对湿度较大。

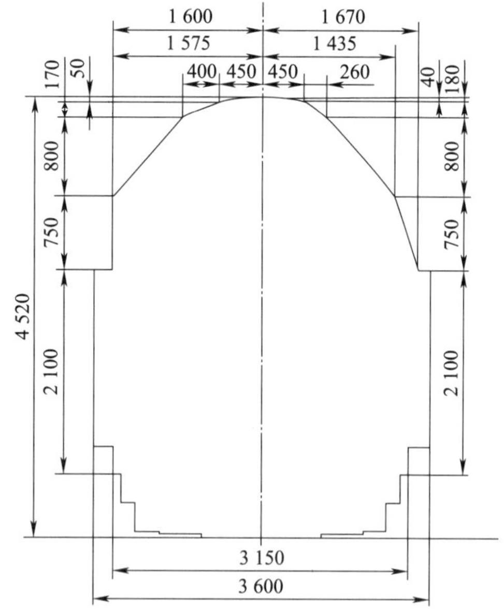

图 4-8-16　变压器运输限界图

3. 技术性能特点

（1）载重 80 t、自重 33 t，是刚果（布）国内载重吨位最大的大车。

（2）采用高强度耐候钢材，适应当地的气候条件；通过优化结构降低了车辆自重。

（3）凹底架承载面距轨面高度为 650 mm，是刚果（布）国内地板面最低的车辆。

（4）凹底架为上弯角下折角结构，采用正位插接组装新工艺，确保了制造质量。

4. 结构概况

该车主要由凹底架组成、小底架组成、二轴转向架、制动装置及车钩缓冲装置等组成，如图 4-8-17 所示。

凹底架为全钢焊接结构。由中部上下盖板、隔板、纵向腹板、端部上下盖板等组成。

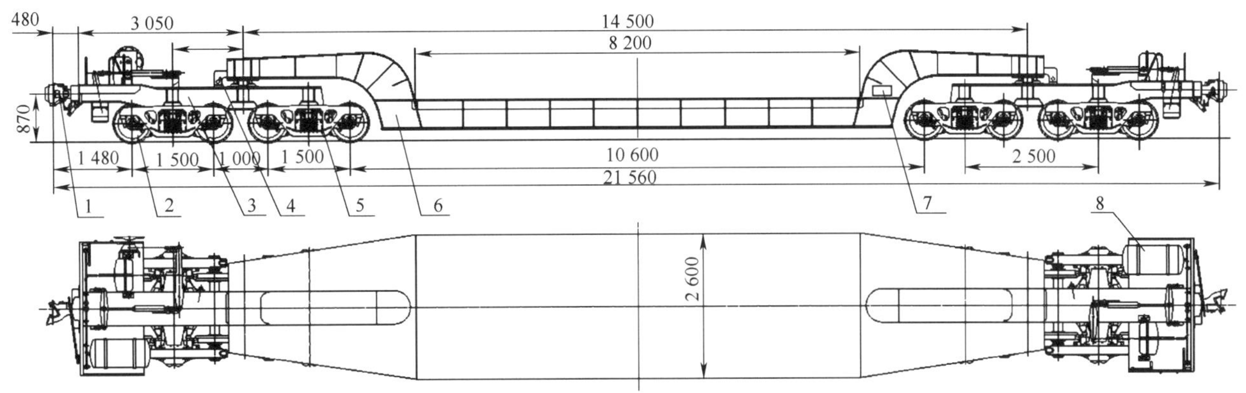

图 4-8-17　刚果（布）载重 80 t 凹底平车总图（QCH277-00-00-000）

1—车钩缓冲装置；2—一位转向架；3—小底架组成；4—底架附属件；5—二位转向架；6—凹底架组成；7—标记；8—制动装置

小底架主要由牵引梁、侧梁、小枕梁及大枕梁组焊而成。侧梁由上下盖板、腹板及隔板组焊成箱形变断面结构，大枕梁、小枕梁均由上下盖板、腹板及隔板组焊成箱形组焊结构。

全车采用 4 组控制型铸钢三大件转向架。采用常摩擦减振器，斜楔采用耐磨的贝氏体球墨铸铁（ADI）；采用摇枕一体式下心盘，加装高分子心盘磨耗盘；采用间隙旁承；采用两级刚度弹簧系统，提高空车弹簧静挠度，空车时先压缩外弹簧，重车时内外弹簧共同承载；侧架和摇枕均采用 B 级铸钢；采用 SKF197726 型或 352226X2-2RZ 型双列圆锥滚子轴承（21 t 轴重）；采用辗钢整体车轮，车轮材质为 CL60，相当于 AAR M-107/208《碳素钢车轮规范》B 级；车轴材质采用中国 LZW 钢，相当于 AAR M101《经热处理碳素钢车轴标准规范》F 级；采用中拉杆制动方式，采用槽钢滚子制动梁和中磷铸铁闸瓦。

车辆设有真空制动系统，真空制动管的直径为 2½ 英寸，真空制动管内的真空度为 510 mm 汞柱（67.8 kPa）。真空制动系统采用 2 个 21 英寸水平式真空制动缸，每个制动缸独立控制车辆一端的 2 个转向架。车辆的真空制动系统主要由真空制动缸、真空室、真空缓解阀、2½ 英寸的真空软管、闸调器等组成。车辆的每端安装有软管堵进行密封防尘。车体一位端设有 FSW 型人力制动机，手轮直径为 560 mm。

采用法国威尔逊车钩及与之配套的钩尾框和缓冲器，安装在车辆两端的小底架上。

凹底架与小底架间采用球形心盘，并设有防脱装置。小底架与转向架间为平面心盘。整车心盘间均采用含油尼龙心盘磨耗盘。凹底架与小底架间采用滚子式旁承，小底架与转向架间采用间隙旁承。

5. 试验

2009 年 5 月 25 至 27 日，齐厂在起重机分厂进行了静强度、刚度试验。

在垂向试验载荷（载重＋自重）作用下，凹底架挠度值为 53 mm，挠跨比为 1/274；小底架挠度值为 1.2 mm，挠跨比为 1/2 083，满足技术规范规定的挠跨比小于 1/200 的要求。

在垂向载荷作用下，其最大拉应力发生在凹底架端部上盖板靠近地板处，最大值为 159.9 MPa；最大压应力发生在凹底架中部断面上盖板处，最大值为－154.7 MPa，均小于材料的许用应力。

试验结果表明：车辆静强度、刚度均满足《刚果载重 80 t 凹底平车技术规范》的规定。

6. 使用维护说明

（1）该车在使用时，应按装载要求（车体中心≥4.5 m 范围内均载 80 t）进行货物装载。

（2）该车大底架承载平面可焊接加固货物（施焊时电流通过轴承和车轴）。卸货后应切除加固装置，并打磨光滑，但不得伤及母材。

（3）每次装运货物前，应仔细检查底架主要承载零、部件的外露焊缝，如有异常应及时处理。

（4）装载货物的重心位置应尽可能与车辆纵、横中心线交点重合。如有偏心，横向位移不得超过 100 mm，超过时，应采取配重措施；纵向位移增载侧转向架不得超过允许轴重。

(5) 空、重车运行前，应检查二级心盘、旁承的作用状态，确认作用良好后方可使用。

(6) 旁承间隙：大底架与小底架间每端左右旁承间隙之和为 20～24 mm；小底架与转向架间单侧旁承间隙为 3～5 mm。

(7) 空车回送时，该车应编挂在列车尾部，以减少纵向冲击。

(8) 空、重车均禁止通过驼峰、禁止溜放与冲击。

载重 80 t 凹底平车，为刚果（布）英布鲁水电站配套输变电工程建设提供急需的运输工具，能够满足工程所需各型变压器等货物的运输需求，对海外贸易和支援非洲发展中国家建设产生了深远的国际影响。

十、马来西亚 40 t 凹底平车

（一）概　　述

出口马来西亚凹底平车是长江公司常州分公司于 2014 年根据用户要求和马来西亚线路情况设计制造的，如图 4-8-18 所示。

图 4-8-18　出口马来西亚凹底平车

（二）主要技术规格

主要技术规格见表 4-8-10。

表 4-8-10　主要技术规格

项　　目	技术规格	项　　目	技术规格
载重/t	40	两端 凹底	1 245 570
自重/t	19.3	车钩中心线高/mm	730
轴重/t	15	车轮直径/mm	840
车辆长度（含 Voith 车钩）/mm	15 000	最大运营速度/（km/h）	60
车辆定距/mm	9 000	最小曲线半径/m	120
车辆最大宽度/mm	2 544	限界	符合 KTK-717/718-001 限界图
地板面高/mm			

（三）简要说明

1. 用途

在马来西亚 1 435 mm 轨距线路上使用，主要用于运输铁路建设中使用的设备及电缆等。

2. 技术性能特点

(1) 底架中梁采用刀把式结构，满足了车钩距轨面的高度要求。

(2) 采用 Q450NQR1 高强度耐腐蚀钢和适合热带潮湿气候的油漆，适应当地盐分含量较大、潮湿的环境。

(3) 可装用 KD$_5$ 型车钩和 Voith 密接式车钩。空气制动系统采用 120 型制动机系统。

(4) 该车四周设有拉杆，防止在车辆运行过程中货物、工具滑落。

3. 结构概况

出口马来西亚凹底平车主要由底架、转向架、制动装置、车钩缓冲装置等部件组成，如图 4-8-19 所示。该车主要板材均采用 Q450NQR1 耐大气腐蚀钢，主要铸钢件采用 ZG230-450 钢和 B 级钢。

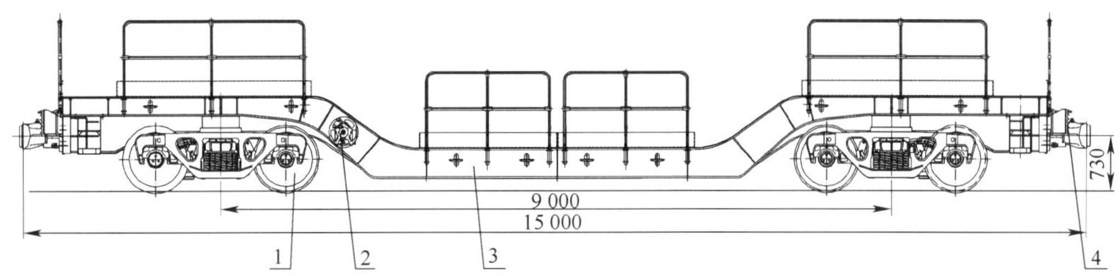

图 4-8-19　出口马来西亚凹底平车总图

1—转向架；2—制动装置；3—底架；4—车钩缓冲装置

底架为全钢焊接结构，由中梁、侧梁、端梁、枕梁、大横梁、小横梁、花纹铁地板等部件组焊而成。中梁采用鱼腹箱形凹底结构；枕梁采用变截面箱形结构；端梁采用变截面 L 形结构；大横梁采用 H 形结构；枕梁与端梁、枕梁与大横梁之间设有小横梁；侧梁装有绳栓、起吊座。底架四角设有脚蹬和扶手，四周设有栏杆，采用锻钢上心盘，底架上铺有防滑花纹钢地板。

采用铸钢三大件式转向架，主要由轮对组成、摇枕组成、侧架组成、减振装置、弹性旁承、基础制动装置等组成。采用变摩擦减振装置的中央悬挂系统、双列圆锥滚子轴承、常接触弹性旁承和符合 EN 13715—2006 中 EPS 踏面要求的车轮；基础制动装置采用单侧闸瓦制动。

空气制动装置采用双管路，包含总风管路和制动管路。制动管路主要由控制阀、密封式制动缸、双向闸瓦间隙自动调整器、空重车自动调整装置、储风缸、球芯折角塞门、组合式集尘器和制动管路等组成。空气制动管路采用符合 GB/T 14976—2010《流体输送用不锈钢无缝钢管》要求的不锈钢钢管。管系间采用不锈钢法兰连接。采用具有快速制动和快速缓解功能的人力制动机，人力制动机安装在车体两侧，可在两侧进行操作。

装用 KD_5 型车钩，并备有 Voith 密接式车钩安装接口，2 种车钩可以相互换装。

4. 计算

考虑到风力和离心力等侧向力及底架受腐蚀的影响，静强度计算时，安全系数取 1.5。车体静强度刚度满足 TB/T 1335—1996 的要求。

车辆动力学计算结果表明，尤其是车辆以 61.4 mm 欠超高通过 R120 m 圆曲线、以 56.4 mm 欠超高通过 R150 mm 圆曲线和以 79.5 mm 欠超高通过 R200 m 圆曲线时动力学性能指标均小于 GB/T 5599—1985 规定的安全标准，满足曲线安全性要求。空车蛇行临界速度为 87 km/h，重车蛇行临界速度为 72 km/h，车辆运行稳定性满足运用要求。

5. 试验

2014 年，车体静强度刚度试验结果显示：车体各测点当量应力均小于其所用材质评定值，侧梁中央部位挠度最大为 6.3 mm，挠跨比为 1/1 428。

十一、韩国载重 100 t 凹底平车

（一）概　　述

2015 年 7 月，为运输变压器等大型货物，韩国高丽车辆公司与齐厂签订了 1 辆载重 100 t 凹底车的制造合同。如图 4-8-20、图 4-8-21 所示。应韩国新物流法的要求，车辆不允许超限运输，装载特殊货物（超重货物及超大体积等）的车辆设计及运输不考虑重车状态的车辆下沉，在空车状态下货物高度与车辆承载面高度之和不得大于车辆限界最大高度（图 4-8-22）。当时韩国铁路变压器重量分别为 65 t、66 t、68 t、70 t、75 t、88 t，共计 6 种规格。车辆使用环境为：温度－35～45 ℃，线路顺坡率 35‰。采用起重机装卸货。确定设计方案是：地板面高 710 mm，承载面长 8 600 mm，载重 100 t，挠跨比≤3/1 000。

图 4-8-20 韩国 100 t 凹底平车空车

图 4-8-21 韩国 100 t 凹底平车运输变压器

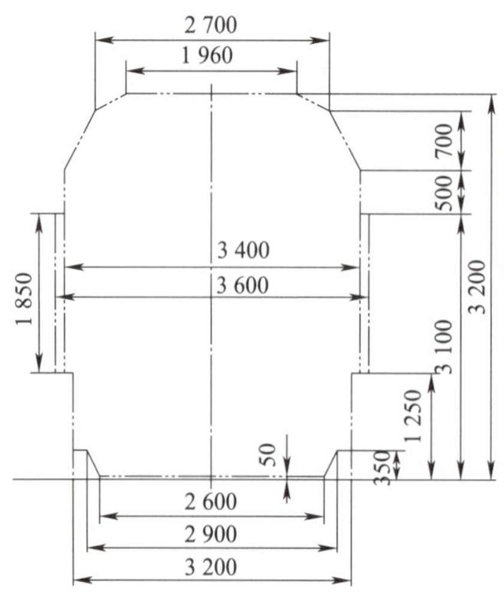

图 4-8-22 韩国车辆限界

（二）主要技术规格

主要技术规格见表 4-8-11。

表 4-8-11　主要技术规格

项　　目	技术规格	项　　目	技术规格
载重/t	100	最高运行速度/（km/h）	80
自重/t	58	转向架型式 轨距/mm 固定轴距/mm 轮径/mm 心盘面自由高/mm	转 K_1 型 1 435 1 830 860 635
自重系数	0.58		
轴重/t	19.75		
每延米重/（t/m）	6.21	制动装置 制动缸/（mm×mm） 控制阀 制动倍率 制动率/%	UIC ϕ356×254 P4a 型 12 50/38.6
轴数	8		
车辆长度/mm	25 430		
凹底架心盘距/mm	16 500		
小底架心盘距/mm	3 350	车钩缓冲装置 车钩 缓冲器	 13E/F MT-2 型
承载面尺寸 长×宽/（mm×mm） 上平面高（空车）/mm	 8 600×2 700 710	限界	空车符合韩国车辆限界的要求
车钩中心线距轨面高/mm	880	通过驼峰情况	禁止
通过最小曲线半径/m	80	溜放与冲击情况	禁止

（三）简要说明

1. 用途

该车在韩国 1 435 mm 轨距线路上运行，主要用于运输变压器等大型货物。该车利用起重机进行装卸货。

2. 技术性能特点

（1）采用转 K_1 型转向架，最高运行速度 80 km/h，适应了变压器等大型货物的铁路运输。

（2）该车凹底架为上弯角下折角结构，采用正位插接组装新工艺，确保了制造质量。

3. 结构概况

该车主要由凹底架、小底架、车钩缓冲装置、制动装置、转向架等组成，如图 4-8-23 所示。主要型钢及板材采用 Q450NQR1、Q345NQR2 及 Q345E 材料。

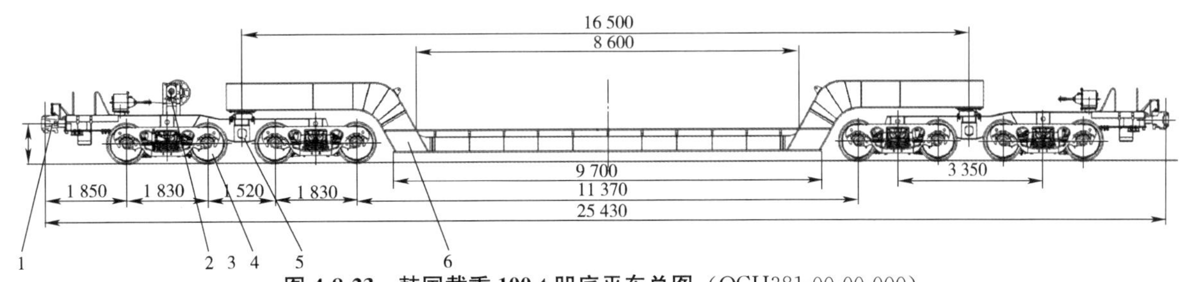

图 4-8-23　韩国载重 100 t 凹底平车总图（QCH381-00-00-000）

1—车钩缓冲装置；2—制动装置；3—底架附属件；4—转向架；5—小底架；6—凹底架

凹底架为全钢焊接结构，由中部地板、下底板、隔板、纵向腹板、端部上下盖板、隔板等组成。凹底架采用球形上心盘，侧面及上部弯角处焊接有捆绑加固装置；两端部与小底架间加装防脱装置。

小底架由中梁、小枕梁、大枕梁及走台板组焊而成。中梁由上下盖板、腹板及隔板组焊成箱形变截面结构；大小枕梁均由上下盖板、腹板及隔板组焊成箱形结构；小底架与凹底架间采用常接触弹性旁承；冲击座及前后从板座均为钢板组焊结构；走台板两侧安装有脚蹬组成。

采用 13E/F 型上作用车钩、17 号锻造钩尾框、合金钢钩尾销、MT-2 型缓冲器。钩尾框托板与中梁间采用 FS 型防松螺母及配套螺栓连接。

空气制动装置采用P4a制动方式。采用P4a型控制阀、ϕ356 mm×254 mm整体旋压密封式制动缸、ST2-250型双向闸瓦间隙自动调整器、A型球芯折角塞门和组合式集尘器等组成。在车体一位端安装人力制动装置，采用NSW型人力制动机。

采用21 t轴重ZK1-E型铸钢三大件式货车转向架。采用中交叉支撑装置和八字形橡胶垫；采用RSA1型车轴和RSW1型车轮和符合AAR M-934-2017《货车轴颈滚子轴承》要求的E级6英寸×11英寸双列圆锥滚子轴承；摇枕和侧架采用符合AAR M-201-2018《铸钢件规范》要求的B+级钢；采用卡入式侧架滑槽磨耗板和不锈钢摇枕斜面磨耗板；采用变摩擦减振装置，弹簧为二级刚度；采用材料为贝氏体球墨铸铁的整体式斜楔；采用杠杆制动系统；采用JC型双作用弹性旁承和尼龙心盘磨耗盘。

4. 试验

(1) 静强度、刚度试验

静强度及刚度试验在齐齐哈尔产品试验研究室进行。分别对垂向载荷工况、纵向拉伸压缩工况、一端起吊工况、两端起吊工况、三点支撑工况、运行载荷工况的静强度和刚度进行试验。试验结果均合格，最大应力小于材料的许用应力。凹底架及小底架挠度分别为7.76 mm、39.79 mm，挠跨比均小于3/1 000。

(2) 动力学试验

车辆动力学试验在韩国伽倻—大田—嘉泉间进行，测试车体垂向和横向振动加速度、转向架横向振动加速度、脱轨系数、轮重减载率、车轴横向力等项目，结果均在标准限度内，动力学性能满足标准要求。

5. 使用维护说明

(1) 应按装载要求（均载100 t和集载）进行货物装载。集载要求，承载面高度与载重的关系见表4-8-12。

表4-8-12　集载重量和承载面高度

装载范围（中心对称，均布）/m	载　重/t	承载面下降高度/mm	承载面高度/mm
空车	0	0	710
3.5	70	54	656
4.5	75	70	
5.7	88		
≥8	100		640

(2) 装载时货物重心的投影应与车体纵、横中心线交点重合，并应使凹底架地板面均匀受载。

(3) 运用中凹底架两端悬臂梁可以承载货物。

(4) 地板采用Q345E钢材，可焊接临时加固装置。卸货后应切除加固装置，并打磨光滑，不得伤及母材。

(5) 装运前，应检查凹底架、小底架外露焊缝，如有异常应及时处理。

(6) 空、重车运行前，应检查二级心盘、旁承的作用状态，确认作用良好后方可使用。旁承间隙：凹底架与小底架间每端旁承间隙为11～13 mm；小底架与转向架间单侧旁承间隙为1～3 mm。

(7) 采用起重机械进行吊装、吊卸作业。

(8) 车辆不用时，每月运行一次，距离为10 m以上；重车装载后停放时，应3至4天运行一次，距离为10 m以上。

6. 运用条件

(1) 该车使用环境温度为−35～45 ℃。

(2) 该车允许通过最小曲线半径145 m、通过车库线最小曲线半径80 m。

(3) 车辆编组方式：

①车辆连挂作业时，采用牵引方式，牵引时允许通过曲线，且该车需连挂在列车中后部；若无法牵引时，允许机车以不超过3 km/h的速度在直线上匀速推送该车（单车）进行连挂作业。

②运行时须编挂在列车中后部，最后第二辆至第四辆内，且禁止编入尾部有补机的列车中。

(4) 空、重车均禁止溜放与冲击、禁止通过驼峰。

第五章　铁路线路、桥梁和隧道

第一节　线桥隧基本情况

线路、桥梁和隧道是铁路运输及长大货物运输的基础设施。铁路线路是由路基、桥隧建筑物和轨道组成的一个整体工程结构，它直接承受机车车辆由轮对传递的载荷，是保证列车运行安全的基础设施。

铁路线路分正线、站线、段管线、岔线和特别用途线。正线是连接车站并贯穿或直股伸入车站的线路。当铁路线路需跨过江河、湖海、谷地，穿越高山峻岭等自然障碍，或与其他既有交通线相交叉，或因保护耕地和环境等，必须修建桥梁、涵洞、隧道等建筑物。桥梁由桥面、桥跨结构、墩台及基础组成：桥面是指桥梁上铺设的轨道部分；桥跨结构主要承受载荷。

一、线　　路

截至2020年底，国有铁路营业里程14.63万km，其中高速铁路营业里程3.79万km。铁路复线率达到59.5%，电气化率达到72.8%。1998年末曾详细统计，国有铁路营业里程为5.8万km，延展长12.1万km，其中正线长7.9万km。共有曲线6.8万个，共长2.4万km，最小曲线半径130 m，半径300 m以下的曲线1 985个，共长571.6 km。1998年末各局的线路曲线及坡度情况见表5-1-1。

表5-1-1　线路设备汇总表（曲线及坡度）

局　名	延展长度/km	曲　线			最小半径/m	最大坡度	
		共　计	$R<300$	$300\leqslant R<350$		坡　度	坡　长
		个/长度（km）	个/长度（km）	个/长度（km）		‰	m
全路共计	78 171.8	63 842/23 573.8	1 985/571.6	4 691/1 497.3	130	42.5	100
哈尔滨	8 749.5	7 658/2 568.7	196/72.6	349/117.5	197	42.5	100
沈　阳	10 585.8	9 192/2 992.4	149/49.5	501/164.3	130	29.9	380
北　京	12 072.0	8 873/3 182.6	279/75.0	590/183.0	148	35.8	435
呼和浩特	2 345.4	1 353/466.0	28/7.2	59/19.9	200	29.6	1 130
郑　州	9 461.1	7 362/2 878.8	39/16.0	593/203.9	150	30.0	900
济　南	4 581.9	2 498/1 017.9	33/6.8	25/5.5	200	24.0	100
上　海	6 266.8	5 242/1 809.1	378/101.9	813/219.6	200	22.0	390
南　昌	3 824.7	2 929/1 247.9	13/4.6	34/11.4	250	15.9	600
广　州	4 808.4	4 562/1 895.9	92/27.5	60/16.7	195	25.6	350
柳　州	2 684.9	2 383/899.4	269/73.9	80/27.3	175	29.2	225
成　都	4 196.1	5 379/1 923.3	385/108.4	1 025/315.9	154	28.5	310
兰　州	4 648.3	3 005/1 262.1	13/4.1	408/163.2	250	22.0	950
昆　明	1 378.1	1 600/646.7	111/24.2	120/36.8	200	31.0	320
乌鲁木齐	2 569.1	1 806/783.1	—	34/12.3	300	22.0	1 250

二、桥　　梁

截至2018年底，国有普通铁路桥梁6.77万座，0.93万多km，圬工桥约占98%。其中特大桥0.32万多座，大桥约1.1万座，中小桥约5.35万座。1998年末曾详细统计，国有铁路共有桥梁37 005座。其中钢桥2 373座，圬工桥34 055座，混合桥444座，钢梁10 032孔，圬工梁1 105孔，各种跨度的桥梁分布情况见表5-1-2，承载能力不足的梁的分布情况见表5-1-3。

表5-1-2 桥梁跨度分布情况

钢梁										
跨度/m	10以下	10～16	16～<40	40～<64	64～<80	80～100	100以上	板梁	桁梁	其他
孔数	1 494	1 331	6 016	677	359	50	105	7 702	1 346	984
圬工梁										
	普通钢筋混凝土梁			预应力混凝土梁						
跨度/m	10以下	10～16	16以上	16以下	16～23.8	23.8	24	31.7	32	其他
孔数	25 556	9 460	17 114	2 554	10 016	8 396	3 451	7 546	11 997	15 005

表5-1-3 承载能力不足梁分布情况

局名	承载能力不足的梁/（座/孔）	
	钢梁	圬工梁
哈尔滨	35/77	34/60
沈阳	55/162	5/40
北京	13/27	0
呼和浩特	1/1	0
郑州	16/39	4/34
济南	16/41	1/2
上海	0	13/29
南昌	0	0
广州	11/30	0
柳州	2/2	0
成都	9/20	0
兰州	13/36	401/676
昆明	0	0
乌鲁木齐	0	0
合计	176/437	462/845

三、隧道

截至2018年底，普通铁路隧道1.04万余座，延长0.92万km，其中特长隧道70余座，长隧道540余座，中长以下隧道9 800座。其中限界不满足要求的有1 500座。铁路隧道按照《铁路隧道设计规范》（TB 10003）设计。1998年末曾统计，国有铁路共有隧道5 336座，延长2 564.92 km，其中限界不满足要求的有2 546座，分布情况见表5-1-4。

表5-1-4 限界不足的隧道

局名	隧道数量/（座/m）	限界不足/座
哈尔滨	44/32 936	26
沈阳	234/128 755	189
北京	738/443 358	401

续上表

局　名	隧道数量/(座/m)	限界不足/座
呼和浩特	9/3 937	1
郑　州	1 177/566 447	765
济　南	24/11 621	6
上　海	326/89 739	101
南　昌	97/37 048	0
广　州	610/28 647	156
柳　州	36/41 978	61
成　都	1 124/545 007	657
兰　州	187/84 372	61
昆　明	409/260 322	0
乌鲁木齐	97/37 048	0
共　计	5 336/2 564 918	2 546

第二节　铁路限界标准——中国铁路运输基础设备的基本建设标准

我国铁路运输基础设备有2项基本建设标准，限界标准《标准轨距铁路限界》和活载标准《中华人民共和国铁路标准活载》(简称“中—活载”标准)。限界是铁路运输的一项基本标准，也是一项国家标准，即《标准轨距铁路限界　第1部分：机车车辆限界》(GB 146.1—2020) 和《标准轨距铁路限界　第2部分：建筑限界》(GB 146.2—2020)，包括两类5个项目：第一类是机车车辆限界，为1项；第二类是建筑限界，分为4项。机车车辆限界分为上部限界和下部限界：上部限界为车限—1A；下部限界分为车限—1B、车限—1C、车限—2、车限—3。其中，车限—1C用于$v>160$ km/h的客货专线的下部限界，车限—2、车限—3用于驼峰车辆减速器（顶）的货车下部限界。长大货物车由于车辆特殊要求仅采用车限—1A、车限—1B。

《铁路技术管理规程》(TG/01A—2017) 第14条规定：一切建（构）筑物、设备，均不得侵入铁路建筑限界。与机车车辆有直接互相作用的设备，在使用中不得超过规定的侵入范围。

1950年铁道部颁布的第一版《铁路技术管理规程》中规定了铁路的机车车辆限界、直线建筑限界、站场建筑限界、隧道建筑限界和钢梁建筑限界。1959年对其修改后成为国家标准GB 146—1959。1983年改称标准轨距铁路建筑限界，重新以GB 146.2—1983公布。2020年，在相关设计规范和《铁路技术管理规程》的基础上，结合多条新建线路的运用经验，修订了建筑限界标准，形成了国家标准《标准轨距铁路限界　第2部分：建筑限界》(GB 146.2—2020)。2020年10月11日发布，于2021年5月1日正式实施。

一、机车车辆限界

机车车辆限界中心线为通过平直线路中心的垂直线，机车车辆水平尺寸自其中心线算起，并以限界半宽表示，垂直尺寸自轨面算起。机车车辆无论是空车或是重车，无论是具有最大标准公差的新车，或是具有最大标准公差和磨耗限度的旧车，停放在水平直线上，无侧向倾斜与偏移，仅在停车时需要探出的部分应处收回状态，除升起的受电弓以外，其他任何部分应容纳在机车车辆限界之内。简言之，机车车辆限界是限制机车、车辆及车辆装载后任何部位都不得超出的边界。简称“车限—1”，即机车车辆限界中心高 4 800 mm，高 1 250～3 600 mm 处一侧最大宽 1 700 mm，高 90 mm 处一侧最大宽 1 260 mm。

《标准轨距铁路限界　第 1 部分：机车车辆限界》（GB 146.1—2020）规定：我国标准轨距铁路机车车辆上部限界为车限—1A，如图 5-2-1 所示。

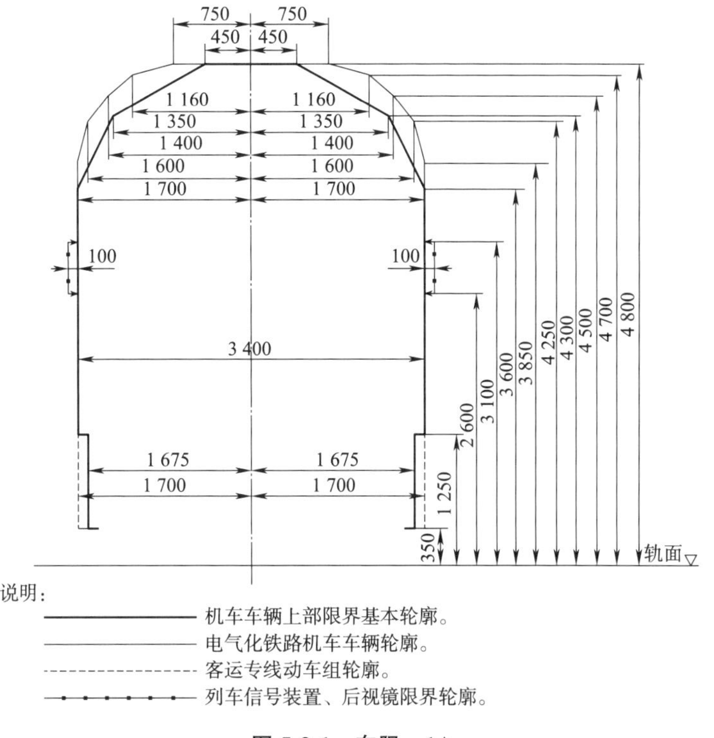

图 5-2-1　车限—1A

GB 146.2—2020 中建限—1 和建限—3 的机车车辆的下部限界为车限—1B，如图 5-2-2 所示。运行速度小于或等于 160 km/h 的机车车辆，图 5-2-2 中 a 为 70 mm，b 为 90 mm；运行速度大于 160 km/h 的机车车辆，图 5-2-2 中 a 为 80 mm，b 为 110 mm。

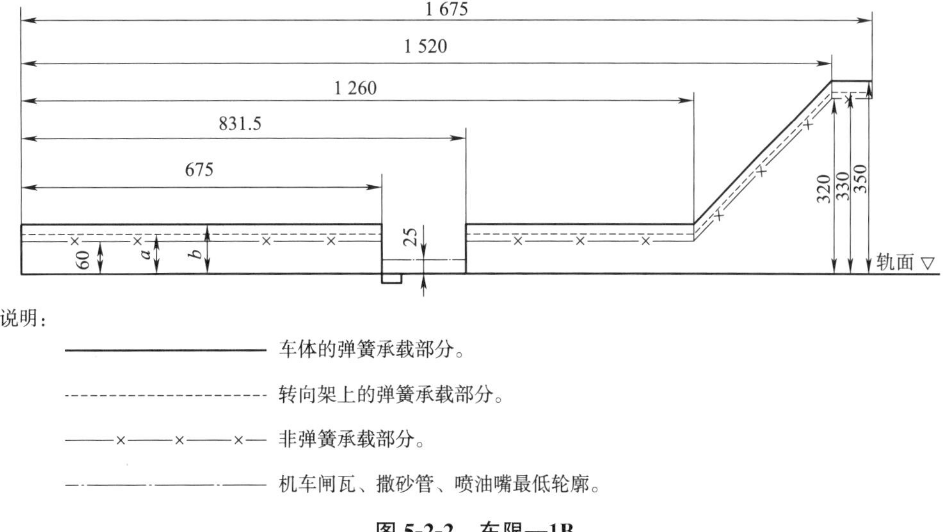

图 5-2-2　车限—1B

二、建筑限界

铁路建筑限界的制定，应考虑机车车辆限界的尺寸和机车车辆安全运行的要求，还应考虑国家大型设备（超限货物）运输的需要；而且也要为机车动力的发展和长大货物车的大型化留有发展空间。

建筑限界是一个与线路中心线垂直的极限横断面轮廓。此轮廓内，除机车车辆和与机车车辆有相互作用及相关的设备（车辆减速器，接触线、吊弦、定位器等）外，其他设备或建筑物均不得侵入。分为基本建筑限界、隧道建筑限界、桥梁建筑限界等，建筑限界尺寸从轨面算起，均按水平直线线路制定。在曲线部分相邻线路中心距离以及线路中心线至建筑物间的扩大距离，应按规定的曲线加宽公式计算；在曲线部分由于外轨超高关系，建筑限界的垂直高度应自内、外两钢轨最高点所组成的直线上算起，水平尺寸应从线路中心线算起。

（一）基本建筑限界

《标准轨距铁路限界　第 2 部分：建筑限界》（GB 146.2—2020）中的基本建筑限界适用于 1959 年以后的新建或改建为 $v \leqslant 160$ km/h 客货共线线路，如图 5-2-3 所示。基本建筑限界沿用以前的钢梁及隧道建筑限界中的基本建筑限界。最大高度从钢轨面算起为 5 500 mm，最大半宽从线路中心线所在垂直平面算起为 2 440 mm。该限界比欧洲国家的限界大，与俄罗斯（高 5 550 mm，半宽 2 450 mm）和美国（高 6 700 mm，半宽 2 438 mm）的限界相近。基本建筑限界对我国铁路超限货物运输和重工业及化工、电力工业的发展极具重要意义。

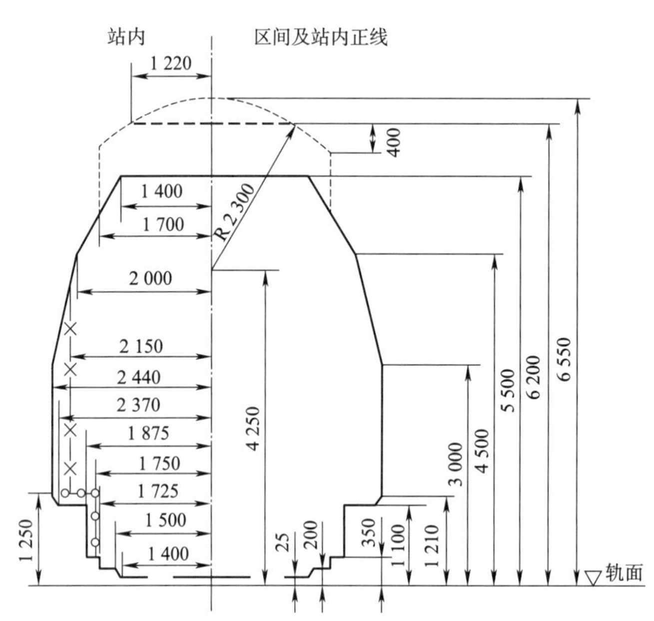

说明：

—×—×—×—× 信号机、高架候车室结构柱和接触网、跨线桥、天桥、电力照明、雨棚等杆柱的建筑限界（正线不适用）。

—o—o—o—o— 站台建筑限界（正线不适用）。

———— 各种建（构）筑物的基本限界。

- - - - - 适用于电力牵引区段的跨线桥、天桥及雨棚等建（构）筑物，最大高度根据接触网结构高度计算确定，最小不应小于6 550 mm。

— — — — 电力牵引区段的跨线桥在困难条件下的最小高度。

图 5-2-3　基本建筑限界

（二）隧道、桥梁建筑限界

《标准轨距铁路限界　第 2 部分：建筑限界》（GB 146.2—2020）中的内燃牵引线路的隧道（隧限—1）和桥梁建筑限界（桥限—1）如图 5-2-4、图 5-2-5 所示。电力牵引线路的隧道（隧限—2）和桥梁建筑限界（桥限—2）如图 5-2-6、图 5-2-7 所示。

由于隧道及桥梁的结构、施工特点及线路的维修、养护、巡查等要求，隧道、桥梁建筑限界不应小于基本建筑限界。在基本建筑限界与隧道、桥梁建筑限界之间，可以安装照明、通信、警告信号等设备，这些设备不应侵入基本建筑限界之内。但是在 1959 年实施建筑限界的国家标准之后，新建或改建线路甚至 20 世纪 70 年代以后新建线路的个别地段实际限界也有小于国家标准的，这种情况要在确定超限车的运行条件时，必须考虑具体限界尺寸。

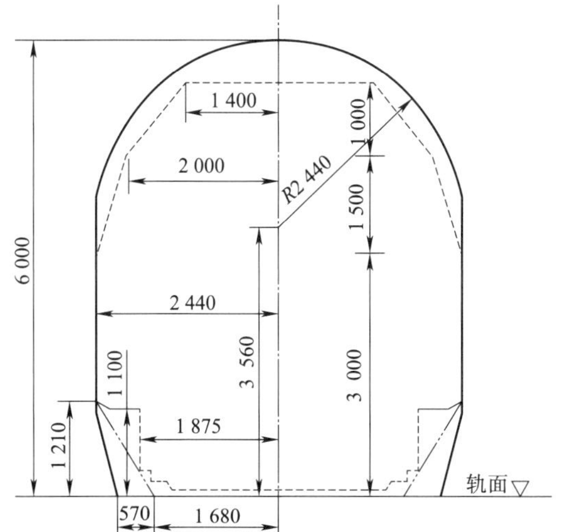

说明：
———— 隧道建筑限界。
- - - - 基本建筑限界。
—·—·— 适用于新建铁路的隧道建筑限界。
在基本建筑限界与隧道建筑限界之间可以装设照明、通信、警告信号及色灯信号等设备。

图 5-2-4 隧道建筑限界（内燃牵引线路）

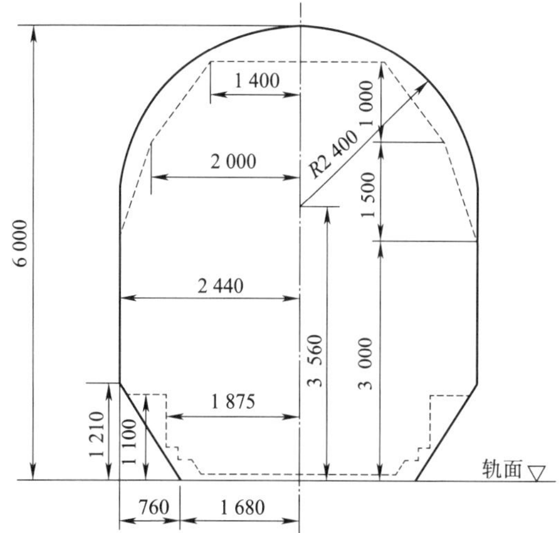

说明：
———— 桥梁建筑限界。
- - - - 基本建筑限界。
在基本建筑限界与桥梁建筑限界之间可以装设照明、通信、警告信号及色灯信号等设备。

图 5-2-5 桥梁建筑限界（内燃牵引线路）

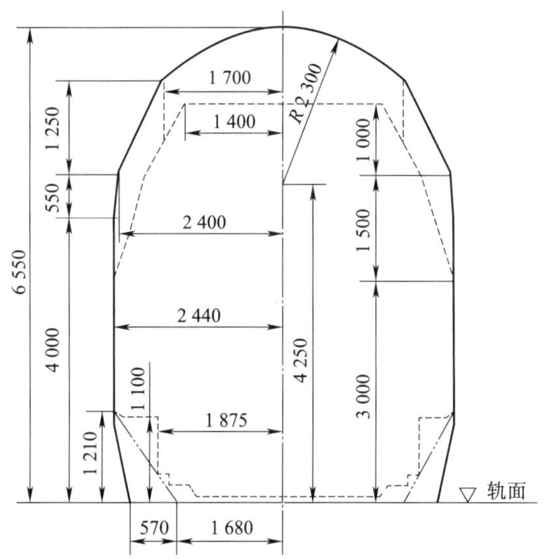

说明：
———— 隧道建筑限界。最大高度根据接触网结构高度计算确定，最小不应小于6 550 mm。
- - - - 基本建筑限界。
—·—·— 适用于新建铁路的隧道建筑限界。
在基本建筑限界与隧道建筑限界之间可以装设照明、通信、警告信号及色灯信号等设备。

图 5-2-6 隧道建筑限界（电力牵引线路）

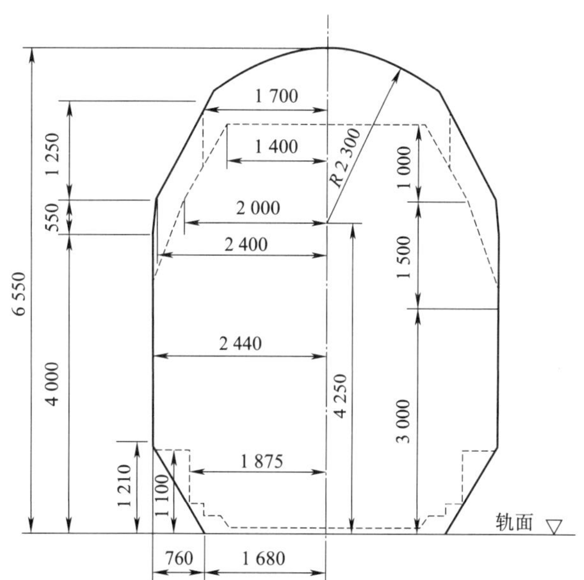

说明：
———— 桥梁建筑限界。最大高度根据接触网结构高度计算确定，最小不应小于6 550 mm。
- - - - 基本建筑限界。
在基本建筑限界与桥梁建筑限界之间可以装设照明、通信、警告信号及色灯信号等设备。

图 5-2-7 桥梁建筑限界（电力牵引线路）

（三）建筑限界在曲线上的加宽

铁路限界图是一个与线路中心垂直的横断面图，以轨面连线为横坐标轴，线路中心为原点，作轨面连线的垂直线为纵坐标轴，高度由轨面算起，水平尺寸由线路中心算起。对直线地段，所有的铁路设备，包括线桥隧、站场、通信信号、电力都作出了规定。假设货车的横断面尺寸与机车车辆限界相同，停留在直线上，车辆纵中心线与线路中心线处于同一垂直平面时（以下简称理想状态），车辆与建筑限界的距离，恰好是机车车辆限界与建筑限界之间的距离。当车辆运行到曲线上时，车辆纵中心线在车辆转向架中心销之间向线路中心线内侧偏移，在转向架中心销外方向线路中心线外侧偏移。为了使车辆在曲线上与建筑限界之间的距离与其在直线上时相等，曲线建筑限界应加宽。即在直线建筑限界基础上，将曲线内侧建筑限界加大一个车辆中部的内偏差量，曲线外侧建筑限界加大一个车端的外偏差量。机车车辆在曲线上有偏移、侧倾，为了保证运输安全，使行驶中的机车车辆与邻近的建筑物保持一定的距离，曲线地段的建筑限界必须加宽。

曲线建筑限界的加宽值与车辆长度、车辆定距、曲线半径有关。我国规定建筑限界在曲线上的加宽值按照车长为 26 m，定距为 18 m 的车辆（称为计算车辆）和曲线的实际半径进行计算。同时要考虑由于曲线外轨超高引起的车辆倾斜量。建筑限界在曲线上的加宽值，GB 146.2—2020 给出了曲线加宽计算办法。按下式计算：

在曲线内侧的加宽值为

$$W_1=\frac{40\ 500}{R}+\frac{H}{1\ 500}h\ (\mathrm{mm})$$

在曲线外侧的加宽值为

$$W_2=\frac{44\ 000}{R}\ (\mathrm{mm})$$

内外侧加宽合计为

$$W=W_1+W_2=\frac{84\ 500}{R}+\frac{H}{1\ 500}h\ (\mathrm{mm})$$

式中 R——曲线半径，m；

H——计算点自轨面起算的高度，mm；

h——外轨超高，mm。

加宽范围应包括全部圆曲线、缓和曲线和直缓点（缓直点）外 22 m 直线。

曲线加宽计算公式的推演与机车车辆车体长度有关，上述公式是以车体长度 26 m，车辆定距 18 m 为基础的，该加宽计算是为设计建筑物采用的，包括隧道和桥梁建筑限界在曲线上的加宽。

为了保证复线或并行的单线相邻线路上运行的列车之间互不影响，线路间距应有一定要求。在相邻曲线上，外侧线路上的车辆中部向线路中心线内侧偏移，内侧线路上的车辆两端向线路中心线外侧偏移。当内、外侧线路上的车辆处于图 5-2-8（a）所示位置时，如果曲线线路间距与直线线路间距相同，则两车之间的净空比在直线上时小。当相邻曲线外轨超高不等时，车体倾斜度不同，若外侧线路外轨超高度大于内侧线路外轨超高时，则两车之间净空比在直线上小，如图 5-2-8（b）所示。为了使相邻曲线上的车辆间能够保持与其在直线上相同的净空，曲线线路间距应予加宽。其加宽值也按计算车辆进行计算，计算公式为

$$W=\frac{40\ 500}{R}+\frac{44\ 000}{R}+\frac{H}{1\ 500}h=\frac{84\ 500}{R}+\frac{H}{1\ 500}h\ (\mathrm{mm})$$

内侧线路的外轨超高等于或大于外侧线路的外轨超高时，最后一项不予计算。

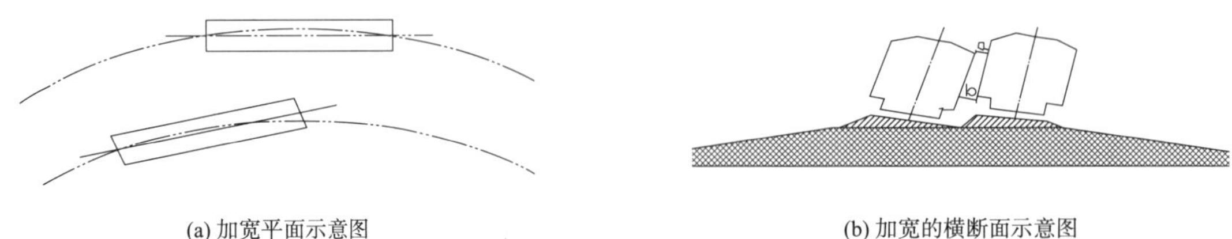

(a) 加宽平面示意图　　(b) 加宽的横断面示意图

图 5-2-8　曲线间距加宽示意图

区间曲线相邻线路中心线间距的加宽值见表 5-2-1。

表 5-2-1　区间曲线中心线间距离加宽值　　单位：mm

曲线半径 /m	外侧线路外轨超高大于内侧线路	其他情况	曲线半径/m	外侧线路外轨超高大于内侧线路	其他情况
4 000	55	20	700	300	120
3 000	70	30	600	320	140
2 500	85	35	550	335	155
2 000	110	40	500	350	170
1 800	120	50	450	370	190
1 500	145	55	400	390	210
1 200	180	70	350	420	240
1 000	215	85	300	460	280
800	270	105	250	520	340

注：表中数值是按超高差为外轨最大超高的 1/2 计算的。外轨最大超高按 $h=7.6\frac{v^2}{R}$ 计算（v 为最高行车速度，按 120 km/h 计算），当计算得到的外轨超高大于 150 mm 时，按 150 mm 计算。

（四）限界与长大货物车的关系

1. 机车车辆限界

《标准轨距铁路限界　第 1 部分：机车车辆限界》(GB 146.1—2020) 4.3 条规定：机车车辆无论是空车或是重车，无论是具有最大标准公差的新车，或是具有最大标准公差和磨耗限度的旧车，停放在水平直线上，无侧向倾斜与偏移，仅在停车时需要探出的部分应处收回状态，除升起的受电弓以外，其他任何部分应容纳在机车车辆限界之内。

落下孔车、钳夹车大物车车型装载货物时，需要将车辆的承货结构进行调宽或调高操作，导致装车后其重车时的车辆结构超出机车车辆限界。因此，该种类型的大车车辆参数规定，限界要求其空车符合《标准轨距铁路限界　第 1 部分：机车车辆限界》，重车按《铁路超限超重货物运输规则》中规定的超限等级来执行。

2. 曲线加宽

《标准轨距铁路限界　第 1 部分：机车车辆限界》(GB 146.1—2020) 6.2 条规定，对于进入符合 GB 146.2—2020 的标准轨距铁路线路运行的机车车辆，其计算车辆的车体长度为 26 m，转向架中心距为 18 m，其在曲线半径为 300 m 的计算曲线上，中部最大偏移量为 135 mm，端部为 147 mm。6.3 条规定，对于进入不符合 GB 146.2—2020 的标准轨距铁路线路运行的机车车辆，其计算车辆的车体长度为 13.22 m，转向架中心距为 9.35 m，其在曲线半径为 300 m 的计算曲线上，中部和端部最大偏移量均为 36 mm。或者在设计时应依据线路实际的最小限界尺寸和曲线加宽量等来确定车体最大制造宽度。

大车由于其结构特殊，大多数为多层车体结构，车体长度及转向架群的中心距较长，均大于 GB 146.1—2020 规定的计算车辆。机车车辆中部和端部偏移量为每层车体结构偏移量的叠加，且有些车辆设置了导向机构以减小偏移量，但在计算曲线上，车体中部偏移量及端部偏移量仍较大。大车多为专列、专线运行，因此设计时，应对实际运行线路进行调研，确定最小的限界尺寸和曲线加宽量等来确定车体最大制造宽度，来提高大车的技术经济性。

（五）关于站场、区间线路的线间距

（1）站内正线、到发线一条线通行超限货物列车，并考虑安装有信号机的不得小于 5 000 mm，安装水鹤的不得小于 5 200 mm。即：

建筑限界半宽（2 440）＋信号机限界（2 150）＋信号机宽（410）＝5 000（mm）。

建筑限界半宽（2 440）＋水鹤限界（2 150）＋水鹤宽（550）＋防寒层（60）＝5 200（mm）。

（2）相邻两股道均通行超限货物，安装有信号机的不得小于 5 300 mm，安装水鹤的不得小于 5 500 mm。即：

建筑限界半宽（2 440×2）+信号机宽（410）=5 290（mm），取整为 5 300 mm；

建筑限界半宽（2 440×2）+水鹤宽（550）+防寒层（60）=5 490（mm），取整 5 500 mm。

（3）复线区间直线线间距不得小于 4 000 m。即：

机车车辆限界半宽（1 700×2）+侧灯宽（100×2）+安全量×2=4 000（mm）。

当一线运行半宽 1 900 mm 及以下的超限列车，邻线可以限速通行一般列车，半宽大于 1 900 mm 的超限列车，区间禁止会车。有的铁路局集团公司考虑超限车辆本身不挂侧灯，按半宽大于 2 000 mm 的超限列车区间禁止会车掌握。

当车站及区间位于曲线上，相应按规定进行加宽。

（六）桥梁内轮廓曲线地段加宽计算

GB 146 规定了曲线地段建筑限界的加宽计算办法。曲线地段的下承式和半穿式桥梁内轮廓也应相应加宽。其横断面加宽计算与曲线半径、外轨超高、车辆长度、桥梁长度有关，计算公式如下：

单线电气化区段：

内侧加宽（mm）为

$$W_{内}=1\ 000\ L\times L/\ (8R)\ +40\ 500/R+3.03h-0.045\ (h/15)^2$$

外侧加宽（mm）为

$$W_{外}=44\ 000/R$$

复线线间距加宽（mm）为

$$W_{中}=84\ 500/R$$

式中　L——梁长，m。

几种标准跨度桥梁加宽值详见表 5-2-2。

表 5-2-2　10 种标准跨度桥梁内轮廓曲线加宽值

曲线半径/m	下承速度/(km/h)	复线线间距/mm	各种跨度梁跨中内侧加宽/mm										外侧加宽/mm
			32	40	48	56	64	72	80	96	112	128	
4 000	160	20	190	210	230	255	285	320	360	445	555	670	10
3 000	160	30	255	280	305	340	380	425	480	595	735	895	15
2 000	160	40	380	415	460	515	575	640	715	895			20
1 800	160	45	425	465	515	570	635	715	795	995			25
1 500	160	55	510	555	615	685	765	855	955				30
1 200	153.9	70	600	660	735	820	920	1 035					35
1 000	140.5	85	630	700	790	890	1 010						40
800	125.6	105	670	760	870	990							50
700	117.5	120	700	805	930	1 075							60
600	107.9	140	740	860	1 005								70
550	104.2	155	765	895	1 056								75
500	99.3	170	795	940									80
450	94.2	190	835	995									90
400	88.9	210	880	1 060									100
350	83.1	240	940										115
300	76.9	280	1 020										135
250	73.9	335	1 055										160

（七）隧道内轮廓曲线地段加宽计算

铁路隧道衬砌内轮廓曲线地段的加宽是按控制点设计的。内侧加宽值 W_1、外侧加宽值 W_2 与建筑限界曲线加宽计算方法相同。隧道中线偏移量为：

单线隧道（m）：

$$d=(W_1-W_2)/2$$

双线隧道：

内侧隧道（m）：

$$d_1=2\ 000-(W_1-W_2-W_{中})/2$$

外侧隧道（m）：

$$d_2=2\ 000-(W_1-W_2+W_{中})/2$$

式中　$W_{中}$——双线隧道线间距加宽。

当外侧线外轨超高大于内侧线外轨超高，$W_{中}=84\ 500/R+1.2\ h$；其他情况：$W_{中}=84\ 500/R$。

曲线隧道断面（内轮廓）加宽值详见表5-2-3、表5-2-4。

表5-2-3　曲线隧道电化断面（内轮廓）加宽值

曲线半径/m	v=160 km/h		v=120 km/h		v=100 km/h		v=80 km/h	
	W/cm	d/cm	W/cm	d/cm	W/cm	d/cm	W/cm	d/cm
4 000	15	6.5	9	3	7	2.5	5	1
3 000	20	8.5	12	4.5	9	3	7	2
2 500	25	10.8	15	6	11	4	9	2.5
2 000	30	12.5	19	7	15	5	11	3
1 800	35	15	21	8	15	5.5	11	3
1 500	42	18	26	10	19	6.5	13	4
1 200	49	21	31	12	24	8.5	18	5
1 000	51	21	38	15	29	10	22	6.5
800	53	21	48	18.5	36	12.5	27	8
700	54	21	54	21	42	14.5	31	9
600	56	21	56	21	49	17	35	10.5
550	57	20.5	57	20.5	54	19	39	11.5
500	59	20.5	59	20.5	59	20.5	42	12.5
450	61	20.5	61	20.5	61	20.5	49	14.5
400	63	20.5	63	20.5	63	20.5	54	16
350	66	20.5	66	20.5	66	20.5	63	19
300	70	20.5	70	20.5	70	20.5	70	20.5
250	77	20.5	77	20.5	77	20.5	77	20.5

注：本表按 $H/1\ 500=2.8$ 计算。

表5-2-4　曲线隧道非电化断面（内轮廓）加宽值

曲线半径/m	v=160 km/h		v=120 km/h		v=100 km/h		v=80 km/h	
	W/cm	d/cm	W/cm	d/cm	W/cm	d/cm	W/cm	d/cm
4 000	16	6.5	9	3.5	8	3	5	1.5
3 000	20	8.5	13	5	10	3.5	7	2
2 500	25	10.5	16	6	12	4	9	3
2 000	29	12.5	19	7.5	15	5.5	11	3.5
1 800	34	14.5	21	8	16	5.5	12	3.5
1 500	40	17	26	10	19	6.5	14	4
1 200	46	19.5	31	12	25	8.5	18	5.5

续上表

曲线半径/m	v=160 km/h		v=120 km/h		v=100 km/h		v=80 km/h	
	W/cm	d/cm	W/cm	d/cm	W/cm	d/cm	W/cm	d/cm
1 000	48	19.5	38	14.5	29	10	22	6.5
800	50	19.5	46	17.5	36	12.5	27	8
700	51	19.5	51	19.5	41	14	31	9
600	53	19.5	53	19.5	47	16	35	10.5
550	55	19.5	55	19.5	52	18	39	11.5
500	56	19.5	56	19.5	56	19	42	12
450	58	19	58	19	58	19	48	14
400	60	19	60	19	60	19	53	15.5
350	63	19	63	19	63	19	61	18
300	67	19	67	19	67	19	67	19
250	73	19	73	19	73	19	73	19

注：本表按 H/1 500=2.7 计算。

三、超限货物

（一）超限货物的定义

货物装车后，车辆停留在水平直线上，货物的任何部位超出机车车辆限界基本轮廓者或车辆行经半径为 300 m 的曲线时，货物的计算宽度超出机车车辆限界基本轮廓者，均为超限货物。

（二）超限货物的种类和等级

1. 根据货物的超限程度，超限货物分为三个等级：一级超限、二级超限和超级超限。

一级超限：自轨面起高度在 1 250 mm 以上超限但未超出一级超限限界者；

二级超限：超出一级超限限界而未超出二级超限限界者，以及自轨面起高度在 150 mm 至未满 230 mm 间超限但未超出二级超限限界者；

超级超限：超出二级超限限界者，以及自轨面起高度在 230 mm 至 1 250 mm 间超限者。

各级超限限界如图 5-2-9、图 5-2-10 所示。

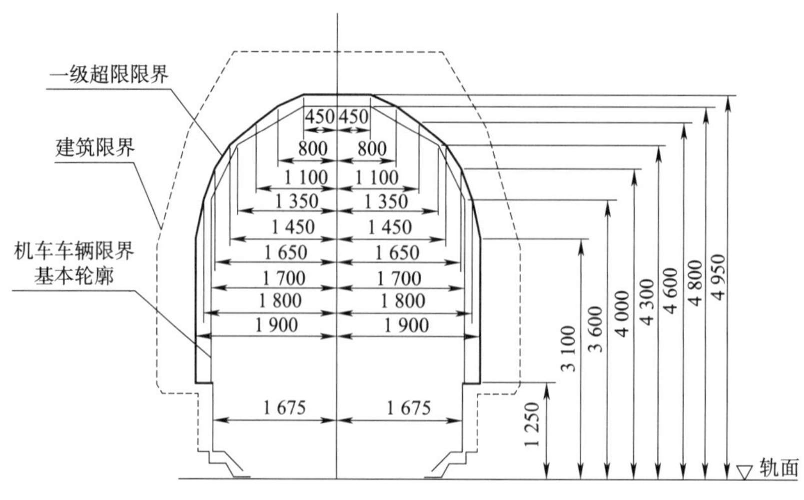

图 5-2-9　一级超限限界图

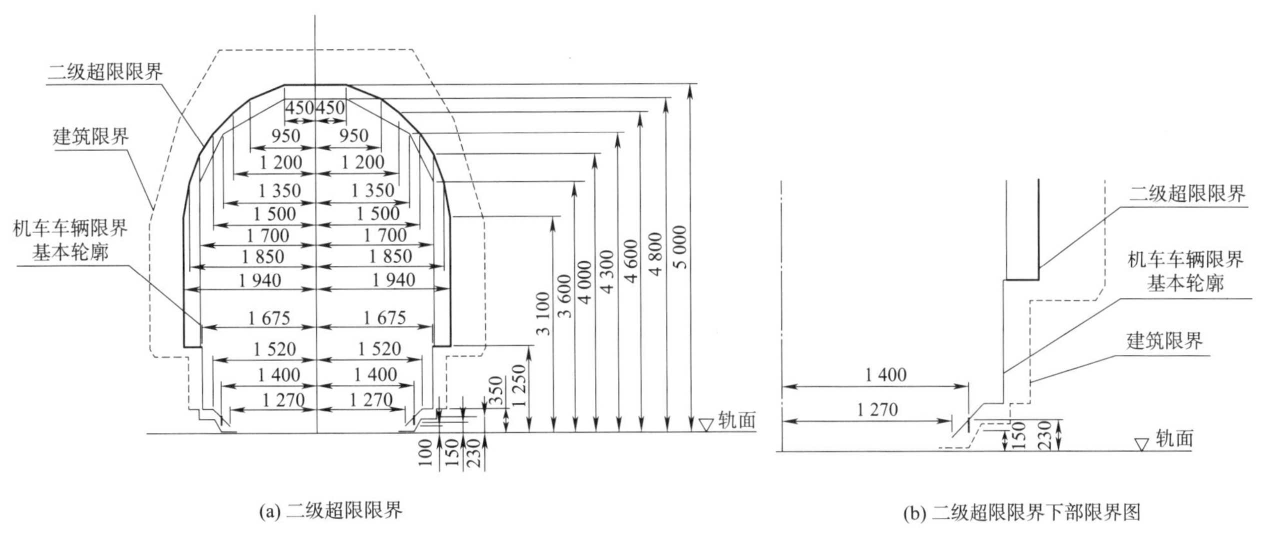

(a) 二级超限限界　　(b) 二级超限限界下部限界图

图 5-2-10　二级超限限界图

2. 根据货物超限部位所在的高度，超限货物分为三种类型：上部超限、中部超限和下部超限。

上部超限：自轨面起高度超过 3 600 mm，任何部位超限者；

中部超限：自轨面起高度在 1 250 mm 至 3 600 mm 之间，任何部位超限者；

下部超限：自轨面起高度在 150 mm 至 1 250 mm 之间，任何部位超限者。

超限货物的超限等级表明了超限货物超出机车车辆限界的程度。因此，应按超限等级确定运行条件。同时货物的超限等级也是发站核收超限货物运输费用的主要依据。

（三）超限等级判定

1. 直线上货物超限等级的判定

根据超限货物定义，如果货物上某一部位至车辆纵中心线所在垂直平面的距离 B（称为实测宽度）大于该部位所在高度处机车车辆限界半宽 B 时则超限，否则不超限。

货物超限意味着与普通货物（车）相比，车辆在水平直线上处于理想状态时，超限货物所需空间大于普通货物（车）所需空间，因而超限货物与建筑限界间的净空小于普通货物（车）与建筑限界之间的净空，运行条件变差。根据货物超限程度不同，可以划分为不同的超限等级。超限车运行应按附录 1-2《铁路超限超重货物运输规则》第五章相关要求执行。

2. 曲线上货物超限等级的判定

车辆运行到曲线上时，其纵中心线与线路中心线不在同一垂直面上。与直线上比，普通货物（车）所需的空间较大，该空间的增加量与车辆纵中心线偏离线路中心线（所在垂直曲面）的距离（偏差量）有关，而偏差量又与车辆长度、转向架中心距大小、曲线半径相关。

在曲线上车辆所装货物是否超限及超限等级，应根据货物的计算宽度来判定。货物的计算宽度与装运方案（一车负重或两车跨装）、装载车的转向架中心距或跨装支距以及货物检定断面位置等因素有关，计算公式见附录 1-2《铁路超限超重货物运输规则》附件 2。

确定货物超限等级的程序是：

（1）确定货物的检定断面和计算点；

（2）计算货物的计算宽度；

（3）确定计算点自钢轨面起算的高度；

（4）根据计算点的高度查《超规》附件 4 机车车辆限界基本轮廓、各级超限限界与建筑限界距离线路中心线所在平面尺寸表，即可判定货物是否超限或属于哪一级超限。

（四）超限部位的划分和超限货物运行振动偏移量

为了应用方便，将限界图分为上部、中部和下部。高 3 600 mm 以上为上部，高 1 250～3 600 mm 为中部，轨面～1 250 mm为下部。

建筑限界是在机车车辆限界的基础上，考虑超限货物运输的要求，机车车辆运行过程中的振动偏移量及一定的安全值制定的。根据实测，超限货物在运行中的空间振动偏移量详见表5-2-5。超限货物装载的最大高度是5 300 mm，中心向上振动偏移量46.5 mm，规定铁路建筑接近限界的中心高度为5 500 mm，留有安全量153.5 mm。原铁道部版《铁路超限货物运输规则》规定，超限货物装载高1 230～2 560 mm处一侧最大宽2 100 mm，该处横向振动偏移量170.5 mm，铁路建筑接近限界为2 440 mm，留有安全量169.5 mm。制定标准时，规定装载一侧最大宽为2 225 mm，则安全量为44.5 mm。

表5-2-5　超限货物运行振动偏移量

部位	偏移量/mm		部位	偏移量/mm	
1	横向 向下 向上	280 55.5 46.5	7	横向 向下 向上	188 100.5 94.5
2	横向 向下 向上	248 80 72	8	横向 向下 向上	170.5 102.5 97.5
3	横向 向下 向上	234 87 79	9	横向 向下 向上	117 101.5 98.5
4	横向 向下 向上	227 89 82	10	横向 向下 向上	116 77.5 —
5	横向 向下 向上	212 94.5 87.5	11	横向 向下 向上	96 77 —
6	横向 向下 向上	208 96 89	12	横向 向下 向上	91 77 —

四、既有线桥隧限界的管理

限界标准是铁路基建、运营等各部门都必须遵守的标准，然而实际建成的建筑物与设计必然存在一定的差别，为了保证运输畅通，加强实际建筑物的限界管理就成为一项非常重要的工作，虽然建筑限界中桥隧限界最大，但桥隧建筑物拆改十分困难，因此，全线的限界控制点仍然是桥隧建筑物。

（一）桥隧综合最小限界

1. 建筑物限界的复测检查

建筑物的限界资料，在基建工程竣工以后，交验时应作为一项重要基本资料移交给运营单位，运营单位接收以后应立即进行复测检查。一般情况，直线地段每100 m、曲线地段每40 m测一个断面，所测量的断面是以直角坐标来表示的，也就是以轨面连线为横坐标轴，连线上的轨道中心为原点，以轨面线的垂直线为纵坐标轴，沿纵坐标每400 mm，在左右两侧各测出建筑物内轮廓点的横坐标，即是该点的实际限界，将断面上各实测点绘成断面图，即为该断面的实测限界图。施测时应记明该断面所属线名、里程、建筑物名称及曲线半径。

运营中的隧道也应定期复测。《铁路技术管理规程》第22条规定：铁路局有关专业管理部门应按规定组织专项检查，对重要线路的平面及纵断面复测、限界检查，每五年不少于一次；技术复杂及重要的桥梁、隧道检定，其他线路的平面及纵断面复测、限界检查，每十年不少于一次；对其他桥梁、隧道检定，应根据实际需要进行。铁路局根据需要可加密检查或随时检查。

2. 桥隧综合最小限界图的编制

按限界标准计算出桥隧建筑物内轮廓各计算点的坐标。将上述实测断面的基线与计算基线相重合，对比实测横断面与设计内轮廓各点坐标值，判断出侵限部位。将一座隧道（或桥梁）的各个断面的最大侵限点绘制到同一个断面上，即成为一座隧道（或桥梁）的综合最小限界，再把一个区段内各个桥梁隧道的最大侵限点绘制到同一个断面上，就是某一区段的综合最小限界图，图中还应注明侵限点所在的建筑物名称、里程及曲线半径。各铁路局集团公司将管内所属各区段的桥隧综合最小限界图汇编成册报部，并分送有关铁路局。如下几点值得关注：

（1）综合最小限界图所标都是最大侵限点，符合标准的点图中不显示。

（2）图中所标值，曲线断面都是实测值－36 mm，36 mm 是普通车辆在半径 300 m 的曲线上的内偏移量。

1999 年曾统计，全路失格隧道占 60%以上，其中衬砌侵限约占 50%，大致原因如下：

（1）老旧隧道修建时标准低，至今未进行改造，如京张线的隧道。

（2）隧道发生坍方变形，整治复旧未达标准，如阳安线的石门沟隧道。

（3）新线交付不符合标准。如襄渝线、焦柳线的部分隧道，但除个别隧道外，绝大部分都能满足《超规》的建筑限界要求。

（4）旧线电气化改造未达标准。已通车的 37 条电气化线路或区段，主要是由旧线改造完成的，如宝成、丰沙、石太等线，正在施工的有京广线，形成超限货物运输的控制区段（主要是装载高度）。

（二）《超规》的特定区段装载限制

《超规》的特定区段装载限制是其装载限制均小于装载限界，包括沈丹线本溪湖—本溪间限高 4 750 mm，京包线南口—西拨子间限高限宽，运往朝鲜的货物限高 4 750 mm。

（三）桥隧综合最小限界图的应用

编制桥隧综合最小限界图是为了使用方便，按规定直线每 100 m、曲线每 40 m 测一个断面。如果每个断面画一张图，数量极大，应用不便。绘制成综合最小限界图后，一个铁路局集团公司编成一册，查找翻阅非常方便。

限界标准中直线建筑限界大于装载限界，桥隧建筑限界大于直线建筑限界，桥隧设计轮廓大于桥隧建筑限界，尽管有的桥隧建筑物存在侵限部位，只是局部，通常桥隧上部净空距上部限界尚有一定空间可以利用。当货物装载后，某处计算半宽超出《超规》建筑限界，甚至超出国标建筑限界，经查对桥隧综合最小限界图，仍然有可能安全通过。

第三节　标准活载——中国铁路运输基础设备的基本建设标准

《铁路桥涵设计规范》规定，铁路桥涵设计列车活载采用《中华人民共和国铁路标准活载》，简称“中—活载”。标准活载是铁路桥涵、线路上部建筑设计的一项主要依据。

一、超重货物

（一）超重货物定义和超重等级划分

《超规》第十条规定：装车后，重车总重活载效应超过桥涵设计标准活载（中—活载）的货物，称为超重货物，可用图 5-3-1 来表述。1975 年，中国在中—Z 活载标准基础上，制定了“中—活载”，包括普通活载和特种活载两种图式。以普通活载为主，图式代表除 D 型车以外的各种机车车辆对桥梁的作用。普通活载前面 5 根轴代表蒸汽机车，后面 30 m 长 9.2 t/m 代表煤水车，37.5 m 由 5 个 22 t 集中载荷和 30 m 长 9.2 t 均布载荷组成，代表双机车牵引，后部代表车辆活载，即无限长的 8 t/m 代表货物列车。特种活载是普通活载的补充，由特种活载代表了特种重型货车的 3 轴转向架，轴重25 t。特种活载代表某些轴重（集中载重）对小跨度梁及局部杆件的作用。应当特别指出的是，上述两种图式是同一个标准针对不同情况的采用。标准活载是象征性的，应代表各种机车车辆对桥梁产生的最大影响，加载时可从计算图式中任意截取。但是应注意，特种活载只有3个集中荷载，不得任意扩大。该标准活载未考虑特种车辆活载，图式中的特种活载不能代表特种车辆活载。这个问题将在后文详述。

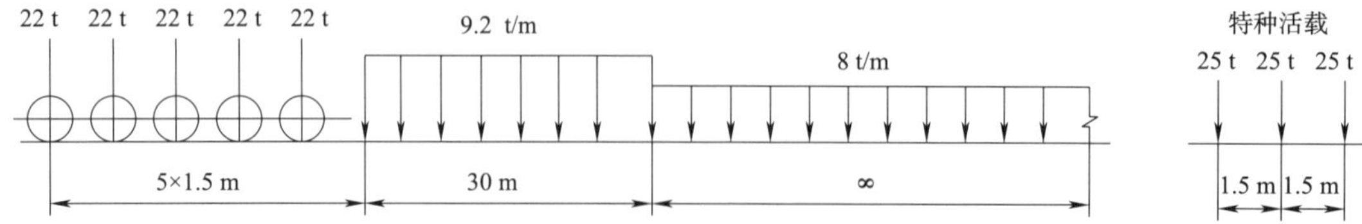

图 5-3-1 中华人民共和国铁路活载图式

2005年，中国制定了新的活载标准，如图5-3-2所示。新活载图式采用动力分散形式，中间4根轴代表机车，轴重25 t。两端无限长代表货物列车，每延米重为85 kN。特种活载为4根轴，轴重280 kN。

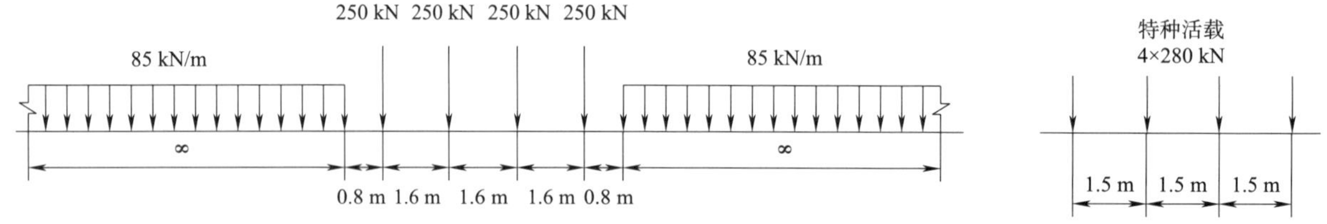

图 5-3-2 中国新活载图式

为了发展长大货物车，还制定了长大重车活载检算图式，如图5-3-3所示。

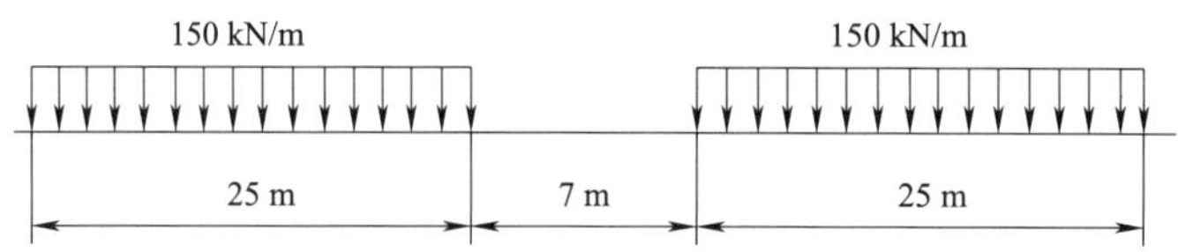

图 5-3-3 中国新活载的长大重车活载图式

C_{70}型通用敞车是目前主型货车，轴重23.45 t，每延米重6.71 t/m。大秦线C_{80}（C_{80B}）型运煤专用敞车轴重25 t，每延米重8.33 t/m。D_{30G}型双联平车是对桥梁最不利的长大货物车之一，轴重25 t，每延米重11.04 t/m。满载时过桥速度为10 km/h，按铁路规章为超级超重。

凡货物装载后，车辆及所装货物的总重（包括装载附件、加固设备）对桥梁的作用超过按铁路桥梁设计活载标准“中—活载”设计的桥梁承载能力者均为超重货物。列车通过桥梁的检算是根据《铁路桥梁检定规范》进行的，该规范用两个基本公式表达桥梁承载能力和列车（或机车车辆）对桥梁的作用。

桥梁检定承载系数：

$$K=k/k_0$$

运行活载的活载系数：

$$Q=k_q/k_0$$

式中 k——桥梁结构部件的容许换算均布活载；

k_q——运行活载的换算均布活载，计入相应的动力系数（冲击系数）；

k_0——标准活载的换算均布活载，计入动力系数（冲击系数）。

承载系数K表示桥梁所能承受的活载（即桥梁承载能力），相当于标准活载“中—活载”对桥梁作用的倍数。当$K\geqslant1$，表示桥梁的承载能力满足设计要求；当$K<1$，表示桥梁承载能力不足，未达到设计标准。

活载系数Q表示运行活载（列车或机车车辆）对桥梁的作用相当于“中—活载”对桥梁作用的倍数。当$Q\leqslant1$，表示运行活载对桥梁的作用小于等于“中—活载”对桥梁的作用，可以安全通过承载能力满足设计要求的桥梁；当$Q>1$，表示运行活载对桥梁的作用超过设计标准“中—活载”对桥梁的作用，也就是超重。

《铁路超限超重货物运输规则》第十一条规定，“根据货物的超重程度，超重货物分为三个等级：一级超重、二级超重和超级超重。一级超重$1.00<Q\leqslant1.05$；二级超重$1.05<Q\leqslant1.09$；超级超重$Q>1.09$”。

$Q>1.05$说明列车运行活载对桥梁的作用超过桥梁设计标准的5%；$Q>1.09$说明列车运行活载对桥梁的作用超过桥梁设计标准的9%。

铁路桥梁一般都用普通活载图式进行设计，必要时用特种活载图式进行校核。两者是同一标准，在不同工况下分别使用。这项标准的最大缺陷就是未包括D型车的作用。也就是说按该标准设计建造的桥梁没有考虑D型车的作用，由于铁路桥梁设计标准偏低，致使现有的铁路桥梁承载能力先天不足，这就是长大货物列车过桥时产生超重的根本原因。目前在用的大车，其中二十多种产生超重。《铁路桥涵设计规范》条文说明第3.3.1条第九款规定，采取“缓行”“局部加固”和“改善大车结构”三项措施，以弥补先天不足，解决超重列车通过桥梁。“缓行”就是经过计算给出列车通过桥梁的限速值。“局部加固”是指对桥梁的关键部位、杆件进行局部加固，使列车得以安全通过。“改善大车结构”要求研制新型大车和改造旧车时尽可能减轻自重，合理布置轴距，提高过桥性能。

（二）超重等级的判定

超重货物列车通过桥梁必须进行检算，判定超重等级，制定桥梁运行条件。列车通过桥梁有两种运动方式作用于桥梁，在桥上移动，移动的同时产生冲击和振动。

1. 关于影响线

列车在桥上运行时，是从桥梁的一端进入后，继续在桥梁上向另一端移动，最后移出桥梁。也就是说列车在桥上运行，作用在桥梁上的是一组移动载荷。运动方向与线路平行，作用力与线路垂直。在移动载荷作用下，随着载荷的移动，桥梁杆件截面的内力素（弯矩、剪力、轴向力或反力等）随之相应变化。计算中用“影响线”描述移动载荷对桥梁作用产生的变化。当一个指向不变的单位力通过某一结构的跨度时，由于单位力位置的变更，某一函数值（指内力素函数值）亦随之变化，此种变化可用曲线表示，此曲线即该函数的影响线。影响线某点的纵距表示单位力移动至该点时所产生的杆件截面函数值（即内力素值）。利用影响线可以帮助快速判断移动载荷作用于桥梁的最不利位置。

2. 关于动力系数

列车的振动和冲击，产生的竖向动力作用，计算时用动力系数表示，即列车的竖向活载等于列车竖向静活载乘以动力系数$(1+\mu)$。

《铁路桥梁检定规范》规定如下：

钢梁和钢塔架墩台：$1+\mu=1+28/(40+L)$；

钢与钢筋混凝土板的结合梁：$1+\mu=1+22/(40+L)$；

钢筋混凝土、预应力混凝土、混凝土及砌体的桥跨结构：$1+\mu=1+12/(30+L)$。

式中，L为桥梁计算跨度（m）。

如果列车运行速度在60 km/h以下时，所列μ值乘以折减系数a_1，即

$$a_1=0.75\times v/60$$

式中 v——列车运行速度，km/h。

当检算超重货物列车通过桥梁时，首先考虑不限速（即$v=60$ km/h），则$a_1=0.75$，$\mu'=a_1\mu=0.75\mu$，此时动力系数$1+\mu'=1+0.75\mu$即运行活载的“相应动力系数”。

3. 超重等级的判定

前述公式 $$Q=k_q/k_0 \text{中} k_q=S/\Omega$$

式中 S——被检算杆件截面的最大内力素，即活载移动至最不利位置的内力素；

Ω——被检算杆件截面内力素影响线面积；

k_0——标准活载的换算均布活载，从有关规范直接查得。

当货物装载后，所用大车及列车编组确定，轴重、轴距即已确定，此列车的移动载荷组合即可确定。

据此，按公式计算出作用于各种跨度桥梁的运行活载的换算均布活载 k_q，从有关规范查得 k_0 值，再按公式 $Q=k_q/k_0$ 计算活载系数 Q 值。按《超规》规定判定超重等级。

对某型号大车，满载无偏心的情况下，前后各加一辆空隔离车，通过跨度 6 m、8 m、12 m、16 m、18 m、20 m、24 m、28 m、30 m、32 m、36 m、40 m、48 m 的桥梁，按公式计算出通过上述每一跨度桥梁的活载系数 Q。其中最大值对应的跨度即为最不利跨度，或称控制跨度。每种型号大车的控制跨度是固定的，只在第一次检算时需要从跨度 6 m 开始，逐跨计算，直到跨度 48 m，确定最不利跨度。最不利跨度一旦确定，以后的检算只针对最不利跨度进行就可以了。最不利跨度只与大车型号有关，与装载重量无关。

对各型号大车，最不利跨度确定后，应用公式 $Q=k_q/k_0$ 设定活载系数 $Q=1$，$Q=1.05$，$Q=1.09$，据以反求出相对应的运行活载的换算均布活载 k_q 值，进一步计算出相对应的装载总重。

把产生超重的各型车，按上述方法计算出与三种活载系数相对应的装载总重，编制表格备查。这就是《超规》附件 5 的超重货物分级表。一件货物选定车型后，计算出装载总重，应用该表可直接判断其超重等级，不需要再进行较复杂的计算。不过，当制定运行条件时，仍必须计算活载系数 Q 值，然后才能按公式 $K=k/k_0$ 算出通过桥梁的限速值。

目前车辆制造厂家在研制新型大车时，能充分考虑大车的过桥性能。在大车交付的同时可提供该型车的过桥检算结果，列出该型车的控制跨度，满载时的活载系数及限速值。据此即可算出该型车活载系数 $Q=1$、$Q=1.05$、$Q=1.09$ 相对应的装载总重，以补充《超规》附件 5 的超重货物分级表。

二、产生超重货物的根本原因

（一）产生超重货物的根本原因

工务设备包括线桥隧，是运输的基础设施，承受客货运列车的作用，直接承受列车作用的是轨道结构，轨道将作用力传给路基和桥梁。为了保证各种列车运行安全畅通，在一定的基准期内，铁路桥梁应能承受各种列车的作用。从这方面考虑，桥梁建造得越结实越好，但另一方面，从投资考虑，桥梁的造价是很高的，要求控制桥梁造价，使投资越低越好。为此，铁路制定了桥梁设计“中—活载”标准，该标准未考虑大车（特种平车）的作用。《铁路桥涵设计规范》条文说明第 3.3.1 条第九款规定：特种车辆运行甚少，如按正常活载处理将增加大量投资，故应根据具体情况，采取缓行、局部加固、改善平车结构等措施来解决。由于铁路桥梁设计标准偏低，造成目前运行中的铁路桥梁承载能力先天不足，与此同时，为满足国民经济发展的需要，制造的特种车辆越来越大。而且 1995 年以前设计研制的特种车辆考虑过桥性能较少，如 D_2、D_{20}、D_{30}、D_{35}（株）、D_{35}（齐）等 12 种车辆自重大、轴距布置不合理，达到标记载重时对桥梁的作用，超过按“中—活载”设计的桥梁的承载能力。最大的超过桥梁设计承载能力的 55%，即使采取加挂隔离车（空车）的措施，可以降低长大货物列车对桥梁的作用，也将超过桥梁设计承载能力的 29%，这就是长大货物列车产生超重的根本原因。前述《铁路桥涵设计规范》条文说明第 3.3.1 条第九款规定的 3 项措施中，采取“缓行”和“局部加固”使超重列车有可能通过，而列车本身的超重特性没有改变。有时即使采取“缓行”和“局部加固”也不能通过，只有“改善平车结构”，即降低车辆自重，提高车辆过桥性能，降低活载对桥梁的作用，从而改善特种车辆装载的超重特性。

（二）大型长大货物一事一议的特点

长大货物主要是大型发电机组、变压器、锅炉汽包、轧钢机部件、炼油厂和化工厂的反应塔等的大型设备。这些大型设备即使相同类型，相同规格，其外形尺寸、运输重量差别也很大。例如：相同功率的发电机定子，因其冷却系统不同，机组运转环境的差异，其外形轮廓尺寸、运输重量差别很大；国产 600 MW 发电机定子的重量为 250～340 t，300 MW 发电机定子的重量为 194～262 t，几乎是一台机组一个样。国外也是如此，据德国 Kraftwerk Union 公司关于发电机组铁路运输的研究资料介绍，发电机组不是大量制造储存的，而是针对每一个大型发电厂和电机制造厂的具体情况专门制造的，而且还要考虑不同装载方式对定子结构的不同要求，美国西屋公司常用钳夹车托钩方式运输，德国西门子公司多用加端盖方式运输。相同容量的大型变压器因装设地点的地形、位置、用户的要求不同，其外形轮廓尺寸和运输重量差别很大。大型设备的外形轮廓尺寸不同，运输重量的差别，装载方式各异，同时，大型设备运输经路上线桥设备的实际情况也不一致。超限货物是长大货物装载后超出前述铁路行业的2项基本标准，因此，超限货物运输是在超常规的情况下进行操作的。《超规》第二十四条规定，“车站受理超限、超重货物时，应认真审查托运人提出的有关技术资料。以超限超重货物运输申请电报向铁路局货运主管部门申请装运办法。跨三个及以上铁路局的各级超重货物和超级超限货物，由铁路局审查后向总公司运输局提出申请。”以上足以证明超限货物运输的特殊性，必然形成对这些大型设备的运输“一事一议”。

三、超重货物的检算

（一）超重货物的检算方法

超重货物的过桥检算按《铁路桥梁检定规范》进行，上海、北京局集团公司按《铁路桥梁检定规范》规定编制了检算程序。齐厂和哈厂都应用该程序检查所设计大车的过桥性能。考虑到目前的大车（D型车，除D_{30}双联车外）通过桥梁时都是由中小跨度圬工梁的简支梁跨中弯矩控制，则问题大为简化，预先编制表格备查，使手工检算非常便捷。

由公式$Q=[k_q(1+\mu')]/[k_0(1+\mu)]$求出运行活载的活载系数。

$$k_q=M_{0.5}/\Omega$$

式中 $M_{0.5}$——被检算梁的跨中最大弯矩，即活载移动至最不利位置的跨中弯矩；

Ω——该梁的跨中弯矩影响线面积，简支梁的$\Omega=L\times L/8$；

μ——蒸汽机车的冲击系数，对钢梁$\mu=28/(40+L)$，对圬工梁$\mu=12/(30+L)$；

μ'——内燃、电力机车和车辆的冲击系数，暂按0.75μ计；

k_0——标准活载“中—活载”的换算均布活载，可由表5-3-1查得。

（二）算　例

有一货物重280 t，用D_{30A}型钳夹车装运，前后各加挂2辆空车隔离车，进行过桥检算。

1. 查出D_{30A}钳夹车自重、轴距等有关参数。

2. 查出桥梁控制跨度为20 m。

3. 求出梁的跨中最大弯矩，冲击系数，运行活载的换算均布活载：$M_{0.5}=624.404$ t·m；$\Omega=50$；$\mu=0.24$；$\mu'=0.18$；$k_q=M_{0.5}/\Omega\approx12.49$。

4. 查表5-3-1，$k_0=11.02$，求出$Q=(12.49\times1.18)/(11.02\times1.24)\approx1.078$。

5. 求出$v=(1.18-1.078)\times60/(0.18\times1.078)\approx31.5$ km/h。

表5-3-1 标准活载“中—活载”的换算均布活载k_0值 单位：t/m

加载长度/m	计算部位（端部跨中）		加载长度/m	计算部位（端部跨中）	
2	31.25	25.00	40	11.16	9.61
4	23.44	18.75	45	10.92	9.51
6	18.75	16.67	48	10.79	9.45
8	17.22	15.13	50	10.71	9.41
10	15.98	14.13	60	10.36	9.19
12	15.04	13.12	64	10.24	9.11
14	14.33	12.05	70	10.08	8.99
16	13.77	11.94	80	9.86	8.82
18	13.32	11.42	90	9.69	8.68
20	12.94	11.02	100	9.54	8.55
24	12.37	10.40	110	9.41	8.46
25	12.25	10.25	120	9.31	8.38
30	11.78	9.92	140	9.14	8.28
32	11.62	9.84	160	9.00	8.22
35	11.43	9.73	180	8.90	8.17

注：由公式$v=(1+\mu'-Q)\times60/(Q\mu')$求出过桥速度。

第四节　超限超重货车综合试验研究

由于超限超重货物尺寸大、重量高，导致超限超重货车运行条件复杂：运行速度慢、要求条件高、各种限制多，运输组织难度大，干扰正常运输秩序。2007 年 4 月 18 日铁路第六次大面积提速，给超限超重货物运输提出了新课题。当时的超限超重车运行条件依据经验估计和主观判断，在曲线限速、侧向道岔限速、隔离车编挂数量等方面缺乏严谨的科学依据，较难适应提速后的运输环境，可能带来安全隐患，浪费运输能力。根据铁道部领导“此事重要而紧迫，应予支持”的指示，为确保超限超重货物运输安全，释放运输生产力，需要进行一系列超限超重货车综合试验，为制定科学合理的超限超重货车运行条件提供科学依据。

2007 年 8 月，超限超重货车综合试验被铁道部列为重大科技专项（编号：Z2007-082），由铁科院、北京交大、沈阳铁路局共同编制试验大纲，并征求铁道部有关业务司局意见，经过修改完善，形成《超限超重货车综合试验试验大纲（报批稿）》。2008 年 3 月，铁道部以铁科技函〔2008〕243 号文批复试验大纲。2009 年 4 月至 6 月，在铁道部科技司、运输局领导下，由沈阳铁路局负责组织实施，铁科院负责测试，哈尔滨铁路局、中铁特货公司、齐厂等单位配合，在沈阳铁路局管内进行了超限超重货车综合试验。试验内容主要是超限超重货车（D_2、D_{32}、D_{38} 型车和通用货车）条件下典型线路、桥梁、路基、道岔的运行安全性、稳定性和结构强度试验，同时进行车辆动力学性能监测。综合试验为制定科学合理的超限超重货车运行条件奠定了良好基础。

一、试验目的

通过对超限超重货车在典型线路、桥梁、路基、道岔条件下的运行安全性、稳定性和结构强度试验，掌握超限超重货车与线路、桥梁、路基、道岔之间的相互作用关系和规律，为确定超限超重货车运行技术条件提供科学依据，确保超限超重货物运输安全，减少其对正常运输秩序的干扰，释放运输生产力。

二、试验区段

试验在沈阳局烟白线、九江线、长图线、浑白线进行。在九江线棋盘站进行 9 号、12 号复式交分道岔试验，在沟海线盘锦站进行 12 号可动心轨道岔试验。

三、试验列车

被试车辆为：D_2、D_{32}、D_{38} 型长大货物车各一辆，C_{70}、C_{64K}、NX_{70}、NX_{17BK} 各一辆。

根据前期各种长大货物车荷载效应的计算结果，各车型编组如下：

D_2 型车试验车辆编组：机车＋试验车＋隔离平车＋D_2（5622124 号）＋隔离平车＋敞车＋机车。

D_{32} 型车试验车辆编组：机车＋工具车＋试验车＋隔离平车＋D_{32}5623200＋隔离平车＋敞车＋2 个隔离平车＋机车。

D_{38} 型车试验车辆编组：机车＋3 个工具车＋试验车＋隔离平车＋D_{38}＋隔离平车＋敞车＋2 个隔离平车＋机车。

通用车试验车辆编组为：机车＋试验车＋NX_{17K}5452789＋C_{64K}4825565＋NX_{17BK}5283567＋C_{70}1596229＋机车。

四、行车安全评判标准

测试参数安全判定标准和关键部件的许用应力限值见表 5-4-1。

表 5-4-1　测试参数安全判定标准和关键部件的许用应力限值

安全评判标准			关键部件许用应力	
安全参数	评定标准	参照依据	测试参数/MPa	评定标准
脱轨系数 Q/P	第一限度≤1.20 第二限度≤1.00	GB/T 5599—1985	滑床板应力	≤180
轮重减载率 $\Delta P/P$	第一限度≤0.65 第二限度≤0.60	GB/T 5599—1985	翼轨刨切段应力	≤224
横向水平力 Q/kN	$\leqslant 29+0.3P_0$	GB/T 5599—1985	尖轨轨底应力	≤224（普通轨刨切）
轮轴横向力 $\lvert Q_1-Q_2 \rvert$ /kN	$\leqslant 0.85\{15+(P_{10}+P_{20})/2\}$	GB/T 5599—1985	转辙机拉杆应力	≤180
道岔尖轨、心轨开口量 Δ/mm	≤4.0		钢轨动弯应力	≤224

注：表中 P_0、P_{10}、P_{20}为静轮重。

五、试验概况

2009 年 3 月 19 日，铁道部科技司、运输局在北京召开试验工作协调会，落实各项试验准备，讨论试验实施方案、计划、装载加固方案、试验车调运等。2009 年 3 月 24 日，铁道部科技司、运输局、安监司发出“关于进行超限超重货车综合试验的通知”（TB 765 号），原则同意沈阳局制定的《综合试验实施方案》。试验按计划分为两组同时进行，使用两辆试验车，一组为 D_2 型车和通用型车，另一组为 D_{38} 型车和 D_{32} 型车。D_2 型车 3 月 29 日到达万里河，进行装载、连线、调试等工作，4 月 3 日完成编组、动调试，4 月4 日开始，进行烟白线桥梁试验、棋盘站道岔试验、九江线桥梁和路基试验、长图线桥梁试验、浑白线曲线试验和盘锦站道岔试验，5 月 19 日完成试验后卸载、解编、回送。通用车浑白线小半径曲线重心高 2 200 mm、2 400 mm 试验换装测力轮对，在白山站安装承载架并装载试验。D_{38} 型车到达万里河，完成装载、连线、调试等工作，进行烟白线桥梁试验，之后相继进行了九江线桥梁、路基试验和棋盘站、盘锦站道岔试验，5 月 7 日完成试验后卸载、解编、回送。D_{32} 型车于 5 月 11 日开始道岔试验，九江线路基试验和桥梁试验，6 月 2 日完成试验内容后卸载、解编、回送。综合试验全部完成。

六、各项试验结论

（一）轨道和道岔试验

1. D_2 型车“300 m 以下半径曲线限速 20 km/h”的规定有其不合理因素存在。

2. D_{38} 型车侧向通过 9 号复式交分道岔时通过速度不宜大于 7 km/h，可按照现有规定执行。

3. D_{32}、D_{38} 型车侧向通过 12 号可动心轨单开道岔应限速 35 km/h。

4. D_2、D_{32}、D_{38} 型车侧向通过 12 号复式交分道岔应限速 20 km/h。

5. 通用货车重心高 2 200 mm、2 400 mm 通过 250 m、300 m 小半径反向曲线时可按照最高试验速度 60 km/h运行。

（二）桥梁试验

1. D_2、D_{38}、D_{32} 在多种工况下通过最不利典型桥梁时，D_2 型车在速度大于 40 km/h 时桥梁横向和竖向动力响应比 D_{32}、D_{38} 型车都大，并超过《铁路桥梁检定规范》横向振幅安全限值，建议 D_2 型车通过桥梁时限速 40 km/h。

2. 仅在梁端设置横隔板的 20 m 低高度预应力混凝土梁横向振幅超过《铁路桥梁检定规范》安全限值，横向刚度偏小，仅可在限速 40 km/h 的条件下或梁体横向加固后通过。

3. 超重超限货车通过桥梁时，16 m 普通钢筋混凝土梁，20 m、30 m 上承钢板梁，48 m 下承钢桁梁竖向刚度偏小，安全储备不多，超重超限货车通过时加强观测，必要时做相应的测试工作。

（三）路基试验

同一路基断面 D_{32} 引起的基床表层面动变形最大，D_2 车通过时基床表层面动应力平均值最大；路基状况差的高路堤段动变形比一般高路堤段动变形大。路基的动应力、动变形与超限超重货车的轴重、路基状况有关。动应力较通用列车增加不明显。路基状况不良地段动变形较常规货车偏大，将产生累积变形效应，但在路基状况较好时，动变形会明显改善。建议超限超重货车通过后，应对路基状况不良地段进行检查。

（四）车辆动力学性能监测试验

1. D_2 型凹底平车

D_2 型凹底平车装载 159 t，一级超重，重车重心高 1 474 mm，桥梁、道岔、路基试验结果表明：

（1）在 80 km/h 速度范围内，通过桥梁、路基时其运行稳定性及平稳性均满足要求。

（2）在 45 km/h 速度范围内，直向通过 12 号复式交分道岔、侧向通过 12 号和侧向通过 18 号可动心道岔时其运行稳定性和平稳性均能满足要求。

（3）在 25 km/h 速度范围内，直向通过 9 号复式交分道岔和侧向通过 12 号复式交分道岔时其运行稳定性和平稳性均能满足要求。

（4）在以 10 km/h 和 15 km/h 速度侧向通过 9 号复式交分道岔时，1 轴和 9 轴轮轴横向力均超出限度值；该车侧向通过 9 号复式交分道岔时需进行限速。

D_2 型凹底平车装载 159.3 t，一级超重，重车重心高 2 269 mm，S 曲线和小半径曲线试验数据表明：

（1）运行速度低于平衡速度时，外轨侧脱轨系数大甚至超标，且随速度的增加脱轨系数有减小趋势。

（2）轮重减载率没有一致变化趋势，在速度 5 km/h 和 60 km/h 时，其轮重减载率超出限度值。分别出现在外轨侧车轮上和内轨侧车轮上，原因是 5 km/h 时，车辆处于过超高状态，外轨侧车轮减载；60 km/h 时，车辆处于欠超高状态，内轨侧车轮减载。

（3）速度低于 40 km/h 时轮轴横向力均小于限度值；在速度 50 km/h 和 60 km/h 时，轮轴横向力超出限度值。

因此，D 型大车通过 S 曲线和小曲线时限速 20 km/h 是不合适的，应根据车辆实际动力学型式试验数据进行限速运行。

2. 通用货车

NX_{70} 型两用平车、C_{64K} 型敞车、NX_{17BK} 型两用平车和 C_{70} 型敞车 S 曲线和小半径曲线试验数据表明：在重心高度为 2 200 mm 和 2 400 mm 工况下，在 60 km/h 速度及以下速度级，车辆运行稳定性和运行平稳性能满足规范要求。

3. D_{38} 型钳夹车和 D_{32} 型凹底平车

D_{38} 型钳夹车和 D_{32} 型凹底平车在装载一级超重，重车重心高分别为 2 090 mm 和 2 098 mm 工况下桥梁试验表明：D_{38} 型钳夹车和 D_{32} 型凹底平车在 50 km/h 速度范围内，通过桥梁时运行稳定性及平稳性满足要求。

D_{38} 型车和 D_{32} 型车在装载二级超重，重车重心高分别为 2 175 mm 和 2 194 mm 工况下进行桥梁、路基、道岔试验数据表明：

（1）D_{38} 型车和 D_{32} 型车在 50 km/h 速度范围内，通过桥梁、路基时其运行稳定性及平稳性满足要求，直向通过 12 号复式交分道岔时其运行稳定性和平稳性满足要求。

（2）D_{38} 型车和 D_{32} 型车在 20 km/h 速度范围内，直向通过 9 号复式交分道岔、侧向通过 12 号复式交分道岔时其运行稳定性和平稳性满足要求。

（3）D_{38} 型车在 40 km/h 速度范围内，侧向通过 12 号可动心道岔时其运行稳定性和平稳性满足要求。

（4）D_{32} 型车在 45 km/h 速度范围内，侧向通过 12 号可动心道岔时其运行稳定性和平稳性满足要求。

（5）D_{38} 型车在 45 km/h 速度范围内，侧向通过 18 号可动心道岔时其运行稳定性和平稳性满足要求。

（6）D_{32} 型车在 15 km/h 速度范围内，侧向通过 9 号复式交分道岔时其运行稳定性和平稳性满足要求。

（7）D_{38} 型钳夹车在以 5 km/h 和 10 km/h 速度侧向通过 9 号复式交分道岔时，1 轴脱轨系数均超出限度值；1 轴轮轴横向力在速度 10 km/h 时超出限度值；17 轴的轮重减载率在速度 5 km/h 时超出限度值；1 轴和 17 轴的轮轴横向力在速度 5 km/h 和 10 km/h 时均超出限度值。该车侧向通过 9 号复式交分道岔时需限速运行。

七、试验研究综合结论及建议

(一) 结　　论

1. D_2 型车小半径反向曲线试验，除 60 km/h 速度通过 250 m 半径曲线时，实测轮重减载率达到 0.67，超过列车运行稳定性第一限度外，列车运行稳定性其他参数均在其安全限值内；轨道稳定性基本能满足运行要求；钢轨有一定的强度储备，实测 69 型及Ⅱ型轨枕的负弯矩和正弯矩均超过相应设计强度值。两种重心高（2 200 mm、2 400 mm）通用车小半径反向曲线试验，以 60 km/h 速度通过时，列车运行稳定性参数均在相应安全限度以内；轨道横向稳定性能满足运行要求；钢轨有一定的强度储备，轨枕正、负弯矩最大值分别为 13.5 kN·m 和 12.5 kN·m，均超过设计强度值。

2. 两种重心高通用货车小半径反向曲线试验，列车运行稳定性各参数均在其相应限度值以内，轨道横向稳定性能满足运行要求，钢轨具有一定的强度储备，轨枕正、负弯矩均超过设计强度值。

3. D 型车 9 号、12 号复式交分道岔试验和 12 号可动心轨道岔试验，D_{32} 型凹底平车在侧向通过12 号可动心轨道岔时轮重减载率达到 0.72，超过其安全允许值；D_{38} 型钳夹式平车在侧向 5 km/h 速度通过 9 号复式交分道岔时，脱轨系数、轮重减载率和轮轴横向力测试数据均超过相应的允许限值，在 10 km/h 速度挡运行时 D_{38} 型车实测轮重减载率达到 0.79，接近了 D_{38} 车的自控允许值 0.80。D_{38} 型钳夹式平车侧向通过 60 号至 12 号可动心轨道岔时轮重减载率达到其自控允许值 0.80，侧向通过 12 号复式交分道岔时轮重减载率达到 0.76，超过了相应允许值但未超过其自控允许值。其他测试工况下实测各列车运行稳定性参数均未超过允许值。试验前后道岔的轨距、水平变化不大，道岔尖轨尖端和导曲线地段轨道产生的塑性位移约 1 mm，D 型车通过道岔时能够保证轨道结构的横向稳定性。实测滑床板弯曲应力最大为 166.5 MPa，尖轨轨底应力为 194.5 MPa，转辙机拉杆应力为 58.7 MPa，心轨轨底应力为 157.2 MPa，翼轨薄弱断面应力为 86.5 MPa，道岔各部件应力均未超过其允许值，道岔结构强度能满足 D 型车运行要求。

4. D_2、D_{38}、D_{32} 在多种工况下通过典型桥梁（16 m、20 m、23.8 m、31.7 m 预应力混凝土梁，16 m 普通钢筋混凝土梁，20 m、30 m 上承钢板梁，48 m 下承钢桁梁）时，16 m 普通钢筋混凝土梁和 20 m、30 m 上承钢板梁同正常梁相比竖向刚度偏小，实测挠度、应力均偏大；16 m、20 m、23.8 m、31.7 m 预应力混凝土 T 梁的竖向刚度满足《铁路桥梁检定规范》相关规定，并有一定的安全储备。对于混凝土梁，D_{32}、D_{38} 型车对梁体的竖向动力作用相当，均小于 D_2 型车和通用车的竖向动力作用，D_2 型车对桥跨结构上翼缘混凝土冲击较大；对于钢梁，D_2、D_{32}、D_{38} 作用下梁体的竖向动力作用相当，跨中动力系数均小于该梁的设计动力系数，表明列车对桥梁的整体竖向动力作用均控制在安全范围内。

5. 实测 16 m、23.8 m、31.7 m 预应力混凝土梁，16 m 普通钢筋混凝土梁，20 m、30 m 上承钢板梁，48 m 下承钢桁梁梁体横向自振频率和 D_{32}、D_{38} 型车作用下跨中横向振幅均满足《铁路桥梁检定规范》安全限值要求，D 型车作用下仅在梁端设置横隔板且没有横向限位装置的 20 m 低高度预应力混凝土梁不满足《铁路桥梁检定规范》安全限值要求，梁体横向刚度偏小；D_2 型车在大于 40 km/h 时梁体跨中横向振幅明显增大现象，实测梁体跨中横向振幅超过《铁路桥梁检定规范》安全限值。

6. 同一路基断面 D_{32} 引起的基床表层面动变形最大；D_2 车通过时基床表层面动应力平均值最大；路基状况差的高路堤段动变形比一般高路堤段动变形大。路基的动应力、动变形与超限超重货车的轴重、路基状况有关。动应力较通用列车增加不明显。路基状况不良地段动变形较常规货车偏大，将产生累积变形效应，但在路基状况较好时，动变形会明显改善。建议超限超重货车通过后，应对路基状况不良地段进行检查。

7. 通用车在重心高度为 2 200 mm 和 2 400 mm 工况下，在 60 km/h 速度及以下速度级通过 S 曲线和小半径曲线时，车辆的运行稳定性和运行平稳性能满足规范要求。

(二) 建　　议

1. 通用车和 D 型车“300 m 以下半径曲线限速 20 km/h”的规定有其不合理因素存在；对 D 型车，应根据各车相关规定进行限速运行。

2. D_{38} 型车侧向通过 9 号复式交分道岔时通过速度不应大于 7 km/h；D_2、D_{32} 侧向通过 9 号复式交分道岔限速 10 km/h。D_2、D_{38}、D_{32} 型车侧向通过 12 号可动心轨单开道岔应限速 35 km/h，侧向通过 12 号复式交分道岔应限速 20 km/h。

3. D_2、D_{32}、D_{38} 型车在多种工况下通过典型桥梁时，D_2 型车在速度大于 40 km/h 时桥梁横向和竖向动力响应比 D_{32}、D_{38} 型车大，并超过《铁路桥梁检定规范》安全限值或通常值，建议 D_2 型车通过桥梁时限速 40 km/h；D_{32}、D_{38} 型车在试验速度范围内均未超过《铁路桥梁检定规范》相关规定。

4. D_2、D_{32} 型车仅在梁端设置横隔板的 20 m 低高度预应力混凝土梁横向振幅超《铁路桥梁检定规范》通常值和安全限值，横向刚度偏小，限速 40 km/h 的条件下或梁体横向加固后通过，超重超限货车通过时加强观测，必要时做相应的测试工作。

第六章　超限重型货物运输

第一节 D38 型 380 t 钳夹车和 D32 型 350 t 落下孔车运输轧机机架——南京钢铁公司

中国第一重型机械厂生产的两件大型设备 3.5 m 轧机机架，经铁路运抵南京钢铁股份有限公司。发站富拉尔基，到站梅桂营（南钢专用线）。运输时间：2004 年 3 月 25 日至 4 月 3 日。

一、货物规格

货物规格见表 6-1-1。

表 6-1-1 货物规格

货物名称	货物重量/t	尺寸/（mm×mm×mm）	货物重心
操作侧机架	312	13 710×2 390×4 750	纵向偏离货物尺寸中心线 341 mm；距货物底面为 2 375 mm
传动侧机架	319	13 710×2 390×4 750	纵向偏离货物尺寸中心线 337 mm；距货物底面为 2 375 mm

二、使用车型

按照货物的重量、外形尺寸及结构特征，使用一辆 D38 型钳夹车和一辆 D32 型落下孔车一次运输。其中 D38 型钳夹车装操作侧机架，D32 型落下孔车装传动侧机架，如图 6-1-1～6-1-3 所示。

(a) D38型380 t 钳夹车运输轧机机架1

(b) D38型380 t 钳夹车运输轧机机架2

图 6-1-1

(c) D38型380 t钳夹车运输轧机机架3

(d) D38型380 t钳夹车运输轧机机架局部图

图 6-1-1　D38 型 380 t 钳夹车运输轧机机架

图 6-1-2　D32 型 350 t 落下孔车运输传动侧机架

(a) 运输专列1

(b) 运输专列2

图 6-1-3　运输专列

三、装载方案

（一）装载方法

D38 型钳夹车，采用侧承梁承载方式。将两片侧承梁联结在钳夹车中部。把操作侧机架吊装在两个侧承梁之间，用两根钢制横担梁穿过机架长方孔担起货件。横担梁的两端分别搭在两片侧承梁上指定位置。轧机机架与横担梁间、横担梁与侧承梁间均垫以 20 mm 厚的橡胶板。装后重车总重 589 t。货物纵向重心偏离车辆横中心线 250 mm，横向重心投影与车辆纵中心线重合。

D32 型 350 t 落下孔车，由落下孔侧梁承载。同样采用两根钢制横担梁担起传动侧机架。装载方法与上述 D38 型钳夹车基本相同。装后重车总重 499 t。货物纵向重心偏离车辆横中心线 250 mm，横向重心投影与车辆纵中心线重合。如图 6-1-4、图 6-1-5 所示。

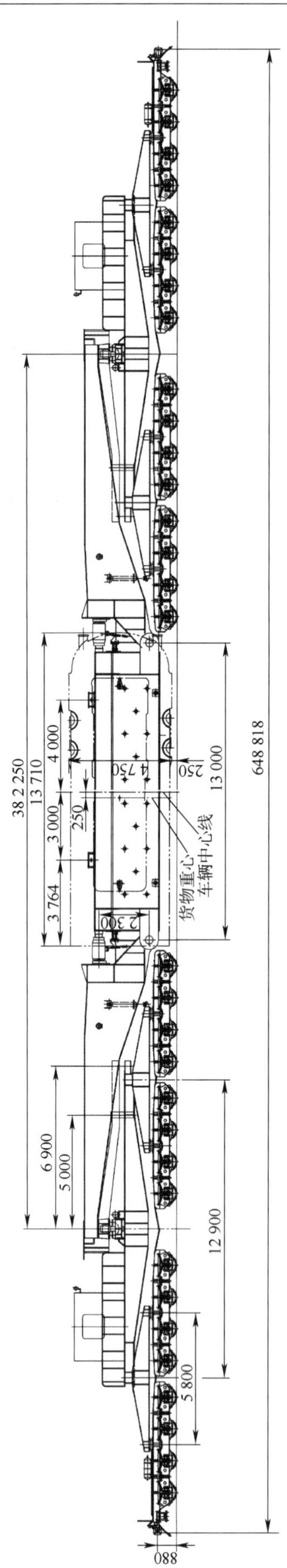

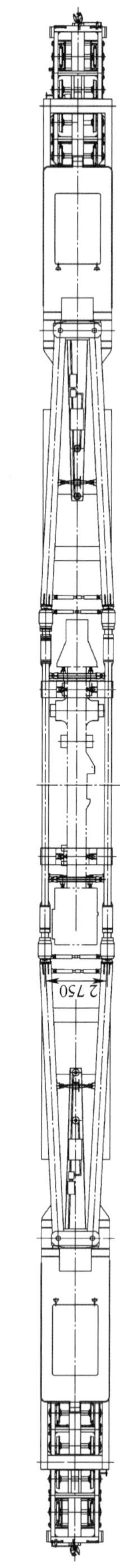

(a) D_{38}型380 t钳夹车运输轧机机架总图

图 6-1-4

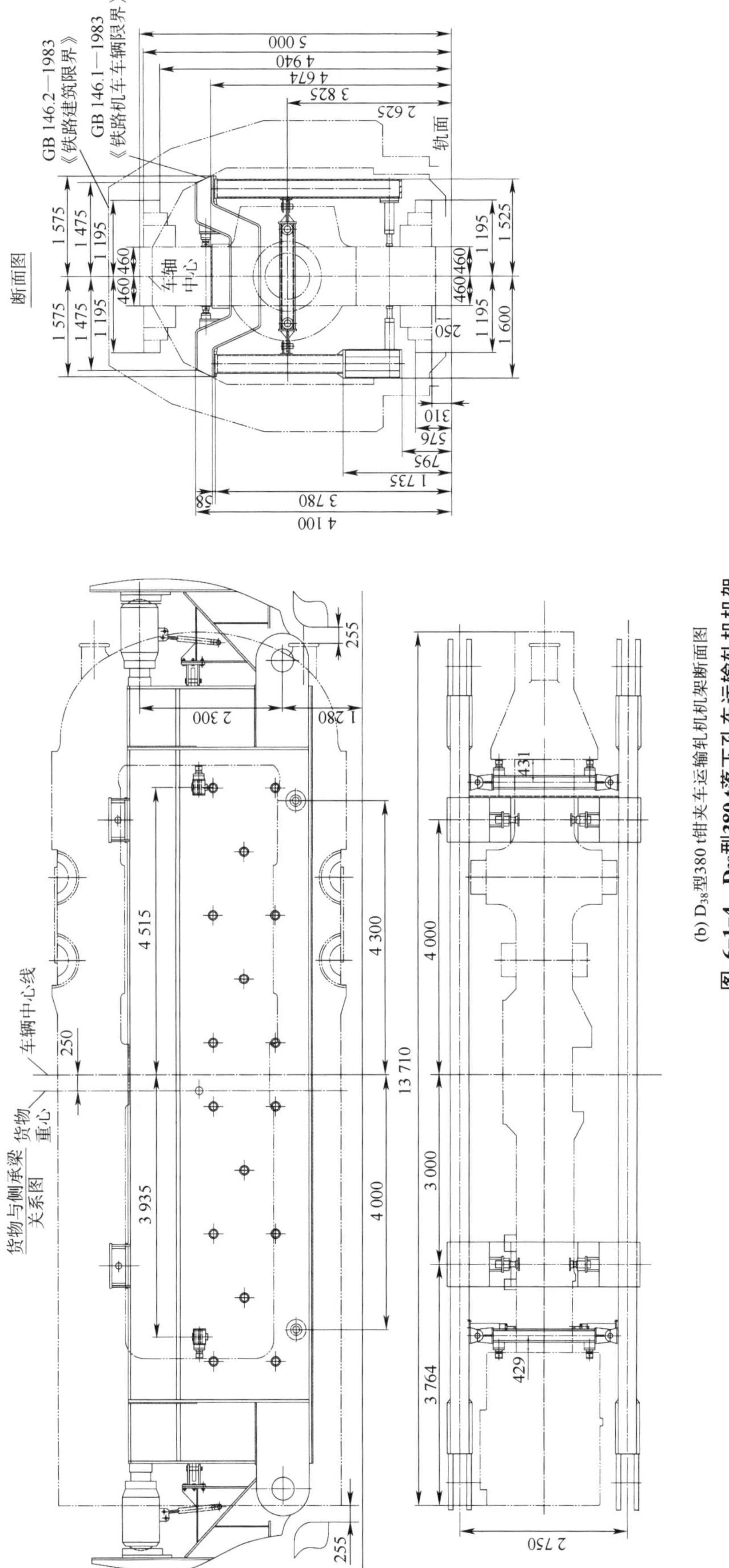

(b) D_{38}型380 t钳夹车运输轧机机架断面图

图 6-1-4　D_{38}型380 t落下孔车运输轧机机架

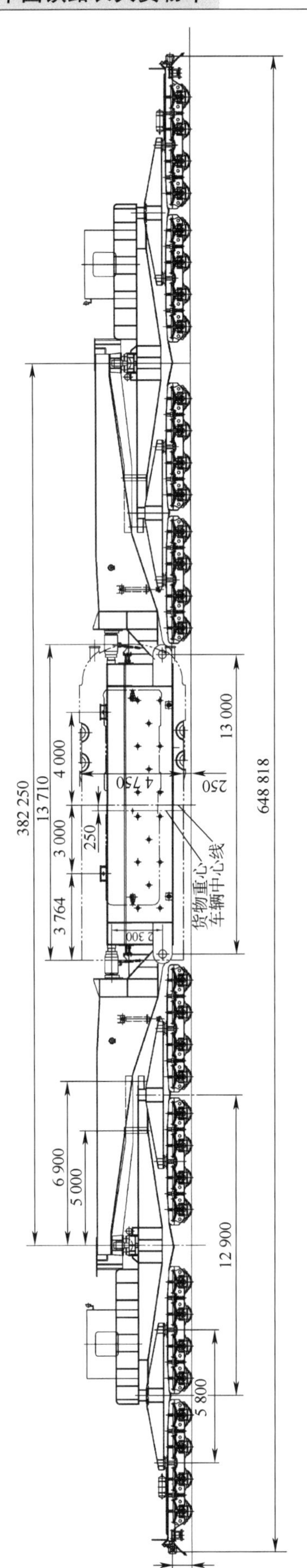

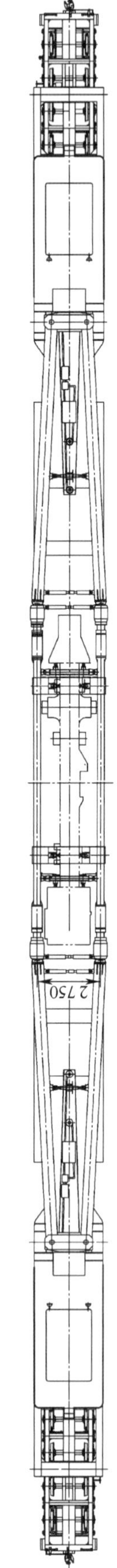

(a) D_{32}型350 t落下孔车运输传动侧机架总图

5 000
4 940
4 674
3 825
2 625
GB 146.1—1983《铁路机车车辆限界》
GB 146.2—1983《铁路建筑限界》
轨面
车辆中心线
1 550
1 450
1 195
460
460
1 195
1 450
1 550
1 500
1 195
460
460
1 195
1 500
250
310
576
1 156
3 780
4 100

(b) D_{32}型350 t落下孔车运输传动侧机架断面图

图 6-1-5 D_{32}型350 t落下孔车运输传动侧机架

（二）装后尺寸

两车装后计算尺寸见表 6-1-2。

表 6-1-2　南钢轧机机架装后尺寸　　　单位：mm

测　点	D_{38} 型钳夹车				D_{32} 型落下孔车			检定部位
	距轨面高	货物半宽	计算宽度		距轨面高	货物半宽	计算宽度	
			中导向	内导向				
中心高	5 000	480	826	704	5 000	480	728	货物顶部
一侧高	4 940～4 674	1 215	1 561	1 439	4 940～4 674	1 215	1 463	货物上部凸肩
二侧高	4 100	1 495	1 841	1 719	3 976	1 495	1 743	横担梁上盖板端部
三侧高	4 100～3 838	1 495～1 595	1 841～1 941	1 719～1 819	3 976～3 706	1 495～1 595	1 743～1 843	横担梁上下盖板端部斜面
四侧高	3 838～3 760	1 595	1 930	1 808	3 706～3 636	1 595	1 843	横担梁挡铁外侧
五侧高	3 780～815	1 545	1 891	1 769	3 656～1 156	1 545	1 793	侧承梁或侧梁外侧
六侧高	1 735～815	1 620	1 924	1 803				侧承梁挂耳外侧
七侧高	815～795	1 525	1 871	1 749				侧承梁底板外侧
八侧高	576～310	1 215	1 561	1 439	576～310	1 215	1 463	货物下部凸肩
九侧高	310～250	480	826	704	310～250	480	728	货物底部

注：(1) 计算宽度中偏差量按曲线半径 $R=300$ m 取值再减去 36 mm；

(2) 表中“半宽”是在轧机机架运输图标注尺寸的基础上，增加 20 mm 裕量后的数值。

（三）超限等级

D_{38} 型钳夹车装后属超级超限，二级超重。D_{32} 型落下孔车装后属超级超限，一级超重。重车重心高：D_{38} 型钳夹车 2 281 mm，D_{32} 型落下孔车 2 315 mm。

为适应沿途对车辆经过不同半径曲线的计算半宽需要，将 D_{38} 型钳夹车、D_{32} 型落下孔车的计算内偏差量数据见表 6-1-3。

表 6-1-3　内偏差量计算数据

曲线半径/m	D_{38} 型钳夹车/mm				D_{32} 型落下孔车/mm
	中央部位		车耳部位		中央部位
	中导向	内导向	中导向	内导向	内导向
180	636				478
300	382	260	340	219	284
400	286	195	255	164	213
500	229	156	204	131	170
600	191	130	170	109	142

四、加固方法

（一）货物稳定性

货物装于两侧承梁间和落下孔内，侧承梁和落下孔侧梁的上平面为货物支承面。货物重心低于倾覆点所在水平面的高度，不会发生倾覆现象。

经计算，货物的纵向惯性力大于纵向摩擦力；横向惯性力与风力之和的 1.25 倍，大于横向摩擦力。货物在运输中有可能发生纵向、横向的水平位移。所以，需要采取加固措施。

（二）加固方法

D_{38} 型钳夹车和 D_{32} 型落下孔车的加固方法及加固装置相同。

为了防止货物移动全部采用螺旋顶镐加固。顶镐螺杆螺纹规格为 T90×5，许用负荷 294 kN。

纵向加固：在两侧承梁（D_{32} 型落下孔车为侧梁）间安装两个纵向加固托梁。托梁横穿机架的长方孔，端部分别与两侧承梁上的销座相连。顶镐固定在托梁上。调节顶镐的螺杆，分别顶住货件前后端的内侧面，以防止纵向移动。同一方向装有两个顶镐，每个顶镐应承受的压力为 $\Delta T/2=312.6/2=156.3$ kN，小于许用负荷 294 kN，满足要求。

横向加固：在机架每一侧设四个顶镐，分别安装在上、下部位。上部顶镐装在两横担梁上，下部顶镐安装在侧承梁的垫板上。调节螺杆，使镐头顶紧机架，以防止货件横向位移。同一方向装有四个顶镐，每个顶镐应承受的力为 $\Delta N/4=419.3/4=105$ kN，小于 294 kN，满足要求。

纵向、横向加固共使用 12 个螺旋顶镐，每个镐头与货物间均垫以厚 10 mm 橡胶板，以免货物磨损。

五、其他要求

1. 装车前做好各项准备工作。由一重负责装载与加固，齐厂进行技术指导。
2. 装车线路要求平直，长度不小于 70 m。
3. 各加固器材受力均匀，并采取防松措施。
4. D_{38} 型钳夹车应进行均载测试。
5. 装车完毕，标出货物检查线。
6. 货物到达南钢卸后，将侧承梁、横担梁及螺旋顶镐等随车的装载加固装置，装于 2 辆载重 60 t 的平车上（其中一辆为游车）连同 D_{38} 型钳夹车、D_{32} 型落下孔车一起回送哈尔滨铁路局。

第二节　D_{32} 型 320 t 凹底平车运输发电机定子——陕西韩城第二发电厂

韩城电厂从日本东芝公司进口 2×600 MW 发电机组，其中两台定子分两批在天津新港卸船后，再经铁路运输。发站塘沽，到站下峪口，全程线路塘沽—北仓—丰台—石景山南—原平—太原—榆次—侯马—禹门口—下峪口，全程 1 400 km，经北京、郑州两个铁路局的京山、京原、南北同蒲、侯西等干线。运输时间：2003 年 9 月 22 日至 9 月 29 日。

一、货物规格

根据委托方提供的资料，定子单件重量 286 t；运输尺寸：全长 10 052 mm，定子本体长度 9 452 mm，最大宽度（拆去吊耳后）3 759 mm，高度 3 780 mm；两端支座长×宽分别为 1 906 mm×2 800 mm 和 1 210 mm×2 852 mm；货物重心位置：纵向偏离吊耳底座对称中心线 115 mm，横向居中，自支座底面起算重心高度 1 930 mm。

二、使用车型

针对货物的运输重量、外形尺寸及结构特征，使用 D_{32} 型凹底平车装运，如图 6-2-1 所示。

三、装载方案

待装空车应停留在平直线路上，并安放铁鞋，防止车辆移动。在车地板上标画车辆纵、横中心线以及定子支座位置，铺垫厚 20 mm 橡胶板，其长度和宽度应与定子支座承载面尺寸相匹配。装载时，货物向右（汽机端）移动 185 mm，致使货物重心纵向偏离车辆横中心线 70 mm。横向与车辆纵中心线重合。

图 6-2-1　D32 型 320 t 凹底平车运输发电机定子

第一步，用 D32 型凹底平车的起升油缸把凹底架调整到合适高度，旁承油缸随之调整。第二步，在凹底架下平面与轨枕之间垫上垫木，以防止装货时把 D32 型凹底平车同一侧的各级旁承压死造成车体倾斜，保证凹底架在装货时稳固。第三步，把装运货物的汽车与 D32 型凹底平车并列靠在一起，在两车之间搭上滑道，用推移油缸把定子推移到 D32 型凹底平车上，对准车辆中心。第四步，货物对准车体中心后，用千斤顶把定子升起，撤出滑道，再用千斤顶把定子缓慢放到车上。第五步，根据限界要求，调整起升油缸和旁承油缸，使凹底架下底面距轨道距离在 160 mm 左右。装货后测量，货物中心与车体中心吻合，装货情况良好。整个装载任务完成，如图 6-2-2 所示。

预计装后尺寸见表 6-2-1。超级超限，一级超重。重车重心高 2 463 mm，限速 40 km/h。

表 6-2-1　定子装后尺寸　　单位：mm

序　　号	距轨面高度	货物半宽	计算宽度	检测部位
中心高	5 160	30	236	顶端管件
一侧高	5 110	半径为 1 800 圆弧	238	机体外圆顶点
二侧高	5 050	1 003	1 241	冷却箱上部
三侧高	3 869～1 596	1 880	2 118	冷却箱侧壁
四侧高	1 374	1 516	1 724	横向加固角钢挡
备　　注	计算宽度是按有导向工况、曲线半径 300 mm 确定的			

四、加固方法

经过力值计算和稳定性校核结果表明：在纵、横方向倾覆稳定系数均大于 1.25，货物在运输中不会发生倾覆。但货物的纵向惯性力大于纵向摩擦力，且横向惯性力与风力之和的 1.25 倍大于横向摩擦力，因此运输过程中有可能产生纵、横向水平移动，需要采取加固措施。

（一）交叉拉牵加固

1. 为防止纵向移动，在定子两侧进行交叉拉牵捆绑。预先制作四个组焊件，用螺栓分别固定在吊耳底座上。拉牵绳的一端拴结在此件上，另一端与车辆两侧的绳拴相连。同一方向设置两道拉牵绳，两道绳应承受的拉力分别为 160.6 kN 和 154.6 kN。

2. 为防止横向移动，在定子两端亦采用交叉拉牵捆绑。定子端盖的连接板上各焊有两个组合件，拉牵绳的一端拴在此件上，另一端与车辆的绳拴连接。同一方向设置两道拉牵绳，两道绳应承受的拉力分别为 201.7 kN 和 199.8 kN。

拉牵绳均选用 6×19 普通钢丝绳，绳径 $d \geqslant 22$ mm，绳的破断拉力 $S_{绳} \geqslant 219$ kN。由计算结果可知，拉牵绳所受最大拉力 $S_{max}=201.7$ kN，因每道绳具有两个分支，每一分支的拉力为 100.85 kN，故钢丝绳的安全贮备系数 $n \geqslant 2.17$。用以紧固拉牵绳的螺旋扣，分别安装在绳的任一分支中。螺旋扣采用“OO”形螺杆头，左右螺纹为 M48×3，许用负荷 140 kN。

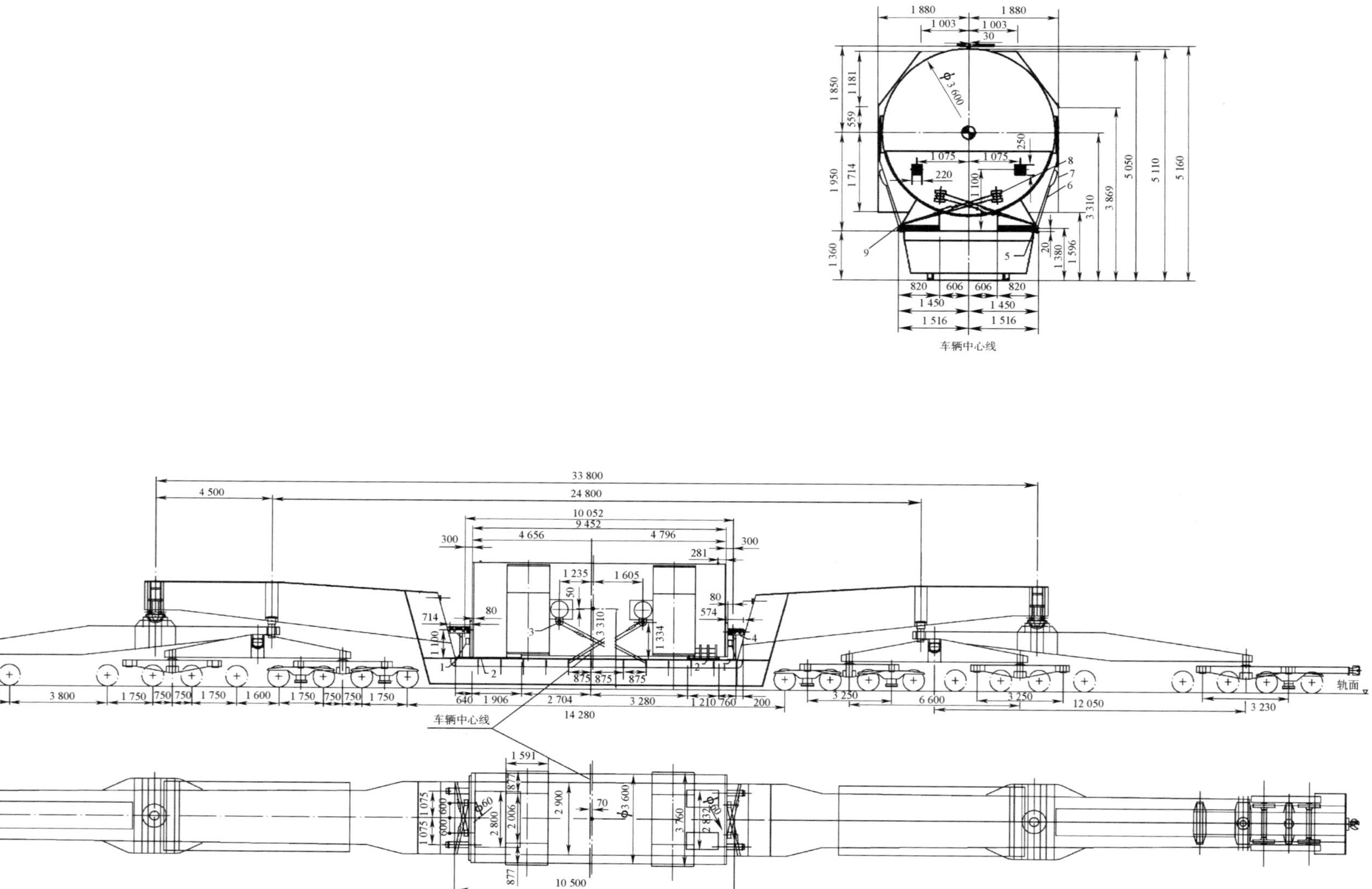

图 6-2-2 D38型320 t凹底平车运输发电机定子总图和侧视图

（二）钢木挡加固

纵向方面采用钢托架和方木顶挡。托架由钢板和型钢组焊而成，并与大底架挡座焊牢。方木平放在托架凹槽内，一端紧靠托架立板，另一端顶住定子端盖的连接板。同一方向装设两个钢木挡，方木截面尺寸25 cm×22 cm应承受压应力111.3 kg/cm²，落叶松（即黄花松）的顺纹许用压应力180 kg/cm²，能满足要求。每个托架所需焊缝长度不小于122 cm。

横向方面以90 mm×90 mm×10 mm角钢作挡件。角钢背面紧贴于定子支座外侧（不得施焊），而与车地板四角的碳钢垫板焊接。同一方向焊有两根角钢挡，每根钢挡所需焊缝长度不小于38 cm。

五、其他要求

1. 装车前做好各项准备工作，按预定方案精心组织装载，不得歪斜或偏载。
2. 橡胶垫板和定子支座底面不得沾有油污，加固材料及焊缝质量良好，规格尺寸应符合要求。
3. 钢丝绳绳端使用Y7-22型绳卡固定，每端绳卡数量不应少于三个。
4. 各拉牵绳拧紧力应均匀一致，并防止松弛。
5. 方木表面应涂以防潮漆，吊耳底座与拴结板外缘之间用胶布密封。
6. 钢丝绳与货物、车辆在棱角接触处，需加衬防磨垫。
7. 装车完毕，标画货物检查线。

第三节　D26B型290 t落下孔车运输变压器、电抗器——贵州安顺换流站

安顺换流站是国家西部大开发——西电东送的重点工程。铁道部领导十分重视，作了重要批示：“全力支持国家西部重点工程建设，要充分论证运输方案，精心组织运输，严格调度纪律，按期完成任务，确保安全，万无一失。”安顺变电站从西门子公司进口换流变压器、电抗器等大型设备，于黄埔港卸船后再经铁路运输。发站：黄埔；到站：么铺。运输时间：2003年9月14日至2004年7月21日。

一、货物规格

货物规格见表6-3-1。

表6-3-1　货物规格

货物名称	货物重量/t	尺寸/（mm×mm×mm）	货物重心
Y-Y型换流变压器	280	10 661×3 904×4 800	纵向偏离货物尺寸中心线115 mm； 距货物底面为2 050 mm
Y-Δ型换流变压器	247	10 300×3 950×4 700	纵向偏离货物尺寸中心线125 mm； 距货物底面为2 250 mm
电抗器	123.7	5 080×3 900×4 580	距货物底面为2 080 mm

二、使用车型

使用D26B型落下孔车装运，如图6-3-1所示。

图 6-3-1 D26B 型 290 t 落下孔车运输变压器

三、装载方案

空车停放在待装货物一旁，将心盘梁置于重车位，调整两心盘梁的中心距离。再将车辆的手闸施以制动，并安放铁鞋，防止车辆移动。标出车辆的纵向、横向中心以及货物的重心位置。采用货物平移的方法，先卸下撑杆和一片侧梁，将货物用枕木垫起一定高度，横移至规定位置；然后把卸下的侧梁复位，安装好所有撑杆，调整两侧梁间的距离使之符合重车的宽度要求。

由于货物肩座与侧梁承载面之间的高差较大，因而需要制作四个钢支座，上部用螺栓分别与肩座连接，然后焊牢，下部落在侧梁上，并用钢垫板以便调节装载高度。钢支座与肩座结合面之处，两个物体上都要加工出坡口。坡口尺寸为 4×45°四面焊接，如图 6-3-2、图 6-3-3 所示。

（一）Y-Y 型

装载时，应使货物纵向重心投影偏离车辆横中心线 80 mm，横向重心投影与车辆纵中心线重合。主要部位的装后尺寸有：中心高 5 050 mm，半宽 825 mm；弯管高 4 782 mm，半宽 1 710 mm；吊耳高 4 450 mm，宽各 1 862 mm；肩座高 3 775 mm，宽各 1 952 mm；心盘梁高 2 530～1 850 mm，宽各 2 050 mm；筋板下端高 1 160 mm，宽各 1 682 mm；底部距轨面高 250 mm，宽各 1 540 mm。

属超级超限，一级超重。重车重心高 2 045 mm，按有关规定限速运行。

（二）Y-Δ 型

装车时，要求货物纵向重心投影偏离车辆横中心线 80 mm，横向重心投影与车辆纵中心线重合。主要部位的装后尺寸：中心高 5 050 mm，半宽 591 mm；弯管高 4 742 mm，半宽 1 717 mm；吊耳高 4 460 mm，宽各 1 840 mm；肩座高 3 730 mm，宽各 1 975 mm；心盘梁高 2 530～1 850 mm，宽各 2 050 mm；筋板下端高 1 150 mm 处，宽各 1 680 mm；底部距轨面高 350 mm，宽各 1 537 mm。

属超级超限，不超重。重车重心高 2 230 mm，限速运行。

（三）电抗器

装车时，货物重心投影落于车辆、横纵中心线交点上。主要部位的装后尺寸如下：中心高 4 980 mm，半宽 170 mm；顶板高 4 680 mm 处，宽各 1 680 mm；吊耳高 4 420 mm，宽各 1 845 mm；肩座高 3 765 mm，宽各 1 950 mm；心盘梁高 2 530～1 850 mm，宽各 2 050 mm；筋板下端高 1 150 mm 处，宽各 1 680 mm；底部距轨面高 400 mm，宽各 1 500 mm。

属超级超限，重车重心高 1 979 mm。

四、加固方法

通过力值计算结果表明，货物的纵向惯性力大于纵向摩擦力，且横向惯性力与风力之和的 1.25 倍大于横向摩擦力。因此，需采取加固措施防止货物移动。

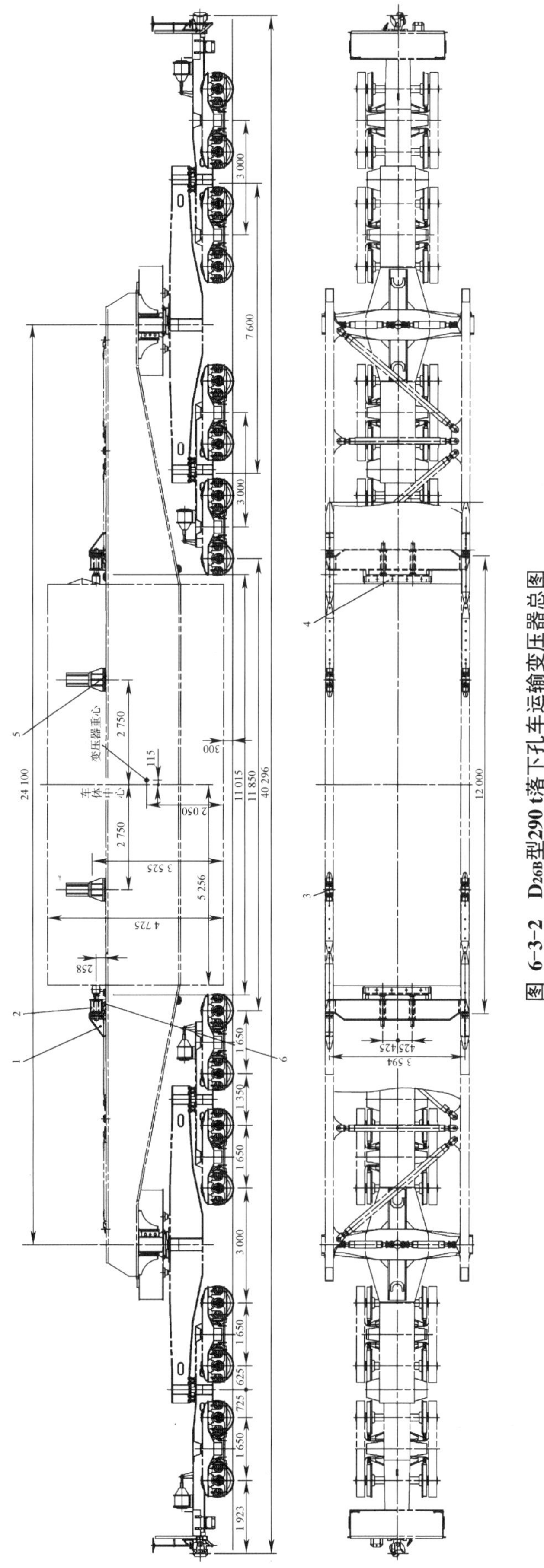

图 6-3-2　D26B型290 t落下孔车运输变压器总图

1—支座；2—横梁；3—肩座支座；4—槽形护板组成；5—肩座垫板；6—筋板

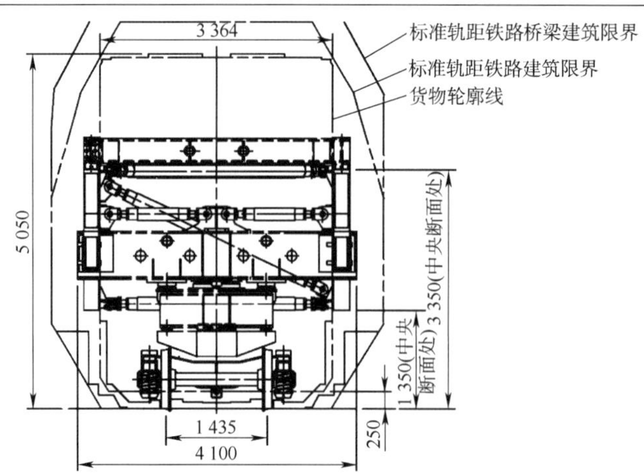

图 6-3-3　D_{26B} 型 290 t 落下孔车运输变压器侧视图

由于货物重心高度低于货物支撑面高度，而且货物被置于整体承载框架内，故货物不会发生倾覆现象。

（一）钢丝绳拉牵加固

将钢丝绳的一端拴在货物的吊耳上，另一端与焊接在侧梁上的绳栓相连。钢丝绳借助螺旋扣使其拉紧。

（二）钢木挡

列车在起动加速、减速制动以及机车连挂时，由于种种原因有可能使货物产生较大的纵向惯性力。为防止货物移动，在货物两端分别设有钢木顶紧装置。

顶紧装置由顶座、横梁、螺杆及顶头等所组成。其中顶头采用 16 mm 钢板（外层）、厚度不小于 10 mm 橡胶板（中层）及 200 mm 方木（内层）组合件，用螺栓固定在槽形钢托梁上。顶头与货物端部立板密贴，调节螺杆将货件顶紧。

为防止货物横向移动，通过调节承载框架两侧间的撑杆，使侧梁与货物筋板贴近，其间隙用楔块和防磨衬垫挤紧，顶部与侧承梁焊牢。除采取上述加固方法外，还可利用钢木挡加固。即在车辆侧承梁上，分别设置若干根挡木，顶紧货物筋板。为使挡木不致松动或坠落，则用钢板组焊而成挡座，将挡木放入其内，再与侧承梁焊牢。

对于 Y-Y 型和 Y-Δ 型，同一方向设有四根钢木挡，而电抗器同一方向设有两根钢木挡。

五、其他要求

1. 货物及车辆各承载面应清理干净，不得有焊渣和油污。
2. 钢支座的高度，取决于货物承载肩座及侧承梁承载面距轨面的高度，同时还应考虑在不同载重作用下，车辆的下沉量。
3. 钢支座与肩座先用螺栓紧固，再施焊。焊缝高度不小于 12 mm，应使支座和肩座成为牢固的整体。
4. 钢丝绳和螺旋扣质量良好，不得带有伤痕。各拉牵绳的拧紧力应均匀一致，遇有尖棱处需加防磨衬垫。
5. 绳卡型号为 Y_{7-22}，每一绳头的绳卡数量不少于 3 个，并使 U 形螺栓扣在无载分支上。
6. 装载加固完毕，用油漆标出易于判定货物是否移动的检查线。

第四节　D38 型钳夹车运输发电机定子（挂货托钩）——河北王滩电厂

王滩电厂是国家重点工程建设项目，其中 2×600 MW 定子是该工程的核心设备。定子 2 件；发站：

香坊；到站：滦县。全程线路：香坊—哈尔滨—让湖路—太阳升—太平川—通辽—新立屯—大虎山—山海关—秦皇岛—滦县，全程 1 753 km。分 2 次运输，每次运 1 件。运输时间：2004 年 11 月和 2005 年 5 月。

一、货物规格

定子单件重量 298 t，托钩及其附件重量约 30 t，运输总重 328 t。

外形尺寸：10 350 mm×4 032 mm×4 292 mm，安装托钩后运输尺寸：11 830（悬挂长）mm×4 032 mm×4 875 mm。

货物重心位置：纵横向与定子几何中心重合，距定子底面 2 177 mm。

二、适用车型

使用 D_{38} 型钳夹车配以托钩承载装运，如图 6-4-1、图 6-4-2 所示。

图 6-4-1 D_{38} 型 380 t 钳夹车运输发电机定子

图 6-4-2 D_{38} 型 380 t 钳夹车运输发电机定子局部图（托钩承载状态）

三、装载方法

预先做好定子与托钩连接的准备工作。将顶块装在定子两端上部；利用螺栓、压板将托钩分别固定在定子两端底部，同时安放前后垫块及钢楔等部件。钳夹车送入后，分成两半节，将安装好顶块及托钩的定子置于两钳形梁中间，用垫木支稳，使定子底面距轨面有适当高度。然后，将托钩挂耳与钳形梁车耳通过锥形销连接起来。定子两端上部的顶块紧贴于钳形梁上端的油压缸压柱，定子两端下部连接托钩处，用垫块、钢楔锁紧并点焊固定。这样上下紧固，致使货物牢牢夹在大车车体之间，构成长连挂运输整体，如图 6-4-3 所示。

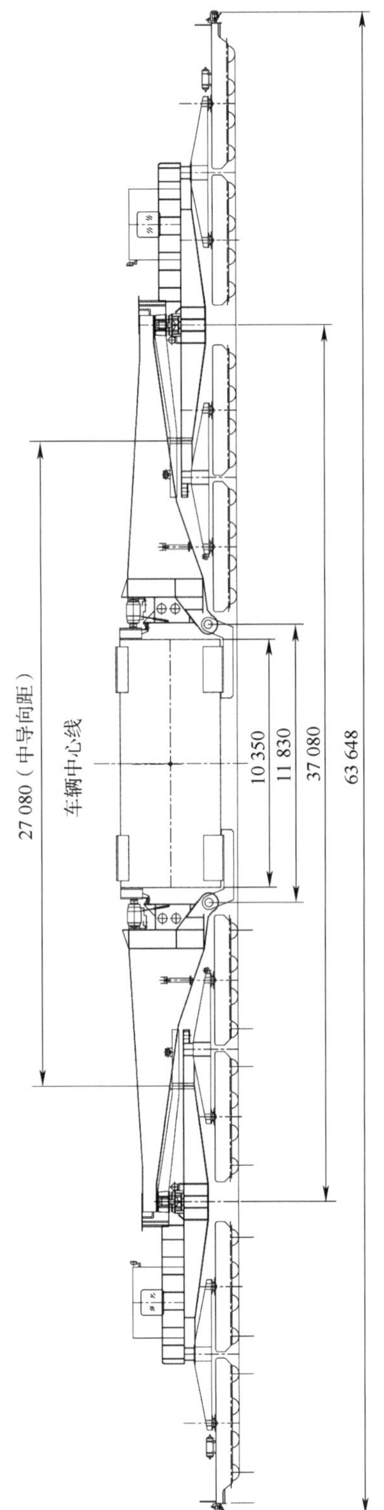

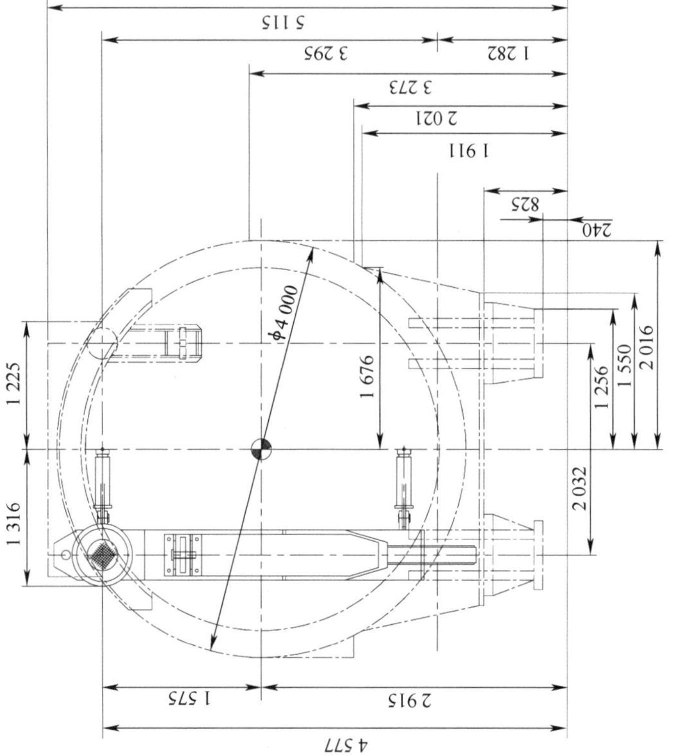

图 6-4-3 D_{38}型380 t钳夹车运输发电机定子总图和侧视图

装载后，货物重心投影与车辆纵横中心线重合，装后计算尺寸见表 6-4-1。

表 6-4-1　定子装后尺寸　　单位：mm

测　　点	距轨面高度	半　　宽	计算宽度	超限等级
中心高（定子顶部）	5 115	1 245	1 564	超级
一侧高（压柱外缘）	4 575	1 336	1 655	超级
二侧高（顶块外侧端部）	4 460	1 544	1 863	超级
三侧高（上部圆弧）	4 460～3 271	半径为 2 020 的圆弧		超级
四侧高（吊攀底座）	3 271～2 019	2 036	2 339	超级
五侧高（定子支座斜面）	1 909～823	1 696	2 015	超级
六侧高（定子底面）	823	1 570	1 889	超级
七侧高（托钩底面）	240	1 276	1 582	超级

注：(1) 货物偏差量是按中导向工况，曲线半径为 300 m 计算；
(2) 表中“半宽”数值是在定子运输图标定的尺寸基础上又增加了 20 mm 裕量后的数值。

从表 6-4-1 看出，该货件装后为超级超限。按部 158 号文规定为一级超重。重车重心高 2 411 mm，按规定限速运行。

第五节　D38 型钳夹车运输变压器（承载框架）——三峡工程

三峡工程是国家重点工程建设项目，由西安变压器厂生产的三峡电网 500 kV 的换流变压器及平波电抗器经铁路运输。换流变压器 2 台，平波电抗器 1 台。运输路线：西安—闵行上海电机厂专用线。途经郑州、济南、上海三个铁路局，运输距离约 1 600 km。运输时间：2001 年 4 月至 6 月。

一、货物规格

换流变压器：9 840 mm×3 398 mm×4 800 mm，重 263 t。重心距底面 2 155 mm，纵向重心偏心 365 mm，横向重心与变压器几何中心重合。

平波电抗器：9 510 mm×3 384 mm×4 600 mm，重 228 t。重心距底面 2 200 mm，纵向重心偏 67 mm，横向重心偏 60 mm。

二、适用车型

使用 D38 型钳夹车钳夹承载框架方式运输。此时，钳夹宽度 2 960 mm，钳夹高度 2 300 mm。货物固定于承载框架中，承载框架两端下部与 D38 型钳夹车的钳夹车耳衔接，上部与压柱压紧。承载框架与 D38 型钳夹车形成长连挂状态。外形尺寸 12 980 mm×3 990 mm×2 300 mm，自重 50 t，为组合式钢结构，可拆卸，如图 6-5-1 所示。

图 6-5-1　D38 型 380 t 钳夹车运输换流变压器

三、装载方法

1. 装车需在长约 65 m 的平直线上进行。装车前，首先将两半承载框架用螺栓和配套的连接板组合成一体，并将承载框架与车辆组装成空车长连挂状态。

2. 用吊车将货物吊放在承载框架中的固定位置，货物的承载肩坐落在承载框架两侧梁上，其间垫以 20 mm 厚橡胶板，如图 6-5-2、图 6-5-3 所示。

装载换流变压器后，货物重心偏离车体横向中心线 332 mm，与车体纵向中心线重合。重车合成重心高 2 133 mm。

装载平波电抗器后，货物重心偏离车体横向中心线 67 mm、车体纵向中心线 60 mm。重车合成重心高 2 198 mm。

装后计算尺寸见表 6-5-1、表 6-5-2。

表 6-5-1　换流变压器装后尺寸　　单位：mm

测　　点	距轨面高	半　　宽	计算宽度		超限等级	测量部位及说明
			中导向	内导向		
中心高	5 050	1 536	1 865	1 746	超级	变压器顶部法兰
一侧高	4 935	1 671	2 000	1 881	超级	变压器顶部侧边
二侧高	4 785	1 699	2 028	1 909	超级	变压器筋板上点
三侧高	3 930	1 994	2 308	2 189	超级	肩座
四侧高	3 780	1 995	2 283	2 164	超级	框架端部上外侧边
五侧高	3 550	1 995	2 324	2 205	超级	框架中部上外侧边
六侧高	1 230	1 995	2 324	2 205	超级	框架中部下外侧边
七侧高	1 150	1 710	1 976	1 857	超级	挂耳销外端
八侧高	855	1 710	1 976	1 857	超级	挂耳下缘
九侧高	445	1 699	2 028	1 909	超级	变压器下部
十侧高	250	1 572	1 901	1 782	超级	变压器底部

表 6-5-2　平波电抗器装后尺寸　　单位：mm

测　　点	距轨面高	半　　宽	计算宽度		超限等级	测量部位及说明
			中导向	内导向		
中心高	5 030	1 372	1 701	1 582	超级	电抗器顶部
一侧高	4 900	1 619	1 948	1 892	超级	电抗器上缘侧边
二侧高	4 767	1 692	2 021	1 902	超级	电抗器筋板上角
三侧高	3 940	1 992	2 321	2 194	超级	电抗器肩座外侧边
四侧高	3 780	1 995	2 283	2 164	超级	框架端部上外侧边
五侧高	3 530	1 995	2 324	2 205	超级	框架中部上外侧边
六侧高	1 230	1 995	2 324	2 205	超级	框架中部下外侧边
七侧高	1 150	1 995	1 976	1 857	超级	挂耳销外端
八侧高	855	1 710	1 976	1 857	超级	挂耳下缘
九侧高	725	1 692	2 021	1 902	超级	电抗器筋板下角
十侧高	682	1 680	2 009	1 890	超级	电抗器下部
十一侧高	527	1 581	1 910	1 791	超级	突出物外端
十二侧高	430	1 575	1 904	1 785	超级	电抗器底部

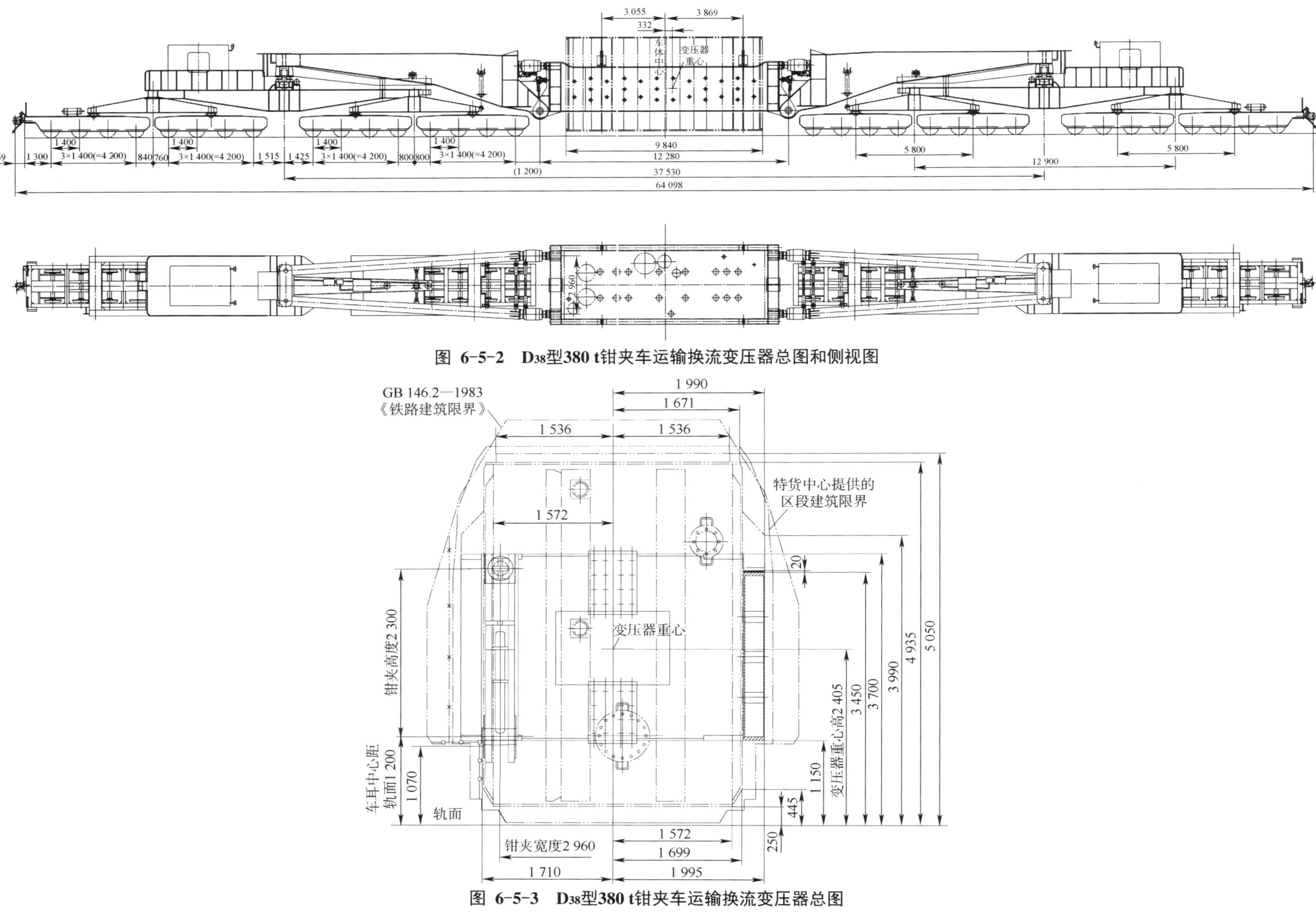

图 6-5-2　D_{38}型380 t钳夹车运输换流变压器总图和侧视图

图 6-5-3　D_{38}型380 t钳夹车运输换流变压器总图

虽然货物装后尺寸某些部位超出《铁路技术管理规程》规定的建筑限界，但经对沿线隧道实际调查，可以通过。

四、货物加固方法（平波电抗器）

纵向加固：框架每个端梁上固定两个顶镐，顶镐螺旋顶柱直径 100 mm，头部直径 150 mm，顶力 100 t，顶镐的顶头与货物间用 2 800 mm×180 mm×180 mm 方木顶紧。

横向加固：由于货物与承载侧梁间距很小（换流变压器每侧 16 mm，平波电抗器每侧 23 mm），采用铁垫板塞紧的方法。垫板与货物间用橡胶板作衬垫。垫板用螺栓挂在承载框架承载面上。根据实际情况，也可以一侧插入橡胶垫，另一侧用铁垫板塞紧。

电抗器纵向加固采用可调顶柱进行加固。装车后顶头与货物间用 180 mm×180 mm 木方顶紧。

电抗器横向与承载框架间每侧仅 23 mm，因此，货物横向加固采用在货物运输支承板与承载框架间加调整垫板方法加固，调整垫板调整合适后，将垫板用螺栓紧固在运输支承板上。

第六节　D38 型钳夹车运输发电机定子（法兰运输）——内蒙古托克托电厂

内蒙古托克托电厂是国家重点工程建设项目，由日本日立公司进口的 2×600 MW 发电机定子经铁路运输。运输路线：新港—丰镇—王桂窑—托克托电厂专用线。途经北京、呼和浩特铁路局，大准铁路专用线，运输距离约 809 km。运输时间：2002 年 4 月至 11 月。

一、货物规格

发电机定子：12 235 mm×3 828 mm×3 918 mm，重 300 t。重心距底面 2 020 mm，纵向重心偏心 45 mm，横向重心与几何中心重合。

二、适用车型

使用 D_{38} 型钳夹车端盖方式运输。定子装车后定子中心距轨面高度为 2 950 mm，车辆钳夹宽度 2 600 mm，钳夹高度 2 300 mm，端盖直径 3 716 mm，端盖自重 50 t，如图 6-6-1 所示。

图　6-6-1

图 6-6-1 D38 型 380 t 钳夹车端盖方式运输定子

三、装载方法

根据日方提供的 310QB81-254 及 310SB85-029 图纸，齐厂对定子运输端盖进行了设计制作。装车前，首先将端盖用高强度螺栓分别紧固在定子两端，将装有端盖的定子置于钳夹车中间。端盖下部的耳孔与钳夹梁的耳孔，借助 4 个直径 220 mm 锥形销连接。钳形梁的上部设有 4 组压头直径为 300 mm 的压柱油缸，用于顶压端盖。组装成长连挂状态，如图 6-6-2、图 6-6-3 所示。

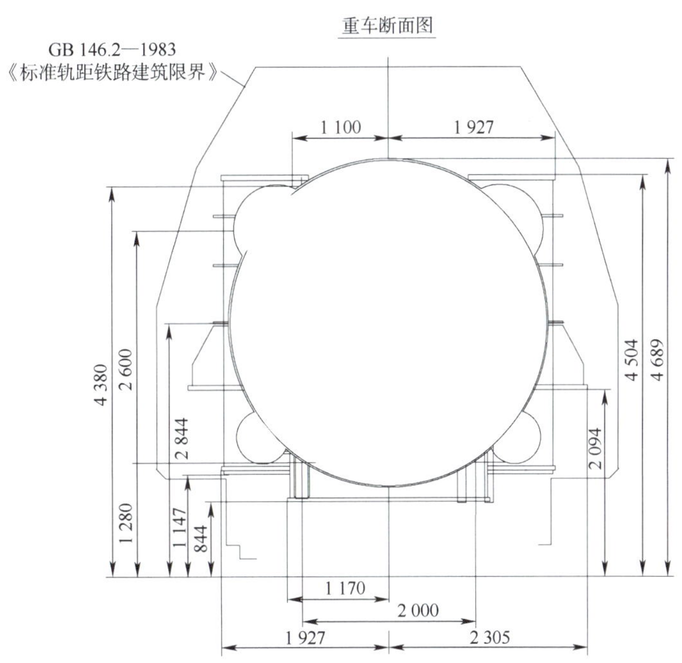

图 6-6-2 D38 型 380 t 钳夹车端盖方式运输侧视图

货物装载后，货物重心偏离车体横向中心线 332 mm，与车体纵向中心线重合。重车合成重心高2 433 mm。装后计算尺寸见表 6-6-1。

表 6-6-1 换流变压器装后尺寸　　单位：mm

测　点	距轨面高	半　宽	计算宽度		超限等级	测量部位及说明
			中导向	内导向		
中心高	4 758	0	310	193	超级	定子顶部
一侧高	4 580	1 191.5	1 502	1 385	超级	冷却箱管接头上口
二侧高	3 329	1 914	2 224	2 107	超级	冷却箱管接头下口
三侧高	3 280～1 340	1 858	2 168	2 051	超级	冷却箱外侧壁
四侧高	1 340～1 222	1 883	2 193	2 076	超级	定子底座至冷却箱底座上面板
五侧高	1 222～880	1 370	1 680	1 563	超级	定子底座至冷却箱底座上面板
六侧高	880～840	1 225	1 535	1 418	超级	端盖底座

注：表中计算宽度是按中导向工况，曲线半径为 300 m 计算的。

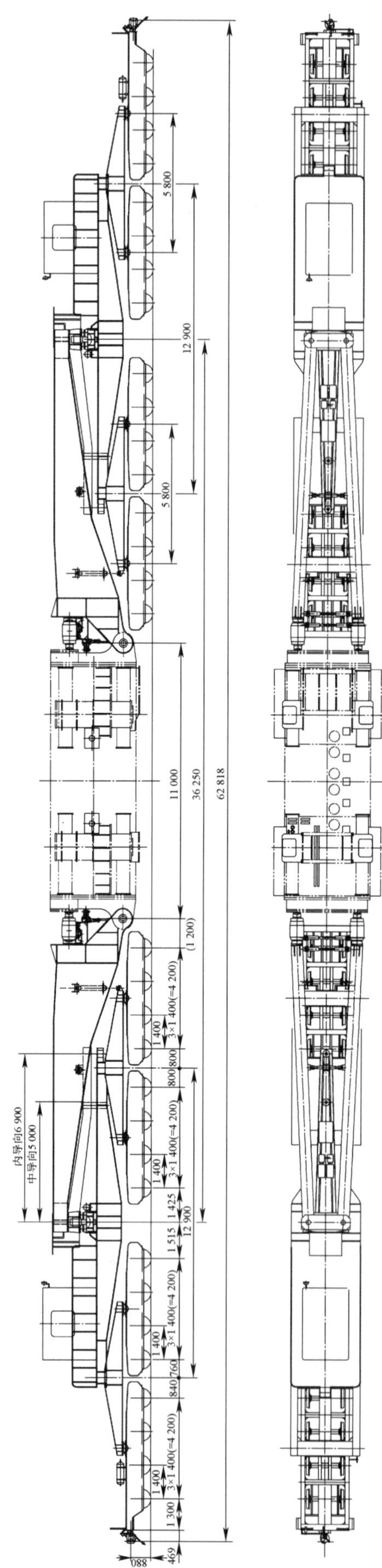

图 6-6-3 D_{38}型380 t钳夹车端盖方式运输总图

虽然货物装后尺寸某些部位超出《铁路技术管理规程》规定的限界，但经对沿线隧道实际调查，可以通过。

四、货物加固方法

经计算，在运输过程中作用于货物的各种力值如下：

纵向惯性力 T=3 001 kN；横向惯性力 N=970 kN；垂直惯性力 $Q_{垂}$=1 617 kN；风力 W=12 kN。

因为是专列运输，途中不进行改编作业；又由于运行速度限制在 40 km/h 以内，因而用于货物的各种惯性力将会小于计算值。

为防止货物在运输中发生移动，在通常情况下，需要进行加固。但由于钳夹车的承载方式和连挂方法具有特殊性，上述各种作用力均由端盖螺栓、车耳锥形销、压柱及钳形梁等共同承担，故不另采取加固措施。

第七节　D30G 型 370 t 双联平车运输加氢反应器——新疆克拉玛依炼油厂

新疆克拉玛依炼油厂二期工程是国家重点工程，其中加氢反应器是该工程的核心部件。由一重集团生产 R101、R102、R201、R202 型号的 4 台加氢反应器，经铁路运输。运输路线：富拉尔基—奎屯。途经哈尔滨局、沈阳局、北京局、呼和浩特局、兰州局、乌鲁木齐局 6 个铁路局，行程 5 200 多 km。运输时间：1999 年 10 月 19 日至 11 月 3 日。

一、货物规格与适用车型

R101 加氢反应器：ϕ2 983 mm×11 056 mm，货物重 103.34 t。运输重量 107.2 t（含鞍座及加固材料重量）。使用 D12 型 120 t 凹底平车装运。重车合成重心高 2 223 mm。超级超限。

R102 加氢反应器：ϕ2 960 mm×30 140 mm，货物重 326 t。使用 D30G 型 370 t 双联平车装运。重车合成重心高 2 587 mm。超级超限。

R201 加氢反应器：ϕ2 859 mm×21 510 mm，货物重 178.2 t。运输重量 190.75 t（含鞍座及加固材料重量）。使用 D30G 型 370 t 双联平车装运。重车合成重心高 2 535 mm。超级超限，如图 6-7-1 所示。

图 6-7-1　D30G 型双联平车运输加氢反应器

R202 加氢反应器：ϕ2 859 mm×21 200 mm，货物重 175.5 t。运输重量 187.55 t（含鞍座及加固材料重量）。使用 D2G 型 210 t 凹底平车装运。重车合成重心高 2 554 mm。超级超限。

二、装载方法

因为R201加氢反应器重量较大，在这里仅介绍运输R201加氢反应器的情况。将货物顺放在D30G型370 t双联平车2个鞍座上。装载后，货物重心偏离车体横向中心线140 mm，与车体纵向中心线重合。重车合成重心高2 535 mm。鞍座弧面半径与货物筒体半径匹配。使用厚20 mm、宽120 mm的16Mn材料的4道卡带及螺母M64紧固。将货物一端与鞍座部分焊接以防止窜动，在货物和鞍座之间、货物和钢带（腰箍）之间垫以橡胶板。货物位于大车平台上面的部分，每端有一个辅助支货物裙座，两端有槽钢撑挡，如图6-7-2、图6-7-3所示。

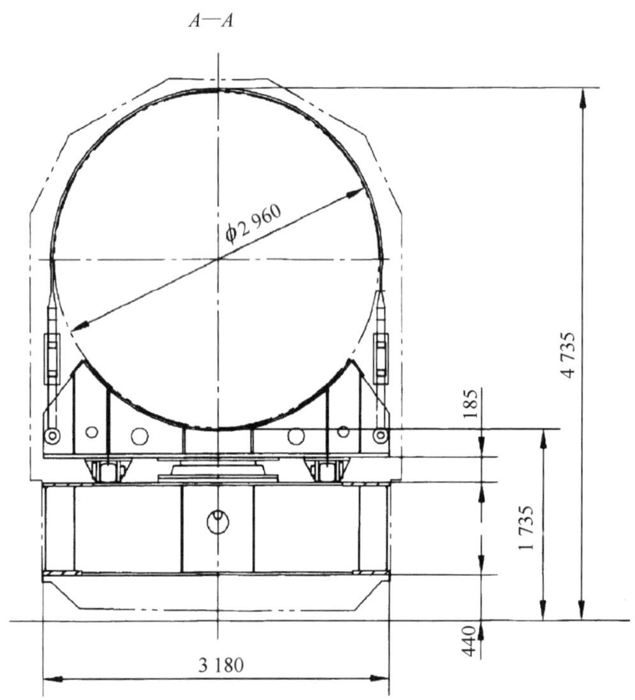

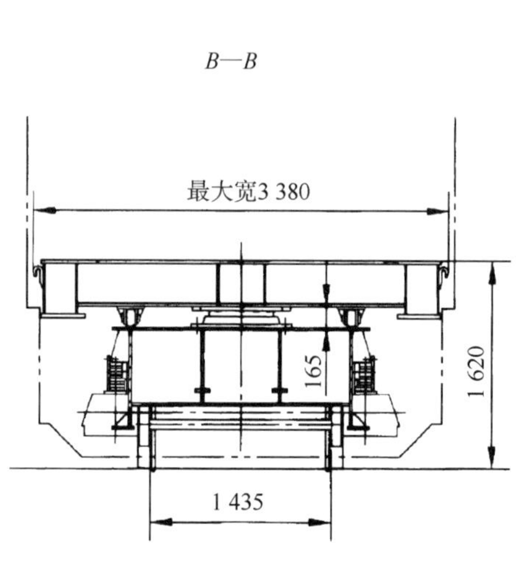

图6-7-2 D30G型双联平车运输加氢反应器侧视图

装车后两转动鞍座中心距为22 000 mm，装后计算尺寸见表6-7-1。

表6-7-1 加氢反应器装后尺寸

单位：mm

测　点	距轨面高	半　宽	圆弧半径	计算宽度	超限等级
中心高	4 831	0	1 664.5	129	超级
一侧高	4 676	0	1 476.5	229	超级
二侧高	4 415	1 433		1 443	超级
三侧高	3 834	1 770		1 780	超级
四侧高	3 400	1 970		2 188	超级
五侧高	2 400	1 800		1 803	超级

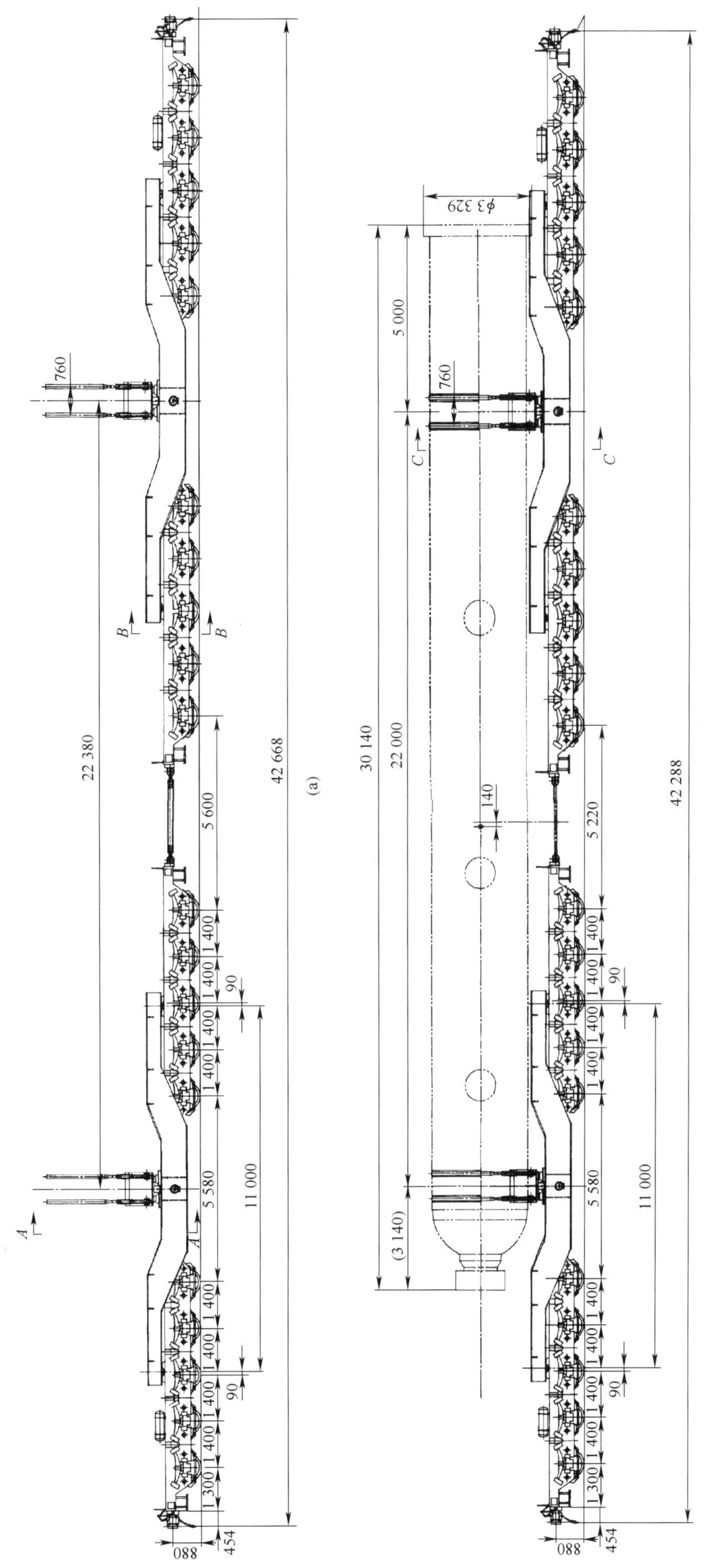

图 6-7-3　D30G型双联平车运输加氢反应器总图

第八节　D_{38}型钳夹车运输5 000 t机械压力机座（侧承梁）——重庆庆陵厂

中国第一重型机械集团为重庆庆铃厂生产的5 000 t机械压力机成套设备，经铁路运抵重庆庆陵厂。发站富拉尔基；到站重庆东。2000年1月中旬运输。

一、货物规格和适用车型

底座中间段：11.2×12.63×3.9（m）、259.58 t，用D_{38}型钳夹车装运；

底座左段：7.25×1.72×3.977（m）、63.86 t，用D_{10}型凹底平车装运；

底座右段：7.25×1.72×3.977（m）、63.51 t，用D_{10}型凹底平车装运；

上梁左部：4.46×3.6×1.805（m）、56.7 t，用D_7型凹底平车装运；

上梁右部：4.46×3.6×1.805（m）、57.6 t，用D_7型凹底平车装运；

上梁中部：9.68×2.44×3.61（m）、166.92 t，用D_{25A}型凹底平车装运；

滑块本体：12×2.43×3.74（m）、204 t，用D_{30A}型钳夹车装运；

工作台：12.986×2.4×0.775（m）、73.42 t，用D_{10}型凹底平车装运。

除上述8件大货外，还有若干压力机附件用29辆普通货车同时装运。

D_{38}型钳夹车装运底座中间段如图6-8-1所示。D_{38}型钳夹车运输压力机座吊装如图6-8-2所示。

图6-8-1　D_{38}型380 t钳夹车运输底座中间段

图6-8-2　D_{38}型钳夹车运输压力机座吊装

2000 年，钳夹车专列运输重庆庆陵厂 5 000 t 机械压力机座滑块本体，如图 6-8-3 所示；重庆庆铃压力机架运输总图和断面图，如图 6-8-4、图 6-8-5 所示。

图 6-8-3　钳夹车专列运输重庆庆陵厂 5 000 t 机械压力机座滑块本体

二、专列编组

机后：普货重车 4 辆、餐车 1 辆、卧铺车 1 辆、工具车 1 辆、试验车 1 辆、空隔离车 1 辆、D_{38} 型钳夹车 1 辆、空隔离车 2 辆、D_{30A} 钳夹车 1 辆、空隔离车 2 辆、D_{25A} 型凹底平车 1 辆、普货重车 1 辆、D_{10} 型凹底平车 1 辆、普货重车 1 辆、D_{10} 型凹底平车 1 辆、普货重车 1 辆、D_{7} 型凹底平车 1 辆、普货重车 1 辆、D_{10} 大车 1 辆、普货重车 1 辆、守车 1 辆，合计 26 辆。总重约 2 800 t。开行专列，沿途添乘押运，安全检测。区间限速 40 km/h，侧向通过道岔 15 km/h。运输径路：富拉尔基—太阳升—山海关—临清—菏泽南—达县—重庆东，全程 3 654 km。

三、装载方案

（一）装载方法

使用 D_{38} 型落下孔式承载框架装运底座中间段。

（二）装后尺寸

底座中间段、滑块本体、上梁左右部和上梁中部装后属超级超限，其余大件超限级别较小。底座中间段用 D_{38} 型钳夹车框架式承载装运。承载框架重 45 t，前后挂耳销孔距 13 000 mm，运输总重 305 t。底座中间段装后计算尺寸见表 6-8-1。重车重心高 2 435 mm。上、下部超级超限，不超重。

表 6-8-1　底座中间段装后计算尺寸　　单位：mm

部　位	高　度	半　宽	计算半宽
中心高	5 035	1 315	1 539
一侧高（框架上缘）	3 780	1 685	1 876
二侧高（框架下缘）	3 000～1 428	1 610	1 834
三侧高（货件底面）	1 248～1 135	1 720	1 934
四侧高（挂耳下缘、框架横梁）	1 135～815	1 685	1 876

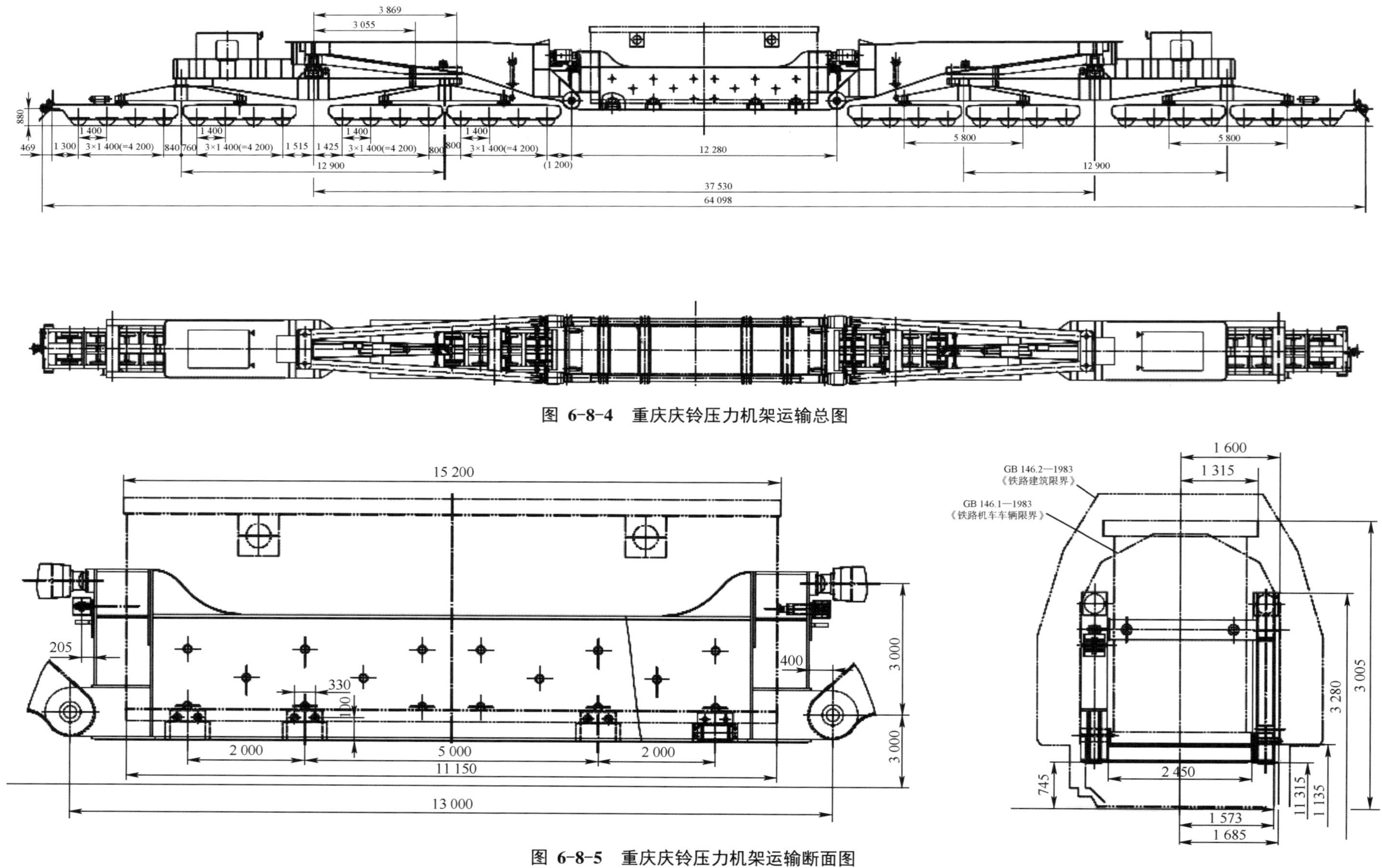

图 6-8-4　重庆庆铃压力机架运输总图

图 6-8-5　重庆庆铃压力机架运输断面图

滑块本体用 D30A 型钳夹车框架式承载装运。承载框架 44 t，前后挂耳销距 14 000 mm，运输总重 248 t。两车装后计算尺寸见表 6-8-2。重车重心高 2 250 mm。超级超限，不超重。

表 6-8-2　滑块本体装后计算尺寸　　单位：mm

部　位	高　度	半　宽	计算半宽
中心高	4 692	1 216	1 535
一侧高（框架上缘）	3 992	1 580	1 906
二侧高（框架下缘）	1 172～3 672	1 600	1 899
三侧高（货件吊耳）	982	1 580	1 901
四侧高（横梁底面）	582	1 550	1 906

上梁中部用 D25A 型凹底平车装运。装后尺寸：中心高 4 720 mm 处，宽 1 220 mm，计算半宽 1 456 mm，超级超限。重车重心高 2 088 mm。

第九节　D45 型 450 t 落下孔车运输 5 m 和 5.5 m 轧钢机架——鞍钢集团公司

中国第一重型机械厂生产的两件大型设备 5 m 和 5.5 m 轧机机架，经铁路运抵鞍山钢铁股份有限公司。发站：富拉尔基；到站：鲅鱼圈（转鲅鱼圈港集 1 号铁路线）。运输路径：富拉尔基—太阳升—鲅鱼圈，全程 1 036 km，途经滨洲、通让、大郑、沈山、沟海、长大、鲅鱼圈等干支线，跨及哈尔滨、沈阳两个铁路局。运输时间：5 m 轧机机架 2 件，2007 年 5 月；5.5 m 轧机机架 2 件，2007 年 9 月。

一、货物规格和适用车型

货物规格见表 6-9-1。

表 6-9-1　货物规格

货物名称	货物重量	尺寸/（mm×mm×mm）	货物重心
5 m 轧机机架	412 t （货物重 405 t，装载加固装置重 7 t）	15 200×2 300×4 670	纵向偏离几何中心线 318 mm，横向偏离几何中心线 14 mm，距货物底面 2 335 mm
5.5 m 轧机机架	412 t （货物重 405 t，装载加固装置重 7 t）	15 910×2 300×4 670	纵向偏离几何中心线 226 mm，横向偏离几何中心线 30 mm，距货物底面 2 335 mm

按照货物的重量、外形尺寸及结构特征，使用 D45 型载重 450 t 落下孔车运输，如图 6-9-1、图 6-9-2 所示。

二、专列编组

机后：空隔离平车 2 辆，D45 型落下孔车 1 辆，空隔离平车 2 辆，试验车 1 辆，工具车 1 辆，餐车 1 辆，卧铺车1 辆，计 9 辆。

图 6-9-1　D45 型 450 t 钳夹车运输轧机机架及局部装载图

图 6-9-2　D45 型落下孔车运输轧机机架通过曲线和现场卸车

三、装载方案

（一）装载方法

使用 D45 型落下孔车装运，每车装一件。将车辆两侧梁间的距离调到适当宽度，把货物置于车辆两侧梁间，并利用两根钢制支承梁担起货件，支承梁落在两侧梁指定位置上。轧机机架与支承梁间、支承梁与车辆侧梁间均垫以 20 mm 厚的橡胶垫。装载后 5.5 m 轧机机架重心投影偏离车辆纵向中心线 5 mm，偏离车辆横向中心线 226 mm；5 m 轧机机架重心投影落在车辆纵向中心线上，偏离车辆横向中心线 318 mm。装载加固示意如图 6-9-3、图 6-9-4 所示。

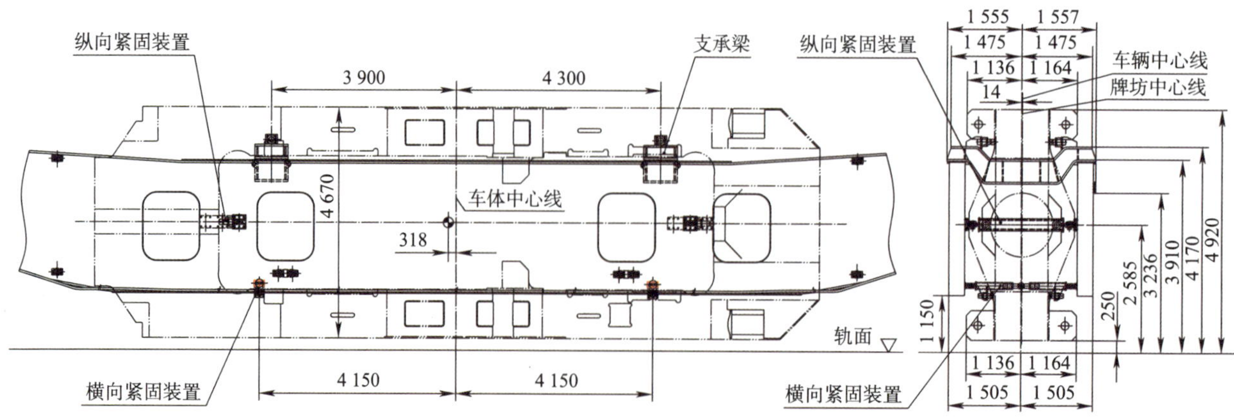

图 6-9-3　D45 型 450 t 钳夹车运输 5 m 轧机机架装载加固示意图

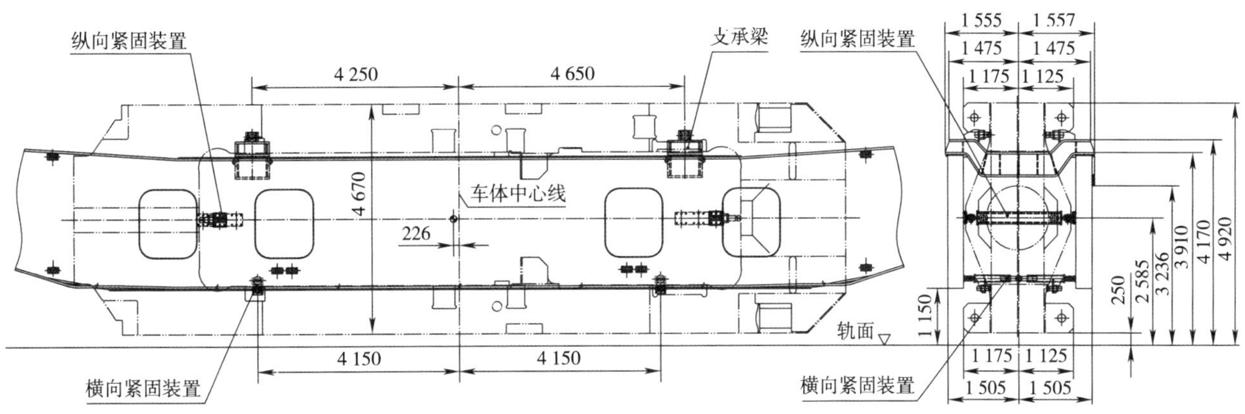

图 6-9-4 D45 型 450 t 钳夹车运输 5.5 m 轧机机架装载加固示意图

（二）装后尺寸

两车装后计算尺寸见表 6-9-2。

表 6-9-2 轧机机架装后尺寸

单位：mm

测　点	距轨面高度	半　宽	计算宽度 R300 m
中心高	4 950	1 205	1 705
一侧高	4 170	1 505	2 005
二侧高	3 910～3 236	1 587	2 087
三侧高	3 236～1 150	1 535	2 035
四侧高	1 150～250	1 205	1 705
备　注	未衔接高度间为斜坡形；中心高和半宽均在图纸标注尺寸的基础上增加了 30 mm 裕量		

（三）超限等级

装后属超级超限，二级超重。重车重心高均为 2 327 mm，按有关规定限速运行。

四、加固方法

在车辆两侧梁间安装两个纵向紧固装置，并旋转加固梁上的固定螺杆，分别顶住货物前后端的内侧面，防止货物纵向移动。

旋转支承梁上的固定螺杆和横向紧固装置上的调节螺杆，使其顶紧货物两侧面，防止货物横向移动。

纵向、横向加固共使用 12 个螺杆，每个螺杆顶端与货物间均垫以厚 10 mm 橡胶垫，以免货物磨损。

第十节 D45 型 450 t 落下孔车运输出口韩国 5.5 m 轧机机架

中国一重集团公司出口韩国的 5.5 m 轧机机架代表了我国超大型设备的制造能力。发站：富拉尔基；到站：金州（转大连港铁路公司大连湾专用铁路）。分 6 次运输，每次运 1 件，第一件 2009 年 3 月运输。

一、货物规格和适用车型

货物重量：操作侧机架重 400 t，运输重量 406.5 t（含装载加固装置 6.5 t）；传动侧机架重 405 t，运输重量 411.5 t（含装载加固装置 6.5 t）；

外形尺寸：均为 15 200 mm×2 300 mm×4 670 mm；

重心位置：均纵向偏离几何中心线 256 mm，横向偏离几何中心线 4 mm，距货物底面 2 335 mm。

轧机机架共 6 件，按照货物的重量、外形尺寸及结构特征，使用 D_{45} 型载重 450 t 落下孔车 6 次运输，如图 6-10-1～图 6-10-5 所示。

图 6-10-1　轧机机架落车

图 6-10-2　D_{45} 型 450 t 钳夹车运输韩国浦项 5.5 m 轧机机架

图 6-10-3　D_{45} 型 450 t 钳夹车运输韩国浦项 5.5 m 轧机机架局部装载图

图 6-10-4　D45 型 450 t 钳夹车运输轧机机架开始启运

图 6-10-5　D45 型 450 t 钳夹车运输并通过曲线

二、专列编组

机后：空隔离平车 4 辆，D45 型落下孔车 1 辆，空隔离平车 2 辆，试验车 1 辆，工具车 1 辆，餐车 1 辆，软卧车 1 辆，计 11 辆。

三、装载方案

（一）装载方法

使用 D45 型落下孔车装运，每车装一件。将车辆两侧梁间的距离调到适当宽度，把货物置于车辆两侧梁间，并利用两根钢制支承梁担起货件，支承梁落在两侧梁指定位置上。轧机机架与支承梁间、支承梁与车辆侧梁间均垫以 20 mm 厚的橡胶垫。装载后 5.5 m 轧机机架重心投影偏离车辆纵向中心线 5 mm，偏离车辆横向中心线 226 mm；5 m 轧机机架重心投影落在车辆纵向中心线上，偏离车辆横向中心线 318 mm。装载加固示意如图 6-10-6 所示。

（二）装后尺寸

两车装后计算尺寸见表 6-10-1。

表 6-10-1　轧机机架装后尺寸内导向工况　　单位：mm

测　点	距轨面高度	货物半宽	计算宽度（R300 m）
中心高	5 000	1 200	1 674
一侧高	4 250	1 500	1 974
二侧高	3 970～3 130	1 610	2 084
三侧高	3 130～1 130	1 530	2 004
四侧高	1 130～210	1 200	1 674
备　注	以上未衔接高度间均为斜坡形		

（三）超限等级

轧机机架装后均为超级超限，二级超重。预计操作侧机架装后重车重心高 2 372 mm，传动侧机架装后重车重心高 2 340 mm。装载后，操作侧和传动侧轧机机架重车重心投影均落在车辆纵中心线上，偏离车辆横中心线 256 mm。

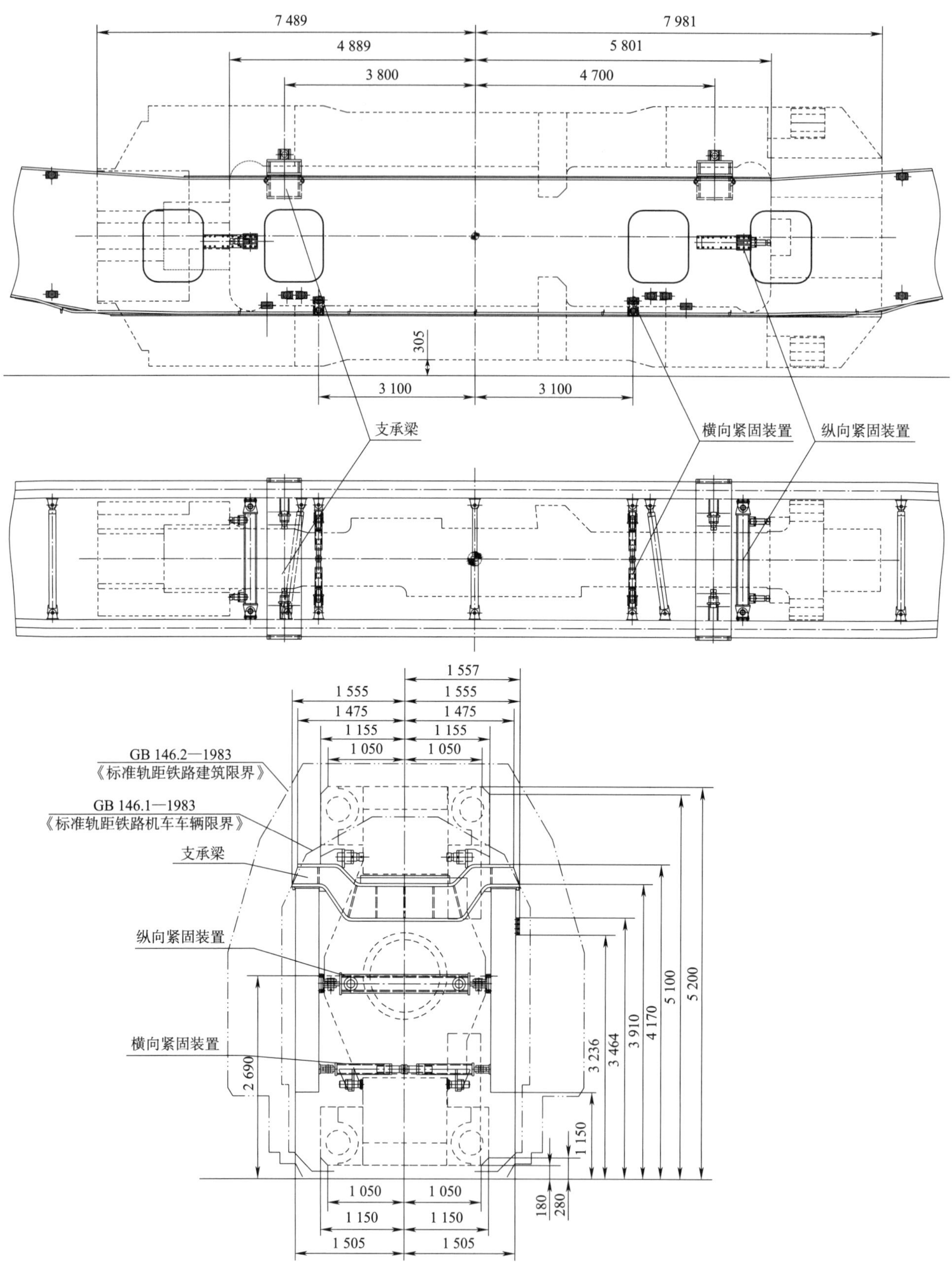

图 6-10-6　D45 型 450 t 钳夹车运输轧机机架总图（2009 年出口韩国）

第十一节 DK36、DK29、D26B 型落下孔车运输变压器——酒泉换流站

酒泉换流站是国家重点工程。高端变压器 4 台（山海关始发）；200 kV 变压器 7 台、400 kV 变压器 7 台（西安西始发）。运输时间：2016 年 7 月至 2017 年 10 月。山海关至柳沟，全程线路：山海关—友谊水库—梧桐水—安北—柳沟，全程约 3 050 km，途经津山、丰沙、京包、张集、临哈、兰新等干支线，跨及沈阳、北京、呼和浩特、乌鲁木齐、兰州 5 个铁路局。西安西至柳沟，全程线路：西安西—新街—梧桐水—安北—柳沟，全程约 2 850 km，途经陇海、咸铜、包西、京包、临哈、兰新等干支线，跨及西安、呼和浩特、乌鲁木齐、兰州 4 个铁路局。

一、货物规格与适用车型

高端变压器使用 DK36 型落下孔车，采用肩座式侧承装运。DK36 型落下孔车运输高端变压器如图 6-11-1 所示。

图 6-11-1　DK36 型落下孔车运输高端变压器

外形尺寸：13 000 mm×3 994 mm（含肩座）×4 778 mm；

货物重量：342.76 t，其中件重 340 t（含肩座、残油重量），装载加固装置重 2.76 t；

重心位置：横向、纵向与油箱中心线重合，距变压器底面 2 223 mm。

200 kV、400 kV 变压器使用 DK36、DK29、D26B 型落下孔车，采用肩座式侧承装运。

外形尺寸：11 050 mm×3 990 mm（含肩座）×4 850 mm。

货物重量：使用 DK36 时，254.76 t，其中件重 252 t（含肩座、残油重量），装载加固装置重 2.76 t；使用 DK29 时，254.54 t，其中件重 252 t（含肩座、残油重量），装载加固装置重 2.54 t；使用 D26B 时，254.36 t，其中件重 252 t（含肩座、残油重量），装载加固装置重 2.36 t。

重心位置：纵向、横向与油箱中心线重合，距变压器底面 2 400 mm。

二、专列编组

按专列组织运行，以一次运输 4 台为例，车列编组如下：隔离平车 2 辆，落下孔车 1 辆，隔离平车 2 辆，落下孔车 1 辆，隔离平车 2 辆，落下孔车 1 辆，隔离平车 2 辆，落下孔车 1 辆，隔离平车 1 辆，客车 3 辆（其中 1 辆代工具维修车），隔离平车 1 辆，共计 17 辆。

三、装载方法

1. 调节车辆两侧梁间的内宽，使货物与每片侧梁之间留有适当间隙。

2. 变压器置于车辆落下孔内，承载肩座分别落在车辆的两侧梁上。通过在肩座与车辆侧梁之间加垫适当厚度钢垫板进行高度调整，使货物底部距轨面高度不低于 250 mm，钢垫板与侧承梁间加垫厚 6 mm 的 1613 型耐压橡胶垫。

3. 装载后，变压器重心偏离车辆中心线情况：

高端变压器：装载后变压器重心投影落在车辆横纵中心线交叉点上，装后尺寸见表 6-11-1。高端变压器装载加固示意（DK_{36} 型落下孔车装载）如图 6-11-2 所示，其他装载加固方式基本相同。

200 kV、400 kV 变压器：使用 DK_{36}、DK_{29}、D_{26B} 型车装载时变压器重心投影偏离车辆横中心线不超过 100 mm、与车辆纵中心线重合。

4. 根据选用的货车，在货物两端各设置 1 套对应结构的纵向钢木顶紧装置挡固。每个支座通过4 个 M30 螺栓（10.9 级）分别固定在侧承梁上，装有两个梯形螺杆的横梁与支座用螺栓连接，转动螺杆使螺杆头部槽形卡板内镶嵌的方木顶紧货物端部。

5. 在货物两侧的侧承梁上各放置 2 个横向钢木挡挡固。横向钢木挡的槽形钢座框沿车辆侧梁摆放好位置后满焊在侧承梁上（焊缝长度不小于 70 cm，焊缝高度不小于 1 cm），在横向钢木挡立板与方木间打入楔铁，使方木与货物密贴，并将楔铁与钢木挡立板点焊加固。

6. 钢垫板由多块钢板组成时，应焊接为一体，实际厚度根据现场装车实际高度进行调整。钢垫板两端与侧承梁间段焊三处，钢垫板上肩座两侧各用两块钢挡挡焊。

7. 纵向钢木顶紧装置及横向钢木挡中的木材应选用硬木，木块不得有贯穿性裂纹。

8. 梯形螺杆与槽形卡板连接螺栓应采取防松措施。

9. 装车完毕，标画货物检查线。

表 6-11-1　高端变压器使用 DK36 型车装载时预计装后尺寸　　单位：mm

测　点	距轨面高度	货物及车辆半宽	计算宽度（R300 m）	
			中导向	内导向
中心高	5 130	1 360	1 658	1 532
一侧高	4 595	1 750	2 048	1 922
二侧高	4 430	1 775	2 073	1 947
三侧高	4 185	1 960	2 258	2 132
四侧高	4 170	1 990	2 288	2 162
五侧高	4 080～1 200	2 030	2 328	2 202
六侧高	1 200～1 030	1 775	2 073	1 947
七侧高	620	1 650	1 948	1 822
八侧高	250	1 510	1 808	1 682
备　注	各高度及半宽包含 30 mm 裕量；以上未衔接高度间均为斜坡形			

装后超级超限，不超重。重车重心高为 2 316 mm，按规定限速运行（表 6-11-2）。

200 kV、400 kV 变压器使用 DK_{36}、DK_{29}、D_{26B} 型落下孔车，采用肩座式侧承装运。

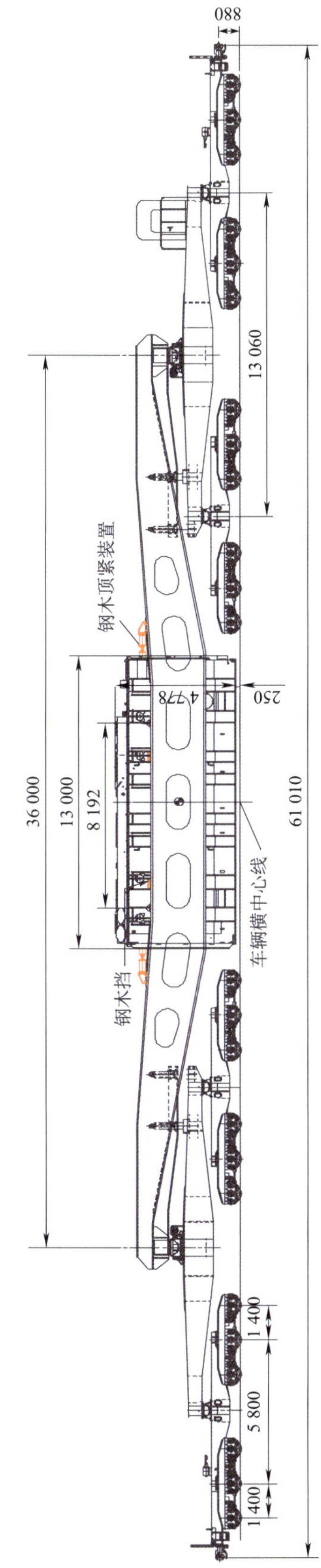

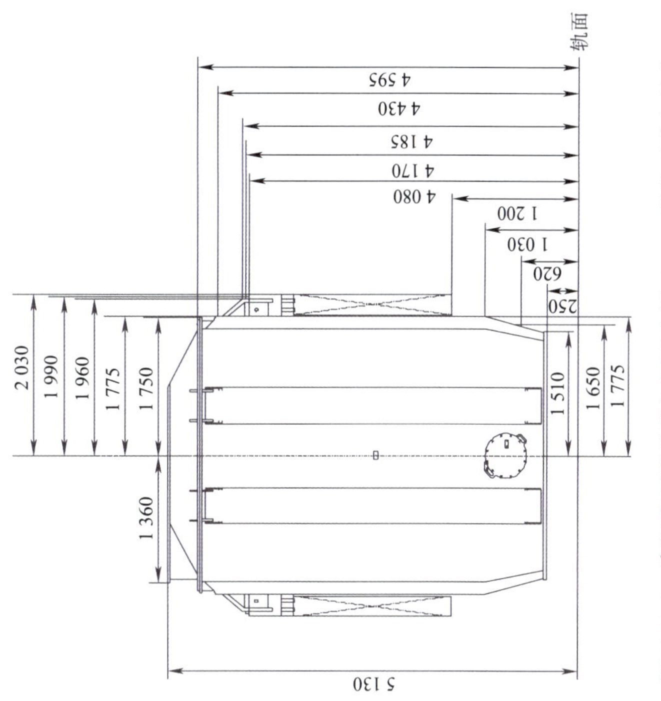

图 6-11-2 高端变压器装载加固示意图（DK36型落下孔车装载）

表 6-11-2 DK36 型车装载时预计装后尺寸 单位：mm

测　点	距轨面高度	货物及车辆半宽	计算宽度（R300 m）	
			中导向	内导向
中心高	5 180	1 480	1 778	1 652
一侧高	4 920	1 670	1 968	1 842
二侧高	4 700	1 770	2 068	1 942
三侧高	4 500	1 780	2 078	1 952
四侧高	4 080～1 220	2 020	2 318	2 192
五侧高	1 220～850	1 780	2 078	1 952
六侧高	250	1 500	1 798	1 672
备　注	各高度及半宽包含 30 mm 裕量；以上未衔接高度间均为斜坡形			

装后超级超限，不超重。重车重心高为 2 378 mm，按规定限速运行（表 6-11-3）。

表 6-11-3 DK29、D26B 型车装载时预计装后尺寸 单位：mm

测　点	距轨面高度	货物及车辆半宽	计算宽度（R300 m）	
			DK29	D26B
中心高	5 180	1 480	1 768	1 711
一侧高	4 920	1 670	1 958	1 901
二侧高	4 700	1 770	2 058	2 001
三侧高	4 500～4 350	1 780	2 068	2 011
四侧高	3 950～1 250	2 020	2 308	2 251
五侧高	1 250～850	1 780	2 068	2 011
六侧高	250	1 500	1 788	1 731
备　注	各高度及半宽包含 30 mm 裕量；以上未衔接高度间均为斜坡形；2 550～1 700 mm 处为车辆心盘梁，半宽为 2 080 mm（包含 30 mm 裕量）			

装后超级超限，不超重。使用 DK29 装载时重车重心高 2 295 mm，使用 D26B 装载时重车重心高 2 301 mm，按规定限速运行。

第十二节 DQ35 型 350 t 钳夹车运输 600 MW 发电机定子（挂货托钩）——山西漳山电厂

漳山电厂是国家重点工程建设项目，其中 2×600 MW 发电机定子是该工程的核心设备。定子 2 件。发站：闵行；到站：长治北。运输时间：第一次 2007 年 7 月，第二次 2007 年 8 月。

一、货物规格

定子单件重量 288 t，托钩及其附件重量 30 t，运输重量 318 t，如图 6-12-1 所示。

外形尺寸：10 350 mm×4 032 mm×4 292 mm，安装托钩后运输尺寸：11 830（悬挂长）mm×4 032 mm×4 876 mm。

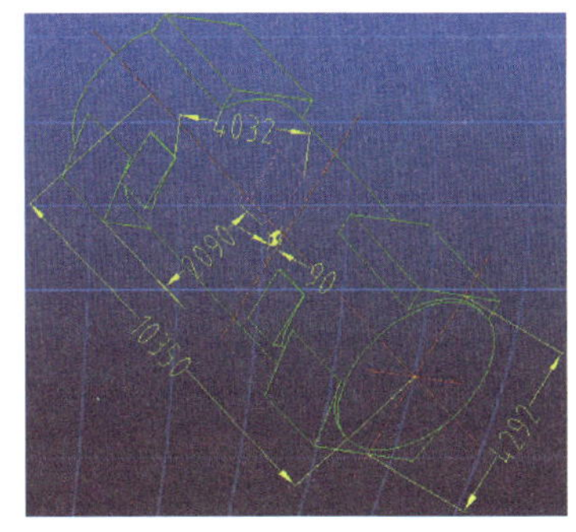

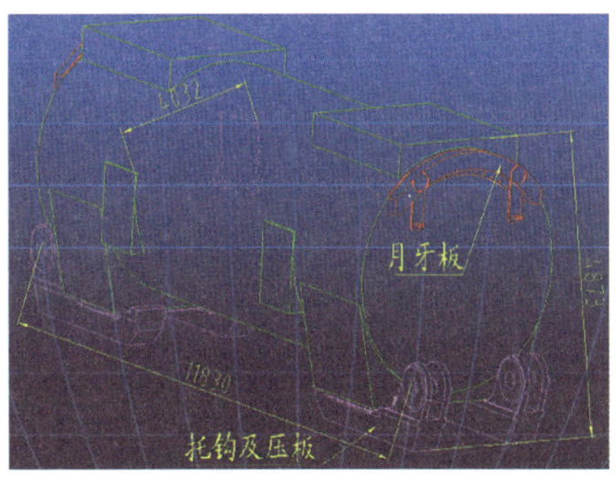

图 6-12-1　发电机定子和托钩及压板组成

重心位置：纵向偏离定子中心线 90 mm，横向居中，距定子底面 2 090 mm。

二、适用车型

使用 DQ_{35} 型钳夹车配以托钩承载装运，如图 6-12-2～图 6-12-6 所示。

图 6-12-2　DQ_{35} 型 350 t 钳夹车运输山西漳山电厂发电机定子

图 6-12-3　定子吊装装车、专列途经滁州站和通过太焦线曲线和隧道

图 6-12-4　DQ_{35} 型钳夹车运输定子专列到达长治北站卸车地点

图 6-12-5　定子与钳夹车分解、平移卸车至公路平板车、DQ35 钳夹车短连挂

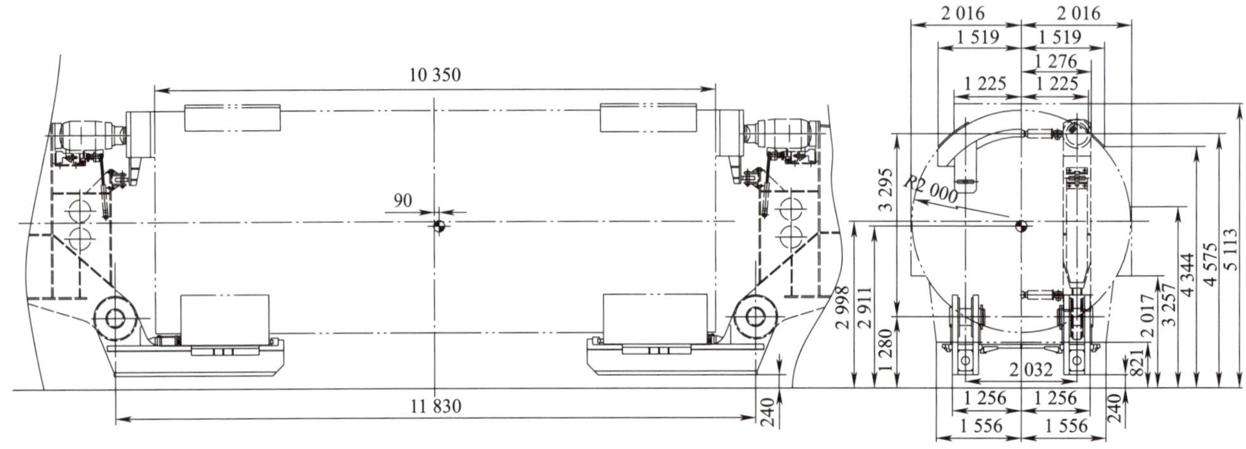

图 6-12-6　DQ35 型 350 t 钳夹车运输发电机定子局部图（托钩承载状态）

三、车辆编组

机后：空隔离平车 4 辆，DQ35 型钳夹车 1 辆，空隔离平车 2 辆，试验车 1 辆，餐车 1 辆，卧铺车 1 辆，工具车 2 辆，计 12 辆。

四、运输径路

闵行—符离集—虞城县—梁堤头—菏泽南—长治北（转山西漳泽发电有限公司专用线），全程 1 343 km。途经新闵、沪昆、京沪、陇海、京九、新石、新焦、太焦等干支线，跨及上海、济南、郑州三个铁路局。

五、装载方法

使用托钩方式承载，如图 6-12-7 所示。

1. 装载加固装置：托钩（含压板、螺栓、垫块和钢楔）、顶块。

2. 装载方法：将顶块装在定子两端上部；利用垫板、螺栓、压板将托钩分别固定在定子两端底部，同时安放前后垫块及钢楔等部件。用垫块、钢楔锁紧。定子两端上部的顶块紧贴于钳形梁上端的油压缸压柱。

3. 钳夹车送入后，分成两半节，将安装好顶块及托钩的定子置于两钳形梁中间，用垫木支稳，使定子底面距轨面有适当高度。然后，将托钩挂耳与钳形梁车耳通过锥形销连接起来。定子两端上部的顶块紧贴于钳形梁上端的油压缸压柱，定子两端下部连接托钩处，用垫块、钢楔锁紧。这样上下紧固，使货物牢牢夹在大车车体之间，构成长连挂运输整体。

装载后，货物重心投影横向与车辆纵中心线重合，纵向偏离车辆横中心线 90 mm。超级超限，不超重。重车重心高 2 406 mm，见表 6-12-1。

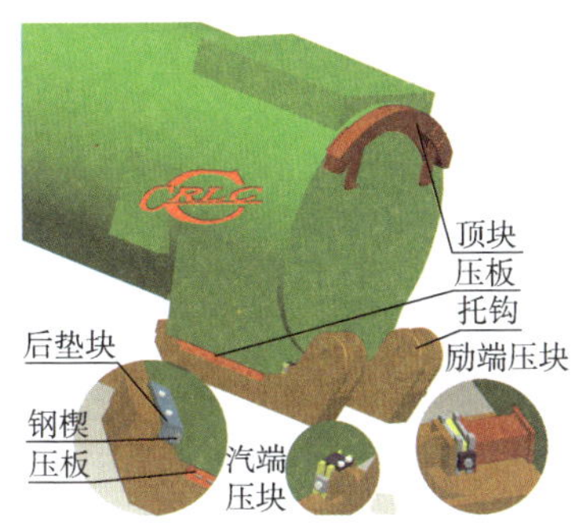

图 6-12-7　DQ35 型 350 t 钳夹车运输发电机定子局部图（托钩承载状态）

表 6-12-1　预计装后尺寸：内导向工况　　单位：mm

测　点	距轨面高度	半宽	计算宽度（R300 m）
中心高	5 150	1 255	1 489
一侧高	4 575	1 306	1 540
二侧高	4 344	1 549	1 783
三侧高	4 344～3 257	半径 R2 000 圆弧＋30（圆心高 2 998）	
四侧高	3 257～2 017	2 046	2 280
五侧高	821	1 586	1 820
六侧高	240	1 286	1 520
备　注	1. 中心高及半宽在图纸标注尺寸基础上增加 30 mm 裕量； 2. 以上未衔接高度间均为斜坡形		

六、其他要求

1. 装车前对 DQ35 型钳夹车进行调试，包括动作检查、打压测试，对托钩进行探伤检验。
2. 装载后，测量并调整各相关尺寸，达到方案要求。
3. 各紧固件采取防松措施。
4. 装车后进行装载静态检测和均载调试。调试合格后将托钩钢楔点焊，施焊时严禁电流通过轴承。
5. 运输中保证油压正常，保持钳夹耳孔水平高度符合方案要求，经常检查各级旁承间隙，及时调整。

第十三节　D32A 型 320 t 凹底平车运输 600 MW 发电机定子——华能沁北电厂

沁北电厂是国家重点工程建设项目，其中 2×600 MW 发电机定子是该工程的核心设备。分 2 次运输，第一台，发站：新港，到站：沁河北；第二台，发站：香坊，到站：沁河北。运输时间：2007 年3 月和 2007 年 4 月。

一、货物规格

根据委托方提供的资料，外形尺寸：10 474 mm×4 032 mm×4 320 mm（含定子压板及上下盖板，不含吊耳）；运输重量 306.1 t（其中定子重量 298 t，压板及上下盖板重量 4 t，装载加固装置重量 4.1 t）。

货物重心位置：纵、横向与定子几何中心重合，距定子底面 2 191 mm。

二、适用车型

针对货物的运输重量、外形尺寸及结构特征，使用 D32A 型凹底平车装运，如图 6-13-1、图 6-13-2 所示。

图 6-13-1　D32A 型 320 t 凹底平车运输发电机定子 1

图 6-13-2　D32A 型 320 t 凹底平车运输发电机定子 2

三、专列编组

机后：空隔离平车 4 辆，D32A 型凹底平车 1 辆，空隔离平车 2 辆，工具车 1 辆，餐车 1 辆，卧铺车 1 辆，计 10 辆。

四、运输径路

第一台：新港—临清—菏泽南—沁河北（转河南华能沁北发电有限责任公司专用铁路），全程 1 037 km。途经津山、津霸、京九、新焦、焦柳等干支线，跨及北京、济南、郑州三个铁路局。

第二台：香坊—太阳升—山海关—临清—菏泽南—沁河北（转河南华能沁北发电有限责任公司专用铁路），全程 2 379 km。途经滨洲、通让、大郑、京哈、京九、新焦、焦柳等干支线，跨及哈尔滨、沈阳、北京、济南、郑州五个铁路局。

五、装载方案

使用 D32A 型凹底平车装运。货物顺向装在车辆凹部地板上，货物重心投影落在车辆纵、横中心线交叉点上。预计装后尺寸见表 6-13-1、表 6-13-2。

表 6-13-1　预计装后尺寸中导向（不含绝缘软盖板）　　单位：mm

测　　点	距轨面高度	货物半宽	计算宽度（*R*300 m）	计算宽度（*R*400 m）
中心高	5 320	1 255	1 558	1 474
一侧高	4 753	1 255	1 558	1 474
二侧高	4 753～3 522	半径 *R*2 000 圆弧＋30		
三侧高	3 522～2 191	2 046	2 364	2 276

续上表

测 点	距轨面高度	货物半宽	计算宽度（R300 m）	计算宽度（R400 m）
四侧高	970	1 611	1 929	1 841
备 注	1. 中心高和半宽在图纸标注尺寸的基础上增加 30 mm 裕量； 2. 四侧高处半宽另增加 25 mm（钢丝绳夹头增加的宽度）； 3. 以上未衔接高度间均为斜坡形			

表 6-13-2 中导向（含绝缘软盖板） 单位：mm

测 点	距轨面高度	货物半宽	计算宽度（R300 m）	计算宽度（R400 m）
中心高	5 336	1 271	1 574	1 490
一侧高	3 528～2 185	2 052	2 370	2 282
二侧高	970	1 611	1 929	1 841
备 注	1. 中心高和半宽在图纸标注尺寸的基础上增加 30 mm 裕量； 2. 中心高高度和半宽已含 16 mm 绝缘软盖板厚度； 3. 一侧高高度和半宽已含 6 mm 绝缘软盖板拉纤绳直径； 4. 二侧高处半宽另增加 25 mm（钢丝绳夹头增加的宽度）； 5. 以上未衔接高度间均为斜坡形			

装后超级超限，一级超重，重车重心高 2 395 mm，按有关规定限速运行。

六、加固方法

将货物顺装在车辆凹部地板上，货物与车地板间铺垫厚 20 mm 橡胶垫。货物重心投影落在车辆纵、横中心线交叉点上。该货装后为超级超限，一级超重，重车重心高 2 395 mm。

（一）钢丝绳下压加固

在定子两侧，通过定子机座上的螺栓孔和车辆两侧的绳钩分别用 6 道 ϕ20 mm 的钢丝绳双股下压加固，利用“OO”形螺旋扣和钢丝绳夹头拉紧卡死。

（二）纵向钢木顶紧装置挡固

在定子两端各用 1 套纵向钢木顶紧装置挡固。定子落定后，旋紧顶镐，使横梁顶紧定子端部压板，如图 6-13-3所示。

（三）横向钢挡挡固

在定子底座底面每侧分别焊接 2 个横向钢挡，使其紧靠车地板边缘，如图 6-13-3 所示。

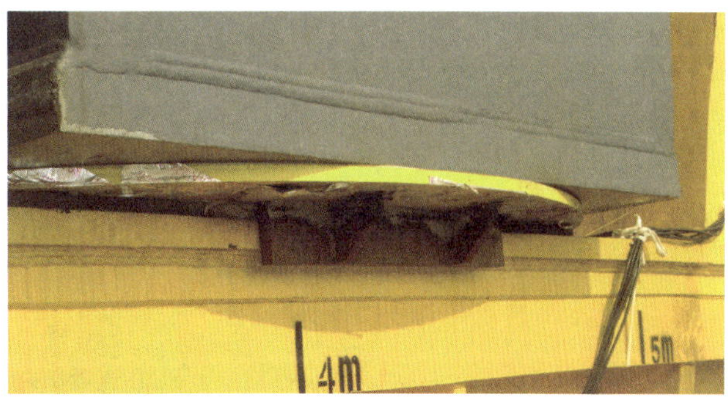

图 6-13-3 D32A 型 320 t 凹底平车运输发电机定子装载加固局部图

（四）其他要求

1. 装车前做好各项准备工作，按预定方案进行装载。
2. 钢丝绳绳端使用钢丝绳夹头固定，每端数量不少于 3 个。
3. 钢丝绳与货物、车辆棱角接触处，须采取防磨措施。
4. D32A 车体采用高强度钢材制造，装载加固时不得在车体上施焊。

5. 在货物上施焊时，严禁电流通过滚动轴承。

6. 装载后，如果凹底架两侧距轨面高度差较大时，可利用旁承油缸将其调整为水平状态。

7. 装车完毕，标画货物检查线。

七、运输条件

1. 专列运输，沿途不补轴。

2. D_{32A} 型凹底平车全程采用中导向工况运行。

3. 在新乡东站至卸车地点间需苫盖绝缘软盖板。

4. 专列运行限速，按《超规》规定和 D_{32A} 型凹底平车使用说明书办理。通过重点线路和桥梁的速度按各局调度命令办理。

5. 重点线路地段和重点桥梁需进行监测。需要加固的线路、桥梁，提前由铁路局组织实施，保证专列按时通过。

6. 无人看守道口派人看守。

第十四节　DA_{37} 型凹底平车运输 1 000 MW 汽轮发电机内定子——宁夏鸳鸯湖电厂

宁夏鸳鸯湖电厂 1 000 MW 发电机内定子是国家重点工程建设项目的核心设备。分 2 次运输，发站：德阳；到站：大坝（经宁夏宁东铁路股份有限公司线路到黄羊墩火车站）。运输时间：2016 年 3 月至 2017 年 12 月。

一、货物规格

货物重量：单件重量 342 t，运输重量 355 t（内定子重 342 t，保护罩重 10 t，装载加固装置重量 3 t）。

外形尺寸：10 829 mm×ϕ3 600 mm（定子本体 ϕ3 390 mm），包装后运输尺寸：11 050 mm×3 750 mm×3 675 mm。

重心位置：纵向偏离定子本体几何中心 210 mm，横向居中，距定子本体底面 1 695 mm。

保护罩：纵、横向与几何中心重合，距保护罩底面 890 mm。

二、适用车型

针对货物的运输重量、外形尺寸及结构特征，使用 DA_{37} 型凹底平车装运，如图 6-14-1 所示。

图 6-14-1　DA_{37} 型 370 t 凹底平车运输发电机定子

三、专列编组

机后：空隔离平车 4 辆，DA37 型凹底平车 1 辆，隔离平车 1 辆，试验车 1 辆，软卧车 1 辆，工具车维修车和客车 3 辆（4 辆），隔离平车 1 辆，计 10 辆（11 辆）。

四、运输径路

德阳—三汇镇—秀山—株洲—蔡山—淮滨—王楼—梁堤头—临清—郭磊庄—古店—惠农—大坝（经宁夏宁东铁路股份有限公司的线路到黄羊墩站），全程 4 860 km，途经宝成、达成、襄渝、渝怀、沪昆、京九、丰沙、京包、包兰等干支线，跨及成都、南昌、武汉、上海、郑州、济南、北京、太原、呼和浩特、兰州、广州 11 个铁路局。

五、装载方案

使用 DA37 型凹底平车装运。货物顺向装在车辆凹部地板上，货物重心投影落在车辆纵、横中心线交叉点上。内定子加固完毕后，采用保护罩包装防护。预计装后尺寸见表 6-14-1。装载示意如图 6-14-2、图 6-14-3 所示。

表 6-14-1 预计装后尺寸中导向 单位：mm

测 点	距轨面高度	半 宽	计算宽度（R300 m）
中心高	4 890～3 020	半径 1 935 圆弧（圆心高 2 990）	
一侧高	3 020～1 460	1 935	2 276
二侧高	1 460～1 320	1 450	1 791
备 注	中心高、一侧高高度和半宽包含 50 mm 裕量		

装后超级超限，一级超重，重车重心高 2 375 mm，按有关规定限速运行。

六、加固方法

1. 凹形钢座架（焊接位置如图 6-14-2 所示）与车地板满焊固定。

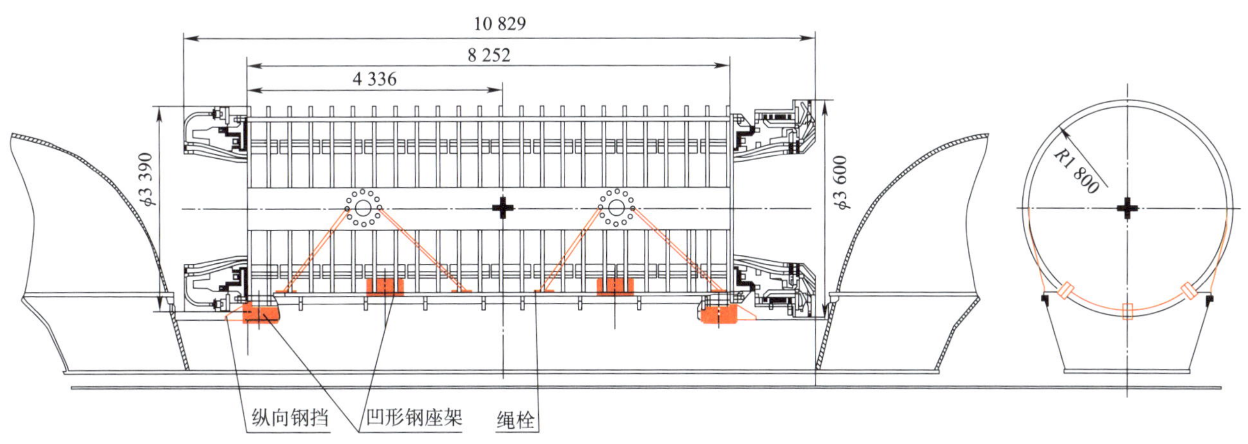

图 6-14-2 DA37 型 370 t 凹底平车运输定子装载加固示意图

2. 内定子与凹形钢座架间加垫厚 10 mm 橡胶垫。

3. 内定子每侧用钢丝绳双股拉牵 2 个八字形，捆绑在绳栓上。每个绳栓焊缝长度不小于 40 cm，高度不小于 1.5 cm。

4. 内定子每端焊接 3 个纵向钢挡（焊接位置如图 6-14-3 所示），每个纵向钢挡焊缝长度不小于80 cm，高度不小于 1.5 cm。在纵向钢挡与内定子接触处加垫防磨垫。

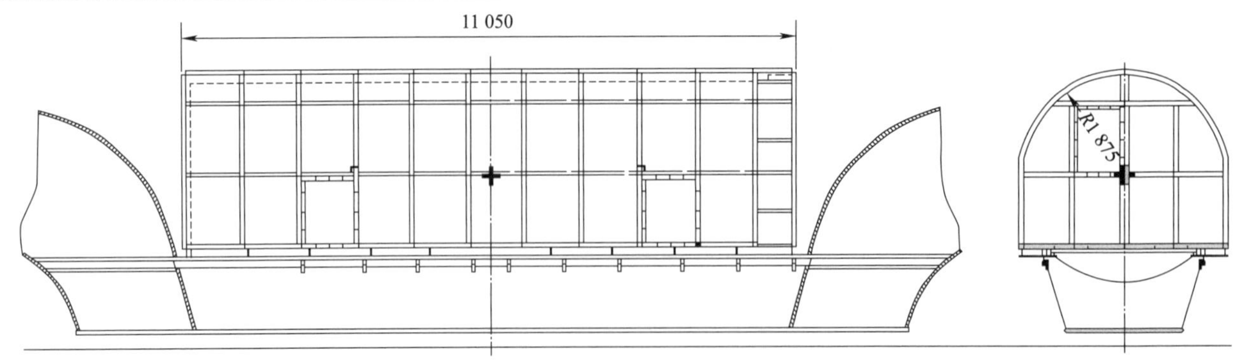

图 6-14-3　DA37 型 370 t 凹底平车运输定子加装保护罩后运输图

5. 在车地板两端焊接钢板，焊接长度不小于 80 cm。加装保护罩后，在保护罩每端通过 2 个 M36 螺栓将保护罩与车地板上预先焊接的钢板连接。

加固线与车辆、货物棱角接触处需采取防磨措施。

七、运输条件

1. DA37 型凹底平车全程采用中导向工况运行。
2. 专列运行限速，按《超规》《加规》规定和车辆技术条件运用。通过重点线路和桥梁的速度按各铁路局调度命令办理。
3. 沿途铁路局提前完成专列运输所经线路、隧道状况及其限界检查核实工作并派员添乘。
4. 加挂工具维修车和客车，保证货物装载状态和大车技术状态完好。
5. 无人看守道口派人看守。
6. 货物卸车完毕后，到达站协助做好空车回送工作。

第十五节　DQ45 型 450 t 钳夹车运输北重阿尔斯通公司 600 MW 发电机定子（挂耳）——新疆五彩湾电厂

中铁特货大件运输有限责任公司承运北重阿尔斯通公司供给新疆五彩湾电厂发电机定子 2 件。发站：石景山南；到站：准东北。共运输 2 次，每次运输 1 件，运输时间：2017 年 9 月至 2018 年 12 月。2011 年 1 月，曾承运过北重阿尔斯通公司生产的同规格发电机定子 2 件，供给贵溪电厂发电机定子 2 件。发站：石景山南；到站：贵溪。

一、货物规格与适用车型

货物重量：件重 362.8 t。

外形尺寸：13 602 mm（悬挂长 12 870 mm）×4 000 mm×4 113 mm。

重心位置：纵向偏离定子几何中心线 115 mm，横向居中，距定子底面 2 114 mm，如图 6-15-1 所示。

使用 DQ45 型钳夹车，中导向工况运输，如图 6-15-2～图 6-15-4 所示。

二、专列编组

按专列组织运行，车列编组（需试验车、工具维修车和客车数量根据实际情况编挂）：隔离平车 4 辆，钳夹车 1 辆，隔离平车 1 辆，工具维修车和客车 4 辆，隔离平车 1 辆，计11 辆。

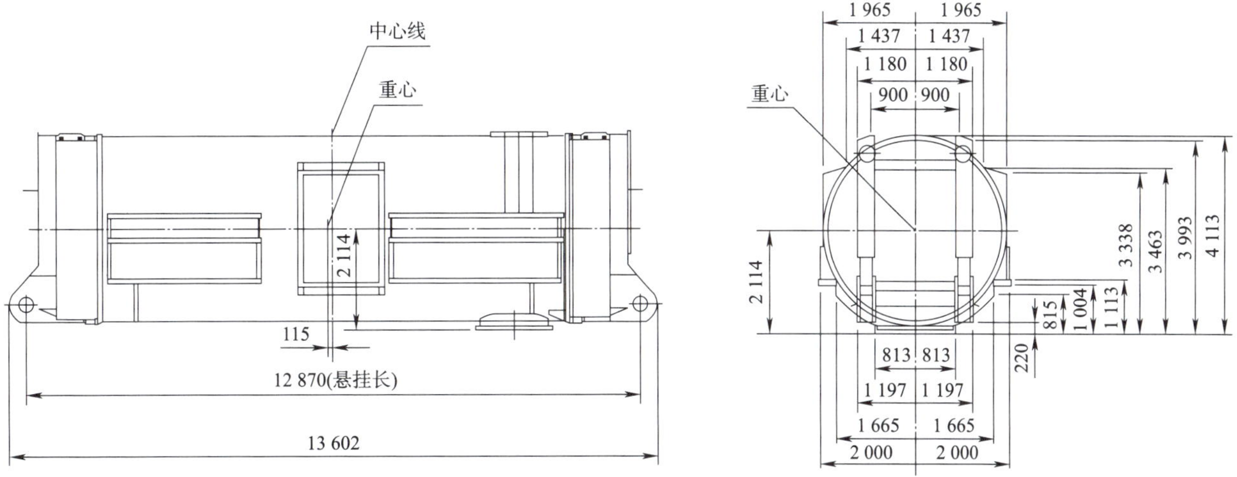

图 6-15-1　五彩湾电厂 600 MW 汽轮发电机定子

图 6-15-2　DQ45 型钳夹车运输五彩湾电厂发电机定子

图 6-15-3　DQ45 型钳夹车运输贵溪电厂发电机定子（2011 年）

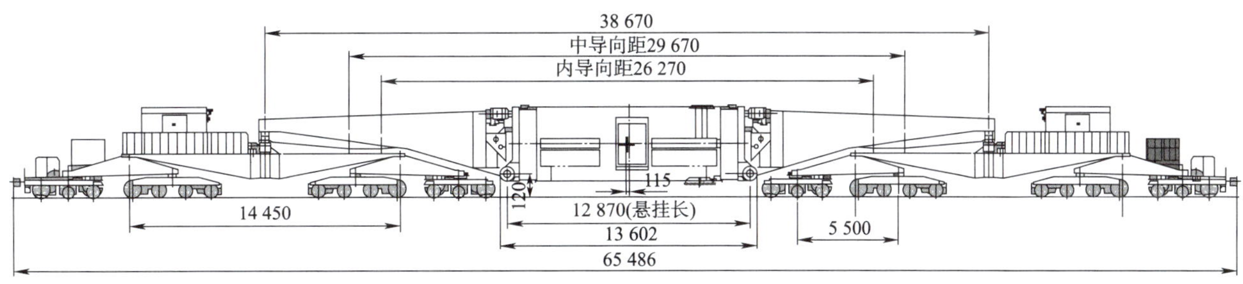

图 6-15-4　DQ45 型钳夹车运输五彩湾电厂发电机定子总图

三、装载方法

钳夹车送入后，分成两半节，将安装好顶块及托钩的定子置于两钳形梁中间，用垫木支稳，使定子底面距轨面有适当高度。然后，将托钩挂耳与钳形梁车耳通过锥形销连接起来。定子上部紧贴于钳形梁上端的油压缸压柱，这样上下紧固，使货物牢牢夹在大车车体之间，构成长连挂运输整体。所以运输中定子水平移动的力被钳形梁、车耳、销轴、压柱等装置共同承担，而不另采取加固措施。预计装后尺寸见表 6-15-1。

表 6-15-1　预计装后尺寸：中导向工况　　单位：mm

测　点	距轨面高度	货物半宽	计算宽度（R300 m）	
			中导向	内导向
中心高	4 780	930	1 334	1 224
一侧高	4 660	1 210	1 614	1 504
二侧高	4 590	1 305	1 709	1 599
三侧高	4 130	1 470	1 874	1 764
四侧高	4 005	1 995	2 399	2 289
五侧高	1 780～1 250	2 030	2 434	2 324
六侧高	785	1 230	1 634	1 524
七侧高	565	845	1 249	1 139
备　注	各高度及半宽在设备图纸基础上增加了不小于 30 mm 裕量；以上未衔接高度间均为斜坡形			

装后超级超限，不超重，重车重心高 2 359 mm，按有关规定限速运行，如图 6-15-5 所示。

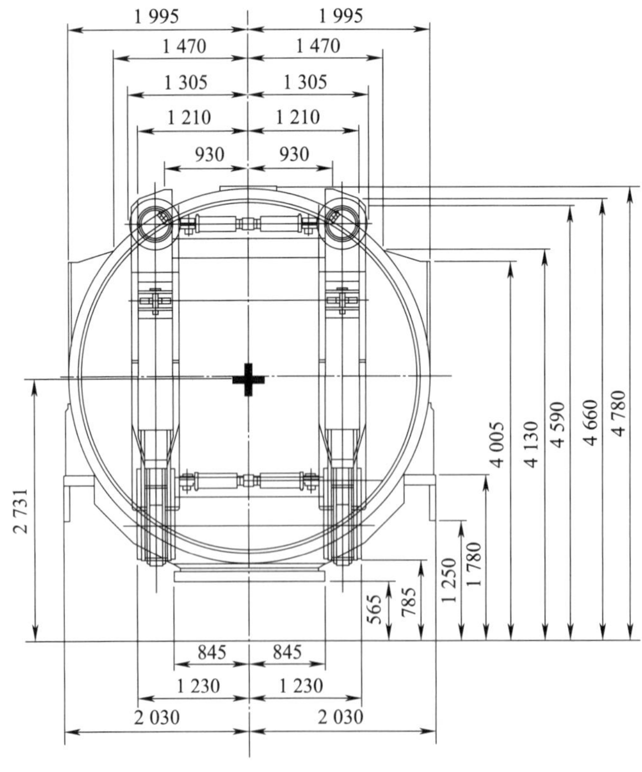

图 6-15-5　五彩湾电厂发电机定子装后尺寸图

第十六节　DQ45型钳夹车运输北重阿尔斯通公司660 MW发电机定子——湖北大别山电厂

中铁特货大件运输有限责任公司承运北重阿尔斯通（北京）电气装备有限公司发电机定子1件。发站：石景山南；到站：中驿（转黄冈大别山发电有限责任公司专用铁路）。运行径路：石景山南—临清—梁堤头—王楼—淮滨—中驿，全程约1 100 km，途经丰沙、京九和麻武等干支线，跨及北京、济南、郑州、上海和武汉5个铁路局。运输时间2019年11月至2020年6月。

一、货物规格与适用车型

货物重量：件重362.8 t（含端盖）。

外形尺寸：13 602 mm（悬挂长12 870 mm）×4 000 mm×4 195 mm。

重心位置：纵向偏离定子几何中心线115 mm，横向居中，距定子底面2 114 mm，如图6-16-1所示。

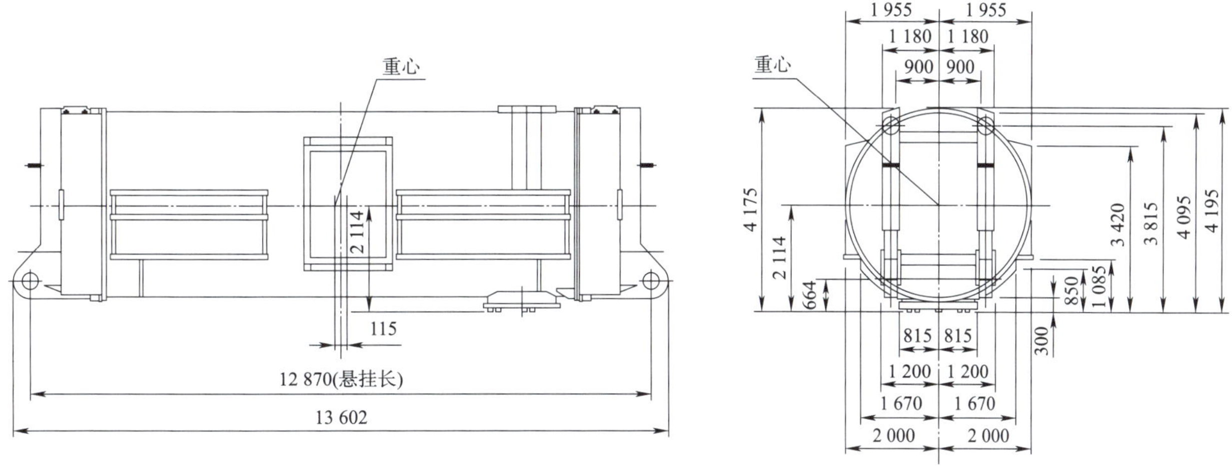

图6-16-1　大别山电厂660 MW发电机定子（挂耳）图

使用DQ45型钳夹车，中导向工况运输，如图6-16-2～图6-16-4所示。

图6-16-2　DQ45型钳夹车运输大别山电厂发电机定子（2019年12月）

图 6-16-3　DQ45 型钳夹车运输大别山电厂发电机定子专列通过曲线桥（2019 年 12 月 24 日）

图 6-16-4　DQ45 型钳夹车运输大别山电厂发电机定子卸车（2019 年 12 月 25 日）

二、专列编组

按专列组织运行，车列编组如下（如需试验车，根据实际情况编挂）：隔离平车 4 辆，钳夹车 1 辆，隔离平车 1 辆，工具维修车和客车 4 辆，隔离平车 1 辆，计 11 辆。

三、装载方法

钳夹车送入后，分成两半节，将定子置于两钳形梁中间，用垫木支稳，使定子挂耳中心距轨面高度满足装车要求。然后将定子挂耳与钳形梁车耳通过锥形销连接起来。定子上部紧贴于钳形梁上端的油压缸压柱，这样上下紧固，使定子牢牢夹在大车车体之间，构成长连挂运输整体。预计装后尺寸见表 6-16-1。

表 6-16-1　预计装后尺寸：中导向工况　　单位：mm

测　点	距轨面高度	货物半宽	计算宽度（R300 m）
中心高	4 775	930	1 334
一侧高	4 675～4 400	1 305	1 709

续上表

测　　点	距轨面高度	货物半宽	计算宽度（R300 m）
二侧高	4 005～1 250	2 030	2 434
三侧高	1 250	1 700	2 104
四侧高	740	1 230	1 634
五侧高	490	845	1 249
备　注	各侧高及半宽在设备图纸基础上增加了不小于 30 mm 裕量；以上未衔接高度间均为斜坡形		

装后超级超限，不超重。定子底面距轨面高度 580 mm 时，重车重心高 2 335 mm，按有关规定限速运行，如图 6-16-5、图 6-16-6 所示。

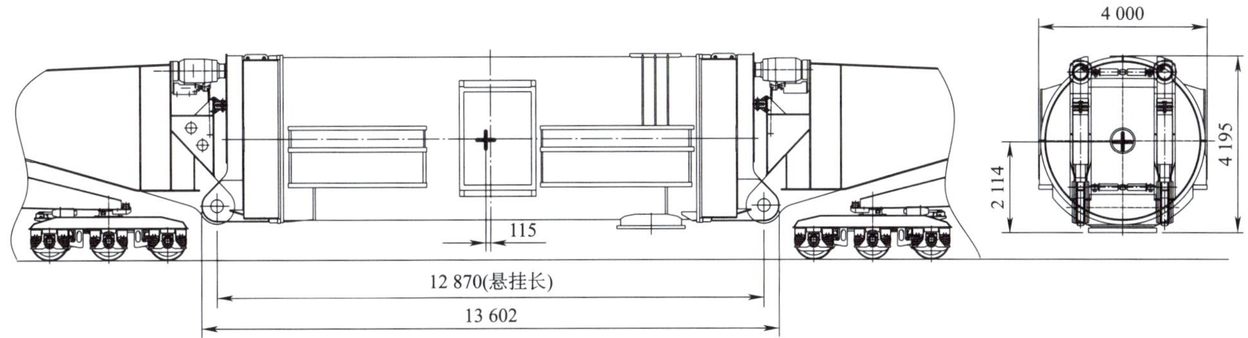

图 6-16-5　DQ45 型钳夹车运输大别山电厂 660 MW 发电机定子（挂耳）总图

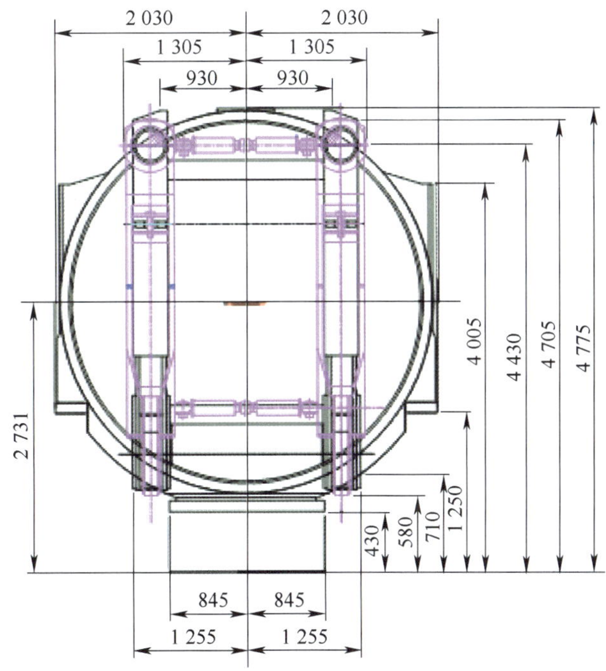

图 6-16-6　DQ45 型钳夹车运输大别山电厂 660 MW 发电机定子（挂耳）装后尺寸示意图

第十七节　DQ45 型 450 t 钳夹车运输 1 000 MW 发电机定子——山西漳泽电厂、裕光电厂

中铁特货大件运输有限责任公司承运发电机定子 4 件。其中漳泽电厂定子 2 件，裕光电厂定子 2 件。发站：闵行；漳泽电厂到站：长治北；裕光电厂定子到站：宁艾。共运输 4 次，每次运输 1 件，2020 年9 月完成运输，如图 6-17-1、图 6-17-2 所示。漳泽电厂定子运输时间：2020 年 3 月 29 日至 4 月 3 日。

图 6-17-1　DQ45 型钳夹车运输漳泽电厂 1 000 MW 发电机定子

图 6-17-2　DQ45 型钳夹车运输漳泽电厂 1 000 MW 发电机定子卸车

一、货物规格与适用车型

货物重量：408 t。

外形尺寸：12 493 mm（悬挂长 11 693 mm）×4 000 mm×4 366 mm。

重心位置：纵、横向与定子几何中心重合，距定子底面 2 164 mm，如图 6-17-3 所示。

使用 DQ45 型钳夹车，中导向工况运输。

二、专列编组

此项运输按专列组织运行，车列编组如下（试验车、工具维修车和客车数量根据实际情况编挂）：隔离平车 5 辆，钳夹车 1 辆，隔离平车 1 辆，工具维修车和客车 4 辆，隔离平车1 辆，计 12 辆。

三、运行径路

漳泽电厂定子：闵行—虞城县—梁堤头—菏泽南—安阳—长治北，全程约 1 490 km，途经新闵、沪昆、京沪、陇海、京九、新石、京广、邯长等干支线，跨及上海、济南、北京和郑州 4 个铁路局。

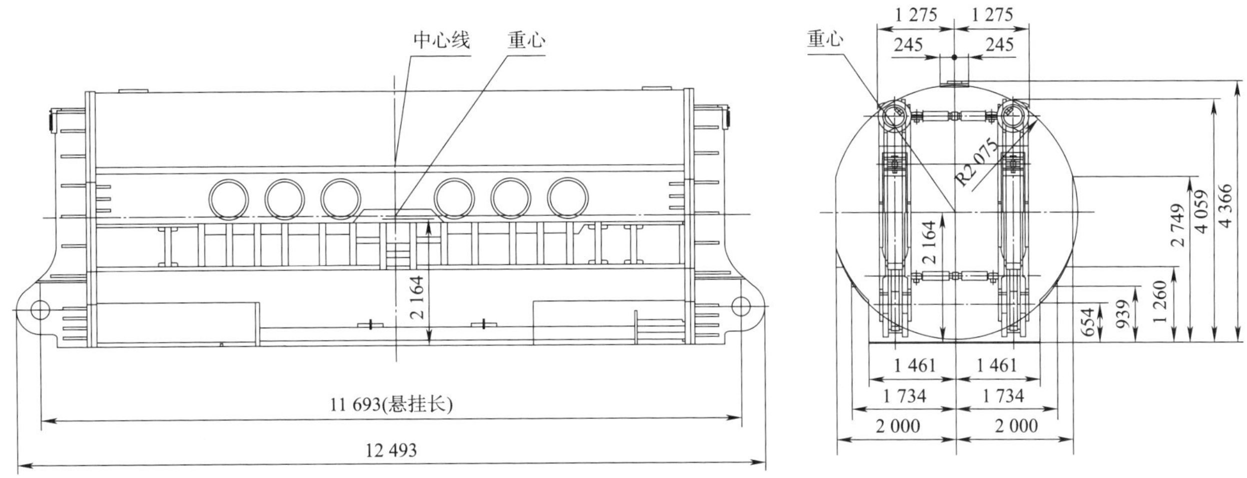

图 6-17-3　上海电机厂国产 1 000 MW 发电机定子

裕光电厂定子：闵行—虞城县—梁堤头—菏泽南—安阳—宁艾，全程约 1 570 km，途经新闵、沪昆、京沪、陇海、京九、新石、京广、邯长、阳涉等干支线，跨及上海、郑州、济南、北京 4 个铁路局和阳涉铁路有限责任公司。

四、装载方法

定子下部挂耳通过锥形销与车辆钳形梁连接，上部紧贴于钳形梁上端的油压缸压柱。装载后，货物重心投影落在车辆纵、横中心线的交叉点上，如图 6-17-4、图 6-17-5 所示。预计装后尺寸见表 6-17-1。

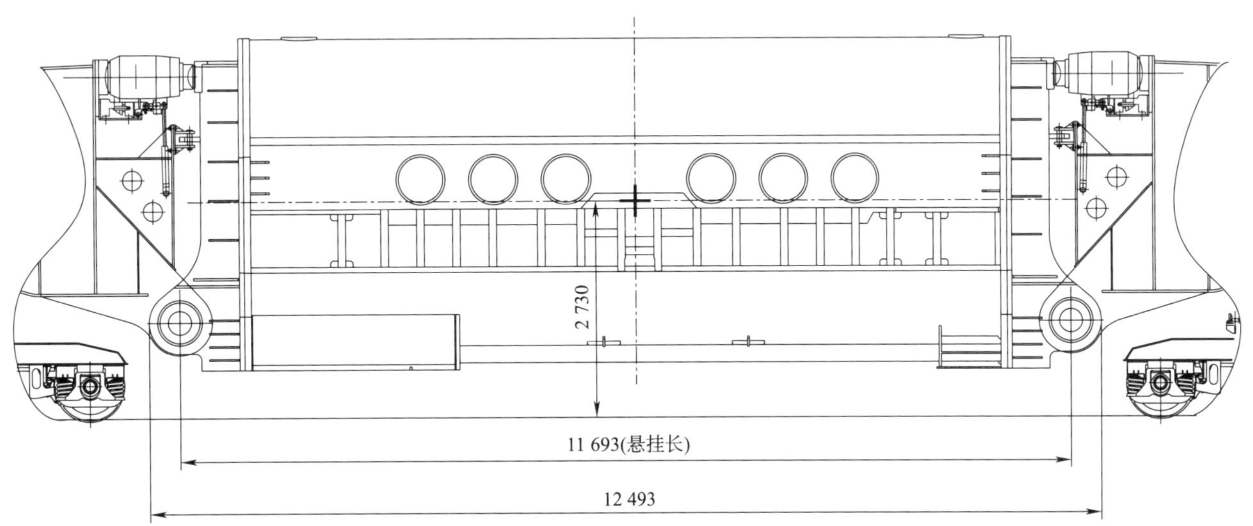

图 6-17-4　上海电机厂国产 1 000 MW 发电机定子装载加固示意图

表 6-17-1　预计装后尺寸：中导向工况　　单位：mm

测　　点	距轨面高度	货物半宽	计算宽度（R300 m）
中心高	4 985	600	976
一侧高	4 675	1 310	1 686
二侧高	3 920	1 780	2 156
三侧高	3 365～1 775	2 030	2 406

续上表

测　点	距轨面高度	货物半宽	计算宽度（R300 m）
四侧高	1 465	1 785	2 161
五侧高	1 170～500	1 500	1 876
备　注	1. 各侧高及半宽在设备图纸基础上增加了不小于 30 mm 裕量； 2. 以上未衔接高度间均为斜坡形		

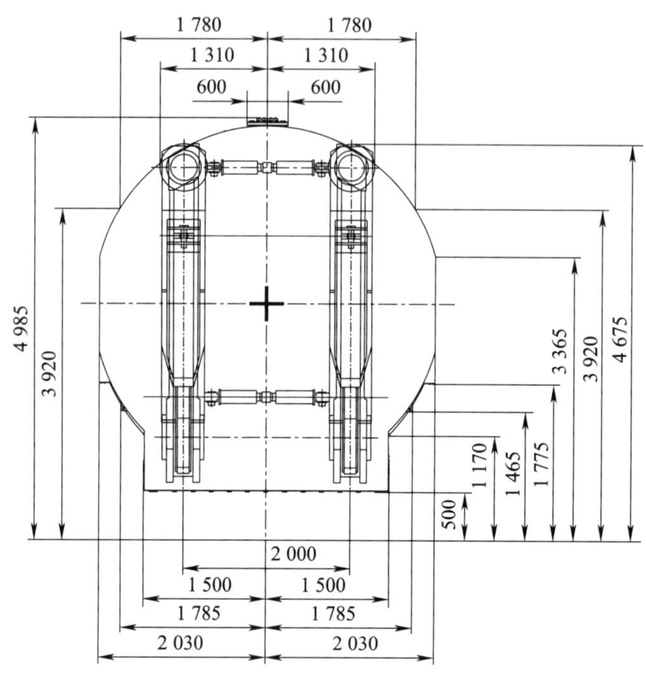

图 6-17-5　上海电机厂国产 1 000 MW 发电机定子装后尺寸示意图

装后超级超限，一级超重。定子底面距轨面 586 mm 时，重车重心高 2 399 mm，按规定限速运行。

钳夹车送入后，分成两半节，将定子置于两钳形梁中间，用垫木支稳，使定子挂耳中心距轨面高度满足装车要求。然后，将定子挂耳与钳形梁车耳通过锥形销连接起来。定子上部紧贴于钳形梁上端的油压缸压柱，这样上下紧固，使定子牢牢夹在大车车体之间，构成长连挂运输整体。

五、DQ_{45}型钳夹车安全监测及应急方案

为规范大车安全监测和应急处置工作，提高安全监测的分析与判断能力，确保运输安全，制订本方案。

（一）监测内容

1. 结构关键部位应力

（1）钳夹车均载测试

在钳形梁受力均载测点布置电阻应变片，测量装车后静态应力，评价钳夹车均载度是否满足要求。

（2）D 型车动应力测试

在钳夹车受力关键部位布置应变片，测量运输过程中动应力，判断结构合成应力是否超标。

2. 关键部位振动加速度

在车辆前进方向的小底架心盘中心线 1 m 范围内的盖板上、左右侧钳形梁耳板与顶缸部位各布

置垂向、横向 2 个加速度传感器，总计 10 个加速度测点，测试车辆振动加速度，判定车辆的运行平稳性。

3. 轴箱弹簧动挠度

在车辆前进方向的第一个轮对轴箱弹簧位置安装位移计，通过测试弹簧动挠度计算动静挠度比，判断车辆运动状态。

(二) 测点布置

DQ_{45} 型钳夹车应力测点布置如图 6-17-6 所示。

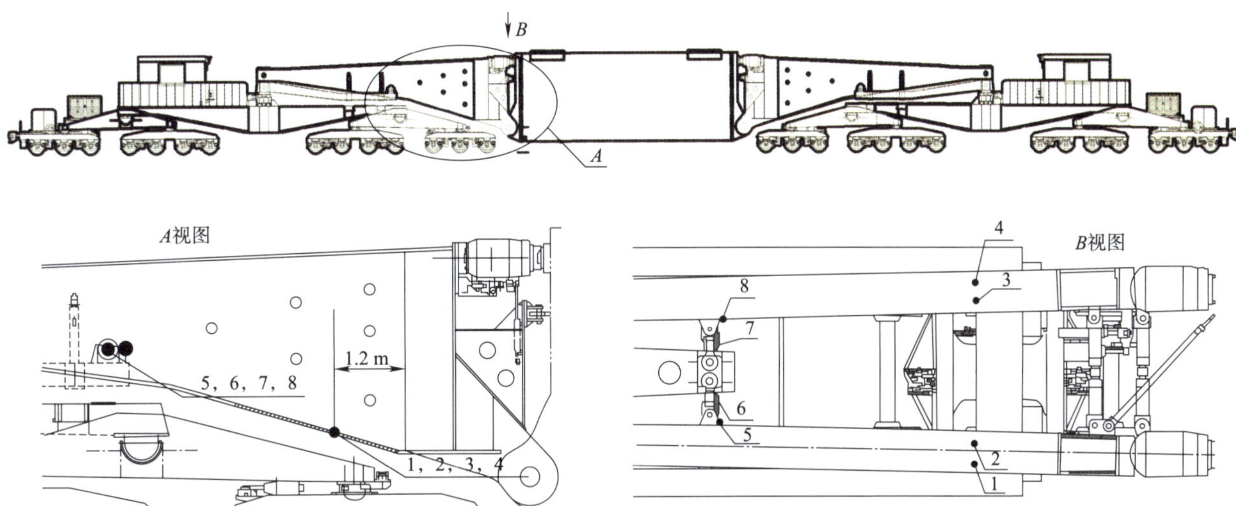

图 6-17-6 DQ_{45} 型钳夹车应力测点布置图

1—钳形梁下盖扳动应力 a；2—钳形梁下盖板静应力 b；3—钳形梁下盖板静应力 c；4—钳形梁下盖扳动应力 d；5—等分撑杆座钳形梁腹板处动应力 a；6—等分撑杆动应力 a（螺纹跟部）；7—等分撑杆动应力 b（螺纹根部）；8—等分撑杆座钳形梁腹板处动应力 b

注：在车辆另一端相同监测部位以 a′、b′来表示

1. 测点布置说明（1）

（1）监测布点图不按比例绘制，并进行了必要的简化；

（2）图 6-17-6 中各数字代表监测项目。

2. 监测部位材料许用应力（1）

DQ_{45} 型钳夹车等分撑杆采用 45 号钢，第一工况下许用应力为 221 MPa（对应 6 号、7 号监测点）；钳形梁及等分撑杆座腹板采用国产高强度结构钢 HG785E，第一工况下许用应力为 430 MPa（对应 1 号、2 号、3 号、4 号、5 号、8 号监测点）。端盖螺栓应力测点布置，汽端测点布置如图 6-17-7 所示，励端测点布置如图 6-17-8 所示。

图 6-17-7 汽端测点布置

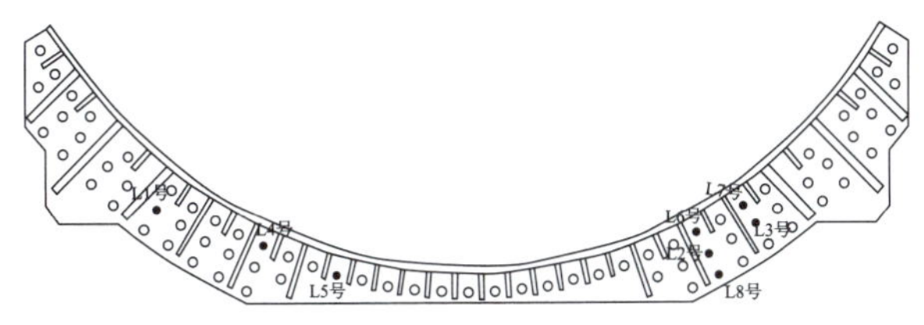

图 6-17-8 励端测点布置

3. 测点布置说明（2）

（1）监测布点图不按比例绘制，并进行了必要的简化。

（2）图中各数字所代表的监测项目：励端布置测点 8 个，汽端布置测点 2 个，其中 L1 号、L2 号、L3 号、Q1 号测力螺栓拧紧力矩为 1 920 N·m；L8 号测力螺栓拧紧力矩为 300 N·m；L4 号、L5 号、L6 号、L7 号、Q2 号测力螺栓拧紧力矩为 82 N·m。上述所有螺栓测点为装车静应力和运输动应力测点。

4. 监测部位材料许用应力（2）

上述所有测点为 12.9 级 M30 螺栓，其许用应力为 1 080 MPa。端盖结构应力测点布置如图 6-17-9 所示。

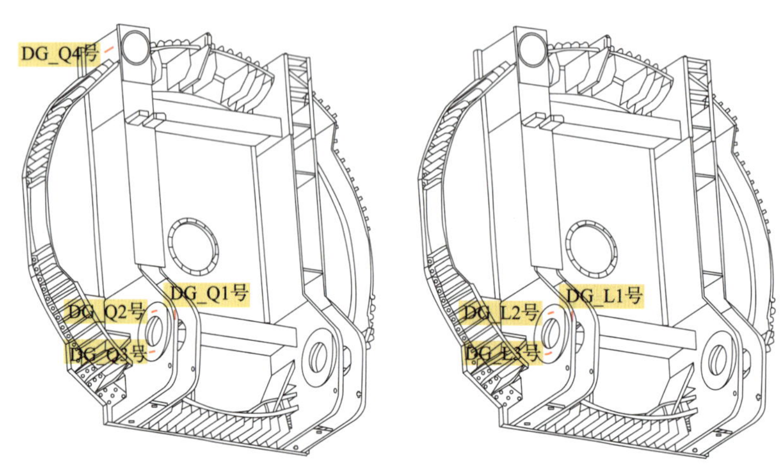

图 6-17-9　端盖结构应力测点布置

5. 测点布置说明（3）

（1）监测布点图不按比例绘制，并进行了必要的简化。

（2）图中各数字所代表的监测项目：DG _ L1 号～DG _ L3 号测点为励端端盖耳板位置应力测点；DG _ Q1 号～DG _ Q3 号测点为汽端端盖耳板位置应力测点；DG _ Q4 号测点为顶部顶缸位置应力测点。

6. 监测部位材料许用应力（3）

端盖结构采用结构钢 S690QL1，许用应力为 690 MPa（板厚低于 50 mm）和 650 MPa（板厚 50～100 mm）。

（三）评价控制指标

1. 应力评价

（1）钳夹车均载测试指标

对称测点的最大应力应满足钳形梁：

$$|(\sigma_{max}-\sigma_{ave})/\sigma_{ave}|\leqslant 7\%$$

式中　σ_{max}——对称测点中的最大应力值；

σ_{ave}——对称测点的应力平均值。

（2）动态应力评价指标

采用合成应力小于许用应力进行评价：

$$\sigma_{合}=\sigma_{静}+\sigma_{动}<[\sigma]$$

式中　$\sigma_{合}$——合成应力；

$\sigma_{静}$——静应力；

$\sigma_{动}$——实测动应力；

$[\sigma]$——材料在第一工况下的许用应力。

其中静应力由加载过程实测的各测点静态应力 σ_m 进行换算得到，具体过程如下：根据车体钳形梁自重 W_c、货物质量 W_h，按如下比例关系进行换算得到各测点的静应力 $\sigma_{静}$。

$$\sigma_{静}=\sigma_m \cdot (W_c+W_h)/W_h$$

2. 振动加速度评价

参照长大货物车动力学性能试验及运输监测经验，小底架心盘处垂向振动加速度小于1.5g，横向振动加速度小于1.2g（低通滤波频率40 Hz）；左右侧钳形梁耳板与顶缸部位垂向振动加速度小于0.7g，横向振动加速度小于0.5g（低通滤波频率15 Hz），该指标不作为评价指标，仅供参考。

3. 弹簧动静挠度比评价

用运行监测过程中弹簧动挠度 f_d 与弹簧当量挠度 f_{st} 的比值计算弹簧动静挠度比，要求 $f_d/f_{st}<0.7$。

（四）安全监测应急处置

1. 监测数据异常的处理

(1) 监测数据超出评价控制指标，监测工作人员应立即进行分析，了解造成数据异常的可能因素（运行速度、线路曲线或缓和曲线、侧线道岔、周围电磁场对测试系统的干扰等），观察运行条件改变后数据是否恢复正常，并向安全监测负责人报告。

(2) 监测数据较长时间持续接近或超出评价控制指标不能恢复，或在过曲线、侧向道岔时监测数据无变化（如拉杆动应力保持0值），监测工作人员应立即向安全监测负责人报告，并与长大货物车值乘人员及特货公司人员联系沟通，共同研究分析，提出对策，必要时请求运输担当局添乘人员指挥列车减速运行或安排前方站停车检查。

(3) 监测数据多项指标严重超出控制范围，判断有可能危及安全的问题（车辆损坏或货物偏移等）时，请求运输担当局安排立即停车，下车检查。

2. 监测设备故障处理

为保证安全监测有效进行，测试传感器、应力测点、通信设备、数据采集设备及电源应有备用品，测点故障时尽快采取措施，启用备品。故障处理前，监测单位应提出处理意见，并报告运输担当局，由运输担当局安排并做好安全防护。

3. 监测供电故障处理

监测供电出现故障时，应立即检修，排除故障，在故障消除前，为保证列车技术监测工作照常进行，需采取以下措施：

(1) 启用车上备用电源（大容量UPS或其他临时电源）。

(2) 如无法排除故障，报请运输担当局，利用停车时间，请当地技术部门协助检修。

（五）安全保障措施

1. 安全监测工作在运输担当局领导下，在特货公司及哈尔滨车辆段等单位的协调和配合下进行，监测过程中应及时向运输担当局报告车辆运行的有关情况，并与相关单位保持经常联系。

2. 进行试验测点布置前，监测设备和信号线缆的工作状态在进入现场之前进行好单体设备调试与整体信号联调，确保现场设备工作状态正常。

3. 安全监测工作由安全监测负责人及若干工作人员承担，监测工作人员必须保证在列车运行中全程监测，并及时分析处理监测数据，出现异常情况应确认并立即向安全监测负责人报告。

4. 在专列遇有较长时间停点时，监测人员应进行设备检查，重点对外置测试设备、传感器、信号线缆的连接、过渡及固定部位进行安全检查，确保仪器设备无安全隐患，并确认监测设备工作状态正常。

5. 在列车运行途中，监测人员与长大货物车值乘人员定时沟通，了解车辆运行状态。

6. 为保证及时沟通联系，由特货公司统一配备通信设备，交由担当局添乘人员、长大货物车值乘人员、监测单位工作人员各一套，固定频率使用。

附录一　大车标准和规章及技术条件
（设计、运用、维护、运行）

附录 1-1　《铁路长大货物车》（TB/T 2553—2018）摘录

第 1 节　范　　围

本标准规定了铁路长大货物车术语与定义、一般要求、整车综合性能要求、结构要求、制造要求、涂装与标志、检查与试验方法及检验规则。本标准适用于铁路长大货物车的设计、制造和检验。

第 2 节　规范性引用文件

凡是注日期的引用文件，仅注日期的版本适用于本文件。凡是不注日期的引用文件，其最新版本（包括所有的修改单）适用于本文件。

GB 146.1　标准轨距　铁路机车车辆限界

GB/T 3766　液压传动　系统及其元件的通用规则和安全要求

GB/T 4549（所有部分）　铁道车辆词汇

GB/T 5600—2018　铁道货车通用技术条件

GB/T 16904.1　标准轨距铁路机车车辆限界检查　第 1 部分：检查方法

GB/T 17426　铁道特种车辆和轨行机械动力学性能评定及试验方法

GB/T 19517　国家电气设备安全技术规范

GB/T 25343（所有部分）　铁路应用　轨道车辆及其零部件的焊接

GB/T 28791　铁道车辆标志

TB/T 60　机车车辆用制动软管连接器

TB/T 493　铁道车辆车钩缓冲装置组装技术条件

TB/T 456　铁道车辆用车钩、钩尾框

TB/T 1010　铁道车辆轮对及轴承型式及基本尺寸

TB/T 1335—1996　铁道车辆强度设计及试验鉴定规范

TB/T 1492　铁道车辆制动机单车试验

TB/T 1558（所有部分）　机车车辆焊缝无损检测

TB/T 1740　机车车辆重量测定方法

TB/T 1961　铁道车辆缓冲器

TB/T 2231.2　铁道车辆制动系统　第 2 部分：货车

TB/T 2211　机车车辆悬挂装置钢制螺旋弹簧

TB/T 2911　铁道车辆铆接通用技术条件

TB/T 2950　机车车辆车钩连接轮廓

TB/T 3181　铁路运输过程中货物惯性力力值计算

TB/T 3304　铁路货物装载加固技术要求

TB/T 3443.3　机车车辆车种、车型和车号编码规则　第 3 部分：货车

TB/T 3461　铁道货车锻造钩尾框

第 3 节　术语与定义

GB/T 4549（所有部分）　界定的以及下列术语与定义适用于本文件。

3.1　长大货物车　heavy duty freight car; high capacity car

供运输重量特重、长度特长或体积庞大的货物的专用车辆。

注1：其长度一般在19 m以上，但少数车辆小于19 m，而车辆结构特殊，如带凹底架、落下孔、钳形梁的货车，也属于长大货物车。

注2：改写GB/T 4549.1—2004，定义2.65。

3.2 过桥速度 speed for passing bridge

长大货物车在各种铁路桥梁承载能力允许的情况下的最高通过速度。

3.3 导向距 distance between guide pins

车辆设有导向装置时，两对应导向销或移动心盘中心之间的纵向距离。

3.4 侧向位移 lateral displacement

具有多种导向装置和移动心盘装置的长大货物车通过曲线时移动心盘所允许的最大横向位移，也包括车辆强迫侧移时移动心盘的最大横向位移。

3.5 钳夹高度 height for schnabel arms

钳夹车的钳形梁压柱中心与车耳孔中心的垂向距离。

3.6 钳夹宽度 width for schnabel arms

钳夹车的同一端两组钳形梁压柱中心或车耳孔中心的横向距离。

第4节 一般要求

4.1 车辆及其零部件的设计、制造应符合本标准和按规定程序批准的产品图样及技术条件的规定。

4.2 车辆使用的环境温度在−40 ℃～40 ℃。

4.3 车辆外形轮廓应符合GB 146.1的规定，特殊情况车辆超限时，按铁路超限超重货物运输相关规定执行。

4.4 车辆制动系统应满足主管定压500 kPa。如有特殊要求时，应满足主管压力600 kPa的要求。

4.5 车辆制动率应能满足在规定紧急制动距离内停车的要求。

4.6 连挂时应能通过最小半径为145 m。如有特殊时，按设计技术条件确定。

4.7 车辆应具有自动制动装置和人力制动装置，二者应能独立工作，人力制动装置应能满足平直道驻车的要求。

4.8 车辆结构的安全性应符合GB/T 5600—2018附录A的规定。

4.9 车辆应进行通过铁路桥梁的校核检算，确定过桥速度。

4.10 车辆应进行超限和超重校核检算。

4.11 车辆装载加固装置应符合TB/T 3304和有关技术文件的规定。其中，铁路运输过程中货物惯性力力值计算应符合TB/T 3181的规定。

4.12 车辆应明确特殊运行条件。纵向力通过上、下心盘传递的车辆应编挂在列车后部。

4.13 车辆宜能通过车辆减速器和机械化驼峰，不能通过驼峰或机械化编组站的车辆应有禁止通过驼峰标志。

4.14 车辆应具有静电释放功能。

4.15 操纵室应具有防止雨、雪浸入性能。

4.16 车辆的接口尺寸应符合以下规定：

a）空车状态车钩中心线高度为880 mm±10 mm；

b）自动车钩的连接轮廓应符合TB/T 2950的规定；

c）制动软管的连接尺寸应符合TB/T 60的规定。

4.17 转向架构架及车体主要承载件材料的低温冲击功（KV_2）在−40 ℃时不应小于24 J。

第5节 整车综合性能要求

5.1 强度、刚度性能

5.1.1　设计载荷

载荷包含车辆运行线路（直线、曲线等）、车辆运行工况（纵向）、功能工况（侧移、装卸货物等）和车辆结构引起的载荷，其中：

a）带侧移装置的长大货物车应考虑侧移工况引起的载荷。

b）带侧移装置或分体式车体结构（钳夹车、落下孔车等）还应考虑小曲线大超高载荷工况引起的载荷。

c）纵向力通过车钩直接作用在车体结构上（不通过上、下心盘传递）进行传递的，纵向拉伸力为1 125 kN、压缩力1 400 kN执行。

d）其他载荷按TB/T 1335—1996的规定确定。

设计时动载荷系数可参照既有同类车型取值。

5.1.2　刚度

车体垂向弯曲刚度应满足设计技术条件的要求。

5.1.3　工况组合

按照“最大可能组合工况”的原则进行组合，且应考虑每种工况静、动载荷的合成。

5.1.4　许用应力

最大可能组合工况下的合成应力不超过材料的许用应力［σ］，见公式（1）。

$$[\sigma]=R_{eL}/n \quad\cdots\cdots(1)$$

式中　［σ］——材料许用应力，单位为兆帕（MPa）；

R_{eL}——材料的下屈服强度，单位为兆帕（MPa）；

n——安全系数，拉应力时$n=1.59$，压应力时$n=1.5$。

5.2　动力学性能

5.2.1　除5.2.2和5.2.3规定外，长大货物车线路动力学性能应符合GB/T 17426的规定。

5.2.2　具有侧移功能的车辆，在曲线半径为小于或等于R（R由设计确定，R不宜大于500 m）的线路上，试验确认安全通过的速度，移动心盘侧移时，轮重减载率$\Delta P/P\leqslant 0.9$。

5.2.3　长大货物车加速度滤波频率为0.4～15 Hz，车体垂向和横向加速度测试点应安装在装载货物底架上，具体位置为：凹底平车下弯角与承载面连接处、钳夹车车耳、落下孔车承载梁肩座、长大平车承载座和双联平车鞍座附近。

5.2.4　带侧移装置或分体式承载梁的长大货物车，应进行小曲线大超高试验，曲线半径小于或等于400 m、轨道外侧超高130～140 mm。

第6节　结构要求

6.1　多层底架结构的长大货物车，各级底架间宜采用球形心盘，上、下心盘间应设置耐磨耗心盘衬垫。

6.2　多层底架结构的长大货物车，各级底架间应采用双作用式弹性旁承或液压旁承。各级旁承的旁承间隙应满足车辆通过的最不利线路工况要求。当采用液压旁承时，上、下旁承间宜设置安全保护装置。

6.3　根据长大超限货物运输需要，可设置侧移及导向装置。

6.4　采用液压系统进行货物侧移时，液压系统应设置液压锁，保证货物侧移的安全性。侧移装置上可设置侧向位移刻度尺。

6.5　具有液压系统控制的货物升降装置的长大货物车，液压系统中应设置液压锁。

6.6　钳夹车宜设置钳形梁支撑装置，便于空重车转换操作。钳夹车的钳夹宽度及钳夹高度可设置可调机构。

6.7　根据车辆总重、轴重确定转向架类型，宜采用2轴、3轴、4轴转向架。

6.8　具有侧移装置的长大货物车，车体、转向架构架、轮对等应满足车辆在最大横向偏移载荷情况下的强度要求。

6.9　轮对和轴承型式及基本尺寸应符合 TB/T 1010 和有关技术文件的规定。

6.10　转向架与底架间宜采用双作用弹性旁承。弹性旁承结构应满足车辆在最大横向偏移载荷情况下的强度要求。

6.11　转向架的导框与轴箱间隙的取值应满足顺利通过最小曲线半径的能力。3 轴、4 轴转向架中间轮对的车轮轮缘厚度宜适当减薄。

6.12　具有液压系统和电气控制系统的长大货物车宜设置自发电装置，满足液压系统和电气系统动力要求。

第7节　制造要求

7.1　一般要求

7.1.1　焊接应符合 GB/T 25343（所有部分）和相关技术条件的规定。高强度结构钢焊接前，应制定专门的焊接工艺。

7.1.2　铆接应符合 TB/T 2911 的规定。

7.1.3　焊缝无损检测应符合 TB/T 1558（所有部分）的规定。

7.1.4　重要结构用板材应逐张（卷）检验。

7.2　车体

7.2.1　车辆各级底架在空车状态下不应有下挠。各底架制造时应设置适宜的向上预挠度值。

7.2.2　下列各部件结构的焊缝应进行探伤检查：

a）凹底平车凹底架上、下弯角；

b）钳夹车钳形梁下弯角及车耳连接处；

c）落下孔车侧承梁上、下盖板与腹板、拉压杆及支座；

d）各型车体主要承载结构上、下盖板的对接及拼接处。

7.2.3　各种结构用连接销、导向销及钳夹车钳形梁车耳孔 ϕ400 mm 范围内应进行探伤检查。

7.3　转向架

7.3.1　采用焊接构架式转向架时，其构架和轴箱宜进行消除内应力处理。

7.3.2　焊接转向架的侧梁，枕梁的上、下盖板对接，拼接焊缝均应进行探伤检查。

7.3.3　同一轮对两车轮直径之差不大于 1 mm，同一转向架各轮对直径之差不大于 6 mm，且每个构架端轮外径最大并向内递减。同一车辆转向架各轮对直径之差不大于 10 mm。

7.3.4　钢制螺旋弹簧应符合 TB/T 2211 的规定。

7.3.5　转向架落成后，轴箱与导框纵向间隙和横向间隙应符合产品图样和技术文件的规定。

7.4　制动装置

7.4.1　车辆设有多套制动装置时，每套制动机应分别满足 TB/T 1492 的规定。

7.4.2　每套制动机分组试验合格后，连结制动管系进行整车制动装置试验。整车制动装置试验包括：漏泄试验、感度试验和安定保压试验，符合有关规定。

7.4.3　车辆主风管长度大于 25 m，只安装单套制动机的制动装置中应增设紧急排风阀。

7.5　车钩缓冲装置

7.5.1　车钩缓冲装置的组装要求应符合 TB/T 493 的规定。缓冲器应符合 TB/T 1961 的规定，车钩和钩尾框应符合 TB/T 456、TB/T 3461 的规定。

7.5.2　车辆通过最小半径曲线时，车钩相对车辆纵向中心线偏移角应满足 TB/T 1335—1996 附录 A 的要求。冲击座开口尺寸应满足车钩偏移不接触的要求。

7.6　液压系统

7.6.1　液压系统应符合 GB/T 3766 的规定。

7.6.2　系统主要油路中压力应有显示，仪表显示清晰、准确。

7.6.3　系统主要油路应设有液压压力检测接口。

7.6.4　液压设备要求安装牢固，应有防脱措施。

7.7　电气装置

7.7.1　电气系统应符合 GB/T 19517 的规定。

7.7.2　电气设备非金属材料的阻燃要求应符合相关的规定。

7.7.3　电缆应符合有关技术条件的规定。

7.7.4　电气设备要求安装牢固，应有防脱措施。

7.7.5　布线要求整齐美观，线号标识清晰。

7.8　车辆落成

7.8.1　车钩中心线高为 880 mm±10 mm，同一辆车的 1、2 位车钩高度差不应超过 10 mm。

7.8.2　常接触弹性旁承压缩量应符合产品图样和技术文件的规定。一侧纵向连通两液压旁承与对应的另一侧两液压旁承油缸活塞伸出长度之和不大于 5 mm。旁承油缸压力调整至 0.5～2.0 MPa。

7.8.3　侧移装置组成后，滚子排应对中正位。导向座内应保持清洁，应涂适量的润滑油脂，移动心盘动作灵活。

第 8 节　涂装与标志

8.1　防护和涂装应符合有关标准及技术文件的规定。

8.2　车辆标志应符合 GB/T 28791 和 TB/T 3443.3 的规定。

8.3　车辆应根据需要涂打通过最小曲线半径、禁止通过驼峰、禁止溜放与冲击、电气化区段禁止攀登等标志。车体上的标志可适当放大比例。

第 9 节　检查与试验方法

9.1　外观检查

9.1.1　检查部件的结构型式、安装位置、涂装、标志等是否符合经规定程序批准的产品图样的规定。

9.1.2　检查各紧固件的连接状态，零部件的焊接质量，车下悬吊部件采取的防松、防脱措施是否符合图样和技术文件的规定。

9.2　结构检查

9.2.1　车辆状态

结构检查如无特殊规定，应在空车状态下进行。

9.2.2　车辆主要尺寸检查

有关车体和转向架的尺寸的测定，应在平直轨道上、制动装置缓解状态下进行尺寸检查。

9.2.3　限界检查

限界检查方法应按照 GB/T 16904.1 的要求进行。

9.2.4　称重测定

9.2.4.1　称重应符合 TB/T 1740 的规定。

9.2.4.2　批量生产时，对使用相同材料、相同生产工艺生产的同一车型的货车，可测定 5 辆车以其平均值标记该型车的自重。不足 5 辆时，按所有车的平均值标记该型货车的自重。以吨为计量单位，修约到一位小数。

9.2.5　曲线通过检查

车辆缓行驶过小于或等于设计技术条件规定的最小半径的曲线，检查各部件的正常相对运动应不受到限制；车体与转向架间的连接部位及其他各部分不应发生碰撞和损伤。

9.3　性能检查

9.3.1　车钩缓冲装置

9.3.1.1　车钩缓冲装置应按 TB/T 493 的规定检查。

9.3.1.2　车钩的三态作用和防跳性能检查应按 TB/T 456 的规定检查。

9.3.2　制动装置

9.3.2.1　单车制动试验

车辆落成后，按 TB/T 1492 的规定进行单车制动试验。

9.3.2.2　人力制动装置

操作人力制动装置，应动作灵活，制动与缓解性能良好。

9.3.2.3　基础制动装置

单车制动试验后，在制动机缓解状态下，制动缸前杠杆应能自行或在人力推动下复位。基础制动装置应动作灵活，制动与缓解性能良好。

9.3.3　液压系统性能试验

有液压系统的车辆应进行液压系统性能试验，型式试验包括空车和重车两种状态，例行试验时，单车处于空车状态下，试验方法应符合图样或技术文件的规定。

9.3.4　电气装置性能试验

具有电气装置的车辆应进行电气装置性能试验，试验方法应符合图样或技术文件的规定。

9.3.5　动作试验

具有侧移、导向、起升、支撑、调位油缸的车辆应按图样或技术文件要求进行动作试验。

9.3.6　涂装检查

涂装质量及检查应符合相关标准和技术文件的规定。

9.4　整车综合性能检验

9.4.1　强度及刚度试验

9.4.1.1　强度试验工况应包括：

a）垂向静载，试验载荷包括自重、载重。自重按实际情况施加或换算。

b）带侧移装置的长大货物车应进行侧移工况试验。

c）带侧移装置或分体式车体结构（钳夹车、落下孔车等）还应进行小曲线大超高重车试验。

d）纵向力通过车钩直接作用在车体结构上应进行纵向载荷试验。

e）静载试验后，应在满载条件下进行不小于 24 h 延时试验，结构不应有明显永久变形。

f）动强度应在载重条件下进行各种运行工况的应力测试。参照静强度确定的断面布置动应力测点测量。

9.4.1.2　车体垂向弯曲刚度应按 5.1.2 的要求进行试验。

9.4.2　动力学性能试验

动力学性能试验按 5.2 的规定进行。车辆动力学试验中，应观察纵向力通过上、下心盘传递的车辆的心盘状态。

9.4.3　制动性能试验

通过检查静态闸瓦压力验证车辆制动率是否满足在规定紧急制动距离内停车的要求。静态闸瓦压力试验按 TB/T 2231.2 的规定进行。

第10节　检 验 规 则

10.1　型式检验

10.1.1　全新型或重大改进型长大货物车定型时，按表 1 给出的项目进行全项型式试验，车型结构不具备的项目除外。

10.1.2　有下列情况之一时，型式试验项目由用户和制造商共同商定。

一般改进型新型长大货物车定型时；已定型转厂生产时；车辆生产中断 2 年恢复时。

10.2　例行检验

例行检验项目见表1，检验应逐台进行。

表1　型式检验与例行检验项目表

序号	项目			型式检验	例行检验	技术要求对应条款	检查与试验方法对应条款
1	外观检查			√	√	4.1	9.1
2	结构和性能检验	车辆主要尺寸检查		√	√	4.1	9.2.2
		限界检查		√	√[a]	4.3	9.2.3
		称重测定		√	√[a]	4.1	9.2.4
		曲线通过检查		√	—	4.6	9.2.5
		车钩缓冲装置		√	√	7.5	9.3.1
		制动装置	单车制动试验	√	√	7.4	9.3.2.1
			人力制动装置	√	√	4.7	9.3.2.2
		液压系统性能试验		√	√	4.1，7.6	9.3.3
		电气装置性能试验		√	√	4.1，7.7	9.3.4
		动作试验		√	√	4.1，6.4～6.6	9.3.5
		涂装及标记检查		√	√	8	9.3.6
	整车综合性能检验	强度及刚度试验		√	—	5.1	9.4.1
		动力学性能试验		√	—	5.2	9.4.2
		制动性能试验		√	—	4.5	9.4.3
[a]进行抽检							

《铁路长大货物车》（TB/T 2553—2018）编制说明

1　工作简况

1.1　编制依据

国铁科法函〔2016〕67号文《国家铁路局2016年铁路技术标准项目编制计划》16T024项目。

1.2　制定本标准的必要性

大车作为铁路特种货车一大类车种，至今没有行业标准。2007年11月，根据铁道部运输局装备部要求，为规范铁路大车设计技术开发过程，由四方所牵头主持，齐车公司、株洲车辆厂、二七车辆厂参加，共同成立编写组，反复研究，总结以往大车设计运用实践经验，四方所汇总各方意见，形成《铁路长大货物车设计技术规范》（草稿）。至2009年，经过多次讨论，基本形成了大车技术规范。2015年四方所负责主持，齐齐哈尔公司、长江公司、北京交通大学、中南大学、中铁特货运输责任有限公司等单位进一步开展了《铁路长大货物车关键技术与应用规范研究》（铁总科技项目，合同编号2015J007-O），在此基础上，项目组提出铁路大车技术条件行业标准制定。2016年长江公司提出，国家铁路局正式立项编制《特种铁路货车　长大货物车》行业标准。

2　编制原则

编制过程中，结合了我国大车研究、设计、生产和运用实践，充分考虑了我国大车的特殊性。本标准在总体架构上参考了GB/T 5600—2018《铁道货车通用技术条件》、GB/T 5601—2018《铁路货车组成后检查与试验规则》。

3　主要内容

3.1　标准名称

根据铁总运〔2015〕112号和TB/T 3443.3《机车车辆车种、车型和车号编码规则　第3部分：货车》车型分类，本标准适用范围为“铁路长大货物车”，为遵循铁道行业既有规则，本标准中文名称确定为“铁路长大货物车”。

3.2　标准适用范围

标准规定了铁道大车术语与定义、一般要求、整车性能要求、结构要求、制造要求、试验方法与检验规则。本标准适用于铁道大车（长大平车、凹底车、双联平车、钳夹车、落下孔车）的设计和制造。

3.3 技术要求

3.3.1 一般要求

本标准与GB/T 5600—2018《铁道货车技术条件》比较，各条均有对应。考虑大车特殊要求，本标准增加了编挂位置、过桥速度和超限、超重检算的规定，见表1。

表1 与GB/T 5600—2018一般要求条款对应表

序号	一般要求	铁路大车	GB/T 5600	说　明
1	产品图样及技术文件的规定	4.1	3.1	
2	适应环境	4.2	3.2	
3	制动系统主管定压的规定	4.4	3.3	
4	车辆制动率要求	4.5	3.4	
5	外形轮廓限界要求	4.3	3.5	
6	通过最小曲线半径要求	4.6	3.6	
7	制动装置要求	4.7	3.7	
8	安全技术要求	4.8	3.8	
9	强度、刚度设计要求	5.1	3.9	
10	动力学性能要求	5.2	3.10	
11	加固装置要求	4.11	3.11	
12	车辆特殊运行条件及编挂位置要求	4.12	无	大车特殊要求
13	有盖货车、押运间防漏雨要求	4.15	3.12	大车为操作室
14	车辆通过机械化驼峰要求	4.13	3.13	
15	静电释放功能	4.14	3.14	
16	货车接口尺寸要求	4.16	3.15	
17	材料要求	4.17	4章	
18	过桥速度校核检算	4.9	无	大车特殊要求
19	超限、超重校核检算	4.10	无	大车特殊要求

3.3.1.1 车辆限界的要求

根据GB 146.1—1983的规定，机车车辆外形轮廓无论空车和重车均应符合GB 146.1规定的限界要求。由于大车属于特种货车，主要承担国家重点工程大型设备的运输任务。而大型设备运输多数属于铁路超限超重货物，为满足超限超重货物运输要求，特殊情况时，大车部分车型结构设计上比照超限超重货物采用了超限设计。铁道部颁布了《铁路超限超重运输规则》管理制度，并有一套完整的超限超重货物运输的管理流程和经验，多年实际运用经验表明，铁路超限超重运输不会危及铁路运输的安全。基于目前实际情况，本标准在4.3条中，增加了"特殊情况车辆超限时，按铁路超限超重货物运输相关规定执行"的规定。

3.3.1.2 车辆特殊运行条件的要求

大车投入运营前，制造单位应向使用单位提交车辆使用说明书，车辆使用说明书中应包括装载及装卸要求，曲线限速要求、道岔限速要求、通过最小曲线半径、通过最小道岔号、编挂位置等运行条件，货物加固焊接要求等特殊运输要求。由于大车车型多，结构差别大，各车辆特殊运行条件规定差异大，标准对特殊运行条件未做详细规定。本标准在4.12中规定了"车辆应明确特殊运行条件。纵向力通过上、下心盘传递的车辆应编挂在列车后部"的要求。

3.3.2　整车综合性能要求

由于目前 TB/T 1335—1996《铁道车辆强度设计及试验鉴定规范》和 GB/T 17426—1998《铁道特种车辆和轨行机械动力学性能评定及试验方法》中强度、刚度设计规范和动力学性能评价规定内容不全适用铁道大车车辆。本标准依据我国以往大车的设计、试验和运用经验，规定了强度和刚度性能要求：设计载荷、刚度、工况组合、许用应力；规定动力学线路性能要求和特殊线路试验要求，见第 5 章。

3.3.3　结构要求

本标准规定了大车连接心盘、旁承装置、导向装置、侧移装置、升降装置和转向架的结构要求。

3.3.4　制造要求

本标准规定了大车通用制造一般要求和车体、转向架、制动装置、车钩缓冲装置、液压装置、电气装置、落成等制造要求。

3.4　涂装和标志

在通用货车基础上，增加了大车专用的特殊标志内容。

3.5　检查与试验方法和检验规则

本标准参照 GB/T 5601 标准，规定了车辆检查和试验方法和检验规则。

4　技术指标的确定

4.1　轮重减载率限度确定依据

带侧移装置的大车曲线工况下时轮重减载率 $\Delta P/P$ 的限度值为≤0.9，确定依据：

(1) 前期研究

带侧移装置的大车由于车辆结构特殊，在通过侧岔、S 形曲线工况以及其他特殊工况（重车大超高、复式交分及交叉渡线）时轮重减载率相对其他工况较差，车辆动态轮重减载率超过 GB/T 14726 的规定值 0.65。1999 年 D_{38} 型车试验时轮重减载率最大达到 0.89，当时对轮轨力的试验数据进行了详细分析，提出了在严格限速、确保装载状态正常、专列运输，并进行安全监测的条件下，运输安全性可以保障的结论。该车 20 年来运行了 50 多次约 11 万 km 的大件运输，历次监测结果表明，该车运行平稳，各连接部位可靠。这也进一步验证了该车的运行安全性是有保障的。

在 2003 年 D_{32} 型凹底平车试验时专门对小曲线进行一次试验，试验速度由 3 km/h 开始，每 2 km/h 一档，进行了极其详尽的试验，并对试验结果进行详细的分析，虽然轮重减载率超过了 0.65，但通过对整个通过曲线的轮轨力关系的分析认为，轮轨横向力指向增载的一侧，这种特定工况下的减载不会引起车辆的爬轨可能。见铁道科学研究院 2003 年机研字第 23 号《320 t 凹底平车小曲线及大超高动力学性能研究报告》。

(2) 试验结果分析

a. 减载率超限在线路上相同位置出现较大值，该位置约为 40 mm 超高进入 2‰顺坡的变坡点，此处试验线因受现场条件限制，超高变化与曲线变化不一致，该点为圆曲线但变坡已是最大值。在该点由侧移和线路扭曲引起的轮轨减载率均达到最大值，且内轨的轮重减载率是两者的叠加。

b. 从试验结果看导向轴轮重减载率在曲线最大超高上和超高下降时均不大，只在超高增加时较大，由结果可以看出，在圆曲线上左轮和右轮的轮重减载率均为±0.2 左右，这是因为该轴在最大超高时，由侧移引起的轮重减载率和由超高引起的侧移基本相当。

c. 曲线上由于大车侧移使内轨减载，外轨增载。而在曲线上超高使内轨增载，外轨减载，因此在圆曲线并不大，出曲线时负变坡使导向轴内侧增载，因此出曲线时导向轴的轮重减载率也不大。而进曲线时，由于侧移和正变坡的作用使导向轮内轨减载叠加，因而轮重减载率较大。

综合普通小曲线和大超高小曲线试验，可以认为大超高对带侧移大车轮重减载率的贡献不在于圆曲线的超高大小，而是因为在进缓和曲线上其线路扭曲较大。鉴于这种情况，目前对带侧移大车通过小曲线时轮重减载率的评判一直使用 0.9 的限制。

(3) 既有带侧移装置大车轮重减载率限度值均以部文件批准技术条件中规定

铁道部批复带侧移的大车设计任务书中将轮重减载率的限度值≤0.9（见表 2）。这些车辆在实际运用中，通过严格的限速和进行安全监测，能够保证车辆的运行安全。从表2中车辆定型年份可知，车辆已经投入运用多年，从未发生车辆运行安全事故。

表2 国内带侧移装置大车轮重减载率限值及设计任务书批准文件

车 型	轮重减载率限值≤	定型年份	保有量	批准文号
D_{38}	0.9	1999	1	辆技〔1996〕121号
D_{32}	0.9	2002	1	科技装〔2002〕113号
DQ_{35}	0.9	2007	1	运装货车〔2007〕277号
D_{45}	0.9	2007	1	运装货车〔2005〕165号
DK_{36A}	0.9	2009	7	运装货车〔2009〕133号
DA_{37}	0.9	2009	1	运装货车〔2009〕707号
DQ_{45}	0.9	2009	1	运装货车〔2009〕762号
D_{32A}	0.9	2006	1	科技装〔2008〕32号
DK_{36}	0.9	2008	6	运装货车〔2008〕414号

4.2 强度要求

考虑大车在空、重车状态下禁止通过驼峰，禁止溜放与冲击。标准中规定大车设计载荷包含车辆运行线路（直线、曲线等）、车辆运行工况（纵向）、功能工况（侧移、装卸货物等）和车辆结构引起的载荷、刚度等。另外，考虑大车特殊结构，标准增加动强度试验要求，见标准的5.1的规定。标准还给出了工况组合原则和材料许用应力的计算方法。

4.3 刚度要求

车辆刚度限值要确保车体保持在要求的空间包络面内，并避免不可接受的动态响应出现。刚度可定义为在规定的荷载下允许的变形或者作为振动的最低频率。也就是说规定挠跨比，同时，要求车体固有振动频率应与悬挂装置的振动频率充分隔离或隔绝，以避免在任何速度、车辆载荷和悬挂条件下出现不良响应。由于大车是一族特种货车，其运用管理规定实施不同的规则。大吨位的大车基本遵循专车专用原则。统一规定弯曲刚度取值，有可能限制了大车技术的发展。在保证运行安全的情况下，弯曲刚度规定值可根据设计要求和有关仿真计算，选取合适的刚度值，保证车辆的最大适应能力。因此，本标准中未规定大车的车体垂向弯曲刚度限度值，建议按设计任务书（技术条件）的规定执行。

4.4 线路试验特殊工况要求

大吨位载重的大车多数属于多层结构，部分特殊工况需要进行试验，试验项目已经超出了GB/T 17426标准的规定。根据以往大车的试验内容，本标准增加了带侧移装置或分体式承载梁的大车，应增加小曲线大超高试验，见5.2.2。

4.5 垂向动荷系数

我国已往对大车的动力学试验实测，包含垂向动载荷、侧向力、纵向力、扭转载荷作用的综合动荷系数，比按TB/T 1335—1996的垂向动荷系数计算公式的计算值要小。考虑大车结构的特殊性，车辆强度评价是静强度和动强度的组合，动荷系数采用综合动荷系数，与通用铁路货车不一样。TB/T 1335—1996给定的垂向动荷系数计算公式是通用铁路货车的计算公式，不适用大车动荷系数的确定，需要修正。根据第一标准审查会议纪要建议，起草组梳理既有大车设计时垂向动荷系数时，发现各设计单位是参照同类车型的经验值来取值，没有固定的公式和推荐值。本标准继续沿用以往做法，设计时车辆垂向动载荷系数可参照既有同类车型经验值，见5.1.1。

考虑在全新型车辆，无经验值参考时，在TB/T 1335给出的计算公式基础上，考虑轴数、底架层数和底架结构挠度等影响后，对TB/T 1335的计算公式进行修正，合理确定大车设计时车体构件的垂向动荷系数取值。修正公式以资料性附录给出，供设计时参考。有个别专家认为该修正公式没有得到试验验证和实际应用，建议删除。待后续通过试验研究，获得应用经验后再对标准修订完善，补充相关内容。

4.6 工况组合和安全系数

通过对我国铁路大车设计运用经验和承载结构设计分析及相关试验，考虑大车在空、重车状态下禁止通过驼峰，禁止溜放与冲击。标准中规定了大车设计载荷、刚度以及大车特殊结构，标准增加动强度试验要求。本标准规定了工况组合按照“最大可能组合工况”的原则进行组合，且应考虑每种工况静、动载荷的合成。

安全系数降低，有利于降低车辆的自重系数，提高车辆载重。根据我国以往大车设计经验，本标准安全系数规定继续沿用拉应力时［n］＝1.59；压应力时［n］＝1.5。

附录 1-2 《铁路超限超重货物运输规则》（TG/HY 106—2016 铁总运〔2016〕260 号）摘录

第一章 总 则

第一条 为规范铁路超限超重货物运输工作，确保运输安全，依据《中华人民共和国铁路法》《铁路安全管理条例》《铁路技术管理规程》等法律法规和规章，制定本规则。

第三条 超限超重货物运输对保障国家重点工程建设和国防建设需要、促进国民经济发展具有重要意义。各单位必须高度重视，加强组织领导，强化业务培训，配备专人负责超限超重货物运输工作。铁路局货运主管部门超限超重货物运输管理工作实行 AB 岗双人负责制。

第四条 铁路局应成立以主管副局长、总工程师为主任，各有关处室负责人为成员的铁路局超限超重货物运输及限界管理委员会。管理委员会应建立工作制度，明确工作职责，协调解决超限超重货物运输和限界管理工作中的重大问题。

第五条 铁路局应对超限货物运输线路实际建筑限界实行动态管理，确保限界资料完整、准确。

第六条 铁路局应积极运用信息化技术，应用限界管理及超限超重货物运输辅助决策系统，实现数据管理与运用信息化，不断提高安全保障和专业管理水平。

第二章 定义及等级划分

第七条 货物装车后，车辆停留在水平直线上，货物的任何部位超出机车车辆限界基本轮廓者或车辆行经半径为 300 m 的曲线时，货物的计算宽度超出机车车辆限界基本轮廓者，均为超限货物。“机车车辆限界基本轮廓图”见附件 1，“货物计算宽度的计算方法”见附件 2。

第八条 根据货物的超限程度，超限货物分为三个等级：一级超限、二级超限和超级超限。

（一）一级超限：自轨面起高度在 1 250 mm 以上超限但未超出一级超限限界者；

（二）二级超限：超出一级超限限界而未超出二级超限限界者，以及自轨面起高度在 150 mm 至未满 230 mm 间超限但未超出二级超限限界者；

（三）超级超限：超出二级超限限界者，以及自轨面起高度在 230 mm 至 1 250 mm 间超限者。

“各级超限限界图”见附件 3。

“机车车辆限界基本轮廓、各级超限限界与建筑限界距离线路中心线所在垂直平面尺寸表”见附件 4。

第九条 根据货物超限部位所在的高度，超限货物分为三种类型：上部超限、中部超限和下部超限。

（一）上部超限：自轨面起高度超过 3 600 mm，任何部位超限者；

（二）中部超限：自轨面起高度超过 1 250 mm 至 3 600 mm 之间，任何部位超限者；

（三）下部超限：自轨面起高度在 150 mm 至 1 250 mm 之间，任何部位超限者。

第十条　装车后，重车总重活载效应超过桥涵设计标准活载（中—活载）的货物，称为超重货物。

第十一条　根据货物的超重程度，超重货物分为三个等级：一级超重、二级超重和超级超重。

（一）一级超重：$1.00<Q\leqslant 1.05$；

（二）二级超重：$1.05<Q\leqslant 1.09$；

（三）超级超重：$Q>1.09$。

注：Q为活载系数。

“超重货物分级表”见附件5。

第四章　受理和承运

第二十三条　托运人托运超限、超重货物时，除按一般货运手续办理外，还应提供下列资料：

（一）“超限超重货物托运说明书”（见附件6），货物外形的三视图。图中应标明货物的有关尺寸、支重面长度、货物重量，并以“+”号标明重心位置。

（二）自轮运转货物，应有自重、长度、轴数、轴距、固定轴距、转向架中心销间距离、运行限制条件，以及过轨技术检查合格证。

（三）申请使用的车种、车型、车数及装载加固建议方案。

（四）超过承运人计量能力的货物由托运人确定货物重量，并应有货物生产厂家出具的货物重量证明文件（数据应为货物运输状态时的重量，重量数据如不含装载加固材料或装置重量，须单独注明），对变压器、电抗器等货物，残余油料重量须单独注明；货物生产厂家具备货物称重计量条件的，应要求托运人提供经厂家计量衡器称重的货物重量数据。

（五）其他规定的资料。

托运人应在超限超重货物托运说明书、装载加固建议方案和所提供的资料上签字盖章，并对内容的真实性负责。

第二十四条　车站受理超限、超重货物时，应认真审查托运人提出的有关技术资料。托运人提供的货物技术资料及相关证明文件齐全有效、符合规定，且货物发到站（含专用线、专用铁路）具备超限、超重货物运输条件的，发站应受理资料。

受理资料后，发站测量核对货物外形尺寸和重心位置，以超限超重货物运输申请电报向铁路局货运主管部门申请装运办法。

跨三个及以上铁路局的各级超重货物和超级超限货物，由铁路局审查后向总公司运输局提出申请。

第三十条　装后超出机车车辆限界基本轮廓的货物，经总公司批准，可不按超限货物办理。

第三十一条　以下车型装运的超限、超重货物，应开行超限超重货物专列：

（一）钳夹车。

（二）标记载重260 t及以上的落下孔车。

（三）标记载重300 t及以上的凹底平车。

其他需要采取全程派人监护、监测运行等特殊安全保障措施的重车，也可组织开行超限超重货物运输专列。

铁路超限超重货物运输专列按“超限超重货物专列运输管理规定”（见附件11）办理。

第三十二条　为确保超限货物运输安全，可采用检查架等方法检查确认运输线路或区段的限界能否满足通行安全。

（一）检查架的尺寸应与货物检定断面的实际尺寸相同。

（二）安装检查架的车辆应与拟用车辆的车型相同。

（三）检查架应安装在货物检定断面所在的位置。

使用其他车辆安装检查架的，检查架的尺寸应考虑拟用车辆的偏差量和倾斜量等。

第三十三条　铁路局要加强与地方政府和企业的沟通联系，了解和掌握大吨位起重设备（160 t 以上）的数量、起重能力、所属单位、联系人等信息，建立超限超重货物运输事故施救信息网络，并实行动态管理，提高应急处置能力。

第五章　超限、超重车运行

第三十四条　发站挂运超限、超重车前，应向铁路局调度所拍发超限超重车辆挂运申请电报（条件不具备时可使用传真或电话申请）。

第三十五条　挂运跨及两个铁路局的超限、超重车辆前，需向邻局进行预报，并征得邻局调度所的同意后方可挂运。

相邻铁路局调度所间的预报内容，应包括挂运车次、确认电报号码、车型、车号（含游车、隔离车）、到站、品名、超限等级、超重等级和有关注意事项等。

第三十六条　铁路局调度所接到车站挂运申请或邻局预报后，应根据超限超重货物运输确认电报认真核对，制定管内具体运行条件，填写“超限超重车辆挂运通知单”，纳入日（班）计划，并将管内具体运行条件以调度命令下达有关站段。

第三十七条　车站接到挂运命令后，应及时做好车辆挂运准备工作，并将调度命令交值乘司机。

第三十八条　运行有限制条件的超限、超重车，除有特殊要求外，禁止编入直达、直通列车。

第三十九条　挂有超限车的列车，按《车站行车工作细则》（以下简称《站细》）规定的线路办理到发或通过。遇到特殊情况需要临时变更线路时，须得到铁路局批准。

第四十条　接发超限列车固定线路、准许通行超限车的线路实际建筑限界应满足国家标准要求。车站应将接发超限列车固定线路及侵限设施设备纳入《站细》管理。

第四十一条　挂有超限车的列车运行在双线、多线或并行单线的直线地段与邻线列车会车时，应遵守下列规定：

（一）邻线列车运行速度小于等于 120 km/h 的，两运行列车之间的最小距离大于 350 mm 者不限速，300 mm 至 350 mm 之间者运行速度不得超过 30 km/h，小于 300 mm 者禁止会车。

（二）邻线列车运行速度大于 120 km/h 小于等于 160 km/h 的，两运行列车之间的最小距离大于 450 mm 者不限速，400 mm 至 450 mm 之间者运行速度不得超过 30 km/h，小于 400 mm 者禁止会车。

（三）邻线列车运行速度大于 160 km/h 的，禁止会车。

曲线地段与邻线列车会车，必须根据规定相应加宽。

第四十二条　超限车在运行过程中，如超限货物的任何部位接近建筑物或设备时，应遵守下列规定：

（一）超限货物的任何超限部位与建筑物或设备之间的距离（以下简称限界距离），在 100 mm 至 150 mm 之间时，速度不得超过 15 km/h；

（二）限界距离在超过 150 mm 至 200 mm 之间时，速度不得超过 25 km/h；

（三）限界距离不足 100 mm 时，由铁路局根据实际情况制定办法。

第四十三条　装有二级及以上超限货物的车辆禁止溜放。

第四十四条　电气化区段，超限货物顶部距接触网导线的垂直距离 $L\geqslant 350$ mm 时，可不停电运输。超限货物顶部距接触网导线的垂直距离，在线路平面海拔高度超过 1 000 m 时，应按每超过 100 m 增加 3.5 mm 的附加安全距离计算（不足 100 m 时四舍五入计算）。

第六章　途中检查和卸车

第四十五条　超限、超重车的途中检查是确保超限、超重货物运输安全的重要措施，铁路局必须加强对超限、超重车运行途中的检查，落实区段负责制。

第四十六条　途中检查站应按下列内容检查超限、超重车，并在超限超重货物运输记录上记录、签认检查结果。

（一）有无超限超重货物运输记录及其填写是否完整；

（二）货物两侧明显位置，是否有超限、超重等级标识；

（三）是否标画有检查线，货物装载加固是否良好，加固材料是否有松动或损坏。

如发现问题，应按照《铁路货运检查管理规则》和《铁路货物运输管理规则》等文件中的有关规定处理。

第四十七条　到站应根据确认电报确定卸车地点和货位，科学制定卸车方案，加强卸车组织，确保安全。

第四十八条　收货人在货场自卸的，车站应与收货人签订卸车协议，明确安全责任，并在卸车前与收货人办理完货物交付手续。

第八章　长大货物车的运用管理

第五十一条　国铁长大货物车的备用、解除、使用和回送，应根据总公司的调度命令办理。车站回送国铁长大货物车时，应填写“特殊货车及运送用具回送清单”，并注明到站和调度命令号码。自备车按货票指定到站挂运，日常运行比照国铁车要求执行。

第五十二条　铁路局调度所间须互相预报。相邻铁路局调度所间的预报内容，应包括挂运车次、命令号码、车型车号、发站、到站，以及有关文电号码（超限、超重、限速电报）。

第五十三条　铁路局在接到总公司下达的调度命令或接到邻局的预报后，根据超限超重货物运输电报、限速电报等有关文电及车辆技术条件，制定管内运行条件，并及时纳入日（班）计划（DL_1 空车除外），将车辆向指定到站挂运。沿途各站应快速挂运，不得积压。

第五十四条　长大货物车应严格按照总公司车辆部门公布的技术条件运用。

第五十五条　铁路局应在每月 25 日前向总公司运输局提报次月长大货物车使用计划。

第五十六条　铁路局应于每月 5 日前，统计上月本局管内超限货物装车数和超重货物装车数，填写“超限货物运量统计表”、“超重货物运量统计表”，并报总公司运输局。

附件 2　货物计算宽度的计算方法

一、用一辆六轴及以下货车装载时

（一）当货物的检定断面位于车辆两心盘中心之间时，其计算公式为

$$X_{内}=B+C_{内}-36\ (\text{mm})$$

式中　B——实测宽度，即，货物检定断面的计算点至车辆纵中心线所在垂直平面的距离，mm；

$C_{内}$——货物检定断面处的内偏差量，即，车辆纵中心线在货物检定断面处偏离线路中心线的距离，mm；其计算公式为

$$C_{内}=\frac{l^2-(2x)^2}{8R}\times 1\ 000\ (\text{mm})$$

其中　l——车辆转向架中心距，m，

x——货物检定断面至车辆横中心线的距离，m，

R——曲线半径，m。

（二）当货物的检定断面位于车辆两心盘中心外方时，其计算公式为

$$X_{外}=B+C_{外}+K-36\ (\text{mm})$$

式中　$C_{外}$——货物检定断面处的外偏差量，即，车辆纵中心线在货物检定断面处偏离线路中心线的距离，mm；其计算公式为

$$C_{外}=\frac{(2x)^2-l^2}{8R}\times 1\ 000\quad (\text{mm})$$

K——货物检定断面处的附加偏差量，mm；其计算公式为

$$K=75\ (\frac{2x}{l}-1.4)\quad (\mathrm{mm})$$

注：当$\frac{2x}{l}\leqslant 1.4$时不计算。

二、用普通平车跨装时

（一）当货物的检定断面位于两货物转向架中心销之间时，其计算公式为

$$X_{内}=B+C_{内}-36\quad (\mathrm{mm})$$

其中，$C_{内}$ 的计算公式为

$$C_{内}=\frac{L^2+l^2-(2a)^2-(2x)^2}{8R}\times 1\ 000\quad (\mathrm{mm})$$

式中　L——跨装支距，m；

l——负重车的转向架中心距，m；

a——货物转向架中心销偏离所在车辆横中心线的距离，m；

x——货物检定断面至跨装支距中心的距离，m。

（二）当货物的检定断面位于两货物转向架中心销外方时，其计算公式为

$$X_{外}=B+C_{外}+K-36\quad (\mathrm{mm})$$

其中，C 外的计算公式为

$$C_{外}=\frac{(2x)^2-L^2-l^2+(2a)^2}{8R}\times 1\ 000\quad (\mathrm{mm})$$

K 的计算公式为

$$K=75\left(\frac{2x}{L}-1.4\right)\quad (\mathrm{mm})$$

注：当$\frac{2x}{L}\leqslant 1.4$时不计算。

三、用六轴以上长大货物车装载时

（一）当货物的检定断面位于大底架两心盘中心之间时，其计算公式为

$$X_{内}=B+C_{内}-36\quad (\mathrm{mm})$$

其中，计算公式为

$$C_{内}=\frac{L_1^2+\cdots+L_n^2-(2x)^2}{8R}\times 1\ 000\quad (\mathrm{mm})$$

式中　L_1，…，L_n——长大货物车由上向下各层底架心盘中心距，m；其中，n 为长大货物车底架层数；

x——货物检定断面至车辆横中心线的距离，m。

注：用具有导向装置的长大货物车装载时，$C_{内}$ 根据车辆使用说明书计算。

（二）当货物的检定断面位于大底架两心盘中心外方时，其计算公式为

$$X_{外}=B+C_{外}+K-36\quad (\mathrm{mm})$$

其中，$C_{外}$ 的计算公式为

$$C_{外}=\frac{(2x)^2-L_1^2-\cdots-L_n^2}{8R}\times 1\ 000\quad (\mathrm{mm})$$

K 的计算公式为

$$K=75\ (\frac{2x}{L_1}-1.4)\quad (\mathrm{mm})$$

注：当$\frac{2x}{L_1}\leqslant 1.4$时不计算。

附件 5　超重货物分级表

等　　级	长大货物车型号	重车总重 P/t	长大货物车型号	重车总重 P/t
一级	D_{2}	$P>314$	D_{28}	$369<P\leqslant 388$
	D_{2A}	$P>329$	DK_{29}	$370.8<P\leqslant 389.5$
	D_{2G}	$326<P\leqslant 342$	D_{30G}	$437<P\leqslant 459$
	D_{18A}	$P>310$	D_{32}	$491<P\leqslant 515$
	DK_{23}	$P>296$	350 t 落下孔车	$490<P\leqslant 514$
	D_{23G}	$310<P\leqslant 326$	DQ_{35}	$P>508$
	D_{25A}	$P>374$	DK_{36}	$P>545.7$
	DA_{25}	$P>361$	DK_{36A}	$P>521.3$
	D_{26}	$371<P\leqslant 390$	D_{38}	$543<P\leqslant 571$
	D_{26AK}	$P>332$	D_{45}	$580<P\leqslant 609$
	D_{26B}	$371<P\leqslant 390$	DA_{37}	$P>542.2$
	D_{28}	$369<P<388$	DQ_{45}	$585<P\leqslant 615$
二级	D_{2G}	$342<P\leqslant 355$	350 t 落下孔车	$P>514$
	D_{23G}	$P>326$	D_{32}	$515<P\leqslant 535$
	D_{26}	$P>390$	D_{38}	$571<P\leqslant 592$
	D_{26B}	$P>390$	D_{45}	$609<P\leqslant 632$
	D_{28}	$P>388$	DQ_{45}	$615<P\leqslant 638$
	D_{30G}	$P>459$	DK_{29}	$P>389.5$
超级	D_{2G}	$P>355$	D_{45}	$P>632$
	D_{32}	$P>535$	DQ_{45}	$P>638$
	D_{38}	$P>592$		

注：以上均为货物装载无偏心情况，如有偏心，则应按实际装载偏心另行计算等级。

附件 11　超限超重货物专列运输管理规定

一、总体要求

（一）超限超重货物专列开行需求由特货公司或始发铁路局受理。跨三个及以上铁路局的专列，由总公司运输局牵头，组织有关部门和技术专家，制定专列安全运输技术方案。跨及两个铁路局及铁路局管内开行的专列，由相关铁路局自行组织开行，有关要求比照此规定执行。

（二）特货公司、始发铁路局按有关要求制定安全运输技术方案（包括装载加固方案、运输方案、安全监测应急方案等）报总公司运输局，并以局文形式提出召开安全运输技术方案评审会的申请。运输局接到受理铁路运输企业的申请后，各有关部门按照专业分工，对提报的专列安全运输技术方案进行初审。初审通过后，由运输局营运部专业运输处牵头组织召开专列安全运输技术方案评审会，运输局调度部、车辆部、工务部和有关铁路局、特货公司、铁科院等相关单位派员参会，共同评审确定安全运输技术方案。

（三）在专列安全运输技术方案评审会议上，各有关部门按专业分工，对装载加固方案、运输方案、安全监测及应急方案等进行研究、讨论、审定，确定最终的专列安全运输技术方案。

二、提报审定专列运输方案

（一）提报方案。受理铁路运输企业按如下内容提报安全运输技术方案初审稿。

1. 货物装载加固方案应包括以下内容：

（1）货物品名、数量、重量、重心位置、外形尺寸等基本参数和图纸。

（2）使用车型。

（3）装载加固材料（装置）。

（4）装载方法。

（5）加固方法。

（6）相关计算。

（7）其他要求。

2. 运输方案中应包括以下内容：

（1）托运人名称，货物品名、数量、重量、外形尺寸，使用车型（含导向装置的要注明采取何种导向），预计运输次数和时间。

（2）货物预计装后尺寸，货物超限等级、超重等级、重车重心高。

（3）发站，到站，运行径路，专列编组。

（4）专列运行限速要求，安全保障措施。

3. 安全监测及应急方案应包括以下内容：

（1）监测内容。包括：结构关键部位应力值、小底架心盘振动加速度、轴箱弹簧动挠度等。

（2）评价控制指标。包括：应力评价、振动加速度评价、弹簧动静挠度比评价等。

（3）运输安全监测及应急预案。

（二）初审方案。相关部门按专业分工进行方案初审。

1. 使用自备车运输的，调度部自备车处审核确认自备车符合过轨运输范围。

2. 营运部货运管理处审核确认货物装载加固方案满足以下要求：

货物及加固材料相关参数、图纸完整，表述规范、准确；装载加固方案符合规章规定、符合车辆运用要求、满足运输安全需要；相关计算完整、准确。

3. 营运部专业运输处根据通过初步审核的货物装载加固方案，审核确认运输方案满足以下要求：

货物装车后尺寸表述完整、准确，超限和超重等级正确；偏差量和货物计算宽度等相关计算完整、准确；发、到站及途经线路已开办超限、超重货物运输或具备办理超限、超重货物运输的条件；沿途限界满足运输安全要求；运输安全保障措施完善。

4. 调度部调度处审核专列运行组织措施，核定编组、运行径路和计划开行时间。

5. 车辆部货车处审核确认大车技术条件满足运用安全要求。需要监测的专列，监测方案中车辆监测部分满足要求。

6. 工务部桥隧处审核确认桥涵等线路条件满足运输要求。

（三）会议审定方案

1. 特货公司或铁路局负责汇报货物装载加固方案及上次采取类似装载加固方式的货物装运情况（包括货物、装载加固材料和装置在装车、途中、卸车时的状态）；特货公司或铁路局负责汇报运输方案；专列运行监测单位负责汇报安全监测及应急方案。

2. 总公司运输局各参会部门处室按照初审方案职责分工，对专列安全运输技术方案提出评审意见。

3. 铁路局、特货公司、铁科院等单位对专列安全运输技术方案提出评审意见。

4. 营运部专业运输处负责对各参会部门、单位提出的评审意见进行汇总，形成超限超重专列安全运输技术方案评审意见稿，经会议全体人员签认通过后形成评审意见，以总公司运输局文件形式印发至相关单位执行。

三、专列运输安全组织措施

（一）各铁路局成立以主管副局长为组长，各有关处室负责人为成员的超限超重货物专列运输领导小组，统一协调组织管内超限超重货物专列运输工作。

（二）每次专列运输时间，由受理铁路运输企业在专列开行前月 15 日之前通知涉及专列运行的各铁路局及相关单位。

（三）有关铁路局在专列开行前组织召开管内专列运输会议，研究制定专列运输方案及安全保障措施，按规定完成检查和超限超重电报发布工作。

（四）有关铁路局于专列开行7天前，将管内运行时刻定后报总公司运输局，专列具体车次、运行时刻以总公司调度命令为准。

（五）始发局于专列开行7天前，将专列所需的大车和工具车（客车）调到装车地点。专列运行监测单位于专列开行4天前，将监测设备（试验车）运抵发站，调入装车地点，并做好整备工作。

（六）始发、终到局要组织制定装、卸车工作方案，明确装、卸车责任主体和工作要求，并切实做好装、卸车检查工作。

（七）涉及专列运行的各铁路局加强运输组织，精心铺画超限超重货物专列运行线，调度所要重点组织，确保专列安全正点运行。

超限超重货物专列不得影响D、Z字头客车运行，尽可能减少影响T、K字头客车运行。影响的客、货列车由调度日班计划调整，并据此统计正晚点。

（八）专列终到站卸车完毕后，到达局及时将大车、工具车（客车）按调度命令指定到站组织回送（自备车按货票指定到站回送）。

四、安全管理

（一）专列编组的所有车辆应满足安全运用条件，技术状态良好，定检符合规定。大车和工具车应备足配件和应急备品，保证正常运用。

（二）涉及专列运行的各铁路局在专列开行前、后，应对专列运输所经线路上所有设施设备的技术状态及其限界进行全面检查，认真做好记录，并采取清砟、拆移等必要的安全措施。

（三）每次装车前，大车产权单位应委托具备国家认可资质的单位对车辆关键部位进行磁粉探伤，向始发局提供车辆技术状态良好的证明。探伤检测人员应持有总公司认可的二级及以上资格证书。

探伤项目至少包括：

1. 落下孔车：拉压杆座或上拉杆座、等分撑杆座。

2. 钳夹车：钳形梁下盖板弯角处、车耳边钳形梁焊缝、耳孔周围100 mm范围内、车耳销轴、等分撑杆座。

（四）装车单位负责对装载加固装置及钳夹车托钩进行检查，并向始发局提供探伤合格报告。探伤检测单位要具备国家认可资质，探伤检测人员须持有总公司认可的二级及以上资格证书。

探伤项目至少包括：

1. 使用落下孔车时，纵向顶紧装置梯形螺杆；

2. 使用落下孔车时，可拆卸的货物肩座及螺栓；

3. 使用钳夹车时，承载的托钩。

（五）使用落下孔车装运变压器、电抗器等货物时，托运人要向始发局提供肩座承载能力证明；使用钳夹车端盖方式运输定子等货物时，托运人向始发局提供货物结构强度满足端盖运输方式安全要求的证明。

（六）装车单位严格按货物装载加固方案进行装载加固。装车施焊时，严禁电流通过车辆滚动轴承。

（七）专列中的钳夹车、落下孔车重车须由满足以下条件的单位进行全程监测：

1. 有满足车辆装车时结构静态应力，运输时结构动态应力、小底架振动加速度和轴箱弹簧动挠度检测要求的设备，检测设备须通过省级及以上的计量认证。

2. 有满足监测要求的专业技术人员。

3. 有完整的监测方案和应急预案。

4. 具有承担与监测内容相关的铁道车辆实车试验的经历。

（八）专列运行监测单位应认真制定监测方案，提前做好监测准备工作，并将监测设备及附属配线加固牢靠。钳夹车装车时，专列运行监测单位应做好均载检测工作，并向始发局出具均载检测合格报告。

（九）涉及专列运行的各铁路局及有关单位按职责派员添乘：

1. 铁路局负责管内添乘组织工作，并加强对各单位（含托运人派出的专业技术人员）随车人员的管理，确保人身安全；货运主管部门、调度所各指定一名科级或以上的干部在管内全程添乘；其他部门按职责派员添乘，对车辆关键部位和货物装载加固状态进行重点检查和监护。

2. 大车产权单位、大车固定配属管理单位、专列运行监测单位派专业人员全程监控、监测大车关键部件和关键受力部位的技术状态与车辆运行状况。

3. 托运人派专业技术人员负责运输全程货物检查。

（十）工务添乘人员携带管内专列通过区段工务线路图，包括车站中心里程、R800 m及以下小半径曲线线路有关资料（曲线半径、外轨超高、夹直线长度小于等于70 m且两曲线半径小于等于400 m的S形曲线等）及侧向通过9号、12号道岔、复式交分道岔、交叉渡线资料，并提供给专列运行监测单位工作人员。

（十一）专列具体运行办法由铁路局依据超限超重货物运输电报和大车技术条件，结合管内线、桥、隧等设施设备的实际情况具体制订。

（十二）当日影响专列运行的施工一律停止。专列通过时，无人看守道口派员监护。

（十三）铁路局要组织随车人员对专列进行检查。专列在铁路局间检查交接时，交接双方要按附表11-1格式进行签认。

（十四）沿途列检按《铁路货车运用维修规程》有关规定进行检查，并协助专列检车乘务人员做好故障处理。

（十五）铁路局、特货公司、大车产权单位、专列运行监测单位、托运人制定非正常运输情况下的应急预案，发现问题及时解决。

附表　长大货物车常用参数表

序号	车型	自重/t	载重/t	钩舌内侧距离/mm	承载面尺寸 长×宽/（mm×mm）	轴数	车体材质	底架心盘中心距/mm				地板面至轨面高/mm	空车重心高度/mm	转向架		特点	备注
								L_1	L_2	L_3	L_4			型号	固定轴距/mm		
1	QD$_3$	22.1	30	16 938	7 000×3 000	4	全钢	12 500				1 136.5 中部 578.5	583	转8A	1 750	凹底平车	企业自备车
2	DNX$_{17K}$	20.8/22	60	13 930	13 000×2 980	4	木地板	9 000				1 212	740	转K$_2$	1 750	长大平车	
3	D$_{70}$	26.6	70	20 400	19 462×2 950	4	全钢	15 500				1 169	798	2E轴构架一体式	1 650	长大平车	
4	DL$_1$	26	74	13 966	转向盘承载面中心距 27 000～28 000	4	全钢	9 000				1 128， 桥梁承载面 1 500	772	转K$_6$	1 830	运梁专用车	
5	D$_{9A}$	35.8	90	21 130	10 500×3 000	6	全钢	15 500				730	641	3D	1 200— 1 200	凹底平车	
6	D$_{10}$	36	90	20 338	10 000×3 000	6	全钢	14 800				1 350 中部777	652	3D轴构架一体式	1 200— 1 200	凹底平车	
7	D$_{10A}$	36	90	20 958	10 000×3 000	6	全钢	15 420				690	610	3D	1 320— 1 320	凹底平车	
8	D$_{12K}$	47.8	120	24 230	9 000×3 000	8	全钢	16 200	3 100			中部850	700.5	转K$_2$	1 750	凹底平车	
9	D$_{22A}$	44	120	25 930	25 000×3 000	8	全钢	17 800				1 080	552	4D轴焊接构架式	1 300— 2 100— 1 300	长大平车	
10	D$_{22B}$	48	120	25 966	25 000×3 000	8	木地板	17 800				1 350	745	4D轴构架式	1 300— 2 100— 1 300	长大平车	
11	D$_{15}$	48.9	150	24 830	9 000×2 700	8	全钢	16 700	3 250			900	748	2E轴构架一体式	1 650	凹底平车	
12	D$_{15A}$	49.6	150	26 330	9 500×2 700	8	全钢	17 350	3 350			850	680	K$_6$	1 830	凹底平车	
13	D$_{15B}$	50	150	25 606	9 000×2 900	8	全钢	16 750	3 300			2 150 中部800	680	2E轴焊接构架式	1 650	凹底平车	企业自备车
14	D$_{17A}$	44.5	155	27 780	12 500×2 350	8	全钢	18 800	3 350			2 000	920	2E轴	1 830	落下孔车	

续上表

序号	车型	自重/t	载重/t	钩舌内侧距离/mm	承载面尺寸 长×宽/(mm×mm)	轴数	车体材质	底架心盘中心距/mm				地板面至轨面高/mm	空车重心高度/mm	转向架		特点	备注
								L_1	L_2	L_3	L_4			型号	固定轴距/mm		
15	DK_{17A}	45	155	27 780/ 27 816	12 500×2 350	8	全钢	18 800	3 350			2 000	920	K_6	1 830	落下孔车	
16	D_2	166.8	160	35 429	9 000×2 780	16	全钢	22 200	5 800			2 187 中部 950	1 032	4E 轴构架一体式	1 400— 1 500— 1 400	凹底平车	
17	D_{18A}	135.4	180	35 470	9 000×2 800	16	全钢	22 440	5 700			2 259 中部 930	970	4D 轴构架一体式	1 350— 1 500— 1 350	凹底平车	
18	D_{2A}	136	210	36 880	9 000×2 760	16	全钢	23 050	6 300			930	1 072	4E 轴构架一体式	1 450— 1 500— 1 450	凹底平车	
19	D_{2G}	148.5	210	36 330	9 000×2 780	16	全钢	22 700	6 200			950	1 047	4E 轴构架一体式	1 400— 1 500— 1 400	凹底平车	
20	DA_{21}	122.8	210	37 996	9 800×2 700	16	全钢	24 130	6 500			2 965 中部 940	1 035	四轴一体	1 400— 1 400— 1 400	凹底平车	
21	DK_{23}	70 (一字梁) 73 (十字梁)	230 (一字梁) 227 (十字梁)	35 290	13 500× (2 200~2 360) (一字梁或十字梁短臂位) 13 500× (2 500~3 480) (十字梁长臂位)	12	全钢	23 440	5 800			3 060	1 220	3E 轴焊接构架式	1 400— 1 400	落下孔车 (侧承梁宽度 260 mm)	
22	D_{25A}	142	250	40 910	9 800×2 630	16	全钢	25 570	7 810			1 080	1 115	4E 轴构架一体式	1 450— 1 500— 1 450	凹底平车	
23	DA_{25}	127.4	250	40 026	10 000×2 700	16	全钢	25 260	7 400			3 050中部 1 050	1 087	四轴一体式	1 400— 1 400— 1 400	凹底平车	
24	D_{25}	86	250	34 146	18 000 (承载支距) ×2 940	16	全钢	18 000	7 450	3 000		1 650	950	转 8A	1 750	长大平车 (双支承承载)	企业自备车
25	D_{26A}	73.6	260	32 138	承载支距 8 000、 16 500	16	全钢	16 500	6 900	3 000		1 600	720	转 8G	1 750	长大平车	
26	D_{26AK}	75.6	260	32 130	承载支距 8 000、 16 500	16	全钢	16 500	6 900	3 000		1 620	720	K_2	1 750	长大平车	
27	D_{26}	140	260	41 396	9 800×2 680	16	全钢	25 200	7 600	3 000		上平面空车 1 150	1 070	2E 轴构架式	1 650	凹底平车	企业自备车
28	D_{23G}	70.7	265	30 950	18 000 (承载支距)× 3 128	16	全钢	18 000	5 700			1 500	794	4D 轴构架一体式	1 350— 1 500— 1 350	长大平车 (双支承承载)	
29	D_{28}	120	280	41 696	10 000×2 680	16	全钢	25 500	7 600			2 730 中部1 160	1 000	2E 轴焊接构架式	1 650	凹底平车	企业自备车
30	D_{26B}	107	290	40 096	10 800×2 440 (空车) 10 800× (3 200~3 640) (重车)	16	全钢	23 900	7 600	3 000		3 400	1 377	2E 轴焊接构架式	1 650	落下孔车 (侧承梁宽 230 mm)	企业自备车

续上表

序号	车型	自重/t	载重/t	钩舌内侧距离/mm	承载面尺寸 长×宽/（mm×mm）	轴数	车体材质	底架心盘中心距/mm				地板面至轨面高/mm	空车重心高度/mm	转向架		特点	备注
								L_1	L_2	L_3	L_4			型号	固定轴距/mm		
31	DK$_{29}$	110	290	42 796	13 200×2 240（空车）13 200×（3 140～3 640）（重车）	16	全钢	26 600	7 600	3 000		3 400	1 381	2E 轴焊接构架式	1 650	落下孔车（侧承梁宽230 mm）	企业自备车
32	D$_{32}$	226	320	58 860	10 500×2 900	24	全钢	33 800	12 050	6 600	3 250	中部1 150	1 570	焊接构架式	1 750	凹底平车	只允许在车辆两端顶座处施焊
33	D$_{32A}$	240	320	61 910	10 500×2 760	24	全钢	36 900	13 060	5 800		1 225	1 430	3E 轴焊接构架式	1 400—1 400	凹底平车	
34	350 t 落下孔	175	350	59 560	14 000×（2 300～3 400）	24	全钢	34 500	12 050	6 600	3 250	3 790	1 650	焊接构架式	1 750	落下孔车（侧承梁宽300 mm）	
35	DQ$_{35}$	185	350	45 520（空车）56 660（连挂长11 830）	钳夹宽度2 032 钳夹高度3 295	24	全钢	22 890 短连挂	12 050	4 500			1 780	3E 轴焊接构架式	1 400—1 400	钳夹车	自重包括短连挂装置3 t
36	DK$_{36A}$	182	360	56 980/57 016	13 000×2 460（空车）13 000×（2 460—3 550）（重车）	24	全钢	34 000	12 450	4 500		4 500 中部3 760	1 750	3E 轴焊接构架式	1 400—1 400	落下孔车（侧承梁宽240 mm）	
37	DK$_{36}$	200	360	61 010	13 200×2 420（空车）13 200×（3 000～3 540）（重车）	24	全钢	36 000	13 060	5 800		3 720	1 974	3E 轴焊接构架式	1 400—1 400	落下孔车（侧承梁宽230 mm）	企业自备车
38	D$_{30G}$	101	370	42 668	支距（21 500～22 380）	20	全钢	22 380	11 000			1 735	700	五轴包板式	1 400—1 400—1 400—1 400	双联平车	
39	DA$_{37}$	200	370	61 416	11 250（圆弧底）	24	全钢	37 300	13 200	4 750		1 380（空车）/1 100（重车）	1 380	3E 轴焊接构架式	1 400—1 400	凹底平车	
40	D$_{38}$	230	380	52 718（空车）64 818（悬挂长13 000）	钳夹宽度2 032（可调）钳夹高度3 295	32	全钢	26 150 短连挂	12 900	5 800			1 780	四轴包板式	1 400—1 400—1 400	钳夹车	自重包括短连挂装置3 t
41	DQ$_{45}$	208	450	53 456（空车）/65 186（悬挂长12 570）	钳夹宽度2 000 钳夹高度3 150	28	全钢	26 640	14 450	5 500			1 700	3E、4E 轴焊接构架式	1 400—1 400 1 400—1 400—1 400	钳夹车	自重包括短连挂装置3 t
42	D$_{45}$	202	450	69 580	16 100×（1 450～2 350）	28	全钢	40 900	14 250	端部4 825 中部6 600	3 250	4 130	1 810	2E 轴焊接构架式	1 750	落下孔车（侧承梁宽330 mm）	严禁随意施焊

《铁路超限超重货物运输规则》说明

1　内容简述

《超规》共包括九章。第一章为总则，明确了规章的制定依据、适用范围，以及建立超限超重货物运输组织管理体系的要求。第二章为定义及等级划分，明确了超限、超重货物的定义及等级划分标准。第三章为办理线路和车站，明确了线路、车站办理超限超重货物运输应具备的条件、申请流程及日常管理要求。第四章为受理和承运，明确了受理和承运超限超重货物的作业程序和要求。第五章为超限、超重车运行，明确了超限超重车辆运行组织、会车条件、限速要求等内容。第六章为途中检查和卸车，明确了超限超重车辆的途中检查内容和卸车要求。第七章为国际联运超限货物的办理，明确了进、出口超限货物的办理程序及要求。第八章为大车的运用管理，明确了大车辆日常运用管理要求。第九章为附则。

2　修订内容

2.1　整合既有规章

按照做强“母规”《铁路超限超重货物运输规则》的要求，基于《铁路超限超重货物运输规则》(铁运〔2007〕62号)，《铁路超限超重超长货物运输办理线路和办理站管理暂行办法》《运输作业管理规定》《电报管理规定》3本规章及部分电报内容进行优化整合，减少规章数量，方便现场操作。

2.2　下放管理权限

原《超规》：总公司负责审批跨及四个及以上铁路局的各级超重货物和超级超限货物运输电报。新《超规》：总公司负责确认发布跨及三个及以上铁路局的各级超重货物和超级超限货物运输电报。总公司只审批其中技术条件较为复杂的D型车和自轮运转货物电报，其他均下放给铁路局自行审批。下放管理权限，加强跨局协调后，将充分发挥铁路局经营自主权、减少审批环节、提高办理效率，有利于总公司集中精力做好基础管理和监督检查工作。

3　加强安全卡控

3.1　强化货物重量卡控

针对铁路尚无技术手段复测部分超限超重货物重量的情况，为降低托运人谎报货物重量造成的超载风险，要求对托运人确定重量的货物，须提供货物生产厂家出具的货物重量证明文件。同时，在超限超重货物办理站中增加了“宜安装、配备大件货物重量计量检测设备”的要求，引导铁路局提高技术卡控能力。

3.2　规范绝缘软盖板管理

原使用的绝缘软盖板已停产，新产品应按照《关于规范铁路专用设备产品准入管理的若干规定》(铁政法〔2011〕202号）有关要求办理，因此删除了《超规》中的相关内容。

3.3　强化应急处置

要求各铁路局方政府和企业的沟通联系，了解和掌握大吨位起重设备（160 t以上）的数量、起重能力、所属单位、联系人等信息，建立超限超重货物运输事故施救信息网络，并实行动态管理，提高应急处置能力。

4　完善技术规范

4.1　允许超限车与部分动车组会车。

原规章中有邻线列车运行速度小于200 km/h的超限车会车条件，根据部分动车组运行速度已由200 km/h降为160 km/h的实际情况，将原“挂有超限车的列车在CTCS-2级区段的区间禁会动车组”改为“挂有超限车的列车在邻线列车运行速度大于等于200 km/h时，禁止会车”，对运行速度小于200 km/h的列车，按既有会车条件执行。

4.2　完善计算公式

完善普通平车跨装货物计算宽度的计算公式，增加货物转向架偏离车辆横中心线的参数，使计算结果更加精确。

4.3　优化超限超重货物运输电报代号

根据运输生产实际需要删减部分代号，如：O（沿途由值乘车长负责监督运行)、L（通过300 m及以下半径曲线线路时的限制速度）；增加一个代号 X（严格按车辆限速条件运行）。

5　修改超限限界

《超规》：距轨面 350～1 250 mm 高度处的一级超限限界、二级超限限界取消。因此，在距轨面 230～1 250 mm 范围内，货物一旦超限，则达到等级最高的超级超限。

6　规范专列管理

6.1　明确专列开行需求提报主体。

原规章对超限超重货物专列开行需求提报主体没有具体要求，为进一步强化特货公司和铁路局的经营主体地位，新规章明确由特货公司或始发铁路局提报专列开行需求和方案，总公司不再受理其他单位提出的专列开行需求。

6.2　细化专列组织管理要求。

制定了“超限超重货物专列运输管理规定”，作为附件纳入《超规》，进一步明确了专列的组织流程、开行实施和安全管理要求。

附录 1-3　《铁路货物装载加固规则》（TG/HY 102—2015 铁总运〔2015〕296 号）摘录

第一章　总　　则

第一条　为加强铁路货物装载加固和货车满载工作，确保铁路运输安全，依据《中华人民共和国铁路法》《中华人民共和国安全生产法》《铁路安全管理条例》和《铁路技术管理规程》等法律法规、规章，制定本规则。

第二条　本规则适用于中国铁路总公司（以下简称铁路总公司）及所属各铁路运输企业（以下统称铁路局），是铁路货物装载加固和货车满载工作的基本依据。合资铁路、地方铁路和专用铁路、铁路专用线企业通过国家铁路运输货物前，铁路局在签订有关协议时应遵守本规则。

铁路局在与托运人、收货人签订有关协议时应遵守本规则。

第三条　货物装载加固和货车满载工作技术性强，是铁路运输工作的重要组成部分。其主要任务是：保证货物、货车的完整和行车安全，充分利用货车载重力和容积，安全、迅速、合理、经济地运输货物。

第四条　货物装载加固的基本技术要求是：使货物均衡、稳定、合理地分布在货车上，不超载，不偏载，不偏重，不集重；能够经受正常调车作业以及列车运行中所产生各种力的作用，在运输全过程中，不发生移动、滚动、倾覆、倒塌或坠落等情况。

第五条　铁路局要高度重视货物装载加固和货车满载工作，配备专人负责，积极运用先进、成熟、经济、适用、可靠的技术和设备，不断改进和完善技术管理手段，提高货物装载加固和货车满载工作质量。

铁路局及其直属货运站段（含货运中心，下同）应成立装载加固技术领导小组，建立工作制度。装载加固技术领导小组具体负责本单位货物装载加固方案的审核、申报、批准、实施工作，组织落实按方案装车、装车质量签认制度和货车满载、优化装载措施，以及有关技术业务指导、监督、检查工作。

第六条　各装车单位应建立健全装车岗位责任制，坚持装车从严、发站从严的原则，严格按装载加固方案或相关技术要求装车。

重点货物实行装车质量签认制度，铁路局应制定管内装车质量签认办法，并报铁路总公司运输局备案。

第七条　本规则未规定的货物装载加固方法、装载加固材料及装置，应按本规则第四章、第五章有关要求，从严管理。

第八条　货物装载加固材料及装置的技术性能应符合国家标准、行业标准和本规则有关要求，以及铁路总公司公布的有关技术条件。铁路局应制定装载加固材料及装置管理办法。

第九条　各铁路局应按照《铁路货运安全管理规则》相关规定，健全有关机制，保证装载加固方案论证、技术检测等安全评价工作需要。

第二章　基本技术条件

第十条　装车前应正确选择车辆，遵守货车使用限制表（见表 2-1）及有关规定。未按管理权限经铁路总公司或铁路局批准，各类货车装载的货物不得超出货车的设计用途范围。

表 2-1　货车使用限制表

顺号	限制条件 车种 / 货物名称	棚车	敞车	底开门车	有端侧板平车	无端侧板平车	有端板无侧板平车	铁地板平车	共用车	备　注
1	散装的煤、灰、焦炭、砂、石、土、矿石、砖	×				×	×	×	×	无端侧板平车或有端板（渡板）无侧板平车（共用车除外），在使用围挡并安有支柱时，可装运煤、灰、砂、石、土、砖
2	金属块			×		×	×	×	×	无端侧板平车或有端板（渡板）无侧板平车（共用车除外），在使用围挡并安有支柱时，可装运散装的金属块
3	空铁桶				×	×	×	×	×	应加固并外罩绳网
4	木材				×	×	×	×	×	
5	超长货物	×	×	×				×		
6	超限货物	×		×				×		
7	钢轨	×		×				×		
8	组成的机动车辆	×	×	×				×		组成的摩托车、手扶拖拉机及小型车辆可使用棚车，在到站有起重能力时，可使用敞车

注：×——不准使用的车种。

货车的技术参数由铁路总公司有关部门公布，常用敞车、平车、棚车、长大货物车技术参数参见附录。凡货车车体上的标记技术参数与附录不一致时，以车体上的标记技术参数为准。货车制造、检修单位应确保货车车体上涂打的标记技术参数的准确性。

凡未经铁路总公司有关部门公布的，技术参数不全的敞车、平车、棚车及长大货物车，一律不得使用。

第十一条　使用有端、侧板的平车装载长度或宽度超出车地板的货物，或因货物拉牵加固需要，可将端、侧板放下，同时用镀锌铁线将其与车体捆绑牢固或用锁铁卡紧。

涂打“㊀关”的平车在运行时，端板应处于立起关闭状态。特殊情况下，在安装车钩缓冲停止器后允许将端板放倒运行；或将两平车相邻端的一辆平车的端板采取可靠吊起措施后，可将另一辆平车的端板放倒运行。

第十二条　装车后货物总重心的投影应位于货车纵、横中心线的交叉点上。必须偏离时，横向偏离量不得超过 100 mm；纵向偏离时，每个车辆转向架所承受的货物重量不得超过货车容许载重量的二分之一，且两转向架承受重量之差不得大于 10 t。

第十三条　重车重心高度从钢轨面起，超过 2 000 mm 时应按表 2-2 的规定限速运行。限速运行时，由装车站以文电向铁路局请示，铁路局货运管理部门以电报批示，跨局运输则应同时抄给有关铁路局货运、运输、调度、机务、工务等有关部门，并符合本规则第三十四条的规定。

表 2-2

重车重心高度 H/mm	运行限速/（km/h）	其中：通过侧向道岔限速/（km/h）
$2\,000<H\leqslant 2\,400$	50	15
$2\,400<H\leqslant 2\,800$	40	15
$2\,800<H\leqslant 3\,000$	30	15

第十四条　货物的装载高度、宽度和计算宽度，除超限货物外，不得超过机车车辆限界基本轮廓和特定区段装载限制。

第十五条　货车装载的货物重量（包括货物包装、防护物、装载加固材料及装置）不得超过其容许载重量。

允许增载货车车型、适于增载货物品类及允许增载重量按《铁路货车增载规定》办理。

涂打禁增标记的货车不准增载。

铁路总公司未批准增载的各型货车不得增载。

第十六条　凹底平车、长大平车局部承受货物重量时，应遵守下列规定：

（一）车辆横中心线两侧等距离范围内承受均布载荷或对称集中载荷时，容许载重量见表 2-4、表 2-5。

表 2-4　凹底平车局部地板面承受均布载荷或对称集中载荷时容许载重量表

地板负重面长度/mm	两横垫木中心线间最小距离/mm　　容许载重量/t　　车型	D_{2}	D_{10}	D_{2G}	D_{2A}	D_{9A}	D_{15}	D_{25A}	D_{12K}	D_{18A}	D_{10A}	D_{15A}	D_{32}	D_{28}	QD_{3}	D_{15B}	D_{32A}	DA_{21}	DA_{25}
1 000	500	160													22				
1 500	750		71	172	172		129		95	165	72	130				130			
2 000	1 000														23				
3 000	1 500		72	178	178	76	131	215	100	166	76	132		250	24	132		180	220
3 500	1 750																		
4 000	2 000														25				
4 500	2 250		74	183	183	80	134	216	105	168		135		260				185	225
5 000	2 500														27				
5 500	2 750																		
6 000	3 000		77	189	189	84	137	224	109	171	83	138		270	28	140		190	230
7 000	3 500							229					300		30		300		
7 500	3 750		81	197	197	87	142		113	175	88	142		275		145		200	240
8 000	4 000							236						280			310		
9 000	4 500		87	210	210	90	150	243	120	180	90	150	315			150	315	210	250
9 300	4 650																		
9 800	4 900							250											
10 000	5 000		90								90		320				320		

注：当负重面长度介于上表两数之间时，可采用线性插入法确定容许载重量。

表 2-5　长大平车局部承受均布载荷或对称集中载荷时容许载重量表

地板负重面长度/mm	两横垫木中心线最小距离/mm　容许载重量/t　车型	D_{22A}	D_{26A}/D_{26AK}	D_{70}	D_{22B}
2 000	1 000	62		32	55
3 000	1 500				
4 000	2 000	64		36	58
4 500	2 250				
5 000	2 500				
6 000	3 000	68		40	62
7 500	3 750				
8 000	4 000	74	260	44	66
9 000	4 500				
10 000	5 000	77		46	71
12 000	6 000	81		48	76
14 000	7 000	86		50	82
15 000	7 500			60	
16 000	8 000	98		70	88
16 500	8 250		260		
17 800	8 900				100
18 000	9 000	120			
20 000	10 000				108
20 400	10 200				
22 000	11 000				116
24 000	12 000				120
25 000	12 000				120

注：当负重面长度介于上表两数之间时，可采用线性插入法确定容许载重量。

第三章　特殊规定

第一节　超限、超长货物

第二十九条　一辆平车装载超长货物，应遵守下列规定：

（一）均重货物使用 60 t、61 t 平车装载，两端均衡突出时，其装载重量不得超过表 3-1 的规定。

表 3-1

突出车端长度 L/mm	L<1 500	1 500≤L<2 000	2 000≤L<2 500	2 500≤L<3 000	3 000≤L<3 500	3 500≤L<4 000	4 000≤L<4 500	4 500≤L≤5 000
容许载重量/t	58	57	56	56	55	54	53	52

（二）货物一端突出端梁装载时，重心容许纵向偏离量应根据附件 2 计算确定。

（三）所用横垫木或支（座）架的高度，应根据附件 2 计算确定。

（四）共用游车时，两货物突出端间距不小于 500 mm，如图 3-1 所示。

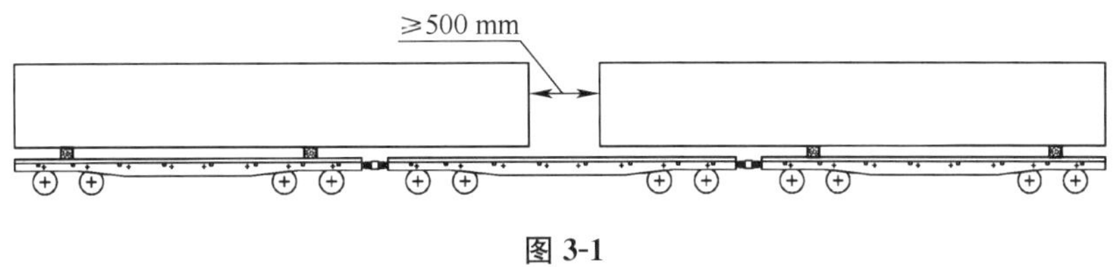

图 3-1

（五）游车上装载的货物，与货物突出端间距不小于 350 mm，如图 3-2 所示，货物突出部分的两侧不得装载货物。

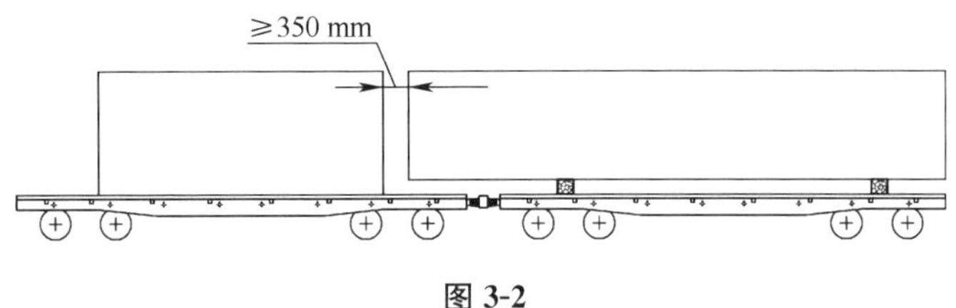

图 3-2

第三十条　跨装超长货物应遵守下列规定：

（一）只准两车负重。负重车车地板高度应相等，如高度不等时，需要垫平。

对未达到容许载重量的货车，可以加装货物，但不得加装在货物的两侧，与跨装货物端部间距不小于 400 mm。

（二）在两辆负重车的中间只准加挂一辆游车。

（三）跨装货物应使用货物转向架，货物转向架有关具体规定见附件 5。

货物转向架的支重面长度应遵守本规则第十六条的规定。货物转向架下架体的重心投影应位于货车纵、横中心线的交叉点上，必须纵向偏离时，应遵守本规则第十二条的有关规定。

（四）货物转向架上架体与跨装货物，下架体与车辆分别固定在一起。对货物及货物转向架的加固不得影响车辆通过曲线，并将提钩杆用镀锌铁线捆紧。

（五）中间加挂游车的跨装车组通过 9 号及以下道岔时不得推送调车。遇设备条件不容许或尽头线时，可以不超过 5 km/h 的速度匀速推进。

（六）跨装车组应使用车钩缓冲停止器，安装应在车钩自然状态下进行。

（七）跨装车组禁止溜放。

第三十一条　普通平车装运长钢轨（含道岔轨）应遵守下列规定：

（一）使用长钢轨专用座架多车负重装载。根据长钢轨规格，选用一定数量合适车地板长和标重的木地板平车。相邻车辆上的座架底面高度（相对轨面）应相等，如高度不等超过规定限度时，需要垫平。

（二）长钢轨使用专用座架分层装载。

（三）长钢轨沿车辆纵向对称装载，正向摆放，相同长度的长钢轨端部应尽量对齐，因技术原因不能对齐时，则端部长短差不得大于 200 mm。

（四）短尺长钢轨与定尺长钢轨混装时，应横向靠内侧、沿车辆纵中心线对称装载。必要时，应采取配重措施。

（五）不同型号的道岔轨混装时，同层钢轨型号必须相同，且较重型号钢轨应自下而上从底层装起。

（六）长钢轨采用横向整层紧固方式固定，每一层钢轨装载完毕后，在该层锁定座架处使用对应型号紧固装置将本层钢轨紧固并与座架固定为一体。

（七）各型号专用座架和紧固装置不得混合使用。

（八）专用座架每层隔梁装后应锁定。

（九）每个锁定座架应捆绑加固在车侧丁字铁或支柱槽上。

（十）长钢轨车组车辆间不得使用车钩缓冲停止器，同时要对提钩杆和折角塞门进行捆绑固定。重车车组中涂打“㊇”的平车，允许放下端侧板进行装运。

（十一）专用车组固定循环运输长钢轨、专用座架原车回送时，座架在平车上保持原位置及加固方式不变，紧固装置和隔梁应采取有效措施固定。

（十二）重车车组禁止通过驼峰和溜放。

第三十二条　超限、超长货物装车后，车辆转向架任何一侧旁承游间不得为零（弹性旁承及旁承承载结构的货车除外）。遇球形心盘货车一侧旁承游间为零时，可用千斤顶将压死一侧顶起，落顶后出现游间，表明货物装载符合要求。

第三十三条　超限、超长货物装车后，应标画颜色醒目的易于判定货物是否移动的检查线。

第三十四条　限速运行时，发站应在货物运单、票据封套、编组顺序表及货车表示牌上注明“限速××公里”字样。

装运超限、超长货物，发站还应在货物运单、票据封套、编组顺序表及货车表示牌上注明“超限货物”或“超长货物”字样；以连挂车组装运时，应注明“连挂车组不得分摘”字样。

第四章　方案管理

第六十一条　铁路货物装载加固方案分为装载加固定型方案（以下简称定型方案）、装载加固暂行方案（以下简称暂行方案）和装载加固试运方案（以下简称试运方案）。

装载加固方案应包括货物规格、准用货车、装载加固材料（装置）、装载方法、加固方法、其他要求等内容。

铁路总公司运输局负责定型方案的补充、优化和试运方案的审批管理工作，铁路局货物装载加固主管部门负责暂行方案的审批管理工作。铁路局应明确直属货运站段装载加固方案审批的范围并严格控制审批权限，加强方案制定工作的监督检查；一经发现站段违规批复或出现方案质量严重问题，应立即停止执行相应方案并及时收回相应的审批职权。

卷钢暂行方案应由铁路局审批。重大并涉及普遍性的试运事项由铁路总公司组织立项专题研究。

铁路局及其直属货运站段应明确方案审批流程和工作标准，并对装载加固方案实行集体审核制度。

第六十二条　铁路局应建立暂行方案电子化档案，每月月底前将批准的暂行方案电子版报铁路总公司运输局备案。

暂行方案有效期由铁路局规定。到期后凡需继续执行的，方案执行单位应在有效期结束前一个月将方案执行情况和下一步运用请求逐级审核上报铁路局，经批准后方可继续实施。逾期未报的，原暂行方案自行废止。

铁路总公司运输局负责组织不定期按区域对铁路局暂行方案质量进行检查，组织每年增补一次定型方案。铁路局应于每年6月底前提出增补定型方案申请，申请增补为定型方案的应是符合本规则规定、铁路局组织装运过、经实践检验安全可靠、方案内容（格式、表述、制图、计算说明书或论证试验报告）符合要求的暂行方案；铁路局应同时提供执行方案的主要装车站、近3年的装车总数和执行简况以备核查。

第六十三条　托运人托运货物时，应详细提供货物的外形尺寸、单件重量、重心位置、支重面长度及宽度、货物运输安全的特殊要求等相关资料；对货物的活动部位（部件）、货物的装载加固特殊要求以及涉及货物和运输安全方面的其他重要情况，托运人须提出书面说明并盖章或签字，对内容的真实性负完全责任。

凡使用铁路敞车、平车、大车及敞、平车类专用货车装运的成件货物，有定型方案、暂行方案和试运方案的，一律严格按方案装车；与既有定型方案和暂行方案中货物规格（包括单件重量、重心位置、外形尺寸、支重面长度和宽度等）相近，装载加固方法相同并且使用相同车辆装载的货物，由装车站提出比照申请（试运方案和超过有效期的暂行方案不得比照），发送铁路局或直属货运站段按权限确认后批准装车站执行，并纳入暂行方案管理；暂无方案的，由托运人向装车站申报计划装载加固方案（以下简称计划方案），或由装车站组织制定计划方案并经托运人同意，必要时还应同时提出装载加固计算说明书或论证报告，并按权限报批。

附录1-4 《铁路长大货物车使用技术参数》（运辆货车函〔2015〕407号）摘录

为进一步规范铁路长大货物车的安全管理，确保铁路长大货物车的运行安全，特制定《铁路长大货物车使用技术参数》。

1. 适用范围

既有铁路长大货物车。

2. 主要指标

空、重车运行限制速度、编挂位置、允许通过最小曲线半径、允许侧向通过最小道岔号、溜放要求。

3. 使用要求

（1）溜放作业要求：各型大车禁止溜放和通过驼峰。

（2）编挂位置要求：除 TD_{5A}、D_{10}、TD_{11}、D_{22A}、D_{70} 型大车，其他大车编入列车时，须编于列车中后部，且不得编入尾部最后一辆；各型大车禁止编入尾部挂有补机的列车中。开行超限专列时，各型大车编挂位置不受此限制，按超限电报及调度命令执行。

（3）编挂隔离要求：D_{26}、D_{26B}、D_{28}、DK_{29}、D_{30G}、D_{32}（含落下孔车）、D_{32A}、DK_{36}、DK_{36A}、DA_{37}、D_{38}、D_{45}、DQ_{35}、DQ_{45} 型大车重车相互间及与其他重车间须加挂空车作为隔离车，具体要求由各铁路局根据货物装后尺寸和管内线路、桥梁、隧道、涵洞等设施设备状况制定。

（4）空车运行时，有内、中、外三种导向的大车，按照中导向工况运行；有内外两种导向的大车，按照内导向工况运行。

（5）允许侧向通过最小道岔号为8号或9号单开道岔的各型大车，可通过对称6号道岔，并执行相应的限制速度。

大车运输组织不同于普通货物运输，其运输组织和技术难度都明显有别于普通货物。长大货物运输也是通过货源组织、装车卸车、交付等运输过程来实现的。按现行管理体制，长大货物装载要严格按照《铁路货物装载加固规则》装载，其运输组织要遵照《铁路超限超重货物运输规则》执行。

大车使用技术参数汇总表

序号	车型	自重/t	载重/t	车辆长度/mm	承载面尺寸 长×宽/（mm×mm）或长×宽×高/（mm×mm×mm）	空/重车最高运行速度/（km/h）	编挂位置	允许通过最小曲线半径/m	允许侧向通过最小道岔号
1	D_{11}（TD_{11}）型凹底平车	35.4	40	19 330	11 120×3 000×666	120/120	无特殊要求	145	9号
2	D_{5A}（TD_{5A}）型凹底平车	30.83	50	17 938	9 000×3 050×690	120/120	无特殊要求	145	9号
3	D_{9A} 型凹底平车	35.8	90	21 130	10 500×3 000	120/120	列车中后部	145	8号
4	D_{10} 型凹底平车	36	90	20 338	10 000×3 000	80/80	无特殊要求	145	8号

续上表

序号	车型	自重/t	载重/t	车辆长度/mm	承载面尺寸长×宽/（mm×mm）或长×宽×高/（mm×mm×mm）	空/重车最高运行速度/（km/h）	编挂位置	允许通过最小曲线半径/m	允许侧向通过最小道岔号
5	D_{10A}型凹底平车	36	90	20 958	10 000×3 000	120/120	列车中后部	145	8号
6	D_{12}型凹底平车	46.7	120	24 238	9 000×3 000	70/80	列车中后部	145	8号
7	D_{12K}型凹底平车	47.87	120	24 230	9 000×3 000	100/100	列车中后部	145	8号
8	D_{15}型凹底平车	48.88	150	24 830	9 000×2 700×900	90/90	列车中后部	150	8号
9	D_{15A}型凹底平车	49.6	150	26 330	9 500×2 700	120/120	列车中后部	145	8号
10	D_{15B}型凹底平车	50	150	25 606	9 000×2 900	120/120	列车中后部	145	9号
11	D_{15}型凹底平车（自备）	50	150	25 606	9 000×2 900	100/100	列车中后部	145	9号
12	D_{2}型凹底平车	166.8	160	35 429	9 000×2 780×950	80/80	列车中后部	180	9号
13	D_{18A}型凹底平车	135.1	180	35 470	9 000×2 800×930	80/80	列车中后部	180	9号
14	DA_{21}型凹底平车	122.8	210	37 996	9 800×2 700×940	120/120	列车中后部	180	9号
15	D_{2A}型凹底平车	136	210	36 880	9 000×2 760×930	80/60	列车中后部	180	9号
16	D_{2G}型凹底平车	148.5	210	36 330	9 000×2 780×950	80/80	列车中后部	180	9号
17	DA_{25}型凹底平车	127.4	250	40 026	10 000×2 700×1 050	120/120	列车中后部	180	9号
18	D_{25A}型凹底平车	142	250	40 910	9 800×2 630×1 080	80/60	列车中后部	180	9号
19	D_{17A}型落下孔车	44.5	155	27 780	12 500×2 350	80/80	列车中后部	145	8号
20	DK_{17A}型落下孔车	45	155	27 780	12 500×2 350	120/120	列车中后部	145	8号
21	D_{70}型长大平车	26.6	70	20 400	19 462×2 950×1 169	90/90	无特殊要求	180	9号
22	D_{22A}型长大平车	44	120	25 930	25 000×3 000	120/120	无特殊要求	180	9号
23	D_{23G}型长大平车	70.7	265	30 950	承载支距 18 000×3 128×1 694	80/80	列车中后部	180	9号

24. D_{26}型凹底平车

自重/t	载重/t	车辆长度/mm	承载面尺寸长×宽×高/（mm×mm×mm）	空/重车最高运行速度/（km/h）	编挂位置	允许通过最小曲线半径/m	允许侧向通过最小道岔号
140	260	41 396	9 800×2 680×1 150	80/70	列车中后部	145	9号
重车运行限制速度							
线　况						限速/（km/h）	
直线及 $R\geqslant800$ m 曲线						70	
800 m>$R\geqslant600$ m 曲线						50	
600 m>$R\geqslant400$ m 曲线						40	
400 m>$R\geqslant300$ m 曲线						30	
300 m>$R\geqslant180$ m 曲线						20	
12号道岔（侧向）						35	
9号道岔（侧向）						15	
专用线直线及 $R\geqslant180$ m 曲线						15	
专用线 180 m>$R\geqslant145$ m 曲线						10	

25. D_{28} 型凹底平车

自重/t	载重/t	车辆长度/mm	承载面尺寸长×宽×高/（mm×mm×mm）	空/重车最高运行速度/（km/h）	编挂位置	允许通过最小曲线半径/m	允许侧向通过最小道岔号
120	280	41 696	10 000×2 680×1 160	100/50	列车中后部	145	9 号

重车运行限制速度	
线　况	限速/（km/h）
直线及 $R \geqslant 600$ m 曲线	50
600 m $> R \geqslant$ 400 m 曲线	40
400 m $> R \geqslant$ 300 m 曲线	30
300 m $> R \geqslant$ 180 m 曲线	20
12 号道岔（侧向）	20
9 号道岔（侧向）	10
大超高曲线（曲线半径≤400 m 且超高≥130 mm）	15
专用线直线及 $R \geqslant 180$ m 曲线	20
专用线 180 m $> R \geqslant$ 145 m 曲线	15

26. D_{32} 型凹底平车

自重/t	载重/t	车辆长度/mm	承载面尺寸长×宽×高/（mm×mm×mm）	空/重车最高运行速度/（km/h）	编挂位置	允许通过最小曲线半径/m	允许侧向通过最小道岔号
226	320	58 860	10 500×2 900×1 150	100/50	列车中后部	180	9 号

空车运行限制速度	
线　况	限速/（km/h）
直线及 $R \geqslant 800$ m 曲线	100
800 m $> R \geqslant$ 600 m 曲线	80
600 m $> R \geqslant$ 420 m 曲线	50
420 m $> R \geqslant$ 300 m 曲线	40
300 m $> R \geqslant$ 180 m 曲线	10
12 号道岔（侧向）	30
9 号道岔（侧向）	20
S形曲线（两曲线夹直线长度≤70 m，且两曲线半径均≤400 m）	10
交叉渡线（侧向）	20
复式交分道岔（侧向）	5
专用线直线	10
专用线 $R \geqslant 180$ m 曲线	5
专用线侧向通过道岔、交叉渡线、S形曲线	3
重车运行限制速度	
线　况	限速/（km/h）
直线及 $R \geqslant 800$ m 曲线	50
800 m $> R \geqslant$ 600 m 曲线	40
600 m $> R \geqslant$ 420 m 曲线	30
420 m $> R \geqslant$ 300 m 曲线	20
300 m $> R \geqslant$ 180 m 曲线	10

续上表

重车运行限制速度	
线　　况	限速/（km/h）
12 号道岔（侧向）	15
9 号道岔（侧向）	5
复式交分道岔（侧向）、交叉渡线（侧向）	5
S 形曲线（两曲线夹直线长度≤70 m，且两曲线半径均≤400 m）	5
专用线直线	10
专用线 R≥180 m 曲线	5
专用线侧向通过道岔、交叉渡线、S 形曲线	3

27. D32A 型凹底平车

自重/t	载重/t	车辆长度/mm	承载面尺寸长×宽×高/（mm×mm×mm）	空/重车最高运行速度/（km/h）	编挂位置	允许通过最小曲线半径/m	允许侧向通过最小道岔号
240	320	61 910	10 500×2 760×1 225	100/50	列车中后部	外导向 150 m	外导向 9 号
						中导向 180 m	中导向 9 号
						内导向 260 m	内导向 12 号

空车运行限制速度/（km/h）		
线　　况	外导向	中导向
直线及 R≥800 m	/	100
800 m>R≥600 m	/	80
600 m>R≥400 m	/	60
400 m>R≥300 m	/	50
300 m>R≥180 m	/	20
S 形曲线（两曲线夹直线长度≤70 m，且两曲线半径均≤400 m）	/	30
侧向通过 12 号道岔、复式交分道岔、交叉渡线	/	30
侧向通过 9 号道岔、复式交分道岔、交叉渡线	/	20
专用线内直线及 R≥180 m 曲线	10	10
专用线内 180 m>R≥150 m 曲线	5	/

重车运行限制速度/（km/h）			
线　　况	内导向	中导向	外导向
直线及 R≥800 m	50	50	/
800 m>R≥600 m	40	40	/
600 m>R≥400 m	20	30	/
400 m>R≥300 m	10	20	/
300 m>R≥180 m	/	10	/
S 形曲线（两曲线夹直线长度≤70 m，且两曲线半径均≤400 m）	10	15	/
12 号道岔（侧向）	10	15	/
9 号道岔（侧向）	/	10	/
12 号复式交分道岔（侧向）、交叉渡线（侧向）	10	10	/
9 号复式交分道岔（侧向）、交叉渡线（侧向）	/	5	/
大超高曲线（曲线半径≤400 m 且超高≥130 mm）	10	10	/
专用线直线及 R≥180 m 曲线	/	10	10
专用线 180 m>R≥150 m 曲线	/	/	5

28. DA_{37} 型凹底平车

自重/t	载重/t	车辆长度/mm	承载面尺寸长×高×半径/（mm×mm×mm）	空/重车最高运行速度/（km/h）	编挂位置	允许通过最小曲线半径/m	允许侧向通过最小道岔号
200	370	61 416	11 250（圆弧底）×1 380（空车）/1 100（重车）×1 900	100/60	列车中后部	外导向 145 m	外导向 8 号
						中导向 180 m	中导向 9 号
						内导向 300 m	内导向 12 号

空车运行限制速度/（km/h）

线况	中导向	外导向
直线及 $R\geqslant800$ m 曲线	100	/
800 m$>R\geqslant600$ m 曲线	80	/
600 m$>R\geqslant400$ m 曲线	60	/
400 m$>R\geqslant300$ m 曲线	50	/
300 m$>R\geqslant180$ m 曲线	20	/
S形曲线（两曲线夹直线长度≤70 m，且两曲线半径均≤400 m）	30	/
12 号道岔（侧向）、复式交分道岔（侧向）、交叉渡线（侧向）	30	/
9 号道岔（侧向）、复式交分道岔（侧向）、交叉渡线（侧向）	20	/
大超高曲线（曲线半径≤400 m 且超高≥130 mm）	30	/
专用线直线及 $R\geqslant180$ m 曲线	10	10
专用线 180 m$>R\geqslant145$ m 曲线	/	10
侧移	/	5

重车运行限制速度/（km/h）

线况	中导向	内导向	外导向
直线及 $R\geqslant800$ m 曲线	60	60	/
800 m$>R\geqslant600$ m 曲线	50	50	/
600 m$>R\geqslant400$ m 曲线	40	40	/
400 m$>R\geqslant300$ m 曲线	30	30	/
300 m$>R\geqslant180$ m 曲线	15	/	/
S形曲线（两曲线夹直线长度≤70 m，且两曲线半径均≤400 m）	20	20	/
12 号道岔（侧向）	20	20	/
9 号道岔（侧向）	15	/	/
复式交分道岔（侧向）、交叉渡线（侧向）	10	10	/
大超高曲线（曲线半径≤400 m 且超高≥130 mm）	20	20	/
专用线直线及 $R\geqslant180$ m 曲线	10	/	10
专用线 180 m$>R\geqslant145$ m 曲线	/	/	10
侧移	/	/	5

29. DK_{23} 型落下孔车

自重/t	载重/t	车辆长度/mm	落下孔尺寸长×宽×高/（mm×mm×mm）	空/重车最高运行速度/（km/h）	编挂位置	允许通过最小曲线半径/m	允许侧向通过最小道岔号
70（一字梁）	230	35 290	空车：13 500×（2 200～2 360）×3 060	120/80	列车中后部	145	9 号
73（十字梁）	227		重车（长×宽）：13 500×（2 500～3 480）				

续上表

重车运行限制速度	
线　况	限速/（km/h）
直线及 R≥800 m	80
800 m>R≥600 m	70
600 m>R≥400 m	60
400 m>R≥300 m	50
300 m>R≥180 m	40
12 号道岔（侧向）、交叉渡线（侧向）、复式交分（侧向）	30
9 号道岔（侧向）、交叉渡线（侧向）、复式交分（侧向）	20
专用线直线及 R≥300 m 曲线	40
专用线 300 m>R≥180 m 曲线及侧线、交叉渡线（侧向）、复式交分（侧向）	20
专用线 180 m>R≥145 m 曲线	10

30. D_{26B} 型落下孔车

自重/t	载重/t	车辆长度/mm	落下孔尺寸长×宽×高/（mm×mm×mm）	空/重车最高运行速度/（km/h）	编挂位置	允许通过最小曲线半径/m	允许侧向通过最小道岔号
107	290	40 096	空车：10 800×2 440×3 400 重车（长×宽）：10 800×（3 140～3 640）	90/50	列车中后部	145	9 号

重车运行限制速度	
线　况	限速/（km/h）
直线及 R≥800 m	50
800 m>R≥600 m	40
600 m>R≥400 m	30
400 m>R≥300 m	25
300 m>R≥180 m	20
12 号道岔（侧向）	20
9 号道岔（侧向）	15
9 号、12 号交叉渡线（侧向）、复式交分道岔（侧向）	15
专用线直线及 R≥300 m	20
专用线 300 m>R≥180 m 曲线	15
专用线 180 m>R≥145 m 曲线	10
专用线 9 号、12 号道岔（侧向）	15

31. DK_{29} 型落下孔车

自重/t	载重/t	车辆长度/（mm×mm×mm）	落下孔尺寸长×宽×高/（mm×mm×mm）	空/重车最高运行速度/（km/h）	编挂位置	允许通过最小曲线半径/m	允许侧向通过最小道岔号
110	290	42 796	空车：13 200×2 240×3 400 重车（长×宽）：13 200×（3 140～3 640）	100/60	列车中后部	145	9 号

续上表

重车运行限制速度	
线　况	限速/（km/h）
直线及 $R \geqslant 800$ m	60
800 m $> R \geqslant 600$ m	50
600 m $> R \geqslant 400$ m	40
400 m $> R \geqslant 300$ m	30
300 m $> R \geqslant 180$ m	15
12 号道岔（侧向）	20
9 号道岔（侧向）	15
12 号交叉渡线（侧向）、复式交分道岔（侧向）	15
9 号交叉渡线（侧向）、复式交分道岔（侧向）	10
S 形曲线（两曲线夹直线长度≤70 m，且两曲线半径均≤400 m）	20
大超高曲线（曲线半径≤400 m，且超高≥130 mm）	15
专用线直线及 $R \geqslant 180$ m 曲线	10
专用线 180 m $> R \geqslant 145$ m 曲线	5

32. DK36 型落下孔车

自重/t	载重/t	车辆长度/mm	落下孔尺寸 长×宽×高/（mm×mm×mm）	空/重车最高运行速度/（km/h）	编挂位置	允许通过最小曲线半径/m	允许侧向通过最小道岔号
200	360	61 010	空车：13 200×2 420×3 720 重车（长×宽）：13 200×（3 000～3 540）	100/60	列车中后部	外导向 150 m	外导向 9 号
						中导向 180 m	中导向 9 号
						内导向 260 m	内导向 12 号

重车运行限制速度/（km/h）			
线　况	内导向	中导向	外导向
直线及 $R \geqslant 800$ m	60	60	/
800 m $> R \geqslant 600$ m	50	50	/
600 m $> R \geqslant 400$ m	40	40	/
400 m $> R \geqslant 300$ m	30	30	/
300 m $> R \geqslant 260$ m	10	20	/
260 m $> R \geqslant 180$ m	/	10	/
S 形曲线（两曲线夹直线长度≤70 m，且两曲线半径均≤400 m）	20	20	/
12 号道岔（侧向）	20	20	/
9 号道岔（侧向）	/	10	/
12 号复式交分道岔（侧向）、交叉渡线（侧向）	15	15	/
9 号复式交分道岔（侧向）、交叉渡线（侧向）	/	10	/
大超高曲线（曲线半径≤400 m 且超高≥130 mm）	15	15	/
专用线直线及 $R \geqslant 180$ m 曲线	/	10	10
专用线 180 m $> R \geqslant 150$ m 曲线	/	/	5

33. DK36A 型落下孔车

自重/t	载重/t	车辆长度/mm	落下孔尺寸长×宽×高/（mm×mm×mm）	空/重车最高运行速度/（km/h）	编挂位置	允许通过最小曲线半径/m	允许侧向通过最小道岔号
182	360	56 980	空车：13 000×2 460×3 760 重车（长×宽）：13 000×（2 460～3 550）	100/60	列车中后部	外导向 145 m	外导向 8 号
						中导向 180 m	中导向 9 号
						内导向 250 m	内导向 12 号

重车运行限制速度/（km/h）			
线　　况	外导向	中导向	内导向
直线及 R≥800 m 曲线	/	60	60
800 m>R≥600 m 曲线	/	50	50
600 m>R≥400 m 曲线	/	40	40
400 m>R≥300 m 曲线	/	30	30
300 m>R≥250 m 曲线	/	20	10
250 m>R≥180 m 曲线	/	7	/
S形曲线（两曲线夹直线长度≤70 m，且两曲线半径均≤400 m）	/	20	20
12 号道岔（侧向）	/	20	20
9 号道岔（侧向）	/	10	/
12 号复式交分道岔（侧向）、交叉渡线（侧向）	/	15	15
9 号复式交分道岔（侧向）、交叉渡线（侧向）	/	10	/
大超高曲线（曲线半径≤400 m 且超高≥130 mm）	/	15	10
专用线直线及 R≥180 m 曲线	10	10	/
专用线 180 m>R≥145 m 曲线	5	/	/

34. D32 型落下孔车

自重/t	载重/t	车辆长度/mm	落下孔尺寸长×宽×高/（mm×mm×mm）	空/重车最高运行速度/（km/h）	编挂位置	允许通过最小曲线半径/m	允许侧向通过最小道岔号
175	350	59 560	空车：14 000×2 300×3 790 重车（长×宽）14 000×（2 300～3 400）	80/50	列车中后部	180	9 号

空车运行限制速度	
线　　况	限速/（km/h）
直线及 R≥600 m 曲线	80
600 m>R≥420 m 曲线	50
420 m>R≥300 m 曲线	40
300 m>R≥180 m 曲线	10
12 号道岔（侧向）	30
9 号道岔（侧向）	10
S形曲线（两曲线夹直线长度≤70 m，且两曲线半径均≤400 m）	10
大超高曲线（曲线半径≤400 m 且超高≥130 mm）	10
复式交分道岔（侧向）	7
交叉渡线（侧向）	20

续上表

重车运行限制速度	
线　　况	限速/（km/h）
直线及 R≥800 m 曲线	50
800 m>R≥600 m 曲线	40
600 m>R≥420 m 曲线	30
420 m>R≥300 m 曲线	20
300 m>R≥180 m 曲线	10
12 号道岔（侧向）	15
9 号道岔（侧向）	5
复式交分道岔（侧向）	7
交叉渡线（侧向）	10
S 形曲线（两曲线夹直线长度≤70 m，且两曲线半径均≤400 m）	7
大超高曲线（曲线半径≤400 m 且超高≥130 mm）	10
专用线运行限制速度	
线　　况	限速/（km/h）
专用线直线	10
专用线 R≥180 m 曲线	5

35. D_{45} 型落下孔车

自重/t	载重/t	车辆长度/mm	落下孔尺寸 长×宽×高/（mm×mm×mm）	空/重车最高运行速度/（km/h）	编挂位置	允许通过最小曲线半径/m	允许侧向通过最小道岔号
202	450	69 580	空车：16 100×1 450×4 110 重车（长×宽）：16 100×（1 450～2 350）	100/50	列车中后部	180	9 号
内导向工况下空车运行限制速度							
线　　况					限速/（km/h）		
直线及 R≥1 500 m 曲线					100		
1 500 m>R≥800 m 曲线					90		
800 m>R≥600 m 曲线					80		
600 m>R≥500 m 曲线					60		
500 m>R≥300 m 曲线					50		
300 m>R≥180 m 曲线					15		
12 号道岔（侧向）					35		
9 号道岔（侧向）					15		
重车运行限制速度							
线　　况					限速/（km/h）		
直线及 R≥800 m 曲线					50		
800 m>R≥600 m 曲线					40		
600 m>R≥400 m 曲线					30		
400 m>R≥300 m 曲线					20		
300 m>R≥180 m 曲线					10		

续上表

重车运行限制速度	
线　　况	限速/（km/h）
S形曲线（夹直线长度≤70 m，且两曲线半径均≤400 m）	15
12号道岔（侧向）	15
9号道岔（侧向）	10
12号复式交分道岔（侧向）、交叉渡线（侧向）	10
9号复式交分道岔（侧向）、交叉渡线（侧向）	7
大超高曲线（曲线半径≤400 m且超高≥130 mm）	10

36. D_{25} 型长大平车

自重/t	载重/t	车辆长度/mm	承载面尺寸宽×高，承载支距/（mm×mm，mm）	空/重车最高运行速度/（km/h）	编挂位置	允许通过最小曲线半径/m	允许侧向通过最小道岔号
86	250	34 146	2 940×1 650，18 000	80/60	列车中后部	145	9号

空车运行限制速度		
线　　况		限速/（km/h）
直线及R≥1 000 m曲线		80
1 000 m>R≥500 m曲线		60
500 m>R≥300 m曲线		50
300 m>R≥180 m曲线		25
12号道岔（侧向）		45
9号道岔（侧向）		25
专用线直线		30
专用线R≥250 m曲线		20
专用线250 m>R≥180 m曲线		15
专用线180 m>R≥145 m曲线		4
专用线9号道岔（侧向）		15
重车运行限制速度		
线　　况		限速/（km/h）
直线及R≥400 m曲线		60
400 m>R≥300 m曲线	超高≤90 mm	45
	超高>90 mm	15
300 m>R≥180 m曲线		15
道岔（侧向）		15
专用线直线		30
专用线R≥250 m曲线		25
专用线250 m>R≥180 m曲线		15
专用线180 m>R≥145 m曲线		4
专用线9号道岔（侧向）		10

37. D_{26A} 型长大平车

自重/t	载重/t	车辆长度/mm	承载支距×高/（mm×mm）	空/重车最高运行速度/（km/h）	编挂位置	允许通过最小曲线半径/m	允许侧向通过最小道岔号
73.6	260	32 138	8 000×1 600，16 500×1 600	90/60	列车中后部	145	8 号
空车运行限制速度							
线　况						限速/（km/h）	
直线及 R≥800 m 曲线						90	
800 m>R≥600 m 曲线						60	
600 m>R≥420 m 曲线						35	
420 m>R≥350 m 曲线						25	
350 m>R≥180 m 曲线						20	
12 号道岔（侧向）						30	
9 号道岔（侧向）						20	
专用线直线及 R≥145 m 曲线						15	
重车运行限制速度							
线　况						限速/（km/h）	
直线及 R≥800 m 曲线						60	
800 m>R≥600 m 曲线						50	
600 m>R≥420 m 曲线						35	
420 m>R≥350 m 曲线						25	
350 m>R≥180 m 曲线						20	
12 号道岔（侧向）						30	
9 号道岔（侧向）						20	
专用线直线及 R≥145 m 曲线						15	

38. D_{26AK} 型长大平车

自重/t	载重/t	车辆长度/mm	承载支距×高/（mm×mm）	空/重车最高运行速度/（km/h）	编挂位置	允许通过最小曲线半径/m	允许侧向通过最小道岔号
75.6	260	32 138	8 000×1 620，16 500×1 620	100/50	列车中后部	145	8 号
重车运行限制速度							
线　况						限速/（km/h）	
直线及 R≥800 m 曲线						50	
800 m>R≥500 m 曲线						40	
500 m>R>300 m 曲线						30	
300 m≥R≥145 m 曲线						20	
9 号、12 号道岔（侧向）						15	
专用线直线及 R≥145 m 曲线						10	

39. D_{30G} 型双联平车

自重/t	载重/t	车辆长度/mm	承载支距×高/（mm×mm）	空/重车最高运行速度/（km/h）	编挂位置	允许通过最小曲线半径/m	允许侧向通过最小道岔号
101	370	42 668	(21 500～22 380）×1 735	80/50	列车中后部	180	9号

空车运行限制速度	
线　况	限速/（km/h）
直线及 R>800 m 曲线	80
800 m≥R>600 m 曲线	70
600 m≥R>300 m 曲线	60
300 m≥R≥180 m 曲线	30
9号、12号道岔（侧向）	15
专用线直线、直岔	30
专用线 R≥180 m 曲线	15
重车运行限制速度	
线　况	限速/（km/h）
直线及 R>800 m 曲线、直岔	50
800 m≥R>600 m 曲线	30
600 m≥R>300 m 曲线	25
9号、12号道岔（侧向）	15
专用线直线、直岔	30
专用线 R≥180 m 曲线	15

40. DQ_{35} 型钳夹车

自重/t	载重/t	车辆长度/mm	钳夹宽×高/（mm×mm）	空/重车最高运行速度/（km/h）	编挂位置	允许通过最小曲线半径/m	允许侧向通过最小道岔号
182，空车短连挂装置3	350	45 520（空车） 56 660（连挂长11 830）	2 032×3 295	100/60	列车中后部	空车145 重车外导向145 重车内导向180	空车8号 重车外导向8号 重车内导向9号

重车运行限制速度/（km/h）		
线　况	内导向	外导向
直线及 R≥1 500 m 曲线	60	15
1 500 m>R≥800 m 曲线	50	5
800 m>R≥600 m 曲线	40	5
600 m>R≥400 m 曲线	30	5
400 m>R≥300 m 曲线	20	5
300 m>R≥180 m 曲线	5	5
S形曲线（夹直线长度≤70 m，且两曲线半径均≤400 m）	15	/
12号道岔（侧向）	20	5
9号道岔（侧向）	15	5
8号道岔（侧向）	/	5
12号复式交分道岔（侧向）、12号交叉渡线（侧向）	15	/
9号复式交分道岔（侧向）、9号交叉渡线（侧向）	10	/
大超高曲线（曲线半径≤400 m且超高≥130 mm）	15	/

续上表

重车专用线内线路运行限制速度/（km/h）						
导向位置 线况	内导向	外导向				
		正位	侧移 500 mm	侧移 300 mm	侧移 300 mm 起升 100 mm	侧移 500 mm 起升 100 mm
直线	15	15	5	5	5	5
专用线 R≥180 m 曲线	5	5	/	5	5	/
专用线 180 m>R≥145 m 曲线	/	5	/	5	5	/

41．D_{38} 型钳夹车

自重/t	载重/t	车辆长度/mm	钳夹宽×高/（mm×mm）	空/重车最高运行速度/（km/h）	编挂位置	允许通过最小曲线半径/m	允许侧向通过最小道岔号
227，空车短连挂装置 3	380	52 718（空车） 64 818（悬挂长 13 000）	2 032×3 295	90/50	列车中后部	空车短连挂中导向 150	空车短连挂中导向 9 号
						重车外导向 150	重车外导向 9 号
						重车中导向 180	重车中导向 9 号
						重车内导向 250	重车内导向 12 号

空车短连挂，中导向运行限制速度	
线　　况	限速/（km/h）
直线及 R≥1 000 m 曲线	90
1 000 m>R≥800 m 曲线	80
直线道岔	70
800 m>R≥600 m 曲线	60
600 m>R≥300 m 曲线	30
300 m>R≥250 m 曲线	20
250 m>R≥180 m 曲线	10
180 m>R≥150 m 曲线	5
S 形曲线（夹直线长度≤70 m，且两曲线半径均≤400 m）	20
12 号道岔（侧向）	25
9 号道岔（侧向）	10
专用线直线	30
专用线 R>150 m 曲线	5

重车运行限制速度/（km/h）			
线　　况	内导向	中导向	外导向
直线及 R>800 m 曲线、直岔	50	50	/
800 m≥R>600 m 曲线	40	40	/
600 m≥R≥300 m 曲线	15	30	/
300 m>R≥250 m 曲线	5	10	/
250 m>R≥180 m 曲线	/	5	5
S 形曲线（夹直线长度≤70 m，且两曲线半径均≤400 m）	7	7	/
12 号道岔（侧向）	10	15	5
9 号道岔（侧向）	/	10	5
复式交分道岔（侧向）、交叉渡线（侧向）	5	5	/

续上表

重车运行限制速度/（km/h）			
线　　况	内导向	中导向	外导向
专用线直线侧移 0 mm，起升 0 mm	30	30	10
专用线直线侧移 0～300 mm，起升 0 mm；侧移 0～200 mm，起升 300 mm	/	/	10
专用线直线侧移 400～500 mm，起升 0 mm；侧移 300 mm，起升 300 mm；侧移 500 mm，起升 200 mm	/	/	5
专用线直线及 300 m>R≥250 m 曲线	5	10	/
专用线直线及 250 m>R≥180 m 曲线	/	5	5
专用线直线及 180 m>R≥150 m 曲线	/	/	5
大超高曲线（R≤400 m 且超高≥130 mm）	10	10	/

42. DQ_{45} 型钳夹车

自重/t	载重/t	车辆长度/mm	钳夹宽×高/（mm×mm）	空/重车最高运行速度/（km/h）	编挂位置	允许通过最小曲线半径/m	允许侧向通过最小道岔号
205，空车短连挂装置 3	450	53 456（空）/65 186（悬挂长 12 570）	2 000×3 150	100/60	列车中后部	外导向 145	外导向 8 号
						中导向 180	中导向 9 号
						内导向 250	内导向 12 号

中导向工况下空车运行限制速度	
线　　况	限速/（km/h）
直线及 R≥800 m 曲线	100
800 m>R≥600 m 曲线	80
600 m>R≥400 m 曲线	60
400 m>R≥300 m 曲线	50
300 m>R≥180 m 曲线	20
S 形曲线（夹直线长度≤70 m，且两曲线半径均≤400 m）	30
12 号道岔（侧向）、复式交分（侧向）、交叉渡线（侧向）	30
9 号道岔（侧向）、复式交分（侧向）、交叉渡线（侧向）	20
大超高曲线（曲线半径≤400 m 且超高≥130 mm）	30
专用线直线及 R≥145 m 曲线	10

重车运行限制速度/（km/h）			
线　　况	中导向	内导向	外导向
直线及 R≥800 m 曲线	60	60	/
800 m>R≥600 m 曲线	50	50	/
600 m>R≥400 m 曲线	40	40	/
400 m>R≥300 m 曲线	30	30	/
300 m>R≥250 m 曲线	15	15	/
250 m>R≥180 m 曲线	15	/	/
S 形曲线（夹直线长度≤70 m，且两曲线半径均≤400 m）	20	20	/

续上表

重车运行限制速度/（km/h）			
线　　况	中导向	内导向	外导向
12 号道岔（侧向）	20	20	/
9 号道岔（侧向）	15	/	/
12 号复式交分道岔（侧向）、交叉渡线（侧向）	15	15	/
9 号复式交分道岔（侧向）、交叉渡线（侧向）	10	10	/
大超高曲线（曲线半径≤400 m 且超高≥130 mm）	20	20	/
专用线直线及 R≥180 m 曲线	10	/	10
专用线 180 m>R≥145 m 曲线	/	/	10
侧　移	/	/	5

43. DL_1 型预制梁运输专用车组

车组自重/t	载重/t	车组长度/mm	转向盘承载面中心距×高度/（mm×mm）	空/重车最高运行速度/（km/h）	编挂位置	允许通过最小曲线半径/m	允许侧向通过最小道岔号
74	148	41 862	（27 000～28 000）×1 500	120/50	无特殊要求	145	空车不限重车 8 号
重车运行限制速度							
重车重心高度 H/mm			2 000<H≤2 400			2 400<H≤2 800	
线　　况			限速/（km/h）				
直线及 R>600 m 曲线			50			40	
600 m≥R>500 m 曲线			40			40	
500 m≥R>400 m 曲线			30			30	
400 m≥R>300 m 曲线			25			25	
300 m≥R≥270 m 曲线			20			20	
270 m>R≥180 m 曲线			15			15	
对称 6 号道岔，9 号道岔（侧向）及以上			15			15	
8 号道岔（侧向）、专用线直线及 R≥145 m 曲线			5			5	

附录 1-5　《铁路货车厂修规程》（TG/CL 110—2018 铁总机辆〔2018〕203 号）摘录

铁总机辆〔2018〕203 号文件《铁路货车厂修规程》（技术规章编号：TG/CL 110—2018）于 2018 年 12 月 5 日颁布，2019 年 7 月 1 日起实施。有关铁路长大货物车内容摘录如下：

1.12　铁路货车各级修程定期检修周期见表 1-1。各级修程同时到期时，须按高级修程施修。确需提前厂修时，须经中国铁路总公司批准。也可根据中国铁路总公司修程修制改革确定的检修周期进行检修。

表 1-1　铁路货车定期检修周期表

车种	车型	厂修（大修）	段修（全面检查修）	辅　修
大车	D_{12}	9 年或 90 万 km	3 年或 30 万 km	6 个月
	D_{15B}、D_{28}	9 年或 90 万 km	3 年或 30 万 km	
	D_{23G}、D_{25}	8 年或 80 万 km	2 年或 20 万 km	6 个月
	D_{10A}、D_{26}、D_{26B}、D_{15A}、D_{32}、DK_{29}、DK_{36}、DL_{1}、DNX_{17K}、D_{15}、D_{17A}、D_{26A}、D_{26AK}、D_{30G}、D_{38}、D_{11}、$D_{5}A$	8 年或 80 万 km	2 年或 20 万 km	
	$D_{9}A$、D_{22A}、D_{22B}、D_{32A}、D_{45}、DA_{21}、DA_{25}、DA_{26}、DA_{37}、DK_{17A}、DK_{23}、DK_{36A}、DQ_{35}、DQ_{45}	10 年或 100 万 km	2 年或 20 万 km	
	D_{2}、D_{2G}、D_{18A}、D_{25A}	8 年或 80 万 km	2 年或 20 万 km	经取消辅修技术改造后取消辅修
	D_{70}、D_{12K}	9 年或 90 万 km	3 年或 30 万 km	1.5 年
	D_{10}	9 年或 90 万 km	3 年或 30 万 km	经取消辅修技术改造后辅修周期由 0.5 年改为 1.5 年
特种货车	专用运输车　TD_{11}、TD_{5A}、TD_{33}	8 年	2 年	

1.13.2.5.8　大车、机冷车轮对使用时间满 30 年。

1.13.2.24　大车液压软管、大车及 BX_{1K} 型车软管组成、集成制动装置金属护套橡胶软管使用时间满 6 年。

3.19　车体检修限度表（表 3-13）

表 3-13　车体检修限度表　　单位：mm

顺号	名　称		厂修限度
15	大车钢地板每平方米凹凸量不大于		15
27	大车球面上心盘磨耗深度不大于		1.5
40	大车用旁承结构	滚针旁承 （1）外套圆周踏面磨耗不大于 （2）外套圆周踏面局部擦伤不大于	 2 2
		滚轮式旁承 （1）滚轮圆周踏面磨耗不大于 （2）滚轮圆周踏面局部擦伤不大于 （3）滚轮轴孔直径磨耗不大于 （4）滚轮轴直径磨耗不大于 （5）滚轮轴孔与滚轮间隙不大于 （6）滚轮轴与支座轴孔间隙不大于	 2 2 2 2 2 2
		弹性旁承 （1）旁承滚子磨耗、腐蚀深度不大于 （2）旁承座底面、侧面磨耗深度不大于 （3）旁承座与旁承盒的纵向间隙之和不大于 （4）预压卡板磨耗深度不大于	 2 2 2 1.5
		滚子式旁承 （1）滚子直径磨耗不大于 （2）滚子兜孔磨耗不大于 （3）滚子兜孔磨耗不大于 （4）旁承支座轴孔直径磨耗不大于	 2 2 1.5 2

5.1.4　大车转向架分解时斜楔及轴箱须做好标记，重新组装时须装回原位。

5.8　大车用转向架

5.8.1　包板式转向架

5.8.1.1　构架组成

5.8.1.1.1　外露焊缝须进行磁粉探伤检查，不便于探伤部位须目视检查。裂纹时焊修，焊波高 0～2 mm，焊后磨修平整、圆滑过渡。

5.8.1.1.2　侧梁轴箱导框顶部和两弯角处裂纹时，修理须符合下列要求：

(a) 有加强板时，加强板未裂可仅焊修腹板；加强板裂纹时，须整体更换加强板，厚度与原加强板相同，顶部宽度须较原加强板增加一倍。

(b) 无加强板时，焊后补强：补强板应与母板厚度相同，高度须超过裂纹末端 50 mm 及以上，长度须超过裂纹每侧 150 mm 及以上。

(c) 焊修腹板时，裂纹处须铲 X 形坡口两面施焊。更换加强板或补强板时，腹板的内外焊缝须打磨平整，裂纹末端须钻 ϕ（6～8）mm 的止裂孔；不更换加强板时，腹板的外部焊缝须打磨平整，内部须加强 2 mm 高的增强焊波。

(d) 轴箱导框补强或焊修时，须将导框下拉板组装牢固，防止侧梁局部变形。

5.8.1.1.3　轴箱导框及车钩冲击座铆钉不得松动，松动时更换。

5.8.1.1.4　导框裂纹时焊修，弯曲、变形时调修，调修后工作面平面度和垂直度不超过 1 mm。

5.8.1.1.5　导框摩擦面磨耗大于 2 mm 时焊修或加工后焊装磨耗板，焊装磨耗板时磨耗板厚度不小于 3 mm。加工后各加工面平面度和垂直度不超过 1 mm。

5.8.1.1.6　各吊座孔直径磨耗大于 2 mm 时，焊修后加工或扩孔镶套。扩孔镶套时，径向剩余壁厚应不小于 14 mm。

5.8.1.1.7　牵引梁内侧磨耗板厚度小于 7 mm 时更换。

5.8.1.2　弹簧及传动装置

5.8.1.2.1　板弹簧组成可不分解，簧片须进行超声波探伤，板弹簧组成表面须进行磁粉探伤，不允许存在裂纹。更换板弹簧时在弹簧箍外侧面刻打轴位号。板弹簧吊耳、吊环磨耗时，须对磨耗部位磨修倒圆处理。板弹簧有下列情况之一时须分解修理或更换：

(a) 簧片及簧箍折损、裂纹、串动。

(b) 主片卷耳腐蚀、磨耗，厚度方向大于 3 mm、宽度方向大于 4 mm。

(c) 各簧片侧面错移大于 4 mm。

(d) 弹簧箍与主、末簧片及各簧片间距离簧箍 30 mm 以内的间隙大于 0.3 mm，且深度大于 30 mm。

(e) 卷耳式自由高度小于 9 mm，卡子式小于 7 mm。

5.8.1.2.2　均载铁接触面磨耗大于 2 mm 时，焊修后加工恢复原形。

5.8.1.2.3　下拉板须磁粉探伤检查，裂纹深度不大于 2 mm 时，用砂轮磨除，与周边圆滑过渡，磨修后复探，大于 2 mm 时更换。

5.8.1.2.4　各销、轴、杆及座孔直径磨耗大于 1.5 mm 时，焊修后加工或更换。座孔可镶套修复，径向壁厚须不小于 14 mm。

5.8.1.2.5　吊环须进行磁粉探伤检查，裂纹及重皮深度不大于 1 mm 时清除裂纹后复探，大于 1 mm 时更换。吊环、吊环铁孔直径和与吊环配合面磨耗大于 1 mm 时更换。

5.8.1.3　心盘磨耗盘或衬垫及其他磨耗板更换新品。

5.8.1.4　构架及附属件等变形时调修。

5.8.1.5　组装要求

5.8.1.5.1　下拉板与下拉板座斜面应密贴、紧固。

5.8.1.5.2　车钩高度为（887±10）mm。

5.8.1.5.3　板弹簧吊环与吊环铁和卡子应接触良好，入槽、正位，无异常现象。

5.8.1.5.4　圆销与轴套间、导框与承载鞍间、均载铁与弹簧箍间均须涂抹适量润滑脂。

5.8.1.6　D_{38} 型车探伤件明细见表 5-11。

表 5-11　D38 型车探伤件明细

序号	图　　号	名　　称
1	QCZ63-10-00-000	构架组成
2	QCZ63-30-00-007	下拉板
3	QCZ21-33-02	吊环
4	QCZ63-30-01-001	销子（1）
5	QCZ63-30-01-002	销子（2）
6	QCZ63-30-02A-000	板弹簧组成
7	QCZ63-30-04-001	吊杆
8	QCZ63-30-04-002	活动吊座
9	QCZ63-30-04-003	均衡梁
10	QCZ63-30-04-004	中心轴

5.8.1.7　D_{38} 型车板弹簧规格明细见表 5-12。

表 5-12　D38 型车板弹簧规格表　　单位：mm

适用车型	主要规格				
	弦　长	片　数	片　宽	自由高	自由曲度
D_{38}	954	9	120	242	80

5.8.2　焊接构架式转向架

5.8.2.1　构架组成

5.8.2.1.1　外露焊缝须磁粉探伤检查，不便于探伤部位须目视检查。裂纹时焊修，焊波高 0～2 mm，焊后磨修平整、圆滑过渡。

5.8.2.1.2　侧梁不得有下挠度，弹簧承台的高低差不大于 4 mm。

5.8.2.1.3　牵引梁内侧磨耗板剩余厚度：厚度为 10 mm 者，小于 7 mm 时更换；厚度为 3 mm 者，小于 2 mm 时更换。

5.8.2.1.4　导框磨耗板磨耗大于 2 mm 时更换。

5.8.2.1.5　导框磨耗深度大于 2 mm 时，焊修后磨修。

5.8.2.1.6　弹簧承台面磨耗深度大于 2 mm 时，焊修后磨修。

5.8.2.1.7　均衡梁支点座磨耗深度大于 2 mm 时，焊修后磨修圆滑过渡。

5.8.2.1.8　制动杠杆托架磨耗大于 2 mm 时更换，变形时调修。

5.8.2.1.9　制动杠杆座销孔直径磨耗大于 1.5 mm 时，焊修后加工或修磨平整圆滑。制动杠杆座耐磨衬套须更换新品。

5.8.2.1.10　D_{18A} 型车轴箱均衡梁外部焊缝及吊销孔圆周须探伤检查，梁体有横裂纹时更换，梁体纵裂纹不大于两处、裂纹总长度不大于 100 mm 时焊修，大于时更换；吊销孔圆周裂纹不大于该处断面的 1/3 时，铲坡口焊修，焊后须磨平，大于时更换。焊修后须局部正火处理。

5.8.2.2　弹簧传动装置

5.8.2.2.1　斜楔副摩擦面及弹簧承台面磨耗大于 2 mm 时，焊修后修磨平整、圆滑过渡。有磨耗板时，磨耗板磨耗大于 2 mm 时，更换新品。整体式斜楔须更换新品。

5.8.2.2.2　有轴箱橡胶垫定位孔的承载鞍，同一定位孔直径差大于 0.5 mm 时更换。

5.8.2.2.3　均衡梁接触面磨耗大于 2 mm 时，焊修后修磨平整、圆滑过渡，磁粉探伤检查。均衡梁和圆销横裂纹时更换，均衡梁纵裂纹不大于两处、裂纹总长度不大于 100 mm 时焊修或更换，大于时更换。

5.8.2.2.4 轴箱组成

(a) 非密封式轴箱组成

(1) 轴箱两侧平面、上平面、斜筋端面及开孔轴箱的孔周边外部平面20 mm范围内须磁粉探伤检查。与承载鞍配合使用的轴箱，裂纹深度不大于2 mm时焊修，焊修后修磨平整、圆滑过渡，大于时更换；与轴承直接配合使用的轴箱，内鞍面圆弧水平中心面以上部位有裂纹时更换，其他部位裂纹深度不大于2 mm时焊修，焊修后修磨平整、圆滑过渡，大于时更换。

(2) 导框无磨耗板轴箱，导框磨耗面局部磨耗大于1.5 mm时焊修，焊后修磨平整，各加工面平面度和垂直度不大于1 mm；有磨耗板的轴箱，与斜楔主摩擦板配合的磨耗板磨耗大于2 mm时更换，导框处磨耗板磨耗大于1.5 mm时更换。

(3) 与承载鞍配合的轴箱内平面（轴箱顶部厚度）磨耗大于2 mm时更换。

(4) 有轴箱橡胶垫定位孔的轴箱，同一定位孔直径差大于0.5 mm时更换。

(b) 密封式轴箱组成

(1) 轴箱及其附属配件须全部进行清洗，清洗后及组装前的清洁度须符合表5-13的要求。

表5-13 密封式轴箱内外部及附属配件清洁度质量标准

序号	项 目	清洁度质量标准	
1	目视	轴箱及附属配件表面，螺栓孔及沟槽处不得存在目视可见的油污、水分、灰尘、纤维物、锈斑和其他污物。检修的轴箱及前后盖可留有除锈后的锈迹。以洁净的白布擦拭不得呈现污迹	
2	手感	轴箱及附属配件表面用手触摸时，手感不得有颗粒物存在	
3	定量检查	项 目	杂质含量
		轴箱内孔	<20 mg/个
		轴箱外部	<150 mg/个
		前盖	<20 mg/个
		后盖	<20 mg/个
		前挡	<20 mg/个
		螺栓	<20 mg/个

(2) 轴箱体、导槽及磨耗板破损、裂纹时更换。

(3) 轴箱导槽内距大于168 mm（158 mm）或导槽挡边厚度小于13 mm时更换。

(4) 轴箱体或轴箱前、后盖上的密封沟槽不得凹陷、变形，有锈蚀、尖角及毛刺时应清除。

(5) 毡封油圈须更换新品。

(6) 轴箱组装和压装须在清洁的工作间内进行，室内温度不低于10 ℃。组装前，轴箱及其附件、轮对、轴承和检测器具须同室存放，放置时间不少于8 h；不能同室存放时，存放处温差须不超过5 ℃。

(7) 轴箱前盖须选配，前盖与轴箱体端面须密贴，存在间隙时，局部间隙不得大于0.5 mm。

(8) 轴箱前盖、后盖的螺栓组装时须加装弹簧垫圈，螺栓须均匀紧固，每个前挡及轴箱螺栓扭矩须符合216～226 N·m。轴箱的轴向游隙须为5～6 mm，左右转动轴箱须灵活、无异音、卡滞；每个轴箱前盖右上角的螺栓上均须安装不锈钢标志板，并在该螺栓上加装施封锁，标志板须按规定刻打标记（但不刻打轴承分类代号）。

5.8.2.2.5 轴箱橡胶垫须更换新品。

5.8.2.2.6 弹簧支点座组成接触面磨耗或偏磨大于1.5 mm时焊修，焊修后加工或修磨平整、圆滑过渡，焊修后磁粉探伤检查。

5.8.2.2.7 AAR F级、K级轴承大修或更换新品。

5.8.2.2.8 大车圆弹簧修理须符合5.6.5条要求。大车圆弹簧规格见表5-14。

表 5-14　大车圆弹簧规格表　　单位：mm

序号	适用车型	弹簧类别	主要规格		
			圆钢直径	外径	自由高
1	D_{9A}	外圈	32	219	255
		内圈	28	148	213
2	D_{17A}	外圈	27	163	226
		内圈	18	94	202
		减振弹簧	24	154	239
		内圈	32	144	227
3	D_{22A}、D_{22B}	外圈	32	222	270
		内圈	28	153	228
4	D_{32}、D_{45}	外圈	35	188	252
		内圈	22	110	218
		内圈	28	133	242
5	DQ_{35}、DK_{36A}	外圈	32	219	240
		内圈	30	148	190
6	DA_{37}、DQ_{45}	外圈	32	219	248
		内圈	30	148	198
7	D_{10A}	外圈	32	196	283.9
		内圈	25	118	244.6
8	DK_{23}	外圈	34	218	281
		内圈	30	142	245
9	DK_{29}	外圈	35	218	261
		内圈	28	138	223
10	D_{15B}、D_{26}、D_{28}、D_{26B}、D_{32A}、DK_{36}	外圈	36	218	281
		内圈	28	133	242
11	D_{10}	内圈	20	100	243
		外圈	36	180	250
12	D_{18A}	内圈	28	122	267
		外圈	42	223	300
13	D_{2G}、D_{2}	圆弹簧（一）	40	180	240
		圆弹簧（二）	30	135	139
		圆弹簧（三）	20	90	240
14	D_{23G}	内圈	20	100	218
		外圈	38	186	250
15	D_{25A}	内圈	32	144	203
		外圈	38	230	242
16	D_{15}、D_{70}	内圈	30	144	237
		外圈	35	222	273
		减振弹簧	20	90	72
17	DA_{21}	内圈	26	144	208.6
		外圈	35	225	251

续上表

序号	适用车型	弹簧类别	主要规格		
			圆钢直径	外径	自由高
18	DA_{25}	内圈	26	144	213
		外圈	35	225	255
19	DA_{26}	内圈	26	128	219
		外圈	32	205	255

5.8.2.3　心盘有下列情况之一时须更换：

5.8.2.3.1　球面心盘磨耗深度大于 5 mm。

5.8.2.3.2　球面或平面心盘圆周根部裂纹总长度大于圆周的 1/3。

5.8.2.3.3　球面心盘球面裂纹。

5.8.2.3.4　心盘底座平面裂纹延及球面、平面圆周根部或立棱。

5.8.2.4　心盘有下列情况之一时焊修：

5.8.2.4.1　球面或平面心盘圆周根部裂纹不超限。

5.8.2.4.2　平面心盘磨耗超限。

5.8.2.4.3　平面心盘圆脐裂损须更换圆脐。

5.8.2.4.4　心盘底座平面裂纹未延及球面、平面圆周根部或立棱。

5.8.2.5　非金属心盘磨耗盘或衬垫及其他磨耗板更换新品。心盘铜衬垫裂纹时焊修，缺损时焊补或更换；磨耗剩余厚度小于 3 mm 时挖补或更换。

5.8.2.6　心盘防脱装置上下连接件须磁粉探伤，裂纹时焊修或更换。

5.8.2.7　超高分子聚乙烯心盘衬垫更换新品，可换装同厚度的铜衬垫或含油尼龙衬垫。

5.8.2.8　构架及附属件等变形时调修。

5.8.2.9　弹性旁承体须更换新品；旁承轴、旁承盒轴孔径磨耗大于 1.5 mm、滚轮直径磨耗大于 2 mm 时焊修或更换。

5.8.2.10　组装要求

5.8.2.10.1　斜楔检修后应装回原位置。

5.8.2.10.2　同一转向架车轮直径差不大于 6 mm，且每个构架端轮外径最大并向内递减。同一小底架或同一辆车车轮直径差不大于 10 mm。

5.8.2.10.3　同一转向架轴箱圆弹簧自由高度差同一侧不大于 3 mm，同一构架不大于 6 mm，大于时可在圆弹簧下部加一块钢板调整，厚度不大于 4 mm。

5.8.2.10.4　均衡梁节点处、各种圆销与衬套间组装前须涂适量的润滑脂。均衡梁三处支撑节点圆弧面须分别落入弹簧支点座及均衡梁支点座中。

5.8.2.10.5　斜楔斜面与导框磨耗板接触面、承载鞍上平面与轴箱接触面、轴箱橡胶垫与轴箱及承载鞍接触面、轴承外圈与承载鞍内侧、高分子摩擦板与轴箱间、弹性旁承磨耗板上平面、心盘处须清理干净，不得有油脂及杂物。

5.8.2.10.6　空车制动状态下，制动杠杆与构架及吊座间距须大于 50 mm。吊座与杠杆接触面及杠杆托架接触面涂适量润滑脂。

5.8.2.10.7　防松螺母不得用普通螺母替代。制动圆销在竖孔或斜孔位置时，圆销应由上向下插入。

5.8.2.10.8　落车时应将轴箱摆正，斜楔后退，避免轴箱磨耗板损伤高分子主磨耗板。弹簧落入定位脐中，不得卡滞。

5.8.2.10.9　上旁承下平面、球形心盘球面不得有油污。

5.8.2.10.10　调整心盘高度时，心盘垫板须使用钢垫板，不超过 2 块，总厚度不大于 30 mm，每块垫板厚度不小于 8 mm，两块垫板须四周点焊固定。

5.8.2.10.11　各垂下品与轨面垂直距离不得小于50 mm；闸瓦插销不得小于25 mm。

5.10　大车转向架修理限度表见表5-17。

表5-17　大车转向架检修限度表　单位：mm

序号	名　称	原　型	厂修限度	备　注
1	平面下心盘磨耗不大于： （1）平面：D_{32}、D_{45} D_{15}、D_{70} （2）直径：D_{32}、D_{45} D_{15}、D_{70}	 33 26 ϕ355 ϕ376	 2 2 1 1	（1）含偏磨； （2）测量平面磨耗以深度计算； （3）测量直径磨耗部位：装用心盘磨耗盘的由平面向上10 mm处计算；其他型由平面向上5 mm处计算
2	球面下心盘 （1）球面直径局部磨耗深度不大于 （2）局部剥离深度不大于 （3）球面剩余厚度不小于		 2 1.5 22	
3	轴箱 （1）轴箱内径磨耗 D_{32}、D_{45} D_{10} D_{18A}、D_{23G} D_{2G}、D_{2}（197730轴承） D_{2G}、D_{2}（353130B轴承） D_{25A}、D_{2A} D_{70}、D_{15} DA_{21}、DA_{25} （2）导框挡边内侧磨耗两侧之和 D_{10} D_{18A}、D_{23G} D_{2G}、D_{2}（197730轴承） D_{2G}、D_{2}（353130B轴承） D_{25A} D_{70}、D_{15} DA_{21}、DA_{25} （3）轴箱承载面底面磨耗 D_{10}、D_{70}、D_{15} D_{2G}、D_{2} DA_{21}、DA_{25} （4）轴箱承载面底面径向磨耗 D_{10} D_{2G}、D_{2} D_{70}、D_{15} DA_{21}、DA_{25}	 252.526 230.515 231.2 271.2 250.2 270.1 250.2 257 165 165（3、4、5、6位） 155（1、2、7、8位） 200 198 195（3、4、5、6位） 185（1、2、7、8位） 171 171 10 30 20 186 185 230 233	 0.5 0.5 0.5 0.5 0.5 0.5 0.5 0.5 3 3 3 3 3 3 3 3 3 2 2 2 2 2 2 2	
4	承载鞍磨耗不大于 D_{9A}、DQ_{35}、D_{22A}、D_{22B}、DK_{36A}、DA_{37}、DQ_{45} （1）顶面磨耗 （2）顶面偏磨 （3）导框挡边内侧磨耗两侧之和 D_{9A} D_{22A}、D_{22B} DQ_{35}、DK_{36A}、DA_{37} DQ_{45} （4）导框底面磨耗两侧之和 D_{9A} D_{22A}、D_{22B} DQ_{35}、DK_{36A}、DA_{37} DQ_{45}	 93 105 115 115 181 170 195 195	 2 0.5 3 3 3 3 3 3 3 3	

续上表

序号	名　称	原　型	厂修限度	备　注
4	（5）鞍面径向磨耗			
	D_{9A}、D_{22A}、D_{22B}	230	0.5	
	DQ_{35}、DK_{36A}、DA_{37}	252.526	0.5	
	DQ_{45}	250	0.5	
	DK_{36}、D_{32A}	$126.3^{+0.075}_{-0.025}$	0.5	
	D_{26}、D_{26B}、D_{28}、D_{15B}、DK_{23}、DK_{29}	$125^{+0.08}_{-0.02}$	0.5	
	D_{10A}	$115^{+0.10}_{-0.20}$	0.5	
	（6）承载鞍推力挡肩距不大于			
	D_{9A}、D_{22A}、D_{22B}	$153^{+1.6}_{0}$	155.8	
	DQ_{35}、DK_{36A}、DA_{37}	$187.32^{+1.5}_{0}$	190	
	DQ_{45}	$163^{+1.5}_{0}$	166	
	DK_{36}、D_{32A}	$187.3^{+1.5}_{0}$	190	
	D_{26}、D_{26B}、D_{28}、DK_{23}、DK_{29}、D_{15B}	$163^{+1.5}_{0}$	166	
	D_{10A}	$153^{+1.6}_{0}$	156	
5	D_{10A} 横向间隙：1、2、3 位轴	18～25	18～25	
	纵向间隙：1 位轴	8～14	8～14	
	2 位轴	10～14	10～14	
	3 位轴	14～18	14～18	
	DA_{21}、DA_{25} 纵向间隙之和：1、4 位	17～19	17～19	
	2、3 位	8～10	8～10	
	横向间隙之和：1、4 位	9～11	9～11	
	2、3 位	17～19	17～19	
6	D_{28}、DK_{29}、D_{15B}、D_{26}、D_{26B} 横向间隙之和	20±3	17～23	
	纵向间隙之和	14±2	12～16	
7	DK_{23}、D_{32A}、DK_{36} 横向间隙之和	25±3	22～28	
	纵向间隙之和	16±2	14～18	
	D_{2}、D_{2G} 纵向或横向间隙之和：1、4 位	10～15	10～15	
	2、3 位	20～25	20～25	
	D_{10} 纵向间隙之和	8～10	8～10	
	横向间隙之和	10～12	10～12	
	D_{18A} 纵向间隙之和：1、4 位	11～15	11～15	
	2、3 位	16～20	16～20	
	横向间隙之和：1、4 位	10～14	10～14	
	2、3 位	16～20	16～20	
	D_{23G} 纵向间隙之和：1、4 位	11～15	11～15	
	2、3 位	16～20	16～20	
	横向间隙之和：1、4 位	11.5～13.5	11.5～13.5	
	2、3 位	16.5～19.5	16.5～19.5	
	D_{25A} 纵向间隙之和：1、4 位	11～14	11～14	
	2、3 位	16～19	16～19	
	横向间隙之和：1、4 位	10～13	10～13	
	2、3 位	17～19	17～19	
	D_{70} 纵向间隙之和	5.5～6.5	5.5～6.5	
	横向间隙之和	6～8	6～8	
	D_{9A} 1、3 位不得有纵向贯通间隙			
	中间纵向之和	4.5～7.5	4.5～7.5	
	横向间隙之和	12～14	12～14	
	D_{15} 纵向间隙之和	5.5～6.5	5.5～6.5	
	横向间隙之和	6～8	6～8	
	D_{17A} 纵向间隙之和	6～9	6～9	
	横向间隙之和	7～11	7～11	

续上表

序号	名　　称	原　　型	厂修限度	备　　注
7	D_{22A}、D_{22B}纵向间隙之和：2、3 位 横向间隙之和：1、4 位 2、3 位	2.5～6.5 12～14 10～14	2.5～6.5 12～14 10～14	
	D_{32}、D_{45}纵向间隙之和 横向间隙之和	9～11 11～13	9～11 11～13	
	DQ_{35}、DK_{36A}、DA_{37}中间轮对轴箱与导框纵向间隙之和 轴箱与导框横向间隙之和	2.5～5.5 13～15	2.5～5.5 13～15	两端轮对轴箱与斜楔主摩擦板不得有纵向贯通间隙
	DQ_{45} 中间纵向两侧间隙之和 横向间隙之和 DQ_{45} 2、3 位纵向两侧间隙之和 横向间隙之和	 2.5～5.5 13～15 2.5～5.5 13～20	 2.5～5.5 13～15 2.5～5.5 13～20	3 轴转向架：1、3 位不得有纵向贯通间隙 4 轴转向架：1、4 位不得有纵向贯通间隙
8	导框 （1）导框承载面顶面磨耗 D_{10} D_{2G}、D_{2} （2）导框承载面底面径向磨耗 D_{10} D_{2G}、D_{2} D_{70}、D_{15} DA_{21}、DA_{25} DA_{26}	 25 75 189 163.5 236 240 218	 2 2 2 2 2 2 2	
9	摇杆轴直径磨耗		2	
10	摇杆各孔径磨耗		2	
11	摇杆轴座孔套直径磨耗		3	
12	连接板孔直径磨耗		2	
13	连接轴直径磨耗		2	
14	板弹簧吊销孔直径磨耗		2	
15	牵引梁磨耗板磨耗：10 mm 者 3 mm 者		3 1	
16	轴箱导框磨耗板磨耗：D_{10}、D_{23}	3	1	
17	制动梁吊销及孔径磨耗		2	
18	构架最外端两导框中心线对角线差		5	
		6	8	
19	相邻两导框中心水平距离之差		4	
20	轴箱导框磨耗铁（一）磨耗 D_{25A}、D_{38}、D_{18A} D_{2}、D_{2G}	 4 15	 1 1	
21	轴箱导框磨耗铁（二）磨耗 D_{25A}、D_{38}、D_{18A} D_{2}、D_{2G}	 2 10	 0.5 0.5	

6.3　大车专用轮轴

6.3.1. 大车装用的专用轮轴还须符合以下要求：

6.3.1.1　RE_{2D}型车轴轴颈直径四级修限度为$\phi150^{+0.068}_{+0.025}$ mm，RF_A型、RK_A型车轴轴颈直径四级修限度为$\phi157.2^{+0.064}_{+0.019}$ mm，RE_{2D}辙型车轴防尘板座直径四级修限度为$\phi180^{+0.085}_{+0.020}$ mm，RF_A型、RK_A型车轴防尘板座直径四级修限度为$\phi191.2^{+0.113}_{+0.042}$ mm。

6.3.1.2　AAR F型、K型轴承退卸后，新造轴承可进行一次大修，已大修轴承须整套报废。

6.3.1.3　D_{38}型钳夹车、D_{32}型凹底平车、D_{45}型落下孔车装用的HE_A型车轮可用HES_G型车轮替换。

6.3.1.4　AAR F型、K型轴承压装。

6.3.1.4.1　清洗后检测轴颈、防尘板座直径和轴颈圆柱度。轴颈直径须测量Ⅰ、Ⅱ两个截面，每个截面测量两点，测量位置均须相差90°，两点算术平均值为每个截面车轴轴颈直径，Ⅰ、Ⅱ截面轴颈直径之差的1/2为轴颈圆柱度。防尘板座直径测量Ⅲ截面，测量两点，测量位置须相差90°，两点算术平均值为防尘板座直径。轴颈、防尘板座的测量位置须符合表6-2要求，如图6-1所示。

表6-2　轴颈和防尘板座的测量位置尺寸　　单位：mm

轴　型	A	B	C
RF_A	35～40	170～190	5～10
RK_A	25～30	135～155	5～10

6.3.1.4.2　轴承内圈直径与轴颈配合过盈量为0.063 6～0.114 0 mm。

6.3.1.4.3　后挡内径与防尘板座配合过盈量为0.050 8～0.254 0 mm。

6.3.1.4.4　轴承压装终止贴合压力为（495±49.5）kN。

6.3.1.4.5　轴承压装后，须在294～490 N轴向推（拉）力下检测轴承的轴向游隙，检测前须左右旋转轴承外圈3～5转。压装后轴向游隙为0.025～0.380 mm。如轴向游隙小于0.025 mm，若用手能够自由旋转轴承外圈，仍可装用。

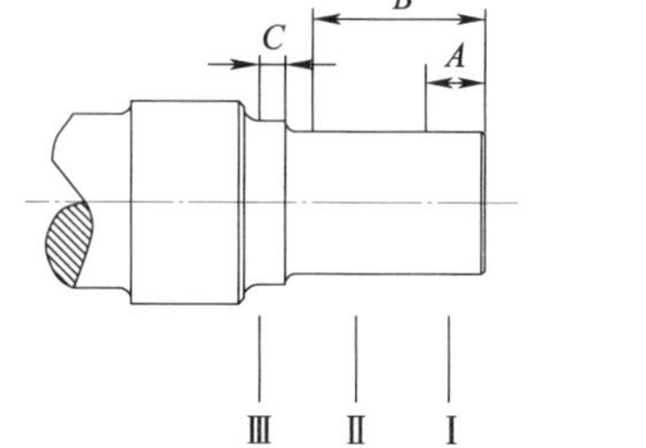

图6-1　轴颈和防尘板座的测量位置示意

6.3.1.4.6　轴端螺栓紧固力矩为570 N·m。

6.3.2　大车专用轮轴检修限度见表6-3。

表6-3　大车专用轮轴检修限度表　　单位：mm

序号	项目名称	限　度			备　注
		原　型	四级修	三级修（用于厂修）	
1	车　轴				
1.1	车轴轴颈直径				
1.1.1	RE_{2D}型	$150^{+0.068}_{+0.043}$	$150^{+0.068}_{+0.025}$	$150^{+0.068}_{+0.025}$	
1.1.2	RF_A型	$157.2^{+0.064}_{+0.039}$	$157.2^{+0.064}_{+0.019}$	$157.2^{+0.064}_{+0.019}$	
1.1.3	RK_A型	$157.2^{+0.064}_{+0.039}$	$157.2^{+0.064}_{+0.019}$	$157.2^{+0.064}_{+0.019}$	
1.2	车轴轴颈圆柱度	≤0.010	≤0.010	≤0.010	
1.3	车轴防尘板座直径				
1.3.1	RE_{2D}型	$180^{+0.085}_{+0.058}$	$180^{+0.085}_{+0.020}$	$180^{+0.085}_{+0.020}$	

续上表

序号	项目名称	限度			备注
		原型	四级修	三级修（用于厂修）	
1.3.2	RFA型	$191.2^{+0.113}_{+0.062}$	$191.2^{+0.113}_{+0.042}$	$191.2^{+0.113}_{+0.042}$	
1.3.3	RKA型	$191.2^{+0.113}_{+0.062}$	$191.2^{+0.113}_{+0.042}$	$191.2^{+0.113}_{+0.042}$	
2	车轮				
2.1	轮辋厚度				
2.1.1	E型	65	44	44	用于D_{15}、D_{25A}型凹底平车
		65/50	37	37	用于D_{2G}型凹底平车
2.1.2	HE型	65	42	41	用于D_{26}型凹底平车
		65	37	36	用于D_{30G}型双联平车
2.1.3	HEA型	45	39	39	用于D_{32}型凹底平车
		45	41	41	用于D_{45}型落下孔车
2.1.4	HESG型	38	28	28	
2.1.5	D型、E型	65/50	28	26	
2.2	轮缘厚度（三轴及多轴转向架中间轮对）	22，23，24	19	17	货车组合式转向架除外
2.3	轮毂壁厚度	32	30		仅对HESG型车轮
3	轮对轴颈载荷中心距				
3.1	RE2D型		2 050±1	2 050±1	
3.2	RFA型		1 981±1	1 981±1	
3.3	RKA型		1 981±1	1 981±1	

7.6.15　大车单车及整车试验

装有两个及以上制动机的大车，须对每个制动机分别试验。未装用制动机的车辆制动主管须进行过球试验和漏泄试验。

7.6.15.1　分组试验

7.6.15.1.1　按制动阀分组，断开每组间的主管，加装折角塞门或软管堵。

7.6.15.1.2　各组制动装置均须分别进行单车试验，其中制动缸活塞行程须符合设计要求。

7.6.15.2　整车试验

分组试验合格后恢复制动主管连接，将单车试验器与车辆一端软管连结，另一端软管加软管堵，开放折角塞门，按照下列要求进行整车试验。

7.6.15.2.1　漏泄试验

1）制动管漏泄试验：关闭全部截断塞门，单车试验器置1位，制动管充至定压后，置3位保压1 min，制动管压力下降不得大于5 kPa。

2）全车漏泄试验：开放全部截断塞门，单车试验器置1位，制动管充至定压后，置3位保压1 min，全车制动管压力下降不得大于5 kPa。

7.6.15.2.2　感度试验

制动管充至定压后，单车试验器置专用安定试验位，减压40 kPa，整车须发生制动作用，并在1 min内不得发生自然缓解。然后置1位充风，整车制动机须在60 s内缓解完毕。

7.6.15.2.3　安定保压试验

制动管充至定压后，单车试验器置专用安定试验位，减压140 kPa，不得发生紧急制动作用；确认全部制动缸活塞行程符合设计要求；置3位保压1 min，制动管压力下降不得大于5 kPa。

7.6.15.2.4　持续一定时间的保压试验

制动管充至定压后，单车试验器置常用制动位，减压 100 kPa 后置 3 位保压，在 3 min 内不得发生自然缓解。

7.10　大车装用的制动装置还须符合以下要求：

7.10.1　制动梁扁钢梁体横裂纹时更换。

7.10.2　杠杆吊座、闸瓦托吊须进行探伤检查，焊缝裂纹时焊修，本体裂纹时更换。

7.10.3　制动梁缓解弹簧裂纹、衰弱时更换。

7.10.4　D_{2G} 型凹底平车用下拉杆最大调整长度 790～940 mm，两侧对应下拉杆长度之差不大于 4 mm，扁螺母须紧固。

7.10.5　软管组成须按相关规定检修，试验合格后按规定涂打检修标记。

7.10.6　调整制动缸活塞行程时，各转向架制动力须均匀，闸瓦须贴靠车轮。各杠杆与托架的游动间隙不小于 50 mm。

7.10.7　整车制动试验后，各中央软管组成须捆扎牢固，软管组成与其他易接触部分须进行防护。

8.1.2　车辆各部露出面须按表 8-2 规定涂装面漆，但下列部位不涂面漆。

表 8-2　货车面漆种类表

序号	漆　　种	涂刷部位
2	铁红色溶剂型厚浆醇酸漆或水溶性油漆	集装箱平车、大车车体、底架及底架附属件 以上车型制动系统

8.2.4　下列货车须涂打“Ⓐ”禁止上驼峰标记：大车、小汽车运输专用车、长钢轨车组、检衡车、运梁车、自翻车、底开门式车；压缩气体或液化气体的专用罐车。

8.2.5　载重为 60 t 及以上的平车、共用车、大车车体，须在侧梁外侧横向中心线处涂打车体中心标记（车辆定距中心点处），并按 Q/CR 56《铁道车辆标记　一般规则》及表 8-3 中顺号 1～6 项涂打集中载荷标记。但侧梁高度为 512 mm 者可仅涂打 1～5 项（D_{23G} 型车除外）。

8.2.6.2　大车的“限速”和“限制运行曲线半径”等标记，按有关规定涂打。

8.2.19　敞车、棚车须在 1 位端墙处涂打“接触网下操作　注意安全”标记，字号为 70，字间距为 10 mm。KM_{70}、KZ_{70}、大车等车型须按规定涂打“电气化区段禁止攀登”标记。

8.2.30　大车集中载荷参数见表 8-3。

表 8-3　长大货物车集中载荷参数标记表

序号	车型	制造厂	载重/t	自重/t	换长	空车通过最小曲线半径/m	功能尺寸（长×宽）/（m×m）	（地板面长/m）/（集中载重/t）									
								1	2	3	4	5	6	7	8	9	10
1	D_2	哈	160	166.8	3.2	R180	凹底 9×2.78	1/160									
2	D_{2G}	哈等	210	148.5	3.3	R180	凹底 9×2.78	1.5/172	3/178	4.5/183	6/189	7.5/197	9/210				
3	D_{9A}	齐	90	35.8	1.9	R145	凹底 10.5×3	3/76	4.5/80	6/84	7.5/87	9/90					
4	D_{10}	哈等	90	35.9	1.8	R145	凹底 10×3.0	1.5/71	3/72	4.5/74	6/77	7.5/81	9/87	10/90			
5	D_{10A}	株	90	36	1.9	R145	凹底 10×3.0	1.5/72	3/76	4.5/80	6/83	7.5/86	8/88	10/90			
6	D_{12}	哈	120	46.26	2.2	R145	凹底 9×3.0	1.5/95	3/100	4.5/105	6/109	7.5/113	9/120				
7	D_{12K}	哈	120	47.8	2.2	R145	凹底 9×3.0	1.5/95	3/100	4.5/105	6/109	7.5/113	9/120				
8	D_{15}	哈	150	48.9	2.3	R150	凹底 9×2.7	1.5/129	3/131	4.5/134	6/137	7.5/142	9/150				
9	D_{15A}	齐	150	49.6	2.4	R145	凹底 9.5×2.7	1.5/130	3/132	4.5/135	6/138	7.5/142	9/150				
10	D_{17A}	齐	155	44.5	2.5	R145	落下孔 12.5×2.35	4.5/155									

续上表

序号	车型	制造厂	载重/t	自重/t	换长	空车通过最小曲线半径/m	功能尺寸（长×宽）/（m×m）	（地板面长/m）/（集中载重/t）									
								1	2	3	4	5	6	7	8	9	10
11	DK$_{17A}$	齐	155	45	2.5	R145	落下孔 12.5×2.35	4.5/155									
12	D$_{18A}$	哈	180	135.1	3.2	R180	凹底 9×2.8	1.5/165	3/166	4.5/168	6/171	7.5/175	9/180				
13	D$_{15B}$	株	150	50	2.3	R145	凹底 9×2.9	1.5/130	3/132	6/140	7.5/145	9/150					
14	D$_{70}$	哈	70	26.6	1.8	R180	平板 19.426×2.05	2/32	4/36	6/40	8/44	10/46	12/48	14/50	16/70		
15	D$_{22A}$	齐	120	44	2.3	R180	平板 25×3.0	2/62	4/64	6/68	8/74	10/77	12/81	14/86	16/98	18/120	
16	D$_{22B}$	齐	120	48	2.3	R180	平板 25×3.0	2/55	4/58	6/62	8/66	10/71	12/76	14/82	16/88	20/108	24/120
17	D$_{23G}$	哈	265	70.7	2.8	R180	平板 19.17×3.128									25/235	
18	DK$_{23}$	株	230	70	3.2	R145	落下孔 13.5×3.48	4/210（207 十字梁）	4.5/215（212 十字梁）	5/220（217 十字梁）	5.5/225（223 十字梁）	6/230（227 十字梁）					
19	D$_{25}$	株	250	86	3.1	R145	长平										
20	D$_{25A}$	哈	250	142.3	3.7	R180	9.8×2.63	3/215	4.5/216	6/224	7/229	8/236	9/243	9.8/250			
21	D$_{26}$	齐	260	73.6	2.9	R145	双联 32.138×2.99	8/260	16.5/260								
22	DA$_{21}$	哈	210	122.8	3.5	R180	凹底 9.8×2.7	3/180	4.5/185	6/190	7.5/200	9/210					
23	DA$_{25}$	哈	250	127.4	3.6	R180	凹底 10×2.7	3/220	4.5/225	6/230	7.5/240	9/250					
24	DA$_{26}$	哈	260	114.4	3.6	R145	凹底 10×2.65	3/220	4.5/225	6/230	7.5/240	9/250	9.8/258				
25	D$_{26}$	株	260	140	3.8	R145	凹底 9.8×2.68			3/230	4/235	5/240	6/245	7/250	8/255	9/260	
26	D$_{26A}$	齐	260	73.6	2.9	R145	长平										
27	D$_{26AK}$	齐	260	75.6	2.9	R145	长平										
28	D$_{26B}$	株	290	107	3.6	R145	落下孔 10.8×3.54	3/255	4/270	5/280	6/290						
29	D$_{28}$	株	280	120	3.8	R145	凹底 10×2.68	3/250	4.5/260	6/270	7.5/275	8/280					
30	DK$_{29}$	株	290	110	3.9	R145	落下孔 13.2×3.54			5/275	6/290						
31	D$_{30}$	齐	370	126		R180	双联										
32	D$_{30G}$	齐	370	101	3.9	R180	双联										
33	D$_{32}$	齐	320	226	5.3	R180	凹底 10.5×2.9	7/300	9/315	10/320							
34	D$_{32A}$	株	320	240	5.6	中：R180 内：R260	凹底 10.5×2.76	7/300	8/310	9/315	10/320						
35	DQ$_{35}$	齐	350	185	空 4.1 重 5.1	R145	钳夹										
36	DK$_{36}$	株	360	200	5.5	外：R150 中：R180 内：R260	落下孔 13.5×3.54	4/300	5/320	6/340	7/360						
37	DK$_{36A}$	齐	360	182	5.2	外：R145 中：R180 内：R250	落下孔 13×（2.46~3.55）										
38	DA$_{37}$	齐	370	200	5.6	外：R145 中：R180 内：R300	凹底										

续上表

序号	车型	制造厂	载重/t	自重/t	换长	空车通过最小曲线半径/m	功能尺寸（长×宽）/（m×m）	（地板面长/m）/（集中载重/t）									
								1	2	3	4	5	6	7	8	9	10
39	D_{38}	齐	380	226	空 4.8 重 5.9	$R150$	钳夹										
40	D_{45}	齐	450	202	6.3	$R180$	落下孔 16.1×（1.45～2.35）										
41	DQ_{45}	齐	450	208	空 4.8 重 5.9	$R145$	钳夹										

9.6 大车整车落成要求

9.6.1 各级旁承须按原设计方向安装，转向架、小底架、中底架、大底架、导向梁、钳形梁及侧承梁等须原车原位组装，不得换位。

9.6.2 加装铜质心盘衬垫和无心盘衬垫的心盘工作面、导向销与销座、移动心盘两侧与承冲梁铜板接触处、液压旁承与磨耗板接触面、旁承滚道摩擦面须涂润滑脂。

9.6.3 加装非金属心盘磨耗盘（板）的心盘工作面、移动心盘滚子排上下接触面、弹性旁承接触面不得涂润滑脂或润滑油，特殊结构者除外。侧移装置组成后，导向座内应清洁，无异物。滚子排须居中，移动座在导向座内滑动灵活。

9.6.4 各上心盘、心盘磨耗盘须落槽，中心销须落入下心盘座孔内；带卡子心盘销组装时，卡子须用螺栓组装牢固；螺栓式心盘销组装时，须加垫圈后紧固槽形螺母，并加装开口销。

9.6.5 心盘防脱装置的螺栓与螺母紧固后须点焊固。

9.6.6 心盘油润装置油盒内须注满润滑油。

9.6.7 调整承载面距轨面高时，允许在转向架与小底架间、小底架与大底架间下心盘处加装心盘垫板，心盘垫板须使用整体钢垫板，调整或更换时，每处心盘垫板厚度不大于 50 mm 且心盘止口与盖板间搭接量不小于 5 mm，数量为 1 块；调整后，心盘垫板须与枕梁上盖板四周点焊焊固。

9.6.8 车辆落成后，各级旁承间隙须符合表 9-3 的规定。不符时调整下旁承调整垫板，仍不符时调整上旁承调整垫板；在上旁承、下旁承处加装调整垫板时，数量不超过 2 块，每块厚度不小于 2 mm。

9.6.9 旁承调整垫板、心盘紧固螺栓及心盘防脱拉杆长度可随垫板厚度改变进行调整。

9.6.10 落成后，须按产品技术条件及使用说明书进行各项调试或试验。

表 9-3 长大货物车各级旁承间隙汇总表

序号	车辆型号	车辆类型	小底架与转向架间旁承间隙/mm	小底架与大底架间旁承间隙/mm
1	D_2、D_{2G}	凹底平车	间隙之和 4～6	间隙之和 16～20（滚子旁承）
2	D_{25A}	凹底平车	间隙之和 4～10	0
3	D_{9A}	凹底平车	12±1	
4	D_{10}	凹底平车	间隙之和 6～15	
5	D_{10A}	凹底平车	凹底架上旁承下平面与转向架下旁承滚子的间隙：6±1	
6	D_{12}	凹底平车	间隙之和为 6～16	间隙之和 14～26
7	D_{12K}	凹底平车	3～5	间隙之和 14～26
8	D_{15}	凹底平车	间隙之和 4～6	间隙之和 18～22
9	D_{15A}	凹底平车	3～5	间隙之和 20～22
10	D_{15B}	凹底平车	小底架与转向架间弹性旁承压缩量：9±1；凹底架上旁承下平面与小底架下旁承滚子的间隙：15±1	
11	D_{18A}	凹底平车	旁承间隙之和 6～8	间隙之和 16～22（滚子旁承）
12	D_{22A}	凹底平车	10±1	

续上表

序号	车辆型号	车辆类型	小底架与转向架间旁承间隙/mm	小底架与大底架间旁承间隙/mm
13	D_{22B}	凹底平车	10±1	
14	D_{26}	凹底平车	小底架与转向架，在同一转向架处左右旁承间隙每侧：2～3；中底架与小底架，在同一横梁处左右旁承间隙之和：6～8；凹底架与中底架之间为液压旁承，沿车体纵向一位侧连通旁承的间隙（凹底架心盘梁旁承处之下表面与中底架旁承处之上表面）之和与二位侧连通旁承的间隙之和的差不大于4	
15	D_{26A}	凹底平车	小底架与转向架：3～5；中底架与小底架间隙之和：6～10；大底架与中底架间隙之和：20～24	
16	D_{26AK}	凹底平车		
17	D_{28}	凹底平车	小底架与转向架间弹性旁承压缩量：9±1；中底架与小底架在同一横梁处左右旁承间隙之和：6～8；凹底架与中底架间为液压旁承，沿车体纵向同侧旁承油缸活塞伸出长度之和与另一侧相差不大于3	
18	D_{32}	凹底平车	小底架与转向架：2～3；中底架与小底架间隙之和：6～10；小底架与大底架间隙之和：6～10；大底架与中底架：12～16	
	350 t	落下孔车		
19	D_{32A}	凹底平车	底架上旁承下平面与转向架下旁承滚子的间隙：6±1；凹底架与中底架、中底架与小底架之间为液压旁承，沿车体纵向同侧旁承油缸活塞伸出长度之和相差不大于3	
20	DA_{21}	凹底平车	2～4	10～12
21	DA_{25}	凹底平车	2～4	10～12
22	DA_{26}	凹底平车	9～11	10～12
23	DA_{37}	凹底平车	3～4	7～8
24	D_{70}	长大平车	间隙之和 18～22	
25	D_{23G}	双支承车	间隙之和 2～6	间隙之和 8～12
26	D_{25}	双支承车	小底架与转向架，小底架与凹底桥架之间的同侧旁承间隙之和：4～10，单侧：2～5；大底架与凹底桥架间为液压旁承装置，沿车体纵向侧连通旁承的间隙（大底架端横梁旁承处之下表面与凹底桥架中横梁旁承处之上表面的间隙）之和与另一侧连通旁承的间隙之和的差不大于4	
27	D_{17A}	落下孔车	3～5	10～12
28	D_{26B}	落下孔车	小底架与转向架在同一转向架左右旁承间隙，每侧：2～3；中底架与小底架在同一横梁处左右旁承间隙之和：6～8；承载框架与中底架之间为液压旁承，沿车体纵向同侧旁承油缸活塞伸出长度之和与另一侧相差不大于4	
29	D_{45}	落下孔车	端部小底架与转向架：1～2；中部小底架与转向架：2～3；端部中底架与转向架：2～3；端部中底架与小底架间隙之和：4～8；中部中底架与小底架间隙之和：6～8；大底架与中底架间隙之和：8～10	
30	DK_{17A}	落下孔车	3～5	10～12
31	DK_{23}	落下孔车	小底架上旁承下平面与转向架下旁承滚子的间隙：6±1；承载框架与小底架之间为液压旁承，沿车体纵向一侧旁承油缸活塞伸出长度之和与另一侧旁承油缸活塞伸出长度之和相差不大于3	
32	DK_{29}	落下孔车	小底架与转向架之间弹性旁承压缩量：9±1；中底架上旁承下平面与小底架下旁承的间隙：6±1；承载框架与中底架为液压旁承，沿车体纵向同一侧旁承油缸活塞伸出长度之和相差不大于3	
33	DK_{36}	落下孔车	小底架上旁承下平面与转向架下旁承滚子的间隙：6±1；承载框架与中底架、中底架与小底架之间为液压旁承，沿车体纵向同一侧旁承油缸活塞伸出长度之和相差不大于3	
34	DK_{36A}	落下孔车	4～5	7～8
35	D_{38}	钳夹车	间隙之和 4～8	间隙之和 12～16
36	DQ_{35}	钳夹车	3～4	间隙之和 14～16
37	DQ_{45}	钳夹车	4～5	9～10

9.6.11　整车液压系统试验

9.6.11.1　保压试验

9.6.11.1.1　连接所有管路，启动泵站，达到规定压力及旁承油缸起升高度。

9.6.11.1.2　保压 10 min 不得渗漏，保压 1 h 旁承油缸起升高度下降不大于 5 mm。

9.6.11.1.3　保压试验时，检查泵、阀、各管接头、油缸等液压元件，不得渗漏。

9.6.11.2　旁承油路排气时，纵、横向旁承油路连通，启动泵站，旁承油路油液循环时间不少于

5 min。

9.6.11.3 动作试验

9.6.11.3.1 外导向侧移油缸在全行程范围内伸、缩各4次。

9.6.11.3.2 使用外导向工况，中导向、内导向油缸伸、缩各4次。

9.6.11.3.3 其他各油缸进行不少于3次的动作试验，试验时，各油缸不得有振动、噪声等异常现象。

9.8 检衡车、长钢轨车组等整车落成要求

检衡车、长钢轨车组等整车落成后，须按有关技术条件进行调试，大车按要求进行厂内试运行，各部状态良好。

附录1-6 《铁路货车段修规程》（TG/CL 2111—2021 铁货车〔2021〕34号）摘录

9 长大货物车

9.1 基本要求

9.1.1 大车与通用铁路货车段修要求相同的部分，按相关规定执行，经改造和应用新技术的大车段修须按国铁集团批准的相关文件执行。

9.1.2 大车段修单位须具有满足架车要求的检修厂房和台位，具备吊运大型配件的起重设备、架车设备、具有相应车型轴箱滚动轴承退卸装置，应及时采用自动化装备及检测器具。

9.1.3 大车段修单位须具有大车检修图纸、技术条件、使用说明书等技术资料。

9.2 综合要求

9.2.1 液压软管、液压密封件和空气制动装置中所有连接软管按寿命期进行管理，使用寿命为6年；AAR F型、K型轴承新造或大修的时间为8年或80万km（以先到者为准），无法追溯制造日期的须更换为新品。

9.2.2 从事高强钢焊接的人员须经过高强钢焊接理论学习和实际操作培训，经考试合格后持证上岗。

9.2.3 车辆分解时，各级轴箱、斜楔、承载鞍、均衡梁、旁承、底架、承载框架、转向架、小底架、中底架、大底架、导向梁、钳形梁及侧承梁等应记录原位别，以保证检修后部件复位组装。

9.3 转向架

9.3.1 转向架除螺栓组装的杠杆托、制动梁安全托、闸瓦托吊座及带有复原弹簧和穿过构架、底架各梁孔内壁的杠杆、拉杆状态良好时可不分解外，其余以螺栓、圆销组装的零部件均须分解。构架须清除表面锈垢，裂纹判断有疑问的部位须除锈，并对该部位进行磁粉探伤检查。

9.3.2 包板式转向架

9.3.2.1 包板式构架组成，如图9-1所示。

9.3.2.1.1 构架导框顶部或两弯角处裂纹时，按下列要求修理。

a）有加强板者，加强板未裂时，可仅焊修腹板；加强板裂纹时，须更换整体加强板，其厚度与原加强板相同，顶部宽度须较原加强板增加一倍。

b）无加强板者，焊后补强；补板厚度应与母板相同，高度须盖过裂纹末端50 mm及以上，长度须盖过裂纹每侧150 mm及以上。

c）焊修腹板时，裂纹处须开X形坡口并两面施焊，更换加强板或补强时，裂纹末端须钻ϕ6～8 mm的止裂孔，腹板的内外焊波须磨修平整；对不更换加强板或不补强者，腹板的外面焊波须磨修平整，内面

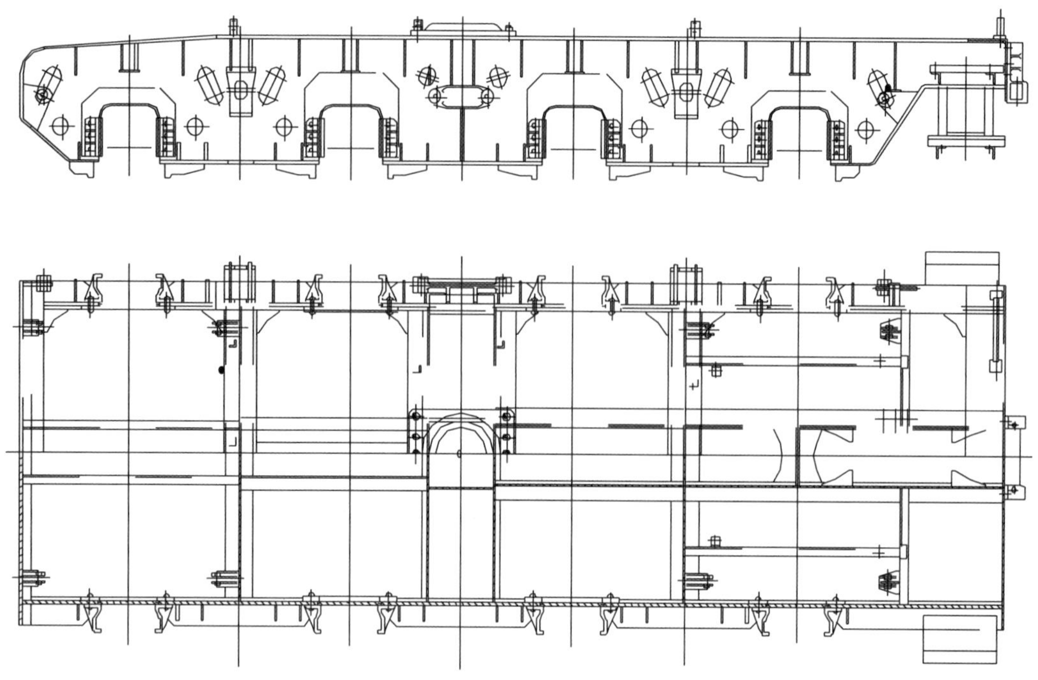

图 9-1　四轴包板式构架示意

须有 1～2 mm 高的增强焊波。

d）构架导框补强或焊修时，须将导框下拉板组装牢固，防止构架局部变形。

9.3.2.1.2　其他部位裂纹时焊修或补强，磨耗大于 2 mm 时，焊后磨修平整。

9.3.2.2　构架附属配件

9.3.2.2.1　构架导框裂纹时焊修；弯曲变形时须分解调修，调修后工作面平面度和垂直度均不大于 1 mm。

9.3.2.2.2　构架导框磨耗面磨耗大于 2 mm 时须分解焊修，并加工至原型尺寸，加工后各加工面平面度和垂直度均不大于 1 mm。

9.3.2.2.3　导框下拉板须进行磁粉探伤检查，裂纹深度大于 2 mm 时更换；裂纹深度不大于 2 mm 时，用砂轮磨除，磨痕与周边圆滑过渡，重新探伤不得有裂纹。

9.3.2.2.4　导框下拉板孔直径磨耗大于 2 mm 时，焊后加工或更换；连接轴直径磨耗大于 2 mm 或弯曲、变形时更换。

9.3.2.2.5　板弹簧分解检修时须对板弹簧吊平直磨耗部和上下弯角处进行磁粉探伤检查，板弹簧吊裂纹时更换；吊销直径磨耗大于 2 mm 时更换；吊销座孔直径磨耗大于 2 mm 时换套或扩孔镶套。

9.3.3　焊接构架式转向架

9.3.3.1　焊接式构架组成，如图 9-2～图 9-6 所示。

9.3.3.1.1　对构架进行外观检查，焊缝裂纹时须清除裂纹后焊修，并有 1～2 mm 高的增强焊波；焊缝裂纹长度大于 100 mm 或母材裂纹时更换；焊后须进行探伤检查。

9.3.3.1.2　两侧梁内外旁弯大于 6 mm 时调修，导框各弹簧承台高度差不大于 4 mm。

9.3.3.1.3　构架导框原型厚度为 3 mm 的磨耗板剩余厚度小于 1 mm 时更换；原型厚度为 5 mm 的磨耗板剩余厚度小于 2 mm 时更换。

9.3.3.1.4　构架导框磨耗大于 2 mm 时，焊修后加工或更换。

9.3.3.1.5　构架斜楔座磨耗大于 3 mm 时，堆焊后磨修或更换。

9.3.3.1.6　弹簧承台面磨耗大于 2 mm 时，焊修后磨修平整。

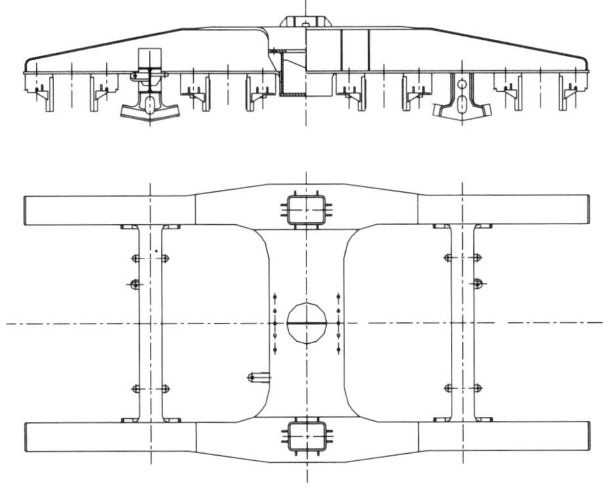

图 9-2　四轴焊接式构架（无牵引梁）示意

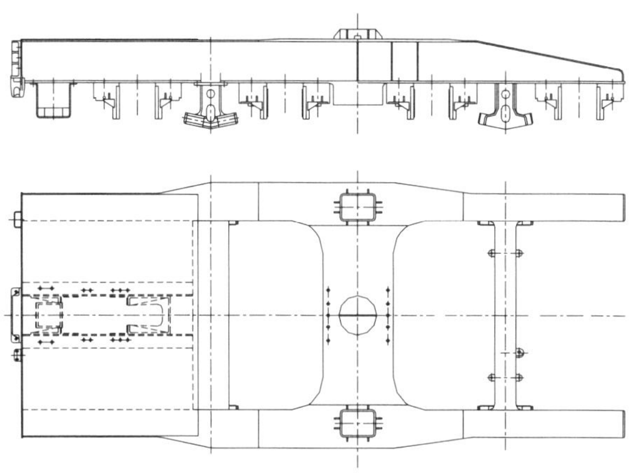

图 9-3　四轴焊接式构架（有牵引梁）示意

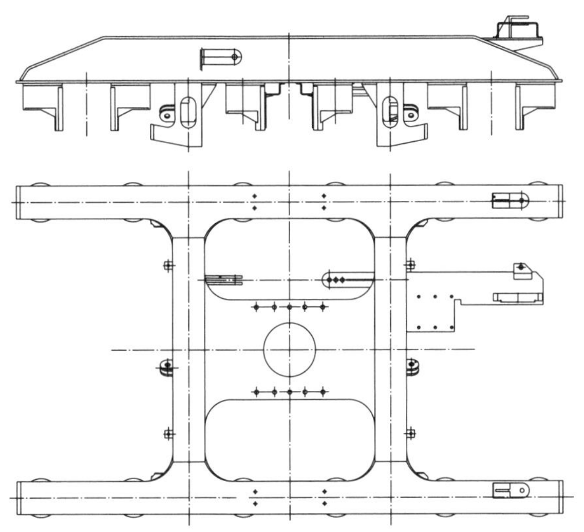

图 9-4　三轴焊接式构架（无牵引梁）示意

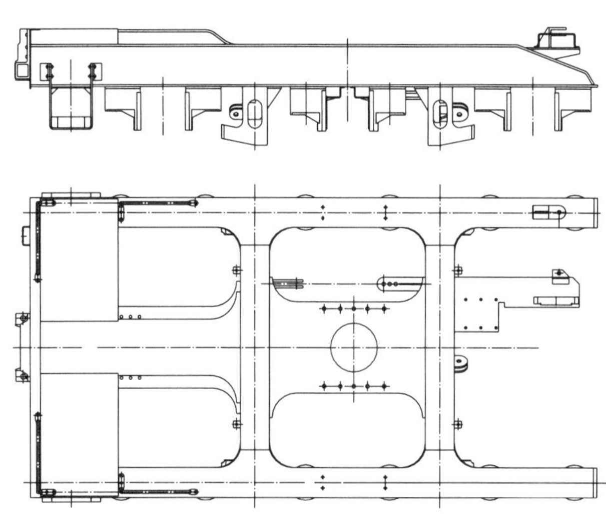

图 9-5　三轴焊接式构架（有牵引梁）示意

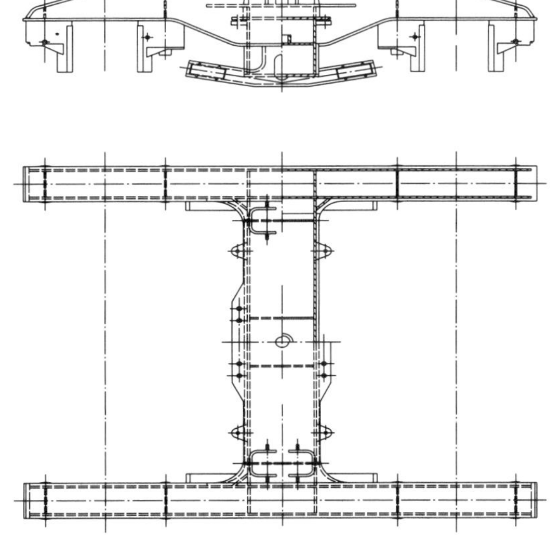

图 9-6　二轴焊接式构架示意

9.3.3.1.7　均衡梁支点座磨耗大于 2 mm 时，焊修后磨修平整、圆滑过渡。

9.3.3.2　构架附属配件

9.3.3.2.1　下均衡梁圆销孔周围 20 mm 范围、外部焊缝及铸造外表面须进行磁粉探伤检查。

9.3.3.2.2　均衡梁圆销孔圆周裂纹时，其裂纹不大于该处断面的 30%时，开坡口焊修，焊后须磨修圆滑过渡，大于时更换。

9.3.3.2.3　均衡梁横裂纹时更换；梁体纵裂纹时，纵裂纹不大于两处、裂纹总长度不大于 100 mm 时焊修，焊修时须开坡口，并将裂纹两端钻 ϕ6～8 mm 的止裂孔；大于时更换。

9.3.3.2.4　均衡梁接触面磨耗大于 2 mm 时，焊修后磨修平整、圆滑过渡。

9.3.3.2.5　均衡梁圆销须进行磁粉探伤检查，裂纹时更换。

9.3.4　弹簧

9.3.4.1　各类摇枕弹簧、轴箱弹簧及均衡梁弹簧须分解检修。

9.3.4.2　板弹簧有下列情况之一时须更换：

9.3.4.2.1　板弹簧簧片及簧箍裂纹、窜动时。

9.3.4.2.2　板弹簧主片卷耳腐蚀、磨耗厚度大于 3 mm 或宽度大于 4 mm 时。

9.3.4.2.3　各板弹簧簧板侧面错移大于 4 mm 时。

9.3.4.2.4　板弹簧簧箍与主、末簧片间隙及各簧片间在距离簧箍 30 mm 以内的间隙大于 0.3 mm 且深度大于 30 mm 时。

9.3.4.2.5　自由高度小于设计尺寸：卷耳式 9 mm，卡子式 7 mm 时。

9.3.4.3　弹簧附属配件

9.3.4.3.1　弹簧盖板裂纹时焊修，剩余厚度小于 2 mm 时更换。

9.3.4.3.2　弹簧胶垫老化、破损面积大于支承面的 20%时更换。

9.3.4.3.3　弹簧支持环、摩擦环裂纹时焊修，磨耗大于 3 mm 时，焊后加工。

9.3.4.4　大车各类圆弹簧和板弹簧规格见 TG/CL 110—2018《铁路货车厂修规程》表 5-14 和表 5-12。

9.3.5　轴箱

9.3.5.1　轴箱两侧平面、斜筋端面、顶面及开孔轴箱的孔周边外部平面 20 mm 范围内须进行磁粉探伤检查，如图 9-7、图 9-8、图 9-9 所示阴影部位，其他部位目测检查，裂纹深度不大于 2 mm 时焊修，焊修后修磨平整、圆滑过渡，大于时更换。

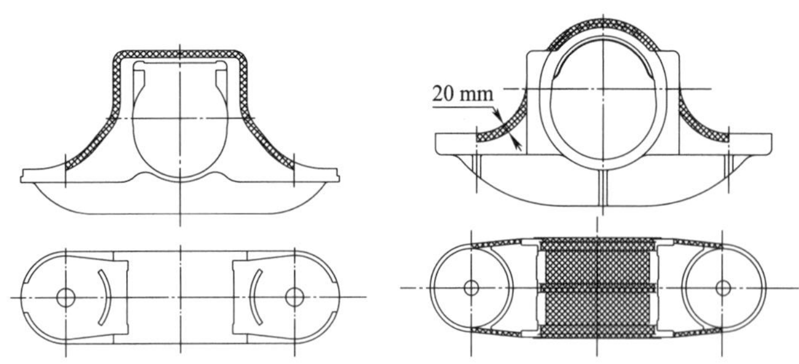

图 9-7　轴箱探伤范围示意　　**图 9-8　轴箱探伤示意**

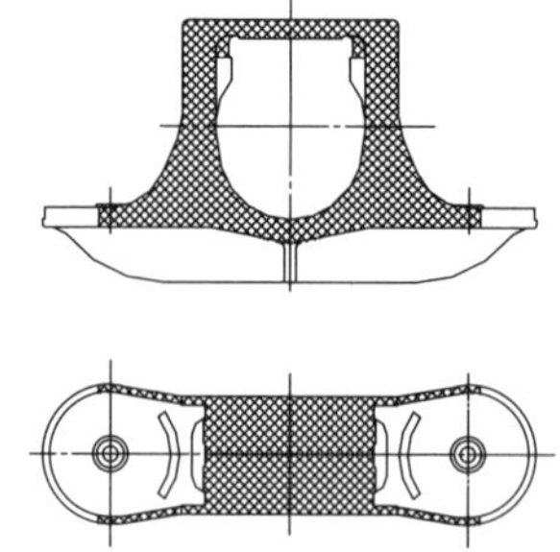

图 9-9　轴箱（底部开孔）**探伤范围示意**

9.3.5.2　密封式轴箱

9.3.5.2.1　轴箱须开盖检查。

9.3.5.2.2　遇有下列情况之一时，轴箱及其附属配件须退卸分解检查：

a）轴箱外观（包括轴箱、前盖、后盖、前挡）检查有裂纹、碰伤、松动、变形和其他异状时。

b）轴箱的轴向游隙小于 5 mm 或大于 6.5 mm 时。

c）因轴承到期或故障退卸时。

9.3.5.2.3　轴箱退卸、分解、清洗

a）轴箱退卸时可根据实际情况只退卸其一端，而对另一端的轴箱及其附属配件进行外观检查。

b）轴承退卸时，轴箱及其附属配件须全部从轴颈上退卸。

c）轴箱及其附属配件须全部进行清洗，清洗后（包括组装前）的清洁度须达到规定标准，见TG/CL 110—2018《铁路货车厂修规程》表5-13。

9.3.5.2.4　轴箱检测、检修

a）轴箱及其附属配件的尺寸精度须按规定项目进行检测。

b）轴箱体破损、裂纹时更换。

c）轴箱体内径表面纵向擦伤或划痕深度不大于1 mm时，须将边缘棱角磨除后使用，局部磨耗大于0.3 mm时加修或更换，加修后内径表面粗糙度须达到$Ra3.2\ \mu m$，锈蚀时应清除锈垢，但可留有除锈后的痕迹。

d）轴箱导槽内距大于168 mm（158 mm）或导槽挡边厚度小于13 mm时更换。

e）轴箱内径大于ϕ232.5 mm、轴箱圆度大于0.15 mm或轴箱前后端内径差大于0.1 mm时更换。

f）轴箱体或轴箱前、后盖上的密封沟槽不得凹陷、变形，有锈蚀、尖角及毛刺时应清除。

g）毡封油圈须全部更换为新品。

9.3.5.2.5　轴箱组装和压装

a）轴箱组装和压装间的室温须达到10 ℃以上，轴箱及其附件、轮对、轴承和量具组装前须同温8 h及以上，如不能同室存放时两室温差不大于5 ℃。

b）轴箱内径面及轴承外径面上须涂变压器油。

c）毡封油圈在使用前应放在变压器油与25%的工业凡士林油混合液中浸透，毡封油圈须均匀地塞满后盖密封槽内，并应凸出0.5～1 mm，接口应位于轴箱后盖上部。

d）轴箱前盖须选配，前盖与轴箱体端面应密贴，如有间隙时，其局部间隙不大于0.5 mm。

e）轴箱前、后盖的螺栓组装时应加弹簧垫圈，螺栓须均匀紧固，每个前挡及轴箱螺栓扭矩须符合216～226 N·m。轴箱的轴向游隙应在5～6 mm范围内，左右转动轴箱须灵活，无异音卡滞；每个轴箱前盖右上角的螺栓上均须安装不锈钢标志板，并在该螺栓上加装施封锁，标志板须按规定刻打标记（但不刻打轴承分类代号）。

9.3.5.3　轴箱及附件

9.3.5.3.1　轴箱导框磨耗面磨耗大于2 mm时焊修，焊后磨修平整，磨修后各加工面平面度和垂直度不大于1 mm。

9.3.5.3.2　轴箱磨耗板焊缝开裂时须清除原焊波后焊固，裂纹或磨耗大于2 mm时更换，丢失时补装。

9.3.5.3.3　轴箱鞍面半径磨耗大于0.5 mm时更换。

9.3.5.3.4　轴箱止推挡肩两侧磨耗之和大于3 mm时更换。

9.3.6　轴箱橡胶垫

9.3.6.1　轴箱橡胶垫中间橡胶挤出时更换。

9.3.6.2　中间橡胶层与上、下钢衬板脱开时更换。

9.3.6.3　轴箱橡胶垫可存在龟裂，表面裂纹深度大于8 mm或水平投影长度大于该边的20%时更换。

9.3.7　斜楔主、副摩擦面及弹簧支承面磨耗大于3 mm或裂纹时更换。

9.3.8　轮轴及零部件

9.3.8.1　检修要求

9.3.8.1.1　轮轴

9.3.8.1.1.1　AAR F型、K型轴承在使用时间内，段修时按《铁路货车轮轴组装检修及管理规则》进行不退卸检查。达到退卸时间（走行公里）或因其他原因退卸时，新造轴承可返具有大修资质单位进行

一次大修，已大修轴承须整套报废。

9.3.8.1.2 D型和E型车轮辐板孔边发生裂纹时报废。

9.3.8.1.3 D_{38}型钳夹车、D_{32}型凹底平车、D_{45}型落下孔车装用的HE_A型车轮可用HES_G型车轮替换。其他车型装用的E型和HE型车轮可用HESA型车轮替换，D型车轮可用HDS_A型或HDZ_D型车轮替换，同一转向架车轮型号应一致。

9.3.8.1.4 其他轮轴按表6-3大车专用轮轴检修限度表和《铁路货车轮轴组装检修及管理规则》要求执行。

9.3.8.2 探伤要求

按《铁路货车轮轴组装检修及管理规则》要求执行。

9.3.8.3 标记

按《铁路货车轮轴组装检修及管理规则》要求执行。

9.3.8.4 轴承与车轴压装

9.3.8.4.1 除AAR F型、K型轴承外，其他轴承与车轴压装应符合《铁路货车轮轴组装检修及管理规则》的要求。

9.3.8.4.2 AAR F型、K型轴承压装。

9.3.8.4.2.1 清洗后检测轴颈、防尘板座直径和轴颈圆柱度，轴颈各截面直径为该截面均布三个方向测量直径的算术平均值。轴颈圆柱度为Ⅰ、Ⅱ两截面直径差的1/2。防尘板座直径为截面Ⅲ相垂直的两个方向测量直径的算术平均值。轴颈和防尘板座测量位置和尺寸见表6-2、图6-1。

9.3.8.4.2.2 轴承内圈直径与轴颈配合过盈量为0.063 6～0.114 mm。

9.3.8.4.2.3 后挡内径与防尘板座配合过盈量为0.050 8～0.254 mm。

9.3.8.4.2.4 轴承压装终止贴合压力为（495±49.5）kN。

9.3.8.4.2.5 轴承压装后，应检查轴向游隙，检测前应左右旋转轴承外圈3～5转，检测时手工或工具施加294～490 N轴向力。压装后轴向游隙为0.025～0.38 mm。如果轴向游隙小于0.025 mm，若用手能够自由旋转轴承外圈，仍满足装用要求。

9.3.8.4.2.6 轴端螺栓紧固力矩为570 N·m。

9.3.8.4.2.7 其余应符合《铁路货车轮轴组装检修及管理规则》的要求。

9.3.9 转向架组装

9.3.9.1 转向架各螺栓组装前螺纹处均须涂油。采用槽型螺母组装的下心盘螺栓须加装弹簧垫圈及开口销；其他型下心盘螺栓须加装背母及开口销。

9.3.9.2 心盘垫板须使用钢垫板，其总厚度不大于30 mm，每块垫板厚度不小于8 mm，并四周点焊固定。

9.3.9.3 各弹簧、吊环铁、吊环、卡子、卡板及下拉板等须入槽、正位；各弹簧在纵向摇枕或小底架落成后不得松动。

9.3.9.4 焊接构架式转向架轴箱圆弹簧及均衡梁圆弹簧自由高度差。

9.3.9.4.1 最高运行速度为100 km/h及以上者，同一轴箱的圆弹簧自由高之差不大于2 mm，同一转向架圆弹簧自由高之差不大于4 mm。

9.3.9.4.2 最高运行速度为100 km/h以下者，同一侧圆弹簧自由高之差不大于3 mm，同一转向架圆弹簧自由高之差不大于6 mm。

9.3.9.5 除更换为新品外，轴箱、斜楔、承载鞍、均衡梁及旁承须原车原位原方向安装。

9.3.9.6 轮对装配时，每个转向架端轮外径向内递减；每组转向架群向小底架横向中心递减。除中车哈尔滨车辆有限公司设计的四轴转向架外，其他三轴及以上转向架中间轮对须为减薄轮缘。

9.3.9.7 同一转向架最大与最小车轮的直径差不大于15 mm，同一货车最大与最小车轮的直径差不大于30 mm。5E轴旁承承载转向架同一转向架最大与最小车轮的直径差不大于6 mm。

9.3.9.8 调整轴箱与构架导框的间隙符合规定，见表9-6。

9.3.9.9 同一转向架相邻轮对两侧固定轴距差不大于5 mm。

9.3.9.10 各垂下品与轨面距离不小于50 mm，闸瓦插销与轨面距离不小于25 mm。

9.3.10 转向架检修限度表（表9-6）

表9-6 转向架检修限度 单位：mm

序号	名称	限度	
		原型	段修
包板式转向架			
1	构架其他部位磨耗不大于		2
包板式构架附属配件			
2	构架导框磨耗面磨耗不大于		2
3	导框下拉板 (1) 裂纹深度不大于 (2) 孔直径磨耗不大于		 2 2
4	连接轴直径磨耗不大于		2
5	板弹簧吊销直径磨耗不大于		2
6	板弹簧吊销座孔直径磨耗不大于		2
焊接构架式转向架			
7	构架焊缝裂纹长度不大于		100
8	构架两侧梁内外旁弯不大于		6
9	构架导框各弹簧承台高度差不大于		4
10	构架导框磨耗板磨耗不大于		2 2
11	构架导框磨耗不大于		2
12	构架斜楔座磨耗不大于	10	3
13	弹簧承台面磨耗不大于		2
14	均衡梁支点座磨耗不大于		2
焊接式构架附属配件			
15	轴箱均衡梁吊销孔圆周裂纹时，裂纹不大于该处断面的		30%
16	轴箱均衡梁体纵裂纹总长度不大于		100
17	均衡梁接触面磨耗不大于		2
弹簧			
18	圆弹簧自由高 (1) 170及以下 (2) 171～240 (3) 241～330		 −4 −5 −7
19	板弹簧主片卷耳腐蚀或磨耗不大于 (1) 厚度 (2) 宽度	 16 98	 3 4
20	板弹簧各簧板侧面错移不大于		4
21	板弹簧簧箍与主、末簧片间隙及各簧片间在距离簧箍30以内且深度大于30时的间隙不大于		0.3
22	板弹簧自由高度不小于设计尺寸 (1) 卷耳式 (2) 卡子式	80	 9 7

续上表

序号	名称	限度	
		原型	段修
弹簧附属配件			
23	弹簧盖板腐蚀剩余厚度不小于		2
24	弹簧胶垫老化、破损面积不大于支承面的		20%
25	弹簧支持环、摩擦环磨耗不大于		3
密封式轴箱			
26	轴箱的轴向游隙（外观检查时）		5～6.5
27	轴箱体内径表面纵向擦伤或划痕深度不大于 轴箱体内径表面局部磨耗不大于		1 0.3
28	轴箱导槽内距不大于 轴箱导槽挡边厚不小于	164（154） 15	168（158） 13
29	轴箱内径不大于 轴箱内径圆度不大于 轴箱前后端内径差不大于	$\phi231^{+0.2}_{0}$ 0.04 0.04	$\phi232.5^{+0.2}_{0}$ 0.15 0.1
30	轴箱内径与轴承外径配合间隙	1～1.2	1～1.7
31	轴箱后盖与毡封油圈局部间隙不大于		0.5
32	毡封油圈突出轴箱后盖密封槽		0.5～1
33	轴箱前盖与轴箱体端面局部间隙不大于		0.5
34	轴箱轴向游隙新装 轴箱轴向游隙检修	5±0.2 $5^{+0.5}_{0}$	5±0.2 5^{+1}_{0}
35	每个前挡及轴箱螺栓扭矩/（N·m）	216～226	216～226
轴箱及附件			
36	轴箱导框磨耗面磨耗不大于		2
37	轴箱磨耗板磨耗不大于		2
38	轴箱鞍面半径磨耗不大于		0.5
39	轴箱止推挡肩两侧磨耗之和不大于		3
轴箱橡胶垫			
40	轴箱橡胶垫 （1）表面裂纹深度不大于 （2）裂纹水平投影长度不大于该边的		 8 20%
其他配件			
41	斜楔 （1）主摩擦面磨耗不大于 （2）副摩擦面磨耗不大于 （3）弹簧支承面磨耗不大于		 3 3 3
转向架组装			
42	下心盘垫板总厚度不大于		30
43	轴箱圆弹簧及均衡梁圆弹簧自由高度差 最高运行速度为100 km/h及以上者 （1）同一轴箱圆弹簧自由高之差不大于 （2）同一转向架圆弹簧自由高之差不大于 最高运行速度为100 km/h以下者 （1）同一侧圆弹簧自由高之差不大于 （2）同一转向架圆弹簧自由高之差不大于		 2 4 3 6

续上表

序号	名　称	限度	
		原　型	段　修
44	同一转向架最大与最小车轮的直径差不大于 同一货车最大与最小车轮的直径差不大于 5E 轴旁承承载转向架同一转向架最大与最小车轮的直径差不大于 构架马轴箱导框间隔		15 30 6
45	D_2、D_{2G} 纵向或横向间隙之和：1、4 位 2、3 位	10～15 20～25	10～17 20～27
	D_9A1、3 位不得有纵向贯通间隙，中间纵向之和 横向间隙之和	4.5～7.5 12～14	4.5～13.5 12～22
	D_{10} 纵向间隙之和 横向间隙之和	8～10 10～12	8～12 10～14
	D_{10A} 纵向间隙之和：1 位 2 位 3 位 横向间隙之和：1、2、3 位	8～14 10～14 14～18 18～25	8～16 10～16 14～20 18～27
	D_{15} 纵向间隙之和 横向间隙之和	5.5～6.5 6～8	5.5～8.5 6～10
	D_{15B}、D_{26}、D_{26B}、D_{28}、DK_{29} 纵向间隙之和 横向间隙之和	12～16 17～23	12～18 17～25
	D_{17A} 纵向间隙之和 横向间隙之和	6～9 7～11	6～13 7～15
	D_{18A} 纵向间隙之和：1、4 位 2、3 位 横向间隙之和：1、4 位 2、3 位	11～15 16～20 10～14 16～20	11～18 16～23 10～17 16～23
	DA_{21}、DA_{25} 纵向间隙之和：1、4 位 2、3 位 横向间隙之和：1、4 位 2、3 位	17～19 8～10 9～11 17～19	17～21 8～12 9～13 17～21
	D_{22A}、D_{22B} 纵向间隙之和：2、3 位 横向间隙之和：1、4 位 2、3 位	2.5～6.5 12～14 10～14	2.5～10 12～22 10～22
	DK_{23}、D_{32A}、DK_{36} 纵向间隙两侧之和 横向间隙两侧之和	14～18 22～28	14～20 22～30
	D_{25A} 纵向间隙之和：1、4 位 2、3 位 横向间隙之和：1、4 位 2、3 位	11～14 16～19 10～13 17～19	11～16 16～21 10～15 17～21
	D_{32}、D_{45} 纵向间隙之和 横向间隙之和	9～11 11～13	9～14 11～15
	DQ_{35}、DK_{36A}、DA_{37} 两端轮对轴箱与斜楔主摩擦板不得有纵向贯通间隙 中间轮对轴箱与导框纵向间隙之和 轴箱与导框横向间隙之和	 2.5～5.5 13～15	 2.5～11.5 13～23
	DQ_{45} 3 轴转向架：1、3 位不得有纵向贯通间隙 中间纵向两侧间隙之和 横向间隙之和 DQ_{45} 4 轴转向架：1、4 位不得有纵向贯通间隙 2、3 位纵向两侧间隙之和 横向间隙之和	 2.5～5.5 13～15 2.5～5.5 13～20	 2.5～11.5 13～23 2.5～10 13～28

续上表

序号	名　　称	限　　度	
		原　型	段　修
45	D_{70}纵向间隙之和 横向间隙之和	5.5～6.5 6～8	5.5～8.5 6～10
46	同一转向架相邻轮对两侧固定轴距差不大于	4	5
47	各垂下品与轨面距离不小于 闸瓦插销与轨面距离不小于		50 25

9.4　底架

9.4.1　综合要求

9.4.1.1　各底架、承载框架、侧承梁、钳形梁及导向梁须清除锈垢，检查各部钢结构，焊缝开裂、各梁裂纹、腐蚀及变形时，须进行修理。

9.4.1.2　各梁腹板挖补时须两面施焊，并有增强焊波；如不能两面施焊时，须补强。

9.4.1.3　各梁下盖板截换时须斜接，其接口与梁纵向中心线夹角不大于60°，可单面施焊。

9.4.1.4　各梁焊缝开裂时，须清除原焊波，消除裂纹后焊修，各纵向梁两弯角处翼板焊缝开裂时，焊后须用石棉粉或其他方法保温缓冷。

9.4.1.5　中梁下盖板横裂纹或焊缝开裂时，须焊后补强。

9.4.1.6　枕梁、主横梁下盖板与中梁、纵向梁下盖板结构焊缝，在距中梁下盖板及纵向梁下翼板边缘30 mm范围不得施焊。

9.4.1.7　中梁、纵向梁腐蚀深度大于原梁厚度的30%时堆焊或补强，其他梁腐蚀深度大于50%时挖补或补强，中梁下盖板腐蚀深度大于原梁下盖板厚度的50%时截换或补强。

9.4.1.8　钢结构挖补、截换时，须符合原设计的材质、形状和厚度的要求。

9.4.1.9　中梁及纵向梁翼板、腹板有下列情况之一时，补角型补强板。

9.4.1.9.1　下翼板横裂纹。

9.4.1.9.2　上翼板横裂纹大于翼板宽的50%。

9.4.1.9.3　腹板横裂纹，裂纹末端距上、下翼板距离不大于100 mm或裂纹长度大于腹板高的20%。

9.4.1.10　中梁及纵向梁腹板、翼板有下列情况之一时，补平型补强板。

9.4.1.10.1　上翼板横裂纹不大于翼板宽的50%。

9.4.1.10.2　腹板横裂纹，裂纹末端距上、下翼板的距离大于100 mm或裂纹长度不大于腹板高的20%。

9.4.1.10.3　腹板纵裂纹长度大于50 mm或裂纹长度小于50 mm不能两面施焊。

9.4.1.11　各梁补强须符合下列要求：

9.4.1.11.1　各梁补强时，须在加修部位支镐，在没有自重应力和弯曲应力条件下补强，裂纹末端须钻ϕ8～10 mm的止裂孔。

9.4.1.11.2　两根中梁的相对补强板两端须错开150 mm及以上，同一纵向梁相邻两补强板内端距离不小于300 mm。

9.4.1.11.3　补强板长度大于400 mm时，应加塞焊孔，其塞焊孔距为100～150 mm，孔径为ϕ20～25 mm。

9.4.1.11.4　翼板补强板：厚度、宽度与翼板相同，长度须盖过裂纹每侧300 mm或盖过腐蚀部位边缘各50 mm及以上。

9.4.1.11.5　腹板补强板（平型、角型）厚度与原梁腹板厚度相同，长度均为梁高的1.5倍；高度：如裂纹或腐蚀不大于梁高的50%时，补板须盖过裂纹或腐蚀末端100 mm；裂纹或腐蚀大于梁高的50%时，补板与原腹板同高。

9.4.1.11.6 中梁下盖板补强板，厚度、宽度与盖板相同；长度须盖过裂纹每侧 300 mm 及以上。

9.4.2 凹型底架

9.4.2.1 导向销座与底架焊缝、心盘防脱装置上下连接件焊缝、导向销及心盘防脱销，须除锈后进行磁粉探伤检查。

9.4.2.2 钢地板焊缝开裂、裂纹时焊修，缺损时焊补，腐蚀大于原板厚度的50%时截换，承载面在横向每米范围内凸凹大于 15 mm 时调修。

9.4.2.3 凹底架和中底架液压旁承球面块、导向销座球铰裂纹时更换。

9.4.3 平板型底架

9.4.3.1 钢地板焊缝开裂、裂纹时焊修，缺损时焊补，腐蚀大于原板厚度的50%时截换，承载面在横向每米范围内凸凹大于 15 mm 时调修。

9.4.3.2 木地板折损、腐蚀或磨耗深度大于 15 mm、腐蚀或磨耗面积大于原板面积的 30%时须更换。新更换的木板须为整板：厚度为（55±5）mm；宽度为 100～300 mm。地板搭口须刨光，地板组装后相邻板高度差不大于 5 mm，地板间隙不大于 4 mm。

9.4.3.3 地板垫木丢失或腐蚀时补装，其规格为 25 mm×55 mm×2 400 mm；垫木卡铁丢失时补装，其规格为 3 mm×15 mm×50 mm。

9.4.3.4 地板压铁丢失时补装，折损时焊修；地板头部护铁弯曲时调修，腐蚀剩余厚度小于 1 mm 时更换。

9.4.4 落下孔型底架

9.4.4.1 侧承梁和导向梁上的等分撑杆及座、拉压杆及座焊缝；导向销座与底架焊缝；侧承梁端部连接销、导向销、心盘防脱装置上下连接件焊缝及心盘防脱销，须除锈后进行磁粉探伤检查。

9.4.4.2 侧梁导框斜楔螺栓、连接杆及撑杆头螺纹裂纹或丝扣损坏时更换。

9.4.4.3 侧梁连接杆座内的橡胶衬套裂纹时更换；销轴裂纹或磨耗大于 2 mm 时更换。

9.4.4.4 侧梁下翼板横裂纹时，须补角型补强板，同时在翼板底平面补平型补强板，上翼板横裂纹，裂纹不大于翼板宽 50%时，补平型补强板；大于时补角型补强板。

9.4.4.5 腹板、翼板的电、气焊损伤处应焊修，腹板的损伤透孔应焊堵，透孔周围发生裂纹时须补强。

9.4.4.6 翼板、隔板弯曲变形时调修，各部焊缝开裂时，须清除原焊波后焊修。

9.4.4.7 翼板、腹板腐蚀深度大于原板厚度的 30%时，堆焊或补平型补强板。

9.4.4.8 大底架侧承梁在落下孔有效范围内旁弯不大于 20 mm。

9.4.5 钳夹型底架

9.4.5.1 钳形梁耳孔周围 100 mm 范围内；车耳与钳形梁焊缝；导向梁上的等分撑杆及座、拉压杆及座焊缝；导向销座与底架焊缝；心盘防脱装置上下连接件焊缝；钳形梁下盖板弯角处、车耳销、导向销及心盘防脱销，须除锈后进行磁粉探伤检查。

9.4.5.2 钳形梁各梁件裂纹时焊修，对接焊缝开裂时按裂纹处理。

9.4.5.3 盖板、腹板的电、气焊损伤处须焊修，腹板因运用中焊、割附加物而损伤须进行修理。

9.4.6 底架其他附属件

9.4.6.1 大、小底架心盘垫板须使用整体钢垫板，调整或更换时，1、2 位两端相对称的心盘垫板厚度须一致。

9.4.6.2 各心盘检修口盖及螺栓须齐全良好，电焊加固者，须恢复原螺栓结构。

9.4.6.3 底架与各机构安装座组成及操纵室焊缝开裂时须进行修理。

9.4.6.4 大底架各表面上加装的不属原结构零部件须割除（特殊要求者除外）。割除时不得伤及母材，割除后其残留部分不得高出母材表面 10 mm。

9.4.6.5 移动心盘装置

9.4.6.5.1 移动心盘的滚子排滚子须进行磁粉探伤检查，出现下列情况之一时更换为新品：

a）滚子裂纹；

b）滚子直径磨耗大于 2 mm；

c）滚子直径差大于 0.5 mm；

d）圆度或同轴度大于 0.2 mm；

e）滚子表面存在局部磨损、擦伤、电蚀、剥离等缺陷。

9.4.6.5.2　螺钉损伤时更换，丢失补装。

9.4.6.5.3　保持架 12×ϕ55 孔轴线相对保持架下平面的位移度大于 0.3 mm 时更换为新品。保持架连接板变形不大于 1.5 mm，保持架各孔内有局部磨耗或擦伤时更换。

9.4.6.5.4　移动心盘滚子上部磨耗板接触面磨耗深度大于 2 mm 时更换磨耗板。

9.4.6.5.5　移动心盘侧面铜板划痕深度大于 6 mm 或总面积的 30%磨耗深度大于 3 mm 时更换为新品。

9.4.6.6　液压装置

9.4.6.6.1　各压力表须分解，重新检定。

9.4.6.6.2　液压油箱须清洗，清除油缸及管路系统内残油，更换液压油。

9.4.6.6.3　液压泵站表面灰尘及油垢须清理。

9.4.6.6.4　液压软管及管接头破损时更换；液压元件作用不良时检修或更换。

9.4.6.6.5　钢管、液压油箱焊缝裂纹时检修或更换；检修后，钢管须做打压测试，液压油箱须做煤油渗漏测试。

9.4.6.6.6　液压油缸检修

9.4.6.6.6.1　活塞、活塞杆、缸体不得有裂纹，裂纹时更换。

9.4.6.6.6.2　活塞杆表面应光滑无锈蚀，镀铬层脱落应重新镀铬，装配后活塞杆往复运动无卡滞。

9.4.6.6.6.3　缸体内径表面的磨耗、轻微拉伤和锈蚀等允许修整，允许其直径增加 0.22 mm 以内。

9.4.6.6.6.4　更换非金属密封件。

9.4.6.6.6.5　液压油缸组装后均进行动作试验，活塞杆伸缩自如，不得有爬行、振动、抖动、液压油外漏现象。

9.4.6.6.7　保压试验

a）连接所有管系，启动泵站，达到规定压力及旁承油缸起升高度；

b）保压 10 min 不得渗漏，保压 1 h 旁承油缸起升高度下降不大于 5 mm；

c）保压试验时，检查泵、阀等液压元件，作用良好时可不分解，作用不良的液压元件须更换或修理，油缸非金属密封件漏泄时须更换；

d）检修后须重新进行保压试验。

9.4.6.6.8　旁承油路排气时，纵、横向旁承油路连通，启动泵站，旁承油路油液循环不小于 5 min。

9.4.6.6.9　动作试验

a）外导向侧移油缸在全行程范围内伸、缩各 4 次。

b）使用外导向工况，中导向、内导向油缸伸、缩各 4 次。

9.4.6.7　电气装置

9.4.6.7.1　全车外露电气管路及电气件的灰尘及油垢须清理。

9.4.6.7.2　操纵室内的照明、空调器、插座及发电机组控制屏等电气件的灰尘及油污须清理。

9.4.6.7.3　风冷柴油发电机组外部须清理灰尘，机组各机械连接部位须牢固，润滑良好；柴油发电机组须按有关行业标准检修。

9.4.6.7.4　检测电气线路附件及紧固件，破损严重、锈蚀时更换，松动时紧固。

9.4.6.7.5　检测控制柜内电气元件，元器件破损或功能失效时更换，螺栓松动时紧固。

9.4.6.7.6　检测操作室内外照明灯、插座，破损或功能失效时更换。

9.4.6.8　操纵室

9.4.6.8.1　操纵室须进行外观检查，清除锈垢并补漆。

9.4.6.8.2　车门、车窗零部件须齐全，开闭灵活。锁、折页等附属件作用良好，失效时修理或更换。

9.4.6.9　导向销裂纹或磨耗深度大于2 mm时更换。

9.4.6.10　防火板焊缝开裂时焊修，腐蚀剩余厚度小于1 mm时更换。

9.4.6.11　端栏杆裂纹时焊修，扭曲变形时调修，脚踏板破损时更换。产权牌、绳钩、绳挂、吊钩、柱插等附属配件须齐全良好。

9.4.7　底架检修限度表（表9-7）

表9-7　底架检修限度　　单位：mm

<table>
<tr><th rowspan="2">序号</th><th rowspan="2">名　　称</th><th colspan="2">限　　度</th><th rowspan="2">备　　注</th></tr>
<tr><th>原　型</th><th>段　修</th></tr>
<tr><td colspan="4">综合要求</td><td></td></tr>
<tr><td>1</td><td>各梁腐蚀
（1）中梁、纵向梁不大于原梁厚度
（2）其他各梁不大于原梁厚度
（3）中梁下盖板不大于原盖板厚度</td><td></td><td>
30%
50%
50%</td><td></td></tr>
<tr><td>2</td><td>上翼板横裂纹大于翼板宽的</td><td></td><td>50%</td><td rowspan="2">中梁及纵向梁翼板、腹板有其中之一者，补角型补强板</td></tr>
<tr><td>3</td><td>腹板横裂纹
（1）裂纹末端距上下翼板的距离不大于
（2）裂纹长度大于腹板高的</td><td></td><td>
100
20%</td></tr>
<tr><td>4</td><td>上翼板横裂纹不大于翼板宽的</td><td></td><td>50%</td><td rowspan="3">中梁及纵向梁腹板翼板有其中之一者，补平型补强板</td></tr>
<tr><td>5</td><td>腹板横裂纹
（1）裂纹末端距上下翼板的距离大于
（2）裂纹长度不大于腹板高的</td><td></td><td>
100
20%</td></tr>
<tr><td>6</td><td>腹板纵裂纹长度大于</td><td></td><td>50</td></tr>
<tr><td colspan="4">凹型底架</td><td></td></tr>
<tr><td>7</td><td>钢地板腐蚀不大于原板厚度的</td><td></td><td>50%</td><td></td></tr>
<tr><td>8</td><td>承载面凸凹不平横向每米范围内不大于</td><td></td><td>15</td><td></td></tr>
<tr><td colspan="4">平板型底架</td><td></td></tr>
<tr><td>9</td><td>钢地板腐蚀不大于原板厚度的</td><td></td><td>50%</td><td></td></tr>
<tr><td>10</td><td>承载面凸凹不平横向每米范围内不大于</td><td></td><td>15</td><td></td></tr>
<tr><td>11</td><td>木地板腐蚀或磨耗不大于
木地板腐蚀或磨耗面积不大于原板面积的</td><td></td><td>15
30%</td><td></td></tr>
<tr><td>12</td><td>木地板相邻板高度差不大于</td><td></td><td>5</td><td></td></tr>
<tr><td>13</td><td>木地板间隙不大于</td><td></td><td>4</td><td></td></tr>
<tr><td>14</td><td>地板头部护铁腐蚀剩余厚度不小于</td><td></td><td>1</td><td></td></tr>
<tr><td colspan="4">落下孔型底架</td><td></td></tr>
<tr><td>15</td><td>侧梁连接杆销轴磨耗不大于</td><td></td><td>2</td><td></td></tr>
<tr><td>16</td><td>翼板、腹板腐蚀深度不大于</td><td></td><td>30%</td><td></td></tr>
<tr><td>17</td><td>侧承梁在落下孔有效范围内旁弯不大于</td><td></td><td>20</td><td></td></tr>
<tr><td colspan="4">底架其他附属件</td><td></td></tr>
<tr><td>18</td><td>移动心盘滚子排滚子
（1）直径磨耗不大于
（2）直径差不大于</td><td></td><td>
2
0.5</td><td></td></tr>
<tr><td>19</td><td>保持架12×φ55孔轴线相对保持架下平面位移度不大于</td><td></td><td>0.3</td><td></td></tr>
<tr><td>20</td><td>移动心盘滚子上部磨耗板接触面磨耗深度不大于</td><td></td><td>2</td><td></td></tr>
<tr><td>21</td><td>移动心盘侧面铜板
（1）划痕深度不大于
（2）总面积的30%磨耗深度不大于</td><td></td><td>
6
3</td><td></td></tr>
<tr><td>22</td><td>导向销磨耗深度不大于</td><td></td><td>2</td><td></td></tr>
<tr><td>23</td><td>防火板剩余厚度不小于</td><td></td><td>1</td><td></td></tr>
</table>

9.5　心盘及旁承

9.5.1　心盘

9.5.1.1　转向架除螺栓组装的平面下心盘外，其他心盘状态良好时可不分解。各心盘摩擦面及油沟、油孔须清除锈垢，心盘衬垫、磨耗盘（板）及中心销须分解检修。

9.5.1.2　心盘有下列情况之一时须更换：

9.5.1.2.1　球面心盘如图 9-11 所示，球面磨耗深度大于 6 mm 时。

9.5.1.2.2　球面或平面心盘圆周根部裂纹总长度大于圆周长的 50%时。

9.5.1.2.3　球面心盘球面裂纹时。

9.5.1.2.4　心盘底座平面裂纹延及球面、平面圆周根部或立棱时。

9.5.1.3　心盘有下列情况之一时须分解焊修：

9.5.1.3.1　球面或平面心盘圆周根部裂纹长度大于 50 mm 时。

9.5.1.3.2　平面心盘直径磨耗大于 4 mm，平面磨耗大于 6 mm 时。

9.5.1.3.3　平面心盘圆脐裂纹须更换圆脐时。

9.5.1.3.4　心盘底座平面裂纹长度大于 80 mm。

9.5.1.4　心盘焊修须符合下列要求：

9.5.1.4.1　各型心盘裂纹焊修时，须将裂纹处开 V 形坡口，焊后加工或磨修平整。

9.5.1.4.2　球面或平面心盘圆周根部裂纹长度大于 100 mm 时，须将裂纹两端钻 ϕ5～6 mm 的止裂孔。

9.5.1.4.3　心盘加修后，底座平面须在平台上检查，其平面度不大于 2 mm。

9.5.1.5　心盘附属配件。

9.5.1.5.1　非金属材料的磨耗盘及心盘衬垫裂纹时更换，高分子聚乙烯心盘衬垫裂纹时可更换为同厚度的铜衬垫或含油尼龙衬垫。

9.5.1.5.2　心盘铜衬垫裂纹时焊修，缺损时焊补，磨耗剩余厚度小于 0.7 mm 时挖补或更换。

9.5.1.5.3　心盘含油尼龙衬垫如图 9-12 所示，磨耗深度大于 3 mm 时更换。

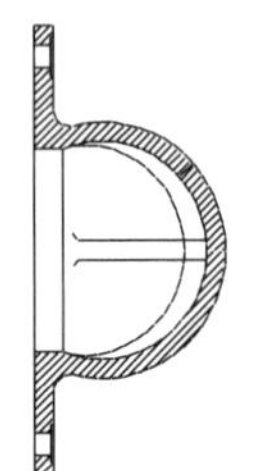

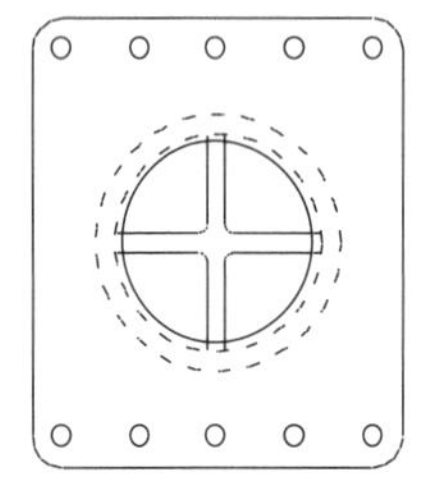

图 9-11　球面心盘示意图

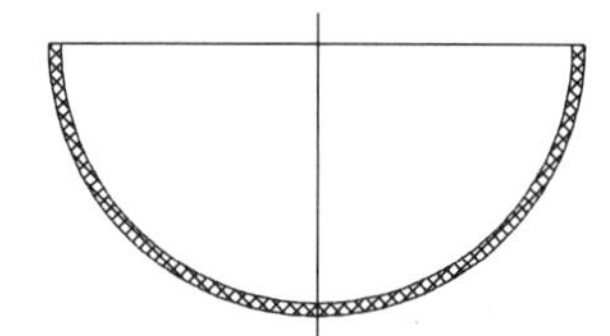

图 9-12　球面心盘含油尼龙衬垫示意

9.5.1.5.4　平面心盘内磨耗板磨耗剩余厚度小于 2 mm 时更换。新更换的磨耗板厚度为 3～5 mm，平面度不大于 2 mm。

9.5.1.6　心盘油润装置：

9.5.1.6.1　油管弯曲时调修，接头焊缝开裂时焊修，裂纹时更换。

9.5.1.6.2　油盒变形时调修，漏油时焊修，盒盖丢失时添补。

9.5.1.6.3　油管路须经压缩空气吹尘，心盘各油孔畅通。

9.5.2　旁承

9.5.2.1　除滚轮式旁承的滚轮轴及滚轮须分解检修外，其他旁承状态良好时可不分解。

9.5.2.2　滚轮式旁承如图 9-13 所示，有下列情况之一时须焊修加工或更换：

9.5.2.2.1　滚轮式旁承的滚轮轴、滚轮须磁粉探伤检查，裂纹时更换。

9.5.2.2.2　滚轮圆周面磨耗或局部擦伤深度大于 2 mm 时。

9.5.2.2.3　滚轮轴孔直径磨耗或滚轮轴直径磨耗大于 2 mm 时。

9.5.2.3　滚轮式旁承组装时，滚轮轴须涂润滑脂；组装后，滚轮轴孔与滚轮轴、滚轮轴与支座轴孔的间隙不大于 2 mm。

9.5.2.4　滚轮轴卡板组装时不得电焊固定。电焊固定者，须恢复原螺栓结构。

9.5.2.5　滚子式旁承如图 9-14 所示，状态良好时可不分解。滚子盒变形、裂纹，滚子卡滞、脱落时须分解检修，并符合下列要求。

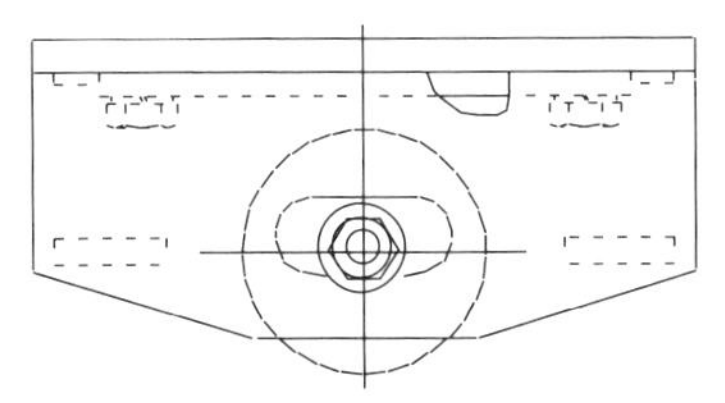

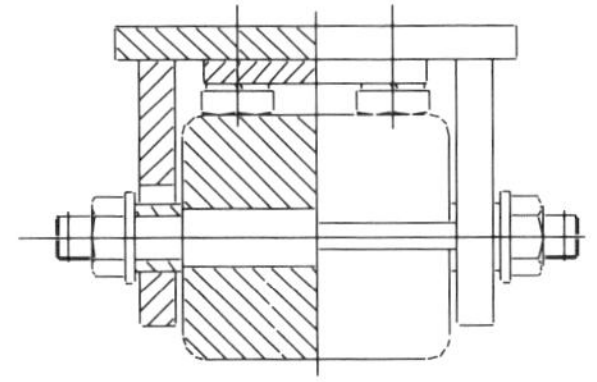

图 9-13　滚轮式旁承示意

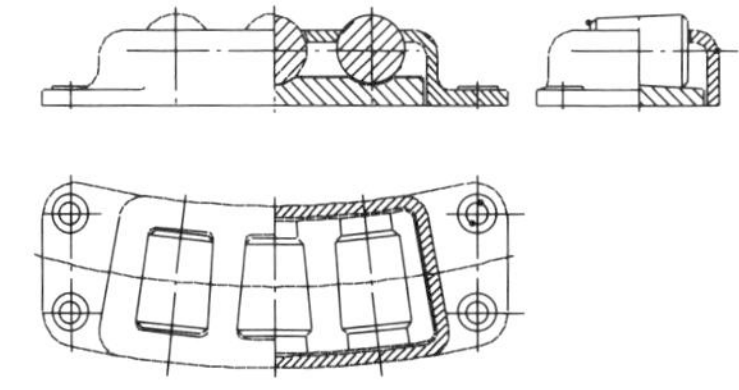

图 9-14　滚子式旁承示意

9.5.2.5.1　滚子式旁承分解检修时滚子须进行磁粉探伤检查，滚子裂纹或直径磨耗大于 2 mm 时更换。

9.5.2.5.2　滚子盒裂纹时焊修，变形时调修；滚子保持架破损时更换。

9.5.2.5.3　滚子兜孔磨耗大于 2 mm 时焊修后加工。

9.5.2.6　滚道磨耗板裂纹或磨耗深度大于 1.5 mm 时更换。

9.5.2.7　旁承支座裂纹时焊修，变形时调修，轴孔直径磨耗大于 2 mm 时焊修后加工。

9.5.2.8　弹性旁承（含橡胶堆式弹性旁承）：

9.5.2.8.1　弹性旁承如图 9-15、图 9-16 所示，磨耗板上平面磨耗到中间凹槽底面或破损时更换。

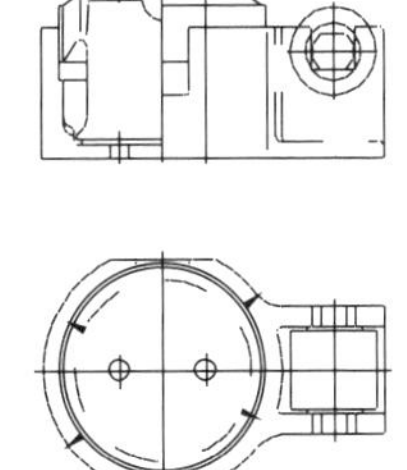

图 9-15　弹性旁承组成示意

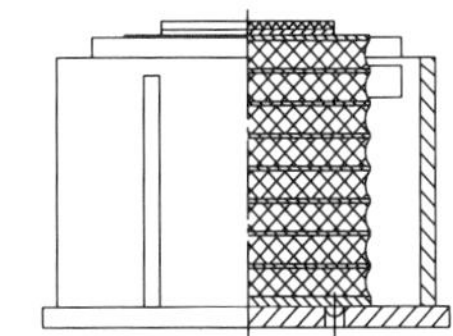

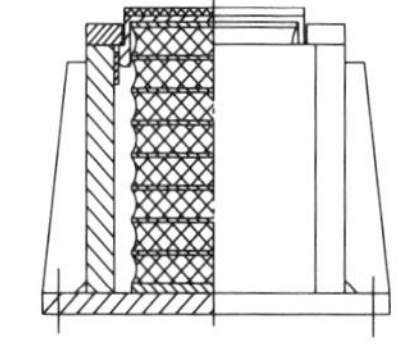

图 9-16　橡胶堆式弹性旁承组成示意

9.5.2.8.2　弹性旁承体可存在龟裂，但表面裂纹深度大于 5 mm 或水平投影长度大于该边长度的 30%时更换。

9.5.2.8.3　旁承滚子轴直径磨耗大于 1.5 mm 时更换。

9.5.2.8.4　滚轮直径磨耗大于 2 mm 时更换为新品。

9.5.2.8.5　衬套直径磨耗大于 1.5 mm 时更换。

9.5.2.8.6　旁承盒组成中滚子轴孔磨耗大于 1.5 mm 时，焊修后加工。

9.5.2.8.7　弹性旁承组成与旁承盒纵向间隙之和不大于 1 mm，可用不同厚度的一块调整垫片调整，调整后电焊固定。

9.5.3　心盘及旁承检修限度表（表 9-8）

表 9-8　心盘与旁承检修限度　　单位：mm

序号	名　称	限　度	
		原　型	段　修
心盘			
1	球面心盘球面磨耗深度不大于		6

续上表

序号	名　　称	限　　度	
		原　　型	段　　修
2	球面或平面心盘圆周根部裂纹总长度不大于圆周长的		50%
3	球面或平面心盘圆周根部裂纹长度不大于		50
4	平面心盘磨耗不大于 （1）直径 （2）平面		 4 6
5	心盘底座平面裂纹长度不大于		80
6	心盘加修后，底座平面度不大于		2
心盘附属配件			
7	心盘铜衬垫磨耗剩余厚度不小于	3	0.7
8	心盘含油尼龙衬垫磨耗深度不大于		3
9	平面心盘内磨耗板磨耗剩余厚度不小于		2
滚轮式旁承			
10	滚轮圆周面磨耗不大于 滚轮圆周面局部擦伤深度不大于		2 2
11	滚轮轴孔直径磨耗不大于 滚轮轴直径磨耗不大于 滚轮轴孔与滚轮轴间隙不大于 滚轮轴与支座轴孔间隙不大于		2 2 2 2
滚子式旁承			
12	滚子直径磨耗不大于		2
13	滚子兜孔磨耗不大于		2
14	滚道磨耗板磨耗深度不大于		1.5
15	旁承支座轴孔直径磨耗不大于		2
弹性旁承			
16	弹性旁承体 （1）表面裂纹深度不大于 （2）表面裂纹水平投影长度不大于该边长度的		 5 30%
17	旁承滚子轴直径磨耗不大于		1.5
18	滚轮直径磨耗不大于		2
19	衬套直径磨耗不大于		1.5
20	旁承盒组成中滚子轴孔磨耗不大于		1.5
21	弹性旁承组成与旁承盒纵向间隙之和不大于		1

9.6　制动装置

9.6.1　基础制动

9.6.1.1　制动梁

9.6.1.1.1　制动梁以螺栓或开口销组装的闸瓦托及吊须分解。滚子轴须进行磁粉探伤检查，滚子轴横裂纹、弯曲或直径磨耗大于 2 mm 时更换。滚子套外径磨耗大于 2 mm 时更换。

9.6.1.1.2　制动梁扁钢梁体横裂纹不大于裂纹处截面的 30%时焊修，大于时更换。

9.6.1.1.3　闸瓦托吊须进行磁粉探伤检查，裂纹时更换。闸瓦托、闸瓦托吊滚子轴孔及吊销孔直径磨耗大于 2 mm 时更换衬套或扩孔镶套（吊板禁止镶套）。

9.6.1.1.4　闸瓦间隙调整弹簧折损或衰弱时更换；间隙调整板、调节轴距卡裂纹时更换；间隙调整轴或调整弹簧杆弯曲时调修，直径磨耗大于 2 mm 或螺纹损伤时更换；吊距定位套腐蚀或长度磨耗大于

3 mm 时更换。

9.6.1.1.5　闸瓦托及吊组装后与制动梁滚子轴或滚子套的配合间隙不大于 2 mm，两闸瓦托中心距离为 $1\,524^{+10}_{-4}$ mm。

9.6.1.1.6　转动式闸瓦托组装后，端部须加装平垫圈，开口销应卷起，闸瓦托轴向移动量为 6～8 mm。

9.6.1.1.7　除更换为新品外，扁钢型制动梁及闸瓦托吊须原车原位组装。

9.6.1.2　拉杆、杠杆及基础制动圆销

9.6.1.2.1　各拉杆、杠杆销孔或衬套直径磨耗大于 2 mm 时扩孔镶套或更换衬套。制动圆销、拉铆销按既有结构检修和组装，原结构采用拉铆销连接的仍采用拉铆销。

9.6.1.2.2　带有调套螺栓的拉杆须按下列规定检修：

a）拉杆须分解检修，组装时两侧旋入长度须一致，D_2、D_{2G} 型车下拉杆调整长度不大于 940 mm；D_{18A} 型凹底平车中拉杆组成（一）调整长度为 1 784～2 084 mm，中拉杆组成（二）调整长度为 1 828～2 128 mm，两侧对应下拉杆长度之差不大于 4 mm，扁螺母应拧紧。

b）各螺纹处须清除锈垢并均匀涂抹润滑脂，调整后背母须紧固。

9.6.1.2.3　曲臂式制动杠杆转动不良时须分解；组装时轴及座须涂润滑脂；曲臂弯曲时调修。

9.6.1.2.4　带有间距套的双层水平杠杆，螺栓松动时紧固；杠杆弯曲时分解调修，磨耗大于 3 mm 时须焊修并磨修平整。

9.6.1.2.5　各杠杆、拉杆托架磨耗大于 3 mm 时更换，弯曲变形时分解调修。

9.6.1.2.6　各基础制动圆销须进行磁粉探伤检查，裂纹时更换。

9.6.1.2.7　各杠杆、拉杆须原车原位组装，拉杆头为两孔及以上者应留有一孔及以上的调整余量，组装后与梁壁及轮对各部不得接触。

9.6.1.2.8　各部圆销组装须符合下列要求：

a）竖向或斜向安装时须由上向下装入；

b）直立式杠杆的横穿圆销须按原设计方向装入；

c）各圆销组装前须给油，组装后各圆销与销孔的间隙不大于 3 mm；

d）各横穿圆销均须加垫圈，其横向移动量不大于 5 mm。开口销须为新品，根部双向劈开，角度不小于 60°，闸瓦托吊、制动下拉杆圆销处开口销须卷起。

9.6.2　空气制动

9.6.2.1　软管组成

9.6.2.1.1　清除软管组成外表面尘砂、污物及锈垢。

9.6.2.1.2　接头裂纹、缺损时更换。

9.6.2.1.3　风、水压试验。

9.6.2.1.3.1　将软管组成置于水槽内，通以压缩空气达到 650～700 kPa 后保压 5 min，软管组成须无漏泄、破裂，如发生气泡在 10 min 内逐渐减少并消失者可使用。

9.6.2.1.3.2　软管组成通以 1 000 kPa 的水压进行强度试验，保压 2 min，软管组成须无破损、外径无局部凸起。水压试验后须清除管内积水。

9.6.2.1.3.3　经风、水压试验合格后的软管组成涂打检修标记。

9.6.3　单车试验

9.6.3.1　装有两个及以上制动机的大车须分别进行单制动机试验。将试验的大车按制动阀分组，将各底架间制动管断开，在断开位置加装折角塞门或制动软管连接器堵；各组制动装置分别按规定进行过球试验和单车试验。

9.6.3.2　底架无制动机的制动主管须分别进行过球试验和漏泄试验。

9.6.3.3　大车单制动机分组试验合格后，须连结制动管系进行整车制动装置试验，并调整制动缸活塞行程。制动管定压为 500 kPa。

9.6.3.3.1　漏泄试验。

a）制动管漏泄试验：关闭全部截断塞门，制动管充至定压后，保压1 min，制动管压力下降不大于5 kPa。

b）全车漏泄试验：开放全部截断塞门，制动管充至定压后，保压1 min，全车制动管压力下降不大于5 kPa。

9.6.3.3.2　感度试验：制动管充至定压后，置专用安定试验位，减压40 kPa，整车须发生制动作用，并在1 min内不得发生自然缓解。然后充风缓解，整车须在60 s内缓解完毕。

9.6.3.3.3　安定保压试验：制动管充至定压后，置专用安定试验位，减压140 kPa，不得发生紧急制动，并确认制动缸活塞行程符合规定；同时保压，1 min内制动缸压力下降不大于5 kPa。

9.6.3.3.4　持续一定时间的保压试验：制动管充至定压后，置常用制动位，减压100 kPa后保压，在3 min内不得发生自然缓解。

9.6.3.4　对于制动装置特殊设计的制动管长度大于24 m的大车制动、缓解感度试验方法和紧急制动试验方法由大车设计单位确定。

9.6.3.5　调整制动缸活塞行程时，各转向架制动力须均匀，闸瓦须贴靠车轮踏面。各杠杆与托架的游动间隙不小于50 mm，杠杆与支管、连通管的游动间隙不小于100 mm，各拉杆、杠杆不得与相邻件或其托、吊有非正常接触。

9.6.3.6　整车试验后，各中央部制动软管连结器须用铁线捆扎牢固，吊起后与相邻梁架及车轮的距离不小于100 mm；制动软管与其他易接触部分须用旧软管或铁卡包紧。

9.6.4　制动装置检修限度表（表9-9）

表9-9　制动装置检修限度　　单位：mm

序号	名　称	段　修
1	制动梁滚子轴直径磨耗不大于	2
2	制动梁滚子套外径磨耗不大于	2
3	闸瓦托、闸瓦托吊滚子轴孔及吊销孔直径磨耗不大于	2
4	闸瓦间隙调整轴直径磨耗不大于	2
5	闸瓦间隙弹簧调整杆直径磨耗不大于	2
6	闸瓦托及吊与滚子轴或滚子套配合间隙不大于	2
7	制动梁吊距定位套腐蚀或长度磨耗不大于	3
8	转动式闸瓦托轴向移动量	6～8
9	两闸瓦托中心距离	$1\,524^{+10}_{-4}$
10	拉杆、杠杆销孔或衬套直径磨耗不大于	2
11	D_2、D_{2G}下拉杆最大调整长度不大于 D_{18A}中拉杆组成（一）调整长度 中拉杆组成（二）调整长度	940 1 784～2 084 1 828～2 128
12	带有间距套的双层水平杠杆磨耗不大于	3
13	各杠杆、拉杆托架磨耗不大于	3
14	圆销与销孔的间隙不大于	3
15	横穿圆销横向移动量不大于	5
16	开口销须根部双向劈开，角度不小于	60°

9.7　长大货物车标记

9.7.1　大车标记除符合有关规定外，还须符合下列要求：

9.7.1.1　各种标记均应重涂，其规格、位置应符合图纸的规定。标记须符合现车性能、特点及技术说明书的要求，并核对底架两侧标记、车号一致。

9.7.1.2　大车须涂打有效承载部分的“长×宽”标记，见表8-7（可见本书附录1-5表8-3）。

9.7.1.3　平板及凹型底架的大车须在底架侧面横向中心处涂打中心线标记，并涂打集中载重标记，见表 8-7。

9.7.1.4　大车须涂打“限制运行曲线半径”标记，见表 8-7。

9.7.1.5　大车须涂打“禁止上机械化驼峰”标记。

9.7.1.6　大车须涂打“电气化区段　禁止攀登”标记。

9.7.2　参照大车使用说明书涂打“限速”等限制标记。

9.7.3　大车的标记数据见表 8-7，表 8-7 中无数据者，按现车涂打。但因车况变化，与表 8-7 不符时，均以现车标记为准，如无法确定时，应与设计制造或改造单位核准后涂打。

9.8　落成要求

9.8.1　竣工时，配件、标记须齐全，各种零部件作用性能须良好，各部尺寸须符合《铁路技术管理规程（普速铁路部分）》规定的车辆限界，但经国铁集团批准局部超过限界的大车除外。

9.8.2　各级旁承须按原车原位原设计方向安装，转向架、小底架、中底架、大底架、导向梁、钳形梁及侧承梁等须按原车原位组装，整车须按有关图样及技术条件进行落成组装。

9.8.3　心盘、心盘磨耗盘（板）、上下旁承磨耗板工作表面的异物须清除，不得有油漆或油脂；未加装尼龙心盘磨耗盘（板）的球面、弧面、平面心盘及四周边和旁承滚道摩擦面须均匀涂抹润滑脂；导向装置导向销及销座、移动心盘两侧铜板，接触处及液压旁承与磨耗板接触面须涂润滑脂。

9.8.4　移动心盘滚子排上下接触面不得有油漆或油脂等异物；侧移装置组成后，应清洁导向座内部，涂抹适量 3 号锂基脂润滑，移动座在导向座内滑动灵活。

9.8.5　移动心盘与滚子排、大底架组装后纵向中心三者偏差不大于 3 mm。导向销须置中导向工况。

9.8.6　各上心盘、心盘磨耗盘须落槽，中心销须落入下心盘座孔内；带卡子心盘销组装时，卡子须用螺栓组装牢固；螺栓式心盘销组装时，须加垫圈后紧固槽形螺母，并加装开口销。

9.8.7　心盘防脱销采用螺栓结构的，螺母紧固后须点焊固。

9.8.8　心盘油润装置油盒内应注满润滑油。

9.8.9　在平直线路上检查调整下列部位。

9.8.9.1　调整旁承间隙符合规定，见表 9-10。

9.8.9.2　车钩中心线距轨面的垂直距离为（880±10）mm。

9.8.9.3　同一底架端梁或转向架端梁上平面与轨面的垂直距离左、右相差不大于 10 mm。

9.8.10　大车整车落成后，须按技术条件及使用说明书进行各项调试或试验。

9.8.11　大车落成旁承间隙限度表（表 9-10）。

表 9-10　长大货物车落成旁承间隙限度　　单位：mm

序号	车型	制造厂	旁承间隙	段　修	备　注
1	D_2、D_{2G}	哈	大底架与小底架左右旁承间隙之和 且每侧最小间隙不小于 小底架与构架左右旁承间隙之和 且每侧最小间隙不小于	16～20 8 4～6 2	大底架与小底架间装用弹性旁承时无间隙
2	D_{9A}	齐	旁承滚子与大底架旁承磨耗板间隙	12±1	
3	D_{10}	哈等	底架与转向架左右旁承间隙之和 且每侧最小间隙不小于	6～15 3	间隙达不到时调整旁承磨耗板厚度
4	D_{10A}	长江	凹底架上旁承下平面与转向架下旁承滚子的间隙	6±1	允许在下旁承盒内加调整垫板进行调整，调整垫板的总厚度不大于 12，数量不大于 3 块
5	D_{12K}	哈	大底架与小底架左、右旁承间隙之和 且每侧最小间隙不小于 小底架上旁承组成下平面与转向架下旁承滚子的间隙	14～26 6 4～6	

续上表

序号	车型	制造厂	旁承间隙	段　修	备　注
6	D15	哈	大底架与构架左右旁承间隙之和 且每侧最小间隙不小于 小底架与构架左右旁承间隙之和 且每侧最小间隙不小于	18～22 8 4～6 2	
7	D15A	齐	小底架与转向架间单侧旁承间隙 小底架与大底架左右旁承间隙之和	3～5 20～22	
8	D15B	长江	小底架与转向架间弹性旁承压缩量 凹底架上旁承下平面与小底架下旁承滚子的间隙	9±1 15±1	调整旁承间隙或压缩量时，允许在下旁承加调整垫板进行调整，调整垫板的总厚度不大于20，数量不大于2块
9	D17A	齐	小底架与转向架左右旁承间隙之和 小底架与底架左右旁承间隙之和	6～10 10～12	各级旁承不得对角“压死”
10	D18A	哈	大底架与小底架左右旁承间隙之和 且每侧最小间隙不小于 小底架与转向架左右旁承间隙之和 且每侧最小间隙不小于	16～22 8 6～8 3	大底架与小底架间装用弹性旁承时无间隙
11	D22A、D22B	齐	底架与构架旁承滚子与磨耗板间隙	10±1	
12	DA21、DA25	哈	小底架上旁承下平面与构架下旁承滚子间距离 大底架上旁承下平面与小底架下旁承滚子间距离	3～5 10～12	
13	DK23	长江	小底架上旁承下平面与转向架下旁承滚子的间隙 承载框架与小底架之间为液压旁承，一侧旁承油缸活塞伸出长度之和与另一侧旁承油缸活塞伸出长度之和相差不大于	6±1 3	(1) 允许在旁承体下加装垫板调整，数量为1～2块，总厚度不大于20。 (2) 油缸压力调整至0.5 MPa
14	D25	长江	小底架与转向架，小底架与凹底桥架之间的同侧旁承间隙之和 单侧 大底架与凹底桥架间液压旁承装置，检查一位侧连通旁承的间隙（大底架端横梁旁承处之下表面与凹底桥架中横梁旁承处之上表面的间隙）之和与二位侧连通旁承的间隙之和的差不大于	4～10 2～5 4	(1) 若间隙不符时，应加垫调整。 (2) 液压旁承不符合要求时，须重新注油、调整
15	D25A	哈	大底架与小底架间为常接触弹性旁承 小底架与构架左右旁承间隙之和	4～10	(1) 如有间隙时加垫调整，调整垫厚度不大于14。 (2) 间隙达不到时调整旁承垫板厚度，厚度不大于10
16	D26	长江	小底架与转向架，在同一转向架处左右旁承间隙，每侧 中底架与小底架，在同一横梁处左右旁承间隙之和 凹底架与中底架之间为液压旁承，一位侧连通旁承的间隙（凹底架心盘梁旁承处之下表面与中底架旁承处之上表面）之和与二位侧连通旁承的间隙之和的差不大于	2～3 6～8 4	(1) 同一中底架两对角的旁承间隙不得同时为零。间隙不符合时，应加垫进行调整。 (2) 液压旁承达不到要求时，应用手动液压泵继续给液压系统注油，调整两侧旁承间距，每侧管路的压力表显示的压力在1～2 MPa范围内
17	D26AK、D26A	齐	小底架与转向架间单侧旁承间隙 小底架与中底架左右旁承间隙之和 大底架与中底架左右旁承间隙之和	3～5 6～10 20～24	
18	D26B	长江	小底架与转向架在同一转向架左右旁承间隙，每侧 中底架与小底架在同一横梁处左右旁承间隙之和 承载框架与中底架之间为液压旁承，沿车体纵向同侧旁承油缸活塞伸出长度之和与另一侧相差不大于	2～3 6～8 4	

续上表

序号	车型	制造厂	旁承间隙	段　修	备　注
19	D_{28}	长江	小底架与转向架间弹性旁承压缩量 中底架与小底架在同一横梁处左右旁承间隙之和 凹底架与中底架间为液压旁承，沿车体纵向同侧旁承油缸活塞伸出长度之和与另一侧相差不大于	9±1 6～8 3	调整旁承间隙或压缩量时，允许在下旁承加调整板进行调整，调整板的总厚度不大于20，数量不大于2块
20	DK_{29}	长江	小底架与转向架之间弹性旁承压缩量 中底架上旁承下平面与小底架下旁承滚子的间隙 承载框架与中底架为液压旁承，同侧旁承油缸活塞伸出长度之和相差不大于	9±1 6±1 3	(1) 不符时可在旁承盒下加装垫板，厚度为1～20 mm，数量为1～2块。 (2) 下旁承滚子上平面须高于旁承盒上平面5 mm。 (3) 旁承油缸压力调整至0.1～1 MPa
21	D_{32}	齐	小底架与转向架单侧间隙 小底架与中底架左右旁承间隙之和 小底架与大底架左右旁承间隙之和 中底架与大底架左右旁承间隙之和	3～4 6～10 12～16 12～16	
22	D_{32A}	长江	小底架上旁承下平面与转向架下旁承滚子的间隙 凹底架与中底架、中底架与小底架之间为液压旁承，其同侧旁承油缸活塞伸出长度之和相差不大于	6±1 3	(1) 允许在旁承体下加装垫板进行调整，数量为1～2块，单块厚度1～20，总厚度不大于20。调整后旁承滚子上平面须高于旁承盒上平面5。 (2) 旁承油缸压力调整至0.1～0.5 MPa
23	DQ_{35}	齐	小底架与转向架之间旁承滚子与磨耗板的间隙 大底架与小底架间两侧旁承滚子间隙之和	3～4 14～16	不符时按下列方法进行调整： (1) 加减调整垫板将旁承磨耗板与滚子间距离调整为：小底架与转向架间旁承17～18。 (2) 加减调整垫板调整弹性旁承间隙。调整垫板数量为1～2块，单块厚度不大于6，总厚度不大于12。 (3) 大底架与小底架间两侧旁承调整时应两侧均匀增加调整垫板，不得出现对角“压死”现象
24	DK_{36}	长江	小底架上旁承下平面与转向架下旁承滚子的间隙 承载框架与中底架、中底架与小底架之间为液压旁承，同侧旁承油缸活塞伸出长度之和与另一侧相差不大于	6±1 3	(1) 不符时可在旁承盒下加装垫板，厚度1～20，数量为1～2块。 (2) 无载荷状态下，旁承磨耗板上平面与滚子顶部距离15±1，不符合时可在弹性旁承体下加垫板，厚度为0.5～2，数量为1块。 (3) 下旁承滚子上平面须高于旁承盒上平面5。 (4) 旁承油缸压力调整至0.1～1 MPa
25	DA_{37}、DK_{36A}	齐	小底架与转向架之间 旁承滚子与磨耗板的间隙 大底架与小底架间两侧旁承滚子与磨耗板的间隙	3～4 CDA_{37} 4～5 CDK_{36A} 7～8	不符时按下列方法进行调整： (1) 加减调整垫板将旁承磨耗板与滚子间距离调整为：大底架与小底架间旁承19～20；小底架与转向架间旁承17～18。 (2) 加减调整垫板调整各级弹性旁承间隙。调整垫板数量为1～2块，单块厚度不大于6，总厚度不大于12
26	D_{38}	齐	小底架旁承间隙两侧之和 大底架旁承间隙两侧之和	4～8 12～16	各级旁承不得对角“压死”

续上表

序号	车型	制造厂	旁承间隙	段 修	备 注
27	D_{45}	齐	端部小底架与转向架旁承滚子与磨耗板间隙 中部小底架与转向架旁承滚子与磨耗板间隙 端部中底架与转向架旁承滚子与磨耗板间隙 端部中底架与小底架左右旁承滚子与磨耗板间隙之和 中部中底架与小底架左右旁承滚子与磨耗板间隙之和 大底架与中底架左右旁承滚子与磨耗板间隙之和	1～2 2～3 2～3 4～8 6～8 8～10	调整间隙时，可按下列方法进行调整： （1）调整磨耗板下的调整垫板，数量为1～2块，单块厚度1～20，总厚度不大于20。 （2）调整旁承组成中调整板的厚度，数量为1～2块，单块厚度1～20，总厚度不大于20
28	DQ_{45}	齐	小底架与转向架间旁承间隙 小底架与大底架间旁承间隙	4～5 9～10	
29	D_{70}	哈	底架与构架左右旁承间隙之和 且每侧最小间隙不小于	18～22 8	
30	DF_{2H}	长江	凹底架上旁承下平面与转向架下旁承滚子的间隙	6±1	可在旁承体下加装垫板调整，总厚度不大于12，数量为1～3块
31	DA_{26}	哈	小底架上旁承下平面与构架下旁承滚子间距离 大底架上旁承下平面与小底架下旁承滚子间距离	9～11 10～12	

附件

路外铁路货车新造、厂修、段修单位简称、代号表（摘录大车）

序号	名 称	简 称	制造代号	代 号	备 注
5	中车株洲车辆有限公司	株厂	ZC	108	新造
6	中车贵阳车辆有限公司	贵厂	GC	111	新造、厂修、段修
10	中车石家庄车辆有限公司	石厂	JC	141	新造、厂修、段修
12	中车长江车辆有限公司	武厂	AC	151	新造、厂修
17	中车齐齐哈尔车辆有限公司	齐厂	QC	183	新造
20	中车哈尔滨车辆有限公司	哈厂	HC	191	厂修、段修

附录 1-7 《铁路货车运用维修规程》（TG/CL 113—2018 铁总机辆〔2018〕184 号）摘录

为严格落实“调整运输结构，增加铁路货运量”部署，深化“强基达标、提质增效”工作主题，中国铁路总公司机辆部自2015年10月起组织对《铁路货车运用维修规程》（铁运〔2010〕141号）进行修订，新修订的《铁路货车运用维修规程》（铁总机辆〔2018〕184号）于2018年10月31日颁布，2019年3月1日起实施。与原规章相比，在铁路长大货物车方面增加的内容主要有：①第四章“技术作业标准”。对大车的特殊技术检查进行了规定，新增大车的作业标准。明确了标记载重不同的大车在装车前、装车后、卸车后及编入货物列车运行途经列检作业场等不同运输形式下的检查范围和质量标准；根据大车标记载重，区分有车辆乘务员和无车辆乘务员的作业范围。②第八章“附则”。对术语解释、大车通用部分进行了明确。相关大车内容摘录如下。

第八十条　装有两个及以上自动制动机的铁路货车，在运行途中自动制动机发生临时故障，须采取关闭截断塞门时，应关闭全车截断塞门。列检作业场发现货物列车中的大车截断塞门关闭时，计算每百吨列车重量的换算闸瓦压力，填发“制动效能证明书”交司机。

第一百零三条　标记载重260 t及以上的落下孔车、标记载重300 t及以上的凹底平车、钳夹车等大车装车前、装车后、卸车后，货运部门须提前通知车辆配属单位，由车辆配属单位指派车辆乘务人员进行技术检查，大车通用部分执行铁路货车“始发列车检查范围和质量标准”，其他部分须执行以下检查范围和质量标准：

（一）包板式转向架：构架侧梁、横梁无裂损；轴箱导框无裂损，导框铆钉无折断、丢失；附加弹簧传动组成弹簧座、吊杆、活动吊座、均衡梁、卡板、吊环、卡子、吊环铁无裂损；附加弹簧无折断，吊环铁、销子、卡子、中心轴无窜出；板弹簧簧片及簧箍无裂损，板弹簧组成中间弹簧箍与均衡铁无错位，下拉板螺栓无折断、丢失。

（二）焊接构架式转向架：构架侧梁、横梁无裂损；构架导框无裂损，导框磨耗板无破损、窜出、丢失；直顶式减振器顶座无裂损；均衡梁、弹簧座无裂损，组装圆销、开口销无窜出、丢失；制动梁闸瓦托吊座无裂损。

（三）轴箱无裂损、轴箱弹簧及均衡梁弹簧无折断、窜出、丢失，轴箱前盖、后盖无裂损、组装螺栓无脱出，轴箱橡胶垫无窜出、丢失，轴箱弹簧座无裂损。

（四）心盘衬垫无窜出；心盘防脱螺栓无折断、丢失，心盘防脱圆销、开口销无丢失。

（五）滚轮式旁承组装螺栓、滚轮轴卡板组装螺栓无折断、丢失；滚子式旁承滚子无丢失，滚子盒无裂损，组装螺栓无折断、丢失；旁承盒无裂损，组装螺栓无折断、丢失；旁承间隙符合规定。

（六）焊接构架式转向架扁钢制动梁梁体无裂损，端轴开口销无丢失，闸瓦托、闸瓦托吊、安全链及调整装置无裂损。制动主、支管不得与车体或其他零部件干涉，连结软管不得接触零部件。

（七）凹底架侧梁弯角部位无裂损；落下孔车、钳夹车承载框架拉杆、压杆、等分撑杆及座无裂损；心盘防脱装置连接件无裂损。

第一百零四条　长大平车、双联平车、标记载重260 t以下的落下孔车、标记载重300 t以下的凹底平车等大车装车前、装车后、卸车后，货运部门须提前通知就近车辆段派员进行技术检查，大车通用部分执行铁路货车“始发列车检查范围和质量标准”，其他部分须执行以下检查范围和质量标准：

（一）构架侧梁、横梁、构架导框无裂损，构架导框磨耗板无破损、窜出、丢失；直顶式减振器顶座无裂损；均衡梁、弹簧座无裂损，组装圆销、开口销无窜出、丢失；制动梁闸瓦托吊座无裂损。

（二）轴箱无裂损、轴箱弹簧及均衡梁弹簧无压死、折断、窜出、丢失，轴箱前盖、后盖无裂损、组装螺栓无脱出，轴箱橡胶垫无窜出、丢失，轴箱弹簧座无裂损。

（三）心盘衬垫无窜出；心盘防脱螺栓无折断、丢失，心盘防脱圆销、开口销无丢失。

（四）滚轮式旁承组装螺栓、滚轮轴卡板组装螺栓无折断、丢失；滚子式旁承滚子无丢失，滚子盒无裂损，组装螺栓无折断、丢失；橡胶堆弹性旁承预压卡板、磨耗板无破损、丢失；旁承盒无裂损，组装螺栓无折断、丢失；旁承间隙符合规定。

（五）制动故障关门车符合规定；焊接构架式转向架扁钢制动梁梁体无裂损，端轴开口销无丢失，闸瓦托、闸瓦托吊、安全链及调整装置无裂损；D_2、D_{2G}下拉杆组成圆销及开口销无丢失，螺母、背母无松动，安全链及吊座无裂损；中拉杆组成螺母、背母无松动；曲臂式制动杠杆曲臂无裂损，杠杆与曲臂轴无窜出，安装座螺栓无松动，曲臂杠杆与制动水平杠杆连接链环无折断，制动回转装置无裂损，组装螺母无松动、丢失。制动主、支管不得与车体或其他零部件干涉，连结软管不得接触零部件。

（六）凹底架侧梁弯角部位无裂损；心盘防脱装置连接件无裂损。

第一百零五条　对采取人工检查或人机分工检查方式进行列检作业的货物列车中的大车，列检作业场只对大车通用部分进行技术作业，执行铁路货车“始发列车检查范围和质量标准”。

第一百零六条　大车的液压、机械、电气部分由车辆乘务人员负责检查，检查范围和质量标准由配属管理单位组织制定。

第一百零九条　铁路货车转向架部分的运用限度须符合表4-3规定。

表4-3　转向架运用限度表

<table>
<tr><th>序号</th><th colspan="2">名　称</th><th>限度/mm</th><th>备　注</th></tr>
<tr><td rowspan="2">1</td><td colspan="2">间隙旁承同一转向架左右旁承间隙之和</td><td>2～20</td><td>铁路货车任何一侧旁承间隙须大于0，载重280 t及以上大车须大于2 mm</td></tr>
<tr><td colspan="2">双作用弹性上下旁承间隙</td><td>0</td><td></td></tr>
<tr><td>2</td><td colspan="2">双作用弹性旁承滚子或旁承尼龙支承板与上旁承间隙</td><td>>0</td><td></td></tr>
<tr><td rowspan="2">3</td><td rowspan="2">各垂下品与轨面水平线垂直距离</td><td>钢轨内侧</td><td>≥60</td><td rowspan="2">钢轨上部垂下品不得小于25 mm</td></tr>
<tr><td>钢轨外侧</td><td>≥80</td></tr>
</table>

第一百八十九条　装运超限、超重货物的铁路货车（大车按有关规定办理）装车前，车站或货运部门应通知就近车辆段按规定进行技术检查，检查铁路货车技术状态符合运用货车条件。

第一百九十条　按超限货物运输方案的要求，应指派专人添乘，监视铁路货车运行状态。

车辆段还应根据货物托运人、车站或货运部门的委托，制作车钩缓冲停止器并负责安装工作，费用由货物托运人承担。卸车后，由卸车单位负责将车钩缓冲停止器拆除。

第一百九十一条　机械冷藏车组、大车、预制梁运输车组、矿石车和其他指定的专用铁路货车，实施配属管理，由配属单位负责日常管理，应按规定涂打固定配属管理的单位名称标记，并根据需要配备车辆乘务人员。每年年底前配属单位向铁路总公司机辆部上报次年专用铁路货车的检修计划；专用铁路货车报废时须告知使用部门；配属调整须经铁路总公司专业管理部门批准。

第一百九十三条　大车配属管理单位应向货车运用部门和运输部门提供使用说明书，说明书加盖车辆制造单位印章，内容应包括大车的技术参数、运行条件及检查、修理、维护、闸瓦压力计算依据等方面的技术要求。

第一百九十四条　标记载重260 t及以上的落下孔车、标记载重300 t及以上的凹底平车、钳夹车等大车还应执行以下规定：

（一）根据运输需要，运用时应配备必要的工具及配件，应有满足车辆乘务人员生产、生活的空间，以及具备装载救援及故障处理所需工装配件等物资的储备空间。运用时须安排车辆乘务人员，负责装车前、装车时及装车后大车技术状况的检查，随车监视大车运行状况。

（二）车辆乘务人员须是铁路总公司所属企业的车辆检修、运用从业人员，须具备专列运输途中液压、机械、电气设备维护、车辆技术检查及故障处理等能力。

（三）除危及本列行车安全外，在重车状态运行中不得施行紧急制动。

（四）重车状态运行中遇有障碍物需作侧移通过时，应在通过前于平直线路上停车，做好大车侧移操作处理后，按规定通过障碍物；通过后在平直线路上停车，恢复通过障碍物前的侧移，方可继续运行。

（五）运行中因发生行车、机械事故或遇自然灾害不能运行时，车辆乘务人员应立即汇报当地车站、铁路局集团公司，并听从当地铁路局集团公司的指挥。

（六）车辆乘务人员的车辆技术检查及故障处理须与列检人工或人机分工作业同步进行，并在技检时间内完成，其检查范围和质量标准由配属管理单位组织制定；处理故障超过技检时间时，须联系列检作业场。列检作业场对车辆乘务员预报的故障应积极配合处理，对需扣车的故障应及时通知车辆乘务人员，并上报铁路局集团公司，由车辆段和车辆乘务人员共同确定施修方案。

第一百九十五条　大车的固定配属管理单位应建立大车管理台账，实时掌握大车定检动态，确保各级修程按时施修。

（一）固定配属管理单位应保证大车技术状态良好，满足使用要求。

（二）固定配属管理单位须根据不同车型的大车结构特点，制定大车故障应急处理预案。

第一百九十六条　预制梁运输车组装车前，车站应通知就近车辆段派员进行技术检查。当发现支撑装置、转向盘和专用车钩缓冲停止器配件破损、丢失故障时，应通知预制梁运输车组使用单位按有关规定进行处理。

第一百九十七条　预制梁运输车组在使用过程中应严格遵守使用说明书及相关规定。

预制梁运输车组卸车后，相关设备配件的复位状况由卸车单位负责。卸车单位须在卸空后将桥梁支撑杆平放于两侧的锁闭装置上并锁闭；将专用车钩缓冲停止器平放于一侧的锁闭装置上，处于非工作位并锁闭；将游车的所有通用车钩缓冲停止器拆除。

附件三　大车通用部分

1. 轮轴、车钩及缓冲装置、冲击座及前、后从板座、承载弹簧、制动缸、制动杠杆、制动拉杆、制动阀、各风缸及管系、闸调器、人力制动机装置、空重车调整装置等配件。

2. TD_{5A}、TD_6、TD_{11}、D_{12}、D_{12K}、TD_{13}、D_{15A}、D_{26A}、D_{26AK}、D_{17A}、DK_{17A}、D_{25} 型大车转向架。

3. D_{32}、D_{30G}、D_{38} 型大车承载鞍；D_{32}、D_{45} 型大车斜楔。

4. DA_{21}、DA_{25}、DA_{26}、D_{9A}、D_{22A}、D_{22B}、TD_{33}、DQ_{45}、DA_{37}、DQ_{35}、DK_{36A} 型大车承载鞍、斜楔。

5. D_{10A}、D_{15}、D_{15B}、DK_{23}、D_{26B}、D_{28}、DK_{29}、D_{32A}、DK_{36} 型大车上、下心盘。

6. DA_{21}、DA_{25}、DA_{26}、D_{22A}、D_{22B}、TD_{33}、DQ_{35}、DQ_{45}、DA_{37}、D_{10A}、D_{15}、D_{15B}、DK_{23}、D_{25}、D_{26}、D_{26B}、DK_{36A} 型大车制动梁。

7. 标记载重 260 t 以下的落下孔车、标记载重 300 t 以下的凹底平车、D_{32}、DA_{37}、DQ_{35}、D_{38}、D_{45}、DK_{36A} 等大车各梁。

8. D_{70}、D_{22A}、D_{22B}、TD_{33} 型大车车体部分。

附录 1-8　《铁路技术管理规程（普速铁路部分）》（2014 版 TG/01A—2017 修订）摘录

第 22 条　铁路局有关专业管理部门应按规定组织专项检查。其中：

1. 对重要线路的平面及纵断面复测、限界检查，每五年不少于一次；技术复杂及重要的桥梁、隧道检定，其他线路的平面及纵断面复测、限界检查，每十年不少于一次；对其他桥梁、隧道检定，应根据实际需要进行。对驼峰及调车场线路溜放纵断面复测，每五年不少于一次。

第 294 条　禁止溜放的车辆、线路及其他限制：

1. 装有禁止溜放货物的车辆；

2. 非工作机车、铁路救援起重机、大型养路机械、机械冷藏车、凹型车、落下孔车、客车、动车组和特种用途车。

第 296 条　机车（调车机车除外）、铁路救援起重机、客车、动车组、大型养路机械、凹型车、落下孔车、钳夹车及其他涂有禁止上驼峰标记的车辆禁止通过驼峰。装载活鱼（包括鱼苗）、跨装货物的车辆（跨及两平车的汽车除外）等，是否可以通过驼峰，由车站会同车辆段等有关单位做出具体规定，并纳入《站细》。

如因迂回线故障等原因，机械冷藏车必须通过设有车辆减速器（顶）的驼峰时，以不超过 7 km/h 的速度推送过峰。不得附挂机械冷藏车溜放其他车辆（推峰除外）。

附录 1-9 《铁路桥涵设计基本规范》(TB 10002.1—2005) 摘录

总 则

1.0.5 桥涵结构设计时，还应进行长大货物列车限速通过的检算，长大货物列车限速检算可按现行《铁路桥梁检定规范》(铁运函〔2004〕120 号) 的有关规定办理。

1.0.8 特殊结构及代表性桥梁应进行车桥耦合动力响应综合分析，其列车运行安全性和平稳性指标应满足现行《铁道车辆动力学性能评定和试验鉴定规范》(GB 5599) 和《铁道机车动力学性能试验鉴定方法及评定标准》(TB/T 2360) 的有关规定。

4.3.1 铁路列车竖向静活载必须采用中华人民共和国铁路标准活载，即“中—活载”。标准活载的计算图式如图 4.0.7 所示。设计中采用“中一活载”加载时，标准活载计算图式可任意截取。

注：《铁路桥涵设计规范》(TB 10002—2017) 没有针对铁路列车进行特别说明，故未摘录引用。

附录 1-10 《铁路桥梁检定规范》(铁运函〔2004〕120 号) 摘录

前 言

本规范是按铁道部科技发展计划 1998 年 G39 项目的要求，在对 1978 年版《铁路桥梁检定规范》及其 1986 年部分条文修改件进行全面修订的基础上增加有关内容编制而成。

主要修订内容 (摘录)：

(1) 本规范适用范围为客货列车共线运行，旅客列车最高行车速度为 160 km/h、货物列车最高行车速度为 80 km/h 的标准轨距线路既有桥梁的检定，旅客列车最高行车速度在 200 km/h 时，可参照执行。

(2) “检算荷载”一章内，内燃机车、电力机车的动力效应即采用标准活载的动力系数公式而不予折减。1978 年版《桥检规》规定：电力机车和车辆暂按公式折减为 0.75 考虑冲击系数 (动力系数)。

(3) 增添大车过桥时的对策与检算内容。

1 总 则

1.0.6 桥梁的检定承载能力应以桥梁的检定承载系数 K 表示。K 为结构所能承受的荷载相当于中华人民共和国标准活载 (中一活载) 的倍数。

当 $K \geqslant 1$ 时，表示桥梁承载能力满足标准活载的要求。

当 $K<1$ 时，桥上容许通行的运行活载 Q，必须满足：

$$Q \leqslant K \tag{1.0.6-1}$$

Q 为运行活载的“活载系数”，即在桥梁结构承载能力检算中，运行活载相当于标准活载的倍数。

各种梁式结构的 K 和 Q 可按下列公式计算：

$$K=k/k_0 \tag{1.0.6-2}$$

$$Q=k_q/k_0 \tag{1.0.6-3}$$

式中　k——桥梁构件的容许换算均布活载；

k_0——标准活载的换算均布活载，计入动力系数；

k_q——运行活载的换算均布活载，计入相应的动力系数。

2　术语与符号

2.1.1　检定承载系数 rating load-carrying capacity coefficient

桥梁经检定计算所能承受的荷载相当于标准活载的倍数。

2.1.2　活载系数 live load coefficient

运行列车的荷载相当于标准活载的倍数。

2.1.3　检定容许应力 rating allowable stress

对既有桥梁承载能力检定时用的材料许容许应力。

2.1.4　动力系数 impact factor

列车运行对结构产生的动态反应（动态挠度或应力）对静态反应（静态挠度或应力）之比。

4　检算荷载

4.0.1　检定既有桥梁时，应根据桥梁结构的特性，按表4.0.1所列荷载的可能最不利组合进行检算。

表4.0.1　桥梁荷载

荷载分类		荷载名称
主力	恒载	结构自重 预加应力 混凝土收缩及徐变的影响 土压力 静水压力与浮力 基础变位的影响
	活载	列车竖向静活载 公路竖向静活载 离心力 列车竖向动力作用 公路竖向动力作用 列车活载所产生的土压力 人行道荷载 长钢轨纵向力
附加力	制动力或牵引力 风力 列车横向摇摆力 流水压力 冰压力 温度变化的影响 冻胀力	
特殊荷载	断轨力 船只或排筏撞击力 汽车撞墩力 地震力 长大货物车荷载	

注：1. 如杆件的主要用途为承受某种附加力，则在计算此杆件时，该附加力应按主力考虑。

2. 列车横向摇摆力不与离心力、风力同时计算。

3. 流水压力不与冰压力同时计算，两者也不与制动力或牵引力同时计算。当水流方向与桥轴的法线的斜交角较大时，考虑流水压力或冰压力顺桥轴方向的分力与制动力或牵引力同时计算。

4. 特殊荷载（除地震力）不与其他附加力同时计算。

5. 地震力与其他荷载的组合见《铁路工程抗震设计规范》(GBJ 111)。

4.0.2 有关荷载的计算规定，除本规范规定者外，应按《铁路桥涵设计基本规范》（TB 10002.1）的规定取值。

4.0.3 检算既有桥梁时，仅考虑主力与一个方向（顺桥或横桥方向）的附加力相组合。

4.0.4 铁路公路两用的桥梁，当检算同时承受铁路和公路活载的构件时，其铁路活载按中—活载，公路活载应按交通部《公路工程技术标准》（JTJ 01）规定全部活载的75%，但对仅承受公路活载的构件，应按公路全部活载计算。

4.0.5 计算结构自重时，桥跨结构与墩台的尺寸应按照竣工图，并计及由于道床加厚、安设防护设备及管路、人行道改造等对桥面重量的影响，以及墩台或基础躯体经过加固所增加的恒载。

建成于1950年前的钢梁自重可参照本规范附录A取值。

4.0.6 作用于墩台上的竖向土压力应按结构上的土柱重量计算。侧向主动土压力可根据库伦理论计算（见附录B）。在既有线路上，如路堤填土确已经久压实，其内摩擦角 φ 可根据填土的不同种类适当提高5°～10°，但不得大于50°。

透水性土壤在受水淹浸的情况下，计算土压力时，土壤的容重应减去浮力，且内摩擦角应较常值减少5°。

各种土壤的内摩擦角，如无实测资料，可按表4.0.6的规定取值。

表 4.0.6 内摩擦角 φ 值

顺 号	土壤名称	φ	顺 号	土壤名称	φ
1	砂黏土、黏砂土	20°	4	中砂	33°
2	粉砂	20°	5	粗砂、砾砂、圆砾、卵石、碎石	40°
3	细砂	25°			

检算墩台滑动稳定时，墩台前侧不受冲刷部分土的侧压力可按静止土压力计算（见附录C）。

4.0.7 铁路列车竖向静活载应采用中华人民共和国铁路标准活载，即“中—活载”，其计算图式如图4.0.7所示。检算桥梁时，标准活载计算图式可任意截取。

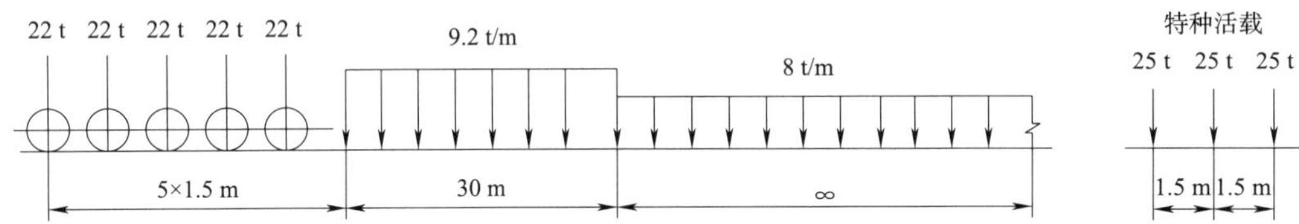

图 4.0.7 中—活载图式（距离以米计）

标准活载的换算均布活载 k_s 见附录D。“中—活载”折合为旧“中—Z活载”的相当级数见附录E。

既有桥桥上线路中线与桥跨结构中线的偏差：明桥面超过50 mm、道砟桥面超过70 mm时，应计及活载的偏心影响。

4.0.8 列车静活载在桥台后破坏棱体上引起的侧向土压力，应按列车静活载换算为当量均布土层厚度计算（见附录B）。

4.0.9 列车竖向活载包括列车竖向动力作用时，该列车竖向活载等于列车竖向静活载乘以动力系数 $(1+\mu)$，其动力系数应按下列公式计算。

1）钢梁和钢塔架墩台：

$$1+\mu=1+\frac{28}{40+L} \tag{4.0.9-1}$$

2）钢与钢筋混凝土板的结合梁：

$$1+\mu=1+\frac{22}{40+L} \tag{4.0.9-2}$$

3）钢筋混凝土、预应力混凝土、混凝土及砌体的桥跨结构及涵洞、刚架桥，其顶上填土厚度（自轨底算起）$h \geqslant 1$ m时不计动力系数，当$h < 1$ m时：

$$1+\mu=1+\alpha\left(\frac{6}{30+L}\right) \tag{4.0.9-3}$$

式中　$\alpha=4(1-h) \leqslant 2$。

式（4.0.9-1）～式（4.0.9-3）中的L以米计，除承受局部活载的杆件为影响线加载长度外，其余均为桥梁跨度。

4）空腹式钢筋混凝土拱桥的拱圈和拱肋：

$$1+\mu=1+\frac{15}{100+\lambda}\left(1+\frac{0.4L}{f}\right) \tag{4.0.9-4}$$

式中　L——拱桥的跨度（m）；

λ——计算桥跨结构的主要杆件时为计算跨度（m）；对于只承受局部活载的杆件，则按其计算图式为一个或数个节间的长度（m）；

f——拱的矢高（m）。

5）支座的动力系数应按相应桥跨结构的动力系数计算公式取值。

4.0.10　如列车运行速度在60 km/h以下时，各种桥跨上的μ值，应按式（4.0.9-1）～式（4.0.9-4）所列μ值乘以折减系数α_1：

$$\alpha_1=0.75\times\frac{v}{60} \tag{4.0.10}$$

式中　v——列车运行速度（km/h）。

4.0.11　实体墩台不计活载动力系数；空心墩台的顶帽、轻型墩台的帽梁及基桩排架墩（台）应按相应桥跨的动力系数取值。

4.0.12　当实测列车的动力系数大于式（4.0.9-1）～式（4.0.9-4）的计算值时，应采用实测值。

4.0.13　曲线上的桥梁所受列车离心力为作用于轨顶以上2 m处的横向水平力，其值等于竖向静活载乘以离心力率C。C值按下式计算，但不大于15%：

$$C=\frac{v^2}{127R} \tag{4.0.13}$$

式中　v——线路容许速度（km/h）；

R——曲线半径（m）。

4.0.14　作用在大中桥的制动力或牵引力应按竖向静活载重量的10%计算，作用在小桥的制动力或牵引力应按竖向静活载重量的8%计算，但当与离心力或列车竖向动力作用同时计算时，制动力或牵引力应按竖向静活载的7%计算。

双线桥应采用一线的制动力或牵引力；三线或三线以上的桥应采用两线的制动力或牵引力。按此计算的制动力或牵引力不考虑第4.0.16条对双线竖向活载进行折减的规定。

桥头填方破坏棱体范围内的列车活载所产生的制动力或牵引力不予计算。

制动力或牵引力作用在轨顶以上2 m处，但计算桥墩台时移至支座中心处，计算台顶活载的制动力或牵引力时移至轨底，计算刚架结构时移至横杆中线处，均不计移动作用点所产生的竖向力或力矩。

采用特种活载时，不计算制动力或牵引力。

4.0.15　列车的横向摇摆力作用在轨顶面处，其值可按相应设计规范计算。空车时不考虑列车的横向摇摆力。

4.0.16　同时承受多线列车活载的桥跨结构和墩台，其列车竖向活载对主要杆件：双线应为两线列车活载总和的90%；三线及三线以上应为各线列车活载总和的80%；对承受局部活载的杆件，则均应为该活载的100%；各线均假定采用同样情况的最不利列车活载。

如桥上所有线路不能同时运转时，则应按在桥上可能同时运转的线路计算列车竖向动力作用、离心力及横向摇摆力；制动力或牵引力应按可能同时运转的线数根据第4.0.14条规定计算。

4.0.17　断轨力按单独一根钢轨断裂并应计及钢轨扣件及轨枕的阻力而定。

4.0.18　汽车撞墩力。

有遭受汽车撞击而无防撞措施的墩台，应检算汽车撞墩状态，顺汽车行驶方向撞击力为1 000 kN，垂直于汽车行驶方向撞击力为500 kN，撞击力作用位置离路面高为1.2 m。

12　长大货物车过桥对策检算

12.0.1　大车装载后，按常规的桥梁检定方法进行计算，当其在桥上的运行活载Q超过桥梁的检定承载系数K时，应对该大车进行过桥对策检算，以确定能否安全承运。

12.0.2　大车作为临时特殊荷载检算：

1）对钢梁不做疲劳检算；

2）对预应力混凝土梁容许换算均布活载k按下列公式计算：

①按上翼缘混凝土受压检算

$$k=\frac{N(0.6f_c-\sigma_c)W_s\times10^3}{\Omega_k}-p_1\frac{W_s}{W_{ks}}-p_2 \tag{12.0.2-1}$$

②按下翼缘混凝土受拉检算

$$k=\frac{N(\sigma_c+c\cdot f_{ct})W'_x\times10^3}{\Omega_k}-p_1\frac{W'_x}{W'_{kt}}-p_2 \tag{12.0.2-2}$$

式中　c——不允许出现拉应力的构件为0.6，允许出现拉应力、不允许开裂的构件为0.8。

③不容许出现拉应力的构件按正截面抗裂性检算

$$k=\frac{N(\sigma_c+\frac{2S}{W'_x}f_{ct})W'_x\times10^3}{1.10\Omega_k}-p_1\frac{W'_x}{W'_{kt}}-p_2 \tag{12.0.2-3}$$

上列各式有关符号说明见第6.3.10条及第6.3.11条。

3）对墩台材料的检定容许应力（主拉应力、剪应力及黏结力除外）可乘以1.40的提高系数。

4）对经过长期运营、沉降已基本终止及无倾斜等病害的桥墩台地基，其检定容许承载力可乘以1.60的提高系数。

12.0.3　大车过桥可采用如下对策：

1）在大车前后，视桥梁跨长编挂若干辆20 kN/m的空车作隔离车。

2）采取限速措施，降低的动力系数可分别按下列公式计算：

对钢梁：

$$1+\mu=1+\frac{28}{40+L}\times0.75\times\frac{v}{60} \tag{12.0.3-1}$$

对混凝土和预应力混凝土梁：

$$1+\mu=1+\frac{12}{30+L}\times0.75\times\frac{v}{60} \tag{12.0.3-2}$$

式中　L——跨度（m）；

v——限制速度（km/h）。

12.0.4　大车进行过桥检算时，应考虑所运输的大件重心在大车上实际装载位置引起车辆轮重变化对桥梁的影响。

12.0.5　采取对策后的特种大型车辆的运行活载Q必须满足：

$$Q\leqslant K$$

$$Q=k_q/k_0$$

式中　k_0——标准活载的换算均布活载（kN/m）计入动力系数；

k_q——大车的换算均布活载（kN/m）计入相应的动力系数。

12.0.6　公铁两用桥公路运行的汽车活载超过公路桥面系汽车检定承载等级汽车 K_H 级时称为超重车，其过桥对策为：

1）超重车运行时应禁止其他车辆运行；

2）超重车必须沿桥梁的中心线行驶，左右偏离不得大于 0.25 m；

3）慢速行驶：当车速不超过 5 km/h 时，可不计其动力系数；当车速为 5 km/h$<v\leqslant$15 km/h 时，可按下式计算动力系数：

$$1+\mu=1+\frac{15}{37.5L}\cdot\frac{v}{45} \tag{12.0.6}$$

式中　L——桥面系纵、横梁内力影响线的荷载长度（m）；

v——限制速度（km/h）；

4）不得在桥上制动、变速和停留；

5）采取对策后的超重车，其运行活载 $Q_{(H)}$ 级必须满足 $Q_H\leqslant K_H$。

附录二　铁路长大货物车名词术语

附录 2-1　长大货物车技术参数

1. 过桥速度 speed for passing bridge

按照《铁路桥梁检定规范》的有关规定进行核算后，长大货物车在各种铁路桥梁承载能力允许的情况下的最高通过速度。

2. 导向距 distance between guide pins（distance between guides）

车辆设有导向装置时，两对应导向销或移动心盘中心之间的纵向距离。

3. 侧向位移 lateral displacement（lateral shift）

具有多种导向装置和移动心盘装置的长大货物车通过曲线时移动心盘所允许的最大横向位移，也包括车辆强迫侧移时移动心盘的最大横向位移。

4. 支承距离 distance between support points of load-carrying plane

长大货物车装载货物运输支承点之间的距离。

5. 落下孔长度 length of well hole

落下孔车在车辆纵向所能装载货物的最大长度。

6. 落下孔宽度 width of well hole

落下孔车在车辆横向所能装载货物的最大宽度。

7. 短连挂 close coupling

钳夹车在未装载任何装置或货物时两半节车相互连接在一起，这种状态称为短连挂。

8. 长连挂 long coupling

钳夹车在装载承载框架或货物时两半节车分别与承载框架或货物连接在一起，这种状态称为长连挂。

9. 悬挂长度 suspended length

钳夹车在装载承载框架或货物时，将钳形梁车耳孔之间的纵向距离。

10. 钳夹高度 height for schnabel arms

钳夹车的钳形梁压柱中心与车耳孔中心的垂向距离。

11. 钳夹宽度 width for schnabel arms

钳夹车的同一端两组钳形梁压柱中心或车耳孔中心的横向距离。

12. 承载面高度 height of load-carrying plane from rail level

车辆落成后，承载面纵向中央的承载面距轨面的高度。

13. 车辆全轴距 total wheelbase of car；wheel base of car

车辆上，一、二位端最外面的车轴中心线间的水平距离。可简称为“全轴距”。

两轴车中，“车辆全轴距”可称为“固定轴距”。（GB/T 4549.1 中 4.18）

14. 车辆定距 length between truck centers（转向架中心距 length between bogie pivot centers）

车体支承在前后两走行部之间的距离（带转向架的车辆，车辆定距又可称转向架中心距）。（GB/T 4549.1 中 4.17）

15. 空车重心高度 height of empty car gravity

车辆制造完成后的实际重心高度。

16. 最高运行速度 the maximum permissible speed

最高运行速度是指能保证车辆安全运行时的最高速度。车辆空重车速度不同时可分为空车最高运行速度和重车最高运行速度。

附录 2-2　长大货物车车型种类

1. 长大货物车 heavy duty freight car；high capacity car

供运输重量特重、长度特长或体积庞大的货物的专用车辆。其长度一般在 19 m 以上，但少数车辆小于 19 m，而车辆结构特殊，如带凹底架、落下孔、钳形梁的货车，也属于长大货物车。(GB/T 4549.1—2004《铁道车辆词汇　第 1 部分：基本词汇》中 2.65)

2. 凹底平车 depressed center flat car

底架沿车辆纵向呈凹形面的长大货物车。(GB/T 4549.1 中 2.66)

3. 长大平车 long and large flat car

车辆长度大于 19 m，载重量较大的平车。(GB/T 4549.1 中 2.69)

4. 钳夹车 schnabel car

车体分两个可分离的部分，货物被夹持和悬挂在其间的长大货物车。(GB/T 4549.1 中 2.68)

5. 落下孔车 well car；well-hole car

底架中部开有一定长度和宽度的落孔，装货时货物落入孔内，供装运宽度较窄而高度很高的货物的车辆。(GB/T 4549.1 中 2.67)

6. 双联平车 twinned flat car

由结构完全相同的两部分所组成，使用时货物跨装于两部分之间的车辆 (GB/T 4549.1 中 2.70)。2 个以上车辆跨装时，称为跨装平车。

附录 2-3　铁路超限重型运输设施设备

1. 超限货物检查架 examing rack of out-of-gauge freight (inspection rack of out-of-gauge cargo)

由于有的超限货物的超限程度与经由某一区段的建筑接近限界非常接近，为了保证超限车的运行安全，而按照超限货物的超限程度制作的一种检查装置。(GB/T 7179—1997《铁路货运术语》中 5.2.14)

2. 限界检测尺 gauge measuring ruler

一种特殊设计的用来检查超限超重货物尺寸是否符合超限超重批复电报要求的尺子。分为非电气化区段使用的和在电气化区段使用的两个规格。

3. 绝缘软盖板 insulated soft cover board

一种用于电气化铁路区段的覆盖超限程度（指高度）很大的超限货物的绝缘物。

4. 超限检测仪 detector instrument of out-of-gauge

能将货物的轮廓尺寸连同机车车辆限界、各级超限限界一并测量的装置。

5. 限界检测车 detector car of out-of-gauge

设有检测建筑物等设备是否符合建筑接近限界的装置的车辆。

附录 2-4　铁路超限超重货物运输一般术语

1. 超限货物 out-of-gauge goods (over-limit goods)

货物装车后车辆停留在平直线路上或运行在曲线线路上时，货物的任何部位的实测宽度、计算宽度或高度超过机车车辆限界或特定区段装载限界的货物。(GB/T 7179—1997 中 5.2.1)

2. 超重货物 overweight goods (over-heavy goods)

凡重车总重荷载效应超过桥涵设计荷载标准“中一活载”效应的货物，称为超重货物。按超重程度，分为一级超重、二级超重、超级超重三个等级。根据活载系数确定超重等级。

(1) 一级超重：活载系数 $1<Q\leqslant 1.05$。

(2) 二级超重：活载系数 $1.05<Q\leqslant 1.09$。

(3) 超级超重：活载系数 $Q>1.09$。

3. 超长货物 exceptional length goods

一车负重，突出车端，需要使用游车或跨装运输的货物。(GB/T 7179—1997 中 5.3.1)

4. 集重货物 concentrated weight goods

重量大于所装货车负重面长度的最大容许载重量的货物。(GB/T 7179—1997 中 5.4.1)

5. 超限车 wagon load with out-of-gauge freight

装有超限货物的车辆及车辆本身超限的车辆。

6. 货物超限等级 classification of out-of-gauge goods

为方便超限货物运输组织工作，根据货物超限程度，划分货物的超限等级。《铁路超限超重货物运输规则》将超限货物划分为三个等级：一级超限、二级超限和超级超限。

(1) 一级超限 stair out-of-gauge goods：自轨面起高度在 1 250 mm 以上超限但未超出一级超限限界者；

(2) 二级超限 two class out-of-gauge goods：超出一级超限限界而未超出二级超限限界者，以及自轨面起高度在 150 mm 至未满 230 mm 间超限但未超出二级超限限界者；

(3) 超级超限 super out-of-gauge goods：超出二级超限限界者，以及自轨面起高度在 230 mm 至 1 250 mm 间超限者。

7. 超限种类 category of out-of-gauge

根据货物超出机车车辆限界的不同部位所在的高度，超限货物分为三种类型：上部超限、中部超限和下部超限。

(1) 上部超限 top out-of-gauge：自轨面起高度超过 3 600 mm，任何部位超限者；

(2) 中部超限 middle part out-of-gauge：自轨面起高度超过 1 250 mm 至 3 600 mm 之间，任何部位超限者；

(3) 下部超限 below out-of-gauge：自轨面起高度在 150 mm 至 1 250 mm 之间，任何部位超限者。

8. 检定断面 examined cross-section of goods

指超限货物的最大横断面，并据以确定超限等级。

(1) 检定断面位置 position of examined cross-section of goods

指货物计算点所在断面至车辆或跨装支距横中心线之间的距离。

(2) 检定断面尺寸 dimension of examined cross-section of goods

指货物控制测算点所在的横断面图形转换成的高度和宽度数据形式。

（3）计算点 computed point of goods

货物检定断面上超限程度最大的点，是计算货物超限程度和确定超限等级的基点。

9. 货物的实测宽度 actual measuring width of freight

货物装车后，从货物检定断面计算点起至车辆纵中心线所在的垂直平面的水平距离。（GB/T 7179—1997 中 5.2.12）

（1）货物轮廓尺寸 outline dimension of freight

货物“三视图”所表述的货物正面投影、侧面投影、水平投影的最大轮廓尺寸。

（2）装车前尺寸 dimension before load

超限货物未装车之前的尺寸，高度从底部零点起计算，宽度从货物重心纵断面起计算。如货物全长，支重面长，货物重心位置尺寸，中心高及其宽度，每一侧高度及其宽度等。

（3）装车后尺寸 dimension after load

超限货物装车以后的尺寸，高度从钢轨面起计算，宽度从车辆纵中心线垂直断面起计算。如货物全长，支重面长，货物重心位置尺寸，中心高及其宽度，每一侧高度及其宽度等。

10. 中心高 center height

货物的最大高度。装车前，从货物底部零点起计算；装车后，从轨面起计算。

11. 侧高 side height

低于中心高的高度。装车前，高度从货物底部零点起计算；货物装车后，高度从轨面起计算。有不同高度点时，从高到低，依次规定为一侧高、二侧高……，等等。

12. 宽度 width

也称全宽度（简称全宽），最大左侧宽和最大右侧宽的总和。

装车前，全宽是指货物端视图轮廓尺寸最大的两点的距离。左侧宽是指计划装车后面向超限车首次挂运方向的货物重心纵断面至左侧检测点的距离；右侧宽是指计划装车后面向超限车首次挂运方向的货物重心纵断面至右侧检测点的距离。

装车后，全宽是指面向车辆端部，与车辆横中心线平行的货物两点的距离，左侧宽是指面向超限车首次挂运方向，车辆纵中心线垂直断面至左侧检测点的距离，右侧宽是指车辆纵中心线垂直断面至右侧检测点的距离。

13. 中心宽度 center width

在中心高处，装车前是指货物重心纵断面至货物左侧和右侧检测点的距离；装车后是指车辆纵中心线垂直断面至货物左侧和右侧检测点的距离，分为中心左侧宽和中心右侧宽。

14. 侧高宽 width in side height

在侧高（一侧高或二侧高、三侧高……）处，装车前是指货物重心纵断面至货物左侧或右侧检测点的距离；装车后是指车辆纵中心线垂直断面至货物左侧或右侧检测点的距离，分为左侧高宽和右侧高宽。

15. 超限货物的计算宽度 computed width of out-of-gauge freight

货物的实测宽度加上货物检定断面计算点的偏差量（包括附加偏差量）减去建筑接近限界曲线水平距离加宽值。（GB/T 7179—1997 中 5.2.13）

16. 超限货物偏差量 amount of deviation of out-of-gauge freight

超限货物装车后，行径曲线线路时，车辆的纵中心线和线路中心线不在同一垂直平面上，产生的偏移距离称为偏差量。分为内偏差量和外偏差量。（GB/T 7179—1997 中 5.2.8）

（1）内偏差量 amount of inside deviation

超限货物装车后，行经曲线线路时，货车转向架中心销间的车辆纵中心线向曲线内侧的偏移量。

（2）外偏差量 amount of outside deviation

超限货物装车后行经曲线线路时，货车转向架中心销外方的车辆纵中心线向曲线外侧的偏移量。

17. 超限货物的附加偏差量 amount of additional deviation of out-of-gauge freight

由于车辆走行部分游间和线路在曲线处轨距加宽而产生的偏差量。（GB/T 7179—1997 中 5.2.9）

18. 自轮运转超限货物 out-of-gauge freight running oneself

超限货物本身具有铁路机车车辆走行部功能的装置，在运行中，可与列车中的机车或车辆连挂在一起运行，具有制动等功能。如：轨道起重机、架桥机、铺轨机、自备机车车辆等。

附录 2-5　铁路超限超重货物运输限界

1. 机车车辆限界 rolling stock gauge

机车车辆限界是一个和线路中心线垂直的极限横断面轮廓。机车车辆无论是空车或重车，无论是具有最大标准公差的新车，或是具有最大标准公差和磨耗限度的旧车，停放在水平直线上，无侧向倾斜与偏移，除电力机车升起的集电弓外，其他任何部分应容纳在限界轮廓之内，不得超越。(GB/T 146.1《标准轨距铁路机车车辆限界　第 1 部分：机车车辆限界》)

2. 铁路建筑限界 structure gauge

规定的接近铁路的各种建筑物及设备必须与线路保持的距离。它是一个和线路中心线垂直的横断面轮廓。在此轮廓内，除机车车辆及机车车辆有相互作用的设备（车辆减速器、路签授受器、接触电线等）外，其他设备及建筑物均不得侵入。(GB/T 146.2　第 2 部分：建筑限界《标准轨距铁路机车车辆限界》)

3. 特定区段装载限界 load gauge in special section

由于历史原因，有几个铁路区段的建筑限界不但小于国家标准建筑限界，而且小于《铁路超限货物运输规则》的建筑限界。通过或到达这些区段的货物在装载高度和宽度都小于机车车辆限界，这种限制就是特定区段装载限界。

4. 区段其他建筑综合最小限界 other structure colligate least gauge

在某铁路线路区段的其他建筑物（如信号机、授受器、水鹤、站台、雨棚等）小于《技规》规定的标准建筑限界中的最小限界。

5. 施工临时限界 construction temporary gauge

由于施工维修临时搭建的施工设施（如脚手架等）侵入标准建筑限界的尺寸。

附录 2-6　铁路超限超重货物运输组织

1. 超限超重电报 out-of-gauge and overweight telegraph

超限超重电报是超限超重请示电报和超限超重批复电报的总称。

(1) 超限超重请示电报 out-of-gauge and overweight ask for telegraph

车站在装运超限超重货物之前，依据《铁路超限超重货物运输规则》规定，向上级请示超限超重货物装运办法的电报。

(2) 超限超重批复电报 out-of-gauge and overweight answer telegraph

依据《超限超重货物运输规则》规定的权限，批复超限超重电报上级部门，在接到超限超重请示电报后。将批示内容以电报发给有关铁路局、站段。

2. 超限超重电报代码 out-of-gauge and overweight telegraph code

为了简化超限超重批复电报，将某些固定的内容用大写拼音字母表示，如“A”表示超限等级，“Z”表示超重等级，“R”表示货物本身重心高度，“S”表示重车重心高度等。

3. 超限超重货物检查站 check point of out-of-gauge and overweight goods

规定应对超限超重货物进行例行检查的车站（一般来说，是指设有货运检查人员的编组站和区段站）和上级在超限超重批复电报中临时指定的对超限超重货物进行检查的车站。

4. 超限超重货物运输记录 transport record of out-of-gauge and overweight goods

装车站在超限超重货物装车后，对超限超重货物的基本情况和上级超限超重批复电报内容的记录。它又可供超限超重车检查站作检查记录用。是超限超重车在运输途中检查时的检查记录。

5. 托运超限超重货物说明书 instructions for shipment of out-of-gauge and overweight goods

托运超限超重货物时，托运人对所托运的货物的重量、重心位置、长度、支重面长、中心高、侧高及其宽度、请求使用的车种、车型车数等情况，以固定的格式向车站提出。

6. 超限超重车挂运通知单 notice of out-of-gauge and over-heavy vehicle coupling transport

各级调度指挥挂运超限超重车下达调度命令的依据。内容主要有：超限超重批复电报号、发站、到站、品名、件数、接入车次、交出车次，超限超重车车种车号、中心高、侧高尺寸及宽度尺寸，运行条件。

7. 超限超重货物标示牌 nameplate of out-of-gauge and overweight goods

发站在超限超重货物两侧明显处，以油漆书写“×级超限超重”字样和标明货物最大宽度以及中心高、侧高及其宽度等资料的标示牌。

8. 超限超重货物检查线 examing line of out-of-gauge and overweight goods

装车单位在对超限超重货物加固完毕后，使用带色的油质染料在易于判别货物是否发生纵向或横向位移的地方标画的线条，以便超限超重货物检查站对在运输中超限超重货物的进行检查和确认。

9. 会车条件 condition of meeting vehicle

由于有的超限超重车在双线区间（含三线、多线区间，下同）或单线并行区段与相对开行列车（含单机）会车的安全距离小于非超限超重车间的会车的安全距离，对超限超重车在双线区间与特快旅客列车、非超限超重车、超限超重车提出的不限速会车、限速会车和禁止会车的条件。

10. 区间禁会 section of prohibiting meeting vehicle

由于超限超重车的超限程度较大，避免挂有超限车的列车与其邻线列车会车造成事故，禁止会车的复线（或三线、多线）或单线并行区段。

11. 限界距离 gauge distance

超限车与实际建筑限界的距离。

12. 隔离车 insulate vehicle

装载超重货物的重车每延长米的重量大于桥梁每延长米所承负的重量，在运输时为避免这种情况发生，在负重车前后车所挂的一辆或两辆空车。

13. 游车 idle car

一端或二端突出时，加挂的不负担超长货物重量的车辆。

附录三　中国铁路长大货物车概要表

1 按制造年份排序

序号	车型	制造年份	载重/t	自重/t	自重系数	车体尺寸/(mm×mm)(长×宽)	最大尺寸/(mm×mm)(宽×高)	车辆长度/mm	每延米重/(t/m)	轴数	构造速度/(km/h)	通过最小曲线半径/m	车辆定距/mm	地板面高/mm(空车/重车)	转向架	制动装置					车钩	缓冲器	制造地	特点	制造辆数
																制动缸/(mm×mm)	三通阀	手制动机	制动率/%(空车/重车)	制动倍率					
1	D_{21}	20世纪50年代	60	28.3	0.47	19 462×2 900	3 190×3 756	20 400	4.33	6	80	145	15 500	1 356	3D轴	ϕ254×305	K_2	链式			2号	3号	韩国	平板式	18
2	D_6	1956	110	60	0.55	15 800×2 400	2 840×3 500	22 782	7.46	8	80	180	15 000	900	MT-CH转7	ϕ356×254	MT3-135、GK	螺杆式			2号	3号	前民德	中部凹底长7 000 mm	31
3	D_7	1956	150	102	0.68	21 170×2 400	2 600×3 600	31 730	7.94	12	80	180	20 700	1 125	3D轴板式	ϕ356×254	MT3-135、GK	螺杆式			2号	3号	前民德	中部凹底长9 000 mm	12
4	D_8	1956	180	149	0.83	25 420×2 400	2 560×3 400	38 700	9	16	80	180	24 600	1 200	MT-CH	ϕ356×254	MT3-135、GK	螺杆式			2号	3号	前民德	中部凹底长9 000 mm	7
5	D_9	1956	230	180	0.78	29 020×2 400	3 100×3 650	45 280	9	20	80	180	27 760	1 850	$5D_1$轴板式	ϕ356×254	MT3-135、GK	螺杆式			2号	3号	前民德	中部凹底长9 000 mm	3
6	D_{16}	1956	110	59	0.536	×3 150	3 150×3 400	21 150	8	8	80	180	13 000	1640	MT-50	ϕ356×305	MT3-135、GK	螺杆式			2号	3号	前民德	落下孔4 600 mm×2 300 mm	6
7	D_{17}	1956	150	97	0.647	×3 150	3 150×3 600	28 330	9	12	80	180	17 000	1 900	MT-50	ϕ356×305	MT3-135、GK	螺杆式			2号	3号	前民德	落下孔4 600 mm×2 300 mm	8
8	D_{18}	1956	180	146	0.81	×3 150	3 150×3 500	35 100	9	16	80	180	20 600	2 230	MT-50	ϕ356×305	MT3-135、GK	螺杆式			2号	3号	前民德	落下孔4 600 mm×2 300 mm	3
9	D_{19}	1956	230	180	0.78	×3 100	3 100×3 400	39 650	10	20	80	180	21 760	2 835	$5D_1$轴板式	ϕ356×305	MT3-135、GK	螺杆式			2号	3号	前民德	落下孔4 600 mm×2 300 mm	1
10	120 t凹平	1958	120	48.6	0.405	21 100×2 400	2 620×2 027	22 008	7.66	8	90	150	21 100	999	老转6	ϕ254×305	K_2	折叠链式	65.6/20.6	10	2号	3号	齐厂	中部凹底长7 400 mm	1
11	D_{10}	1959	90	47	0.52	20 000×3 000	3 000×1 400	20 932	6.6	6	75	145	15 500	835	转28	ϕ254×305D	K_2	折叠链式	50	6.9	2号(上)	3号	大厂沈厂	中部凹底长10 000 mm	
12	D_{50}	1959	50	28.1	0.562	16 000×2 920	2 920×2 078	16 908	4.62	4	100	150	12 700	544	转8	ϕ203×305KD	K_1	链式	67/24.2	9.27	2号	3号	戚厂	中部凹底长8 100 mm	1
13	D_{22}	1959—1973	120	41.4	0.344	25 000×3 000	3 198×2 043	25 938	6.25	8	100	180	17 800	1 460	4D轴一体	ϕ356×254	GK	链式	70.2/35.9	8.5	2号、13号	3号、2号	齐厂	平板式	87
14	D_{20}	1960	280	138	0.495	×3 000	3 000×3 658	32 128	10.1	20	80(空)	180	15 640		5D轴板式	ϕ356×254	GK	蜗轮蜗杆式	76/38	8.5	2号(上)	3号	齐厂	钳夹式	1
15	D_5	1968	60	22	0.367	17 000×3 000	3 000×1 810	18 022	4.55	4	100	145	13 500	630	转8A	ϕ203×305	K_1	链式	77.8/20.9	8.4	2号	3号	二七厂	中部凹底长8 000 mm	17
16	D_{17}	1969	150	50	0.33	×3 360	3 360×2 142	25 942	7.7	10	70	145	17 500	2 142	5D轴构架	ϕ356×254	GK	链式	85/23	2×6.4	13号	2号	株厂	落下孔10 200 mm×2 300 mm	25
17	D_{10}	1970	90	29	0.322	19 400×3 000	3 000×1 259	20 308	5.86	6	80	145	14 800	777	3D型H构架	ϕ152×203	GK	旋转链式	35/17	8.5	2号	3号	二七厂	中部凹底长10 000 mm	22(6)

续上表

序号	车型	制造年份	载重/t	自重/t	自重系数	车体尺寸/(mm×mm)(长×宽)	最大尺寸/(mm×mm)(宽×高)	车辆长度/mm	每延米重/(t/m)	轴数	构造速度/(km/h)	通过最小曲线半径/m	车辆定距/mm	地板面高/mm(空车/重车)	转向架	制动装置					车钩	缓冲器	制造地	特点	制造辆数
																制动缸/(mm×mm)	三通阀	手制动机	制动率/%(空车/重车)	制动倍率					
18	D_{10}	1973	90	36	0.355	19 400×3 000	3 120×1 350	20 308	6.2	6	80	150	14 800	777	3D型H构架	ϕ254×305D	K_2	链式	82/22	9.24	2号	3号	哈厂	凹底长 10 000 mm	93
19	D_{23}	1974	235	104	0.44	28 000×2 520	3 128×2 443	37 846	9	16	60	180	25 000	1 728	4D轴一体	ϕ356×254	GK	链式	45.5/32.3	9	2号	2号	哈厂	平板式,双支承承载	2
20	D_{30}	1974	370	126	0.34			双联 40 360 单节 20 180	12.3	20		180	20 180		5轴板式	ϕ356×254	GK	蜗轮 蜗杆式	42.3/21.5	8.5	2号 (上)	2号	齐厂	双联平车	2
21	D_{27}	1975	150	42.9	0.358	25 000×3 000	3 198×2 043	25 938	7.45	8	100	180	17 800	1 460	4D轴一体	ϕ356×254	GK	链式	67.5/30	8.5	13号	2号	齐厂	平板式	2
22	D_{35}	1978	280	207.7	0.74		3 660×4 480	短连挂 36 542 悬挂凹底 48 642	10	24	80(空) 40(重)	145(空) 180(重)	18 050		4E轴	ϕ356×254	GK	蜗轮 蜗杆式	74/31.6	8.02	13号 (上)	2号 MX-1	株厂	钳夹式	1
23	D_{35}	1978	350	290	0.83		3 350×4 715	50 168		32	80(空) 30(重)	150	37 000		4E轴	ϕ356×254	GK	蜗轮 蜗杆式	55.8/25.3	6.46	13号 (上)	2号	齐厂	钳夹式	1
24	300 t* 平车	1983	300	95	0.31		3 400×1 830	30 858		16	80	145			Z10C	ϕ356×254	GK	倾斜式	54.2/25.7	9	13号	2号	哈厂	双联平车	1
25	D_{18A}	1991	180	135.5	0.75	23 540×2 800	2 800×2 259	35 470	8.9	16	80	180	22 440	930	4D轴	ϕ356×254	120	链式	75.3/32.3	9	13号	2号	哈厂	凹底长9 000 mm	16
26	QD_3	1991	30	23	0.77	16 000×3 000	3 000×1 694	16 938	3.1	4	85	145	12 500	579	转8A	ϕ203×305	K_1	链式	76.2/28.86	15	13号	2号	二七厂	凹底长7 000 mm	8
27	D_{12}	1994	120	46.7	0.39	17 020×3 000	3 000×1 962	24 238	6.88	8	100	145	16 200	850	转8A	ϕ356×254(密)	120	链式	59.3/30.3	9.25	13号	2号	哈厂	凹底长9 000 mm	16
28	D_{25}*	1996	250	86	0.34	18 900×2 628	2 628×3 860	34 146	9.84	16	90	145	18 000	1 650	转8A	ϕ356×254(密)	120	链式			13号 (上)	2号	株厂	平板式	1
29	D_2	1997	210	167	0.79	23 300×2 780	2 780×2 187	35 429	10.64	16	80	180	22 200	950	Z10	ϕ356×254	GK、120	链式	30/27.1	9	13号	2号	哈厂	凹底长9 000 mm	54
30	D_{30A}	1997	300	119	0.396		3 000×3 650	32 668 (短) 44 818 (长)	3.6 (空) 9.3 (重)	20	80(空) 50(重)	150	15 800 (空) 27 950 (重)		5轴	ϕ356×254	120	蜗轮 蜗杆式	49/27.7		13号 (上)	2号	齐厂	钳夹式	1
31	D_{26}*	1997	260	140	0.54	26 000×2 680	2 680×2 850	41 396	9.66	16	90	145	25 200	1 150	2E轴	ϕ356×254(密)	120	链式	41.8/27.7	8.6×4	13号 (上)	2号	株厂	凹底长 9 800 mm	1
32	D_{2G}	1997	210	148.5	0.71	23 800×2 780	2 780×2 359	36 330	9.87	16	80	180	22 700	930	4轴	ϕ356×254	GK	链式			2号	2号	哈厂	凹底长9 000 mm	30
33	D_{23G}	1997	265	71	0.27	19 170×3 128	3 128×2 050	30 958	10.87	16	60	180	18 000	1 694	4轴一体	ϕ356×254	GK	链式	45.5/32.5	9	13号	MT-3	哈厂	平板式,双支承承载	2
34	D_{25A}	1998	250	142	0.568	26 670×2 630	2 630×2 563	40 910	9.58	16	80	180	25 570	1 080	4E轴	ϕ356×254(密)	120	链式	73/26	9	13号	2号	哈厂	凹底长9 800 mm	6

续上表

序号	车型	制造年份	载重/t	自重/t	自重系数	车体尺寸/(mm×mm)(长×宽)	最大尺寸/(mm×mm)(宽×高)	车辆长度/mm	每延米重/(t/m)	轴数	构造速度/(km/h)	通过最小曲线半径/m	车辆定距/mm	地板面高/mm(空车/重车)	转向架	制动装置					车钩	缓冲器	制造地	特点	制造辆数
																制动缸/(mm×mm)	三通阀	手制动机	制动率/%(空车/重车)	制动倍率					
35	D_{38}	1998	380	226	0.59		3 000×4 715	52 718(空) 64 818(重)	4.29(空) 9.35(重)	32	80(空) 50(重)	150	26 150(空) 38 250(重)		4 轴	ϕ254×254(密)	120	蜗轮蜗杆式	18.6/14	46.86	13 号(上)	MT-2	齐厂	钳夹式	1
36	D_{18G}	1998	180	152.3	0.86	24 800×2 700	3 128×2 775	38 000	8.81	16	80	180	23 900	930	转 7	ϕ356×305	GK	螺杆式			2 号	3 号	哈厂	凹底长 9 000 mm	3
37	D_{19G}	1998	250	158.4	0.63	29 700×2 700	2 700×3 000	46 028	8.87	20	80	180	28 500	3 000	5 轴板式	ϕ356×305	GK	螺杆式			2 号	3 号	哈厂	落下孔 12 200 mm×2 060 mm	2
38	D_{9G}	1998	230	176.6	0.77	28 100×2 570	3 100×2 890	44 520	9.13	20	80	180	27 000	1 150	$5D_1$ 轴板式	ϕ356×305	MT3-135、GK	螺杆式			2 号	3 号	哈厂	凹底长 9 300 mm	2
39	D_{15}	1999	150	48.88	0.326	17 480×2 700	2 773×2 031	24 830	8	8	90	150	16 700	900	2E 轴	ϕ356×254	120	链式	69.0/32.1	9.91×2	13 号	MT-3	哈厂	凹底长 9 000 mm	1
40	D_{2A}	1999	210	136	0.65	24 160×2 780	2 760×2 423	36 880	9.38	16	80	180	23 060	930	4E 轴	ϕ356×254(密)	120	链式	72/29	9.02	13 号	MT-3	哈厂	凹底长 9 000 mm	1
41	D_{22G}(铁)	1999	120	43.9	0.37	20 400×3 000	3 198×1 150	24 670	6.64	8	80	180	17 800	1 150	Z31 型	ϕ356×254	GK	链式	70.2/35.9	9	13 号	2 号	哈厂	平板式	12
42	D_{22G}(木)	1999	120	41.9	0.35	20 400×3 000	3 198×1 210	24 670	6.56	8	80	180	17 800	1 210	Z31 型	ϕ356×254	GK	链式	70.2/35.9	9	13 号	2 号	哈厂	平板式	13
43	D_{16G}	1999	110	53	0.48	17 850×2 800	2 800×2 460	25 420	6.41	8	80	180	17 270	900	转 8A	ϕ356×254	GK	螺杆式			2 号	3 号	哈厂	凹底长 9 000 mm	6
44	D_{30G}	1999	370	101	0.27			双联 42 668 单节 21 334	11	20	80	180	22 380	1 735	5 轴板式	ϕ356×254	GK	蜗轮蜗杆式	42.3/21.5	8.5	13A	MT-2	齐厂	双联平车	1
45	D_{70}	1999	70	26.6	0.38	19 462×2 950	3 100×1 975	20 400	4.73	4	90	180	15 500	1 169	2E 轴	ϕ356×254	120	链式	65.9/34.3	10.3	13 号	MT-3	哈厂	平板式	5
46	D_{26A}	2000	260 138	73.6 30	0.285 0.217	17 500×2 990 7 500×1 950	3 170×2 000 ×1 525	32 138 15 538	10.42 10.8	16 8	90 90	145 145	16 500 6 900	1 600 1 525	转 8G	ϕ356×254 密	120	蜗轮蜗杆式	35.7/15.2	11.9	13 号(上)	MT-3	齐厂	组合式	1
47	D_{26B}*	2003	290	107	0.37	26 800×4 100 重 28 000×2 900 空	4 100×3 400 重 2 900×3 400 空	40 096	9.66	16	90	145	23 900	承载面 3 400	2E	ϕ356×254	120	链式	48.7/23.7	8.6×4	13(上)	ST	株厂	落下孔 10 800 mm×(3 140～3 640) mm	3
48	D_{32} 凹底	2003	320	226	0.7	34 700×2 900	2 920×4 366	58 860	9.28	24	100	180	33 800	1 150(可调)	2E	ϕ203×254	120	FSW	35.5/14.8	8.1	13A(上)	MT-3	齐厂	凹底长 10 500 mm	1
49	D_{32} 落孔	2004	350	175	0.5	35 100×2 900	3 000×4 191	59 560	8.81	24	100	180	34 500	3 790	2E	ϕ203×254	120	FSW	34.3/11.7	8.1	13A(上)	MT-3	齐厂	落下孔 14 000 mm×(2 300～3 400) mm	1
50	D_{17A}	2004	155	44.5	0.29	19 500×2 950	2 950×2 000	27 780	7.18	8	100	145	8 000	2 000	2E	ϕ203×254	120	FSW	32.6/14.7	14.8	13A(上)	MT-2	齐厂	落下孔 12 500 mm×2 350 mm	2

续上表

序号	车型	制造年份	载重/t	自重/t	自重系数	车体尺寸/(mm×mm)(长×宽)	最大尺寸/(mm×mm)(宽×高)	车辆长度/mm	每延米重/(t/m)	轴数	构造速度/(km/h)	通过最小曲线半径/m	车辆定距/mm	地板面高/mm(空车/重车)	转向架	制动装置					车钩	缓冲器	制造地	特　点	制造辆数
																制动缸/(mm×mm)	三通阀	手制动机	制动率/%(空车/重车)	制动倍率					
51	D_{10}	2004	90	36	0.40	19 400×3 000	3 120×1 350	20 308	6.2	6	80	150	14 800	652	3D	φ254×305D	120	旋转链式	82/22	9.24	13A	MT-2	二七厂	凹底长 10 000 mm	15
52	D_{10A}	2004	90	36	0.4	20 020×3 000	3 000×1 450	20 958	6.01	6	120	145	15 420	690	3D	φ254×254	120	NSW	37.1/19.2	8×2	13A(下)	MT-3	株厂	凹底长 10 000 mm	5
53	D_{26AK}	2004	260 138	75.6 30	0.285 0.217	17 500×2 990 7 500×1 950	3 170×2 000 ×1 525	32 138 15 538	10.42 10.8	16 8	120 120	145 145	16 500 6 900	1 600 1 525	K_2	φ254×254 密	120	FSW	35.7/15.2	11.9	13 号(上)	MT-3	齐厂	组合式	1
54	D_{9A}	2005	90	35.8	0.40	16 100×3 100	3 100×1 659	21 130	5.95	6	120	145	15 500	730/685	3D 轴	φ254×254	120	FSW	25.5/14.1	11	13B 17 型	MT-2	齐厂	凹底长 10 500 mm	5
55	D_{15A}	2005	150	49.6	0.33	18 050×2 846	2 846×1 935	26 330	7.6	8	120	145	17 350	850/730	K_6	φ254×254	120	FSW 或 NSW	32.8/16.4	10	13B	MT-2	哈厂	凹底长 9 500 mm	9
56	D_{15B}*	2005	150	50	0.33	17 450×2 900	2 900×2 150	25 606	7.81	8	120	145	16 750	800/700	2E 轴	φ254×254	120	链式	24.1/14.9	11.8×2	13A 号	MT-3	株厂	凹底长 9 000 mm	22
57	D_{28}*	2005	280	120	0.43	26 300×2 680	2 714×2 730	41 696	9.59	16	空 100 重 50	145	25 500	1 160	2E 轴	φ356×254(密)	120	链式	21.9/15.3	6×4	13A 号	MT-3	株厂	凹底长 10 000 mm	2
58	D_{32A}	2006	320	240	0.75	37 700×2 760	3 000×4 280	61 910	9.05	24	空 100 重 50	外 150 中 180 内 260	36 900	1 225/950	3E 轴	φ203×254	120	NSW	13.7/14.2	14×8	17 型	MT-2	株厂	凹底长 10 500 mm	1
59	D_{45}	2006	450	202	0.45	41 600×2 110	3 000×4 390	69 580	9.37	28	空 100 重 50	180	40 900	承载面 4 130	2E 轴构架	φ203×254	120	FSW	23.3/7.2	2×25.5	13A 下作用	MT-2	齐厂	落下孔尺寸 16 100 mm×(1 450～2 350)mm	1
60	DK_{23}	2007	230 一字梁 227 十字梁	70 一字梁 73 十字梁	0.3 0.32	25 340×2 880(一字梁空车) 27 440×2 880(十字梁短臂空车) 26 320×4 000(十字梁长臂重车)	2 880×3 060(一字梁或十字梁短臂位) 4 000×3 060(十字梁长臂位)	35 290	8.5	12	空 120 重 80	145	23 440	承载面 3 060	3E 轴构架	φ203×254	120	NSW	23.8/13.3	14×4	17 型	MT-2	株厂	落下孔 13 500 mm×(2 200～2 360)mm(一字梁十字梁短臂位) 13 500 mm×(2 500～3 480)mm(十字梁长臂位)(宽可调)	2
61	DK_{29}*	2007	290	110	0.38	30 700×2 700(空) 29 300×4 100(重)	2 700×3 400(空) 4 100×3 400(重)	42 796	9.35	16	空 100 重 60	145	26 600	承载面 3 400	2E 轴构架	φ305×254	120	NSW	20.2/13.4	8.3×4	17 型	MT-2	株厂	落下孔尺寸 13 200 mm×2 240 mm(空) 13 200 mm×(3 140～3 640)mm(重)	2

续上表

序号	车型	制造年份	载重/t	自重/t	自重系数	车体尺寸/(mm×mm)(长×宽)	最大尺寸/(mm×mm)(宽×高)	车辆长度/mm	每延米重/(t/m)	轴数	构造速度/(km/h)	通过最小曲线半径/m	车辆定距/mm	地板面高/mm(空车/重车)	转向架	制动装置					车钩	缓冲器	制造地	特点	制造辆数
																制动缸/(mm×mm)	三通阀	手制动机	制动率/%(空车/重车)	制动倍率					
62	DA$_{21}$	2007	210	122.8	0.58	25 030×2 700	2 700×2 965	37 996	8.76	16	120	180	24 130	940/810	4E轴	ϕ203×254	120	链式	19.6/14.9	12×4	17型	MT-2	哈厂	凹底长9 800 mm	12
63	DA$_{25}$	2007	250	127.4	0.51	26 160×2 700	2 700×3 050	40 026	9.43	16	120	180	25 260	1 050/890	4E轴	ϕ203×254	120	链式	18.9/13.2	12×4	17型	MT-2	哈厂	凹底长10 000 mm	5
64	D$_{22A}$	2007	120	44	0.37	25 000×3 000	3 180×1 080	25 930	6.32	8	120	180	17 800	1 080	4D轴	ϕ254×254	120	NSW型	29.4/16.5	9.6	13A下作用	MT-2	齐厂	铁地板	45
65	DQ$_{35}$	2007	350	185	0.53	23 590×3 000	3 000×4 662	45 520(短连挂) 56 660(重车)	9.38	24	空100 重60	空车145 重车:外145 内180	大底架12 050 钳形梁(空)22 890		3E轴	ϕ203×254	120	NSW	12.7/10.8	4×15.2	13A下作用	MT-2	齐厂	钳夹式	1
66	DK$_{36}$	2007	360	200	0.56	38 040×2 880(空) 38 040×4 000(重)	3 000×4 340(空) 4 000×4 340(重)	61 010	9.18	24	空100 重60	外150 中180 内260	36 000	承载面3 720	3E轴	ϕ203×254	120	NSW	16.7/14.3	14×8	17型	MT-2	株厂	落下孔尺寸 13 200 mm×2 420 mm(空) 13 200 mm×(3 000～3 540)mm(重)	9
67	DK$_{36A}$	2008	360	182	0.51	56 980×3 000(空) 56 980×4 030(重)	3 000×4 225(空) 4 030×4 225(重)	56 980(13B钩)/ 57 016(17型钩)	9.51	24	空100 重60	外145 中180 内250	34 000	承载面3 760	3E轴	ϕ203×254	120	NSW	12.9/10.86	4×15.2	13B型/17型	MT-2	齐厂	落下孔尺寸 13 000 mm×(2 460～3 550)mm	7
68	DK$_{17A}$	2008	155	45	0.29	19 500×2 950	2 950×2 000	27 780(13B钩) 27 816(17型钩)	7.19	8	120	145	18 800	2 000	转K$_6$	ϕ254×254	120	NSW	32.8/16.4	2×10	13B/17	MT-2/HM-1	齐厂	落下孔 12 500 mm×2 350 mm	8
69	DA$_{37}$	2009	370	200	0.54	38 100×3 000	3 000×4 340	61 416	9.29	24	空100 重60	外145 中180 内300	大底架13 200 凹底架37 300	承载面圆弧底部1 380/1 100	3E轴	ϕ203×254	120	NSW	11.5/10	15.2×4	17型	HM-1	齐厂	圆弧形承载面，凹底长11 250 mm	1

续上表

序号	车型	制造年份	载重/t	自重/t	自重系数	车体尺寸/(mm×mm)(长×宽)	最大尺寸/(mm×mm)(宽×高)	车辆长度/mm	每延米重/(t/m)	轴数	构造速度/(km/h)	通过最小曲线半径/m	车辆定距/mm	地板面高/mm(空车/重车)	转向架	制动装置					车钩	缓冲器	制造地	特点	制造辆数
																制动缸/(mm×mm)	三通阀	手制动机	制动率/%(空车/重车)	制动倍率					
70	DQ_{45}	2009	450	208	0.462	27 360×3 000	3 000×4 703	53 456(空) 65 186(重)	10.05	28	空 100 重 60	空车 145 重车：外 145 中 180 内 250	大底架 14 500 钳形梁(空) 26 640		3E、4E 轴	ϕ203×254	120	NSW	17.8/5.59	4×9.9	17 型	MT-2	齐厂	钳夹式	1
71	D_{12K}	2013	120	47.8	0.4	17 020×3 000	3 000×1 852	24 230	6.93	8	100	145	16 200	850	转 K_2	ϕ356×254(密)	120	链式	22.4/16.7	10.8	13A 下	MT-3	哈厂	凹底长 9 000 mm	11
72	D_{22B}	2014	120	48	0.40	25 000×3 000	3 180×1 080	25 966	6.47	8	100	180	17 800	1 350	4D 轴构架	ϕ254×254	120	NSW 型	29.4/16.5	9.6	17 型	MT-2	齐厂	木地板	12
73	DA_{26}	2015	260	114.4	0.44	26 160×2 684	2 684×3 130	39 966	9.36	16	100	145	25 200	1 115/967	4E 轴	ϕ356×254	120	链式	19.6/13.6	8.8	17 型	MT-2	哈厂	凹底长 10 000 mm	1

注：* 为企业自备车；“外”“中”“内”分别表示“外导向”“中导向”“内导向”。

2　按载重量排序

序号	车型	载重/t	自重/t	自重系数	车体尺寸/(mm×mm)(长×宽)	最大尺寸/(mm×mm)(宽×高)	车辆长度/mm	每延米重/(t/m)	轴数	构造速度/(km/h)	通过最小曲线半径/m	车辆定距/mm	地板面高/mm(空车/重车)	空车重心高度/mm	转向架	制动装置					车钩	缓冲器	制造地	制造年份	特点	制造辆数
																制动缸/(mm×mm)	三通阀	手制动机	制动率/%(空车/重车)	制动倍率						
1	QD_3*	30	23	0.77	1 600×3 000	3 000×1 694	16 938	3.1	4	85	145	12 500	579		转 8A	ϕ203×305	K_1	链式	76.2/28.86	15	13 号	2 号	二七厂	1991	凹底长 7 000 m	8
2	D_{50}*	50	28.1	0.562	16 000×2 920	2 920×2 078	16 908	4.62	4	100	150	12 700	544	607	转 8	ϕ203×305KD	K_1	链式	67/24.2	9.27	2 号	3 号	戚厂	1959	凹底长 8 100 mm	1
3	D_5	60	22	0.367	17 000×3 000	3 000×1 810	18 022	4.55	4	100	145	13 500	630	530	转 8A	ϕ203×305	K_1	链式	77.8/20.9	8.4	2 号	3 号	二七厂	1968	凹底长 8 000 mm	17
4	D_{21}	60	28.3	0.47	19 462×2 900	3 190×3 756	20 400	4.33	6	80	145	15 500	356	950	3D 轴	ϕ254×305	K_2	链式			2 号	3 号	韩国	20 世纪 50 年代	平板式	18
5	D_{70}	70	26.6	0.38	19 462×2 950	3 100×1 975	20 400	4.73	4	90	180	15 500	1 169	798	2E 轴	ϕ356×254	120	链式	65.9/34.3	10.3	13 号	MT-3	哈厂	1999	平板式	5
6	D_{10}	90	47	0.52	20 000×3 000	3 000×1 400	20 932	6.6	6	75	145	15 500	835	800	转 28	ϕ254×305D	K_2	折叠链式	50	6.9	2 号(上)	3 号	大厂 沈厂	1959	凹底长 10 000 mm	
7	D_{10}	90	29	0.322	19 400×3 000	3 000×1 259	20 308	5.86	6	80	145	14 800	777	720	3D 型 H 构架	ϕ152×203	GK	旋转链式	35/17	8.5	2 号	3 号	二七厂	1970	凹底长 10 000 mm	22(6)
8	D_{10}	90	36	0.40	19 400×3 000	3 120×1 350	20 308	6.2	6	80	150	14 800	777	652	3D 型 H 构架	ϕ254×305D	K_2	旋转链式	82/22	9.24	2 号	3 号	哈厂	1973	凹底长 10 000 mm	93

续上表

序号	车型	载重/t	自重/t	自重系数	车体尺寸/(mm×mm)(长×宽)	最大尺寸/(mm×mm)(宽×高)	车辆长度/mm	每延米重/(t/m)	轴数	构造速度/(km/h)	通过最小曲线半径/m	车辆定距/mm	地板面高/mm(空车/重车)	空车重心高度/mm	转向架	制动装置					车钩	缓冲器	制造地	制造年份	特点	制造辆数
																制动缸/(mm×mm)	三通阀	手制动机	制动率/%(空车/重车)	制动倍率						
9	D_{10}	90	36	0.355	19 400×3 000	3 120×1 350	20 308	6.2	6	80	150	14 800	777	652	3D型H构架	φ254×305D	120	旋转链式	82/22	9.24	13A	MT-2	二七厂	2004改造	凹底长10 000 mm	15
10	D_{10A}	90	36	0.4	20 020×3 000	3 000×1 450	20 958	6.01	6	120	145	15 420	690	670	3D	φ254×254	120	NSW	37.1/19.2	8×2	13A(下)	MT-3	株厂	2004	凹底长10 000 mm	5
11	D_{9A}	90	35.8	0.4	16 100×3 100	3 100×1 659	21 130	5.95	6	120	145	15 500	730/685	641	3D轴	φ203×254	120	FSW	25.5/14.1	11	13B 17型	MT-2	齐厂	2005	凹底长10 500 mm	5
12	D_6	110	60	0.55	15 800×2 400	2 840×3 500	22 782	7.46	8	80	180	15 000	860	900	MT-CH转7	φ356×254	MT3-135、GK	螺杆式			2号	3号	前民德	1956	凹底长7 000 mm	31
13	D_{16}	110	59	0.536	×3 150	3 150×3 400	21 150	8	8	80	180	13 000	1 640		MT-50	φ356×305	MT3-135、GK	螺杆式			2号	3号	前民德	1956	落下孔4 600 mm×2 300 mm	6
14	D_{16G}	110	53	0.48	17 850×2 800	2 800×2 460	25 420	6.41	8	80	180	17 270	900	794	转8A	φ356×254	GK	螺杆式			2号	3号	哈厂	1999	凹底长9 000 mm	6
15	D_{12}	120	46.7	0.39	17 020×3 000	3 000×1 962	24 238	6.88	8	100	145	16 200	850	722	转8A	φ356×254(密)	120	链式	67/31	9.25	13号	2号	哈厂	1994	凹底长9 000 mm	16
16	D_{12K}	120	47.8	0.4	17 020×3 000	3 000×1 852	24 230	6.93	8	100	145	16 200	850	701	转K_2	φ356×254(密)	120	链式	22.4/16.7	10.8	13A下	MT-3	哈厂	2013	凹底长9 000 mm	11
17	120 t凹平	120	48.6	0.405	21 100×2 400	2 620×2 027	22 008	7.66	8	90	150	21 100	999	880	老转6	φ254×305	K_2	折叠链式	65.6/20.6	10	2号	3号	齐厂	1958	凹底长7 400 mm	1
18	D_{22}	120	41.4	0.344	25 000×3 000	3 198×2 043	25 938	6.25	8	100	180	17 800	1 460	770	4D轴一体	φ356×254	GK	链式	70.2/35.9	8.5	2号 13号	3号 2号	齐厂	1959—1973	平板式	87
19	D_{22G}(铁)	120	43.9	0.37	20 400×3 000	3 198×1 150	24 670	6.64	8	80	180	17 800	1 150	708	Z31型	φ356×254	GK	链式	70.2/35.9	9	13号	2号	哈厂	1999	平板式	12
20	D_{22G}(木)	120	41.9	0.35	20 400×3 000	3 198×1 210	24 670	6.56	8	80	180	17 800	1 210	715	Z31型	φ356×254	GK	链式	70.2/35.9	9	13号	2号	哈厂	1999	平板式	13
21	D_{22A}	120	44	0.37	25 000×3 000	3 180×1 080	25 930	6.32	8	120	180	17 800	1 080	552	4D轴构架	φ254×254	120	NSW型	29.4/16.5	9.6	13A下作用	MT-2	齐厂	2007	铁地板	45
22	D_{22B}	120	48	0.40	25 000×3 000	3 180×1 080	25 966	6.47	8	100	180	17 800	1 350	745	4D轴构架	φ254×254	120	NSW型	29.4/16.5	9.6	17型	MT-2	齐厂	2014	木地板	12
23	D_{15}	150	48.9	0.33	17 480×2 700	2 773×2 031	24 830	8	8	90	150	16 700	900	748	2E轴	φ356×254	120	链式	69.0/32.1	9.91	13号	MT-3	哈厂	1999	凹底长9 000 mm	1
24	D_{15A}	150	49.6	0.33	18 050×2 846	2 846×1 935	26 330	7.6	8	120	145	17 350	850/730	680	K_6	φ254×254	120	FSW或NSW	32.8/16.4	10	13B	MT-2	哈厂	2005	凹底长9500 mm	9
25	D_{15B}*	150	50	0.33	17 450×2 900	2 900×2 150	25 606	7.81	8	120	145	16 750	800/700	680	2E轴	φ254×254	120	链式	24.1/14.9	11.8×2	13A号	MT-3	株厂	2005	凹底长9 000 mm	22
26	D_7	150	102	0.68	21 170×2 400	2 600×3 600	31 730	7.94	12	80	180	20 700	1 125	900	3D轴板式	φ356×254	MT3-135、GK	螺杆式			2号	3号	前民德	1956	凹底长9 000 mm	12

续上表

序号	车型	载重/t	自重/t	自重系数	车体尺寸/(mm×mm)(长×宽)	最大尺寸/(mm×mm)(宽×高)	车辆长度/mm	每延米重/(t/m)	轴数	构造速度/(km/h)	通过最小曲线半径/m	车辆定距/mm	地板面高/mm(空车/重车)	空车重心高度/mm	转向架	制动装置					车钩	缓冲器	制造地	制造年份	特点	制造辆数
																制动缸/(mm×mm)	三通阀	手制动机	制动率/%(空车/重车)	制动倍率						
27	D_{27}	150	42.9	0.29	25 000×3 000	3 198×2 043	25 938	7.45	8	100	180	17 800	1 460	770	4D 轴一体	ϕ356×254	GK	链式	67.5/30	8.5	13 号	2 号	齐厂	1975	平板式	2
28	D_{17}	150	50	0.33	×3 360	3 360×2 142	25 942	7.7	10	70	145	17 500	2 142	1 130	5D 轴构架	ϕ356×254	GK	链式	85/23	2×6.4	13 号	2 号	株厂	1969	落下孔 10 200 mm×2 300 mm	25
29	D_{17}	150	97	0.647	×3 150	3 150×3 600	28 330	9	12	80	180	17 000	1 900	1 130	MT-50	ϕ356×305	MT3-135、GK	螺杆式			2 号	3 号	前民德	1956	落下孔 4 600 mm×2 300 mm	8
30	D_{17A}	155	44.5	0.29	19 500×2 950	2 950×2 000	27 780	7.18	8	100	145	8 000	2 000	920	2E	ϕ203×254	120	FSW	32.6/14.7	14.8	13A(上)	MT-2	齐厂	2004	落下孔 12 500×2 350 mm	2
31	DK_{17A}	155	45	0.29	19 500×2 950	2 950×2 000	27 780(13B 钩) 27 816(17 型钩)	7.19	8	120	145	18 800	2 000	920	转 K_6	ϕ254×254	120	NSW	32.8/16.4	2×10	13B/17	MT-2/HM-1	齐厂	2008	落下孔 12 500 mm×2 350 mm	8
32	D_{18A}	180	135	0.75	23 540×2 800	2 800×2 259	35 470	8.9	16	80	180	22 440	930	970	4D 轴	ϕ356×254	120	链式	75.3/32.3	9	13 号	2 号	哈厂	1991	中部凹底长 9 000 mm	16
33	D_8	180	149	0.83	25 420×2 400	2 560×3 400	38 700	9	16	80	180	24 600	1 200	1 100	MT-CH	ϕ356×254	MT3-135、GK	螺杆式			2 号	3 号	前民德	1956	中部凹底厂 9 000 mm	7
34	D_{18G}	180	152	0.86	24 800×2 700	3 128×2 775	38 000	8.81	16	80	180	23 900	930	888	转 7	ϕ356×305	GK	螺杆式			2 号	3 号	哈厂	1998	中部凹底长 9 000 mm	3
35	D_{18}	180	146	0.81	×3 150	3 150×3 500	35 100	9	16	80	180	20 600	2 230		MT-50	ϕ356×305	MT3-135、GK	螺杆式			2 号	3 号	前民德	1956	落下孔 4 600 mm×2 300 mm	3
36	D_2	210	167	0.79	23 300×2 780	2 780×2 187	35 429	10.64	16	80	180	22 200	950	1 032	Z10	ϕ356×254	GK、120	链式	30/27.1	9	13 号	2 号	哈厂	1997	中部凹底长 9 000 mm	54
37	D_{2G}	210	149	0.71	23 800×2 780	2 780×2 359	36 330	9.87	16	80	180	22 700	930	1 047	4 轴	ϕ356×254	GK	链式			2 号	2 号	哈厂	1997	中部凹底长 9 000 mm	30
38	D_{2A}	210	136	0.65	24 160×2 780	2 760×2 423	36 880	9.38	16	80	180	23 060	930	1 072	4E 轴	ϕ356×254(密)	120	链式	72/29	9.02	13 号	MT-3	哈厂	1999	中部凹底长 9 000 mm	1
39	DA_{21}	210	123	0.58	25 030×2 700	2 700×2 965	37 996	8.76	16	120	180	24 130	940/810	1 035	4E 轴	ϕ203×254	120	链式	19.6/14.9	12×4	17 型	MT-2	哈厂	2007	凹底长 9 800 mm	12
40	D_9	230	180	0.78	29 020×2 400	3 100×3 650	45 280	9	20	80	180	27 760	1 850	920	$5D_1$ 轴板式	ϕ356×254	MT3-135、GK	螺杆式			2 号	3 号	前民德	1956	中部凹底长 9 000 mm	3
41	D_{9G}	230	177	0.77	28 100×2 570	3 100×2 890	44 520	9.13	20	80	180	27 000	1 150	1 202	$5D_1$ 轴板式	ϕ356×305	MT3-135、GK	螺杆式			2 号	3 号	哈厂	1998	中部凹底长 9 300 mm	2
42	D_{19}	230	180	0.78	×3 100	3 100×3 400	39 650	10	20	80	180	21 760	2 835		$5D_1$ 轴板式	ϕ356×305	MT3-135、GK	螺杆式			2 号	3 号	前民德	1956	落下孔 4 600 mm×2 300 mm	1

续上表

序号	车型	载重/t	自重/t	自重系数	车体尺寸/(mm×mm)(长×宽)	最大尺寸/(mm×mm)(宽×高)	车辆长度/mm	每延米重/(t/m)	轴数	构造速度/(km/h)	通过最小曲线半径/m	车辆定距/mm	地板面高/mm(空车/重车)	空车重心高度/mm	转向架	制动装置					车钩	缓冲器	制造地	制造年份	特点	制造辆数
																制动缸/(mm×mm)	三通阀	手制动机	制动率/%(空车/重车)	制动倍率						
43	DK$_{23}$	230 一字梁 227 十字梁	70 一字梁 73 十字梁	0.3 0.32	25 340×2 880（一字梁空车） 27 440×2 880（十字梁短臂空车） 26 320×4 000（十字梁长臂重车）	2 880×3 060（一字梁或十字梁短臂位） 4 000×3 060（十字梁长臂位）	35 290	8.5	12	空 120 重 80	145	23 440	承载面 3 060	1 220	3E 轴构架	ϕ203×254	120	NSW	23.8/13.3	14×4	17 型	MT-2	株厂	2007	落下孔 13 500 mm×(2 200～2 360)mm（一字梁十字梁短臂位） 13 500 mm×(2 500～3 480)mm（十字梁长臂位）（宽可调）	2
44	D$_{23}$	235	104	0.44	28 000×2 520	3 128×2 443	37 846	9	16	60	180	25 000	1 728	950	4D 轴一体	ϕ356×254	GK	链式	45.5/32.3	9	2 号	2 号	哈厂	1974	平板式，双支承承载	2
45	D$_{25}$*	250	86	0.34	18 900×2 628	2 628×3 860	34 146	9.84	16	90	145	18 000	1 650		转 8A	ϕ356×254(密)	120	链式			13 号(上)	MT-3	株厂	1996	平板式	1
46	D$_{25A}$	250	142	0.568	26 670×2 630	2 630×2 563	40 910	9.58	16	80	180	25 570	1080	1 115	4E 轴	ϕ356×254(密)	120	链式	73/26	9	13 号	2 号	哈厂	1998	中部凹底长 9 800 mm	6
47	DA$_{25}$	250	127	0.51	26 160×2 700	2 700×3 050	40 026	9.43	16	120	180	25 260	1 050/890	1 087	4E 轴	ϕ203×254	120	链式	18.9/13.2	12×4	17 型	MT-2	哈厂	2007	凹底长 10 000 mm	5
48	D$_{19G}$	250	158	0.63	29 700×2 700	2 700×3 000	46 028	8.87	20	80	180	28 500	3 000	1 450	5 轴板式	ϕ356×305	GK	螺杆式			2 号	3 号	哈厂	1998	落下孔 12 200 mm×2 060 mm	2
49	D$_{26}$*	260	140	0.54	26 000×2 680	2 680×2 850	41 396	9.66	16	90	145	25 200	1 150	1 070	2E 轴	ϕ356×254(密)	120	链式	41.8/27.7	8.6×4	13 号(上)	2 号	株厂	1997	中部凹底长 9 800 mm	1
50	DA$_{26}$	260	114	0.44	26 160×2 684	2 684×3 130	39 966	9.36	16	100	145	25 200	1 115/967	1 026	4E 轴	ϕ356×254	120	链式	19.6/13.6	8.8	17 型	MT-2	哈厂	2015	凹底长 10 000 mm	1
51	D$_{26A}$	260 138	73.6 30	0.285 0.217	17 500×2 990 7 500×1 950	3 170×2 000 ×1 525	32 138 15 538	10.42 10.8	16 8	90 90	145 145	16 500 6 900	1 600 1 525	720	转 8G	ϕ356×254(密)	120	蜗轮蜗杆式	35.7/15.2	11.9	13 号(上)	MT-3	齐厂	2000	组合式	1
52	D$_{26AK}$	260 138	75.6 30	0.285 0.217	17 500×2 990 7 500×1 950	3 170×2 000 ×1 525	32 138 15 538	10.42 10.8	16 8	120 120	145 145	16 500 6 900	1 600 1 525	720	K$_2$	ϕ254×254 密	120	FSW	35.7/15.2	11.9	13 号(上)	MT-3	齐厂	2004	组合式	2
53	D$_{23G}$	265	71	0.27	19 170×3 128	3 128×2 050	30 958	10.87	16	60	180	18 000	1 694	950	4 轴一体	ϕ356×254	GK	链式	45.5/32.5	9	13 号	MT-3	哈厂	1997	平板式，双支承承载	2
54	D$_{28}$*	280	120	0.43	26 300×2 680	2 714×2 730	41 696	9.59	16	空 100 重 50	145	25 500	1 160	1 000	2E 轴	ϕ356×254(密)	120	链式	21.9/15.3	6×4	13A 号	MT-3	株厂	2005	凹底长 10 000 mm	2
55	D$_{20}$	280	138	0.495	×3 000	3 000×3 658	32 128	10.1	20	80(空)	180	15 640		1 400	5D 轴板式	ϕ356×254	GK	蜗轮蜗杆式	76/38	8.5	2 号(上)	3 号	齐厂	1960	钳夹式	1

续上表

序号	车型	载重/t	自重/t	自重系数	车体尺寸/(mm×mm)(长×宽)	最大尺寸/(mm×mm)(宽×高)	车辆长度/mm	每延米重/(t/m)	轴数	构造速度/(km/h)	通过最小曲线半径/m	车辆定距/mm	地板面高/mm(空车/重车)	空车重心高度/mm	转向架	制动装置					车钩	缓冲器	制造地	制造年份	特　点	制造辆数
																制动缸/(mm×mm)	三通阀	手制动机	制动率/%(空车/重车)	制动倍率						
56	D_{35}	280	208	0.74		3 660×4 480	短连挂 36 542 悬挂凹底 48 642	10	24	80(空) 40(重)	145(空) 180(重)	18 050			4E 轴	ϕ356×254	GK	蜗轮蜗杆式	74/31.6	8.02	13 号(上)	2 号 MX-1	株厂	1978	钳夹式	1
57	D_{26B}*	290	107	0.37	26 800×4 100 重 28 000×2 900 空	4 100×3 400 重 2 900×3 400 空	40 096	9.66	16	90	145	23 900	承载面 3 400	1 377	2E	ϕ356×254	120	链式	48.7/23.7	8.6×4	13(上)	ST	株厂	2003	落下孔 10 800 mm×(3 140 ~3 640) mm	3
58	DK_{29}*	290	110	0.38	30 700×2 700(空) 29 300×4 100(重)	2 700×3 400(空) 4 100×3 400(重)	42 796	9.35	16	空 100 重 60	145	26 600	承载面 3 400	1 381	2E 轴构架	ϕ305×254	120	NSW	20.2/13.4	8.3×4	17 型	MT-2	株厂	2009	落下孔尺寸 13 200 mm×2 240 mm(空) 13 200 mm×(3 140~3 640)mm(重)	2
59	D_{30A}	300	119	0.396		3 000×3 650	32 668(短) 44 818(长)	3.6(空) 9.3(重)	20	80(空) 50(重)	150	15 800 空 27 950 重		1 460	5 轴	ϕ356×254	120	蜗轮蜗杆式	49/27.7	34	13 号(上)	2 号	齐厂	1997	钳夹式	1
60	300 t* 平车	300	95	0.31		3 400×1 830	30 858		16	80	145				Z10C	ϕ356×254	GK	倾斜式	54.2/25.7	9	13 号	2 号	哈厂	1983	双联平车	1
61	D_{32} 凹平	320	226	0.7	34 700×2 900	2 920×4 366	58 860	9.28	24	100	180	33 800	1 150(可调)	1 570	2E	ϕ203×254	120	FSW	35.5/14.8		13A(上)	MT-3	齐厂	2003	凹底长 10 500 mm	1
62	D_{32} 落孔	350	175	0.5	35 100×2 900	3 000×4 191	59 560	8.81	24	100	180	34 500	3 790	1 650	2E	ϕ203×254	120	FSW	34.3/11.7	8.1	13A(上)	MT-3	齐厂	2003	落下孔 14 000 mm× 2 300~3 400 mm	1
63	D_{32A}	320	240	0.75	37 700×2 760	3 000×4 280	61 910	9.05	24	空 100 重 50	外 150 中 180 内 260	36 900	1 225/950	1 430	3E 轴	ϕ203×254	120	NSW	13.7/14.2	14×8	17 型	MT-2	株厂	2006	凹底长 10 500 mm	1
64	D_{35}	350	290	0.83		3 350×4 715	50 168		32	80(空) 30(重)	150	37 000		1 800	4E 轴	ϕ356×254	GK	蜗轮蜗杆式	55.8/25.3	6.46	13 号(上)	2 号	齐厂	1978	钳夹式	1

续上表

序号	车型	载重/t	自重/t	自重系数	车体尺寸/(mm×mm)(长×宽)	最大尺寸/(mm×mm)(宽×高)	车辆长度/mm	每延米重/(t/m)	轴数	构造速度/(km/h)	通过最小曲线半径/m	车辆定距/mm	地板面高/mm(空车/重车)	空车重心高度/mm	转向架	制动装置					车钩	缓冲器	制造地	制造年份	特点	制造辆数
																制动缸/(mm×mm)	三通阀	手制动机	制动率/%(空车/重车)	制动倍率						
65	DQ_{35}	350	185	0.529	23 590×3 000	3 000×4 662	45 520(短连挂) 56 660(重车)	9.38	24	空 100 重 60	空车 145 重车：外 145 内 180	大底架 12 050 钳形梁(空) 22 890		1 780	3E 轴	ϕ203×254	120	NSW	12.7/10.8	4×15.2	13A 下作用	MT-2	齐厂	2007	钳夹式	1
66	DK_{36}	360	200	0.55	38 040×3 000(空) 38 040×4 000(重)	3 000×4 340(空) 4 000×4 340(重)	61 010	9.18	24	空 100 重 60	外 150 中 180 内 260	36 000	承载面 3 720	1 974	3E 轴构架	ϕ203×254	120	NSW	16.7/14.3	14×8	17 型	MT-2	株厂	2007	落下孔尺寸 13 200 mm×2 420 mm(空)13 200×(3 000～3 540)mm(重)	9
67	DK_{36A}	360	182	0.51	56 980×3 000(空) 56 980×4 030(重)	3 000×4 225(空) 4 030×4 225(重)	56 980(13B 钩)/57 016(17 型钩)	9.51	24	空 100 重 60	外 145 中 180 内 250	34 000	承载面 3 760	1 750	3E 轴	ϕ203×254	120	NSW	12.9/10.86	4×15.2	13B/17 型	MT-2	齐厂	2008	落下孔尺寸 13 000 mm×(2 460～3 550)mm	7
68	D_{30}	370	126	0.34			双联 40 360 单节 20 180	12.3	20		180	20 180		920	5 轴板式	ϕ356×254	GK	蜗轮蜗杆式	42.3/21.5	8.5	2 号(上)	2 号	齐厂	1974	双联平车	2
69	D_{30G}	370	101	0.27	×3 180	3 380×4 735	双联 42 668 单节 21 334	11	20	80	180	22 380	1 735/1 675	700	5 轴板式	ϕ356×254	GK	蜗轮蜗杆式	42.3/21.5	8.5	2 号(上)	2 号	齐厂	1999	双联平车	1
70	DA_{37}	370	200	0.54	38 100×3 000	3 000×4 340	61 416	9.29	24	空 100 重 60	外 145 中 180 内 300	大底架 13 200 凹底架 37 300	承载面圆弧底部 1 380/1 100	1 380	3E 轴	ϕ203×254	120	NSW	11.5/10	15.2×4	17 型	HM-1	齐厂	2009	圆弧形承载面，凹底长 11 250 mm	1
71	D_{38}	380	226	0.59		3 000×4 715	52 718(空) 64 818(重)	4.29(空) 9.35(重)	32	80(空) 50(重)	150	26 150 空 38 250 重		1 750 1 780(高钳梁)	4 轴	ϕ254×254(密)	120	蜗轮蜗杆式	18.6/14	46.86	13 号(上)	2 号	齐厂	1998	钳夹式	1

续上表

序号	车型	载重/t	自重/t	自重系数	车体尺寸/(mm×mm)(长×宽)	最大尺寸/(mm×mm)(宽×高)	车辆长度/mm	每延米重/(t/m)	轴数	构造速度/(km/h)	通过最小曲线半径/m	车辆定距/mm	地板面高/mm(空车/重车)	空车重心高度/mm	转向架	制动装置					车钩	缓冲器	制造地	制造年份	特点	制造辆数
																制动缸/(mm×mm)	三通阀	手制动机	制动率/%(空车/重车)	制动倍率						
72	D_{45}	450	202	0.45	41 600×2 110	3 000×4 390	69 580	9.37	28	空 100 重 50	180	40 900	承载面 4 130	1 810	2E 轴构架	ϕ203×254	120	FSW	23.3/7.2	2×25.5	13A 下作用	MT-2	齐厂	2006	落下孔尺寸 16 100 mm×(1 450~2 350)mm(宽可调)	1
73	DQ_{45}	450	208	0.462	27 360×3 000	3 000×4 703	53 456(空) 65 186(重)	10.05	28	空 100 重 60	空车 145 重车：外 145 中 180 内 250	大底架 14 500 钳形梁(空) 26 640		1 700	3E、4E 轴	ϕ203×254	120	NSW	17.8/5.59	4×9.9	17 型	MT-2	齐厂	2009	钳夹式	1

注：* 为企业自备车。

3　按车型分类排序

序号	车型	载重/t	自重/t	自重系数	车体尺寸/(mm×mm)(长×宽)	最大尺寸/(mm×mm)(宽×高)	车辆长度/mm	每延米重/(t/m)	轴数	构造速度/(km/h)	通过最小曲线半径/m	车辆定距/mm	地板面高/mm(空车/重车)	空车重心高度/mm	转向架	制动装置					车钩	缓冲器	制造地	制造年份	特点	制造辆数
																制动缸/(mm×mm)	三通阀	手制动机	制动率/%(空车/重车)	制动倍率						
凹底平车																										
1	QD_3*	30	23	0.77	16 000×3 000	3 000×1 694	16 938	3.1	4	85	145	12 500	579		转 8A	ϕ203×305	K_1	链式	76.2/28.86	15	13 号	2 号	二七厂	1991	凹底长 7 000 mm	8
2	D_{50}	50	28.1	0.562	16 000×2 920	2 920×2 078	16 908	4.62	4	100	150	12 700	544	607	转 8	ϕ203×305KD	K_1	链式	67/24.2	9.27	2 号	3 号	戚厂	1959	凹底长 8 100 mm	1
3	D_5	60	22	0.367	17 000×3 000	3 000×1 810	18 022	4.55	4	100	145	13 500	630	530	转 8A	ϕ203×305	K_1	链式	77.8/20.9	8.4	2 号	3 号	二七厂	1968	凹底长 8 000 mm	17
4	D_{10}	90	47	0.52	20 000×3 000	3 000×1 400	20 932	6.6	6	75	145	15 500	835	800	转 28	ϕ254×305D	K_2	折叠链式	50	6.9	2 号(上)	3 号	大厂 沈厂	1959	凹底长 10 000 mm	
5	D_{10}	90	29	0.322	19 400×3 000	3 000×1 259	20 308	5.86	6	80	145	14 800	777	720	3D	ϕ152×203	GK	旋转链式	35/17	8.5	2 号	3 号	二七厂	1970	凹底长 10 000 mm	22(6)
6	D_{10}	90	36	0.355	19 400×3 000	3 120×1 350	20 308	6.2	6	80	150	14 800	777	652	3D	ϕ254×305D	K_2	旋转链式	82/22	9.24	2 号	3 号	哈厂	1973	凹底长 10 000 mm	93
7	D_{10}	90	36	0.355	19 400×3 000	3 120×1 350	20 308	6.2	6	80	150	14 800	777	652	3D	ϕ254×305D	120	旋转链式	82/22	9.24	13A	MT-2	二七厂	2004 改	凹底长 10 000 mm	15
8	D_{10A}	90	36	0.4	20 020×3 000	3 000×1 450	20 958	6.01	6	120	145	15 420	690	670	3D	ϕ254×254	120	NSW	37.1/19.2	8×2	13A(下)	MT-3	株厂	2004	凹底长 10 000 mm	5

续上表

序号	车型	载重/t	自重/t	自重系数	车体尺寸/(mm×mm)(长×宽)	最大尺寸/(mm×mm)(宽×高)	车辆长度/mm	每延米重/(t/m)	轴数	构造速度/(km/h)	通过最小曲线半径/m	车辆定距/mm	地板面高/mm(空车/重车)	空车重心高度/mm	转向架	制动装置					车钩	缓冲器	制造地	制造年份	特点	制造辆数
																制动缸/(mm×mm)	三通阀	手制动机	制动率/%(空车/重车)	制动倍率						
9	D_{9A}	90	35.8	0.285	16 100×3 100	3 100×1 659	21 130	5.95	6	120	145	15 500	730/685	641	3D 轴	ϕ203×254	120	FSW	25.5/14.1	11	13B 或 17 型	MT-2	齐厂	2005	凹底长 10 500 mm	5
10	D_6	110	60	0.55	15 800×2 400	2 840×3 500	22 782	7.46	8	80	180	15 000	860	900	MT-CH 转 7	ϕ356×254	MT3-135、GK	螺杆式			2 号	3 号	前民德	1956	凹底长 7 000 mm	31
11	D_{16G}	110	53	0.48	17 850×2 800	2 800×2 460	25 420	6.41	8	80	180	17 270	900	877	转 8A	ϕ356×254	GK	螺杆式			2 号	3 号	哈厂	1999	凹底长 9 000 mm	6
12	D_{12}	120	46.7	0.39	17 020×3 000	3 000×1 962	24 238	6.88	8	100	145	16 200	850	722	转 8A	ϕ356×254(密)	120	链式	67/31	9.25	13 号	2 号	哈厂	1994	凹底长 9 000 mm	16
13	D_{12K}	120	47.8	0.4	17 020×3 000	3 000×1 852	24 230	6.93	8	100	145	16 200	850	701	转 K_2	ϕ356×254(密)	120	链式	22.4/16.7	10.8	13A 下	MT-3	哈厂	2013	凹底长 9 000 mm	11
14	120 t	120	48.6	0.405	21 100×2 400	2 620×2 027	22 008	7.66	8	90	150	21 100	999	880	老转 6	ϕ254×305	K_2	折叠链式	65.6/20.6	10	2 号	3 号	齐厂	1958	凹底长 7 400 mm	1
15	D_7	150	102	0.68	21 170×2 400	2 600×3 600	31 730	7.94	12	80	180	20 700	1 125	900	3D 轴板式	ϕ356×254	MT3-135、GK	螺杆式			2 号	3 号	前民德	1956	凹底长 9 000 mm	12
16	D_{15}	150	48.9	0.326	17 480×2 700	2 773×2 031	24 830	8	8	90	150	16 700	900	748	2E 轴	ϕ356×254	120	链式	69.0/32.1	9.91	13 号	MT-3	哈厂	1999	凹底长 9 000 mm	1
17	D_{15A}	150	49.6	0.33	18 050×2 846	2 846×1 935	26 330	7.6	8	120	145	17 350	850/730	680	K_6	ϕ254×254	120	FSW 或 NSW	32.8/16.4	10	13B	MT-2	哈厂	2005	凹底长 9 500 mm	9
18	D_{15B}*	150	50	0.33	17 450×2 900	2 900×2 150	25 606	7.81	8	120	145	16 750	800/700	680	2E 轴	ϕ254×254	120	链式	24.1/14.9	11.8×2	13A 号	MT-3	株厂	2005	凹底长 9 000 mm	22
19	D_8	180	149	0.83	25 420×2 400	2 560×3 400	38 700	9	16	80	180	24 600	1 200	1 100	MT-CH	ϕ356×254	MT3-135、GK	螺杆式			2 号	3 号	前民德	1956	凹底长 9 000 mm	7
20	D_{18A}	180	135	0.75	23 540×2 800	2 800×2 259	35 470	8.9	16	80	180	22 440	930	970	4D 轴	ϕ356×254	120	链式	75.3/32.3	9	13 号	2 号	哈厂	1991	凹底长 9 000 mm	16
21	D_{18G}	180	152	0.86	24 800×2 700	3 128×2 775	38 000	8.81	16	80	180	23 900	930	877	转 7	ϕ356×305	GK	螺杆式			2 号	3 号	哈厂	1998	凹底长 9 000 mm	3
22	D_2	210	167	0.79	23 300×2 780	2 780×2 187	35 429	10.64	16	80	180	22 200	950	1 032	Z10	ϕ356×254	GK、120	链式	30/27.1	9	13 号	2 号	哈厂	1997	凹底长 9 000 mm	54
23	D_{2A}	210	136	0.65	24 160×2 780	2 760×2 423	36 880	9.38	16	80	180	23 060	930	1 072	4E 轴	ϕ356×254(密)	120	链式	72/29	9.02	13 号	MT-3	哈厂	1999	凹底长 9 000 mm	1
24	D_{2G}	210	149	0.71	23 800×2 780	2 780×2 359	36 330	9.87	16	80	180	22 700	930	1 047	4 轴	ϕ356×254	GK	链式			2 号	2 号	哈厂	1997	凹底长 9 000 mm	30
25	DA_{21}	210	123	0.59	25 030×2 700	2 700×2 965	37 996	8.76	16	120	180	24 130	940/810	1 035	4E 轴	ϕ203×254	120	链式	19.6/14.9	12×4	17 型	MT-2	哈厂	2007	凹底长 9 800 mm	12
26	D_9	230	180	0.78	29 020×2 400	3 100×3 650	45 280	9	20	80	180	27 760	1 850	920	$5D_1$ 轴板式	ϕ356×254	MT3-135、GK	螺杆式			2 号	3 号	前民德	1956	凹底长 9 000 mm	3
27	D_{9G}	230	177	0.77	28 100×2 570	3 100×2 890	44 520	9.13	20	80	180	27 000	1 150	1 202	$5D_1$ 轴板式	ϕ356×305	MT3-135、GK	螺杆式			2 号	3 号	哈厂	1998	凹底长 9 300 mm	2
28	D_{25A}	250	142	0.568	26 670×2 630	2 630×2 563	40 910	9.58	16	80	180	25 570	1 080	1 115	4E 轴	ϕ356×254(密)	120	链式	73/26	9	13 号	2 号	哈厂	1998	凹底长 9 800 mm	6

续上表

序号	车型	载重/t	自重/t	自重系数	车体尺寸/(mm×mm)(长×宽)	最大尺寸/(mm×mm)(宽×高)	车辆长度/mm	每延米重/(t/m)	轴数	构造速度/(km/h)	通过最小曲线半径/m	车辆定距/mm	地板面高/mm(空车/重车)	空车重心高度/mm	转向架	制动装置					车钩	缓冲器	制造地	制造年份	特　点	制造辆数
																制动缸/(mm×mm)	三通阀	手制动机	制动率/%(空车/重车)	制动倍率						
29	DA_{25}	250	127	0.51	26 160×2 700	2 700×3 050	40 026	9.43	16	120	180	25 260	1 050/890	1 087	4E 轴	φ203×254	120	链式	18.9/13.2	12×4	17 型	MT-2	哈厂	2007	凹底长 10 000 mm	5
30	D_{26}*	260	140	0.54	26 000×2 680	2 680×2 850	41 396	9.66	16	90	145	25 200	1 150	1 070	2E 轴	φ356×254(密)	120	链式	41.8/27.7	8.6×4	13 号(上)	2 号	株厂	1997	凹底长 9 800 mm	1
31	DA_{26}	260	114	0.44	26 160×2 684	2 684×3 130	39 966	9.36	16	100	145	25 200	1 115/967	1 026	4E 轴	φ356×254	120	链式	19.6/13.6	8.8	17 型	MT-2	哈厂	2015	凹底长 10 000 mm	1
32	D_{28}*	280	120	0.43	26 300×2 680	2 714×2 730	41 696	9.59	16	空 100 重 50	145	25 500	1 160	1 000	2E 轴	φ356×254(密)	120	链式	21.9/15.3	6×4	13A 号	MT-3	株厂	2005	凹底长 10 000 mm	2
33	D_{32}	320	226	0.7	34 700×2 900	2 920×4 366	58 860	9.28	24	100	180	33 800	1 150(可调)	1 570	2E	φ203×254	120	FSW	35.5/14.8		13A(上)	MT-3	齐厂	2003	凹底长 10 500 mm	1
34	D_{32A}	320	240	0.75	37 700×2 760	3 000×4 280	61 910	9.05	24	空 100 重 50	外 150 中 180 内 260	36 900	1 225/950	1 430	3E 轴	φ203×254	120	NSW	13.7/14.2	14×8	17 型	MT-2	株厂	2006	凹底长 10 500 mm	1
35	DA_{37}	370	200	0.54	38 100×3 000	3 000×4 340	61 416	9.29	24	空 100 重 60	外 145 中 180 内 300	大底架 13 200 凹底架 37 300	承载面圆弧底部 1 380/1 100	1 380	3E 轴	φ203×254	120	NSW	11.5/10	15.2×4	17 型	HM-1	齐厂	2009	圆弧形承载面，凹底长 11 250 mm	1
长大平车																										
36	D_{21}	60	28.3	0.47	19 462×2 900	3 190×3 756	20 400	4.33	6	80	145	15 500	1 356	950	3D 轴	φ254×305	K_2	链式			2 号	3 号	韩国	50 年代	平板式	18
37	D_{70}	70	26.6	0.38	19 462×2 950	3 100×1 975	20 400	4.73	4	90	180	15 500	1 169	798	2E 轴	φ356×254	120	链式	65.9/34.3	10.3	13 号	MT-3	哈厂	1999	平板式	5
38	D_{22}	120	41.4	0.344	25 000×3 000	3 198×2 043	25 938	6.25	8	100	180	17 800	1 460	770	4D 轴	φ356×254	GK	链式	70.2/35.9	8.5	2 号 13 号	3 号 2 号	齐厂	1959—1973	平板式	87
39	D_{22G}(铁)	120	43.9	0.37	20 400×3 000	3 198×1 150	24 670	6.64	8	80	180	17 800	1 150	708	Z31 型	φ356×254	GK	链式	70.2/35.9	9	13 号	2 号	哈厂	1999	平板式	14
40	D_{22G}(木)	120	41.9	0.35	20 400×3 000	3 198×1 210	24 670	6.56	8	80	180	17 800	1 210	715	Z31 型	φ356×254	GK	链式	70.2/35.9	9	13 号	2 号	哈厂	1999	平板式	11
41	D_{22A}	120	44	0.37	25 000×3 000	3 180×1 080	25 930	6.32	8	120	180	17 800	1 080	552	4D 轴	φ254×254	120	NSW 型	29.4/16.5	9.6	13A 下作用	MT-2	齐厂	2007	铁地板	45
42	D_{22B}	120	48	0.40	25 000×3 000	3 180×1 080	25 966	6.47	8	100	180	17 800	1 350	745	4D 轴	φ254×254	120	NSW 型	29.4/16.5	9.6	17 型	MT-2	齐厂	2014	木地板	12

续上表

序号	车型	载重/t	自重/t	自重系数	车体尺寸/(mm×mm)(长×宽)	最大尺寸/(mm×mm)(宽×高)	车辆长度/mm	每延米重/(t/m)	轴数	构造速度/(km/h)	通过最小曲线半径/m	车辆定距/mm	地板面高/mm(空车/重车)	空车重心高度/mm	转向架	制动装置					车钩	缓冲器	制造地	制造年份	特点	制造辆数
																制动缸/(mm×mm)	三通阀	手制动机	制动率/%(空车/重车)	制动倍率						
43	D_{27}	150	42.9	0.29	25 000×3 000	3 198×2 043	25 938	7.45	8	100	180	17 800	1 460	770	4D 轴	ϕ356×254	GK	链式	67.5/30	8.5	13 号	2 号	齐厂	1975	平板式	2
44	D_{23}	235	104	0.44	28 000×2 520	3 128×2 443	37 846	9	16	60	180	25 000	1 728	950	4D 轴	ϕ356×254	GK	链式	45.5/32.3	9	2 号	2 号	哈厂	1974	平板式，双支承承载	2
45	D_{23G}	265	71	0.27	19 170×3 128	3 128×2 050	30 958	10.87	16	60	180	18 000	1 694	794	4 轴构架	ϕ356×254	GK	链式	45.5/32.5	9	13 号	MT-3	哈厂	1997	平板式，双支承承载	2
46	D_{25*}	250	86	0.34	18 900×2 628	2 628×3 860	34 146	9.8	16	90	145	18 000	1 650	1 160	转 8A	ϕ356×254(密)	120	链式			13 号(上)	MT-3	株厂	1996	平板式	1
47	D_{26A}	260 138	73.6 30	0.285 0.217	17 500×2 990 7 500×1 950	3 170×2 000 ×1 525	32 138 15 538	10.42 10.8	16 8	90 90	145 145	16 500 6 900	1 600 1 525	720	转 8G	ϕ356×254(密)	120	蜗轮蜗杆式	35.7/15.2	11.9	13 号(上)	MT-3	齐厂	2000	组合式	1
48	D_{26AK}	260 138	75.6 30	0.285 0.217	17 500×2 990 7 500×1 950	3 170×2 000 ×1 525	32 138 15 538	10.42 10.8	16 8	120 120	145 145	16 500 6 900	1 600 1 525	720	K_2	ϕ254×254 密	120	FSW	35.7/15.2	11.9	13 号(上)	MT-3	齐厂	2004	组合式	2
跨装平车(双联平车)																										
49	300 t* 双联	300	95	0.31		3 400×1 830	30 858		16	80	145				Z10C	ϕ356×254	GK	倾斜式	54.2/25.7	9	13 号	2 号	哈厂	1983	双联平车	1
50	D_{30}	370	126	0.34			双联 40 360 单节 20 180	12.3	20		180	20 180		920	5 轴板式	ϕ356×254	GK	蜗轮蜗杆式	42.3/21.5	8.5	2 号(上)	2 号	齐厂	1974	双联平车	2
51	D_{30G}	370	101	0.27	×3 180	3 380×4 735	双联 42 668 单节 21 334	11	20	80	180	22 380	1 735/1 675	700	5 轴板式	ϕ356×254	GK	蜗轮蜗杆式	42.3/21.5	8.5	2 号(上)	2 号	齐厂	1999	双联平车	1
落下孔车																										
52	D_{16}	110	59	0.536	×3 150	3 150×3 400	21 150	8	8	80	180	13 000	1 640		MT-50	ϕ356×305	MT3-135、GK	螺杆式			2 号	3 号	前民德	1956	落下孔 4 600×2 300 mm	6
53	D_{17}	150	97	0.647	×3 150	3 150×3 600	28 330	9	12	80	180	17 000	1 900	1 130	MT-50	ϕ356×305	MT3-135、GK	螺杆式			2 号	3 号	前民德	1956	落下孔 4 600×2 300 mm	8
54	D_{17}	150	50	0.33	×3 360	3 360×2 142	25 942	7.7	10	70	145	17 500	2 142	1 130	5D 轴构架	ϕ356×254	GK	链式	85/23	2×6.4	13 号	2 号	株厂	1969	落下孔 10 200×2 300 mm	25
55	D_{17A}	155	44.5	0.29	19 500×2 950	2 950×2 000	27 780	7.18	8	100	145	8 000	2 000	920	2E	ϕ203×254	120	FSW	32.6/14.7	14.8	13A(上)	MT-2	齐厂	2004	落下孔 12 500×2 350 mm	2
56	DK_{17A}	155	45	0.225	19 500×2 950	2 950×2 000	27 780(13B 钩) 27 816(17 型钩)	7.19	8	120	145	18 800	2 000	920	转 K_6	ϕ254×254	120	NSW	32.8/16.4	2×10	13B/17	MT-2/HM-1	齐厂	2008	落下孔 12 500×2 350 mm	8

续上表

序号	车型	载重/t	自重/t	自重系数	车体尺寸/(mm×mm)(长×宽)	最大尺寸/(mm×mm)(宽×高)	车辆长度/mm	每延米重/(t/m)	轴数	构造速度/(km/h)	通过最小曲线半径/m	车辆定距/mm	地板面高/mm(空车/重车)	空车重心高度/mm	转向架	制动装置					车钩	缓冲器	制造地	制造年份	特点	制造辆数
																制动缸/(mm×mm)	三通阀	手制动机	制动率/%(空车/重车)	制动倍率						
57	D_{18}	180	146	0.81	×3 150	3 150×3 500	35 100	9	16	80	180	20 600	2 230		MT-50	ϕ356×305	MT3-135、GK	螺杆式			2 号	3 号	前民德	1956	落下孔 4 600 mm ×2 300 mm	3
58	DK_{23}	230 一字梁 227 十字梁	70 一字梁 73 十字梁	0.3 0.32	25 340×2 880(一字梁空车) 27 440×2 880(十字梁短臂空车) 26 320×4 000(十字梁长臂重车)	2 880×3 060(一字梁或十字梁短臂位) 4 000×3 060(十字梁长臂位)	35 290	8.5	12	空 120 重 80	145	23 440	承载面 3 060	1 220	3E 轴	ϕ203×254	120	NSW	23.8/13.3	14×4	17 型	MT-2	株厂	2007	落下孔 13 500 mm×(2 200~2 360)mm(一字梁十字梁短臂位) 13 500 mm×(2 500~3 480)mm(十字梁长臂位)(宽可调)	2
59	D_{19}	230	180	0.78	×3 100	3 100×3 400	39 650	10	20	80	180	21 760	2 835		$5D_1$ 轴板式	ϕ356×305	MT3-135、GK	螺杆式			2 号	3 号	前民德	1956	落下孔 4 600 mm ×2 300 mm	1
60	D_{19G}	250	158	0.63	29 700×2 700	2 700×3 000	46 028	8.87	20	80	180	28 500	3 000	1 450	5 轴板式	ϕ356×305	GK	螺杆式			2 号	3 号	哈厂	1998	落下孔 12 200 mm ×2 060 mm	2
61	D_{26B*}	290	107	0.37	26 800×4 100(重) 28 000×2 900(空)	4 100×3 400(重) 2 900×3 400(空)	40 096	9.66	16	90	145	23 900	承载面 3 400	1 377	2E	ϕ356×254	120	链式	48.7/23.7	8.6×4	13(上)	ST	株厂	2003	落下孔 10 800 mm× 3 140~3 640 mm	3
62	DK_{29*}	290	110	0.38	30 700×2 700(空) 29 300×4 100(重)	2 700×3 400(空) 4 100×3 400(重)	42 796	9.35	16	空 100 重 60	145	26 600	承载面 3 400	1 381	2E 轴	ϕ305×254	120	NSW	20.2/13.4	8.3×4	17 型	MT-2	株厂	2009	落下孔尺寸 13 200 mm× 2 240 mm(空) 13 200 mm×(3 140~3 640)mm(重)	2
63	D_{32}	350	175	0.5	35 100×2 900	3 000×4 191	59 560	8.81	24	100	180	34 500	3 790	1 650	2E	ϕ203×254	120	FSW	34.3/11.7	8.1	13A(上)	MT-3	齐厂	2003	落下孔 14 000 mm× 2 300~3 400 mm	1
64	DK_{36}	360	200	0.55	38 040×2 880(空) 38 040×4 000(重)	3 000×4 340(空) 4 000×4 340(重)	61 010	9.18	24	空 100 重 60	外 150 中 180 内 260	36 000	承载面 3 720	1 974	3E 轴	ϕ203×254	120	NSW	16.7/14.3	14×8	17 型	MT-2	株厂	2007	落下孔尺寸 13 200 mm× 2 420 mm(空) 13 200 mm×(3 000~3 540) mm(重)	9

续上表

序号	车型	载重/t	自重/t	自重系数	车体尺寸/(mm×mm)(长×宽)	最大尺寸/(mm×mm)(宽×高)	车辆长度/mm	每延米重/(t/m)	轴数	构造速度/(km/h)	通过最小曲线半径/m	车辆定距/mm	地板面高/mm(空车/重车)	空车重心高度/mm	转向架	制动装置					车钩	缓冲器	制造地	制造年份	特点	制造辆数
																制动缸/(mm×mm)	三通阀	手制动机	制动率/%(空车/重车)	制动倍率						
65	DK$_{36A}$	360	182	0.51	56 980×3 000(空) 56 980×4 030(重)	3 000×4 225(空) 4 030×4 225(重)	56 980(13B钩)/ 57 016(17钩)	9.51	24	空 100 重 60	外 145 中 180 内 250	34 000	承载面 3 760	1 750	3E 轴	ϕ203×254	120	NSW	12.9/10.86	4×15.2	13B型/17型	MT-2	齐厂	2008	落下孔尺寸 13 000 mm×(2 460～3 550)mm	7
66	D$_{45}$	450	202	0.45	41 600×2 110	3 000×4 390	69 580	9.37	28	空 100 重 50	180	40 900	承载面 4 130	1 810	2E 轴	ϕ203×254	120	FSW	23.3/7.2	2×25.5	13A 下作用	MT-2	齐厂	2006	落下孔尺寸 16 100 mm×(1 450～2 350)mm(宽可调)	1
67	DQ$_{45}$	2009	450	208	0.462	27 360×3 000	3 000×4 703	53 456(空) 65 186(重)	10.05	28	空 100 重 60	空车 145 重车：外 145 中 180 内 250	大底架 14 500 钳形梁(空) 26 640		3E、4E 轴	ϕ203×254	120	NSW	17.8/5.59	4×9.9	17 型	MT-2	齐厂	钳夹式	1	
钳夹车																										
68	D$_{20}$	280	138	0.495	×3 000	3 000×3 568	32 128	10.1	20	80(空)	180	15 640		1 400	5D 轴板式	ϕ356×254	GK	蜗轮蜗杆式	76/38	8.5	2 号(上)	3 号	齐厂	1960	钳夹式	1
69	D$_{35}$	280	208	0.74		3 660×4 480	短连挂 36 542 悬挂凹底 48 642	10	24	80(空) 40(重)	145 空 180 重	18 050			4E 轴	ϕ356×254	GK	蜗轮蜗杆式	74/31.6	8.02	13 号(上)	2 号 MX-1	株厂	1978	钳夹式	1
70	D$_{30A}$	300	119	0.396		3 000×3 650	32 668(短) 44 818(长)	3.6(空) 9.3(重)	20	80(空) 50(重)	150	15 800 空 27 950 重		1 460	5 轴	ϕ356×254	120	蜗轮蜗杆式	49/27.7		13 号(上)	2 号	齐厂	1997	钳夹式	1
71	D$_{35}$	350	290	0.83		3 350×4 715	50 168		32	80(空) 30(重)	150	37 000		1 800	4E 轴	ϕ356×254	GK	蜗轮蜗杆式	55.8/25.3	6.46	13 号(上)	2 号	齐厂	1978	钳夹式	1
72	DQ$_{35}$	350	185	0.529	23 590×3 000	3 000×4 662	45 520(短连挂) 56 660(重车)	9.38	24	空 100 重 60	空车 145 重车：外 145 内 180			1 780	3E 轴	ϕ203×254	120	NSW	12.7/10.8	4×15.2	13A 下作用	MT-2	齐厂	2007	钳夹式	1

续上表

序号	车型	载重/t	自重/t	自重系数	车体尺寸/(mm×mm)(长×宽)	最大尺寸/(mm×mm)(宽×高)	车辆长度/mm	每延米重/(t/m)	轴数	构造速度/(km/h)	通过最小曲线半径/m	车辆定距/mm	地板面高/mm(空车/重车)	空车重心高度/mm	转向架	制动装置					车钩	缓冲器	制造地	制造年份	特　点	制造辆数
																制动缸/(mm×mm)	三通阀	手制动机	制动率/%(空车/重车)	制动倍率						
73	D_{38}	380	226	0.59		3 000×4 715	52 718（空）64 818（重）	4.29（空）9.35（重）	32	80(空)50(重)	150	26 150 空 38 250 重		1 750 1 780（高钳梁）	4 轴	ϕ254×254(密)	120	蜗轮蜗杆式	18.6/14	46.86	13 号（上）	MT-2	齐厂	1998	钳夹式	1
74	DQ_{45}	450	208	0.462	27 360×3 000	3 000×4 703	53 456 空 65 186 重	10.05	28	空 100 重 60	空车 145 重车：外 145 中 180 内 250			1 700	3E、4E 轴	ϕ203×254	120	NSW	17.8/5.59	4×9.9	17 型	MT-2	齐厂	2009	钳夹式	1

注：* 为企业自备车。

附录四　中国铁路长大货物车及运输大事记

1952 年 铁道部颁布《阔及大货物装运暂行规则》（铁道部令铁车技（52）第三十五号），规定了超限货物的装运请求和处理、装载及超限车运行，首次给出阔大货物、超限货物定义。这是新中国成立后第一本与超限货物有关的规章。

1953 年三季度 大连厂试制出铆结构 6 轴 90 t 元宝车，即 D_{10} 型 90 t 凹底平车。此为新中国成立后，制造的第一辆长大货物车。

1954 年 铁道部令铁商条武（54）字第 143 号《货物运送规则》将《阔大货物装运暂行规则》作为其附件，继续沿用了对超限货物的相关规定。

1956 年 我国从民主德国进口一批长大货物车，计有 D_6 型 8 轴 110 t 凹底平车（31 辆）、D_7 型 12 轴 150 t 凹底平车（12 辆）、D_8 型 16 轴 180 t 凹底平车（7 辆）、D_9 型 20 轴 230 t 凹底平车（3 辆）、D_{16} 型 8 轴 110 t 落下孔车（6 辆）、D_{17} 型 12 轴 150 t 落下孔车（8 辆）、D_{18} 型 16 轴 180 t 落下孔车（3 辆）、D_{19} 型 20 轴 230 t 落下孔车（1 辆）。

1957 年 唐山机车车辆厂为越南设计制造了铆结构 40 t 米轨凹底平车。

1958 年 中国从苏联进口 2 辆 D_8 型铆结构 16 轴 180 t 凹底平车。

1958 年 齐厂为富拉尔基第一重机厂设计 8 轴 120 t 凹底平车。1959 年一季度制造 1 辆。

1959 年 4 月—1960 年 1 月 齐厂设计试制 1 辆 D_{20} 型 20 轴 280 t 钳夹车。1 月 10 日，在沈阳变压器厂作静强度试验时，一位大底架侧梁在车耳尾部发生脆断裂梁事故。6 月，返厂修复加强，装运过几次重达 230 t 的变压器。

1959 年 戚墅堰机车车辆厂在上海交通大学师生参与下，设计制造了 1 辆 D_{50} 型 50 t 凹底平车。

1959 年 齐厂设计试制了 D_{22} 型 8 轴 120 t 长大平车。在静强度试验中发现侧梁强度不足。在正式生产时，对中梁、侧梁均做了加强。至 1966 年，共生产 10 辆。随后，转产二七车辆厂。

1960 年 为适应长大货物运输需要，沈阳机车车辆厂在大连厂图纸基础上，试制 6 辆铆结构 D_{10} 型 90 t 凹底平车。

1961 年 铁道部制定了单独的《铁路超限货物运送规则》，1964 年修订（铁运调（63）字第 4230 号），将超限货物划分为一级、二级、三级和超级超限，并列出了各级超限限界尺寸，增加了超限货物装载加固及国际联运超限货物相关规定。

1964 年 7 月 铁道部新产品授奖大会分别在北京、大连、青岛召开，共有 13 家单位 32 项 43 个新型产品获奖。其中，齐厂设计制造的 D_{22} 型 120 t 长大平车获奖。

1965 年 8 月 北京长辛店机车车辆厂根据铁道部指示，为越南设计了 D_{60} 型米轨 60 t 凹底平车。

1965 年 铁道部将《铁路超限货物运送规则》与《铁路货物装载加固规则》合并，修改为《货车满载加固与超限货物运输规则》（（65）铁运货字第 569 号），规定除超过机车车辆限界的为超限货物外，超过特定区段装载限界的也为超限货物。

1966 年 8 月 二七车辆厂试制的第 1 辆 D_{60} 型米轨 60 t 凹底平车通过了昆明局空、重车长距离（1 344 km）试运。随后，小批量生产 30 辆供应越南。

1966 年 二七车辆厂对为越南生产的 D_{60} 型米轨 60 t 凹底平车在主要尺寸及性能不变外，将车辆宽度改为 2 890 mm，轴箱油润改为油卷给油，为昆明铁路局生产了 20 辆。

1966 年 根据铁道部指示，株厂利用进口 D_{17} 型落下孔车转向架和小底架，另装配新的装货大底架（设计图号 ZCH2，1966 年，由一机部第一重型机器制造厂制造），组成新的 D_{17} 型落下孔车，暂缓运输之急。

1967 年 二七车辆厂设计制造了 D_{10} 型 100 t 旁承支重凹底平车（图号为 CXD00-00-00），共生产 6 辆。该车在使用中底架刚度小，挠度大，后来将载重由 100 t 改为 90 t。

1967 年 二七车辆厂在米轨 60 t 凹底平车基础上，设计制造了 D_5 型准轨 60 t 凹底平车。至 1969 年，共生产 9 辆。

1968 年 二七车辆厂根据铁道部的指示，转产齐厂设计制造的 D_{22} 型长大平车。二七车辆厂对图纸作了部分修改，至 1969 年，共生产了 50 辆。1973 年又转产齐厂。

1969 年 6 月　株厂重新设计 D_{17} 型 10 轴 150 t 落下孔车。9 月，试制 1 辆。四方所主持静强度试验后，交付运用考验。

1970 年　二七车辆厂根据原交通部的指示，在 D_{10} 型 100 t 旁承支重凹底平车的基础上，改进设计，制造 D_{10} 型 90 t 心盘支重凹底平车（图号为 CXD90-00-00），先后共生产了 22 辆。

1971 年　原交通部以（71）交铁运字 1368 号文公布《中华人民共和国交通部铁路货物运输规程》，自 1972 年 1 月 1 日起试行。其中第二章第二节为超限、超长、集重货物运输。附件七～十二与超限货物运输有关。

1972 年 5 月　哈厂根据原交通部工业总局的安排，在二七车辆厂设计制造的两种 D_{10} 型车的基础上，改进设计，增加底架刚度，试制了第 4 种 D_{10} 型 90 t 凹底平车。

1972 年　株厂根据 1969 年试制车试验和运用情况，经改进设计后，开始小批量生产 D_{17} 型 150 t 落下孔车。先后共生产了 29 辆（1972 年 4 辆，1973 年至 1975 年每年 5 辆，1978 年 10 辆）。

1972 年　齐厂根据原交通部指示，在 D_{22} 型长大平车基础上，为阿尔巴尼亚设计制造了1 辆准轨 8 轴 120 t 长大平车。

1973 年　哈厂批量生产 D_{10} 型 90 t 凹底平车。

1973 年　齐厂根据原交通部指示，继续生产原转产二七车辆厂的 D_{22} 型 120 t 长大平车，又生产了 22 辆。两厂先后共生产 82 辆。

1974 年　齐厂根据原交通部指示，在 D_{22} 型长大平车基础上，将 4D 轴改成 4E 轴，设计了 D_{27} 型 150 t 长大平车。以供装运年产 30 万 t 合成氨中 CO 变换炉及其他设备运输用。

1973 年　齐厂根据原交通部指示，为了整体装运 30 万 t 合成氨中的氨合成塔和尿素合成塔，设计了 D_{30} 型 20 轴 370 t 双联平车。

1973 年　哈厂根据原交通部工业总局安排，在 D_{10} 型车基础上，为阿尔巴尼亚设计制造了1 辆准轨 6 轴 90 t 凹底平车。经系列试验和全面检查验收，各项主要技术指标达到设计要求。1973 年底，出口交付使用。

1973 年 9 月至 11 月　齐厂根据原交通部指示，对 D_{20} 型钳夹车装 290 t 超重大型货物做静强度、动强度试验。试验表明，车耳孔边应力超限，大底架车耳尾部侧梁下盖板应力也超限。为此，1975 年，铁道部指示戚墅堰机车车辆工艺研究所，对车耳孔边进行探伤。探伤确认车耳中有放射形（径向）裂纹，车耳孔有残余变形存在。据此，原交通部指示齐厂对 D_{20} 型钳夹车进行厂修改造予以加强。主要部分是车耳和侧梁。

1973 年 12 月　铁道部四方车辆研究所针对我国电力、冶金、化工等方面大型设备运输迫切的现状，为了配合发展我国铁路长大货物车，汇编出版了《国外铁路长大货物车》专题资料。

1974 年 2 月　根据原交通部工业总局（73）铁工生字 1381 号文《关于试制 235 t 大型平车的通知》，哈厂制造了 2 辆 D_{23} 型 235 t 长大平车。2 月至 4 月，四方所主持了 D_{23} 型车静强度、动强度及动力学试验，结果符合有关规范的要求。8 月，D_{23} 型 235 t 长大平车投入运用。

1974 年　原交通部以（74）交科技研字第 33 号文下达科研计划，由齐厂（主持）与四方所、铁科院机辆所研制 D_{45} 型 32 轴钳夹车；由株厂（主持）与四方所、铁科院机辆所研制 D_{35} 型 24 轴钳夹车。

1974 年 4 月 30 日　原交通部批准哈厂新建长大货车制造车间。1985 年基本建成。

1973 年　齐厂制造出 2 辆 D_{30} 型 370 t 双联平车。6 月，对其进行了静强度、动强度及空重车动力学试验和 1 800 多 km 的满载试运，结果符合设计要求。9 月，D_{30} 型 370 t 双联平车投入运用。

1974 年　哈厂根据原交通部工业总局安排，为坦赞铁路配套设备需要设计 90 t 窄轨（1 067 mm）凹底平车。

1975 年　齐厂制造了 2 辆 D_{27} 型 150 t 长大平车。

1975 年　哈厂制造出坦赞铁路用 90 t 窄轨（1 067 mm）凹底平车。对其进行一系列试验和全面检查验收，各项性能符合设计要求。同年出口交付使用。

1975 年 5 月　株厂与四方所共同拟订 D_{35} 型 24 轴钳夹车的设计建议书报部。铁道部工业总局以

(75) 铁工字 746 号文批准。

1975 年 5 月　济南铁路局组织特大件货物列车从青岛港运货到淄博市齐鲁石化公司。分别用 D_{30} 型双联平车装运尿素合成塔，净重 335 t，总重 340 t，外形尺寸（长×宽×高）为 35 600 mm×3 400 mm×3 600 mm；D_{23} 型长大平车装运 CO_2 吸收塔，净重 189.7 t，总重 192.5 t，外形尺寸（长×宽×高）为 35 300 mm×4 400 mm×4 100 mm。

1975 年 6 月　哈厂向部工业总局提出研制 D_2 型 210 t 凹底平车。10 月，哈厂向部工业总局上报了设计任务建议书。1976 年 2 月，铁道部以（76）铁工字 134 号文《210 t 凹底平车设计任务书》下达任务。

1975 年 7 月　济南铁路局组织特大件货物列车第二次从青岛港运货到淄博市齐鲁石化公司。分别用 D_{23} 型长大平车装运 CO_2 再生塔上段，净重 63.1 t，外表尺寸（长×宽×高）为 38 000 mm×4 250 mm×4 250 mm；D_{30} 型双联平车装运氨合成塔，净重 350.7 t，总重 357 t，外形尺寸（长×宽×高）为 21 000 mm×4 100 mm×3 900mm。

1976 年 1 月　铁科院机辆所对齐厂厂修兼改造加强的 D_{20} 型钳夹车进行试验台上的静强度试验，通过试验。

1976 年 6 月 26 日　铁道部工业总局在北京主持哈厂上报的 210 t 凹底平车施工图审查会，并通过审查。

1976 年 7 月至 8 月　齐厂改造加强后的 D_{20} 型 22801 号 280 t 钳夹车超重装运 290 t 货物，1 400 多 km 安全到达。

1976 年　齐厂提出 D_{45} 型车总体设计方案和部分关键结构的技术设计，以及部分结构方案试验工作。

1977 年 12 月　哈厂试制出 D_2 型 210 t 凹底平车。1978 年 1 月至 4 月，四方所主持 D_2 型车静强度、动强度及动力学试验。试验结果表明该车各项性能基本符合有关规范要求。

1977 年底　齐厂完成 D_{45} 型钳夹车设计。

1978 年 3 月　株厂试制出 D_{35} 型 24 轴 350 t 钳夹车。随后，铁科院机辆所和四方所分别主持该车强度、动力学及液压系统性能试验。在试验中曾发生过脱轨事故和暴露一些不安全因素。试验后，做了一些改进和补强。

1978 年 5 月　哈厂试制的 D_2 型 210 t 凹底平车投入运用考验。

1979 年初　齐厂试制出 D_{45} 型 450 t 钳夹车。随后，铁科院机辆所和四方所分别主持 D_{45} 型车静强度、动强度、空重车动力学及液压系统性能试验，于 1980 年 7 月完成全部试验。试验表明，该车装载 350 t 时，能满足使用要求，唯有小底架，局部应力过大。8 月，又对 D_{45} 型车小底架做模拟试验，根据结果提出改进方案。

1979 年　哈厂接铁道部工业总局铁工字 123 号文下达昆明局窄轨货车技术任务书，要求生产40 t米轨凹底平车。同年，哈厂设计试制出样车，经试验检查，样车符合技术任务书要求，交付使用。

1979 年　铁道部以（79）铁运字 1900 号文公布《中华人民共和国铁道部铁路超限货物运输规则》，1980 年 6 月 1 日起实行。自实行之日起，(71) 交铁运字 1368 号《铁路货物运输规程》中有关超限货物运输部分废止。

1980 年 9 月 8 日至 11 日　中国铁道学会车辆委员会货车学组和中国铁道学会黑龙江省分会车辆专业委员会在哈尔滨联合举办长大货物车学术交流会。铁道部机关、铁路局、工厂、科研院校等 20 多个单位的50 余名代表出席，交流论文 16 篇。

1981 年 5 月至 7 月　根据铁道部（81）铁科技字 763 号文的规定，分别由铁科院机辆所和四方所主持改进后的 D_{35} 型 24 轴钳夹车动力学、动强度和液压系统鉴定试验，并通过试验。

1981 年　铁道部以（81）铁货字 1792 号文公布《铁路货物装载加固规则》，自 1982 年 8 月 1 日起实行。内含有多条超限货物运输的条文。

1982 年 3 月　铁科院主持 D_{45} 型 32 轴钳夹车第二次重车动力学、动强度试验。试验表明小底架强度得到大大改善。3 月 16 日，铁道部在嫩江主持 D_{35} 型钳夹车重车复验技术审查会，并通过复验，可通过技术鉴定交付运营。1981 年 3 月 1 日至 4 日，铁道部曾在齐齐哈尔主持 D_{45} 型钳夹车技术鉴定会。后来铁道部以（81）铁科技字 1463 号文原则批准《D_{45} 钳夹式大型货车技术鉴定意见》，认为有一些项目需改进，并须经重载复验完成后，由部发技术鉴定证书。因受桥梁载重能力限制，1981 年，铁道部核定该车最大载重为 350 t，车型亦改定为 D_{35} 型。

1982 年 4 月 26 日至 28 日　铁道部科技局在哈尔滨主持 D_{2} 型 210 t 凹底平车技术鉴定会，并通过鉴定。5 月 16 日，铁道部以（82）铁科技字 873 号文《关于颁发 D_{2} 型 210 t 凹底平车技术鉴定证书的通知》颁发鉴定证书。

1982 年　应哈尔滨锅炉厂要求，哈厂与哈尔滨锅炉厂签订研制 300 t 双联平车技术协议。

1983 年初　哈厂完成 300 t 双联平车施工图，下半年试制出 300 t 双联平车。经双方对该车全面检查与验收，主要技术参数符合技术协议书要求，交付哈尔滨锅炉厂使用。

1983 年 7 月　D_{35} 型 32 轴钳夹车首次承载运输。承运从法国进口的 600 MW 发电机定子。货物重 301 t，直径 4 010 mm，长 10 300 mm。大连—内蒙古元宝山电厂，运行里程 1 055 km。

1984 年 8 月 11 日至 18 日　D_{35} 型 24 轴钳夹车首次承载运输。承运进口 300 MW 发电机定子。货物重 270（ t 包括凹底架，净重 193 t）。青岛—河南姚孟发电厂，运行里程 1 277 km。

1984 年 11 月，1995 年 2 月至 5 月　D_{35} 型 24 轴钳夹车 3 次承运从苏联进口的 250 MW 变压器。货物重 267 t，包括凹底架（净重 190 t）。一次二连—大同，两次二连—神头，重车运程 1 450 km，空重车共运行 6 100 km。

1984 年 11 月 27 日至 28 日　铁道部科技局在大同主持 D_{35} 型 24 轴钳夹车技术鉴定会并通过鉴定。1985 年 3 月 27 日，颁发鉴定证书。

1984 年　铁道部（84）铁工字 1198 号文《关于 D_{35} 型钳夹式货车改造的通知》下达。

1985 年　齐厂根据铁道部（84）铁工字 1198 号文的要求，完成了 D_{35} 型 32 轴钳夹车的改造设计与制造。改造后，D_{35} 型车载重 355 t（标记 350 t），自重 285 t（标记 290 t）。

1984 年　根据铁道部（85）工辆第 44 号电报，D_{22} 型 120 t 长大平车设计归口由齐厂转为哈厂。哈厂对 D_{22} 型车进行必要的整图和编制技术条件，完善技术资料。

1985 年 11 月 25 日　株厂召开 D_{35} 型 24 轴钳夹车改造方案审查会。为了承运上海电机厂引进美国技术生产的 300 MW 发电机定子，铁道部决定株辆厂对 D_{35} 型 24 轴钳夹车进行技术改造。会议认为改造方案基本上可行。

1986 年 7 月至 10 月　齐厂在厂内对改造后的 D_{35} 型 32 轴钳夹车进行了静强度和空、重车试运行试验。

1986 年 12 月 28 日　株厂完成 D_{35} 型 24 轴钳夹车改造任务并通过厂级鉴定。改造后，自重由 207.7 t 减为 188 t，载重由 280 t 增为 300 t。

1987 年 1 月 10 日至 25 日　在上海电机厂，铁科院机辆所和四方所分别主持 D_{35} 型 24 轴钳夹车改造后的强度、动力学、液压系统性能试验。试验结果表明，该车改造达到设计要求。

1987 年 2 月 24 日至 3 月 3 日　改造后的 D_{35} 型 24 轴钳夹车首次承载运输。承运上海电机厂制造的 300 MW 全氢冷汽轮发电机定子。定子连同挂货托钩和压块共重 292 t（净重 256 t），宽 3 850 mm。上海—山东肥城石横电厂，重车运程 960 km，空重车走行 3 800 km。

1987 年 5 月至 6 月　铁科院机辆所和四方所分别主持改造后的 D_{35} 型 32 轴钳夹车实物装载的强度、动力学试验与液压系统性能试验。经过试验发现，挂货托钩由于设计尺寸偏小，存在应力超过材料的许用应力、安全系数偏小等情况。经研究，采用滚压工艺，消除残余应力、减少应力集中等 5 项有效措施，来确保安全运输。

1987 年 7 月 20 日至 28 日　改造后的 D_{35} 型 32 轴钳夹车首次承载运输。承运哈尔滨电机厂引进美国技术制造的我国第 1 台 600 MW 发电机定子。货物重 350 t（含自备承货设备重量），最大宽度 4 115 mm，销孔中心距 11 950 mm，装车后底部距轨面高 240 mm，上部最大高度为 5 350 mm，属超级超限货物。哈尔滨香坊—大连，运行里程 1 260 km。

1987 年 9 月　D_{30} 型双联平车承运河北上安电厂从国外进口的 350 MW 发电机组锅筒。锅筒重 213 t，长 22 200 mm，直径 2 030 mm。虽然锅筒长度适中，但无法用卡带与鞍座卡紧。采用在锅筒上加焊支腿、设计专用鞍座的固定方案，完成了运输。天津新港—上安电厂，运行里程 350 km。

1987 年　铁道部以铁计〔1987〕1050 号文附件（6）《1988 年铁路科学技术发展计划》下达“180 t 凹底大型平车”（合同编号 88-机-14）任务，由哈厂为承担单位。

1988 年 1 月 2 日　四方所主持 D_{30} 型双联平车重载高重心动力学试验在齐厂内完成。试验是根据铁道部铁运〔1987〕866 号文，为承运齐鲁石化公司胜利炼油厂从国外引进的 6 个大型重油加氢反应器而安排的。因为这几种大件的重量特重 358 t，超限特严重，距轨面 5 350 mm 处最大半宽为 2 035 mm，重车重心特高，距轨面达 3 080 mm。试验中，车辆载重为 377.5 t，重车重心距轨面高为 3 160 mm，试验最高速度，在半径为 178 m 的曲线上和 9 号侧向道岔上为 15 km/h，在半径为 600 m 的曲线上为 30 km/h，在直线上为 36 km/h。

1988 年 2 月　哈厂以哈厂发〔1988〕16 号文“呈报 180 t 凹底平车项目合同”，合同编号为 88-机-14。3 月，哈厂向铁道部科技司汇报设计方案。

1988 年 4 月 28 日至 5 月 23 日　D_{30} 型双联平车承运胜利炼油厂从国外进口的 6 个大型重油加氢反应器，分 3 次从青岛港—淄博东风站，运行里程 250 多 km，每次历时 2 天。运输的 6 个反应器中，2 个 357.1 t，装车后重心高为 3 080 mm；2 个 339.63 t；其余 2 个分别重 251.5 t 和 170.5 t。除 170.5 t 重的反应器用单节 D_{30} 型平车（装车后重心高约为 3 040 mm），其余 5 个均用 D_{30} 型双联平车运送。运输中，区间限速 25 km/h，通过侧向道岔时限速 5 km/h。

1988 年 5 月至 6 月　D_{35} 型 32 轴钳夹车承运邯郸钢铁总厂从西德进口 2.8 m 大型轧机牌坊（2 件），货物重 308 t（含钳夹侧承梁，净重 250 t），长 11 625 mm，宽 4 130 mm。大连港—邯郸钢铁总厂，运行里程 1 560 km（2 次）。

1988 年 7 月 11 日　齐厂生产的 D_{35} 型 24501 号 32 轴钳夹车正式移交绥化车辆段配属入库。

1988 年 8 月 10 日　四方所以（88）四研科字第 83 号文《送 180 t 凹底平车建议方案》给哈厂。

1988 年 11 月 25 日　哈厂以哈厂发〔1988〕第 68 号文《呈报 180 t 凹底平车设计任务建议书》报部。

1989 年 6 月 26 日　部科技司以铁科技函（1989）317 号文《下达 180 t 凹底平车设计任务书的通知》给哈厂等单位。9 月 9 日，哈厂收到哈尔滨铁路局以便函形式《对 180 t 凹底平车设计任务书的意见》。9 月，哈厂委托四方所对 180 t 凹底平车大底架做静力分析和整车稳态曲线通过计算。

1989 年 6 月　D_{35} 型 32 轴钳夹车承运德阳第二重机厂造的 3.3 m 轧机牌坊（2 件），货物重 333 t，宽 4 600 mm，长 13 150 mm。德阳—夹江，运行里程 200 km（2 次）。

1989 年 7 月　济南铁路局和四方所完成了济南涤纶工程建设指挥部从日本和意大利引进的涤纶设备中 6 个特级超限货物的运输。青岛—济南历城。货物重量 18～55.8 t，但最大宽度和最大高度分别为 5 050 mm 和 5 000 mm。运输时，其中 4 件短的用 D_{10} 型凹底平车，2 件长的用 D_{22} 型长大平车。装车后，最高为 5 815 mm，最大半宽为 2 625 mm，最大重车重心高为 2 435mm。

1989 年 11 月　D_{35} 型 32 轴钳夹车承运西德进口 3.3 m 轧机牌坊（2 件），货物重 293 t，宽 4 050 mm，长 11 780 mm。天津新港—宝鸡（有色金属加工厂），运行里程 1 500 km（2 次）。

1990 年　二七车辆厂接铁道部科技函〔1990〕112 号《关于下达 QD_3 型凹底平车设计任务书的通知》，为原航空航天部运输干线飞机大部件。2 月，完成设计。

1990 年 2 月　哈厂完成 D_{18A} 型车设计。2 月 13 日，哈厂以哈厂发〔1990〕7 号文《报送 180 t 凹底平车设计图纸》报部核备。3 月 19 日，部电话通知可以安排试制。5 月 16 日，哈厂完成 $_{8A}$ 型车大底架封闭结构内空气随温度变化而引起压力变化时对结构影响的模拟试验。

1990 年 6 月　二七车辆厂制造出首辆 QD_3 型凹底平车，7 月，制造出第 2 辆车。7 月至 8 月，铁科院机辆所主持 QD_3 型凹底平车静强度、动强度和动力学试验。

1990 年 9 月　二七车辆厂将 2 辆 QD_3 型凹底平车交付成都飞机工业公司试运行。1990 年 12 月至 1991 年 2 月，该公司对样车（95002）进行了上海—成都间的往返模拟运输试验，往返行程 6 000 km，历时 23 天 16 小时。试验表明，运输安全、可靠，包装、加固方案合理。

1991 年 3 月　哈厂试制出 D_{18A} 型 180 t 凹底平车。3 月至 4 月，四方所主持 D_{18A} 型车静强度、动强度和刚度及动力学试验，试验结果符合有关规范要求。

1991 年 6 月 7 日　哈厂以哈厂发〔1991〕325 号文《呈报 D_{18A} 型 180 t 凹底平车研制情况的报告》报部，申请出厂运用考验。

1991 年 6 月　D_{35} 型 32 轴钳夹车承运哈尔滨电机厂制造的我国第 2 台 600 MW 发电机定子。货物重 360 t，直径 4 115 mm，长 11 950 mm。哈尔滨—大连，运行里程 1 260 km。

1991 年 8 月　铁道部科技司主持 QD_3 型凹底平车技术审查，同意该车投入运用，并可投入小批量生产。同时，建议弹簧静挠度由 28 mm 提高到 35～40 mm。将转 8A 型的弹簧装置抽去 1 组内外圈弹簧，剩余 6 组弹簧的内圈也全部抽掉。1993 年 5 月，进行第二次试验，试验表明各项指标均在允许范围之内。

1991 年 11 月　7 日，哈厂以哈厂发〔1991〕50 号文《关于研制 100/120 t 凹底平车技术立项的请示》报铁道部。27 日，哈厂以哈厂发〔1991〕57 号文《关于申报 250 t 级凹底平车科技项目合同的请示》报铁道部。

1991 年 12 月 3 日　铁道部科技司以科技机〔1991〕195 号文《关于 D_{18A}180 t 凹底平车运用考验的批复》批复哈厂。12 月，D_{18A} 型 180 t 凹底平车投入运用考验。

1991 年 12 月　哈厂提出 250 t 凹底平车方案图。1992 年 2 月 16 日，四方所以（92）四研体字№011596、转字№042260～044261 便函对 250 t 凹底平车方案图提出建议。

1992 年 3 月　铁道部以铁计〔1992〕1 号文附件（6）《1992 年铁路科学技术发展计划》安排《特种凹底平车研制》（顺号 091，项目编号 92J23），内分 A、B 两项。A：载重 100 t 凹底平车；B：载重 250 t 凹底平车。研制单位：哈厂（主持）、四方所（参加）。

1992 年 8 月 1 日　哈厂以哈厂发〔1992〕29 号文《呈报 120 t 凹底平车项目合同》报部，9 月，铁道部科技司批复了“120 t 凹底平车项目合同”，合同编号为 92J23A。

1992 年 8 月 1 日　哈厂以哈厂发〔1992〕30 号文《关于呈报 250 t 凹底平车项目合同的报告》报铁道部，并与铁道部正式签订合同，合同编号为 92J23B。

1993 年 1 月　D_{30} 型双联平车承运富拉尔基第一重机厂锅炉汽包，货物重 200 t，富拉尔基—锦西炼油厂。D_{30} 承运哈尔滨锅炉厂锅炉汽包，货物重 200 t，哈尔滨香坊—八里庄齐鲁化工厂。D_{30} 型双联平车承运富拉尔基第一重机厂加氢反应器，货物重 356 t，富拉尔基—辽阳化工厂。1993 年 4 月、5 月，D_{30} 型双联平车承运加氢反应器（2 件），货物重 193 t，卧里屯—吉林化学工业公司（2 次）。

1993 年 5 月 25 日　D_{18A} 型 180 t 凹底平车被评为 1993 年度国家级新产品。

1993 年 7 月　D_{20} 型钳夹车承运葛洲坝工程局的定子套架，货物重 42 t，哈尔滨香坊—（宜昌）安顺电厂。

1993 年 7 月　D_{30} 型双联平车承运四川东方锅炉厂锅炉汽包，货物重 182 t，四川自贡—（河北中电公司）肖家村电厂。

1993 年 7 月　哈厂以哈厂发〔1993〕40 号文呈报《关于 120 t 凹底平车设计建议书的报告》报铁道部。9 月24 日，铁道部科技司在北京主持审查会议，并通过审查。11 月 11 日，铁道部科技司以铁科技函〔1993〕597 号文下达了《120 t 凹底平车设计任务书》给哈厂等单位。

1993 年 8 月　D_{30} 型双联平车承运四川东方锅炉厂锅炉汽包，货物重 180 t，四川自贡—（河北中电公司）大锅村电厂。承运四川东方锅炉厂锅炉汽包，货物重 190 t，四川自贡——首阳山电厂。

1993 年 9 月　D_{35} 型 32 轴钳夹车承运哈尔滨电机厂 600 MW 发电机定子，货物重 350 t，哈尔滨香坊—哈尔滨呼兰（哈尔滨第三发电厂）。

1993 年 9 月　D_{30} 型双联平车承运哈尔滨锅炉厂锅炉汽包，货物重 196 t，哈尔滨香坊—万水泉（北京巴布科克、威尔科斯有限公司）。

1993 年 9 月　齐厂与云南省机械进出口公司铁路器材分公司（YMC）签订合同，向缅甸出口集装箱平车。1994 年底，齐厂生产的 12 辆车依据合同出口。

1993 年 9 月 18 日　哈厂受四川东方电机厂委托，为运输 600 MW 汽轮发电机定子签订技术咨询协议，并于 1994 年 1 月提出 250 t 凹底平车可行性报告。

1993 年 10 月　D_{30} 型双联平车承运四川东方锅炉厂锅炉汽包，货物重 190 t，四川自贡—（河北中电公司）肖家村电厂。承运哈尔滨锅炉厂生产的 330 MW 发电机组锅筒。锅筒重 196.3 t，长 19 724 mm，直径 2 190 mm。由于锅筒短，为了满足装载支承的需要，在锅筒两端加焊长度为 700 mm、直径为 1 000 mm 的筒状托架。将接长的锅筒安置在专门与其配套设计的装在平车上的高鞍座上，再加卡盖把紧。两节平车间安装停止缓冲器。

1993 年 11 月、12 月　D_{30} 型双联平车承运富拉尔基第一重机厂锅炉汽包 2 件，货物重 350 t，富拉尔基—辽阳化工厂（2 次）。

1993 年底　二七车辆厂共生产 8 辆 QD_3 型凹底平车，运送 MD80 麦道飞机机头 18 个，往返行程 10 万 km。

1994 年 1 月　D_{30} 型双联平车承运东方锅炉厂锅炉汽包，货物重 190 t，四川自贡—河南三门峡电厂。承运哈尔滨锅炉厂锅炉汽包，货物重 190 t，哈尔滨香坊—八里庄齐鲁化工厂（德州电厂）。

1994 年 2 月　D_{20} 型 280 t 钳夹车承运转子支架，货物重 210 t，哈尔滨香坊—南宁市岩滩水电公司。

1994 年 2 月 19 日　哈厂以哈厂发〔1994〕8 号文《关于 250 t 凹底平车设计任务建议书》报铁道部。11 月 2 日，铁道部科技司以铁科技函〔1994〕492 号文批复给哈厂。

1994 年 4 月　哈厂完成 120 t 凹底平车设计并报铁道部审批。5 月，哈厂委托上海铁道大学、北方交通大学分别对大底架、小底架做结构分析。8 月 4 日，铁道部科技司在哈尔滨主持方案审查会。10 月，铁道部科技司以科技机〔1994〕121 号文批复给哈厂等单位。

1994 年 4 月　D_{30} 型双联平车承运东方锅炉厂锅炉汽包，货物重 190 t，四川自贡—首阳山电厂。

1994 年 5 月　D_{30} 型双联平车承运东方锅炉厂锅炉汽包，货物重 190 t，四川自贡—沙岭子电厂。承运第一重机厂加氢反应器，货物重 386 t，富拉尔基—辽阳化工厂。承运宁夏化工厂进口化工设备，货物重 215 t，天津新港—银川宁夏化工厂。承运东方锅炉厂锅炉汽包，货物重 190 t，四川自贡—长征。

1994 年 7 月　D_{35} 型 32 轴钳夹车承运河北中电公司进口主变压器，货物重 280 t，天津新港—西安蒲城电厂。

1994 年 7 月　D_{20} 型 280 t 钳夹车承运河北中电公司进口 330 MW 定子，天津新港—西安蒲城电厂。

1994 年 7 月　D_{23} 型长大平车承运中国石化总公司宁夏化工厂进口大型氨合成塔。货物重 204.5 t，长 16 000 mm，直径 3 590 mm。采用在氨合成塔两端分别安装 1 个与氨合成塔连成一体的装载架，并在长大平车上设置 2 个承载鞍座，然后用 4 条卡带将氨合成塔通过鞍座坚固在车体上。天津新港—宁夏化工厂，运行里程 1 500 km。

1994 年 8 月 2 日　铁道部科技司在哈尔滨主持 D_{18A} 型 180 t 凹底平车鉴定会，并通过鉴定。8 月 24 日下达鉴定证书，证书编号：（94）铁道部技鉴字 027 号。

1994 年 8 月　D_{30} 型双联平车承运哈尔滨锅炉厂锅炉汽包，货物重 260 t，哈尔滨香坊—元宝山发电厂。承运第一重机厂加氢反应器，货物重 320 t，富拉尔基—锦州化工厂。承运华铁大件咨询公司的氨合成塔，货物重 320 t，梅桂营—相桥。

1994 年 9 月　D_{20} 型钳夹车承运由罗马尼亚进口的 330 MW 发电机定子。货物重 240 t（含运输法兰，净重 204 t），长 7 910 mm，直径 3 930 mm。天津新港—陕西蒲城电厂，运行里程 1 300 km。

1994 年 11 月 18 日　哈厂试制出 D_{12} 型 120 t 凹底平车。1994 年 12 月 16 日—1995 年 1 月 4 日，四方所主持 D_{12} 型车静强度、动强度和刚度及动力学试验，试验结果符合有关规范规定。

1994 年 11 月　经铁道部批准，成立中铁特种货物运输中心，并把 388 辆长大货物车划归中铁特运中心经营。

1994 年 12 月　D_{30} 型双联平车承运第一重型机器厂加氢反应器，货物重 268 t，富拉尔基—锦州化工厂。D_{20} 型钳夹车承运第二重型机器厂轧机牌坊，货物重 254 t，德阳—柳州钢铁厂（承运单位为河北中电公司）。

1995 年 2 月　D_{20} 型钳夹车承运第二重型机器厂轧机牌坊，货物重 238 t，德阳—柳州钢铁厂。

1995 年 3 月　D_{30} 型 5623701 号双联平车承运进口氨合成塔，货物重 325 t，天津塘沽—石岗兰州化工工程公司，承运进口氨合成塔，货物重 329 t，天津塘沽—白塔、化肥厂（承运单位为天津交运储运公司）。D30 型 5623702 号双联平车承运进口尿素合成塔，货物重 269 t，天津塘沽—石岗兰州化工工程公司，承运进口尿素合成塔，货物重 304 t，天津塘沽—白塔、化肥厂（承运单位为天津交运储运公司）。

1995 年 4 月　株厂中标，为香港地下铁路公司（MTRC）生产 43 辆长大平车和 5 辆凹底平车。

1995 年 5 月 5 日　哈厂以哈厂发〔1995〕9 号文《哈尔滨车辆厂关于 120 t 凹底平车出厂运用考验的请示》报铁道部申请出厂运用考验。9 月，铁道部科技司在哈尔滨主持 D12 型 120 t 凹底平车技术审查会，并通过审查。铁道部科技司以科技机〔1995〕171 号文转发了评审意见，D12 型 120 t 凹底平车可以投入运用考验。

1995 年 5 月　D30 型 5623702 号双联平车承运南化集团公司尿素合成塔，货物重 310 t，梅桂营—九道弯、无乌石化工厂。

1995 年 6 月　哈厂分别委托：上海铁道大学对 250 t 凹底平车大底架进行强度与刚度分析（曾于 1992 年 6 月，受托对该车大底架进行强度和刚度计算；1993 年 2 月，受托对整车纵向力安全性及环形心盘受力分析），对该车弹性旁承进行设计研究；北方交通大学对该车中底架、小底架、转向架构架进行结构分析；哈尔滨工业大学对移动心盘滚子及导轮做结构分析。

1995 年 6 月　株厂受四川自贡市东方锅炉厂委托，研制 250 t 长大平车。株厂以株发〔1995〕200 号文向铁道部呈报 250 t 长大平车运输方案及设计建议书。铁道部车辆局以辆技〔1995〕149 号文批复同意，车型为 D25 型。7 月，开始设计，9 月，完成静强度计算和生产图的设计，10 月投入生产。

1995 年 7 月、8 月　D20 型 5622801 号钳夹车承运第一重型机器厂轧机牌坊（2 件），货物重 268 t，富拉尔基—南阳钢铁厂（2 次）（承运单位为河北中电公司）。

1995 年 10 月　D35 型 24 轴钳夹车承运上海电机厂 300 MW 发电机定子，货物重 262 t（含装货附件，净重 238 t），上海闵行—安徽淮南田家庵电厂，运行里程 700 多 km，空重车走行 3 600 km。

1995 年 10 月　D35 型 32 轴钳夹车承运哈尔滨电机厂 600 MW 发电机定子，货物重 343 t，哈尔滨香坊—元宝山发电厂。

1995 年 11 月　D30 型平车承运哈尔滨锅炉厂锅炉汽包，货物重 280 t，哈尔滨香坊—呼兰哈尔滨第三发电厂。

1995 年 11 月　D35 型 5623501 号 24 轴钳夹车承运上海电机厂 300 MW 发电机定子，货物重 238 t，上海闵行—江苏望亭发电厂，重车运行里程 90 km，承运单位为中铁广信有限公司。

1995 年 12 月　D30 型双联平车承运第一重机厂加氢反应器，货物重 324 t，富拉尔基—兰州化工厂。

1995 年 12 月　齐厂开发 D9 型 230 t 凹底平车，承运哈尔滨锅炉厂生产的 330 MW 发电机组锅筒（与 1993 年用 D30 型双联平车承运那台基本上一样），但因不能加焊接长，故不能用 D30 型双联平车运。为此，设计制造两个特别矮的鞍座焊于凹底平车大底架两端平直面上，将锅筒旋转 45°后置于这两个特制鞍座上，再用卡带将锅筒与鞍座卡紧。货物重 199.4 t。哈尔滨—河北衡水电厂。

1996 年 1 月　铁道部主持株厂 D25 型车的设计及运输方案的评审会，并通过评审。3 月，中国铁路机车车辆工业总公司、部车辆局以中车辆字〔1996〕71 号文转发了该评审意见。

1996 年 1 月 30 日　哈尔滨车辆厂（主持）、四方所设计制造的 D18A 型 180 t 凹底平车获 1995 年度铁道科技进步二等奖（铁科技函〔1996〕58 号）。1997 年 1 月 15 日获 1996 年国家科技进步三等奖（科技文〔1997〕5 号）。

1996 年 2 月　D30 型 5623702 号双联平车承运第一重型机器厂加氢反应器，货物重 221 t，富拉尔基—兰州（承运单位为中铁特货运输中心）。1996 年 3 月、4 月，承运东方锅炉厂锅炉汽包（2 件），货物重 207 t，四川自贡—上安（2 次）（承运单位为河北中电公司）。

1996 年 3 月　铁道部以铁计〔1996〕1 号文附件 6《1996 年铁路科学技术发展计划》下达以下长大车研制任务：《450 t 新型钳夹式大型货车研制》（项目编号 96J19，B 类），齐齐哈尔车辆厂（第一承担单位），铁科院、四方所、大连铁道学院（其他承担单位）；《新型 D20 型钳夹式货车的研制》（项目编号 96J21，C 类），齐齐哈尔车辆厂（第一承担单位），铁科院、四方所；《150 t 凹底平车研制》（项目编号 96J22，B 类），哈尔滨车辆厂（第一承担单位），四方所、铁科院。

1996年3月 齐厂完成了新型D_{20}型（即D_{30A}型）钳夹车设计，并通过了工务部门的过桥检算。4月，设计方案通过审查。5月，铁道部科技司以科技机〔1996〕83号文下达设计任务书，批复设计方案。

1996年4月 株厂试制出D_{25}型长大平车。5月28日至6月16日，铁科院机辆所主持D_{25}型车静强度、动强度和动力学试验。试验表明，大底架部分部位应力超限。为此，株厂进行了改进处理。10月13日至14日，铁科院机辆所对改进后的大底架做静强度补充试验，试验表明，大底架改进效果明显，最大应力均低于许用应力。

1996年4月 哈厂对D_{12}型120 t凹底平车空气制动部分由GK型改为120阀，并通过厂级鉴定。

1996年初 经铁道部招标比选，哈厂小批量生产D_{12}型120 t凹底平车10辆。

1996年初 齐厂在1996年度铁道部新型钳夹式货车（380 t钳夹车）招标中一举中标。

1996年5月 D_{30}型5623701号和5623702号共同承运天津储运公司进口加氢反应器（2件），货物重量为300 t和289 t，大连—吉林。

1996年5月29日 哈厂以哈厂发〔1996〕28号文《呈报250 t（24E轴）凹底平车设计图纸的报告》报铁道部。9月11日，铁道部科技司在北京主持24E轴250 t凹底平车施工设计技术审查会，并通过审查。9月17日，铁道部科技司以科技机〔1996〕12号文《关于印发250 t凹底平车施工设计审查会议纪要的通知》下达哈厂等单位。

1996年6月 齐厂编制了380 t钳夹车设计任务建议书及设计方案说明。9月5日至6日，部车辆局在北京主持招标车辆——380 t钳夹车设计方案审查会。铁道部车辆局以辆技〔1996〕121号文批复方案。

1996年8月 齐厂试制出新D_{20}型（即D_{30A}型）钳夹车。9月，铁科院机辆所主持新D_{20}型车强度、刚度、动力学及空重车通过大超高（h=145 mm）曲线等各项鉴定性试验，并通过鉴定试验。

1996年10月 D_{30}型5623701号双联平车承运哈尔滨锅炉厂锅炉汽包，货物重270 t，哈尔滨—枣庄（承运单位为中铁特货运输中心）。

1996年10月 D_{20}型5622801号280 t钳夹车承运河北中电公司进口发电机定子，货物重236.4 t，天津塘沽—山西蒲城。

1996年10月 D_{35}型5624501号32轴钳夹车承运河北中电公司进口主变压器，货物重307 t，天津塘沽—山西蒲城。

1996年10月 哈厂以哈厂发〔1996〕47号文《关于呈报新D_2型210 t凹底平车设计建议书及设计方案的报告》（即D_{2A}型）报铁道部。以解决原D_2型车自重较大，满载后通过混凝土桥梁时需减速减载的问题。

1996年10月 D_{12}型120 t凹底平车被评为1996年度国家级新产品。

1996年10月19日 香港地铁公司为株厂生产48辆长大平车举行隆重的交接仪式，以示感谢。从1月1日交验第1辆起，历时8个月，到最后一批（共48辆）复验合格。

1996年11月6日 哈厂以哈厂发〔1996〕50号文《关于呈报D_2型210 t凹底平车减轻自重改选设计的报告》（即D_{2G}型）报铁道部。12月8日，完成D_{2G}型车方案图。12月24日，铁道部车辆局在哈尔滨主持方案审查会，并通过审查。12月30日，铁道部车辆局以辆技函〔1996〕140号文下达哈厂。1997年1月6日，哈厂完成D_{2G}型车全部施工图。

1996年11月 D_{25}型250 t长大平车第一次载货运输，承载四川东方锅炉厂的锅炉汽包，货物重215 t,长27 m。从四川自贡—山西阳泉，运行里程2 400 km。第二次载货运输，承运东方锅炉厂的氨合成塔，货物重173.5 t。从四川自贡—重庆南，运行里程320 km。

1996年11月 株厂会同四方所拟定我国第1辆凹底架为折角结构260 t凹底平车设计方案。

1996年12月末 齐厂完成380 t钳夹车施工图设计。1997年4月，完成试制工艺方案。7月，铁道部在北京召开了该车设计图纸及试验工艺方案技术审查会，并通过审查。11月，铁道部车辆局以TB620号电报予以批复。

1997年1月 四方所主持，株厂和长沙铁道学院参加，在株厂完成260 t凹底平车凹底架折角方案1∶3模型模拟试验，得出了折角式凹底架的应力分布及设计重点，验证了设计方案的可行性。

1997年1月　D25型长大平车承运锅炉汽包（重214 t），四川自贡—云南曲靖，运行里程1 200 km。至1999年9月，完成锅炉汽包和氨合成塔共14件运输，累计空重车行驶里程约7万km。

1997年3月2日　铁道部科技司在北京主持D30A型（即新D20型）300 t钳夹车技术审查会，并通过审查。

1997年初　哈厂与中铁特货运输中心签订研制改造D23型平车、D19型落下孔车的合同。

1997年3月　铁道部以铁计〔1997〕1号文附件（6）《1997年铁路科技研究开发计划》下达以下长大车研制任务：《260 t凹底平车研制》（项目编号97J08，B类），株厂（第一承担单位），四方所、长沙铁道学院、铁科院（其他承担单位）；《380 t钳夹式大型货车研制》（顺号294，项目编号97J37，C类），齐厂（第一承担单位），铁科院、大连铁道学院、四方所（其他承担单位）；《新D2 210 t凹底平车研制》（项目编号97J38，B类），哈厂（第一承担单位），铁科院、四方所（其他承担单位）。

1997年3月6日至7日　铁道部科技司在四川自贡主持D26型车设计任务书及设计方案审查会。7月，铁道部科技司以科技机〔1997〕045号文下达了该车的设计任务书和设计方案。

1997年3月7日至8日　中国铁路机车车辆工业总公司在四川自贡主持株厂D25型250 t长大平车技术鉴定会，并通过鉴定。

1997年3月23日至4月5日　D30A型300 t钳夹车首次承载运输。承运第一重型机械集团公司为酒泉钢铁公司厚板工程制造的2.8 m轧机牌坊。轧机牌坊重281 t（含侧承梁等承载加固装置），长11 885 mm，宽1 800 mm，高4 550 mm，横向偏心20 mm，纵向偏心252 mm；装车后最大高度为4 770 mm，重心纵向偏心99 mm，无横向偏心。富拉尔基—酒泉，行车里程3 650 km。

1997年4月　哈厂完成D19、D23型车改造方案设计。哈厂以哈厂发〔1997〕19号文《关于呈报D19型250 t落下孔车的改造设计报告》、哈厂发〔1997〕20号文《关于呈报D23型235 t平车改造设计的报告》报铁道部审批。6月23日至24日，铁道部车辆局在哈尔滨主持D19型、D23型车改造设计方案审查会，并通过审查。7月，铁道部车辆局以辆技函〔1997〕12号文下达了《关于转发D19、D23两个车型改造方案设计图纸的报告》。

1997年　中国铁路机车车辆工业总公司以中车划〔1997〕1号文附件（3）《1997年车辆工业科技计划》下达《新型长大平车的研制》（序号92，项目编号97辆16），哈厂负责研制。

1997年5月18日至6月3日　D30A型钳夹车第2次承运2.8 m轧机牌坊（同第一次），货物重281 t，富拉尔基—酒泉，行车里程3 650 km。

1997年5月26日　哈厂以哈厂发〔1997〕28号文《关于呈报16E轴250 t凹底平车设计图纸的报告》报铁道部。6月21日，铁道部科技司在哈尔滨主持16E轴250 t凹底平车第二次施工审查会，并通过审查。9月2日，铁道部科技司以科技机〔1997〕057号文同意制造。

1997年6月20日至22日　铁道部科技司在哈尔滨主持哈厂研制的D12型凹底平车科技成果鉴定会。

1997年6月20日至22日　铁道部科技司在哈尔滨主持150 t、210 t凹底平车设计任务书及设计方案审查会，并通过审查。11月，铁道部科技司以科技机〔1997〕071号文下达审查会纪要文件。

1997年7月31日　中铁特货运输中心与哈厂共同对D9、D8、D18、D16、D22等几种车型的改造进行研究，并制定了《大车改造主要技术参数对照表》。8月12日，在北京开会，确定改造主要技术参数。

1997年9月23日　哈厂以哈厂发〔1997〕47号文《关于哈尔滨车辆厂改造D2型凹底平车厂级鉴定情况的报告》报铁道部。9月26日，铁道部车辆局以电报批复，同意投入试运行。

1997年10月　株厂试制出我国第1辆折角式凹底平车——D26型260 t凹底平车，并经过了株洲—上海闵行的空车运行。11月至12月，四方所主持D26型车静强度、动强度和动力学试验，并通过试验。

1997年10月21日至23日　中铁特货运输中心与哈厂研究D9型与D22型车的改造方案，并签订《关于D9及D22型车改造方案研讨会纪要》。

1997年11月　哈厂试制出D23G型长大平车。12月，通过铁科院机辆所主持静强度试验。

1997年12月2日至1998年1月1日　D2G型210 t凹底平车首次运输。承运常州东芝变压器公司为贵州安顺电厂制造的变压器，货物重197 t，属超级超限。常州—贵州安顺电厂，运行里程2 300 km。

1997 年 12 月末 齐厂试制出 D_{38} 型 380 t 钳夹车，并完成了空车称重、通过限界及小曲线检查。

1998 年 1 月 27 日至 3 月 4 日 D_{26} 型 260 t 凹底平车首次运输。承运上海电机厂 30 MW 双水内冷汽轮发电机定子。定子总重为 217 t，上海—云南白水镇曲靖电厂，运行里程约2 800 km。

1998 年 3 月 铁道部以铁计〔1998〕1 号文附件（6）《1998 年铁路科技研究开发计划》下达《载重 550 t 组合式长大货车研制》（项目编号 98J28，C 类），株厂（第一承担单位）、四方所、上海铁道大学、铁科院、长沙铁道学院（其他承担单位）。

1998 年 4 月 8 日至 9 日 铁道部科技司在株洲主持 D_{26} 型 260 t 凹底平车技术鉴定会，并通过鉴定。

1998 年 4 月 哈厂试制出 D_{19G} 型落下孔车。铁科院机辆所主持 D_{19G} 型车静强度与刚度试验。

1998 年 5 月至 1999 年 9 月 D_{26} 型 260 t 凹底平车共运输 8 次：承运货物重 217 t，上海—天津，运行里程 1 100 km；货物重 194 t，上海—石濑，运行里程 250 km（2 次）；货物重 196 t，上海—黄涌，运行里程 2 500 km；货物重 217 t，上海—淮北，运行里程 700 km（2 次）；货物重 210 t（发电机定子），上海—山东莱城，运行里程 900 km（2 次）。

1998 年 8 月 5 日至 7 日 铁道部车辆局在哈尔滨主持 D_{16}、D_{22} 型车改造设计方案及 D_{19G}、D_{23G} 型改造车出厂审查会，并通过审查。8 月 27 日，铁道部车辆局以辆技函〔1998〕027 号下达了《关于批复 D_{16}、D_{9}、D_{18}、D_{22} 型车改造设计方案和 D_{19}、D_{23} 二种车型改造后投入运用考验的通知》给哈厂等单位。

1998 年 10 月 根据铁道部科教司 1998 年 TB335 号电报的要求，铁科院机辆所主持 D_{38} 型钳夹车静强度、刚度、动强度、动力学试验及四方所主持液压系统静态、动态试验，试验表明，能满足设计要求。

1998 年 10 月 19 日 哈厂以哈厂发〔1998〕46 号文《关于 250 t 凹底平车出厂运用考验的请示》报铁道部。10 月 30 日，铁道部科教司在哈尔滨主持了 D_{25A} 250 t 凹底平车技术审查会。11 月底投入运用考验。12 月 28 日，铁道部科教司以科教装函〔1998〕49 号文批复。

1998 年 12 月 10 日 哈厂 D_{12} 型 120 t 凹底平车获 1998 年度铁道部科学技术进步二等奖（铁科教函〔1998〕337 号）。

1998 年 12 月至 1999 年 6 月底 D_{25A} 型 250 t 凹底平车共运输 5 次：

（1）承运日本产 350 MW 发电机定子，货物重 235 t，天津新港—山西清涧，运行里程 1 138 km（2 次）；

（2）承运变压器，货物重 175 t（超长、超高），西安西—北京，运行里程 1 165 km；

（3）承运日本产 250 MW 发电机定子，货物重 237 t，天津新港—山西嘉峰，运行里程 1 200 km；

（4）承运变压器，货物重 199 t，西安西—山西清涧，运行里程 300 km。

1999 年 铁道部下达《340 t 凹底平车研制》（项目编号 1999J015. B 类），哈厂（第一承担单位），铁道部科学研究院、北方交通大学、上海铁道大学、铁道部四方车辆研究所为其他承担单位。

1999 年 3 月 18 日 哈厂与信息产业部第十五研究所签订研制“215 工程车”专用铁路凹底平车合同（合同编号：99-03-03）。

1999 年 3 月 哈厂试制出 D_{22} 型 120 t 长大平车改造车。7 月至 8 月，四方所主持对 D_{22} 型改造车做静强度、动强度、刚度及动力学试验，试验结果符合有关规范规定。

1999 年 3 月 26 日至 29 日 中国铁道学会铁道车辆委员会、云南和山东铁道学会在昆明举办长大货物车学术研讨会。共 33 人与会，交流论文 26 篇，汇辑了《长大货物车论文集》。

1999 年 4 月 9 日 铁道部以财务司财运（99）26 号文将铁道部新造 58 辆长大货物车资产划拨给中铁特货中心：D_{2} 型 35 辆、D_{12} 型 11 辆、D_{18} 型 10 辆、D_{2} 型 1 辆、D_{38} 型 1 辆，总资产值为 1.248 亿元。

1999 年 6 月 哈厂完成新 D_{21} 型方案图。以哈厂发〔1999〕32 号文《关于新 D_{21} 型 60 t 长大平车设计方案及施工图的请示》报铁道部。7 月，铁道部运输局在哈尔滨主持技术审查会，同意载重改为 70 t。

1999 年 6 月 哈厂试制出“215 工程车”专用铁路凹底平车。7 月，中车公司在哈尔滨主持技术审查会，并通过审查。7 月，四方所主持静强度、动强度、刚度和动力学试验，符合设计任务书要求。

1999 年 7 月 8 日 铁道部运输局会同科教司、中国铁路机车车辆工业总公司、中铁特货中心在齐齐

哈尔组织召开了 D_{38} 型钳夹车技术审查会。会后，铁道部运输局以运装货车（1999）235 号文批复了该车技术审查意见，同意该车投入考验。

1999 年 7 月 11 日至 13 日　铁道部运输局在哈尔滨主持 D_9、D_{18}、D_{16} 型车改造技术审查会。并以运装货车〔1999〕268 号文批复同意，可以投入运用考验。同时，确定 D_9 型改造型 230 t 凹底平车、D_{16} 型改造型 110 t 凹底平车、D_{18} 型改造型 180 t 凹底平车车型分别为 D_{9G}、D_{16G}、D_{18G} 型。

1999 年 7 月　根据 1997 年中车划〔1997〕1 号文科研计划（项目编号 97-辆-16），哈车公司进行 60 t 级长大平车研制，为充分满足用户需求，哈厂提出将载重由 60 t 提高到 70 t，设计方案上报铁道部，1999 年 7 月中车公司会同铁道部运输局对设计方案进行审查，并以中车机辆〔1999〕288 号文批复。

1999 年 10 月 8 日　铁道部运输指挥中心会同中国铁路机车车辆工业总公司在齐齐哈尔组织专家对 D_{30} 型双联平车改造进行了技术审查，并以运装货车（1999）310 号文予以批复同意通过技术审查，并将该车定型为 D_{30G}，同意投入运用考验。

1999 年 10 月至 2000 年 4 月　D_{30G} 型车进行了两次运用考验。第一次运输为富拉尔基—新疆奎屯，全程 4 000 km，货物为 326 t 的加氢反应器；第二次为哈尔滨—河北盘山电厂，全程 1 400 km，货物为 267 t 的锅筒。根据两次运输情况，齐齐哈尔铁路车辆（集团）有限责任公司对该车进行了回厂整修，其中包括更换高磷闸瓦、更换加厚的中心轴卡板、更换 13 号车钩、钩尾框等工作。

2000 年　D_{38} 型钳夹车通过铁道部科技成果鉴定。

2000 年 2 月 20 日至 3 月 15 日　在中铁特货中心的组织下，我国长大货物车中吨位最大的 D_{38} 型 380 t 钳夹车首次承担特种货物运输任务。由富拉尔基站至重庆站，全程 3 600 km，承运重庆庆玲汽车（集团）有限公司 5 000 t 压力机底梁。该底梁长 11 200 mm，宽 2 630 mm，高 3 900 mm，运输质量 305 t。

2000 年 5 月　根据市场需求，中铁特货中心出资，委托齐齐哈尔铁路车辆（集团）有限责任公司研制一辆性能好、适用性强、满足 260 t 以下筒形货物要求的长大平车。齐齐哈尔铁路车辆（集团）有限责任公司根据中国铁路机车车辆工业总公司《2000 年机车车辆工业科技计划》的安排，于 2000 年 7 月完成了该车的设计方案。

2000 年 5 月 9 日至 14 日和 2000 年 11 月 20 日至 24 日　D_{38} 型钳夹车在中铁特货中心组织下两次承运盘山电厂 600 MW 发电机定子。该定子质量为 340 t，运输采用自承式。由香坊站至大秦线翠屏山。途经哈尔滨、沈阳、北京三个铁路局，运输距离 1 400 km。

2000 年 8 月　为了满足特种车辆远距离运输需要，依据《低平板铁路运输车研制任务书》，唐山机车车辆厂承担了 50 t 专用凹底平车研制工作。唐山厂会同四方所方案研究。四方所进行有限元分析，共同制定工艺技术条件，确定整体设计方案。

2000 年 9 月 15 日至 16 日　铁道部科教司会同运输局计划司、安监司在北京召开了 D_{38} 型钳夹车技术成果鉴定会。鉴定委员会通过讨论，一致同意通过该车科学技术成果的鉴定。会后，铁道部科教司以科教装运（2000）146 号文下发科技成果鉴定意见。

2000 年 10 月　中车公司会同铁道部运输局对 D_{70} 型长大平车技术审查，并以中车机辆〔2000〕314 号文批复设计图纸及技术条件。

2000 年 10 月　齐厂根据中车公司 2000 年机车车辆工业科技计划完成 D_{26A} 型长大平车方案设计，由中车公司会同铁道部运输局、中铁特货中心在齐齐哈尔组织召开设计任务建议书及设计方案审查会。铁道部运输局以运装货车〔2000〕346 号文件批复。

2000 年 11 月 17 日　铁道部运输局装备部会同营运部、中国北方机车车辆工业集团公司、中铁特货中心组织专家组在齐齐哈尔对 260 t 长大平车进行了技术审查。会后，运输局装备部以运装货车（2001）31 号文《关于印发〈载重 260 t 长大平车技术审查意见〉的通知》下发了审查意见，同意该车投入运用考验，并将该车定型为 D_{26A} 型。

2001 年 3 月　唐山机车车辆厂召开低平板铁路运输车方案技术审查会，确定施工设计方案，并完成整车试制。7 月完成车体静强度试验。9 月完成车辆动力学试验。12 月通过技术鉴定。

2001 年 6 月 11 日　中国铁道出版社出版《中国铁路长大货物运输》（张进德，田葆栓，李代英，王式宏主编)。该书460页,92万字,中英文对照,对铁路超限重型运输装备和长大货物运输具有重要参考价值。

2001年 D_{38}型380 t钳夹车采用承载框架完成三峡变压器大型设备运输,保证了国家重点建设顺利进行。

2002年12月20日 中国铁道学会铁道车辆委员会在海南三亚举行特种货车学组成立大会暨学术研讨会。为促进特种货车技术进步,经中国铁道学会批准,组建铁道车辆委员会特种货车学组。会前编辑论文集,共收录22篇文章。25名参会代表踊跃发言。会议认为,为适应国家重点工程建设,尤其为配合三峡工程、航空航天工程建设和中国西部的开发,应立项研究提出近十年的特种货车发展规划。

特种货车学组成立暨学术研讨会合影

2003年1月5日 铁道部运输局在齐齐哈尔组织召开了350 t落下孔车技术审查会。

2003年4月27日 铁道部运输局装备部组织专家在株洲召开D_{26}型290 t落下孔车及转K_4弹簧托板改进评审会。

2003年7月3至4日 铁道部科技司会同运输局装备部组织专家在北京召开320 t凹底平车运用前技术审查会和155 t落下孔车设计任务书及设计方案技术审查会,同时,由运输局装备部会同科技司组织专家在北京召开320 t凹底平车运输3.5 m轧机牌坊承载装置设计任务书及设计方案技术审查会。

2003年7月29日 铁道部科技司会同运输局装备部在株洲召开90 t凹底平车设计任务书及设计方案技术审查会。

2003年8月15日 铁道部科技司和运输局在北京组织召开了"列车提速后惯性力值研究"及"超限车运输条件研究"试验方案论证会,为货物列车提速至120 km/h确定货物加固强度和超限车运行条件提供理论依据,对保证铁路运输安全和经济地使用铁路资源具有重要的意义。会议认为,车辆与运输货物的连接关系值得深入研究;应立项研究超限车辆限界测量系统;加强提速后,客车和货车交会后的振动与限界研究。

2003年8月21日 铁道部科技司会同运输局、安监司组织专家在北京召开320 t凹底平车技术审查会,同意通过技术审查。建议在运用前三次进行监护试验,为通过小曲线轮重减载率数据积累经验。

2003年9月 中铁特货公司组织大车系列化调查,调查国内及进口大件重型货物情况,大车的需求,为制定中国铁路大车的长远规划提供依据。与四方所等单位共同起草编制《长大货物车发展五年规划》。

2003年9月14日 西电东输安顺换流站超大型设备运输启动。株厂和四方所共同研制D_{26B}型290 t落下孔车,2003年制造1辆,主要用于运输三峡—广东直流输变电工程中的变压器。同年又制造了2辆,用于运输西电东输——安顺换流站变压器。运输时间：2003 年 9 月 14 日至 2004 年 7 月 21 日，共运输 14 台换流变压器、3 台电抗器，总价值约 5.6 亿元，经过 6 次运输，总行程 1 万多 km。为西电东送国家重点工程项目的按期建成提供了有力的运输保障，为缓解我国部分地区电力紧张状况和促进国民经济的发展作出了积极贡献。为此，铁道部发布了铁运电〔2004〕136 号嘉奖表彰电报。

2004 年 2 月 9 日　铁道部运输局营运部在北京组织召开了 290 t 落下孔车安顺运输阶段性总结会。

2004 年 4 月 25 至 26 日　铁道部科技司主持在北京召开 D_{15}、D_{2A} 型凹底平车科技成果鉴定会。

2004 年 6 月 8 日　铁道部运输局装备部组织专家在北京召开齐厂 155 t 落下孔车样车技术审查会。

2004 年 8 月 18 日　铁道部运输局装备部组织专家在北京召开齐厂研制的 D_{26A} 型长大平车装转 K_2 转向架技术审查会。

2004 年 10 月 13 日　铁道部科技司会同运输局在株洲对株厂研制 90 t 凹底平车进行技术审查。

2004 年 11 月 15 至 16 日　中国北车集团公司在哈尔滨召开 D_{70} 型、D_{5A} 型长大平车和 D_{11} 型凹底平车科技成果鉴定会。

2004 年 11 月 22 日　中国北车集团哈尔滨车辆有限责任公司研制的 D_{5A} 型 50 t 凹底平车通过铁道部科技司组织的技术成果鉴定。D_{70} 型长大平车通过铁道部科技司组织的技术成果鉴定。

2005 年 1 月 7 日　铁道部科技司会同铁道部运输局装备部、营运部在北京召开齐厂研制的新型提速 90 t 凹底平车、150 t 凹底平车设计任务建议书及设计方案技术审查会。

2005 年 3 月 21 日　铁道部运输局组织专家组在株洲召开了西安飞机工业公司的 DF_1 型机翼运输车和 NF_1 型机身运输车 120 km/h 提速改造设计方案审查会。

2005 年 3 月 21 日　铁道部运输局在株洲组织召开了用 D_{26B} 型落下孔车组合成 280 t 凹底平车方案审查会。同意通过审查，株厂须对减轻自重以及增加载重后凹底架的强度、刚度和动力学性能做进一步分析，制定上体换装检验技术条件。

2005 年 3 月　铁道部运输局和建设司根据建技电〔2005〕13 号、建技电〔2005〕20 号电报先后召开“采用大吨位运梁平车的可行性和技术方案讨论会”。确定大吨位预制梁运输应采用三车连挂的运输模式、运输车辆应采用专用车型式。7 月和 11 月，通过铁道部运输局会同建设司对二七车辆厂提出的运输大吨位预制梁专用车设计任务建议书及设计方案和施工图设计审查。

2005 年 4 月 27 至 28 日　铁道部运输局在北京组织召开岱海及王滩电厂 600 MW 机组发电定子运输论证协调会。

2005 年 5 月 9 日　中铁特货公司在北京组织召开了新型长大货物车研讨会，参加会议的单位有运输局装备部、四方所、铁科院、北京交通大学、齐厂、哈厂、株厂、二七车辆厂、绥化车辆段、一重公司、二重公司、哈尔滨锅炉厂等。四方所作了《国内外铁路长大货物车技术发展与关键技术问题》报告，受到关注。

2005 年 5 月 11 日　中国铁道出版社出版《中国铁路长大货物使用手册》(田葆栓主编)。该书208 页，38.7 万字，全面、完整、系统地介绍了 50 多年来中国铁路各型长大货物车技术性能，主要技术参数，结构特征，试验、使用维护说明和运输典型案例，对我国长大货物车设计、运用、检修具有重要参考价值，受到读者欢迎。

2005 年 8 月 1 日　中国铁道学会车辆委员会组织在重庆召开第三届特种货车学术研讨会。借鉴国内外经验，总结成绩，推进特种货车技术发展，为“十一五”规划做准备。会议先行编辑出版《特种货车论文集》，收入 25 篇文章。40 多代表参会，会议分 4 个主题宣读和交流 9 篇论文，其中两项政策性议题《研究制订特种货车的专用技术标准》和《长大货物车的组合化》作为专家建议，上报铁路主管部门安排立项，纳入科研计划。

2005 年 11 月 24 日　由铁道部科技司、运输局主持召开铁道部科技发展计划项目“列车提速后作用于货物上的惯性力值研究”(2001X009) 课题技术评审会，以确定货物列车提速至 120 km/h (2006 年第六次大提速) 后，货物的纵向惯性力、横向惯性力及垂直惯性力的计算方法和标准。

2005 年 12 月 7 日　铁道部运输局装备部会同科技司、安监司和运输局营运部，组织专家对株厂为湖南电力物流服务有限公司研制的载重 150 t 和 280 t 凹底平车进行技术审查，同意分别定型为 D_{15B} 和 D_{28} 型试生产，按规定办理型号合格证和生产许可证。

2005 年 12 月 16 日　齐厂按照铁道部科技研究开发计划课题合同（编号为 2005J035），完成450 t 落下孔车方案设计。铁道部科技司会同运输局装备部在齐齐哈尔组织召开设计任务建议书及方案技术审查会。

2006 年 3 月 15 日　铁道部科技司、运输局在北京组织召开株厂 320 t 凹底平车和 230 t 落下孔车设计任务建议书及设计方案审查会。

2006 年 3 月 24 日　铁道部科技司会同运输局装备部和安监司在齐齐哈尔组织召开齐厂研制的新型提速载重 90 t 凹底平车样车技术审查会。

2006 年 3 月 24 日　齐厂按照铁道部科技研究开发计划课题合同（2004J028），完成新型提速 120 t 长大平车总体方案设计。铁道部科技司会同运输局装备部和安监司在齐齐哈尔召开设计任务建议书及方案审查会。

2006 年 4 月 11 日　铁道部运输局以运装货车电〔2006〕726 号下达《关于 D_{26B} 型落下孔车组合成凹底平车的通知》。株厂根据部运输局运装货车〔2005〕97 号《关于用 D_{26B} 型落下孔车组合成 280 t 凹底平车设计任务书的批复》，试制样车完成试验，2005 年 12 月 7 日通过运输局会同科技司、安监司组织的技术审查，铁道部以运装货车〔2006〕8 号进行批复，定型为 D_{28}。株厂根据湖南电力物流服务有限责任公司的要求，对该公司的两辆 D_{26B} 型落下孔车承载框架换装凹底架组合成 280 t 凹底平车，为便于管理，同一车辆采用换装上部承载件后车型仍为 D_{26B}，原车号不变（0712895、0712896），D_{26B} 型落下孔车上体采用落下孔车承载框架或凹底架，经检验合格后可上路运用。

2006 年 4 月 19 至 20 日　铁道部运输局会同科技司在北京共同组织召开了国家重点工程——特高压变压器楚雄换流站 800 kV 变压器铁路运输可行性研讨会。各铁路局、造修企业、科研院所及高校等单位 80 余人参加会议。柳州、昆明等铁路局介绍了相关运输径路上的综合最小限界情况。四方所介绍了大吨位落下孔车运输变压器的情况，主持了车辆与装载加固、工务组的讨论。北京交通大学主持了超限、限界组的讨论。

2006 年 4 月 21 日　铁道运输局主持召开岱海、元宝山、达拉特电厂大型设备铁路运输论证协调会。就此次运输的货物、车辆、装载加固方案、运输方案等问题及工作安排进行讨论，形成会议纪要。

2006 年 5 月 23 日　由铁道运输局主持在北京召开运输大吨位预制梁专用车装载加固试验大纲审定会。参加会议的有铁道部科技司、安监司、建设司、铁科院、四方所、中铁咨询公司等单位的代表。

2006 年 6 月　二七车辆厂 DL_1 型运梁专用车样车通过铁道部运输局、科技司样车技术审查。定型为 DL_1 型大吨位预制梁运输专用车。

2006 年 8 月　由中国铁道学会车辆委员会和总后军交部主持，在乌鲁木齐召开军用铁路特种货车需求与运用管理研讨会，30 多人参会。研讨军用特种货车的管用修，“平战结合，军民结合”，满足国防建设需求。

2007 年 5 月　DL_1 型运梁专用车改进方案及试制样车通过铁道部技术审查。改进后，既能满足运输大吨位预制梁的要求，又能在拆除桥梁支撑装置并安装集装箱锁头后作为集装箱专用车使用。铁道部运输局装备部下发了《关于对二七厂 DL_1 型大吨位预制梁运输专用车改进方案的批复》（运装货车电〔2007〕1389 号）。

2007 年 5 月 22 日　铁道部科技司、运输局、安监司在齐齐哈尔召开载重 350 t 新型钳夹车样车技术审查会。

2007 年 6 月 19 日　铁道部运输局装备部在北京组织召开“铁路长大货车检修管理工作”会议。2007 年 8 月 30 日，铁道部发布运装货车〔2007〕321 号《关于印发〈铁路长大货车检修管理工作会议纪要〉的通知》。

2007 年 7 月 24 日　铁道部运输局在北京召开齐厂载重 350 t 改进型落下孔车设计和 D_{17A} 型落下孔车提速改造方案审查会。

2007年　适应铁路客货列车提速、动车组开行、铁路电气化的运输环境，铁道部修订公布《铁路超限超重货物运输规则》（铁运〔2007〕62号），将超重货物管理纳入，对超重货物进行定义并划分超重等级，完善提速条件下超限车的运行条件，增加电气化运输、超限超重货物专列运输相关规定。

2007年8月30日　世界载重最大的450 t落下孔车在齐厂首次装载成功。装载货物是中国第一重型机械集团公司为鞍山钢铁集团公司制造的大型轧钢机机架，该机架长15.2 m，宽4.67 m，厚2.25 m，重405 t，是国内最大的轧钢机架。

2007年9月10至23日　D_{45}型落下孔车分两次成功运输了中国一重集团公司为鞍钢集团公司生产的两片5 m轧机机架。机架长度为15 200 mm、最大半宽为2 300 mm、高度为4 670 mm，重量405 t，是国内最大的轧钢机架。该轧钢机主要用于轧制特大型部件及特大直径输油管线的生产，是国家重点建设项目所需的重大设备。重车重心高2 327 mm，运输总重412 t。货物发站富拉尔基，到站鲅鱼圈，共往返走行里程4 000多km。该车的运用使我国铁路长大货物车载重吨位迈上了400 t级的新台阶，也有力支持了振兴东北的工业化进程。

2007年11月19日　铁道部运输局会同科技司、安监司在北京组织召开了290 t改进型落下孔车设计方案审查会。会议提出进一步加强HG70E材料性能和焊接质量的监督检验等建议。

2007年12月25日　铁道部科技司会同运输局、安监司在北京召开“超限超重货车综合试验大纲”技术审查会。超限超重货车综合试验包括轨道、道岔、桥梁、路基和超重超限货车动力学性能试验，通过试验，能够为超限超重货车安全运行技术条件的确定提供科学依据。

2008年6月11日　铁道部运输局装备部在北京组织召开D_2型凹底平车载重变更技术审查会。D_2型凹底平车标记载重由210 t降低至160 t，过桥检算结果表明：D_2型车标记载重160 t时为一级超重。

2008年7月2日　铁道部运输局会同科技司在北京组织召开载重370 t凹底平车设计方案技术审查会。

2008年12月2日　铁道部科技司、运输局、安监司在株洲组织召开290 t落下孔车样车和360 t落下孔车样车技术审查会。

2008年12月21至22日　中国铁道学会车辆委员会特货学组在哈尔滨举办“特种货车技术发展与需求研讨会”。铁路制造厂、科研院所、总后军交部等单位38人参加会议。

2009年1月8日　铁道部运输局会同科技司在齐齐哈尔组织召开ZLZ货物（4 200 mm卫星整流罩）运输专用车（落下孔式承载结构）设计方案审查会。

2009年1月8日　铁道部运输局会同科技司在齐齐哈尔组织召开载重450 t钳夹车设计方案审查会。

2009年1月9日　铁道部科技司、运输局在哈尔滨组织召开载重360 t落下孔车样车技术审查会。

2009年7月9日至13日　铁道部运输局组织召开云广直流输电工程楚雄换流站变压器运输协调会，组织专家论证。DK_{36}型和DK_{29}型落下孔车完成云广楚雄项目3个变压器运输。南方电网公司±800 kV云广直流换流站是国家西电东输工程的核心部分，其中变压器是世界上首次采用的高电压、大容量的尖端科技产品。如能顺利运抵施工现场，将对我国输变电工程起到示范作用，其市场前景非常广阔，显著提升铁路大件运输装备水平。

2009年8月12至13日　中特物流公司根据铁道部运输局灵宝换流站变压器铁路运输协调会议安排，运输4台换流变压器，沈阳局沈阳站到达灵宝站。货物重量229 t，运输距离2 600 km。

2009年8月20日　中铁特货运输有限责任公司在北京组织召开了“大型变压器铁路运输装备技术研讨会”。铁道部运输局、国家电网国际发展有限公司及各变压器生产厂家参加会议。

2009年9月25日　铁道部科技司、运输局在齐齐哈尔召开载重370 t凹底平车（圆弧底）样车技术审查会。

2009年10月22日　铁道部科技司、运输局在北京组织召开了“超限超重货车综合试验”阶段审查会。课题组根据铁道部科技专项任务（2007-082）要求，完成了超限超重货车作用下典型线路、桥梁、路基、道岔的动载测试和车辆动力学性能监测，试验符合《超限超重货车综合试验大纲》要求。

2009年10月22日　铁道部科技司、运输局在北京组织召开“提速后客货车辆横向振动偏移量试验”

阶段审查会。会议认为，该项目针对超限车运行条件中的关键技术参数——横向振动偏移量进行现车测试试验。试验选用 D_{38} 型长大货物车、CRH2 型动车组、C_{70H} 型敞车等车型在不同线路条件、不同速度下的横向振动偏移量进行在线测试，得出了上述车型的振动偏移量，为制定和优化超限货车与邻线旅客列车、货物列车的安全会车技术条件提供科学依据。

2009 年 12 月 10 日 铁道部科技司、运输局在齐齐哈尔组织召开载重 450 t 钳夹车样车技术审查会。

2010 年 4 月 1 日 铁道部科技司、运输局、安监司在北京组织召开"提速后通用货车重车重心限制高度、车辆动态偏移量运营线试验方案"审查会。

2010 年 5 月 11 日 中国铁道出版社出版《国外铁路长大货物运输》（苏顺虎，田葆栓编著）。由铁道部总工程师、中国工程院院士，现中国科协副主席何华武作序。该书 199 页，36.9 万字，对中国乃至世界铁路长大货物运输具有重要参考价值。

2010 年 5 月 14 日 铁道部科技司、运输局会同安监司组织专家组在株洲对南车长江车辆有限公司研制的 ARJ21 飞机机身运输专用车进行样车技术审查。

2010 年 9 月 10 日 铁道部运输局组织在北京召开了铁路长大货物车使用条件研讨会，各铁路局、造修企业参加会议。经认真研究讨论，制定了《铁路长大货物车使用技术参数》。铁道部运输局以（运装货车〔2011〕145 号）《铁路长大货物车使用技术参数》发布，自 2011 年 11 月 1 日起正式执行。

2010 年 11 月 14 日 中国首台 1 000 MW 汽轮发电机整体定子采用 DQ_{45} 型钳夹车的第一次铁路运输完成。定子运输重量 408 t，货物全长 12.57 m，超级超限，一级超重。香坊—沁河北，行程约为 2 400 km。

2012 年 6 月 6 日 铁道部科技司会同部安监司，运输局车辆部、营运部在北京组织专家对齐厂提出的 T_{32} 型特种平车设计方案进行了审查。

2012 年 6 月 6 日 铁道部科技司会同部安监司，运输局车辆部、营运部在北京组织专家组，对哈厂 D_{12} 型凹底平车改造为 D_{12K} 型设计方案进行技术审查。

2012 年 7 月 27 日 中国铁道学会车辆委员会在北京主持召开了特种货车需求与技术规划发展研讨会，29 人参加会议。6 位代表做了主题发言。代表们根据特货学组长大货物车、专用货车、矿山冶金车辆 3 个专业领域，围绕主题发言内容，探讨了在新形势下特种货车的需要、技术发展和今后学术研讨的方向。

2013 年 9 月 11 日至 12 日 中国铁路总公司科技管理部和运输局车辆部、营运部在哈尔滨、北京组织专家对哈厂完成的 D_{12} 型凹底平车换装转 K_2 型转向架改造样车进行技术审查。

2013 年 9 月 12 日 中国铁路总公司科技管理部和运输局车辆部、营运部在北京组织专家对哈厂 DA_{26} 型凹底平车（课题合同编号 2012J004-K）设计方案进行评审。

2013 年 8 月 30 日 齐厂 D_{22B} 型长大平车设计方案在北京通过中国铁路总公司评审。

2013 年 4 月 23 日 中国铁路总公司科技司和运输局车辆部、营运部，在齐齐哈尔组织专家对 T_{32} 型特种平车样车及产品质量监督检验中心提出的运用考核大纲进行审查。

2014 年 9 月 12 日 齐厂 T_{32A} 型特种平车设计方案在北京通过中国铁路总公司技术评审。T_{32A} 型特种平车是在 T_{32} 型特种平车基础上改进优化，用于运输重量为 60 t 和 36 t 的保温运输箱。同日下午，南车石家庄车辆有限公司 TA_1 型特种平车设计方案在北京通过中国铁路总公司技术评审。

2014 年 10 月 中国铁道学会车辆委员会在大连召开特种货车学术交流会。会议总结历届车辆委员会特货学组的学术活动；结合国家重点建设、国防建设、矿山冶金设备运输需求，规划特种货车技术发展。会议先行征集编辑出版论文集（共收集 40 篇文章）。会议认为，以大车为主体的铁路特种货车在国民经济和国防建设中的地位举足轻重。在 12 年前，为此组建特货学组，规范和加强特种货车的工作。特货学组 1999 年开始筹备开展活动，由四方所田葆栓作为筹备组组长倡议，与原铁道部运输局装备部、科技司和安监司协商，由车辆委员会报送中国铁道学会批准，2002 年批复正式成立。特种货车学组分为大车、专用货车、冶金货车 3 个专业化领域。10 多年来，成功举办了 8 次学术交流会（见下表），出版了 5 本论文集，推动了特种货车的技术进步。

特种货车学组学术活动

序号	年份	地　点	主　　题	会议规模
1	1999	昆明	发展长大货物车	25 人参会，24 篇编入论文集
2	2002	三亚	满足需求，开拓创新	29 人参会，10 篇论文交流，22 篇编入论文集
3	2005	重庆	推进技术创新，满足市场需求	43 人参会，9 篇论文宣讲，25 篇编入论文集
4	2006	乌鲁木齐	研讨军用特种货车的管用修，满足国防建设需求	40 人参会，10 篇论文宣讲
5	2008	哈尔滨	特种货车技术发展与需求	38 人参会，以军方和用户为主
6	2009	北京	特种货车信息研讨	45 人参会，筹备 2010 年会议
7	2010	拉萨	心系国家，探索创新	45 人参会，10 篇论文宣讲，22 篇编入论文集
8	2012	北京	特种货车需求与技术规划发展	29 人参会，6 位主题发言
9	2014	大连	发展铁路特种货车，满足运输市场需求	60 人参会，12 篇论文宣讲，40 篇编入论文集

2012 年 12 月　南车长江车辆公司和四方所研制的项目《D_{32A} 型 320 t 凹底平车开发与应用》获 2012 年度中国铁道学会科学技术奖二等奖（项目编号 20124313）。

2012 年 12 月　齐厂、铁科院和四方所主要承担的项目《D_{45} 型载重 450 t 落下孔车创新技术研发与应用》获 2012 年度中国铁道学会科学技术奖一等奖（项目编号 20124151）。

2014 年 9 月　南车长江车辆公司和四方所、中特物流公司研制的项目《铁路长大货物车组合式关键技术创新与国家重点工程设备运输应用研究》获 2014 年度中国铁道学会科学技术奖一等奖（项目编号 20134376）。

2015 年 1 月 5 日　中国铁路总公司运输局车辆部会同调度部、营运部在北京组织召开《铁路长大货物车使用技术参数》技术评审会。齐齐哈尔、哈尔滨轨道交通装备有限责任公司，南车二七、长江车辆有限公司做《使用条件》修改意见报告。专家组同意通过评审。中国铁路总公司运输局发布《中国铁路总公司运输局关于印发〈铁路长大货物车使用条件〉的通知》（运辆货车函〔2015〕407 号）。

2015 年 3 月　齐厂承担的项目《载重 370 t 凹底平车（圆弧底）创新技术研发与应用研制》获 2014 年度中国铁道学会科学技术奖二等奖（项目编号 20144136）。

2015 年 4 月 16 日　中国铁路总公司科技管理部会同运输局车辆部、营运部、调度部，在石家庄组织专家对南车石家庄车辆有限公司研制的 TA_1 型凹底平车样车进行试用评审。

2015 年 5 月 8 日　中国铁路总公司科技管理部会同运输局车辆部，在齐齐哈尔组织专家对齐齐哈尔轨道交通装备有限责任公司研制的 T_{32A} 型特种平车样车进行试用评审。

2015 年 5 月 12 日　上海电气电站集团组织专家在上海召开内陆运输型 1 000 MW 级发电机定子铁路运输技术方案评审会。

2015 年　中国铁路总公司下发（铁运〔2015〕296 号）文件《铁路货物装载加固规则》（技术规章编号：TG/HY 102—2015）。

2016 年 11 月 29 日　中国铁路总公司下发（铁运〔2016〕260 号）文件《铁路超限超重货物运输规则》（技术规章编号：TG/HY 106—2016）。

2017 年 2 月 21 日　中国铁路总公司科技管理部在北京组织专家对中车齐齐哈尔车辆有限公司 D_{22B} 型长大平车进行技术评审。3 月 1 日，科技管理部以科技装函〔2017〕13 号文《中国铁路总公司科技管理部关于印发 D_{22B} 型长大平车技术评审意见的通知》，D_{22B} 型长大平车设计定型工作完成。

2017 年 7 月 27 日　中国铁路总公司科技管理部在北京组织专家对中车石家庄车辆有限公司 TA_1 型凹底平车进行技术评审。

2018 年 4 月 10 日　为适应车辆轴温红外探测（THDS）的使用要求，哈厂对 DA_{21}、DA_{25}、DA_{26} 型凹底平车轴箱结构进行局部改进，完成样机试制和型式试验检测，2018 年 3 月 21 日通过专家评审。中国铁路总公司机辆部以机辆技术电〔2018〕190 号文发布《关于 DA_{21}、DA_{25}、DA_{26} 型凹底平车轴箱适应轴温红外探测改进图样的通知》。

2018 年 9 月 26 日　为适应车辆轴温红外探测（THDS）的使用要求，中车齐齐哈尔、长江车辆有限公司对 DQ_{45}、D_{26B} 等型长大货物车轴箱结构进行局部改进，完成样机试制和试验检测，2018 年 7 月 26 日通过专家评审。中国铁路总公司机辆部以机辆技术电〔2018〕537 号文发布《关于 DQ_{45}、D_{26B} 等型长大货物车轴箱适应轴温红外探测改进图样的通知》。

2018 年 12 月 13 日　在世界轨道交通研究会 15 周年年会上，原铁道部副部长、现世界轨道交通研究会会长国林为《国外铁路长大货物运输》题词“大车装备，厚德载物”。

2018 年 12 月 25 日　国家铁路局下发国铁科法〔2018〕105 号文件，批准发布铁道行业标准 TB/T 2553—2018《铁路长大货物车》，2019 年 7 月 1 日正式实施。

2019 年 3 月 5 日　青岛四方所承担的中国铁路总公司科技研究开发计划项目《机车车辆安全运用技术研究——铁路长大货物车关键技术与应用规范研究》（编号为 2015J007-O）通过专家组验收。本项目通过分析研究大车垂向动态特性、材料许用应力和安全系数、车辆动力学性能评估等关键技术，结合大车特殊的实际运用条件，在国内外首次提出《铁路长大货物车》技术规范，填补该领域的国际空白。

2019 年 11 月 13 日　国铁集团科信部在北京召开 DA_{26} 型凹底平车技术评审会。12 月 6 日，科信部以科信装函〔2019〕156 号文《国铁集团科技和信息化部关于印发 DA_{26} 型凹底平车技术评审意见的通知》，DA_{26} 型凹底平车设计定型工作完成。

2019 年 11 月 15 日　中国铁道学会第七届车辆委员会货车学组（通用、特种）成立大会暨 2019 年中国铁路货运市场发展和多样化运输装备技术研讨会在北京召开。会议由车辆委员会、轨道交通装备分会主办，35 个单位的 110 位代表参加会议。会议主题“创新、提质、增效、绿色、协同”。10 个特邀专家做主题报告。在获奖论文中遴选 8 篇优秀论文做大会演示交流，代表发言交流了多样化的通用货车、专用特种货车装备技术发展方向。

2020 年 3 月 12 日至 15 日　为保障“西电东送”重点输电工程关键项目——昆北换流站建设急需的大型变压器运输，国铁集团专门开行由 DK_{36}/DK_{29}/D_{26B} 型落下孔车组成的 70002 次大件运输货运专列，3 月 12 日从广西钦州港站出发，途经广西、云南两省区，抵达云南省楚雄州的大德站。运行距离 1 054 km。专列装载的变压器最大单台重量 321 t。央视朝闻天下报道《铁路超级超限运输，力保国家重点建设》。为此，中国南方电网有限责任公司专门致信感谢国铁集团。

2020 年 12 月 10 日　《铁路货车段修规程》（简称《规程》）通过国铁集团技术委员会专家咨询论证。国铁集团技术委员会专家委员会在北京组织召开会议，对机辆部提交的《关于重新修订印发〈铁路货车段修规程〉的报告》进行了专家咨询论证。机辆部根据 2018 年铁路技术规章制修订计划，结合国铁集团公司化改革、货车管理改革和修程修制改革的需要，对《规程》进行修订，《规程》（征求意见稿）于 2018 年 9 月通过技术评。2020 年，补充完善了 70 t 级专用货车、长大货物车等检修要求，强化了货车检修信息化管理相关内容。完善了总则、基本要求等内容，并在国铁集团各部门会签基础上修改形成报批稿。

2021 年 4 月 15 日　中车哈尔滨车辆有限公司提出的 160 t 凹底平车设计方案（编号 N2020J021）通过国铁集团机辆部货车事业部、调度中心在北京组织的专家评审。

2021 年 7 月 22 日　中国铁路冷链和深冷运输新技术应用暨多样化运输学术研讨会在武汉召开会议。主题是“面向未来市场需求的冷链和深冷储运技术及装备”。会议由中国铁道学会车辆委员会、轨道交通装备分会主办，由中国铁道学会车辆委员会特种货车学组、中车长江运输设备集团有限公司联合多式联运技术及装备交通运输行业工程研究中心和中铁特货物流股份有限公司承办。27 个单位的 120 位代表参加会议，征集 56 篇论文，编入论文集。7 个特邀主旨专题报告，5 篇优秀论文宣读。

2021 年 9 月 27 日　“组合式落下孔车技术创新与国家重点工程设备铁路物流运输”获 2021 年度中国物流与采购联合会科技奖一等奖。

附录五　长大货物车文献专题题录

[1] Pennsylvania公司. 重、高、宽的反应器运输 [J]. Pennsy用户杂志，1956 (11)：10-11.
[2] 胡春农，徐渭. 40 t凹底平车侧架应力的光弹性实验研究 [J]. 唐山铁道学院学报，1957 (6)：43-48.
[3] 田葆栓，译. 钳夹车首次运营 [J]. 现代铁路杂志，1957 (11)：10-11.
[4] 田葆栓，译. 核反应器运输 [J]. Erie铁路杂志，1960 (6)：10-11.
[5] 田葆栓，译. 特种货车 [J]. ETR，1960 (11)：476-484.
[6] 田葆栓，译. 大型发电机定子运输 [J]. B&O，1960 (11)：20.
[7] 四方车辆研究所情报室，编译. 美国通用电气公司317 t可拆式落下孔车 [J]. 译自《Rly Locos&Cars》，1964 (2)：25.
[8] 胡道本，译. 大吨位货车 [J]. 铁道车辆，1965 (12)：34，39.
[9] Л. И. Горшков，Л. Д. Кузьмич. 新型大载重特种平车 [J]. 刘幼楼，译. 铁道车辆译丛，1964 (9)：37-38.
[10] 杨德英，译. 12轴元宝车 [J]. 铁道车辆译丛，1965 (10)：37.
[11] 长辛店机车车辆工厂. 60 t凹底平车是怎样设计的 [J]. 铁道车辆，1965 (增刊)：37-38.
[12] 田葆栓，译. 圆环箍通过铁路运输 [J]. Pennsy Magazine，1967 (6).
[13] 郑企芳. 100 t凹底平车 [J]. 铁道车辆，1967 (6)：24.
[14] 北京二七机车车辆工厂新车设计组. 援越米軌60 t凹底平車介紹 [J]. 铁道车辆，1967 (10)：27-29.
[15] 北京二七机车车辆工厂新车设计组. D_{10}型100 t凹底平车簡介 [J]. 铁道车辆，1968 (1)：1-5.
[16] 王培亨，李宗杰. 16Mn鋼100 t凹底平車的焊接 [J]. 铁道车辆，1968 (1)：5-7.
[17] 北京二七机车车辆工厂. D_{10}型100 t凹底平车 [J]. 铁道车辆，1969 (10)：252.
[18] 齐齐哈尔车辆工厂. D_{20}型280 t长大货物车 [J]. 铁道车辆，1969 (10)：252.
[19] 株洲车辆工厂. D_{17}型150 t落下孔车 [J]. 铁道车辆，1969 (10)：253.
[20] 四方车辆研究所情报室，编译. 国外几种货车介绍 [J]. 铁道车辆，1970 (3)：48-53.
[21] Lange，Busse，Widera. Der 32/24 achsige Tiefladewagen Uai 839 der DB-Güterwagen oder Transportmaschine [J]. Glas. Ann. 1971 (2/3)：33-40，45.
[22] 北京二七机车车辆工厂生产组. 90 t凹底平车简介 [J]. 铁道车辆，1971 (6)：19-21.
[23] 四方车辆研究所情报室，编译. 西德运送特种货物的凹底平车 [J]. 铁道车辆，1972 (12)：30-35.
[24] 株洲车辆工厂. 150 t落下孔车介绍 [J]. 铁道车辆，1973 (4)：27-30.
[25] 四方车辆研究所情报室，编译. 东德凹底平车 [J]. 铁道车辆，1973 (9)：42.
[26] 交通部四方车辆研究所，编译. 国外铁路长大货物车资料（铁道车辆资料-34）[G]. 1973.
[27] 黄万程，译. 关于聚四乙烯-复合材料与甑碳和烧结金属在摩擦特性与磨损特性方面比较之研究 [J]. VDI-Z，1973 (1)：39-47.
[28] 四方车辆研究所车体室. 国外长大货物车述评 [J]. 铁道车辆，1974 (2)：20-29.
[29] 四方车辆研究所情报室，编译. 瑞典32轴500 t长大货物车 [J]. 铁道车辆，1974 (6)：40-41.
[30] 沙永正. 长大货物车超限怎么办？——多导向侧移机构的设计原理及其应用 [J]. 铁道车辆，1974 (8)：8-28.
[31] 李渝生. D_{30}型370 t双联平车介绍 [J]. 铁道车辆，1974 (10)：1-9.
[32] 哈尔滨车辆工厂设计科. D_{23}型235 t特种平车简介 [J]. 铁道车辆，1974 (10)：10-11.
[33] 四方车辆研究所情报室，编译. 载重130 t和150 t凹底平车 [J]. 铁道车辆，1974 (11)：41-43.
[34] 四方车辆研究所情报室，编译. 运送变压器的长大货物车 [J]. 铁道车辆，1975 (2)：60-62.
[35] 沙永正. 民主德国的100 t凹底平车 [J]. 铁道车辆，1975 (8)：39-42.
[36] 四方车辆研究所情报室，编译. 西德长大货物车用高强度结构钢的焊接 [J]. 铁道车辆，1975 (12)：43-47.

[37] 四方车辆研究所情报室，编译. 活节式长大货物车 [J]. 铁道车辆，1975 (1)：36-39.
[38] 曹志礼. 长大货车的倾覆稳定性 [J]. 铁道车辆，1975 (4)：3-25.
[39] 济南铁路局大件运输指挥部车辆小组. D_{23}、D_{30}型平车装运特大件的技术总结（车辆部分）[J]. 铁道车辆，1975 (7)：1-7.
[40] 邢澍. 日本シキ1000 型长大货物车 [J]. 铁道车辆，1975 (8)：37-39.
[41] 齐齐哈尔车辆工厂. D_{20}型 280 t 钳夹式货车运用和改造情况 [J]. 铁道车辆，1977 (2/3)：28-32.
[42] 邢澍. 日本シキ 850 型 115 t 长大货物车 [J]. 铁道车辆，1977 (4)：32-33，23.
[43] 四方车辆研究所情报室，编译. 意大利的 24 轴 380 t 长大货物车 [J]. 铁道车辆，1977 (7)：49.
[44] 齐齐哈尔车辆工厂. D_{30}型 370 t 双联平车 [J]. 铁道车辆，1977 (10)：8-13.
[45] 杨序衡，胡皇堂. 350 t 长大货物车液压元件试验报告——略谈结构工艺性及漏油问题 [J]. 铁道车辆，1978 (11)：13-19.
[46] 四方车辆研究所大车课题组. 长大货物车心盘衬垫的试验研究 [J]. 铁道车辆，1979 (5)：1-5.
[47] 张振淼. 应用激光全息光弹测试技术和有限单元法对凹底车架的应力进行分析 [J]. 铁道车辆，1979 (8)：1-10.
[48] 潘衡渭. 350 t 车转向架用变刚度弹簧装置 [J]. 铁道车辆，1979 (12)：51-54.
[49] 四方车辆研究所情报室，编译. 西德铁路货车发展近况综述 [J]. 铁道车辆，1976 (1)：11-16.
[50] 四方车辆研究所情报室，编译. 瑞典 32 轴钳夹侧承梁式长大货物车投入运用 [J]. 铁道车辆，1977 (2/3)：82-83.
[51] 哈尔滨车辆工厂技术科. 援坦赞 90 t 凹底平车 [J]. 铁道车辆，1978 (4)：1-3.
[52] 陈嘉椿，张庆林. 凹底平车弯角部结构设计的几点考虑 [J]. 铁道车辆，1978 (5)：1-11.
[53] 陈嘉椿，张庆林. 关于凹底平车大底架挠跨比选择的一点意见 [J]. 铁道车辆，1978 (9)：9-13.
[54] 李渝生. 关于D_{20}型 280 t 钳夹式两节平车车耳强度问题的讨论 [J]. 铁道车辆，1978 (11)：6-13.
[55] 沙永正. 西德为美国制造的长大货物车 [J]. 铁道车辆，1978 (11)：35.
[56] 黄万程，译. 西德为苏联制造的 32 轴长大货物车 [J]. 铁道车辆，1978 (11)：55.
[57] Munske H. Neuentwicklung auf dem Gebiet der Tiefladewagen [J]. ETR，1978，Nr. 11：707-712.
[58] John H. Armstrong. The Railroad-What it is，what is does [M]. 田葆栓，译. 1978.
[59] 张俊克. D_{2}型 210 t 凹底平车 [J]. 铁道车辆，1979 (4)：10-20.
[60] Helmut Munske. 用长大货物车运输特种大件货物 [J]. 黄万程，译. 国外铁道车辆，1979 (4)：1-10.
[61] 张庆林. 凹底平车大底架结构述评 [J]. 铁道车辆，1979 (9)：17-25.
[62] 李渝生. 370 t 双联平车主梁的计算 [J]. 铁道车辆，1980 (1)：1-6.
[63] 杨新. 关于气液弹性旁承在长大货物车上作用的探讨 [J]. 铁道车辆，1980 (6)：7-15.
[64] 田序山. 长大货车转向架的附加弹簧装置 [J]. 铁道车辆，1980 (8)：29-33.
[65] Б. С. Касаткин，et al. 载重 500 t 的联接式长大货车高强度钢焊接结构 [J]. 邓爱莲，译. 国外机车车辆工艺，1981 (6)：43-45.
[66] 沙永正. 多导向钳夹车运输的展望 [J]. 铁道车辆，1980 (9)：21-28.
[67] 林巨魁. 国内外长大货物车述评 [C]. 1980.
[68] 邢澍. D_{45}型 450 t 钳夹车运行试验 [J]. 铁道车辆，1980 (10)：45.
[69] 张庆林. 长大货物车学术交流会议简介 [J]. 铁道车辆，1980 (11)：1-5.
[70] 赵承寿. D_{45}型钳夹车的设计（上）[J]. 铁道车辆，1981 (1)：1-8.
[71] 赵承寿. D_{45}型钳夹车的设计（下）[J]. 铁道车辆，1981 (2)：7-11，6.
[72] 林巨魁. 长大货物车的发展 [J]. 铁道科技动态，1981 (12)：7-11.
[73] 谢青云，译. 三十六轴长大货物车交付使用 [J]. 国外铁道车辆，1982 (3)：25.

[74] 邢澍. D_{45}型钳夹式大型货车通过部级技术鉴定 [J]. 铁道车辆，1982 (6)：封三.

[75] 张俊克. D_2型 210 t 凹底平车通过部级技术鉴定 [J]. 铁道车辆，1982 (6)：42.

[76] 孙明道，黄正江. D_{35}型长大货物车及其设计总结 [J]. 铁道车辆，1982 (10)：2-9.

[77] Günter Hellmuth. 西德联邦铁路和公路长大货物运输 [J]. 黄万程，译. ETR，1982 (10)：699-707.

[78] A. P. Wivagg. 36 轴钳夹式铁路货车的研制 [J]. 邢澍，译. 国外铁道车辆，1983 (1)：1-4，36.

[79] Hans Ludwig Manson. DB-Tiefladewagen，Produktionsmittel für Schwerlast und Grossraumtransporte auf der Schiene [J]. 田葆栓，译. ETR，1983 (1/2)：83-92.

[80] Günter Hellmuth. 西德联邦铁路的长大货物运输 [J]. 黄万程，译. 国外铁道车辆，1983 (2)：50-53.

[81] A. Я. Коган，A. A. Львов. 32 轴长大货物车的动力学及其对线路的作用 [J]. 邢澍，译. 国外铁道车辆，1983 (6)：10-15.

[82] 黄正江，孙明道. D_{35}型长大货物车液压系统的工作原理 [J]. 铁道车辆，1983 (8)：13-21.

[83] 薄天金. D_{35}型钳夹式货车小底架局部应力异常原因分析 [J]. 铁道车辆，1983 (9)：8-12.

[84] 邢澍. D_{35}型 32 轴钳夹式货车第一次实物运输完成 [J]. 铁道车辆，1983 (9)：35.

[85] Hans Ludwig Manson. Im Dienste des Kunden-aussergewöhnliche Technik bei Tiefladewagen [J]. ZEV-Glas. Ann，1984，(2)：45-53.

[86] 邢澍. D_{35}型 24 轴钳夹货车首次运输圆满完成 [J]. 铁道车辆，1984 (9)：62.

[87] 陶崇刚，杨夷. 钳夹车 [J]. 国外铁道车辆，1985 (2)：56-57.

[88] 邢澍. 苏联车辆的主要技术特性 [J]. 国外铁道车辆，1985 (6)：5-8.

[89] 胡卓人，摘译. 联邦德国货车组成 [J]. 国外铁道车辆，1986 (2)：56.

[90] 邢澍. D_{35}型 24 轴钳夹式货车获铁道部技术鉴定证书 [J]. 铁道车辆，1985 (8)：62.

[91] 范传文. 350 t、400 t 铸锭车简介 [J]. 铁道车辆，1985 (9)：10-12.

[92] H. Röder，G. Nickolaus，E. Schmidt，W. Necke. 4achsiger Tiefladewagen mit gekröpfter Ladebrücke [J]. Eisenbahnpraxis，1986.

[93] 孙明道. D_{35}型长大货物车改造设计方案审查会在株洲召开 [J]. 铁道车辆，1986 (1)：38.

[94] 邢澍. D_{35}型 (24 轴) 钳夹式货车钳梁和托钩模拟试验顺利完成 [J]. 铁道车辆，1986 (8)：封四.

[95] 郭树仁，张俊克. 300 t 双联平车 [J]. 铁道车辆，1987 (1)：39-41.

[96] 金玉澄，余肖扬. D_{35}大车新型钳梁光弹性研究 [J]. 长沙铁道学院学报，1987 (1)：129-134.

[97] 高金鼎. D_{35}长大货车完成改造任务并通过厂级鉴定 [J]. 铁道车辆，1987 (4)：18.

[98] 邢澍. D_{35}型 24 轴钳夹式货车首次使用托钩运货成功 [J]. 铁道车辆，1987 (6)：45.

[99] МироновН. И. 国外大载重长大货物车结构 [J]. ОИ：Транспортн. оборудование，1987 (6)：1-32.

[100] 韩伯领，译. 加拿大铁路采用计算机确定货物超载和超限运输 [J]. 铁道科技动态，1989 (4)：33.

[101] 株洲车辆工厂 D_{35}型大车改造课题组. D_{35}型 24 轴钳夹式货车改造 [J]. 铁道车辆，1987 (9)：1-4.

[102] 铁道部四方车辆研究所. 国外现代铁路客货车概要 [J]. 1987 (10).

[103] 赵承寿，韩月荣，于连友. D_{35}型 32 轴钳夹车改造及运用情况简介 [J]. 铁道车辆，1988 (1)：10-16.

[104] 叶英. 长大货物车内外导向串联工作原理及其运动状态分析 [J]. 铁道车辆，1988 (4)：23-30.

[105] П. С. Анисимов，et al. 带专用承货架的八轴长大车的动力学试验 [J]. 曹小琪，译. 国外铁道车辆，1988 (4)：34-37.

[106] 邢澍. D_{30}型双联平车重载高重心动力学试验完成 [J]. 铁道车辆，1988 (5)：12.

[107] 李渝生，译. 多轴重载铁路车辆 [J]. 国外铁道车辆，1988 (5)：18-20.

[108] Н. И. Миронов，et al. 苏联等国长大货物车结构 [J]. 顾永麟，译. 国外铁道车辆，1988 (6)：11-20.

[109] 邢澍. D35钳夹式货车正式移交哈局 [J]. 铁道车辆，1988 (11)：46.

[110] 宋家林. 关于D17型车在疏勒河站脱轨情况的调查及原因分析 [J]. 铁道车辆，1989 (4)：38-39.

[111] 刘寿兰. 防止跨装车组脱轨的安全措施 [J]. 铁道运输与经济，1988 (11)：23-25.

[112] H. Röder，G. Nickolaus，E. Schmidt，W. Necke. 6achsiger Tiefladewagen mit gekröpfter Ladebrücke [J]. Eisenbahnpraxis，1988.

[113] А. А. Львов，et al. 340 t 跨装式长大货物车动力学指标 [J]. 邢澍，曹小琪，译. 国外铁道车辆，1989 (4)：35-38.

[114] 宋传云. D30型双联平车板簧挠度尺的设计和应用 [J]. 铁道车辆，1989 (8)：35-38.

[115] 匡增意，粟曙. D35型长大货物车钳夹耳孔强度分析 [J]. 铁道车辆，1989 (11)：33-37.

[116] Ulrich Budde，Harald Waldeck. Vierachsiges Drehgestell für Schwerlast-Güterwagen [J]. ZEV，1990，114 (1/2)：47-53.

[117] 赵承寿，于连友. 国内外钳夹式长大货物车发展述评 [J]. 铁道车辆，1990 (4)：25-32.

[118] Х. И. Пейрик，et al. 邢澍，译. 高强度钢焊接疲劳强度研究 [J]. 国外铁道车辆，1990 (2)：45-48，40.

[119] 孙建烈. 大型发电机定子的运输 [J]. 电力建设，1990 (4)：49-50.

[120] С. В. Вершиский. 机车车辆动力学试验中临界状态的评定 [J]. 洪萍萍，译. 国外铁道车辆，1990 (5)：41-46.

[121] 宋传云. 大件运输中法兰连接的受力分析及连接螺栓预紧力的计算 [J]. 铁道车辆，1990 (6)：21-27.

[122] 刘云生. D2型凹底平车小心盘脱出原因浅析 [J]. 铁道车辆，1990 (6)：35-36.

[123] 居晓然. 试用 SAP5 对大吨位凹底平车大底架进行静力分析 [J]. 铁道车辆，1990 (7)：32-38.

[124] Harald Waldeck，Alfons Vielhaber. Tragschnabelwagen für den Transport schwerer und grossvolumiger Lasten [J]. ZEV+DET，1990，(11/12)：531-538.

[125] 李渝生，李福. 长大货物车辆通过能力判定程序 [J]. 铁道车辆，1991 (2)：1-6.

[126] 王广山. 长大货物车过桥检算程序 [J]. 铁道车辆，1991 (3)：23-25.

[127] 赵承寿，于连友. 大型轧机牌坊的铁路运输 [J]. 铁道车辆，1991 (4)：15-18.

[128] 刘云生，陈亚东. D2型凹底平车改进建议 [J]. 铁道车辆，1991 (4)：39-40.

[129] 刘晓林. 280 t 凹底平车大底架的结构研究与探讨 [J]. 铁道车辆，1991 (5)：6-11.

[130] 赵承寿. 浅谈我国长大货物车的心盘结构 [J]. 铁道车辆，1991 (10)：27-30.

[131] 张俊克. D18A型 180 t 凹底平车（上）[J]. 铁道车辆，1992 (2)：10-15，56.

[132] 张俊克. D18A型 180 t 凹底平车（下）[J]. 铁道车辆，1992 (3)：5-9.

[133] 邓立. D35型 24501 号钳夹车运用检修中的主要问题 [J]. 铁道车辆，1992 (4)：44-45.

[134] Hans Ludwig Manson. Der neue 16achsige Tiefladewagen der Deutschen Bundesbahn [J]. ETR，1992，Nr. 10：687-695.

[135] 杨素清，刘晓林. D18A型 180 t 凹底平车大底架结构的设计 [J]. 铁道车辆，1992 (12)：11-17，62.

[136] 邢澍. 关于货车集重问题 [J]. 铁道车辆，1993 (1)：11-13.

[137] И. И. Бондаренко. 苏联铁路长大货物车 [J]. 陈方昌，译. 国外铁道车辆，1993 (2)：24-26，23.

[138] П. С. Анисимов，et al. 带隔离车的平车运输超长货物的安全性 [J]. 邢澍，译. 国外铁道车辆，1993 (5)：45-50，封三.

[139] 陈全生．D_{35}型钳夹式货车用四轴转向架［J］．铁道车辆，1993（4）：15-17.
[140] 杨新．关于D_{35}型32轴钳夹车等分撑杆及其支座的受力分析与强度计算［J］．铁道车辆，1993（8）：15-21，4.
[141] 曹小琪．D_{18A}型凹底平车的全封闭式大底架结构及分析［J］．铁道车辆，1993（9）：13-17，4.
[142] 邢澍，曹小琪．D_{35}型车钳形梁与等分撑杆的模拟试验研究［J］．铁道车辆，1993（10）：19-21，4.
[143] 铁道部国外长大货物车考察团组资料-德国克虏伯公司TSW500．2型钳夹车．1993.
[144] 邓立．D_{35}24501号钳夹车裂纹分析［J］．铁道机车车辆，1994（2）：46-47.
[145] 田葆栓．D_{18A}型（180 t）凹底平车在哈尔滨通过鉴定［J］．铁道车辆，1994（10）：24.
[146] 田葆拴．D_{35}型（32轴）钳夹车等分撑杆的计算机分析［J］．铁道车辆，1994（12）：36-38.
[147] 刘志宏．川黔线小半径曲线上货车两次脱轨原因的探讨［J］．铁道车辆，1995（3）：42-44，40.
[148] 赵承寿，于连友．D_{35}型32轴钳夹车减轻自重的可行性研究［J］．机车车辆工艺，1995（2）：44-46.
[149] 赵承寿．铁路钳夹式货车运输方式的研究［J］．铁道车辆，1995（4）：19-24.
[150] 鞠在云．浅谈车辆型谱（下）［J］．铁道车辆，1995（5）：12-17.
[151] 张俊克，刘晓林，吕俊超．凹底平车设计中几个问题的研究（上）［J］．铁道车辆，1995（5）：35-40
[152] 张俊克，刘晓林，吕俊超．凹底平车设计中几个问题的研究（下）［J］．铁道车辆，1995（6）：11-15.
[153] 邹敬胜．哈尔滨第三发电厂二期工程600MW发电机定子吊装［J］．黑龙江电力技术，1995，17（4）：203-206.
[154] 岑学良，金城．“七五”以来我国铁道车辆的发展［J］．铁道车辆，1995（8）：30-34.
[155] 张文笔，吴波．专用凹底平车底架结构强度分析［J］．铁道机车车辆，1995（4）：32-35.
[156] 丁凤铁，李杰，张俊克，等．大型氨合成塔运输装载架的研制［J］．铁道车辆，1995（11）：7-12.
[157] 王慕清．大尺寸厚板件热压成形工艺及模具设计［J］．机车车辆工艺，1995（6）：28-30.
[158] 铁道部工务局．关于发布《超重货物运输工务设备加强加固管理暂行办法》工桥［1995］19号.
[159] 徐长臣．凹底平车球形心盘内外球面的车削［J］．机车车辆工艺，1996（3）：7-10，12.
[160] 乐曼蓉．QD_3型凹底平车［J］．铁道车辆，1996（4）：1-3.
[161] 于连友．研制新型D_{20}型钳夹车的可行性分析［J］．铁道车辆，1996（7）：25-30.
[162] 陈洪坤．出口缅甸集装箱凹底车、守车简介［J］．铁道车辆，1996（8）：30-33.
[163] 王琦．D_{18A}型180 t凹底平车球面心盘衬垫保持架的机械加工工艺［J］．机车车辆工艺，1996（5）：23-27.
[164] 赵承寿．用D_{20}型钳夹车运输330 MW发电机定子［J］．铁道车辆，1996（11）：29-31.
[165] 田葆栓．380 t钳夹车设计方案通过铁道部审查［J］．铁道车辆，1996（11）：25.
[166] 杨素清，居晓然，黄元琳，等．D_{12}型凹底平车［J］．铁道车辆，1996（12）：5-8.
[167] 庞宝君，李涛，张少实，等．凹底平车移动心盘有限元分析及其优化设计［J］．哈尔滨工业大学学报，1997，29（2）：100-103.
[168] A．M．Бржезовский，et al．稳定性和货物超限等级计算的通用化［J］．邢澍，译．国外铁道车辆，1997（2）：47-49.
[169] 兆文忠，邵建义，于连友．380 t新型钳夹车液压举升系统分析［J］．大连铁道学院学报，1997，18（2）：49-54.
[170] 唐文益．香港新机场铁路用长大平车和凹底平车［J］．铁道车辆，1997（3）：16-19.
[171] 毕克康，黄元琳，栗明柱．四轴转向架动力学性能综述［J］．铁道车辆，1997（3）：32-35.
[172] 雷定猷，谭仲平，郑光前．阔大货物装运决策系统模型与算法［J］．铁道学报，1997（3）：10-14.

[173] 田葆栓. D_2型 210 t 凹底平车减轻自重改造设计方案通过铁道部审查 [J]. 铁道车辆，1997 (3)：62.
[174] 田葆栓. D_{30A}型 300 t 钳夹车技术审查会在北京召开 [J]. 铁道车辆，1997 (4)：4.
[175] 田葆栓. 260 t 凹底平车设计任务书及设计方案审查会在自贡召开 [J]. 铁道车辆，1997 (4)：50.
[176] 田葆栓. D_{25}型 250 t 长大平车通过技术鉴定 [J]. 铁道车辆，1997 (8)：24.
[177] 田葆栓. D_{12}型车鉴定及 150 t、210 t、250 t 凹底平车审查会在哈尔滨召开 [J]. 铁道车辆，1997 (9)：56.
[178] 田葆栓. D_{19}、D_{23}型车改造设计方案审查会在哈尔滨召开 [J]. 铁道车辆，1997 (9)：57.
[179] 赵忠平. 香港机场铁路工程车空气制动原理及试验 [J]. 铁道车辆，1997 (7)：82-85.
[180] 唐文益，胡海平. 香港机场铁路工程车转向架及静态轮重减载率测试 [J]. 铁道车辆，1997 (7)：86-88.
[181] 田葆栓. 长大货物车系列化及模块化设计探讨 [J]. 中国铁路，1997 (8)：19-23，6.
[182] 赵承寿. 用长大货物车运输锅筒的三种方案比较与分析 [J]. 铁道车辆，1997 (10)：36-40.
[183] 刘晓林，季金，庞宝军，等. 大型凹底平车大底架结构的优化及稳定性分析 [J]. 铁道车辆，1997，35 (11)：33-39.
[184] 田葆拴，刘会英. 凹底平车优化分析研究 [J]. 铁道车辆，1997，35 (12)：13-18.
[185] 美国铁路机车车辆百科全书 Car and Locomotive Cyclopedia [R]. 1997.
[186] 刘远征. 600 MW 汽轮发电机大件运输 [J]. 东方电气评论，1999，13 (1)：59-62.
[187] 田葆栓. 我国铁路长大货物车的新进展 [J]. 中国铁路，1998 (3)：16-20，5.
[188] 田宝栓. 钳夹车车耳模拟试验研究 [J]. 铁道机车车辆，1998 (3)：29-32.
[189] 田葆栓. 钳夹车钳形梁及车耳结构强度的研究 [J]. 铁道车辆，1998，36 (4)：23-26.
[190] 于连友. D_{30A}型载重 300 t 钳夹车的研制 [J]. 铁道车辆，1998，36 (4)：48-54.
[191] 田葆栓. D_{26}型凹底平车投入运营 [J]. 铁道车辆，1998，36 (5)：12.
[192] 田葆栓. D_{26}型 260 t 凹底平车通过铁道部技术鉴定 [J]. 铁道车辆，1998，36 (7)：4.
[193] 单明. 大型凹底架有限元分析 [J]. 机械制造，1998 (6)：13-14.
[194] 邓立. 中国长大货物车纵览 [J]. 中国铁路，1998 (7)：30-32，48.
[195] 孟繁金. D_{20}型钳夹车用侧承梁组焊工艺 [J]. 铁道车辆，1998，36 (8)：34-36，4.
[196] 田葆拴，汪波，陈建农. D_{26}型凹底平车凹底架折角方案模拟试验研究 [J]. 铁道车辆，1998，36 (10)：9-13，3.
[197] 李渝生. 对我国铁路长大货物运输的思考与建议（待续） [J]. 铁道车辆，1998，36 (11)：27-30，3.
[198] 李渝生. 对我国铁路长大货物运输的思考与建议（续完） [J]. 铁道车辆，1998，36 (12)：47-48，67.
[199] 李春有. 多轴钳夹式货车导向机构优化结构设计探讨 [J]. 铁道车辆，1998，36 (12)：49-50.
[200] 田葆栓. D 型车改造审查会在哈召开 [J]. 铁道车辆，1998，36 (12)：52，1999 (10)：24.
[201] 李永泽. 多层、大尺寸厚板件冷压成形工艺 [J]. 铁道机车车辆工人，1999 (1)：17-19.
[202] 田葆拴. D_{38}型钳夹车大底架结构优化选型分析 [J]. 铁道车辆，1999，37 (1)：14-16.
[203] 田葆栓. 德国凹底平车综述 [J]. 国外铁道车辆，1999 (2)：1-6.
[204] 中国铁道学会车辆委员会. 昆明：长大货物车论文集 [C]. 1999. 3.
[205] 卢军. 出口伊朗凹底平车底架的制造工艺 [J]. 机车车辆工艺，1999 (3)：22-24.
[206] 田葆栓. 德国铁路钳夹车技术特性 [J]. 国外铁道车辆，1999 (5)：7-11.
[207] 田葆栓，于连友. D_{38}型钳夹车大底架优化选型模拟试验研究 [J]. 铁道机车车辆，1999 (5)：8-12，4.
[208] 中国铁道学会铁道车辆委员会. 研究关键技术难题 促进长大货车发展——长大货物车学术研讨会

综述 [J]. 铁道车辆，1999，37 (6)：43.
[209] Ira Kulbersh，et al. 美国长大货物车组成与发展 [J]. 田葆栓，摘译. 国外铁道车辆，1999 (6)：10-12.
[210] 许雄姬. 关于铁路D型车几个技术问题的探讨 [J]. 铁道货运，1999 (6)：44-47.
[211] 陈建农，钟睦，王首雄. D_{25}型长大平车运输装载方案的研究 [J]. 铁道车辆，1999，37 (7)：18-20.
[212] 姜强俊. 出口德黑兰地铁工程用3种平车 [J]. 铁道车辆，1999，37 (10)：12-16.
[213] 田葆栓. D_{38}型钳夹车通过部技术审查 [J]. 铁道车辆，1999，37 (10)：24.
[214] 吕俊超. D_{2G}型210 t凹底平车 [J]. 铁道车辆，1999，37 (11)：17-20.
[215] 于连友. 谈我国钳夹车的发展 [C] //中国铁道学会. 长大货物车学术交流会论文集. 1999：11-17.
[216] 巩卓，尹启泰. 苏联铁路装载加固与实例 [M]. 成都：成都科技大学出版社，1999.
[217] 汪波，田葆拴. D_{26}型260 t凹底平车 [J]. 铁道车辆，2000，38 (1)：20-25.
[218] 田葆拴. 长大货物车发展50a [J]. 铁道车辆，2000，38 (2)：1-8.
[219] 于连友，魏鸿亮. D_{38}型380 t钳夹车的研制（待续）[J]. 铁道车辆，2000，38 (2)：8-11，32，
[220] 于连友，魏鸿亮. D_{38}型380 t钳夹车的研制（续完）[J]. 铁道车辆，2000，38 (3)：1-5.
[221] 田葆栓. 我国铁路长大货物车技术改造 [J]. 中国铁路，2000 (3)：13-16，5.
[222] 张俊克，吕俊超. D_{25A}型250 t凹底平车 [J]. 铁道车辆，2000，38 (4)：11-15，1.
[223] 曹阳. 组合式长大货物车 [J]. 铁道车辆，2000，38 (5)：14-16，1.
[224] 范国海. I-DEAS优化模块的开发及其在D_{45}上的应用 [D]. 大连：大连理工大学，2000.
[225] 林海年. D_{16G}型凹底平车 [J]. 铁道车辆，2000，38 (7)：23-25，0.
[226] 刘晓林，李杰，梁守军，等. D_{15}型150 t凹底平车 [J]. 铁道车辆，2000，38 (8)：21-24，1-0.
[227] 栗明柱，许秀峰，黄元琳. D_{22G}型120 t长大平车 [J]. 铁道车辆，2000，38 (10)：23-25，0.
[228] 王首雄，汪波. D_{25}型250 t长大平车 [J]. 铁道车辆，2000，38 (11)：7-11，1.
[229] 田葆栓. 长大货物车专题题录（1964年—2000年）[J]. 铁道车辆，2000，38 (11)：34-36.
[230] 中国铁道学会车辆委员会. 《长大货物车论文集》（1999年） [J]. 铁道车辆，2000，38 (11)：36-42.
[231] 田葆栓. 铁路长大货物运载工具技能的现状与发展 [J]. 中国铁路，2001 (1)：13-14，5.
[232] 梁守军，李杰，刘晓林，等. D_{15}型150 t凹底平车大底架的研制 [J]. 铁道车辆，2001，39 (2)：1-5，1.
[233] 中国铁道学会铁道车辆委员会. 确保安全 实现提速重载 推进货车技术进步——中国铁道学会铁道车辆委员会加速货车技术进步学术研讨会（2000·成都）[J]. 铁道车辆，2001，39 (3)：29-30.
[234] 黄元琳，栗明柱. Z_{21}型四轴转向架 [J]. 铁道车辆，2001. 39 (4)：22-24，0.
[235] 项徽，黄志文，张洪，等. D_{23G}型265 t长大平车 [J]. 铁道车辆，2001，39 (5)：1-3，1.
[236] 葛锋，钟柏澍，崔巍. D_{38}型钳夹车的性能特点及运用 [J]. 铁道货运，2001 (3)：44-45.
[237] 田葆栓，王巍，梁茹，等. 球状分瓣式心盘衬垫研制 [J]. 铁道车辆，2001，39 (6)：9-11，1.
[238] 黄金光. 380 t钳夹车车耳销套试验研究 [J]. 机车车辆工艺，2001 (3)：5-6，10-23.
[239] 陈铭. D_{9G}型230 t凹底平车 [J]. 铁道车辆，2001，39 (11)：6-8，1.
[240] 黄元琳，吕俊超，许秀峰，等. D_{2A}型210 t凹底平车 [J]. 铁道车辆，2001，39 (12)：11-13，1.
[241]《中国铁路长大货物运输》编辑委员会. 中国铁路长大货物运输 [M]. 北京：中国铁道出版社，2001.
[242] 乔英忍，曹国炳. 世界铁路综览 [M]. 北京：中国铁道出版社，2001.
[243] 田葆栓. 凹底平车凹底架折角方案设计研究 [J]. 中国铁道科学，2002，23 (1)：93-97.
[244] 张广发，葛春江. D_{5A}型50 t凹底平车 [J]. 铁道车辆，2002，40 (3)：27-28，0.

[245] 田葆栓. 核燃料运输专用凹底平车及D_{26}型凹底平车换用承载框架方案通过部技术审查 [J]. 铁道车辆，2002，40 (4)：24.

[246] 田葆栓，邢澍. 前苏联和俄罗斯长大货物车的结构与型谱发展概况 [J]. 国外铁道车辆，2002，39 (2)：1-6.

[247] 刘文亮，汪波，田葆栓，等. 凹底平车凹底架弯角部结构形式分析 [J]. 铁道车辆，2002，40 (8)：24-40.

[248] 赵建清. D_{38}型钳夹车运用检修中存在的问题及对策 [J]. 铁道车辆，2002，40 (9)：41-43，0.

[249] 中国铁道学会车辆委员会. 特种货车学术交流会论文集 [C]. 2002.

[250] 黄志文，刘晓林. D_{70}型 70 t 长大平车 [J]. 铁道车辆，2002，40 (11)：23-25，1.

[251] 周新远，田葆栓. 50 t 专用凹底平车的研制 [J]. 铁道车辆，2002，40 (11)：26-28，1.

[252] 刘云生. 关于D_2系列凹底平车存在问题的探讨 [J]. 铁道车辆，2002，40 (12)：29-30，0.

[253] 盖宇仙. 降低货物超限等级若干方法的研究 [J]. 兰州铁道学院学报，2002，21 (6)：109-111.

[254] 曲金娟，王新锐，陈政南，等. D_{38}型钳夹车端盖运输方式的试验应力分析 [J]. 铁道机车车辆，2003，19 (1)：50-52，66.

[255] 康青. 港口湾电站蝴蝶阀铁路运输设计 [J]. 东方电机，2003，31 (1)：46-51.

[256] 田葆栓. 大型凹底平车技术水平分析研究 [J]. 铁道车辆，2003，41 (2)：4-8，27-1.

[257] 王剑，王首雄. 150 t 凹底平车 [J]. 铁道车辆，2003，41 (2)：26-27，0.

[258] 中国铁道学会铁道车辆委员会. 满足需求 开拓创新——“特种货车学组成立暨学术研讨会”综述 (2002·三亚) [J]. 铁道车辆，2003，41 (3)：29-30.

[259] 马思群，兆文忠，谢素明，等. 虚拟样机技术在钳夹车性能仿真中的实践 [J]. 中国机械工程，2003，14 (4)：309-312.

[260] 田葆栓，王首雄. D_{26}型 290 t 落下孔车首次投入国家重点工程设备运输 [J]. 铁道车辆，2003，41 (5)：34.

[261] 滕世平. D_{25A}型凹底平车大底架制造工艺及分析 [J]. 黑龙江科技信息，2003 (7)：81.

[262] 田葆栓，王克会. 铁路特种货车的需求与发展 [J]. 中国铁路，2003 (7)：28-30.

[263] 况作尧，刘祖法，程明永，等. 高温铁水过轨运输技术的研究 [J]. 铁道车辆，2003，41 (7)：8-11，1.

[264] 张桥，刘洋. 320 t 凹底平车液压系统的设计 [J]. 液压与气动，2003 (8)：16-17.

[265] 居晓然. 浅谈我国凹底平车的发展 [J]. 铁道车辆，2003，41 (10)：1-4，1.

[266] 谷薇. 长大货车通过限界及动力学性能的数值仿真 [D]. 大连：大连铁道学院，2003.

[267] 葛锋，钟柏澍. D_{38}型钳夹车托钩运输方式的技术分析 [J]. 铁道运输与经济，2003，25 (12)：53-54.

[268] 邹凤起，刘云生. 关于优化长大货物车检修体制的建议 [J]. 铁道车辆，2004，42 (1)：40-41，46.

[269] 黄金光. 320 t 凹底平车凹底架的制造工艺 [J]. 机车车辆工艺，2004 (1)：13-16.

[270] 田葆栓. 铁路长大货物运输装备技术发展水平与关键技术问题 [J]. 中国铁路，2004 (2)：35-38.

[271] 葛锋，曲金绢，陈政南. D_{38}型钳夹车端盖和连接螺栓强度的应力分析 [J]. 交通运输工程与信息学报，2004，2 (2)：66-70.

[272] 葛锋，钟柏澍. D_{38}型钳夹车托钩方式运输大型设备通过复式交分道岔的测试分析 [J]. 铁道运输与经济，2004，26 (3)：42-43.

[273] 刘德君，黄金光，陈增友，等. 320 t 凹底平车制造与组装技术分析 [J]. 铁道车辆，2004，42 (4)：14-17，45.

[274] 许秀峰，阴雷，居晓然，等. D_{11}型凹底平车 [J]. 铁道车辆，2004，42 (5)：23-24，45-46.

[275] 葛锋，钟柏澍，王燕荪. 从D_{26B}型落下孔车的运用看我国铁路长大货车的发展 [J]. 铁道运输与经

济，2004，26（5）：34-61.
[276] 田葆栓. 各国铁路长大货物运输装备技术与发展［J］. 世界轨道交通，2004（6）：26-30.
[277] 马玉梅，付兴滨. 大型落下孔车车体的结构分析及稳定性计算［J］. 应用科技，2004，31（7）：13-15.
[278] 卢开宇. D_{26B} 型 290 t 落下孔车［J］. 企业技术开发，2004，23（8）：36-38.
[279] 葛锋，钟柏澍. 提高 D_{38}型钳夹车通过小半径曲线速度的实践［J］. 铁道运输与经济，2004，26（9）：31-32.
[280] 田葆栓. D_{26B}型落下孔车顺利完成大型设备运输任务［J］. 铁道车辆，2004，42（10）：17.
[281] 田葆栓. 我国长大货物车的最新进展与关键技术问题［J］. 铁道车辆，2005，43（1）：15-18，21-45.
[282] 于世明. D_{32}型凹底平车［J］. 铁道车辆，2005（4），43：15-19，45.
[283] 孙宏宇. WEL-TEN780A 钢在铁路长大货车车辆上的应用［D］. 哈尔滨：哈尔滨理工大学，2005.
[284] 刘梦熊. 280 t 凹底平车凹底架结构优化设计［J］. 企业技术开发，2005，24（7）：43-45.
[285] 田葆栓，金城. 长大货物车论文集［C］，2005. 8.
[286] 田葆栓. 我国长大货物车的最新进展与关键技术问题［C］//中国铁道学会车辆委员会. 特种货车论文集，2005：14-18，4.
[287] 居晓然. 关于我国既有凹底平车提速的初步探讨［C］//中国铁道学会车辆委员会. 特种货车论文集，2005：23-24，4.
[288] 那卫光. 特种装备铁路运输平车在军事运输中的应用［C］//中国铁道学会车辆委员会. 特种货车论文集，2005：25-26，4.
[289] 刘晓林，栗明柱，居晓然，等. 我国铁路长大货物车发展综述［C］//中国铁道学会车辆委员会. 特种货车论文集，2005：27-30，4.
[290] 田葆栓. 国外铁路长大货物运输装备技术与发展综述［C］//中国铁道学会车辆委员会. 特种货车论文集，2005：32-38，4.
[291] 于世明. 350 t 落下孔车的研制［C］//中国铁道学会车辆委员会. 特种货车论文集，2005：39-41，4.
[292] 魏鸿亮. D_{17A}型载重 155t 落下孔车的研制［C］//中国铁道学会车辆委员会. 特种货车论文集，2005：47-50，4.
[293] 许秀峰. 载重 150 t 凹底平车［C］//中国铁道学会车辆委员会. 特种货车论文集，2005：51-53，4.
[294] 黄金光. 350 t 落下孔车侧承梁制造技术研究［C］//中国铁道学会车辆委员会. 特种货车论文集，2005：64-66，5.
[295] 于世明. D_{32}型 320 t 凹底平车［C］//中国铁道学会车辆委员会. 特种货车论文集，2005：67-71，5.
[296] 韩伯领，田葆栓，汪波，等. 使用 D_{26B}型 290 t 落下孔车运输安顺换流站超大型设备［C］//中国铁道学会车辆委员会. 特种货车论文集，2005：72-74，5.
[297] 戴东润，郭锡文. D_{26B}型 290 t 落下孔车在 500 kV 贵广直流工程大型设备运输中的应用［C］//中国铁道学会车辆委员会. 特种货车论文集，2005：75-77，5.
[298] 陆荣，赵建清，刘长仁. D_{38}型钳夹车运输中存在的问题及对策［C］//中国铁道学会车辆委员会. 特种货车论文集，2005：78-79，5.
[299] 吕俊超. 中国石油新疆独山子石化分公司加氢反应器运输装载加固方案［C］//中国铁道学会车辆委员会. 特种货车论文集. 重庆：中国铁道学会，2005：80-86，5.
[300] 申世杰. D_{19G}型落下孔车装载经验浅谈［C］//中国铁道学会车辆委员会. 特种货车论文集，2005：87-88，5.

[301] 郑旺辉. 50 t 凹底平板铁路运输车适应性修改方案探讨 [C] //特种货车论文集, 2005: 93-94, 5.

[302] 李亚波. D_{38}型钳夹车压柱油缸技术改造 [C] //中国铁道学会车辆委员会. 特种货车论文集, 2005: 95-97, 5.

[303] 田葆栓, 金城. 推进技术创新 满足市场需求——特种货车论文集编后 [C] //中国铁道学会车辆委员会. 特种货车论文集. 2005: 98-100.

[304] 李亚波. D_{38}型钳夹车压柱油缸技术改造 [J]. 铁道车辆, 2005, 43 (9): 21-23, 1.

[305] 张学飞, 程畅. 200 t 专用长大平车 [J]. 铁道车辆, 2005, 43 (9): 26-28, 0.

[306] 孔凡友, 张涛. 350 t 落下孔车组装工艺 [J]. 机车车辆工艺, 2005, 43 (5): 8-9, 14.

[307] 田葆栓, 汪波, 王首雄, 等. D_{26B}型 290 t 落下孔车用承载框架方案设计分析与试验研究 [J]. 铁道车辆, 2005, 43 (12): 1-4, 19, 53.

[308] 田葆栓. 中国铁路长大货物车使用手册 [M]. 北京: 中国铁道出版社, 2005.

[309] 田葆栓, 译. 特殊发电机定子设计用于优化运输 [G]. 瑞典考察 Kraftwerk Union (电站联盟) 资料. 2005.

[310] 于世明. 350 t 落下孔车 [J]. 铁道车辆, 2006, 44 (1): 19-21, 45.

[311] 姜桂全, 陆兴. 出口新加坡地铁 C776 工程用凹底平车的研制 [J]. 机车车辆工艺, 2006 (1): 29-30.

[312] 中国铁道学会车辆委员会特种货车学组. 推进技术创新 满足市场需求——第 3 届特种货车学术研讨会综述 (2005 • 重庆) [J]. 铁道车辆, 2006, 44 (3): 31-32.

[313] 王世来. D_{23G}长大平车的改进研制 [J]. 机械工程师, 2006 (4): 139-140.

[314] 张景伟. 350 t 落下孔车侧承梁制造技术研究 [J]. 铁道车辆, 2006, 44 (5): 23-25, 45.

[315] 王武建. D_{10} 型凹底平车改造及厂修 [J]. 铁道车辆, 2006, 44 (5): 26-28, 45-46.

[316] 张立志, 马玉梅. 240 t 落下孔车承载体的结构分析计算 [J]. 机械工程师, 2006 (7): 80-81.

[317] 田葆栓. 国内外组合式长大货物车的发展与运用前景 [J]. 铁道车辆, 2006, 44 (8): 11-16, 45.

[318] 吴天元. 新型提速 90 t 凹底平车大底架组成制造工艺 [J]. 机车车辆工艺, 2006 (4): 31-32.

[319] 王梅英, 王军, 张益忠. 320 t 凹底平车凹底架的焊接制造 [J]. 一重技术, 2006 (4): 41-42.

[320] 魏鸿亮, 何明, 杨巨平. D_{15A}型 150 t 凹底平车 [J]. 铁道车辆, 2006, 44 (12): 14-18, 49.

[321] 魏鸿亮. 刚-柔混合动力学建模及在载重 450 t 落下孔车中的应用 [D]. 大连: 大连交通大学, 2007.

[322] 张涛, 焦宏涛, 崔清涛. 350 t 落下孔车侧承梁钢结构制造工艺 [J]. 中国水运 (理论版), 2007, 5 (1): 169-170.

[323] 刘宏友, 吕俊超, 包海涛. D_{9A}型凹底平车动力学性能研究 [J]. 铁道车辆, 2007, 45 (4): 1-4, 45.

[324] 吕俊超. 关于新型提速 90 t 凹底平车牵引点位置的探讨 [J]. 铁道车辆, 2007, 45 (5): 1-3, 45.

[325] 张涛. 350 t 落下孔车设计与制造关键技术研究 [D]. 大连: 大连交通大学, 2007.

[326] 唐立群, 郑景龙, 李敬国, 等. D_{25A} 型凹底平车制造工艺要求分析 [C] //中国铁道学会车辆委员会. 铁路货车制造工艺学术研讨会论文集, 2007: 264-271.

[327] 安凤翔. 铁路大型凹底平车制造工艺分析 [C] //中国铁道学会车辆委员会. 铁路货车制造工艺学术研讨会论文集, 2007: 276-281.

[328] 朴明伟, 魏鸿亮, 兆文忠. 长大特货车横向稳定性分析 [C] //大连理工大学、中国机械工程学会机械工业自动化分会、中国自动化学会制造技术专业委员会: 中国力学学会. 第三届中国 CAE 工程分析技术年会论文集, 2007: 20-26.

[329] 王秀范. 450 t 落下孔车钢结构制造工艺 [J]. 机车车辆工艺, 2007 (4): 14-15, 46.

[330] 夏晓辉, 唐立群, 郑景龙. D_{25A}型凹底平车制造工艺 [J]. 机车车辆工艺, 2007 (4): 16-17.

[331] 于世明. 我国铁路长大货物车提速对策建议 [C] //中国铁道学会. 第八届中国国际现代化铁路装

备技术交流会暨中国铁道学会年会论文集. 北京：中国科学技术出版社，2007：200-205.
[332] 伏铁军，刘文亮，田葆栓. D_{28}型凹底平车 [J]. 铁道车辆，2007，45 (9)：16-18，47.
[333] 闫海军，魏鸿亮. 新型 120 t 长大平车研制 [J]. 铁道车辆，2007，45 (11)：16-18，47.
[334] 陆荣. D_{38}型钳夹车运输中存在的问题及对策 [J]. 铁道车辆，2007，45 (12)：37-38，52.
[335] 许善超，邢书明. 新型提速 120 t 长大平车 4D 轴焊接构架式转向架的研制 [J]. 铁道车辆，2007，45 (12)：16-18，38，51.
[336] 田葆栓. 290 t 改进型落下孔车通过铁道部审查 [J]. 铁道车辆，2008，46 (1)：16.
[337] 姜成，王新锐. D 型车振动加速度性能指标的研究 [J]. 铁道机车车辆，2008，28 (1)：21-23.
[338] 吕可维. D_{45}型落下孔车曲线通过仿真分析 [J]. 铁道车辆，2008，46 (2)：16-18，47-48.
[339] 许善超，邢书明. DQ_{35}型钳夹车 3E 轴转向架的研制 [J]. 铁道车辆，2008，46 (3)：17-19，9.
[340] 范国海，关晓丽，王文，等. DQ_{35}型钳夹车车体性能仿真及验证 [J]. 铁道车辆，2008，46 (3)：1-5，9.
[341] 梁洪涛，付长虹，李春廷，等. 1 000 MW 级汽轮发电机定子铁路整体运输方案研究 [J]. 大电机技术，2008 (3)：55-59.
[342] 魏鸿亮. D_{45}型落下孔车的研制 [J]. 铁道车辆，2008，46 (4)：18-20，47.
[343] 付玲. 230t 重型机械运输专用长大平车的研制 [J]. 铁道车辆，2008，46 (4)：21-23，47.
[344] 朴明伟，丁彦闯，李繁，等. 大型刚柔耦合车辆动力学系统仿真研究 [J]. 计算机集成制造系统，2008 (5)：875-881，924.
[345] A. B. БАРАНОВСКИЙ，et al. 运输火箭航天技术产品的带有活动中梁的铁道车辆 [J]. 高路，译. 国外铁道车辆，2008，45 (5)：11-13.
[346] 祝震，朴明伟，兆文忠. 新型 D_{35} 钳夹车导向方式与轮轨安全性对策 [J]. 大连交通大学学报，2008，29 (5)：7-11.
[347] 王云鹏. 长大特货车的动态稳定性与动载荷分析 [D]. 大连：大连交通大学，2008.
[348] Ю. М. ЛАЗАРЕНКО，et al. 超级超限和重型货物的运输 [J]. 邢澍，译. 国外铁道车辆，2009，46 (1)：23-25.
[349] 苏顺虎，田葆栓. 国外铁路长大货物运输 [M]. 北京：中国铁道出版社，2010.
[350] 张雨初. DA_{25}型 250 t 凹底平车 [J]. 铁道车辆，2008，46 (8)：15-18，45.
[351] 刘宏友. 120 km/h 4E 轴焊接构架式转向架动力学性能研究 [J]. 铁道机车车辆，2008，28 (4)：8-11.
[352] 刘晓林. DA_{25} 型 250 t 凹底平车研制 [C] //中国科学技术协会. 第十届中国科协年会论文集(一)，2008：617-624.
[353] 张秀臣，季金. D_{19G}型 250 t 落下孔车 [J]. 铁道车辆，2008，46 (9)：13-15，47.
[354] 魏鸿亮. DQ_{35}型钳夹车 [J]. 铁道车辆，2008，46 (10)：14-18，47.
[355] 崔兴炜，满涛. 机架的装载与加固 [J]. 一重技术，2008 (5)：53-54.
[356] 祝震，朴明伟，兆文忠. 新型 D_{35} 钳夹车导向方式与轮轨安全性对策 [J]. 大连交通大学学报，2008，29 (5)：7-11.
[357] 魏志军，朴明伟，魏宏亮，等. 450 t 落下孔车侧承梁横向稳定性提高对策 [J]. 大连交通大学学报，2008，29 (5)：12-16.
[358] 万朝燕，朴明伟，兆文忠，等. 350 t 钳夹车压柱油缸稳定性分析 [J]. 大连交通大学学报，2008，29 (5)：27-33.
[359] 杨爱国，朴明伟，兆文忠. 新型 D_{35} 钳夹车转向架的动力学性能 [J]. 大连交通大学学报，2008，29 (5)：50-54.
[360] 刘宏友，魏鸿亮. D_{15A}型凹底平车蛇行运动稳定性和曲线通过性能研究 [J]. 青岛理工大学学报，2008 (5)：34-38.

[361] 于世明. 我国铁路长大货物车提速对策建议 [C] //中国铁道学会车辆委员会. 实践 开拓 创新——2008年特种货车技术发展与需求研讨会论文汇编，2008：5-8.
[362] 刘晓林. DA_{21}型 210 t 凹底平车研制 [J]. 铁道车辆，2008，46 (12)：10-13，51.
[363] 祝震. 基于仿真与试验的载重 450 t 落下孔车研制 [D]. 大连：大连交通大学，2008.
[364] 刘德君. DQ_{35} 型 350 t 钳夹式货车的设计研究 [D]. 大连：大连交通大学，2008.
[365] 宋正学. 凹底平板热钢保温车研制 [J]. 铁道车辆，2009，47 (2)：26-28，44，48.
[366] 金朝辉. D_{17A}型 155 t 落下孔车制造工艺 [J]. 机车车辆工艺，2009 (1)：16-18.
[367] 满涛. 浅论连铸产品火车运输 [J]. 黑龙江科技信息，2009 (9)：43.
[368] 谢云叶. D_{32}平车刚柔系统动态响应及凹底架疲劳强度研究 [D]. 北京：北京交通大学，2009.
[369] 王彦滨，焦晓霞，王文博，等. 600 MW 发电机定子机座在铁路运输中挂货钩的应力分析 [J]. 机械工程师，2009 (4)：63.
[370] 崔清涛，王秀伦. 450 t 落下孔车侧承梁钢结构工艺研究 [J]. 机车车辆工艺，2009 (2)：25-26.
[371] 海军，王春颖. 特种军事装备组合式铁路长大货车研制初探 [J]. 国防交通工程与技术，2009，7 (3)：13-16.
[372] 肖德贵. 提升铁路长大货物运输装备水平的思考 [J]. 铁道运输与经济，2005，27 (9)：8-10.
[373] 崔清涛. 载重 450 t 落下孔车结构设计中关键技术的研究 [D]. 大连：大连交通大学，2009.
[374] 王荣冬. 关于 D_{12}型凹底平车在运用中大小底架分离现象的分析 [J]. 铁道车辆，2009，47 (12)：43-44.
[375] 张祥杰. 450 t 钳夹车刚柔耦合动态仿真分析 [D]. 大连：大连交通大学，2010.
[376] 田葆栓. 铁路长大货物运输对国家重点建设的贡献 [J]. 中国铁路，2010 (3)：14-16.
[377] 朴明伟. 车辆动态系统协同仿真及刚柔耦合关键技术的研究与应用 [D]. 大连：大连交通大学，2010.
[378] 孙海波，田葆栓. 铁路 D_{38}型载重 380 t 钳夹车运输的研究 [J]. 铁道货运，2010，28 (6)：31-33.
[379] 王海玉. 轮式装备运输装载加固方法探讨 [J]. 铁道货运，2010，28 (6)：48-50.
[380] 中国铁道学会车辆委员会. 高原铁路特种装备运输研讨会论文集 [C]，2010.
[381] LI Yonghua，ZHAO Wenzhong，NIE Chunge. Analysis of Hydraulic Lifting System and Design of Cylinder for the New 450 t Schnabel Car [J]. Materials and Product Technologies，2010，(118-120)：871-875.
[382] Schwartzapfel，Stuart. CAR CULTURE ALIVE AND WELL IN NYC [J]. ProQuest，2010，60 (13).
[383] 谢基龙，张燕，谢云叶. 铁路凹底平车凹底架动态响应及其疲劳强度 [J]. 机械工程学报，2010，46 (16)：16-22.
[384] 宋永兴，闫海军. DK_{36A}型落下孔车的研制 [J]. 铁道车辆，2010，48 (10)：19-22，47.
[385] 杨启鹏. 载重 450 t 钳夹车钳形梁制造工艺分析 [J]. 机车车辆工艺，2010 (5)：18-19.
[386] 向涌，王首雄，田葆栓. DK_{36}型落下孔车研制 [J]. 铁道车辆，2010，48 (12)：27-30，6.
[387] 张会杰. 基于刚柔耦合的 370 t 凹底车动态挠度分析 [D]. 大连：大连交通大学，2010.
[388] 智利军，田葆栓. 青藏铁路特种货物运输的发展 [J]. 中国铁路，2011 (1)：68-71.
[389] 魏鸿亮，朴明伟，张会杰，等. 大型凹底车刚柔耦合动态挠度分析 [J]. 计算机集成制造系统，2011，17 (1)：109-116.
[390] 丁勇，曲金娟，王新锐，等. DQ_{45}型钳夹式货车端盖方式运输 1000MW 发电机定子试验研究 [J]. 中国铁道科学，2011，32 (4)：109-116.
[391] 孙海双. DK_{36A}型落下孔车侧承梁组成制造工艺分析 [J]. 铁道车辆，2011，49 (5)：26-28，47.
[392] 关晓丽. DQ_{45} 型钳夹车钳形梁试验耳孔应力分布不均的有限元研究 [J]. 铁道车辆，2011，49 (6)：7-10，47.

[393] 周素霞，谢云叶，谢基龙，等．基于子结构法的重载凹底平车底架的固有动态特征分析［J］．铁道学报，2011，33（8）：28-32.

[394] 周素霞，谢云叶，谢基龙，等．基于多体系统动力学的重载凹底平车动态响应仿真分析［J］．机械工程学报，2011，47（18）：110-114.

[395] 魏鸿亮，李志刚，闫海军．DQ_{45}型钳夹车的研制［J］．铁道车辆，2011，49（10）：17-20，47.

[396] 闫海军．出口刚果（布）载重 80t 凹底平车研制［J］．铁道车辆，2011，49（12）：19-21，5.

[397] 杨利军，胡用生，耿跃，等．特种平车线路试验加速度异常分析与仿真［J］．振动工程学报，2011，24（6）：613-618.

[398] 李石春．D_{10}型凹底平车闸瓦托偏斜问题分析［J］．铁道机车车辆，2011，31（6）：105-107.

[399] 王秀范．钳夹车挂货钩制造工艺分析［J］．大连交通大学学报，2012，33（2）：77-80.

[400] 关晓丽．D_{45}型落下孔车车体性能仿真分析［J］．铁道车辆，2012，50（1）：4-8，48.

[401] 王秀范．出口刚果（布）80 t 凹底平车制造技术分析［J］．大连交通大学学报，2012，33（3）：25-27，58.

[402] 孙志春，周志立，李言，等．特种车辆系统动力学特性模拟分析［J］．北京交通大学学报，2012，36（3）：32-35.

[403] 魏鸿亮，李志刚，闫海军．DA_{37}型凹底平车的研制［J］．铁道车辆，2012，50（11）：19-21，1.

[404] ZHOU Suxia，LONG Teng，XIE Yunye，et al. Effect of Service Speed on Dynamic Response of Heavy-Load Depressed Center Flat［J］. Applied Mechanics and Materials，2012，2031（226-228）：802-806.

[405] 谢玉增，梁洪涛．1 000 MW 级汽轮发电机定子铁路运输研究［C］//中国动力工程学会．超超临界机组技术交流 2012 年会论文集，2012：264-269.

[406] 谢玉增，付长虹，郑龙泰，等．1 000 MW 级汽轮发电机定子铁路运输研究总结［J］．大电机技术，2013（1）：61-64.

[407] 李冬晶．压缩梁装载加固方案的选择和确定［J］．科技创新与应用，2013（2）：72.

[408] 王子长，魏鸿亮．450 t 钳夹式货车液压系统设计［J］．大连交通大学学报，2013，34（3）：119-120.

[409] 焦俊达，孙晓东，栗明柱．D_{5A} 型凹底平车提速改造设计［J］．机械工程师，2013（6）：198-199.

[410] 雷青平，田葆栓，葛锋．D_{32A}型 320 t 凹底平车研制［J］．铁道车辆，2013，51（6）：20-23，5-6.

[411] 高永发．D_{18A}型凹底平车轴箱导框磨耗板焊缝开裂分析与改造［J］．机械工程师，2013（11）：173-174.

[412] 田葆栓，魏鸿亮，刘凤伟．我国铁路货车车体技术的回顾与展望［J］．铁道车辆，2013，51（12）：25-35，6.

[413] 许善超，程迪．DQ_{45}型钳夹车用 4 轴转向架的研制［J］．铁道车辆，2014，52（2）：20-22，5.

[414] 白学刚．钳夹车提升机构分析与电液称重实验研究［D］．秦皇岛：燕山大学，2014.

[415] 谢玉增，梁洪涛，付长虹，等．透平发电机运输相关设计［J］．大电机技术，2014（3）：16-18.

[416] 赵维宗，吴慧娟，许秀峰，等．特种装备铁路运输方案研究［J］．铁道车辆，2014，52（6）：12-15，5.

[417] 葛锋，牛琳璇，闫海军．DK_{36A}型落下孔车侧承梁的强度和刚度分析［J］．中国铁道科学，2014，35（4）：94-99.

[418] 高永发．D_2 型凹底平车源头质量控制方法［J］．机械工程师，2014（8）：258-259.

[419] 聂春戈，魏鸿亮，兆文忠．钳夹车液压举升系统的简化分析［J］．铁道车辆，2014，52（9）：11-12，23，9.

[420] 中国铁道学会车辆委员会．中国铁路货运市场发展和多样化运输装备技术研讨会论文集［C］，2014.

[421] NIE Chunge, WANG Yuedong, ZHAO Wenzhong. Refined FEM Analysis of 1000 MW Generator Stator during Integral Transportation on Railway [J]. Advanced Materials Research, 2014, 3482 (1025-1026): 143-147.

[422] ZHAO Yanzhi, WANG Xiangnan , BAI Xuegang, et al. Analysis and Simulation of Parallel Lifting Mechanism for Schnable Car Based on Complex Vector [J]. Applied Mechanics and Materials, 2014, 3589 (681-681): 3-6.

[423] 田葆栓. D_{22B}型长大平车样车通过铁总试用评审 [J]. 铁道车辆, 2014, 52 (12): 17.

[424] 庞秋燕. 出口澳大利亚双层集装箱平车的研制 [J]. 科技创新与生产力, 2015 (1): 101-102.

[425] 臧富强, 赵建清. D_{18A}型凹底平车在运用检修中存在问题的探讨 [J]. 铁道车辆, 2015, 53 (5): 40-41, 10.

[426] 吴慧娟, 许秀峰, 马连会, 等. TA_1 型凹底平车的研制 [J]. 轨道交通装备与技术, 2015 (3): 18-20.

[427] 孙晓东, 潘苛. D_2型凹底平车心盘衬垫窜出等问题的分析及改进 [J]. 铁道车辆, 2015, 53 (6): 41-42, 6.

[428] 朴明伟, 郭强, 兆文忠. 450 t 钳夹车研制及刚柔耦合动态仿真技术支持 [J]. 大连交通大学学报, 2015, 36 (3): 9-13.

[429] 刘祖红. 出口马来西亚凹底平车研制 [J]. 铁道车辆, 2015, 53 (7): 19-21, 6.

[430] 付兴锋. D_{25A} 型凹底平车支撑梁改造 [J]. 机械工程师, 2015 (7): 222-223.

[431] 田葆栓. 世界铁路长大货物运输技术的发展 [J]. 国外铁道车辆, 2015, 52 (5): 1-11.

[432] 赵建清, 臧富强. DK_{36A} 型落下孔车运用问题分析及建议 [J]. 哈尔滨铁道科技, 2015 (3): 29-30.

[433] 黄玉山. D_2 型凹底平车大底架焊缝开裂问题分析及解决措施 [J]. 机械工程师, 2016 (2): 242-243.

[434] 赵延治, 王向南, 任玉波, 等. 钳夹车并联起升机构分析与电液称重实验研究 [J]. 中国机械工程, 2016, 27 (4): 449-454.

[435] 刘忠友. D_{26B} 型落下孔车转向架下旁承盒裂纹检修 [J]. 科技展望, 2016, 26 (7): 59.

[436] 卢志强. D_2、D_{2G}型凹底平车换装轴承改造设计 [J]. 机械工程师, 2016 (3): 168-170.

[437] 黄玉山. D_2 型凹底平车 TPDS 报警原因分析及改进 [J]. 机械工程师, 2016 (4): 255-257.

[438] 付兴坤. 钳夹车提升机构的轻量化及动态特性研究 [D]. 秦皇岛: 燕山大学, 2016.

[439] 王向南. 钳夹车起升机构力学分析与仿真研究 [D]. 秦皇岛: 燕山大学, 2016.

[440] 董铭波. 钳夹车主要机构力学特性分析 [D]. 秦皇岛: 燕山大学, 2016.

[441] 卢军. DK_{36} 落下孔车承载框架侧梁的制造工艺 [J]. 企业技术开发, 2016, 35 (16): 28-31.

[442] 高健. 长大平车车体结构的优化设计研究 [D]. 大连: 大连交通大学, 2016.

[443] 时嘉宏. D_{45} 型落下孔车装载运输过程控制 [J]. 轨道交通装备与技术, 2016 (4): 12-14.

[444] 田葆栓, 雷青平, 王首雄, 等. 落下孔车组合式承载框架关键技术创新与应用研究 [J]. 铁道车辆, 2016, 54 (8): 11-15, 4.

[445] 居晓然, 王雷, 孙晓东, 等. D_{12K}型凹底平车 [J]. 铁道车辆, 2016, 54 (8): 24-26, 4.

[446] 王飞, 李晓辉, 易冉, 等. DK_{36} 落下孔车侧梁焊接缺陷分析及优化措施 [J]. 焊接技术, 2016, 45 (S1): 89-93.

[447] 武进雄, 曹宝刚, 黄淑芳. TD_{11} 型凹底平车底架制造工艺分析 [J]. 机车车辆工艺, 2016 (5): 12-14.

[448] 张宝山, 许秀峰, 吴慧娟. 载重 70 t 专用凹底平车的研制 [J]. 铁道车辆, 2016, 54 (11): 29-32, 5.

[449] 刘宏友, 居晓然, 高常君, 等. DA_{26}型凹底平车动力学性能研究 [J]. 铁道车辆, 2017, 55 (1):

1-6，51.
[450] 李志刚. D_{22B}型长大平车研制 [J]. 铁道车辆，2017，55 (1)：19-20，5.
[451] 王广亮. 凹底平车换装轴承改造 [J]. 金属加工（冷加工），2017 (3)：61-64.
[452] 赵延治，焦雷浩，王向南，等. 钳夹车双层并联过约束机构力学解算与均载性分析 [J]. 中国机械工程，2017，28 (5)：576-582.
[453] 梁洪涛，赵永昌，刘庆河，等. 660 MW 汽轮发电机定子运输相关设计改进 [J]. 大电机技术，2017 (2)：71-75.
[454] 潘维超，张印明，李雅静，等. D_{12K}型凹底平车空气制动系统的设计 [J]. 机械工程师，2017 (4)：154-155.
[455] 焦雷浩. 超重载钳夹车多层过约束机构设计与分析 [D]. 秦皇岛：燕山大学，2017.
[456] 杨启鹏. 运用DQ_{45}型钳夹车装卸运输 1 000 MW 发电机定子的工艺方案浅析 [J]. 轨道交通装备与技术，2017 (3)：41-42.
[457] 何凡. D_{32A}长大货物平车凹底架垂向动态响应分析 [D]. 北京：北京交通大学，2017.
[458] 梁洪涛，付长虹，兆文忠，等. 改进型 660 MW 发电机定子运输承载结构设计 [J]. 电机技术，2017 (3)：9-14.
[459] 王丽君. 铁路 260 t 凹底平车小底架结构分析 [J]. 哈尔滨铁道科技，2017 (2)：7-8.
[460] 高月华，高健，李志刚，等. 长大平车车体结构的拓扑优化设计 [J]. 大连交通大学学报，2017，38 (4)：93-97.
[461] 李晓琳，译. 美国超限货物运输 [J]. 国外铁道车辆，2017，54 (4)：16.
[462] 郭巍，马广亮，邵健帅. 大型整流罩铁路运输方式的研究 [J]. 起重运输机械，2017 (8)：32-36.
[463] 居晓然，常邦灿，孙晓东. DA_{26}型凹底平车研制 [J]. 铁道车辆，2017，55 (9)：20-23，4.
[464] 杨保哲. 1 000 MW 等级发电机定子铁路运输工具端盖的开发 [J]. 电机技术，2017 (5)：10-13.
[465] 方超，尹辉. DK_{36}型落下孔车液压系统优化 [J]. 轨道交通装备与技术，2018 (2)：43-45.
[466] 王广亮. D_{2G}型凹底平车轴箱改进 [J]. 金属加工（冷加工），2018 (06)：82-84.
[467] 李佳. 360 t 落下孔车垂向动态响应分析 [D]. 北京：北京交通大学，2018.
[468] 王宏杰. 超大型设备铁路运输车货匹配设计的研究和应用 [J]. 价值工程，2018，37 (17)：160-162.
[469] 郭桉扬，周伟，廖翔昊. 基于动应力实验落下孔车疲劳寿命预测 [J]. 山东工业技术，2018 (15)：198.
[470] 旷绚. 铁路超限货物运输货物尺寸测量方法研究 [J]. 铁道货运，2019，37 (1)：37-42.
[471] 苍松. 某新型凹底平车小底架静强度和刚度分析 [J]. 现代制造技术与装备，2019 (2)：24-26.
[472] 袁浩洲. 新型凹底平车车体组装工艺 [J]. 机车车辆工艺，2019 (2)：11-13.
[473] 闫海军，赵天军. 出口韩国载重 100 t 凹底平车的研制 [J]. 铁道车辆，2019，57 (5)：27-29，5-6.
[474] 孙瑞林，许秀峰，万涛，等. 载重 60 t 专用凹底平车研制 [J]. 铁道车辆，2019，57 (10)：23-25，4.
[475] 张磊，马龙飞. 载重 60 t 凹底平车下盖板拼接工艺浅析 [C] //“田心杯”轨道交通金属加工技术征文大赛论文集. 北京：机械工业信息研究院金属加工杂志社，2019：763-765.
[476] 梁涛，武进雄，万涛. 载重 60 t 凹底平车底架制造工艺分析 [J]. 机车车辆工艺，2019 (5)：20-21，24.
[477] 杨卫东. DK_{36}落下孔车长大侧梁焊接变形工艺控制 [J]. 机车车辆工艺，2019 (6)：22-24.
[478] 中国铁道学会车辆委员会. 中国铁路货运市场发展和多样化运输装备技术研讨会论文集 [C]，2019.

出版说明

1. 为便于阅读，现将书中出现的主要单位简称更迭如下。

（1）齐齐哈尔车辆厂（简称齐厂）

1935年建厂，前身为“南满洲铁道株式会社”齐齐哈尔铁道工厂。1946年，更名为齐齐哈尔铁路工厂。1950年，沈阳皇姑屯机车车辆工厂与齐齐哈尔铁路工厂合并。1953年，工厂更名为铁道部齐齐哈尔机车车辆制造厂。1957年，工厂更名为齐齐哈尔车辆工厂。1994年，工厂更名为齐齐哈尔车辆厂。1998年，改制为齐齐哈尔铁路车辆（集团）有限责任公司（简称齐车公司）。2005年，齐车公司在原牡丹江机车车辆厂组建牡丹江金缘钩缓制造有限责任公司（简称金缘公司）。2007年，中国北车根据整体改制上市需要，将原齐车公司的主营业务、资产和人员划出，注册成立齐齐哈尔轨道交通装备有限责任公司（简称齐轨道装备公司）。齐轨道装备公司在大连建立大连齐车轨道交通装备有限责任公司（简称大齐公司）。2011年1月，经两年半托管后哈尔滨轨道交通装备有限责任公司（简称哈轨道装备公司）成为齐轨道装备公司全资子公司。2012年12月，中国北车从齐轨道装备公司分立出北车齐齐哈尔铁路车辆有限责任公司，拥有哈轨道装备公司、金缘公司和大齐公司三个子公司。2013年12月，齐轨道装备公司股东由中国北车股份有限公司变更为北车齐齐哈尔铁路车辆有限责任公司。2015年，中国北车与中国南车合并成立中国中车股份有限公司，原北车齐齐哈尔铁路车辆有限责任公司于2015年11月20日更名为中车齐齐哈尔交通装备有限公司（简称中车齐齐哈尔公司）。其原有四家子公司也分别更名，其中，原齐齐哈尔轨道交通装备有限责任公司更名为中车齐齐哈尔车辆有限公司（简称中车齐车公司），原哈尔滨轨道交通装备有限责任公司更名为中车哈尔滨车辆有限公司（简称中车哈车公司）。

（2）株洲车辆厂（简称株厂）

1958年建厂。1958—2000年，先后隶属于原机械工业部、交通部、铁道部机车车辆工业总公司。2000年9月，原中国铁路机车车辆工业总公司重组为南车集团和北车集团，与铁道部脱钩，株洲车辆厂隶属南车集团，名称为中国南车集团株洲车辆厂。2007年，南车集团对所属货车行业进行结构调整，将株洲，武汉江岸、武昌，安徽铜陵和戚墅堰厂车辆部分进行整合重组，在武汉筹建成立南车长江车辆有限公司。2007年11月，南车长江车辆有限公司正式挂牌运营，株洲车辆厂更名为南车长江车辆有限公司株洲分公司。2015年3月，南车集团和北车集团合并为中国中车集团，更名为中车长江车辆有限公司株洲分公司。2018年4月，中国中车对所属货车造修企业进行整合重组，分为中车长江集团和中车齐车集团，原中车长江车辆有限公司株洲分公司隶属于中车长江集团，更名为中车株洲车辆有限公司。

（3）哈尔滨车辆厂（简称哈厂）

1898年建厂，前身是中东铁路临时总工厂。1953年，称为铁道部哈尔滨机车车辆修理工厂，后称为铁道部哈尔滨车辆厂。2002年，整体搬迁建厂，称为中国北车集团哈尔滨车辆厂。2003年，债权转股权公司制改造为中国北车集团哈尔滨车辆有限责任公司。2007年11月，更名为哈尔滨轨道交通装备有限责任公司。2016年1月，更名为中车哈尔滨车辆有限公司。

（4）四方车辆研究所（简称四方所）

1959年6月1日，铁道部四方车辆研究所正式成立。2000年1月，由科研事业单位转制为企业，更名为青岛四方车辆研究所。2002年9月，更名为中国北车集团四方车辆研究所。2008年4月，更名为青岛四方车辆研究所有限公司。2015年6月，更名为中车青岛四方车辆研究所有限公司。

2. 书中示意图所涉及尺寸，非特别说明，单位均为毫米（mm）。

3. 铁路长大重型货物运输系列丛书包括《中国铁路长大货物车》《中国铁路长大重型货物运输》和《国外铁路长大重型货物运输》。

后　　记

铁路长大货物车的市场地位举足轻重、不可替代，在一定程度上代表着国家的工业化水平，也体现着民族精神。德国在机电行业的统领地位，得益于大车技术水平在世界范围内的领先，同时显现恪尽职守、严谨认真的精神。中国铁路大车工作者，通过“政、产、学、研、用”技术创新，研制具有发明专利的、化解关键难题的系列化铁路大车，完全自主知识产权，居世界先进水平，有指标达到国际领先水平，成功解决世界性运输瓶颈难题，为世界输变电工程和轧钢工程运输起先导和示范，也彰显中华民族精神。大车的成功运用，解决了“西电东送、振兴东北、支援青藏、老区建设”等特高压输电、大型油气管线和轧机设备（航母制造）等国家重点工程运输世界性难题。对国家节能减排、可持续发展战略实施影响深远。经济效益显著，社会效益巨大。

铁路长大货物车虽只是货车家族中的一个小分支，然而确是种类繁多、技术含量高、制造工艺复杂、运用风险大而效益高的车种。铁路大车，以其技术含量高，制造难度大，而成为货车技术最高水平的体现。中国铁路几代科技工作者依靠自己的聪明智慧，自力更生，奋发图强，积极进取，推动了中国铁路长大货物运输的发展，取得了辉煌的业绩。特别是中国铁路长大货物车，从无到有，由小到大，品种、数量不断增加，已成为国家重点工程项目大型关键设备运输的基础保证。

分析研究总结中国铁路长大货物车技术的历史、现状和发展，可以又好又快地发展我国铁路长大货物运输事业，我们共和国铁路的“大车人”正是这样实践的。共和国见证了大车事业的蓬勃发展。将中国铁路大车关键技术和历史业绩奉献给读者，这是笔者从事大车运用实践多年的夙愿。笔者早在 30 年前，通过 D_{35} 型 32 轴载重 350 t 钳夹车等分撑杆结构分析和 D_{26} 型载重 260 t 折角式凹底平车研制实践，已切身感受到大车关键创新技术的重要性。1991 年，D_{35} 型 32 轴钳夹车承运哈尔滨电机厂 600 MW 发电机定子在沈阳—大连间出现等分撑杆座撕裂险情事故。当初由于对钳夹车结构认识还有一定差距，其钳夹结构等分撑杆分撑角度为 4.3°。笔者通过结构有限元仿真分析优化和模拟试验验证，确定 90°为最优结构，业内纷争质疑。1993 年，铁道部组团到国外考察，发现居于世界领先地位的德国 500 t 钳夹车等分撑杆结构角度为 90°。由此感受到先进技术的重要性，激发大车研究的兴趣。1993 年，鉴于国外凹底平车的现代车型的结构多为折角式，可简化工艺，方便制造。铁道部青年科技基金项目立项，研制折角方案用于 D_{26} 型凹底平车，成功解决国家领导人曾关注批示的国家 20 世纪 90 年代大型发电机定子运输积压瓶颈问题。提出组合式大车理念，组合式大车设计、制造和运用的成功，体现了我国大车的设计水平进步，值得自豪。回顾历史，1999 年，昆明首次研讨会对研制组合式长大货物车达成了共识。2004 年，D_{32} 型 350 t 组合式落下孔车成功运输中国一重制造的南钢 3.5 m 轧机机架；2007 年，DK_{45} 型 450 t 落下孔车运输中国一重制造的鞍钢 5 m 和 5.5 m 轧机机架，有力支持了振兴东北的工业化进程；D_{26B} 型 290 t 组合式落下孔车运输国家重点工程的安顺换流设备，为西电东送国家重点工程项目的按期建成提供了有力的运输保障，为缓解我国部分地区电力紧张状况和促进国民经济的发展作出了积极贡献。实践证明，组合式长大货物车很有市场前景。创新工作还有：D_{38} 型钳夹车大底架单向曲梁结构、D_{26B} 型落下孔车承载框架、D_{32A} 型和 DA_{37} 型半圆弧折角式凹底平车。上述成绩，与借鉴国内外先进经验是分不开的。各国铁路专家认识到大车技术的重要性，发表大量的大车研究运用相关论文，以进一步相互沟通交流深入研究。大车文献题录列为本书附录参考，记载技术贡献，也方便后续研究者查询。

感谢那些对长大货物车与运输给予关注，并投入了真实情感的人们。多年来，他们对这一领域作出贡献，默默无闻，运输场面宏观壮大，但总是在高风险中实现第一次，成功创造运输业绩。执着的精神令人感动。感谢中国铁路长大货物车的倡导策划、设计制造、运用维护者们，感谢铁道部（现国铁集团和国家铁路局）和中国中车；感谢齐齐哈尔车辆厂、株洲车辆厂、哈尔滨车辆厂、北京二七车辆厂、石家庄车辆厂，感谢铁科院、四方所；感谢中南大学、北京交通大学、大连交通大学、西南交通大学，中铁特货公司、中特物流公司及大件运输企业；感谢中国一重、二重、上海电气、东方电气、哈电机、上电机等大国重器制造企业。感谢何华武院士，他在任铁道部技术委员会主任和中国铁路总公司总工程师期间，强调“特种货车（大车）不可忽视”，支持大车领域科技奖励成果申报。作为中国工程院副院长，他在百忙之中细心审读大车书稿，提出大车系统规划发展前瞻性建议，针对长大超重货物运输系列丛书提出指导性意见。感谢原铁道部车辆局田缙谟局长（曾任中铁特运中心首任总经理），感谢原中国中车刘化龙董事长从齐齐哈尔到北京一路一直关心支持，鼓励倡导大车系列丛书的编写，感谢编委会顾问、主任和各位编委多年来对大车领域的热心支持和倾情相助。同时感谢我的家人一直在身边默默地支持鼓励帮助，家和万事兴，小家成大家。感谢我的大学老师师长、同窗好友一路相伴。感谢为铁路大车事业默默奉献勤勉敬业的赵承寿、孙明道、张俊克、邢澍、缪龙秀、邢书明、涂光均等老专家。

我国大车工作者满怀热情，卓越创新，体现着对事业的执着追求和无私奉献。总结中国长大货物车的历史、现状、发展，可以更好地为国家重点工程建设大型设备运输服务。中国大车工作者可以通过本书进一步开拓设计思路，集思广益，汇智创新，采用新技术、新材料、新工艺，进一步提高我国长大货物车技术水平。作为一名从业30年的铁路工作者，将大车设计、研究和运用实践与思考奉献给当今盛世和美好将来，深感荣幸，将汗牛充栋的大车技术文献资料浓缩在本著作章节附录中，无比欣慰。面对着技术含量高深的大车，我学如不及，犹恐失之。即兴随笔，言之不尽，权充后记，与各位同行共商共勉、合作共享、融通发展。

田耕

2021年12月26日

改革开放以来，我国铁路长大货物车得到快速发展。多年来国家铁路部门与机车车辆工业合作，研究开发系列大型专用车辆和装载技术，达到国际先进水平，有些指标已达到国际领先水平，适应了我国经济、国防建设对大型装备运输的需要。作为长期在这一领域深耕并作出重要贡献的田葆栓资深研究员，责无旁贷地承担起总结几十年成功经验的责任，编著《中国铁路长大货物车》一书，令人钦佩。

《中国铁路长大货物车》是一部技术性、工具性很强的专业著作。书中全面阐述长大货物车的结构与型谱、设计原理与关键技术，介绍相关运输实践案例与标准规章，回顾国内外长大货物车的发展历史，展望未来发展趋势，内容十分丰富，是值得从事有关制造、运输、科研的专业人员学习和参考的好书。

中国工程院院士、原铁道部部长 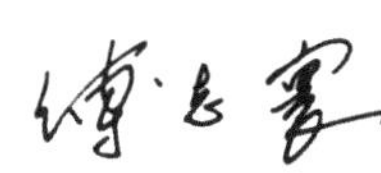

《中国铁路长大货物车》专著是作者长期从事理论研究与工程实践的结晶。该书全面总结了我国铁路长大货物车发展成就和长大货物车型谱，深刻论述了铁路长大货物车的关键技术、特种结构及监测方法等。按照系统思想，不仅强调长大货物车设计要多学科集成，而且重视适应铁路建筑限界、桥梁荷载等级（轴重）以及货物列车运行速度等严格要求，确保长大货物车安全、高效。这对提高我国铁路长大货物运输水平，推进交通强国建设，将发挥重要促进作用。

中国工程院院士、原铁道部副部长

新中国成立以来，国家建设突飞猛进，尤其是国家重大工程遍及全国各地。而我国重工制造企业多集中在东北和沿海地区，重大工程关键设备只有通过火车运输，这也成为铁路车辆制造和运输、维修企业的一项重要工作。多年来，铁路有关部门在研发制造载重大、自重轻、运行速度高、又适应铁路运输限界要求的大吨位长大货物运输装备方面做出了不懈努力，保证了国家重点工程关键设备的运输需要。

葆栓同志长期工作在铁路装备研发制造工业系统，结合工作实践，认真总结长大货物运输装备的发展历史，研究、探索其核心技术，并集成此书，体现出了其对铁路长大货物运输装备制造业的执着追求和敬业精神。

在此向葆栓同志表示祝贺。

原詹天佑科学技术发展基金会理事长、原铁道部副部长 

蔡栓教授

大車装备

厚德載物

國林